앤서니 티슬턴의 성령론

성경과 역사와 현대 속의 성령

Copyright © 2013 by Anthony C. Thiselton
Originally published in English under the title
The Holy Spirit : *In Biblical Teaching, through the Centuries, and Today* by W. B. Eerdmans,
2140 Oak Industrial Drive N.E., Grand Rapids, Michigan 49505, U.S.A.
All rights reserved.

Used and translated by the permission of W. B. Eerdmans Publishing Company
through rMaeng2, Seoul, Korea

This Korean edition copyright ©2021 by Solomon Publishing Co.

앤서니 티슬턴의 성령론
성경과 역사와 현대 속의 성령

2021년 7월 15일 1쇄 발행
2021년 7월 20일 1쇄 인쇄

지은이 | 앤서니 티슬턴
옮긴이 | 장호익
펴낸이 | 박영호
교정·교열 | 김태림
펴낸곳 | 도서출판 솔로몬

주소 | 서울시 동작구 사당로 143
전화 | 599-1482
팩스 | 592-2104
직영서점 | 596-5225

등록일 | 1990년 7월 31일
등록번호 | 제 16-24호

ISBN 978-89-8255-596-1 03230

2013 © Anthony C. Thiselton
Korean Copyright © 2021
by Solomon Publishing Co., Seoul, Korea

본서의 한국어판 저작권은 알맹2 에이전시를 통하여
W. B. Eerdmans와 독점 계약한 도서출판 솔로몬에 있습니다.
저작권법에 의하여 한국 내에서 보호를 받는 저작물이므로 무단전재와 복제를 금합니다.

앤서니 티슬턴 지음 | 장호익 옮김

앤서니 티슬턴의 성령론

성경과 역사와 현대 속의 성령

ANTHONY C. THISELTON

The Holy Spirit -In Biblical Teaching, through the Centuries, and Today

솔로몬

| 차례 |

서문

1부 · 성경 속의 성령

1. 구약 속의 성령   15
2. 유대교의 성령   43
3. 공관복음 속의 성령   60
4. 사도행전 속의 성령   83
5. 바울서신의 주요 주제들   113
6. 또 다른 성령의 은사와 해석학을
    포함하는 더 논쟁적인 주제들   151
7. 요한 저작 속의 성령, 보혜사   205
8. 베드로전·후서, 히브리서,
    야고보서, 유다서, 요한계시록   230

2부 · 역사 속의 성령

9. 사도적 교부들과 초기 기독교 변증가들   251
10. 니케아 이전 교부들   265
11. 니케아 이후 서방 교부들   294
12. 니케아 이후 동방 교부들   316
13. 초기 중세 시대   337
14. 후기 중세 시대 : 보나벤투라와 아퀴나스부터
    노르위치의 줄리안과 월터 힐튼까지   364
15. 주요 종교개혁자들   386
16. 17세기 18세기 : 존 오웬에서 조나단 에드워즈까지   409

3부 • 근대 신학과 현대 신학 속의 성령

17. 19세기 : 노선의 분리	441
18. 20세기 초기	475
19. 20세기 후반부터 1985년까지	517
20. 오순절주의 또는 갱신운동 신약학자들 : 피, 스트론스태드, 터너	558
21. 5명의 주요 신학자들 : 콩가르, 몰트만, 판넨베르크, 로스키, 지지울라스	589
22. 20세기 말의 작가들 : 1986-2000	628
23. 21세기	661
24. 요약, 결론, 상호 대화, 개인적인 성찰	698
참고문헌	746

로즈마리Rosemary에게

금혼식의 해에

서문

　이 책은 성경의 가르침만을 참고하여 성령론을 연구하는 것에서 시작했다. 처음에는 성경적 자료 자체만으로 연구하고자 했으나, 오순절주의자들과 갱신주의의 영향을 받은 사람들과의 상호 대화를 시작하고 발전시키는 것을 이차적인 목적으로 삼았다. 나는 양 진영을 존중하면서 글을 쓰기를 원했고 위험할 정도로 확대된 교회 관습의 깊은 균열을 가로지르기로 했다.
　결국 나는 수 세기를 거쳐 현대에 이르기까지 성령론에 관한 자료를 더욱더 많이 발견했고, 내 책이 진지하게 받아들여지려면, 성경의 가르침뿐만 아니라 역사적인 사상과 현대 사상의 본질과 내용을 살피는 것이 필수적이라는 것을 깨닫게 되었다. 이것은 사실 원래 책보다 서너 배나 되는 책을 써야 함을 의미했다. 일부 오순절주의 작가들과 갱신주의 작가들의 작품이 그 작업에 추가되었다.
　예상치도 못했던 두 배의 보너스가 생겼다. 첫째, 역사적이며 현대적 자료는 매혹적이고 때로는 거의 알려지지 않은 통찰을 제공한다. 둘째, 이 책은 이제 조직적인 형태로 성령론에 대한 철저한 성경적, 역사적 연구를 제공하는 진기한 책이 되었다. H. B. 스웨트Swete가 신약성경을 근거로 한 책을 썼지만, 이 책은 1909년에 처음 출판되었고, 그 후 100년 전인 1912년에는 교부들에 관한 역사적 연구가 뒤따랐다. 하워드 와트킨-존스Howard Watkin-Jones는 1922년에 이것을 중세 교회까지 확장시켰다. 그러나 이것은 변수가 많았고, 이제는 90년이나 되었다. 제임스 던James Dunn은 역사적인 자료를 포함하지 않지만 오순절주의자들은 진지하게 취급하고 있다. 몰트만Moltmann, 판넨베르크Pannenberg, 콩가르Congar, 로스키Lossky, 지지울라스Zizioulas는 매우 귀중하지만, 같은 정도로 독특하고 조직적인 성경적 주해와 역사적인 이해를 시도하지 않았다. 스탠리 버지스Stanley Burgess는 역사적인 작업에 유익하지만, 이상적으로 우리가 필요로 하는 것보다는 조직적이거나 포괄적이지 않다.

오순절주의자들과 갱신운동의 옹호자들은 기성교회를 향해 중요한 것들을 말하고 있다. 그러나 자기 비평은 비교적 최근에야 오순절주의자들 사이에서 나타났고, 콩가르, 스메일Smail, 퍼브스Purves, 그리고 소수의 몇 명을 제외하고는 갱신주의에 거의 영향을 미치지 못한 것으로 보인다. 우리는 더 깊은 성경적 역사적 탐구의 도움으로 양측에 대한 자기 비평과 교정이 절실하게 필요하다. 성경과 역사는 무수히 많은 중요한 내용을 가르친다.

최근의 저술과 연구는 이것이 엄청나게 빠르게 성장하는 주제임을 보여준다. 예언, 방언, 이적에 대한 새로운 통찰들과 "성령의 은사"의 범위와 특성, 그리고 성령과 삼위일체의 관계가 관심을 끌기 위해 경쟁하고 있다. 몰트만, 판넨베르크, 그리고 로저스는 삼위일체에 대한 "내러티브" 접근법을 시도하고 탐구했는데, 이는 신약성경을 정당하게 다룰 뿐만 아니라, 설교자들이 삼위일체론을 해설할 때 어디서부터 설명해야 할지를 알 수 있도록 도와준다.

나는 이 책의 23개 장에서 신중하게 여러 저자들의 연구 자료를 인용하고, 때로는 저자들의 말을 직접 인용하면서, 성경적, 역사적, 현대적 주제들에 대해 구체적으로 학문적인 연구 성과를 제시했다. 그러나 오순절주의자들과 갱신주의 저자들이 지적인 토론보다 내심적 증거를 더 가치 있게 여긴다는 것을 잊지 않았다. 우리는 둘 모두를 필요로 한다. 나는 이것을 규정하고자 했다. 그러나 24장은 전적으로 나 자신의 의견이며, 그러므로 나에게 책임이 있다. 물론 이것들은 이전의 철저한 성경적 역사적 연구와 기도를 통해서 나온 것이다. 24장은 요약과 결론으로 되어 있기 때문에, 단 하나의 각주도 없다. 그것은 앞의 23개의 글에 근거하고 있다.

이 마지막 장에서는 7가지 기본적인 주제 또는 원리를 설명한다. 나는 예배나 삶에 대한 실제적인 결론을 각각에 덧붙였다. 그러고 나서 오순절주의자들과 갱신운동과의 상호 대화에 참여하고자 했다. 나는 특별히 이러한 운동들의 극적인 성장과 광범위한 확산을 포함하여 그들의 장점을 인정한다. 그러나 또한 유보해야 할 것도 있다. 콩가르와 같이, 나는 모든 사람들이 이 길을 따르기를 희망할 수는 없었다. 그러나 그들은 하나님과의 새로운 친밀감을 줄 수 있고, 지나치게 형식화되고 과장된 신앙에 활력을 줄 수 있다. 셋째, 이 책에서 두 번째로, 나는 가장 깊은 분열이 해석학에 대한 다양한 이해로부터 발생한다고 주장하는 많은 사람들의 의견에 동의했다. 나는 이 주제에 대한 평생의 연구 끝에, 깊이 뿌리내린 오해와 오류를 풀어낼 해결책을 내놓을 수 있기를 바란다. 나는 전적으로 상호간의 이해를 증진시키기를 바라면서 이러한 제안을 한다.

나는 제일 먼저 원고의 대부분을 타이핑한 비서 카렌 우드워드Karen Woodward 여사에게 심심한 감사를 표한다. 둘째, 내가 노팅엄 대학에서 "명예교수"로 추대되었을 때, 아내 로즈마리는 남은 원고의 상당 부분을 타이핑했다. 또한 지칠 줄 모르고 교정과 색인 작업으로 나를 도왔다. 그렇지 않았으면 시력이 나쁜 나는 이 일에 전혀 무용했을 것이다. 또한 색인 편집과 증거자료 점검을 도와준 Ph. D 졸업생인 앤드류 탈버트Andrew Talbert 박사와 세심하고 주의 깊게 책을 편집해준 어드만 출판사의 밀턴 에셴버그Milton

Essenburg 씨에게 감사한다. 이 상당한 분량의 책을 위해 시간과 비용의 위험을 무릅쓴 어드만 출판사의 존 포트Jon Pott 씨와 여러 사람들에게도 감사를 드린다.

영국 노팅엄 대학교
앤서니 티슬턴

약어표

ANF	Ante-Nicene Fathers
BDAG	W. Bauer, F. W. Danker, W. F. Arndt, and F. W. Gingrich, *A Greek-English Lexicon of the New Testament and Other Early Christian Literature*. Chicago: University of Chicago Press, 3rd ed. 2003.
CCSL	Corpus Christianorum, Series Latina
C.D.	*Church Dogmatics* by Karl Barth
CSEL	Corpus Scriptorum Ecclesiasticorum Latinorum
EKKNT	Evangelisch-katholischer Kommentar zum Neuen Testament
ICC	International Critical Commentary
JBL	*Journal of Biblical Literature*
JPT	*Journal of Pentecostal Theology*
JPTSS	Journal of Pentecostal Theology Supplement Series
JSNT	*Journal for the Study of the New Testament*
JSNTSS	Journal for the Study of the New Testament Supplement Series
JTS	*Journal of Theological Studies*
LCC	Library of Christian Classics
NICNT	New International Commentary on the New Testament
NIDOTTE	New International Dictionary of Old Testament Theology and Exegesis
NIDPCM	New International Dictionary of Pentecostal and Charismatic Movements
NIGTC	New International Greek Testament Commentary
NovTSup	Supplements to Novum Testamentum
NPNF	*Nicene and Post-Nicene Fathers*
NTS	*New Testament Studies*
PG	*Patrologia Graeca*, ed. J-P. Migne
PL	*Patrologia Latina*, ed. J-P. Migne
SNTSMS	Society for New Testament Studies Monograph Series
TDNT	*Theological Dictionary of the New Testament*
TDOT	*Theological Dictionary of the Old Testament*
WUNT	Wissenschaftliche Untersuchungen zum Neuen Testament

1부 성경 속의 성령

1

구약 속의 성령

1.1 서론 : 실제적인 주제

성령과 관련된 구약성경의 구절과 주제들을 상세하게 다루는 것은 종종 복잡한 일이다. 그러므로 우리가 확장시키고 발전시킬 주제들의 개요를 예비적으로 살펴보는 것이 유용할 것이다. 따라서 구약성경을 상세히 살펴보기 전에, 구약성경의 구절과 주제에 대해 더 기술적으로 연구함으로써 확립하고자 하는 몇 가지 실제적인 신학적 요점을 예상해 보려고 한다.

(1) 첫째, "영성"이 인간의 마음속에서 하나님의 영이 역사하는 데서 기인한다면, 구약은 성령을 인간의 내적 호흡과는 대조적인 "초월" 또는 "타자"로 보고 있다. 나중에 보게 되겠지만, 하나님의 영은 전사warrior처럼 활동할 수 있다. 성령은 마치 소 떼처럼 광야의 약탈자로부터 이스라엘 백성을 보호한다(사 63:14). 성령은 부패하여 마른 뼈가 된 죽은 이스라엘에게 생명으로 호흡하게 할 수 있다(겔 37:12-14). 성령은 삼손에게 힘을 주어 맨손으로 사자를 염소 새끼처럼 찢게 할 수 있다(삿 14:6).

(2) 둘째, 하나님은 특별한 과업을 수행할 수 있도록 선택된 개인에게 성령을 주시지만, 하나님의 영은 이 과업을 이스라엘 공동체를 위하여 하나님

의 더 넓은 목적의 틀 안에서만 가능하게 한다. 신구약은 모두 다른 강조점과 목적을 가지고 있지만 개인과 공동체를 강조하고 있다. 여러 사사들에게 잘 알려진 성령의 수여조차도 회개하는 이스라엘을 핍박으로부터 구원하려는 목적을 가지고 있다. 그러므로 문제의 사사들은 이스라엘의 "구원자"라고 불린다(삿 3:7-11, 12-30; 6:1-8:35; 13:1-16:31). 나중에 살펴보겠지만 많은 사람들이 이와 같은 집합적인 양상을 강조하고 있다.

(3) 셋째, 구약은 하나님의 영을 지혜Wisdom와 함께 하나님의 대리인, 또는 하나님의 확장으로 묘사하고 있다. 그는 필연적으로 계시와 영감을 주며 마음의 성결과 갱신을 향한 긴 여정을 시작하게 한다. 지혜는 출애굽기 31:3-5에서 기능의 영으로서 브살렐에게 주어진다. 성령은 열왕기상 22:11-28에서 예언을 위하여 미가야를 감동시킨다. 계시하고 감동시키는 성령이 그렇게 하는 이유는, 그가 자주 하나님의 대리인 이상으로 여겨지기 때문이다. 즉 성령은 하나님의 현존을 나타낸다. 구약성경 기자들이 의식적으로 후대의 삼위일체 교리를 내다보았다고 하는 것은 너무 앞서간 말일 것이다. 그러나 그들은 분명히 하나님의 영을 하나님 자신과 연합시킴으로써 그러한 교리의 기초를 놓았다. 이것은 천사와 성령의 기능을 밀접하게 연관시킴으로써 시작되었다. 예를 들면, "한 사람이 칼을 빼어 손에 들고" 여호와의 군대장관으로서 여호수아 앞에 나타난다(수 5:13-14). 그러자 여호수아는 "엎드려 절을 하고" " 네가 선 곳은 거룩하니" 신을 벗으라는 명령을 받는다(수 5:15). 하나님은 성령을 통해 창조하신다(창 1:2; NRSV는 루아흐*rûach*, "성령"을 "바람"으로 번역하고 있다). 하나님의 영은 구약에서 세 번 "당신의 성령"이라고 불리고 있다(시 51:11; 사 63:10-11; *rûach qodhsh^{e}kā*, "당신의 성령", *rûach qodh^{e}shô*, "그의 성령"). "성령"은 자주 하나님께 속한 것으로 언급되고 있다. 성령을 구하는 것은 하나님을 구하는 것이다.

(4) 넷째, 하나님의 영의 사역은 대개 성령의 영향으로 눈에 보일 수 있다. 바람 같은 것은 눈에 보이지 않는다. 그러나 옥수수밭에 바람이 불면, 우리는 바람이 옥수수밭에 가져온 효과를 봄으로써 바람이 불고 있음을 안다.

이것은 성령의 작용을 관찰하고 구체화하는데 유용하지만, 함정이 될 수 있다. 우리는 너무 자주 성령이 일으킨 현상만 보고 성령에 대해 판단한다. 히브리인들은 바람의 영향에 친숙했다. 이사야는 "그의 백성의 마음이 숲이 바람에 흔들림같이 흔들렸도다"라고 선언한다(사 7:2). 바람은 겨를 흩어버린다(사 41:16). 그러나 폴 틸리히와 칼 바르트가 각기 다른 방식으로 우리에게 상기시킨 것처럼, 우리는 궁극적인 것(하나님의 활동)과 부수적인 것(활동의 결과)을 혼동해서는 안 된다. 그렇게 하면 하나님의 영의 초월성을 제한하는 원치 않는 결과를 가져올 수 있다.

(5) 볼프하르트 판넨베르크Wolfhart Pannenberg가 강조한 것처럼 하나님의 영은 창조적이다. 비둘기의 이미지는 우리를 오도할 수 있다. 우리는 일상생활에서 평화의 비둘기라고 말한다. 그러나 창세기 1:2에서 "수면 위에 운행"한다는 것은 아마도 혼동 가운데서 질서를 만들고 있는 창조적 성령의 배회나 품음을 나타내는 것일 것이다. 성령이 질서와 연관되어 있을 때도 어떤 이들이 성령을 처음부터, 혼돈 또는 질서의 결핍과 연관시키는 것은 이상한 일이다. 그리고 "평화"가 자주 창조성을 모호하게 한다는 것도 이상하다. 이사야 63:11-14의 그림은 역동적이고 강력하며 창조적인 하나님의 대리인의 그림이다. 성령은 모세 시대에는 "그들을 바다로부터 들어 올리시고 … 물을 나누시고 … 당신의 백성을 인도하셨다." 성령은 이스라엘의 향후 여행의 인도자이며 보호자이다. 학개는 이렇게 외쳤다. "굳세게 할지어다 … 내가 너희와 함께 하노라 … 나의 영이 계속해서 너희 가운데에 머물러 있나니 너희는 두려워하지 말지어다"(학 2:4-5).

(6) 여섯째, 하나님의 영은 생명의 수여자이다. 하나님은 호흡을 하게 하신다. 에스겔서는 다음과 같이 이 주제를 담고 있다. "내가 또 내 영을 너희 속에 두어 너희가 살아나게 하고"(겔 37:14; 참조. vv. 1-14). 하나님의 영은 오래 전에 죽은 이스라엘의 "마른 뼈"를 살려(겔 37:14; 참조. vv. 6-14) 분열되지 않은 나라로(vv. 15-22) 정결하게 하고 번성하게 할 수 있다(vv. 23-27). 시편 기자는 이렇게 선언한다. "주께서 그들의 호흡을 거두신즉 그들은 죽어

먼지로 돌아가나이다. 주의 영을 보내어 그들을 창조하사"(시 104:29-30). 여기서 생명은 단순히 존재가 아니라 창조적인 생명이다. 이는 주로 하나님을 모든 생명의 근원이 되는 것으로 보기 때문이다. "내가 주의 영을 떠나 어디로 가며 주의 앞에서 어디로 피하리이까?"(시 139:7). 다시 말하면 이것은 창조를 가리킨다. "하나님의 영이 나를 지으셨고 전능자의 기운이 나를 살리시느니라"(욥 33:4).

(7) 일곱째, 하나님의 영의 사역의 현저한 특징은 한 사람으로부터 다른 사람들에게로 "분배"되는 성령의 기능이다. 전형적인 예는 모세와 70인의 장로들의 예이다. 모세는 백성들의 지도자로서 섬기는 직분을 위하여 성령으로 기름 부음을 받았다. 그러나 얼마 후 모세는 그토록 많은 백성을 인도하는 "짐"이 너무 무거운 부담이라고 불평한다. 그러자 "여호와께서…그에게 임한 영을 칠십 장로에게도 임하게 하시니 영이 임하신 때에 그들이 예언을 하게 된다"(민 11:25). 유사하게 여호수아도 모세의 안수를 통해 성령을 받는다(신 34:9). 그리고 엘리사도 엘리야에게 임한 성령의 은사를 전해 받는다(왕하 2:15; 참조. 2:9, 13-14). 이 원리는 신약에서 모든 그리스도인에게 메시야의 영이 주어지는 것으로 귀결될 것이다.

이상은 신약에서 그리스도인에게 주어진 성령의 선물의 실제적 근거가 되는 가장 두드러진 주제들이다. 우리는 아직 모든 면을 명확하게 논의한 것은 아니다. 다른 주제들은 히브리어 루아흐*rûach*의 정확한 의미에 관심을 기울인다. 루아흐는 시대와 상황에 따라 "하나님의 영"을 의미하기도 할뿐 아니라, "바람", "호흡" 또는 "인간의 영"을 의미하기도 한다. 이것이 지금부터 히브리어 루아흐를 하나님의 영을 가리킬 때는 성령으로 번역하고, NRSV가 그 말을 "영"으로 번역했을 때조차 "성령"으로 번역할 것을 제안하는 이유이다. 우리는 또한 성령에 의한 하나님의 백성의 회복과 새 시대에 성령을 선물로 주신다는 미래의 약속, 그리고 메시야의 영에 대해 충분히 논의하지 않았다. 이제 우리는 이 일곱 가지 주제를 더 세밀하게 살펴보고, 필요하다면 그 주제들이 어떤 학문적 주장과 어떻게 상호작용하는지 연구할 것이다.

1.2 위로부터 오시는 성령의 "타자성"(他者性) 또는 초월성

일반적으로 성령을 가리키는 히브리어는 루아흐이다. 이 단어는 보통 "성령"Spirit, 또는 "영"spirit으로 번역되거나, "호흡" 또는 "바람"으로 번역된다.[1] 루아흐는 구약성경에서 약 387회 등장한다. (그리스어 구약성경) 칠십인역은 이 말을 "아네모스anemos", "바람"(49회)으로 번역할 때를 제외하고 264회를 "프뉴마pneuma"로 번역하였다.

오늘날 가장 널리 퍼진 오해 중 하나는 "영적인" 또는 "영성"이 인간의 종교적 열성 또는 능력을 의미한다는 것이다. 만약 그 용어가 성경적인 의미에서 (바울이 보통 그러하듯이) "성령에 관한 것"을 의미한다면, 아무것도 진리로부터 한 걸음도 더 나아가지 못했을 것이다. 우리는 바울에게서 이것을 더 분명히 보게 될 것이다. 즉 "영적인"이라는 형용사(Greek, pneumatikos)가 정확하게는 인간이 아니라 하나님으로부터 나온 것을 의미한다는 것이다. 특별히 고린도전서 2:6-16에서, 그리고 더 구체적으로는 12절에서 그렇다. "우리가 세상의 영을 받지 아니하고 오직 하나님으로부터 온 영을 받았으니"(Greek, to pneuma to ek tou theou).

이미 우리가 보았듯이, 에스겔 37:7-14에서 성령은 "외부"로부터 온 것과 같이 이스라엘 안에 있는데(14절), 이는 그 공동체가 소유하고 있지 않은 생명을 이스라엘에게 주기 위함이다. 시릴 포웰Cyril H. Powell은 성령에 대하여 이렇게 언급하고 있다. "그것은 본성적인 면이 바사르basar, 즉 '육체'인 자에게 속하지 않는다."[2] 구약의 문맥에서 육체(바사르basar)는 지상의 깨어지

---

1. Francis Brown, with S. R. Driver and C. A. Briggs (eds.), *The New Hebrew and English Lexicon* (Lafayette, IN.: Associated Publishers, 1980), pp. 924-26; G. J. Botterweck and H. Ringgren (eds.), *Theological Dictionary of the Old Testament (TDOT)* (Grand Rapids: Eerdmans, 1980), vol. 2, p. 836; W. Van Gemeren (ed.), *New International Dictionary of Old Testament Theology and Exegesis (NIDOTTE)*, 5 vols. (Carlisle: Paternoster, 1997), vol. 3, p. 1073.
2. Cyril H. Powell, *The Biblical Concept of Power* (London: Epworth, 1963), p. 26.

기 쉬운 인간을 가리킨다(바울서신의 "육체에 속한 마음"은 이와 다르다. 이는 더 신학적인 의미를 가지고 있다). 어리석게도 "인간의 영"과 "하나님의 영"을 혼동하는 데서 대조적인 개념이 발생했다. 그리하여 "영" 또는 "성령"이 단순히 인간의 능력을 의미하게 된 것 같다. 보통 현명하다는 평가를 받고 있는 월터 아이히로트Walter Eichrodt의 『구약 신학』Theology of the Old Testament은 심지어 "생명의 원리가 되시는 하나님의 영"이라는 표제 아래 하나님의 영에 관한 단락들을 인간의 영에 관한 것으로 혼동하고 있다. 아이히로트는 창세기 45:27을 인용하면서, "야곱은 그를 싣기 위하여 요셉이 보낸 수레를 보았을 때 그들의 조상의 영혼이 야곱을 소생시켰다"라고 했다.[3] 그는 계속해서 사사기 15:19을 인용하면서, "삼손이 취했을 때 그의 영혼이 돌아왔고 소생시켰다"라고 하고 있다. 회복의 물은 분명히 하나님의 영의 회복과 관련이 없지만 삼손의 영혼의 특성과는 관련이 있다. 아이히로트의 세 번째 예도 이러한 구조를 따르고 있다. "애굽 사람이 먹고 정신spirit을 차리매"(삼상 30:12). 아이히로트는 루아흐에 대하여 널리 인정되고 있는 일반적인 견해를 진술하지만, "하나님의 영"을 가리키는 루아흐와 인간의 영을 가르키는 루아흐를 혼동하지 않았음이 틀림없다. 비슷하게 여호수아 5:1에서 "(이스라엘 자손 때문에) 정신spirit을 잃었더라"는 "마음이 녹았고"와 동의적인 평행구를 이루고 있다. 이처럼 이사야 65:14에서도 "영의 고통"anguish of spirit이 "마음의 아픔"과 평행구를 이루고 있다.[4]

네페쉬nephesh("생명" 또는 드물게 "혼")와 네샤마neshama("호흡")가 유사한 방식으로 사용되고 있지만, 히브리어 루아흐, "영"spirit은 종종 생명의 성향, 또는 생명의 증거를 가리킨다. 네샤마는 24번의 용법 중 최소 9번은 생명의 원리로 등장하지만, "피"(Hebrew, dam)도 모든 피조물의 생명이라고 말한다(레 17:14). 사르밧 과부의 아들에 대해서도 "그에게 네페쉬가 없었다"(왕

---

3. Walter Eichrodt, *Theology of the Old Testament*, 2 vols. (London: SCM, 1964), vol. 2, p. 47.
4. Eichrodt, *Theology of the Old Testament*, vol. 2, p. 47, n. 3.

상 17:17, 개역개정. "숨이 끊어진지라")라고 말씀하고 있다. 욥은 "내 모든 네페쉬가 아직 내 안에 있고"(욥 27:3, 개역개정. "나의 호흡이 아직 내 속에 완전히 있고")라고 말한다. 754회 나타난다고 하는 네페쉬는 때로는 "혼"을 의미하기도 하고 "생명"(비슷하게 그리스어 프시케psyche), 또는 인칭 대명사, 예를 들면 "나", 심지어는 시신을 의미하기도 한다.

구약성경은 "모든 육체의 영"(민 16:22, 개역개정. "모든 육체의 생명"), 또는 "모든 사람의 호흡(루아흐)"(욥 12:10, 개역개정. "모든 사람의 육신의 목숨")이라고 말하기도 한다. 어떤 경우에는 "영"이 시편 77:6에서처럼 인간의 심리적, 인식적, 지적, 그리고 비물질적인 "핵심"으로서 그리스어와 독일어, 영어의 "영"의 개념과 비슷한 것 같기도 하다. "내가 기억하여 내 심령으로"는 같은 절 "내가 내 마음으로 간구하기를"과 시적으로 평행구를 이루고 있다. 그러나 그리스어 용법과 달리 육체와 영 사이의 분명한 이분법을 나타내지는 않는다. "육체"와 "영"은 존재의 다른 양태이거나, 혹은 단일한 방식으로 작용하는 동일한 자아의 기능들을 가리키고 있다. 루아흐, "영"이 인간에게 사용될 때 인간의 "성향"을 의미할 수도 있다. 호세아서에서 하나님은 "음란한 마음에 미혹되어 하나님을 버리고 음행"한 것 때문에 자기 백성을 책망하고 있다(호 4:12, 5:4). 이사야 54:6에서는 "마음spirit의 근심"이라고 하고 있고, 호세아 4:12에서는 "음란한 마음"이라고 말하고 있다.

우리는 이러한 인간적인 의미들이 구약성경의 많은 부분에서 "성령"이 가진 초자연적 의미를 얼마나 많이 몰아내었는지 쉽게 알 수 있다. 이와 대조적으로 문맥에서 "바람"을 가리키는 *rûach*의 번역은 그것이 "성령"을 가리키지 않을 때에도 루아흐의 초자연성을 강화시키는 정반대의 결과를 가져오기도 한다. 타는 듯한 동풍은 하나님의 진노를 의미하기도 한다(렘 18:17, "내가 그들을 그들의 원수 앞에서 흩어버리기를 동풍으로 함같이 할 것이며"). 반면 서풍은 고난으로부터의 구원을 의미하기도 한다. "여호와께서 강력한 서풍을 불게 하사 메뚜기를 홍해에 몰아넣으시니"(출 10:19).

에스겔은 초월성을 강조한다. 그는 바벨론 포로 이후 시대에 하나님의 영에 대하여 최고의 언급을 하고 있다. 에스겔은 성령을 42회나 언급했기 때문에 "성령의 선지자"라고 불렸다. 하나님의 보좌는 무시무시한 "네 생물"에 의해 번개 같은 속도로 움직이고 있다. 그들은 "영이 어떤 쪽으로 가면 … 그대로 가되 돌이키지 아니하고 일제히 앞으로 곧게 행한다"(겔 1:12). 그 생물들은 "둘레로 돌아가면서 눈이 가득"하다(1:18). 이는 계시록에서 성령의 전지함을 의미하고 있다. 에스겔은 하나님의 보좌의 위엄과 초월성을 환상으로 보고 이렇게 기록하고 있다. "주의 영이 나를 들어 올려 데리고 가시는데"(겔 3:14). 또한 상술하기를 "이는 생물들의 날개가 서로 부딪치는 소리"라고 하고 있다(3:13). 또한 "영이 어떤 쪽으로 가면 생물들도 영이 가려하는 곳으로 가고 … 이는 생물의 영이 그 바퀴들 가운데에 있음이니라"라고 말하고 있다(1:20). "보좌의 환상"이라는 묵시적 이미지는 단순히 보좌의 무대 장치가 아니라 하나님의 초월성을 나타낸다. 하나님의 영은 엘리야를 들어 올리심과 같이 에스겔 선지자를 들어 올리신다(겔 3:12, 14; 8:3; 11:1, 24; 37:1).

루아흐의 번역에 대한 가장 치열한 논쟁은 창세기 1:2에서 나타난다. "하나님의 루아흐(NRSV, '바람')는 수면 위를 지나가더라." KSV와 AV는 같은 구절을 "하나님의 영이 수면 위를 움직였다"라고 번역하였고, RSV는 "하나님의 영이 수면 위를 움직이고 있었다"고 번역하였다. 더 이른 시기의 전통적인 번역은 하나님의 영이 혼돈chaos으로부터 질서를 가져왔다거나, 창조의 과정 중에 어미 새가 "알을 품는" 것처럼, 예수의 세례 시에 비둘기가 나타난 것처럼(막 1:10; 마 3:16; 눅 3:22) 창조 안에서 활동했다고 한다. "혼돈" 또는 "형태가 없는 황무지"는 잘 알려진 히브리어 구절 토후와보후를 번역한 것인데, 이는 비생산적인 빈 공간을 의미한다. 루아흐가 비록 "바람"으로 번역된다 해도, 바우터Vowter가 말하는 것처럼 "초인간적이고 전능하며 상상을 초월하는 바람"을 의미한다.[5] 이러한 관점에서 "영"spirit 또는 "바람"

---

5. Bruce Vawter, *On Genesis: A New Reading* (New York: Doubleday, 1977), p. 40; 참조.
E. A. Speiser, *Genesis*, Anchor Bible (New York: Doubleday, 1964), pp. 10-13; 그리고

은 하나님의 인간 대리인 이상인 초월적인 존재로서 활동하며, 구약에서 자주 그렇듯이 하나님의 행위를 나타낸다. 바렛C. K. Barret l은 창세기 1:2에서 "영"이라는 번역을 채택하고, 새가 알을 품거나 공중을 선회하는 것을 의미한다고 보았다. 그는 창조적 영을 동정녀 마리아에게 예수를 잉태시키는 새 창조를 시작하는 성령에 강력하게 연관시킨다.[6] 이 창조성은 다른 곳에서도 볼 수 있다. 예를 들면, 시편 33:6은 이렇게 선언한다. "여호와의 말씀으로 하늘이 지음이 되었으며 그 만상을 그의 입 기운(루아흐, NRSB '호흡')으로 이루었도다." 시편 104:30은 이렇게 단언하고 있다. "주의 영을 보내어 그들을 창조하사." 욥기 33:4은 이렇게 선언하고 있다. "하나님의 영이 나를 지으셨고 전능자의 기운이 나를 살리시느니라."

구약성경에서 비록 루아흐에 많은 의미를 부여하지만, 주요 주제는 하나님의 영을 창조적이고 역동적이며 초월적이라고 제시한다는 것은 의심의 여지가 없을 것이다. 비록 창세기와 복음서에서 "비둘기"를 창조적이며 두렵게 하는 "초월적인 것"보다는 "온유한" 것으로 본다고 할지라도 "하나님의 영"의 대중적 용법은 이와 정반대의 것을 의미하는 것 같다. "영성"이 종교적인 열망을 향한 인간의 자연적인 특성으로 이해된다면, 이것은 구약성경보다는 그리스 스토아학파와 더 많은 공통점을 가진 것으로 보일 수도 있다. 우리는 이 개념을 구약성경 여기저기에서 찾아볼 것이다. 이 개념을 갖고 있는 전형적인 문장은 이사야 31:3에서 발견된다. "애굽 사람은 신이 아니며, 그들의 말들은 육체요 영(루아흐)이 아니라." 이사야서 구절의 요점은 "도움을 구하러 애굽으로 내려가는 자들과 … 말을 의지하며 마병의 심히 강함을 의지하는 자들"(사 31:1)은 하나님과 그의 영에 비해 연약하고 상처받기 쉬운 인간을 신뢰한다는 의미이다. 루아흐는 강하고 초월적이다. "육체", 바사르basar와 같이 깨지기 쉽고 연약하지 않다. "영성"은 비록 그 용어

Gordon Wenham, *Genesis 1–15*, Word Biblical Commentary (Nashville: Nelson, 1987), pp. 15-17.

6. C. K. Barrett, *The Holy Spirit and the Gospel Tradition* (London: SPCK, 1958), pp. 18-24.

가 구약성경에서만 통용되는 의미를 가지고 있더라도, 초월적인 것으로부터 오며 인간과 같은 것으로부터 오지 않는다. 구약성경에서 "영"은 하나님의 초월적인 행동으로서 인간에게 온다.

1.3. 특별한 과업을 위하여 선택된 자에게 성령을 부어주심

많은 저자들은 구약의 성령관과 신약의 성령관을 날카롭게 대조시킨다. 종종 구약은 성령을 선택된 개인에게만 일시적으로 주신 선물로서, 특별한 과업을 위해 능력을 주시는 것으로 묘사하는 반면, 신약은 성령을 하나님의 백성 공동체 전체에게 주신 영속적인 선물로서 묘사한다고 한다. 그러나 성령의 은사는 개인에게 주어졌어도 이스라엘 공동체의 유익을 증진시키기 위해서만 주어진다. 예수께서 "주의 성령이 내게 임하셨으니 이는 가난한 자에게 복음을 전하게 하시려고 내게 기름을 부으시고 나를 보내사 포로된 자에게 자유를 … 주의 은혜의 해를 전파하게 하려 하심이라"(눅 4:18-19)라고 하시면서 "여호와의 … 영이 강림"하신 것과(사 11:2) 동일시 하셨을 때 하나님의 영과 "성령"을 동일시하셨다는 것은 의심의 여지가 없을 것이다. 이것은 오순절 베드로의 설교를 통해 확인되는데, 베드로는 "말세에 내가 내 영을 모든 육체 위에 부어주리니"(행 2:17)를 요엘 2:28-29의 성취로 보았다. 즉 두 구절은 "말세"에 대하여, 그리고 공동체적으로 주신 성령의 은사에 대해 말하고 있다. 이사야 11:2에서 여호와의 영은 메시아 위에 강림하사 돌 같은 마음을 살 같은 마음으로 창조하고 변형시킨다(겔 36:26-27).[7]

의심할 여지없이, 구약성경에서 가장 특징적인 하나님의 영의 은사는 특별한 과업을 수행할 수 있도록 선택된 개인들을 능력 있게 하며 감동하는

---

7. Friedrich Baumgärtel, "*Pneuma*," in *Theological Dictionary of the New Testament (TDNT)*, ed. Gerhard Kittel and Gerhard Friedrich, 10 vols. (Grand Rapids: Eerdmans, 1964-76), vol. 5 (1968), p. 365.

것이다. 이러한 과업은 이스라엘 역사의 더 넓은 틀에서 하나님의 구속의 목적을 증진시킨다. 따라서 비록 적절한 때 특별한 순간에 개인을 위한 은사가 있다 할지라도, 궁극적인 기능과 목적은 영속적인 방식으로 공동체의 선과 관련되어있다. 이러한 은사의 범위는 지혜와 관리, 기능과 군사적 리더십에서부터 예언과 육체의 힘에까지 이른다. 이러한 은사는 신약의 "성령의 은사"와 다르지 않다. "하나님의 영"은 "지식과 여러 가지 재주로 정교한 일을 연구하여 금과 은과 놋으로 만들고 보석을 깎아 물리고 여러 가지 기술로 나무를 새겨 만드는" 능력을 가지고 있는 브살렐을 감동시켜 지혜와 총명을 주신다(출 31:3-5). 이것은 대성당을 설계할 때 필요한 지적인 능력과 기술 같은 것이다. 그러나 여기서 강조하는 요점은 이것이 단지 개인의 재능이 아니라, 공동체의 유익을 위하여 개인에게 주신 재능이라는 것이다. 게다가 그것은 "카리스마적"이거나 "저절로 솟아나는" 것일 수 없다. 왜냐하면 탁월한 기술은 오랜 세월에 걸친 훈련과 학습을 요구하기 때문이다.

사사기는 위 단락에서 특정한 모든 요소들이 어떻게 서로 융합되는지 보여준다. 사사기는 주로 개인적인 구원자에 관심을 두고 있다. 옷니엘(삿 3:7-11), 에훗(삿 3:12-30), 드보라와 바락(삿 4:1-24), 기드온(삿 6:1-8:35), 아비멜렉(삿 9:1-57), 입다(삿 11:1-12:7), 삼손(삿 13:1-16:31)뿐만 아니라 사이사이에 "비중이 작은" 사사들이 있다. 자신의 야망에 희생자가 된 아비멜렉을 제외하면, 최소한 일곱 명의 사사들은 이스라엘 공동체를 위하여 구원의 기능을 수행할 수 있도록 능력 있게 하는 여호와의 영을 받는다. 그들은 분명히 "구원자"라고 불린다. 각자 성령의 능력을 받지만, 인간적인 연약함도 드러난다. 모세와 여호수아, 그리고 기름 부음 받은 왕들, 즉 사울과 다윗 사이의 중간시대에 이스라엘의 죄와 하나님의 구원하는 영의 자취가 나타나 있다.

다섯 가지 유사한 사건의 순환이 반복적으로 나타난다. 예를 들면 옷니엘의 이야기에서, (1) "이스라엘 자손이 여호와의 목전에 악을 행하여 자기들의 하나님 여호와를 잊어버렸다"(삿 3:7). (2) "여호와께서 이스라엘에게 진노하사 그들을 메소보다미아 왕 구산 리사다임의 손에 파셨으므로 … (그를) 팔년 동안 섬겼더니"(삿 3:8). (3) 그러나 "이스라엘 자손이 여호와께 부르짖으니." (4) "여호와께서 이스라엘 자손을 위하여 한 구원자(히. 와야켐 야훼 묘시야wayyaqem YHWH môshîya)를 세워 그들을 구원하게 하시니 그는 곧 갈렙의 아우 그나스의 아들 옷니엘이라. 여호와의 영이 그에게 임하셨으므로 … 나가서 싸울 때에 … 이기니라"(삿 3:9-10). (5) "그 땅이 평온한지 40년"(삿 3:11). 에훗의 경우에도 동일한 사건의 순환이 나타난다. (1) "이스라엘 자손이 또 여호와의 목전에 악을 행하니라"(삿 3:12). (2) 여호와께서 모압 왕 에글론을 암몬과 아말렉 자손과 함께 이스라엘에게로 보내 치게 하시니 이스라엘이 에글론을 18년 동안 섬겼더라(삿 3:12-14). (3) "이스라엘 자손이 여호와께 부르짖으매 여호와께서 그들을 위하여 한 구원자(히. 와야켐 야훼 라헴 모시야wayyaqem YHWH lahem môshîya)를 세우셨으니 … 에훗이라"(삿 3:15). (4) 에훗이 칼을 들고 이스라엘을 구원하였으니 "그때에 모압 사람 약 만 명을 죽였으니"(삿 3:16-29). (5) "그 땅이 팔십 년 동안 평안하였더라"(삿 3:30). 이러한 순환은 계속된다. (1) 이스라엘 자손이 악을 행했다(삿 4:1). (2) 여호와께서 가나안 왕 야빈에게 그들을 파셨다(삿 4:2). (3) 이스라엘이 "여호와께 부르짖었더라"(삿 4:3). (4) 사사 드보라는 장군인 바락을 부르고, 드보라와 야엘은 야빈의 군대 장관 시스라를 유혹하고(삿 4:4-22), 하나님은 가나안 왕 야빈을 굴복시키셨다(삿 4:23). (5) 드보라와 바락이 승리의 찬송을 높이 불렀다(삿 5:1-31).

위에 열거한 모든 사람들에 대해 사건의 순환을 반복할 필요는 없을 것이다. 기드온을 마지막 예로 들어보겠다. (1) 이스라엘 자손이 악을 행했다(삿 6:1). (2) 여호와께서 그들을 7년 동안 미디안의 손에 넘기셨다(삿 6:1). (3) 이스라엘 자손이 여호와께 부르짖었다(삿 6:7). (4) 여호와께서 기드온에게 이스라엘을 미디안의 손에서 구원하라는 사명을 주셨다(삿 6:14). "여호와의 영이 기드온에게 임하시니"(삿 6:34) 기드온이 적군을 도망하게 하였다(삿 7:22-25). (5) 엄청난 전리품을 획득하였다(삿 8:26-27). 그리고 사십 년 동안 그 땅이 평안하게 되었다(삿 8:28). 그러나 기드온이 죽자마자 새로운 순환이 시작된다. "이스라엘 자손이 돌아서서 … 자기들을 건져내신 여호와 자기들의 하나님을 기억하지 아니하였더라"(삿 8:33-34). 하나님의 영의 사역을 이해하기 위해 세 가지 사실을 주목할 필요가 있다. 3부에서 미하엘 벨커Michael Welker가 이 사실과 그 다양성을 강조하는 것을 보게 될 것이다.

(1)첫째, 모든 "사사"는 인간적인 약점과 연약함을 가지고 있다. 에훗은 왼손잡이였다(삿 3:15). 고대 세계에서 이는 전투의 약점으로 여겨졌다. 드보라는 여자였다. 그러므로 군사적 리더십을 보여줄 것으로 거의 기대하지 않았을 것이다. 드보라와 야엘에게는 어느 정도의 책략이 필요했다(삿 4:7, 9, 19-21). 기드온은 하나님께 군사의 규모를 줄이라는 명령을 받았다. 처음에는 이만 이천 명에서 천 명으로 줄였고(삿 7:3), 그 다음에서는 천 명을 삼백 명으로 줄였다. 분명히 그 이유는 승리의 확신을 기드온과 그 군대에 두지 않고 하나님과 하나님의 영에게 두기 위한 것이었다.

아비멜렉은 선한 대리인이 되고 싶은 개인적인 야심에 사로잡혔기 때문에 "하나님이 악령을 보내셨다"(삿 9:23). 입다의 경우에는 "여호와의 영이 입다에게 임하였다"(삿 11:29). 그러나 그는 성급하고 어리석은 맹세를 하여 자기 딸을 죽음으로 이끌었다(삿 11:31, 34). "여호와의 영이 삼손에게 강하게 임하니 그가 손에 아무것도 없이 그 사자를 염소 새끼를 찢는 것 같이 찢었으나"(삿 14:6). 그러나 자신의 생의 많은 부분을 어리석은 일을 하고(삿 15:4-5), 복수를 추구하고, 욕정 때문에 이방 여인을 쫓아다녔다. 결국 들릴라가 그를 몰락시킨다(삿 16:4-22). 그러나 마지막 순간에 한 번 여호와께 부르짖고 많은 블레셋 사람이 모여 있던 집을 무너뜨린다. 그때 지붕 아래 있던 자가 삼천 명이었다(삿 16:27-30).

(2) 둘째 요점은 매번 하나님의 영이 나타날 때마다 궁극적으로는 여호수아 시대로부터 사울 왕, 또는 다른 왕들 시대까지 이스라엘이 보존되었다. 그때에는 이스라엘에 왕이 없었다(삿 18:1). 비록 성령이 선택된 개인에게 부어졌을지라도 그는 하나님의 백성 전부를 섬겼다. 우리는 군사적 능력의 은사를 연구하거나, (삼손의 경우에는) 짐승 같은 힘을 연구할 수 있다. 그러나

이것도 이스라엘의 구원을 목적으로 하고 있다. 해설도 이것이 이스라엘의 도덕적 영적 상태와 상호 연결되어 있다고 한다. 히브리어 "구원자"는 사사들에게 적용되고, "구원"의 의미의 초기 모델을 구성한다. 구약성경에서 성령이 일시적으로 개인들에게 주어진다는 주장은 어느 정도 정당성이 있지만, 이것은 전체 그림이 아니며, 엄격하게 제한되어야 한다.

(3) 셋째, 저자들은 종종 하나님의 영에 의해 "능력 있게 된"empowering 지도자들과 사사들에 대해 말하고 있다. "능력"power이란 말을 과도하게 사용하면 어떤 문제가 발생한다는 것을 알게 될 것이기 때문에 나는 "능력을 부여하는"이란 말을 사용한다. 나중에 "능력"이 종종 산업시대의 유추로 잘못 이해되고 있음을 논증할 것이다. 즉 증기의 힘이나 전자력의 유추에 의한 유사 기계적인 용어로 보일 수 있다. 실제로 칼 바르트와 다른 사람들은 이 능력 있게 하는 것을 효과적임effectiveness 또는 효력있음efficaciousness의 의미로 보고 있다. 노만 스네이드Norman Sneith가 선언했듯이, "인간은 그러한 일들을 할 수 있다. 스스로, 그리고 자신들의 힘으로 할 수 있는 능력이 있다"는 것은 진실이다.[8] 그러나 이것은 (능력 있게 함) 할 수 있음, 효과적임, 고양된 능력에 대한 것이지 자연 그대로의 힘을 말하는 것이 아니다. 심지어 성경학자 사이에도 "능력"이라는 용어는 지금은 믿을 수 없는 것으로 여겨지는 오래된 개념들 위에 기초할 수 있다고 한다. 시릴 포웰은 "구약성경에서 인간을 능력 있게 한다"라고 할 때, 이제는 잘못된 것으로 판명되었지만 축복과 저주 가운데 "심리적 힘"을 부여한다는 낡은 개념을 가지고 연구하고 있다.[9] 더욱이 그는 "능력에 대한 마법과 같은 탁월한 해석을 제공한

---

8. Norman Snaith and Vincent Taylor (eds.), *The Doctrine of the Holy Spirit, Headingly Lectures* (London: Epworth, 1937), p. 11.
9. Powell, *The Biblical Concept of Power*, p. 20. Anthony C. Thiselton, "The Supposed Power of Words in the Biblical Writings," *JTS* 25 (1974): 282-99를 보라; *Thiselton on Hermeneutic*에서 반복된다: *Collected Works with New Essays* (Grand Rapids: Eerdmans, and Aldershot: Ashgate, 2006), pp. 53-68.

다"고 페터슨J.Pedersen에 대한 게르하르트 폰 라트의 비평을 인용한다.[10] 이처럼 포웰은 종종 에너지를 능력의 동의어로 사용하고 있다. 대조되는 것은, 아마도 일차적으로는 힘과 약함 사이에 있을 뿐만 아니라, 효과적인과 비효과적인, 가능과 불가능의 사이에 있다.

그러나 이 장에서 우리의 주된 대상은 개인에게 주신 성령의 은사와 공동체의 선, 심지어 구원이라는 더 넓은 문맥 사이의 관계에 대해 논의하는 것이다. 이것은 바울의 저작들 속에서 "성령의 은사"를 고찰할 때 특별히 중요하게 된다. 플로이드 필슨Floyd Filson은 바울에게 특별한 관심을 갖고 신구약 사이의 관계를 요약하면서 이렇게 단언한다. "선택된 개인에게 특별한 과업을 위해 성령이 주어지는 것은 사실인 것 같다. 그러나 이것이 어떤 사람은 성령이 없다는 것을 의미하지는 않는다"(즉, 신약에서).[11]

1.4 하나님의 "연장"Extension으로서 성령 : 계시, 영감, 거룩

하나님의 지혜와 하나님의 말씀처럼, (그리고 아마도 하나님의 천사, 하나님의 영광, 하나님의 법과 같이) 하나님의 영은 하나님과 구별되며, 하나님의 현존과 "얼굴"(히. 파님panim)을 전달할 수 있다. 고든 피Gordon Fee가 주장하듯이 하나님의 영을 구하는 것은 하나님을 구하는 것이다. 하나님의 얼굴은 하나님의 은혜로우신 관심을 가리킨다. 구약성경은 아무도 문자적으로는 하나님을 볼 수 없다고 하는 반면에, 수사학적 의미에서 하나님을 보는 것은 하나님의 은혜로운 현존, 또는 얼굴을 경험하는 것을 의미한다(시 17:15; 욥 33:25-26).[12] 진정 "하나님의 얼굴을 구하는 것"은 성경적 관용어가 되어

---

10. Powell, *The Biblical Concept of Power*, p. 22.
11. Floyd V. Filson, *The New Testament against Its Environment* (London: SCM, 1950), p. 78.
12. Eichrodt, *Theology of the Old Testament*, vol. 2, pp. 35-39; 참조. Gordon Fee, *God's Empowering Presence: The Holy Spirit in the Letters of Paul* (Carlisle: Paternoster, 1995),

버렸다(시 24:6; 참조. 대상 21:30). 지혜와 말씀은 아이히로트가 말하듯이 "초월적인 하나님의 자기 현시의 한 형태"가 될 수 있다.[13] 이러한 기초는 후대의 성령 신학에 근거하여, 어떤 이가 마치 성령이 하나님과 구별되거나, 하나님과 독립되어 있는 것처럼 성령을 찾거나 기도하는 것 같을 때 중요하게 된다. 동일한 맥락에서, "말씀에 대한 진술은 … 많은 경우 성령에 대한 진술과 겹친다."[14] 말씀과 영은 자칫 숨겨질 수 있는 하나님의 뜻과 목적을 계시한다.

종종 하나님의 영은 하나님과 동의어적 평행구에서 등장한다. 예를 들면, "나를 주 앞에서 쫓아내지 마시며 주의 성령을 내게서 거두지 마소서"(시 51:11). "주 앞에서"와 "성령" 그리고 "하나님의 임재"는 동의어이다. (전통에 따르면 나단 선지자의 비유로 촉발된) 죄의 고백과 회복은 전적으로 하나님께 달려있으며, 하나님과의 교통이 중요 주제가 된다. 시편 104:29-30에서도 이와 유사하게 하나님의 임재와 하나님의 영을 강조하고 있다. "주께서 낯(히. 파님, 또는 "임재")을 숨기신즉 그들이 떨고 … 주의 영(루아흐)을 보내어 그들을 창조하사 지면을 새롭게 하시나이다." 이 구절은 하나님의 영의 사역으로 이루어지는 창조와 재생을 하나님의 임재와 연결시키고 있다. 유사하게 시편 139:7에서 "하나님의 영"은 "하나님의 임재"와 동의어적 평행구를 이루고 있다. "내가 주의 영을 떠나 어디로 가며 주의 앞에서 어디로 피하리이까?"

바벨론 포로 이후 회복기에 하나님의 백성들은 하나님께서 여전히 그들과 함께 계심을 확신하고 거듭 확신할 필요가 있었다. 학개 선지자는 이러한 말로 하나님의 백성을 확신시킨다. "나의 영이 계속하여 너희 가운데에 머물러 있나니 너희는 두려워하지 말지어다"(학 2:4). 하나님은 언약에 신실하시므로 스룹바벨과 여호수아는 용기를 내야만 한다(학 2:4). 다시 "나의 영

---

pp. 6-9.
13. Eichrodt, *Theology of the Old Testament*, vol. 2, p. 38.
14. Eichrodt, *Theology of the Old Testament*, vol. 2, p. 79.

이 계속하여 너희 가운데에 머물러 있나니"(v.5)가 "내가 너희와 함께 하노라(v.4)"와 평행되고 있다. 하나님의 영은 분명히 하나님의 활동의 한 양태이다. 하나님의 본성이나 특성은 하나님과 분리되지 않는다. 많은 구절들이 영을 "하나님의 행동"으로 정의하거나 구체화하기 시작한다. 동시대 스가랴서에도 이 사실이 드러나는 유명한 구절이 있다. "이는 힘으로 되지 아니하며 능력으로 되지 아니하고 오직 나의 영으로 되느니라"(슥 4:6). 하나님의 영에 의해 큰 산도 평지가 된다(7절). 그러므로 스룹바벨은 성전 기초를 놓을 수 있다(9절). 영은 하나님의 일곱 눈(또는 완전한 지식)으로 상징화된 전능하신 하나님을 나타내고 있다(v.10). 아마 감람나무에서 흘러나오는 "기름"은 스룹바벨이 여호수아와 함께 영으로 기름 부음 받은 것을 상징하고 있을 것이다("기름 부음 받은 자들이니 온 세상의 주 옆에 서 있는 자니라", 14절; vv. 11-13 참조).

천사와 같은 존재를 성령과 동일시하고 개념화하는 것은 분명하지 않다. 여호수아는 칼을 빼든 "사람"을 보았는데, 그는 사명과 기름 부음을 전달했다(수 5:13). "여호와의 사자"가 마노아에게 나타났다(삿 13:13). NRSV는 종종 히브리어 사랍*saraph*("불타는 존재" "스랍")을 "불뱀"(사 14:29; 30:6)으로 번역한다. 좀 더 직접적으로 여호와의 현존과 연관된 것은 천사 그룹이다(출 25:18-22). 그룹은 언약궤와 하나님의 임재와 연결되어 있다. 사무엘하 22:2-20에서 다윗은 "여호와는 나의 반석이시요, 나의 요새시요, 나를 위하여 나를 건지시는 자"라고 노래하고 있다. 즉 여호와는 경이로우신 분이며 엄위로우신 분이시다. "그의 발아래는 어두컴컴하셨도다. 그룹을 타고 날으심이요 바람 날개 위에 나타나셨도다." 그룹은 하나님을 태우고 보좌를 호위하는 날개 달린 존재이다(겔 1장; 계 4:8-10). 그들의 기능은 특별히 에스겔서에서 성령의 기능과 유사하다.

계시의 대리인이라는 성령의 개념은 랍비 사상과 신약성경, 그리고 교부들에게서 계속하여 나타난다. 테어도어 프리젠Theodore Vriezen은 이렇게 말한다. "하나님의 영은 구약에서 계시의 수여 수단으로 등장하고 있지만, 피상적으로 생각하는 것보다 훨씬 덜 나타난다."[15] 사도 바울이 인용한 이사야 40:13을 "누가 여호와의 영을 지도하였으며 그의 모사가 되어 그를 가르쳤으랴"라고 말하고 있다(고전 2:16 참조). 성령과 하나님의 밀접한 연합은 시편 139:7의 동의적 평행구에서도 볼 수 있다. "내가 주의 영을 떠나 어디로 가며 주의 앞에서 어디로 피하리이까?" 후대 기록에서 하나님과의 친교는 이적보다 훨씬 더 주목을 받게 된다.[16] 따라서 갱신에 대한 강조는 에스겔 36:23-33에서 찾아볼 수 있다. "나의 큰 이름을 내가 거룩하게 할지라"(23절). 계속해서 "새 영을 너희 속에 두고 … 너희 육신에서 굳은 마음을 제거하고 … 내 영을 너희 속에 두어 너희로 내 율례를 행하게 하리니"(26-27절). 아이히로트는 "하나님과 사람의 관계는 이제 더 이상 인간의 노력에 달려있지 않고, 성령의 주어짐에 달려 있다"라고 주장한다.[17] 덧붙여 성령은 이제 영구한 영향력이 되었다고 한다.

그리하여 계시와 영감 사이의 근본적인 차이를 이해하고 분명하게 한다. 하나님의 나타내심은 하나님이 그의 영을 통하여, 말씀을 통하여, 천사를 통하여, 심지어 현현을 통하여 일으키시는 사건일 수 있다. 그러나 계시의 사용과 이해는 계시를 받는 인간 주체, 또는 인격체 영감을 필요로 한다. 오래 전에 제임스 오르James Orr는 이러한 구분을 제안했다.[18] 오르는 영감이 계시의 기록과 하나님의 계시 행위를 포함할 수 있다고 주장했다. 이것은 영구적, 또는 권위적 형태를 취할 수도 있다. 그는 "기록물을 제작하는 사람들은 계시의 영을 상당한 정도로 소유한다"라고 말한다.[19] 계속해서 오르는 계시는 하나님에 관한 진리의 공급이고, 영감은 공급된 진리의 사용이라고 주장한다. 이런 문제에 관해 이스라엘이 직면한 가장 미묘한 문제는 참된 예언

---

15. T. C. Vriezen, *An Outline of Old Testament Theology* (Oxford: Blackwell, 1962), p. 249.
16. Eichrodt, *Theology of the Old Testament*, vol. 2, p. 58.
17. Eichrodt, *Theology of the Old Testament*, vol. 2, p. 59.
18. James Orr, *Revelation and Inspiration* (London: Duckworth, 1909), 특히 pp. 155-74.
19. Orr, *Revelation and Inspiration*, p. 156.

과 거짓 예언의 문제였다. 성령으로 영감 되었다는 주장은 그것이 시험하고 입증되기 전까지는 주장으로만 남아 있었다.

조지 몽테규George Montaque는 성령을 "예언의 충동자이며 고무자"로 본다.[20] 영감 된 예언의 초기 실례는 아마 민수기에서 나타날 것이다. 민수기의 어떤 것은 후대의 것이지만, 발람의 이야기는 초기 전통의 것이라는 고고학과 또 다른 증거가 있다(민 22-24). 민수기는 이스라엘을 저주하라고 발락 왕이 자신을 고용했지만, 이스라엘을 축복함으로써 모압 왕 발락을 무시했던 비이스라엘 선지자를 묘사하고 있다. 민수기 24:2은 "하나님의 영이 그(발람) 위에 임하신지라"라고 말씀하고 있다. 그러나 발람은 자신에 대해 "하나님의 말씀을 듣는 자"라고 한다(22:4). 이것과 평행구는 민수기 23:6에서 볼 수 있다. "여호와께서 … 그의 입에 말씀을 주시며." 이것은 여호와의 영이 하나님의 말씀을 계시하며 선지자를 영감 하신다는 분명한 예이다. 이 주제는 후대의 본문과 유대교에서 성령이 선지자와 성경을 영감 한다는 것으로 발전한다.

이사야 11:1-2에서는 많은 그리스도인이 메시아적 인물로 여기는 한 통치자에게 부어지는 "지혜"의 은사와 연계되는 것을 볼 수 있다. "이새의 줄기에서 한 싹이 나며 그 뿌리에서 한 가지가 나서 결실한 것이요 그의 위에 여호와의 영, 곧 지혜와 총명의 영이요 모략과 재능의 영이요 …." 성령을 영원토록 받는 이 인물을 어떻게 메시아, 또는 역사적인 입장에서 다윗 계통의 왕, 또는 기독론적 입장에서 그리스도로 정의 할 수 있을까? 이 인물은 복합적인 성취를 암시하고 있다. 그는 가난한 자와 압제당하는 자를 옹호할 것이며(4절) 평화와 정의, 행복과 구원의 우주적 전망을 가져올 것이다(11:6-10). 이는 분명 하나님의 백성의 남은 자의 회복을 의미하고 있다(11절). "영"은 4회 등장하고 있다. 4-5절에서는 이 말이 인류학적으로 지혜의 "특성", 또는 "마음 체계"를 의미하거나, 하나님의 대리인으로서 "지혜를 주

---

20. George T. Montague, *The Holy Spirit: The Growth of a Biblical Tradition* (Eugene, OR: Wipf & Stock, 1976), p. 45.

는 영"일 수 있다. 이사야 28:6에서는 "판결하는 영"(히브리어로는 루아흐 미쉬팟 *rûach mishipat*)이 반복되고, 이사야 32:15에서는 영을 부어주심을 말하고 있고, 이 영은 공의와 평화를 가져올 것이다.

그러나 인간 선지자들 사이에서는 곧 여호와의 영의 이름으로 행하는 예언에 대해 참된 주장과 거짓 주장을 분별해야 할 필요성이 대두되었다. 이 문제는 열왕기상 22:11-28에 나오는 이믈라의 아들 미가야에 대한 이야기에 빛을 비춰준다. 미가야는 "여호와께서 내게 말씀하시는 것, 곧 그것을 내가 말하리라"라고 말한다(22:14). 그의 메시지는 "올라가서 승리를 얻으소서"였다(15절). 그러나 아합 왕이 추궁하자 그는 "내가 보니 온 이스라엘이 목자 없는 양같이 흩어졌는데"라고 인정한다(17절). 21-22절에서 그는 "한 영이 … 내가 그를 꾀겠나이다 … 내가 나가서 거짓말하는 영이 되어 그의 모든 선지자들의 입에 있겠나이다(23절에서 반복)"라고 말한다. 마지막으로 시드기야가 "여호와의 영이 나를 떠나 어디로 가서 네게 말씀하시더냐"라고 반문하고, 왕은 미가야를 옥에 가둔다(22:24, 27). 모벌리Moberly는 이 주제에 대해 결정적인 그의 책 『예언과 분별』*Prophecy and Discernment*에서 20여 페이지에 걸쳐 메시야 본문을 다루고 있다.[21] 이 문제는 주로 엘리야가 아합 왕과 대결하는 일련의 구절에서 등장한다. 아합 왕은 선지자의 목소리의 지시에 따르고 있다(22:1-4). 길르앗 라못은 골란 고원 근처에 있는 국경도시로서 지금도 시리아와 이스라엘이 다투고 있는 지역이다. 이야기는 나봇의 포도원 이야기로 이어진다. 이는 독자에게 땅에 대한 아합의 탐욕에 주목하게 한다.

사실상 결정은 내려졌기 때문에 아합에게 있어 선지자에게 묻는 것은 거짓된 질문이었다. 그러나 여호사밧은 아합 왕의 결정에 단순히 따르기를 원하지 않았으므로 여호사밧에게 그 질문은 참된 것이었다. (바알의?) 선지자 400명이 아합의 결정을 확정 짓는다. 아합 왕은 이미 미가야가 자신의 계획

---

21. R. W. L. Moberly, *Prophecy and Discernment*, Cambridge Studies in Christian Doctrine (Cambridge: Cambridge University Press, 2006), pp. 109-29.

에 단순히 찬성하지 않으리라는 것을 알고 있다. 그 장면은 워싱턴 D. C나 영국 웨스트민스터의 장면과 같이 드라마의 한 장면과 같다. 미가야는 공개적인 자리에 서야만 했다. 아합 왕이 질문하자(22:15a), 미가야는 처음에는 왕이 원하는 대답을 한다(15b절). 그러나 아합 왕이나 미가야 선지자 모두 그것은 미가야가 믿고 있는 것이 아니라는 것을 알고 있다. 17절에 와서 재앙을 경고한다. 선지자의 풍자적인 대답은 왕의 방심을 불러왔다. 다윗에게 행한 나단 선지자의 유혹적인 전략도 이와 유사하다(삼하 12:1-7). 나단 선지자는 단순히 명백한 사실을 진술하는 것을 피한다. 이러한 "간접적 소통"의 결론은 분명하다. 즉 여호와 하나님은 재앙을 결정하셨고, 하늘 법정에서 선고되었다. 이 하나님 중심 양상은 신학적 의미를 담고 있다. 시드기야는 선지자단의 리더로서 개입하고, 미가야는 뒤로 물러나지 않는다. 미가야는 예언의 성취뿐만 아니라 "의지와 성실함 사이"에서 승리한다.[22]

거짓 예언의 문제는 신명기서에 다시 등장한다. 그 주제는 신명기 18:9-22에서 다루고 있다. 그러나 18:20-22의 결론은 오늘날 하나님의 이름으로 말한다고 주장하는 사람들에게 가장 크게 도전하고 있다. 선지자가 "참된" 선지자라면, "내 말을 그 입에 둘 것이다"(18절). 그러나 20절은 이렇게 말씀한다. "내가 전하라고 명령하지 아니한 말을 제 마음대로 내 이름으로 전하든지 … 그 선지자는 죽임을 당하리라." 이것을 22절에서 반복한다. "이는 여호와께서 말씀하신 것이 아니요 그 선지자가 제 마음대로 한 말이니." 넓은 의미에서 모세는 선지자로 묘사되고 있다(히브리어 나비 *nabbi*). 그리고 후기 유대교와 칼빈은 모세가 하나님의 말씀을 백성들에게 전한 탁월한 선지자라고 인정한다. 모벌리는 그를 "이스라엘의 다른 선지자들의 모델"이라고 부른다. 그리고 모세는 "분명히 하나님과의 친밀함에 근거한" 사역을 했다고 한다.[23] 그러나 신명기 18:9-22에서는 백성들이 "선지자가 진리를 말

---

22. Moberly, *Prophecy and Discernment*, pp. 125, 128.
23. Moberly, *Prophecy and Discernment*, pp. 8-9.

하고 있음을 아는 쉬운 방법이 없으므로" 당혹스러워하고 있음을 보여 주고 있다.[24] 신명기 18:15-22이 이 사실을 보여주고 있다. 이 딜레마는 교회가 "예언을 분별"하거나(고전 14:29) "시험"해야 한다는 것을(살전 5:21) 볼 때 신약시대까지 지속되고 있음을 알 수 있다.

거짓 선지자들이 여호와의 이름으로 말한다고 주장하기 쉬웠던 것은 7, 8세기의 정경 선지자들이 하나님의 영에 대해 상대적으로 거의 언급하지 않은데 대한 설명이 될 것이다. 부분적인 또 다른 논증은 "그들의 말이 그들의 이름으로 수집되고 결국 그들의 이름으로 발행되었다"는 것이다.[25] 이것이 그들이 성령으로 말한다는 것을 배제하지는 않을 것이다. 첫 번째 "기록" 선지자 아모스는 하나님의 영에 대한 언급을 생략하고 있다. 그러나 자신의 소명 의식을 강조하고 있다(암 1:1). 호세아도 성령보다는 "말씀"을 선호하고 있다. 호세아 4:19에서 루아흐는 "바람"을 의미하고, 4:12과 5:4에서는 사람의 "사고방식"을 의미하고 있다. 이사야는 보통 미가와 동시대인이라고 하는데, 이사야 1-39에서 그는 자신의 영감을 표현하는데 "성령"을 사용하지 않는다. 필슨J. E. Filson은 이렇게 정경 선지자들의 마음 상태를 말하고 있다. "여호와의 말씀을 듣는 것과 신비적 황홀경에 빠지는 것 사이에 모든 차이가 있다."[26]

아모스와 호세아가 북쪽 이스라엘에서 사역한 반면, 미가는 남쪽 유대에서 예언 사역을 했다. 미가는 아모스처럼 주로 윤리성과 사회성을 강조했다. 그러나 그는 하나님의 영에 영감 되었다고 주장하지 않는다. 그는 "내 백성을 미혹하는" 거짓 선지자들의 능력과 속임수를 인지하고 있었다(미 3:5). 미가는 "선견자가 수치를 당할 것"이라고 선언한다(3:7). 그러나 이것이 미가가 다음과 같이 선언하는 것을 막지는 못한다. "오직 나는 여호와의 영으로

---

24. Moberly, *Prophecy and Discernment*, p. 17.
25. Montague, *The Holy Spirit*, p. 33.
26. J. E. Fison, *The Blessing of the Holy Spirit* (London and New York: Longmans, Green, 1950), p. 67.

말미암아 능력과 정의와 용기로 충만해져서 야곱의 허물과 이스라엘의 죄를 그들에게 보이리라"(미 3:8). 그러나 하나님의 영에 대한 호소가 정의와 공의에 대한 관심과 결합되고 있다. 이것은 결정적인 조건이다.

1세기 후, 7세기에, 예레미야서에서 성령은 사실상 사라진다. 예레미야 선지자는 거짓 선지자를 자주 공격한다(렘 2:8; 5:13, 31; 6:13; 14:11, 16; 23:9-40; 28:1-17). 이들은 "백성을 미혹하고"(렘 23:32), "여호와의 이름으로 거짓을 말한다"(23:25). "내가 그들을 보내지 아니하였으며"(32절), "내가 보내지 아니하였어도 … 내가 그들에게 이르지 아니하였어도 예언하였은즉"(21절). "선지자들이 내 이름으로 거짓 예언을 하도다"(렘 14:14). 몽테규는 이렇게 말한다. "성령으로 말씀한다는 것에 대해 그토록 강력한 반대에 직면하기 전에는 … 후에 바울에게서 이러한 예레미야의 반응의 자취를 발견할 것이다 … (고전 14:13-19)."[27] 예레미야도 환상을 보았다(렘 1:11-14). 그럼에도 그들을 공격한다. 예레미야는 "여호와의 말씀"을 강조한다(렘 2:1; 7:1; 14:1). 반면 "환상"은 신적 메시지의 부분으로서 "보통 사물(살구나무, 또는 끓는 가마)의 의미를 해석"하는 것을 가리킨다. 예레미야 51:11에서는 "영"이 단순히 "여호와께서 메대 왕들의 마음을 부추기사"처럼 "사고 체계"를 가리킨다. 프리젠은 사실상 이렇게 주장한다. "주요 선지자들은 에스겔(한 번)과 제2이사야를 제외하고는 결코 계시와 성령의 사역을 연계시키지 않는다."[28]

그러나 광범위하게 남용되고 있음에도 불구하고, 상대적으로 더 많은 선지자들이 현상에 대한 염려를 보여 줄지라도, 하나님은 선지자들을 통해 계속하여 말씀하고 있다. 이 사실에서 우리가 배우는 교훈은 열린 마음으로, 그러나 매우 주의 깊게 "예언"에 접근해야 한다는 것이다. 바울 서신을 살펴볼 때 우리는 오늘날 널리 이해되고 있는 의미로 바울이 그 용어를 이해하고 있는지 주의 깊게 고찰할 것이다.

---

27. Montague, *The Holy Spirit*, p. 43.
28. Vriezen, *Old Testament Theology*, p. 250.

1.5. 남아 있는 주제들
: 영향력, 창조성, 생명, 그리고 영의 분배 또는 물려받음

예언과 영감의 고찰에는 옥수수밭에 불어오는 바람이나 나무를 흔드는 바람과 같이, 우리는 그 영향력에 의해서만 바람을 볼 수 있고 마찬가지로 성령도 가시적인 영향이라는 관점에서 보아야 한다는 것을 덧붙인다. 이와 같이 한 선지자가 명백하게 거짓된 것이나 하나님의 뜻, 또는 이전의 계시와 배치되는 것을 계시한다면 그의 주장은 받아들여서는 안 된다. 이미 지적한 대로 이사야 7:2은 이렇게 선언한다. "그의 백성의 마음이 숲이 바람에 흔들림 같이 흔들렸더라." 알곡으로부터 쭉정이를 분리하는 것처럼, "네가 그들을 까부른즉 바람이 그들을 날리겠고"(사 41:16). 성령의 초월성 아래서 우리는 성령을 창조적인 것으로 보지 않을 수 없다. 성령은 인간의 열망에 해당하는 것이 아니라 인간을 창조한, 인간이 의존하고 있는 것이다. 이 사실은 성경에서 점점 성령의 혁신과 새 창조의 역할이라는 개념으로 이끌어 간다.

비슷하게 우리는 이미 생명의 수여자로서 성령의 사역이라는 면을 알고 있다. 에스겔 37:1-14의 마른 뼈의 골짜기의 환상은 교훈적인 실례이다. 뼈들은 "바짝 말라" 있었다(2절). 하나님은 그의 영으로 말미암아 생명이 없이 오래도록 말라 있던 뼈를 취하여 살과 피부를 가진 살아있는 사람이 되게 하신다(6절). "그들이 곧 살아나서 일어나 서는데 극히 큰 군대더라"(10절). 여호와께서 말씀하신다. "내가 너희 무덤을 열고 너희로 거기에서 나오게 하고"(12절). 이는 모두 "내가 또 내 영을 너희 속에 두어 너희로 살아나게" 하였기 때문이다(14절). 위르겐 몰트만이 성령에 대한 그의 책 제목을 『생명의 성령』라고 한 것은 괜히 그렇게 한 것이 아니다.[29]

이제까지 고찰한 것 중 남은 한 가지는 물려준, 또는 공유된 선물로서

---

29. Jürgen Moltmann, *The Spirit of Life: A Universal Affirmation* (London: SCM, 1992).

의 성령이다. 이것은 이미 모세와 관련하여 언급했었다. 민수기 11:16-25의 "70인의 장로"는 모세로부터 이 선물을 "물려받았다." 이 선물은 모세를 통하여 주어진 것이다. 모세는 수많은 백성을 인도하는 "책임이 중하다"고 불평한다. "여호와께서…그[모세]에게 임한 영을 칠십 장로에게도 임하게 하시니 영이 임하신 때에 그들이 예언을 하다가"(민 11:25). 비슷하게 여호수아도 모세가 안수할 때 모세를 통하여 성령의 선물을 받는다(신 34:9). 마찬가지로 엘리사도 엘리야로부터 하나님의 성령을 "물려받는다." "엘리야의 성령이 하시는 역사가 엘리사 위에 머물렀다"(왕하 2:15; 2:9, 13-14 참조). 후대의 그리스도인들도 그들의 양자됨이 하나님의 아들이신 그리스도로부터 직접 물려받은 것처럼, 하나님의 영으로 기름 부음 받은 그리스도로부터 직접 물려받게 될 것이다(갈 4:4-7; 롬 8:9-11; 8:26-27 참조). 이는 구약의 구절들을 그리스도인들에게 특히나 의미 있게 만든다. 많은 사람들은 종의 노래에서 또한 같은 것을 보고 있다. 이사야 42:1, 5은 최초의 종의 노래이다. 종은 하나님이 선택하신 자요, 그 마음에 기뻐하는 자다. 그리고 그에게 하나님의 영을 주셨다. 찰스 크랜필드Charles Cranfield는 "(예수께서 세례를 받을 때 하늘에서 들린 목소리) 바트-콜bath-qôl이라는 단어는 이사야 42:1을 생각나게 한다"고 말한다(막 1:11).[30] 마태복음 12:18은 "내가 택한 나의 종, 내가 기뻐하는 바 내가 사랑하는 자로다." 계속해서 "내가 내 영을 그에게 줄 터이니(*ho agapētos mou eis hon eudokēsen hē psychē mou*)"라고 말한다. 마태복음 3:16-17은 예수 위에 성령이 내려 임하였고, 하늘에서는 "이는 내 사랑하는 아들이요, 내 기뻐하는 자라"는 외침이 있었다고 한다. 누가복음 3:22에서 누가는 거의 동일한 말을 하고 있다. 이사야 42:7은 "눈먼 자들의 눈을 밝히며 갇힌 자를 감옥에서 이끌어 내며"라고 결론을 짓고, 누가복음 4:18-19에서 예수께서 이것을 가져다가 말씀하신다. 이사야 42:1-7과 복음서는 모두 하나님이 선택하신 자가 어떻게 성령의 부으심을 통해 활동하며 사역하는지를 보여주고

---

30. C. E. B. Cranfield, *The Gospel according to Saint Mark* (Cambridge: Cambridge University Press, 1963), p. 54.

있다. 이는 정경적 관점에서 예수와 이스라엘 백성을 본 것이다.

성령에 대한 언급은 비록 이들 구절들이 메시아적 언어를 풍성하게 담고 있고, 종의 능력은 보통 하나님 자신에 해당한다고 하더라도 다른 종의 노래와 상충하지 않는다(사 49:1-6, 50:4-9, 그리고 52:13-53:12). 그러나 이사야 61:1-3은 깜짝 놀랄만하다. "주 여호와의 영이 내게 내리셨으니 이는 여호와께서 내게 기름을 부으사 가난한 자에게 아름다운 소식을 전하게 하려하며 여호와의 은혜의 해를 선포하여 … 무릇 시온에서 슬퍼하는 자에게 화관을 주어 그 재를 대신하며 …." 누가복음 4:17-19에서 예수께서 이사야서에서 이 구절을 분명하게 인용하고 있다. 그것은 이사야 40:3-5과 61:1-2의 복합적 인용이다. 루크 존슨Luke T. Johnson은 "누가는 여기에서 이사야 61:1, 58:6, 그리고 61:2을 칠십인역에서 혼합하여 인용하였다"고 주장한다.[31] 하워드 마샬I. H Marshall은 "구약의 인물의 기능들이 이 목적을 위해 성령으로 기름 부음을 받으신 예수 안에서 성취되고 있다"고 한다.[32]

또한 이사야 63:10-14은 하나님의 영과 이스라엘 백성을 위해 행하신 하나님의 과거 행위를 연계시키고 있다. 이사야 63:10은 이스라엘의 반역이 "성령을 근심하게 하였다"고 한다. 이것이 매우 중요한 점이다. (성령을) "근심하게 하였다"는 말은 성령이 힘이나 능력이라면 근심할 수 없으므로 성령은 인격적, 초월적 사역자임을 암시하고 있다. 둘째 이것은 구약에서 "성령"이라고 구체적으로 언급한 세 번 중 하나이다. "주의 성령(히브리어 rûach qddhshekd)"은 시편 51:11에도 등장한다. 시편 51:11에서는 이스라엘 공동체를 언급하지만, 이사야 61:10-11은 개인 속에서 성령을 언급하고 있다. 보통 "여호와의 영"은 특별한 특성을 언급하지 않지만 다니엘 4:8에서는 "거룩한 신들의 영"이라고 한다. 그러나 이사야 63:14은 "여호와의 영"이

---

31. Luke T. Johnson, *The Gospel of Luke*, Sacra Pagina (Collegeville, MN: Glazier, 1991), p. 79; 참조. Joel B. Green, *The Gospel of Luke*, NICNT (Grand Rapids: Eerdmans, 1997), pp. 209-13.

32. I. Howard Marshall, *The Gospel of Luke*, NIGTC (Grand Rapids: Eerdmans, 1978), p. 183.

이스라엘 백성에게 평안을 제공했다고 한다. 이사야 59:21은 "떠나지 아니하며" 일시적인 보증이 아닌, 하나님의 말씀과 "나(하나님)의 영"에 대해 말씀하고 있다. 그 영은 언약을 유지하거나, 이스라엘과의 관계에 대한 하나님의 말씀을 지지하는 영으로서 활동한다.

또 다른 중요한 면은 종말론적, 또는 미래의 새 시대에 대한 예언적 약속과 관련된다. 이것은 특별히 예레미야 31장과 요엘 2장에 등장한다. 예레미야 31:31은 법이 "그들의 마음"에 기록되는 새 언약을 약속하고 있다. 그러나 이것을 구체적으로 성령의 사역이라고 하지 않는다. 요엘 2:28은 오순절에 사도 베드로가 그의 첫 설교에서 분명하게 인용하고 있다. "내가 내 영을 모든 육체에 부어 주리니 너희의 자녀들은 예언할 것이요 너희의 젊은이들은 환상을 보고 너희의 늙은이들은 꿈을 꾸리라"(행 2:17). 요엘은 "내가 또 내 영을 내 남종과 여종에게 부어 줄 것"이라고 선언한다(2:29). "모든 육체"는 차별 없이 "모든 사람"을 가리킨다. 누가는 이 용어를 칠십인역을 따라 "모든 종류의 사람"이라는 의미로 사용한다. 꿈과 이상과 지상의 어둠에 대한 환상은 이 사건들을 우주적, 묵시적 문맥 속에 위치시킨다. 이 사건은 새 창조의 시작이며, 땅이 흔들리는 사건이다. "해가 어두워지고 달이 핏빛같이 변하려니와"(31절)는 마지막 날 또는 새 창조가 돋는 것을 나타내는 표준적 묵시 이미지이다. 이것을 듣는 자나 읽는 자나 이것이 세계 역사의 중요 사건이나 우주적 사건을 의미한다고 이해할 것이다. 이처럼 사도 바울은 천문학에 관한 사건이라는 암시 없이 이 이미지를 반복한다(행 2:20). 그러한 사건들은 "인간의 사역이 아니라, 오직 하나님의 사역"을 가리킨다.[33] 하나님의 성령의 선물은 심판과 은혜로써 온다. 왜냐하면 "누구든지 여호와의 이름을 부르는 자는 구원을 얻을" 것이기 때문이다(욜 2:32).

이 장의 결론: 우리는 루아흐의 많은 용례가 인류학적이며, 특별히 지혜 문학에서 인간의 영을 가리킴을 알 수 있었다(잠 11:13; 15:13; 16:18; 18:14;

---

33. Johannes Weiss, *Jesus' Preaching of the Kingdom of God*.

29:23; 전 1:14, 17; 2:11, 17; 4:4, 6; 10:4; 욥 7:11; 10:12). 그러나 루아흐의 또 다른 용례를 혼동해서는 안 된다. 지혜와 말씀같이 하나님의 중재자로서 성령의 역할이 있지만 대부분 하나님의 영은 "인간 외부로부터" 인간에게 미치는 초월적인 영향력이다. 최소한 말할 수 있는 것은 구약에서도 성령은 "내부에 존재하는 초월자"이다. 이것은 근본적으로 "영적인"과 "영성"이라는 개념에 영향을 주며, 신약의 자료들로 이를 입증할 것이다. 둘째, 특별히 은사가 개인에게 주어지더라도 이는 전체 공동체를 위한 것이다. 이것도 역시 신약으로 확증할 것이다. 셋째, 성령을 찾거나 성령의 말씀을 듣는 것은 하나님을 찾고 하나님께 듣는 것이다. 이것은 나중에 신약의 교리로써 확증할 것이다. 또 다른 특성들은 거룩, 계시, 창조성, 생명이다. 그러나 신약과 가장 유사한 특성은 은사의 물려줌, 또는 분배의 원리이다. 모든 그리스도인은 그리스도 안에서 그리스도의 메시아적 기름 부음에 참여하기 때문에 하나님의 영을 소유하고 있다. 신약 무대의 중심은 성령이 증거하는 그리스도이다(요 16:13). 적어도 이 초점은 삼위일체-성부, 성자, 성령 전체를 포괄하게 될 것이다.

20세기 후기와 초기의 많은 저자들이 이상의 특성 중에서 몇 가지를 강조했다. 그러나 나는 두 가지 이유 때문에 이 장에서 그것을 언급하는 것을 미루었다. 첫째, 초기 단계에서 너무 많은 각주를 사용하는 것을 피하고 싶었다. 둘째, 그들의 언급은 그것을 다루는 부분에서 고찰하기를 원한다. 우리는 3부에서 특별한 주제들을 더 깊이 고찰할 것이다.

2
유대교의 성령

2.1. 서론 : 실제적인 주제들

　신구약 중간기의 유대교가 처한 상황과 주제는 구약처럼 다양하고 복잡하기 때문에, 전반적인 요약으로 다시 시작하려고 하지만, 특별히 이 장의 실제적인 목표를 찾을지도 모르는 그리스도인들을 염두에 두려고 한다. 그러나 지나치게 단순화하지는 않고 가능한 한 짧게 하려고 한다.
　첫째, 종종 이 기간의 유대교는 성령에 대해 침묵하리라고 예상하는 잘못된 주장이 있었다. 그러나 이와 반대로 많은 사람들은 이것이 거의 전적으로 토세프타 소타 *Tosefta Sotah* 13:2-4의 단 하나의 본문을 오해한 데서 비롯된 것이라고 주장한다. 그 구절은 분명히 이렇게 되어 있다. "마지막 선지자들인 학개, 스가랴, 말라기가 죽은 후 성령은 이스라엘[로부터] 중단되었다. 그럼에도 불구하고 그들에게 바트-콜 *bath-qôl*[문자적으로, '소리의 딸']이 들렸다. … 그들이 들은 바트-콜의 말씀이다. '여기 성령에 어울리는 사람이 있다.'" 이 사람은 힐렐이며, 그는 성령을 다시 현존하게 할 수 있다고 암시하고 있다. 기껏해야 우리는 아마도 A. D. 3세기, 또는 4세기의 단 하나의 본문, 그것도 그 중요성이 논란 중에 있는 본문이 결정적일 수는 없으며, 유대교의 다른 많은 본문들이 또 다른 결론을 제시하고 있다고 결론 내릴 수 있을 것이다.

일반적으로 구약에서는 세 가지 주제가 나타나는데, 이는 신약에서도 다루어졌다. (1) 첫째, 사해사본(아래를 보라) 안에 있는 1QS 8:15-16은 느헤미야 9:30과 스가랴 7:12을 들어 성령이 구약의 선지자들과 율법의 연구를 감동시킬 만큼 활동적이었다고 암시하고 있다. 희년서Jubilees 31:12도 비슷한 견해를 나타내고 있다. (2) 둘째, 성령은 보다 명확하게 거룩 또는 정결과 연관되기 시작한다. 어떤 이들은 성령을 정결의 원인으로 보느냐, 결과로 보느냐를 숙고한다. (3) 셋째, 이것이 성령을 가리키는 것인지 항상 분명하지는 않지만, 공동체는 특별히 사해사본(1QS 3:7-8)에서 성령의 활동에 더 분명한 초점을 두고 있다.

한편 (아래에서 논의된) 그리스어를 사용하는 유대교에서는 하나님의 영이 훨씬 더 내재적이거나, 인간의 이성적인 영과 겹치게 된다. 이는 바울서신이나 다른 신약성경보다는 오히려 그리스 철학의 특징이다. 바울과 필로Philo는 상당히 대조적인 특성을 드러내며, 오늘날 많은 대중적인 가설들은 성령에 대해 바울과 신약성경보다는 이 "헬레니즘적" 사고에 더 많이 의지하고 있다.

2.2. 신구약 중간기 유대교의 배경과 목적과 범위

신구약 중간기 유대 문학은 두 가지의 큰 형태를 취하고 있다. 이 두 그룹의 저작들의 이전 명칭은 "팔레스타인적" 유대교와 "헬레니즘적" 유대교였다. 그러나 마틴 헹겔Martin Hengel과 다른 많은 사람들은 이 용어들이 불만족스러운 용어라는 데 동의한다. 사상과 문화의 두 흐름은 하나의 스펙트럼을 따라 서로 관통하고 영향을 끼친다. 또한 동시에 우리는 그 스펙트럼의 각 끝에 이 두 개의 경향이 존재한다는 분명한 예를 들 수 있다. 예를 들어,

외경 벤 시락Ben Sirach은 잠언의 형식을 매우 밀접하게 따르고 있다. 즉 많은 랍비 문헌은 보수적이거나 "팔레스타인적" 전통을 따르고 있다. 그 스펙트럼의 반대쪽에 있는 알렉산드리아의 필로와 친로마적인 플라비우스 요세푸스는 그리스 로마 세계에 대하여 긍정적인 태도를 보여주며 그리스 철학과 문화에 깊이 물들어 있다. 그들은 유대교에 매우 충성스럽지만 디아스포라 유대교의 특성이 뚜렷하다. 몇 가지 공통된 태도를 사도행전 7장에서 그리스어를 말하는 스데반의 담대한 연설에서 찾아볼 수 있다.

그 시기의 많은 유대 문헌들은 이 양극단의 사이에 위치하고 있다. 외경 솔로몬의 지혜는 필로처럼 그리스적 개념이 스며들어 있다. 마카비4서는 많은 위경들처럼 그리스 사상의 영향을 강하게 받았다. 1948년 이후 쿰란에서 발견된 사해사본은 주로 주전 1세기부터 주후 1세기까지로 추정되는 팔레스타인 유대교의 한 종파를 나타내고 있다. 묵시 문학 내에는 반로마적인 솔로몬의 시Psalms of Solomon가 있는데, 이는 "라틴 사람들에 대한" 승리를 기다리고 있다. 유딧서에서 유딧은 구약의 사사들 중 한 사람처럼 행동하여 외국의 통치에 항거하고 있다. 한편 에녹1서는 구약과 유사한 종말론의 형태를 담고 있다. 열두 족장의 유언은 다양한 세계관을 포함하고 있지만, 기독교적인 것도 추가하고 있다.

지혜문학 전통과 묵시문학 전통 안에서 신구약 중간기를 연결하는 두 개의 두드러진 교량이 발견된다. 지혜문학 전통 안에서 보수적인 전통의 책인 벤 시락의 지혜(집회서로 알려진)는 B.C. 2세기의 작품이다. 종종 잠언의 시기까지 보기도 한다. 지혜는 하나님의 선재하는 능력으로서 높이 평가되며, 때로는 사실상 신적인 속성이기도 하다. 지혜는 종종 성령을 대신하는 하나님의 대리인으로 여겨지기도 한다. 또한 지혜는 율법과 동일시된다. 벤 시락은 헬레니즘적 문화 속에 살고 있는 유대인들을 위해 기록되었다. 종종 "영"은 "이해의 영으로 충만해진" 사고체계를 가리킨다(sir 39:6). 여기 이것은 기독교의 소명을 나타낸다. 벤 시락은 또한 인간의 능력에 초점을 맞추기도 한다. 서기관은 현인이다. "꿈은 많은 자를 속였다 … 그러한 속임이 없다면 율법이 성취될 것이다"(sir 34:7-8)는 거짓 예언에 대한 구약의 논란을 암시하고 있다. 에스라와 같이 서기관은 순수한 전통과 법을 전달해야 한다. 존 레비슨John R. Levison은 이렇게 주장한다. "벤 시락은 점이나 신접이나 꿈을 통해 지식을 얻는다는 주장을 신용하지 않는다"(34:5).[1] 그러나 정경 선지자들의 영감은 의심하지 않는다. 벤 시락은 "위대하고 이상들을 신뢰했던 선지자 이사야"(sir 48:22)와 "하나님이 그에게 보이신 영광의 환상을 본"(49:8) 에스겔에 대해 말한다. 그러나 유대인들에게 지혜는 성령보다는 보통 성경을 묵상하는 것이다.

1세기 문헌인 솔로몬의 지혜서는 이방의 헬레니즘적 문화 속에 사는 유대인들을 향한 것이다. 그러나 어떤 면에서 벤 시락과는 근본적으로 다르다. 벤 시락은 보수적이지만 잠언과 같이 섭리에 대해 낙관적인 견해를 가지고 있고, 솔로몬의 지혜는 좀 더 급진적이며 필로와 같이 그리스적 개념에 깊이 물들어 있고, 욥기나 전도서처럼 인생의 투쟁에 대해 더 잘 알고 있다. 그것은 이집트 안의 로마식 규정을 반영하고 있다. 또한 우상숭배를 비난하고 있다(지혜서 14:8, 12, 24-27; 롬 1:18-32와 서로 잘 어울린다). 과거 지향적이면서 미래 지향적이며, 플라톤적 이원론의 모습을 가지고 있다.

그리스 로마 세계에 굳게 뿌리내린 디아스포라 유대교의 주요 자료는 칠십인역, 솔로몬의 지혜서, 마카비4서, 그리고 특별히 알렉산드리아의 필로(c. 20 B.C.-A.D. 40 또는 45), 그리고 플라비우스 요세푸스(A.D. 37-c.100) 안에 남아 있다. 필로는 40개의 글을 남겼다(로엡문고Loeb Library에서 12권으로 출판했다). 그는 디아스포라 유대교에 충실했지만, 플라톤과 스토아 철학을 로마인들이 이해할 수 있는 용어로 설명함으로써 토라 또는 율법을 해석하려고 하였다. 바울이나 요한에게서도 그와 같은 성향이 있다. 하나님은 비물질적 초월자라는 의미에서 "영"이시지만, 하나님의 창조의 대리인은 성령이 아니라 로고스이다. 필로는 세심하게 신인동형론을 피하고 있다. 필로가 비록 인간

---

1. John R. Levison, *The Spirit in First-Century Judaism* (Boston and Leiden: Brill, 2002), p. 259.

안에 한 "거룩한 영"이 내주한다고 믿었으나, 영적이고 초월적인 하나님과 인류 사이의 중보적 존재는 이성적 지성이다(Philo, *Allegorical Interpretatation* 1:32-42). 성령은 브살렐을 감동하였고(출 31:3), "모든 곳에 충만하게 발산된다"(*on Giants 27*). 필로는 스토아주의와 분명히 거리를 두었으나 스토아학파처럼 프뉴마를 편재하는 것으로 보았다. 이는 고린도전서 2:12에서 성령을 스토아적 "세계정신"과 구별되는 것으로, "하나님으로부터 나오는 것(Greek, *to pneuma to ek theou*)"으로 보고 있는 바울과는 대조적인 입장이다. 필로의 성령관은 내재적이라고 할 수 있을 것이다.

2.3 아람어를 사용하는 유대교의 루아흐(*Rûach*, 영)와 그리스어를 사용하는 유대교의 프뉴마*Pneuma*

솔로몬의 지혜서는 "교양과 훈계의 성령"(*hagion pneuma paideias*)에서 "거룩"과 "영"이라는 용어를 3회 함께 사용하고 있다. 그러나 이는 성령을 가리키지 않는다. 이 구절은 "거룩하고 훈련된 정신"(NRSV) 또는 마음 체계를 가리킨다(지혜서 1:5). 해치Hatch와 레드패스Redpath는 『칠십인역 색인집』에서 프뉴마를 22회 언급하지만, 그중 인간의 특성이 아닌 여호와의 영을 분명히 가리키는 것은 2회, 또는 3회에 불과하다(지혜서 1:7).[2] 이 구절은 바울이 그리스도에 대해 다음과 같이 말한 것을 미리 말하고 있다. "여호와의 영이 … 만물을 함께 붙드시느니라"(지혜서 1:7; 골 1:17). 두 번째 단락은 지혜서 12:1인데, 저자는 하나님의 창조와 섭리적 보존에 나타난 하나님의 사랑에 대해 말하면서 다음과 같이 선언한다. "당신의 불멸의 영[NRSV, 다시 한번 소문자 'spirit']이 만물 안에 있나이다." 이것은 범신론*pantheism*이 아니라 만유내재신론*panentheism*이다. 즉 여기서 영은 초월적이기보다는 내재적이다.

---

2. Edwin Hatch and Henry A. Redpath, *A Concordance to the Septuagint* (Athens: Beneficial Books, 1977), vol. 2, p. 1152.

그러나 몽테규는 이렇게 주장한다. "사람은 하나님의 선물인 생명의 호흡을 불완전하게 붙들고 있다(시 104:29) … 생명의 호흡이 하나님의 소유라는 것은 결코 변하지 않는다. 그것은 인간의 지상 생애 동안 빌려준 것으로(지혜서 15:16) 인간이 죽을 때 그 저자에게로 돌아갈 것이다."[3]

하나님의 성령에 대한 세 번째 언급은 지혜서 9:17에 나온다. "당신은 높은 곳으로부터 지혜를 주시며, 당신의 성령을 주셨나이다." 이것은 거의 바울의 고린도전서 2:10-13을 예견하고 있다. 바울은 지상의 지혜와 성령으로 말미암아 나타난 하나님의 지혜를 대조하고 있다. 그러나 지혜는 여전히 중요 인물이다(지혜서 7:7-30). 지혜 안에는 "명석하고 거룩하며 유일하고 단일하고 섬세하며 민첩하고 명료하고 안전하며 분명하고 전능하고 모든 것을 살피는" 영(a spirit, 사고방식?)이 있다(지혜서 7:22-23). 이 영이 하나님이 주신 인간의 특성인지, 때로는 신적인 영인지는 애매하다. 왜냐하면 저자는 이 영을 "전능하신 분의 영광의 순전한 발산 … 하나님께서 활동하시는 활동의 티 없는 거울"이라고 말하고 있기 때문이다(지혜서 7:25-26). 지혜는 하나님의 구별되는 속성을 공유하고 있을 뿐 아니라, 이런 특성들은 또한 하나님의 말씀의 특성이다. "당신의 전능한 말씀이 하늘로부터, 왕의 보좌로부터 뛰어내렸나이다"(지혜서 18:15). 지혜, 말씀, 그리고 영은 모두 활동하는 하나님을 의미한다. 그러나 대부분 루아흐는 인간적인 특성을 의미하고 있다. 신약성경 시대에 이르기까지 신적인 말씀의 중재와 신적인 영의 중재는 일치하게 되었다.

묵시적 저작들은 지혜문학과 나란히 신구약 사이에 놓인 두 번째 다리가 되었다. 그러한 저작 중 하나는 에녹1서이다. 에녹1서의 대부분은 B.C. 2세기의 것으로 추정된다. "영"spirit의 용법 중 많은 것은 단순히 인류학적이며 인간의 특성을 가리키고 있다(에녹1서 13:6). 심지어 이 말은 죽은 자의 영을 가리키기도 한다(에녹1서 22:5-12). 이 말이 "악한 영"을 가리킬 때는 한

---

3. George Montague, *The Holy Spirit: The Growth of a Biblical Tradition* (Eugene, OR: Wipf & Stock, 1976), p. 102.

특성이나 하나의 실체를 의미하기도 한다(에녹1서 15:10; 39:8; 60:4). 때로 "영들"the spirits은 천사적 존재들과 그 활동을 가리킨다(에녹1서 39:9-13; 60:6, 8, 25). 그러나 에녹1서 106:17에서는 "육체에 따라"와 "영(the spirit 또는 Spirit)에 따라" 같은 대조도 나타난다. 유사한 의미들이 열두 족장의 유언에서 발견되는데, 연대는 종종 히르카누스Hyrcanus의 시대인 B.C. 109-106으로 추정되며, 아마도 바리새인에 의해 히브리어로 최초 기록되었을 것이다. 가장 빈번하게 "영"은 인간적 특성을 가리킨다(시므온의 유언 6:5; 유다의 유언 16:1; 르우벤의 유언 3:5; 레위의 유언 2:3; 18:7). 바트-콜(Bath-qôl, daughter of the voice, 목소리의 딸)은 바룩2서 8:1, 13:1, 22:1, 희년서 17:15 그리고 에녹1서 65:4에 나온다. 어떤 사람들은 이를 예수의 세례와 변모 시에 들린 하나님의 음성과 비교하기도 한다(막 1:11; 9:7; 요 12:28).

솔로몬의 시편의 연대는 보통 B.C. 50-40경 로마 장군 폼페이의 시대로 추정된다. 이 시들은 구약성경의 구절들로 이루어져 있고, 외국의 침략을 공격하고 있다. 왕이자 "다윗의 자손"인 묵시적 인물의 과업은 외국 침략자들, 특별히 "모든 라틴 사람들"로부터 예루살렘을 정화하는 것이다. 그는 "양 떼의 목자"가 되어 예루살렘을 정화하는 일을 수행하기 위해 하나님의 영으로 기름 부음을 받는다. 그가 성령으로 기름 부음을 받는 구체적인 언급은 솔로몬의 시편 17:37에 나온다. 이 책은 친바리새적이다. 또한 에스라4서, 또는 에스라의 묵시라고 알려진 에스드라2서 3-14과 유사하다(에스드라는 히브리어 에스라의 그리스 명칭이다). 나머지 장들은 후기독교 시대인 것 같다. 이 책은 환상들을 말하고 있는데 바다 깊은 곳에서 나와 구름 위 하늘을 나는, 다윗의 자손 유다 지파의 사자와 동일시되는 메시아적 인물의 환상을 포함하고 있다. 이 인물은 "정해진 때에" 온다(에스드라2서 13). 또한 바룩은 상세한 메시아적 표현을 많이 담고 있으며, 그 연대는 A.D. 1세기로 추정된다. 바룩2서 21:4은 성령에 의해 궁창이 하늘 높이 만들어졌다고 말한다.

랍비적 유대교에서는 하나님의 영을 더 자주 강조하고 있다. 쇠베르크Sjöberg는 "랍비들에게는 또한 성령과 하나님께 순종하는 삶 사이의 연관성에 대한 의식이 있다. 성령의 주심은 특별히 의로운 삶에 대한 보상으로 여겨진다."[4] 죄베르크는 랍비 느헤미야가 출애굽기 15:1에 대해 주석한 것을 인용하고 있다. "믿음으로 계명을 수행하는 자는 성령이 그 위에 임할만한 자격이 있다"(출애굽기 메킬타 15:1, 탄나임 시대의 출애굽기 주석 미드라쉬). 랍비 아카Acha는 "이스라엘을 위해 자신을 드린 자는 … 성령을 받을 것이다"(민수기 라바 15:20, 민 11:16에 대한 랍비적 미드라쉬의 하나). 대조적으로 바울은 갈라디아서에서 성령은 정확하게 의에 대한 "보상"이 아니며 그 원인이라고 주장한다(갈 3:1-5). 마찬가지로 루터는 뮌스터의 개혁자들과 같은 급진적 개혁자들이 급진적인 거룩을 요구함으로써 바울의 은혜 교리를 약화시킨 것으로 보았다. 이와 같이 랍비들 사이에서는 "야곱이 제멋대로 슬픔에 빠지자 성령이 그를 떠났다"라는 말이 있다(창세기 라바 91:6, 창 42:1에 대한 랍비적 미드라쉬의 하나). 랍비 가말리엘2세는 "성령이 보였다." 즉 성령으로 영감되었다고 전해진다(레위기 라바 37:3).

랍비적 유대교의 두 번째 주요 주제는 정경 선지자들이 성령으로 영감되었다는 것이다. 많은 곳에서 "예언의 영"에 대해 말하고 있다(희년서 25:14; 31:12). 게다가 그것들이 성령이 과거의 성경을 영감하였다고 본 것과 같이, 데이비스는 "1세기의 랍비적 유대교는 메시아 시대, 또는 장차 임할 메시아 시대를 성령의 시대로 여겼다"고 언급하고 있다.[5] 때로 성령은 인격적인 용어로 언급되고 있다. 죄베르크를 다시 한번 인용하면, "성령이 말씀하고, 울부짖고, 충고하며, 슬퍼하고, 슬피 울며, 기뻐하고, 위로하는 예들이 많이 있다."[6] 바울에게서 보게 될 것이지만 이러한 인격적인 용어들은 "채우다, 빛나다, 나타나다"와 같은 "역동적인" 용어들과 함께 사용되고 있다. 이 두 가

---

4. Erik Sjöberg, "Rûach in Palestinian Judaism," in *TDNT*, vol. 6, p. 383 (참조. pp. 375-89 Sjöberg의 논문). 참조. W. D. Davies, *Paul and Rabbinic Judaism* (London: SPCK, 2nd ed. 1955), p. 219.
5. Davies, *Paul and Rabbinic Judaism*, p. 216.
6. Sjöberg, "Rûach in Palestinian Judaism," in *TDNT*, vol. 6, p. 387.

지는 성령이 초인격적이지만 하위 인격이 아님을 동시에 의미하는 이안 램지의 "모델과 자격한정어"와 같은 두 개의 연합된 기능은, 기계적 힘과 같이 단지 비인격적이게 한다는 사실을 논증할 것이다. 그러나 대부분 성령에 대해서는 분량이 많지 않다. 또한 랍비들은 "영적인"이라는 용어에는 침묵하고 있다.[7]

비록 랍비들이 하나님의 영에 의한 성경의 영감을 강조하지만, 많은 사람들은 정경 이후 시대를 성령의 부재로 보았다(비록 이것이 오해에서 비롯된 것이라고 언급했지만). 그럼에도 불구하고 종종 바트 콜(또는 하늘의 음성)과 셰키나(하나님의 빛, 빛남, 임재)는 성령을 대신한다.[8] 그러나 이 사실을 일반화하기에는 많은 예외가 존재한다. 어떤 사람들은 학개, 스가랴, 말라기 이후에는 성령이 부재한다고 강조한다(토세프타 소타 13:2; 바빌로니아 탈무드 요마 21b; 랍비 아키바의 바빌로니아 탈무드 산헤드린 65b). 그러나 쇠베르크는 "랍비들은 성령이 더 이상 주어지지 않는다는 입장을 엄격하게 견지하지 않았다"고 주장한다.[9] 랍비 신학의 또 다른 특성은 인간의 영에 대해서는 많이 언급하지만 성령의 우주적 기능은 적게 언급한다는 것이다. "당신은 당신의 영을 보내사 그들을 형성했나이다"(유딧 16:14; 바룩2서 21:4 참조). 가장 놀라운 것은 쇠베르크가 "성령의 자율", 또는 그의 독자적으로 선택된 행동이라고 한다는 것이다. 쇠베르크는 또한 "성령은 하나님 자신으로부터 흘러나온다"고 주장하고 있다.[10]

팔레스타인 유대교의 또 다른 예로서 사해문서를 고찰해야 한다. 아마 사해문서에는 구약성경이나 그 주석과 같은 많은 글들이 있지만 세 개의 주요 작품은 훈련교본(또는 공동체의 규칙이라고 부르는; 1QS), 추수감사찬송 (1QS), 그리고 전쟁 두루마리(*War scroll*, 1 QM)일 것이다. 사해문서의 근대

---

7. S. Schlechter, *Some Aspects of Rabbinic Theology* (London: Black, 1909), p. 144.
8. Roy A. Stewart, *Rabbinic Theology* (Edinburgh: Oliver & Boyd, 1961), pp. 39-43.
9. Sjöberg, "*Rûach* in Palestinian Judaism," in *TDNT*, vol. 6, p. 386.
10. Sjöberg, "*Rûach* in Palestinian Judaism," in *TDNT*, vol. 6, p. 388.

적 발견은 1947-48년 쿰란 근처 한 동굴에서 시작됐다. 결국 9백여 개의 두루마리가 11개의 동굴로부터 발견되었고, 대부분은 히브리어로 기록되었다. 가장 오래된 것은 B.C. 3세기로 거슬러 올라가지만, 대부분은 A.D. 1세기의 것으로 추정된다. 문서들은 주로 현지에서 기록된 것으로 바리새인, 사두개인, 열심당 등과는 구별된 1세기 유대교의 한 종파를 기술하고 있다.

훈련교본, 또는 공동체의 규칙은 "아론과 이스라엘의 한 선지자와 메시아들, 즉 제사장이자 왕인 메시아가 올 때까지" 엄격한 규율 속에서 살았던 "마지막 날"의 한 공동체를 반영하고 있다(1QS 9:11). "(한 선지자)와"를 설명하면, 메시아는 또한 선지자적 인물이라는 것이다. 이것은 칼빈의 유명한 선지자, 제사장, 왕으로서의 그리스도의 3중직에 상응한다 할 것이다. 하나님의 성령은 "거룩한" 영이다. 하나님은 메시아적 인물에게 "진리의 영"을 뿌릴 것이다(1QS 4:20-21). 이 구절은 나중에 요한복음에서 예수의 말로 나타난다.

추수감사 찬송은 성령의 거룩성에 대해 말하고 있다(1QH 7:6; 9:32; 12:1; 13:19; 14:15; 16:11-12; 17:17). 다메섹 문서에서 하나님은 메시아에게 공동체, 혹은 남은 자에게 성결의 영을 알리는 능력을 줄 것이다(CD 2:12). 성령은 공동체를 깨끗하게 할 것이다(1QS 3:6-8; 1QH 16:12). 인류 안에 있는 두 영에 대해 1QS 3:13-4:26에서 알게 된 것은 잘 알려진 사실이다. 이는 "진리의 영"과 "거짓의 영"이다(특히 4:16 참조).[11] 쿰란 또는 사해 두루마리는 요한복음에서 발견되는 빛과 어둠, 진리와 거짓 사이의 이원론을 보여준다. 이는 그리스 플라톤의 영향, 또는 불트만에 의하면 영지주의 사상을 나타낸다. 신약성경의 많은 부분처럼 사해 사본은 성령이 주어졌으며, 더 발견될 수 있음을 주장한다. 거룩의 영(또는 성령)은 이미 전체 공동체 안에서 역사하고 있으며, 그 사역은 계속되고 진행 중에 있으며 한 번으로 끝나지 않는다.[12]

---

11. A. R. C. Leaney, *The Rule of Qumran and Its Meaning* (London: SCM, 1966), pp. 34-56를 보라.
12. George J. Brooke, *The Dead Sea Scrolls and the New Testament* (London: SPCK, 2005);

2.4. 필로, 요세푸스, 미쉬나 안의 성령과 관련된 또 다른 주제들

이미 구약성경이나 바울서신과는 대조적으로 필로에게서 발견되는 성령의 "편재성"에 대해 주목했던 적이 있었다. 비록 필로 또한 "거룩한 영"이 편재적, 또는 만연하는 방식으로 인간 속에 내재한다고 믿었지만, 영적이고 초월적인 하나님과 인간 사이의 중보적 존재는 이성적 정신the rational mind이다(필로, 알레고리적 해석 1:31-42). 그러나 그는 많은 구약성경 구절들을 반복한다. 그는 이미 우리가 살펴보았던 영감의 예를 주장한다. 성령이 브살렐을 감동하였다(출 31:3). 그러나 그는 또한 성령을 "모든 곳에 충만하게 발산되는" 것으로 본다(거인족에 대하여 27). 스토아학파처럼 그는 프뉴마를 만연한 것으로 보았다. 이는 고린도전서 2:12에서 성령을 스토아학파의 "세계정신"과 구별되는 것으로서, 하나님으로부터 나오는 것으로 보았던 바울과 대조되는 입장이다.

필로는 반복적으로 성령을 구약성경의 영감의 중개자로 보고 있다(모세의 삶에 대하여 2:191; 1:277; 덕에 대하여 217-19). 그는 구약성경 본문을 많이 따르고 있다. 필로에게 프뉴마는 종종 "공기" 또는 "바람"을 의미한다(필로, 거인족에 대하여 22; 알레고리적 해석 42). 그러나 그는 또한 성령을 종종 인간 속에 있는 이성적인 원리인 로고스와 연계시킨다(Greek. logion pneuma; 더 악한 자가 더 선한 자를 공격함 80-84). 그리고 이성적인 영들을 하나님과 유사한 유추를 제공하는 것으로 보았다(특별법칙에 대하여 1:171). 그러나 그는 스토아학파의 개념을 무비판적으로 채택하기를 꺼렸고, 심지어 인간 안의 영은 "천상적 본질의 작은 조각"이라는 개념을 부인하면서 "스토아학파와 명백한 논쟁"을 벌이기도 한다(on planting 18).[13] 동일하게 필로는 플라톤의 파이드로스에 나오는 영혼의 상승에 관한 신화를 예지계the intelligible world에

그리고 Géza Vermès, *The Complete Dead Sea Scrolls in English* (London: Allen Lane, 1997)를 보라.

13. Levison, *The Spirit in First-Century Judaism*, p. 148.

관한 환상으로 보는 것을 포함하여, 성경해석에 있어 플라톤의 철학에 충실하고자 많은 노력을 기울이기도 한다.[14] 레비슨은 필로의 논증에서 플라톤주의의 중추적인 역할에 대해 말하고 있다.

필로는 선지자가 성령에 완전히 압도되었다고 말한다. 필로에 따르면, 특별히 발람을 언급하면서 "신성한 영은 기뻐하시는 대로 우리의 입에 그러한 말들을 주시고, 우리가 의식하지 못하는 대화를 주신다"(또한 요세푸스, 유대고대사 8:4:3). 버치 호일R. Birch Hoyle은 "예언적 상태에 해당하는 그리스어는 헬레니즘에 부합한다"고 말한다.[15] 한편 3부에서 우리는 신약의 평행구에 대한 크리스토퍼 포브스Christopher Forbes의 반대를 살펴볼 것이다.

거인족에 대하여 19-55에서 필로는 창세기 6장의 거인족 이야기를 해석하는데, 영(또는 성령)에 대한 언급은 성경의 해설에 그 뿌리를 두고 있다. 그러나 영은 악령과 천사들의 "영혼"이기도 하다(거인족에 대하여 6). 필로가 출애굽기 31:3에서 브살렐에게 성령을 은사로 주신 것을 고찰할 때 "영혼"으로서의 영은 하나님의 성령의 개념을 흐리게 한다. 레비슨은 필로와 스토아학파와 플라톤의 관계가 얼마나 복잡하게 되었는지 보여준다. 필로는 식물에 대하여 18-26에서 정신의 상승에 대해 생각한다. 그리스어를 말하는 유대교와는 대조적으로, 거룩한 땅의 유대교 또는 "팔레스타인 유대교"는 인간의 영과 하나님의 성령을 더욱 분명하게 구별하려는 경향이 있었다. 성령과 천사는 각각 하나님의 "내적인" 중개인과 "외적인" 중개인을 나타내기도 한다.

주목해야 할 사실은 정상적인 이름에도 불구하고 "위 필로"Pseudo-Philo라고 부르는 작가는 필로보다 훨씬 덜 "그리스적"이라는 것이다. 그는 성서고대사Liber Antiquitatum Biblicarum의 익명의 저자로서 지금은 위 필로라고 알려져 있다. 그는 기드온에 대해, "기드온은 여호와의 영을 덧입고" 300명

---

14. Levison, *The Spirit in First-Century Judaism*, p. 155.
15. R. Birch Hoyle, *The Holy Spirit in St. Paul* (London: Hodder & Stoughton, 1967), p. 206.

의 군사로 군사적 성취를 얻었다고 기록하고 있다(성서고대사 36:2). 이는 사사기 6:34과 7:14과 연결된다. 레비슨은 "필로와 위 필로는 하나님의 영이 이스라엘 지도자들에게 엄청난 영향력을 산출할 수 있다는 신념을 공유하고 있다"라고 언급하고 있다.[16]

플라비우스 요세푸스도 선지자의 영감이 하나님의 영에 속하는 것으로 생각한다. 그는 거짓 예언 현상에 주목하고 "너는 (자칭 선지자라 하는) 그가 참된 선지자이며 신성한 영의 형상을 소유하고 있는지 알아야 할 것"이라고 단언하고 있다(유대 고대사 8:408). 심지어 예언의 의미와 그 해석까지도 영감될 수 있다(유대 전쟁 3:351-53). "예언"과 예언의 영감은 아마도 후에 토마스 아퀴나스와 그 외 사람들에게서처럼 계시된 진리의 해설을 의미할 것이다. 요세푸스는 사무엘상 16:13에서 다윗은 성령으로 예언을 했다고 기록하고 있다(고대사 6:166). 그러나 보통 레비슨의 주장처럼, 요세푸스는 "성령에 대한 언급을 생략하는 데" 열심이다.[17]

"영" 혹은 성령이라는 단어에 대해, 요세푸스는 프뉴마를 "바람"(유대 전쟁 4), "생명의 호흡"(고대사 1:1), 느낌이나 감정의 좌소(고대사 6:9), "악마"(유대 전쟁 6:3), 또는 "예언의 영"(유대 전쟁 1:2:8)을 가리키는 데 사용하고 있다.

우리는 이미 때때로 미쉬나와 탈무드를 언급했었다. 미쉬나는 A.D. 2세기 말까지는 완성되지 않았고, 기록된 탈무드는 더 후대에 속한다. 그러나 둘 모두 이전의 구전 전통과 번역의 흔적을 갖고 있다. 양자의 기록된 본문은 신약성경보다 후대에 속한다. 미쉬나는 특별한 관심이 되는 두 가지 초점이 있다. 첫째, 성령은 바울이 로마서 8:11에서 논증한 것처럼 죽은 자를 부활로 이끈다. 둘째, 미쉬나는 성령의 선물이 순결이나 의로움을 가져오지 않는다고 재차 강조한다. 즉 성령은 의로움에 응답하여 주어진다. 바울은 그러한 견해를 특별히 갈라디아서 3:1-5에서 반대한다. 그러므로 3장에서는

---

16. Levison, *The Spirit in First-Century Judaism*, p. 97.

17. Levison, *The Spirit in First-Century Judaism*, p. 133.

바울의 성령 신학을 살펴볼 것이다.

에릭 죄베르크Eric Sjöberg는 랍비적 유대교의 성령론에 대해 "성령과 하나님께 순종하는 삶 사이에 연관성이 있다"라고 주장한다. 그럼에도 불구하고 "성령의 선물은 의로운 삶에 대한 상급으로 보인다."[18] 죄베르크는 성령이 의로운 생활의 결과라고 주장한다. 그러나 바울에게서는 의로운 생활의 근거이다. 잠시 논점을 벗어나서 성경 시대 이후를 생각해 본다면, 마틴 루터는 급진적 개혁자들의 경건주의를 반대했는데, 이는 순종에 대한 그들의 극단적인 관심이 오직 믿음으로 말미암은 은혜로써 의로움에 대한 요구를 의도치 않게 약화시켰기 때문이다. "언약적 율법주의"와 바울에 관한 "새 관점"으로 알려진 것을 고려한다 해도 죄베르크의 경고를 생각하기 위해 잠시 멈추는 것이 좋을 것이다. 그럼에도 불구하고 1세기 유대교는 대단히 다양했으며, 성령에 관한 한 가지 주제를 선택하는 것은 오해의 소지가 있을 수 있다.

2.5. 헬레니즘, 특히 스토아학파의 성령론
누가에게 미친 지혜서와 유대교의 영향

스토아학파의 프뉴마 용법이 지혜서에 미친 영향에 대해서는 의심의 여지가 없다. 프뉴마는 따뜻한 공기로 여겨지기도 했고, 바울이 고린도전서 2:10에서 명백하게 거리를 두었던, 세계의 영혼으로 생각하기도 했다. 지혜서는 "전능자의 순수한 광휘의 '외적 비침'(NEB '영향')"에 대해 말하고 있다(지혜서 7:25).[19] 키케로는 우주의 모든 요소들이 "하나의 신성하고 연결된 정신에 의해 조화롭게 담겨졌다"고 보았다(신들의 본성에 대하여 2:7:19). 결국

---

18. Sjöberg, "*Rûach* in Palestinian Judaism," under "*Pneuma*," *TDNT*, vol. 6, p. 383 (나의 이탤릭).
19. Hoyle, *The Holy Spirit in St. Paul*, p. 220.

우리는 헬레니즘과 스토아학파에서 영은 실체substance, 종종 전 우주로 발산하는 미묘한 에너지, 또는 힘으로 생각했다는 에두아르트 슈바이처Eduard Schweizer가 주장한 결론에 도달한다. 호일은 이 개념이 바울 시대에는 상투적인 것에 불과했기 때문에 "'영'을 자연현상에 적용하지 않았던 바울의 용법이 중요하다"고 단언한다.[20] 또한 스토아학파에서 프뉴마는 "이성"을 의미한다. 세네카는 이렇게 말했다. "이성은 신과 인간에게 공통적이다. … 인간의 몸 안에 그 힘과 영이 있다면 신에게도 동일하다. … 우리는 … 그의 일부이다"(세네카, 서신들 22:27-30). 세네카는 더 나아가 이렇게 말한다. "신은 당신 속에 있다. … 성령은 우리 안에 거주하며 … 우리 안에서 선한 것과 악한 것의 보호자이다"(서신들 41:1). 그러나 바울은 때로 스토아학파의 용어를 사용하지만, 그 내용을 사용하지는 않는다.

3부에서 더 상세하게 살펴보겠지만, 맥스 터너Max Turner와 그보다는 덜 하지만 로버트 멘지스Robert Menzies는 예언의 탁월함과 누가-사도행전의 영감 된 연설을 설명하기 위해 신구약 중간기 유대교에 호소한다.[21] 터너는 또한 칠십인역이 히브리어 본문보다 훨씬 더 하나님의 창조 활동을 강조하고 있다고 지적한다.[22] 그러나 그는 대부분 카리스마적 계시가 성령에게서 기인한다고 하는 탈굼에서 수많은 참고 구절을 인용한다. 그는 위 요나단 탈굼the Targum Pseudo-Jonathan으로부터 창세기 27:5, 27:42, 30:25, 31:21, 35:22, 37:33, 42:1 그리고 43:14에 대한 주석을 인용하고 있다.[23] 터너는 팔레스타인 유대교에서는 에녹1서 91:1, 에스라 14:22, 희년서 31:12, 1QS 8:16 그리고 CD 2:12을 인용한다. 그는 브살렐을 예로 들면서(출 35:30-31)

---

20. Hoyle, *The Holy Spirit in St. Paul*, p. 221.
21. Max Turner, *Power from on High: The Spirit in Israel's Restoration and Witness in Luke-Acts* (Sheffield: Sheffield Academic, 1996), 특히 pp. 62-66 and 86-104; 그리고 Robert Menzies, *Empowered for Witness: The Spirit in Luke-Acts* (Sheffield: Sheffield Academic, 1994), 예언에 관해 터너보다 더 면밀히 살펴보고 있다.
22. Turner, *Power from on High*, p. 107.
23. Turner, *Power from on High*, p. 93.

위 요나단 탈굼이 "주님 앞으로부터 예언의 영"을 덧붙이고 있다고 지적한다.[24] 터너는 이렇게 결론을 내린다. "'카리스마적 지혜' 범주는 탈굼 전통에서 두 번째로 잦은 성령의 은사로 나타난다."[25] 이것이 누가에게 미치는 직접적인 영향에 대해 이의를 제기할 수도 있지만, 누가의 경우는 유대교와 관련하여 여전히 설득력이 있다. 다른 예를 들자면, 바울의 경우, 스토아학파와 지혜서처럼(지혜서 13:5) 고린도전서 2:11-12에서 사람과 하나님 사이에 유추적 언어를 사용하고 있다. 그러나 12절에서 "하나님께로 온 영"을 말하며 비유하는 바울은 지혜서와 스토아학파로부터 거리를 두고 있음을 분명히 한다.[26] 제3부에서는 터너에 대해 더 이야기할 것이다.

한편 터너도 탈굼으로부터 이적과 윤리, 또는 변혁에 대한 강조를 끌어내고 있음을 볼 수 있다. 마소라 히브리 본문은 창세기 6:3을 이렇게 기술하고 있다. "나의 영이 사람과 함께 거하지 [또는 다투지] 아니할 것이다." 그러나 위 요나단 탈굼은 이렇게 말하고 있다. "그들이 선한 행위를 행할 수 있도록 나의 성령을 그들 안에 두었지 않느냐? 그러나 보라. 그들의 행위가 악하도다."[27] 네오피티 탈굼은 그들의 악한 행위와 연약한 육신을 언급하고 있다. 시므온의 유언 4:4은 요셉은 선지자일 뿐 아니라 "그 안에 하나님의 영을 가진 선한 사람"이라고 언급하고 있다(또한 베냐민의 유언 8:1-3 참조). 쿰란문서는 신자를 "바로 세우는" 성령을 말하고 있다(1QH 7:6-7; 17:25-26참조). 훈련교본에서는 진리와 거짓 두 영의 비교를 볼 수 있다(1QS 3:18-4:26). "성령"은 -아마도 에스겔 36장에 근거하여- 깨끗하게 한다(1QS 4:21). 이사야 11:1-4의 메시아적 암시는 에녹1서 49:2-3, 솔로몬의 시편 17:38, 18:7 그리고 1QSb 5:25에서 그 흔적을 찾을 수 있다. 이러한 점에서 터너는 에두

---

24. Turner, *Power from on High*, p. 95.
25. Turner, *Power from on High*, p. 96.
26. Hoyle, *The Holy Spirit in St. Paul*, p. 239; 참조. p. 260.
27. Turner, *Power from on High*, p. 123.

아르트 슈바이처와 헤르만 궁켈이 오해를 불러일으켰다고 믿는다.[28] 심지어 신구약 중간기 유대교의 문서들은 종종 성령에 대해 구원론적이며 윤리적으로 언급하기도 한다. 그러나 인용된 자료 중 일부는 기독교 시대의 연대로 추정되기도 한다.

---

28. Turner, *Power from on High*, p. 133.

3
공관복음 속의 성령

처음 3권의 복음서, 즉 공관복음서 내에서 마가복음과 누가복음은 기본적인 주제에 대해 일치할 뿐 아니라, 각자 성령에 대해 독특한 관심들을 가지고 있다. 성령에 대한 많은 문서들은 다양한 방식으로 성령에 대한 분명한 참조 구절들을 분석하고 있다. 그러므로 나도 몰튼과 기든이 편집한 그리스어 용어 색인집에 기초하여 프뉴마의 용법을 세 가지로 분류하고 성령에 대한 분명한 구절들을 살펴보려고 한다.[1]

일반적으로 가장 이른 복음서이며 바울의 주요 서신들 직후에 쓰였다고 하는 마가복음은 성령에 대해 분명히 6회 언급하고 있다(그중 4회는 *pneuma hagion*, "성령"). "더러운" 또는 "말 못 하는" 영은 13회, 인간의 영은 3회 언급하고 있는 것 같다. 누가복음은 성령에 대해 17회 또는 18회 언급하고 있고(사본에 따라 종종 "성령"), "더러운" 또는 "악한" 영은 11회, 인간의 영은 4회 언급하고 있다. 마태복음은 하나님의 영 또는 성령에 대해 11회 언급하고, 더러운 영은 3회 또는 4회, 인간의 영은 3회 언급하고 있다. 나는 그리스어 문구들을 하나하나 상세하게 살펴보았다.

---

[1] W. F. Moulton and A. S. Geden, *A Concordance of the Greek Testament* (Edinburgh: T&T Clark, 2nd ed. 1899), pp. 819-20.

3.1 예수의 세례와 메시아적 시험

그러나 처음의 세 복음서는 십자가에 달리기까지의 예수의 사역뿐만 아니라, 그의 세례와 시험도 성령의 능력으로 발생했다는 데 일치하고 있다. 마가복음 1:10에는 이렇게 기록되어 있다. "곧 물에서 올라오실 새 … 성령이 비둘기 같이 자기에게 내려오심을 보시더니." 마태복음 3:16도 비슷한 평행구이다. 누가복음도 "나는 물로 너희에게 세례를 베풀거니와 … 그는 성령과 불로 너희에게 세례를 베풀 것이요." 그리고 "예수도 세례를 받으시고 기도하실 때에 … 성령이 비둘기 같은 형체로 그의 위에 강림하시더니 하늘로부터 소리가 나기를 너는 내 사랑하는 아들이라. 내가 너를 기뻐하노라"라고 기록하고 있다(눅 3:21-22). 바렛도 다음과 같이 동일한 견해를 표명하고 있다. "이는 본질적으로 엄숙한 메시아 직분의 임명이며, 하나님의 아들로의 취임이다."[2] 루크 존슨은 이렇게 말한다. "누가에게 있어 이는 이미 이전 이야기(1:15, 35, 41, 67; 2:25, 26)에서 활동했던 동일한 '성령'이다. … 누가는 … 그 사건의 외적인 실재를 강조하고 있다."[3]

메시아적 시험은 예수의 메시아적 소명과 시련으로서 성령이 주도적으로 이끌어간다. 마가복음 1:12-13은 이를 생생하게 이렇게 기록하고 있다. "성령이 곧 예수를 광야로 몰아내신지라[Greek. *euthys to pneuma auton ekballei*]. 광야에서 사십 일을 계시면서 사탄에게 시험을 받으시며[Greek. *peirazomenos*]." 마태복음 4:1-2은 이렇게 말씀한다. "그때에 예수께서 성령에게 이끌리어 마귀에게 시험을 받으러 광야에 가사 사십 일을 밤낮으로 금식하신 후에 주리신지라." 누가복음 4:1-2은 이렇게 기록하고 있다. "예수께서 성령의 충만함(Greek. *plērēs*)을 입어 요단강에서 돌아오사 광야에서 사십일 동안 성령에게 이끌리시며." 터너는 이를 잘 보고 있다. "'성령의 충만

---

2. C. K. Barrett, *The Holy Spirit and the Gospel Tradition* (London: SPCK, 1958), p. 115.
3. Luke T. Johnson, *The Gospel of Luke*, Sacra Pagina 3 (Collegeville, MN: Glazier/Liturgical Press, 1991), p. 69.

함'은 한 사람의 삶 속에 성령이 주기적으로 능력 있게 느껴지는 것을 … 일정 시간 동안 부여되었음을 특징적으로 나타내는 누가식 표현이다."[4]

마가복음에서는 성령의 능력 안에서 행하는 예수의 활동을 명시적이기보다는 암시적으로 진술하고 있다. 예를 들면, 예수께서 무슨 능력으로 귀신을 쫓아내는가 묻는 질문과 바알세불의 능력으로 이런 일이 일어난 것이라는 서기관의 비난에 대해 이렇게 대답한다. "누구든지 성령을 모독하는 자는 영원히 사하심을 얻지 못하고"(논의는 아래에서; 막 3:29). 마태복음은 마가복음보다 조금 더 구체적으로 말하고 있다. "내가 하나님의 성령을 힘입어 귀신을 쫓아내는 것이면 하나님의 나라가 이미 너희에게 임하였느니라"(마 12:29). 그러나 누가는 분명하고 단호하다. 누가는 이렇게 기록하고 있다. "예수께서 성령의 능력으로 갈릴리에 돌아가시니"(눅 4:14). 예수께서 회당에서 이사야서 본문을 읽을 때 그는 이 구절을 자신에게 적용했다. "주의 성령이 내게 임하셨으니 이는 가난한 자에게 복음을 전하게 하시려고 내게 기름을 부으시고 나를 보내사 포로 된 자에게 자유를, 눈 먼 자들에게 다시 보게 함을 전파하며 … 주의 은혜의 해를 전파하게 하려 하심이라"(눅 4:18-19).

공관복음은 모두 예수의 세례와 시험을 상술하는 반면, 마태복음과 누가복음은 예수의 잉태와 탄생에서 성령의 역할을 강조하고 있다. "그의 어머니 마리아가 … 성령으로[Greek. ek] 잉태된 것이 나타났더니"(마 1:18). 울리히 루즈Ulrich Luz는 마태복음 1:20에 대해 이렇게 말하고 있다. "이미 18절에 나타난 성령에 대한 언급이 반복되고 있다. 이것은 성령이 마리아의 두 번째 배우자라는 것이 아니라, 성령으로 말미암아 하나님이 창조적으로 간섭했다는 말씀이다."[5] 누가는 더욱 상세하게 기록하고 있다. 하나님께 보냄을 받은 천사 가브리엘이 마리아에게 이렇게 말한다. "성령이 네게 임하시

---

4. Max Turner, *Power from on High: The Spirit in Israel's Restoration and Witness in Luke-Acts*, JPTSS 9 (Sheffield: Sheffield Academic Press, 1996), p. 202.
5. Ulrich Luz, *Matthew 1–7: A Commentary* (Edinburgh: T&T Clark, 1990), p. 120.

고 지극히 높으신 이의 능력이 너를 덮으시리니"(눅 1:35). 누가 또한 엘리사벳이 세례 요한을 잉태케 한 "성령으로 충만"했다고 설명하고 있다(눅 1:41). 성령에 대한 누가의 다음 언급은 시므온에 대한 설명에서 나온다. 시므온은 이스라엘에 대한 하나님의 약속을 기다리고 있었고, "성령이 그 위에 계시더라. 그가 주의 그리스도를 보기 전에는 죽지 아니하리라 하는 성령의 지시를 받았더니 성령의 감동으로 성전에 들어가매" 예수를 보았다(눅 2:25-27). 누가는 시므온과의 만남에서 성령을 3회 언급하고 있다.

예수의 메시아 신학에서 가장 중요한 사건은 예수의 잉태와 탄생뿐만 아니라, 더 분명하게는 예수의 세례이다. 이는 네 복음서가 일치하고 있다(요 1:32-34 참조). 19세기 학자들은 이 사건을 "그리스도의 성별", 때로는 "성령의 기름 부음"이라고 불렀다.[6] 스미튼Smeaton이 예수께서 성령으로 능력 있게 되었다고 말한 것은 전적으로 옳다. 비록 그가 성령이 예수의 신성과 "인성"의 교통을 중재한다고 한 것은 진부한데다 순전히 이론적이기는 하지만 말이다(3절에서 더 살펴보라).[7] 그러나 그가 "성령이 가시적으로 내려오는 것은 유대인과 세례자뿐만 아니라 예수 자신에게도 증거로서(마 3:16), 예수께서 [누가복음에서] 아버지께, 아마도 성령을 바라며 기도할 때(눅 3:21) 발생했다"고 주장한 것은 옳다.[8]

이미 존슨에게서 살펴본 것이지만, 세례에 대해 좀 더 주관적인 설명을 하기 위해 "육체적인 형태"를 더한 것은 누가의 특징이다. 누가는 사도행전에서 가시적이고 제도적인 교회의 특성을 강조했던 것처럼 사건을 실제적이고 외적인 세상의 것으로 설명하는 특징이 있다. "비둘기"는 또한 홍수 후에 그랬던 것처럼 새로운 시대, 새로운 세상에 속한 새창조를 의미할 것이다(창 8:8-12; 창 1:2 참조). 터너는 누가가 "독특한 새로운 활동의 시작을 나타

---

6. George Smeaton, *The Doctrine of the Holy Spirit* (London: Banner of Truth, rpt. 1958, from 1882 ed.), pp. 116-36, 그리고 특히 pp. 118 and 120.
7. Smeaton, *The Holy Spirit*, p. 126.
8. Smeaton, *The Holy Spirit*, p. 129.

내는 은유적 방식"으로서 성령의 중개에 호소하고 있다고 한다.⁹ 마태, 마가, 누가는 "비둘기 같이 강림"했다는 구절을 담고 있다. 마태 혼자만 예수께서 왜 세례를 받을 필요가 있었는지 이유를 언급하고 있다(마 3:14-15). "의를 이루는 것"이라는 구절은 모호하게 보일 수도 있다. 그러나 바렛의 말에 따르면, 그 언급은 예수께서 "세례자만큼 선지자적이며 종말론적인 개념의 동일한 영역으로 옮겨가는 것"을 나타낸다. "그의[요한의] 세례를 통하여, 회개자들은 하나님의 준비된 백성 중 하나가 되었다."¹⁰ 그리고 예수는 준비된 하나님의 백성들과 연대하게 되었다(티슬턴의 이탤릭).¹¹

세 복음서는 모두 하늘로부터의 소리를 진술하고 있다. 이것은 2장의 유대교에서 본 것처럼 "랍비주의 문학에서 바트-콜, '소리의 딸'로 자주 묘사되었던 것과 놀랄 만큼 유사하다."¹² 이는 하나님의 말씀 또는 하나님의 영으로 대치될 수 있다. 마태는 말씀에 초점을 맞추는 반면, 누가는 종종 성령에 초점을 맞춘다. 한편 이 음성은 새의 소리라는 랍비적 관념의 반영일 수도 있다. 그리고 이 상황 속에서 이것은 세 복음서 모두에서 비둘기와 연결될 수도 있다. 하늘로부터의 음성 또는 소리로 말미암아 소통하는 내용은 "너는 내 사랑하는 아들이라 내가 너를 기뻐하노라"(막 1:11), 또는 "이는 내 사랑하는 아들이요 기뻐하는 자라"이다(마 3:17; 눅 3:22; 비록 NRSV와 많은 사본들에서는 누가도 마가를 따르고 있지만). 그리스어 단어도 대명사라는 것만 제외하면 동일하다. 여기서 말씀과 성령은 예수의 메시아적 신분과 권한 수여를 증명하고, 그의 메시아 소명을 굳게 세우고 있다. 그는 하나님의 아들로서 또한 이스라엘을 나타낸다.

그리고 나서 성령은 예수를 광야로 "몰아내고"(Greek. *ekballei*; 막 1:12),

---

9. Turner, *Power from on High*, p. 47.
10. Barrett, *The Holy Spirit and the Gospel Tradition*, p. 35.
11. Barrett, *The Holy Spirit and the Gospel Tradition*, p. 33; 참조. Turner, *Power from on High*, pp. 188-201.
12. Barrett, *The Holy Spirit and the Gospel Tradition*, p. 39.

또는 "이끈다"(마 4:1). 반면 누가는 "성령의 충만함을 입어"라는 표현을 사용한다(눅 4:1). 거기에서 예수는 자신의 메시아 신분을 알고, 마귀(마태, 누가에서) 또는 사탄(마가에서)에게서 유혹이나 시험을 받음으로써 소명을 입증한다. "성령 충만"이란 구절이 많이 나오는데, 터너가 말한 바와 같이 누가의 플레레스 *plērēs*의 보통 의미는 "붙드는 모든 것을 그 안에 담고 있는", 또는 "부족함이 없이 완전한"이다.[13] 마찬가지로 플레로오 *plēroō*는 핌플레미 *pimplemi*처럼 "가득 채우다", "완성시키다" 또는 "완전케 하다"를 의미한다. 성령은 악을 행하라는 것이 아니라, 더 쉬운 자신만의 방식으로 하나님의 목적을 달성하라는 것에, 즉 하나님의 뜻에 근본적으로 어긋나는 메시아직의 유형에 이르는 지름길을 택하라고 하는 것에 의문을 품게 한다. 예수는 극적인 행동이나 하나님보다는 사탄이 선택할만한 수단을 따를 수도 있었다. 다시 한번 예수께서 "성령으로 충만하여" 각 시험에 성경을 인용하여 대응하는 것에서 말씀과 성령의 이중결합이 나타난다(마 4:4과 눅 4:4; 마 4:7과 눅 4:8; 마 4:10과 눅 4:12).

예수에 대한 시험이 거기에서 끝났다고 생각해서는 안 된다. 누가는 계속해서 "마귀가 … 얼마 동안 떠나니라"라고 기술하고 있다(눅 4:13; Greek. *achri kairou*). 히브리서는 "우리에게 있는 대제사장은 … 모든 일에(Greek. *kata panta*) 우리와 한결같이 시험을 받은 자로되 죄는 없으시니라"라고 단언한다(히 4:15). 오래전 1889년에 B. F. 웨스트코트는 이렇게 지적했다. "죄가 없으신 유일하신 분이 가장 강력한 시험을 겪었다. 왜냐하면 유일하신 그분만이 궁극의 긴장에 굴복하지 않기 때문이다."[14] 히브리서는 예수께서 성육신하신 생애 동안 "심한 통곡과 눈물로 간구와 소원"을 올렸다고 덧붙이고 있다(히 5:7).

---

13. Danker, in BDAG, pp. 826-27.
14. B. F. Westcott, *The Epistle to the Hebrews: The Greek Text* (New York and London: Macmillan, rpt. 1903), 4:15 참조.

3.2. 예수의 메시아적 사역

말씀과 성령이 메시아로서 예수의 사역에 결정적인 역할을 했다는 것은 전적으로 명백하다. 그의 치유와 귀신을 쫓아냄, 교훈과 이적에 대해서 신학자들과 주석가들은 서로 다른 가정을 하거나 다른 현상에 강조점을 둔다. 주목할 것은 마가복음에서 세례와 시험에서 성령에 대해 결정적인 언급을 한 후에, 마가복음 3:11로부터 거의 마지막까지 영은 "더러운 영들"을 간접적으로 언급하는 데 국한되고 있다는 점이다. 예외적인 것은 마가복음 14:38에서 아마도 한 번 사람의 영을 가리키고 있다. "마음the spirit에는 원이로되 육신이 약하도다." 이것도 성령을 가리키는 것이 아닌지 의심해 볼 수는 있다.

마태복음도 비슷하다. 마태복음 5:3은 "심령spirit이 가난한 자"를 언급하고 있다. 마태복음 8:16, 10:1, 그리고 12:43은 더러운 귀신들을 언급하고 있다. 그러나 마태복음 10:20은 "말하는 이는 너희가 아니라 너희 속에서 말씀하시는 자, 곧 너희 아버지의 성령이시니라", 마태복음 12:28은 "내가 하나님의 성령을 힘입어 귀신을 쫓아내는 것이면"을 기록하고 있다. 이는 누가의 예상치 못한, 아마도 더 오래된 평행구 "하나님의 손을 힘입어"(11:20)와는 대조적이다. 마태복음 12:18 또한 이사야의 종의 노래를 다음과 같이 언급하고 있다. "보라 나의 택한 종, 곧 내 마음에 기뻐하는 바"라고 한 직후 "내가 내 성령을 줄 터이니 그가 심판을 이방에 알게 하리라." 마태복음 22:43에는 "다윗이 성령에("the spirit," NRSV; "in spirit," KJV, AV) 감동하여"가 하나님의 말씀의 영감이라는 전통적인 유대인의 관점이 반복되고 있다.

다시 한번 누가는 마태나 마가보다 성령에 대해 노골적인 관심을 보인다. 누가복음 2:40은 "하나님의 은혜"를 말하는 반면, 그리스어 카리스*charis* 역시 "은혜"나 "선의"를 의미한다. 최고의 사본 MSS에는 KJV/AV에서처럼 "성령Spirit"이 없다. 그러나 누가복음 1:80의 "아이가 자라며 심령이in spirit 강하여지며"는 아마도 성령을 가리키는 것일 수도 있다. 더 중요한 것은 누가복음 4:14이다. "예수께서 성령의 권능으로 갈릴리에 돌아가시니"와 회당에서 인용한 이사야서의 인용이다. "주의 성령이 내게 임하셨으니 이는 가난한 자에게 복음을 전하게 하시려고 … 포로된 자에게 자유를, 눈 먼 자에게 다시 보게 함을 주의 은혜의 해를 전파하게 하려 하심이라"(눅 4:18-19; 부분적으로 사 42:1, 대부분은 사 61:1). 제프리 램프Geoffrey Lampe는 이것을 누가-사도행전의 두 개의 위대한 설교 중 하나(다른 하나는 오순절에 행한 베드로의 설교)라고 한다.[15] 이는 회당 예배이기 때문에, 램프가 누가복음에서 성령이 교회나 회당에서 기도하는 것과 하나님의 말씀이 연결되어 있다고 하는 것도 옳다. 그는 이렇게 말한다. "선지서를 읽고 예수의 사역에서 그것이 성취되었다는 선언은 누가의 작품 나머지 전체의 서론으로 작용한다."[16] 마찬가지로 누가는 터너의 논증에도 불구하고 성령의 선물이 기도의 문맥에 속해 있는 누가복음 11:13을 제외하고는 마가와 마태처럼 성령에 대해 매우 분명하게 말하지는 않는다(눅 11:1-13).

이 두 가지 사실, 즉 램프가 누가복음 4:18-19에 부여한 역할과 복음서의 나머지 부분에 대한 상대적인 침묵은 두 명의 저명한 신약 전문가들이 가지고 있는 정반대의 견해들로 이끌어 간다. 제임스 던은 누가복음 4:18-19에서 이사야 61:1의 용법을 논의하고, 예수를 "카리스마적인 인물"이라고 부른다.[17] 이 표제 아래 던은 예수의 이적, 그의 "초자연적 능력", 그의 권위, 선지자직 그리고 그가 "황홀경"에 있었는지 논의한다. 그리고 마지막 것에 대한 증거는 "거의 없다"minimal라고 인정한다.[18] 그럼에도 불구하고 그

---

15. G. W. H. Lampe, "The Holy Spirit in the Writings of St. Luke," in *Studies in the Gospels: Essays in Memory of R. H. Lightfoot*, ed. D. E. Nineham (Oxford: Blackwell, 1967), p. 159; 특히 pp. 159-200.
16. Lampe, "The Holy Spirit in Luke," in *Studies in the Gospels*, p. 171.
17. James D. G. Dunn, *Jesus and the Spirit: A Study of the Religious and Charismatic Experience of Jesus and the First Christians as Reflected in the New Testament* (London: SCM, 1975), p. 68; 특히 pp. 54 and 68-92.
18. Dunn, *Jesus and the Spirit*, p. 85.

는 예수에게 영감을 주고 능력을 주는 성령에 대한 의식이 "예수의 사역의 기본"이라고 결론을 내린다.[19] 반면 바렛은 그의 책 『성령과 복음서 전통』에 "복음서는 왜 성령에 대해 거의 말하지 않는가?"라는 제목의 장을 포함하고 이렇게 결론을 내린다. "예수는 신성의 억제의 필요 아래 있었다. 영광의 부족과 고난의 잔이 그의 메시아직의 소명이었고, 그의 가난은 하나님의 영의 표징의 부재였다. 성령의 증거들은 비천하게 되신 메시아 직분과 일치하지 않을 것이다."[20] 바렛과 피슨은 예수가 자신의 메시아 되심과 성령에 대해 나타내는 것을, 매일의 성육신적 삶에서 그 의미대로 살기까지 의도적으로 보류했다고 주장한다.

어떻게 그렇게 저명한 저자들이 이렇게 다른 결론을 내릴 수 있는가? 던은 성령에 대하여 누가복음 4:18-19의 지지를 받고 있다. 예수께서 놀라운 사역을 행하신 것을 두고 어떤 사람들은 이것이 예수의 사역의 "신적 특성"이라고 주장하기 위하여 낡고 잘못된 기독론을 끌어왔다. 그러나 던이 바르게 주장하듯이, 예수는 하나님과 성령에 대한 신뢰에 의지했다. 로빈슨John A. T. Robinson은 어쨌든 초기 예수의 참 인간성에 대한 성경적인 강조점을 복원하는 데 크게 기여했다.[21] 그러나 바렛은 시험 기사와 그 외 다른 곳의 지지를 받고 있다. 이 사건들은 성령으로 말미암아 발생했다. 그러나 각각의 경우에 더 장엄한 "자기 영광의 현시"는 하나님의 뜻에 이르는 고된 길과 케노시스kenosis, 그리고 자기 비움을 위하여 포기된다. 성령에 대한 언급이 예수 그리스도의 부활과 영광 전에는 상대적으로 드물다고 한 바렛과 피슨의 주장은 의심할 바 없이 진리이다. 그러나 예수는 그의 귀신 쫓는 일과 능력의 행위를 통해 성령의 보유자이며 소위 "카리스마를 가진" 인물로 나타

---

19. Dunn, *Jesus and the Spirit*, p. 88.
20. Barrett, *The Holy Spirit and the Gospel Tradition*, p. 158 (나의 이탤릭); 참조. pp. 140-62; J. E. Fison, *The Blessing of the Holy Spirit* (London: Longmans, Green, 1950), pp. 81-109.
21. John A. T. Robinson, *The Human Face of God* (London: SCM, 1973).

난다는 던과 터너의 주장도 진리이다. 각 그림은 또 다른 그림으로 주의 깊게 보완될 필요가 있다. 어떤 의미에서 두 견해가 옳은지 묻는다면 하나의 세미나나 기말고사 시험문제가 필요할 것이다. 던의 결론은 바렛의 주의 깊은 기독론적 경고에 비추어 볼 때에만 수용되어야 한다.

이는 성령에 대한 누가의 특별한 관심을 상기할 때 더욱 두드러진다. 하나의 교훈은 성령에 대하여 교회나 이름을 끊임없이 말하는 것보다 성령이 예수의 매일의 삶 속에서 역사하는 것이 더 중요하다는 것을 아는 것이다. 바렛은 이것을 말하고 있다. 그는 부활 전에 예수의 메시아 되심에 대한 침묵이나 비밀 엄수, 그리고 성령에 대한 침묵에서 하나의 평행구조를 보기만 한 것은 아니다. 그는 또한 위대한 정경이나 "저작" 선지자들도 상대적으로 성령을 거의 언급하고 있지 않고, 심지어 "선지자"라는 말에 대해서도 거의 말이 없음에도 주목한다. 이것은 구약의 초기 예언서와는 대조적이다(미 3:8 참조; 예레미야, 에스겔).²² 한편 터너는 유대교와 신구약 중간기 저작들에서 예언에 대한 성령의 영감의 중요성을 인식하고 있음을 나타낸다. 이것은 로저 스트론스태드Roger Stronstad와 로버트 멘지스의 지지를 받고 있다.²³

바렛은 또한 예수께서 귀신을 쫓는 일의 대부분은 "마가복음에 나오며", 랍비 자료와 이방 자료 안의 문제들과 뚜렷한 차이가 무엇인지 구별해야 한다고 주장한다. 터너가 유대교의 영향과 연속성을 주장하는 반면, 바렛은 유대교와 불일치를 주장한다. "귀신들린 자"로서 고통 받는 사람들은 보통 "매우 안타까운 상태"에 있다.²⁴ 예수는 "'영적인'pneumatic 인물로서 … 권위 있게" 고통받는 자들에게 나타나곤 한다.²⁵ 그럼에도 불구하고 "예수

---

22. Barrett, *The Holy Spirit and the Gospel Tradition*, pp. 143-52.
23. Turner, *Power from on High*, pp. 82-138; Roger Stronstad, *The Charismatic Theology of Saint Luke* (Peabody: Hendrickson, 1984); 그리고 Robert P. Menzies, *Empowered for Witness: The Spirit in Luke-Acts* (Sheffield: JSOT, 1994). 그들의 차이점은 제3부에서 논할 것이다.
24. Barrett, *The Holy Spirit and the Gospel Tradition*, p. 55.
25. Barrett, *The Holy Spirit and the Gospel Tradition*, p. 57.

의 귀신 쫓음에서 유일한 요소는 그것이 하나님의 권능과 왕국의 특별한 징표라는 것이다."[26] 권능*dynamis*이란 말은 유사하게, 이적을 가리킬 뿐 아니라 종말론적 능력 또는 성령의 능력으로서 하나님을 나타낸다.[27] 그러나 대체로 한쪽에서는 피슨, 바렛, 제4복음서를 따라 성령의 "자기를 드러내지 않으심"를 주장할 수도 있고, 다른 한쪽에서는 귀신 쫓음을 하나님 나라가 침노하는 것과 새 시대의 도래로 볼 수도 있을 것이다.[28] 복음서 기자들은 특별히 요한복음에서 볼 수 있듯이 부활을 예기하는 빛 아래서 예수의 사역을 이해할 수밖에 없다. 예수는 십자가와 부활 후에만 그의 사역을 완성할 것이기 때문에, "하나님의 나라가 여기 예수 안에 있다", "하나님의 나라는 가깝지만 미래이다"라는 긴장만큼이나 그 모호함이 혼란스럽진 않다. 우리는 (바울서신의 치유 은사에 대해 다루는) 6장에서, 육체의 치유에 대한 주요 논증들 중 하나는 하나님 나라의 종말론적 침노임을 논증하게 될 것이다. 반면 치유가 분명히 부족하다는 것에 대한 가장 좋은 설명 중 하나는 하나님이 그것을 선택하신 것으로서 (하나님의 나라가) 여전히 미래에 있으므로 하나님의 나라의 도래는 "아직 아니"의 국면에 있다는 것이다. 현재와 미래의 이중 또는 중복된 종말론적 측면은 모두 강조함이 마땅하다. 보통 이들 문제들은 해석학의 문맥에서 진술한다.

3.3. 예수의 메시아적 하나님 경험에 대한 추가적인 언급들
: 기도, 친밀함, 그리고 아버지에 대하여 아들 되심

그러나 거의 동일한 정도의 논쟁을 불러일으키는 또 다른 연관된 문제가

---

26. Barrett, *The Holy Spirit and the Gospel Tradition*, p. 62.
27. Barrett, The Holy Spirit and the Gospel Tradition, pp. 71-77.
28. Fison, *The Blessing of the Holy Spirit*, pp. 11, 22, 27, 72, 93, 107-8, 138-40, and 199-200.

있다. 던은 예수의 능력의 행위뿐만 아니라, 기도생활, 더 폭넓은 하나님 경험, 그리고 아버지에 대한 아들로서의 관계를 언급하므로 예수께서 성령을 소유했다는 자신의 입장을 확증하려고 한다. 이 일은 "예수의 더 사적인 하나님 경험"이라는 표제 아래 진행되고 있다.[29] 던이 이것은 "하나님을 믿는 *우리의*(던의 이탤릭) 믿음에" 중요하다고 한 것은 분명히 옳은 말이다.[30] 그는 또한 아돌프 폰 하르낙과 아돌프 다이스만의 편에서 이 문제와의 관계를 언급한다. 공관복음 전통의 4겹의 층이 이것을 강조하고 있다. 마태복음 11:17과 평행구에서 성전은 기도의 집이다(사 56:7의 인용). 던은 구하고 찾고 두드리라(마 7:7; 눅 11:9-13)는 "Q"전통의 권면을 인용한다. 겟세마네(막 14:32-42)는 예수가 기도에 의존하고 있음을 보여주는 또 다른 예이다.[31]

던은 즉시 예수의 개인적인 기도에서 "아바"의 용법에 대한 긴 절을 포함시킨다.[32] "아바"(사랑하는 아버지)는 마가복음 14:36에 있으며, 이는 예수의 기도의 독특한 점이다. 이것은 또한 로마서 8:15과 갈라디아서 4:6에서 그리스도인의 입술에서 나타난다. 이때 성령이 아버지로서의 하나님께 동일한 태도를 갖는 것과 관계를 맺는 것이 무엇인지 신자들에게 실제적이 되게 한다. 이 일들은 직접적으로 그리스도로부터 나온 것이다. 던은 이렇게 말한다. "예수가 하나님을 아버지로 부른 것은 공식적인 발언이라기*보다 경험의 말이었다*(던의 이탤릭)."[33] 많은 학자들은 이 "아바"의 독특성에 대한 강조를 요아힘 예레미아스와 연관시킨다. 그러나 후에 그의 접근법에 의문의 여지가 있음을 알고 실망한다.[34] 던은 전반적으로 그의 접근법을 지지하지만 그 독특성이 과장되었을 수 있다는 것을 시인한다. 그는 예수의 "아들

---

29. Dunn, *Jesus and the Spirit*, p. 11.
30. Dunn, *Jesus and the Spirit*, p. 13.
31. Dunn, *Jesus and the Spirit*, p. 17.
32. Dunn, *Jesus and the Spirit*, pp. 21-40.
33. Dunn, *Jesus and the Spirit*, p. 22.
34. Joachim Jeremias, *New Testament Theology*, vol. 1: *The Proclamation of Jesus* (London: SCM, 1971), pp. 61-68.

됨이 의식과 영에 대한 의식"(던의 이탤릭)을 함께 묶는다.[35] "예수는 자신이 성령으로 능력 있게 되었음을 믿었고, 자신이 하나님의 아들이라고 생각했다."[36] 시편 2:7을 언급한 것은(눅 3:22 참조) "아들 됨의 의식과 성령의 의식"이 동전의 양면임을 나타낸다.[37] 던은 *"성령을 주심은 예수가 아들로 입양된 것으로 이해되었다"*(던의 이탤릭)라고 단언한다.[38]

이 주제는 분명히 던의 『성령 세례』에서 행한 던의 논증에 긍정적이다. 하나님의 아들이 되는 것은 성령 받음을 전제로 한다. 즉 성령을 받는 것은 하나님의 아들이 되는 것을 의미한다(롬 8:9).[39] 만약 그렇다면 예수의 인성에서 그리스도인의 경험을 어느 정도까지 읽어야 할까? 우리는 이미 예수와 하나님 사이의 매우 밀접한 친밀함이 "신적인 본성" 때문이며, 그러므로 성령체험에 의지할 필요가 없다는 조지 스미튼의 19세기식 주장을 기각했다.[40] 그러나 오늘날 예수의 각 "본성"이 성취한 것에 대해 말하는 것이 불편할지라도, 스미튼의 말에도 어떤 정당성이 있지 않을까? 분명 잠깐이라도 제4복음서(요한복음)와 비교한다면, 아버지와의 친밀함은 성령에 달려있지 않은 것 같다. 다시 말하면, 이것은 모든 그리스도인의 특성은 아니지만, 그리스도 예수는 정확하게 이 지점에 있지 않을까?

이 문제는 토의될 수 있고, 아마 답변될 수 있을 것이다. 왜냐하면 히브리서에 따르면 예수는 "모든 면에서" 우리와 같이 시험 또는 유혹을 받았기 때문이다(히 4:15). 이미 우리가 말했듯이 로빈슨은 지상의 예수는 온전히 인간이었으며, 인간은 하나님과 친밀해지기 위해 성령에 의존해야 한다고 올바르게 주장한다. 그러나 예수는 이를 강조하여 말하지 않는다. 심지어 던조

---

35. Dunn, *Jesus and the Spirit*, p. 62.
36. Dunn, *Jesus and the Spirit*, p. 63.
37. Dunn, *Jesus and the Spirit*, p. 66.
38. Dunn, *Jesus and the Spirit*, p. 65.
39. James D. G. Dunn, *Baptism in the Holy Spirit* (London: SCM, 1970), p. 95 그리고 전반적으로.
40. 이 장의 35페이지를 보라. (각주 5-9번 페이지)

차도 "예수도 하나님 체험에 대하여 자주, 또는 공개적으로 거의 말하지 않는다"라는 것을 인정하고 있다.[41] 교부시대의 기독교 전통의 눈으로 공관복음을 살펴본다면 성령은 아버지와 아들이 활동적인 곳에 참여한다고 말할 수 있을 것이다. 성령은 아버지와 아들 사이의, 또는 예수와 하나님 사이의 교제에 참여한다. 우리는 던에게 분명히 동의하지 않는다. 그러나 이 문제에 좀 더 신중하기를 원한다. 던과 터너, 그리고 바렛과 피슨 사이의 논쟁은 문제를 제기하므로 주장하는 것이 무엇인지 분명히 할 필요가 있다. 이것이 현재의 토론에 도움이 될 것이다. 우리는 성령의 문제가 기독론의 문제와 상호작용하는 것을 기대해야 한다.

맥스 터너, 로버트 멘지스, 로저 스트론스태드는 던보다 더 이 주장을 강조하고 있는가? 어떤 의미에서 그들의 주장은 아마 이 특별한 점에서 덜 논란이 될 것이다. 왜냐하면 그들의 관심은 주로 예수가 성령으로 능력을 받는 것에 있기 때문이며, 이것은 논란거리가 되지 않는다. 다시 한번 히브리서의 기독론을 언급한다면, 히브리서 기자는 예수가 순종뿐만 아니라 믿음을 배워야만 했다는 것을(히 2:13) 분명히 하고 있다. 그러나 스미튼이 말한 대로 예수의 "신성"이 지상이나 성육신한 예수 안에 내적인 능력으로 남아 있다면 "믿음"이 어떻게 가능한가? 예수는 참으로 그의 능력의 활동과 메시아적 시험에 대응할 때 성령을 의지했다. 우리는 비록 3부에서 터너에 대한 논의를 충분히 살펴볼 테지만, 터너의 책 7장 "세례자의 약속" 안의 어떤 문장들은 좀 다르게 해석해야 할 수도 있다.[42] 그러나 "메시아적 아들을 능력 있게 함"과 "성령으로 기름 부음 받은 예수" 두 장은 우리의 견해와 대체로 일치하는 것 같다.[43] 3부에서 우리는 또한 멘지스와 스트론스태드의 작품에 대해, 터너와 공유하고 있는 보류된 문제들을 논의할 것이다.

---

41. Dunn, *Jesus and the Spirit*, p. 67.
42. Turner, *Power from on High*, pp. 170-87.
43. Turner, *Power from on High*, pp. 188-266; 참조. Max Turner, *The Holy Spirit and Spiritual Gifts Then and Now* (Carlisle: Paternoster, 1996), pp. 19-35.

3.4 공관복음의 성령에 대한 또 다른 언급들

(1) 성령을 훼방하는 것에 대한 예수의 말씀(막 3:28-30; 평행구 마 12:31-32; 눅 12:10)은 오늘날 많은 사람들에게 당혹스러움과 불안을 안겨준다. 마가복음에서 문제가 되는 말은 블라스페메세*blasphēmēsē*인데, 마태복음과 누가복음은 같은 말이지만 문법적 이형(*variants*)을 사용하고 있다. 누가복음은 블라스페메산티*blasphēmēsanti*를 사용하고, 마태복음은 12:31에서 명사(*blasphēmia*)를 사용하는 문장으로 재구성하고 있다. 그러나 12:32에서는 단순히 "말로 성령을 거역"하는 자들을 언급하고 있다. 댄커에 따르면 블라스페네오*blasphēmēo*는 "품위를 손상시키고 중상하는 모욕적인 방식으로 말하다, 또는 욕하다, 명예를 훼손하다, 비난하다"(*eipē kata tou pneumatos tou hagiou*)를 의미한다.[44] 그림-타이어Grimm-Thayer는 이에 동의하며 "비난하다, 욕하다, 중상하다"라는 해석을 제안한다.[45] 그러나 공관복음 문맥에서는 어떤 의미인가?

어떤 주석가들은 마가복음 3:28-30의 원래의 문맥은 누가복음 12:10의 문맥과 다르다고 믿는다. 그러나 마태복음은 예수께서 귀신의 왕을 힘입어 귀신을 쫓아낸다는 잘못된 비난과 관련하여 마가복음의 내용을 반복하고 있다. 마가복음은 아멘이라는 말로 시작하고 있는데, "진실로"에 해당하는 말이다. 이것은 구약성경에서 경고나 저주 같은 발언의 타당함을 표현하기 위해 사용되었다. 신약 성경에서 이 말은 엄숙하고 무게 있는 발언을 시작할 때 사용된다. 예수께서 성령의 능력으로 귀신을 쫓아내셨기 때문에 "성령을 훼방하다"는 분명히 좋은 것을 "나쁘다"고 한 것을 의미한다. 이렇게 행하는 자들은 자신의 이익에 따라 좋은 것을 나쁜 것으로 왜곡한 것이다.[46]

---

44. Danker, BDAG, p. 178.
45. Joseph H. Thayer, *A Greek-English Lexicon of the New Testament* (Edinburgh: T&T Clark, 1901), p. 102.
46. 참조. Charles E. Cranfield, *The Gospel according to St. Mark* (Cambridge: Cambridge

전적으로 왜곡되고 혼동된 사람이 어떻게 아직도 회개의 여지가 있는지 알기는 어렵다. 지금은 이것이 그러한 태도의 "내적인" 결론을 가리키는 것일 수 있다. "선으로 여겨지는 것에 대해 악을 정당화하는 것을 완고하게 고집한다면, 또는 선을 악이라고 하여 선을 비방하고 모욕한다면, 어떻게 회개하고 그로 말미암아 용서를 받을 수 있는가?"라고 말하는 것 같다. 내가 위원으로 있는 영국성공회 교리위원회는 이렇게 표현하고 있다. "이 말은 악을 '선'이라 하고 선을 '악'이라 함으로써 선과 악을 악의적으로, 고의로 조작하는 것에 대한 경고이다. … 이미 수립된 악순환을 벗어날 길이 없다."⁴⁷

이 말을 듣고 근심하는 사람은 누구나 그에 따라 은혜의 표징을 보이고, 그들의 삶 속에서 성령의 사역이 시작된다는 것은 실제 목회에서 잘 알려져 있다. 완고하고 고집스럽다면 그들은 그에 대해 걱정하지 않을 것이다. 예수께서는 분명히 선을 악이라고 함으로써 선을 비하하는 것을 지적하고 있다. 이 경우에는 성령의 역사를 악에서 나온 것이라고 한 것이다. 대부분의 그리스도인에게 이 말은 대단히 성급한 판단에 대한 경고 또는 잘못된 결론으로 비약하는 것에 대한 경고로 여겨진다. 누가복음의 문맥을 살피고 나서, 조엘 그린Joel B. Green은 "누가복음에서 성령을 훼방하는 것은 박해에 직면하여 배교하는 것을 가리킨다"고 한다.⁴⁸ 그러나 마가복음은 원래의 의미를 고수하고 있다. 린제이 디워Lindsay Dewar는 아마도 지나치게 단순하게 이를 "양심의 위조"라고 말한다.⁴⁹

(2) 위기의 순간에 성령의 인도(막 13:11, 마 10:19-20; 눅 12:12; 눅 21:14-15

University Press, 1963), pp. 139-43; 그리고 William Lane, *The Gospel of Mark*, NICNT (London: Marshall, Morgan and Scott, 1974), pp. 144-46; R. T. France, *The Gospel of Mark: A Commentary on the Greek Text*, NIGTC (Grand Rapids: Eerdmans, 2002), pp. 178-79. 수용의 역사에 관하여는 Ulrich Luz, *Matthew 8-20: A Commentary* (Minneapolis: Fortress, 2001), pp. 206-10를 보라.

47. The Church of England Doctrine Commission, *We Believe in the Holy Spirit* (London: Church House Publishing, 1991), p. 184.
48. Joel B. Green, *The Gospel of Luke*, NICNT (Grand Rapids: Eerdmans, 1997), p. 484.
49. Lindsay Dewar, *The Holy Spirit and Modern Thought* (London: Mowbray, 1959), p. 19.

참조). 마가복음 13:11은 박해를 예견한다. 그러나 "사람들이 너희를 끌어다가 넘겨줄 때에 무슨 말을 할까 미리 염려치 말고 무엇이든지 그 시에 너희에게 주시는 그 말을 하라. 말하는 이는 너희가 아니요 성령이시니라"고 단언한다. 마태복음은 이번에는 유사하다. 마태복음은 마가복음과 같이 "염려치 말라"고 한다. "그 때에 무슨 말할 것을 주시리니." "말하는 이는 너희가 아니라 … 너희 아버지의 영이시니라"("성령"이라기 보다). 누가복음 21:12의 평행구는 박해에 대해서는 말하지만 성령에 대해서는 말하지 않는다. 더 밀접한 평행구는 누가복음 12:11-12이다. "마땅히 할 말을 성령이 곧 그 때에 너희에게 가르치시리라." 바렛은 그 말의 원본에 대해 논증한다.[50] 찰스 B. 크랜펠드는 바렛과 달리 마가복음이 더 초기 형태라고 생각한다.[51] 마가복음은 프뉴마 토 하기온*pneuma to hagion*이라고 하지만, 마태복음은 토 프뉴마 투 파트로스 휘몬*to pneuma tou patros hymon*이라고 한다.

마가복음에서는 이것이 서문 이후 성령에 대한 세 개의 언급 중 하나이다. 이는 요한복음의 보혜사에 대한 언급을 떠올리게 한다(요 15:26-27; 16:8-11). 또한 성령과 "자발성"을 연계시킨 몇 개의 언급 중 하나일 것이다. 그러나 프랑스R. T. France는 이 말이 긴급함이나 위기를 가리키며, "게으른 전도자"를 격려하지는 않는다고 경고한다.[52] ("영감"에 의존한 것으로 알려진 학생은 선생님으로부터 "그것은 영감inspiration이 아니라 절망desperation이다!"라는 신랄한 답변을 받았다.) 마태복음에서 제자들에게 성령이 약속된 곳은 오직 이 곳뿐이다. 울리히 루즈는 "수용의 역사"에서 존 크리소스톰과 토마스 아퀴나스는 하나님의 약속은 준비할 시간이 전혀 없는 설교자에게만 유효하다고 경고한다고 지적한다. 즉 "그는 성찰할 시간이 있을때 하나님을 시험해서는 안 된다."[53] H.B. 스웨트는 이렇게 결론짓는다. "이는 내재하는 변호인의 임

---

50. Barrett, *The Holy Spirit and the Gospel Traditions*, pp. 130-32.
51. Cranfield, *The Gospel according to St. Mark*, p. 400.
52. France, *The Gospel of Mark*, p. 517.
53. Luz, *Matthew 8-20*, p. 90.

재를 필요한 순간에 신자들에게 보증하는 것이다." 즉 제4복음서에서 발견되는 보혜사의 "주심"이다.⁵⁴ 그러나 디워는 이렇게 덧붙인다. "현재 주어진 말씀의 권위에 의문을 제기할 이유는 전혀 없다."⁵⁵ 다시 말하면 이 말은 공관복음 세 곳 모두에 등장한다.

(3) 하나님의 영, 귀신 쫓음과 하나님의 나라, 또는 법칙의 도래 사이의 연결 (마 12:28). 이 구절은 이렇다. "내가 하나님의 성령을 힘입어 귀신을 쫓아내는 것이면 하나님의 나라가 이미 너희에게 임하였느니라." 누가는 "하나님의 성령" 대신 "하나님의 손가락"이라고 한다(눅 11:20). 이는 성령에 대한 누가의 특별한 관심을 생각할 때 좀 놀라운 일이다. "손가락"이란 성경적으로는 "하나님의 손" 또는 "하나님의 팔"과 같은 것으로 하나님의 능력을 가리킨다. 루즈는 누가의 본문이 더 이른 것이며, 마태가 사용한 "성령"은 "편집"되었을 가능성이 있다고 주장한다.⁵⁶ 그렇다면 이것은 다시 공관복음에는 성령에 대한 언급이 상대적으로 적다는 것에 대한 바렛의 의문을 떠올리게 한다. 사실 바렛의 의문은 20세기 초에 제기되었다. 그리피스 토마스Griffith Thomas가 1913년에 제기하였고, 예수의 메시아적 소명만큼 "영광의 결핍과 고난의 잔"에 호소하지 않고, 윈스텐리Winstanley를 따라 "성부와의 교제의 시급성"에 호소함으로써 해답을 제시했다.⁵⁷ 그들은 예수는 자신의 메시아적 성령 받음이 명백했기 때문에 이에 대해 말할 필요가 없었다고 주장한다.

마태복음 12:28과 누가복음 11:20은 하나님의 나라의 도래, 또는 임함을 가리키기 위해 그리스어 동사 에프다센ephthasen을 사용하고 있다. 노만 페린Norman Perrin은 이렇게 말한다. "이러한 귀신 쫓음은 사탄의 권세에 대항

---

54. H. B. Swete, *The Holy Spirit in the New Testament* (London: Macmillan, 1921), p. 122.
55. Dewar, *The Holy Spirit and Modern Thought*, p. 21.
56. Luz, *Matthew 8–20*, p. 200.
57. W. H. Griffith Thomas, *The Holy Spirit of God* (London and New York: Longmans, Green, 1913), p. 57; 그리고 Edward W. Winstanley, *Spirit in the New Testament* (Cambridge: Cambridge University Press, 1910), pp. 128-29.

하여 결정적인 전투에서 승리했다는 증거이다."⁵⁸ 그는 쿰란 문서 중 새 시대를 가져오는 하나님의 개입을 기대하고 있는 전쟁 두루마리*War Scroll*(1QM 6:6; 12:7)에 평행구가 있다는 것을 지적하고 있다.

(4) 구하는 자에게 성령을 주시는 아버지(눅 11:13). 다시 한번 이것은 기도의 문맥에 위치하고 있고, 누가복음의 특징이다. 마태복음은 "성령" 대신 "좋은 것"이라고 하고 있다(마 7:11). 대다수 신약 전문가들은 마태복음을 더 이른 것으로 보고, 누가복음은 이 말을 성령으로 이해하여 말한 것이라고 한다. "성령"이 "좋은 것"으로 바뀐 이유는 상상하기 어렵다. 몽테큐는 이를 로마서 8:15, 8:26-27, 갈라디아서 4:6의 바울 전통과 연관시킨다.⁵⁹ 이에 대해서는 나중에 바울에 관한 장에서 논의할 것이다.

(5) 부활 후의 명령과 약속: 부활 후의 두 개의 발언. 하나는 마태복음에 독특한 것이고 다른 하나는 누가복음에서만 볼 수 있다. 마태복음 28:19의 대위임령 "모든 족속으로 제자를 삼아 아버지와 아들과 성령의 이름으로 세례를 주고"는 "후대의 반영, 또는 계시의 표현"으로 여겨진다.⁶⁰ 어떤 이들은 공동체나 교회에 대한 마태의 특별한 관심 탓으로 돌린다. 그러나 세례 의식의 삼위일체적 문구는 일찍 확립되었다. 예를 들면 1세기 말, 또는 2세기 초의 디다케*Didache*에 등장한다(디다케 7:1, 3). 바울과 사도행전의 세례 의식 문구에는 그리스도의 이름만 나타난다. 그러나 존 놀랜드John Nolland는 이 구절의 언어는 제자 삼는 것과 성부로서 하나님을 포함하고 있는 "마태 설화의 초기 언어에 기초하고 있다"라고 주장한다.⁶¹ 그는 마태가 하나님의 아버지 되심과 예수 그리스도의 세례 시 성령의 활동에 특별한 관심을 가진

---

58. Norman Perrin, *The Kingdom of God in the Teaching of Jesus* (London: SCM, 1963), p. 171.
59. George T. Montague, *The Holy Spirit: The Growth of a Biblical Tradition* (Eugene, OR: Wipf & Stock, 1976), p. 259.
60. Dunn, Jesus and the Spirit, p. 129.
61. John Nolland, *The Gospel of Matthew: A Commentary on the Greek Text*, NIGTC (Grand Rapids: Eerdmans, 2005), pp. 1268-69.

것으로 본다. 놀랜드의 주장은 믿기 어렵다.

　이 구절의 진정성 문제에 대한 긍정적인 답변을 부르는 더 철저한 논의 중 하나는 아더 웨인라이트Arthur W. Wainwright의 주장이다.[62] 그는 먼저 진정성을 반박하는 본문 논증을 고찰하고, 이들을 "확신할 수 없다"라고 결론을 내린다.[63] 그리고 나서 그는 계속해서 문학적 논증과 역사적 논증을 고찰한다. 역사적 사실의 논증은 주로 그리스도의 이름으로만 세례를 주라는 사도행전의 증언을 의지하고 있다. 어찌하여 가장 초기의 교회는 부활하신 그리스도의 명령을 무시해야 했는가? 이에 대해 세례를 주는 사람은 삼위의 이름을 사용했을지라도, 세례 지원자들은 주님이신 그리스도에게 전적인 충성을 맹세하는 것에만 관심을 가졌다는 답변을 제시했다(고전 12:3). 그러나 웨인라이트는 이를 증거가 부족하다고 거부한다. 아마 저스틴과 묵시문학에 등장하는 3중 명칭의 증거가 더 중요할 것이다. 결국 웨인라이트는 마태복음 본문의 진정성을 주장한다. 그러나 예수 자신이 이 말을 했는지에 대해서는 의심하고 있다. 그가 옳다면, 최소한 이 말은 정경적 권위를 가지게 된다.

　(6) 누가복음 24:49과 "위로부터의 능력". 누가복음 24:49이 비록 성령을 명시적으로 말하지는 않지만 아버지의 약속을 언급하고 있다. 이것은 분명히 오순절을 암시하며 사도행전을 내다보고 있다. 사도행전 1:4은 또한 "아버지의 약속"에 대해 말하고 있다. 루크 존슨은 "누가는 그의 설화에서 결정적 순간에 그러한 예언을 독자들에게 계속되는 이야기를 해석하는 수단으로서 사용하고 있다. … 복음서의 끝과 시작에서 예언은 설화의 의미에 대한 실마리로서 동일하게 중요하다. 예수의 '위로부터 능력'의 약속은(눅 24:49) 독자들에게" 승천과 오순절을 "출발점이 아니라고 생각하게 한다."[64]

---

62. Arthur W. Wainwright, *The Trinity in the New Testament* (London: SPCK, 1962), pp. 238-41.
63. Wainwright, *Trinity*, p. 239.
64. Johnson, *The Gospel of Luke*, p. 16.

이 구절에서 "내가 … 보내리니"(Greek. *apostellō*)는 독자들에게 선지자의 "보냄"과 사도들의 "보냄"을 상기시킨다.[65]

3.5. 가능성 있는 네 개의 결론

공관복음의 성령의 활동에 대한 연구로부터 많은 주제들 가운데 네 개의 반복된 주제가 떠오른다. 셋은 완벽함과는 거리가 멀다. 첫째, 예수의 성령으로 기름 부음 받음과 준비는 치명적이며 논란의 여지가 없는 출발점이다. 공관복음서는 모두 세례와 예수의 메시아 소명과 시험을 나타내는 메시아적 시험에서 이것을 강조한다. 마태와 누가는 또한 예수의 잉태와 출생에서, 그리고 특별히 누가는 귀신 쫓아냄과 능력의 행동을 포함하는 예수의 전 사역에서 성령의 사역을 강조한다.

둘째, 바렛과 피슨이 제기했듯이, 복음서는 십자가를 포함하여 여러 가지 이유로 성령에 대해 상대적으로 적게 언급하는 등 제한되고 있다. 그럼에도 불구하고 이 주장은 던과 터너가 논의한 것과 같이 귀신 쫓아냄과 능력의 행위들처럼 성령의 능력에 대한 구체적 실례들로 보강되어야만 한다. 이것은 피슨이 성령의 "자기를 드러내지 않으심"이라고 부르는 것 때문일 수 있다. 또는 메시아직은 겸손, "성령의 징표의 부재", 그리고 십자가의 도가 필요하기 때문일 수 있다. 마가복음은 십자가의 그림자에 덮여있다. 처음 여덟 장은 이야기가 빠르게 진행된다. 베드로의 신앙고백 후에는 느리게 진행되다가, 수난기사는 느린 동작처럼 진행된다. 모두 십자가가 그리스도의 삶의 목적임을 보여준다. 누가는 지리적으로 갈릴리에서부터 예루살렘 밖 십자가에 이르는 여행 모티프를 사용하고 있다. 성령의 부으심은 오순절 새 시대까지 유보된다. 한편 예수의 능력의 행위는 성령의 중재와 능력으로 시

---

65. Johnson, *The Gospel of Luke*, p. 403.

행된다는 것은 의심할 수 없다. 그리하여 예수는 전례 없는 방식으로 성령으로 기름 부음을 받게 될 왕, 또는 메시아에 대한 선지자의 기대를 자신 안에서 성취한다. 그는 또한 하나님 자신이, 공관복음에서는 결정적으로 성령과 예수 그리스도로 말미암은 하나님의 행동이지만, 새 창조를 이루신다는 묵시적 소망의 흐름을 성취한다.

셋째, 던은 예수의 기도 경험와 아버지 하나님과의 친밀함, 그리고 (예수를 "카리스마적"이라고 부를 정도까지) 성령을 의지하는 것 사이의 평행 구절들을 살피는 아주 좋은 연구를 했지만, 주의를 요하는 더 깊은 토론과 논쟁의 문제가 남아있다. 어디까지 이 문제를 밀어붙여야 할까? 비록 지상의 예수는 성령을 의지했다 할지라도, 하나님의 아들이라는 그의 신분은, 심지어 지상의 형태 안에 있다 할지라도, 매우 신중한 언어의 사용을 요구하는 일정 수준의 독특성을 지니고 있다. 이는 공관복음에서도 기독론이 성령에 대한 말들과 관계될 때 발생하고 있는 것 같다.

넷째, 위르겐 몰트만은 이것을 하나님의 삼위일체적 사역 이야기로 보고 있다. 그는 이렇게 말하고 있다. "그는[예수는] 성령의 능력으로 귀신을 쫓아내고 병자들을 고친다. … 이 하나님의 능력 있는 권세는 그 자신이 아닌 다른 분들을 위해 주어진다."⁶⁶ 이처럼 복음서는 분명히 삼신론이 아닌 일신론을 보여주고 있지만, 거룩한 삼위일체의 세 위격 모두가 그리스도의 인격과 사역에 포함되어 있다. 몰트만은 이렇게 덧붙인다. "*신약성경은 성부와 성자와 성령의 관계를 이야기 속에서 선포함으로써 하나님에 대해 말하고 있다. 이 관계는 친교의 관계이며 세상에 열려 있는 관계이다*(몰트만의 이탤릭)."⁶⁷ 이는 공관복음에도 그대로 나타난다. 공관복음의 이야기는 성령에

---

66. Jürgen Moltmann, *The Spirit of Life: A Universal Affirmation* (London: SCM, 1992), p. 61.
67. Jürgen Moltmann, *The Trinity and the Kingdom of God: The Doctrine of God* (London: SCM, 1981), p. 64.

대한 진실을 나타내고 있으며, 삼위일체에 대해서는 덜 직접적으로 나타내고 있다. 삼위일체 프레임에 더 주의를 기울여야 한다는 요청 때문에 최소한 오순절주의와 갱신운동(종종 이들 그룹의 요청) 계열에서는, 이 문제가 신약성경보다는 교부들에게서 더 분명하지만, 주목의 대상으로 남아있는 것이 분명하다.

4
사도행전 속의 성령

　사도행전은 사도적 교회의 선교와 활동의 순서를 따라 배열되었고, 예루살렘으로부터 로마까지 복음의 확장을 상술하고 있다. 몇 년 전 베르너 퀴멜Werner G. Kümmel은 더할 나위 없이 훌륭한 전형적인 5중 구조를 제안했다. 그는 "선교명령에 따라 5개의 지리적 구역으로 나누어진 구분"을 생각했다(행 1:8).[1] 그것은 예루살렘을 중심으로 사도행전 1:15-8:7, 사마리아와 해안 지역을 중심으로 8:4-11:18, 안디옥과 안디옥 교회의 선교를 중심으로 한 11:19-15:35, 에게 해 주변 육지를 중심으로 15:36-19:20, 그리고 예루살렘으로부터 로마까지 19:21-28:31이다. 이것은 예루살렘부터 안디옥까지의 1-12장은 주로 베드로를 중심으로, 안디옥부터 로마까지의 13-28장은 (아마 가장 최근까지는) 주로 바울을 중심으로 한다는 전통적인 구분보다 누가의 목적을 더욱 분명하게 보여준다.

　박해와 방해들이 일어났을 때도 이 일들은 교회의 확장을 촉진시키는 것에 기여한다. 이와 같이 첫 번째 위협 이후에도 "관원들이 백성을 인하여 저희를 어떻게 벌할 도리를 찾지 못하고 … 놓아 주었으니"(행 4:21), 그리고

---

1. Werner G. Kümmel, *Introduction to the New Testament* (London: SCM, 1966), p. 108.

교회는 "담대히" 하나님의 말씀을 전했다(4:29). 후에 "큰 핍박이 나서 사도 외에는 … 흩어지니라 … 그 흩어진 사람들이 두루 다니며 복음의 말씀을 전할 새"(행 8:1, 4). 로날드 R. 윌리엄스Ronald R. Williams는 "아무것도 복음을 멈출 수 없다"는 부제로 작게 주석을 달아놓았다.[2] 성령의 부어주심과 이어진 성령에 대한 언급은 이 선교적 구조에 많은 의미를 부여한다.

그러나 비벌리 로버츠 가벤타Beverly Roberts Gaventa는 최근 비록 이것이 교회의 역사와 교회의 확장 이야기 또는 설명의 형태를 취하고 있지만, 누가의 최우선적인 관심은 하나님, 하나님의 계획, 그리고 하나님의 목적이라고 주장했다.[3] 성령은 교회를 능력 있게 하며, "하나님의 말씀"은 복음의 내용을 가리킨다(행 13:7, 44; 16:32). 가벤타의 관심은 신학적이라 할지라도 그녀는 역사의 중요성을 간과하지 않는다. 왜냐하면 하나님, 하나님의 영, 하나님의 말씀은 최소한 인간 매개를 통하여, 사도행전에서는 바울을 통하여 역사하기 때문이다. 그리하여 하나님의 목적은 구원의 역사 속에 일차적으로 남게 된다. 그녀는 보울레 데우*boule theou*, 하나님의 뜻 또는 목적과 같은 용어의 중요성을 언급한다. 오순절에 베드로는 그의 설교에 요엘의 예언을 끌어온다. 왜냐하면 이스라엘의 하나님은 교회의 하나님이기 때문이다. 한때, 특별히 에른스트 헨첸Ernst Haenchen과 한스 콘첼만Hans Conzelmann 이후 역사적인 면을 가볍게 여기는 관습이 있었다.[4] 그러나 최근에는 영국에서는 하워드 마샬과 F. F. 부르스가, 미국에서는 비벌리 R. 가벤타가, 독일에서는 마틴 헹겔이 이 조류를 뒤집으려고 많은 노력을 기울였고, 그 결과 이제는 사도행전을 역사적이거나 신학적으로 접근하지 않고, 신학적이면서 역사적

---

2. Ronald R. Williams, *The Acts of the Apostles*, Torch Commentary (London: SCM, 1953).
3. Beverly Roberts Gaventa, *The Acts of the Apostles*, Abingdon New Testament Commentaries (Nashville: Abingdon, 2003), 특히 pp. 25-60.
4. Ernst Haenchen, *The Acts of the Apostles: A Commentary* (Oxford: Blackwell, 1971); 그리고 Hans Conzelmann, *The Theology of Luke* (London: Faber; and New York: Harper & Row, 1961) 그리고 the Hermeneia volume *Acts of the Apostles* (Minneapolis: Fortress, 1987).

으로 접근하게 되었다.[5] 하나님은 역사 안에서, 역사를 통해 일하신다.

하나님이 역사를 통해 그리고 인간 매개를 통해 일하신다는 주제가 고전적 오순절주의와 갱신운동 양자의 중심 주제를 이루는 일이 일어났다. 그들은 즉시 누가복음-사도행전이 그들에게 결정적인 문서가 될 것을 인식했다. 즉 이와는 대조적으로 그들은 주류나 "정통파" 저자들이 바울과 아마도 요한에게 더 많은 특권을 부여한다고 주장했다. 그러므로 이 책의 뒷부분에서 특별히 오순절주의와 갱신주의 저자들을 고찰할 필요가 있다. 명백하게 오순절운동 진영으로부터 로버트 멘지스와 스트론스태드는 누가복음-사도행전을 집중적으로 다룬 신약성서 전문가가 되었다. 맥스 터너는 오순절주의자는 아니지만 갱신운동과 신약학자로 깊이 참여하였고, 누가복음-사도행전에 대해 많은 글을 썼다. 고든 피는 아마 오순절주의 진영에서 가장 존경받는 신약 신학자일 것이다. 그러나 그의 대작 『하나님의 능력의 임재』 God's Empowering Presence(1994, 1995)는 주로 바울에 국한되어 있다.[6] 3부에서 우리는 오순절주의 신학과 일부 오순절주의 또는 갱신주의 저자의 엄청난 성장과, 고든 피, 터너, 멘지스, 스트론스태드 뿐만 아니라 벨리-마티 카르카이넨, 프랭크 마키아, 아모스 용, 마크 J. 카트리지와 『오순절주의 신학 저널』 (1991년 이래 20호), 부록 시리즈(현재까지 34권)의 기고자들이 증거하는 대로 진지한 학문적 관심이 증가하고 있음을 다룰 것이다.

---

5. Joseph A. Fitzmyer, *The Acts of the Apostles*, Anchor Bible Series (New Haven: Yale University Press, 1998); Martin Hengel, *Acts and the History of Earliest Christianity* (London: SCM, 1979); I. Howard Marshall, *Luke: Historian and Theologian* (Exeter: Paternoster, 1970 and 1989); F. F. Bruce, "Commentaries on Acts," *Epworth Review* 8 (1981): 82-87.

6. Max Turner, *Power from on High: The Spirit in God's Restoration and Witness in Luke-Acts*, JPTSS 9 (Sheffield: Sheffield Academic, 1996) 그리고 *The Holy Spirit and Spiritual Gifts Then and Now* (Carlisle: Paternoster, 1996), pp. 36-56; Robert P. Menzies, *The Development of Early Christian Pneumatology with Special Reference to Luke-Acts* (Sheffield: Sheffield Academic, 1991) 그리고 *Empowered for Witness* (Sheffield: Sheffield Academic, 1984); Roger Stronstad, *The Charismatic Theology of Saint Luke* (Peabody: Hendrickson, 1984); Gordon D. Fee, *God's Empowering Presence: The Holy Spirit in the Letters of Paul* (Carlisle: Paternoster, 1995, and Peabody, MA: Hendrickson, 1994).

4.1. 오순절과 성령의 부어주심

누가가 다루는 많은 주제는 교회에 관한 것이지만, 누가는 교회가 네트워크나 클럽같이 순전히 인간의 조직이 아니라고 주장한다. 바울의 소명과 회심에서 하늘에서 나는 소리는 이렇게 묻는다. "네가 어찌하여 나를 핍박하느냐?"(행 9:4; 22:7; 26:14). (로빈슨이 강조하는 것과 같이) 그리스도께서 자신을 교회와 동일시하는 것처럼, 분명 교회는 출발부터 성령의 창조적인 생명을 받아들임으로써 존재하게 된다(행 1:8; 2:1-36).[7] 교회의 생활에서 이어지는 사건들은 성령의 인도를 받는다(예. 빌립은 가사로 가는 길에서 이디오피아인을 만난다, 행 8:29, 39). 찬양, 기도, 가르침, 떡을 떼고 교제하는 것은 모두 오순절에 성령을 주심에 대한 응답으로 계속된다(행 2:42-27). 이것이 반복되지 않지만 먼 과거와는 구별되는 누가의 구성이라는 콘첼만의 제안은, 전적으로 그럴듯하게 보이지 않고 최근에는 이런 형식에 대한 일반적 지지를 상실했다.

베드로가 시편을 인용하며 성령의 영감에 호소했기 때문에, 우리는 오순절의 시기가 구약에 뿌리를 두고 있다고 생각할 수 있다. 오순절은 유월절 이후 50일 또는 7주 후에 행했던 유대인의 축제 주간에 대한 그리스어 명칭이다(레 23:15-16; 신 16:9-10; 출 23:14-17; 34:18, 22-24 참조). 두 용어는 필로(특별법에 대하여 2:30)와 요세푸스(유대전쟁 2:42-44; 고대사 17:254-255) 뿐만 아니라 토비트 2:1와 마카베오하 12:31에서 서로를 의미하는 것으로 동일시되고 있다. 오순절은 유대인의 세 절기 중에서 두 번째로 중요했으며, 또한 예루살렘의 순례자의 무리들과 기쁨으로 지키는 성일이었다. 에른스트 로마이어Ernst Rohmeyer의 갈릴리 "초기" 기독교 공동체(아마 예루살렘 공동체와 나란히)에 대한 이론에 대해 던은 유용한 비평적 답변을 하고 있다.[8] 오순

---

7. John A. T. Robinson, The Body: A Study in Pauline Theology (London: SCM, 1952), pp. 55-58.
8. James D. G. Dunn, *Jesus and the Spirit: A Study of the Religious and Charismatic*

절은 또한 추수기의 끝을 의미하며, "유월절 곡식단 제사"를 완성한다. 이와 같이 J. H. E. 헐을 뒤이어 필립 로이드는 누가에게 있어 "부활 사역은 제자들이 성령강림에 의해 그리스도의 부활하신 몸의 지체가 되었을 때 완성되었다"고 주장한다.[9]

이와 짝이 되는 던의 주장은 오순절을 "오백여 형제에게 일시에"(고전 15:6) 나타나신 것을 포함하는 부활의 현시와 너무 날카롭게 나누어서는 안 된다는 것이다.[10] 더욱이 이 제안은 보통 또는 종종 상상하는 것보다 요한복음 20:19-20의 "요한의 오순절"과 더 쉽게 호환된다. "이 말씀을 하시고 저희를 향하사 숨을 내쉬며 가라사대 성령을 받으라"(요 20:22).

H. B. 스웨트는 헐보다는 덜 명확하지만, 그럼에도 불구하고 그는 오순절에 대해 두 가지 요점을 제시하고 있다. 그는 이렇게 쓰고 있다. "이는 영적 추수의 첫 열매인 신적 선물이 오는 날로 정해진 것으로 보기 쉽다." 그리고 두 번째로, "후대의 유대인 중에는 오순절이 율법 수여의 기념일로 지켜졌다. … 성령은 사람의 마음에 완전한 자유의 법을 전하기 위해 왔다."[11] 그러나 그는 두 번째 요점에 대해서는 신중해야 한다고 덧붙인다. 왜냐하면 오순절의 이런 측면이 사도시대 초기까지 거슬러 올라간다는 것은 확실하지 않기 때문이다. 어쨌거나 예루살렘에는 당시 기쁨에 찬 순례객들로 붐볐을 것이다.

사도들과 다른 그리스도인들이 "다 같이 한 곳에 모였더니"(행 2:1), 성령이 그들 위에 부어졌고 다양한 증거와 눈에 보이는 현상들이 나타났다. (1) 소리의 증거 또는 현상, "급하고 강한 바람 같은 소리"(2:2). 누가는 "소리"

Experience of Jesus and the First Christians as Reflected in the New Testament (London: SCM, 1975), pp. 136-39.

9. Philip Loyd, *The Holy Spirit in Acts* (London: Mowbray, 1957), p. 28; J. H. E. Hull, *The Holy Spirit in the Acts of the Apostles* (London: Lutterworth, 1967), pp. 50-51.

10. Dunn, Jesus and the Spirit, pp. 140-46.

11. Henry B. Swete, *The Holy Spirit in the New Testament* (London: Macmillan, 1909, rpt. 1921), p. 68.

에 대해 포네*phōnē*보다 에코스*ēchos*를 사용하고 있다. 이 말은 칠십인역에서 하나님의 현현을 가리킬 때 종종 사용되고 있다(출 19:16; 삼상 4:5). 한편 바울도 단순히 소음을 가리키기 위해 동사 에케오*ēcheō*를 사용한다(고전 13:1). (2) 시각적인 동반 현상들, "불의 혀 같이 갈라지는 것이 저희에게 보여 각 사람 위에 임하여 있더니"(행 2:3). 불은 심판의 이미지나 은유적인 것으로 (사 5:24; 에녹1서 14:8-13; 눅 3:16), 세례 요한의 말을 생각나게 한다. "그는 성령과 불로 너희에게 세례를 주실 것이요." 호렙산 동굴에서 엘리야에게 임한 계시와 그발 강가에서 에스겔에게 보인 환상에서 바람과 불의 조합은 하나님의 현현과 함께 나타난다(왕상 19:11; 겔 1:4).[12]

그리고 나서 누가는 2:4에서, "저희가 다 성령의 충만함을 받고[Greek. 에플레스데산 판테스*eplēsthēsan pantes*] 성령이 말하게 하심을 따라 다른*heterais* 방언을 말하기 시작하니라"라고 진술한다. NIV는 "다른 방언"이라고 하고 난외주에 다른 번역으로 언어들이라고 하는 반면, NAB와 NJB는 단순히 "언어들"이라고 한다. 이 "언어들"은 "외국" 선교의 문맥에서 제기되었던 것과 같은 것인가? 또는 이것이 바벨의 역전이라고 한다면, 언어들은 보통 바울이 말하는 글로싸*glōssa*가 의미하는 "알아들을 수 없는 소리"일까?

각각에 대해 강력한 논증들이 있다. 외국 언어라는 것에 반대하는 분명한 논증은 그리스도인들이 술 취했다고 비난받았다는 것이다(행 2:13). 일부 부수적인 논증들은 "다른" 방언이 고린도전서 12-14에서처럼 이상하거나 친숙하지 않았음을 의미했을 수 있다는 것과 비기독교 세계에 미친 주요 충격이 베드로의 해설적 연설의 형태에서 왔다는 것이다(행 2:14-36, 37-41). 맥스 터너는 방언이 복음적이 아니라고 주장한다. 왜냐하면 "복음을 전하는 베드로의 설교" 때문이다.[13] 브루스Bruce는 여기에서 "그의[연설자의] 의식의 통제를 넘어선" 형태의 연설, "고린도 교회에서 가치 있게 여기는 … 은사"

---

12. Swete, *The Holy Spirit in the New Testament*, pp. 71-72.
13. Max Turner, *The Holy Spirit and Spiritual Gifts Then and Now* (Carlisle: Paternoster, 1996), p. 223.

라고 한다.¹⁴ 재닛 에버츠 파워즈Janet Everts Powers는 『오순절주의 신학 저널』 에서 방언을 선교적 은사로 보는 데는 "전혀 성경적 증거"가 없다고 한다. 사도행전에서 그들은 "일상 언어로 설교를 했고 방언으로 하지 않았다."¹⁵ 그녀는 그러한 견해는 B. 워필드의 "은사중단론자적" 견해에 볼모가 될 것 이라고 주장한다. 더욱이 어떤 이들은 이점을 "진부한 것"으로 여기지만, 대 다수 디아스포라 유대인들은 특별히 도회지와 도시에 거주했고, 보통 멀리 떨어진 시골에 살았던 것이 아니기 때문에 그리스어를 말하고 이해했을 것 이라고 논박할 수 있다.¹⁶ 던은 이 현상을 알아들을 수 없는 말로 본다.¹⁷

성령 충만한 그리스도인이 외국어를 구사했다는 전통적인 초기 견해는 최소한 존 크리소스톰에게까지 거슬러 올라간다.¹⁸ 헐은 이렇게 말한다. "누 가는 오순절의 '다른 방언'을 알아들을 수 없는 말이라고 생각했던 것 같지 않다. … 누가는 오순절에 말한 것은 외국 방언, 외국 언어로 결론 내리기를 바란 것 같다."¹⁹ 그러나 그는 교부들 중 어떤 이들은 말하는 것보다 듣는 이 적이라고 생각했다는 것을 인정한다. 누가는 "각각 자기의 방언으로 제자 들의 말하는 것을 듣고 … 우리가 우리 각 사람의 난 곳 방언으로 듣게 됨이 어찜이뇨"(행 2:6, 8)라고 무리들이 소동했다고 기록하고 있다. 커솝 레이크 Kirsopp Lake와 다른 사람들은 다른 방언을 바벨의 역전으로서, 오순절에 사 용하는 성구 낭송이었을 수 있다고 생각한다. 레이크는 이렇게 말한다. "'다 른 방언'은 '다른 언어'임이 분명하다."²⁰ 또한 모든 사람이 각자 자기의 언

---

14. F. F. Bruce, *The Book of Acts* (Grand Rapids: Eerdmans, and London: Marshall, Morgan & Scott, 1965), p. 57.
15. Janet Everts Powers, "Missionary Tongues," *JPT* 17 (2000): 40; 참조. pp. 39-55.
16. Hull, *The Holy Spirit in Acts*, p. 62, 이 견해를 비판한다.
17. Dunn, *Jesus and the Spirit*, pp. 148-49, 152.
18. Chrysostom, *Commentary on Acts*, Homily 4 (NPNF, ser. 1, vol. 11, pp. 28-29).
19. Hull, *The Holy Spirit in Acts*, p. 61.
20. Kirsopp Lake, "The Gift of the Spirit on the Day of Pentecost," in *The Beginnings of Christianity*, ed. F. J. Foakes-Jackson and Kirsopp Lake, vols. 1-5 (London: Macmillan, 1920-33), vol. 5 (1933), pp. 111-20, 특히 114-15.

어로 율법을 듣는 유대인의 전통이 있었다.

가장 강력하고 비타협적인 "외국어" 관점의 지지자 중 하나는 도날드 A. 카슨Donald A. Carson이다. 그는 "누가의 오순절 날 발화 묘사에서 우리는 이언 능력(xenoglossia, 배운 적이 없는 언어를 사용하는 초능력)을 보고 있다 – 참으로, 발화자들은 결코 배운 적이 없는 인간 언어였다"라고 말한다.[21] 그는 "횡설수설" 또는 황홀경의 방언은 경우에 따라 이해할 수 있는 말과 외국어가 섞여 있었다는 C.G. 윌리엄스의 타협적인 제안을 거부한다. 그는 이렇게 선언한다. "이것이 말하는 것보다 듣는 이적이었다고 주장하는 것은 본문을 벗어난 것이다."[22] 마지막으로 그는 술 취했다는 비난을 다룬다. 그는 베드로의 설교 후에 3천 명이 회개했다면(행 2:41), 원래의 무리는 더 컸을 것이고, 어떤 사람들은 자기의 말을 듣지 못했다고 주장한다. 그는 이렇게 결론을 내린다. 아람어를 말하는 유대인들은 "그 발화에서 알아들을 수 있는 것이 *아무것도 없었다*(티슬턴의 이텔릭)."[23] 왜냐하면 그들은 누가가 언급하는 언어들을 알지 못하기 때문이다. 많은 사람들이 성령으로 충만했고, 외국어로 말했다. 그러나 카슨은 이렇게 덧붙인다. "그것이 당연히 규범적인 신약의 입장은 아니다. … 바울은 모든 사람이 방언을 말한다는 것을 단호하게 부인한다(고전 12:30)."[24]

사도행전 2장의 해석은 존경받는 학자들의 해석이 서로 다르기 때문에 더욱더 어려워진다. 몇 년 전 H.B. 스웨트에 견줄 만한 신약학자요 그리스어 학자인 카슨은 모든 무리가 "아람어 방언이나 어디에서나 사용되었던 구어체 그리스어를 이해할 수 있었다면 … 베드로는 어떤 언어로 긴 설교를 했는가?"[25] 더욱이 "사도행전은 화자들이 여러 국가의 방언으로 말했다고 확

---

21. Donald A. Carson, *Showing the Spirit* (Grand Rapids: Baker, 1987), p. 138.
22. Carson, *Showing the Spirit*, p. 138.
23. Carson, *Showing the Spirit*, p. 139.
24. Carson, *Showing the Spirit*, p. 142.
25. Swete, *The Holy Spirit in the New Testament*, p. 73.

언하지 않는다. … 오직 듣는 자들이 그렇게 그들의 말을 해석했다고 한다 (*ēkouon heis hekastos … akouomen*). 이는 주관적 결과이며, … 객관적 사실이 아니다."[26] 몽테규는 "이와 같이 듣는 기적이 있었을 것 같다"라고 동의한다.[27]

우리는 누가의 의도를 확정할 수 없다. 그러나 방언의 가능성에 찬성하여 위의 논증에 덧붙인다면 누가가 진술하는 것은 변혁과 위기의 유일한 사건이라는 것이다. 그 순간에 상당한 신경성 에너지가 방출되었다. 이것은 기적에, 아마도 듣는 것에 대한 이적에 "심리학적" 설명을 하기 위함이 아니다. 그러나 게르트 타이센Gerd Theissen의 『바울신학의 심리학적 양상』*Psychological Aspects of Pauline Theology*과 크리스터 스텐달Krister Stendahl을 살펴볼 때, 격렬한 동요의 순간들과 새로운 출발은 스텐달이 말하는 "고압적"high-voltage 경험과 타이센이 잠재의식의 억제나 통제의 제거로 보는 것을 권장한다.[28] 던이 바르게 지적하고 있다. "오순절의 획기적인 의미는 구속사의 전 과정을 새로운 단계로 들어가게 한다. … 그러므로 어떤 의미에서 오순절은 결코 반복될 수 없다. 새 시대가 이르렀고 다시 시작될 수 없다. 그러나 또 다른 의미에서 … 오순절의 경험은 그리스도인이 되려는 모든 사람의 경험에서 반복될 수 있고, 반복되어야 한다."[29] 그 사건은 땅을 산산조각 냈다. 베드로가 묵시적 언어를 사용한 것은 놀라운 일이 아니다. "위로 하늘에서는 기사를, 땅에서는 징조를 베풀리니, 곧 피와 불과 연기로다 … 해가 변하여 어두워지고 달이 변하여 피가 되리라"(행 2:19-20). 비벌리 로버

---

26. Swete, *The Holy Spirit in the New Testament*, p. 381.
27. George T. Montague, *The Holy Spirit: The Growth of a Biblical Tradition* (Eugene, OR: Wipf & Stock, 1976), p. 281.
28. Gerd Theissen, *Psychological Aspects of Pauline Theology* (Edinburgh: T&T Clark, 1987), pp. 59-80, and 96-114; Krister Stendahl, *Paul among Jews and Gentiles* (London: SCM, 1977 and Philadelphia: Fortress, 1976), pp. 109-24.
29. James D. G. Dunn, *Baptism in the Holy Spirit: A Re-examination of the New Testament Teaching on the Gift of the Holy Spirit in Relation to Pentecostalism Today* (London: SCM, 1975), p. 53 (나의 이탤릭).

츠 가벤타는 "바벨탑 사건을 비롯하여 몇 개의 주제가 겹치지만, 핵심주제는 하나님과 공동체에 집중되고, 때로 영적인 체 행세하는 개인주의적 자기 심취를 거부한다"고 결론짓는다.[30]

이런 의미에서 오순절은 개시적이다. 오순절에 교회의 탄생과 교회의 시대가 시작되었다. 이와 같이 오순절의 선교적 정황이 교회의 위임과 능력 받음으로 완성되었다. 이것은 "이것이 성령세례인가?"라는 질문에 복잡한 답변을 제시한다. 헐은 분명하게 이렇게 쓰고 있다. "제자들이 성령으로 세례를 받으리라는 예수의 약속은(행 1:5) '그들이 다 성령의 충만함을 받은' 오순절에 실현되었다. … '충만하게 되었다'는 '세례를 받다'의 은유로서 문체적 변형이다. 그 의미는 '물에 잠기다, 흠뻑 젖다'이다."[31] 그러나 많은 사람들은 이 의미를 거부한다.[32] 이 딜레마에 대한 부분적인 답변은 그들은 교회로서 공동의 최초 성령세례를 경험한 것으로 보인다. 그러나 개인으로서는 그들이 어떤 경험을 했든, 하지 않았든, 누가는 "성령세례"가 부가적인 경험이 아니라 "그리스도인이 되는 것"이라는 바울의 입장에 동의한다. 스웨트는 누가의 오순절은 해석하기 가장 어려운 사건 중 하나라고 인정한다.[33] 그러나 그는 이렇게 말한다. "교회의 역사에서 교회의 성령세례는 임박했었다."[34] 던은 이렇게 말한다. "교회는 오순절이 되어서야 비로소 존재하게 되었다."[35]

데일 브루너Dale Bruner는 오순절을 독특한 공동체적 "성령세례"라고 묘사한다. 그는 이 사건을 "전형적인 성령세례의 발표"라고 부른다.[36] 오순절

---

30. Beverly Roberts Gaventa, "Pentecost and Trinity," *Interpretation* 66 (2012): 5; 참조. pp. 5-15.
31. Hull, *The Holy Spirit in Acts*, p. 65.
32. Lindsay Dewar, *The Holy Spirit and Modern Thought* (London: Mowbray, 1959), p. 43.
33. Swete, *The Holy Spirit in the New Testament*, p. 72.
34. Swete, *The Holy Spirit in the New Testament*, p. 65.
35. Dunn, *Baptism in the Holy Spirit*, p. 51.
36. Frederick Dale Bruner, *A Theology of the Holy Spirit: The Pentecostal Experience and the*

은 누가복음 24:49, 사도행전 1:4, 2:33에서 약속된, 하나님께서 "거저 주시는 선물"에 대한 "약속"을 성취한다. 브루너는 사도행전 1:8에서 사도행전 기사를 지배하는 "주제"를 규정한다고 주장한다. 즉 성령이 예루살렘, 사마리아, 세상 나라들에 주어진다. 그는 성령은 위로부터 임하는 것이지, 내부로부터 나오는 것이 아니라고 바르게 지적한다(눅 24:29). 이는 우리가 보게 될 것이지만, "영성"의 대중적인 개념에 치명적이다. 더욱이 성령 안의, 또는 성령으로의 세례는 그리스도를 증언하게 한다. "성령세례는 그리스도 중심의 능력이다."[37] 오순절은 완전한 성령 "충만"을 가져오며, 이는 부분적이거나 조건적이 아니다. 브루너는 사도행전 2장의 "다른 방언"은 "외국어"를 가리키며, 가이사랴나(행 10) 에베소(행 19)의 경우와는 다르다고 주장한다. 사도행전 2:4에 따르면 성령의 부어지심은 "요청되지 않은" 것이다.[38]

브루너는 말씀과 성령이 서로 밀접하게 연계되어 있다고 주장한다. 왜냐하면 "누가의 관심의 핵심은 베드로의 설교이기 때문이다(행 2:14-36). … 영적 황홀경이 아니라 그리스도인의 설교이기 때문이다."[39] 그리고 나서 바울에서와 같이 "그리스도와의 결합은 성령을 주는 것"이라고 주장하면서 2장을 결론짓는다.[40] 오순절은 "성령세례"를 그리고 있다. 그러나 사도행전에는 성령 받기를 기도하는 사람들에 대해 아무런 기록이 없다.[41] 이것은 마크 카트리지Mark Cartledge가 묘사하는 "제3의 물결" 은사주의 갱신운동과 대조적이다. 그곳에서는 인도자가 성령이 모임 중에 임하기를 "초청한다."

가장 최근(2010) 아리 즈비프Arie W. Zwiep는 사도행전 2장의 오순절 사건에 더 밝은 빛을 비추었다. 그는 오순절 사건을 "장벽 깨기" 사건이라고 바

New Testament Witness (Grand Rapids: Eerdmans, 1970), p. 157.
37. Bruner, *A Theology of the Holy Spirit*, p. 161.
38. Bruner, *A Theology of the Holy Spirit*, p. 164.
39. Bruner, *A Theology of the Holy Spirit*, p. 165.
40. Bruner, *A Theology of the Holy Spirit*, p. 169.
41. Bruner, *A Theology of the Holy Spirit*, p. 171.

르게 보고 있다.⁴² 그러나 그는 또한 누가가 "요한이 오순절에 충만하게 되었다고 선언했던 '격렬한 성령세례'라고 여겼는지를" 중요한 문제로 보고 있다.⁴³ 그는 오순절에 성령의 부어주심은 종말론적인 약속과 기대에 대한 결정적이고 최종적인 성취일 뿐 아니라, "전통적인 종말론적 약속의 … 관점"임을 부인하기는 어렵다는 것을 인정한다.⁴⁴ 사도행전 2:19-20의 말은 명백하게 묵시적이다. "해가 변하여 어두워지고 달이 변하여 피가 되리라." 오순절은 새 시대로 인도한다. 그러나 즈비프는 즉시 묵시의 보편적이고, 우주적이고, 통합적인 면을 강조한다. 그는 여러 차례 오순절을 일련의 개인들이 경험한, (최소한 잠재적으로) 개개인 신자 모두가 경험한 사건으로 묘사한 것에 대해 로버트 멘지스를 반대한다.⁴⁵ 그 사건이 하나의 세례인 한, 포함되는 것은 공동체이다. 즉 "그리스도를 믿는 믿음이 윤리적 사회적 장벽을 연결하는 역동적인 공동체이다."⁴⁶ 즈비프는 세례의 통합적 특성을 말한 톰 홀랜드와 아마도 오스카 쿨만을 언급하거나, 세례는 최후 심판의 기대라고 한 찰스 모울과 앨런 리차드슨을 인용함으로 멘지스에 대한 논증을 끝낼 수 있었다. 이 자료는 3부 끝에서 즈비프에 대해 더 살펴볼 때 제공된다. 그러므로 즈비프는 최소한 오순절에 대한 개인적 이해에 기반하고 있는 한, 믿음에 이르는 것과 성령세례와 같은 "제2의 축복" 사이의 시간적 분리를 주장하는 것에 강하게 응수한다. 이는 추가적인 경험이 있을 수 있음을 부인하는 것이 아니다. 사도행전 2장을 이렇게 해석하는 것을 부인하는 것이다.

---

42. Arie W. Zwiep, *Christ, the Spirit and the Community of God*, WUNT 2.293 (Tübingen: Mohr, 2010), p. 116.
43. Zwiep, *Christ, the Spirit*, p. 108.
44. Zwiep, *Christ, the Spirit*, pp. 108-9.
45. Zwiep, *Christ, the Spirit*, p. 111.
46. Zwiep, *Christ, the Spirit*, p. 138.

4.2. 오순절주의와 갱신운동의 사도행전 해석
: 예언, 능력 주심, 그리고 다양한 견해들

맥스 터너는 한스 폰 바에르Hans von Baer를 따라 오순절은 그리스도를 증거하기 위한 능력 주심일 뿐 아니라, 주로 신구약 중간기 유대교의 기대를 주의 깊게 연구한 바탕 위에서 예언의 격려자로 보고 있다. 더구나 대부분의 오순절주의자들은 "성령이 너희에게 임하시면"(행 1:8)을 그리스도와 연합된 후, 또는 믿음을 갖게 된 후 따라오는 경험을 약속한 것으로 해석한다. 이 경험은 많은 진영에서 "제2의 축복"이라고 불리곤 한다. 점차 이것은 오순절주의 내에서도 논란이 되고 있으나, 여전히 "고전적 오순절주의"의 위치를 차지하고 있다.

고전적 오순절주의의 견해는 게리 맥기의 논문집 『선도적 증거』*Initial Evidence*에서 잘 다루고 있다. 이 책은 "새 방향"을 제시할 뿐만 아니라, 에드워드 어빙, 찰스 파햄, 윌리엄 시모어, 그리고 로버트 멘지스의 견해를 상술하고 있다.[47] 데이비드 도리스는 (이 책의 19세기의 장에서 살피게 될) 에드워드 어빙이 방언을 성령세례의 선도적 증거로 보았는지에 대해 "그렇다"고 강조한다.[48] 찰스 파햄은 일반적으로 1901-1903년경 오순절주의의 창시자로 여겨지지만(3부에서 다룬다), "방언을 말하는 것으로 증거되는 성령세례"를 믿었다.[49] 세실 로베크는 오순절주의의 2인자 또는 공동창설자인 윌리엄 시모어가 "처음부터 파햄이 생각한 것과 같이 방언을 말하는 능력을 성령세례의 증거라고 믿으나 나중에는 파햄의 입장을 유지하는 것이 더 어렵다는 것을 알게 되었다"고 주장한다.[50] 방언에 대한 이해가 이제는 신념체계로서 다

---

47. Gary B. McGee (ed.), *Initial Evidence: Historical and Biblical Perspectives on the Pentecostal Doctrine of Spirit Baptism* (Eugene: Wipf & Stock, 1991), pp. 41-95, 219-34.
48. David W. Dorries, in *Initial Evidence*, ed. McGee, pp. 48-52.
49. James Goff, in *Initial Evidence*, ed. McGee, p. 69.
50. Cecil M. Robeck, in *Initial Evidence*, ed. McGee, p. 88.

양하게 변하고 있다.

최근 존 템플턴 재단의 지원을 받아 2006년에 개최된 오순절주의자 대회에서 벨리-마티Veli-Mati Kärkkäinen은 오순절주의자의 40% 정도가 방언을 주장하지 않았다고 보도하고 있다. 더구나 그의 책『성령론』에서 카르카이넨은 제임스 던, 프랭크 마키아를 포함한 대다수 신약학자들에 가까워진 사도행전 해석을 내놓았다.[51] 프랭크 마키아는 그 대회에서 연설자였으며 방언을 아마 로마서 8:26의 "말할 수 없는 깊은 탄식"과 동일시 될 수 있을 것이라고 제안한다. 그에 대해서는 3부에서 다룰 것이다.[52]

카트리지는 오순절주의자와 갱신운동 지지자들에게 행한 집중적인 인터뷰와 질의에 근거하여, 고전적인 오순절주의에서는 방언을 성령세례의 "선도적 증거"로 보는 반면, 이 현상을 오늘날에는 점차 찬양과 기도의 표현으로 보게 되었다고 결론을 내린다. 카트리지는 이렇게 말한다. "첫째, 방언glossolalia은 일차적으로 기도의 문맥에서 발견된다. … 둘째, 은사의 사회화는 사실이다. 방언을 학습된 경험이라고 진술하는 이론은 데이터로부터 상당한 지지를 받고 있다. … 셋째, 직접적인 은사 활동이 요인이다. … 기도와 예배 사이에, 그리고 기도와 영적 전쟁 사이에는 개념적인 중복이 있다."[53]

카트리지는 2006년에『방언』Speaking in Tongues이라는 제목의 논문집을 편집했는데, 맥스 터너, 프랭크 마키아, 데이비드 힐본, 그리고 여러 사람들이 기고했다(또한 간접적으로, 참고문헌으로 로버트 멘지스도). 터너는 사도행전과 바울에 대해 썼고, 마키아는 사도행전 2장과 창세기 11장의 바벨탑 사건을 비교하고, 데이비드 힐본은 프래그머틱스pragmatics와 H. P. 그라이스Grice

---

51. Veli-Mati Kärkkäinen, *Pneumatology: The Holy Spirit in Ecumenical, International, and Contextual Perspective* (Grand Rapids: Baker Academic, 2002), pp. 30-32.
52. Frank D. Macchia, "Sighs Too Deep for Words: Toward a Theology of Glossolalia," *JPT* 1 (1992): 47-73; 참조. "Groans Too Deep for Words: Towards a Theology of Tongues as Initial Experience," *Asian Journal of Pentecostal Studies* 1 (1998): 149-73.
53. Mark J. Cartledge, *Charismatic Glossolalia: An Empirical-Theological Study* (Aldershot U.K., and Burlington, VT: Ashgate, 2002), pp. 215-16.

의 함의이론implicature의 관점으로 본 접근을 고찰하였고, 마가렛 폴로마는 사회학적 관점을 소개했다. 그리고 카트리지는 "제3의 물결" 또는 "새 포도주" 갱신운동의 관점에서 각 기고문을 평가하고 있다. 참고문헌은 상당했다. 터너는 스펙트럼의 한쪽 끝에 있는 "선도적 증거" 운동과 다른 쪽에 있는 "중단" 이론을 고찰한다. 그는 누가 자신은 방언 현상을 실제 배우지 않은 외국어로 이해했다고 주장한다. 그는 이렇게 말한다. "그는 사도의 무리가 단순히 … 황홀경에 빠져 이해할 수 없도록 중얼거렸다는 주장에 동의할 수 없었을 것이다."[54] 누가에게서 방언의 내용은 타 메갈리아 투 데우 ta megalia tou theou, "하나님의 큰일"이었다. 누가는 사도행전 10:46에서는 메갈리노 megalinō를 사용하고, 19:17은 단순히 "하나님께 찬양"을 가리키지만, 한편 사도행전 10:46과 19:6에는 방언이 언어라는 암시가 전혀 없다. 이것들은 "오순절 경험과 강력한 평행"을 이루고 있다.[55] 그러나 이러한 경우에는 내용이 분명하지 않다.

프랭크 마키아는 오순절을 (J. G. 데이비스가 했던 것처럼) 단순히 바벨의 역전으로 보는 것이 적절치 못하다고 믿었다. 그것은 더 깊이 생각하지 않은 단순한 "일차원적" 견해이다.[56] 방언은 바울이 로마서 8장에서 주장하는 것처럼 자유롭게 할 수 있고, 또한 보편적일 수 있다. 네일 허드슨은 그 현상을 파햄, 시모어, 알렌산더 보디, 그리고 오순절주의의 시작까지 추적하였다. 그리고 후기의 자기평가와 분리의 시기까지 추적하였다. 그러고 나서 이렇게 결론을 내린다. "방언은 계속 오순절주의의 표식이었다. 그리고 이는 또한 1960년에 시작한 은사주의 갱신운동에도 해당한다."[57] 제임스 스미스

---

54. Max Turner, "Early Christian Experience and Theology of Tongues," in *Speaking in Tongues*, ed. Mark J. Cartledge (Milton Keynes: Paternoster, 2006), p. 5.
55. Turner, "Early Christian Experience," in *Speaking in Tongues*, ed. Cartledge, p. 7.
56. J. G. Davies, "Pentecost and Glossolalia," *JTS* 3 (1952): 228-31; 그리고 Frank Macchia, "Babel and Tongues," in *Speaking in Tongues*, ed. Cartledge, p. 43; 참조. pp. 34-51.
57. Neil Hudson, "Strange Words and Their Impact on Early Pentecostals," in *Speaking in*

는 방언을 특별히 가난한 자나 억압받는 자를 위한 "저항의 담론"resistance discourse으로 본다. 데이비드 힐본은 방언이 소통할 수 있음을 보이기 위해 언어학과 프래그매틱스를 동원한다. 그러나 두 가지 제약이 있다. 그들은 일차적으로 하나님과 소통한다. 그리고 H. P. 그라이스는 그의 함유이론에서, 의미는 행동의 문맥을 통해 볼 때 진술되지 않아도 함유될 수 있음을 관찰했다. 나아가 그는 J. I. 오스틴의 언어행위이론으로부터 순전한 내적 상태나 감정보다 다른 종류의 효과가 더 쟁점이 되고 있다고 주장한다. 언어행위이론의 측면에서 "방언은 … 일차적으로 '명시적인 성례적 행위'로 기능한다. 그리고 그와 같이 폄하될 수 없다."[58]

터너가 언급하는 로버트 멘지스는 아마 오늘날 방언이 "성령세례"의 "선도적 증거"라고 하는 고전적 오순절주의 입장을 가장 분명하게 고수하고 있다.[59] 마지막으로 카트리지는 오천 명에서 팔천 명에 달하는 "제3의 물결", 또는 "새 포도주" 은사주의 집회에서 실제 관행을 관찰했다. 주요 집회인 저녁시간 프로그램은 찬양, 설교, "기도사역" 시간("지식의 말씀"과 함께), 그리고 "전체 회중 위에 오시도록 성령의 초청 또는 공개적인 방언기도"였다.[60] 매우 분명하게 관행의 배후에는 사회적 요소가 있다. 그것은 이해의 전통 안에 존재하고 있다. 카트리지는 이렇게 말한다. "힐본은 비록 방언을 말하는 것이 자발적인 것처럼 보일지라도, 그 수용과 적법성은 '방언의 적절성, 빈도, 신적 기원'에 대한 공유된 가정에 달려 있다고 주장한다."[61] 그는 계속해서 이것은 영성의 사회적 형태를 즐기는 사람들을 매혹시킨다고 말

Tongues, ed. Cartledge, p. 79.

58. David Hilborn, "Glossolalia as Communication," in *Speaking in Tongues*, ed. Cartledge, p. 137; 참조. pp. 111-46.
59. Robert Menzies, "Evidential Tongues: An Essay on Theological Method." *Asian Journal of Pentecostal Studies* 1 (1999): 111-23.
60. Cartledge, "The Practice of Tongues," in *Speaking in Tongues*, ed. Cartledge, p. 210; 참조. pp. 206-34.
61. Cartledge, "The Practice of Tongues," in *Speaking in Tongues*, ed. Cartledge, p. 219.

한다.

오순절주의자는 아니지만 은사주의적 의미에서 갱신운동의 주창자인 터너는 사도행전이 오순절주의의 기반 또는 "결정적인" 자료를 구성하고 있다고 확언한다.[62] 그러므로 균형 잡힌 연구로 사도행전 해석에 대한 주장들을 한층 더 충분히 설명해야 한다. 누가에 대한 선행적 평가에서 누가와 바울이 성령에 대하여 믿은 것과 관련하여, 사도행전 8장, 10장, 19장의 세 사건이 "예외" 또는 "규범"이 되는지를 결정할 것이다. 터너는 자신의 저서 『성령과 영적 은사』 The Holy Spirit and Spiritual Gift(1996)에서 이 세 사건을, 분명히 오순절 자체와 함께 "전형적" paradigmatic으로, 즉 모든 시대나 후대를 위한 모델 또는 청사진으로 여기는 경향이 있다. 한편 『위로부터의 능력』 Power from on High(1996)에서는 이 네 사건을 "전형적"이라고 말하기를 더 조심스러워하는 것 같다.[63] 그는 이 네 사건을 "원형적 선물" prototypical gifts이라고 부른다.[64] 터너는 누가가 많은 것을 신구약 중간기 유대교와 예언의 영에 대한 유대인의 강조에 신세를 지고 있다고 믿고 있다. 그는 오순절 현상에 대한 베드로의 설명이 단순히 만민에게 성령을 약속한 것이 아닐 뿐만 아니라(행 2:17), 이미 말했듯이 더 좁은 예언의 말씀이라고 한다. 그러나 터너는 로버트 멘지스보다 훨씬 더 명시적이고 "좁지도" 않다. 사실 멘지스는 특별히 이 논점에 대해 터너에게 응답한다.[65] 터너는 "예언"을 마음의 치유와 능력의 행동과 함께 묶어 다루는 반면, 멘지스는 좀 더 좁은 의미의 예언을 다루고 있다.

사실 터너는 이것을 그리스도에 대한 증거의 범주로 분류하고 있다. 그리고 그리스도에 대한 증거는, 이미 살펴본 바와 같이 요한의 보혜사 강화의 특징을 이루는 주제이다. 터너는 사도행전 1:8, 2:22, 37-38에서 "증거를

---

62. Turner, *The Holy Spirit and Spiritual Gifts Then and Now*, pp. 36-56.
63. Turner, *Power from on High*, pp. 357, 360.
64. Turner, *Power from on High*, p. 349.
65. Turner, *Power from on High*, pp. 348-57.

위한 능력"을, 마태복음 4:23에서 "권능의 사역"을, 사도행전 2:43(행 5:15 참조)에서 "기사들"을 알아보는 데 거의 어려움이 없다. 많은 사람이 동의할 것이다. 여기의 "성령세례"는 논쟁의 여지가 없다. 왜냐하면 그는 사도행전 1:7-8을 바르게 인용했기 때문이다(8절, "너희가 성령으로 세례를 받을 것이다"). 이는 종종 믿음에 수반되는 "선물"로서 이해되는 고린도전서 12:13에 대한 오해와는 달리 통합적이고 선도적이다. 프레데릭 댄커Frederik Danker는 첫 번째 제목으로 "능력, 권능, 힘, 강력한 힘"을 포함시킨다.[66] 댄커는 또한 근본적인 의미를 "역량" 또는 "효력"이라고 보는데, 이는 바르트가 종종 번역하는 것과 같다. 이런 말들이 "능력"power보다 더 적절하다. 능력은 증기의 엄청난 힘 또는 산업혁명의 전기력을 시사한다. 뒷장에서 오순절주의를 살펴볼 때 "능력전도"power evangelism를 대하게 되겠지만, 이는 첫눈에 예수께서 "간접적인" 소통, "표적" 행함에 과묵함, 그리고 사랑의 관계로써 비유를 사용하는 것과 조화를 이루는 것 같지 않다.

댄커는 더 나아가 "능력"capability은 어떤 일을 수행하는 능력을 의미한다고 설명한다.[67] 이는 "예외적으로" 보이는 행동도 포함할 수 있다. 이를 종종 "이적"이라고 부른다. 이미 말한 대로 이것은 때때로 신적 행동을 두 개의 범주로 나누는 이원론자의 말이 아니라 자연 세계의 인과관계라 알려진 것을 초월할 수도 있다는 의미로 받아들일 수 있을 것이다.

사도행전 19:2에 근거하여 성령이 믿은 후에 주어진다는 터너의 주장에는 더 큰 난제가 있다.[68] 그렇다면 성령은 어떻게 믿음의 원인이 될 수 있는가? 그러나 특별히 바에르의 비평에 직면하여 그는 즉시 믿음을 "노력"으로 생각하는 것과 자신을 분리한다. 그는 믿음에는 다른 조건을 덧붙일 필요가 없고, "믿음의 표현"은 필요하다고 한다.[69] 또한 세례에 있어 개인적이냐 공

---

66. Danker, in BDAG, p. 262.
67. Danker, in BDAG, p. 263.
68. Turner, *Power from on High*, p. 362.
69. Turner, *Power from on High*, p. 362.

동체적이냐 하는 아리 즈비프의 주장도 적절하다. 더구나 오늘날 오순절주의 내에서도 방언에 대해 다양한 태도가 있다. 3부에서 우리는 고든 피의 견해를 고찰할 것이다. 그는 방언은 "성령의 많은 현상들 가운데 하나일 뿐"이라고 지적한다.[70]

그러나 성령의 능력capacity으로 주어진 예수의 사역의 많은 양상들이 사도행전의 초대 교회를 특징짓는다는 것은 사실이다. 게다가 터너는 주류 학자의 위치를 고수하고 있다. 그는 자신의 위치를 멘지스(또는 전통적인 오순절주의자)와 제임스 던 사이의 "중재자"라고 한다.[71] 오순절의 의미에 대한 그의 평가에는 우리가 "확신"할 수 없는 많은 문제들이 있다.[72] 양 견해에 대한 개방성은 오늘날 교회에 더 유익하게 작용할 것이다.

그러나 이 논의로부터는 적어도 세 가지 질문이 제기되는데, 이것은 후에 다시 살피게 될 것이다.

(1) 누가복음-사도행전에 관한 중요한 저작들이 매우 많은데, 누가의 전반적인 의도에 관해 누가 옳은가? 그는 일차적으로 특정한 시간과 장소에서 유일하고 반복될 수 없는 방식으로 일어난 사건의 진술자인가, 아니면 모든 시대나 후대의 그리스도인들에게 하나의 모델이나 패러다임을 주려고 하는가? 이 시대를 반복될 수 없는 이상적인 시대라고 부른 콘첼만 만큼 나갈 필요는 없지만, 그의 모든 주장에 눈을 감아서는 안 된다. 실제로 두 번째 혹은 "갱신운동" 관점은 고전적 오순절주의의 특징이다. 그러나 점차 현대의 오순절주의자 중에는 누가가 이어지는 세대의 청사진이 아니라고 주장하는 사람이 늘어나고 있다.

(2) 반대의 주장에도 불구하고, 갱신과 순결에 대한 오순절주의의 열정은 급진적 종교개혁자들에 대한 루터의 불만을 불러들인 것과 같은 위험을 초래하는가? 믿음, 순종, 그리고 기도를 최초로 받았을 때 성령을 받았다는

---

70. Fee, *God's Empowering Presence*, p. 214.
71. Turner, *Power from on High*, p. 79.
72. Turner, *Power from on High*, p. 357.

암시 이상의 것이 있는가? 또는 성령이 믿음의 기원이며 원인인가? "급진적" 종교개혁자들이 의도적인 것은 아니었지만 믿음으로 말미암아 순전히 은혜로 의로워진다는 바울의 교리를 약화시켰다는 루터의 주장은 옳은가? 나중에 이 문제를 다시 다룰 것이다. 다시 우리는 오순절운동과 은사주의운동 내의 차이들을 대하게 된다. 예를 들면, 터너와 프랭크 마키아는 로버트 멘지스와 J.R. 윌리엄스보다 "중간지대"나 개방성을 추구하는 데 더 관심을 기울인다.

(3) 많은 사람들은 "성령세례"가 의미하는 것에 의존한다. 마키아는 오순절주의자들 가운데 그 용어의 사용이 약화되는 것을 유감으로 여기면서, 파햄이나 시모어 같은 고전적인 오순절주의에서보다 훨씬 넓고 포괄적인 의미를 제안한다.[73] 그는 성결운동과 같은 부흥운동의 영향을 "문제"로서 유감스럽게 생각한다. 그것은 "웨슬리의 과정 지향적인 성화 이해를 고압적인 위기 경험으로" 변화시켰다.[74] 갱신운동의 "제3의 물결"은 마키아, 카르카이넨, 오순절주의 내 다른 저명한 사람들처럼, 자기성찰self-critical과 창조적 사고로 인정받지 못하는 것을 유감으로 여기지 않을 수 없다. 말했듯이 그들은 사도행전 해석에서 크게 의견이 엇갈리지 않는 반면, 반면 많은 성결운동 저자들과 갱신운동 주창자들은 그렇게 했다고 할 수 있을 것이다.

4.3. 사마리아, 고넬료, 에베소의 사례에도 불구하고 오순절은 독특한가?
(행 8:14-24; 10:17-48; 19:1-7)

오순절이 모든 그리스도인에게 결정적이라고 주장하는 사람들은 누가가 최소한 중요한 세 가지 사건, 사마리아(행 8:17), 로마의 백부장 고넬료(행

---

73. Frank D. Macchia, *Baptized in the Spirit: A Global Pentecostal Theology* (Grand Rapids: Zondervan, 2006), 특히 pp. 19-60.
74. Macchia, *Baptized in the Spirit*, p. 30.

10:44-46), 에베소의 어떤 제자들(행 19:6-7)에게서 오순절과 같은 현상이 수반된 성령의 부어주심을 계속 진술하고 있다는 사실을 직시해야 한다. 이 세 가지 사건은 사실 성령을 선물로 주신 다섯 사례에 속한다(다른 사례는 행 4:31과 바울의 소명과 회심 9:17). 그러나 이 세 가지 사건은 많은 사람들(아마 대부분 신약 전문가들)이 누가적 기준에 대해 "세 가지 전형적인 예외"로 여기므로 상당한 논란을 불러일으킨 반면, 오순절주의나 갱신주의 전통의 많은 사람들은 그러한 견해는 비판적 전제에 의존하고 있으며, 이러한 견해들은 확실한 상황에서 기준으로서 액면 그대로 받아들여야 한다고 주장한다.

어떤 해석자들은 모든 것이 오순절주의이든 전통주의이든 본문을 읽기 위해 선택한 안경에 달려있다고 하면서 정확한 주해를 포기한다. 그들은 주해를 통제하는 전제나 "선 이해"를 가지고 있다는 잘 알려진 해석학의 원리를 언급하기도 한다. 그러한 주제는 루돌프 불트만으로부터 비롯됐다고들 한다.[75] 그러나 예비적 이해(또는 선 이해나 전제)에 대해 말하는 대부분의 해석학 전문가들은 프리드리히 슐라이어마허와 마르틴 하이데거에서 기원한 "해석학적 순환"에 호소하고 있다. 그로 인해 훌륭한 주해가 가능해질 때까지 본문과 해석자 사이를 오가면서 "전제"를 가다듬고 수정하게 된다. 불트만과 한스 게오르그 가다머는 본문에 비추어 "선 이해"를 타협하고 수정하는 것을 거부하지 않는다. 다른 곳에서 촉구한 것처럼 "선 이해"라는 말은 "해석학"에 의지한다는 탈을 쓰고 협상을 원치 않는 사람들에게 재앙과 같은 인상을 줄 수 있으므로 피해야만 한다. 이렇게 하는 오순절주의자나 급진적 비평학자들은 홀로 있지 않다. 해방신학 진영의 많은 학자들도 때로 전통주의자들이 하는 것과 같은 방법으로 선택된 주해를 숨긴다. 이러한 논점들은 바울에 관한 두 번째 장인 6장에서 더 발전시킬 것이다.

(1) 첫째 사마리아 사례로 돌아가면, 오순절처럼 성령을 받는 것뿐 아니

---

75. Rudolf Bultmann, "Is Exegesis without Presuppositions Possible?" in Rudolf Bultmann, *Existence and Faith: Shorter Writings* (London: Collins, Fontana ed., 1964), pp. 342-51.

라 성령 받음과 안수 사이의 연계에서 난제를 발견하게 된다(행 8:17). 프랭크 마키아는 "사마리아 사람들은 예루살렘 교회 대표들이 안수할 때 성령으로 충만하게 된다"라고 말한다.[76] 고넬료의 경우 성령이 안수함으로 주어지지 않았기 때문에 그리피스 토마스는 이렇게 주장한다. "모든 경우들을 연구하는 것이 필수적이다."[77] 제임스 던은 성령에 관한 자신의 초기 저서에서 이 사건을 "사마리아의 수수께끼"이며, 오랫동안 "가톨릭과 같이 … 오순절주의의 주요 성채"라고 부른다.[78] 현 상태로 그리스도인이 되는 것과 성령 받음이 동일하다는 의미의 로마서 8:9과 바울의 다른 구절과 모순되는 것 같다. 하나가 없으면 다른 하나도 있을 수 없다. 누가는 나중에 성령을 받는 사람들은 기독교 믿음을 가진 사람들이라고 하는 것 같다. 사마리아 사람들은 "하나님의 말씀을 받았다"(행 8:14). 그러나 "아직 한 사람에게도 성령 내리신 일이 없고 오직 주 예수의 이름으로 세례를 받을 뿐이더라"(8:16).

상황의 복잡성은 던이 이 구절들을 명확히 하려던 4~5개의 견해에 대해 논의하고 기각한 데서 알 수 있다.[79] 그는 사실상 모든 것이 "선교사업의 전환점"으로서 사마리아의 독특한 위치에 달려있다는 제프리 램프의 견해를 지지하는 것 같다.[80] 결국 사도행전 1:8은 지상사명을 담고 있다. "예루살렘과 온 유대와 사마리아와 땅끝까지 이르러 내 증인이 되리라." 그러므로 많은 사람들은 획기적인 한 사건을 보게 되는데, 첫째는 예루살렘 지역의 유대인의 경우에서, 둘째는 사마리아의 헬레니즘적 유대인의 경우에서, 셋째는 로마의 백부장 고넬료로 대표되는 "땅 끝까지"에서이다. 확실히 20세기

---

76. Macchia, *Baptized in the Spirit*, p. 166.
77. W. H. Griffith Thomas, *The Holy Spirit of God* (London and New York: Longmans, Green, 1913), p. 276.
78. Dunn, *Baptism in the Holy Spirit*, pp. 55-72, and p. 35; 참조. pp. 131-86.
79. Dunn, *Baptism in the Holy Spirit*, pp. 56-62.
80. Dunn, *Baptism in the Holy Spirit*, p. 62; 그리고 Geoffrey W. H. Lampe, *The Seal of the Spirit: A Study of the Doctrine of Baptism and Confirmation in the New Testament and the Fathers* (New York and London: Longmans, Green, 1951), pp. 70-72.

후 이 사건은 다음과 같이 설명하기가 어려워 보일 수 있다. 던은 "사마리아의 수수께끼"라고 부르고, 부르너는 "사마리아의 퍼즐"이라고 하며, 몽테규는 사도행전 8:16을 "헷갈리는 16절"이라고 한다.[81] 그러나 주요 열쇠는 유대인과 사마리아인 사이의 적대감인데, 뜻밖의 놀라운 점은 그들 역시 성령을 받아야 했다는 것이다. 그 사건은 적어도 누가의 헬레니즘 세계에 대한 문화적 관심에 비추어 볼 때, 외적이며 관찰 가능한 증거에 의해 확정될 필요가 있다.

사도행전의 첫 다섯 장은 성령의 사역과 예루살렘 기독교 공동체에 관해 설명하고 있다. 그러나 6:1에서 구별된 무리로서 그리스어를 말하는 유대인들("헬라파")에 대해 들을 수 있는데, 헬라식 이름을 가진 일곱 명의 지도자들이 그들과 갈등 관계에 있는 아람어를 말하는 유대인 과부들을 감독하도록 임명된다(행 6:1-6). 그러고 나서 6:8-7:60은 스데반의 체포와 연설을 기록하고 있다. 8:1에서는 그리스도인들에게 임한 "심각한 박해" 사건을 설명하고 있다. 박해사건은 "흩어진 사람들"이 복음을 유대와 사마리아로 전파하는 깊은 영향을 남겼다(8:1, 4). 실제로 "빌립은 사마리아 성에 내려가 그리스도를 백성에게 전파했다"(8:5). 그는 성령으로 말미암아 능력 있게 되어 복음을 전파하고 병든 자를 고치며 귀신을 쫓아내는 등 "이적"을 행하였다(8:6-9, 12-13).

"난제" 또는 "수수께끼"는 사마리아 사람들이 복음을 믿고 세례는 받았으나 "아직 한 사람에게도 성령이 내리신 일이 없다"는 것이다(행 8:16). 그러나 사도행전은 예루살렘에 있는 사도들이 "사마리아도 하나님의 말씀을 받았다 함을 듣고 베드로와 요한을 보내매 그들이 … 성령 받기를 기도"한 것은 조각난 교회의 위험을 피하기 위함이었음을 분명히 하고 있다(행 8:14-15). 일부 학자들은 시대착오적인 해석을 채택하기도 했다. 그들은 베드로와 요한이 예루살렘 감독단을 대표하여 "견진성사"를 집행하기 위해 주교로서

---

81. Bruner, *A Theology of the Holy Spirit*, p. 175; Montague, The Holy Spirit, p. 292.

행사했다는 초기의 읽기로 되돌아갔다. 그러나 던과 대다수 학자들은 그러한 해석을 거부한다.

베드로와 요한이 방문하고 안수한 일은 교회의 연합과 사마리아와 예루살렘 사도들의 결속을 나타내는 가시적이며 실제적인 행동이었다. 마키아는 대체적으로 옳다. 그러나 안수를 불균형적으로 중요한 것처럼 보이게 한다. 현대에는 에큐메니칼 신앙고백에서 네 가지 교회의 "징표"를 선언한다. 교회는 "하나이며, 거룩하며, 보편적이며, 사도적"이다. 베드로와 요한의 행위는 교회의 하나됨, 보편성, 그리고 (많은 사람들이 주장하듯이) 가시적 사도성을 보존하고 있다. 브루너는 사마리아는 건너야 할 다리이며 차지해야 할 기지라고 바르게 지적하고 있다. "사마리아는 인종적·종교적으로 가장 깊은 협곡을 대표하기 때문에 건너야 할 다리"였다. "교회는 더 이상 예루살렘이나 유대인 가운데만 머물지 않고, 선교 기관이 되어야 하기 때문에 차지해야 할 기지"였다.[82] 이것은 유대교를 넘어 세계를 향해 전진하는 첫걸음이었다.

(2) 이 발걸음는 사도행전 11:15, 17의 고넬료 이야기로 돌아가면 더 확실하게 된다. 두 경우 모두 참여자들의 믿음의 상태는 하나님의 말씀과 성령 양자에 관련되어 있다. 베드로가 고넬료 사건을 다른 사람들에게 설명할 때 베드로는 "성령이 저희에게 임하시기를 처음 [즉, 오순절에] 우리에게 하신 것과 같이 하는지라 … 우리가 주 예수 그리스도를 믿을 때에 주신 것과 같은 선물을 저희에게 주셨으니"라고 말한다(행 11:15, 17).[83] 몽테규는 이렇게 지적한다. "여기에 사용된 부정과거 피스튜사이 *pisteusai(epi)* 는 사도행전에서 항상 결정적인 믿음의 행위를 의미하며, 사람은 이로 말미암아 그리스도인이 된다."[84] 이 이야기에는 세례나 안수에 대한 언급이 없다. 고넬료로 대표되는 이방인이 가입된 이 중대한 사건은 유대인 기독교인들이 경험한 것

---

82. Bruner, *A Theology of the Holy Spirit*, p. 175.

83. Montague, *The Holy Spirit*, p. 293.

84. Montague, *The Holy Spirit*, p. 293.

을 "만회"하는 이정표로 볼 수 있다. 교회가 전 세계로 확산되는 급진적 새 발걸음은 각각 특별히 예수 그리스도의 영이신 성령에 의해 시작된 것으로 알게 된 것이 결정적이다. 성령은 실제로 베드로의 성향이나 뜻에 반하는 것을 베드로에게 지도한다(행 10:19; 11:12). 그리고 성령은 베드로가 설교하는 도중에 이방인 회심자들에게 임한다(10:44). 데일 브루너는 베드로가 가이사랴에서 발생한 일들을 교회에 설명할 때 "성령세례"를 언급한 것이라고 지적한다. 그러나 "이 구절이 유대인과 이방인이 교회에 가입하는 중대한 시점에 발생하기 때문에, 사도행전이 지속적인 교회에게 가르치는 교리"는 아니다.[85] 사도행전은 이방인의 가입 배후에 있는 원인은 하나님이시므로 교회는 그에게 영광을 돌려야 한다고 끊임없이 강조한다(11:18).

베드로는 사도행전 15장의 예루살렘 공회에서 두 번째로 설명할 때 이를 확정한다. 정결케 함, 믿음으로 나아옴, 성령을 받음은 하나의 사건을 묘사하고 있다. 일부 랍비 문학에서만 성령의 선물은 기독교 사상에서 그가 시작한 것을 뒤따른다는 개념이 있다. 린제이 디워는 고넬료 사건을 "전적으로 독특한 이방인의 오순절"이라고 표현한다.[86] 오순절주의의 "답변"은 3부에서 계속된다.

4.4. 바울의 성령 받음

사도행전에서 성령은 교회의 선교에 새로운 발걸음을 시작하게 했다. 몽테규가 이방인 선교에 대해 상기시킨 것처럼, "베드로가 저항했음에도 불구하고(행 10:14), 베드로는 새로운 방향에 협력하도록 성령의 인도하심을 받는다. … 안디옥 공동체가 소아시아 복음화를 감당하는 결정도 분명히 성령

---

85. Bruner, *A Theology of the Holy Spirit*, p. 195.
86. Dewar, *The Holy Spirit and Modern Thought*, p. 54.

이 주도하신 것이었다."[87] 사도행전 13:1-3은 이렇게 기록하고 있다. "안디옥 교회에 선지자들과 교사들이 있으니 … 주를 섬겨 금식할 때에 성령이 가라사대 내가 불러 시키는 일을 위하여 바나바와 사울을 따로 세우라 하시니 이에 금식하며 기도하고 두 사람에게 안수하여 보내니라." 성령은 또한 때로 그들이 가지 않아야 할 곳을 말씀하셨다. "성령이 아시아에서 말씀을 전하지 못하게 하시거늘 브루기아와 갈라디아 땅으로 다녀가"(행 16:6). 두 번째로 그들은 무시아로 가려고 하였으나 "예수의 영이 허락지 아니하시는지라"(행 16:7).

바울의 부르심의 경우, 처음 보기에는 바울이 존귀하신 주 예수를 만난 것과 아나니아의 말과 행동 사이에 간격이 있는 것처럼 보인다. "형제 사울아, 주 곧 네가 오는 길에서 나타나시던 예수께서 나를 보내어 너를 다시 보게 하시고 성령으로 충만케 하신다"(행 9:17; 9:4-7 참조). 터너는 (최근 어빈이 변호한) "전통적인 오순절주의의 입장은 9:17은 바울이 이미 다메섹 도상의 사건 자체로 이미 충분히 회심했고(그는 그곳에서 예수를 '주'로 인식하고 있다, 9:5), 또는 최소한 그 직후에 회심했다고 주장한다"고 말한다.[88] 터너는 이에 대해 큐리오스*Kyrios*는 헬레니즘 그리스어에서 "주"와 "선생님" 사이의 범위에 있지 않기 때문에 이는 "지나친 단순화"라고 대답한다. 그것은 기독론적 고백을 의미하지 않는다. 그는 아나니아가 다메섹 도상의 경험을 "완전하게 한다"는 던의 주장에 동의한다. 던은 이렇게 주장한다. 바울은 "결코 그와 같은 회심을 말하지 않는다. 부활의 나타남은 결코 바울의 그리스도인의 믿음과 삶의 시작으로 인용되지 않는다. … 강조점은 *위임하는 것*에 있다"(티슬턴의 이탤릭).[89]

---

87. Montague, *The Holy Spirit*, p. 295.
88. Turner, *Power from on High*, p. 375; H. M. Ervin, *Conversion-Initiation and Baptism in the Holy Spirit: A Critique of James D. G. Dunn, "Baptism in the Holy Spirit"* (Peabody: Hendrickson, 1987), pp. 73-78.
89. Dunn, *Jesus and the Spirit*, p. 110.

그러나 이것은 오순절주의 해석을 전적으로 기각하지는 않는다. 왜냐하면 멘지스 또한 사도행전 9:13-17을 위임 기사로 보기 때문이다.[90] 멘지스와 터너는 모두 그 경험을 자격 받음, 특별히 선교를 위해, 또는 고든 피의 용어로 하면 자격을 주시는 하나님의 임재로 보고 있다. 이는 이사야 22:4-16, 26:12-18 같은 구약성경의 구절에 근거하여 논증될 수 있다. 그러나 터너는 여전히 "회심과 소명의 전 과정에 대한 전반적인 설명"에 대해 말한다.[91] 그는 주장하기를 안수는 주로 바울의 실명을 치료하는 것만을 목적으로 한다. 더욱이 "성령으로 충만함"은 회심 이상의 의미가 있는 것 같지만, 여기에서는 "그가 그리스도의 증인으로서 받은 위임을 실행하는 능력"이다.[92] 이것과 스웨트의 말을 비교하는 것이 좋을 것이다. "모든 신자들은 유대인이든지 이방인이든지 성령을 받는 반면, 어떤 사람들은 성령을 예언의, 그리고 '예언된' 영으로 받는다."[93]

실라, 아가보, 안디옥에서 온 어떤 사람들, 그리고 에베소에서 온 어떤 사람들이(행 19:6) 선지자의 실례이다. 스웨트의 주장에 따르면, 예언자는 큰 존경을 받았으며 직분의 서열은 사도들 다음으로 두 번째이다. 그러나 "예언"이 항상 사도나 목회자의 설교에 해당한다기보다 회중들 속에서부터 나오는 메시지를 의미하는지는 전적으로 확실하지 않다. 예언이 이를 포함한 것은 의심할 여지가 없다. 그러나 더 포함시킬 수 없다는 것은 증거를 가지고 논증하기보다는 그렇게 추정된다. 분명히 바울은 예언자였다. 그러나 그는 귄터 보른캄이 설명하는 것처럼 예언자적 문구 "주께서 이와 같이 말씀하시니라"가 아니라, 매우 자주 이성적인 숙고에 의한 논증으로 복음을 전

---

90. Menzies, *Development of Early Christian Pneumatology*, pp. 260-63.
91. Turner, *Power from on High*, p. 376.
92. Turner, *Power from on High*, p. 378.
93. Swete, *The Holy Spirit in the New Testament*, p. 99.

달했다.⁹⁴ 그의 예언자직은 K. O. 샌드니스가 논의했다.⁹⁵ 더 깊은 논증은 울리히 뮐러, 데이비드 힐, 헬무트 메르클라인, 그리고 토마스 길레스피 등이 진행했다. 그러나 그들은 사도행전보다는 주로 바울 서신을 언급한다.⁹⁶

길레스피는 대부분 고린도전서에 한정되고, 메르클라인은 바울에 한정되는 반면, 뮐러는 특별히 요한계시록 1-3장을 참조하여 예언은 심판이나 구원을 위하여 복음을 설교하는 것이라고 주장한다. 그럼에도 불구하고 힐은 사도행전에 관하여 이렇게 주장한다. "비록 사도행전에서 예언이, 성령의 종말론적 능력으로서 어떤 그리스도인에게도 가능하지만 - 그렇지 않다면 요엘의 약속은 무엇을 의미하는가? - 주로 교회에서 목회자로서 사역하는 지도자들과 연관되어 있다."⁹⁷ 그는 안디옥, 에베소의 사람들, 아가보, 바나바, 바울을 고찰하고 나서 예언이 분명 그들의 주된 기능이 아니지만, 목회적 설교에 적용된 특성이라고 결론짓는다. 그는 얼 엘리스를 인용하여 성경 강해는 그들의 목회사역의 중요한 부분이었다고 주장한다. J. W. 도브 또한 사도행전 13:1의 설교의 진정성을 논증한다. 현대의 은사주의적 회복 또는 갱신운동의 주장은 즈비프가 성령세례를 논한 것 같이, 사도행전이나 신약이 의미하는 것보다 개인적이고 덜 통합적이다.

이 시점에서 중요한 문제 하나가 대두된다. 갱신운동의 많은 사람들은

---

94. Günther Bornkamm, *Early Christian Experience* (London: SCM, 1969), pp. 30-35; 참조. pp. 29-46.
95. K. O. Sandnes, *Paul — One of the Prophets? A Contribution to the Apostle's Self-Understanding*, WUNT 2.43 (Tübingen: Mohr, 1991).
96. David Hill, *New Testament Prophecy* (London: Marshall, 1979), 특히 pp. 110-40 and 193-213; Hill, "Christian Prophets as Teachers or Instructors in the Church," in *Prophetic Vocation in the New Testament and Today*, ed. J. Panagopoulos (Leiden: Brill, 1977), pp. 108-30; Ulrich B. Müller, *Prophetie und Predigt im Neuen Testament* (Gqtersloh: Mohn, 1975); Helmut Merklein, "Der Theologe als Prophet: Zur Funktion prophetischen Redens im theologischen Diskurs des Paulus," *NTS* 38 (1992): 402-29; 그리고 Thomas W. Gillespie, *The First Theologians: A Study in Early Christian Prophecy* (Grand Rapids: Eerdmans, 1994).
97. Hill, "Christian Prophets as Teachers," in *Prophetic Vocation*, ed. J. Panagopoulos, p. 124.

종종 성령이 반성과 추론이라는 정상적인 과정을 통해 사람들을 감동시키지 않는다고 주장하는 것 같다. 이는 바울의 서신과 데살로니가에서 행한 그의 설교(행 17:1-9)의 논증을 심각하게 폄하하는 것이다. 그 설교는 "논증"과 "설득"(행 17:2, 4)을 포함할 뿐만 아니라, 하나님의 행동의 이원성을 함유하고 있다. 볼프하르트 판넨베르크는 이렇게 단언한다. "만약 … 설교자들이 심판의 능력[으로] 청중을 확신시키기 원한다면, 성령은 그의 말과 논증을 효력 있게 한다. 논증과 성령의 역사는 서로 경쟁관계에 있지 않다. *바울은 성령을 믿기 때문에 스스로 생각하고 논증하는 것을 결코 망설이지 않는다*(티슬턴의 이탤릭)."[98]

사도행전에서 선교가 진행될수록 더 진전된 결정과 기회의 순간에 성령의 인도하심이 필요하게 된다. 사도행전 15:28은 예루살렘 공회의 획기적인 결정을 언급하면서, "성령과 우리는 … 옳은 줄 알았나니"라고 실례를 제시한다. 바울의 회심에 대한 세 번째 설명에서(행 26:16-18) 그의 소명은 "내가 … 그들에게 보내어 그 눈을 뜨게 하여 어둠에서 빛으로" "너로 종과 증인"으로 섬기게 하기 위한 것이라고 한다. 몽테규는 선지자의 소명을 회상하는 이사야 42:7에서 이 일의 배경을 발견한다. "누가의 눈에 바울은 선지자이다."[99] 그러나 몽테규는 더 나아가 예레미야 1:7-8에서 예레미야의 소명을 돌아본다. 이사야 42:1-4은 이방인 선교를 말하고 있다. 이사야 62:1-2은 누가에 의해 예수에게 적용된다. 사도행전에서 누가는 이를 바울에게 적용하고 있다. 바울의 사역과 소명은 탁월한 선지자로 보이는 예수의 사역을 반영한다. 바울이 예루살렘에서 기꺼이 죽음에 직면한다. 그곳에서 그는 사슬에 묶이며(행 21:33), 그곳에서 그는 생명이 위험에 처하며(행 21:30-36), 그곳에서 대제사장 앞에 보내어진다(행 22:30). 이는 예수의 수난의 형식을 따르고 있다. 그것은 오직 예루살렘보다는 로마가 사도행전의 클라이맥스이

---

98. Wolfhart Pannenberg, *Basic Questions in Theology*, vol. 2 (London: SCM, 1971), p. 35.
99. Montague, *The Holy Spirit*, p. 298.

며, 교회를 위한 성령의 계획의 목표라는, "땅끝"까지 이르는 이전의 위임 때문이다(행 1:8). 터너의 말로 하면, 성령은 "*누가의 구원 역사의 원동력*"이다(터너의 이탤릭).[100]

사도행전에 관한 후기로서 오늘날 많은 사람들이 관심을 갖고 있는 질문 하나를 물을 수 있다. 그러나 그 질문에 대해 누가는 분명하게 대답하지 않는 것 같다. 헐의 말로 하면 우리는 "성령의 선물을 받기 위한 필수적인 전제조건"에 대한 결론에 도달할 수 있을까? 헐은 어떤 이론이든 "잠정적인 특성을 지닐 수밖에 없다"라고 결론을 내리는데, 특별히 안수의 역할이 여전히 논란이 되고 있기 때문이다.[101] 카트리지는 "제3의" 갱신운동 사역을 회중에게 성령이 임하도록 "초청"하는 것으로 기술하였는데, 이는 우리가 사도행전의 설명과 비교할 때, 놀랍고 조금은 부적절한 것으로 보인다. 루터는 아무것도 순전한 은혜의 순결함을 깎아내리게 해서는 안 된다고 했는데, 성령이 임한 사람들 중에 성령의 오심과 임재를 조작하려고 시도하는 것도 마찬가지이다. 루터는 특별히 중세의 신비주의와 급진적 종교개혁자 가운데 어떤 사람들을 염두에 두고 있었다. 바울의 안경을 쓰고 누가의 글을 읽는 것을 피하는 것은 관행이다. 이것이 옳다. 그러나 만약 "누가"가 바울의 여행 동반자라면, 은혜의 우선성에 관한 그의 견해가 바울과 본질적으로 다를지 의구심이 드는데, 그것은 예수의 가르침이기도 했기 때문이다.

---

100. Turner, *The Holy Spirit and Spiritual Gifts*, p. 37.
101. Hull, *The Holy Spirit in Acts*, p. 101.

5

바울서신의 주요 주제들

5.1. 바울서신의 8개의 기본 주제들

(1) 성령의 사역은 그리스도 중심적이다. 바울은 이렇게 외친다. "성령으로 아니하고는 누구든지 예수를 주시라 할 수 없느니라"(고전 12:3). "하나님이 그 아들의 영을 우리 마음 가운데 보내사 '아빠 아버지'라 부르게 하셨느니라"(갈 4:6). '아빠 아버지'는 예수께서 사용했던 말이다. 널리 인정되고 있는 것처럼 이 사실은 요한에게서 더욱 분명해진다. 요한은 이렇게 명백하게 진술한다. "그[성령]가 스스로 말하지 않고 … 그가 내 영광을 나타내리니"(요 16:13-14). 그리스도의 위격과 성령 사이의 구별에 대해 상세하게 언급하지 않는다면, 물론 구별되지만, 제임스 던은 로마서 8:9-11, 고린도전서 12:4-6과 다른 구절들에 비추어 볼 때 "바울의 그리스도와 성령 경험은 하나였다. 그리고 … 그리스도는 성령을 통해 경험되었다"라고 결론을 내린다.[1]

---

1. James D. G. Dunn, *Baptism in the Holy Spirit: A Re-examination of the New Testament Teaching on the Gift of the Spirit in Relation to Pentecostalism Today* (London: SCM, 1970), p. 148.

D. E. H. 화이틀리Whiteley는 성령을 "그리스도인의 징표"라고 부른다.²

오순절주의자와 갱신운동 지지자들은 성령 중심적이라고 비난을 받아 왔지만, 더 많은 사려 깊은 사람들은 단호하게 이를 거부한다. 아마도 오순절주의에서 가장 학자적인 고든 피의 말에 따르면, "성령은 다름아닌 그리스도의 영이다."³ 오순절주의 저자 프랭크 마키아는 이렇게 쓰고 있다. "성령은 … 선포된 복음을 통해 우리를 그리스도께 구속한다."⁴ 심지어 성령의 은사도 그 자체로 끝나는 것이 아니라 그리스도와 교회의 공동의 선을 가리킨다. 칼 바르트는 이런 문맥 안에서 말한다. "우리가 진정으로 관심을 두는 것은 현상이 아니라, 그것들이 어디에서 왔느냐 하는 것이다. 그리고 어디로 가는가이다. 그것들은 무엇을 가리키는가?"⁵

(2) 바울은 모든 그리스도인이, 그가 성령을 "받을 만한지"에 관계없이, 성령을 받는다고 강조하고 있다. 이것은 2장 유대교에서 본 것처럼 랍비적 유대교에 반대되는 입장이다. 많은 사람들은 이것이 또한 급진적 개혁자들과 "성결주의"운동의 의도와는 대조적인 입장이라고 주장한다. 이들에 대해서는 2부에서 살피게 된다. 바울은 "너희가 아들이므로 하나님이 그 아들의 영을 우리 마음 가운데 보내사 '아빠 아버지'라 부르게 하셨느니라"(갈 4:6)라고 단언한다. 바울은 이를 부정적인 말로도 표현한다. "누구든지 그리스도의 영이 없으면 그리스도의 사람이 아니라"(롬 8:9). 비록 일부는 누가복음-사도행전에서 발견되는 것을 반대하지만, 오늘날 많은 오순절주의자들은 이것이 바울의 견해라는 것을 받아들인다. 던은 이 구절은 비그리스도인이 성령을 소유하는 것과 그리스도인이 성령을 소유하지 못하는 것, 둘 모

---

2. D. E. H. Whiteley, *The Theology of St. Paul* (Oxford: Blackwell, 1964; 2nd ed. 1971), p. 124.
3. Gordon D. Fee, *God's Empowering Presence: The Holy Spirit in the Letters of Paul* (Milton Keynes: Paternoster, 1995, and Peabody, MA: Hendrickson, 1994), p. 545.
4. Frank D. Macchia, *Baptized in the Spirit: A Global Pentecostal Theology* (Grand Rapids: Zondervan, 2006), p. 72.
5. Karl Barth, *The Resurrection of the Dead* (London: Hodder & Stoughton, 1933), p. 80.

두의 가능성을 배제한다고 주장한다.⁶ 다시 성결주의와 오순절운동 진영의 일부는 여전히 이에 이의를 제기하지만, 본장의 끝에서 이에 대한 답변으로 고든 피, 마키아, 아모스 용, 벨리-마티 카르카이넨의 통찰력 있는 말들을 인용할 것이다.

(3) 바울서신의 세 번째 요점은 구약성경에서처럼, 성령이 특정 과업을 수행하도록 선택된 개인에게 주어지는 특별한 선물이며, 전 하나님의 백성의 공동체 위에, 또는 전 공동체를 위한 하나님의 목적이라는 구조 내에서 부어지는 선물이라는 것이다. 이 두 가지 특징은 바울서신 내에 공존하며 중복되고 있다. 한편 성령은 그의 선물을 "그의 뜻대로 각 사람에게" 나누어 준다(고전 12:11). 다른 한편 이 선물들은 "공동의 선을 위한" 것이다(12:7). 알버트 슈바이처는 성령을 "그의[그리스도의] 인격의 생명이 되는 원리, 그리스도께서 '그리스도 안에' 있는 자신의 모든 백성과 공유하는 것"으로 정의한다.⁷ 성령은 그리스도와의 연합의 기초가 된다. 그러다 플로이드 필슨은 바르게 말하고 있다. "*선택된 개인들에게 특별한 과업을 위하여 성령이 주어지는 것은 사실인 것 같다. 그러나 그렇다고 해서 어떤 사람들은 성령이 없는 채로 남겨진다는 의미는 아니다*"(티슬턴의 이탤릭).⁸ 구약성경의 구조는 신약성경에서도 여전히 적절하다.

(4) 네 번째 요점은 부활의 중개자로서 성령과 성령의 선물 시기에 관한 것이다. 바울은 어느 곳에서도 성령이 오순절 이전에는 활동하지 않았다고 하지 않는다. 그렇기는 하지만 그는 성령이 그리스도의 부활로 말미암아 시작된 마지막 날의 "종말론적" 전환점 후에 새로운 방식으로 주어진다는 (베드로를 포함한) 바울 이전 사도들의 증언과 함께한다.⁹ "하나님이 성령으로

---

6. Dunn, *Baptism in the Holy Spirit*, p. 95.
7. Albert Schweitzer, *The Mysticism of Paul the Apostle* (London: Black, 1931), p. 165.
8. Floyd V. Filson, *The New Testament against the Environment* (London: SCM, 1950), p. 78.
9. Anders Eriksson, *Traditions as Rhetorical Proof: Pauline Argumentation in 1 Corinthians* (Stockholm: Almqvist & Wiksell, 1998), pp. 74-80, 217-22.

말미암아 예수를 죽은 자 가운데서 일으켰을" 때(롬 8:11), 이는 일종의 우주적 행위였고, 이 행위로 새로운 시대가 시작되었다. 이로 인해 "마지막 날들"에 관한 구약성경의 약속들을 성취했다. W. D. 데이비스는 "바울의 성령론은 성령의 시대와 성령의 공동체의 시대로서, 다가올 시대에 대한 랍비주의적 기대에 비추어 볼 때 비로소 온전히 이해할 수 있다"라고 말하며 이를 매우 중요하다고 믿고 있다.[10]

(5) 다섯째, 복음의 설교는 "인간 이상"의 것이다. 가장 초기 신약 문서에서, 바울은 선언한다. "복음이 너희에게 말로만 이른 것이 아니라 또한 능력과 성령과 큰 확신으로 된 것임이라"(살전 1:5). 그는 데살로니가전서 5:19에서 데살로니가 성도들에게 "성령을 소멸하지 말라"고 권면한다. 우리는 이것을 "초자연적"이라고 할 유혹에 빠질 수도 있다. 왜냐하면 자연적인 것 이상이기 때문이다. 그러나 적당한 때에 보게 될 것이지만, 이 말에는 분명히 문제가 있다. 바울의 성령론은 근본적으로 그리스도 중심적이거나 그리스도로부터 나오는 것이며, 공동체적이면서 개인적이다. 뿐만 아니라 종말론적이거나 그리스도의 부활과 새 시대, 또는 자연적인 것 이상과 연관되어 있다. 프리드리히 호른Friedrich W. Horn 또한 데살로니가전서 4:1-10, 5:19 그리고 5:23을 성령에 관한 바울의 가장 초기의 주장으로서 특별히 강조한다.[11] 그는 데살로니가전서의 성화에 대한 초기의 교훈과 예언을 중기 말기의 바울과 분리하고, 이후의 발전은 전적으로 고린도 교회의 "열정주의"와 "유대화 하는 것"과 율법에 대한 논쟁에서 비롯된 것으로 본다. 그러므로 고린도전서, 갈라디아서 그리고 로마서의 발전은 주로 반작용적이고 상황적인 것이 되었다.[12] 그러나 바울서신에서의 그토록 정확한 연대기적 발전과 호른의 갈라디아서 연대 추정은 의문의 여지가 있으며, 이는 이 책 3부에서

---

10. W. D. Davies, *Paul and Rabbinic Judaism* (London: SPCK, 2nd ed. 1955), p. 217.

11. Friedrich W. Horn, *Das Angeld des Geistes: Studien zur paulinischen Pneumatologie* (Göttingen: Vandenhoeck & Ruprecht, 1992), pp. 121-60.

12. Horn, *Das Angeld des Geistes*, pp. 160-274.

논의할 것이다.

(6) 여섯째, 성령은 고든 피의 말로 하면, 하나님 자신의 능력과 임재를 가져온다는 의미에서 모든 것 가운데 가장 "거룩"하다.[13] 이는 하나님의 타자성 또는 초월성과 성령으로 말미암은 그의 행동의 초자연적 특성을 강조하게 된다. 구약성경을 보면 요엘은 분명하게 마지막 날의 예견된 사건으로서 "모든 육체" 위에 성령이 부어지는 것을 보았다. 바울은 성령과 "세상의 영"(고전 2:22)을 구별하면서 이러한 초월성을 표현한다. 성령은 하나님으로부터 온 영이다(Greek. *to pneuma to tou ek theou*).

J. E. 필슨은 이러한 모습을 성령의 거룩성에 연관시킨다. "카데쉬[거룩]는 … 히브리들의 살아계신 하나님께 … 바쳐진 것이다. … 비슷한 용어는 헤렘인데, 이는 야훼[여호와]께 바쳐진 것이다. … 육체는 이 세상, 즉 자연적인 인간 세상을 상징한다. 그리고 이것은 성령이 상징인 … 저 세상과 대조된다."[14] 필슨은 이것을 강조하지 않는다면 "하나님의 도덕성에 대한 지나친 강조와 하나님의 신비에 대한 불충분한 강조로 하나님을 … 무해하지만, … 무능하게" 만들 수 있다고 주장한다.[15] 우리는 "초자연적"이라는 용어를 회피했다. 이는 그 용어 뒤에 있는 요점을 의심하기 때문이 아니라, 4장에서 말했던 것처럼, 그것은 때때로 계몽주의의 특성인 세상에 대한 이원론적 이해를 내포하고 있기 때문이다. 아이러니하게도 이 용어를 자주 사용하는 사람들은 종종 이를 피하고자 한다. "자연 이상"More-than-natural은 어떤 해석이 경험적 인과관계의 사슬을 넘어서는 것을 의미한다.

(7) 종말론적 차원은 미래성과 목적이라는 의미를 명확히 표명한다. 성령은 우리를 하나님이 우리를 그렇게 되도록 정하신 미래의 운명으로 변화시킨다. 그리스도인은 현재의 삶에서 성령의, 또는 장차 우리에게 임할 것의

---

13. Fee, *God's Empowering Presence*, pp. 5-9.
14. J. E. Fison, *The Blessing of the Holy Spirit* (London and New York: Longmans, Green, 1950), pp. 43, 44.
15. Fison, *The Blessing of the Holy Spirit*, p. 47.

"첫 열매"를 누린다(롬 8:22-23). 바울은 하나님이 "성령을 우리 마음에 보증으로 주셨다"라고 말한다(고후 1:22). 최근 프리드리히 호른, 고든 피, 피니 필립은 이 면에 모든 주의를 기울였다.[16] 필립은 에스겔 36:26-27, 37:1-14, 이사야 32:9-20, 44:1-5, 요엘 3:1-2의 구약 자료와 신구약 중간기 문서 희년기, 에스라4서, 그리고 쿰란 자료에 주목했다.

프레데릭 댄커는 아라본*arrabōn*을 "구매 가격의 일부인 선불, 첫 할부금, 보증금, 계약금, 담보"로 번역한다.[17] KJV/AV는 "성령의 보증금"이라고 한다. 로마서 8:23에서 바울은 이렇게 외친다. "우리 곧 성령의 처음 익은 열매를 받은 우리까지도 속으로 탄식하여 양자 될 것 곧 우리 몸의 속량을 기다리느니라." 이번에는 그리스어 구절 텐 아파르켄 투 프뉴마토스*tēn aparchēnn tou pneumatos*이다. 댄커는 이를 어떤 것의 "첫 열매, 첫 할당"으로 번역한다.[18] 이것은 장차 더 많이 올 동일한 질, 또는 동일한 종류의 담보이다. 아라본은 고린도후서 5:5에서도 사용된다. 하나님이 "성령을 보증으로" 우리에게 주셨다. 로마서 8장에서 바울은 성령을 피조물이 미래에 받을 보상과 연관시킨다(롬 8:21). 헤르만 궁켈과 네일 해밀튼도 이러한 면을 강조하고 있다.[19] 해밀튼은 이렇게 주장한다. "무게 중심이 미래에 있다. … '성령을 위하여 심는 자는 성령으로부터 영생을 거두리라'"(갈 6:8).[20]

(8) 마지막으로 성령은 구약성경과 유대교에서 예언적이며 계시적인 것으로 나타난다. 비록 이전 사도행전을 다룬 장에서 신약성경의 "예언적"이

---

16. Horn, *Das Angeld des Geistes*, pp. 385-87; Fee, *God's Empowering Presence*, pp. 287-96 and 572-75; 그리고 Finny Philip, *The Origins of Pauline Pneumatology: The Eschatological Bestowal of the Spirit*, WUNT 2.194 (Tübingen: Mohr, 2005), pp. 18-20 and 164-225.
17. Danker, in BDAG, 3rd ed., p. 134.
18. Danker, BDAG, p. 98.
19. Hermann Gunkel, *The Influence of the Holy Spirit* (Minneapolis: Fortress, 2008), p. 82; 그리고 Neill Q. Hamilton, *The Holy Spirit and Eschatology in Paul*, Scottish Journal of Theology Occasional Paper 6 (Edinburgh: Oliver & Boyd, 1957), pp. 19-21.
20. Hamilton, *The Holy Spirit and Eschatology in Paul*, p. 19.

라는 단어에 대해 대중적인 범위 이상으로 논의했지만, 바울은 이 말을 자신의 것으로 전용한다. 예언은 성령의 계시 사역의 한 부분이다. 우리는 데이비드 힐, 울리히 뮐러, 헬무트 메르클라인, 토마스 길레스피가 예언이 비록 더 자연스럽게 분출하는 계시를 포함하기는 하지만, 설교를 포함하는 더 넓은 개념을 가진다고 주장했던 이전의 논증을 반복할 필요는 없을 것이다. 이미 말했듯이 바울은 선지자였으나, 신탁의 말보다는 숙고와 논증을 자주 사용했다. 구약성경, 중간기 문학, 예수, 사도들의 증언과 함께 바울도 성령을 성경의 영감 시키는 존재와 계시를 더 분명히 하는 존재로 보았다(고전 2:6-16). 유대 문서와 다른 것은 그리스도 중심의 결론이다. "우리가 그리스도의 마음을 가졌노라"(고전 2:16).

이미 언급한 것처럼 그리스도 중심의 적용을 제외하면 바울의 말은 구약성경과 랍비적 유대교를 반영하고 있다. 그는 이렇게 말한다. "우리가 온전한 자들 중에서는 지혜를 말하노니 … 하나님의 지혜 … 하나님이 성령으로 이것을 우리에게 보이셨으니 … 이와 같이 하나님의 일도 하나님의 영 외에는 아무도 알지 못하느니라"(고전 2:6, 10, 11). 그리고 나서 바울은 2장 마지막 절에서 성령의 지혜와 계시를 "그리스도의 마음"이라고 분명하게 정의한다. 이는 그리스도에게 초점을 맞추지 않고 그리스도의 사고체계를 반영하지 않는 성령에게 듣거나 소유한다는 주장과 대조적이다.

이상의 여덟 가지 주제를 바울의 "기본적인" 또는 "주요 논점"으로 선택한 것에 대해, 넓은 의미에서는 처음 세 복음서, 요한복음, 사도행전에서도 찾아볼 수 있음에도 주관적인 판단을 했다는 비난을 받을 수도 있을 것이다. 앞으로 논의하겠지만 요한복음에서 그리스도는 이렇게 단언한다. "그[보혜사 또는 성령]가 내 영광을 나타내리니 내 것을 가지고 너희에게 알리시겠음이라"(요 16:13-14). "그[그리스도]는 너희에게 성령으로 세례를 베푸시리라 … 성령이 … 내려오심"(막 1:8, 10). 누가복음은, "주의 성령이 내게 임하셨으니 이는 가난한 자에게 복음을 전하게 하시려고…"(눅 4:18; 사 61:1). 베드로는 성령으로 감동되어 예수를 설교했다(행 2:17, 22-28, 30-33, 38). 성령은 그리스도 중심적이다. 20세기 초기의 일부 오순절주의자들은 "성령 중심적"이라고 비난받을 수도 있다. 그러나 이제는 대부분의 오순절주의자들도 이 불균형을 바로 잡으려 하고 있다. 그것은 "제3의 물결"의 일부에게 계속 문제로 남아있는 것과 관계없이, 갱신운동 지지자들에게도 하나의 적절한 질문이 남아있다.

논란이 될 수 있는 유일한 다른 주제는 두 번째 주제, 즉 모든 그리스도인은 성령을 받는다는 것인데, 신자는 성령이 없이는 결코 그리스도와 연합되지 않을 것이기 때문이다(롬 8:9; 고전 12:3). 많은 오순절주의자들은 고든 피, 프랭크 마키아, 아모스 용, 벨리-마티 카르카이넨을 따라 "갱신운동" 접근보다는 "그리스도 중심적" 입장을 채택하고 있다. 피는 성령을 "회심자의 증표"라고 한다.[21] 마키아는 이렇게 말하고 있다. "문제는 부흥주의자들이 성결운동에 영향을 미쳐 성화를 고압적 위기 경험이라는 … 세속적인 또는 게으른 그리스도인의 갱신으로서 … 존 웨슬리의 좀 더 과정 지향적 이해를 변화시켰다는 것이다."[22] 아모스 용은 로마서 8:9과 N. Q. 해밀턴에 의지하여, 삼위일체 프레임 속에서 그리스도인의 성령과의 만남을 비객관화하려고 한다.[23] 카르카이넨은 이렇게 선언한다. "바울의 성령론은 기독론적으로 알려진다. … (롬 8:9; 갈 4:6) … 신자가 '예수는 주님'이라고 고백할 수 있는 것은 오직 성령을 통해서이다(고전 12:1-3). … 한 사람을 그리스도인으로 만드는 것은 성령의 선물이다(롬 8:9)."[24] 네 명 모두 지도적인 주요 오순절주의자들이다. 용은 현재 더 이상 명백하게 그렇지는 않지만, 여전히 오순절주의자들의 존경을 받고 있으며, 그들과 긴밀한 관계를 맺고 있다.

---

21. Gordon D. Fee, *Paul, the Spirit, and the People of God* (Peabody: Hendrickson, 1996), p. 88.
22. Macchia, *Baptized in the Spirit*, pp. 30-31.
23. Amos Yong, *Spirit-Word-Community: Theological Hermeneutics in Trinitarian Perspective* (Aldershot, Hants, U.K., and Burlington, VT: Ashgate, 2002), p. 227.
24. Veli-Matti Kärkkäinen, *Pneumatology: The Holy Spirit in Ecumenical, International, and Contextual Perspective* (Grand Rapids: Baker Academic, 2002), p. 32.

신구약성경에서 성령이 자연 이상, 또는 자연을 넘어선다는 예를 찾을 필요는 없다. C. H. 포웰은 이렇게 말한다. "[성령은] 본질이 바사르 basar(육체)인 사람에게 속하지 않는다."[25] 다른 특성과 주제들, 미래 지향, 새 시대, 그리고 종말론의 주제는 어디에서나 명백하다. 오스카 쿨만은 신약성경 전체의 증거에 대해 이렇게 쓰고 있다. "성령은 현재 종말을 기대하는 것에 지나지 않는다."[26] 피슨Fison은 같은 요점을 이렇게 표현한다. "성령은 기독교 종말론의 열쇠이다."[27] 마지막으로 성령은 보편적으로 구약성경과 유대교, 신약성경 나머지 부분에서도 영감, 계시 그리고 지혜의 근원으로 여겨지고 있다.

바울의 다른 주제들도 더 깊은 논의 또는 확장이 필요하다. 성령에 관한 바울의 말은 어느 정도 모호하다. 우리는 성령과 그리스도의 관계에 대해 더 깊이 연구할 필요가 있다. 고린도전서 12:8-10에 있는 "지식의 말씀", "지혜의 말씀", 믿음, 병 고치는 은사, "능력 행함", 뿐만 아니라 고린도전서 12:28-30에 열거된 사람들, 교사들과 "서로 돕는 것", 그리고 에베소서 4:11을 포함하여, 성령의 "은사"에 대해서 탐구할 필요가 있다. 우리는 다음 장에서 방언과 성령의 인격성과 같은 더 많은 논쟁거리들을 살펴볼 것이다.

5.2. 신적인 영과 인간의 영에 관한 바울의 언어의 모호성

"성령"이란 말은 특히 바울의 회심에서 이미 친숙해졌을 법한 스토아주의와 유대주의의 의미를 고려할 때, 광범위한 의미를 가지고 있다.[28] 처음에

---

25. Cyril N. Powell, *The Biblical Concept of Power* (London: Epworth, 1993), p. 26.
26. Oscar Cullmann, *Christ and Time: The Primitive Christian Conception of Time and History* (London: SCM, 1951), p. 72.
27. Fison, *The Blessing of the Holy Spirit*, p. 4.
28. R. Birch Hoyle, *The Holy Spirit in St. Paul* (London: Hodder & Stoughton, 1927), pp. 175-274.

Spirit이라고 대문자로 쓰면 하나님의 영을 의미하고, 소문자로 쓰면 인간의 영을 가리킨다고 말했다. 물론 NRSV는 "spirit" 또는 "Spirit" 대부분의 용법에 소문자 s를 사용하고 있다. 그리스어로도 그 차이를 추적할 수 없다. 언셜 대문자 사본들Uncial manuscripts은 전부 대문자로 되어 있는 반면, 소문자 사본minuscule manuscripts은 후대의 판본을 제외하고는 대부분 소문자로 되어 있다. 이것 때문에 영어 번역이 다양하게 된다.

한 가지 예는 로마서 12:11의 그리스어 토 프뉴마티 제온테스*tō pneumati zeontes*(개역개정. "열심을 품고")이다. KJV/AV는 이를 "be fervent in spirit"(정신적으로 열렬한)으로 번역하고, RSV는 "be aglow with the Spirit"(성령으로 벌겋게 달아오른)으로, NRSV는 "be ardent in spirit"(마음이 열렬한)으로, New Jerusalem Bible은 "an eager spirit"(갈망하는 심령)으로 번역하고 있다. 살펴보았듯이 두 가지 용법은 구약에서도 분명하다. 유사한 차이가 로마서 1:4에서도 나타난다. NRSV는 "according to the spirit of holiness(거룩의 영에 의하면)", New Jerusalem Bible은, 나는 이 번역이 맞다고 생각하는데, "in terms of the Spirit and of holiness"(성령과 거룩에 관하여)로, KJV/AV는 "according to the spirit of holiness(거룩의 영에 의하면)"로 번역하고 있다. 고린도후서 4:13은 전통적으로는 "spirit of faith"(믿음의 마음)로 번역한다. 휴즈P. E. Hughes는 고린도전서 4:21의 "spirit of gentleness"(온유한 마음)의 유추에 근거하여 "spirit of faith"(믿음의 마음)로 번역한다. 그러나 빅터 퍼니쉬Victor P. Furnish는 이렇게 말한다. "이것은 믿음과 함께 오는 [성]령을 가리키는 것으로 읽는 것이 … 더 좋다."[29]

바울은 종종 인간의 영을 가리킨다. 그러나 그것이 프뉴마의 일차적인 의미는 아니다. 가장 남용되고 있는 것 중 하나는 데살로니가전서 5:23에서 "영과 혼과 몸"에 대한 언급이다. 바울은 하나님이 독자들을 "온전히"through and through 거룩하게 하시기를 기도한다. 19세기의 많은 주석가들과 금세기

---

29. Victor P. Furnish, *2 Corinthians*, The Anchor Bible (New York and London: Doubleday, 1984), p. 258.

초의 많은 사람들은 이 구절이 인간을 세 "부분", 즉 육체, 영, 혼으로 나누는 "삼분설"의 예가 되는지 토론했다.[30] 오리겐은 이 구절을 본문의(또는 인격의) "육체적", 또는 역사적 의미를 가리키는 데까지 확장시킨다. "도덕"적인 의미는 영혼에 상응하고, "영적"인 의미는 성령에 일치한다.[31] 그러나 이 구절은 대부분의 연구자들이 인식한 것처럼 단순히 "하나님께서 너희를 철저하게" 또는 "온전하게", "거룩하게 하시기를 구하노라"를 의미한다. 터툴리안은 이를 "사람의 전 존재"라고 한다(터툴리안, 육체의 부활에 대하여, 47). 존 칼빈은 "전" 인격에 대해 말한다.[32] 그것은 "내 영혼이 주를 찬양하며 내 마음spirit이 내 구주를 기뻐하였음은"(눅 1:46-47)으로서 동일한 종류의 용법인데, 이는 우리가 "너의 마음과 영혼을 그 안에 두라"Put your heart and soul into it!라고 할 때와 같이 전 자아를 의미한다.

데살로니가후서 2:2에서 "영으로나 말로나 편지로나" 놀라지 말라고 한 것은 또한 한 가지 이상의 해석이 가능하다. 대부분의 주석가들은 어니스트 베스트처럼 "영"spirit을 "황홀경의 발언이나 영적 계시"라고 한다.[33] 그러나 이것이 "성령으로 감동된"을 의미하는가? 아니면 프뉴마에 정관사가 없기 때문에, 여기 무관사 형태는 "거짓말하는 영"a lying spirit을 의미하는가, 혹은 고양된 인간의 영을 의미하는가? 고린도전서 5:3의 "몸으로는 떠나 있으나 영으로는 함께 있어서"도 모호한 것 같다. 이것은 장소에 제한되는 육체와 대조적인 "인간의 영"을 의미할 수도 있을 것이다. 그러나 성령의 활동으로 "교회와 함께하게 만드는"도 의미할 수 있을 것이다. 19세기부터 지난 1950년대

---

30. Anthony C. Thiselton, *1 and 2 Thessalonians Through the Centuries*, Blackwell's Bible Commentaries (Oxford: Wiley-Blackwell, 2011), pp. 162-75.

31. Origen, *First Principles* 4.1.21 (ANF, vol. 4, p. 370).

32. John Calvin, *1 and 2 Thessalonians* (Wheaton, IL, and Nottingham, U.K.: Crossway, 1999), p. 63.

33. Ernest Best, *The First and Second Epistles to the Thessalonians* (London: Black, 1972), p. 279; Earl J. Richard, *First and Second Thessalonians*, Sacra Pagina (Collegeville, MN: Glazier, 1995), pp. 324-25.

까지 거의 만장일치로 비육체적인 의미의 "영으로"라는 의미를 취했다. 오늘날 대다수는 아니지만, 많은 사람이 성령을 가리킨다는 입장을 취한다.[34]

고린도전서 14:14-15도 어느 정도 모호한 것 같다. 아마 "나의 영이 기도하거니와"(14절)는 인간의 영을 가리킬 수 있을 것이다. 그러나 평행구 "내가 영으로 기도하고"(15절)는 인간의 영이나 성령을 가리킬 수도 있다. 두 번 반복되고 있는 "영으로"*tō pneumati*는 "나의 가장 깊은 영적 존재"를 의미할 수도 있다. 그러나 바울은 성령의 사역이 지성이나 이성의 사용을 배제한다기보다는 포함한다는 것을 의미할 수도 있다. 이는 내가 다른 책에서 3페이지에 걸쳐 논의한 것이다.[35] 비슷하게 고린도전서 14:32 "예언하는 자들의 영은 예언하는 자들에게 제재를 받나니"는 아마도 인간의 영을 가리킬 것이다. 그러나 바울이 그들의 말로 이렇게 말하는 것이 불가능하지는 않다. "성령의 영감됨"은 영원히 그렇게 말하는 재량권을 준 것은 아니다.

대체로 로마서와 갈라디아서는 보통 성령에 대하여 덜 모호하게 말하지만(위에서 다뤘던 롬 12:11을 제외하고), 골로새서 2:5은 고린도전서 5:3, "육신으로는 떠나 있으나 심령으로는 너희와 함께 있어"와 평행을 이룬다. 에베소서가 바울의 글이라면, 로마서와 갈라디아서와 같다. 그러나 NRSV는 디모데전서 3:16, "육신으로 나타난 바 되시고 영으로in spirit 의롭다 하심을 받으시고"에서 모호성을 보여준다. 그러나 로마서 1:4과 비교할 때, 바울에게 있어서 "육신"이 의미하는 것이 무엇이든지, 성령은 예수 그리스도를 죽은 자 가운데서 일으킴으로써 예수 그리스도를 하나님의 아들로 입증한다. 디모데후서 1:7의 "능력과 사랑의 영"은 특별히 "절제의 영"과 평행하는 인간의 특성을 가리킬 수도 있다. 그러나 문맥은 "나의 안수함"을 언급하고 있으므로 성령을 가리킬 것이다.

어쨌든 절대적으로 결정적인 것은 거의 없고 해석에 달려있다. 이것이

---

34. Anthony C. Thiselton, *The First Epistle to the Corinthians: A Commentary on the Greek Text*, NIGTC (Grand Rapids: Eerdmans, 2000), pp. 390-92.
35. Thiselton, *The First Epistle to the Corinthians*, pp. 1111-13.

우리가 이런 일들을 "부분적인, 또는 지엽적인 모호성"이라고 부르는 이유이다. 바울이 종종 프뉴마를 인간의 영이나 인간의 특성을 가리키는 데 사용한 것은 틀림없다. 그러나 그의 일차적인 관심은 성령의 활동이며, 이러한 "모호성"은 단지 주의와 조심이 필요할 뿐이다.

5.3. 성령과 그리스도에 대한 더 깊은 논의

바울서신의 구절 중 상당한 비율은 성령의 사역이 전적으로 그리스도 중심에 놓여있음을 보여준다(이는 이미 언급한 대로 요한복음에서 더 분명해진다). 피슨이 성령의 "자기를 드러내지 않으심"이라고 한 것은 예수 그리스도에게 스포트라이트를 비추거나 그리스도를 영화롭게 하는 것이 성령의 관심이기 때문이다. 그는 이것을 최소한 11번은 주장한다.[36] 일차적인 목적은 성령이 자신을 가리키는 것이 아니라, 그리스도를 가리키는 것이다. 우리가 "성령중심"운동에 의구심을 갖는 것이 마땅하다. 칼 바르트도 함께하는 두 번째 요점은, 때때로 성령의 탁월한 "매개"나 성령의 "경험" 때문에 우리는 성령에 대한 시끄러운 주장들로 인해 성령 자신을 혼란에 빠뜨릴 수 있다는 것이다. 이것은 맹신적인 고백이 될 수도 있다.[37] 우리는 고린도전서 12-14장에 나오는 성령의 은사의 목적에 대한 칼 바르트의 언급을 살펴보았다. 셋째, 피슨은 성령을 외적 현상이나 매개체와 동일시한다면, 우리는 성령의 "자기를 드러내지 않으심"을 "자기 선전"으로 대체할 뿐 아니라, 성령이 "인격이라기보다는 유사 물질인 외적 유동 물질이나 힘이라고 가정하는 것으로 전락할 것"이라고 주장한다.[38] 성령의 증언은 항상 예수 그리스도에 대

---

36. Fison, *The Blessing of the Holy Spirit*, pp. 11, 22, 27, 72, 93, 107, 138, 140, 175, 177, 199.
37. Fison, *The Blessing of the Holy Spirit*, p. 22.
38. Fison, *The Blessing of the Holy Spirit*, p. 72.

한 자기를 드러내지 않는 증인일 것이다.³⁹

스토아학파와 그리스학파에서는 그 반대라고 생각했다. 호일은 이들 진영에서 그 말(성령)은 어디에서나 들려왔다고 주장한다.⁴⁰ 그러므로 바울은 "성령"이라는 용어가 오늘날 종종 (그리스어 의미에 따라 사용되는 것처럼) 마치 "인간의 종교적 열망에 관한 것"을 의미하는 것처럼, 이 용어의 범위를 "영성"과 "영적인"에 해당하는 일반적 용어로 보는 대신 "그리스도 안에" 있는 사람들의 삶에 한정하려고 힘쓰고 있다. 호일은 이렇게 선언한다. "바울의 용법에는 언제나 그것[그]을 주시거나 부과하시는 하나님이 있다."⁴¹ 그러므로 바울은 같은 의미로 성령은 그리스도와 연합하는 근거이거나 그리스도인이 되는 근거라고 단언한다. 그는 "성령으로 아니하고는 누구든지 예수를 주시라 할 수 없느니라"라고 선언한다(고전 12:3). 역으로 그리스도인은 "그리스도 안에 있으므로" 성령을 받는다. 바울은 이렇게 말한다. "너희는 양자의 영[NRSV. a spirit; the Spirit 성령이 더 낫다]을 받았으므로 … 우리가 아빠 아버지[예수께서 사용하신 말]라고 부르짖느니라 성령이 … 우리가 하나님의 자녀인 것을 증언하시나니 … 그리스도와 함께 한 상속자니"(롬 8:15-17). 비슷하게 바울은 갈라디아서에서도 명백하게 말한다. "너희가 아들이므로 하나님이 그 아들의 영을 우리 마음 가운데 보내사 아빠 아버지라 부르게 하셨느니라"(갈 4:6). 바울은 그리스도인이 "그의 아들의 영"으로 말미암아 하나님께 대하여 그리스도와 같은 자세를 취한다고 주장하려는 것이 아니라면, 헬라어를 말하는 청중들에게 아람어 아빠Abba를 거의 사용하지 않으려고 했다.

바울서신에서 가장 논란이 되는 것 중 하나는 그리스도를 성령과 동일시한 것으로 보이는 고린도후서 3:17 "주는 영이시니"이다. 현대의 신약 신학자들은 동사 "이다"가 절대적 "동일시"를 의미한다고 생각하지 않는다. 바

---

39. Fison, *The Blessing of the Holy Spirit*, p. 93.
40. Hoyle, *The Holy Spirit in St. Paul*, pp. 180-85; 참조. 또한 pp. 175-85, 199-297.
41. Hoyle, *The Holy Spirit in St. Paul*, p. 182.

울은 그리스도와 성령이 동일한 인격이라고 말하고 있지 않다. 소수의 헬라 교부들은 이것을 암시했을 수도 있지만, 바울은 동일성이나 존재론에 대해 말하고 있지 않다. 너무 많은 구절들이 그리스도와 성령을 구별되는 두 인격체로 취급하기 때문에 이것은 가능하지 않다. 예를 들면, "성령이 친히 … 우리가 하나님의 자녀인 것을 증언하시나니 … 그리스도와 함께 한 상속자니"(롬 8:16-17). 대부분의 현대 학자들은 조지 헨드리와 빈센트 테일러를 따라 "이다"is를 "의미하다", "뜻하다"에 해당하는 주경학적 "이다"is라고 한다.[42] 헨드리는 "주"는 앞 절(고후 3:16)의 "주"를 가리키는 것이며, 이는 분명히 출애굽기 34:34의 반향이라고 한다. 마찬가지로 빈센트 테일러도 이렇게 말한다. "내가 인용한 구절 속의 퀴리오스kyrios(주)는 성령을 의미한다. 그리고 주의 영이 있는 곳에 자유가 있다."[43] 위르겐 몰트만과 제임스 던은 대안적 주장들을 논의한 후 동일한 결론에 도달한다.[44]

반 듀젠H. P. Van Dusen은 성령과 그리스도의 명백하고 불가분한 연결이 "기독교 성령 개념에 끼친, 아니면 기독교 신앙 전체에 끼친 바울의 가장 독창적인 기여"라고 주장한다.[45] 반 듀젠은 이 강조점의 독특성을 과장할 수 있는데, 요한복음도 확실히 이를 강조하기 때문이다. 그러나 바울이 아마도 이를 분명하게 한 첫 번째 인물이라는 점에서 이 말은 중요하다.

가장 중요한 구절 중 하나는 고린도전서 2:4-15에 나온다. 그곳에서 바울은 성령이 복음 전도(4절)와, 그리스도인의 지혜(6-7절)와 계시(10-11)를 능력 있게 하는 것으로 묘사하고 있다. 이 성령은 하나님의 마음과 교통하며(12-14절), 스토아 철학의 내재하는 "세계정신"과 혼동되지 않는다(12절).

---

42. George S. Hendry, *The Holy Spirit in Christian Theology* (London: SCM, 1966), p. 24.
43. Vincent Taylor, *The Person of Christ in New Testament Teaching* (London: Macmillan, 1958), p. 54.
44. Jürgen Moltmann, *The Spirit of Life: A Universal Affirmation* (London: SCM, 1992), pp. 101-2; James D. G. Dunn, *The Theology of Paul the Apostle* (Edinburgh: T&T Clark, 1998), pp. 421- 22.
45. Henry P. Van Dusen, *Spirit, Son and Father* (New York: Scribner, 1958), p. 66.

그는 하나님으로부터 나오는 초월적인 성령이다(12절). "보통" 사람(Greek. *psychikos*)은 성령을 받지 못한다(14절). 극소수의 주장처럼 15-16절이 바울이 인용하고 있는 고린도 교회의 "신령한" 그룹의 응답이 아니라면, 성령은 식별력(15절), 또는 (당시의 정치적 정확성에 반대되는) 분별력을 준다. 바울은 16절에서 절정에 도달한다. 바울의 논증이 의미하는 것은 "우리가 그리스도의 마음을 가졌다"는 것이다. 16절의 시작, "그러나[Greek. *hemeis de*] 우리가 … 가졌느니라"는 성령의 핵심적인 영향이나 가시적 증표로서, 그리스도를 닮는 것이 성령의 지혜보다 훨씬 더 중요하거나 그에 못지않게 중요한 것임을 말할지도 모른다. 그리스어 데*de*는 알라*alla*보다는 좀 약한 대조로서, "우리에게 있어, 한편 …"을 의미한다. 그럼에도 불구하고 그리스도 중심의 초점과 특성은 "신령함"spirituality의 정의를 요약해서 말하고 있다.

바울서신에는 성령이 그리스도와 평행되는 몇몇 구절들이 있다. 그중 하나는 고린도전서 6:11에 나온다. "주 예수 그리스도의 이름과 우리 하나님의 성령 안에서 씻음과 거룩함과 의롭다 하심을 받았느니라." 나중에 그것은 성삼위의 모든 위격이 하나님의 모든 구속과 구원하는 행위에 참여하고 있다고 말하는 기독론에 부합할 것이다. 그러나 바로 이 초기 단계에서 바울은 단순히 죄씻음과, 거룩하게 구별되는 것과, 하나님과 (아마도 다른 사람들과) 바르게 되는 것이 예수 그리스도와 성령으로 말미암아 오는 것이라고 주장한다. 유사한 평행이 고린도전서 15장 전체에서 나오는데, 부활에 참여하는 것은 그리스도의 부활에 참여하는 것으로 본다. 그러나 부활의 "몸" 또는 존재의 양태는 "신령한" 몸(44절), 즉 성령에 의해 생기 있게 되고 통제되는 존재의 양태이다.[46]

우리는 이미 고린도전서 12:3의 명백한 진술을 언급했다. "성령으로 아니하고는 누구든지 예수를 주시라 할 수 없느니라." 그러나 3절의 앞부분은 많은 사람들을 크게 당혹스럽게 했다. "하나님의 영으로 말하는 자는 누구

---

46. Thiselton, *The First Epistle to the Corinthians*, pp. 1275-81; 그리고 N. T. Wright, *The Resurrection of the Son of God* (London: SPCK, 2003), pp. 352-54.

든지 예수를 저주할 자라 하지 아니하고." 마가렛 트랄 W. 슈미탈스와 J. 바이스는 이 말이 머릿속에서 무의식중에 튀어나오는 황홀경의 혼란 상태에 있는 사람들에게서 나올 수 있다고 생각한다. 또는 어떤 사람들은 이것을 "가이사는 주님이시다"와 대조적으로, 때때로 유대인들이 사용하거나 박해 경쟁에 요구된 적대 구호로 본다. W. C. 판 우니크는 그것은 예수의 부활에 대한 신앙고백이 더 이상 불필요한, 십자가에서 우리의 "저주"를 담당하신, 순전히 지상적인 예수에 대한 거부라고 말했다. 나는 그리스어 본문 주석을 쓰고 있던 2000년 말까지는 세 번째 견해에 찬성했었다. 그러나 그로부터 얼마 후 브루스 윈터의 주장을 확신하게 되었다. 그는 본문을 수동태로 읽지 않고("예수는 저주받은 자"), 능동태로 읽는다("예수는 저주를 승인하신다.").[47] 왜냐하면 그리스어 본문에는 분명한 동사가 없이 아나데마 예수스*Anathema Iēsous*라고 되어 있기 때문이다. 고린도 근처에서 발굴된 납으로 만든 27개의 "저주"의 명판을 통해(그중 14개는 이방 신전이 있던 아크로코린트나 또는 근처에서 출토되었) 능동태의 동사 하나를 채우게 된다. 이방인들 중 어떤 사람들은 자신의 신들에게 사업, 사랑, 소송, 그리고 운동경기의 경쟁자들을 "저주하도록" 기도했다. 윈터는 거의 확실하게 바울이 이를 암시하고 있다고 말한다. 즉 예수께 경쟁자들을 저주하라고 간청하는 것은 "성령에게 속한" 것일 수 없다.[48] 이 말은 전적으로 신뢰할 수 있다. 성령은 오직 그리스도를 닮은 태도와 실질적인 주님과 주인으로서 그리스도께 대한 순종을 불어넣으실 것이다. 그리스도인은 종이 주인에게 "속해 있는" 것처럼 그리스도께 "속해 있다."

고린도전서 12:4-7도 그리스도와 성령 사이의 밀접한 평행을 담고 있다. 동시에 하나님 아버지와의 평행까지 담고 있다. 그리하여 다른 교부들뿐 아

---

47. Bruce Winter, "Religious Curses and Christian Vindictiveness, 1 Cor. 12-14," in Winter, *After Paul Left Corinth* (Grand Rapids: Eerdmans, 2001), pp. 164-83.
48. Anthony C. Thiselton, *1 Corinthians: A Shorter Exegetical and Pastoral Commentary* (Grand Rapids: Eerdmans, 2006), pp. 192-94.

니라 아타나시우스와 가이사랴의 바실도 삼위일체 교리를 세우기 위해 이 구절을 강력하게 언급했다.[49] 그러므로 이 구절을 다루는 것은 다음 장으로 미룬다. 고린도전서 12:13은 비슷하게 세례에 대해 말함으로써 성령과 그리스도의 평행을 암시적으로 나타낸다(보통 그리스도께 충성의 세례, 고전 1:12-13; 롬 6:3-11). 그러나 어떤 사람들은 이 세례를 "성령세례"의 특별한 후속 경험으로 해석하기 때문에, 이 논의는 더 논란이 되는 문제들 뒤로 연기되어야 한다.

고린도후서는 중요한 구절인 3:17뿐만 아니라, 다음 장에서 고찰할 삼위일체적 평행을 담고 있는 고린도후서 13:13의 "은혜"도 포함하고 있다. 우리는 또한 사도들의 연관성을 발견한다. 고린도전서 12:8-11에서 성령의 은사는 그리스도의 몸으로서(고전 12:27-28) 전 교회의 유익을 위한 것과 마찬가지로, 사도들의 사역은 그리스도에게 초점을 맞추고 있다. 우리는 갈라디아서 4:6-7을 보았는데, 거기에서 우리는 성령이 그리스도의 아들 되심으로부터 나오는 그리스도인의 아들 됨을 성취시키는 것을 본다.

로마서 8장은 성령의 역사를 "그리스도 예수 안에" 있는 사람들 문맥에 위치시킨다(8:1). 로마서 8:14-17은 성령이 그리스도의 아들 되심을 성취시킨 것으로 본다. 우리는 성령의 역사가 요한복음이나 다른 곳에서와 마찬가지로 예수 그리스도에게 집중되는 것을 보여주는 바울서신의 사례들을 충분히 제시하고 있다.

5.4. 또 다른 논의들 : 성령, 미래, 성경의 영감

우리는 이미 성령이 "담보"나 "장차 올 미래의 보증"으로 이해되는 구절

---

49. Michael A. G. Haykin, *The Spirit of God: The Exegesis of 1 and 2 Corinthians in the Pneumatomachian Controversy in the Fourth Century*, Supplements to *Vigiliae Christianae* 27 (Leiden and New York: Brill, 1994).

들을 언급했다(고후 1:22; Greek. *arrabōn*, 보증). 그 용어는 또한 고린도후서 5:5에도 나타난다(역시 *arrabōn*). 그러나 우리는 로마서 8:11, 8:17-27, 갈라디아서 3:2, 그리고 에베소서 1:13을 고찰해야만 한다. 많은 저자들은 이 구절들이 모두 미래의 성령의 사역에 무게 중심을 두고 있다고 주장한다. 더욱이 모든 그리스도인, 또는 그리스도인 모두가 성령을 받는 것은 종말론적 사건으로서 예언되었기 때문에, 많은 성경 구절들이 이 "보편적" 양상을 강조하고 있다. 에두아르트 슈바이처는 그 점을 이렇게 요약한다. 성령은 "장차 오게 될 실체의 보증"이다.[50] 그는 장차 올 것의 징표로서, 특별히 아파르케*aparchē*, "첫 열매", 그리고 아라본*arrabōn*, "보증"으로 표현된 성령은 바울과 초기 기독교 종말론에 공통적이다. 우리는 이미 보다 최근의 프리드리히 호른의 작품 『성령의 보증』*Das Angeld des Geistes*(1992), 고든 피의 『하나님의 능력의 임재』*God's Empowering Presence*(1994), 피니 필립의 『바울 성령론의 기원』*The Origins of Pauline Pneumatology*(2005)을 언급했는데, 모두는 이 주제를 확장시킨다.

로마서 8:11에서 성령은 분명히 우리의 죽을 몸에 생명을 주실 그리스도의 부활의 도구 또는 대리인이다(Greek. *ho hegeiras ek nekrōn Christon Iē soun*). 찰스 크랜필드는 그 소유격을 "~의 대리인으로 말미암아"라는 의미로 이해한다.[51] 그러고 나서 그는 로마서 8:17-30에 "성령의 내주-소망의 선물"이라는 제목을 단다.[52] 그는 이 구절을 갈라디아서 3-4장, 로마서 4장과 밀접한 평행으로 보고 있다. 이 모두는 미래에 있는 것을 "상속받음"에 대해 말하고 있다(특별히 갈 4:7과 롬 4:13). 상속자의 지위는 아들 됨과 관련이 있다. 현재는 고난과 투쟁의 요소들이 남아 있다. 그러나 마지막 완성에는 영광의 요소가 있을 것이다(8:18). "우리의 아들 됨의 계시가 장래에도 여

---

50. Eduard Schweizer, "Pneuma," etc., in *TDNT*, vol. 6, pp. 422-24; 참조. Eduard Schweizer, *Bible Key Words: Spirit of God* (London: Black, 1960), p. 64.
51. C. E. B. Cranfield, *The Epistle to the Romans* (Edinburgh: T&T Clark, 1975), p. 392.
52. Cranfield, *Romans*, p. 403.

전히 있을 것이다."⁵³ 이와 같이 바울은 "확신에 찬 기대"에 대해 말하고 있다. 또는 "피조물이 고대한다"고 말한다(Greek. *apokarodokia*; 빌 1:20에서는 소망과 연결되어있다). 피조물은 모든 인류와 천사들과 자연을 포함한다. 그리고 "장엄한 우주의 대극장"으로서 하나님의 자녀들의 영광스런 미래에 대한 계시를 기대하며 숨을 죽이고 있다.⁵⁴ "고대하다"에 해당하는 말은 아포 apo-집중적인과 카라도케인*karadokein*, "머리나 목을 길게 뽑다"로 이루어져 있고, "목을 길게 빼는", 또는 구어체 영어로는 "to wait on tiptoe"(크게 기대하며 기다리다)를 의미한다.⁵⁵ 한편 모든 피조물은 미래의 대단원 때까지 "함께 탄식하며"(Greek. *systenazei*) 함께 고통을 겪는다(22절).

바울은 만약 클라이맥스가 이미 존재한다면, 우리는 그것을 기대할 수 없을 것이라고 선언한다(24절). 그러나 현재의 중간기에 성령이 활동하며 기도와 소망을 키운다(26-27절). 동시에 이것은 오직 성령의 첫 열매(Greek. *aparchē*)이며(23절), 즉 미래의 더 큰 실재에 대한 맛보기이며 보장, 또는 장차 받을 더 완전한 선물의 담보이다. N. Q. 해밀턴은 이렇게 말한다. "현재의 성령의 선물은 단지 미래 시대에 … 발생할 추수의 시작으로 이해되어야만 한다."⁵⁶ 바울은 "유업으로 받는"을 5번 말한다 - 고린도전서 6:9, 10, 15:50, 갈라디아서 5:21, 그리고 에베소서 5:5(Greek. *klēronomein*).⁵⁷ 부분적으로 성령은 또한 현재의 소유이다. 즉 그리스도인은 이미 성령으로 "행하고"(갈 5:25) 성령의 "생각"을 가지고 있다(롬 8:5-6). 그들은 "성령으로 인도를 받고" 있다(롬 8:14).

이 종말론적 선물은 성령이 단 몇 사람에게만 주어지는 것이 아니라, 모

---

53. Cranfield, *Romans*, p. 409.
54. Cranfield, *Romans*, p. 414.
55. J. H. Thayer, *Greek-English Lexicon of the New Testament* (Edinburgh: T&T Clark, 4th ed. 1901), p. 62를 보라.
56. Hamilton, *The Holy Spirit and Eschatology in Paul*, p. 19.
57. James D. Hester, *Paul's Concept of Inheritance: A Contribution to Paul's Understanding of Heilsgeschichte* (Edinburgh: Oliver & Boyd, 1968).

든 그리스도인에게 주어지는 것을 의미한다. 우리는 화이틀리가 성령을 "그리스도인의 특징"이라고 불렀다는 것에 주목했다.[58] "예수는 주님이시다"는 모든 그리스도인의 믿음의 고백이며, 성령이 아니면 행할 수 없다(고전 12:3). 하나님의 모든 "아들"은 성령을 받는다(롬 8:15-16). 그리스도인은 성령이 무엇을 드러내는지 안다(고전 2:10). 모든 그리스도인은 각 개인과 공동체 모두 하나님의 성전을 이룬다(고전 6:19; 3:16). 모두 믿음으로 말미암아 성령의 약속을 받는다. 랍비주의 신학과 대조적으로, 성경은 성령이 선한 삶의 "상급"이 아니라고 가르친다. 로마서 5:5은 때때로 "바울의 오순절"이라고 불리는데, 성령으로 말미암아 "하나님의 사랑이 우리 마음에 부어진다."

마지막으로 "구약성경"에 대한 성령의 영감은 유대교, 신약, 교부들의 공통된 가르침이다. 이는 바울서신, 많은 학자들이 그 저작성에 의문을 표하기는 하지만, 목회서신에서 가장 명백하게 나타난다. NRSV의 번역, "모든 성경은 하나님의 감동으로 된"(딤후 3:16)은 그리스어 데오프뉴마토스 *theopneustos*를 번역한 것이다. 존 칼빈은 이를 인간 저자가 "스스로 말한 것이 아니라 성령의 도구로서" 말하는 것으로 해석했다.[59] 한편 윌리엄 마운스와 다른 사람들은 그 그리스어 단어를 "하나님으로부터 직접"을 의미하는 것으로 이해했다.[60] 이 말은 그리스어 성경의 다른 곳에서는 나타나지 않지만, 마운스는 에베소서에서 성경이 하나님으로부터 오지 않았다는 거짓 주장을 거부하고 있다고 주장한다. H. B. 스웨트는 "'성령'은 '영감'을 시사하고 있다"고 말한다.[61] 그는 베드로후서 1:21, "예언은 언제든지 … 성령의 감동하심을 받은 사람들이[*pheromenoi*, 원어로는 "성령으로부터 '받은'"] … 말한

---

58. Whiteley, *The Theology of St. Paul*, p. 124.
59. John Calvin, *The Second Epistle of Paul to the Corinthians; The Epistles of Paul to Timothy, Titus and Philemon* (Edinburgh: St. Andrew's Press, 1964), p. 330.
60. William D. Mounce, *Pastoral Epistles, Word Biblical Commentary*, vol. 46 (Nashville: Nelson, 2000), p. 570.
61. Henry B. Swete, *The Holy Spirit in the New Testament* (London: Macmillan, 1909, rpt. 1921), p. 328.

것임이라"를 지적한다.[62] 다윗이 성령으로 말했다는 것은 유대교와 예수에게서 나온 것이다(막 12:36). 스웨트는 다윗이나 이사야를 감동시킨 성령은 바울이나 요한을 감동시키지 못할 수 없었다고 덧붙인다.

바울은 주요 서신에서 복음 전파를 위한 성령의 영감에 더 관심을 기울이는 것 같다. 그는 처음부터 "복음이 너희에게 말로만 이른 것이 아니라 또한 능력[유효성?]과 성령과 큰 확신으로 된 것이니"(살전 1:5)라고 주장한다. 그는 고린도 사람들에게 자신의 말과 선포가 "설득력 있는 지혜의 말로 하지 아니하고 다만 성령의 나타나심과 능력"이었다고 말한다(고전 2:4). 고린도후서 3:13-18에서 바울의 요점은 성령이 성경의 의사 소통을 방해하는 어떤 맹목도 제거할 것이라는 것이다. 바울이 대부분의 유대교가 전제했던 성령의 성경영감 교리와 다른 교리를 가지고 있다고는 상상하기 어렵다.

5.5. 문맥과 주해에 근거한 성령의 은사

바울은 (부정적인 면에서) 사랑이나 사업의 경쟁자를 저주하는 것은 성령이나 성령의 은사를 소유하려는 주장과 양립할 수 없다는 경고와 함께, (긍정적인 면으로는) 일상 생활에서 그리스도의 주님 되심을 드러내는 삶은 성령이 역동적으로 사역하는 증표일 것이라며(고전 12:1-3) 성령의 은사 사용에 관한 장을 시작한다(고전 12-14). 마치 숭배자들이 자기들 편에서 영적 현상을 만들어내야 하는 것처럼, 헬레니즘적 종교의 "영감"의 광란이나 "말을 하지 못하는 우상들을 숭배하는 것"과 혼동해서는 안 된다(12:2).

바울은 이 기본적인 도입부 이후에 (고린도 성도들이 "몰라서는" 안 되기 때문에, 11절) 선택된 사람들에게 은사를 주신 목적은 전 공동체를 유익하게 하기 위한 것이라고 한다. "각 사람에게 성령을 나타내심은 유익하

---

62. Swete, *The Holy Spirit in the New Testament*, p. 329.

게 하려 하심이라"(Greek. *pros to sympheron*, 12:7). 은사의 종류는 다양하다 (Greek. *diaireseis de charismation*, 12:4). 그러나 은사는 공동의 목적과 목표를 가지고 있다. 바울은 고린도 교회의 문제인 페리 데 톤 프뉴마티콘*peri de ton pneumatikōn*(고전 12:1)을 언급한다. 이 말은 "신령한 사람들에 관하여"나 "신령한 것에 관하여"로 번역될 수 있다. 이것은 말 그대로 프뉴마티코이 *pneumatikoi*(신령한 사람)나 프뉴마티카*pneumatika*(신령한 것)가 아니라 바울이 4-11절에서 말하는 카리스마타*charismata*(무료로 주는 선물)이다.

위르겐 몰트만은 이렇게 쓰고 있다. "소명과 은사, *klēsis*와 *charisma*는 한 짝이다. ⋯ 모든 그리스도인은 은사가 있다. ⋯ 나는 이것을 '자연적' 은사를 넘어서는 '초자연적(인 것)'이라고 하고 싶지 않다.⋯ 왜냐하면 실제적으로 말하면, 신자들이 하는 일은 자신들의 타고난 은사로 회중을 섬기는 것이다"(티슬턴의 이탤릭).[63] 그리스도인 공동체의 역할은 다양성 속에서 통일성을 이루는 것이지, 획일성 속에서 통일성이 아니다.[64]

확실히 바울은 통일성과 다양성 모두를 강조하고 있지만, 둘 중 어느 것이 다른 것보다 우선하는가? 데일 마틴은 이렇게 말한다. "12:4-11에서 바울은 방언을 다른 은사들보다 상위의 은사로 여기는 잘못된 평가 때문에 생긴 분파주의를 극복하기 위해, 끊임없이 다양성 속의 통일성을 강조하고 있다."[65] 해링턴도 기원의 통일성을 강조한다.[66] 그럼에도 은사의 다양성을 강조하는 사람들도 있다. 그러나 아마도 마틴은 이런 맥락에서 설득력이 있을 것이다. 그리고 4-7절의 삼위일체적 프레임은 하나님은 하나(고전 8:6)라는 사실을 확고히 하려는 것 같다. 즉 성부는 은사를 활성화하고, 성자는 은사를 통해 주님으로 섬김을 받으며, 성령은 은사를 분배하고 나누어준다. '같

---

63. Moltmann, *The Spirit of Life*, pp. 180 and 183.
64. Moltmann, *The Spirit of Life*, p. 183 (그의 이탤릭).
65. Dale B. Martin, *The Corinthian Body* (New Haven: Yale University Press, 1995), p. 87.
66. D. J. Harrington, "Charisma and Ministry: The Case of the Apostle Paul," *Chicago Studies* 24 (1985): 245-57.

은'이란 단어가 계속 반복된다. 통일성과 다양성 내에서 은사는 전적으로 은사의 수령자가 은사를 받아 사용하는 데 있어서 전적인 자기 헌신에 이르게 한다. 장-자끄 쉬르몽Jean-Jacques Suurmond는 이렇게 선언한다. "이는 은사를 받는 문제라기보다는 은사가 되는 문제이다"(그의 이탤릭).⁶⁷

우리는 바울이 언급한 모든 은사를 고찰하지 않을 것이다. 논란을 불러일으키는 해석은 다음 장으로 미루기로 했다. 여기에서는 고린도전서 12:8-10과 12:28-30, 로마서 12:6-8, 에베소서 4:11-12에 나열된 은사의 대부분을 고찰하려고 한다. 이 주제로 인해 야기된 극렬한 관심과 우려에 비해, 이 은사들은 신약의 나머지 부분에서는 거의 나타나지 않는다. 이는 은사의 중요성을 과소평가하는 것이 아니다. 왜냐하면 오직 고린도전서 11:17-34과 10:16-17에서만 성찬에 대한 체계적인 가르침을 제공하기 때문이다. 우리는 초대교회의 오해에 감사해야 할 것이다. 그들이 오해하지 않았더라면, 교회들에게 구두로만 전해지다가 다음 세대들에게는 상실되었을 수도 있는 주제들을 가르치는 기회를 제공했기 때문이다. 그럼에도 불구하고 은사들은 데살로니가전후서, 갈라디아서, 고린도후서, 빌립보서, 또는 다른 서신들의 주요 주제는 아니다.

(1) 로고스 소피아스Logos sophias 또는 "지혜의 발언"(*utterance of wisdom*, NRSV): 합의된 제안. "지혜의 말씀"으로 번역된 구절은 고린도전서 12:8에서 첫 번째로 언급된 은사이다. 이어서 "지식의 말씀"이 나온다. 이 둘은 동일한 은사가 아니다. 왜냐하면 지식의 말씀은 "다른 사람"에게 주어지기 때문이다.

마크 카트리지는 존 윔버나 데이비드 피치스의 스타일을 따라 진행되는 "제3의 물결" 은사주의적 갱신운동의 저녁예배 모습을 이야기하면서, 이 은사들이 일반적으로 어떻게 이해되고 가능하는지를 설명한다. 그는 2005년 "잘 짜여진 윔버 모델"로 5천에서 8천의 사람들에게 "무대 위의 두세 사람

---

67. Jean-Jacques Suurmond, "A Fresh Look at Spirit-Baptism and the Charisms," *The Expository Times* 109 (1998): 105; 참조. pp. 103-6.

이 연달아" 어떻게 "지식의 말씀"을 전하는지 묘사한다.[68] 로고스 소피아스 *logso sophias*와 로고스 그노스코스*logos gnōscōs*는, 이 문맥에서 로고스는 거의 분명 "소통, 진술, 체계적 논술, 단언, 선언" 또는 아마도 "생각" 또는 "반성"의 의미이지만, "~의 말씀"으로 번역된다.[69] 고린도전서를 신약과 바울서신의 나머지 부분과 비교해 본 사람은 이 용어들이 고린도 교회 성도들 자신들로부터 차용된, 아마도 바울이 수정한, 기술적 용법을 채용하고 있음을 알게 될 것이다.[70] 예를 들면, 소피아*sophia*, "지혜"는 고린도전서에만 16회 등장한다. 그러나 에베소서를 포함한 바울서신에서는 11회 등장한다. 소포스 *sophos*, "지혜로운"은 고린도전서에만 11회 등장한다. 그러나 모든 다른 서신에서, 거의 대부분 로마서에서 5회 등장한다.[71] 고린도전서 1:18-4:21에서 신적인 지혜와 인간의 지혜 사이의 대조와 관련하여, 많은 사람들은 지혜를 "하나님의 구원의 계획"이라고 말한다.[72] 제임스 던, 시몬 J. 키스트메이커, 볼프강 슈라거, S. 샤츠만, 그리고 여러 사람들 모두는 지혜를 그리스도의 십자가로 말미암은 하나님의 구원하는 행위와 십자가에 대한 하나님의 계시와 연결시킨다.[73] 고린도전서 1:18-4:21의 문맥을 통해 볼 때, 이 은사들을 복음과 연관시키지 않고 의학적 또는 심리학적 조건에 관한 사적인 말로 생각하는 것은 분명히 과한 일일 것이다.

이것이 만족스럽지 않다면 구약성경, 유대교, 신약성경에서 지혜와 지식

---

68. Mark J. Cartledge, "The Practice of Tongues," in Speaking in Tongues: Multi-Disciplinary Perspectives, ed. Mark J. Cartledge (Milton Keynes: Paternoster, 2006), p. 209; 참조. pp. 206-34.
69. Danker, BDAG, 3rd ed. 2000, pp. 599-601.
70. Stephen M. Pogoloff, *Logos and Sophia: The Rhetorical Situation of 1 Corinthians* (Atlanta: Scholars Press, 1995), pp. 97-172.
71. W. F. Moulton and A. S. Geden, *A Concordance of the Greek Testament* (Edinburgh: T&T Clark, 1899), pp. 898-99.
72. S. Schatzmann, *A Pauline Theology of Charismata* (Peabody: Hendrickson, 1987), p. 36.
73. Thiselton, *First Epistle to the Corinthians*, p. 939; 참조. pp. 938-44.

의 특별한 기능을 고찰할 필요가 있다. 나는 최근 출판된 『신학』Theology에 실린 2개의 논문에서 구약과 신약, 그리고 유대교에서 "지혜"의 용법을 간략하게 살펴보았다. 분명히 "지혜"는 "저절로 일어난" 또는 직관적인 은사가 아닌 "성격", "특성", "훈련된 판단력"을 가리킨다.[74] 이 두 논문에서 나는, 지혜는 실제 생활의 복잡함에 대해 우리를 준비시키는 것이며 지식이나 정보와 혼동하지 않아야 한다고 주장했다. 진정 하나님은 지혜의 근원이시다(히. 호크마; Greek. 소피아). 그러나 하나님은 종종 교육과 공동체를 통하여 지혜를 주신다. 한스-게오르크 가다머는 특히 감바티스타 비코, 토마스 레이드, 경건주의자 F. C. 외팅거를 통해 지혜와 지식의 차이를 설명한다.[75] 지혜는 단순히 사실을 아는 것만이 아니라, 훈련된 비판적 판단과 특성과 관계된다. 즉 소피아보다는 프로네시스 phronēsis에 더 가깝다. 이는 "이론적인 추론과는 완전히 다르다."[76] 게르하르트 폰 라트는 비코처럼 "오랜 세대에 걸쳐 진리로 입증된 경험으로부터 배우는 것"에 대해 말한다.[77] 지혜문학은 종종 공동체에 전승된 경구, 금언, 역설 등을 사용한다. 지혜는 기꺼이 교정을 받아들이고 과거에 의지한다(잠 15:2, 7; 욥 15:18). 벤 시락과 솔로몬의 지혜서는 잠언과 전도서의 관점을 존경함으로 계승하고 있다. 지혜는 말해야 할 때를 아는 것, 부모 공경, 부의 사용과 위험, 기도와 구제, 근면과 게으름, 건강 유지와 같은 실제적인 문제들과 관련이 있다.

신약성경에서 예수는 종종 간결하고 함축적인 문장, 격언적 표현, 비유와 유추 등을 사용하는데, 특히 소위 마태와 마가의 Q어록에서 그러하다. 실천적 지혜는 야고보서에서 가르침, 겸손, 정의, 신실함, 징계와 성실과 관

---

74. Anthony C. Thiselton, "Wisdom in the Old Testament and Judaism," *Theology* 114 (2011): 163-72, 그리고 "Wisdom in the New Testament," *Theology* 115 (2011): 260-68.
75. Hans-Georg Gadamer, *Truth and Method*, 2nd Eng. ed. (London: Sheed & Ward, 1989), pp.9-30.
76. Gadamer, *Truth and Method*, p. 23.
77. Gerhard von Rad, *Wisdom in Israel* (London: SCM, 1972), p. 79.

련하여 나타나며(약 3:13-18), 특별히 하나님으로부터 주어진다(약 1:5-8). 예를 들면 맹세와 약속을 지킴에 대한 예수의 말씀과 평행되는 구절이다(약 5:12; 마 5:33-37).[78] 바울은 고린도에서 발전된 스스로 찾아가는 "세상 지혜"와 주로 그리스도와 십자가를 통해 나타난 하나님의 지혜를 대조시키고 있다(고전 1:18-2:16). 때로는 십자가가 가치의 전환을 가리키거나 초래한다.

바울이 고린도전서 12:8에서 갑자기 지혜의 의미를 변경시켰다고 상상할 수 있는가? 1-4장의 지혜에 대한 바울의 초기 가르침은 그들의 마음에는 신선했을 것이다. 그러나 유대인 신자들은 잠언, 전도서, 욥기, 유대교의 지혜를 떠올렸을 것이다. "지혜의 말씀"(Greek. *logos sophias*)은 하나의 "발언"이 아니라, 신적으로 "주어진" 문장, 연설, 강화와 같은 언어의 단위를 의미한다. 즉 그리스도와 십자가의 빛 안에서 삶의 실천성에 대한 연설이다. 로고스*Logos*는 대단히 큰 의미 범위를 가지고 있다.[79] 제한된 상황에서는 오랜 세월 동안 쌓여 저절로 우러나온 표현일 수 있지만, 그럴 필요는 없다. 참으로 성령이 브살렐에게 특별한 솜씨를 불어넣어 주셨을 때(출 35:30; 36:1-2; 37:1), 솜씨가 훈련과 단련을 포함하지 않았다고 상상할 수 없다. 몰트만은 은사를 "초자연적"과 "자연적"이라고 특징짓는 것을 꺼린다. 왜냐하면 성찰과 판단, 또는 다른 사람의 도움이 포함되었다고 하여 하나님이 감동한 것이 아니지는 않기 때문이다. 내가 쓴 주석에서 나는 "[하나님의] 지혜로부터 나온" 주격적 속격의 "발언", 또는 "[하나님의] 지혜에 대한" 목격적 속격의 "발언"을 동일하게 제시했다.[80] 반복해서 말하면 소피아는 고린도의 선전 문구였다(참조. 고전 1:17, 19, 20, 21, 22, 24, 30; 2:1, 4, 5, 6, 7, 13; 3:19). 이미 말했듯이 이 하나의 서신에서 16회나 사용되고 있다. 반면 비슷한 시기의 4개

---

78. . J. Martin, *James and the Q Sayings of Jesus* (Sheffield: Sheffield Academic, 1991), 특히 pp. 188-89; 그리고 Ben Witherington, *Jesus the Sage: The Pilgrimage of Wisdom* (Minneapolis: Fortress, 2000).
79. Thiselton, *The First Epistle to the Corinthians*, p. 143.
80. Thiselton, *The First Epistle to the Corinthians*, p. 938; 참조. pp. 142-45.

의 주요 서신에서는 단 2회만 사용되었다(롬 11:33; 고후 1:12).

(2) 지식의 말씀Logos gnōseōs, 또는 "지식의 발언"(utterance of knowledge, NRSV): 새로운 제안. "지식의 말씀"(Greek. logos gnōseōs; 8절)은 "지혜의 말씀"과 명확히 어떻게 다른지에 대해 정확하게 일치된 견해는 없다. 그러나 그노시스gnōsis는 동사형을 포함하여 고전 8:1, 2, 3, 7, 10, 11에서 규칙적으로 나타난다. 또한 바울서신으로 널리 받아들여지고 있는 로마서 11:33, 15:14, 고린도전서 1:5, 12:8, 13:2, 8, 14:6, 고린도후서 2:14, 4:6, 6:6, 8:7, 10:5, 11:6, 빌립보서 3:8, 그리고 골로새서 2:3에 나온다. 그노시스는 매우 자주 부정적인 뉘앙스를 가지고 있다("지식은 교만하게 하며 사랑은 덕을 세우나니," 고전 8:1). 그리고 동사가 의미하고 있는 "알아가다"의 점진적인 과정은 더 자기만족적인 명사 그노시스, "내가 성취한 지식"보다 바울에게 더 환영을 받는다. 그러므로 우리는 지혜와 관련하여 그것의 정확한 범위에 주의를 기울여야 한다. 그러나 고린도전서 8:1-6에서 그 단어는 한 하나님에 대한 기본적인 신앙고백적 지식과 약간 불편하게 연결된다. 이것은 가장 지적인 은사인 것 같다. 목회적으로 세심하게 사용하지 않는다면, 고린도전서에서 이 말은 신자들을 동요시킬 수 있다. 여기에서는 분명히 "은사"이다.

오늘날 이 말과 가장 근접한 것은 "기독교 기본 진리에 대한 지식", 또는 신조적 확언일 것이다. 오늘날처럼 많은 그리스도인들이 기독교 교리에 대해 마땅히 가져야할 관심을 기울이지 않는 때에, 이것은 더욱 중요하게 되었다. 교리는 메마르고 불화를 일으키는 것일 필요가 없다. 교리는 기도 못지않게 힘든 지적 작업을 필요로 한다. 그러나 그것은 교회의 건강과 행복, 진정성을 위해 주신 성령의 은사이다. 필립 카링톤, 버논 뉴펠트 등은 신약시대의 교리문답적 교훈에 대해 말하고 글을 썼다.[81] 판넨베르크가 언급한 것처럼, 바울이 교훈과 논증을 중요하지 않은 것으로 생각했다면, 그는 많은

---

81. Philip Carrington, *The Primitive Christian Catechism: A Study in the Epistles* (Cambridge: Cambridge University Press, 1940); Vernon H. Neufeld, *The Earliest Christian Confessions* (Leiden: Brill, and Grand Rapids: Eerdmans, 1963), pp. 1-33, 42-68.

문제를 피할 수 있었을 것이다. 나는 다른 곳에서 교리의 중요성을 길게 논했다.[82] 결국 "지식의 소통"이란 가르침과 사도의 은사를 비롯해, 아마도 세례 지원자들을 위한 복음의 기본 진리 교육이라는 결론에 이르지 못할 설득력 있는 이유는 없다. 우리가 이에 대해 절대적이고 전적으로 확신할 수는 없겠지만, 그것이 가장 그럴듯한 의미로 보인다. "새로운" 제안을 "분명한" 주해 아래에 두는 것은 자기모순처럼 보일 수 있지만, 주해에 근거할 때 이는 "분명한" 해석으로 보인다.

우리가 일반적으로 기독교회 첫 세대인 바울의 상황으로 생각하는 것은 어려울 것이다. 한편으로 바울은 틀림없이 더 많은 회중 참여의 범위를 보았다. 이런 의미에서 몰트만은 이렇게 논증한다. "주류 교회의 정기예배는 설교에서 … 풍부한 아이디어를 보여준다. 그러나 표현의 형태에 있어 빈곤에 시달리고 있으며, 자발성의 기회를 전혀 제공하지 않는다. … [그들은] 하나의 큰 입과 많은 작은 귀이다."[83] 그는 주류 교회와 "은사주의적" 갱신운동 진영은 서로를 필요로 한다고 주장한다. 그러나 다른 한편으로는 이토록 이른 시기에도 바울은 직분을 세우는 것과 같은 몇몇 은사*charismatha*를 정의하고 있다. "다 사도이겠느냐? 다 선지자이겠느냐? 다 교사이겠느냐?"(고전 12:29) 더욱 특별하게는 "하나님이 교회 중에 몇을 세우셨으니 첫째는 사도요 둘째는 선지자요 셋째는 교사요 … 서로 돕는 것과[forms of assistance, Greek. *antilēmpseis*, 아마도 직분자들] …"(고전 12:28). 몰트만의 주장의 영향력을 인식하기 위해서는 한 극단에서 다른 극단으로 옮기는 은사에 대한 일반화에 주의를 기울여야만 한다.

에베소서를 쓸 시기에 이들은 분명하고 잘 알려진 직분이 되었다. "그가 어떤 사람은 사도로, 어떤 사람은 선지자로, 어떤 사람은 복음 전하는 자로, 어떤 사람은 목사와 교사로 삼으셨으니 … 이는 성도를 온전하게 하여

---

82. Anthony C. Thiselton, *The Hermeneutics of Doctrine* (Grand Rapids and Cambridge: Eerdmans, 2007), pp. xvi-xx, 72-74, 126-34.
83. Moltmann, *The Spirit of Life*, p. 185.

…"(엡 4:11-12). 그리고 후에, 목회서신을 쓸 시점에는 주교(또는 감독)와 집사(딤전 3:1-13; 딛 1:5-9)를 임명하기 위한 공식적인 기준이 등장했다.[84] 그러므로 지혜 – 말과 지식 – 말은 종종 선지자나 교사들에게서 나왔을 것이다. 그러나 교회는 그 당시에도 특히 A.D. 53년에 발전하고 있었다. 우리는 바울이 미래에 어떤 교회들은 임명된 사역자들의 설교만 듣지만, 반면 다른 교회들은 덜 조직화된 열정적인 측을 초청하여 모인 회중으로부터 "우러나오는" 메시지를 듣게 될 것을 개탄하였다고 상상할 수 있다. 바울은 성령이 인도하는 대로, 예외를 인정하는 조직된 규범을 권장했을 것이다. 영국교회는 "새로운 표현 운동"에서 어떤 형태로든 절충을 시도했는데, 급진적인 발전이 일어날 수 있지만, 여전히 주교들의 감시 감독 아래 있다. 가톨릭 갱신 운동도 종종 같은 종류의 절충을 반영하고 있다.

(3) 고린도전서 12:8-9의 세 번째 "은사": "믿음." 비록 고린도전서 12:28-31과 그 밖의 다른 곳에 있는 "목록"을 잊지 말아야 하겠지만, 믿음은 이 은사 목록에서는 세 번째로 나온다. 사실상 모든 해설자는 모든 그리스도인이 이것을 받는 것은 아니기 때문에 칭의의 믿음을 가리키는 것이 아니라고 주장한다. 모든 그리스도인은 믿음으로 말미암아 은혜로 의롭게 된다. 그리스어 헤테로*betero*, "다른 사람에게"는 성령으로부터 다른 은사를 받지는 않았지만 이 은사를 위해 특별히 선택된 사람에게 사용한다.

바울은 "믿음"이란 말을 다양한 방식으로 사용한다. 그는 때때로 "믿음의 순종"에 대해 말한다(롬 1:5). 루돌프 불트만은 바울이 믿음을 순종으로 여겼다고 주장하기까지 했다. 그는 "바울은 믿음을 일차적으로 순종으로 이해하고 있다"고 말했다.[85] 불트만은 "너희 믿음이 온 세상에 전파됨이로다"(롬 1:8)과 "너희의 순종함이 모든 사람에게 들리는지라"(롬 16:19) 사이의 평행관계를 보았다. 그는 바울이 데살로니가전서 1:8에서 "하나님을 향

---

84. Mounce, *Pastoral Epistles*, pp. 152-212 and 385-93를 보라.
85. Rudolf Bultmann, *Theology of the New Testament*, vol. 1 (London: SCM, 1952), p. 314 (그의 이탤릭).

하는 너희 믿음의 소문이 각처에 퍼졌으므로"라고 말할 때, 이것은 회심자의 순종을 의미하는 것이 틀림없다고 한다. 그는 고린도후서 9:13은 믿음을 "그리스도의 복음을 진실히 믿고 복종하는 것"으로 묘사하고 있다고 주장한다.[86] 그러나 불트만은 바울서신에서 등장하는 모든 "믿음"이 "순종"을 의미한다고 주장하지 않는다. 믿음은 또한 "성취에 대한 급진적인 포기"이며, 이는 "행위"와 대조되는 은혜로 말미암은 칭의에 훨씬 더 밀접하게 속해있다.[87] 불트만은 키텔과 프리드리히의 신학 사전에 있는 믿음*pistis*에 관한 그의 글에서 (1) 사도의 공통적인 가르침, (2) 유대교와의 대조, (3) 영지주의와의 대조라는 문맥들을 구분한다.[88] 그러나 이 의미들 가운데 어느 것도 성령의 은사에 대한 설명에서 바울의 용법과 들어맞는 것은 없다. 나는 『두 지평』에서 바울서신의 믿음의 "본질"에 대해 말하는 것은 오도될 수 있다고 주장했다. 왜냐하면 믿음이란 당면한 신학적 또는 목회적 문제와 상황에 응답하는 특성에 비추어 보아야만 대답할 수 있기 때문이다. 믿음은 "다면적인" 개념이다.[89] "to try"라는 말로 유추해 볼 수 있다. 무거운 물건을 들어보는 것(to try to lift)은 잠을 자려고 "하는 것"("to try" to sleep), 또는 피아노를 쳐보려고 "하는 것"("to try" to play the piano)의 의미와 일치하지 않는다. "to try"가 담고 있는 것은 우리가 하려고 하는 것이 무엇인지에 의해 결정된다. 따라서 의롭게 하는 믿음은 하나님이 모든 그리스도인에게 주신 은혜의 약속에 할당된다. 이 믿음으로 사는 것은 순종에서 보여진다. 그러나 바울이 "우리가 믿음으로 행하고 보는 것으로 행하지 아니함이로라"(고후 5:7)라고 말했을 때, 그는 완전한 지식과 대조되는 신뢰에 대해 말한 것이다. 갈라디아서 1:23에서 "믿음"은 단순히 "기독교"를 의미한다. 그러나 고린도전

---

86. Bultmann, *Theology of the New Testament*, vol. 1, p. 315.
87. Bultmann, *Theology of the New Testament*, vol. 1, p. 316.
88. Bultmann, "*Pisteuō*; faith," in *TDNT*, vol. 6 (1968), pp. 217-22.
89. Anthony C. Thiselton, *The Two Horizons: New Testament Hermeneutics and Philosophical Description* (Grand Rapids: Eerdmans, and Exeter: Paternoster, 1980), pp. 407-10.

서 13:2에서 "산을 옮길 만한 모든 믿음"은 어떤 사람들에게 주어진 특별한 은사인 것 같다. 모든 그리스도인에게 주어지지 않은 것은 고린도전서 12:9의 믿음과 비슷하다. 보른캄은 "믿음의 본질은 믿음이 지향하는 대상 안에서 주어진다"고 주장한다.[90] 콘첼만은 성령의 은사 목록에 있는 믿음은 기적적인 것과 관계가 있다고 생각한다.[91] 그러나 우리는 이미 최소한 바울에 대한 현대의 사고방식을 채용하지 않고도, 자연과 초자연 사이를 너무 깔끔하게 나누는 것을 보류해야 하는 이유에 대한 몰트만의 주장을 살펴보았다.

이 특별한 문맥에서 우리는 고린도전서 12:8-10의 아홉 가지의 은사 모두는 일차적으로는 개인적인 것이지만 회중을 위한 것임을 염두에 두어야 한다. 우리는 즉시 회중이 두려움과 압박과 낙심의 때에 어떻게 이것을 극복하는지 알 수 있다. 회중 가운데 한두 명이 하나님의 위엄과 자비와 인도 가운데 기쁨, 담대함, 확신을 보임으로써, 그 결과 전 회중이 한두 명의 개인에 의해 일으켜 세워지고 다시 활기를 띠게 된다. 그들의 신뢰와 확신, 낙관은 전염되고, 성령의 은사는 그들을 통해 전 회중에게 전파된다. 어떤 사람들이 마음의 연약함을 경험할 때, 개인에게 주신 활기차고 강건한 믿음의 은사가 그들을 다시 살아나게 할 수도 있다.

(4) 사도, 교사, 안티렘프세이스 *antilēmpseis*("*forms of assistance*," NRSV), 퀴베르네세이스 *kybernēseis*("*forms of leadership*," NRSV), 목사, 구제하는 자와 기타. 고린도전서 12:9-10에서 나머지 성령의 은사들은 주해뿐만 아니라 해석학과도 관련된다. 이것들은 문맥, 문법, 구문, 단어의 의미 - 다른 말로 하면 주해의 본질을 초월한 해석에 대해 얼마든지 열려있다. 우리는 대부분의 신약 전문가들처럼 이를 유감으로 여길 수 있다. 그러나 에큐메니컬 교회에서 수용한 것을 고려한다 해도, 그들이 이적을 의심하는 이성주의자이든, 바울 서신의 치유, 예언, "방언과 같은 것"에 대해 다양한 견해를 지니고 있는 오

---

90. Günther Bornkamm, *Paul* (London: Hodder & Stoughton, 1972), p. 141.

91. Hans Conzelmann, *1 Corinthians: A Commentary*, Hermeneia (Philadelphia: Fortress, 1975), p. 209.

순절주의자 또는 갱신운동자이든 상관없이, 이를 넘어선 사람들이 많다. 우리는 다음 장에서 이것을 성령의 인격성에 대한 문제들과 함께 고찰할 것이다. 물론 오순절주의나 은사주의의 해석학도 언급할 것이다.

한편 우리는 어느 정도 안심을 하고 고린도전서 12:28-30의 은사와 직분으로 돌아갈 수 있는데, 여기에는 사도, 교사, 그리고 NRSV에서 "forms of assistance"로 번역한 안티렘프세이스*antilēmpseis*(서로 돕는 것), NRSV에서 "forms of leadership"으로 번역한 퀴베르네세이스*kybernēseis*(다스리는 것)를 포함하고 있다. 12:28-30에 있는 다른 은사들은 능력의 행위, 예언, 치유와 관계되는데, 이는 6장에서 다룬다. 로마서 12:6-8은 "구제하는 자"(givers, NRSV; Greek. *metadidous*)와 같은 특성들과 이미 언급한 은사들을 포함하고 있다. 에베소서 4:11은 사도와 선지자에 복음 전하는 자와 목사를 더하고 있다.

우리는 사도 및 교사와 친숙하다. 비록 사도들이 우리를 교회론적 논쟁으로 밀어 넣지만 말이다. 사도는 하나님이 보낸 사람을 가리킨다(Greek. *apostellō*). 그러나 고린도전서 9:1의 질문이 가리키는 것처럼("내가 … 사도가 아니냐"), 바울은 분명히 사도라는 말로 이보다 더 많은 것을 나타내려고 한다. 누가는 이 말을 일차적으로 열두 사도 중 하나를 가리키는 것으로 보는 반면, 바울은 이 말을 하나님의 부르심과 그리스도의 부활의 증인됨에 연관시킨다(고전 9:16; 15:8-10). 제임스 던은 이렇게 쓰고 있다. "바울 자신의 인식은 사도는 교회를 세우기 위해 지명된 자라는 것인데(고전 9:1-2), 이는 사명의 위임이라는 범위 안에 제한되고" "보편적 직분"을 갖는 것이 아니다.[92] 바울에게는 사도직의 계승에 대한 어떤 제도적이거나 구조적인 관념도 암시되어 있지 않다. 이것은 갈라디아서 1:13-2:21과 비교할 수 있다.[93]

어떤 사람들은 사도가 되는 것은 권위의 증표라고 강조한다. 카를 랭스

---

92. Dunn, *The Theology of Paul the Apostle*, p. 540.

93. J. Christiaan Beker, *Paul the Apostle* (Edinburgh: T&T Clark, 1980), p. 45.

토르프는 이를 강조한다.⁹⁴ 에른스트 케제만과 위르겐 몰트만은 사도가 그리스도의 참된 증인이 되는 정도로만 주장한다. "기독교의 정체성"은 "그리스도와 동일시하는 행위" 안에서 발견된다.⁹⁵ 우리의 견해들 중 가장 설득력 있는 것은, 사도의 직분은 자기 자신에서 그리스도와 다른 사람을 가리킨다는 크리소스톰, 슈라거, 크래프턴의 견해로, 즉 겸손의 표징이다.⁹⁶ 나는 나의 고린도전서 주석에서 8가지 접근법을 제시했다.⁹⁷ 이것은 때때로 바울이 말한 사도의 기본적인 역할에서 벗어나지 않는다. 고린도전서 12:28에서 바울은 이렇게 말한다. "첫째는 사도요, 둘째는 선지자요, 셋째는 교사요, 그다음은 능력을 행하는 자요." 바울은 ("아니요"라는 대답을 기대하면서) "다 사도이겠느냐?"라고 물음으로써 이를 강화한다. 이런 의미에서 사도의 직분은 아마 반복될 수 없다고 주장할 수 있다.

"교사"는 오늘날 그 용어가 의미하는 바에 정확히 상응하는 몇 안 되는 용어 중 하나이다. 로마서 12:7은 교사는 "가르치는"*en tē didaskalia* 일로 소명을 완수한다고 말한다. 댄커는 이 말의 동사를 "공식적으로나 비공식적인 상황에서 교훈을 제공하다"로 번역하고, 명사는 단순히 "가르침"으로 번역한다.⁹⁸ 이 의미는 플라톤, 필로, 폴리캅에게서도 잘 드러난다. 오늘날 대체로 교회 안에는 두 개의 상반된 요구가 있는 것 같다. 일부는 과도한 성직주의에 시달리며 평신도 사역을 더 필요로 하고, 다른 하나는 더 잘 알고 훈련된 교육 사역을 필요로 한다. 나는 몇몇 평신도들이 설교 후에 놀라움을 표명하면서, "우리는 진정 오늘 대단한 것을 배웠습니다"라고 말할 때 깜짝 놀랐다. 바울은 선지자와 교사의 필요를 강조하며, 양자 모두를 성령에 의해 감동된 것으로 본다. 성령은 "자발적이며, 준비되지 않고, 비사색적인" 강화

---

94. Karl L. Rengstorff, "*Apostolos*," in *TDNT*, vol. 1, pp. 407-47.
95. Jürgen Moltmann, *The Crucified God* (London: SCM, 1974), p. 19.
96. J. A. Crafton, *The Agency of the Apostle*, JSNTSS 51 (Sheffield: Sheffield Academic, 1991), pp. 53-103.
97. Thiselton, *The First Epistle to the Corinthians*, pp. 666-73.
98. Danker, BDAG, pp. 240-41.

를 통해서만 역사한다는 주장은 바울을 깜짝 놀라게 할 것이며, 그의 서신들을 단지 인간의 생각으로 폄하하는 것이 될 것이다.

고린도전서 12:28의 안티렘프세이스*antilēmpseis*("forms of assistance," NRSV; 개정, "서로 돕는 것")과 퀴베르네세이스*kybernēseis*("forms of leadership," NRSV; 개정, "다스리는 것")의 현대의 번역들도 쉽지 않다. NRSV의 번역이 본뜻에 가깝지만, 본뜻의 한 조각도 거의 잡아내지 못한다. 종종 좀 특색 없는 단어와 문구인 "helps"(AV), "helpers"(RSV), 또는 "those able to help others"(NIV)가 안티렘프세이스의 의미를 밝히는 데 유용하다. 그러나 "일종의 행정적 지원"으로 번역하는 것이 현대 교회에는 더 잘 어울릴 것이다. 댄커가 그 말을 "도움의 행동들"이라고 옮긴 것은 인정할만하다.[99] 동사 안티람바노*antilambanō*는 보통 단순히 "돕다", "~의 도움이 되다", 또는 "자신의 것을 나누다"를 의미한다. "행정지원"은 너무 좁고 구체적이다. 그러나 오늘날 교회 관리자가 담당하는 부서라는 관점에서, 관리자들이 성령으로 말미암아 은사를 받았다고 말하는 것과 "자발적인 관리자"는 용어상 모순임을 설명하는 것이 도움이 될 수도 있을 것이다. 사실 댄커는 다음 말 퀴베르네세이스를 NIV와 마찬가지로 "관리행정"으로 옮긴다.[100] 그러나 모울튼과 밀리건은 퀴베르네테스*kybernētēs*의 파피루스(때로는 바울과 동시대의) 안의 통상용법을 "키잡이" 또는 "안내인"으로, 퀴베르네시스를 "인도하는" 또는 "안내하는"으로 번역하고 있다.[101] 교회 상황에 따라 때로는 전략적인 결정을 해야만 한다. 나는 "교회의 전략가"나 더 낫게는, "전략적 사고의 은사"가 이 은사를 가장 잘 나타낸다고 믿는다. 우리는 단기적으로만 생각하는 것을 피할 수 있는 성령의 은사가 필요하다.

로마서에는 카리스마가 6번 나오는데, 예언, 섬기는 일, 가르치는 자, 위

---

99. Danker, BDAG, p. 89.
100. Danker, BDAG, p. 573.
101. James H. Moulton and George Milligan, *The Vocabulary of the Greek Testament* (London: Hodder & Stoughton, 1952), p. 363.

로하는 자, 구제하는 자, 그리고 소위 "즐거움으로 긍휼을 베푸는 것"(롬 12:6-8)이다. 이 중 예언 외에는 모두 인격의 특성이나 경향으로부터 비롯되기 때문에 그 의미에 대해 여전히 논란 중이다. 찰스 크랜필드는 디아코니아, "섬기는 일"은 광의적 의미(하나님이나 교회를 섬김)와 협의적 의미(곤궁한 자들을 섬김) 모두를 가지고 있다고 지적한다. 그는 이를 집사deacon의 사역에 근접한 것으로 본다.[102] 조지프 피츠마이어는 비록 협의적 의미는 "식탁 섬김"이라고 주장하지만, 광의적 의미와 협의적 의미가 가능하다는 데 동의한다.[103] 최근 "집사"에 대한 존 콜린스의 연구는 상황을 더 복잡하게 만들었다. 그와 댄커는 "집사"가 어떤 문맥에서는 주교 또는 장로의 "보조"나 "대리인", 또는 "중재자"를 가리킬 수 있다고 한다.[104] "섬기는 일"은 다양한 종류의 실제적인 섬김으로 여겨질 수 있다. 크랜필드의 주장에 의하면 "권고자"("Exhorter," *ho parakalōn*, 개역. "위로하는 자")는 분명하게 교사와 그 목적이 겹친다. 그러나 이것은 공적으로나 사적으로, 집합적으로나 개인적인 권면을 허용하는 몇 안 되는 용어 중 하나이다.

"구제하는 자"donor는 호 메타디두스*ho metadidous*의 번역이다. 동사 메타디도나이*metadidonai*는 한 사람의 소유를 분배하는 것을 의미한다. 그러나 칼빈에 이어 크랜필드는, 로마서의 이 용어는 다른 사람들이 공통으로 지닌 것의 분배를 허용하는 것일 수도 있다고 주장한다.[105] 이 말이 맞다면 오늘날 교회 생활에 가장 부합하는 두 용어는 "기부자" 또는 "교회 회계 담당자"일 것이다. 이 용어를 제안하는 것이 시대착오적인 것은 아니다. 우리는 로마 제국 시대에 에라스투스와 바비누스 필리누스 같은 사람들이 도시에 건물을 기증한 것을 기념하는 기념물이나 공적 조형물을 세웠다는 것을 안

---

102. Cranfield, *Romans*, vol. 2, pp. 621-22.
103. Joseph A. Fitzmyer, *Romans, Anchor Bible* (New York: Doubleday, 1992), p. 648.
104. John N. Collins, *Deacons and the Church* (Leicester, Gracewing, and Harrisville: Morehouse, 2002).
105. Cranfield, *Romans*, vol. 2, p. 624.

다. 왜냐하면 에라스투스와 바비우스의 기념물은 오늘날 고대 고린도에서 볼 수 있기 때문이다.[106] 기부는 부자들의 삶에 중요한 부분이었다. 또는 이에 더하여 오늘날과 같이 대다수 교회들은 기부금, 가난한 자에게 주는 선물, 비용을 감독하기 위하여 신뢰할 수 있는 사람을 임명했을 것이다. 즐거움은 종종 주는 것과 함께 언급된다. "하나님은 즐겨내는 자를 사랑하시느니라"(고후 9:7). 그러나 이것은 인격의 성향이나 안정적인 덕목이다. 즉 다른 것들보다 더 "자연발생적"인 것이 아니다.

에베소서 4:11에서는 대부분의 성령의 은사가 고린도전서나 로마서의 것으로 반복된다. 저자는 사도와 선지자를 열거하고 난 후 새로운 용어 "전도자"hoi euangelistai를 언급하고, "교사들"을 다시 말하기 전에 "목사"hoi poimenai를 언급한다. 댄커는 단순히 유앙겔리스테스euangelistēs를 "복음선포자" 또는 "전도자"로 번역한다.[107] 이 말은 동사 유앙겔리조euangelizō, "좋은 소식을 가져오다" 또는 "구원의 메시지를 선포하다"(댄커는 이 둘을 통상적인 용법으로 제시한다), 또는 명사 유앙겔리온euangelion, "복음"으로부터 파생되었다. 비은유적 형태로 포이멘poimēn은 "목자"를 의미한다. 그러나 이 말은 비종교적인 그리스어로서 "수호자", "보호자" 또는 "인도자"의 의미로 쉽게 확장된다. 댄커는 에베소서 4:11에 "목자"를 인정한다. 분명히 강조점은 목회 사역에 있다. 그러나 수호자 또는 인도자 같은 확장 용법을 고려할 때, 오늘날 통상적인 의미를 배제할 수 없으며, 저자가 한 교회 안에 여러 명 또는 한 명의 장로를 예상했는지와 같은 다른 주장들이 이를 뒷받침한다.

잘 알려진 고린도전서 12:31뿐만 아니라 로마서 12:8-10의 은사 목록에서 바울의 주요 관심이 사랑으로 옮겨간 것은 주목할 만하다. 그는 즉시 존귀하신 그리스도로 말미암은 은사 목록을 "사랑에는 거짓이 없나니 … 형제

---

106. Donald Engels, *Roman Corinth* (Chicago: University of Chicago Press, 1990), pp. 68-69; Bruce W. Winter, "The Public Honouring of Christian Benefactors," *JSNT* 34 (1988): 87-103.

107. Danker, BDAG, p. 403.

를 사랑하여 서로 우애하고"로 결론짓는다. 에베소서 4:11은 고린도전서의 문맥을 반복한다. "성도를 온전하게 하여 … 그리스도의 몸을 세우려 하심이라"(4:12). 고린도전서 8:16에서 지식은 부풀어 오르거나 부풀리지만, 사랑은 공동체를 세운다. 바울은 그렇게 많은 논쟁과 분투, 그리고 책들이 사랑을 배우는 것보다 "성령의 은사"에 대해 다루고 있다는 것에 크게 놀라지는 않았을 것이다. 그는 단순히 고린도 교회를 떠올리며 이렇게 말할 것이다. "아무 것도 변하지 않았네!"

6

또 다른 성령의 은사와 해석학을 포함하는 더 논쟁적인 주제들

6.1. 남아있는 성령의 은사를 위해 해석학이 필요

앞 장에서 우리는 바울서신의 성령과 연관된 주제들을 고찰했다. 그 주제들에서 바울이 의도하는 의미가 직접적인 주해로서 결정될 수 있었다. 우리는 단어의 의미, 문법과 구문, 바울의 사상의 문맥, 그리고 필요한 경우 전문적인 성경학자들의 논증들을 탐구했다. 이와 대조적으로 이번 장에서는 의미와 문맥과 바울신학에 대한 문제들뿐만 아니라, 해석학*hermeneutics*으로 또는 가장 넓은 의미에서는 해석*interpretation*으로 널리 알려져 온 분야까지 포함하는 더 복잡하고 논란이 많은 문제들을 제기한다.

성령의 사역으로서 신유, 이적, 예언, 방언, 그리고 "성령세례"와 같은 주제를 다룰 때, 많은 사람들은 본문을 보고 읽는 과정에서 렌즈(종종 오순절 진영에서 채택된 구절을 사용하는)에 의존한다. 이는 또한 오순절주의나 갱신운동 지지자들뿐만 아니라, 세속의 역사학자들과 실증주의 학자들에게도 관심을 모으고 있는 주제이다. 역사적으로 그것은 또한 성령의 인격성에 관한 판단의 문제를 제기한다.

오순절주의나 갱신운동 학자들의 영향을 고찰하는 것을 회피하는 것은 근시안적이며 적절치 못한 일일 것이다. 결국 전 세계적으로, 특히 라틴 아메리카, 아프리카, 아시아, 또한 아메리카와 유럽에 오순절운동을 따르는 엄청난 수를 볼 때 그 힘은 무시할 수 없을 정도이다. 우리는 3부에서 오순절주의와 갱신운동의 폭발적 증가에 대해 논의할 것이다. 그리고 "주류"교회들과 학문을 가지고 상호 비평적인 토론뿐만 아니라 호의적인 대화도 다룰 것이다. 나에게 깊은 관심을 불러일으킨 것은 최근 많은 오순절주의 저자들 가운데서 떠오른 세 가지 호소, 논증, 장치이다.

(1) 첫째는 "전제"라는 유감스러운 단어에 관한 것이다. 대중적인 용어로, 이 단어는 30년도 더 전에 다양한 종류의 보수주의 학생들이 덜 보수적이거나 "진보적인" 강사들에게 다음과 같이 응답하여 유명해졌던 것을 떠올리게 한다. "당신은 당신의 전제를 가지고 있고, 나는 나의 전제를 가지고 있습니다. 우리가 사물을 다르게 보는 것은 불가피한 것입니다." "전제"라는 단어의 문제는 그것이 진정한 대화에 참여하지 않도록 조장하는 것처럼 보인다는 것이다.[1] 그것은 전제가 영원히 고정되어 있고, 타협이나 대화를 시도할 수 없다는 것을 시사한다. 각 진영은 그들 자신에게 단단하게 고착되어 있음을 시사하고 있다. 오스카 쿨만 같은 학자들뿐만 아니라 클라크 피노크, 스트론스태드, 그리고 많은 오순절주의 저자들이 이 용어를 사용하고 있다.[2] 스트론스태드는 10년 전『두 지평』에서 내가 했던 것처럼, "빈 머리"에 대한 버나드 로너건의 경고에 호소한다. 이는 우리가 중심적인 신조의 문제에 대해 말하고 있다면 타당할 것이다. 스트론스태드는 그 본문의 전제로서 "구원의 믿음"을 드는 사람들에 호소한다. 그러나 종종 이보다 더 큰

---

1. 심지어 "성령론적" 해석학에 관한 최신 논문에서조차도 여전히 "전제"를 사용한다; Kevin L. Spawn and Archie T. Wright, *Spirit and Scripture: Exploring a Pneumatic Hermeneutic* (London: T&T Clark International/Continuum, 2012), p. 5를 보라; 하지만, 나중에 그들은 "지평"도 사용한다.
2. Roger Stronstad, "Pentecostal Experience and Hermeneutics," in *Enrichment Journal* (formerly a paper at the 20th Annual Meeting of The Society of Pentecostal Studies, Dallas, November 1990).

것이 포함되어 있다. 나는 그가 단순히 전제로서 "구원의 믿음"을 가지고 있기 때문에, 주류 성경학자들의 주요 모임에서 대화에 참여할 수 없는 성경학자는 아무도 없다는 것을 안다.

지난 30년 동안 많은 사람들은 내가 나의 첫 번째 주요 저작인 『두 지평』(1980)에서 그랬던 것처럼, "전제"라는 말을 "지평"이란 말로 대체할 것을 지지해왔다.³ 지평은 움직일 수 있고 확장될 수 있다. 루돌프 불트만의 유명한 논문, "전제 없는 주해가 가능한가?"에서 전제 또는 추정을 의미하는 독일어 *Voraussetzung*을 사용한 것은 심각한 재앙이었다. 비록 하이데거와 다른 사람들이 더 적절하게 *Vorverständnis*, 즉 예비적 이해를 사용했다 하더라도 말이다.⁴ 더 좋은 영어번역은 "preliminary understanding"(예비적 이해)일 것이다. 나는 『해석학』(2009)에서 이를 논하고 내 논리를 설명했다.⁵ 슐라이어마허, 하이데거, 불트만, 가다머는 끊임없이 예비적 이해가 본문으로 들어가는 출발점이나 방법을 제공하며, 끊임없이 본문에 비추어 수정, 교정, 적응을 거친다고 주장했다.⁶

(2) 둘째, 많은 오순절주의자와 갱신운동자는 독자와 독자들의 경험이 문학 연구와 해석학에서 세속적인 독자-반응 이론과 평행점을 발견하는 것에 관심을 둔다. 나는 이것이 우리가 볼프강 이저Wolfgang Iser에게서 발견한 것과 같이, 주의 깊고 조심스러운 형태로서 본문과 진정한 교감을 용이하게 하며, 우리는 본문과 행위 또는 활성화 양자를 고려해야 한다고 상세하게

---

3. Anthony C. Thiselton, *The Two Horizons: New Testament Hermeneutics and Philosophical Description* (Grand Rapids: Eerdmans, 1980).
4. Rudolf Bultmann, "Is Exegesis without Presuppositions Possible?" in Bultmann, *Existence and Faith: Shorter Writings of Rudolf Bultmann* (London: Collins, Fontana ed., 1964), pp. 342-51; German, *Glauben und Verstehen* (Tübingen: Mohr, 1965-85), vol. 3, pp. 142-50.
5. Anthony C. Thiselton, *Hermeneutics: An Introduction* (Grand Rapids: Eerdmans, 2009), pp.13-16.
6. 예를 들어, Martin Heidegger, *Being and Time* (Oxford: Blackwell, 1962), p. 194; German, p.153.

논증했다.[7] 그러나 스탠리 피쉬Stanley Fish, 데이비드 블라이히David Bleich, 노만 홀랜드Norman Holland, 그리고 여러 사람들의 수중에서 본문의 권리는 지나치게 독자들이 지닌 기존 태도에 유리하게 타협될 수 있었다.

블라이히, 홀랜드, 피쉬는 소위 "사회화용론적" 해석학sociopragmatic hermeneutics에 빠져들어 간다. 독서 공동체의 선을 증진시키는 것은 무엇이든지 진리의 기준이 된다. 로티Rorty는 공동체 밖으로부터 제시된 비평은 묵살한다. 피쉬는 모든 해석은 독자의 공동체에 의해 이루어진다고 주장한다. "독자의 반응은 의미에 대한 것이 아니다. 그것은 의미이다."[8] 사실상 독자가 의미를 만들어낸다면, 특정 공동체 외부의 사람이 어떻게 그에 도전하며 의문을 제기할 수 있는가? 포스트모던 철학자인 리처드 로티가 "주어진 것은 없다"라고 제국주의적으로 선언할 때, 이것은 십자가나 성령의 사역에 대하여 무엇을 말하는가?[9]

이제 다시 위에서 언급한 스트론스태드의 논문으로 돌아온다. 그의 논문의 모든 것은 "경험이 또한, 단순히 공증/입증이 아니라 전제로서, 그 과업의 시초에 해석학 작업이 되었다"는 것이다.[10] 그러나 이것은 두 가지 주요한 문제를 불러일으킨다. 첫째는 이미 앞에서 나왔는데 "전제"와 "예비적인 이해" 사이의 차이이다. 둘째는 경험과 그 경험의 개념적 명칭 또는 개념적 묘사 사이의 차이이다. 이 문제는 "성령세례"라는 용어에 의해 아주 잘 드러난다. 오순절주의 지평이 경험이라는 것이 사실이라면, 경험은 너무 자주 그 이름으로 불리운다. 그러나 이름이나 용어를 결정하는 것은 경험이 아니

---

7. Anthony C. Thiselton, *New Horizons in Hermeneutics: The Theory and Practice of Transforming Biblical Reading* (Grand Rapids: Zondervan, and London: Harper-Collins, 1992), pp. 58-79, 516-57.
8. Stanley Fish, *Is There a Text in This Class? The Authority of Interpretive Communities* (Cambridge, MA: Harvard University Press, 1980), p. 3.
9. Thiselton, New Horizons, pp. 546-50.
10. Stronstad, "Pentecostal Experience and Hermeneutics," *Enrichment Journal*, November 1990, p. 3.

라, 그것을 무엇이라 부를 것인가 하는 인지적이며 개념적인 결정이다. 나는 순서와 시기에 관한 얼마간의 인지적 단서를 달고, 오순절주의자들이 "성령 세례"라고 부르는 것에 동의하고 존중할 수 있다. 그러나 나는 스트론스태드가 최소한 바울에게 충실하기를 원한다면, "전제"를 근거로 이 용어와 그 배후에 있다고 주장하는 경험을 적절하게 구분할 수 있다는 것에 동의할 수 없다. 그것은 통제할 수 없게 된 독자-반응 이론의 나쁜 예이다.

(3) 최근 많은 오순절주의자들이 사용하는 논증, 또는 유감스러운 장치의 세 번째 것은 오순절주의 해석학에 관한 일련의 최신 저작들에 나타난다. 그것은 포스트모던 해석학에 직접적으로 호소하는 형태를 취한다. 예를 들면, 케네스 아처는 『오순절주의 신학 저널』에서 이렇게 진술한다. "오순절주의는 포스트모던적인 억양accent를 가져야 한다."[11] 나는 미하엘 벨커처럼 중요한 작가가 이 방향에서 성령에 관한 긍정적인 자료를 발견하고 있는 것을 알고 있다.[12] 우리는 3부에서 벨커를 고찰할 것이다. 그리고 나는 포스트모더니즘의 모든 것, 특별히 지식의 표준화에 대한 반작용을 거부하지 않는다.[13] 그러나 나는 미하엘 벨커보다 단편화와 다원주의에 덜 기울어 있다. 내 견해로는 그것이 오순절주의와 갱신운동의 참된 정체성을 약화시키고 있다. 인정하건대 이 접근법은 매우 복잡한 해석학 이론을 주장하는 것처럼 보이는 일부 오순절주의자들에게는 매력적이다. 그러나 오순절주의자들이 해석학을 진지하게 공부하고 책을 출판한 것은 지난 25년 정도였는데, 포스트모던 세속주의의 해석학적 접근이 숨기고 있는 매력적인 본질을 파악하기에 적절한 시간이 되기도 전에 포스트모던 해석학에 편승하고자 하는 것은 현 단계에서는 지나치게 성급한 일이다.

이것은 두 가지 점에서 너무 뻔하다. (a) 첫째, 어떤 이들은 공약불가능

---

11. Kenneth J. Archer, "Pentecostal Hermeneutics: Retrospect and Prospect," *JPT* 8 (1996): 80; 참조. pp. 63-81.
12. Michael Welker, *God the Spirit* (Minneapolis: Fortress, 1994), pp. 28-48.
13. 간략한 대차대조표는 Thiselton, *Hermeneutics: An Introduction*, pp. 327-48를 보라.

성*incommensurability*에 호소한다. 이는 궁극적으로 토마스 쿤의 과학철학에 대한 저작에서 도출한 것으로, 두 개의 관점이나 쿤이 말하는 "패러다임" 사이를 결정하는 공통된 범주가 없다는 것이다.[14] 많은 저자들이 성경해석 방법론을 방어하기 위해 과학철학의 문맥 밖에서 "패러다임"이란 말을 사용한다.

(b) 둘째, 그리고 더욱 나쁜 것은, 이러한 견해의 양립 불가능성에 대한 호소는 장 프랑수아 리오타르가 "이교적", 더 특별하게는 "디페랑"*the differend*이라는 용어로 상술한 명백한 포스트모더니즘에 매이게 되었을 때 결과는 더욱 비참해진다.[15] 리오타르는 세계사의 단일 "메타 서사"인 "일신교"로부터 벗어난 다원성을 의미하는 것으로 "이교적"을 사용한다. 그는 "디페랑"을 아무도 중재할 수 없는 사실상 타협할 수 없는 입장들을 의미하는 데 사용한다. 이는 어떤 "협상"이나 심지어 대화조차도 상대방에 대한 권력 또는 권력의 사용을 감추곤 하기 때문이다. 이 포스트모던 장치는 상호 이해로 이끄는 일종의 대화를 제공하기 위한 해석학의 모든 시도를 우회하는 지름길을 제공한다. 그것은 해석학이 "상대"에 대한 관용, 인내, 존중을 증진시키므로 모든 대학에서 가르쳐야 한다는 에밀리오 베티의 의견을 무시한다.

세 가지 핵심 난제가 여전히 남아있다. 그러나 다른 성질의 네 번째 난제는 오순절주의자들이 오순절주의 해석학의 본질에 대해 "광의적" 접근 방식에 동의하지 않던지 또는 스펀과 라이트를 인용하여 그 접근 방식을 유지하는 개방적 입장으로부터 불가피하게 발생한다. 예를 들면, 고든 피와 맥스 터너는 그들이 오순절주의자이거나(피의 경우) 갱신운동을 옹호하는(터너의 경우) 최초의 유명한 신약신학자라고 공개적으로 말한다. 고든 피는 이

---

14. Thomas S. Kuhn, *The Structure of Scientific Revolutions* (Chicago: University of Chicago Press, 1st ed. 1962; 2nd ed. 1970); Kuhn, *The Essential Tension* (Chicago: University of Chicago Press, 1977).

15. Jean-François Lyotard, *The Differend* (Manchester: Manchester University Press, 1990); 그리고 Lyotard, *The Postmodern Condition* (Manchester: Manchester University Press, and Minneapolis: University of Minnesota Press, 1984).

렇게 주장한다. "누가가 회심 후에 일어나는 성령의 체험을 가르치려고 의도했다는 것을 드러내는 것은 그야말로 가능하지 않다. … 분명히 사도행전에 기술된 역사는 진행 중인 교회를 위해 규범적인 체험으로 해석할 필요는 없다"(피의 이탤릭).[16] 비슷하게 매우 최근의 책 『성령과 성경』에서도 주요 관심사는 말씀과 성령의 밀접한 관계를 유지하는 것으로 보인다. 이는 자신이 오순절주의자나 갱신운동 지지자임을 분명하게 밝히지 않는 많은 사람들도 공유하는 것이다. 많은 저자들은 하나님이 물질세계 안에서, 그리고 모든 실체 안에서 활동한다는 확신을 공유하고 있다. 달리 말하면 그들 역시 원론적으로는 기적의 신빙성을 믿는다.[17] 하워드 어빈은 오래전에 해석학적 대화가 부족했기 때문에 "성령의 초자연적 나타남이 신화로 보이는 것"이 전제가 되었다고 주장했다.[18] 그러나 조엘 그린, 텔포드 워크, 대니얼 트라이어와 같은 학자들은 모두 하나님이 세상 속에서 역사하신다는 것을 믿었다. 그리고 그들의 논의를 확인하는 데 "신학적 해석"이라는 용어를 사용한다.[19] 마크 보왈드와 젠스 짐머만 역시 이 길을 뒤따른다.[20]

필립 데이비스와 같은 학자를 선택해서 그를 (마치 유일한 사람인 것처럼) "그"("the") 역사-비평적 방법의 대표자로 삼고, 웨스트코트, 라이트푸트, 그리고 우리 시대의 월터 모벌리, 크리스토퍼 자이츠, 프랜시스 왓슨, N. T. 라

---

16. Gordon Fee, *Gospel and Spirit: Issues in New Testament Hermeneutics* (Peabody: Hendrickson, 1991), pp. 94-96.
17. Spawn and Wright, *Spirit and Scripture*, 특히. pp. 3-144.
18. Howard Ervin, "Hermeneutics: A Pentecostal Option," in *Essays on Apostolic Themes: Studies in Honor of Howard M. Ervin*, ed. Paul Elbert (Peabody, MA: Hendrickson, 1985), pp. 11-25; 그리고 더 이른 견해는 Pneuma 3 (1981): 11-25.
19. Joel B. Green, *Practicing Theological Interpretation* (Grand Rapids: Baker Academic, 2011); Telford Work, *Living and Active: Scripture in the Economy of Salvation* (Grand Rapids: Eerdmans, 2002); 그리고 Daniel Trier, *Introducing Theological Interpretation of Scripture: Recovering a Christian Practice* (Grand Rapids: Baker Academic, 2008).
20. Jens Zimmermann, *Recovering Theological Hermeneutics* (Grand Rapids: Baker Academic, 2004), 그리고 Mark A. Bowald, *Rendering the Word in Theological Hermeneutics* (Grand Rapids: Baker Academic, 2007).

이트, 이 전통의 많은 사람들과 저자들을 무시하는 것은 쉬운 일이다. 프랜시스 왓슨은 소위 가치중립적인 세속학자로 여겨지는 오해에 대해 즉시 맹렬한 공격을 가한다.[21] 유명한 오순절주의 성경학자 로버트 멘지스가 이렇게 주장한 것은 놀랄 일도 아니다. "복음주의의 해석학은 우리의 해석이 되었다."[22] 최근 제임스 던과의 논쟁에서 해석학적 문제는 주로 던이 바울의 관점에서 누가를 해석하였는가를 중심 주제로 하였다.

한편 1990년 제20차 오순절주의학회의 연례 학술대회는 전적으로 해석학을 다루었고, 『프뉴마』라는 제목으로 출판했다.[23] 오순절주의 내에 분명히 심각한 차이가 존재한다. 케네스 아처는 고전적 오순절주의의 "엄격한 문자적" 해석에 대해 글을 썼다. 그는 마가복음의 긴 결말을 예로 드는데, 이는 시나이 사본, 바티칸 사본, 매우 초기의 필사본에는 빠져있다. 유세비우스와 제롬은 진정성이 없는 것으로 여겼고, 문체와 본문 전문가들은 사실상 마가의 것이 아닌 것으로 보았다. 긴 결말은 독사를 만지는 내용을 포함하고 있으며, 이는 여러 가지 난제들에도 불구하고 오늘날 종종 하나의 모델로 간주되고 있다.[24] 도날드 데이튼은 오순절주의자들은 "누가의 눈으로, 특별히 사도행전에서 제공한 안경을 끼고" 신약성경을 읽고 있다고 주장한다.[25] 발터 홀랜베거는 "오순절주의자들과 그들의 선배들은 거의 전적으로 누가복음과 사도행전의 기초 위에 그들의 견해를 세웠다"고 선언한다.[26]

틀림없이 이 마지막 예들은 넓은 의미에서 엄격히 해석학적이지는 않다. 그러나 특별히 홀랜베거가 좀 더 최근에 언급한 오순절주의와 "제3의

---

21. Francis Watson, *Text, Church and World: Biblical Interpretation in Theological Perspective* (Edinburgh: T&T Clark, 1994), pp. 1-14.
22. Robert Menzies, "The Essence of Pentecostalism," *Paraclete* 26 (1992): 1.
23. *Pneuma* 3 (1990), Fall issue.
24. Kenneth J. Archer, "Pentecostal Hermeneutics," *JPT* 8 (1996): 65.
25. Donald W. Dayton, *Theological Roots of Pentecostalism* (Grand Rapids: Baker Academic, 1987), p. 23.
26. Walter J. Hollenweger, *The Pentecostals* (Peabody: Hendrickson, 1972), p. 336.

물결" 갱신운동의 이적과 신유를 보게 되면 더욱 진지하다. "그들은 세계를 우주적이고 도덕적인 이중성으로 본다. 자연스러움의 여지가 없다. 모든 것은 신적이거나 마귀적이다."²⁷ 이 넓은 흐름에서 윌리엄 멘지스는 분명하게 데이비드 카트리지에게서 보는 더 좁은 방법을 반대한다. 그는 오순절주의의 "늦은 비"운동뿐만 아니라, "그가 '오순절주의 해석학'이라 부르는 것 안에 있는 '고도의 주관성'에 개방적인 것을 공격한다."²⁸ 멘지스는 이것이 그 운동 안에서 권력투쟁의 문을 열었다고 주장한다. 이는 정확하게 제3부에서 오순절주의의 가장 초기의 역사에서 보게 될 것이다.

그러나 오순절주의는 "갱신운동의 제3의 물결"보다 한 가지 큰 이점을 가지고 있다. 대략 100년 후에 오순절주의는 인상적인 자기비평을 발전시켰다. 오순절주의자들 사이에서 상응하는 것을 찾을 수 없는 "학문적인" 질문은 거의 없다. 우리는 프랭크 마키아, 벨리-마티 카르크카이넨, 고든 피, 그리고 많은 저자들의 책을 읽음으로써, 또는 "전 세계적인 오순절 신학"의 범위 안에 있는 웹에서 편지, 블로그를 읽음으로써 그러한 비평에 접근할 수 있다. 사이트에는 진부한 사례들과 많은 사람들이 당연하게 여기는 것에 대한 매우 진지한 통찰과 의구심 또는 질문들이 섞여 있다. 우리는 "제3의 물결" 은사주의적 갱신운동 지지자들이 시간과 에너지를 들여 화합적인 자기비평에 참여하기를 바란다. 이것은 110년(또 그 이상)의 역사와 35년의 차이이다.

우리는 또한, 치유에 관한 많은 특별한 연구들이 해석학을 충분히 숙고하기 전에, 오순절주의 가르침 또는 성결운동의 초기에 집중되고 있는 어려

---

27. Walter J. Hollenweger, "Critical Issues for Pentecostals," in *Pentecostals after a Century: Global Perspectives on a Movement in Transition*, ed. Allan H. Anderson and Walter J. Hollenweger, JPTSS 15 (Sheffield: Sheffield Academic, 1999), p. 180; 참조. pp. 176-96.
28. William W. Menzies, Review of *The Apostolic Revolution*; and David Cartledge, *The Apostolic Revolution: The Restoration of Apostles and Prophets in the Assemblies of God in Australia* (Chester Hill: Paraclete Institute, 2000), p. 175.

움에 직면해 있다. 분명히 대부분의 초기 오순절주의자들은 해석학을 의식하지 못했었다. 예를 들면, 킴벌리 어빈 알렉산더는 "오순절운동의 처음 10년이 무엇을 믿고 실행했는지"를 보여주고자 했었다. 그러나 해석학에 관련된 부분은 주어진 "렌즈"를 통해 본문을 본다는 자주 반복된 주제를 넘어 발전된 주제에 대한 이해를 거의 보여주지 못한다.[29] 우리는 이것을 제3부에서 두 번에 걸쳐 살펴볼 것이다.

성경의 가르침에 집중하는 이번 부분에서 우리는 아직도 오순절주의와 갱신운동의 해석학에 대한 완전한 비평적 개관을 제공하지 않았다. 제3부에서는 특별히 아모스 용의 성령-말씀-공동체Spirit-Word-Community의 해석학을 고찰할 것이다. 우리는 또한 스트론스태드의 저작과 『위로부터의 능력』과 다른 책에서 누가복음-사도행전에 관한 맥스 터너의 저작도 살펴볼 것이다. 우리는 현재의 생생한 문제들의 윤곽을 충분히 살폈으므로 나아가 신유, "능력 행함" 또는 "이적들", "예언", 방언, 그리고 고린도전서 12:13의 "성령세례"에 대한 주장에 관하여 바울신학의 성령의 은사를 살필 수 있게 되었다.

6.2. 치유의 은사와 "이적의 역사"

(1) 치유의 은사(NRSV)는 그리스어 카리스마타 이아마톤charismata iamatōn을 번역한 것인데, 여기서 "치유"는 복수형이며, 아마 "치유의 종류"를 의미하는 것 같다.[30] 그리스어도 영어처럼 복수 cheeses와 fruits로 치즈의 종류나 과일의 종류를 가리킨다. 다양한 종류의 치유 은사는 로마서

---

29. Kimberly Ervin Alexander, *Pentecostal Healing: Models in Theology and Practice* (Dorset, Blandford Forum: Deo, 2006), pp. 5, 27-36.
30. R. F. Collins, *First Corinthians*, Sacra Pagina (Collegeville, MN: Glazier/Liturgical Press, 1999), p. 454.

12:6-8과 에베소서 4:11의 은사 목록에는 나타나지 않는다. 더 일반적인 그리스어는 테라푸오*therapeuo*로서 복음서와 사도행전에 40회 나오지만, 바울은 이 말을 사용하지 않는다. 그는 다른 단어를 선호하는 것 같다. 바울은 치유를 고린도전서 12:9, 28, 30에서만 언급한다. 고린도후서 12:8에서 하나님은 바울의 "육체의 가시"(또는 찌르는 듯한 육체적 고통)를 고쳐 주시기 위해 나타나지 않는다. 다만 하나님의 은혜의 충분함을 알게 하신다. 바울이 고린도에 있을 때에 "약했다"(고전 2:3)라는 말은 어떤 사람들의 주장처럼 병에 걸렸음을 의미할 수도 있지만, 입증할 수는 없다. 콜린스는 바울이 "자신을 위해 치유의 은사를 요청하지 않는다"고 주장한다.[31] 한편 맥스 터너는 치유는 바울이 복음을 전파할 때 나타났던 "표적과 기사" 가운데 있었을 것이라고 믿는다(롬 15:18-19; 고전 2:2-5; 살전 1:5).[32]

아마 대부분의 저자들은 치유를 같은 절에 언급된 믿음의 은사와 연결시킬 것이다. 그러나 이것은 주의를 요한다. 우리가 바울에 대한 현대적 반응을 강요해서는 안 되겠지만, 일부 그리스도인들이 자신들은 진정한 믿음으로 치유를 위해 기도했는데, 하나님은 그들이나 그들이 위해서 기도했던 사람을 기뻐하지 않으셨다고 주장할 때, 끊임없이 괴롭히는 목회적 문제가 발생하게 될 것이다. 믿음이 치유의 두드러진 조건이라면, 그것은 참된 믿음을 가진 사람들에게 고통의 문제를 악화시키는 것으로 보일지도 모른다. 더욱이 집합적 믿음, 또는 기도하는 공동체의 믿음은 어떤 위치를 차지하는가?

이제 "치유"를 복수로 쓴 바울의 용법으로 돌아가자. 슈라거Schrage는 그것이 예수의 치유 전승을 언급하는 것이라고 생각한다.[33] 한편 오순절주의 저자 도날드 지Donald Gee는 "치유의 종류들"은 "의료적 치유 행위를 금

---

31. R. F. Collins, *First Corinthians*, Sacra Pagina (Collegeville, MN: Glazier/Liturgical Press, 1999), p. 454.
32. Max Turner, *The Holy Spirit and Spiritual Gifts Then and Now* (Carlisle: Paternoster, 1996), p. 252.
33. W. Schrage, *Der erste Brief an die Korinther*, EKKNT 7/3 (Neukirchen: Neukirchener Verlag, 1999), vol. 3, p. 151.

하지 않아야" 한다고 (매우 올바르게) 주장한다.³⁴ 비슷하게 벵엘Bengel은 치유의 은사는 기적적인 것을 배제하거나 "자연적 치유 수단들"(라틴어. *per naturalia remedia*)을 배제하지 않는다고 주장했다.³⁵ 고데, 마이어, 로버트슨, 플러머, 카슨, 샤츠만은 이 그리스어 단어가 하나님의 직접적인 간섭뿐만 아니라 정상적이고 자연적인 치유를 포함한다고 이해한 T. C. 에드워즈와 홀렌베거를 따른다.³⁶ 디모데전서 5:23에서 디모데는 의심스러운 물 대신 포도주를 마심으로 위를 치유하려고 한다. 놀랍게도 고든 피는 천 페이지나 되는 성령의 은사에 관한 그의 책에서 치유의 종류에 대해, "이것이 의미하는 바는 거의 언급할 필요가 없다"라고 말하고 있다.³⁷ 홀렌베거는 아놀드 비트링거에 의지하여 "자연적인 것과 초자연적인 것을 뚜렷하게 구분하는 것은 과학적으로나 신학적으로나 시대에 뒤떨어진 것이며, 더는 진지하게 지지할 수 없다"고 선언한다.³⁸ 우리는 곧 그의 주장을 더 논의할 것이다.

바울은 구전 전통에서 예수께서 귀신을 쫓아내고 병을 치유했다고 하는 것을 알고 있었을 것이다. 그러나 그는 또한 예수께서 가난과 고통과 굴

---

34. Donald Gee, *Spiritual Gifts in the Work of the Ministry Today* (Springfield, MO: Gospel Publications, 1963); and Gee, *Concerning Spiritual Gifts* (Stockport: Assemblies of God, 1928, 3rd ed. 1937).
35. J. A. Bengel, *Gnomon Novi Testamenti* (Stuttgart: Steinkopf, and London: Dulau, 1866), p. 652.
36. F. Godet, *Commentary on St. Paul's First Epistle to the Corinthians*, 2 vols. (Edinburgh: T&T Clark, 1886), vol. 2, p. 197; H. A. W. Meyer, *Critical and Exegetical Handbook to the Epistles to the Corinthians*, 2 vols. Edinburgh: T&T Clark, 1892), vol. 1, p. 364; A. Robertson and A. Plummer, *First Epistle to the Corinthians*, ICC (Edinburgh: T&T Clark, 2nd ed. 1914), p. 110; Don Carson, *Showing the Spirit* (Grand Rapids: Baker, 1987), pp. 174-75; 그리고 Siegfried Schatzmann, *A Pauline Theology of Charismata* (Peabody, MA: Hendrickson, 1987), p. 37.
37. Gordon Fee, *God's Empowering Presence: The Holy Spirit in the Letters of Paul* (Carlisle: Paternoster, 1994), p. 168.
38. Walter J. Hollenweger, *Der 1 Korintherbrief, eine Arbeitshilfe zur Bibelwoche* (Kingmünster: Volksmissionarisches Amt der Pfälzischen Landeskirche, 1964), p. 25; 그리고 Arnold Bittlinger, *Gifts and Graces: A Commentary on 1 Corinthians 12-14* (London: Hodder & Stoughton, 1967), p. 70.

욕으로 제약을 받으셨음도 알고 있었을 것이다. 성령의 은사에 대한 전체적인 강조점은 이것이 진정으로 선물, 즉 하나님이 원하시고 선택하신 것들이라는 것이다. 우리는 위에서 "자연적인"과 "초자연적인"이라는 인위적인 이원론을 피해야 한다는 것, 그리하여 마치 하나님의 행동이 둘 중 하나에 제약을 받아야 하는 것처럼 보이는 것을 피해야 한다고 논증했다. 이것이 순전히 "자발적으로 솟아나는" 은사이든, 하나님이 인간의 기술, 기능, 훈련을 통해 역사하는 것이든 모든 것이 하나님께는 가능하다. 뒤의 것은 더 이상 "은혜의 선물"이 아니다. 피터 멀런이 말했듯이, "치유하는 것은 항상 하나님의 정상적인 뜻이라는 프랜시스 맥너트의 주장은 바울의 생각과는 매우 다른 생각의 세계로부터 나온 것이다."[39] 오순절주의나 갱신운동 "렌즈"를 예로 드는 것은 바울이 기록한 것처럼 바울의 경험에 들어맞지 않는다. 바울의 말로 하면 이 견해는 전적으로 실현된 종말론을 시사할 것이다.

1980년에 작성된 많은 에큐메니컬 문서 중 하나로서 킬리언 맥도널이 수집한 공동 진술문 "복음과 성령"은 "온전함, 건강, 치유 모두는 하나님으로부터 나온다. 그러므로 우리는 '신적인 치유'를 항상 이적적이라고 생각하지 않아야 한다. 오직 우리는 부활 때에만 질병과 연약함, 고통, 죽음으로부터 자유롭게 될 것을 알기 때문에 부활을 고대한다." 우리는 "그리스도인이 병에 걸린 것이 죄 때문"이라고 해서는 안 된다(티슬턴의 이탤릭).[40] 2000년에 영국교회는 『치유의 시간』이라는 보고서를 출판했다. 이 보고서는 400페이지가 넘었고, 위원 중에는 『성령으로 살아감』의 저자인 존 건스톤이 포함되었다.[41] 보고서는 이렇게 결론을 내린다. "치유 사역은 목회지원자의 지

---

39. Peter Mullen, in *Strange Gifts? A Guide to Charismatic Renewal*, ed. David Martin and Peter Mullen (Oxford: Blackwell, 1984), p. 100; 참조. pp. 97-106.
40. "Gospel and Spirit: A Joint Statement," documented in K. McDonnell (ed.), *Presence, Power and Praise: Documents on the Charismatic Renewal*, 3 vols. (Collegeville, MN: The Liturgical Press, 1980), vol. 2, p. 305; 참조. pp. 291-306. McDonnell은 성공회, 감리교, 가톨릭, 개혁주의 자료들을 포함시킨다.
41. John Gunstone, *Live by the Spirit* (London: Hodder & Stoughton, 1984).

원, 선발, 훈련, [그리고] 평신도 훈련에서 복음의 명령으로서 그 중요성에 합당한 비중이 주어져야 한다. … 영국 교회는 전 세계적인 치유사역을 지원하고 격려하기 위해 교회들과 협력해야 한다."[42] 비록 나는 총회에게 이 보고서가 자신의 믿음에도 불구하고 정확하게 "치유"를 받지 못했다고 느낀 사람들을 명백하게 언급하지 않은 것에 대해 유감을 표명했지만, 보고서는 "제한과 질병" 그리고 우울증, 장애, 장기적인 정신 질환에 대한 목회적 돌봄이 필요하다는 것을 상정하고 있다.[43]

우리는 또한 치유에 대한 몇몇 사례 중심적 설명에 의문을 제기할 만큼 담대하고 정직해야만 한다. 그것은 첫눈에도 과장된 것으로 보인다. 갱신운동과 연관되어 있고 전 영국 파운틴 트러스트 책임자였던 톰 스메일은 존 윔버의 "빈야드"운동과 "제3의 물결" 은사주의가 이 일에 책임이 있다고 강조한다. 그는 이렇게 쓰고 있다. "기적적 치유에 대한 수사는 실제를 훨씬 넘어서고 있다. 치유의 증언은 신약성경의 이적들과 같이 동일한 질서에 속한 것으로 보이지 않는다."[44]

동시에 우리는 치유 은사에 대한 바울의 기대를 오늘날의 사례와 구별해야만 한다. 바울의 분명한 표시는 하나님이 성령으로 말미암아 다양한 종류의 치유 은사를 (종류를 열거하지 않고) 주신다는 것이다. 이 은사들은 예수의 사례를 따르는 것으로, 예수께서 분명히 인식하고 있었던 것이다. 어떤 경우에는 바울 자신의 경우로서(고후 12:8-9), 하나님의 선택은 기도에도 불구하고 치유를 수반하지 않는다. 남아있는 해석학적 질문은 벤자민 워필드의 "중단주의" 견해이다. 중단주의자들은 예수의 사역 속의 치유 이적을 예수

---

42. *A Time to Heal: A Contribution to the Ministry of Healing: A Report for the House of Bishops* (London: Church House Publishing, 2000), pp. 284-85.
43. *A Time to Heal*, pp. 127-52.
44. Tom Smail, with Andrew Walker and Nigel Wright, *The Love of Power or the Power of Love: A Careful Assessment of the Problems of the Charismatic and Word-of-Faith Movements* (Minneapolis: Bethany House, 1994), p. 43.

의 인격 속에서 하나님의 나라가 도래하는 시대에 한정된 것으로 본다.⁴⁵ 그러나 바울은 고린도전서에서 치유 은사를 이런 방식으로 정의하는 것 같지 않다. "중단주의"에 대한 가장 강력한 반론은 종말론적 논증이다. 오순절주의는 처음부터 예수의 묵시적 오심에 호소했다. 그리고 치유와 "이적"을 하나님 나라의 침투로 보았다.

우리는 원리적으로 이를 부인하지 않는다. 그러나 초기 오순절주의자들은 오늘날 그들의 계승자들과는 달리, "지금"과 "아직"의 양극성을 보는 데 실패했다. 하나님의 나라가 여기 있는 한 우리는 치유의 행동을 기대할 수 있다. 그러나 그리스도의 재림 전에는 완전히 종말에 이르지 않게 하는 것을 하나님이 기뻐하시는 한, 하나님이 "아직 아니"라고 선언하기로 선택하실 때 지나치게 실망해서는 안 된다. 몇 년 전 오스카 쿨만은 이 문제를 명확하게 했다. 그는 이렇게 선언했다. "성령은 … 현재의 종말에 대한 기대이다. … 사람은 오직 미래에서만 되는 무엇이다."⁴⁶ 한편 그리스도인은 여전히 죄를 짓고 여전히 죽는다. 그러므로 "성령은 지금도 때때로 병자를 치유하며 물질적 삶의 영역으로 침투한다." 이는 오직 미래에서만 완전한 표현에 이르게 되는 구속적 행동이다(티슬턴의 이탤릭).⁴⁷

(2) 효과적인 능력의 행위(보통 "이적"으로 번역된). 다섯 번째 은사는 NRSV, NJB, A/KJB에서 "the working of miracles"("기적의 역사", Greek. *energēmata dynameōn*)로 일컬어진다. 그러나 실제 "miracles"에 해당하는 그리스어는 없다. 그리스어는 "workings of powers"(능력의 역사)를 의미한다. 나는 이것을 "effective deeds of power"(효과적인 능력의 행위)라고 번역했다.⁴⁸ 우선 한 가지 칼 바르트는 고린도전서의 "능력"은 어떤 장애물에 대

---

45. Jon Ruthven, *On the Cessation of the Charismata: The Protestant Polemic on Postbiblical Miracles* (Sheffield: Sheffield Academic, 1993), 답변을 시도.
46. Oscar Cullmann, *Christ and Time: The Primitive Christian Conception of Time and History* (London: SCM, 1951), pp. 72 and 75.
47. Cullmann, *Christ and Time*, p. 76.
48. Thiselton, *The First Epistle to the Corinthians*, p. 952.

해 효력을 발휘하는 것을 의미한다고 설득력 있게 주장했다.⁴⁹ 더욱이 12:6 에서 NRSV는 그리스어 다이레세이스 에네르게마톤*daireseis energēmatōn*을 "여러 가지 활동"으로, 호 아우토스 데오스 호 에네르곤 타 판타 인 파심*ho autos theos ho energon ta panta in pasim*을 "모든 사람 안에서 그[은사들] 모두를 **활성화하시는 동일한 하나님**"으로 번역하고 있다(티슬턴의 이탤릭). 존 칼빈은 6절과 9절이 기적을 의미하는지 의심한다. 그는 이렇게 말한다. "나는 그것이 악령들과 위선자들에게 행사되는 능력*virtutem*이라고 생각한다."⁵⁰ 다시 말하면 이것은 "효과적으로 역사하는"을 가리킨다. H. 틸리케Helmut Thielicke도 이것을 악령을 의미하는 "불경건한 권세들"에 대항하는 효과적인 능력이라고 본다.⁵¹

능력은 일부 사람들에게는 산업혁명 이후 거의 강박적인 특성이 되었다. 그러나 이것이 동물적인 육체적 힘이나 영적인 영역에서 그에 상응하는 것으로 해석된다면, 참으로 문제가 있다. 고린도의 상황과 마찬가지로, 이것은 특별히 능력을 상실하거나 연약하거나 취약하거나 또는 억압받는 자들에게 매력적일 수 있다. 고린도전서 12:28에서 NRSV와 대부분의 번역은 그 그리스어를 "deeds of power"("능력의 행위")로 번역한다. 그러나 12:29에서 그 단어는 "모두 기적을 행하겠느냐?"라는 질문 안에서 "기적"으로 변한다. 28절에서 그 그리스어는 단순히 뒤나메이스*dynameis*, "능력"으로 읽힌다. 더 뚜렷하게 메 판테스 뒤나메이스*mē pantes dynameis*로 되어있다. "분명히 모두가 능력이 있지는 않다. 그렇지 않은가?" 번역자들은 뒤나메이스, "능력"은 29절에서는 "기적"을 의미해야 하지만, 28절에서는 그렇지 않다고 추정하고 있다.

그러나 우리는 이미 오늘날 그 용어의 사용은 이신론과 계몽주의 이후

---

49. Karl Barth, *The Resurrection of the Dead* (London: Hodder & Stoughton, 1933), p. 18.
50. John Calvin, *First Epistle to the Corinthians* (Edinburgh: Oliver & Boyd, 1960), p. 262.
51. Helmut Thielicke, *The Evangelical Faith*, 3 vols. (Grand Rapids: Eerdmans, 1974-82), vol. 3, p. 79.

"틈새의 신"과 이원론적 세계관을 시사한다는 홀렌베거의 현명한 논평을 읽은 바 있다. 우리가 주목하고 인용한 것과 같이, 그는 자연과 초자연 사이의 구별은 과학적으로 그리고 신학적으로 시대에 뒤떨어진 것(홀렌베거의 말)이라고 주장했다. 그는 계속해서 이렇게 말한다. "과학적으로 소위 '자연적인 것'의 경계를 더 이상 설명하는 것은 불가능하다. … 뿐만 아니라 신학적인 관점에서 초자연적인 것을 자연법칙을 깨뜨리는 것이라고 묘사하는 것도 무책임하다."[52] 비트링거도 이 점에 동의한다.

댄커는 단수 뒤나미스의 첫째 의미를 "어떤 방식으로 기능하기 위한 잠재력, 능력, 힘, 권능, 강력, 역량"으로 제시한다.[53] 첫 번째 의미의 후반부은 "특별히 기사를 행하는 권능"이다. 이에 대해 그는 신약의 마태복음 14:2, 마가복음 6:14, 사도행전 10:38, 로마서 1:4, 고린도전서 12:28-29, 갈라디아서 3:5을 인용한다. 두 번째 의미는 "어떤 일을 실행하는 능력, 역량, 기량"이다. 세 번째 의미는 "힘 있게 능력을 행사하는 행위, 능력의 행위, 기적, 기사"이다. 네 번째 의미는 "자원"이다. 마지막으로 그것은 "생각을 전달하는 역량"을 의미할지도 모른다(아래에서 방언의 "해석"을 보라).[54] 동사 뒤나마이*dynamai*는 일차적으로 "어떤 것을 체험하거나 행하기 위한 역량의 소유"를 가리킨다.[55] 형용사 뒤나토스*dynatos*는 "구성하는", "역량 있는"을 의미한다. 바울은 여기서 명사 뒤나스테스*dynastēs*를 사용하지 않았을 것이다. 왜냐하면 그 말은 일반적으로 높은 지위에 있는 사람, 지도자, 권세자를 가

---

52. Hollenweger, *Der 1 Korintherbrief, eine Arbeitshilfe zur Bibelwoche*, pp. 25-26; Bittlinger, Gifts and Graces, pp. 70-71, Hollenweger의 논평을 인용.
53. Danker, BDAG, p. 262.
54. Danker, BDAG, p. 263.
55. Danker, BDAG, pp. 261-62; Joseph H. Thayer, *Greek-English Lexicon of the New Testament* (Edinburgh: T&T Clark, 4th ed. 1901), pp. 158-60; James H. Moulton and George Milligan, *The Vocabulary of the New Testament Illustrated from Papyri and Non-Literary Sources* (London: Hodder & Stoughton, 1930), pp. 171-72, 이들이 더 명확하다. Dynamis는 파피루스에서 "기적"을 의미하지 않는데, 거기에는 다른 단어인 *dynamos*가 사용된다.

리키기 때문이다.

최근 크레이그 S. 키너는 기적에 관한 완벽에 가까운 두 권짜리 연구서를 출판했다(2011).[56] 리처드 보컴은 그 책 겉표지에서 "독창적이고 … 참으로 충격적으로 – 비교되는 자료들을 집중적으로 모은 … 여전히 많은 신약 신학자들이 참여하고 있는 기적에 관한 방법론적 회의주의에 매우 강력한 도전"이라고 묘사했다. 아모스 용도 "철저한 연구"라고 기술하고 있다. 키너는 초두에서 이렇게 말한다. "신실한 목격자들을 포함한 목격자들이 [기적에 관하여] … 주장을 하지 않는 척하는 것은 굉장히 순진한 일이다."[57] 그는 예수의 이적에 대한 증거와 바울의 기록을 상론한다. 그는 "바울은 기독교 공동체 내에서 두드러진 기적적인 현상을 기대했다"라고 말한다(고전 12:9-10, 28-30; 갈 3:5).[58] 키너는 그의 책 2장에서 기독교 밖의 이적에 관한 주장들을 고찰하고 이를 복음서와 비교하며 치유 사원, 아스클레피오스 성지, 전인적 의학, 이교도 이적술사들을 자세히 살펴본다. 그는 이렇게 결론짓는다. "1세기에 기적을 행했던 사람들이 어떻게 보였는지를 이해하면 초기 기독교의 이적의 문맥을 이해하는 데 도움이 된다."[59]

당연하게도 키너는 기적이 자연법칙을 무너뜨리고 자연에 역행하는 것이라는 데이비드 흄의 잘 알려진 주장을 논의하기 시작한다. 그리고 철학에 미친 영향을 추적한다. 놀랍게도 나는 어거스틴의 기대에 대한 언급들은 발견할 수 없는데, 즉 기적이란 "자연에 역행하는"*contra naturam* 것과는 거리가 멀고, 우리가 자연에 대해 알고 있는 것 "너머에" 있는 것이라고 주장하는 비평적 반론에 대한 것이다(*praeter naturam*; *Reply to Faustus the Manichaean*, 26:3). 그럼에도 불구하고 키너는 많은 최근 저자들을 다루고 나서 이렇게

---

56. Craig S. Keener, *Miracles: The Credibility of the New Testament Accounts*, 2 vols. (Grand Rapids: Baker Academic, 2011).
57. Keener, *Miracles*, vol. 1, p. 4.
58. Keener, *Miracles*, vol. 1, pp. 30-31.
59. Keener, *Miracles*, vol. 1, p. 65.

결론을 내린다. "흄의 주장은 21세기 다문화적 문맥 속에서 그 자신의 시대보다 훨씬 설득력이 떨어지는 것 같다."⁶⁰ 키너는 그의 책의 나머지 부분에서 아시아와 라틴 아메리카에서 성경 이후 시대의 이적의 증거들과 눈멂과 귀신 들림을 포함한 각종 질병들의 치유 사례들을 인용하고 있다.

우리는 치유란 때로 기적들을 포함한다는 것에 당황하지 않고 바울에게 되돌아갈 수 있을 것이다. 그러나 바울이 사용한 그리스어 용어들은 대다수가 "초자연적"임을 일차적으로 강조하는 것일까? 우리는 이 용어들이 기적의 실행을 포함할 수도 있지만, 단순히 기적이 효과적인 행동이나 기능의 개념을 제외하고 일차적으로 강조되는지에 대해 이의를 제기하지 않는다. 선지자와 설교자는 복음을 적용하고 진리를 적용하는 데 효과적일 수 있다. 교사들은 진리를 해설하고 전달하는 데 효과적일 수 있다. 그러나 회중이나 교회는 아마도 때때로 이적적인 행동을 수행할 뿐만 아니라, 교회의 과업을 완수하고 유지하는 데 능숙하고 효과적인 사람들을 필요로 하지 않을까? 고린도전서 12:8-10의 목록에는 12:28에 나오는 두 개의 중요한 은사가 빠져있다. 그것은 이미 앞에서 언급했던 그리스어 단어 안티렘프세이스 *antilēmpseis*와 퀴베르네세이스*kybernēseis*이다. 이미 본 대로 NRSV는 첫째 단어를 "조력의 형태"forms of assistance로 옮겼고, AV/KJV는 "도움들"helps로, 댄커는 "도움의 행동들"helpful deeds을 제시했다. 그러나 비트링거는 이렇게 쓰고 있다. "최근 발견된 파피루스에 의하면 행정관리에 해당하는 그리스어 단어는*antilēmpsis* 금융 분야의 기술적인 용어였고 회계책임자로 언급되고 있었다. 다른 말로 하면 돈의 관리에 관계된 것이다. … (직무를 이끌거나 안내하는) 퀴베르네시스*Kybernēsis*는 … 말하자면 '매니저'…를 가리킨다"(티슬턴의 이탤릭).⁶¹ 댄커는 이 말을 "행정"으로 옮기고 있다.⁶² 나는 두 권의 주석에서 이 두 용어가 행정을 의미하고 있음이 틀림없다고 주장했다. 더 큰 주석에

---

60. Keener, *Miracles*, vol. 1, p. 169.
61. Bittlinger, *Gifts and Graces*, p. 70.
62. Danker, BDAG, p. 573.

서 나는 퀴베르네스가 전략적으로 교회를 이끌어 갈 수 있는 사람을 의미했다고 주장했다. 그러므로 우리는 조심스럽게 "기적"을 틀렸다는 것이 아니라, 이 문맥에서 기적은 너무 협의적이고 바울의 주된 관점에서 주의를 딴 방향으로 인도한다고 주장하는 것이 좋을 것이다.

다시 말하면 복수는 숫자의 복수가 아니고, 필요에 따라 그리고 관련된 과업에 따라 효과적인 능력의 종류를 가리키는, 종류의 복수일 필요가 있다는 것이 훨씬 더 설득력이 있다. 나는 이 논증을 나의 주석에서 훨씬 더 자세하게 설명하였다. 도움*antilēmpseis*의 평행어를 인용하면 왕에게 올린 청원을 돕는, 붕대와 같은 의학적 도움을 집행하는 행정을 의미할 것이다(*Paris Papyri* 26:40; B.C. 1세기).[63] 이는 폭풍이 몰아치는 바다를 지나 교회를 인도하는 전략을 수립하는 능력도 포함할 수 있을 것이다.[64]

6.3. "예언"과 "영 분별"의 은사

(1) 바울과 예언의 의미. 우리는 제3부에서 오순절주의와 은사주의적 갱신운동을 고찰할 때 이 현상에 대한 현대의 평가를 언급할 것이다. 본장에서 우리의 목표는 이 두 현상에 대해 바울이 실제 의미했던 것에 도달하는 것이다. 우리의 결론은 논쟁을 불러올 수도 있을 것이다. 그러나 의도는 주해서와 바울을 다루는 것이다.

"예언"*prophēteia*은 로마서 12:6, 고린도전서 12:10, 13:2, 14:6, 데살로니가전서 5:20(참조. 딤전 4:14)에 나타난다. 동사 "예언하다"*prophēteuō*는 고린도전서 11:4, 5, 13:9, 14:1, 3, 5, 24, 31, 39에 나온다. 모든 사람은 예언의 일차적인 목적이 공동체를 건설하는 것이라는 것에 동의한다(Greek. *oikodomeō*,

---

63. Thiselton, *The First Epistle to the Corinthians*, pp. 1019-21; 참조. pp. 952-56.
64. Thiselton, *The First Epistle to the Corinthians*, pp. 1021-22.

고전14:4, 17; 참조. 8:1; 10:23; 명사 오이코도미에*oikodomiē*는 고전 14:3, 5, 12, 26; 참조. 3:9). 댄커를 포함한 대부분의 해석자들은 "예언하다"라는 용어가 "격려하다" 또는 "위로하다"를 의미한다는 것에 동의한다.[65] 명사 프로페테이아 *prophēteia*는 하나님의 뜻을 해석하는 것과 관련이 있는 반면, 동사 프로페튜오*prophēteuō*는 특별히 계시된 말씀을 선포하는 것과 관련이 있고, 때로는 예언하는 것과 관련이 있다. 명사 프로페테스*prophētēs*는 영감된 계시를 선포하는 사람을 의미한다.

이 부분에서 논쟁이 일어난다. 우리는 바울이 이 명칭으로 자신을 부르는 것을 떠올릴 수 있을 것이다. 필립 필하우어와 K.O. 샌더스는 교회를 세우는 바울의 사도직 위임을(갈 1:15-16; 참조. 렘 1:5, 10) 개척하고 건설하는 선지자의 소명과 연결시킨다(고전 3:6, 10).[66]

그러나 더욱 논란이 되는 것은, 이 일이 성경의 창조적 재해석으로 성취되는가, 혹은 "즉흥적인" 카리스마적 발언, 혹은 복음적 케뤼그마*kērygma*를 목회설교에 적용하는 것으로 성취되는가 하는 것이다.

(a) E. 얼 엘리스, 조금 약한 정도로는 G. 슈탈린, 대부분의 오순절주의자, 그리고 갱신운동의 다수가 첫 번째 견해를 지지한다. 이 견해는 예언을 그리스 종교 제의와 유사한 준무아지경의 발언이라기보다는 성경의 해석과 카리스마적 발언으로 보는 이점이 있다. 엘리스는 회당에서 성경을 해석하는 것이 "바나바, 바울, 실라의 사명의 중요한 특징"이라고 설득한다.[67] 여기까지는 좋다. 그러나 엘리스는 또한 선지자적 해석이 "영적" 주해라는 개념을 발전시킨다. 그러나 본장의 첫 부분에서 "영적" 해석이 갖고 있는 의미

---

65. Thiselton의 두 광범한 주석을 보라. *The First Epistle to the Corinthians*, pp. 956-70 and 1087-94; 그리고 Danker, BDAG, pp. 889-91.
66. P. Vielhauer, *Oikodom3: Das Bild vom Bau in der christlichen Literatur vom Neuen Testament bis Clemens Alexandrinus* (Karlsruhe: Harrassowitz, 1940), pp. 77-98; 그리고 K. O. Sandnes, *Paul— One of the Prophets?*, WUNT 2.43 (Tübingen: Mohr, 1991).
67. E. Earle Ellis, "The Role of the Christian Prophet in Acts," in E. E. Ellis, *Prophecy and Hermeneutic in Early Christianity* (Grand Rapids: Eerdmans, 1978), p. 132; 참조. pp. 23-62, 129-45.

의 범위가 얼마나 광범위한지 살펴보았다. 어떤 의미에서 그것은 단순히 물질세계에서 활동하는 살아계신 하나님에 대한 믿음에 근거한 성경 해석을 가리킬 수 있었다. 다른 의미로는 세속 문학 세계에서 말하는 독자-반응이론과 유사한, 전적으로 과거와 현재의 경험에 근거한 고도로 주관적인 이해를 의미할 수도 있었다. 엘리스는 이것을 선지자와 교사의 중요한 차이라고 본다. 그러나 크리스토퍼 포브스와 E. 코테네는 엘리스가 상상하는 것 같은 "자유로운" 해석을 확신하지 못하고 있다.[68] 우리는 제3부에서 좀 더 자세하게 포브스의 저작을 살펴볼 것이다. 구약 선지자에 대한 고전적인 격언은 그들이 혁신자라기보다는 개혁자였다는 것이다. 그리고 데이비드 아우내는 구약성경의 선지자의 담화와 의미 있는 연속성이 있다고 주장한다.[69] 만약 성경과 그리스도가 예언을 검증하는 기반을 형성했다면, 정경이나 기록 선지자들이 이의를 제기했던 "예언"만큼이나 "영적인" 또는 "자유로운" 주해를 어떻게 검증할 수 있을지 확실하지 않다. 피쉬와 로티의 해석학을 논의할 때 관찰한 바와 같이, 우리는 주어진 공동체 밖에서는 그들의 주장을 검증할 수 없다. 주요 서신서의 발언 후에, 바울은 선배로서 (많은 사람이 말한 것처럼, 바울 라인의 한 제자로서) 가르침과 사고의 필요성을 촉구하는 것이 "경험"에 대해 지나치게 호소하는 것을 제한할 수도 있다고 보았다(딛 2:1-10; 딤전 1:3; 3:2; 4:13; 5:17; 딤후 3:13-14).

(b) 좀 더 진지하게 숙고해야 할 문제는 예언이 반드시 "즉흥적"이어야 하는지에 관한 것이다. 제임스 던, 맥스 터너, 크리스토퍼 포브스는 이 견해를 입증된 것으로 지지하고 있다. 던과 터너에게서 이 문제는 거의 순환논

---

68. Christopher Forbes, *Prophecy and Inspired Speech in Early Christianity and Its Hellenistic Environment*, WUNT 2.75 (Tübingen: Mohr, 1995), p. 235; 그리고 É. Cothenet, "Les prophètes chrétiens comme exégètes charismatiques de l'écriture," in *Prophetic Vocation in the New Testament and Today*, ed. J. Panagopoulos, NovTSup 45 (Leiden: Brill, 1977), pp. 77-107.

69. David E. Aune, *Prophecy in Early Christianity and the Ancient Mediterranean World* (Grand Rapids: Eerdmans, 1983), p. 195.

법으로, 마치 하나님의 명백한 계획과 계시에 응답하는 것은, 왠지 인간의 사고나 생각에 기원을 두는 것과는 어떻게든 반대됨을 의미한다. 맥스 터너는 이렇게 말한다. "바울에게 있어 예언은 즉흥적으로, 즉 신적으로 주어진 묵시(*apokalypsis*, 계시)의 수용과 그에 이어지는 소통이다."[70] 제임스 던은 고린도전서 14:30을 인용하면서 이렇게 주장한다. "그것은 미리 준비된 설교를 의미하지 않는다. … 그것은 즉흥적인 발언이다."[71] 이에 대한 던의 주된 논증은 예언은 필요할 때마다 "소환"될 수 없다는 것, 그리고 처음 선지자는 다른 선지자가 계시를 받으면 말하는 것을 중단해야 한다는 것이다(고전 14:30). 크리스토퍼 포브스도 또한 설교와 대조적으로 "(선지자에게 임한) 계시는 통상적으로 즉흥적이다"라고 주장한다.[72]

포브스는 "통상적으로"란 단어를 삽입함으로써 조금 덜 사색적인 견해 쪽으로 옮겨갔다. 우리는 예언이 때때로 "즉흥적"일 수 있다는 것을 부인하지 않는다. 그러나 "예언"이 대부분의 경우 또는 최소한의 경우에도 목회적으로 적용된 설교를 의미한다는 길레스피, 뮐러, 그리고 힐의 견해를 짧게 고찰할 것이다. 바울에 관한 본장에서, 그 문제는 하나님이 세계와 인간 속에서 어떻게 활동하시는가에 달려있다. 이는 하나님이 이적과 치유에 관한 고찰에서처럼 기적적으로 자연과 대립적으로, 또는 자연을 통하거나 넘어서 활동하시는지 하는 오래된 과학적-종교적 문제를 반영한다. 예를 들어, 우리는 치유의 은사가 의사나 자연적 과정을 통한 하나님의 활동을 포함하고, 항상 극적인 간섭에 의한 것은 아니라고 주장했다. 벵엘, 홀렌베거, 그 외 여러 사람이 이것을 주장했다. 우리는 "행정"이 성령의 진정한 은사이며, "즉흥적 행정"이란 모순적인 용어임을 살펴보았다. 성령은 분명 시간과 훈

---

70. Max Turner, "Spiritual Gifts, Then and Now," *Vox Evangelica* 15 (1985): 10; 참조. pp. 7-64.
71. James D. G. Dunn, *Jesus and the Spirit* (London: SCM, 1975), p. 228; 참조. pp. 205-300; 그리고 *The Theology of Paul the Apostle* (Edinburgh: T&T Clark, 1998), pp. 552-64, 580-98.
72. Forbes, *Prophecy and Inspired Speech*, pp. 229, 236.

련을 넘어서는 행정적 은사를 주신다. "즉흥적" 견해는 소위 "데우스 엑스 마키나"*Deus ex machina*적 견해에 가까울 뿐 아니라, 바울, 누가, 그리고 다른 성경 저자들은 그들의 저작들을 계획하고 생각했을 때 "선지자로서" 어느 정도까지 "영감되었는가" 하는 의문을 제기한다.

"즉흥적" 견해는 성경의 신적 영감을 변호하려는 시도를 무산시킬 수도 있다. 성경은 인간의 구성, 문체, 어휘, 역사성의 흔적을 가지고 있기 때문에, 하나님에 의해 영감되지 않았다고 주장하는 사람들의 손에 놀아날 수도 있다. 그러나 고전적 유신론은 항상 "이신론"과 이성주의적 견해를 거부했다. 웨스트코트, 라이트푸트, 호트와 같은 19세기 저자들은 성경의 기원과 내용에서, 지적이고 사색적인 비평과 신적 활동에 대한 자기비평 그리고 개방성 사이에 아무런 모순이 없다고 보았다.

다시 말하면, 이것은 예언이 결코 선지자의 뜻이나 기대에 반하여 작용할 수 없음을 의미하지 않는다. 예레미야는 그의 뜻inclination에 반하여 주어진 예언의 짐을 감당해야 할 때도 있었다. 그러나 대부분의 경우 그는 예언을 깊이 생각했다. 덧붙여 말하면, 우리는 고린도전서 14:30에 대한 던의 주장에 반대해야만 한다. 두 번째 "선지자"는 하나님의 드러내심 또는 계시를 깊이 생각했을 것이다. "첫 번째" 선지자가 제멋대로인 설교나 심지어 자기기만, 산만함, 오류 속에 헤매고 있을 때, 두 번째 선지자는 하나님이 주신 요점에 적합하게 하기 위해 중단시켜야 할까 하는 충동을 느꼈을 것이다. 이는 바울에게 있는 대부분의 강론이 "주께서 말씀하시기를"이라는 문구를 따라야 함을 의미하지 않는다. 바울은 보통 이성적인 논증을 사용한다. 그리고 그는 회심자들과 교회들도 동일하게 행하기를 기대하지 않는다고 상상하는 것은 순전히 사변적이다. 귄터 보른캄은 이렇게 말한다. "바울의 설교 스타일은 *계시적인 발언 스타일이 아니라 비평적이다.* … 청중은 대화의 파트너이다"(티슬턴의 이탤릭).[73] 그렇다면 바울은 설교나 저술을 예언과 동일한

---

73. Günther Bornkamm, "Faith and Reason in Paul," in Bornkamm, *Early Christian Experience* (London: SCM, 1969), p. 36; 참조. pp. 29-46.

장르로 여겼을까?

(c) 이 질문은 우리를 데이비드 힐, 울리히 뮐러, 토마스 길레스피, 그 외 저자들의 주장으로 데리고 간다. 그들은 바울에게 있어 예언은 종종 "목회적으로 적용된 설교"를 의미한다고 주장한다.[74] 우리는 사도행전의 "예언"을 살펴볼 때 이 저자들을 소개했다. 예언의 효과는 설교나 복음 선포의 효과와 매우 유사하다. 고린도전서 14:25은 이렇게 기록하고 있다. "그[믿지 아니하는 자들] 마음의 숨은 일들이 드러나게 되므로 엎드리어 하나님께 경배하며 하나님이 참으로 너희 가운데 계신다 전파하리라." 마음의 비밀은 주로 어떤 사람의 하나님께 대한 무의식적인 태도와 관련이 있다. 예언은 설교와 달리 하나님께 대한 후속적인 돌이킴을 목적으로 한다. 고린도전서 14장에서 "비밀"은 오늘날 유명한 "갱신운동" 진영에서처럼, 선지자가 진단한 어떤 사람의 건강 상태를 가리킬 수 없다. 또는 부적절한 관계, 순전히 그 교회의 "내부적인" 문제를 가리킬 수 없다. 최소한, 예상되는 규범으로서 결코 그럴 수 없다. 데이비드 힐은 이렇게 말한다. "회중은 그들이 듣는 것이 의미가 명료하고 논리가 정연하고 … 일관된 발언으로 표현될 때에만 배울 수 있다."[75]

이는 결국, 힐이 주장하는 것과 같이, "목회적 설교는 본질상 공동체에 지도와 교훈을 제공하는 것"을 의미한다.[76] 길레스피와 뮐러는 일차적으로 파라클레시스*paraklēsis*, "권면", 파라뮈디아*paramythia*, "위로"로 본다.[77] 뮐러는(후에는 포브스도) 황홀경이 영감을 증거한다는 잘못된 개념은 주로 그리스인에게서 비롯된 것이며, 아마도 비정경적인, 비기록적인 선지자들로부터

---

74. David Hill, *New Testament Prophecy* (London: Marshall, 1979), 특히 pp. 110-40 and 193-213; Ulrich B. Müller, *Prophetie und Predigt im Neuen Testament* (Gütersloh: Mohr, 1975); 그리고 Thomas W. Gillespie, *The First Theologians: A Study in Early Christian Prophecy* (Grand Rapids: Eerdmans, 1994), 전반적으로.

75. Hill, *New Testament Prophecy*, p. 123.

76. Hill, *New Testament Prophecy*, p. 114.

77. Gillespie, *The First Theologians*, p. 25.

비롯되었다고 주장한다. 우리는 이 논증을 다시 반복할 필요는 없다. 포브스와 여러 저자들은 우리가 앞으로 살펴볼 제3부와 같이 이에 대해 확신을 갖고 반대한다. 그러나 우리에게는 더 분명한 근거가 있다. 바울은 예언이 "덕을 세우며 권면하며 위로하는 것"(고전 14:3)이며, 지성(마음, *the mind*)을 포함한다고 주장한다(고전 14:13-19).[78] 뮐러는 예언이 "회개 촉구의 말"*Bussrede*과 "권면의 말"*Mahanrede*을 포함하며, "단호하게 명령"하는 것이라고 주장한다.[79] 그것은 복음 진리를 설교하고 적용한다. 바울의 예언에 대한 길레스피의 저서는 아마 어떤 작품보다 철저하고 종합적일 것이다. 그는 데살로니가전서 5:20-21("예언을 멸시하지 말고 범사에 헤아려")과 로마서 12:6("예언이면 믿음의 분수대로")을 복음과 연관시킨다. 예언은 복음의 표현이다.[80] 다시 말하면 예언은 개인적인 상황에 대한 사적인 메시지가 아니다. 우리는 예언이 목회적인 위치를 차지하고 있음을 의심하지 않는다. 그러나 바울이나 누가가 "예언"을 "사적인 계시"로 생각하지 않았을까?

예언이 고린도전서 12:8-10, 28-30, 로마서 12:6-8, 에베소서 4:11에 열거된 유일한 성령의 사역이라는 길레스피의 진술은, 모두 소수의 내부자를 위한 것이 아니라 공동체 모두의 유익*pros ton symphoron*을 위한 은사로 열거하고 있다.[81] 길레스피는 예언의 상황이 전 공동체의 예배라는 사실은 고린도전서 14:1의 바울의 권면을 보아 알 수 있다고 결론을 내린다. "신령한 것들을 사모하되 특별히 예언을 하려고 하라." 이 말은 "[전]교회가 예배 중에 있다고 생각하게 한다."[82] 이처럼 고린도전서 14:1-12은 예언에 명료함의 범주를 제시하는 반면, 14:13-19은 신앙 공동체의 범주에 적용하고 … 20-25절은 예배에 참석할 수 있는 외부인 또는 불신자의 범주에 적용하고

---

78. Müller, *Prophetie und Predigt*, pp. 14, 24.
79. Müller, *Prophetie und Predigt*, p. 26.
80. Gillespie, *The First Theologians*, p. 63.
81. Gillespie, *The First Theologians*, p. 117.
82. Gillespie, *The First Theologians*, p. 129.

있다(티슬턴의 이탤릭).⁸³ 길레스피는 예언이 한 개인을 향한 "수평적" 전달이 아니라, 하나님으로부터 전 공동체를 향한 복음의 선포를 가리킨다고 결론짓는다. 구약성경에서도, "약속의 예언적 선언은 복음의 선포 … 심판과 은혜의 선포와 동등한 것이다."⁸⁴

(d) 마지막으로 예언은 오직 신자들에게만 말한 것이라는 C. M. 로벡의 주장을 살펴볼 것이다.⁸⁵ 우리는 고린도전서 14:25이 그러한 이론을 물리치기에 충분하다고 생각했을지도 모른다. 그의 주요 논점은 예언을 선포와 혼동해서는 안 된다는 것이다. 그러나 뮐러는 예언에서 심판과 은혜의 조합이 신자와 불신자 모두에게 전적인 "선포"에 속한다는 것을 보여준다.⁸⁶ 고린도전서 14:24-25이 외부인이나 불신자를 환영하는 기독교 회중을 전제하고 있다는 것은 부인할 수 없다. 힐은 이렇게 말한다. "의도적으로 외부인과 불신자를 포함시킴으로써 … 바울은 예배 시 선포되는 영감된 예언의 말씀의 선교적 기능을 … 예시한다."⁸⁷ 2부에서 성경 이후 시대 저자들을 고찰하면서, 어거스틴, 토마스 아퀴나스, 칼빈, 에스티우스, 매튜 헨리, 존 웨슬리, 제임스 데니는 바울에게 있어 예언이 하나님의 말씀, 또는 성경 강해의 공적 선포로 간주되고 있음을 보게 될 것이다.

추가적으로, 예언이 더 넓고 엄숙한 복음 중심의 강론이나 발언을 의미한다고 하는 것 외에, 우리는 얼마나 쉽게 "예언"이 강력한 도구로 조작될 수 있는지 알아야만 한다. 어떤 행동을 불필요하거나 어리석은 것으로 여기는 사람들은 예언이 하나님으로부터 온 것이라는 주장에 동의하는 것을 두려워했다. 예언이 남용될 수 있다는 가능성은 본질적으로 바울의 의도에 대한 논증이 아니다. 그러나 많은 사람들이 고린도 교회의 분열을 권력 투쟁

---

83. Gillespie, *The First Theologians*, p. 132.
84. Gillespie, *The First Theologians*, pp. 135, 136.
85. C. M. Robeck, "The Gift of Prophecy in Acts and Paul," *Studia Biblica et Theologica* 5, no. 2 (1975): 39-54; 참조. no. 1, pp. 15-38.
86. Müller, *Prophetie und Predigt*, pp. 24-26; 참조. pp. 12-46.
87. Hill, *New Testament Prophecy*, pp. 123-24.

이라는 관점으로 보고 있다는 것이 중요하다. L. L. 웰본은 두 번이나 이것을 주장했다. 그는 고린도전서 1-4장에 대해 이렇게 말한다. "고린도전서 1-4장을 기록하게 한 동기는 신학적 논쟁이 아니라 권력투쟁이다."[88] 고린도전서 3:3에 나오는 에리스*eris*(갈등)와 젤로스*zēlos*(질투)는 정확하게 권력 투쟁을 가리키는 말들이다. 그리고 바울은 어느 곳에서도, "바울파"를 포함한 다른 집단의 신학에 대항하여 한 집단의 신학을 지지하지 않는다.

(2) 영의 분별: 바울은 이렇게 선언한다. "예언을 멸시하지 말고 범사에 헤아려"(살전 5:20-21). 이 구절에 나오는 "성령에게 속한" 것이 무엇인지 평가하고, 사정하고, 분별하고, 보급하는 은사는 매우 중요할 뿐 아니라, 고린도전서 11:29, "주의 몸을 분별하지 못하고"의 디아크리시스*diakrisis*와 디아크리노*diakrinō*의 의미도 정확하게 일치한다. 고린도전서 4:7에서 디아크리노의 의미는 아마도 "누가 너를 구별하였느냐?"일 것이다(NRSV. "누가 너에게서 특이점을 보느냐?").

다우첸베르크는 여기서 이 용어는, 주로 사해 사본에 근거하여 "해석하다"를 의미한다고 주장한다. 쿰란 문서에서 디아크리노는 예언의 해석을 의미하는 히브리어 페쉐르*pēsher*를 반영한 것일 수 있다.[89] 그러나 그는 요한일서 4:1-6에서 그 말은 예언을 시험하는 것을 의미한다고 결론짓는다. "오직 영들이 하나님께 속하였나 분별하라." 쿰란 문서와 같이 요한일서 4:6은 "진리의 영"과 "미혹의 영"을 구별하고 있다. 아마 1세기 말 문서인 디다케 11:7은 성령 안에서 말하는 사람을 "시험하는" 것을 금하고 있다(Greek. *ou peirasete oude diakrinete*). 그러나 디다케는 계속해서 이렇게 말한다. "성령으로 말하는 모든 자가 선지자인 것은 아니다. 다만 그가 주의 행위를 가지고

---

88. L. L. Welborn, "Discord in Corinth," in L. L. Welborn, *Politics and Rhetoric in the Corinthian Epistles* (Macon, GA: Mercer University Press, 1997), p. 7; 참조. pp. 1-42; and Welborn, *Paul, the Fool of Christ: A Study of 1 Corinthians 1-4* (London and New York: T&T Clark, 2005).

89. G. Dautzenberg, "Zum religionsgeschichtlichen Hintergrund der *diakriseis pneumatZn*(1 Kor. 12:10)," Biblische Zeitschrift 15 (1971): 93-104.

있다는 것만 제외하면 말이다"(디다케 11:8). 헬무트 미클라인은 다우첸베르그를 따르고 있다.⁹⁰

그러나 웨인 A. 그루뎀은 다우첸베르그에 반대한다. 그의 견해에 의하면 복수 프뉴마톤*pneumatōn*은 각각 악령과 하나님의 영을 가리킨다. 악한 영은 예언이나 교훈을 잘못 해석하도록 영감할 수 있다. 그러므로 디아크리시스는 "분별하는 것"을 의미할 것이다. 그는 "시험하는 것"은 부적절하다고 주장한다.⁹¹ 에른스트 푹스도 비슷한 견해를 가지고 있지만, 그는 한편으로는 순전히 인간의 영으로부터인지, 다른 한편으로는 하나님의 성령으로부터인지 "구별하는 것"으로 보고 있다.⁹² 이는 고린도전서 2:12에서 바울이 강조한 "하나님으로부터 온 영"*to pneuma to ek tou theou*과 일치하고 있다. 제임스 던은 분명히 이 모든 것이 저울질하고, 구별하고, 평가하는 것을 의미한다고 주장하고 있다. 이것은 악명 높은 "여인들의 침묵" 단락(고전 14:33-36)에서 쟁점이 되는 것일 수 있다. 이를 하나의 해석이라고 주장하는 것은 불필요하다. 직접적인 문맥은 예언이다. 아마도 한 여인이 이렇게 외칠 수 있다. "내 남편은 선지자일 수 없다. 오직 여러분이 알 것은 …!" 그러므로 바울은 심각한 상황에서 가정불화를 금하고 있다. 앙투아네트 와이어는 "고린도 교회의 여성 선지자들"에 대한 논증에서 그러한 가설적 재구성의 타당성을 강조하고 있다.⁹³

---

90. H. Merklein, "Der Theologe als Prophet: Zur Funktion prophetischen Redes im theologischen Diskurs der Paulus," *NTS* 38 (1992): 402-29.
91. Wayne A. Grudem, *The Gift of Prophecy in 1 Corinthians* (Washington, DC: University Press of America, 1982), pp. 58-60.
92. Ernst Fuchs, *Christus und der Geist bei Paulus* (Leipzig: Hinrichs, 1932), pp. 36-48.
93. Antoinette C. Wire, *The Corinthian Women Prophets: A Reconstruction* (Minneapolis: Fortress, 1990), pp. 135-58.

6.4. 성령의 은사 : 방언을 말하는 것

우리가 더 많은 논란이 되는 문제들을 다루기 전에, 세 가지 예비적 요점이 신약성경 본문에서 직접적으로 나온다. 첫째, 바울은 방언 또는 글로솔랄리아glossolalia를 단 하나의 획일적인 현상으로 말하지 않는다. 고린도전서 12:10에서 바울은 방언의 "종류" 또는 "종"에 대해 말한다(Greek. *genē glossōn*). 둘째, 고린도전서 14:2에서 바울은 명백하게, "방언을 말하는 자는 사람에게 하지 아니하고 하나님께 하나니"라고 선언한다. 이것은 바울을 사도행전으로부터 구별한다. 말하는 이적이라기보다는 듣는 이적으로서, 사람들은 사도들이 하나님께 말씀하는 것을 우연히 들었을 가능성이 있다. 그러나 대부분의 학자들은 방언으로 말하는 것을 증언하는 사람들에게 발언한 것으로 해석한다. 확실히 바울은 하나님으로부터 오는 것으로서의 예언과 하나님에게 말씀드리는 것으로서 방언을 대조시킨다. 셋째, 바울은 방언 같은 것은 "[누군가가 그것들을] 해석하지 않는 한", 예언처럼 동료 그리스도인을 "교화시키거나" "세울 수" 없다고 주장한다. 그러나 그리스어로는 단순히 에이 메 디에르메뉴에*ei mē diermēneu*(고전 14:5, 통역하지 아니하면), 즉 그리스어 본문에는 "누군가"(Greek. *tis*)와 "그것들"에 해당하는 말이 나타나지 않는다(참조. 고전 14:6-9).

그러나 세 번째 요점은 논란을 불러일으킨다. 여기에서 핵심절은 고린도전서 14:4이다. "방언을 말하는 자는 자기의 덕을 세우고, 예언하는 자는 교회의 덕을 세우나니." 필립 필하우어Philipp Vielhauer는 바울의 의도적 용법인 오이코도메오*oikodomeō*, "세우다"는, "자신을 세우는 것"이 자기확언, 자기충족, 자기만족, 또는 이기주의에 해당하는 의미를 가지고 있다고 주장한다.[94] 비슷하게 슈라게는 고린도전서 14:4을 고린도전서 10:24, "누구든지 자기의

---

94. Vielhauer, *Oikodom3*, pp. 91-98.

유익을 구하지 말고"와 연결시킨다.[95] 그러나 고든 피는 "교화시키는 것은 자기중심적인 것이 아니라, 개인적인 기도와 찬양을 통해 오는 신자의 개인적인 교화"라고 주장한다.[96] 피의 견해는 존 크리소스톰으로부터 비롯된 것이다(고린도전서 설교 35:1). 두 견해는 화해할 수 있을 것 같다. 바울이 방언을 공적인 것이 아니라 엄격하게 사적인 것으로 주장했기 때문에(고전 14:6-19), 방언은 사적으로 개인에게는 가치가 있을 수 있다(그러므로, "나는 너희가 다 방언을 말하기를 원하나"; 14:5). 그러나 공적으로는 방언이 자기만족이 된다(14:4). 물론 어떤 사람들은 "해석"이 여기에서 한몫을 한다고 주장할 것이다. 그러나 우리는 나중에 "방언의 해석"이 의미하는 것을 고찰할 것이다.

이제 분명해진 근거를 가지고 우리는 방언을 말하는 것*glossolalia*에 대한 다양한 이론을 비평적으로 살펴볼 것이다. 오늘날 방언을 말하는 것이 바울을 해석하는 데 도움이 될 수도 있겠지만, 우리는 오늘날의 체험들을 바울의 입장으로 여겨서는 안 된다.

(1) 방언의 본질에 관한 가장 초기 이론 중 하나는 제노랄리아*xenolalia*, 또는 외국어를 말하는 것으로 알려져 있다. 이 견해는 초기 오순절주의에 알려졌고 오순절주의의 사역적 확장과 연관되어 있다. 몇몇 반대에도 불구하고 어떤 사람들은 이 견해가 누가의 사도행전 2:5-21에서 기인한다고 주장한다. 많은 신약전문가들이 녹스W. L. Knox와 바이스J. Weiss가 주장하는 것처럼, 누가가 묘사하고 있는 유대인 청중들은 모두 그리스어를 알고 있었을 것이라고 주장한다.

그러나 녹스는 디아스포라 유대인은 거의 대부분 도시 거주자였기 때문에, 그들이 중동의 외딴 지역에 살았던 원주민들의 언어를 이해했을 가능성은 극도로 낮다고 주장한다. 그럼에도 불구하고 누가는 바벨탑의 언어 혼란을 반전시키려 할 수도 있다.

---

95. Schrage, *Der erste Brief an die Korinther*, vol. 3, p. 388, nn. 62, 63.
96. Gordon D. Fee, *The First Epistle to the Corinthians* (Grand Rapids: Eerdmans, 1987), p. 657; 그리고 Fee, *God's Empowering Presence*, p. 219.

분명히 누가는 선교적 확장에 관심을 두고 있다. 맥스 터너는 카트리지가 편집한 방언에 관한 책에서 "바울의 견해에 의하면 글로사이*glōssai*(혀들, 언어들)는 단순히 황홀경의 외침이 아니라 아마도 어떤 종류의 언어일 것"이라고 선언한다.[97] 맥스 터너는 다시 그의 저서 중 하나에서 비슷하게 말하고 있다. "누가는 그가 헤테라이스 글로사이스 랄라인*heterais gloōssais lalain*(다른 언어를 말하는 것)이라고 부른 오순절의 현상을 제노랄리아, 즉 실제 외국어를 말하는 것으로 여긴 것은 의심의 여지가 없다."[98] 누가는 복음의 선교적 확산에 관심을 두고 있었고(비록 로마 제국의 대부분의 마을 중심지들은 그리스어나 라틴어를 사용했지만), 아마도 오순절을 바벨탑 사건의 역전으로 보았을 것이다.[99] 프랭크 마키아는 누가가 바벨과 어느 정도 대조적 관계를 보고 있다는 것을 알았지만, 또한 순전한 대조는 "일차원적이며, 보다 분화된 비교에 의해 함축된 더 깊고 복잡한 사고가 결여되어 있다"고 믿는다.[100] 그러나 바울도 그 현상을 그렇게 생각했을까?

이는 아마 근대 이전에 지배적인 견해였을 것이다. 이레네우스는 "하나님의 영을 받은 자들은 … 성령으로 말미암아 모든 [종류의] 언어를 말한다"고 진술한다(*Against Heresies*, 5:6:1; *ANF*, vol. 1, p. 531). 내용은 성령의 사역에 대한 강해인데, 그곳에서 그는 유명한 말, 그리스도와 성령은 "하나님의 [두] 손"이라고 한다. 그러한 견해는 오리겐이 쓴 것으로 본다. 그러나 나는 그러한 구절을 발견할 수 없었다. 사실 원리에 관하여 2:8:2에서 그는 방언을 말하는 것을 아무 생각이 없는 것으로 여기는 것 같다(고전 14:15, "내가 영으로 기도하고," "지성으로"와 대조되는; *ANF*, vol. 4, p. 287). 켈수스 논박 7에서 그는

---

97. Max Turner, "Early Christian Experience and Theology of Tongues—A New Testament Perspective," in *Speaking in Tongues: Multi-Disciplinary Perspectives*, ed. Mark J. Cartledge (Milton Keynes: Paternoster, 2006), p. 12.
98. Turner, *The Holy Spirit and Spiritual Gifts*, p. 222.
99. Frank Macchia, "Babel and the Tongues of Pentecost: Reversal or Fulfilment? — A Theological Perspective," in *Speaking in Tongues*, ed. Mark J. Cartledge, pp. 34-51.
100. Macchia, "Babel," in *Speaking in Tongues*, ed. Mark J. Cartledge, p. 43.

"이성적인 사람도 전혀 그 의미를 찾을 수 없는 광신적이고 식별할 수 없는 말"을 언급하고 있다(*ANF*, vol. 4, p. 614). 존 크리소스톰은 방언의 중단을 강조한다. 그러나 이것이 "그때 방언이 행해졌다"는 어떠한 증거도 제공하지 않는다고 주장한다(고린도전서 설교, 6; 또한 *NPNF*, ser. 1, vol. 12, p. 31). 성령은 일차적으로 사도의 증거이다(고린도후서 설교, 12; *NPNF*, ser. 1, vol. 12, p. 338).

그러나 예루살렘의 시릴에게서, 그가 비록 일차적으로 사도행전 2장을 언급하기는 하지만, 언어에 대한 은사는 명백해진다. 그는 갈릴리 사람 베드로나 안드레가 페르시아어나 메데어를 말했으며, 그리스어를 잘 구사하도록 배우는 데 여러 해가 걸렸다고 믿는다. 그러나 그는 "성령이 그들에게 많은 언어를 한 번에 가르쳤는데, 그 언어는 그들의 생애에 전혀 알지 못한 것이었다"(*Cathechetical Lectures*, 17:16; *NPNF*, ser. 2, vol. 7, p. 128). 포이티어의 힐러리는 "해석된 언어"가 외국어로 의사소통할 수 있다는 것을 의미하는 것 같다(*On the Trinity*, 8:30; *NPNF*, ser. 2, vol. 9, p. 146). 어거스틴은 "다른 언어들"을 사도행전 2장에 연결시킨다. 그러나 이것을 "교회의 첫 시작의 연장"으로 제한시키는 것 같다(*Answer to the Letters of Petilian the Donatist*, 2:32:74; *NPNF*, ser. 1, vol. 4, p. 548; 그리고 *On baptism, Against the donatists*, 3:16; *NPNF*, ser. 1, vol. 4, p. 443).

우리는 토마스 아퀴나스와 피터 롬바르드에게서 또 다른 견해를 추적할 수 있다. 에라스무스는 이 은사는 다양한 언어로 말하게 하기 위해 주어진 것이라고 단언한다(Erasmus, *Opera Omnia: Epistola Pauli ad 1 Corinthios Prima*, vol. 6 [Leiden, 1705], p. 898; 라틴어. *ut idem variis linguis loguatur*). 비슷하게 존 칼빈은 사도행전 2:1-10에 관련하여 해석된 방언을 언급한다. 그는 이렇게 쓰고 있다. "해석자들은 외국어를 자국어로 번역한다."[101] 심지어 19세기의 찰스 하지도 방언을 언어학적 번역으로 본다.[102] 오늘날 우리는 J.G

---

101. John Calvin, *First Epistle to the Corinthians* (Edinburgh: Oliver & Boyd and St. Andrews, 1960), p. 263.
102. Charles Hodge, *The First Epistle to the Corinthians* (London: Banner of Truth, 1958), p.

데이비스, 로버트 건드리, 크리스토퍼 포브스의 학술 저작에서 이 견해를 볼 수 있다.[103] 포브스는 "나는 누가처럼 바울이 글로소랄리아glossolalia를 배우지 않은 인간의 언어, 그리고 (어쩌면) 신적이거나 천사의 언어를 말하는 기적인 능력으로 이해했다고 확신한다"고 단언한다.[104] 데니스Dennis와 리타 베네트Rita Bennett는 사적인 기도나 찬양이 방언의 주된 용도임을 인정하지만, 좀 더 대중적인 수준에서 고린도전서 14:21, "내가 다른 방언을 말하는 자와 다른 입술로 이 백성에게 말할지라도"를 인용한다. 그들은 "방언은 불신자들에게 알려진 언어일 수 있다"고 진술한다.[105]

이와는 정반대로, 시릴 G. 윌리엄스Cyril G. Williams는 "고린도전서 14:10-11을 볼 때, 고린도 교회의 현상은 제노글로시아xenoglossia(배운 적이 없는 언어를 말함)가 아니라는 것이 분명해지는 것 같다"고 단언한다.[106] 바울은 고린도전서 14:11에서 이렇게 말한다. "내가 그 소리의 뜻을 알지 못하면 내가 말하는 자에게 외국인이 되고 말하는 자도 내게 외국인이 되리니." 글로소랄리아는 사람들 사이의 인식 가능한 소통의 말을 가리키지 않는다. 듣는 사람에게 아무것도 전달하지 않는다는 방언과 언어에 대한 바울의 유추는 의심의 여지를 남기지 않는다. 윌리엄스에 따르면, "그가[바울] 방언의 은사를 배우지 않은 언어를 기적적으로 말하는 것으로 생각했다는 것에는 조금도 의심의 여지가 없다."[107] 셰릴 브리지스와 오순절주의 작가 프랭크 마키

248.

103. J. G. Davies, "Pentecost and Glossolalia," *JTS* 3 (1952): 228-31; Robert H. Gundry, "Ecstatic Utterances (N.E.B.?)," JTS 17 (1966): 299-307; 그리고 Christopher Forbes, *Prophecy and Inspired Speech*, pp. 60-64.

104. Forbes, *Prophecy and Inspired Speech*, p. 64.

105. Dennis and Rita Bennett, *The Holy Spirit and You* (Eastbourne: Kingsway, 1974), pp. 93-95.

106. Cyril G. Williams, *Tongues of the Spirit* (Cardiff: University of Wales Press, 1981), p. 31.

107. Williams, *Tongues of the Spirit*, p. 222; 참조. Cyril G. Williams, "Speaking in Tongues," in *Strange Gifts 2: A Guide to Charismatic Renewal*, ed. David Martin and Peter Mullen (Oxford: Blackwell, 1984), pp. 79-82.

아는 이렇게 말한다. "바울이 방언을 제노랄리아*xenolalia*로 이해했을 것 같지 않다. 왜냐하면 그는 고린도전서 14장 어디에서도 그 은사를 자연스럽게 이해하는 것이 가능하다고 생각하지 않기 때문이다."[108] 어떤 사람들은 이것을 통역하지 않은 방언에만 적용해야 한다고 주장한다. 그러나 첫째, 우리는 "방언 통역"을 독립된 제목으로 고찰할 것이다. 둘째, 방언이 공개적으로 행해지지 않는다면, 상호 간의 소통이 적용되는 것 같지 않다. 지금은 아주 잠깐 방언 "통역"의 문제를 연기해야만 한다. 한편 시릴 윌리엄스는 다시 이렇게 말한다. "고린도 교회의 현상은 이해할 수 없는 방언이며 … 통제되지 않은 행동이라는 널리 알려진 견해를 포기해야 할 설득력 있는 이유를 발견하지 못했다."[109]

자넷 에버츠 파워즈는 방언은 교회의 선교적 지상명령에 속하기 때문에 외국어를 말하는 것이라는 초기 오순절주의의 믿음을 호의적으로 고찰한다. 그녀는 확실히 바울보다는 사도행전 2장을 선호한다. 그러나 그녀는 바울이나 다른 어느 곳에서도 선교와 관련된 소통 현상으로서 방언을 사용한다는 "성경적 증거를 전혀" 발견하지 못했다고 말한다.[110] 그들은 토착어로 복음을 전파했다. 그녀는 소통의 시대에 와서 이 견해는 이 은사를 전근대적 시대에나 적합했을 것으로 보는 "중단주의자들"의 손에 붙들린 인질이 되었다고 주장한다. 그녀는 방언이 선교와 어떤 관계가 있다면, "방언은 신자들이 성령으로 능력 있게 되었다는 증거"라고 결론을 내린다.[111]

이상의 주해적 신학적 문제 외에도, 윌리엄 사마린의 유명한 작품, 특별히 『사람의 말과 천사의 말』에 따르면 글로소랄리아를 녹음하고 언어학적 기준을 적용한 결과, 아기의 옹알이나 마법의 주문과 유사성이 있으며, 유사

---

108. Cheryl Bridges and Frank Macchia, "Glossolalia," in *The Encyclopedia of Christianity*, vol. 2 (Grand Rapids and Cambridge: Eerdmans, 2001), p. 413; 참조. pp. 413-16.
109. Williams, *Tongues of the Spirit*, p. 30.
110. Janet Everts Powers, "Missionary Tongues?" *JPT* 17 (2000): 39-55.
111. Powers, "Missionary Tongues?" *JPT* 17 (2000): 53.

언어로서 표면적으로만 특정한 언어의 특징을 가지고 있음을 발견했다.[112] 그는 이를 "언어의 허울에 불과한" 것으로 표현했다. 확실히 자연적인 언어로 말하는 것으로 보이는 많은 사례들이 있다.[113] 비전문 연구자들이나 신학자들이 이것을 평가하기는 어렵다. 그러나 토론토 대학의 언어학자인 사마린Samarin은 언어학과 인류학적 입장에서 이것을 제노랄리아xenolalia라고 하는 방식으로 사회과학적으로나 언어학적으로 적절히 평가되지 못했다고 단호히 주장한다. 이것이 아마 카트리지가 최근의 저서에서 성경적, 언어학적, 정치적, 심리학적, 사회학적 관점을 한데 모은 이유일 것이다.[114] 그는 또한 6개 국가의 교회 단체들을 분석했다. 그는 사람들이 단지 주어진 언어에 들어맞는 음절만을 인식하는 것 같다는 반론에 답한다. 그는 또한 펠리시타스 굿맨의 작품을 언급한다. 굿맨은 인류학적 입장으로 방언 현상에 접근하고, 그것은 무아지경과 같은 행위이며, 제노랄리아를 배제한다고 선언했다.[115] 그러나 방언을 말하는 많은 사람들은 그녀의 연구를 수용하기를 꺼린다.

(2) 해석의 스펙트럼의 정반대 끝에는 황홀경, 또는 황홀경의 발화가 있다. New English Bible은 방언에 대해 이 번역을 선호한다. 로버트 건드리는 이것을 공격했다.[116] 황홀경의 체험은 사람의 말을 초월한 것을 표현하려고 할 때, 웃거나, 울거나, 손뼉을 치는 것과 유사한 하부 언어적 소리로 표현될 수 있다. 많은 사람들은 바울이 불분명한 음악 소리를 언급한 것을 인용한다(고전 14:7-9). 이 음악 소리는 애매한 신호나 "인지할 수 없는 말"과 유사하다(14:9). 그들은 또한 "말하는 것이 어린아이와 같고"라는 그의 언급

---

112. William J. Samarin, *Tongues of Men and Angels: The Religious Language of Pentecostalism* (New York: Macmillan, 1972).

113. Ralph W. Harris, *Spoken by the Spirit: Documental Accounts of "Other Tongues" from Arabic to Zulu* (Springfield, MO: Gospel Publishing House, 1973).

114. Cartledge (ed.), *Speaking in Tongues*.

115. Felicitas Goodman, *Speaking in Tongues: A Cross-Cultural Study of Glossolalia* (Chicago: University of Chicago Press, 1972).

116. Gundry, "'Ecstatic Utterance' (N.E.B.?)," *JTS* 17 (1966): 299-307.

에 호소한다(고전 13:11, "어린아이"[Greek. nēpis]는 "유아", "아기", 또는 "매우 어린아이"를 가리킬 수 있다. 반면 NRSV는 일반적으로 "어린이"를 가리킨다).[117] 이것은 특별히 "어린아이의 일"을 버리고 어른이 된다는 입장에서, 아기의 옹알이를 의미할 수 있다(13:11). 그러므로 14:20에서 바울은 이렇게 말한다. "지혜에는 아이[Greek. paidia]가 되지 말고, 지혜에는 장성한 사람[Greek. teleioi, '성숙']이 되라."

그다음 데니스와 리타 베네트가 생각하는 구절은 외국어의 번역을 언급하고 있다. "내가 다른 방언을 말하는 자와 다른 입술로 이 백성에게 말할지라도"(14:21). 바울은 이사야서 28:11-12을 상기하고 있다.[118] 그러나 이사야서의 말씀은 하나님의 심판의 방법으로서 앗시리아인들의 도래를 언급하고 있다. C. D. 스탠리와 다른 많은 바울 전문가들은 이것의 의미를 데니스와 리타 베네트와는 전혀 다르게 보고 있다.[119] 추방당하고 멸망당한 이스라엘은 그들 사방에서 "낯선 언어"를 듣게 될 것이며, 소외감과 향수를 느끼게 될 것이다. 바울은 이것을 자신의 교회에서 안락하고, 환영을 받으며, "집에 있는 것 같은" 그리스도인들이 듣는다고 하는 것은 적절하지 않다고 본다. 이처럼 방언은 "믿지 아니하는 자들을 위한" 표징이다(14:22). 즉 그리스도인들은 믿지 않는 자들과 하나님의 징계를 받는 자들의 위치에 놓여서는 안 된다. 나는 이를 다른 곳에서 더 충분히 설명했다.[120] 이 모든 것 외에도, 누군가 방언을 말할 때 그의 "마음은 열매를 맺지 못한다"(고전 14:14). 아무도 그 말에 "아멘"을 할 수 없다(14:16). "예언"은 마음을 변화시키고 "하나님이 너희 가운데 계신다"는 고백으로 인도하지만(14:25), 방언의 경우에는 교회로 들어온 불신자들과 외부인들에게 "너희는 미쳤다"(14:23; Greek.

---

117. Danker, BDAG, p. 671.
118. Bennett, *The Holy Spirit and You*, p. 94.
119. C. D. Stanley, *Paul and the Language of Scripture*, SNTSMS 64 (Cambridge: Cambridge University Press, 1992), pp. 197-205.
120. Thiselton, *The First Epistle to the Corinthians*, pp. 1120-22.

mainesthe, "정신이 나간, 미친, 또는 발광하는")는 말을 듣게 될 것이다.[121] 누가의 말로 하면, "왁자지껄"(babble)은 바벨의 역전을 의미하지 않을까?

(3) 우리는 방언에 관한 주요 견해 중 하나만 제외하고 모두 살펴보았다. 그러나 나의 원문 주석에는 세 개의 견해를 더 제시했는데, 그중 둘은 거의 지지하지 않고 세 번째 것은 고찰할 만하다.[122] 첫 번째 것은 방언이 천사의 말이라는 것이다. 얼 엘리스와 다우첸베르그는 이 견해를 주장하고, 벤 위더링턴은 어느 정도 동의한다. 이 견해는 쿰란문서, 희년서, 그리고 유대교 묵시문학의 평행구절들에 의존하고 있다(참조. 희년서 25:14; 욥의 언약 48:1-50:3; 에녹1서 40 그리고 70:11). 그러나 웨인 그루뎀과 E. B 알리오는 이 견해를 사변적이며, 몬타누스주의의 믿음을 반영하고 있다고 거부한다. 두 번째 견해는 방언을 예배 의식용의, 고대의, 리듬을 가진 문구의 반영이라고 본다. F. 불릭은 1829년에 이 견해를 주창했고, 60년 후 C. F. G. 하인리치가 그 뒤를 이었다. 오늘날에는 방언을 상태 표시등으로 보는 데일 마틴의 견해와 연결될 수도 있지만, 이 견해는 널리 퍼지지 못했고, 사변적이라고 비난을 받는다. 그러므로 우리는 세 번째 견해를 살펴보기로 한다.

(4) 사실 이 견해는 바울의 무의식의 중요성에 대한 게르트 타이센의 연구에 의존하고 있다. 이것은 3부에서 상세하게 살펴볼 것이다.[123] 흔히 오순절주의자들은 "심리학적" 해설을 묵살한다고 한다. 그러나 타이센은 일차적으로 신학자로서 글을 쓴다. 그는 독창적으로 "마음의 비밀"에 대한 바울의 관심을 고찰한다. 마음의 비밀은 프로이트 이래, 무의식이라고 부르고 있다. 하나님의 사랑이 성령으로 말미암아 우리 마음에 부어진다(롬 5:5). 그리고 우리가 인식하지 못한 죄와 습관을 다시 만들어낸다. 죄와 성화는 단지 의식적인 문제가 아니다. 오순절주의자인 프랭크 마키아가 로마서 8:26을 "방

---

121. Danker, BDAG, p. 610.
122. Thiselton, *The First Epistle to the Corinthians*, pp. 970-88.
123. Gerd Theissen, *Psychological Aspects of Pauline Theology* (Edinburgh: T&T Clark, 1987).

언"의 예로 본다는 것은 이제 잘 알려져 있다. "성령이 우리를 위하여 친히 간구하시느니라. 마음을 살피시는 이가 성령의 생각을 아시나니 이는 성령이 하나님의 뜻대로 성도를 위하여 간구하심이니라"(롬 8:26-27).[124] 이 견해는 또한 (에른스트 케제만이 그랬듯이) 방언이 억제됨의 해방과 자유의 체험을 의미할 수도 있다고 하는 크리스터 슈텐달이 쓴 중요한 글에서 나타나 있다.[125] 슈텐달의 주된 경고는 만약 그것이 영속적인 관행이 된다면 성숙한 그리스도인들이 "고압적인" 건강하지 않은 신앙을 발견하게 되리라는 것이다.

우리는 네 번째 기고를 3부에서 20세기 말과 21세기 저자들 가운데 타이센과 마키아를 고찰할 때 더 자세하게 볼 것이다. 이것은 다른 견해들과 양립할 수 없는 것이 아니다.

6.5. 성령의 인격성

우리가 바울의 성령론의 가장 독특한 특징에 대해 물을 때, 이것 역시 논란의 여지가 있음을 알 수 있다. 세 가지 문제가 여전히 주의를 끈다. (1) 바울은 성령을 하나님의 인격적인 대리인으로 보지만, 그의 접근은 요한복음과 정확하게 일치하지 않으며, 여전히 논쟁 중이다. (2) 바울의 서신에는 삼위일체적 암시들이 있다. 아타나시우스와 바실은 고린도전서 2:14-16, 고린도후서 13:13뿐만 아니라 고린도전서 12:4-7을 광범위하게 사용했다. (3) 바울이 "성령으로 세례를 받는다"고 말할 때(고전 12:13), 어떤 이들은 이것이 그리스도인이 되는 체험을 언급한 것이라고 한다. 반면 다른 사람들은 이것이 그리스도인이 된 후에 일어나는 체험을 가리킨다고 믿는다. 더욱이

---

124. Frank D. Macchia, "Groans Too Deep for Words," *Asian Journal of Pentecostal Studies* 1 (1998): 149-73.
125. Krister Stendahl, "Glossolalia — the New Testament Evidence," in his *Paul among Jews and Gentiles* (London: SCM, 1977), pp. 109-24.

이것은 복음서들이 시사하고 있는 것과 동일한 체험인가(막 1:8)?

첫째, 성령의 인격성에 대하여, 우리는 대다수의 사람들이, 심지어 그리스도인들도 성령을 "그것"it이라고 지칭한다는 사실을 직시해야 한다. 그들은 성령을 아마도 증기나 전기의 유추에 의해 강력한 힘이라는 개념을 발전시켰을 것이다. 이러한 견해가 그렇게 넓게 퍼진 것은 기독교 설교와 교육에서 이상한 점이다. 과거의 두 가지 요인이 여기에 기여했는데, 하나는 그럴듯하고 하나는 참되다. 이뿐 아니라 성령은 기껏해야 삼신론 정도에 불과한 것에서 종종 하나님으로부터 분리되기도 한다.

첫째, "종교사학파"에 속한 브레슬라우와 할레Halle의 파울 파이네(1859-1933)는 고대 세계는 우리가 가진 엄격한 인격 개념을 알지 못했을 것이며, 이름, 얼굴, 영혼, 몸 등과 같은 우회적 표현만 사용할 수 있었다고 주장했다. 루돌프 불트만은 "성령은 미래의 힘이라고 불릴 수 있을 것이다"라고 주장했다.[126] 그러나 바울은 우리 곁에 와서 우리를 돕는 것과 같은(Greek. *synantilambancetai*, 롬 8:26) 성령의 인격적 활동에 대해 말했다. 린제이 디워는 이에 대해 "대단히 인격적인 단어"라고 부른다.[127] 그리스어에 인격에 해당하는 특정한 단어가 있을지라도, 인격의 개념을 가지고 있는지 여부와는 아무 관계가 없다. 제임스 바James Barr는 이것을 단어 개념의 오류라고 부른다. 그는 이렇게 말한다. "어휘망 자체는 궁극적으로 아무 상관이 없다. '어휘망'의 … 개요가 근본적인 오류일 수 있다. 신학적 사고는 … 개개의 단어가 아니라, 단어의 조합이나 문장 안에서, 즉 단어의 용법 안에서 특징적인 언어학적 표현을 갖는다."[128] 분명히 러시아어와 달리 영어가 옅은 파란색과 짙은 파란색에 해당하는 특별한 단어를 가지고 있지 않다면, 옥스퍼드 대학

---

126. Rudolf Bultmann, *Theology of the New Testament*, vol. 1 (London: SCM, 1952), p. 335.

127. Lindsay Dewar, *The Holy Spirit and Modern Thought* (London: Mowbray, 1959), p. 71.

128. James Barr, *The Semantics of Biblical Language* (Oxford: Oxford University Press, 1961), pp. 38, 233.

과 캠브리지 대학 간의 조정경기 때에 혼란을 가져오게 된다. 왜냐하면 이 것이 우리의 옅은 파란색과 짙은 파란색에 대한 개념을 방해하지 않기 때문 이다. 마찬가지로 우리는, 바가 제안한 바와 같이, 프랑스어가 대부분의 사 물을 남성과 여성으로 부르기 때문에 더 "에로틱"하다거나, 터키사람들은 그들의 언어에 성의 구분이 없기 때문에 성을 인식하지 못한다고 주장해서 는 안 된다. 우리는 문법과 어휘의 문제를 고찰하는 중이다.

바는 우연한 사건과 관습의 산물인 문법적 성으로부터 인격적 특성인 성을 추론하는 것을 거부한다. 바는 "문법은 엄격하게 언어학적 방법을 따 르지 않는다"고 단언한다.[129] 히브리어 "영"*rûach*이 여성이며, 그리스어의 "영"*pneuma*이 중성인 것은 관습에 따른 것이다. 단지 테크논*teknon*, "어린 이"가 중성이라고 해서 그리스인들이 어린이를 인격체로 여기지 않았다는 것을 의미하지 않는다. 하나님과 성령은 인간의 성을 초월하기 때문에, 부성 적인 특성과 모성적인 특성을 적용한 성경 구절들처럼, "남성적인 특성"과 "여성적인 특성" 모두가 그들에게 부여되어 있다.

더 큰 난제는 바울이 종종 성령을 유동체나 유동성인 것처럼 말하는, 두 번째 요인에서 비롯된다. 불트만은 이를 "역동적 사고"라고 한다. 예를 들 면 성령을 "주시는 것", "부어주시거나" "공급하는 것"으로(롬 5:5; 고후 1:22; 5:5; 살전 4:8), 그리고 "성령"이 "능력"과 동의어로 보이는 구절들이다.[130] 그 는 이것이 더 인격적인 언어를 사용하는 "물활론적인" 언어와는 대조적이 며 "다른" 언어표현이라고 말한다. 그러나 이것은 성령이 비인격적인 힘임 을 의미하지 않는다. 인격적인 말도 사용된다. 예를 들면, 성령은 "우리 영과 더불어 우리가 하나님의 자녀인 것을 증언"한다(롬 8:16). 성령은 "모든 것을 통달"하고 "하나님의 일을 알고 있다"(고전 2:10-11).

문제는 "인격적"이란 단어만으로 성령이 인간과 동일한 의미로 "인격"

---

129. Barr, *The Semantics of Biblical Language*, p. 96.
130. Bultmann, *Theology of the New Testament*, vol. 1, pp. 155, 156.

임을 의미하느냐 하는 것이다. 바울은 "역동적" 언어에 인격적 언어의 특성을 부여함으로써, 성령이 인격보다 못하지 않은, 인격 이상이라는 것을 시사하고 있다. 성령은 초인격적이다. 성령은 하나님 자신의 인격과 같은 하나님으로부터 나온다. 우리는 하나님을 "그것" 또는 힘이라고 부르는 것을 꿈꾸어서는 안 된다. 그렇게 하는 것은 하나님을 비하하는 것이며, 인간이 하나님의 형상으로 창조되었기 때문에, 결국 인간을 비하하는 것이 될 것이다.

또는 우리는 성령에 관한 인격적 언어나 "역동적" 언어를 서로 별개로 해석해서는 안 된다. 이안 램지는 사실상 하나님에 대한 모든 말은 일상 언어로부터 "모델"을 차용하며, 유일하고 독특한 방식으로 하나님에 관한 진리를 함께 소통케 하는 방식으로 이 모델들을 "적합하게 한다." 예를 들면, 하나님은 단순히 "하나의 원인"이 아니라 "제일 원인"이다. 하나님은 단지 "지혜로운" 것이 아니라, "무한히 지혜롭다." 이처럼 "제일"과 "무한히"라는 말이 "원인"과 "지혜로운"이란 모델을 적합하게 한다.[131] 성령에 대한 말도 마찬가지이다. 인격적인, 또는 "물활론적" 언어는 모델을 제공한다. "역동적" 언어는 중요한 자질을 제공한다. 그 결과 성령은 비인격적이 아니며, 비인격적으로 두어서도 안 된다. 두 가지 표현은 성령이 초인격적임을 보여준다. 성령은 인간의 인격 이상이며, 이하가 아니다. 성령은 하나님이 초인격적이라는 동일한 의미로 초인격적이다.

6.6. 성령과 삼위일체

많은 신약학자들은 바울서신이나 신약성경 전체에서 삼위일체 교리를 발견하기를 꺼린다. 그러나 많은 사람들이 그것을 인정하는 데까지 이르렀다. 예를 들면 D. E. H. 화이틀리는 고린도전서 12:4-6과 고린도후서

---

131. Ian T. Ramsey, *Religious Language: An Empirical Placing of Theological Phrases* (London: SCM, 1957), pp. 61-71; 참조. pp. 49-89.

13:13("주 예수 그리스도의 은혜와…")에서 성부와 성자와 성령을 나란히 열거하는 것은 "삼위일체적 배경의 흔적"을 시사하고 있다고 주장한다.[132] 갈라디아서 4:6을 보면 성령은 성부 하나님과 분명하게 구별된다. "하나님이 그 아들의 영을 우리 마음 가운데 보내사." 그리고 로마서 5:5은 "우리에게 주신 성령으로 말미암아 하나님의 사랑이 우리 마음에 부은 바 됨이니"라고 말한다. 우리는 로마서 8:27에서 하나님과 성령 사이의 분명한 구별을 발견한다. "마음을 살피시는 이가 성령의 생각을 아시나니." 고린도전서 2:11-12은 "하나님의 일도 하나님의 영 외에는 아무도 알지 못하느니라." 네 개의 주요 서신서는 모두 이 점을 증언하고 있다.

똑같은 구별이 성령과 그리스도의 관계에도 나타난다. 가장 두드러진 예는 로마서 8:11이다. "예수를 죽은 자 가운데서 살리신 이의 영 … 그리스도 예수를 죽은 자 가운데서 살리신 이가 … 그의 영으로 말미암아 너희 죽을 몸도 살리시리라." 다른 구절들도 있다. 갈라디아서 3:13-14에서 바울은 이렇게 선언한다. "그리스도께서 … 우리를 속량하셨으니 … 우리로 하여금 믿음으로 말미암아 성령의 약속을 받게 하려 함이라." 고린도전서 12:4-6에서 "같은 성령"은 "여러 가지 은사"과 관련이 있으며, "같은 주님"은 "여러 가지 직분"에, 그리고 "같은 하나님"은 "여러 가지 사역"에 관련이 있다. 고린도후서 13:13은 이미 인용했다. "주 예수 그리스도의 은혜와 하나님의 사랑과 성령의 교통하심이 너희 무리와 함께 있을지어다." 다시 말하면, 네 개의 주요 서신 모두가 서로를 지지하고 있다.

그러나 화이틀리는 그의 바울 연구에서 이보다 더 나가는 것을 꺼려하는 것 같다. 마찬가지로 제임스 던조차 더 발전시키기보다는 초기 그리스도인의 경험에 대해 말하기를 선호하는데, 그것은 "하나님에 대한 삼위일체적 개념의 발전에 의미 있는 역할을 했을 수도 있다"고 말한다.[133] 그는 "더

---

132. D. E. H. Whiteley, *The Theology of St. Paul* (Oxford: Blackwell, 1964; 2nd ed. 1971), pp. 128-29.
133. James D. G. Dunn, *The Theology of Paul the Apostle* (Edinburgh: T&T Clark, 1998), p.

발전시켜 개념화하기에 … 너무 많은 혼란스러운 이미지"에 대해 말한다.[134] 기독론적 반향과 전승된 유일신론이 주로 삼위일체 문구의 빛을 잃게 만든다. 그는 "삼인조" 본문이라고 하면서 이렇게 결론을 내린다. "예수의 사역의 특성은 성령을 정의하는 특성이 되었다. … 이는 매우 유용한 시험을 … 예수의 특성에 제공할 수 있었을 것이다."[135] 던이 더 나아가기를 꺼렸던 이유는 신약의 유일신론 때문이었고, 이는 1세대 그리스도인들이 굴복할 수 없었을 것이다. 왜냐하면 유일신론은 초기 기독교 신조에서 고백한 것이고(고전 8:4-6), 하나님에 대한 유대인들과의 토론은 다른 대안이 거의 없었기 때문이다.

확실히 던과 화이틀리는 대다수 사람들보다 더 나아갔다. 우리는 크리스티안 베커보다 더 말할 수 있는가? 즉, "바울은 초기 삼위일체론만을 가지고 있을 뿐이다(고전 12:4-11; 고후 13:13). … 그러므로 우리는 후기의 발전을 바울에게 넣어 읽어서는 안 된다. 바울의 '삼위일체' 구성은 묵시론적-단일신론적이다(고전 15:28). 즉 그리스도와 성령은 하나님의 '손'으로서 그리스도와 성령에 대한 이레네우스의 개념과 다르지 않은 - 묵시론적 천상적인 하나님의 '연합'으로 기능한다. 우리는 바울이 더 완전한 삼위일체 개념으로 나가고 있었다고 말할 수 있다. … 아직 … 바울은 완전한 삼위일체 구도를 가지고 있지 않다."[136]

우리는 화이틀리, 던, 베커에 반대하는 것에 신중해야 하지만, 아직도 더 할 말이 남아 있다. 우리는 세 가지 요소를 더 인용해야 한다. 첫째는 오리겐, 아타나시우스, 대 바실, 아마도 그레고리는 삼위일체론 형성을 위해 바울의 주해에 의존하는 정도이다. 그들은 그것이 바울의 견해를 나타낸다고

264.
134. Dunn, *The Theology of Paul*, p. 265.
135. Dunn, *The Theology of Paul*, p. 263.
136. J. Christiaan Beker, *Paul the Apostle: The Triumph of God in Life and Thought* (Edinburgh: T&T Clark, 1980), p. 200.

믿었다. 둘째는 위르겐 몰트만과 볼프하르트 판넨베르크의 삼위일체 해설이다. 그들은 신약성경의 이야기로부터, 또는 그들이 말하는 대로 하면, "아래로부터" 추론하는 것이 더 낫다고 주장한다. 그러면 이는 나중의 모델이자 유추의 구성임을 시사한다. 그리고 이것은 신약성경 자체에서는 명확하지 않다. 이 접근법은 전적으로 설득력이 있다. L. 허타도 또한 최소한 "이위일체론"은 유일신론을 부인하지 않으면서, 변경된 것으로서 바울의 전승된 유일신론에 의존하고 있다고 주장한다.[137]

먼저 교부들을 보면, 그들은 바울의 자료에 구조적으로 "덧붙이지" 않는다. 그러나 그들은 이미 바울의 것(또는 때때로 요한의 것)이라고 해설하고 있다는 인상을 준다. 1세기에 클레멘트는 성부, 성자, 성령의 주제를 조직화한다. 그는 "하나님이 살아계신 것 같이, 주 예수 그리스도는 살아계시며, 성령은 동시에 택한 자들의 믿음과 소망이 되신다"(클레멘트1서 58)라고 쓰고 있다. 스탠리 버지스는 이렇게 말한다. "주교의 편지는 신약성경 성령론에 아무것도 더하지 않았음을 보여준다."[138] 잘 알려진 바와 같이, 터툴리안(C.160-C.225)은 최초로 삼위일체 교리를 정의했다. 예를 들면 그는 이렇게 말한다. "나는 성부와 성자와 성령은 서로 분리될 수 없으며 … 그들은 서로 구별됨을 증언한다. … 성부는 전 본체[substantia, Being]이다. 그러나 아들은 전체의 기원이며 부분이다. … 그러므로 그는 보혜사 안에서 세 번째 [별개의] 등급을 보여주었다. … 그들은 인격에 있어 구별된다"(터툴리안, 이단논박, 25; 또한 ANF, vol. 3, p. 621; 이단논박, 7-9; ANF, vol. 3, p. 602-3). 첫 번째 인용에서 터툴리안은 단순히 "이단"을 반박하는 것이 아니다. 그는 요한복음 14:10, 11, 16; 16:14; 17:1, 11, "나와 아버지는 하나이니라"를 인용한다(요 10:30). 둘째 구절에서 그는 고린도전서 2:11을 인용한다. 그는 진정 바울과

---

137. L. W. Hurtado, *Lord Jesus Christ* (Grand Rapids: Eerdmans, 2003), pp. 48-53 and 64-78.
138. Stanley M. Burgess, *The Holy Spirit: Ancient Christian Traditions* (Peabody, MA: Hendrickson, 1984), p. 18.

요한에게 호소한다.

229-30년경 오리겐은 제일 원리에 관하여를 썼다. 이는 그리스 저자에 의해 씌어진 성령에 관한 첫 번째 조직적인 논문이다. 다시 그는 터툴리안처럼 요한과 바울을 끌어온다. 그는 사도들이 "성령이 성부와 성자에게 영예롭고 위엄 있게 연합되어 있음을 전했다"고 선언하고, "성경으로부터 탐구되어야 할 문제"라고 말했다(제일 원리에 관하여, 1, 서문3; 또한 PG, vol. 11, cols. 117-18A).[139] 이것은 후에 가이사랴의 바실이 모든 그리스도인에게 치명적으로 중요한 것으로 설명한다. 제일 원리에 관하여 1:3:4에서, 오리겐은 고린도전서 2:10을 인용하면서 "성부에 관한 모든 지식은 성령으로 말미암아 아들의 계시에 의해 획득된다"고 주장한다. 그리고 나아가, 성령은 언제든지 "아직 아니"라는, 그리고 "이것이 사실이라면, 성령은 삼위일체의 연합 안에, 즉 성부와 그의 아들과 나란히 있는 것으로 여겨질 수 없을 것이다"라는 견해를 거부한다(1:3:4; 또한 ANF, vol. 3, p. 253).

계속해서 오리겐은 바울을 언급한다. 제일 원리에 관하여 1:3:5에서, 오리겐은 이렇게 단언한다. "하나님에 의하여 구원에 이르는 중생은 삼위일체 전체의 협력으로 … 성부와 성자와 성령과 관계가 있다."(또한 ANF, vol. 4, p. 253). 다시금 그는 다음 장에서 고린도전서 12:3을 인용한다. "성령으로 아니하고는 누구든지 예수를 주시라 할 수 없느니라." 그리고 12:4-7을 인용하며 "은사는 여러 가지이나 성령은 같고 … 주는 같으며 … 하나님은 같으니"라고 말한다. 바울은 "삼위일체의 능력은 하나이며 동일하다"고 분명하게 말하고 있다(오리겐, 제일 원리에 관하여, 1:3:7; ANF, vol. 4, p. 253). 바울의 이와 같은 선언은 "성부와 성자와 성령의 연합"을 확증한다(1:3:8). 우리는 오리겐에게서 또 다른 구절들을 인용할 수 있을 것이다. 그러나 현재로서 우리는 단순히 우리가 인용한 것들의 목적은 추측이나 "발전"이 아니라, 오리겐이 바울을 충실하게 반영하고자 했다는 것만을 지적할 뿐이다.

---

139. ANF, vol. 4, p. 240.

알렉산드리아의 아타나시우스(C.296-373)는 그의 친구 트무이스Thmuis의 주교 세라피온Serapion의 편지를 받는다. 그는 콘스탄티우스에게서 도망하여 사막에 있었는데, 그에게 그의 교구의 어떤 그룹이 성령을 경멸하는 견해를 가지고 있다고 알려 왔다. 358-59년에 아타나시우스는 세라피온에게 보내는 편지에서 이렇게 답변을 했다. 그는 편지 1-4:7에서 그가 "트로피치"Tropici라고 부르는 자들을 직면하고 있다. 아타나시우스는 성령은 피조된 존재일 수 없다고 한다. 왜냐하면 그렇게 되면 삼위일체를 창조주와 피조물로 이루어지게 만들기 때문이다(세라피온에게 보내는 편지, 1:2; 1:29). 1:28에서 아타나시우스는 이렇게 쓴다. "그러므로 완전하고 거룩하며, 성부, 성자, 성령 하나님으로 고백하는 삼인조가 계신다. … 모든 것을 창조하시고 … 본질적으로 분리할 수 없으며, 그 활동은 하나이시다. 성부는 말씀과 성령을 통하여 모든 것을 하신다. 이처럼 성삼위의 연합은 보존된다." 그는 이 진리를 사도에게서 배웠다고 주장한다. 그는 이 진리를 성경과 독립된 것으로 보지 않는다. 그는 특별히 고린도전서 12:4-6과 고린도후서 3:13을 의지하고 있다. 마이클 헤이킨은 이렇게 결론을 내린다. "이처럼 아타나시우스는 그들의 연합된 활동 속에서 세 위격의 상호내재성을 진술하는 데로 이끌렸다."[140] 헤이킨은 반복해서 아타나시우스의 결론과 표현 문구는 고린도전후서의 건전한 주해에 의한 것임을 보여준다. 우리는 2장에서 이를 더 고찰할 것이다.

365년 가이사랴의 바실(대 바실, C.330-79)은 유노미우스 논박*Against Eunomius*에서 성령론에 관한 짧은 강론에 착수했다. 그는 금욕생활보다는 정통교회의 연구와 저술을 위해 가이사랴의 유세비우스 주교의 부름을 받는다. 그리고 372년 유세비우스의 주교직을 계승한다. 그도 아타나시우스처럼 성령을 폄하하는 자들, 주로 유노미우스가 인도하며 특별히 세바스테에

---

140. Michael A. G. Haykin, *The Spirit of God: The Exegesis of 1 and 2 Corinthians in the Pneumatomachian Controversy of the Fourth Century*, Supplements to Vigiliae Christianae 27 (Leiden and New York: Brill, 1994), p. 95.

기반을 둔 한 그룹과 논쟁해야만 했다. 마이클 헤이킨이 아타나시우스와 유사점과 차이점을 잘 요약하고 있다. 헤이킨은 이렇게 선언한다. "아타나시우스의 초점은 삼위 하나님의 분리될 수 없는 본성에 있는 반면, 바실의 강조점은 성령의 본성적 거룩함 … 부여받지 않은 거룩에 있다."[141] 헤이킨은 이렇게 덧붙인다. "바실은 성령은 성부와 성자와 동등한 영예와 영광을 받아야만 한다고 주장한다."[142]

바실에게 있어 3중의 영광송은 세례에서 삼위의 이름으로 행하는 것과 같은 특별하고 결정적인 위치를 차지한다. 우리가 예상했던 것처럼, 고린도전서 2:10-11, "… 하나님의 일도 하나님의 영 외에는 아무도 알지 못하느니라"는 바실에게 지배적인 역할을 했다(바실, 유노미우스 논박, 3:4; 성령에 관하여, 24:56). 성령은 "그리스도의 형상"을 활기 있게 한다(성령에 관하여, 15:35). 성령이 계시적이고 영원하며 삼위일체적인 것은 분명하게 바울 신학적이다. 그것은 바울로부터 후대로 "발전"한 것이 아니다. 우리는 제2부에서 아타나시우스와 바실에게 되돌아갈 것이다.

두 번째 논증은, 베커와 던과는 대조적으로 어떤 학자들은 신약성경에서 삼위일체를 발견하는 데로 더 나아가려고 준비하고 있다는 것이다. 예를 들면, 아서 웨인라이트는 이렇게 말한다. "성령은 종종 하나님과 밀접하게 연결된 인격체임을 시사하는 말로 묘사되곤 한다. … 성령을 인격적인 존재로 여기는 증거가 풍부하다. 성령은 슬픔과 승인을 경험할 수 있다. … 바울은 … 성령이 한 인격체인 것처럼 성령에 대해 말한다. 성령은 슬퍼하고, 증언하며, 울고, 인도하며, 중보 기도한다."[143] 그리스도는 하나님을 나타낼 수 있고, 하나님의 권위로 말할 수 있으며, 하나님과 함께 창조되지 않은, 또는 "피조물이 아닌" 분으로 여겨지는 것처럼, 성령의 경우도 전혀 이에 못하지

---

141. Haykin, *The Spirit of God*, p. 38.
142. Haykin, *The Spirit of God*, p. 44.
143. Arthur W. Wainwright, *The Trinity in the New Testament* (London: SPCK, 1962), pp. 100-101.

않다. 분명히 둘 다 하나님으로부터 나온다(고후 5:19-21; 고전 2:10-16). 그러나 그들 사이에는 기능의 차이가 있다(고전 12:4-7). 웨인라이트는 빌립보서 3:3의 그리스어 호이 프뉴마티 데우라트류온테스*hoi pneumati theou latreuontes*를 "하나님의 영을 예배하는 자"로 번역한다. 왜냐하면 라트류에인*latreuein*은 통상 여격이 오면 예배의 대상으로 이해해야 하기 때문이다.[144]

웨인라이트는 삼위일체에 대한 해설이 교부시대까지는 발전하지 않았다는 점을 인정한다. 그러나 이 주장에는 양면이 있다. 바울은 편지를 쓸 때, 그의 주제에 삼위일체에 대한 해설을 하지 않았다. 그러나 이것은 바울이 삼위일체를 전제하거나 시사하지 않았다는 의미는 아니다. 예를 들어, 에베소서를 "바울 저작이 아니"거나 바울과 가까운 제자의 것이 아니라는 것을 부인하지 않는다면, 에베소서 4:4-6은 "성령도 한 분 … 주도 한 분 … 하나님도 한 분"임을 암시하고 있다.[145]

이제 세 번째 요점은 성령에 관한 "이야기식"narrative 접근법, 즉 몰트만, 판넨베르크, 가장 최근의 가톨릭 저자 유진 로저스의 접근법으로 옮겨간다. 몰트만은 "삼위일체 교리는 하나님 개념에 대한 교부시대의 신학 작업의 마지막에 위치하고 있다"라고 시인한다.[146] 그러나 그는 또한 진보적인 개신교 신자들이 그 교리와 "양립할 수 없는 반박"을 했다고 단언한다. 핵심 진술은 다음과 같다. "신약성경은 성부와 성자와 성령의 관계를 이야기식으로 선포함으로써 하나님에 대해 말한다. 그 관계는 교제의 관계이며 세상에 대해 열려 있다"(몰트만의 이탤릭).[147] 성부는 예수의 하나님 나라, 또는 통치 설교의 본질을 이룬다. 반대로 "하나님은 자신의 아들을 죄 많은 육신의 형상으로 보냈다"(롬 8:3-4).[148] 전체적으로 보아 "성자의 역사"는 다음을 의미한다.

---

144. Wainwright, *The Trinity in the New Testament*, pp. 227-28.
145. Wainwright, *The Trinity in the New Testament*, p. 259.
146. Jürgen Moltmann, *The Trinity and the Kingdom of God: The Doctrine of God* (London: SCM, 1981), p. 61.
147. Moltmann, *The Trinity and the Kingdom*, p. 64.
148. Moltmann, *The Trinity and the Kingdom*, p. 72.

"성부는 성령을 통해 성자를 보내신다. 성자는 성령의 능력으로 성부로부터 오신다. 성령은 사람들을 성자와 성부의 교제 속으로 데리고 오신다."[149]

하나님이 십자가에 못 박힌 예수를 "유기"하고 침묵한 것은 삼위일체의 위격 사이의 차별성을 보여준다. 그러나 "버림받고 저주받은 그 존재는 … 여전히 성자이다."[150] "여기서 삼위일체의 가장 내밀한 생명의 위기가 있다." 그러나 이는 "성령으로 말미암은 성부와 성자 공동의 희생이다."[151] 우리는 "예수 그리스도의 얼굴에서" 하나님의 영광을 보고(고후 4:4), 그리스도는 성령의 역사로 일으킴을 받는다(롬 1:4; 8:11; 고전 6:14). 예수의 부활에서 "성부는 생명을 주는 성령으로 말미암아 죽으신 성자를 일으킨다. 성부는 성자를 주님으로 보좌에 앉히시고 … 부활한 성자는 성부로부터 창조의 성령을 보내어 하늘과 땅을 새롭게 한다."[152] 몰트만은 그리스도의 죽음과 부활 안에서 성부-성령-성자 도식을 발견한다. 그리고 종말론적 완성에서 성령-성자-성부 도식을 발견한다.

삼위일체 모두가 창조, 구속, 종말에 참여한 것은 분명하다. 삼위일체는 유대교로부터 전승된 바울의 유일신론에 반대되는 것이 아니다. 왜냐하면 이는 아리안주의의 "가장 순수한 형태"의 유일신론과는 대조되는 것으로서, 주의 깊게 검증된 유일신론이기 때문이다.[153] 삼위일체는 샴록 칵테일이나 수학적, 또는 숫자적 공식과는 아무 관계가 없다. 교부들은 삼위일체에 대한 "숫자적" 접근을 "하나"와 "셋"에 대해 무신경한 오해라고 하여 거부했다.

볼프하르트 판넨베르크는 비슷하게 신약성경의 "삼위일체론의 시작"에 대해 말한다.[154] 그러나 신약성경에서도 우리는 "하나님의 부성적 선"과 "은

---

149. Moltmann, *The Trinity and the Kingdom*, p. 75.
150. Moltmann, *The Trinity and the Kingdom*, p. 80.
151. Moltmann, *The Trinity and the Kingdom*, pp. 81, 83.
152. Moltmann, *The Trinity and the Kingdom*, p. 8.
153. *Moltmann*, The Trinity and the Kingdom, p. 133.
154. Wolfhart Pannenberg, *Systematic Theology*, vol. 1 (Grand Rapids: Eerdmans and Edinburgh: T&T Clark, 1991), p. 259.

유보다 훨씬 더 큰" 아버지로서의 하나님을 본다(티슬턴의 이탤릭).¹⁵⁵ 예수의 입에서 나온 "아버지"는 하나님의 고유명사가 되었다. 바울은 예수를 "아들"로 나타내는데, 그 예는 로마서 8:9-16, 고린도전서 12:4-6, 고린도후서 13:13에서 볼 수 있다. 신자들은 그리스도의 아들 됨을 공유한다. 성령은 비록 "분리된 본질적 개체"는 아니지만, 상관관계에 있는 사역을 수행한다.¹⁵⁶ 바울은 그리스인들과 달리, 존재, 본질, 개체, 또는 본체에 관한 질문을 하지 않는다. 이것이 우리가 바울에게서 "삼위일체론"을 보는 것을 주저하게 하는 이유라면, 기술적으로는 이것이 옳을 수 있을 것이다. 다만 바울은 결코 그런 식으로 하나님에게 접근한 적이 없기 때문에, 바울에게서 삼위일체를 보는 것을 막을 수 없다. 오직 시대착오적인 의미에서만 바울이 "삼위일체적" 사고를 했음을 부인할 수 있다.

유진 로저스는 독특하게 예수의 세례를 언급하면서 신약성경의 삼위일체에 대한 이야기를 논한다.¹⁵⁷ 그러나 그는 예수의 창조로부터, 수태고지로부터, 성육신의 삶으로부터, 그리고 그리스도의 부활과 승천으로부터 이야기를 가져와서 삼위일체를 더 깊이 설명한다.¹⁵⁸ 그는 비록 폴 리꾀르만큼 충분히 확장시키지는 않았지만, 이야기는 인간성에 수반되는 사람의 인격을 정확하게 보여주는 장르라는 짧은 제안을 하기도 한다.¹⁵⁹

후대의 교리와 관련하여, 바울은 "양태론"의 근처에도 가지 않는다. 그리고 "성자 종속설"의 근거는 주로 고린도전서 15:28에 두고 있다. "아들 자신도 그때에 만물을 자기에게 복종하게 하신 이에게 복종하게 되리니 이

---

155. Pannenberg, *Systematic Theology*, vol. 1, pp. 259-61.
156. Pannenberg, *Systematic Theology*, vol. 1, p. 269.
157. Eugene F. Rogers, *After the Spirit: A Constructive Pneumatology from Resources outside the Modern West* (London: SCM, and Grand Rapids: Eerdmans, 2006), pp. 136-63.
158. Rogers, *After the Spirit*, pp. 98-134, 172-99, 200-212.
159. Rogers, *After the Spirit*, p. 457; 참조. Paul Ricoeur, *Time and Narrative*, 3 vols. (Chicago: University of Chicago Press, 1984, 1985, and 1988); 그리고 Ricoeur, *Oneself as Another* (Chicago: University of Chicago Press, 1992).

는 하나님이 만유의 주로서 만유 안에 계시려 하심이라." 또한 고린도전서 3:23, 11:3도 있다. 고린도전서의 상황 속에는 이에 대한 매우 특별한 이유가 있다. 세 구절이, 즉 "그리스도는 하나님의 것이니라"(3:23), "그리스도의 머리는 하나님이시라"(11:3), 모두 고린도전서에 오는 것은 우연이 아니다. 나의 고린도전서 주석에서 나는 그리스 종교에 관한 제임스 모페츠의 설명에 관심을 기울였다. 많은 그리스 종교집단에서는 "하나님" 또는 제우스가 그 집단의 신과는 대조적으로 멀고 희미한 신으로 등장한다. 그 집단의 신은 친밀하고 더 접근이 용이한 모습이었다.[160] 아스클레피우스, 세라피스, 그리고 유사한 종교집단의 신들은 중심되는 신으로서 최고신의 지위가 희미해지는 위험에 처해 있었다. 이는 고린도전서 1:12에 나오는 "그리스도"파의 실패와 평행되는 것일 수 있다. 네일 리처드슨은 고린도전서에 하나님의 위엄이나 규율을 강조하는 특정 구절들이 많이 있다는 것을 지적한다. 예를 들면, 고린도전서 1:26-28, 30, 2:4, 5, 11, 12, 14, 3:6, 7, 9, 23, 8:6, 11:30이 다.[161]

성부 하나님과 성령을 포함하는 예수의 이야기는 바울이 전제했던 구전일 것이다.[162] 우리는 바울의 서신 내에서 그 해설을 볼 수 있다. 다른 사람들이 후대에 한 "위격"으로서의 성령에 대해 말한다고 할지라도, 우리는 바울이 성령의 삼위일체적 신학을 물려주었다고 결론을 내린다.

---

160. Anthony C. Thiselton, *The First Epistle to the Corinthians: A Commentary on the Greek Text*, NIGTC (Grand Rapids: Eerdmans, 2000), pp. 328-29, 811-22, 그리고 특히 1236-40.
161. Neil Richardson, *Paul's Language about God*, JSNTSS 99 (Sheffield: Sheffield Academic, 1994), pp. 114-19, 303-4.
162. G. N. Stanton, *Jesus of Nazareth in New Testament Preaching*, SNTSMS 27 (Cambridge: Cambridge University Press, 1974), pp. 86-116; 그리고 Richard Bauckham, *Jesus and the Eye-witnesses: The Gospels as Eyewitness Testimony* (Grand Rapids: Eerdmans, 2006), pp. 1-289를 보라.

6.7. 성령세례

우리는 앞장에서 성령세례에 관한 주장들을 간접적으로 살펴보았다. 우리는 또한 3부에서 그 용어를 논의할 것이다. 우리는 '모든 그리스도인은 성령을 받는다. 왜냐하면 성령이 없으면 신자가 결코 그리스도와 연합될 수 없기 때문'이라는 던의 주장을 살펴보고 동의했다(롬 8:9; 고전 12:3). 우리는 많은 오순절주의자들이 "성결운동적" 접근보다는 "그리스도 중심적" 접근을 채택하여 고든 피, 프랭크 마키아, 벨리-마티 카르카이넨을 따르는 것을 보았다. 반복하면, 고든 피는 성령을 "회심자의 정체성의 표지"로 묘사했다.[163] 마키아는 이렇게 쓴다. "문제는 성결운동에 미친 부흥주의자의 영향이 존 웨슬리의 과정 중심의 성화 이해를 세속적이거나 게으른 그리스도인의 갱신으로서 … 고압의 위기 경험으로 변형시켰다는 것이다."[164] 카르카이넨은 이렇게 선언한다. "바울의 성령론은 기독론적으로 확립해있다. … (롬 8:9; 갈 4:6) … 신자가 '예수는 나의 주님이시다'(고전 12:1-3)라고 고백할 수 있는 것은 오직 성령을 통해서이다. 한 사람을 그리스도인으로 만드는 것은 성령의 은사이다(롬 8:9)."[165] 이 세 사람은 모두 대표적인 오순절주의자이다.

이들 신학자들이 전형적인 오순절주의의 "성령세례"의 시간적 순서와 정확한 의미를 여전히 수용하는 것으로 보이지 않음에도, 왜 마키아는 여전히 성령세례를 오순절주의의 정체성의 표지로 여기는가?[166] 마키아와 카르카이넨은 오순절주의의 독특성을 보존하면서 교회 일치의 무대에 오르기를 원한다. 마키아는 이렇게 쓰고 있다. "신약성경의 더 넓은 문맥에서, 성령세례는 성령의 능력 있게 함보다 더 넓은 범위를 암시하는 모호한 이미지로

---

163. Gordon D. Fee, *Paul, the Spirit, and the People of God* (Peabody, MA: Hendrickson, 1994), p. 88.
164. Frank D. Macchia, *Baptized in the Spirit* (Grand Rapids: Zondervan, 2006), pp. 30-31.
165. Veli-Matti Kärkkäinen, *Pneumatology: The Holy Spirit in Ecumenical, International, and Contextual Perspective* (Grand Rapids: Baker Academic, 2002), p. 32.
166. Macchia, *Baptized in the Spirit*, pp. 21-28.

둘러싸인 가변적인 비유이다."¹⁶⁷ 그는 심지어 고린도전서 12:13이 그리스도와의 연합incorporation에 관한 것이라는 "주류" 학자들에게 동의한다. 그는 "그리스도인의 정체성의 표지(그리스도인의 삶의 '신경중추')로서" 성령을 강조하는 던의 주장이 설득력 있어 보인다고 말한다.¹⁶⁸ 또한 그는 누가의 성령세례는 바울보다 더 카리스마적이라고 지적한다. 이것은 신학적으로 성장하고 있는 오순절주의뿐만 아니라, 몇 가지 예외는 있지만, 어떤 이들은 만족이라고 부르는 것에, 또 다른 이들은 안주라고 하는 것에 정착한 듯 보이는 "제3의 물결" 은사주의적 갱신운동에서도 중심적인 요소가 되었다.

"주류" 기독교에는 성령을 반복적으로 주신다고 할 여지가 많이 있다. 특별히 성직 임명과 특정한 과업의 부여 같은 것이 그것이다. 감독 교회에서는 그가 그리스도인이 되거나 성직자가 되었을 때 이미 성령을 받았기 때문에, 감독으로 임직 받는 사람의 기름 부음을 위해 기도할 수 없다고 주장하는 것을 꿈도 꿀 수 없을 것이다.

이제 우리는 해석학으로, 그리고 "경험"과 이 경험을 개념적으로 표현하고, 명명하고, 묘사하는 전통적인 오순절주의와 갱신운동 방식 사이의 차이로 돌아가야 한다. 그것이 "제2의 축복"이 아니라면, 문제는 그것이 바울이나 신약의 다른 부분에서 바른 명칭이라고 주장하고 있는 것이다. 문제는 경험이 아니라 논란 중인 그것의 명칭이나 라벨이다. 나는 해석학적인 몸부림이 그에 대해 해답을 줄 것이라고 생각하지 않는다. 심지어 "우리는 그 용어를 유지하기를 원한다. 그러나 그것이 바울의 용법은 아님을 인식하고 있다"고 말하는 것조차 마키아와 카르카이넨이 훌륭하게 섬긴 교회 일치의 비전에 도움이 될 것이다. 우리는 그들의 작업을 3부에서 더 깊이 고찰할 것이다.

---

167. Macchia, *Baptized in the Spirit*, p. 14.
168. Macchia, *Baptized in the Spirit*, p. 39.

7

요한 저작 속의 성령, 보혜사

7. 1. 누가-사도행전, 바울과의 관계

제4복음서는 두 부분으로 보는 것이 관례이다. 이것들은 보통 표적의 책 (요 1:19-12:50)과 수난의 책(요 13:1-20:31)으로 불린다.¹ 요한의 가장 두드러진 교훈은 요한복음 14-16장에 나오는 5개의 보혜사에 관한 강화이다(요 14:15-17; 14:25-26; 15:26; 16:7-11; 16:12-15).² 이에 더하여 부활 후의 "요한의 오순절", 즉 요한복음 20:22-23이 있다. "그들을 향하사 숨을 내쉬며 이르시되 성령을 받으라 …." 처음 열두 장에서 세례 요한은 먼저 이렇게 선언한다. "내가 보매 성령이 비둘기같이 하늘로부터 내려와서 그의 위에 머물렀더라 … 성령이 내려서 누구 위에든지 머무는 것을 보거든 그가 곧 성령

---

1. C. H. Dodd, *The Interpretation of the Fourth Gospel* (Cambridge: Cambridge University Press, 1953), pp. 289-390; 참조. Dodd, *The Historical Tradition in the Fourth Gospel* (Cambridge: Cambridge University Press, 1963), pp. 21-151 and 152-232; 더 최근에는, Max Turner, *The Holy Spirit and Spiritual Gifts Then and Now* (Carlisle: Paternoster, 1996), p. 76.
2. Henry B. Swete, *The Holy Spirit in the New Testament* (London: Macmillan, 1909, rpt. 1921), pp. 147-68.

으로 세례를 베푸는 이인 줄 알라"(요 1:32-33). 그리고 세 개의 사건이 등장한다. 새로운 탄생에 대한 말씀을 포함하고 있는 니고데모와의 개인적인 대화(요 3:1-15), 사마리아 여인과의 개인적인 대화(요 4:1-42), 그리고 장막절의 공개적인 선언(요 7:38-39, "이는 … 성령을 가리켜 말씀하신 것이라").[3]

성령에 대한 요한의 구절들과 누가-사도행전의 관계에 대해서는 그 평가가 극적으로 다양하다. 앨러스대어 헤론Alasdair Heron은 이렇게 말한다. "제4복음서는 공관복음과 사도행전처럼 예수의 생애와 사역에서의 성령에 대해 말한다."[4] 성령이 예수 위에 머물러 있다. 그는 성령을 한량없이 준다(요 3:34-35). 그는 성령으로 세례를 주시고, 성령은 생명을 주신다(6:63). 그리고 예수께서 영화롭게 될 때 보혜사가 올 것이다.[5] 던은 넓은 의미로는 비슷하지만 상당히 수정된 견해를 제시한다. 그는 이렇게 쓰고 있다. "요한의 설명은 … 사도행전 서사와 연대기적으로 잘 들어맞을 수 있다." "예수께서 부활 후 여러 차례 제자들에게 나타나시고 마지막으로 아버지께 돌아가신 후" … 14:16, 26, 15:26, 16:7은 그 후에 성령을 보내주실 것을 말하고 있다. … "성령세례의 약속은(1:33) 기록되지 않은 오순절을 가리킬 수 있다."[6] 던은 종교적 경험을 대하는 요한의 방식은 "생기와 활력으로 주목할 만하다"라고 말한다.[7]

한편 이와는 근본적으로 다른 평가들이 많이 있다. 에두아르트 슈바이처는 이렇게 말한다. "예수는 영적인 것으로 나타나지 않는다. 그의 영감된 말

---

3. 참조. Lindsay Dewar, *The Holy Spirit and Modern Thought* (London: Mowbray, 1959), pp. 27-41.
4. Alisdair Heron, *The Holy Spirit* (London: Marshall, Morgan & Scott, 1983), p. 51.
5. Heron, *The Holy Spirit*, pp. 51-53.
6. James D. G. Dunn, *Baptism in the Holy Spirit: A Re-examination of the New Testament Teaching on the Gift of the Spirit in Relation to Pentecostalism Today* (London: SCM, 1970), p. 177; 참조. p. 178.
7. James D. G. Dunn, *Jesus and the Spirit: A Study of the Religious and Charismatic Experience of Jesus and the First Christians as Reflected in the New Testament* (London: SCM, 1975), p. 356; 참조. pp. 350-57.

과 이적들은 어느 곳에서도 성령 때문이라고 하지 않는다. 누가가 취한 방식은 요한을 만족시키지 않는다."[8] 에른스트 스코트Ernest F. Scot는 이렇게 주장한다. "그의 생각은 확실히 원시 교회의 것과 공통점이 전혀 없다."[9] 왜냐하면 요한은 예수와 하나님이 한 분임을 강조하기 때문이다. 그는 심지어 이렇게 주장한다. "그는 신성을 지니고 있으므로, 초자연적인 [성령의] 은사가 전혀 필요 없다."[10] 조지프 피슨도 비슷하게 주장한다. "스코트는 어떤 의미로는 옳다. 성령은 불필요하며 적절하지 않다. … *[성령은] 자신을 숨기고 예수를 드러낸다. 즉 '그가 스스로 [Greek. aph'heautou] 말하지 않고 … 그가 내 영광을 나타내리니'*(요 16:13, 14)"(티슬턴의 이탤릭).[11] 장래의 약속에 관하여 예수는 "내가 너희에게 오리라"고 선언한다(요 14:3; 14:18). 성령은 "자신을 드러내지 않는다." "성령의 임재의 증거"는 요란한 소리와 바람 같은 것이 아니라 인간의 능력과 이해를 초월하는 진실한 것이며, 어떠한 "통제와 조작"도 거부한다.[12]

피슨은 양 견해에서 명백한 대조를 보려고 하지 않는다. 이것은 누가-사도행전에서 너무 한 면만 드러난 것에 대해 다른 면을 나타내려고 한 요한의 시도이다. 맥스 터너도 이렇게 말한다. "제4복음서에 나타난 성령의 모습은 누가-사도행전의 성령의 모습과 유사하거나 상충되는 흥미로운 점들이 많다 … 누가와 달리 요한은 어느 곳에서도 귀신 쫓음이나 치유의 행위를 성령에게로 귀결시키지 않는다."[13] 무엇보다도 그는 하나님을 드러내는 능력을 가지고 있다. 최종적으로 조지 몽테규는 문제의 쟁점을 요약한다. 그는

---

8. Eduard Schweizer, "*Pneuma, pneumatikos*," in TDNT, vol. 6, pp. 438-39; 참조. pp. 438-44.
9. Ernest F. Scott, *The Spirit in the New Testament* (London: Hodder & Stoughton, 1924), p. 196; 참조. pp. 193-208.
10. Scott, *The Spirit in the New Testament*, p. 194.
11. Joseph E. Fison, *The Blessing of the Holy Spirit* (London and New York: Longmans, Green, 1950), p. 137.
12. Fison, *The Blessing of the Holy Spirit*, p. 140.
13. Turner, *The Holy Spirit and Spiritual Gifts*, p. 57; 참조. pp. 57-102.

이렇게 쓰고 있다. "누가가 방언, 예언, 치유에서 성령의 은사적 폭발에 관심을 가지고 있는 반면, 요한은 예수의 말씀과 성령의 은사에 기초한 … 성령과 죄를 극복하는 능력의 관계에 더욱 관심을 가지고 있다."[14]

우리는 어떻게 이 차이와 강조점을 설명해야 할까? 많은 사람은 이것이 오직 문체와 내용의 수많은 차이 가운데 하나일 뿐이라고 지적할 것이다. (1) 공관복음에서 예수의 가르침의 가장 두드러진 특징은 비유의 사용이다. 요한에게서는 전혀 없거나 기껏해야 두 개 정도이고, 가르침의 스타일은 사색적 강론이다. (2) 공관복음의 중심 내용인 하나님의 나라는 요한에게서 단 3회만 나오며, 데비에 따르면 대부분 영생이란 개념으로 대치된다.[15] (3) 공관복음은 예수의 세례와 시험, 그리고 그의 인간성과 인간의 삶을 묘사하는 반면, 요한은 "실패함이 없는 하나님, 그의 아버지에 대한 그리스도의 의존과 즉각적인 경험"을 묘사하고 있다. "… 요한에게서는 그의 본성의 영광과 함께 그리스도의 신성이 그림의 중앙에 있고 그 외의 모든 것은 희미하게 된다."[16] (4) 많은 사람들은 요한의 연대표가 신학적으로 자극을 받은 것이라 주장을 한다. 잘 알려진 예로는 성전 청결(요 2:14-17; 막 11:15-17; 마 21:12; 눅 19:45)과 세 번째 유월절 준수(막 14:12; 마 26:17; 눅 22:7; 요 13:1; 18:18; 19:14)에 관한 것이다. (5) 많은 사람들은 요한복음에서 상징과 이원주의의 역할을 강조한다. 요한은 하나님과 세상(요 8:23; 8:42; 8:47), 빛과 어두움(3:19-20; 12:36), 참과 거짓을 대조하고 있다. 불트만과 여러 사람들은 이것이 헬레니즘이나 영지주의 영향으로 돌리곤 했지만, 동일한 대조가 1948년 이후 발견된 사해 사본에서도 발견된다.

이 다섯 가지 방법, 또는 접근법은 모두 그리스도를 선포하고, 신자들을 그리스도에 대한 더 큰 평가로 이끌고, 또는 그리스도를 세상에 선포하기

---

14. George T. Montague, *The Holy Spirit: The Growth of a Biblical Tradition* (Eugene, OR: Wipf & Stock, 1976), p. 363.

15. J. Ernest Davey, *The Jesus of St. John* (London: Lutterworth Press, 1958), p. 10.

16. Davey, *The Jesus of St. John*, p. 12 (나의 이탤릭).

위한 요한의 우선적인 관심사에서 비롯한 것이다. 콜린 콘웨이는 이렇게 말한다. "요한복음의 모든 것은 기독론에 관한 것이다. 사실 그 자체만으로 요한복음을 차별되게 한다."[17] "기독론적 명칭"을 너무 많이 말하는 것이 지금은 비록 인기가 없지만, 요한복음에는 점차 드러나는 기독론적 명칭이나 고백이 있다. 우리는 "하나님의 어린 양"과 "인자"(요 1:29, 51), "하나님의 아들"(요 5:19-24), 생명의 떡(요 6:35), 그리고 그리스도의 부활 후에 도마가 행한 최고의 고백인 "나의 주 나의 하나님"(요 20:28)을 보게 된다. W. 브레데가 마가복음에서 보았던 것처럼 "메시아의 비밀"은 없지만, 그리스도에 대한 직접적인 고백이 있다. 기적의 위치에는 자연적이고 경험적인 영역을 넘어서는(요 2:1-11부터 11:12-44까지) 것을 의미하는 "표적"(Greek. *Semeia*)이 있다. 요한복음 서문(요 1:1-18)은 그리스도를 태초부터 있는(요 1:1) 하나님의 "말씀" 또는 로고스로 나타낸다. 그는 "하나님과 함께" 있었으며, "하나님"이자 창조주이다(요 1:1-3). 그리스도 로고스는 생명과 빛의 근원이며(요 1:4), 또한 "빛을 비추는(Greek. *ho photizei*) 심판자"이며, "모든 사람을 [NRSV] 비춘다"(요 1:9).[18] 한스 콘첼만은 빛을*phos* 모든 면을 포괄하는 계시로 본다.[19] 서문에 나오는 "우리 가운데 거하시매"는(NRSV 1:14) 그리스어 에스케노센 엔 헤민*eskenosen en hemin*인데, 종종 지혜가 "텐트를 치는 것"과 비교되며(Sir. 24:8), 이는 그리스도가 말씀으로뿐만 아니라 선재하는 지혜로서 나타나 있음을 시사한다(잠 8:23-24).

요한복음의 그리스도 중심성에 대한 이러한 강조는 부분적으로 요한복음에서 성령의 "자자기를 드러내지 않는" 특성에 대한 피슨의 주장을 설명

---

17. Colleen M. Conway, "Gospel of John," in *The New Interpreter's Dictionary of the Bible*, 5 vols. (Nashville: Abingdon, 2008), vol. 3, p. 357; 참조. pp. 356-70.
18. 이것은 논란의 여지가 있다. Barrett과 다른 사람들에 맞서 전통적인 견해를 옹호하는데, 주로 7절에 근거한다. Raymond E. Brown, *The Gospel according to John*, 2 vols., Anchor Bible (New York: Doubleday 1966 and 1971), vol. 1, p. 9를 보라. Frederick Danker lists both meanings in Danker, BDAG, p. 1074, 그러나 고전 4:5의 "어둠에 감추인 것들"은 결정적으로 드러난다.
19. Hans Conzelmann, "*PhZs*," in *TDNT*, vol. 9, p. 351; 참조. pp. 310-58.

하는 데 기여한다. 성령은 주로 자신이 아니라, 그리스도에게 증언하고 그리스도를 영화롭게 한다. 이러한 의미에서 요한복음은 성령에 집중하는 사람들을 의도적으로 교정하는 데 사용할 수 있을 것이다. 성령은 그리스도를 대신하는 "또 다른 보혜사" 또는 "또 다른 '위로자'"이며, 그리스도께서 성령의 위격으로 "내가 너희에게 올 것"이라고 선언했기 때문에, 요한복음의 성령 중심은 그리스도 중심과 아무 차이가 없다고 하는 것은 논란이 될 수 있다. 그러나 요한은 성령은 수단으로, 그리스도는 목적으로 서로를 구별하고 있다. 더구나 공관복음의 서사와 바울의 신학에 내포된 것은 요한복음에서도 명백하게 된다. 즉 삼위일체론의 기대이다. 성령 혹은 보혜사와 예수 그리스도 사이의 관계 문제는 그 신학적 근거가 삼위일체론이라면 부드러워지고 훨씬 분명해진다. 이에 대해서는 제2부에서 더 다룰 것이다.

요한복음에는 이러한 발전의 씨앗이 보인다. 예를 들면, 예수는 "하나님으로부터" 나온다는 언급(요 3:2; 6:46; 8:42; 9:33; 13:3; 16:27)과 아들을 영화롭게 하는 것이 아버지를 영화롭게 한다는 것(요 5:22-23)이 그것이다. 예수는 "세상의 빛"일 뿐 아니라(요 8:12), "부활이요 생명"이다(11:25). 신약성경의 다른 곳에서는 하나님만이 성령으로 말미암은 부활의 근원이다(롬 8:11). 예수는 "참 포도나무"로서(15:1) 하나님이 이스라엘에게 하실 수 있는 모든 것을 완성한다. E. K. 리는 이렇게 말한다. 제4복음서의 목적은 "존재와 역사의 하나님이 예수 그리스도에게서 드러났음을 입증하는 것"이다. "하늘과 땅이 그 안에서 만난다."[20] 예수와 아버지의 관계에 사용된 모노게네스 monogenes 라는 용어는 "독생자인"only(NRSV) 혹은 "독생하신"only begoten(KJV/AV)이라는 용어가 의미하는 것 이상을 나타낸다(요 1:14, 18; 3:16, 18). 그것은 "부모에게 특별하게 사랑받는 유일한 자녀"의 개념을 담고 있다.[21] 댄커는 영어 대응어 "유일한"unique, 또는 요한복음에서 "하나님의 아들로서 유일하게

---

20. Edwin K. Lee, *The Religious Thought of St. John* (London: SPCK, 1950), p. 59.
21. Lee, *The Religious Thought of St. John*, p. 65.

신적인, 그리고 다른 모든 것을 초월하는 것"으로 사용하고 있다(티슬턴의 이 텔릭).²² 마틴 루터는 요한복음을 "오직 하나의 아름답고, 참된, 최고의 복음서"라고 불렀다. 왜냐하면 요한복음은 다른 세 복음서보다 더 그리스도에게 집중하기 때문이고, 이적보다는 강론에 더욱 집중하기 때문이다.²³

7. 2. 요한복음 1장-12장의 성령

서론으로서 우리는 성령에 대한 요한의 모든 언급은 그리스 독자들에게 대단히 친숙했을 것이라는 찰스 다드의 주장을 살펴볼 것이다. 예를 들어, 그는 여섯 가지 친숙한 의미를 열거한다. (1) 바람으로서 프뉴마*pneuma*(요 3:8, "바람the Spirit이 임의로 불매"), (2) 심리학적 인류학적 사용(11:33, 13:21, "심령spirit에 비통히 여기시고"), (3) 진리의 성령(14:17, 15:26, 16:13, "진리의 성령 … 그가 너희를 모든 진리 가운데로 인도하시리니"), (4) 성령과 생명의 연계(6:63, "살리는 것은 영이니"), (5) 그러므로 성령은 재탄생의 매개이다(3:5, "성령으로 나지 아니하면"), 그리고 (6) "하나님은 영Spirit이시니"(4:24). 왜냐하면 다드가 주장한대로 이 말을 "하나님은 영a spirit이시니"로 번역한다면 의미상 심각한 왜곡이 일어나기 때문이다. … [왜냐하면] 제4복음서에는 많은 영들 *pneumata*이라는 저급한 개념의 흔적이 없기 때문이다.²⁴

다드는 그리스어를 사용하는 독자들에게 친숙했을 헬레니즘적 자료로부터 많은 용례를 인용한다. 여기에는 위에 언급한 것과 대략 일치하는 단어들이 포함되어있다. "바람" 또는 "공기의 움직임"(필로, *That the Worse Attacks the Better*, 80; *On Flight and Finding*, 134), "진리의 영"(필로, *On the Life of*

---

22. Danker, BDAG, p. 658.
23. Martin Luther, *Luther's Works* (St. Louis: Concordia, 1959), vol. 35, p. 362, 그리고 *Luther the Expositor* (companion volume), p. 60.
24. Dodd, *The Interpretation of the Fourth Gospel*, pp. 223-26.

Moses, 2.265), "생명을 주는 자"(*Corpus Hermeticum*, 9:9). 그러나 많은 그리스 저자들은 "영으로서 하나님의 정확한 존재론적 상태에 대하여 혼란스러워 하고 확신이 없다."[25] 다드의 인용은 필로와 헤르메스주의 문헌보다 더 많은 그리스 자료를 포함하고 있다. 그는 요한이 그리스 독자들에게 즉시 도달하려고 하는 데 관심이 있음을 보여주는 것에 흥미를 느낀다.

존 샌더스와 B. A. 매스틴은 그들의 요한복음 주석에서, 독자들이 로고스의 성육신이라는 신기원을 이루는 사건을 파악하기까지는 아마도 성령과 로고스를 동일시 했을 것이라고 주장한다. "로고스와 성령은 성육신 이전에는 사실상 구별할 수 없었다(참조. 요 7:39)."[26] 그들은 문법적으로 프뉴마의 성이 중성임에도 불구하고, 요한은 성령을 "그"라고 부르는데, "이것은 성령이 로고스처럼 인격이며, 비인격적 힘이 아니라는 것을 가리킨다"고 말한다 (참조. 요 16:13, 요한은 *ekeinos*를 사용하고 있다).[27] 던도 비슷하게 이렇게 선언한다. "요한에게 있어, 그리고 바울에게 있어, 성령은 비인격적인 신적 힘이라는 개념이 사라졌다."[28]

공관복음서와 마찬가지로 요한은 예수의 세례 사건을 기록하지 않았지만, 요한복음 1:32-34에서 성령의 "내려옴"에 대해 말하고, 성령이 예수 위에 "내려와서 머물렀다"(Greek. *katabainon kai menon*)고 주장한다. 예수는 "성령으로 세례를 베푸는" 분이다(*ho baptizon en pneumati hagio*, V. 33). 피슨은 이렇게 말한다. "제4복음서는 예수의 세례 시 예수 위에 성령이 영으로 영속적으로 임재했다는 세례 요한의 증언에 대해 말하고 있다. 그러므로 자연스럽게 주님이 교회와 함께 영속적으로 임재하신다는 주님 자신의 약속에 대해 말하고 있다."[29] 모든 신약성경의 기록은 성령을 그리스도의 기름

---

25. Dodd, *The Interpretation of the Fourth Gospel*, p. 219.
26. J. N. Sanders and B. A. Mastin, *The Gospel according to St John* (London: Black, 1968), p. 96.
27. Sanders and Mastin, *St. John*, p. 96.
28. Dunn, *Jesus and the Spirit*, p. 351.
29. Fison, *The Blessing of the Holy Spirit*, p. 100.

부음으로부터 비롯한 하나님의 선물로 본다.

요한일서는 이 문제에 대해 명시적이다. "너희는 거룩하신 자에게서 기름 부음을 받고(Greek, hymeis chrisma echete) … 너희는 주께 받은 바 기름 부음이 너희 안에 거하나니"(to chrisma ho elabete ap'autou menei en hymin, 요일 2:20, 27). 어떤 사람들은 이 구절들이 성령을 명백하게 언급한 것이며, "기름 부음"을 복음 진리를 가리키는 것으로 이해했다고 지적한다. 그러나 토 크리스마 to chrisma(기름 부음)는 통상 칠십인역과 신약성경 모두에서 성령으로 기름 부음 받음을 가리킨다(눅 4:18). 댄커는 요한일서 2:20, 27의 크리스마 chrisma는 "보통 성령을 언급하는 것으로 여겨진다"고 주장한다.[30]

동사 크리오 chriō, "기름 붓다", "자신에게 기름을 붓다", "바르다" 또는 초기 용법으로 "문지르다"에서 명사 크리스토스 christos, "기름 부음 받은 자"와 크리스마, "기름 부음"이 나왔다.[31] 구약성경은 왕의 기름 부음(삼상 9:16; 10:1; 24:6) "기름 부음 받은 자"로서 대제사장(레 4:3, 5, 16; 단 9:25-26)과 기름 부음 받은 선지자(왕상 19:16)의 역사를 보여준다. 이 기름 부음이 하나님의 영에 의한 것이 아니라는 것은 상상할 수 없다. 요한 저작들의 차이점은 이 기름 부음이 그리스도로부터 비롯되었으며, 영속적이라는 것이다. 사해 사본은 분명하게 "말세에" 기름 부음 받은 것으로 언급된 두 메시아적 인물에 대해 "성령으로 기름 부음 받은"이란 구절을 사용한다(1QS 9:11; CD 12:23-24; 14:19; 20:1; 4QTest 9-13; 14:20; 4QFlor 1:11). 제사장과 왕적 메시아는 예수 그리스도가 성령으로 말미암아 선지자, 제사장, 왕으로 기름 부음을 받게 되기까지 구별된다. 이 세 범주는 칼빈의 기독론에서 특히 중요해졌다. 결국 크리스토스는 사실상 고유명사가 되었다.

성령에 대한 공관복음과 바울의 가르침 중 많은 것이 요한복음에 빠져 있다. 예수의 시험 기사가 없다. 치유는 거의 없고, 귀신 쫓음도 없다. 피슨

---

30. Danker, BDAG, p. 1090.

31. Walter Grundmann and Marinus de Jonge, "ChriZ, Christos, chrisma," in TDNT, vol. 9, pp. 493-580.

은 "예수가 방언으로 말했다거나 특정의 천국 또는 낙원으로 들림 받았다는 어떠한 흔적도 없다"고 단언한다(티슬턴의 이탤릭).³² 던은 요한이 "비전의 희미해짐"(바울의 초기 서신에서 나타난 성령의 다스림 아래 있는 은사 공동체의 비전이 후기 서신에서는 희미해졌다는 논제-옮긴이)을 전적으로 공유하지 않는다고 주장한다. 이것은 80년대와 90년대에 던이 성령에 관한 요한의 견해를 연구할 때 결부시킨 것이다. 던은 이렇게 결론을 내린다. "그리스도인의 경험의 독특한 본질은 예수와 성령의 관계에 있다"(던의 이탤릭).³³

개개의 "표적"은 그리스도의 의미를 가리킨다. 즉 각 표적은 그리스도의 수난, 십자가, 부활과 영광을 가리킨다. 예수는 독특하게 요한복음에서 새로운 탄생이나 위로부터 태어남(anothen, 요 3:3), 또는 "물과 성령으로"(ex hydatos kai pneumatos, 3:5) 태어남에 대해 말하고 있다. 위르겐 몰트만은 특히 현대적 용법이라는 관점에서 "다시 태어남" 또는 "거듭남"이라는 번역을 거부하고, "새로운" 탄생과 "위로부터 태어남"이란 용어가 요한이나 예수의 직접적인 표현보다 요점을 더 잘 드러낸다고 주장한다.³⁴ 아노덴anothen(3:3)의 또 다른 의미는 "위로부터"이며, H. B. 스웨트, 맥스 터너 그리고 NRSV는 이 번역을 선호한다.³⁵ 이것은 3:31, "하늘로부터 오시는 이는 만물 위에 계시나니"와 조화를 이룬다. 댄커는 두 의미를 요한복음 3장과 연계된 "위로부터"와 함께 그의 어휘 사전Lexicon에 수록하고 있다. 그러나 니고데모가 "두 번째" 탄생으로 대답하기 때문에(요 3:4), 아마 "다시again"는 아니겠지만, "다시, 새로a new"와 "위로부터"의 두 가지 의미로 언어유희를 의도한 것일 수도 있다.

여기서 "물과 생명"(요 3:5)은 두 개의 분리된 세례를 가리키지 않고, 죄

---

32. Fison, *The Blessing of the Holy Spirit*, p. 100.
33. Dunn, *Jesus and the Spirit*, p. 358.
34. Jürgen Moltmann, *The Spirit of Life: A Universal Affirmation* (London: SCM, 1992), p. 145.
35. Turner, *The Holy Spirit and Spiritual Gifts*, p. 68; Danker, BDAG, p. 92; Swete, *The Holy Spirit in the New Testament*, p. 131.

로부터의 정화와 위로부터 성령에 의해 다시 태어남을 포함하는 "단일한 사건"을 가리킨다.[36] 이것은 바울의 용어 "새로운 피조물"(고후 5:17; Greek. *kaine ktisis*)과 평행이다. 이것은 그리스도인의 생명의 시작은 바울과 같이 창조적인 성령의 활동에 기인하고 있으며, 세례 요한처럼 단순한 개혁이 아니라 새로운 창조에 관심을 두고 있음을 나타낸다. 성령의 활동은 신비하고, 통제와 조작 또는 예측을 벗어난다. 왜냐하면 성령은 바람처럼, "임의로 불 때 네가 그 소리를 들어도 어디서 와서 어디로 가는지 알지 못 하기 때문이다"(3:8).

같은 장에서, 강론이 끝난 후에(3:1-21) 세례 요한과의 대화가 계속된다. 사실상 예수께서 성령으로 세례를 줄 것이라는 예측이 확장된다. 그리고 단언하기를 예수의 증언과 말은 "하나님의 말씀이다. 왜냐하면 그[하나님]가 성령을 [예수에게] 한량없이 주었고 … 그리고 모든 것을 그의 손에 두었기 때문이다"(요 3:34-35). 조지 비슬리 머레이는 "성부께서 그에게 성령을 한없이 주었고, 유대인에게 성령은 지극히 높은 예언의 영이기 때문에" 예수가 하나님의 말씀을 말할 수 있다고 설명한다. R. 아하R. Aha의 말이 자주 인용된다(*Leviticus Rabbah* 15:2). "선지자들 위에 머무는 성령은 측정할 수 있을 정도로만 임한다."[37] 그는 예수께 주신 측량할 수 없는 성령의 은사는 "그를 통한 계시의 완전함에 상응한다"라고 덧붙인다.[38]

요한복음 4장에서 무식한 한 사마리아인과의 대화는 학식 있는 유대인과의 대화와 대척점에 서 있다. 그러나 두 경우 모두 논점은 그리스도와 그의 공급에 달려있다. 예수는 한 번 마시면 영원히 갈하지 않는(요 4:13-14) "생명수"(요 4:10)를 제공한다. 진정 이 물을 받은 자는 이 물이 "그 속에서

---

36. 이것은 "물은 성령의 내적 사역의 외적이고 가시적인 표징"이라는 견해가 아니다. (Swete, *The Holy Spirit in the New Testament*, p. 133), 물세례의 기준을 좁히려는 듯함; 참조. Turner, *The Holy Spirit and Spiritual Gifts*, p. 68.
37. George R. Beasley-Murray, *John*, Word Biblical Commentary 36 (Nashville: Nelson, 2nd ed. 1999), p. 53.
38. Beasley-Murray, *John*, p. 54.

영생하도록 솟아나는 샘물"임을 알게 된다(요 4:14). 당시 그리스에서 생명수는 "신선한, 흐르는 물"을 가리키는데, 물을 저장할 수 있는 물탱크의 신선하지 않고 고여 있는 물과는 대조된다. 비록 후에 생명의 물은 탈굼 이사야 44:3과 다른 곳에서 성령과 연결되기는 하지만, 성령에 대한 언급은 분명하지 않다. 전체 대화는 요한에게는 아이러니와 이중 의미의 전형이다. 예수께서 영원히 목마르지 않는 물을 약속하자 사마리아 여인은, "물 길으러 오지도 않게 하옵소서"라고 대답한다(15절). 예수께서 우물곁에 앉아 물을 주겠다고 하자 사마리아 여인은, "물 길을 그릇도 없다"라고 대답한다(11절). 여인과 대화를 나눔으로 모든 관습을 극복한(9절) 유대인에게 그 여인은 무식하고 무례한 것으로 그려졌는가? 보통 우리는 (용어상 모순인) 생명수의 샘을 성령과 동일시하기를 망설일 수도 있다. 그러나 요한은 의미의 층을 사용하고 있다(예를 들면, "먹는 것"이 있다. 제자들은 예수께 먹기를 재촉한다. 그러나 예수는 자신의 "음식"은 하나님의 뜻을 행하는 것이라고 대답한다, 4:31-34). 더욱이 "흐르는 물"에 관한 유사한 말은 요한복음 7:37-38에 나온다. "성령을 가리켜 말씀하신 것이라"(7:39).

요한복음 4:24에서 "하나님은 영이시니"(정관사가 없는 Spirit)라는 말이 무엇을 의미하는지 결정하는 것은 쉽지 않다. 우리는 다드가 "하나님은 영a spirit"임을 강하게 거부한 것과 위르겐 몰트만이 다드에 동의했음을 언급했다. 문맥은 하나님께 드리는 예배가 그리심, "이 산" 또는 예루살렘과 같은 물리적인 장소를 초월한다는 것을 시사하고 있다(요 4:20). 이는 유대인들과 사마리아인들 사이의 첨예한 쟁점이었다. 그것은 마음으로부터 "영과 진리로" 예배하는 것에 대한 완곡한 표현일 수 있다(24절). 또는 다시 말하지만, 의미의 수준을 결합한 것일 수 있다. 그로 인해 세상 속에서 행한 하나님의 행동은 빛, 사랑, 성령으로 보인다(참조. 요일 1:5; 4:8). 모든 사건에서 주요 초점은 예수 그리스도이며, 그는 성령으로 말미암아 영원히 흐르거나, 영원히 흘러나오는 "물"을 역동적인 선물로 줄 수 있다. 이것은 그리스도의 위격과 사역과 일치하는 "참된" 또는 진정한 예배를 말하는 것일 수 있다. 이 구절은 수세기 동안 성령으로 사용되어 왔다. 몰트만은 이렇게 말한다. "성령으로 말미암아 하나님의 영원한 생명이 넘쳐흐른다. … 그리고 그 넘치는 힘과 에너지가 온 땅을 가득 채운다."[39]

이 구절은 또한 요한복음 7:37-39과 연결된다. 초막절 마지막 날 예수는 이렇게 외친다. "누구든지 목마르거든 내게로 와서 마시라 … 성경에 이름과 같이 그 배에서 생수의 강이 흘러나오리라." 요한은 이렇게 말한다. "이는 그를 믿는 자들이 받을 성령을 가리켜 말씀하신 것이라 예수께서 아직 영광을 받지 않으셨으므로 성령이 아직 그들에게 계시지 아니하시더라"(7:37-39; 어떤 필사본에는 다르게 되어있다). 요한복음에서 강조하는 것은 예수께 오는 중이며, 그로 말미암아 성령이 아직 주어지지 않았지만, 약속되었다는 것이 분명하다. 이 말씀은 이사야 55:1의 반영이다. "오호라 너희 모든 목마른 자들아 물로 나아오라…." 대부분의 저자들은 물을 긷는 일은 7일간의 축제 기간 동안 매일 진행되었다고 믿는다. (현대의 성탄절 같은) 축제의 기쁨의 성격은 이사야서 12:3에 나타나 있다. "너희가 기쁨으로 구원의 우물들에서 물을 길으리로다."[40] 브라운은 비록 히브리어 마소라 사본 또는 칠십인역과 정확하게 일치하지는 않지만, 시편 78:15-16, 이사야 43:20, 에스겔 47:1, 스가랴 14:8을 포함하여 많은 구약성경 구절들을 제시한다. 스가랴 14:8은 생수가 예루살렘으로부터 흘러나올 것이라고 예언한다. 그리고 에스겔 47:1은 성전 밑으로 흐르는 강을 본다. 일부 필사본에는 "성령이 아직 주어지지 않았다"가 "영Spirit이 없었다"로 되어있다. 분명히 구약성경 저자들은 성령과 친숙했다. 그러나 말세에 성령을 "부어주시는" 것은 아직 알지 못했다. 레이몬드 브라운은 최소한 세 세트의 필사본이 이 구절을 읽고 이해하는 세 가지 방법을 제안한다고 지적한다. 첫째 그리고 가장 흔한 것은 기독론적이다. 즉 예수는 항상 새로운 공급의 근원이다. 둘째는 신자가 물의

---

39. Moltmann, *The Spirit of Life*, p. 176.
40. 참조. Beasley-Murray, *John*, p. 113; 그리고 Brown, *The Gospel according to John*, vol. 1 (London: Chapman, 1971, and New York: Doubleday, 1966), pp. 320-25.

근원이 되는 것이다("그 안으로부터 생수의 강이 흐를 것이다." 필사본 P66, 오리겐, 많은 교부들, K. 렝스토르프, f. E. 슈바이처가 지지하는 구두법). 셋째는 더 애매한 채로 남아있다. 모든 것은 성령을 공동으로 주시는 중보적 수단으로서 그리스도의 영광을 가리킨다. 이 구절은 요한계시록 22:17을 연상시킨다. "목마른 자도 올 것이요 또 원하는 자는 값없이 생명수를 받으라"(참조. 계 22:1).

요한은 다시 한번 이미지를 사용한다. 흐르는 신선한 물은 그가 성령의 경험을 묘사하기 위해 찾을 수 있었던 최고의 이미지이다. 이 구절과 요한계시록은 영적 현실을 묘사하기 위해 일상적인 현상을 사용한다.[41] 요한복음을 경직된 문자주의로 해석하는 것은 요한계시록을 가지고 그렇게 해석하는 것만큼이나 위험한 일이다. 한편 상징은 너무 좁게 해석해서는 안 된다. 예를 들면, 대부분의 저자들은 요한복음 3:5이 "세례"와 관계되며, 요한복음 6:35-59의 "성만찬"과 관계된다고 주장하지만, 나는 그들의 주장을 완전히 신뢰하지 않는다. 요한복음은 일상 세계를 더 깊은 진리의 상징으로 보는 넓은 의미에서 "성례적"이다. 그러나 요한이 지나치게 좁은 의미로 두 성례에 집착하며 교회를 보기 원했는지는 더 깊은 숙고를 요구한다. 결국 예수의 세례와 성찬 제정에 대한 명백한 언급이 누락된 것을 제대로 설명할 수 있는 사람은 아무도 없는 것 같다. 나는 양쪽의 주장에 대하여 열린 입장을 유지하고 있지만, 다수의 견해가 당연하게 받아들여질 수 있을지는 확신할 수 없다. 그러나 당면한 요점은 성령에 대한 이미지를 사용하는 것이다. 이는 누가가 가시적인 현상에 대해 말하는 것을 선호하는 것과 대조적으로, 성령의 초월성과 신비의 많은 부분을 보존하는 데 기여할 수도 있다. 남아 있는 또 다른 요점은 요한복음에서 예수 그리스도의 중심성이다.

---

41. Anthony C. Thiselton, *Life after Death: A New Approach to the Last Things* (Grand Rapids: Eerdmans, and London: SPCK, 2012), ch. 11를 보라.

7. 3. 요한복음 14-16장과 20장의 성령, 보혜사

요한복음의 마지막 강화의 통일성이나 온전함과 관련된 토론은 굉장히 많다. "보혜사"(Greek, *parakletos*)는 요한복음의 다른 곳에서는 나타나지 않는다. 한스 빈디쉬는 모든 보혜사 본문은 후대의 편집자가 2차로 삽입한 것이라고 주장했다(요 14:15-17, 26; 15:26-27; 16:5-15).[42] 그 본문은 특징적인 어휘를 반영할 뿐 아니라, 그 본문들을 제거한다면 요한복음 초기 본문은 일관된 단위로서 흘러갈 것이라고 주장했다. 그러나 바나바스 린다스는 14:15-17, 26이 진실이라면, 15장과 16장에 대해서는 거의 논쟁할 수 없다고 지적한다.[43] 요한이 어느 경우에든 공관복음을 대체하려고 했다는 빈디쉬의 주장은 문제의 소지가 있다.

요한복음 14:15-17에 있는 첫 번째 보혜사 말씀은 명백하게 보혜사(16절)와 성령(17절)을 동일시 한다. 그리스어 파라클레토스*parakletos*의 의미는 광범위하게 논쟁 중이다. 동사 파라칼레오*parakaleo*는 엄격하게 (돕기 위하여) "곁으로 부르다"를 의미한다. 댄커는 그 명사의 첫 번째 의미를 "돕는 자, 중보자, 중보기도자, 누군가의 유익을 위하여 나타난 자"라고 한다.[44] 그는 모든 시대의 수많은 그리스어 자료를 인용한다. 더 일찍 1950년경, 요하네스 벰은 번역어로 "변호인" 또는 "옹호하는 변호인"을 제시하고, 이 의미는 "돕는 자"의 의미와 나란히 "널리 확산"되었다고 주장하면서 법적인 문맥을 강조했다.[45] 그러나 케네스 그레이스톤은 이 가정된 법적 문맥에 의구심을 가지고 있다.[46] G. R. 비슬리-머레이는 "그 말은 (전문적인 법적 조언자를 의미하는 라틴어 *advocatus*와는 달리) 결코 기술적인 용어가 아니었다"고 하

---

42. Hans Windisch, *Johannes und die Synoptiker* (Leipzig: Hinrichs, 1926), pp. 147-49.
43. Barnabas Lindars, *The Gospel of John, New Century Bible Commentary* (London: Oliphants, 1972), p. 468.
44. Danker, BDAG, p. 766.
45. Johannes Behm, "*Parakletos*," in *TDNT*, vol. 5, p. 809; 참조. pp. 800-814.
46. Kenneth Grayston, "Paraclete," *JSNT* 13 (1981): 67-82.

는 댄커와 그레이스톤에게 동의한다. 그리고 그는 법정적 양상이 "요한복음 16:8-11에서 분명하다"고 생각한다.⁴⁷ 그러므로 스웨트와 터너는 "변호인(Advocate)"을 받아들인다. 터너는 이렇게 말한다. "'변호인'은 균형 있는 최상의 번역이 될 수 있다. … 그리고 실제로 랍비주의 유대교는 페라클리트 pᵉraqlit(차용한 단어)를 '변호인'으로 사용하게 되었다(참조. *Pirqe Aboth* 4:11)."⁴⁸ 그러나 그는 또한 다른 사람들은 "위로자"(J. G. 데이비스), "권면자"(C. K. 배레트), 그리고 "돕는 자"(R. B. 불트만)를 선호한다는 것을 알고 있다.⁴⁹ E. F. 스코트는 이것이 다른 의미에 대한 유희일 수 있다고 주장한다.⁵⁰ 한 저자는 파라클레테를 번역하지 않고 파라클레테*Paraclete*로 그대로 두는 것이 가장 정확하다고 제안한다.

우리가 무엇을 결정하든, 처음에 말했던 두 가지의 요점은 헤론이 표현하듯이, "동일한 어휘가 예수 그리스도 자신을 성령으로 묘사하는 데 사용된다"는 것이다.⁵¹ 요한복음 14:18은 이렇게 선언한다. "내가 너희를 고아와 같이 버려두지 아니하고 너희에게로 오리라." 스웨트는 이것을 다르게 표현한다. "성령은 성자를 나타내기 위해 보냄을 받았다."⁵² 스웨트는 이 "진리"는 주님의 말씀을 단순히 갱신하는 것 이상이라고 덧붙인다. 성령은 그리스도의 인격을 증언하고, 그리스도를 그의 백성에게 나타내 보인다. "또 다른 보혜사"(*allon parakleton*, 요 14:16)라는 어구는 성령과 그리스도의 친밀하고 밀접한 관계를 보여준다. "세상"이 그리스도를 거부한 것과 같이 성령도 거

---

47. Beasley-Murray, *John*, p. 256.
48. Turner, *The Holy Spirit and Spiritual Gifts*, p. 77; Swete, *The Holy Spirit in the New Testament*, p. 149.
49. J. G. Davies, "The Primary Meaning of *Parakletos*," *JTS* 4 (1953): 35-38; C. K. Barrett, "The Holy Spirit in the Fourth Gospel," *JTS* 1 (1950): 1-15; 그리고 Rudolf Bultmann, *Theology of the New Testament* (London: SCM, 1952 and 1955), vol. 1, pp. 164-83 and vol. 2, pp. 1-92.
50. Scott, *The Spirit in the New Testament*, pp. 199-200.
51. Heron, *The Holy Spirit*, p. 52.
52. Swete, *The Holy Spirit in the New Testament*, p. 153.

부활 것이다(17절, "받지 못하나니"). 던은 이 점을 중요하게 여긴다. 그는 이렇게 말한다. "성령은 … 예수의 현존을 존속시킨다. … 그것은 예수의 사역과 '보혜사'의 사역 사이의 평행에서 암시되고 있다. … 둘은 성부로부터 나온다(요 15:26; 16:27-28). 성부로부터 주어지고 보냄을 받는다(요 3:16-17; 14:16, 26). 둘은 제자들을 가르친다(6:59; 7:14, 28; 8:20; 14:26). 둘은 세상이 알지 못한다(요 14:17; 16:3)."[53]

요한복음 14:26, "보혜사[NRSV, '변호인'] 곧 아버지께서 내 이름으로 보내실 성령 그가 너희에게 모든 것을 가르치고 내가 너희에게 말한 모든 것을 생각나게 하리라"는 프란츠 무스너의 논증에서 핵심 요점이다. 그는 요한의 교훈에서 뚜렷한 두 개의 층layers에 관하여 논증한다. 그는 과거의 사도적 가르침이 현재의 요한 편집자의 것으로 뒤바뀜을 살펴본다. 원래의 목격자인 요한은 예수께서 육체가 된 것과 그의 사역을 "보았다"(요 1:4; 1:34; 4:42; 6:40; 20:29). 그러나 무스너에 따르면, 요한복음의 보혜사는 그리스도를 더 "드러냈지만", 이번에는 부활 이후의 관점에서 승귀하신 그리스도를 나타낸다. 이렇게 무스너는 "역사적" 그리스도가 영적 관점에서 "보여지고" 묘사된다는 것을 제외하고, 요한복음의 역사적 신빙성과 신학적 비전 모두를 주장한다.[54] 그는 H. G. 가다머에게서 의미의 층을 끌어와서 이렇게 쓰고 있다. "'요한복음의 문제'는 주로 해석학적인 것이다. 상당한 빛과 도움이 … 마틴 하이데거 … 한스 게오르그 가다머 … 로부터 주어질 수 있다."[55] 예수는 이렇게 말한다. "내가 아직도 너희에게 이를 것이 많으나 지금은 너희가 감당하지 못하리라 … 그가 너희를 모든 진리 가운데로 인도하시리니 …"(요 16:12-13). 이처럼 보혜사의 말씀은 요한복음에 관한 수많은 비평적 질문의 열쇠가 된다.

---

53. Dunn, *Jesus and the Spirit*, p. 350.
54. Franz Mussner, *The Historical Jesus in the Gospel of St. John*, Quaestiones Disputatae 19 (London: Burns & Oates, 1967), pp. 45-46.
55. Mussner, *The Historical Jesus in the Gospel of St. John*, p. 8.

G. R. 비슬리-머레이는 이렇게 말한다. "무스너는 그의 연구를 과장한 것으로 보인다."[56] 이는 그가 이원적 의미를 성령에 호소함으로써 지상적, 역사적 예수와 신앙적 그리스도 사이에 쐐기를 박기 때문이다. 다른 사람들은 동일한 방식으로 공관복음에 접근했다. "초기 기독교 선지자"의 말과 "거룩한 율법의 문장"에 호소하는 에른스트 케제만의 모습처럼, 더 극단적인 형태의 비평주의가 일부 근본주의 그리스도인들에게서 발견되는 것처럼 동일한 권위를 선지자에게 돌린다는 것은 아이러니하다.[57] 분명 전통의 파편들과 사색적인 해석의 차이를 어느 정도 인정해야 한다.[58] 다드는 세례 요한의 말과(요 1:29, 36) 니고데모와의 대화(요 3:1-15, 16-21)에서 두 사람의 조합을 본다. 논란의 여지가 있지만, 던이 주장하는 것처럼 역사의 예수와 신앙의 그리스도는 더 가까워졌다. 더구나 성령 소유의 시험은 예수의 말씀의 전승과 일치한다(14:15-17, "나의 계명을 지키리라"; 15:27, "처음부터"; 16:13, "그가 스스로 말하지 않고 오직 들은 것을 말하며"; 참조. 요일 4:1, "영을 다 믿지 말고 오직 영들이 하나님께 속하였나 분별하라"). 이에 더하여 우리는 처음으로 가드너 스미스가 제기하고, 다음에는 로버트 카이사르와 레이몬드 브라운이, 가장 최근에는 도널드 카슨과 리처드 보캄이 제기한 제4복음서 배후의 구전의 영향을 고려해야만 한다.[59] 그러나 일반적인 의미에서, 자비에르 레옹-뒤푸르가 이렇게 바르게 제안한다. "복음서 읽기는 … 과거에 비추어 현재의

---

56. Beasley-Murray, *John*, p. 11.

57. Ernst Käsemann, "Blind Alleys in the 'Jesus of History' Controversy" (featuring an attack on Jeremias) 그리고 "Sentences of Holy Law in the New Testament," in *New Testament Questions of Today* (London: SCM, 1969), pp. 23-65 and 66-81.

58. 참조. C. H. Dodd, *Historical Tradition in the Fourth Gospel* (Cambridge: Cambridge University Press, 1963).

59. P. Gardner-Smith, *St. John and the Synoptic Gospels* (Cambridge: Cambridge University Press, 1938); Robert Kysar, *The Fourth Evangelist and His Gospel* (Minneapolis: Augsburg, 1975), p. 45; Dodd, *Historical Tradition in the Fourth Gospel*, p. 423; Donald A. Carson, *The Gospel according to John*, Pillar New Testament Commentary (Grand Rapids: Eerdmans, 1991), pp. 49-67; 그리고 Richard Bauckham, *Testimony of the Beloved Disciple* (Grand Rapids: Baker Academic, 2007).

더 깊은 이해를 발전시키는 것이다."⁶⁰

보혜사 본문으로 돌아가서, 던에 이어 맥스 터너는 이렇게 훌륭하게 말한다. "성령의 오심은 … 성부와 영광스럽게 된 성자를 제자들에게 중개한다."⁶¹ 그는 예수의 인격적인 임재를 전한다. 예수와 성령은 모두 교사이다. 터너는 이렇게 말한다. "요한은 이 역사적인 닻을 주장한다. 보혜사의 과업은 독자적인 계시의 전달이 아니다."⁶² 요한복음 15:26-27의 말씀은 성령이 성부로부터 출발하거나 "나오신다"고 확언한다(Greek, *To pneuma … ho para tou patros ekporeuetai*). 후에 갑바도기아 교부들은 성자나 성령이 창조되지 않았다고 바르게 주장한다. 즉 우리의 신조가 증언하는 바와 같이 성자는 태어났고, 성령은 성부로부터 나오신다. 보혜사는 또한 그리스도를 증언한다(15:26). 그는 자신에 대해 말하지 않는다(*aph' heautou*, 요 16:3; 즉 자신이 주도적으로 또는 자신의 권위로).

16장의 말씀은 그리스도의 가시적이며 지역적인 현존을 성령의 불가시적이며 보편적인 임재로 교체하는 것에 대해 말한다. 성령의 계속적인 사역은 죄악 된 세상, 의, 그리고 심판에 대해 "유죄 판결을 내리는" 것이다(Greek. *elenxei*, 요 16:8-11). 이것은 바울의 생각과 매우 가깝다. 즉 예언의(설교의?) 영을 통해 불신자의 마음의 비밀이 드러나며, [그리고] 그 사람은 하나님 앞에서 엎드려 절하며 경배할 것이며, '하나님이 진정 우리 가운데 계시도다'라고 선언할 것이다(고전 14:25). E. F. 스코트는 요한복음 16:8-11에 대해 바르게 말하고 있다. "하나님의 능력이 명백하게 역사하는 거룩한 공동체에 맞서, 세상은 사악함과 불신을 드러낼 것이다."⁶³

스코트는 이렇게 덧붙인다. "세상은 세상과 대조되는 의가 있음을 점차

---

60. Xavier Léon-Dufour, "Towards Symbolic Understanding of the Fourth Gospel," *NTS* 27 (1981): 446; 참조. pp. 439-56.
61. Turner, *The Holy Spirit and Spiritual Gifts*, p. 80.
62. Turner, *The Holy Spirit and Spiritual Gifts*, p. 83.
63. Scott, *The Spirit in the New Testament*, p. 201.

의식하게 될 것이다."⁶⁴ 이런 이유로 보혜사에 대한 언급은 "진리의 영"을 적어도 세 번은 말하고 있다(요 14:17; 15:26; 16:13). 스웨트는 "예수를 믿지 않는 죄"에 대해 말한다.⁶⁵ C. K. 배레트는 이 문맥에서 엘렝코elencho(책망하다, 기소하다)와 함께 보혜사가 "기소자"의 의미를 가질 수 있다고 주장한다. "진리"는 세상이 진정한 심판의 판결을 받도록 할 것이다.

이제 예수는 세상에 대한 성령의 작용으로부터 제자들에게 영향을 미치는 작용으로 돌아선다(요 16:12-15). 성령은 "너희를 모든 진리 가운데로 인도"할 것이다(v.13). 그리고 "자신의 것"으로 말하지 않을 것이다(Greek. *aph' heautou*). 이를 NJB에서는 "자진해서"(참조. his own accord)로, NEB에서는 "자신의 권위로"(on his own authority)로 번역했다. 13절에서 부정적으로 표현한 것을 14절에서는 긍정적인 용어로 표현한다. "그가 내 영광을 나타내리니 내 것을 가지고 너희에게 알리시겠음이라." 바울과 마찬가지로 요한의 성령관도 그리스도 중심적이다. "진리의 영"은 사해 사본에서 잘 알려진 문구로서(1QS 3:17-19; 1QS 4:23-24), 이 문구는 영지주의나 헬레니즘의 이원론을 반영하고 있다는 불트만의 이론을 기각시킨다. 보혜사에 대한 언급 전반에 걸쳐 요한은 남성 단어 파라클레토스*parakletos*를 사용하고 있다. 그러나 토 프뉴마*to pneuma*는 중성이다. 그리고 히브리어 루아흐*rûach*는 여성이다. 우리는 성령이 바울과 요한에게서 한 인격이며, 이미 말한 바와 같이 제임스 바는 문법적 성의 사용은 그것이 성령의 실제 인격적 성과 관련하여 아무런 관계가 없다고 강력히 주장한다.⁶⁶ 하나님처럼 성령은, 창조된 존재인 인간 세상의 한 현상인 성을 초월한다.

우리는 요한복음 20:22의 "요한복음의 오순절"에 대해 간략하게 언급했다(참조. 20:19-23). 그것은 누가-사도행전보다 성령의 경험을 예수 그리스도

---

64. Scott, *The Spirit in the New Testament*, p. 202.
65. Swete, *The Holy Spirit in the New Testament*, p. 158.
66. James Barr, *The Semantics of Biblical Language* (Oxford: Oxford University Press, 1961), pp. 39-40.

에게 훨씬 밀접하게 연결시킨다. 예수의 호흡은 부활 후의 선물로서 제자들에게 생기를 불어넣고 활력을 준다. 숨 쉬는 행동(Greek. *enephysesen*)은 위임명령보다 앞에 나온다(21절). 육체적 그리스도는 그리스도의 사명과, 그것을 능력 있게 하며, 인도하며, 실현시키는 살아계신 생명의 성령에게 권위를 준다.

7. 4. 요한 저작물 : 요한의 복음서와 서신서

요한서신과 함께 요한복음을 고찰할 때, 나는 각각의 저자에 대해 아무 것도 암시하지 않는다. 우리가 저자에 대해 어떤 결론을 내리든지, 이 문서들이 유사한 주제를 표현하고 있다는 것은 여전한 사실이다. H. P. V. 넌, 제임스 모페트, 그리고 다른 사람들이 세베대의 아들 사도 요한이 제4복음서의 저자라고 용감하게 주장했음에도 불구하고, 오직 소수만이 여전히 이 견해를 지지한다.[67] 이레네우스는 이 견해를 지지하는 초기 전통을 전달한다. 그러나 요한복음은 어느 곳에서도 저자의 이름을 밝히지 않으며, 심지어 "사랑받는 제자"도 다양한 인물로 파악되었고, 반드시 저자는 아니다.[68] 많은 사람이 저자가 장로 또는 감독 요한이라고 믿는다. 어떤 사람들은 그가 요한서신의 저자라고 주장한다. 그러나 또한 많은 사람이 이 복음서의 저자가 우리에게 알려지지 않았다고 주장한다. 세베대의 아들들은 요한복음 21:2의 부록을 제외하고는 복음서에서 언급되지 않는다. 사랑받는 제자는 5번 나타나지만, 요한복음 13:23까지는 등장하지 않는다. 요한복음에 관한 이들 쟁점과 관련된 철저한 토론은 이 장의 앞부분에서 요한복음 14:26에 대한 프란츠 무스너의 해석에 대해 논의할 때 있었다. "성령이 … 너희에

---

67. H. P. V. Nunn, *The Son of Zebedee and the Fourth Gospel* (London: SPCK, 1932).
68. Floyd V. Filson, *Who Was the Beloved Disciple?* (London: Marshall, Morgan & Scott, 1977), p. 29.

게 모든 것을 가르치고 ···." J. 에스틀린 카펜터는 요한계시록과 요한복음을 한데 묶고, "요한의 저작들"에 대해 광범위하게 글을 썼지만, 저자와 저작 연대에 관한 질문은 제쳐두고 있다.[69] 이 토론에 들어간다면 우리의 주제로 부터 벗어나게 되고, 다른 문제들뿐만 아니라 문체, 어휘, 문법, 구조에 대해 광범위한 토론에 참여해야 할 것이다.

요한복음과 요한1서에 관하여 F. W. 호른은 이렇게 말한다. "성령은 ··· 황홀경이나 카리스마적 현상 속에서가 *아니라*, 말씀의 선포 속에서, 특별히 기억(요 14:26), 교훈(14:26), 재현(16:13), 예언(16:13) 속에서 자신을 나타낸 다"(티슬턴의 이탤릭).[70] 비슷하게 슈바이처도 이렇게 말한다. "성령의 은사의 독특한 특성은 강조되지 않는다."[71] 한편 호른과 슈바이처는 요한1서 또한 제4복음서와 마찬가지로 성령이 "예수 그리스도께서 육체로 오셨고 하나님 으로부터 오셨다"고 고백하게 한다는 것을 인정한다고 말한다(요일 4:2). 이 것은 또한 성령을 소유하면 "예수는 주님"이라고 고백한다는(고전 12:3) 바 울의 표현에 가까워진다. 요한1서는 이렇게 선언한다. "영을 다 믿지 말고 오직 영들이 하나님께 속하였나 분별하라 많은 거짓 선지자가 세상에 나왔 음이라"(요일 4:1; 아래에서 더 논의됨). 몽테규는 누가보다는 바울과 비슷하게 "분별의 첫째 규정은 전통적인 믿음과 일치한다. ··· 요한의 공식은 ··· 성육 신을 강조한다"고 주장한다.[72] 서신서와 요한복음은 성령과 진리 사이의 관 계를 강조한다(요일 5:6). 요한2서 1:9은 이렇게 말한다. "그리스도의 교훈 안 에 거하지 아니하는 자는 다 하나님을 모시지 못하되." 비슷하게 요한복음 16:3은 이렇게 주장한다. "진리의 성령이 오시면 ··· 스스로 말하지 않고 ··· 그가 내 영광을 나타내리니."

---

69. J. Estlin Carpenter, *The Johannine Writings: A Study of the Apocalypse and the Fourth Gospel* (London: Constable, 1927).
70. F. W. Horn, "Holy Spirit," in *The Anchor Bible Dictionary*, 5 vols. (New York: Doubleday, 1992), vol. 3, p. 277; 참조. pp. 260-80.
71. Schweizer, *"Pneuma,"* in *TDNT*, vol. 6, p. 448.
72. Montague, *The Holy Spirit*, p. 336.

스티븐 스멀리Stephen Smalley는 요한1서의 성령에 관한 두 절에 특별한 관심을 나타낸다. 요한1서 2:20을 NRSV는 이렇게 번역한다. "그러나 너희는 거룩한 자에 의해 기름 부음을 받고 너희 모두는 안다"(But you have been anointed by the Holy One, and all of you have knowledge).[73] 그리스어는 크리스마 에케테chrisma echete로 "너는 성별되었다"(스멀리), 또는 "너는 기름 부음을 받았다"이다. 그는 이 말이 크리오chriō "기름을 붓다"와 크리스토스christos 사이의 언어유희를 나타낸다고 믿는다. 크리스마chrima는 신약성경 전체에서 여기와 2:27에만 나타난다. 이 말이 "기름을 붓는 행동"을 의미한다면, "가졌다" 또는 "소유했다"가 될 수 없다. 웨스트코트와 마샬은 이 말을 "기름을 붓는 수단", 즉 기름을 붓는 것을 의미한다고 해석한다.[74] 그러나 스멀리에 따르면, 기름 부음은 문자적인 것일 수도 있고 수사법적인 것일 수도 있다. 구약성경의 배경은 그 의미를 성별이라고 제시한다(출 29:7; 30:25; 40:15; 단 9:26). 이사야 61:1에서 여호와의 영은 좋은 소식을 전파하기 위해 여호와의 종에게 부어졌다(참조. 행 10:38). 따라서 스멀리는 이것이 사실상 성령의 선물을 가리킨다고 결론짓는다. 만약 우리가 가능성 있는 두 의미에 규제를 가한다면, 영지주의자는 "지식의 시작"을 나타내기 위해 이 용어를 사용했을지도 모른다.

두 번째 절은 요한1서 4:1-6이다. 이 구절은 여섯 번 "영" 또는 하나님의 영을 언급하면서 세속화를 거부할 것을 말하고 있다(4:1, 2, 3, 6).[75] 저자는 독자들에게 하나님을 모르는 사회에 정박해 있는 태도에 대해 경고한다. 그들은 세속적인 환상과 하나님의 진리 사이의 충돌 속에서 세상의 미혹과 유혹을 저항해야 한다. 그러므로 그들은 "영을 다 믿지 말고 오직 영들이 하나님

---

73. Stephen S. Smalley, *1, 2, and 3 John* (Waco: Word, 1984), pp. 104-8.
74. B. F. Westcott, *The Epistles of St. John: Greek Text with Notes* (Abingdon, Berkshire: Marcham Manor, and Grand Rapids: Eerdmans, 1966), p. 73; 그리고 I. Howard Marshall, *The Epistles of John*, NICNT (Grand Rapids: Eerdmans, 1978), p. 153.
75. Smalley, *1, 2, 3 John*, pp. 214-32.

께 속하였나 분별"해야 한다(4:1). 1절 하반절은 이 언급이 거짓 선지자에 관한 것이라고 설명한다. 2절은 대조되는 것을 설명한다. "이로써 너희가 하나님의 영을 알지니 곧 예수 그리스도께서 육체로 오신 것을 시인하는 영마다 하나님께 속한 것이요." 요한복음에서와 같이, 성령의 일차 사역은 그리스도를 증언하는 것이다. 그리고 두 번째로 오는 것이 "예언" 사역일 것이다(바울에 대한 앞 장을 보라). 3절은 2:18, 22에 나온 "적그리스도"에 대한 토론을 시작한다(신약에서는 요한1서에서만 나오지만, 교부들에게서는 두드러지게 등장). 스멀리는 이렇게 말한다. "영감 받았다고 주장하는 자들은 그들이 나타내는 영이 하나님께 속한 것인지 알기 위해 '시험'을 받아야만 한다."[76]

도키마조*Dokimazo*는 실험하다를 가리킨다(참조. 살전 5:21). "영들"(Spirits 복수)은 쿰란 사본에서처럼 많은 영들이 아니라 진리의 성령과 거짓의 영을 나타낼 것이다.[77] 구약성경에서처럼 거짓 예언은 널리 퍼져 슈도프로페테스 *pseudoprophetes*라는 용어가 생겼다.[78] 2-3절에서 "시인하다"*homo logei*는 말은 고린도전서 12:3, 그리스도를 주로 고백하는 성령에 관한 바울의 기준을 생각나게 한다. 세상과 하나님 또는 하나님의 영 사이의 이원론, 그리고 거짓과 참 사이의 이원론은 요한복음의 또 다른 독특한 주제를 나타낸다.

요한1서 5:6은 증인으로서 성령이라는 주제를 담고 있다. 이것은 제4복음서에서도 두드러진다. 성령은 현재 시제로 예수와 하나님과 하나 됨을 증언한다. 그가 육체로 오신 것은 아마도 단지 글자 그대로의 사실이 아니라 구원의 의미를 가리킬 것이다. 물과 피는 두 개의 성례를 가리킬 필요가 없고, 성령과 관련된 예수의 세례, 십자가, 그의 사명과 능력과 같은 역사적 사건을 가리킨다. 이것은 가장 자연스럽게 6절에 나타나있다. 비록 요한1서가

---

76. Smalley, *1, 2, 3 John*, p. 218.
77. Marshall, *Epistles of John*, p. 204; and Rudolf Bultmann, *A Commentary on the Johannine Epistles*, Hermeneia (Philadelphia: Fortress, 1973), pp. 61-62.
78. 참조. R. W. L. Moberly, *Prophecy and Discernment* (Cambridge: Cambridge University Press, 2006).

"실천적" 서신이지만, 성령의 증언은 분명히 참 교리의 중요성과 무관하지 않다. H. B. 스웨트는 이렇게 결론을 내린다. "그리스도의 영은 그리스도를 증언하는 것으로 알려진다. 이차적인 시험은 … 진리에 대해 공인된 교사의 증언을 즉시 수용하는 것으로 알 수 있다. 그리스도의 영으로 가르침을 받은 사람은 누구도 적법하게 공인된 그의 메신저의 증언을 거부할 수 없을 것이다."[79]

---

79. Swete, *The Holy Spirit in the New Testament*, p. 269.

8

베드로전·후서, 히브리서, 야고보서, 유다서, 요한계시록

아직 신약성경의 책들을 다 논의하지 않았다. 요한2서, 3서는 성령에 대한 언급이 없고, 베드로전서는 아마 가장 많이 언급하고 있을 것이다 (*pneuma*, "영"을 8회 사용, *pneumatikos*, "영적인"을 2회 사용). 이 책들 속에서 바울과 평행되는 것이 몇 개 있다. 바울과 요한과 함께 신학적 대작인 히브리서는 프뉴마를 12회 언급한다. 그중 4회는 성령에 대한 분명한 언급이고 1, 2회는 모호하며, 그밖에 천사 또는 인간의 영을 암시한다. 야고보서, 베드로후서, 유다서는 각각 1회 이상 언급하지 않는다. 그러나 요한계시록은 프뉴마를 18회 사용하는데 그중 일부는 예언을 일부는 하나님의 영을 언급하고 있다.[1]

---

1. W. F. Moulton and A. S. Geden, *A Concordance of the Greek Testament* (Edinburgh: T&T Clark, 1899), pp. 823-24.

8. 1. 베드로전서

일반적으로 베드로전서는 최근 그리스도인이 되어 세례를 받았거나 받게 될 사람들에게 보내는 권면 또는 편지로 이루어진다고 인정된다. 어떤 사람들은 세례식 권면이라고 한다. 저작 연대는 63년부터 112년까지 상당히 다양하게 추정한다. 이 책은 소아시아 북부에 있는 교회들에게, 특별히 그리스도의 고난과 구원 사역을 생각하며, 인내로 환란을 견디라고 권면하기 위해 쓰였다. 또한 소망의 주제를 담고 있다. 많은 학자들은 다른 신약성경 저작들과 평행되는 많은 구절을 찾아냈다. F. W. 베어는 이를 의존이라는 용어로 설명하고, 베드로전서의 연대를 후기로 추정한다. 그러나 E. G. 셀윈, E. 로제, J. N. D. 켈리, 에른스트 베스트, 존 엘리어트, E. 코테네는 이를 공통적인 (아마도 매우 이른) 기독교 전통에 의존하고 있다는 측면에서 설명한다. 찰스 크랜필드는 저자에 대해 신중한 견해를 표명한다. 그는 왜 베드로를 저자로 보기 어려운지에 대해 8가지 의미 있는 이유를 제시한다. 그러나 실루아노(벧전 5:12)가 원문의 어휘와 문체에 관여하고 있다면, 전통적인 견해도 불가능하지 않음을 인정한다. 그는 "이 문제는 아직 해결되지 않았다"라고 결론을 내린다.[2]

(1) 서문은 그 독자들을 "하나님 아버지의 미리 아심을 따라 성령이 거룩하게 하심으로[Greek. *en bagiasmo pneumatos*] 순종함과 예수 그리스도의 피 뿌림을 얻기 위하여 택하심을 받은 자들"로 묘사한다(벧전 1:2). 성화의 주제는 데살로니가전서와 같은 신약성서 초기 저작부터 후기 문서까지 나타나고 있다. 그리스어 문구 엔 하기아스모 프뉴마토스 *en bagiasmo pneumatos*는 여기뿐만 아니라 데살로니가후서 2:13에도 나온다. 여기서 성령의 사역은 그리스도의 십자가 사역과도 직결된다.

(2) 베드로전서의 두 번째 언급은 구약의 선지자를 영감하는 성령의 사

---

2. C. E. B. Cranfield, *1 and 2 Peter and Jude* (London: SCM, 1960), p. 16.

역에 관한 것이지만, 성령은 분명히 "그리스도의 영"이라고도 불린다(벧전 1:11). 바울에서처럼, 이 구약적 영감은 "섬긴 바가 자기를 위한 것이 아니요 너희를 위한"것이라고 한다(12절, 즉 새로 믿음을 갖게 된 그리스도인들). 더구나 그 영조차도 그리스도의 고난을 증언하고 있다. 또한 베드로전서는 성령을 복음의 현재적 선포를 가능하게 하는 것으로 본다. 동일한 성령은 "성령을 힘입어 너희에게 복음을 전하도록 하늘로부터 보냄을 받았다. 이는 천사도 살펴보기를 원한 것이다"(벧전 1:12). "우리를 위한" 그리스도의 고난에 대한 가장 심오한 지식은 죄 사함을 받고 새롭게 된 죄인들을 위해 보존되었다. 천사들은 그 경이로움에 경탄하며 서서 바라보기만 할 뿐이다.

(3) 베드로전서 3:4의 "안정한 심령의 썩지 아니할 것"the beauty of a quiet spirit은 분명히 인간의 영을 가리키는 반면, 베드로전서 3:18의 "영으로는 살리심을 받으셨으니"는 로마서 1:4에서처럼, 아마도 성령에 의한 그리스도의 부활을 가리킬 것이다. 스웨트가 이 구절을 "주님의 인성의 영이 분명"하다고 이해한 것은 근거가 불분명하다.[3] 그는 계속해서 19절의 "옥에 있는 영들"에 호소한다. 그러나 에른스트 베스트는 로마서 1:3-4과 평행 구절이라고 바르게 지적하고(참조. 딤전 3:16) 이렇게 말한다. "이는 인간의 본성의 두 요소 사이의 대조가 아니다. … (이 대조는 신약에서 전혀 생소하다), 그리스도의 두 부분 사이의 대조도 아니다. … 그리스도께서 육신이 없는 형태로 '영들'에게 전파하러 갔다는 것을 의미할 수도 없다(19절). 신약에서 영이 육신과 대조될 때는 신적인 영과 인간 존재의 대조를 의미한다."[4] F. W. 베어는 이것을 로마서 4:17, 8:11, 고린도전서 15:22에서 암시하는 "예전적 문구"로 본다.[5] 이것은 성령에 대한 언급일 수 있다. 그러나 그는 "존재의 영역"으로 돌아간다. J. N. D. 켈리는 "성령으로 여겨지는" 그리스도의 "존재의 천상적,

---

3. Henry B. Swete, *The Holy Spirit in the New Testament* (London: Macmillan, 1909, rpt. 1921), p. 262.
4. Ernest Best, *1 Peter*, New Century Bible Commentary (London: Oliphants, 1971), p. 139.
5. F. W. Beare, *The First Epistle of Peter* (Oxford: Blackwell, 1961), p. 143.

영적 영역"에 대해 말한다.⁶

"옥에 있는 영들에게 선포"로 널리 이해되고 있는 베드로전서 3:19의 복잡성을 풀려는 것은 우리의 목적이 아니다. 알렉산드리아의 클레멘트는 이 구절을 그리스도께서 부활 전 토요일에 지옥에 내려간 것을 가리킨다는 견해를 취하고 있다(stromata 6:44-46). 그렇다면 영들은 노아 당시의 죄인들로 보인다(Ignatius, to the Magnesians 9:2; Justin, Dialogue, 72:4). 어거스틴 Augustine은 선재하신 그리스도의 설교로 여긴다(Letters, 164:14-17). 주석자들은 문법과 구문, 본문비평에 몰두한다. 많은 사람들은 부분적으로는 에녹 1서 10-16, 바룩 56:12-13, 희년서 5:6, 그리고 사해 사본에 근거하여, "영들"이 반역한 천사들이라고 결론짓는다. 베스트Best는 이렇게 결론을 내린다. "지옥으로의 강하 교리의 발전은 … 우리의 본문 이해에 크게 도움이 되지 않는다. … 창세기 6:1-6에 기초한 묵시 문학은 노아 당시에 타락한 천사들(또는 영들)의 무리로 묘사하고 있다."⁷ 에드가 굿스피드와 제임스 모페트 외에 렌델 해리스는 그 본문이 원래는 "에녹"을 설교했던 사람으로 읽었다는 뛰어난 제안을 했다. 그러나 오늘날 해리스의 이론은 거의 받아들여지지 않는다. 본문은 그리스도께서 홍수 때 멸망한 사람들이나 반역한 천사들에게 영으로서 선포했다고 말하는 것 같지만, 언제, 어떻게 했는지는 명시하고 있지 않다. 베어는 이렇게 말한다. "강하에 대해 지나가듯 언급하는 것은 그것이 최소한 이 서신의 주석에서조차 거의 주목을 받을만한 가치가 없기 때문이다."⁸

그러나 크랜필드는 그리스도의 강하에 대한 개념을 무시하는 것은 지나치게 성급한 일이라고 생각한다. 그는 이렇게 말한다. "하데스로 강하하신 그리스도 개념은 신약성경의 다른 곳에서도 발견된다. 그것은 사도행전

---

6. J. N. D. Kelly, *The Epistles of Peter and Jude* (London: Black, 1969), p. 151.
7. Best, *1 Peter*, pp. 145-46.
8. Beare, *The First Epistle of Peter*, p. 145.

2:27, 31, 로마서 10:6-8, 에베소서 4:8-10에 나온다."⁹ 사도행전 2:31은 이렇게 선언한다. "그가 음부에 버림이 되지 않고." 로마서 10:7은 이렇게 묻는다. "누가 무저갱에 내려가겠느냐?(즉, 그리스도를 죽은 자 가운데서 모셔 올리려는 것)." 에베소서 4:9은 이렇게 묻는다. "올라가셨다 하셨은즉 땅 아래 낮은 곳으로 내리셨던 것이 아니면 무엇이냐?"

널리 환영받지 못하는 한 가지 해석은, 고대 에녹의 입술을 통해 전달한 것처럼 성령 안에서 그리스도가 자신의 영원히 존재하심을 통해 지금 옥에 있는 영들에게 전파한 것으로 이해한다. 렌델 해리스Rendel Harris는 필사본에서 "에녹"이 "in which" 뒤와 "also" 앞에서 우연히 생략되었다고 제안한다. 이것은 에녹1서 17-26(참조. 에녹1서 18:12-14)이 에녹의 지하세계 여행에 대해 말하고 있다는 것을 상기하기 전까지는 설득력이 없어 보일 수도 있다. 그리스도가 구약시대에 활동한 것으로 보는 신약 저자들의 개념과 함께 이 해석은 처음 볼 때보다 훨씬 호소력이 있다.¹⁰ 켈리는 최종적으로 이 가능성을 수용하지만, 그는 그럴듯하게 이를 설명한다. 실제로 그는 이 복잡한 절에 거의 20페이지를 할애하고 있다.¹¹ 그는 자유주의 개신교인들이 그리스도의 음부 강하 개념을 "두 번째 기회" 신학으로 보는 것을 선호하는 반면, 같은 이유로 교부들은 이를 선호하지 않았다고 지적한다.¹² 켈리는 이 어려운 단락으로부터 생명의 수여자이신 성령의 프레임 안에서 그리스도의 부활과 적대적이고 타락한 권세들을 이기는 그리스도의 승리라는 중심 주제를 끌어낸다. 그리고 그리스도의 부활과 승리는 핍박과 억압 아래 있는 새로운 그리스도인들을 격려한다.

(4) 베드로전서 4:14은 분명히 "하나님의 영이 너희 위에 계심이라"라고 말한다. 본문에서 성령은 그리스도와 영광에 연결되어 있다. 이것은 켈리

---

9. Cranfield, *1 and 2 Peter and Jude*, p. 104.
10. Anthony T. Hanson, *Jesus Christ in the Old Testament* (London: SPCK, 1965).
11. Kelly, *The Epistles of Peter and Jude*, pp. 146-64.
12. Kelly, *The Epistles of Peter and Jude*, p. 153.

의 3:18-20에 대한 해설과 일치한다. 전체 문맥은 신자들이 굳건하게 견뎌 내도록 권면하는 역할을 한다. 그리스어 아나파유타이 *anapauetai* "계심이라" 는 이사야서 11:2(LXX)에서 온 것이다. "그의 위에 여호와의 영이 … 강림하시니." 이는 요한복음 1:32 그리고 바울과도 잘 들어맞는다. 에른스트 베스트는 "인간의 기준에 따르면 육신의 영역에서는 죽음의 선고를 받겠지만, 영의 영역에서는 하나님이 살아계신 것처럼 살 것"이라고 제안함으로써 복잡한 구문을 바꾸어 표현한다.[13] 베드로전서 4:6은 영으로 사는 것을 말하는 것일 수 있지만, 그 암시하는 것은 분명하지 않다. 베드로전서가 진정 "세례 의식용"이라면, 저자는 그리스도의 죽음과 부활에 작용하는 원리들이 세례에 적용될 것이라고 설명하고 있다.

이상의 언급들을 종합해보면, 우리는 베드로전서가 성령의 은사를 예수 그리스도와 그의 완성된 사역의 영광에 연결시켰던 바울과 밀접한 것을 보게 된다. 베드로전서는 최근에 그리스도인이 된 사람과 현재 핍박 아래 있는 사람들에게 쓴 편지 또는 권면일 것이다. 이를 "세례식 권면"이라고 부르는 사람들은 아마도 특별히 증거들이 입증하는 것보다 더 나아간 것이다. 그러나 그들의 견해는 분명히 가능하다.

8. 2. 베드로후서, 야고보서, 유다서

(1) 베드로후서에는 성령에 대한 명확한 언급이 하나밖에 없다. 그것은 구약 선지자의 선언이 그들을 영감한 성령에 의해 확인된다는 전통적인 교훈을 확증한다. 잘 알려진 구절은 다음과 같다. "예언은 언제든지 사람의 뜻으로 낸 것이 아니요 오직 성령의 감동하심을 받은 사람들이 하나님께 받아 말한 것임이라"(벧후 1:21). 스웨트는 가장 가까운 평행구가 목회

---

13. Best, *1 Peter*, p. 158.

서신에 있다고 말한다. "모든 성경은 하나님의 감동으로 된 것으로"(pasa graphe theopneustos, 딤후 3:16). 예레미야가 하나님이 주신 예언을 말하지 않겠다고 했을 때와 같이, 예언은 인간의 의지로 창출되는 것이 아니다. 요한1서 4:1-3의 경고처럼, 그것은 거짓 예언에 대한 경고이다(벧후 2:1-22). 거짓 예언자들은 "그들이 다른 성경을 쓰는 것처럼, [본문을] 파괴적으로 왜곡한다"(벧후 3:16). 다시 베드로전서에서와 같이, 이 절은 바울과 가깝다. 즉 신령한 것은 성령으로 말미암아 해석된다(고전 2:9-15). 우리는 또한 요한1서에서 거짓 선지자들을 언급했다.

(2) 야고보서. 야고보서 4:5은 "너희는 하나님이 우리 속에 거하게 하신 성령이 시기하기까지 사모한다"라고 진술한다. 그리스어는 아마 타동사일 것이다(Ikatokeseu, "거하게 하신"). 물론 자동사일 수도 있다("거하신"). 프로스 프도논pros phthonon은 "시기하기까지 사모하는"을 가리키는 부사구이다. 스웨트는 이렇게 의역한다. "우리 안에 계신 그리스도의 영은 우리를 갈망한다. 그러나 세상의 사랑과 같은 비뚤어진 행동에 분개하는 사랑으로써 시기하기까지 (갈망한다)."[14] 이 절은 성령의 인격을 바르게 암시하고 있다. 이는 "하나님의 성령을 근심하게 하지 말라"와 평행을 이룬다(엡 4:30). 야고보는 세상에 지나치게 우호적으로 몰두하면 우리 안에 계신 성령을 질투하게 한다고 진술한다. 그럼에도 불구하고 하나님은 이를 극복할 수 있도록 더 많은 은혜를 주신다. 조지 몬테규는 하나님의 "질투"는 정확하게 바알림(바알의 복수형)을 극복하는 것이라고 주장한다. 하나님은 생명의 영이 "거짓 신이나 가치와 공유되는 것을 원하지 않는다."[15] 피터 데이비스는 "야고보는 지혜의 성령론을 가지고 있다. 왜냐하면 야고보의 지혜는 바울의 성령처럼 기능하기 때문"이라고 주장한다.[16] 이는 야고보가 짧은 지혜의 말을 담고 있는

---

14. Swete, *The Holy Spirit in the New Testament*, p. 257.
15. George T. Montague, *The Holy Spirit: The Growth of a Biblical Tradition* (Eugene, OR: Wipf & Stock, 1976), p. 311.
16. Peter H. Davids, *The Epistle of James: A Commentary on the Greek Text* (Grand Rapids:

전형적인 "지혜" 문학이므로, 성령에 대한 명시적인 언급이 적은 이유를 설명하는 데 도움이 될 수 있다.

(3) 유다서는 단 하나의 장으로 이루어져 있으며, 그것은 베드로후서, 특히 베드로후서 2:1-3:3과 유다서 4:18 사이에 평행 관계가 나타난다. 많은 저자들은 유다서가 베드로후서에 의존하고 있다고 믿는다. 어떤 사람들은 두 저자가 공동의 자료를 사용했다고 믿는다. 그러나 이를 강하게 반대하는 주장도 있다.[17] 성령에 대한 언급은 유다서 1:19-20의 두 부분에 나온다. "이 사람들은 분열을 일으키는 자며 육에 속한 자며 성령이 없는 자니라." 그리고 "자신을 세우며 … 성령으로 기도하며." 만약 이들 "세상적인 사람들"(*psychikoi*, 개역개정 "육에 속한 자")이 "신령하다"고 주장했다면, 저자는 공개적으로 이를 부인한다. 이것은 고린도전서 3:1-3(그리고 고전 2:14-16)의 평행이다. 켈리Kelly는 다음과 같은 사례가 사실이라고 주장한다. 어떤 사람들은 스스로를 프뉴마티코이*pneumatikoi* 또는 "신령한 자"라고 잘못 주장했고, 다른 신실한 신자들을 "평범하고" 또는 "신령하지 않은"*psychikoi* 것으로 여겼다. 이와 같이 이들은 엘리트주의를 조장할 뿐만 아니라 공동체를 분열시켰다.[18] 유다서는 "분열을 일으키는"에 해당하는 매우 희귀한 단어 아포디오리진*apodiorizin*를 사용하기 때문에, 그들에게 성령이 없다고 일반적인 진술 이상의 일을 하는 것이다. 두 번째 구절은 바울과 고린도전서에 훨씬 더 가깝다. 고린도전서 8:1, 14:4은 세우는 것과 "건축하는 것"에 대해 말하고 있고, 로마서 8:26-27, 고린도전서 14:15은 성령을 기도의 영감자로 말한다. 우리는 예배자 혼자서가 아니라, 성령이 기도를 시작하게 한다는 것을 너무 자주 잊어버린다. 고린도 교회의 문제는 그 교회에만 국한된 것이 아니었음을 기억하는 것이 유용할 것이다.

Eerdmans and Carlisle: Paternoster, 1982), p. 56.

17. Cranfield, *1 and 2 Peter and Jude*, pp. 145-46.
18. Kelly, *The Epistles of Peter and Jude*, p. 284.

8. 3. 히브리서

히브리서는 신약성경의 가장 강력한 저작 중 하나로, 익명성에도 불구하고 그 신학적 정교함과 독창성이 바울과 요한과 함께 평가된다. 최소한 오리겐 시대 이후, 오직 하나님만이 저자가 누구인지 아신다는 것이 인정되어왔다. 많은 해석자들은 저자가 브리스길라일 수 있다고 제안한다. 왜냐하면 부분적으로는 그 학식과 알렉산드리아식 문체와 어휘 때문이고, 부분적으로는 여성 이름이 억제되어있는 것이 이해되기 때문이다. 루터가 이를 지지했음에도 불구하고, 가능성은 있지만 확신할 수는 없다. 그것은 분명히 바울의 것은 아니다. 바울은 그리스도의 부활에 초점을 맞추지만, 히브리서는 그리스도의 승천의 견지에서 그리스도의 승귀를 보고 있다. 바울은 하나님과의 화해에 대해 말하고 있는 반면, 히브리서는 하나님늬 임재로 나아감에 대해 말하고 있다. 바울은 칭의를 말하나, 히브리서는 대제사장으로서 그리스도의 완성된 사역에 대해 말하고 있다. 바울은 보통 큰 신학적 본문 후에 큰 실천적 권면의 본문이 나오는 반면(즉, 롬 1-11과 12-16), 히브리서는 짧은 신학적 본문과 짧은 실천적 또는 권면적 본문이 번갈아 나온다. 그럼에도 불구하고 연약과 성령을 포함한 많은 주제들이 겹친다. 어떤 주석가들은 히브리서를 하나의 설교로 보고 있으며, 13장을 포함한 마지막 부분은 이 책을 편지로 만들기 위해 추가되었다고 본다.

언뜻 보기에 성령이 좀 더 두드러지게 나타나지 않는 것이 놀랍게 보일 수 있다. B. F. 웨스트코트는 이렇게 주장한다. "성령의 역사는 배경으로 처리되고 … 특징적인 장면은 그리스도의 제사장적 사역에 주어지고 있다." 스웨트도 이에 동의한다.[19] "영"에 대한 많은 언급은 인간의 영(히 4:12; 12:23) 또는 천사(1:7, 14)를 가리키거나 모호하다(9:14; 12:9). 그럼에도 성령

---

19. B. F. Westcott, *The Epistle to the Hebrews: The Greek Text* (London and New York: Macmillan, 3rd ed. 1903), p. 331; 그리고 Swete, *The Holy Spirit in the New Testament*, p. 249.

에 대한 명확한 언급은 최소한 네 개가 있다.

(1) 첫 번째는 2:4에 나오는데, 이 구절은 권면 부분에 위치하고 있다. 히브리서 2:1은 주의를 기울이라는 긍정적인 교훈적 개념과 "흘러 떠내려가지 않게 하라"*pararyomen*는 부정적 항해의 비유를 사용하고 있다. 항해의 비유는 미끄러지거나 무기력함을 전달한다(참조. 5:11; 6:11-12).[20] 떠내려감은 믿음을 "앗아간다." 그러므로 독자는 "하나님의 뜻에 따라 나누어 주시는 성령의 은사"에 덧붙여진, 하나님의 증언에 수반되는 "표적들과 기사들"에 주목해야 한다. 이 절은 분명히 고린도전서 12:4-11과 평행이다. 이 구절은 또한 "성령의 은사(복수)"와 함께, "표적들과 기사들과 여러 가지 능력"이 증거하는 메시지의 진정성과 시급성을 강조하고 있다(4절). 이 구절은 또한 바울이 기적적인 표징 없이 성령을 언급하는 것을 제외하면, 데살로니가전서 1:5과 고린도전서 2:4-5과 관련이 있다(참조. 고전 14:25). 표적과 기사는 "복음 진리의 증거"로서 누가-사도행전에서 두드러진다.[21] 예를 들면 "표적과 기사"*semeia kai kerata*는 출애굽기 7:3과 신명기 4:34, 6:22, 7:19에서 사용된 표준 문구이다.

(2) 두 번째 명확한 언급은 히브리서 6:4에서 나타난다. 여기서 주제는 다시 뒤로 처지지 않고, 혹은 옛터로 되돌아가지 않고 앞으로 전진하는 것이다. 독자들은 그들이 시작했던 곳에서 끊임없는 반복으로 영 단번에 행하신 그리스도의 사역의 완전성을 타협하지 않아야 한다. F. F. 브루스와 윌리엄 레인은 교리 교육의 여섯 가지 "기본" 요소를 언급한다.[22] 4-5절은 "한번 빛을 받고 하늘의 은사를 맛보고 성령에 참여한바 되고 하나님의 선한 말씀과 내세의 능력을 맛보고도 타락한 자들"에 대해 말하고 있다. 히브리

---

20. A. Vanhoye, *Homilie für haltbedürftige Christen* (Regensburg: Pustet, 1981), 이 절에 관해.
21. William L. Lane, *Hebrews*, 2 vols., Word Biblical Commentary 47A (Dallas: Word, 1991), p. 40.
22. Lane, *Hebrews*, vol. 1, pp. 140-41; F. F. Bruce, *The Epistle to the Hebrews* (Grand Rapids: Eerdmans, 1964), p. 112.

서는 그러한 사람들은 "다시 새롭게 하여 회개하게 할 수" 없다고 단언한다. 이 절들은 우리가 피하고 싶은 끝없이 혼란스러운 논쟁을 불러일으켰다. 그리스도인이 타락할 수 있는지에 대한 문제는 여기서 저자의 주된 관심사가 아니며, 또한 그것이 성령에 대한 언급에 영향을 주지도 않는다.[23] 그는 그리스도인의 삶의 지속적인 특성을 강조한다. 휴 몬테피오레는 이렇게 말한다. "배교는 물론, 어떤 퇴보도 그리스도인의 삶에서 가능하지 않다. … 잃어버린 기초를 회복하는 유일한 방법은 앞으로 나아가는 것이다."[24] F. F. 브루스는 이렇게 말한다. "계속성은 실재성의 시험이다. … 그는 성도의 견인을 의심하지 않는다."[25] 성령에 참여하는 것은 오순절 날에 행한 베드로의 설교와 일치하는, 새 시대의 능력을 맛보는 것을 포함한다.

이 어려운 절의 논리는 성령이 없이는 아무도 믿음에 이를 수 없다는 것이다. 그러므로 사람은 하나님의 일을 무효화할 수 없다. 그러나 저자는 독자들이 진지하게 배교의 위험을 알기를 원한다. 즉 그들은 그들의 현 상태에 안주해서는 안 된다. 타락은 "하나님의 아들을 다시 십자가에 못 박아 드러내놓고 욕되게 하는" 것만큼이나 생각할 수 없는 일이다(6절). 저자는 기독교 신앙은 영원히 움직이고 전진하는 것이거나, 또는 외양은 잘못 인도할 수 있지만, 배교를 고려하는 자들은 참된 믿음을 소유할 수 없을 것이라고 주장한다. 성령이 없이 순전히 피상적인 수준에서 기독교에 들어온 자들은 그에 대해 예방주사를 맞는 것 같다.

(3) 세 번째 명확한 두 개의 구절은 성경의 영감에 관한 전통적인 견해를 확증한다. "그러므로 성령이 이르신 바와 같이 오늘 너희가 그의 음성을 듣거든 …"(히 3:7; 참조. 시 95:7-11). 다시 한번, 이것은 좀 더 "신학적인" 것과는 대조적으로 실천적인 "경고" 문제 중 하나, 또는 권면parenesis으로 나

---

23. Donald A. Hagner, *Hebrews* (Peabody, MA: Hendrickson, 1990/1995), p. 92.
24. Hugh Montefiore, *A Commentary on the Epistle to the Hebrews* (London: Black, 1964), p. 104.
25. Bruce, *Hebrews*, p. 118.

탄나다. 레인이 지적한 것처럼, 이 인용에 대한 서론의 문구는 많은 유대교 자료에 공통적이다.[26] 이 견해는 히브리서 10:15-16에서 반복된다. "또한 성령이 [예레미야를 통하여] 우리에게 증언하시되 … 그들과 맺을 언약이 이것이라 … 그들의 죄와 그들의 불법을 내가 기억하지 아니하리라"(히 10:15-17; 참조. 렘 31:31, 33-34).

(4) 네 번째 언급은 히브리서 10:29, "하나님의 아들을 짓밟고 언약의 피를 부정한 것으로 여기고 은혜의 성령을 욕되게 하는 자"이다(to pneuma tes charitos enybrisas). 동사는 거룩한 임재에 대한 모욕으로서, 배교의 교만함을 표현한다.[27] 히브리서 10:29은 진정한 그리스도인은 "언약의 피"를 부정한 것으로 여기고 "은혜의 성령"을 욕되게 하는 것이 논리적으로 불가능하다고 주장하는 6:4-6과 관계가 있다.

분명히 일부 그리스도인들은 핍박에 직면하여 유대교로 되돌아가는 것을 진지하게 고려하고 있었다. 이러한 일이 일어난다면, 저자는 "무서운 마음으로 심판을 기다리는 것과 대적하는 자를 태울 맹렬한 불만 있으리라"고 충고한다(27절). "은혜의 성령"은 하나님의 전적인 관용을 보여주었다. 이 문구는 오토 미셸과 윌리엄 레인이 제안한 것처럼, 스가랴 12:20을 시사할 것이다(LXX). 그리스도인들은 인내심을 갖고 앞으로 나아가야 한다. 아니면 그러한 관용에도 불구하고 자신들의 믿음이 참되지 않음을 나타낼 것이다. 참된 사람이 어떻게 이런 방식으로 은혜의 성령을 "모욕"할 수 있겠는가? 레인은 10:26-31과 6:4-8을 시각적으로 비교한다.[28]

히브리서에서 가장 모호한 구절은 9:14이다. "하물며 영원하신 성령으로 말미암아[Greek. *dia pneumatos aioniou*] 흠 없는 자기를 하나님께 드린 그리스도의 피가 어찌 너희 양심을 죽은 행실에서 깨끗하게 하고 살아계신

---

26. Lane, *Hebrews*, vol. 1, p. 84.
27. Swete, *The Holy Spirit in the New Testament*, p. 250. 28. Lane, *Hebrews*, vol. 2, pp. 296-97; 참조. pp. 289-99.
28. Lane, *Hebrews*, vol. 2, pp. 296-97; 참조. pp. 289-99.

하나님을 섬기게 하지 못하겠느냐." 스웨트는 "영원하신 성령"은 "무모하다"고 믿는다. … "이 용어는 구체적으로 성령이나 주님의 인성의 영과 연결시키지 않는 것이 더 안전하다. … 그러나 더 일반적이고 비기술적인 의미non-technical sense로 그 말을 택해야 한다."[29] 그러나 레인은 이렇게 선언한다. "그는[그리스도] 신적 권능을 부여받았다. … 성령에 대한 언급은 이사야의 영향 아래 있는 부분에서 적절한데, 여기서 여호와의 종은 성령으로 말미암아 그의 임무를 수행할 자격을 얻게 된다(사 42:1; 61:1; F. F. Bruce를 보라)."[30] 몽테규와 몬테피오레는 이 해석을 거부하지만, 설득력이 있어 보인다.[31] NRSV, REB, NIV, KJV/AV는 이 견해를 받아들여 그 그리스어를 "영원하신 성령"으로 번역한다.

마지막으로, 우리는 히브리서처럼 주요한 신학 저작에서 성령에 대하여 불과 4, 5개만 언급함으로써, 참 그리스도인은 끊임없이 성령에 대해 말할 것이라고 주장하는 사람들에 대해 의문을 제기하고 있다는 것을 제시한다. 한편 히브리서의 주제는 그리스도의 대제사장직과 그리스도의 완성된 사역으로 하나님께 나아가는 것이다. 그리고 이것은 주어진 주제의 두드러짐이나 부재가 특정 저자의 목적과 처음 독자들의 특정한 요구에 어느 정도나 의존하는지를 보여준다.

8. 4. 요한계시록

다른 곳에서 지적했듯이, 이 복잡한 책을 이해하기 위해서는 (성령의 인

---

29. Swete, *The Holy Spirit in the New Testament*, p. 252.
30. Lane, Hebrews, vol. 2, p. 240.
31. Montague, *The Holy Spirit*, pp. 316-17; Montefiore, *The Epistle to the Hebrews*, pp. 154-55.

도하심과는 다른) 세 가지 중복되는 조건이 있다.[32] 진정 이 조건들의 중요성을 깨닫게 하는 것은 성령의 인도하심의 한 부분이다. 첫째, 저자는 구약의 인용과 수사적 표현에 깊이 빠져있다. 예를 들면, 그는 누군가 "일곱" 영(계 1:4; 3:1; 4:5; 5:6), 일곱 별(계 1:20), 또는 "일곱 뿔"(계 5:6)을 숫자적으로 해석하리라고는 상상하지 않았을 것이다. 숫자 "일곱"은 이 책에서 54회 나온다. 종종 에스겔과 때때로 다니엘은 주어진 본문을 해석하는 열쇠를 가지고 있다. 둘째, 요한은 예언자이며 종말론자로서 이 책을 쓰고 있다. 우리가 1세기의 유대인이라면, 단번에 그의 다른 많은 불분명한 이미지를 그 당시 묵시론적 저자들의 표준 도구로써 알아챘을 것이다.

젊은 시절 나는 요한이 핍박에 대한 방어로서 자신의 의미를 감췄다는 이론을 가지고 있었다. 그러나 많은 사람들이 이 이론의 언어 중 어떤 것은 드러내놓고 도발적이기 때문에 불가능하다는 것을 보여주었다. 상징들은 다니엘서와 에녹1서 2서, 그리고 다른 많은 묵시론적 작품들과 같은 작품들로부터 잘 알려져 있을 것이다. 셋째, 요한이 얼마나 자주 상징과 한 차원 이상의 의미를 사용하는지 인식하는 것이 중요하다. 여기에 복음서에서는 덜 자주 사용되지만, 제4복음서와의 접촉점이 있다.

움베르토 에코는 직접적인 "사실적" 의미를 전달하는 "닫힌" 본문과, 시가 종종 그러하듯이, 복잡하고 주의 깊은 해석을 요구하는, 더 많은 해석의 가능성을 제공하는 은유와 암시가 풍부한, "열린" 본문 사이를 바르게 분별했던 많은 사람들 중 한 사람이다. 요한계시록은 두 번째 종류의 본문을 많이 사용하고 있다. 조지 캐어드는 요한계시록 1:15(인자의 환상)에 대해 이렇게 말한다. "[특성들의] 목록을 … 편집하는 것은 무지개를 풀어헤치는 것이다. 요한은 자신의 암시들을 각 상징을 분리하여 정확하게 해석해야 하는 암호로서가 아니라, 오히려 환기시키고 자극하는 상징의 능력 때문에 사용

---

32. Anthony C. Thiselton, *Life after Death: A New Approach to the Last Things* (Grand Rapids: Eerdmans, and London: SPCK, 2012), pp. 193-203.

한다. 상징은 사진 예술이 아니다."³³ 몽테규는 요한계시록을 읽는 것을 꿈 시퀀스dream sequence의 증인이 되는 것과 비교한다.³⁴ 이것을 염두에 둔다면, 우리는 성령에 대한 요한의 본문으로 나아갈 수 있다.

(1) 요한계시록 1:4, 3:1, 4:5, 5:6은 "하나님의 일곱 영"에 대해 말하고 있다. 그러나 이것이 성령일까? 마운스는 저자가 부분적으로는 편지를 쓰고 있는 "일곱 교회"를 고려해서(1:4), 그리고 부분적으로는 4:5의 이미지가 스가랴 4:2b, 10b를 반영했을 수 있는 어린 양의 일곱 눈의 비유에서 일곱 영을 사용한다고 믿는다.³⁵ H. B. 스웨트는 이 구절이 토빗 12:15의 하나님의 현존 앞의 일곱 천사를 가리키는 것이라고 주장한다. 그러나 이에 대응하여 그는 이 "일곱 영"은 "최고의 피조된 영들이라도 그 앞에서 부적절할 수밖에 없는", 영원하신 성부와 영광스럽게 된 그리스도 사이에 나타난다는 사실을 지적한다.³⁶ 그러나 조지 캐어드는 이렇게 말한다. "요한은 완전함 또는 온전함의 상징으로서 숫자 7을 사용한다."³⁷ "일곱" 교회는 아마도 "교회 전체"를 대표할 것이다.³⁸ 데이비드 아우내는 쿰란 문서의 용법에서 그 의미의 실마리를 본다.³⁹ 몽테규는 이것을 "예언의 영"으로 이해한다.⁴⁰ 많은 묵시문학에서처럼, 요한계시록의 일곱은 숫자적인 의미가 아니라, 상징적 의미를 가진다. 요한은 스가랴처럼 "일곱 눈"에 대해 말한다. 일곱 인봉(계 5:1, 5; 8:1), 일곱 별(계 1:16, 20; 2:1), 일곱 촛대(계 4:5), 일곱 천사(계 8:2, 6; 15:6), 일곱 나팔(계 8:2), 일곱 천둥(계 10:3, 4), 그리고 일곱 머리(계 12:3; 13:1; 17:9)

---

33. George B. Caird, *The Revelation of St John the Divine* (London: Black, 1966), p. 25.
34. Montague, The Holy Spirit, p. 321.
35. Robert H. Mounce, *The Book of Revelation*, NICNT (Grand Rapids: Eerdmans, and London: Marshall, Morgan and Scott, 1977), pp. 69-70.
36. Swete, *The Spirit in the New Testament*, p. 273.
37. Caird, *The Revelation of St John*, p. 14.
38. Caird, *The Revelation of St John*, p. 15.
39. David E. Aune, *Revelation*, 3 vols. (Dallas: Word, 1997-98), vol. 1, p. 33.
40. Montague, *The Holy Spirit*, pp. 322-23.

를 말한다.

(2) 선견자는 다음으로 "성령에"("in the Spirit," 계 1:10; 4:2; 17:3; 21:10)를 사용한다. 스웨트는 이를 예언적 통찰의 황홀경같이, 다른 사람에게는 보이지도 않고 들리지도 않는 장면과 소리를 예언자가 의식하게 되었을 때의 "정신적 고양 상태"로 설명한다.[41] 그는 이를 요한계시록 19:10에 예언의 영의 경험과 동일한 것으로 본다. "참 선지자가 되는 것은 예수를 증언하는 것이다."[42] 몽테규는 이 구절 "in the Spirit"이 "예언적 상태에 사로잡힘"을 가리킨다는 것에 동의한다.[43] 그러나 그는 요한계시록의 중심 부문에 나오는 대부분의 계시는 천사에 의한 것이라고 덧붙인다. 여기서 성령의 기능과 천사의 기능이 겹칠 수도 있다.

데이비드 아우내는 네 개의 구절 전부에서 프뉴마*pneuma*에는 정관사가 없다고 지적한다.[44] 그러나 그는 관사가 전치사 뒤에 나오는 명사와 함께 생략되었을 수 있기 때문에 이것이 유의하다는 어떠한 제안도 철회한다. 그러나 이것과 선견자의 문법의 독특성에도 불구하고, 그는 이렇게 결론을 내린다. "이 네 개의 구절 중 어느 것도 하나님의 성령을 언급하는 것으로 이해해야 할 이유는 없다." 대신, 그에게 그 구절은 선견자의 계시 경험이 "몸 안에서가 아니라" 영 안에서 있었던 것을 의미한다. 이는 요한계시록 17:3에 더 즉각적으로 적용될 수 있을 것이다. "성령으로 나를 데리고." 이것은 요한계시록 21:10과도 비슷하다. 비록 이 책에서 선견자가 종종 특징적인 구문과 어휘를 사용하지만, 이것은 일반적인 신약성서의 용법에서 많이 벗어난 것이다. 아우내는 요한계시록 4:2을 "나는 예언적 무아 상태에 있었다"로 번역하므로, 몇몇 번역은 그 언급이 하나님의 성령을 가리키는 것인지 아닌

---

41. Swete, *The Holy Spirit in the New Testament*, pp. 276-77.
42. Swete, *The Holy Spirit in the New Testament*, p. 278.
43. Montague, *The Holy Spirit*, p. 323.
44. Aune, *Revelation*, vol. 1, p. 83.

지에 대해 열어놓는다.⁴⁵

스웨트의 말 "고린도 교회 회중들에 대한 사도 바울의 설명에 암시된 바와 같이, 예언의 능력을 남용한 흔적을 묵시록에서는 전혀 찾을 수 없다"는 것이 놀랍게 보인다(티슬턴의 이탤릭)."⁴⁶ 두아디라 교회는 "자칭 선지자라는 여자 이세벨 … 그가 내 종들을 가르쳐 꾀어 …"라고 경고를 받는다(계 2:20). 더구나 13:11-18의 짐승은 "큰 이적을 행하며 … 미혹한다 … 지혜가 여기에 있다 …." 이것은 거짓 선지자를 가리키는 것 같다. 진정 "거짓 선지자의 입 … 이적을 행하여"가 19:20에서처럼 16:13-14에 나온다("표적을 행하던 거짓 선지자 … 이는 짐승의 표를 받고 … 자들을 표적으로 미혹하던 자"). 마지막으로, 요한계시록 20:20은 "짐승과 거짓 선지자"의 멸망에 대해 말하고 있다. 요한1서 4:1-3과 분명한 연관이 있다. "영을 다 믿지 말고 … 분별하라 많은 거짓 선지자가 세상에 나왔음이라 … 이것이 곧 적그리스도의 영이니라."

캐어드는 요한계시록 1:10의 "in the Spirit"(개역개정. "성령에")을 "나는 무아지경에 빠졌다"로 해석한다. 그리고 "요한의 환상을 자극한 것은 도미티아누스가 새롭게 내린 황제 숭배였음이 틀림없다"고 말한다.⁴⁷ 마운스도 이를 "하나님의 성령에게 실존적 개방"이라고 부른다.⁴⁸ 그는 설명하기를, "나팔소리 같은 큰 음성"을 들은 것은(10절), 그 음성이 나팔소리와 같아서 분명하고 오해할 수 없는 소리이기 때문에, 오해의 가능성이 전혀 없음을 의미한다고 한다. 그러므로 여기서는 예언과 교회 지도에 관한 누가-사도행전과의 접촉점이 있다.

(3) 요한계시록 11:11에서 NRSV는 "하나님으로부터 생명의 호흡이 그들에게 들어갔다"고 한다. 그러나 그리스어 프뉴마는 "하나님으로부터 생

---

45. Aune, *Revelation*, vol. 1, p. 283.
46. Swete, *The Holy Spirit in the New Testament*, p. 277.
47. Caird, *The Revelation of St John*, pp. 19, 23.
48. Mounce, *The Book of Revelation*, p. 76.

명의 영이 그들에게 들어갔다"로 번역할 수도 있을 것이다. NRSV와 NIV는 프뉴마를 "호흡"으로 번역하기로 결정했다. 분명히 이 구절은 에스겔 37장을, 특별히 37:10을 시사하고 있다. NRSV는 에스겔 37:9을 "호흡"으로, 그리고 37:14을 "영"으로 번역하고 있다. 그러나 마운스와 아우내는 비록 "생명의 수여자"가 성령의 주요 주제이지만, 요한계시록 11:11에서는 "호흡"을 선호한다.[49] 여기서는 두 가지 모두 가능하다. 그러나 요한계시록 13:15에서는 프뉴마가 "호흡"을 가리킨다. 요한계시록 16:13-14에서는 악령 또는 악한 영을 가리킨다(참조. 계 18:2). 이 말은 아마도 상징적 "세 존재", 즉 용, 짐승, 그리고 거짓 선지자와 연결되어 있다.

(4) 요한계시록 14:13의 경우에는 전적으로 다르다. 이 절은 이렇게 시작한다. "또 내가 들으니 하늘에서 음성이 나서." 계속해서 "성령이 이르시되 그러하다 그들이 수고를 그치고 쉬리니." 여기에서는 예언의 영감자로서의 성령이라는 전형적인 유대교와 기독교의 주제가 선견자에게 적용된다. 네슬-알란트 본문은 나이 레게이 토 프뉴마*nai, legei to pneuma*로 되어있고, *nai*는 "아멘" 또는 "진실로"로 번역될 수 있다.[50] 예언의 영은 요한계시록 19:10에도 나타난다. "예수의 증인은 예언의 영이라"(NRSV), 또는 아마도 좀 더 분명하게는, "예언의 영은 예수를 증언함으로써 자신을 입증한다"(NAB)일 것이다. 조지 몽테규는 이렇게 선언한다. "예언은 계시록에서 중심 위치를 차지하고 있다."[51]

(5) 요한계시록에서 성령에 대한 마지막 명시적 언급은 다음과 같다. "성령과 신부가 말씀하시기를 오라"(계 22:17). 가장 두드러진 요점은 교회, 신부의 삶 속에서 성령의 갈망을 재현한 것이다. 성령은 교회의 외침 속에서 그리스도의 재림에 대한 그의 갈망을 재현한다(참조. 22:20). 여기에 바울과 요한의 가르침과 강한 연관성이 있다. 더구나 모든 묵시는 상징을 사용

---

49. Mounce, *The Book of Revelation*, p. 228; Aune, *Revelation*, vol. 2, pp. 623-24.
50. Aune, *Revelation*, vol. 2, p. 839.
51. Montague, *The Holy Spirit*, p. 322.

할 뿐만 아니라, 보이지 않는 세계의 실재를 강조한다. 우리가 요한복음에서 언급했던 문구 '생명수'가 요한계시록에도 나오고 있다. "그[천사]가 수정같이 맑은 생명수의 강을 내게 보이니 하나님과 및 어린 양의 보좌로부터 나와서"(계 22:1). 그리고 "만국을 치료하기 위하여" 생명나무도 있다(22:2). 몽테규 자신은 이를 요한복음 7:38-39의 "생수의 강" 뿐만 아니라, 이사야 32:15, 사도행전 2:17, 그리고 로마서 5:5("바울의 오순절")의 성령을 "부어주심"과 연계시킨다.[52] 비록 요한계시록에는 성령에 대한 언급이 매우 적지만, 다른 신약성서 저작들과 뚜렷한 접촉점이 있다. 심지어 요한계시록에는 요한복음의 소위 "위"와 "아래" 그리고 "영과 육체"의 이원론도 그 상대역이 있다.

나는 다른 곳에서 요한계시록의 상징들이 성령의 항상 신선하고, 지속적이고, 끊임없이 새로운 사역이 성부와 성자와 함께 어떻게 천상의 삶을 형성하는지 알 수 있도록 많은 것을 보여주고자 노력했었다.[53] 나는 또한 성령이 어떻게 강화된 지각력과 새로운 경험을 가능하게 하는지 보여주고자 했다.[54] 성령은 모든 갈망과 갈증을 만족시키는 이상의 것을 할 것이다. 우리는 성령에 대한 가르침이 요한계시록에서, 야고보서, 베드로후서, 유다서는 고사하고, 히브리서에서 보다 더 명백한 중심 주제라고 주장할 수는 없다. 그럼에도 불구하고 요한계시록은 예언의 영, 단호하고 갈망하는 영, 그리고 "일곱" 영 또는 위엄 있고 편재하는 영의 주제를 전하고 있다.[55] 이 저작들 중 대부분은 성령에 대해 최소한의 부수적인 언급을 포함하고 있으며, 종종 계획적이지 않고 인위적이지 않다. 따라서 초기 교회의 삶에 더 많은 빛을 비춰주고 있다.

---

52. Montague, *The Holy Spirit*, pp. 330-32.
53. Thiselton, *Life after Death*, pp. 204-15.
54. Thiselton, *Life after Death*, pp. 197-203.
55. Montague, *The Holy Spirit*, pp. 322-28.

2부 역사 속의 성령

9

사도적 교부들과 초기 기독교 변증가들

9.1. 사도적 교부들 : 성령의 영감

사도적 교부들 또는 속사도적 저작들은 소위 신약성경과 초기 변증가들과 교부 사이의 소위 "터널" 시대에 속한다. 어떤 이들은 1세기까지 거슬러 올라간다. 클레멘트1서는 연대가 A. D. 96년까지 추정된다. 또 다른 속사도 문서들인 이그나티우스, 디다케, 폴리갑, 소위 바나바의 편지, 그리고 헤르마스의 목자는 주로 2세기 초나 중기에 속한다. 대체로 이 문서들은 그리스도의 죽음과 부활, 그리스도의 육체적 성육신과 같은 신약성경의 중심 가르침을 반복한다. 예를 들면, 로마의 클레멘트는 이렇게 단언한다. "그는[그리스도] 많은 사람의 죄를 지시고, 죄값으로 넘겨졌다"(클레멘트1서 16:14; 참조. 부활에 관하여는 26:1-2). 이그나티우스는 예수 그리스도는 참 사람이자 참 하나님이셨다고 주장한다. 즉 "그는 먹고 마셨고 … 참으로 십자가에 못 박히셨으며 … 진정으로 죽은 자 가운데서 일어나셨다(이그나티우스, *To the Tralliaus* 9:1-2). 그러나 어떤 자료들은 신약성경에 이질적이다. 즉 라합은 "그녀의 믿음과 친절한 접대" 때문에 구원을 받았다(클레멘트1서 12:1). 그러면 성령에 관한 그들의 견해는 어떠한가?

번즈와 파긴이 "성령에 대한 언급은 거의 없고, 영감의 은사에 제한된다"라고 말한 것은 분명 과장일 수 있다.[1] 분명히 성령에 대한 언급의 약 절반은 구약성경의 성령의 영감에 관한 것이고, 때로는 신약성경에 관한 것이며, 일부는 현재적 예언의 영감에 관한 것이다. 바울과 누가-사도행전에 비교했을 때만 그 언급들이 비교적 적어 보인다. 그러나 히브리서, 일반 서신, 그리고 마가복음, 마태복음과 비교해 볼 때 그 차이는 크지 않다. 이들 문서들은 신약성경 정경이 완성될 때까지만 "예언"이 필요했다는 하르낙의 논란이 많은 발언을 정당화하기 위해, 영감된 예언에 대해 충분히 균형 있게 말하고 있다.[2] 심지어 일부 오순절주의자들조차도 이 시대는 "이른 비"와 연관시키고, 자신들의 시대는 구약성경이 예언한 "늦은 비"와 연관시킨다(제3부에서 논의할 것이다). 이 장에서 우리의 방법은 사도적 문서의 작업이 지나치게 조각난 그림이 되지 않도록 주요 주제를 추적하는 것이다.

(1) 구약과 신약 성경의 영감. 클레멘트1서 13:1은 이렇게 선언한다. "쓰여진 대로 말하자. 즉 성령이 말씀하시기를, '지혜로운 자는 그 지혜를 자랑하지 말라 … '"(렘 9:23-24, 고전 1:31). 클레멘트는 또한 그리스도는 겸손함으로 오셨다고 선언한다. 즉 그리스도는 "성령이 그에 관해 말하는 것처럼 겸손하셨다. 말씀하시기를 '주여, 우리가 전한 것을 누가 믿었습니까? … '"(사 53:1-12; 클레멘트1서 16:2-3; Greek. *kathos to pneuma to hagion peri autou elalesen*). 그는 계속해서 이렇게 말한다. "너희는 성경을 공부했다. 그것은 진리이며, 성령께서 주신 것이다"(Greek. *dia tou pneumatos tou hagiou*, 클레멘트1서 45:2).

이그나티우스(C. 107)는 그의 일곱 개의 편지에서 구약성경의 영감에 대하여 동일한 견해를 가지고 있다. 비록 신약성경의 영감에 대한 견해가 더

---

[1]. J. Patout Burns and Gerald M. Fagin, *The Holy Spirit: Message of the Fathers of the Church* (Wilmington: Glazier, 1984), p. 17.

[2]. Adolf von Harnack, *History of Dogma*, vol. 2 (New York: Russell & Russell, rpt. 1938), p. 53.

강력하고 더 구체적이긴 하지만 말이다. 그는 감독, 장로, 집사라는 삼중 직분(*syn to episkopo ··· presbyterois kai diakonois ···*)이 "성령으로 말미암아(*to hagio autou pneumati*) 그의 뜻에 따라서" 그리스도의 마음에 의해 확립되었다고 주장한다(이그나티우스, 빌라델비아 사람들에게, 서문).

디다케는 초기의 교회생활 안내서인데, 아마도 2세기 초의 작품이며 신약성경의 인용문으로 가득하다(예를들어, 디다케 1:3-5은 광범위하게 산상수훈을 인용했다. 마태복음 5:39, 41, 44, 46, 47, 48; 7:12; 눅 6:30-33). 성부, 성자, 성령의 세 이름으로 행하는 세례는(디다케 7:1과 3) 마태복음 28:19을 직접적으로 또는 현재의 관행으로부터 반영하고 있다. 서머나의 감독 폴리갑이(155년 순교) 빌립보 교회에 보낸 하나의 편지가 현존하고 있다. 그는 광범위하게 베드로전서와 다른 신약성경을 인용하지만, 영감보다는 도덕적 행위의 문맥에서 성령을 더 많이 언급하며(폴리갑, 빌립보 사람들에게 5:3), "성경에 정통하다"고 말한다(12:1).

바나바의 편지(C. 98과 C. 150 사이)에서 이 추세가 역전된다. 편지의 저자는 명백하게 아브라함, 모세, 그리고 다른 구약성경 인물들을 성경의 영감과 결부시킨다. 이것은 유대인 독자들이 구약성경을 문자주의로 읽는 것을 공격하는 반유대주의 문서이기 때문에 더욱 주목할 만하다. 편지는 에스겔서를 인용하면서, 그 본문을 "여호와의 영이 미리 보게 한 사람들…"에게 적용한다(바나바의 편지 6:14; 겔 11:19; 36:26). "바나바"는 이렇게 쓰여 있다. "'멀리 떨어져 있는 자들은 들을 것이다….' 그리고 '마음에 할례를 행하라. 주께서 말씀하시니라.' 다시 주의 영이 예언하시니라. '영원히 살 자가 누구냐?'"(바나바의 편지 9:1-2; 시 33:13; 사 33:13; 렘 4:4; 7:3). 신명기의 모세에 관하여는, "모세는 성령으로 말했다"(바나바 10:2; 신 4:1-5). 저자는 이렇게 쓰고 있다. "모세는 음식에 관하여 이러한 교리[Greek. *dogmata*]를 받았고, 성령으로 말했다. 그러나 그들은[유대인] 실제 음식을 가리키는 것으로 받았다"(바나바 10:9; 레 11:29). 그는 이렇게 결론을 내린다. "모세는 성령으로 말미암아 주의 손가락으로 쓰신 두 개의 돌판을 주께로부터 받았다"(바나바

14:2; 출 31:18; Greek. *en pneumati*). 아브라함에 대하여는 이렇게 쓰여 있다. "첫 번째로 할례를 받은 아브라함은 성령 안에서 예수를 고대했다"(바나바 9:7). 그는 "야곱은 성령 안에서 미래의 민족들 가운데 하나를 보았다"라고 선언한다(바나바 13:5; 창 48:13-19).

헤르마스는 평신도이며, 이전에는 로마의 노예였다. 그의 책 목자The Shepherd(Greek. *Ho Poimen*)는 일련의 환상이 있으며, 그중 최소한 다섯 번째는 목자의 모습을 한 천사가 구술한 것이라고 주장한다. 그는 다섯 가지의 환상과 열두 가지의 "위임 명령"과 열 가지의 비유 또는 "직유"를 말한다. 연대는 2세기 중반으로 추정된다. 그는 속죄의 필요성을 역설한다. 헤르마스는 성령을 신자들의 교사이자 거룩하게 하는 자로 생각한다(비유 25:2). 스웨트는 "그때는 여전히 황홀경과 예언의 시대였다"라고 주장한다.[3] 헤르마스는 성경의 선지자보다는 당대의 선지자들의 영감에 대해 더 열심히 말하고 있는 모습을 보여준다.

(2) 현재적 예언의 영감. 영감은 클레멘트1서에서 매우 잦은 성령의 활동이다. 그러나 클레멘트는 우리가 믿는 바와 같이 "예언자"라는 용어가 설교자를 포함하지 않는다면, 당대의 예언자들을 그렇게 언급하지는 않는 것 같다. 버지스는 클레멘트1서 42:3을 "일상 생활의 … 영감"의 예로 인용한다.[4] 그러나 이 구절은 "하나님의 말씀"에 대한 것으로 이렇게 쓰여 있다. "그들은 성령의 확신 가운데 나아가며, 하나님의 나라가 다가오고 있다는 좋은 소식을 전파했다. … 그들은 이곳에서 저곳으로 다니며 전파했다"(Greek. *euangelizomenoi*, v. 3; 그리고 *keryssontes*, v. 4). 사실 버지스는 과거에 이 구절을 "성령이 너희 모두에게 풍성하게 부어졌다"는 식으로 인용했다(클레멘트 1서 2:2; 참조. 1:1-3). 그는 이렇게 선언한다. "성령은 우리를 부른다." 그러나

---

3. Henry B. Swete, *The Holy Spirit in the Ancient Church: A Study of Christian Teaching in the Age of the Fathers* (London: Macmillan, 1912), p. 23.
4. Stanley M. Burgess, *The Holy Spirit: Ancient Christian Traditions* (Peabody, MA: Hendrickson, 1984), p. 17.

이것은 그리스도를 통해서 이다(클레멘트1서 22:1; 참조. 34:11).

이그나티우스는 자신이 성령으로 영감되었다고 보는 것에 대해 거의 망설임이 없다. 그는 이렇게 쓰고 있다. "누군가 나를 육체에 따라 속이려 할지라도, 성령은 속지 않는다. 왜냐하면 그것은[그는] 하나님으로부터 오기 때문이다"(Ignatius, To the philadelphians 7:1). 그러나 그는 같은 단락에서 다음과 같이 말한다. 그가 말한 "하나님 자신의 음성"으로서 "감독과 장로와 집사들에게 귀를 기울이라." 그러나 이것이 예언의 영인지, 또는 성직 임명 때 교회의 직분을 위하여 신자를 예비시키는 성령인지는 분명하지 않다. 그는 다른 곳에서 성령에 대하여 언급하지만, 특별히 구속이나 구원의 영으로서 언급한다. 그와 가까운 동시대 인물인 폴리갑은 비슷하게 성화, 지속적인 능력, 송영에 있어서 성령에 대해 말한다. 그러나 나는 예언에 대한 언급은 발견하지 못했다.[5]

디다케는 "선지자"라는 단어를 사용한다. 디다케는 이렇게 진술한다. "너희 가운데 거하기를 원하는 모든 참된 선지자는 '식사 대접을 받을 만'하다"(디다케, 13:1; 참조. 마 10:10; 고전 9:13-14). 선지자는 교사와 구별된다(v.2; Greek. *prophetes*, v. 1; *didaskalosy*, v. 2). 그러나 선지자의 사역이 얼마나 넓고 얼마나 좁을까? 디다케는 또한 이렇게 진술한다. "선지자가 자신이 원하는 만큼 성찬을 베풀도록 괴롭히라"(디다케 10:7). 이들은 성찬 집례자였는가, 아니면 선지자였는가, 아니면 둘 모두였는가? "선지자"가 "설교자"를 의미했다면, 그들은 설교를 했기 때문에 성찬을 집례했는가, 아니면 성찬을 집례했기 때문에 설교했는가? 또는 이것이 단순히 후대의 의문일 뿐인가? 디다케 13:3에서는 "선지자들"*prophetai*이 "너희 대제사장들*archiereis*이라고 한다. 그러나 디다케 11:3-12에서는 사도와 선지자에 관련이 있다. 그들의 역할은 카리스마적으로 나타난다. 순회 선지자가 "3일을 머무른다면, 그는 거짓 선지자이다"(*pseudoprophetesy*, v. 5). "돈을 요구한다면, 그는 거짓선

---

5. The doxological allusion is recounted in Eusebius, Church History 5:15.

지자이다"(v. 6). 그러나 디다케는 바울과 대조적으로, "영으로 선지자를 시험하거나 평가하지 말라"고 권면한다(커섭 레이크의 번역; 아무도 영으로는, *en pneumati*, v. 7; 참조. 고전 14:29b; 살전 5:21, '모든 것을 시험하라,' 개역개정. '범사에 헤아려'). 디다케는 계속해서 이렇게 진술한다. "엔프뉴마티*en pneumati*를 말하는 모든 사람이 선지자는 아니다"(v. 8). 참 선지자와 거짓 선지자 사이의 차이는 그의 행실로부터 알 수 있다(Greek. *apo ton tropon*, v. 8). 한편 커숍 레이크의 번역은 이렇다. "영으로"는 12절과 들어맞을 것이다. "영으로*en pneumati* '나에게 돈을 달라'고 말하는 자는 누구든지 … 너는 그의 말을 듣지 말라"(디다케 11:12).[6] 스웨트는 이렇게 결론을 내린다. "디다케는 은사적 사역에 대해 설명하는 가장 초기의 속사도적 저작이다."[7]

바나바의 편지에서 저자는 오리겐의 "영적" 해석에 가깝고, 심지어 오늘날 많은 사람이 "은사주의" 해석학으로 여기는 것에 가깝다. 모세가 "돼지를 먹지 말라"고 말했을 때(레 11:7), "성령 안에서" "돼지와 같은 사람들과 … 어울리지 말라"는 것을 의미한다(바나바 10:2-3). 비슷하게 "육신의 마음"에 대한 에스겔의 예언은(겔 36:26), 성령으로 말미암아 말한 것인데, "왜냐하면 그가[여호와] 육신 안에 나타나시고 우리 가운데 거하시려고 하시기 때문"이라고 말한다(바나바 6:14). 성전도 새로운 의미를 갖는다. 왜냐하면 "손으로 지은 성전은 … 우상으로 가득 … 차 있고 우리 안에서 친히 예언하시는 [주님]은 주님을 위해 지어지는 영적 성전에 [대해 말하고 있다]"(바나바 16:7-8, 10). 영적 주해가 세 번째 예에서처럼 타당하게 유형론을 반영하는 것과 첫째, 둘째 예에서처럼 생경한 문맥과 의미를 어설프게 부여하는 것 사이를 어떻게 옮겨가는지 아는 것은 쉽다. "은사주의적 주해"는 이 위태로운 상황을 공유하고 있다. 우리는 제3부에서 이를 논의할 것이다.

헤르마스의 목자는 헤르마스가 성령으로 말미암아 광야를 통과하고,

---

6. Kirsopp Lake, *The Apostolic Fathers*, 2 vols. (London: Heinemann, and Cambridge, MA: Harvard University Press, 1965), vol. 1, p. 327.

7. Swete, *The Holy Spirit in the Ancient Church*, p. 20.

하늘이 열렸을 때 "황홀경" 또는 사로잡힘을 받았다고 말하고 있다(*Vision* 1:1:3; 2:1:1). 그는 독자들에게 거짓 선지자에 대해 경고한다. 비유 또는 직유에서 목자나 회개의 영이 "와서 나에게 말했다. 나는 교회의 형태로 너희와 함께 말씀하신 성령께서 너희에게 보여주신 모든 것을 보이기를 원한다. 왜냐하면 성령은 하나님의 아들이기 때문이다"(*Similitude* 9:1:1). 헤르마스는 "동일한 성령에 의해서 … 천사에 의해서 … 탑을 세우는 것"을 보았다 (*Similitude* 9:1:2). 다섯 가지 환상, 열두 가지 위임령, 열 가지 비유는 우리가 에스겔 선지자나 계시록의 선지자 요한의 환상에서 읽게 되는 것과 같은 종류의 자료를 나타낸다. 아직 성령은, 예언적 환상이 시종일관 전제하고 있기는 하지만, 명백하게 특징 지어지지 않는다.

9. 2. 성령의 사역의 또 다른 면들

클레멘트1서는 일차적으로 고린도 교회 내에서의 연합에 관심을 기울인다. 클레멘트1서는 가인과 아벨(클레멘트1서 4:1-6), 야곱과 에서(4:7-9), 나단(4:12) 등의 질투와 분열의 예로 시작하여, 고린도 교회에게 "그리스도의 피를 바라보고 회개에 관한 성령의 음성을" 들으라고 간청한다(8:1). 회개는 "성령을 거두지 마소서 … 당신의 성령으로 나를 강하게 하소서"라는 기도를 수반한다(18:11). 왜냐하면 하나님께서는 "주의 영이 내부를 비추는 등불"이라고 말씀하시기 때문이다(21:2). 하나님은 우리를 "성령으로 말미암아" 생명을 갈망하도록 부르신다(22:1-2). 그는 묻는다. "어찌하여 너희 가운데 분열이 있느냐? 혹은 우리는 한 하나님, 한 그리스도, 우리에게 부어지신 은혜의 성령을 소유하지 않았느냐?"(46:5-6) 사도들은 "성령의 확신으로" 설교했고, 그들은 성령에 의해 시험을 받은 감독들과 집사들을 임명했다(42:4).

성령에 관한 가장 유명한 비유 중 하나는 이그나티우스의 에베소 교회에 보내는 편지 9장에 나온다. 신자들은 "우리 하나님 아버지의 성전으로 예비되었고, 예수 그리스도의 도구, 즉 십자가에 의해 높은 곳으로 옮겨지며 성령의 줄을 사용한다"(*To the Ephesians* 9:1; Greek. *schoinio chromenoi to pneumati to hagio*). 이는 억지스럽고 매우 기계적인 것처럼 보일 수도 있지만, 기억과 연상에는 유용하다. 암묵적인 삼위일체 도식은 성부와 성자와 성령의 사역을 왜곡하지 않는다. 모든 사람은 살아계신 하나님의 성전 돌이다. 후에 칼빈, 바르트 그리고 다른 사람들은 십자가는 성령의 사역을 통하여 준비되고 적용되어야만 한다고 강조할 것이다. 같은 서신에서 이그나티우스는 이렇게 말한다. "우리 하나님, 예수 그리스도는 다윗의 씨뿐만 아니라 성령의 씨로써 … 마리아에게 잉태되었다"(Greek. *ek spermatos men Daveid, pneumatos de hagiou*, *To the Ephesians* 18:2). 바질에 앞서 폴리갑은 성부와 성자와 함께 성령께 영광을 돌린다(Greek. *di' hou kai sun auto kai pneumati hagio he doxa*, 유세비우스, 교회사 5:15).

우리는 이미 디다케가 "성부와 성자와 성령의 이름으로" 세례 받음에 대해 말하는 것을 언급했다(디다케 7:1-3). 여기에서 삼위일체 문구는 삼위일체의 연합과 구별을 강조한다. 사실 성령에 대한 다른 모든 언급은 예언과 영감과 연관된다. 그러나 "은사"와 "직분" 사이의 관계는 애매하다. 확실히 은사가 있는 순회 선지자들이 있었다. 그러나 영구적으로 교회를 섬기는 사람들이 주어진 교회 직분과 상관없이 은사주의적 은사를 경험하는가? 또는 하나님이 직분에 임명된 사람들에게 그 임무를 위한 은사를 주시는가? 때때로 우리는 "선지자"는 "설교자"를 포함할 수 있다고 했는데, 동일한 대답이 모든 경우에 적용되지 않을 수도 있다.

바나바의 편지는 보통 구약성경의 독특한 기독교적 해석의 문맥 속에서 성령을 언급한다. 어떤 사람들은 이 편지가 오리겐으로 대표되는 알렉산드리아 전통을 시작한 것으로 추측한다. 그러나 이 편지는 또한 "죄와 허물이 가득한 채" 세례의 물로 내려가는 것과, "성령으로 예수 안에 소망을 갖고" 물에서 올라오는 것을 가리킨다(*en to pneumati*, 바나바 11:11). 더욱이 하나님의 부르심이 "성령이 예비한 자들"에게 임한다(바나바 19:7). 이것은 그리스도를 믿는 믿음이 사람의 일이 아니라, 성령이 시작한 것임을 제시하는 것으로 보인다. 이 편지는 또한 몸을 "성령의 그릇"으로 언급한다(Greek. *to skeuos tou pneumatos*, 바나바 7:3; 11:9).

헤르마스의 목자는 주로 예언의 문제를 다룬다. 성령을 소유하지 않은 선지자는 "공허"하며(*Mandate* 11:3), 오직 "사람의 정욕에 따라서" 말한다(11:6). 그러나 참 선지자와 거짓 선지자 사이의 차이는 "그 삶에 의해" 나타난다. "신성한 영을 가진 사람을 시험하라"(11:7). 성령은 "거짓이 없는" 진리의 영이다(*Mandate* 3:2). 헤르마스는 어리석음과 악은 "성령을 몰아" 낼 수 있다고 경고하는 데서(*Mandate* 10:2) "성령을 근심하게 하지 말라"(엡 4:30)는 금지 명령에 가깝다. 가장 독특한 발언 중 하나는 비유 5:6:5에 나온다. "선재하는 성령은 모든 피조물을 창조했고, 하나님이 육체 안에서 거하게 하였으며 … 거룩함과 순결함으로 … 걷게 하였다." 이 말은 창조를 성령에게 돌리는 것으로 보인다.

속사도 저작에 대한 이 연구는 이 시대를 일반화하는 것이 얼마나 어리석은지를 보여준다. 성령에 의한 성경의 영감은 많은 증거를 갖고 있다. 그러나 은사주의적 경험과 교회 직분 사이의 관계에 대하여 일반화하는 것에는 주의를 기울여야만 한다. 클레멘트1서는 바나바의 편지나 헤르마스의 목자와는 매우 다르다. 이그나티우스의 직분과 은사에 대한 인과관계는 모호하지만, 그 어떤 것도 성령의 "원인"이 될 수 없다. 우리는 은사와 직분에 관하여 사전에 형성된 이론을 피해야만 한다. 하나님은 특정한 임무를 위해 은사를 주시기도 한다. 그러나 각 구절은 자기의 특성에 따라 해석될 필요가 있다. 로마의 클레멘트와 이그나티우스는 각기 다른 방식으로 연합과 질서의 중요성을 권고했다. 헤르마스는 많은 사람에게 특이하고 신비스럽게 보일 수 있지만, 교부 가운데 몇 사람은 다른 사람들이 반대 견해를 가지고 있더라도 그의 작품을 성경과 거의 동등한 것으로 평가했다.

9. 3. 초기 기독교 변증가들

변증가로는 아리스티데스, 저스틴 마터, 타티안, 아테나고라스, 테오필루스 등이 있다. 그들은 어떤 경우에는 황제에게, 대부분은 학식 있는 로마의 독자들에게 기독교 신앙을 변호했다. 그들의 활동 연대는 120년이나 130년부터 200년 혹은 220년까지이다. 그들은 사람들이 기독교 신앙에 정당하게 긍정적으로 귀기울기를 원했고, 종종 철학이나 유대교의 공격에 대항했다.

(1) 아리스티데스는 쿼드라투스와 함께, 첫 번째 변증가를 대표하는 것으로 생각된다. 어떤 사람들은 아리스티데스의 변증 연대를 124년으로 본다. 이 경우 그 변증은 하드리안 황제에게 한 변증일 것이다. 그러나 대다수는 안토니우스 피우스가 하드리안을 계승했던 138년 이후로 추정한다. 1878년 이전에는 그의 작품이 유세비우스와 제롬을 통해 간접적으로만 알려졌다. 그러나 19세기에 그의 작품 중 아르메니아어와 시리아어 번역이 빛을 보게 되었다. 아리스티데스의 성령에 관한 단 하나의 언급은 성육신에 관한 것이다. 그는 예수는 하늘로부터 우리의 구원을 위하여 성령으로 내려왔다고 말한다(Aristides, *Apology*, 15; Greek. *en pneumati hagio*). 이런 의미에서 성령은 그리스도를 통하여 구원을 시작했다.

(2) 저스틴 마터는 가장 유명한 변증가로서 130년에 믿게 되었으며 135년에 트리포와의 대화Dialogue with Trypho를 썼다. 이것은 유대교의 주장에 대항한 것이다. 155년에 그는 로마에서 안토니우스 피우스 황제에게 첫 번째 변증을 썼고, 161년에 로마의 상원에게 두 번째 변증을 썼다. 그는 광범위한 철학적 지식을 주장했고, 대화 상대에 의해 제기된 가설을 숙고했다. "사람의 지성이 성령에 의해 가르침을 받지 못한다면, 어느 때에 하나님을 알 수 있을 것인가?"(Justin, *Dialogue with Trypho*, 4; *ANF*, vol. 1, p. 196).

나중에 대화에서 트리포는 "성령이 그(그리스도) 위에 머무를 것이다"(요 1:32)라는 말에 반대했다. 그러나 저스틴은 "성령이 그 위에 머무를 것이다"는 이사야 11:2에서 온 것이라고 말한다(*Dialogue*, 87; *ANF*, vol. 1, p. 243). 저스틴은 그리스도는 "성령의 능력으로 충만하여" 선재하였고, "성육신하였다"(Dialogue, 87)고 주장한다. 그는 예수께서 "아무것도 필요하지 않았"지만, 그럼에도 불구하고 "성령의 능력의 은혜"를 의지했다고 주장한다(Dialogue, 87). 그리고 나서 그는 사도행전 2:17과 요엘 2:28을 인용한다. "내가 내 영을 모든 육체에 부어 주리니"(Dialogue, 87). 저스틴은 이제 "약속된 대로 하나님의 영의 은사를 소유한 남자들과 여자들을 우리 가운데에서 볼 수 있게 되었다"고 단언한다(Dialogue, 88; ANF, vol. 1, p. 243). 더욱이 저스틴은 이렇게 쓰고 있다. "사도가 … 기록한 대로 성령이 비둘기같이 그[그리스도]의 위에 빛을 비췄다"(Dialogue, 88; 막 1:10). 대화 39에서는 그리스도의 승천에 대해 암시하는 언급이 있다. "사람들에게 은사를 주기 위하여 승천하셨고, 은사는 지혜, 예언, 통찰과 지식이다"(ANF, vol. 1 p. 214).

첫 번째 변증에서 저스틴은 기독교 신앙을 이성적으로 수용할 수 있는 것으로 제시하기 위해 다른 일련의 논점들을 주장한다. 그는 그리스도인들은 "참 하나님, 의의 아버지"를 예배한다고 하면서, "무신론"과 쟁론한다. 더욱이 그리스도인들은 또한 "성자 … 그리고 예언의 성령"을 예배한다. "우리는 이성과 진리로 그들을 알고 찬양한다"(1 Apology, 6; ANF, vol. 1 p. 164). 흥미롭게도 그는 성령, 예언을 무아지경의 의식이 아니라, 합리 또는 이성과 함께 기록한다. 이것은 첫 번째 변증 13에서 강조되고 있다. 변증에서 그는 하나님은 "피 흘림과 헌주와 향을 전혀 필요로 하지 않는다"고 하면서, "분별력 있는 마음"에 대해 말한다. 참으로 "우리는 이성적으로 하나님을 예배한다. … 그는 하나님의 아들이며 … 두 번째 위치를 차지하며 세 번째 위치의 성령은 … "(1 Apoiogy, 44; 신 30:15, 19; ANF, vol. 1, p. 177). 변증에서 성령에 대해 남아 있는 언급은 성경의 영감을 단언한다. "예언의 성령은 모세가 하나님이 이와 같이 말씀하셨다고 말하는 것처럼, 우리에게 이것을 가르쳤다"(1 Apology, 44; 신 30:15, 19; ANF, vol. 1, p. 177).

(3) 타티안은 저스틴의 제자로서, 헬레니즘적으로 교육을 받았으나 앗시리아 출신이었다. 그의 전공은 철학이나 신학이 아니라 수사학이었다. 스웨

트는 성령에 대한 그의 가르침이 "의심할 여지 없이 당시 기독교 견해와 많이 달랐다"고 말한다.[8] 그는 172년에 엔크라티테스라는 금욕적이고 엄격한 종파를 설립하고 교회와 거리를 두었다고 한다. 대부분의 그의 작품들은 극단적이다. 성령에 대한 자료는 거의 포함되지 않았고, 다른 변증가들과 속사도 저작들과 구별되는 뚜렷한 진보도 거의 없다. 그는 인간은 불멸이 아니지만, 하나님의 영과 연합된다면 그렇게 될 수 있을 것이라고 인정한다(Tatian, *Oration against the Greeks*, 13). 또한 그는 모든 사람이 성령을 받을 수 있는 것이 아니며(고전 2:14), 오직 의롭게 살며 지혜에 순종한 사람들만, 하늘의 성령의 흉패로 무장한 사람들만 받을 수 있다고 주장한다(*Against the Greeks*, 16). 그러나 타티안은 성령을 "특사" 또는 "하나님의 대사"라고 말한다(*Against the Greeks*, 15).[9]

(4) 아테나고라스는 마르쿠스 아우렐리우스 황제와 그의 아들 코모두스 황제(176-180)에게 그의 변증(또는 *Legatio*), 그리스도인을 위한 대사직을 보낸다. 그는 그리스도인은 말씀으로 만물을 창조하고 그로부터 나온 성령으로 만물을 붙드시는 하나님을 믿는다고 진술하면서, 무신론의 일반적인 위험을 논박한다(*tō par' autou pneumati*, *Embassy*, 6). 그는 하나님이 개념과 실제 모두에서 하나님의 말씀인 아들을 낳는다는 것이 비이성적이거나 비합리적인 것은 아니라고 주장한다. 그러한 개념은 터무니없는 것이 아니다(*Ambassy*, 10). 아테나고라스는 삼위일체에 대하여 매우 이른 해설을 제공한다. 성부, 성자, 성령은 "성령의 연합과 능력으로" 하나이다(*henotēti kai dynamei pneumatos*). 하나님은 지성이 그가 말한 말과 분리되는 것과 같이, 아들과 "분리"되지 않는다. 그리고 하나님은 태양의 광선 또는 "비취는 것"이 태양으로 분리되는 것과 같이 성령으로부터 분리되지 않는다(*aporreon kai epanapheromenon hōs aktina hēliou*; *Embassy*, 10:3; Migne, *PG*, vol. 6, col.

---

8. Swete, *The Holy Spirit in the Ancient Church*, p. 40.
9. Danker, BDAG, p. 361; 참조. Swete, *The Holy Spirit in the Ancient Church*, p. 41, "대사"ambassador 또는 "대리인"deputy을 제안했다.

909B).¹⁰ 아테나고라스는 더 나아가 이렇게 선언한다. "우리는 하나님과 그의 말씀 또는 아들과 성령이 권능에 있어 하나이며", 하나님의 말씀과 지혜인 아들과 하나님으로부터 "흘러나오는" 또는 불로부터 나온 빛이신 성령과 함께 한다(*aporrasia hōs phōs apo pyros to pneuma, Embassy*, 10). 성령은 하나님 아버지와 성자와 성령을 연합하게 한다(*Embassy*, 12).

어떤 사람들은 죽은 자의 부활을 아테나고라스의 두 번째 글로 인정한다. 이것 또한 기독교 신앙이 합리적이며 철학적 탐구와 양립할 수 있다는 것을 보여주려고 한다. 그러나 우리는 이것이 아테나고라스의 글인지 확신할 수 없다. 아테나고라스는 아마 가장 유능한 변증가일 것이다. 그는 성령과 합리적인 철학적 탐구의 중요성을 함께 조화시킨다. 확실히 그의 성령에 대한 강해는 그 성경적 뿌리와 호환되지 못할 것이 전혀 없다.

(5) 테오필루스는 안디옥의 감독이었다. 그는 기독교의 창조 교리가 올림피아 만신전의 부도덕한 그리스·로마 신화보다 더 합리적이고 설득력이 있다고 주장했다. 그는 로고스를 하나님 아버지의 마음이나 지성과 창조 질서 안에서의 외적 구현으로 보았다. 그는 하나님의 생각을 로고스 엔디아데토스*logos endiathetos*(내적인 말씀)라고 불렀고, 하나님의 창조를 로고스 프로포리코스*logos prophorikos*(발화된 말씀)라고 불렀다. 그는 시편 33:6에 따라, 하나님 아버지께서 그의 말씀(아들)과 그의 지혜(성령)를 통해 만물을 창조했다고 선언하면서, 성령을 하나님의 지혜와 동일시했다(*To Autolycus*, 1:7). 테오필루스는 분명하게 성령은 생명을 주는, 효과적인, 또는 기름을 부으시는 능력을 가지고(2:13) 물 위를 움직인다고 말한다(창 1:2).¹¹ 그는 "전체 창조는(*hē pasa ktisis*)) 성령이 감싸고 있다(*periechetai*). 그리고 감싸고 있는 성령은(*to pneuma to perichon*) 하나님의 손으로(*hypo cheiros theou*, 1:5) 창조물을

---

10. Geoffrey W. H. Lampe (ed.), *A Patristic Greek Lexicon* (Oxford: Clarendon, 1961), p. 509, 여기서 *epanapherō*는 "다시 거슬러 올라가다" 또는 "생각을 이끌다"를 의미할 수 있다.
11. Danker, BDAG, p. 386, *epipherō*는 "무언가를 가져오거나, 어떤 것에 무언가를 더하거나, 베풀거나 하는 것"을 포함한다.

감싸고 있다."¹² 이것은 내재적 측면을 가리키지만, 범신론을 의미하지는 않는다.

하나님, 말씀, 지혜는 삼인조에 해당한다. 테오필루스는 트리아스*trias*라는 용어를 사용하고, 램프는 히폴리투스와 다른 사람들보다 먼저 테오필루스, *To Autolycus*, 2:15(Migne, *PG*, vol. 6, col. 1077B)를 인용하면서, 이에 대해 다음과 같은 예를 제시하고 있다. (1) 숫자 3, (2) 셋의 모임, (a) 일반적으로, (b) 삼위일체, 하나님의 위격의 3인조.¹³ 그러나 테오필루스는 사람 또는 인간을 테트락티스*tetraktus* 내의 네 번째 용어로 사용하기 때문에, 스웨트는 이것이 삼위일체의 완전한 진술인지 의심했다.¹⁴

그러나 테오필루스는 성령을 구약성경의 선지자를 영감했던 성령으로 여겼다는 점에서 그의 전임자를 따르고 있다. 성령은 미래에 대한 통찰력을 가지고 있다. 그리고 테오필루스는 선지자들과 심지어 전도자들이 "성령을 품고" 또는 "영감되어"(*pneumatophoroi*) 있었다고 믿는다. 테오필루스는 이렇게 쓰고 있다. "그들 안에 성령을 담고 선지자가 되었으며, 하나님에 의해 영감되고 지혜롭게 된 하나님의 사람들은 하나님께 배워, 지혜롭고, 의롭게 되었다. … 그들은 전염병과 기근을 예언한다 …"(*To Autolycus*, 2:9; Migne, *PG*, vol. 6, col. 1064A; *ANF*, vol.2, p.97).¹⁵ 변증가들 가운데서 저스틴과 아테나고라스는 성령에 대한 작품이 명백하게 신학적이라는 것이 주목할 만하다. 더구나 변증가들 중 성령을 피조된 존재라고 말한 사람은 아무도 없다.

---

12. Lampe (ed.), *A Patristic Greek Lexicon*, p. 1065: "*periechō*," "포괄하다, 둘러싸다"; 가운데, "몰두하다."
13. Lampe (ed.), *A Patristic Greek Lexicon*, p. 1404; 참조. pp. 1405-7.
14. Swete, *The Holy Spirit in the Ancient Church*, p. 47.
15. Lampe (ed.), *A Patristic Greek-English Lexicon*, p. 1106, and *ANF*, vol. 2, p. 97.

10

니케아 이전 교부들

10. 1. 영지주의 시대 속의 이레니우스

이레니우스는 A.D. 180년에 리옹의 감독이 되었고 종종 "교회의 첫 번째 신학자"라는 영예로운 칭호를 받는다. J. B. 라이트푸드가 주장한 것처럼 그는 동방교회와 서방교회 전통을 표방하는 양측에서 특별히 중요하며 폴리갑을 거쳐 사도들과 구전으로 연결되어 있다. 그는 소아시아에서 성장하여 로마에서 공부했고 장로가 된 후 리옹의 감독이 되었다. 교회의 전통인 "믿음의 규정"을 사도들의 공적 유산으로 역추적하는 것이 중요했다. 예를 들면, 그는 마가를 사도 베드로의 해석자로 여겼다.

그럼에도 불구하고 그의 주요 저작인 『이단논박』*Against All Heresies*은 일차적으로 영지주의에 대한 공격이었고 우리는 영지주의에 대한 폭넓은 응답으로써 특정 신학적 주제에 대한 그의 강해를 온전히 이해할 수 있다. 그의 좀 더 짧은 작품인 『사도적 설교의 가르침』*Demomstration of the Apostolie Preaching*은 현대에 와서야 발견되었는데, 영지주의 "이단"에 대해서는 거의 언급하지 않는다. 어떤 사람들은 영지주의를 교회에 스며든 이방 체계로 본다. 또 어떤 사람들은 교회 내에서 발생한 변종이라고 주장한다. 이는 주로

2세기의 현상이었고 2세기 말까지 교회로부터 점차 분리되었다.

영지주의에는 두 가지 주요 교리가 있는데, 첫째, 창조는 실제적으로 생각과 언어를 초월하는 참된 신과는 대조적으로 데미우르고스의 사역이나 구약의 하나님의 사역으로 본다. 그래서 이레니우스의 성령에 관한 관심도 성령의 창조 사역에 많이 관계가 있다. 영지주의의 두 번째 주요 교리는 그 이름이 함축하는 대로 그노시스 *gnōsis*("지식")를 계시로 보는 것이다. 그리하여 이레니우스는 계시와 지혜에 대한 성령의 역할을, 첫째 인간이 고안한 것이 아니라 하나님으로부터 온 것으로, 둘째 완성된 소유라기보다는 점진적인 과정으로 보았다. 특별히 신약성경에서, 특히 바울서신에서, 명사 그노시스는 자기 과시와 교만(명사, 고전 8:1에서와 같이)으로 이끌 수 있다. 반면 하나님에 의해 알려지는 것과 내가 알아 온 "아는 것"(동사 형태)은 미래에 축적되는 점진적인 과정이다. 이레니우스는 바울에 충실하여, 그도 또한 "전통" 또는 "신앙 규칙"을 공적인 지식의 전승이며 그노시스로서 사적인 것이 아니라고 한다(예를 들어, *Against All Heresies*, 1:10:1, *ANF* vol. 1, p. 330).

이레니우스는 분명하게 발렌티누스, 바실리데스, 마르시온의 세 가지 영지주의 체계를 공격한다. 이들은 주로 이레니우스와 터툴리안의 저작을 통해 고대로부터 우리에게 알려져 왔다. 그러나 1945-46년에 콥트어로 쓰여진 40개 이상의 영지주의 문서가 밝혀졌고, 이로 인해 영지주의에 대한 우리의 이해가 확실해졌고 발전하게 되었다. 마르시온은 다른 영지주의 체계와는 대조적으로 독특하다. 터툴리안은 특히 마르시온을 직접적으로 공격한다. 이 글의 요점은 성령에 대한 이레니우스의 사역은 특정한 방향을 지향하고 있다는 것이다. 아래는 주요 논점들이다.

(1) **창조**. 이레니우스는 이렇게 선언한다. "모든 성경"이 증언하는 바와 같이, "하나님은 세계의 창조주이시다. 그리고 전 교회가 선포하는 바와 같이, 한 하나님, 하늘과 땅을 만드신 분 … 더욱이 보편 교회는 … 이 전통을 사도들로부터 받았다"(*Against All Heresies*, 1:9:1; *ANF*, vol. 1, p. 368). 성경은 "나는 하나님이라 나 외에 다른 이가 없느니라"라고 증언한다(사 46:9; 이단

논박, 1:9:2). 이레니우스는 "독생자"를 그리스도와 성령을 낳은 하나님이 발산한 존재라고 하는 개념을 반박한다(이단논박, 1:12:7; *ANF*, vol. 1, p. 372). 그리스도와 성령은 하나님으로서 동일한 존재의 질서 속에 있다. 참으로 "하나님은 … 자신의 손으로, 즉 성자와 성령으로 말미암아 빚으셨다. 하나님은 그들에게 '우리가 사람을 만들자'고 말씀했다"(이단논박, 4, 서문 4; 창 1:26; *ANF*, vol. 1, p. 463). 성자와 성령은 하나님의 두 손으로서 하나님과 구별되고 분리됨을 나타내는 기억할만한 비유이다. 이레니우스는 후에 제4권에서 이렇게 단언한다. "말씀, 즉 성자는 항상 성부와 함께 계셨다. 그리고 … 지혜 또한, 이는 성령인데, 하나님과 함께 계셨고 모든 피조물보다 먼저 계셨다(이단논박, 4:20:3; *ANF*, vol. 1, p. 488). 이는 성령은 피조물이 아니며, 창조 이전에 계셨고, 성자와는 구별되며, 성부로부터는 분리될 수 없다는 사실을 온전히 분명하게 한다.

이레니우스는 잠언 8:27-31을 길게 인용하면서 지혜와 성령은 "영원으로부터" 존재하며 … "하나님이 하늘을 준비했을 때, 나는 그와 함께 있었다"는 것을 보여준다(이단논박, 4:20:3). 그런데 어떻게 그리스도와 성령이 데미우르고스의 현현일 수 있는가?

(2) 성령은 그리스도의 성육신적 사역을 위해 부어졌다. 이레니우스는 "그리스도"가 인간 예수 위에 내려왔다는 어떤 영지주의의 개념에 반대하여, 이단논박 제3권 17장-18장에서, 사도들의 가르침대로 예수 위에 내려온 것은 성령이라고 주장한다. 그는 그 위에 성령이 비둘기 같이 강림하셨다는 마가복음의 증언을 인용한다. "이 성령은 이사야서에서 선언된 것이다. '그의 위에 여호와의 영이 … 강림하시리니'(사 11:2). 그리고 '주 여호와의 영이 내게 내리셨으니 이는 여호와께서 내게 기름을 부으사'(사 61:1). 주님께서 '말하는 이는 너희가 아니라 너희 속에서 말씀하시는 이 곧 너희 아버지의 성령'이라고 선언한 바로 그 성령이다"(마 10:20)(이레니우스, 이단논박, 3:17:1; *ANF*, vol. 1, p. 444). 얼마 후에 그는 이렇게 반복한다. "하나님의 영이 … 주님 위에 강림하셨다. … '지혜와 총명의 영이요, 모략과 재능의 영' …"(사

11:2; 이단논박, 3:17:3; *ANF*, vol. 1, p. 445). 영지주의는 "성령을 완전히 제쳐 놓는다"(3:17:3).

18장에서 논증은 계속된다. 18장은 영지주의에 반대하여, 육체로 성육신 하신 것과 또한 동정녀 탄생과 부활을 강조함으로 시작한다(이단논박, 18:3; *ANF*, vol. 1, p. 446). 이레니우스는 "기름을 부으시는 분, 기름 부음을 받는 분, 그리고 기름 부음 자체"를 구분한다. 그리고 "기름을 부으시는 이는 성부이시며, 성령으로 기름 부음을 받으시는 이는 성자이시며, '주 여호와의 영이 내게 임하셨으니 이는 여호와께서 내게 기름을 부으사'라고 이사야서에서 말씀한대로(사 61:1) 성령은 기름 부음이시다"(이단논박, 3:18:3). 이 장들은 이레니우스가 이 점을 주장한 여러 곳 중 오직 두 곳만을 구성한다. 그는 또한 예수께서 세례를 받을 때 "하늘이 열리고, 하나님의 성령이 비둘기같이 그의 위에 오신 것을 보았다"라고 진술한다(이단논박, 3:9:3; *ANF*, vol. 1, p. 423).

(3) 성령, 계시, 성경. 이레니우스는 일부 사적 전승을 제외하고, 지식*gnōsis*이 현세에서 완전하게 성취될 수 있다는 영지주의적 개념을 거부한다. 이것은 제2권 18장의 논증에서 두드러지게 나타난다. 계시된 지식조차도 어린아이처럼 점차적으로 성장한다(이단논박, 2:18:1; *ANF*, vol. 1, p. 399). 비록 "성경이 하나님의 말씀과 성령이 말씀한 것이기 때문에 진정으로 완전"하지만, 성경조차도 모든 것에 대하여 "설명"하지는 않는다(2:18:2). 성경은 나일 강에 대해 말하고 있다. 그러나 그 기원에 대해서는 말하지 않는다. 성경의 "다양한 말씀"은 "하나의 화음"으로 들린다(2:18:3). "말할 수 없는 신비"를 받았다고 주장하는 것은 "주제넘은" 짓이다(2:18:6). 예를 들면, 오직 성부만이 심판의 날과 시를 아신다(막 13:32; 이단논박, 2:18:6, *ANF*, vol. 1, p. 401). 그는 발렌티누스, 마르시온, 바실리데스의 사적인 "gnosis"를 묵살한다(2:18:6). 이레니우스는 "성령은 모든 것 … 통달하시느니라"(고전 2:10)는 바울의 주장을 지지한다. 그럼에도 불구하고 성령은 "은사의 다양성, 경영의 차이, 작용의 다양성"을 주시고(고전 12:4-6) 모든 지식을 전달하지 않는다(2:18:7). 지금 우리는 부분적으로만 알고 "부분적으로 예언한다"(고전 13:9; 2:18:7).

(4) 이레니우스는 종말에 대하여 계시와 성령을 바르게 연관시킨다. 이레니우스는 이렇게 말한다. "우리는 이제 성령의 확실한 보증을 받아 … 부패하지 않도록 준비되었고, 이를 받아 하나님의 말씀을 받아들이고 듣는 데 조금씩 익숙해졌다. '보증'이란 사도들의 용어는 하나님이 약속하신 특권의 한 부분이다"(이단논박, 5:8:1; *ANF*, vol. 1, p. 333). 그는 계속해서 이렇게 말한다. "그러므로 우리 안에 있는 이 보증은 지금까지 우리를 신령하게 만든다. … '하나님의 영이 너희 안에 거하시면, 너희는 육체 가운데 있지 않고 성령 안에 있는 것이다'"(롬 8:9). 현재 성령은 "아바 아버지"라 부르짖게 하지만(롬 8:15), 이는 "얼굴과 얼굴"을 대하여 하나님을 보기 위해 일으킴을 받는 것과 같지 않다(이단논박, 5:8:1). 이레니우스는 영지주의자들의 추정과 사적 계시와 대비되는 "성령의 열심"에 대해 더 깊이 설명한다(5:8:2-4). 영지주의자들은 성령에 관한 바울의 본문을 왜곡한다(이단논박, 5:9:1-4; *ANF*, vol. 1, pp. 334-35).

(5) 예언의 영. 이레니우스는 속사도 교부들과 변증가들을 따라, 성령을 특별히 구약성경의 예언의 영감자로 믿는다. 그러나 이는 초기 저자들보다 현저하지 아니하며, 주로 영감을 구약성경의 자료를 사용하는 기독교와는 달리 비기독교적 기원을 주장하는 영지주의에 반대해서 나타난다. "하나님의 영을 받은" 참된 제자는 신구약성경의 한 하나님에 대해 논의할 것이다(이단논박, 4:33:1; *ANF*, vol. 1, p. 506). 다른 곳에서 이레니우스는 이렇게 주장한다. "교회의 설교는 어디에서나 일관되며, 균일한 과정으로 계속되며, 하나님의 성령으로 말미암아 선지자들과 사도들과 모든 제자들로부터 증언를 받는다"(이단논박, 3:24:1; *ANF*, vol. 1, p. 458; Migne, *PL*, vol. 7, col. 966B). 예언은 마법사와 같은 인간 존재에 의해 주어진 것이 아니다. "하나님이 기뻐하시는 장소와 때에 신적으로 주어진 예언의 능력"으로 말미암은 것이다(1:13:4; *ANF*, vol. 1, p. 335; Migne, *PL*, vol. 7, col. 585A). 그러나 이레니우스는 변증가들처럼 "비이성적 불합리"를 거부한다(이단논박, 5:8:3; ANF, vol. 1, p. 534). 나는 예언의 "장소와 시기"는 카리스마적 자발성이나 준비된 성찰적 설교를 배제해서는 안 된다고 믿는다.

이레니우스는 교회 안에서의 성령과 신자들에 대한 성결의 영에 대해서 조금 더 언급했다. 그러나 우리는 주요 주제에 대해 간략히 정리했다. 이레니우스에게 성령은 영지주의에 대한 논쟁으로만 중요한 것은 아니다. 성령은 하나님의 창조적인 지혜로서, 하나님은 그로 말미암아 세상을 창조했다. 성령은 구속 사역을 위해 그리스도에게 부어졌고, 그리스도인들에게 유업의 보증으로 오셨다.

10. 2. 알렉산드리아의 클레멘트

클레멘트의 연대는 아마 150-215년일 것이다. 그는 알렉산드리아에서 판타누스의 제자가 되었고, 190년에 문답학교the catechetical school의 교장이 되었다. 남아있는 저작은 『그리스인에 대한 권면』Protrepticus 포함하여, 『교훈자』Paedogogos, 8권으로 된 『문집』 또는 『스트로마타』(발렌티누스계 영지주의자), 『테오도투스 발췌록』과 여러 단편들이 있다. 그는 기독교와 영지주의 사이에서 중도의 길을 추구했고, 기독교를 구약성경과 그리스 철학의 완성으로 보았다. 그는 기독교를 단순히 미지의 존재를 향한 경건이 아닌, 이성적으로 합당하며 정교한 종교로 제시하려 힘썼다. 그는 영지주의와 중도 플라톤주의를 끌어들여 기독교 신앙을 "기독교적 영지주의" 종교로 제시한다.

알렉산드리아는 로마에 이어 로마제국에서 두 번째로 크고 가장 번영한 도시였을 것이다. 알렉산드리아는 헬레니즘적 유대주의, 영지주의, 신플라톤주의, 그리고 많은 이국적인 종교와 철학에 대한 사상들을 끌어들이는 강력한 지적 중심지였다. 클레멘트는 대략 카르타고의 터툴리안보다 10년 정도 일찍 태어나고 죽었다. 그는 하나님이 인간의 생각과 언어를 초월하여 존재한다는 부정신학을 사용하여 그의 반생을 영지주의와 함께했다. 그는 또한 구속받은 모든 사람은 성령을 소유하며 "신령하다"고 하는 영지주의 관점을 공유하고 있었다.

(1) 성령의 소유, 또는 "신령함"과 성령의 은사. 클레멘트는 모든 신자는 조건 없이 "신령하다"는 영지주의의 견해를 받아들이지는 않는다. 교훈에서 그는 고린도전서 3:1-2의 바울의 논증을 주의 깊게 살핀다. 심지어 신자들조차 어린아이 같거나 미성숙할 수 있다. 바울은 그들에게 우유를 먹였다(*Instructor*, 1:6; *ANF*, vol. 2, p. 218). 이것은 "그리스도에 대한 믿음의 시작"이다(1:6). 여기에서 그는 심지어 호머를 지지한다고 언급하기도 한다. 그는 바울을 인용한다. "내가 신령한 자들을 대함과 같이 너희에게 말할 수 없어서 … 어린아이를 대함과 같이 하노라"(고전 3:1). 그러나 "그는 성령으로 이미 믿는 자들은 신령하다고 부른다. 그리고 새로 가르침을 받은 자들과 정결하게 되지 못한 자들은 육신에 속한 자들이다"(1:6). "너희 가운데 시기와 분쟁이 있으니 어찌 육신에 속하여 … 아니리요?"(고전 3:3). 그러나 "세례를 받은 믿음은 성령으로 훈련을 받는다"(1:6; *ANF*, vol. 2, p. 217).

클레멘트는 『문집』에서 참된 "영성"은 주로 고린도전서 12:7-11에서 열거된 것처럼 성령의 은사의 경험과 함께 온다고 주장한다. 킬리안 맥도넬과 조지 몽테규는 처음 8세기 동안 교회가 세례 입문 의식에서 "성령세례"로 기대하는 증거를 제공했는지 숙고하는 과정에서, 특별히 터툴리안과 관련하여, 교부들에게서 이런 종류의 증거를 많이 제시했다.[1] 클레멘트는 기독교에서는 미래에 이루어진다고 하는 "완전한 인간"에 대한 영지주의의 주장을 고찰한다(*Miscellanies*, 4:21; *ANF*, vol. 2, p. 453). "성령의 나타냄"은 "성령으로 지혜의 말씀 … 같은 성령으로 믿음 … 치유 … 이적 … 예언 … 영 분별 … 여러 가지 방언 … 방언 통역과 같은 특징들을 수반한다. … 이 모든 것은 같은 성령으로 역사한다"(고전 12:7-11; *Miscellanies*, 4:21; *ANF*, vol. 2, p. 434). 이것들은 "보편 덕목"이 아니라 성령의 은사이다. 비슷하게 호머도 하

---

1. Kilian McDonnell and George T. Montague, *Christian Initiation and Baptism in the Holy Spirit: Evidence from the First Eight Centuries* (Collegeville, MN: Liturgical Press, 1991), pp. 94-105.

하나님의 은사들에 대해 말한다. 클레멘트는 바울을 인용한다. "만일 우리가 성령으로 살면 또한 성령으로 행할지니"(갈 5:25; *Institutes*, 3:12; *ANF*, vol. 2, p. 294, 그리고 *Miscellanies*, 5:6; ANF, vol. 2, p. 452).²

(2) **성령의 영감.** 클레멘트는 구약 선지자들의 성령의 영감에 대해 간략하게 말하고 있다. 예를 들어, "성령은 아모스를 통해 자신의 음성을 발하여 부자들에게 그들의 사치 때문에 나타난 것을 말씀하고 있다"(암 6:4, 6; *Instructor*, 2:2; *ANF*, vol. 2, p. 245). 그는 이렇게 말한다. "그의 아들로 말미암아 성경을 반포하신 이는 하나님이시다"(*Miscellanies*, 5:14; *ANF*, vol. 2, p. 464). "사람은 … 창세기에 기록된 대로 … 영감을 받았다. … 성령은 믿는 자를 영감한다"(5:14; *ANF*, vol. 2, p. 465). 클레멘트는 저스틴, 이레니우스 등을 따른다.

(3) **성령과 하나님과의 연합의 정도.** 클레멘트는 신플라톤주의와 영지주의의 발출과 신적 계층 개념을 전적으로 포기하지 않는다. 그리하여 그는 성령이 신자들을 "영감한다"고 말한 후(*Miscellanies*, 5:13; *ANF*, vol. 2, p. 464), 플라톤과 스토아학파로 돌아가 유대교와 그리스의 최고 철학자를 "은 같은 사람"으로 보고, 그리스도인들은 "하나님이 제왕의 금과 성령과 금을 함께 섞은" 사람으로 보았다(5:14; *ANF*, vol. 2, p. 467). 이와 같이 그리스도인은 성령의 "금"과 점차적으로 연합하는 결합체이다. 맥도넬과 몽테큐는 아마도 이를 세례의 "실체화"라고 볼 것이다.

유사한 비유가 『문집』 7:2에 나온다. "매우 작은 쇠 조각이 성령으로 말미암아 움직여 … 많은 강철 고리들 위로 움직인다. 또한, 성령에 이끌린 경건한 자들은 친밀함으로 첫 번째 거처에 포함되고, 다른 이들은 계속해서 최후까지 내려간다"(*ANF*, vol. 2, p. 525). 언어는 영지주의와 스토아학파의 개념을 전제하기 때문에 대부분이 현대의 독자들에게 필연적으로 모호할 것이다. 그러나 영지주의 용어로 말하려고 하는 이면에는 성경적 믿음의 표현을 찾기 위한 노력이 있다. 클레멘트는 이렇게 말한다. "포도주가 물과 섞이

---

2. 더 많은 예를 원한다면 Geoffrey W. H. Lampe (ed.), *A Patristic Greek Lexicon* (Oxford: Clarendon, 1961), pp. 1104-5, "*pneumatikos*"를 보라.

는 것처럼 성령은 사람과 그렇다"(*Instructor*, 2:2; *ANF*, vol. 2, p. 242). 이것은 포도주를 마시는 것에 대한 장에서 나온다. 또한 다채로운 용어로 그리스도의 피와 성찬에 대해 암시하고 있다. 클레멘트는 성령은 "피가 육체에 대한 것처럼 말씀의 생동적인 원리"라고 선언한다(2:2).

(4) 성령, 로고스, 삼위일체. 클레멘트는 기독교를 그리스 철학의 최고 완성으로 제시하는 데 열심이어서 플라톤의 티마이우스에서 삼위일체에 대한 기대를 찾는다고 주장한다. 플라톤은 하나님을 "아버지"이며, 모든 선한 것들의 창조주라고 부른다고 말한다. 존재의 두 번째 질서는 "선한 자들"이다. 세 번째로는, 나는 "성령 이외 어느 것도 생각할 수 없다. 왜냐하면 셋째는 성령이고, 성자는 둘째이기 때문이다"(*Miscellanies*, 5:14; *ANF*, vol. 2, p. 268). 로고스로서의 하나님의 아들, 즉 창조적 이성의 원리는 클레멘트의 중심이다. 그러나 비록 "그리스도 자신이 지혜"이고 지혜는 철학의 목표일지라도 종종 성령을 말씀과 지혜와 연결한다(*Miscellanies*, 6:7; *ANF*, vol. 2, p. 494). 그는 이렇게 선언한다. "성령은 믿음으로 말미암아 [인간]에게 오신다"(*Miscellanies*, 6:16; *ANF*, vol. 2, pp. 511-12).

10. 3. 몬타누스 시대의 터툴리안

터툴리안(c. 160 – c. 220)은 북아프리카 카르타고에서 태어나 교육을 받고, 법률을 공부했다. 그의 많은 저작은 영지주의, 마르시온, 프락세아스를 공격한다. 그러나 약 196년부터 212년 사이에, 아마도 다양한 주제를 가지고 3세기의 어떤 저자들보다 훨씬 더 많은 작품 활동을 했을 것이다. 그의 작품 중 30개 이상이 살아남았으며, 그는 라틴어로 폭넓게 저술 활동을 한 최초의 기독교 작가이다. 철학적 작품으로는『영혼에 대한 소고』*Treatise on the Soul*가 있으며, 신학적 작품에는『그리스도의 육체에 대하여』*On the Flesh of Christ*,『육체의 부활에 대하여』*On the Resurrection of the Flesh*,『프락세아스 논박』

*Against Praxeas*이 있다. 그의 변증 작품들에는 『변증』*The Apology*과 순교에 대한 작품이 있다. 또한 5권으로 된 『마르시온 논박』이 있다. 교훈서로는 『우상숭배에 대하여』*On Idolatory*, 『공연』*The Show*, 『회개에 대하여』*On repentance*, 『여성의 베일 착용에 대하여』*On the Veiling of Women* 등과 같은 도덕적인 논문들이 있다. 또한 다양한 주제에 대한 많은 글들을 썼다.

터툴리안은 197년 이교도에서 기독교로 개종했다. 그리고 즉시 변증에서 이교도의 미신을 공격했다. 그는 기독교 신앙의 독특한 성격과 이교 문화와의 차이를 강조했다. 그의 유명한 말 "아테네가 예루살렘과 무슨 상관이 있다는 말인가?"는 모든 철학을 거부하는 것을 의미하지 않는다. 오히려 그의 영혼관은 스토아 철학에서 많은 것을 끌어낸다. 그는 기독교적 사상과 삶에 대하여 엄격했고 금욕주의를 지향했다. 그는 엄격한 태도와 종말에 대한 관심 때문에 몬타누스주의에 이끌렸고, 성령 또는 보혜사의 즉각성과 예언을 강조했다. 그가 몬타누스로 전향한 연대는 확실하지 않다. 그러나 대부분의 학자들은 그의 저작 생활 절반 정도 되었을 때인 203년에서 207년 사이라고 추정한다. 그는 카르타고의 감독을 매우 관대하게 여겼으며, 완전주의와 "순수한" 기독교의 개념에 가까웠다. 그는 논쟁적이거나 변증적 저작에서도 열렬하고 열정적이었다.

(1) 몬타누스주의와 성령의 즉각성. 몬타누스는 172년(유세비우스, 교회사, 16에 따라) 또는 156-57년(에피파니우스, 모든 이단논박, 48:1에 따라) 경에 예언 활동을 시작했다.[3] 그는 교회에 신속하게 성령이 부어질 것을 기대했고, 그의 메시지는 종말에 대한 종말론적 기대와 준비 중 하나였다. 프리스카와 막시밀라라는 두 명의 여제자가 그에게 합류했고, 그 운동은 프리지아로부터 북아프리카까지 확산되었다. 그 운동은 자신들을 "성령 충만한 자들" 또는 "신령한 자들"이라고 불렸으며, 주류 또는 가톨릭교회를 "심리주의자들" 또는 "평범한 사람들"라고 불렀다. 터툴리안은 몬타누스주의의 모든 교리를 취하

---

3. McDonnell and Montague, *Christian Initiation*, p. 107.

지는 않았다. 그러나 그는 성령의 즉각성, 엄격함과 금욕주의, 그리고 교회안의 "질서"에 대한 무관심과 함께 세상으로부터의 분리를 강조하는 것에 마음이 끌렸다. 몬타누스의 추종자들은 자신들의 운동을 "새 예언"이라고 불렀다. 이것은 많은 부분 교회의 형식주의와 관료주의에 대한 반발이었다.

"보혜사"는 몬타누스주의자들의 예언과 계시의 원동력이었다. 그리고 주류 교회는 그러한 예언을 황홀경에 빠진 것, 보통은 광적인 것으로 보았다. 그러나 나머지 교회에게 주요 문제는 새 예언의 화려하고 배타적인 주장이었다. 몬타누스주의자들은 보혜사가 자신들을 통하여, 즉 새 예루살렘이 내려오기 전 마지막 때에 대해 말했다고 믿었다. 막시 밀라는 "나를 따르라. 더 이상 예언은 없다. 종말이다"라고 선언했다.[4]

몬타누스주의에 대한 평가는 극적으로 다양하다. 터툴리안은 새 예언을 형식주의에 사로잡혀 느슨해진 교회를 향한 진정한 부르심으로 보았다. 새 예언은 그가 항상 추구했던 것을 대표하는 것 같았다. 심지어 말년의 존 웨슬리도 그것을 거룩과 체험을 향한 진정한 부르심으로 보았다. (아래 각주. 4에서 인용한 크리스틴 트레베트를 포함한) 페미니스트들은 새 예언을 여성의 공정한 역할을 중시한 것으로 생각한다. 한편 유세비우스는 그들이 "주님을 잊어버리고 … 영을 미혹하고 … 참된 믿음에서 멀어지고 … 기뻐 날뛰며 우쭐해졌다. … 그들은 거칠고, 비논리적이며, 강경하게 말했다. … 교만의 영이 하늘 아래 전 보편 교회를 매도하도록 그들을 가르쳤다. … 그것은 교회에서 추방된 … 거짓 예언의 이단의 영이다"라고 말한다(유세비우스, 교회사, 5:16; *NPNF*, ser. 2, vol. 1, pp. 231-32). 100년 전 헨리 과트킨은 이렇게 썼다. "영지주의자들이 모든 일을 인간의 탓으로 돌리는 것처럼, 몬타누스주의자들은 모든 일을 하나님의 탓으로 돌렸다. … 그들은 [영감을] 비하했다. 한 쪽

---

4. Ronald E. Heine, *The Montanist Oracles and Testimonia* (Macon, GA: Mercer University Press, 1989), pp. 163-69. Christine Trevett, *Montanism: Gender, Authority and the New People Prophecy* (Cambridge: Cambridge University Press, 1996), 페미니스트적이고 긍정적인 평가를 제공한다.

[영지주의자]은 '인간의 이성'을 신격화 했고, 다른 쪽[몬타누스주의자]은 인간의 본성보다 마술적인 능력을 중시했다. … 몬타누스주의의 실패는 모든 형태의 예언을 불신하는 결과를 초래했다. … 심지어 설교도 천 년 동안이나 뒷전으로 물러나게 되었다."[5] 터툴리안은 몬타누스, 프리스카(또는 프리스킬라), 그리고 막시밀라가 교회를 대적한 것을 인정하지 않았다. 그들을 북아프리카 교회에서 도나투스파의 선구자라거나, 루터가 "광신도들"이라고 불렀던 후대의 급진적 "좌익" 종교개혁자라거나, 조금 더 극단적인 청교도들이라고 하는 것은 논쟁의 여지가 있다.

(2) 몬타누스주의자가 되기 이전의 저작들. 터툴리안의 많은 저작 가운데 어느 것이 분명히 몬타누스주의자 이전의 글인지는 많은 경우에서 확신하기가 쉽지 않다. 그러나 일반적으로 세례에 대하여는 몬타누스주의 이전의 것으로 인정하고 있다. 터툴리안은 이 작품에서 오늘날 많은 사람들이 "성례적" 성령관이라고 부르는, 즉 세례식 물의 축복을 제기한다. 그는 "태초부터 수면 위를 운행하신 하나님의 영은(창 1:2) 세례식 물 위에 머물러 계실 것"이라고 말한다(터툴리안, *On Batism*, 4; *ANF*, vol. 3, p. 670). 물의 출처는 아무런 상관이 없다. "모든 물은 … 축사 후에는 거룩한 성례전적 권능을 갖게 된다. 왜냐하면 성령이 즉시 하늘로부터 내려와 … 그들을 거룩하게 하기 때문이다"(4장). 대조적으로 이시스Isis와 미드라스Mithras의 의식을 포함한 이방인들의 의식에서 물은 아무런 소용이 없다(5장). 그것은 "성령의 그럴싸한 모방"에 불과하다(5장). 그러나 우리는 물로 정결하게 되며, 성령의 예비적 행위는 정결하게 하는 것이다(6장; *ANF*, vol. 3, p. 672). 세례를 받을 때, 성령이 비둘기같이 임한 것처럼, "복된 기름 부음"이 임한다(7장, 8장; *ANF*, vol. 3, p. 673). 맥도넬과 몽테규는 터툴리안이 세례를 그리스도인의 교제의 문맥에 위치시키고 있다고 주장한다.[6]

---

5. Henry M. Gwatkin, *Early Church History to a.d. 313*, 2 vols. (London: Macmillan, 1912), vol. 2, pp. 77 and 94 (나의 이탤릭).
6. McDonnell and Montague, *Christian Initiation*, p. 111; 참조. pp. 106-21.

또한 터툴리안의 『이단대책』*On Prescription against Heretics*도 몬타누스주의자 이전의 것으로 널리 인정되고 있다. 이 작품은 소위 "신앙규정"rule of faith 이라고 부르는 초기 신조의 요약을 담고 있다. 이 신조는 "오직 유일하신 하나님이 계시며, … 그는 세상의 창조주이시며, 그에게서 만물이 나오되 그의 말씀으로 말미암지 않고는 아무 것도 나오지 않았다. … 이 말씀은 그의 아들이라 불리는데 … 선지자들이 선포했다"는 믿음을 표명하고 있다(*On prescription against Heretics*, 13; *ANF*, vol. 3, p. 249). 그 아들은 "성령과 성부의 능력으로 말미암아 동정녀 마리아에게 보내졌으며, 육신이 되었고, … 예수 그리스도가 되었으며, … 십자가에 못 박히셨고, … 제삼일에 다시 살아나셨다"(13장). 그는 영광을 받으신 후에 "신자들을 인도하기 위하여 성령을 보내셨고, 영광 중에 오실 것이다"(13장). 성령은 그의 잉태와 탄생과 예수 그리스도의 성육신에서 활동하셨고, 신자들을 인도하기 위하여 그리스도를 대신하여 보냄을 받았다. 이 신조에는 공의회 신조의 주요 요소가 나타나있다.

(3) 몬타누스주의자가 된 이후의 저작들. 터툴리안이 몬타누스주의로 전향한 후의 저작을 분류하는 것이 어렵다는 것은 놀라운 일이 아니다. 왜냐하면 터툴리안은 몬타누스주의로 "개종"하지 않았고, 그는 몬타누스주의를 주로 자신이 이전에 가지고 있던 입장을 나타내는 것으로 보았기 때문이다. 프락세아스는 성부와 성자를 사실상 동일시했다. 그러므로 프락세아스 논박은 삼위일체론을 상술하고 있다. 이런 맥락에서 그는 제4복음서 고별강화에서, 특별히 요한복음 14:16, 20과 16:14의 파라클레테를 분석한다. 파라클레테는 "또 다른 보혜사"로 불린다. 그러나 "또 다른"이란 그와 그리스도의 밀접한 관계를 선언하기는 하지만, 그와 그리스도를 구별하고 있다(*Against Praxeas*, 25; *ANF*, vol. 3, p. 621). 계속해서 "이 셋은 '아버지와 나는 하나[Latin, *unus*, 요 10:30]이니라'라고 말씀하신 것처럼, 한[Latin, *unum*] 본질이지 한 위격이 아니다." 성자와 성령은 발렌티누스가 유출에 대해 말했던 것과 같이 성부로부터 분리된 것이 아니다. 즉 "하나님은 뿌리가 나무를 내고, 샘이 강물을 내고, 태양이 광선을 내는 것과 마찬가지로 파라클레테 또한 그렇다

고 말씀한 것처럼 그의 말씀을 보내신다"(*Against Praxeas*, 8; *ANF*, vol. 3, p. 603). "나무의 열매가 뿌리로부터 세 번째인 것과 마찬가지로, 성령은 하나님과 성자에 이어 세 번째이다"(8장).

터툴리안은 이 논문 4장에서 (동방과 대조적으로) 서방 교회의 신조의 기초가 되는 획기적인 진술을 쓰고 있다. 그는 "*나는 성부로부터 성자가 나오시는 것과 동일한 근원으로부터 성령이 나오신다고 믿는다*"(티슬턴의 이탤릭; *Against Praxeas*, 4; *ANF*, vol. 3, p. 599). 이어지는 구절에서 그는 "하나님은 … 성자와 성령을 통하여 … 그의 연합을 믿게 하는 방식으로 인간과 맺은 언약을 새롭게 하시기를 기뻐하셨다"고 단언한다(*Against Praxeas*, 31; *ANF*, vol. 3, p. 627). 제7장에서 그는 몬타누스, 프리스카, 막시밀라 등이 처음에는 로마의 주교에게 인정을 받았으나 후에는 "거짓된 비난을 받았다. … 주교의 권세를 주장함으로써 … 선견자의 선배 … 프락세아스는 로마에서 악마를 이중으로 섬겼다. 즉 그는 예언을 포기했고…, 파라클레테를 떠났으며, 성부를 십자가에 못 박았다"고 진술한다(*Against Praxeas*, 1; *ANF*, vol. 3, p. 597).

터툴리안은 『일부일처제에 대하여』에서 몬타누스의 견해를 온전히 반영하고 있다. 몬타누스는 배우자가 죽은 후에도 재혼을 금지했다. 교회는 재혼을 꺼려했지만 허용했다. 터툴리안은 몬타누스의 엄격한 입장을 단호하게 지지한다. 그는 교회가 이것을 "이단"이라고 부르지만, 따라서 "스스로 파라클레테를 부인하는 것이 되어버렸다"고 주장한다(*On Monogamy*, 2; *ANF*, vol. 4, p.59). 그는 "심령술사들[보통의 그리스도인들]은 … 성령을 받지 못한다. … 육신에 속한 것들은 성령과 반대되는 것으로서 그들을 기쁘게 할 것이다"라고 단언한다(갈 5:17; *On Monogamy* 2; 티슬턴의 이탤릭). 이혼과 재혼의 문제는 "파라클레테가 역사하기 시작할 때, 즉 성령이 육체를 극복할 때"까지의 문제이다(*On Monogamy*, 14; *ANF*, vol. 4, p. 71).

터툴리안의 『영혼에 대하여』는 "영혼"은 일종의 준물질이라는 개념을 스토아주의로부터 차용하고 있다. 기독교 신학에서 그 의미는 최초의 영혼유전설 진술이라는 데 있다. 영혼유전설은 죄 또는 원죄가 후손에게 전달된다는 개념이다. 왜냐하면 하나님은 영혼을 새롭게 다시 창조하지 않기 때문이다. 터툴리안은 이렇게 제안한다. "추론은 우리에게 영혼의 신체적 특성을 가르친다. … [그리고] 우리가 영적 은사 또는 선물을 받는 것을 볼 때, 우리는 또한 예언의 은사를 재능으로 받을 수 있다. … 여기 우리에게는 여러 가지 계시를 받은 한 자매가 있어, … 그녀는 성령 안에서 황홀경의 환상을 경험한다. … 그녀는 천사와 대화를 나누며, 때로는 주님과도 대화를 나눈다. 그녀는 신비한 교통 가운데 보고 듣는다. … 그녀는 '나에게는 영혼이 육신의 모습으로 보인다'고 말한다"(On the Soul, 9; ANF, vol. 3, p. 138). 그는 평온 또는 휴식 상태에 도달한 영혼에 대해 묘사한다. 이는 영혼에게 자연스러운 것이 아닌데, 마치 광기와도 같은 것으로, 영혼은 *자신에게서 벗어나 황홀경에 도달한다*(Latin, *amentiae instar; On the Soul*, 45; *ANF*, vol. 3, p. 223; 티슬턴의 이탤릭). 성령을 약속하신 하나님은 "황홀경 상태에서도" 다양한 종류의 꿈을 꾸게 하신다(*On the Soul*, 47; *ANF*, vol. 3, pp. 225-26). 금식은 꿈을 더 잘 꾸게 하는 역할을 할 수 있다(48장). 그는 "그러나 우리는 하나님으로부터의 꿈을 갈망한다"라고 결론짓는다(49장; *ANF*, vol. 3, p. 227).

우리는 몬타누스주의에 대해 언급한 책들의 관계에 대해 합리적으로 확신할 수 있다. 초기의 저작들은 성령에 대해 합리적인 정통적 접근을 보여준다. "몬타누스주의 이후"의 글들은 삼위일체적 발전을 보여준다. 그러나 그 주장들은 좀 더 과장된 것 같다. 한 견해에 의하면, 즉 갱신운동 또는 오순절주의의 관점으로, 스탠리 버지스는 터툴리안을 "교회의 첫 번째 중요한 오순절주의 신학자"라고 부른다.[7] 맥도넬은 대체로 이 판단에 동의하면서도 다음 사항을 지적하고 있다. "예언의 은사가 사라진 것은 … 몬타누스주의의 발흥과 관계된 것 같다."[8] 한편으로 그는 정통 성령론과 살아계신 성령을 통한 신자의 성화를 옹호하고 발전시킨다. 다른 한편으로는 많은 사람들

---

7. Stanley M. Burgess, *The Holy Spirit: Ancient Christian Traditions* (Peabody, MA: Hendrickson, 1984), p. 63.
8. McDonnell and Montague, *Christian Initiation*, p. 106.

이 납득할 수 없고 비이성적인 것으로 간주하는 "새 예언"을 옹호하고, 모든 오순절주의자들이 변호하기를 원하는 것은 아닌 "황홀경의 경험"을 완강하게 변호한다. 그는 교회의 "덜 훌륭한 멤버"를 향한 하나님의 사랑을 인정했다(고전 12:23; *On the Resurrection of the Flesh*, 9; ANF, vol. 3, p. 352). 그는 "몸은 어느 한 지체의 고통을 지배할 수 없다"고 주장한다(고전 12:26; *On Repentance*, 10; ANF, vol. 3, p. 664). 의심할 여지없이 그의 열정과 헌신은 여전히 인상적이지만, 그의 극단론은 그렇지 않다. 몬타누스주의와 같이 극단론은 교회 자체가 회복이 더딘 것에 대한 반발을 불러온다. 그는 신실한 자들 가운데 성령의 "은사의 분배"를 권장했다(고전 12:4-12; *On Baptism*, 20; ANF, vol. 3, p. 679). 그러나 이미 살펴보았듯이 터툴리안은 모든 그리스도인이 성령을 받았다는 바울의 말을 부인한다(롬 8:9). 맥도넬은 이렇게 결론짓는다. "터툴리안의 공격적이며 열광적인 스타일을 볼 때, 키프리안과 힐라리가 그와 거리를 두고, 제롬과 어거스틴이 그를 비난한 것은 놀라운 일은 아니다."[9]

10. 4. 알렉산드리아 학파와 오리겐

오리겐(c. 185-c. 254)은 이집트, 아마도 알렉산드리아의 기독교 가정에서 태어났으며 기독교 교육을 받았다. 젊은 시절 그는 박해의 시기(c. 202)에 순교하기를 원했고, 이로 인해 엄격한 고행을 수행했다. 30대 중반이었던 218년부터 230년까지 성직자가 되어 교회를 위한 저술 사역에 몰두했다. 부유한 친구 암브로우스가 그에게 속기사와 필사자를 제공해주었다. 에피파니우스는 그의 저술이 6,000종에 달한다고 하였지만 오늘날 남아있는 것은 얼마 되지 않는다. 그의 저작은 본문비평과 번역 관련, 성서 주해 관련, 그리스도 교리 관련, 기도와 기독교적 삶을 위한 실제적 훈련 관련의 네 종류이다.

---

9. McDonnell and Montague, *Christian Initiation*, p. 121.

(1) 첫 번째 범주인 본문비평 관련. 오리겐은 히브리어 구약 본문, 그리스 문자로 음역된 히브리어 성서, 칠십인 역, 아퀼라 역, 심마쿠스 역, 테오도티온 역 등 6열로 된 다국어 성서 헥사플라에 많은 세월을 투자했다. 유세비우스가 사본을 만들었으나 칠십인역을 제외하고는 모두 소실되었다. (2) 성서 주해 관련 저작은 성서 단락 고찰, 설교를 포함하고 있으며, 오늘날 요한에 대한 설교가 가장 널리 알려져 있다. (3) 오리겐의 주요 교리 관련 저작은 『제1원리들에 관하여』*On the First Principles*(Latin, *De Principiis*, 또는 Greek, *Peri Archon*)이다. 『켈수스 논박』*Contre Celsum* 또한 켈수스가 주장한 믿음에 대한 변증서이다. (4) 실천적 저작에는 『기도에 대하여』와 『순교에의 권고』(1개 이상의 판본이 영어로 출판되었다)가 있다.[10] 가이사랴의 바실과 나지안주스의 그레고리에 의해 발췌문 모음이 4세기 말에 『필로칼리아』*Philocalia*라는 제목으로 나왔다.

지정학적으로 로마, 카르타고, 알렉산드리아는 기독교 세계에서 에베소와 소아시아의 도시들을 대신하여 가장 중요한 도시가 되었다. 여기에서 오리겐은 그의 학문에 필요한 풍부한 토양을 발견했다. 이방인들과 불신자들까지 그의 강좌에 출석했다. 과트킨의 고전적인 평가에 따르면, "오리겐은 그 시대의 가장 위대한 학자나 교사에 비길 수 없었다."[11] 그는 소크라테스의 전통 안에 있는 편견과 혼동을 드러내기 위해 노력했고, 그 시대의 교육을 새로운 기반 위에 올려놓았다. 심지어 이교도 포르피리조차도 오리겐이 기독교에 그의 지성을 팔아버린 것을 제외하고, 그리스 문학에 대한 오리겐의 학문성과 지식에 감탄할 정도였다. 오리겐은 철학 앞에 더 이상의 미사여구를 허용하지 않았다. 그리고 알렉산드리아에서는 이 모든 것을 들을 준비가 되어있었다. 그는 굶주린 영혼들을 위해 "건강한 음식"을 제공하려고 했다.

---

10. Rowan A. Greer (ed.), *Origen: An Exhortation to Martyrdom, Prayer, and Selected Works, Classics of Western Spirituality* (London: SPCK, and New York: Paulist, 1979); 또한 John J. O'Meara (ed.), *Origen: Prayer and Exhortation to Martyrdom*, Ancient Christian Writers 19 (New York: Paulist Press, 1954, rpt. 1979)를 보라.

11. Gwatkin, *Early Church History to a.d. 313*, vol. 2, p. 198.

오리겐은 아마도 220년과 230년 사이에 그의 교리에 관한 저서인 『제일 원리에 대하여』*On First Principles*를 저술했는데, 이 책은 조직신학을 네 가지 영역으로 나누었다. 서문에서 신학 작업에 대한 정의를 내린 후, 1권에서는 (마르시온과 발렌티누스, 영지주의에 대항하여) 하나님의 본성과 일체를 다루었다. 그는 1권 3장에서 성령론을 설명하고 있다. 2권은 인간의 타락과 그리스도로 말미암은 구속, 부활과 심판을 포함하여, 인간성과 우주를 다루고 있다. 3권은 하나님, 자유 그리고 악을 포함한 선과 악의 투쟁을 담고 있다. 4권은 "삼중 의미"를 가정하는 성서 해석을 담고 있다(*On First Principles*, 4:1:11). 배후에는 기독교 신앙과 철학의 관계가 자리잡고 있다.

『제일 원리에 대하여』 1:3에는 성령에 대한 오리겐의 사상이 가장 간결하고도 조직적으로 나타난다. 오리겐의 다른 저서에서 더 발전되는 10가지 주제를 간략하게 약술할 것이다. (1) 오리겐은 영지주의에 대항하여 한 성령이 신구약을 영감했다고 단언한다. 성경은 영감되었다. "그리스도 자신의 선언에 따라" 복음서들과 서신들, 율법과 선지자들은 "성령으로 말미암아 영감"되었다(*On Frist Principles*, 1:3:1; ANF, vol. 4, p. 252). "성령이 무엇인지는 많은 성경 구절에서 배운다"(1:3:2, 참조. 2:7:1). (2) 오리겐은 다양한 방법으로 성령과 그리스도 사이의 밀접한 관계를 밝히고 있다. 성령은 그리스도의 세례 시 "그리스도 위에 내려오셨고", 예수 그리스도는 부활 후에 제자들에게 숨을 내쉬며, "성령을 받으라"고 말씀하셨다(요 20:22; 1:3:2). (3) 그리스도인들이 그리스도를 "주님"이라고 부르는 것도 성령으로 말미암은 것이다. 오리겐은 고린도전서 12:3을 인용한다. "성령으로 아니하고는 누구든지 예수를 주시라 할 수 없느니라."

(4) 오리겐은 세례는 "삼위일체에 의하지 아니하고는 완성되지 않은 채" 남아있다고 주장한다(*On Frist Principles*, 1:3:2). 세례 의식문이 하나님의 삼위일체 이름을 담고 있는 것도 그 이유이다. "성령을 거역하는 신성모독의 죄를 지은 [사람에 대해] … 듣게 될 때 … 성령의 초월적인 위엄에 누가 놀라지 않겠는가!"(1:3:2). (5) 우리는 성령이 "만들어지거나" "창조되었음"을 성경

으로 증명할 수 없다(*creaturia; On Frist Principles*, 1:3:3). 이 요점은 아타나시우스와 바실에 의해 더 명확하게 표현될 것이다. (6) 성령은 계시의 영이다. 오리겐은 이렇게 쓰고 있다. "성부에 대한 모든 지식은 성령을 통하여 성자의 계시로 말미암아 얻는다"(1:3:4; *ANF*, vol. 4, p. 253). 그는 고린도전서 2:10을 인용한다. "하나님이 성령으로 이것을 보이셨으니." 그는 또한 요한복음의 보혜사 성구를 언급한다. "보혜사 곧 … 성령 그가 너희에게 모든 것을 가르치고 …"(1:3:4). 그는 성령이 무지하다고 생각하는 것은 어리석다고 말한다.

(7) 성령은 "중단 없는 성화"를 가져온다(*On Frist Principles*, 1:3:8; *ANF*, vol. 4, p. 255). 성령은 신자들을 "더 순결하고 더 거룩하게" 만드시며 "점점 더 성화"시키신다(1:3:8). 그리스도인은 "성부 하나님으로부터 존재가, 둘째는 말씀으로부터 지성적 특성이, 셋째는 성령으로부터 거룩함이 나온다. … 성령으로 말미암아 성화된 … 그리스도를 영접할 수 있게 하셨다. … [그리스도는] 하나님의 의이시다"(1:3:8; 티슬턴의 이탤릭). (8) 이는 은사 수여에 있어 성령의 역할을 감소시키지 않는다(고전 12:8; *On Frist Principles*, 1:3:8). (9) 성령은 "전체 삼위일체와 협력하여" 사역한다(1:3:5). 그렇지 않으면 우리는 참으로 구원을 얻을 수 없다. "성령이 없이 성부와 성자의 참여자가 되는 것은 불가능하다"(1:3:5; *ANF*, vol. 4, p. 253). 오리겐은 "삼위일체의 능력은 하나이며 동일하다"고 주장한다(티슬턴의 이탤릭, 1:3:7; *ANF*, vol. 4, p. 255). 이와 같이 바울도 고린도전서 12:4-7에서 이렇게 선언하고 있다. "은사는 여러 가지나 성령은 같고 … 주는 같으며 … 하나님은 같으니 …." 모든 은사는 "유익하게 하려는 것"이다(고전 12:7). 성령은 "삼위일체의 연합"에 속해 있다. "성령은 항상 성령이셨다"(1:3:4). (10) 성령은 생명의 수여자이다. "성령은 사람의 얼굴에 생명의 숨을 불어넣으셨다"(창 2:7; 요 20:22). 하나님은 자신의 영을 모든 육체에 부어 주실 것이다(욜 2:28; *On First Principles*, 2:7:2; *ANF*, vol. 4, p. 285).

성령에 대한 오리겐의 또 다른 가르침은 『순교에의 권고』*Exhortation to*

Martyrdom 안에 있는 『기도에 대하여』에서, 그리고 『요한복음 강해』 안에서 찾을 수 있다. 오리겐은 아마도 231-32년 알렉산드리아에서 『요한복음 강해』 1권을 쓰기 시작했고, 248년 가이사랴에서 32권으로 완성했다. 오리겐은 두 번의 박해를 받았다. 하나는 202년 아버지가 순교했던 셉티무스 세베루스의 박해이고, 다른 하나는 250년 그가 죽기 4년 전에 있었던 데시우스의 박해이다. 오리겐은 두 번째 박해 때 체포되어 모진 고문을 받고 풀려났다. 로완 그리어는 이렇게 말한다. "그 기독교 순교자의 절대적인 충성심은 이방인들을 진리에 대한 환상으로 이끌 수 있는 설득의 능력을 갖고 있었다."[12]

오리겐은 『기도에 대하여』에서 로마서 8:26-27의 바울의 논증을 따르고 있다. "성령이 친히 말할 수 없는 탄식으로 하나님과 특별한 중재를 하신다. … 성령은 하나님의 뜻에 따라 성도를 위해 중보기도를 하신다"(*On Prayer*, 서문 3).[13] 성령은 "집중적으로 간청하신다"(서문 3). 고린도전서 4:15 "내가 영으로 기도하고 또 마음으로 기도하며"는 로마서 8장의 말씀과 연결된다 (*On Prayer*, 서문 4). "성령은 모든 것 곧 하나님의 깊은 것까지도 통달하시느니라"(고전 2:10; 서문 4). 오리겐은 성령이 우리가 "위대한 주제에 대하여 바르게 생각하고 말하게 하신다"고 말한다(서문 6).[14] 이 구절들은 오순절주의자들과 갱신운동주의자들에게 특별한 중요성을 갖고 있다. 버지스는 이렇게 선언한다. "영적 은사는 … 오리겐 시대의 교회 안에 여전히 작동 중이다."[15] 그는 특별히 『켈수스 논박』(*Against Celsus*, 7:8; ANF, vol.4, p.614)를 인용한다. "복음으로 말미암아 영혼이 순결하여진 소수의 사람들 안에 그의 임재의 흔적이 있다." 그러나 이 인용이 성령의 은사를 의미하는지에 대해

---

12. Greer, "Introduction" to *Origen*, p. 5.
13. Greer, *Origen*, p. 84.
14. Greer, *Origen*, p. 86.
15. Stanley M. Burgess, *The Holy Spirit: Ancient Christian Traditions* (Peabody, MA: Hendrickson, 1984), p. 76.

일부는 의심하고 있다.

오리겐은 하나님이 우리의 필요를 알고 계시므로 기도가 불필요할 것이라는 전형적인 반론을 고찰한다(On Prayer, 5:1-6). 그는 또 다른 가정적 반론, 예를 들면 기도가 인간의 자유를 위태롭게 한다는 반론을 제시한다(On Prayer, 6:1-5). 그러나 성경은 기도해야 할 이유를 많이 제시하고 있다. 이유들 속에는 이웃에 대한 사랑이 포함되어 있다. "만일 한 지체가 고통을 받으면 모든 지체가 함께 고통을 받고 …"(고전 12:26; On Prayer, 11:2).[16] 그는 다시 한번 로마서 8:26-7의 성령의 역사에 호소한다(On Prayer, 14:15).[17] 그러고 나서 주기도문의 예를 인용한다(18:1-3, 19-30).

『순교에의 권고』에서는 다시 성령과 기도에 중점을 두고 있다. 오리겐은 "순교자들이 남기고 떠난 자녀들을 위하여 성령 안에서 기도하는" 사람에 대해 말한다(On Martyrdom, 38).[18] 그는 "성자와 성부와 성령과 함께 하는 사람이 되는 것의 가치"를 주장한다(39).[19] 오리겐은 그의 『요한복음 강해』에서 "문자적" 의미, 예를 들면 성전 청결과 "영적 해석", 예루살렘 입성 사이의 차이를 진술한다(John, book 10, pp. 123-96).[20] "영적 의미"는 "그리스도의 마음"을 필요로 한다(고전 2:16과 12; 10:172).[21] 이는 "성령이 주님 위에 오셨기 때문"이다(10:173).[22]

성령에 대한 오리겐의 가르침을 요약하고 평가할 때, 세 가지 요점을 구별해야 할 것이다. 첫째, 오리겐은 그의 선배들의 모든 전통적인 주제를 확언한다. 예를 들면 성령은 성부와 성자와 더불어 친밀하게 협력하거나 함

---

16. Greer, *Origen*, p. 102.
17. Greer, *Origen*, p. 111.
18. Greer, *Origen*, p. 69.
19. Greer, *Origen*, p. 70.
20. Ronald E. Heine (ed.), *Origen; Commentary on the Gospel according to John, Books 1-10* (Washington, DC: Catholic University of America Press, 1989), pp. 262-99.
21. Heine, *Origen*, p. 294.
22. Heine, *Origen*, p. 294.

께 사역하고 있다. 그리고 한 성령으로서 신구약성경을 영감했다. 둘째, 많은 저자들이 오리겐이 다음 세기에 아타나시우스가 취할 수 있었던 출발점이 될 정도로 성령론을 발전시켰다고 주장한다. 셋째, 그가 "받을만한 자"만이 성령을 받을 수 있다고 믿었는지, 또는 암시했는지에 대해서는 모호함이 남아있다. 그러나 그는 소수의 오순절주의자들이나 몇몇 갱신운동주의자들이 그것을 사용하고 싶어 할 수 있는 방식으로 이해되도록 의도하지는 않았다. 이러한 용법은 오리겐이 주장하는 상황과는 다르다. "하나님의 영은 합당하지 않은 모든 자들로부터 거두어진다"(*On First Principles*, 1:3:7; *ANF*, vol. 4, p. 254). 다른 한편으로 성령은 "그의 은혜로 말미암아 성결케 된 모든 사람이 받는다고 하는" 능력이다(1:1:3). 마이클 헤이킨은 삼위일체에 대해 이렇게 결론을 내린다. "그 글은 다음과 같은 오리겐의 믿음을 강조하고 있다. 즉 성자와 성령은 신성의 측면을 공유하고 있지만, 그들은 분명히 *성부 아래 있다.* … [그러나] 그들의 하위성은 *오직 경륜적일 뿐 존재론적인 것은 아니다*"(티슬턴의 이탤릭).²³

10. 5. 히폴리투스, 노바티안과 키프리안

이들은 어느 누구도 터툴리안이나 오리겐의 신학적 위상에 미치지 못하기 때문에 비교적 간략하게 논의될 수 있다. 그들은 어느 정도 3세기 후반과 4세기의 도나투스 논쟁, 즉 "순수한 교회"에 대한 문제에 열중했다. 그들의 저작 중 많은 부분은 삼위일체에 관한 것이고, 그들은 오리겐보다 실제적인 문제들을 적게 다뤘다.

(1) 히폴리투스(C. 170 - C. 236). 히폴리투스는 연대적으로 오리겐보다 앞

---

23. Michael A. G. Haykin, *The Spirit of God: The Exegesis of 1 and 2 Corinthians in the Pneumatomachian Controversy of the Fourth Century* (Leiden and New York: Brill, 1994), p. 16.

선다. 유세비우스에 따르면 그는 로마의 장로였고, 235년 사르디니아로 추방당했다가 236년 순교했다. 그는 열정적이었으나 완강했다. 그는 칼리스투스와 우르반의 로마 주교직을 반대했다. 그러나 어떤 사람들은 그가 대립 주교가 아니라 다른 주교들이 다른 지역을 감독했었다고 주장한다. 앨런 브렌트는 이러한 사정이 최소한 노바티안의 시대까지 계속되었다고 한다.[24] 그렇기는 하지만 히폴리투스는 타협적이지 않고 논쟁적이었으며, 그의 주된 저작은 『모든 이단논박』*Refutation of All Heresies*이다. 그는 이레네우스를 따라서 영지주의를 공격했을 뿐 아니라, 삼위일체론에 있어서 단일신론 또는 사벨리안주의를 공격했다. 그는 특별히 "그리스도는 성부 자신으로서, 성부가 탄생했고, 고난을 받고, 죽으셨다고 주장했던" 서머나의 노에투스를 공격했다(*Against the Heresy of One, Noetus*, 1; *ANF*, vol. 5, p. 223). 성경은 한 분 하나님이 계시며, 성부께서 구별되는 위격으로서 성자를 일으키셨다고 단언하고 있다. 사도 바울은 다음과 같이 선언하고 있다. "너희 안에 거하시는 그의 영으로 말미암아 너희 죽을 몸도 살리시리라"(롬 8:11; *Against Noetus*, 2:4; *ANF*, vol. 5, p. 225).

히폴리투스는 가장 "종파적" 교회로 여겨지는 교회를 주도했음에도 불구하고 성령을 교회 질서의 수호자로 보았다. 그는 이렇게 쓰고 있다. "성령은 교회에게 유증되었다. 그리하여 처음에는 사도들이 받았고, 바른 신앙을 가진 자들에게 전달되었다"(*Refutation of All Heresies*, 서론 5; *ANF*, vol. 5, p. 10). 그는 분명히 몬타누스주의를 "이단"으로 여겼고, 몬타누스주의자들이 여선지자라고 주장했던 프리스킬라와 막시밀라를 "사악한 여자들"로 생각했다. "그들은 악에 빠졌다"(*Refutation of all Heresies*, 10:21; *ANF*, vol. 5, p. 147). 노에투스는 이 "어리석은 여인들"과 연관되어 있었다. 그리고 "칼리스투스는 노에투스주의자들의 이단성을 확증했다. … 그는 말하기를, 성령은 하나님으로서 로고스와 다른 존재가 아니다(히폴리투스의 이탤릭, 10:23; *ANF*, vol. 5,

---

24. Allen Brent, *Hippolytus and the Roman Church in the Third Century* (Leiden: Brill, 1995).

p. 148). 달리 말하면 성령은 구별되는 존재이다.

히폴리투스는 215년경 주로 소홀히 여기거나 오용될 위험이 있는 2세기의 관습을 보존하기 위하여 『사도적 전통』*The Apostolic Tradition*을 썼다. 작품의 많은 부분이 상실되었지만, 파편들이 라틴어로 덧쓴 문서와 동방의 필사본에 남아 있다.[25] 이 글에서 그는 주교 임명의 기준와 자격(*Apostolic Tradition*, 2), 그리고 자신의 주교 서품에 대해 남겨 놓았다(3-6). 그리고 그는 장로에 대해(7), 부제deacons에 대해 말하고 있다(8). 그는 주교 서품에 삼중 영광송이 사용되고(3:6, 4:11, 6:4), 영성체와 기름 부음뿐만 아니라(5:1-2), 성령을 위한 기도(3:3)를 인정하고 있다. 장로를 위한 기도는 "은혜의 성령을 나누어주는 … 성령으로 충만한"을 포함하고 있다(7:2, 4). 직분에 대한 관점이 분명하다. 즉 오직 주교만이 부제를 임직하거나 세울 수 있다(8:5). 부제의 서품은 "은혜와 진실의 성령을 주옵소서"(8:11)과 삼위일체 송영(8:12)을 담고 있다. 과부와 낭독자는 호명함으로 임명하고 서품을 행하지 않는다(10:1-5; 11). 비슷하게 보조 부제subdeacon는 서품하지 않는다(13). 특별한 범주로써 "교훈"과 함께(18-19) 평신도 사이의 "은사", 즉 치유(14), 결혼(15:6), 그리고 "세속" 직업에 대해(16:1-11) 언급하고 있다. 히폴리투스는 계속해서 유아 세례를 포함하는 세례에 대해 고찰한다. "스스로 대답할 수 없는 어린이가 있다면, 부모들이 그들을 대신하여 대답하게 하라"(21:4). "나는 사탄을 포기한다." 그리고 "나는 … 믿습니다"는 "당신은 성령을 믿습니까?"를 포함하는 맹세의 부분이다(21:17).

다음으로는 견진과 상당히 닮은 부분이 나온다. 주교는 세례 받을 자들의 머리에 안수하고 기름을 붓는다(*Apostolic Tradition*, 21:19-22). 다음은 성찬이다(21:27-33). 더 많은 기도와 찬송과 함께(22:11) 선을 행하라는 권고(21:38)가 나온다. 초심자는 주님의 만찬에 참여할 수 없다(27:1). 장로들과

---

25. Bernard Botte, *La Tradition Apostolique*, Sources Chrétiennes (Paris: Editions du Cerf, 1984); 그리고 Gregory Dix, *The Treatise on the Apostolic Tradition of St. Hippolytus of Rome, Bishop and Martyr* (London: Alban, 1992).

부제들은 주교가 지정하는 장소에서 매일 만난다(39:1-2). 기도의 횟수가 규정되어 있다(41:5-18). 아마 매우 당혹스럽게 보이는 것은 "사도적 전통"*The Apostolic Tradition*은 지금은 잃어버린 *페리 카리스마톤peri chariamaton* ("성령의 은사에 대하여"; 티슬턴의 이탤릭)이라는 제목의 저작을 언급하면서 시작된다는 스탠리 버지스의 주장이다.[26] 딕스Dix와 보테Botte는 이를 간단하게 "영적 은사"로 번역한다. 우리는 이 은사 목록에 행정 능력administration과 훈련된 특성*trained dispositions*을 포함할 수 있을 것이다. 제1부에서 살펴본 것처럼, 고린도전서 12-14장에서조차 모든 "은사"가 "카리스마적"인 것은 아니다.[27] 히폴리투스는 분명히 조직과 직제를 중요시하고 있다. 왜냐하면 그는 조직과 직제에 성령을 구하는 기도를 포함하고 있기 때문이다. 그럼에도 불구하고 자격을 요구하는 하나의 예가 버지스의 의견의 일반적 실체를 위해 만들어질 수 있다.

(2) 노바티안(C. 250, 아마 C. 210 - C. 280). 노바티안은 로마의 장로로서, 데키아누스의 박해 때 실족한 사람들에게 엄격한 입장을 취하여 결국 로마 교회에 의해 파문당했다. 그럼에도 불구하고, 저작 『삼위일체에 대하여』는 터툴리안의 신학을 발전시켰고, 그는 그리스도 양성교리를 방어했다. 어떤 사람들은 그를 후대 교회에서 터툴리안과 어거스틴 사이의 가교로 여긴다. 그는 키프리안과 서신을 주고받았다.

노바티안은 『삼위일체에 대하여』에서 처음 여덟 장은 성부에 할애하고, 대략 9-23장은 성자에 대하여 할애하고 있다. 24-31장에서는 기독론을 더 논의하고 여러 곳에서 성령론을 진술하고 있다. 그는 24장에서 그리스도의 처녀 잉태에서 성령의 역할을 확인하고 있다. "성령이 네게 임하시고 …"(눅 1:35). 28장에서는 요한복음 14:26, "보혜사 곧 아버지께서 … 보내실 성령 그가 너희에게 … 가르치고"를 언급한다. 29장에서는 요엘 2:28의 약속과

---

26. Burgess, *The Holy Spirit: Ancient Christian Traditions*, p. 81.
27. 위의 바울서신의 성령의 은사를 보라.

사도행전 2:17을 언급한다. "내 영을 … 부어주리니." 그리고 예수 그리스도의 말씀을 언급한다. "성령을 받으라"(요 20:2). 그는 또한 "진리의 영"이시다(요 14:16-17; 29장; *ANF*, vol. 5, p. 640). 성령은 또한 "선지자들과 사도들" 안에 있으므로 "새롭지" 않다(29장). 성령은 교회 안에서 "다양한 직분"을 가능하게 한다(29장). 노바티안은 구약의 선지자들과 신약의 사도들을 비교하고 있다. "그러므로 그는 선지자들과 사도들 안에 계셨던 분이시며 동일한 성령이시다. 다만 이전에는 가끔씩 계셨지만, 후에는 항상 계신다. … 전에는 조건부로 주어졌지만, 나중에는 모두 부어졌다. 이전에는 드물게 주어졌지만, 후에는 자유롭게 주어졌다"(*On the Trinity*, 29; *ANF*, vol. 5, p. 640). 그리고 나서 노바티안은 고별설교 안의 보혜사의 사역을 설명한다(요14:16-17; 15:26; 16:13).

다음으로 성령의 은사를 논의한다. "교회 안에 선지자들 … 교사들 … 방언 … 치유 … 이적 … 영들 분별 … 다스리는 능력 … 카리스마"(고전 12:7-11; *On the Trinity*, 29; *ANF*, vol. 5, p. 641). 그러나 "성령의 근원"은 그리스도 안에 남아있다. … 성령은 그리스도 안에 풍성하게 거하신다(29장). 바울은 "그리스도의 영이 없으면 그리스도의 사람이 아니라"고 주장한다(롬 8:7). 성령은 새로운 탄생을 주신다. 그러나 이것도 "그리스도 안에" 있다. 그리고 성령은 "약속하신 기업의 보증이시며 … 우리를 성전으로 지으신다"(*On the Trinity*, 29; 티슬턴의 이탤릭). 성령은 성결의 영이시다. 왜냐하면 "우리는 세상의 영을 받지 아니하고 오직 하나님으로부터 온 영을 받았기" 때문이다(고전 2:12). 노바티안은 "예언하는 자들의 영은 예언하는 자들에게 제재를 받나니"(고전 14:32)와 "누구든지 예수를 저주할 자라 하지 아니하고"(고전 12:3)를 인용한다. 예상대로 노바티안은 규율과 엄격함의 눈으로 성령을 거스르는 죄에 대한 예수의 말씀을 포함하고 있다(마 12:32). 그는 두 개의 장을 삼위일체의 경륜에 할애한다.

노바티안의 또 다른 현존하는 논문에는 『유대인의 육식에 대하여』 *On the Jewish Meats*가 있다. 그는 그 글에서 유대인의 피에 관한 규정이 "세속화되었다"고 하면서 "사치"를 공격하고 있다. 스웨트는 『삼위일체에 대하여』 29장에 대해 "니케아 이전의 어떤 글도 신약의 성령론에 대하여 이보다 풍부하지 않다"고 선언한다.[28] 버지스는 거의 예상대로 비록 그것이 "확장된 현재"the extended present일 수 있음을 인정하기는 하지만, 노바티안이 현재의 시제를 사용하고 있다는 것으로 노바티안의 시대에 영적 은사가 계속되고 있었다고 주장한다.[29] 그의 경우는 분명히 논란의 여지가 있다. 그러나 은사와 직분의 구분은 언제나 쉬운 것은 아니다. 최소한 우리가 말할 수 있는 것은 직분과 은사의 활성화와 실행에 있어서 성령은 노바티안에게 중요한 문제였다는 것이다. 그러나 노바티안은 분명히 "제2의" 결정적인 축복을 믿지 않았다.

(3) 카르타고의 키프리안(d. 258). 키프리안은 이교도의 수사학자였으나 246년 기독교로 개종했다. 2년 뒤 그는 카르타고의 감독이 되었다. 그는 성경과 터툴리안의 저작에 정통했다. 249년 말의 데키우스의 박해로 인해 대규모 배교가 발생했다. 키프리안은 도피할 수밖에 없었으나 251년에 돌아왔다. 박해가 완화되자 많은 사람들이 교회로 돌아오기를 원했다. 예수께서 베드로에게 제한 없는 용서에 대해 가르쳤음에도 불구하고, 키프리안은 회복을 원하는 배교한 그리스도인의 재입교를 반대하여 『타락한 자들에 대하여』On the Lapsed를 썼다(c. 251; ANF, vol. 5, pp. 437-47). 문제는 복잡했다. 고백자들은 전통과 관례에 따라 이미 재입교를 동의한 반면, 키프리안은 오직 감독만이 그들의 상태를 결정할 수 있다고 주장했기 때문이다. 로마의 노바티안은 배교자들에 대한 키프리안의 입장과 같았다. 로마와 카르타고, 양쪽에서 감독직에 경쟁하는 후보자들은 반대되는 견해를 가지고 있었다. 키프리안은 양쪽의 분열된 교회를 염두에 두고 『교회의 일치에 대하여』On the Unity of Church(c. 251; ANF, vol. 5, pp. 421-29)를 썼다. 그는 교회는 무엇보다

---

28. Henry B. Swete, *The Holy Spirit in the Ancient Church: A Study of Christian Teaching in the Age of the Fathers* (London: Macmillan, 1912), pp. 108-9.
29. Burgess, *The Holy Spirit: Ancient Christian Traditions*, p. 79.

감독단에 의해 통합되는 것으로 보았다. 252년 무서운 전염병이 발생하자 키트리안은 이를 세계에 임하는 죽음의 징조로 보았다. 이로 인해 그는 두 개의 논문, 『토 데메트리아누스』To Demetrianus(ANF, vol. 5, pp. 457-65)와 『도덕에 대하여』On Moralty(ANF, vol. 5, pp. 469-75)를 쓰게 되었다. 특정 세례의 정당성에 대한 논쟁을 포함하여 다양한 이유로 파벌 싸움이 퍼지기 시작했다. 로마 감독 스티븐과 카르타고의 감독 키프리안은 세례와 "교황"의 주장에 관한 논쟁에 휘말렸다. 키프리안은 교회 정치에 깊이 참여한 후, 258년에 죽었다. 황제 발레리안의 박해가 그의 죽음을 재촉했고, 그는 순교자로 여겨졌다.

키프리안의 또 다른 저작으로는 성경 본문 선집인 『테스티모니아』 Testimonia(c. 248), 처녀성의 영광과 명예를 다룬 『처녀들의 복장에 대하여』 On the Dress of Virgins(c. 249; ANF, vol. 5, pp. 430-36)와 『주기도에 대하여』On the Lord's Prayer(c. 253; ANF, vol. 5, pp. 447-59)가 있다. 방대한 서신서는 많은 논쟁을 담고 있다(Epistles; ANF, vol. 5, pp. 275-409). 성령에 관한 작품은 대부분 세례와 세례 의식에 집중하고 있고, 성령을 교회만의 독점된 것으로 보고 있다. 비록 모든 신자가 성령을 받지만, 그 선물은 순교에 직면하여 타협함으로써 하나님을 불명예스럽게 한다면 "쇠퇴하거나" "퇴화"될 수 있다 (On the Lord's Prayer, 11; ANF, vol. 5, p. 450). 이와 대조적으로 순교자들은 "성령으로 충만"하게 된다(69:14; ANF, vol. 5, p. 451; 티슬턴의 이탤릭). 그는 이렇게 쓰고 있다. "성령은 평화의 일치로 인정되는 … 단순하고 즐거운 피조물인 비둘기로 오셨다"(On the Unity of the Church, 9; ANF, vol. 5, p. 424).

마지막으로 스탠리 버지스의 주장을 살펴보아야 한다. 버지스는 이렇게 주장한다. "비록 감독의 직분은 예언의 은사만을 가지고 있다고 주장하지만, 감독 키프리안은 매우 카리스마적이었다."[30] 이 문장의 두 번째 부분이 전적으로 교정되어야 한다는 것에 이의는 없을 것이다. 키프리안은 "제사장

---

30. Burgess, *The Holy Spirit: Ancient Christian Traditions*, p. 85.

적 권위와 능력", "순종 받아야" 하는 제사장, "교회의 통치자"로서의 감독 등에 대해 말했다(Epistles 54, To Cornelius, 5-7; ANF, vol. 5, pp. 340-41). 그는 이렇게 단언한다. "주님은 사도들, 즉 감독과 주관자들을 선택하셨고, 사도들은 자신들을 위해 부제deacon를 지명했다"(Epistles 64, To Rogantius, 3; ANF, vol. 5, p. 366). 그러나 그가 "카리스마적"이라고 주장하는 본문 구절들은 키프리안이 존 번연, 예레미야, 에스겔, 또는 계시록의 저자의 "환상"에 대해 우리가 생각하는 것과 같은 방식으로, "환상"에 대해 말하고 있다.[31] 버지스는 "카리스마적"의 의미를 확장시킨다. 많은 사람들은 그 말을 "성령에게 개방된"이라는 의미로 사용하는 것을 선호할 것이다.

다시 한번 말하면, 우리는 사색적 계시, 적용된 설교, 또는 연설과 유사한 양식을 배제하는 것이 아니라면 "예언"과 같은 것이 항상 또는 필수적으로 카리스마적이 아니라고 주장해 왔다. 분명한 것은 키프리안이 사실상 "성례전적인", "고교회적인" 또는 "가톨릭적인" 감독의 개념을 과장했다는 것과 많은 하나님의 열정적인 사람들처럼 자신이 하나님의 뜻에 도달했다고 특별히 높이 평가했다는 것이다. 그렇긴 하지만 노바티안의 주요 관심사는 신령한 은사보다는 교회 직분인 것 같다. 감독이나 제사장, 교회에 대한 언급과는 대조적으로 성령에 대한 언급이 상대적으로 부족하여 이렇게 인정되는 것 같다. "성령으로 충만하게 된 것처럼" 행동하는 "여선지자"에 대한 버지스의 호소는 그의 문장의 두 번째 부분, 즉 감독의 권위만을 입증하고 있다. 왜냐하면 그녀의 "놀랍고 기막힌 일들"이 "장로들과 … 부제를 속여, 그 여인과 성교를 갖게 했기 때문이다(Epistles 74; To Firmilian, 10; ANF, vol. 5, p. 398; 버지스의 번역). 키프리안은 히폴리투스나 노바티안, 더 분명히는 오리겐과 터툴리안보다 성령에 대하여 명료하지 않고 가르침을 거의 제공하지 않는 것 같다. 그러나 그는 니케아 이전 교부의 계보에 들어간다.

---

31. Cyprian, *Epistle 7, To Martyrs and Confessors*, 3-7 (ANF, vol. 5, pp. 286-87).

11

니케아 이후 서방 교부들

이 장은 니케아 이후 서방 또는 라틴 교부들의 성령론의 결론과 최근 신약학자들의 고린도전서 12장 연구를 결합한 또 다른 나의 최근 논문을 고려하고 읽혀야 할 것이다.[1] 그러나 일반적인 목적을 위해서도 이 11장은 그 자체로 의미가 있다.

11. 1. 포이티어의 힐라리

힐라리Hilary(c. 312-67/68)는 이교에서 개종하였고, 350년에 포이티어 Poitiers의 감독으로 선출되었다. 355-60년 아리우스 논쟁 이전 콘스탄티우스가 그를 추방하였고, 유배지에서 그의 신학은 아타나시우스와 동방 교회의 영향을 크게 받아 아리우스 논쟁을 잘 알게 되었다. 그는 셀루키아 회의에서 정통파를 옹호했다. 그는 오리겐의 저작을 활용했고, 터툴리안에게 많

---

[1] Anthony C. Thiselton, "The Holy Spirit in the Latin Fathers with Special Reference to Their Use of 1 Corinthians 12 and This Chapter in Modern Scholarship," *Communio Viatorum* 53 (2011): 7-24.

은 빚을 지고 있다. 그는 그 시대의 유능한 서방 또는 라틴 신학자로 유명해졌으며 아마도 아타나시우스보다 뛰어났을 것이다. 그는 "성부와 같은 존재의"(homoousion) 정통과 "유사 본질의"(homoiousion) 정통의 양자가 아리안주의에 대항하여 연합할 수 있도록 중재하려고 했다. 그리고 그는 성경의 글들에 철저하게 정통했다. 킬리안 맥도넬은 브리슨과 같이 힐라리를 "암브로우스와 어거스틴 이전 서방에서 중요한 주경 연구서를 쓴 첫 번째 주경학자"로 묘사하고 있다.[2]

힐라리의 주요 저작인 『삼위일체에 대하여』On the Trinity는 12권에 이르는데, 원제목은 믿음에 대하여On the Faith였다(A.D. 362). 그는 성부와 성자는 하나unus라고 주장했다. "그들을 갈라놓을 아무런 차이도 나타나지 않는다. 그들의 연합은 그들의 구별되는 존재에 … 모순되지 않는다"(On the Trinity, 7:2; NPNF, ser. 2, vol. 9, p. 126). 성령은 성부와 성자와 함께한다(갈 4:6; 고전 2:12; 롬 8:9; NPNF, ser. 2, vol. 9, p. 60). "만물이 그로부터 비롯되는 한 하나님과" "만물이 그로 말미암은 우리 주 한 분 그리스도 … 만물이 그를 통하여 모든 것의 한 근원, 한 대리인 … 성령 안에서 교회는 하나님을 영으로 인식한다 …"고 고백하면서, "동일 본질"(homoousion)이란 용어를 거부하는 것은 불합리한 것(4:6; NPNF, ser. 2, vol. 9, p. 72)이라고 한다. 힐라리는 아타나시우스가 동방에서 했던 것처럼 서방에서 성령의 신성을 옹호했다.

계속해서 힐라리는 이렇게 말한다. "성부와 성자는 본성과 영예와 권능이 하나이다." 예수는 "성부로부터 나오시는 진리의 성령"에 대해 말씀하고 있다(요 15:26; On the trinity, 8:19; NPNF, ser. 2, vol. 9 p. 142). 힐라리는 이렇게 쓰고 있다. "보혜사 성령은 성부로부터, 또는 성자로부터 오신다. … 그는 성자[그리스도]로부터 보냄을 받고, 성부로부터 나오신다"(8:20). "그러한 연합은 아무런 차이도 허용하지 않는다"(8:20). "그는 자신에 대해 말씀하지 않

---

2. Kilian McDonnell and George T. Montague, *Christian Initiation and Baptism in the Holy Spirit: Evidence for the First Eight Centuries* (Collegeville, MN: The Liturgical Press, 1991), p. 134.

을 것이다. … 그는 나를 영화롭게 할 것이다"(요 16:12-15). "진리의 성령은 성자로 말미암아 성부로부터 보냄을 받는다"(8:20). 서방교회부터 동방교회를 분리시킨 이 문제는 사실상 힐라리에게서 해결되었다. "성부와 성자로부터 나온다"고 말하는가? 또는 "성부로부터 나온다"고 말하는가? 성부와 성자가 진정으로 하나라면, 그 문제는 아무것도 아니라는 의미이다. 그러므로 바울은 로마서 8:11에서 이렇게 말할 수 있었다. "예수를 죽은 자 가운데서 살리신 이의 영이 … 너희 안에 거하시는 그의 영으로 말미암아 너희 죽을 몸도 살리시리라"(8:21).

『삼위일체에 대하여』*On the Trinity* 8:28-30에서, 힐라리는 고린도전서 8:1-11과 12:3, 4-7을 논의하고 있다. 그는 3절, "누구든지 예수를 저주할 자*anathema*라 하지 아니하고"를 인용하면서, 그는 사실상 "그리스도를 피조물"이라고 부른다. 피조물을 섬기는 것은(사실상 우상숭배) 저주를 받게 된다. 그를 주님이라고 부르는 것은 성령을 소유하고 있는 신성을 인정하는 것이다(*NPNF*, ser. 2, vol. 9, p. 145). 『삼위일체에 대하여』8:29에서, 힐라리는 고린도전서 12:4-10의 성령의 은사를 열거하고 있다. 첫째 그는 4-7절의 삼위일체적 논리에 주목한다. "성령은 같고 … 주는 같으며 … 하나님은 같으니." 그러나 은사와 예배와 주권에 있어 각기 개별적으로 관련되었다. 둘째 그는 8-10절에 열거된 은사를 말한다. 그는 이를 8:30에서 확장시킨다(*NPNF*, ser. 2, vol. 9, p. 146). "지혜는 말을 하게 하며 … 듣게 하며 … 지식은 하나님이 주신 통찰로부터 나온다." 믿음은 "복음을 믿는 것"과 관련된다(8:30).

치유(복수)의 은사는 "질병의 치료"를 포함하고, 이로 인해 "그의 은혜를 증언"할 수 있다. 힐라리는 "치유"를 "초자연적" 은사로 제한하지 않았고, 의학적 치료 방법을 배제하지 않았다. 그러나 그는 다음에 "기적"을 포함시켰고, 이는 "하나님의 능력"을 가리킨다. "예언"은 "교훈의 이해"와 하나님으로부터 "배우는" 것을 의미한다. 영들 분별은 "성령 또는 사악한 영"으로부터 온 말을 분별하는 것이다. "방언"(Kinds of tongues, 통칭, 복수)은 "성령의 은사의 표시"이며, "방언 통역"은 신자들이 "무지의 위험에 빠지지 않도록"주어진다. "그러므로 방언 통역은 방언에 무지한 자들에게 그 방언을 설명하는 것이다." 맥도넬은 힐라리를 따라 이들 은사들은 중단되지 않았음이 틀림없다고, 그러나 이것이 모든 은사가 모든 그리스도인에게 주어지는 것을 의미하지는 않는다고 주장한다.³

힐라리는 8:31에서 고린도전서 12:11의 요약과 함께 "[하나님]의 뜻대로"를 포함하는 결론을 제시한다. 삼위일체의 세 위격 모두가 포함되어 있다. "한 성령"과 "한 하나님"이 있다(8:32). 힐라리는 『종교회의에 대하여』*On the Synods*에서 "성부"와 "성자"는 "성부가 성자보다 나이가 많다거나, 성자가 성부보다 어리다는 것"을 의미하지 않는다고 한 아리우스주의의 기본적인 실수를 공격한다(*On the Synods*, 11:29; *NPNF*, ser. 2, vol. 9, p. 11). 나중에 그는 "성령을 보내신 주님은 성령에게서 태어난다"고 선언한다(32:85; *NPNF*, ser. 2, vol. 9, p. 27). 그는 또한 "나는 성령이 당신(즉, 하나님)으로부터 나오심을 알면서도 '피조물'이란 명칭이 당신의 성령에게 속한다는 것을 부인한다"고 단언한다(*On the Trinity*, 12:55; *NPNF*, ser. 2, vol. 9, p. 233). 그는 8:34에서 고린도전서 12:1-3과 4-11을 좀 더 간결하게 두 번째로 취급한다. 또한 8:33에서 고린도전서 12:12, 28을 고찰하고 "선지자들로 말미암아 질문을 돕는 능력"에 대해 언급한다.

힐라리는 예수의 세례와 성령의 내려오심을 상당한 길이로 상술한다. 맥도넬은 이렇게 언급한다. "요단강에서 예수의 세례의 일차적인 영향은 하나님의 아들 됨에 연결된 성령을 주신 것이다."⁴ 그리고 나서 그리스도인의 시작도 "마찬가지로 성령을 주시는 것"이라는 추론을 끌어냈다.⁵ 그러나 다른 저자들도 이 논리의 비약을 지지할지는 의심스럽다.

교회의 연합과 다양성은 하나님의 연합과 다양성을 반영한다. 다른 저

---

3. McDonnell and Montague, *Christian Initiation*, p. 145; 참조. pp. 139-57. McDonnell and Montague, *Christian Initiation*, p. 142.
4. McDonnell and Montague, *Christian Initiation*, p. 142.
5. McDonnell and Montague, *Christian Initiation*, p. 142.

작은 마태복음과 시편 주석을 포함하고 있다. 그는 (어거스틴은 제외하고) 암브로우스와 함께 서방 교부들 가운데 가장 두드러지는 신학자이다. 어떤 사람들은 그를 "서방교회의 아타나시우스"라고 불렀다. 헨리 스웨트는 이렇게 단언한다. "힐라리가 삼위일체를 다루는 일반적 방식은 서방적이라기 보다는 동방적이다. 그는 오리겐의 영향을 받았고, 갑바도기아 신학자들을 떠올리게 한다. … 그의 신학은 터툴리안의 신학보다는 바실과 니사의 그레고리의 신학과 더 친밀하다. 그는 로마의 다마수스의 교리적 톤으로부터 멀리 떨어져 있다. 힐라리는 아타나시우스와 공통점이 많다."[6] 그는 또한 구약성경과 자신의 철학적 배경 속에서 이렇게 단언한다. "성령은 한계가 없다. … 나는 인간 지성이 성령에 대해 알 수 있는 한계를 넘어가지 않을 것이다. 다만 단순히 그는 당신의 성령이라고 선언한다"(On the Trinity, 12:56; NPNF, ser. 2. vol. 9, p. 233). 버지스는 이렇게 말한다. "힐라리의 공식은 엑스 파트레 페르 필리암 expatre per Filium(성부로부터 아들을 통하여)이다. 성령은 만물이 말미암은 그(즉, 성자)를 통하여per, 그리고 만물이 그로부터 나온 그(즉, 성부)로부터ex 나온다. … 그의 견해는 [서방의] 필리오케filioque와 일치한다."[7] 그럼에도 불구하고 하나님의 성품과 일체성에 관해서는 동방의 형식을 거부하지 않는다.

11. 2. 밀라노의 암브로우스

암브로우스Ambrose(c. 339-97)는 트리어Trier에서 고울 지방 총독을 지낸 은퇴한 로마 관리의 아들로 태어났다. 그는 기독교적인 양육과 수사학을 포

---

6. Henry B. Swete, *The Holy Spirit in the Ancient Church: A Study of Christian Teaching in the Age of the Fathers* (London: Macmillan, 1912), p. 303.
7. Stanley M. Burgess, *The Holy Spirit: Ancient Christian Traditions* (Peabody, MA: Hendrickson, 1984), p. 169.

함하여 고전적인 교육을 받았다. 그는 행정가의 경력을 쌓았다. 법률가였고 사실상 밀라노의 총독이 되었다. 밀라노 감독 아욱센티우스가 죽자, 374년 대중의 갈채 속에 밀라노 감독으로 선출되었다(암브로우스, *On the Duties of Clergy*, 1:4). 당시 그는 세례도 받지 않은 상태였지만, 세례와 성직 수임과 감독 취임까지는 단 8일 밖에 걸리지 않았다. 감독으로 선출된 이후 그는 영감이 넘치고, 대중적이고, 영향력 있는 설교자가 되었고, 훌륭한 관리자이며 전략가이자 열정적인 정통의 수호자가 되었다. 그는 황제와 교회와 세속 정치에 대해 서신 교환을 하며, 오늘날 "공공" 신학이라 불리는 것에 관심을 가졌다. 힐라리는 세미 아리우스주의자들(호모이우시아 *homoiouousia*, 유사본질옹호자들)에 대해 큰 반감은 없었으나, 암브로우스는 세미 아리우스주의자들을 특별 공격 대상으로 지목했다.[8] 그는 또한 교회 직제와 교회의 연합을 옹호했다. 정치적이고 교회적인 분쟁이 있었으나, 그는 학식과 웅변술과 정력과 정치적인 지혜로 물리쳤다. 그는 자신의 학식뿐만 아니라 바실의 동방 신학까지 끌어왔다. 그는 바실처럼 세 권의 『성령에 대하여』를 썼다.[9] 381년 밀라노는 이탈리아의 행정수도가 되었다. 서부 궁전이 밀라노로 옮겨왔고, 이것이 암브로우스에게 또 다른 기회를 가져왔다.[10] 독실한 그리스도인이었던 황제(375-383)는 정통을 옹호하는 글을 써 달라고 암브로우스를 초빙했다.

『성령에 대하여』 제1권에서 암브로우스는 제일 먼저 기드온 기사를 "영적으로" 해석했다. 타작 마당을 적신 것은 이방인에게 부어진 성령이다(*On the Holy Spirit*, 1:1:8). 그리고 나서 그는 "성령은 만물 가운데 계신 것이 아니라, 만물 위에 있다"고 주장한다(1:1:19, "*non inter omnia, sed super omnia*

---

8. D. H. Williams, *Ambrose of Milan and the End of the Nicene-Arian Conflicts* (Oxford: Oxford University Press, 1995); B. Ramsey, *Ambrose* (London: Routledge, 1997).
9. Otto Faller, *Sancti Ambrosii Opera, pars nona* (Vindobonae: Hoelder-Pichler-Tempsky, 1964), 라틴어 본문과 비평적 서론을 담고 있다.
10. N. B. McLynn, *Ambrose of Milan: Church and Court in a Christian Capital* (Berkeley: University of California Press, 1994).

spiritus sanctus est"; Eng. *NPNF*, ser. 2, vol. 10, p. 96). "성령은 하나님의 깊은 것을 찾으신다(고전 2:10). 왜냐하면 하나님에게 속하였고, 그의 영이기 때문에, 우리가 어떻게 성령이 만물 속에 포함된다고 말할 수 있는가?"(1:1:23). "그는 피조물의 일원이 아니다"(1:1:26, *non ese socium creaturae*; *NPNF*, ser. 2, vol. 10, p. 97; of. 1:2:27). 암브로우스는 제1권 제4장에서 이렇게 주장한다. "하나님의 영으로 말하는 자는 아무도 예수께 '아나데마'*anathema*라고 말하지 않는다. 그리고 하나님의 영으로 밖에는 '주 예수여'라고 말할 수 없다. 사도는 그를 하나님의 영이라고 부른다"(1:4:56, *Nemo in spiritu dei loquens dicit anathema Jesu* …; Eng. *NPNF*, ser. 2, vol. 10 p. 101).[11] 암브로우스는 거듭해서 성령은 피조물이 아니라, 즉 사물이 아니며 하나님이신 존재라고 주장한다.

둘째, 제1권에서 성령은 성경에서 선지자들은 통하여, 그리고 사도들을 통하여 말씀하신 분과 동일한 영이다. 많은 구절들이 구체적이지 않고 추정될 때도 성령의 행위임을 암시하고 있다(*On the Holy Spirit*, 13:32; *NPNF*, ser. 2, vol. 10, p. 98). "사도들과 선지자들은 한 성령을 받았다. … 왜냐하면 우리는 모두 한 성령을 마셨기 때문이다"(1:4:61; u*num spiritum ef apostoloi et prophetae* … *quia unum spiritum potavimus*; *NPNF*, ser. 2, vol. 10, p. 101).[12] 하나님은 또한 나사렛 예수께 성령을 부으셨다(1:9:101; *Iesum a Nazareth, quomodo unyerit eum deus spiritu sancto*; *NPNF*, ser. 2, vol. 10, p. 107).[13] 이 모든 것은 성부 하나님, 예수 그리스도, 성령이 하나이시며 하나의 유일한 존재 질서라는 암브로우스의 주장을 뒷받침한다. 그는 이렇게 쓰고 있다. "누가 감히 성령이 성부와 그리스도에게서 분리되어 있다고 말할 수 있는가?"(1:6:80; *audet dicere didceretum a deo patre et christo esse spiritum sactum*;

---

11. Faller, *S. Ambrosii Opera*, 9, p. 39.
12. Faller, *S. Ambrosii Opera*, 9, p. 41.
13. Faller, *S. Ambrosii Opera*, 9, p. 59.

NPNF, ser 2, vol. 10, p. 103).[14]

셋째, 제1권에서 암브로우스는 성령의 다양한 은사들은 완전한 연합체이신 하나님의 하나 되심으로부터 벗어나지 않는다는 것을 보여준다. 암브로우스는 "성령으로 세례를 주신다"는 예수의 약속을 인용한다(행 1:5). 그러나 이것은 "한 성령으로 세례를 받아 한 몸이 되었고"의 전반절과 평행을 이룬다(고전 12:13; On the Holy Spirit, 3:45; baptizamini in spiritu sancto … in ipso corpore in unum spiritum baptizati sumus; NPNF, ser. 2, vol. 10, p. 99).[15] 성령의 다양한 은사는 피조물과는 아무런 관계가 없고, 한 하나님으로부터 온다(1:3:49). "사도들과 선지자들은 한 성령을 받았고 … 모두 … 결코 나누어질 수 없는 … 한 성령을 마셨다"(고전 12:13; 1:4:61; quinon queat scindii; NPNF, ser. 2, vol. 10, p. 101). 성부, 성자, 성령의 분리불가성을 고린도전서 12:3, "성령으로 아니하고는 누구든지 예수를 주시라 할 수 없느니라"로부터 두 번째로 입증하고 있다(1:11:124; Nemo enim dicit dominum Iesum nisi in spiritu sacto; NPNF, ser. 2, vol. 10, p. 109).[16]

『성령에 대하여』On the Holy Spirit 제2권은 제1권에서 기드온 이야기를 다루는 것과 평행 되는 방식으로 삼손에게 주어진 성령의 은사를 다루며 시작한다. 다시금 성령의 능력은 성자로 말미암은 성부의 능력과 동일한 것이다. 그러나 암브로우스는 바실을 따라 성령은 성부와 성자로부터 고립되지 않으시고, 경배와 영광을 받으신다는 것을 인정한다. 이 사상은 오순절주의와 갱신운동의 양상을 고찰할 때 의미가 있을 것이다. 예를 들어 성령과 그리스도의 관계는 "주는 영이시니"라는 바울의 주장에서 중요하게 된다(고전 3:17; On the Holy Spirit, 2:1:18; NPNF, ser. 2, vol. 10, p. 117). 암브로우스는 여호와의 영이 메시아적 인물 위에 강림하신다고 하는 이사야 11:2을 언급한다(2:2:25).

---

14. Faller, S. Ambrosii Opera, 9, p. 48.
15. Faller, S. Ambrosii Opera, 9, p. 33.
16. Faller, S. Ambrosii Opera, 9, p. 68.

다양한 성령의 은사들이 언급된다. 예를 들면, "성령은 생명이다." 그리고 독점적인 영생의 수여자이다(On the Holy Spirit, 2:3:26-27). 성부와 성자의 사역으로부터 "분리된 사역"은 없다(2:4:29, 31). 성령은 창조주이시다 (2:5:32). 지구는 오직 "성령의 역사"로 존재하게 되었다(2:5:35). 성령은 또한 예수의 동정녀 잉태에서 역사했다(2:5:38; NPNF, ser. 2, vol. 10, p. 119). 마리아는 "성령으로ex 아기를 잉태한 것"을 알게 되었다(Greek, ek pneumatos bagiou; 라틴, ex Spiritu Sancto; 2:5:41, 42). 나아가 "성령은 영원하다"(2:6:51; aeternus est). 성령은 또한 성령의 은혜의 저자이시다(2:7:64). 암브로우스는 성령이 성부와 성자에 종속되어있다는 개념을 반박하기 위하여 고린도전서 12:3, "성령으로 아니하고는 누구든지 예수를 주시라 할 수 없느니라"를 언급한다(2:8:73). 그는 같은 의도로 고린도전서 8:6을 인용한다(2:9:85). 암브로우스는 이렇게 덧붙인다. "많은 일들이" 예를 들면 "지혜의 말씀이 성령으로 말미암아 이루어진다"(2:9:99; NPNF, ser. 2, vol. 10, p. 127). 그러나 많은 은사와 은혜가 "성부, 또는 성자, 또는 성령과 어울린다"(2:9:100).

그다음 암브로우스는 이렇게 말한다. "성령은 자신의 능력을 얼마나 분명하게 나타내는지! 첫째 … 그는 기도하는 자를 감동시킨다. …"(On the Holy Spirit, 2:10:102; NPNF, ser. 2, vol. 10, p. 128). 더 분명하게, "성령은 성부께서 성자를 영화롭게 하는 것처럼, 성자를 영화롭게 한다. 그리고 하나님의 아들 또한 성령을 영화롭게 한다"(2:11:121; clarificat ergo et spiritus filium … et spiritum clarificat dei filius).[17] 그는 상호 영광 돌림에서 "약하지" 않다. 계속해서, "성부와 성자와 성령은 한 본성(naturae)과 한 지식에 속한다"(2:11:125). 다시 한번 성령은 피조된 존재가 아니다(p. 125). 방언에 관한 바울의 구절들은(고전 12:10, 특별히 14:2) 방언하는 사람이 하나님께 말하는 것이기 때문에 성령과 성부의 친밀한 밀접성을 입증하고 있다(고전 14:2; 2:12:131). 그리고 성령은 "자의로" 말하지 않는다(라틴, a se; 요 16:13). 그리

---

17. Faller, S. Ambrosii Opera, 9, p. 133.

하여 그리스도와 밀접하게 된다. "성령은 분리되지 … 않고, 듣는 것을 말한다"(sed quae audit loquitur). 이 연합은 "영원"하며(sempiternae, 2:12:137), "성령은 성부에게 듣는다고 한다"(2:12:138).[18]

이 지점에서 암브로우스는 고린도전서 12:4-7의 성령의 은사에 대한 삼위일체적 근거를 강해한 것을 인용한다. "은사는 다양하나 성령은 동일하다. 사역은 다양하나(divisiones ministeriorum sint) 주님은 동일하다. 역사는 다양하나(opertionum) 하나님은 동일하다(idem autem Deus). … 삼위일체는 단절되지 않는다(non separationes sant trinitatis, 2:12:138; NPNF, ser. 2, vol. 10, p. 132).[19]

또한 "한 분이시며 동일하신 성령의 사역"은 암브로우스가 하나님의 행위의 자유를 강조하는, 『기독교 신앙』The Christian Faith 2:6:48에 나타난다. 이와 같이 성령과 성부와 성자의 연합의 바탕 위에서 성령의 은사가 나온다. "어떤 사람에게는 성령으로 말미암아 지혜의 말씀이(per spiritum sermo sapientae), 다른 사람에게는 지식의 말씀이(alii sermo scientiae), … 다른 사람에게는 믿음이(alteri fides), 다른 사람에게는 치유의 은사가(alii gratia curationum in uno spiritu), 다른 사람에게는 기적 행함이(alii operatio virtutum), 다른 사람에게는 예언이(alii prophetia), 다른 사람에게는 영 분별이(alii discretio spirituum), 다른 사람에게는 다양한 언어가(alii genera liguarum), 다른 사람에게는 방언 통역이(alii interpretatio sermonum) 주어진다. 그리고 한 분이신 동일한 성령이(unus utque idem spiritus) 역사하여 자신이 원하는 대로 나누어 주신다.(dividens singulis prout vult; 고전 12:8-11).[20] 모든 활동에서 성부와 성자와 성령은 함께 역사하며, 나누어질 수 없다. 라틴어 교리 진술은 제1부 제8장의 성경 구절의 해석과 잘 조화를 이룬다.

---

18. Faller, S. Ambrosii Opera, 9, p. 137.
19. Faller, S. Ambrosii Opera, 9, p. 141.
20. The allure to faith (fides) is taken up in Concerning Repentance, 1:11:48 (NPNF, vol. 10, p. 537), 여기서 강조되는 것은 "은사의 다양성"이다.

연합과 일치의 개념은 몸이 많은 지체(Greek, *melē*; 12:12)의 연합이라는 고린도전서 12:1과 12:31을 연결시킨다. 12:13에서는 또한 "한 몸" 안으로 들어오게 하는 연합의 성례인 세례 안에서 성령의 역할을 설명하고 있다. 발과 손, 눈과 귀 사이에는 공감이 있다. "만일 한 지체가 고통을 받으면 모든 지체가 함께 고통을 받고"(Greek, *sympaschei*)(고전 12:26). 아무도 "내가 너를 쓸 데가 없다"고 말할 수 없다(21절).

라틴어 본문은 다양한 뉘앙스를 유용하게 제시하고 있다. 미니스트라티오*Ministratio*는 도미누우스*Dominus*, "주님"과 짝을 이루어 섬김의 사역을 의미할 수 있다. 오페라티오*Operatio*는 바울이 사용하는 그리스어 *energēmatōn*에 상응하는 (6절) "작용" 또는 "행동"을 가리킬 수 있다. 세르모*sermo*는 바울이 사용한 그리스어, 로고스 소피아스 … 로고스 그노세오스 *logos sophias* … *logos* (8절)와 연결하여 "연설", "담화" 또는 "말하는 것"을 가리킨다. 그리스어 피스티스*pistis*는 많은 의미를 가지고 있는데, 피데스*fides*만큼 다양하다. 쿠라티오눔*curationum*은 그리스어처럼 복수이며 아마 통칭으로서, 과일 또는 치즈의 종류처럼 다양한 "치료의 종류"를 가리킨다. 그러나 쿠라티오*curito*는 그리스어보다 범위가 넓어 "치료"뿐 아니라 "돌봄", "주의" 또는 "관리"를 가리킨다. 그러므로 이것은 벵엘과 다른 사람들이 지적하는 것처럼 예상할 수 없거나 설명할 수 없는 것뿐만 아니라 자연적인 치료를 포함하고 있다. 오페라티오 비르투툼*operatio virtutum*은 하나님이 분리된 방법들로 행동하는 것처럼 기적적인 것과 자연적인 것의 이원론을 암시하지 않고 "능력의 실행 또는 효과"를 의미하기도 한다. 이러한 이원론은 바울보다는 이신론, 계몽주의, 산업혁명에 더 영향을 받았다. 디스크레티오 *dicretio*는 "분열"과 "분리"를 의미하며 그리스어, 디아크리세이스*diakriseis*를 번역한 것이다. 바울이 사용한 그리스어 게네 글로손*genē glōssōn*은 게네라 링구아룸*genera linguarum*이 되었다. 이것은 언어의 "종류" 또는 "종"을 의미하며, 링구아*lingua*는 글로사처럼 "혀" 또는 "언어"를 의미한다. 인테르프레타티오 세르모눔*interprefatio sermonum*은 이해할 수 없는 것을 이해할 수 있게 하다를 의미하는 것으로, 인테르프레타티오*interprefatio*는 "통역" 또는 "번역" 또는 어떤 용어의 "개괄적인 설명"까지 의미할 수 있다.[21]

그러고 나서 암브로우스는 이렇게 반복한다. "성령은 성부 하나님과 같은 뜻과 역사 속에 있다"(*On the holy Spirit*, 2:12:142). 그리고 동일한 라틴어를 사용하여(고전 12:8-10) 다시 성령의 은사를 열거한다(2:12:143). 그러나 그는 이번에는 사도행전 21:11에서 허리띠라는 예언적 상징을 사용하여 예루살렘의 유대인들이 바울을 찾아 묶을 것을 예언했던 아가보의 예언을 언급하면서, 예언의 범위를 확장시킨다(2:12:145). 이어서 그는 하나님이 사도, 선지자, 교사와 다른 은사적 사역자를 세우신다는 고린도전서 12:28로 나아간다(2:12:149). 라틴어로 동일한 말을 사용하고 있다. 아포스톨루스*apostolous* … 프로페타스*prophetas* … 독토레스*doctores* … 비르투테스 그리티암 쿠라티오눔 오피툴라티오네스*virtutes gratian crationum apitulationes*, 구베르나티오네스*gubernationes*, 게네라 링구아룸*genera liguarum* ….[22] 가르침은 훈련, 준비 그리고 실행을 암시하기 때문에 교사는 즉흥적인 "카리스마적" 은사를 거의 가질 수 없다. 오피툴라티오*opitulatio*는 단순히 "조력" 또는 "도움"을 의미하지만, 카리스마적이라기보다는 행정적 또는 목회적이기가 더 쉽다. 구베르나티오*gubernatio*는 보통 "관리"를 의미하지만 대안적 의미로는 "키" 또는 "방향타"이며, 구베르나토르*gobernator*는 "도선사" 또는 "타수"를 가리키므로, 그것은 암브로우스 자신이 가졌던 재능인 "교회 전략가"를 의미할 것이다. 이 의미는 그리스어 퀴베르네세이스*kybernēseis*와 잘 어울린다(v. 28). 29-30절은 암브로우스를 기쁘게 했을 것이다. "너희는 이 모든 것을 다 할 수 없다." 그는 이렇게 쓰고 있다. "하나님의 은사 전부가 몇몇 개인 안에 존재할 수 없다"(즉 한 개인 안에, 2:12:151). (이것으로 앞에서 언급했던 힐라리의 은사에 대한 맥도넬의 언급을 우리의 예약으로 확정할 수 있을 것이다.) 이것이 또한

---

21. Leo F. Stelten, *Dictionary of Ecclesiastical Latin* (Peabody, MA: Hendrickson, 1995), pp. 137, 311.
22. S. Faller, *S. Ambrosii Opera*, 9, pp. 145-46.

제2권의 결론이다.

『성령에 대하여』 제3권은 주로 예수께 부어진 성령, 그리스도의 협력 사역, 그리고 교회의 사명 속의 성령에 초점을 맞추고 있다. 암브로우스는 삼위일체의 세 위격은 본질, 뜻, 그리고 거룩함에서 하나라고 반복해서 말하고 있다. 그는 "성령이 내게 임하셨으니"(눅 4:18)를 언급하면서, 선지자들뿐만 아니라 사도들 안에서 성령의 활동을 언급한다(On the Holy Spirit, 3:1:1-8). 성령은 "하나님의 손"으로 불리고(눅 11:20), 이는 성령의 불가분리성과 신성을 가리킨다(2:3:11-16). 성부, 성자, 성령은 신자의 성화에 있어 모든 것을 공유한다(3:4:25-28). 그는 "지혜의 말씀"을 특별히 하나님이 세상을 심판하시리라는 복음 진리를 전달하는 선지자와 연결시킨다(3:6:38; NPNF, ser.2, vol. 10, p. 140). 또한 성령은 도덕적 성품을 가져오며(3:6:41-43), 적그리스도를 징벌할 것이다(3:7:44). "성령은 말씀의 검이다"(3:7:45). "주의 영은 바로 하나님의 영이다"(3:9:54). "성령이 계신 곳에 또한 그리스도께서 계신다"(3:9:55). 이 문장은 어떤(모두는 아닌) "은사주의자들"이 마치 모든 것이 성령 한 분으로부터 비롯되는 것처럼, 또는 성령만을 말하는 것 같은 오늘날만큼이나 중요하다. 암브로우스는 요한을 언급하면서 이 점을 확실하게 한다(3:10:63-68). 그는 다시 최소한 서너 번 고린도전서 12:3, "성령으로 아니하고는 누구든지 예수를 주시라 할 수 없느니라"를 인용한다(3:11:70; *nisi in spiritu sancto*). 그는 이 절을 3:22:167에서 다시 반복한다.

그다음 암브로우스는 "하나님은 성령 안에서 경배를 받으신다. 왜냐하면 성령 또한 경배를 받으시기 때문이다"(On the Holy Spirit, 3:11:81). 그는 바실과 같이 예배와 영광이 삼위일체 전부에게 드려진다고 주장한다. 교회는 하나님의 성전으로, 그 안에 성령이 거하신다(3:12:90; 고전 3:16; 6:19). 그러므로 믿는 것은 거룩해야 한다(3:14:94-97). 왜냐하면 "성부도 거룩하며, 성자도 거룩하며, 성령도 거룩하기" 때문이다(3:16:109). 암브로우스는 성부, 성자, 성령이 구원의 모든 단계에서 함께 하신다는 것을 보이기 위해 신약성경으로부터 많은 구절을 인용한다(3:19:132-52). 그는 이렇게 결론을 내린다. "이제 성부, 성자, 성령 안의 위엄과 통치의 하나 됨을 인식하는 것이 (*unitatem maiestatis et regni* … *cognoscere*) 가능하다"(*licet*)(3:22:165).

암브로우스는 성령에 관한 풍부하고, 정교하며, 적절한 논문을 썼다. 스웨트는 그의 저작을 "강하고 실제적인 마음"에서 나온 것이라고 묘사했다. 갑작스럽게 그리고 마지못해 감독직을 수락한 것은 놀랄만한 일이다. 그는 "나에게 있어 배움과 가르침은 동시에 계속되어야만 했다. 왜냐하면 나는 교사가 되기까지 배울 시간이 전혀 없었기 때문이다"라고 말한다(Ambrose, *On the Duties of the Clergy*, 1:4, 스웨트는 1:1라고 했지만; 스웨트의 번역, *NPNF*, ser. 2, vol. 10, p. 1).²³ 그의 성경적 지식은 매우 광범위했으며, 아타나시우스, 바실, 알렉산드리아의 디뒤무스Didymus를 공부하기도 했다. 결과는 걸작이었다. 그는 또한 어거스틴의 회심의 도구였다.

암브로우스는 사실상 『기독교 신앙에 대하여』, 『성령에 대하여』 안에 있는 예상한 몇 가지 주제를 포함시킨다. 1:4:31에서 그는 이렇게 주장한다. "온전히 거룩하신 성령이 계신다. … 삼위일체의 이름으로 한 세례"(NPNF, ser. 2, vol. 10, p. 205). 그는 "그리스도는 성부와 성령에 의해 보냄을 받았다. … 또한 그[그리스도]는 성령에 의해 보냄을 받는다"(*On the Christian Faith*, 2:9:75). "한 성령이 계시니 그는 영원하다"(4:8:92). 그러나 문맥은 성령에 대한 가르침이 아니라, 아리우스주의에 대한 공격이다.

11. 3. 히포의 어거스틴

어거스틴(354-430)은 북아프리카의 작은 마을에서 태어났다. 어머니는 독실한 그리스도인인 모니카였다. 그는 카르타고에서 수사학을 공부하는 동안 기독교 신앙에 관하여 지적인 어려움으로 고통을 받았다. 그리하여 마

---

23. Swete, *The Holy Spirit in the Ancient Church*, p. 318 and p. 316.

니교도가 되었다. 그러나 십 년의 세월이 지나자 마니교의 가르침에 환멸을 느끼게 되었다. 그는 밀라노의 한 직위를 임명받고, 암브로우스의 설교를 듣게 되었다. 그리고 암브로우스의 웅변술과 기독교 교훈에 크게 감명을 받았다. 그는 플로티누스와 포르피리를 계속 공부했었다. 그러나 386년 그는 세속적인 희망을 버리기로 결심하고, 387년 부활절 전날 암브로우스에 의해 개종자로 세례를 받았다. 그는 처음에는 로마로 갔다. 그리고 아프리카로 돌아갔고 성직자로 세움을 받았다. 395년에 부감독이 되었고, 발레리우스가 죽은 후 430년에 그가 죽기까지 히포의 감독으로 지냈다.

어거스틴은 방대한 작품을 저작했다. 그 양은 J. P. 미뉴의 『라틴 교부』 Patrologia Latina 시리즈 중 14권 분량(vols. 32-45)보다 적지 않고, 어거스틴은 『철회』Retractions에서 자신이 중요한 것으로 여기는 것만 해도 33권에 이른다고 하였다. 그의 저작은 일차적으로 조직적이거나 획기적이지는 않고, 대부분 특정 문제들에 대한 응답으로 되어있다. 『고백록』은 가장 널리 읽히는 작품이고, 약 20년 후에 쓰여 진 『엔키리디온』Enchiridion 또는 『매뉴얼』은 두 번째로 많이 읽힌다. 『엔키리디온』은 그의 가르침의 요약이라고 할 수 있다. 또한 『삼위일체에 대하여』 뿐만 아니라 마니교에 대한 작품, 펠라기우스에 대한 작품, 도나투스파에 대한 작품과 500편의 설교, 주석 또는 강해, 300편의 편지, 그리고 『신국론』 등이 있다.

반마니교 저작들은 초기의 작품들로, 어거스틴이 감독으로 지명된 것에 대한 마니교도들의 비판에 대해 자신을 옹호하고 있다. 이 중에는 3권으로 된 『의지의 자유』On Free Will가 포함되어 있다(c. 395). 그는 죄는 자발적이 아니라는 마니교의 가르침을 공격했다. 마니교와 대조적으로 어거스틴은 죄를 성품의 상태에서 비롯된 의지의 선택으로 보았다. 죄악이나 죄는 습성 또는 특성이며 단순한 행동이 아니다. 이 사실은 후에 『고백록』에서 숙고하게 된다(c. 397-401). 고백록에서 그는 자신의 회심에 대해 로마서 13:13-14, "오직 주 예수 그리스도로 옷 입고 정욕을 위하여 육신의 일을 도모하지 말라"는 말씀에 의해 일어난 일을 이야기하고 있다(Confessions, 8:29). 제7권에서는 마니교에 대한 환멸이 점점 커져가는 것에 대해 이야기하고 있다. 『두 영혼에 대하여: 마니교 논박』*On the Two Souls: Against Manicchees*(c. 392-93)은 초기의 작품이다.

어거스틴의 교리서인 『기독교 교리』는 세 권으로 397년에 처음 발간되었고, 네 번째 책은 고백록이 나온 지 거의 30년만인 426년에 나왔다. 그의 가장 깊은 신학 사상은 『삼위일체론』(399년과 423년 사이)에서 발견된다. 아리우스 논쟁은 공식적으로는 381년에 해결되었지만, 성령에 대한 문제는 여전히 남아 있었다. 이로 인해 어거스틴은 동방교부들, 특별히 그레고리 나지안주스 *Gregory of Nazianzus*를 끌어왔다. 어거스틴은 삼위일체의 "위격"보다는 인간의 의식 안에서 생각하는 것과 같이, "마음" 또는 생각, 원하는 자아, 자기 계시 또는 의지에 대해 말하는 경향이 있다. 세 번째 신학적 작품은 아마도 『신국론』*The City of God*(413-26)일 것이다. 『신국론』은 로마가 고트족에게 함락당했을 때 역사신학을 강해한 것이다. 두 "나라"는 평행하나, 다른 행로를 가진 하나님의 나라와 인간의 나라이다. 교회와 그리스도인은 하나님의 나라에 속한다. 로마의 함락은 이방신을 떠났기 때문이거나 하나님의 한계 때문이 아니었다. 엔키리디온은 421-22년에 쓰였다.

도나투스 논쟁은 키프리안이 "순수한 교회"의 전망을 옹호했던 북아프리카에서 격렬하게 타올랐다. 도나투스주의자들은 성례가 집례자의 가치에 달려있다고 믿었다. 어거스틴은 많은 저작을 통해, 특별히 『세례론』*On Baptism*(c. 400)에서 도나투스주의를 공격했다. 그리고 "순수한" 교회에 대한 잘못된 개념 때문에 오늘날에도 불필요한 분리와 권력 투쟁이 발생하고 있다.

또 다른 그룹의 저작들은 펠라기우스주의를 공격했다(412-423). 이 그룹의 저작에는 『그리스도의 은혜』*On the Grace of Christ*(c. 418), 『원죄론』*On the Original Sin*(c. 418), 여러 편지들(c. 420), 『결혼과 정욕』*On Marriage and Concupiscence*(c. 419), 『펠라기우스주의자들의 편지에 대한 응답』*Against Two Letters of the Pelagians*(c. 420), 『은혜와 자유의지』*On Grace and Free Will*(c. 425)가 있다. 마찬가지로 오늘날에도 하나님의 주권과 은혜의 우선성에 대한 논쟁

때문에 많은 신학적 문제들이 발생하고 있다.

남은 책들은 수많은 편지와 설교, 주석과 도덕적 목회적 논문들이다. 예를 들면 『시편 강해』*Exposition of the Psalms*(396-420), 『산상수훈 강해』*On the Sermon on the Mount*(c. 394), 그리고 특별히 『요한복음 강해』*On the Gospel of John*가 영향력이 컸다. 어거스틴은 오늘날도 강해 설교자, 윤리학자, 목회자로서 의미가 있다.

성령에 대한 어거스틴의 글은 많은 책에 흩어져 있다. 어거스틴은 (15권에 이르는) 『삼위일체론』에서 성령은 하나님과 하나이며, 성부와 성자 사이의 상호 사랑의 끈이라고 주장하면서, 성령을 성삼위일체와 관련하여 고찰하고 있다. 『성령론』 6:5:7에서 그는 이렇게 선언한다. "성령은 본질의 동일한 연합 속에 있고(*in eadem unitate substantiae*), 동일한 동등성에 안에 있다"(*et aequalitate consistit*).²⁴ 그는 계속해서 이 연합은 거룩 또는 사랑의 연합이며 성부, 성자, 성령은 "홀로 하나이신 하나님이시며(*deus unus, solus*), 위대하고 지혜롭고, 거룩하며, 복되시다 … 그 교감 자체는 동질이며 영원히 공존한다(*consubstantialis et coaeterna*)"라고 말한다. 그것은 우정일 것이다. "그러나 더 분명하게는 사랑이라고 부른다(*caritas*). … 하나님은 사랑이시다 (*caritas*)"(*On the Trinity*, 6:5:7). 이 말은 『삼위일체론』의 핵심을 표현하고 있다.

어거스틴은 반복적으로 하나님은 하나라고 강조한다. 이는 신약성경의 단일신론과 관련될 뿐 아니라(고전 8:1-6), 오늘날 기도와 예배에서 성령을 고립시키는 일부 은사주의자 또는 오순절 진영과도 관련이 있다. 어거스틴은 이렇게 선언한다. "삼위일체는 위대하시고, 선하시며, 영원하시며, 전능하신 한 하나님이라 불리며, 우리는 성자 또는 성령을 '제외하거나' 전 삼위일체를 '성자' 또는 '전부를 성령'이라고 부를 수 없다"(*On the Trinity*, 5:11:12; *NPNF*, ser. 1, vol. 3, p. 93). 다른 곳에서는 이렇게 주장한다. "성령은

---

24. W. J. Mountain (ed.), S. *Aurelii Augustini, De Trinitate*, 2 vols., CCSL (Turnholt: Editores Pontificii, 1968), p. 135; 또한 J-P. Migne, *PL*, vol. 42, col. 928; Eng., *NPNF*, ser. 1, vol. 3, p. 100.

··· 성부 한 분에게만, 또는 성자 한 분에게만 속하지 않고 두 분에게 속한다. ··· *상호 간의 사랑*, 그로 인하여 성부와 성자는 서로 사랑한다"(15:17:27; *NPNF*, ser. 1, vol. 3, p. 215; 티슬턴의 이탤릭).

이 논문은 인간 인격의 유추를 사용하여 이 연합을 예증한다. 어거스틴은 이렇게 쓰고 있다. "기억, 이해, 의지는 세 생명이 아니며 한 생명이다. 세 마음이 아니라 한 마음이다. ··· 그들은 한 마음이며 한 본질이시다"(*una mens, una essentia*)(*On the Trinity*, ser. 1, vol. 3, p. 142). 그들은 함께 복수가 아니시다. 단일한 독립체, 즉 존재이시다. 어거스틴이 전통적인 표현인 "세 위격들"*three persons*을 거부하는 것이 매우 중요하다. 그는 주장하기를 "위격"Person이 "진정한 명칭"이라고 한다(*On the Trinity*, 7:4:7). 그러므로 하나님의 경우에 "위격"은 "그들에게 (그렇지 않으면 달리 불릴 수 없다) 공통된" 것을 가리킨다. "그들이 세 아들 [또는] ··· 세 하나님이라고 불릴 수 없는 것과 마찬가지이다"(*On the Trinity*, 7:4:8; *NPNF*, ser. 2, vol. 3, p. 110; 라틴어. *persona*).**25** (여기 "세 하나님 ··· 세 아들"을 거부하는 것은 어떤 사람들에게 "아타나시우스 신경" 안의 모호하고 난해한 언어일 수도 있다는 것을 설명해 준다.) 비슷하게 하나님의 형상은 마음일 뿐 아니라 기억, 이해 그리고 사랑이다. 즉 하나님의 형상은 전체 삼위일체 하나님의 생명을 나타낸다(*On the Trinity*, 14:12:15; *NPNF*, ser. 1, vol. 3, p. 191).

마지막으로 어거스틴은 『삼위일체론』에서 분열을 가져온, 즉 성령이 "성부와 성자로부터 나오신다"는 필리오케*Filioque* 구절을 분명하게 한다. 그는 "성령은 성경에 따라, 성부 한 분에게만, 또는 성자 한 분에게만 속하지 않고 두 분에게 속한다. 그리하여 우리에게 상호 간의 사랑을 알려준다"(*nec patris est solius nec filii solius sed amborum*; *On the Trinity*, 15:17:1).**26** 이와 같이 어거스틴은 암브로우스의 경우와 대조적으로, 이것이 성령의 이중발출

---

25. Mountain, *De Trinitate*, in CCSL, vol. 50, p. 257.
26. Mountain, *De Trinitate*, in CCSL, vol. 50A, p. 501; 그리고 Migne, *PL*, vol. 42, col. 1080.

*Double Procession*이라 불릴 수 있음을 명백하게 한다.

『삼위일체론』에서 하나님의 일체를 가리키는 데 실패한 성령에 대한 언급들을 발견하는 것은 당연히 어렵다. 어거스틴은 13:19:24에서 고린도전서 12:7-8을 인용한다. 그러나 주로 성육신 하신 그리스도는 지식의 말씀이며 성령은 지혜의 말씀이라는 자신의 주장을 확증하기 위해서 그렇게 한다. "성령의 나타남은 유익을 위하여 각 사람에게 주어진다. … (*datur manifestatio spiritus ad utilitatem*; … *alii* … *sermo sapientiae, alii sermo scientiae* … "; Eng. *NPNF*, ser. 1, vol. 3, p. 181). 그는『삼위일체론』3:9:18에서 고린도전서 12:10을 암시한다. "어떤 사람들에게는 영들 분별함을"(*alii diiudicatio spirituum*). 그러나 오직 성령이 "하나님의 손"이라면 그는 하나님과 함께 하는 분임을 강조하기 위해서, 어거스틴은 15:19:33에서 고린도전서 12:13을 인용한다. 우리는 성령과 물의 관계에 관한 것처럼, "생수"의 근원으로서 예수와 함께(요 7:37-39), "한 성령을 마시도록 만들어졌다"(*omnes unum spiritum potavimus*).

『삼위일체론』밖에서도 성령에 관한 언급이 자주 나타난다. 예를 들면『설교』*Seromn* 21:5에서 어거스틴은 "성령은 … 하나님이 아니라 피조물"이라는 아리우스주의의 믿음을 공격한다(*NPNF*, ser. 1, vol. 6, p. 320).『설교』55:4에서는 두 사상을 연결시킨다. 끈질기게 간청하는 과부의 비유에서(눅 18:1-8) 그는 독자들에게 하나님은 빵으로써 그들의 모든 필요를 만족시킬 것이라고 격려한다. 그러나 이는 성령에 관한 유사한 생각으로 이끈다. 우리는 "세 덩이"를 받을 수 있다. 그러나 이 모두는 하나의 빵에 속한다. "그 빵은 끝이 없을 것이다. … 그 빵은 성부이며, 그 빵은 성자이며, 성령은 영원히 공존한다." 모두가 동일한 하나의 실체 또는 본질이다(*Sermon* 55:4; *NPNF*, ser. 1, vol. 6, p. 431). 성령은 또한 그리스도를 영화롭게 하며, "자의로" 말하지 않는다(요 16:13; Greek. *aph' heautou*, 아마도 "자신이 주도적으로"; *NRSV*, "on his own"; *On the Gospel of John*, Tractate 99:2; *NPNF*, ser. 1, vol. 7, p. 381). 다시 말하지만, 맥락은 그리스도와 삼위일체와 성령의 연합이다. 어거스틴은 똑

같은 교훈을 요한복음 16:13b로부터 가져온다. "오직 들은 것을 말하며"(*On the Gospel of John*, 99:5; *NPNF*, ser. 1, vol. 7, p. 383). 또한 이에 덧붙여 성령은 성부와 성자로부터 나오신다. "그는 또한 성자로부터 나오신다"(99:6-7). 이는 고린도전서 12:3과 유사하다(74:1; *NPNF*, ser. 1, vol. 7, p. 333).

어거스틴은 반 도나투스 저작에서 마르시온, 발렌티누스, 아리우스, 또는 유노미우스를 인정하지 않는다. 그들은 "육적으로" 설명하고, "영적으로" 설명하지 않는다. 그는 이렇게 묻는다. "이러한 설명으로 그들은 완전한 성례를 받지 않는다고 말할 수 있는가?" 그리고 이렇게 대답한다. "성례가 동일하다면, 어디에서나 완전할 것이다. 심지어 성례가 불화의 수단으로 잘못 이해되고 왜곡될 때조차도"(*On Baptism; Against the Donatists*, 3:15; *NPNF*, ser. 1, vol. 4, p. 442). "성령은 … 안수함으로써 주어진다"(3:16). 그러나 오늘날에는 기대해서는 안 된다(즉, 어거스틴 시대). 그는 이렇게 주장한다. 성령을 받은 사람은 "즉시 방언으로 말하기 시작할 것이다"(*On Baptism*, 3:16; *NPNF*, ser. 1, vol. 4, p. 443). 현재에는 기준이 사도행전 2장이 아니라 사랑과 평화의 성령이시다. 성령은 "그의 뜻대로 모든 사람에게 따로따로" 은사를 주신다(고전 12:11).

안수와 함께 일체, 평화 그리고 교회 직제가 초기의 방언과 예언보다 더 중요하다. 확실히 어거스틴이 『파우스투스에 대한 답장』*Reply to Faustus*에서 설명한 대로, 은사 목록은(고전 12:4-11) 그리스도의 몸과 교회 연합의 계급을 따르고 있다(*NPNF*, ser. 1, vol. 4, p. 267; 참조. *Reply to Faustus*, 24:2). 그는 『파우스투스에 대한 답장』 29:4에서 구성원으로 영예로운 지체를 가진 몸은 아름답다는 것을 입증하기 위해 고린도전서 12:22-25을 사용한다(참조. *The Nature of God, Agoinst the Manicheans*, 30; *NPNF*, ser. 1, vol. 4, p. 357).

펠라기안을 반박한 저작에서 어거스틴은 성령을 받은 효과를 "자신의 창조주에게 붙어 있으려는 뜨거운 열망과 그 참된 빛에 참여하기 위해 불타오르는 일이 시작된다는 부분을 포함시킨다. … '하나님의 사랑은 성령으로 말미암아 우리 마음에 부어진다'"(롬 5:5; *On the Spirit and the Letters*, 5; *NPNF*, ser. 1, vol. 5, pp. 84-85). 어거스틴은 반 펠라기안 저작에서 독자들에게 우리 자신의 노력이 아니라 "하나님의 성령으로" 악을 이길 수 있다고 경고한다(롬 8:14; *On the Predestination of the Saints*, 22; NPNF, ser. 1, vol. 5, p. 508). 그는 "한 분이시며 그 동일한 성령께서 자신의 뜻에 따라 은사를 나누어 주신다"고 덧붙인다(고전 12:1; *On the Predestination*, 22).

예상했던 대로 그는 또한 『신국론』에서 성령에 대해 언급하고 있다. 그는 예수 그리스도께서 부활하신 후에 "성령을 받으라"고 선언하셨을 때 예수의 불어넣으심 또는 "요한의 오순절"을 언급하며(요 20:22), 평행으로 창세기 2:7, 하나님이 숨을 불어넣으신 것을 말한다. 이는 창조주 성령의 창조의 활동이며, 인간이 하나님의 형상을 갖고 이성적인 "영혼"이 되게 하는 것이다. 다시 한번 성령은 "성부와 성자의 영이시며, 성부, 성자, 성령 삼위일체는 피조물이 아니며 창조주이시다"(*The City of God*, 13:24; NPNF, ser. 1, vol. 2, p. 259). 어거스틴은 프뉴마*pneuma*가 인간의 영을 나타내기 위해 다양한 용법으로 사용된다는 것을 인정하지만, 여기서는 요한복음 20:22에서와 같이 "피조 되지 않은 창조주 성령"을 지칭한다.

『복음서의 조화』*The Harmony of the Gospels* 4:10:20에서 어거스틴은 다시 "어떤 사람에게는 성령으로 말미암아 지혜의 말씀이, 어떤 사람에게는 동일한 성령에 의해 지식의 말씀이 주어진다"고 말한다(고전 12:8). 『조화』*Harmony*의 분위기는 요한과 바울의 성령이 그들에게 주신 은사에 따라 사역을 할 것이라는 것이다(NPNF, ser. 1, vol. 1, p. 246). 어거스틴은 『산상설교』*The Sermon on the Mount*에서 "주여, 주여" 하는 자마다 천국에 들어가는 것이 아니라는 말씀과 비교하면서 고린도전서 12:3을 언급하고 있다. 오직 성령만이 진정한 고백을 창조하신다(*The Sermon on the Mount*, 2:25:83; NPNF, ser. 1, vol. 6, p. 62). 더욱이 성령만이 "성령의 열매"를 맺게 할 수 있다(갈 5:22-23). 어거스틴은 "성령께서 자신의 뜻에 따라 모든 사람에게 나누어 주신다"(고전 12:11)를 인용하면서, 최소한 베드로를 권위 있는 작가로 준비시키고, 아마도 마가도 기록을 남기게 하셨다고 한다(*The Harmony of the Gospels*,

2:21:51; *NPNF*, ser. 1, vol. 6, p. 127).

어거스틴은 『요한복음 강해』에서 왜 "모든 민족의 언어로 말하는 사람이 없는지" 또 다른 이유를 말하고 있다(행 2:5-13; 고전 12:10; Tractate, 32:7; NPNF, ser. 1, vol. 7, p. 195). 그는 "*교회에 속하지 않은 자들은 성령을 받지 않는다*"고 주장한다(티슬턴의 이탤릭). 그러나 초기 교회의 역사적 상황은 변했다. "모든 민족에게 퍼진 교회가 모든 언어를 말하게 되었다." 어거스틴은 『시편 강해』에서 고린도전서 12:8-10의 성령의 은사를 "떡"과 플라톤의 네 가지 덕목으로 대치되는 다양한 면을 가진 덕목으로 본다(*On Psalm* 84:1; *NPNF*, ser. 1, vol. 8, p. 403). 시편 144편 강해에서 그는 시의 두 줄 대구, "그가 내 손[일체성]을 가르쳐 싸우게 하시고, 손가락[다양성]을 가르쳐 전쟁하게 하시는도다"와 평행하는 것으로 성령의 은사의 다양성과 일체성을 강조한다(고전 12:8-10)(*On Psalm* 144:2; *NPNF*, ser. 1, vol. 8, p. 654).

성령에 대하여 여기저기 흩어진 언급보다는 『삼위일체론』에서 어거스틴의 핵심 주제가 더 분명하게 나타날 것이다. 스웨트는 핵심 주제를 이렇게 요약하고 있다. "*성부는 성자와 성령에 의해 행해지지 않은 것은 아무것도 하지 않는다. 성령은 성부와 성자에 의해 행해지지 않은 것은 아무것도 하지 않는다*"(티슬턴의 이탤릭).[27] 그는 이렇게 단언한다. "이들 셋은 세 생명이 아니라 한 생명을 이루며, 세 실체가 아니라 한 실체를 이룬다."[28] 성령은 성부와 성자로부터 나오신다. "그는 *하나님의 사랑 자체이시다*"(티슬턴의 이탤릭).[29] 다른 많은 언급들은, 체계적인 의미는 부족하지만 그럼에도 불구하고 "그를 기독교 역사에서 가장 신령한 사상가 중 하나로 매김 할 것이다."[30] 로마의 그레고리가 어거스틴의 가르침을 발달시키는 것을 다음 과정에서 보게 될 것이다.

---

27. Swete, *The Holy Spirit in the Ancient Church*, p. 323.
28. Swete, *The Holy Spirit in the Ancient Church*, p. 331.
29. Swete, *The Holy Spirit in the Ancient Church*, p. 336.
30. Burgess, *The Holy Spirit: Ancient Christian Traditions*, p. 192.

12

니케아 이후 동방 교부들

일차적으로 성자 하나님의 신성과 영원성에 대한 아리우스 논쟁은 325년 니케아 회의에서 콘스탄틴 황제와 많은 사람들의 관심 속에 정리되었다. 스웨트가 말한 대로, 니케아 회의 후 수년 동안은 아리우스파에서 성령에 대해 논란을 일으킬 분위기가 아니었다.[1] 그럼에도 불구하고 스웨트가 주장한 대로 330-60년 동안 성령론에 대해 "결실"이 있었다. 이 기간의 시작은 동방에서 가이사랴의 유세비우스에 의해 주도되었다. 그 후 350년 예루살렘 감독이 되었던 시릴에 의해서, 다음에는 『세레피온에게 보낸 편지』(356 또는 359)와 다른 중요한 논문을 쓴 알렉산드리아의 아타나시우스가 주도한다. 다음으로는 아타나시우스가 가이사랴의 바실과 두 명의 갑바도기아 교부에게 큰 영향을 끼친다. 서방교회의 포이티어의 힐라리와 밀라노의 암브로우스에게는 직접적으로는 거의 영향을 끼치지 않았다.

---

1. Henry B. Swete, *The Holy Spirit in the Ancient Church: A Study of Christian Teaching in the Age of the Fathers* (London: Macmillan, 1912), p. 166.

12. 1. 가이사랴의 유세비우스와 예루살렘의 시릴

오늘날 『교회사』*Ecclesiastical History*로 가장 유명한 유세비우스(260-339)는 영향력 있는 콘스탄틴 황제의 궁정 신학자였다. 그는 많은 사람들이 알고 있는 것보다 더 많은 공통점을 아리우스와 공유했을지도 모르지만, 그는 325년 니케아 회의에서 주된 역할을 감당했다. 특별히 그는 가이사랴에서 교회신앙고백을 제출했다. 유세비우스는 "그는 다시 일어나시고 …, 오르셔서, 영광 중에 심판하러 다시 오시리라"고 성자 하나님에 대한 신앙을 선언한 후에, "우리는 또한 성령을 믿는다. 즉 이들[삼위일체]이 성부는 진정으로 성부로, 성자는 진정으로 성자로, 성령은 진정으로 계시며 존재하심[Greek. *einai kai hyparchein*]을 믿는다"고 덧붙인다(*NPNF*, ser. 2, vol. 1, p. 16에서 인용). 이렇게 덧붙인 이유는 사벨리안주의, 즉 성부와 성자와 성령은 한 하나님의 양상 또는 양태라고 하는 교리를 배제하기 위해서였다.

사벨리안주의는 앙키라의 마르셀루스Marcellus of Ancyra에 의해 되살아났으며, 336년 콘스탄티노플 공의회에서 이단으로 정죄 받았다. 유세비우스는 주로 "또 다른 보혜사"라고 한 그리스도의 말씀에 근거하여 성령은 성자와 "다르다"(Greek, *heteron*)고 주장했다. 그럼에도 불구하고 그는 시릴, 아타나시우스, 바실을 떠올리게 하면서, "실체에 있어서 하나"인 "거룩하고 지극히 복되신 삼위일체"를 언급했다. 그러나 그는 오리겐의 영향 아래, 성령이 "세 번째 자리를 차지하고" 있는 것으로 말한다(Greek. *tritēn epechōn tēn taxin*, Eusebius, *Prepartion for the Gospel*, 7:15). 스웨트는 이렇게 말한다. "이는 가장 노골적인 종속설이다. 그러나 아리우스의 종속설이라기보다는 오리겐의 종속설이다."[2]

예루살렘의 시릴Cyril of Jerusalem (c. 315-87). 맥도넬McDonnell은 이렇게 진술한다. "세례와 성찬에 대하여 그렇게 세밀하게 설명한 초기 작가는 아

---

2. Swete, The Holy Spirit in the Ancient Church, p. 197.

무도 없었다. 시릴은 [또한] 동방교회의 세례 준비자들에게 행한 교리문답과 교리해설 강의에서 성령의 위격과 사역을 상술했다."³ 아마도 강의는 그가 감독이 되기 2년 전인 348년에 했을 것이다. 강의 16-17은 주로 고린도전서 12:1, 4, 8에 근거하여 "한 성령, 보혜사 안에 있는" 신앙에 대해 다루었다(Catechetical Lectures, 16과 17; NPNF, ser. 2, vol. 7, pp. 15-57). 그는 "성령을 거역하는 죄"에 대한 마태복음 12:32을 인용함으로 시작한다(Catechetical Lectures, 16:1-2). 고린도전서 12:4을 설명하면서 성령은 "가장 강력한 능력이며 헤아릴 수 없는 신적 존재"라고 한다(고전 2:10-13). 그리고 선지자들을 통해 구약성경에서 말씀하신 동일한 성령에 관해 쓰고 있다(16:3). 그는 성령이 성경을 감동했다고 반복해서 강조한다. 그는 "아무도 신약성경으로부터 구약성경을 분리할 수 없다. … 우리의 소망은 성부와 성자와 성령 안에 있다"(16:4)고 한다. 시릴은 "성령에 관하여는 기록된 것 외에는 아무것도 말하지 말자. … 성령은 성경을 말씀한다"(16:1; 티슬턴의 이탤릭)라고 주장한다. 예수는 "성부로부터 보혜사를 보낼 것이다"(요 14:16; Catechetical Lectures, 16:4).

계속해서 시릴은 이렇게 말한다. "그[성령]은 자신의 실체를 정확하게 선언하지 않을 것이다"(Catechetical Lectures, 16:5). 그는 몬타누스주의를 거부하고(16:8), 청중들에게 "성경으로 돌아가자"고 권면한다(16:11). 비록 성령이 다양한 은사를 주시지만(고전 12:8-10), 그는 나누어질 수 없으며, 그의 뜻을 따라 주신다(고전 12:11; Catechetical Lectures, 16:12). 그는 은사들 가운데 지혜, 지식, 믿음, 예언, 이적, 통역을 열거한다(16:12; NPNF, ser. 2, vol. 7, P. 118). 그는 성경에서 "영"spirit의 다른 용법을 경고한다(16:13-16). 성령은 영감을 주시고 조명하신다(16:17-18). 성령은 또한 우리가 "말할 수 없는 탄식으로" 기도하도록 도우신다(16:20; 롬 8:26, 아마도 "말보다는 깊은 한숨으로",

---

3. Kilian McDonnell and George T. Montague, *Christian Initiation and Baptism in the Holy Spirit: Evidence from the First Eight Centuries* (Collegeville, MN: The Liturgical Press, 1991), p. 159.

NRSV). 성령은 감독과 사제, 부제, 독신자들과 처녀들을 조명하신다(16:22).

특별히 성령은 "신성한 성경으로부터 온 것을 생각나게 한다"(*Catechetical Lectures*, 17:1; NPNF, ser. 2, vol. 7, p. 124). 또 다른 "성령의 은사", 또는 카리스마타*charismata*는 17:4에 나온다. 시릴은 성령을 받는 것은 그리스도인이 되는 것과 동의어라는 의미로 로마서 8:9을 인용한다(17:5). 성령은 또한 동정녀 탄생을 초래했다(17:6). 그는 또한 정결을 위한 물세례와 "성령과 불로" 세례를 주신다는 예수의 약속 사이를 대조한 세례 요한을 언급한다(마 3:11; 티슬턴의 이탤릭; *Catechetical Lectures*, 17:8; *NPNF*, ser. 2, vol. 7, p. 126). "하나님은 구하는 모든 자에게 성령을 주실 것이다"(17:11; 눅 11:13). 시릴은 불어넣으심 또는 "요한의 오순절"을 언급한다(17:12; 요 12:22). 그는 "너희는 몇 날이 못 되어 성령으로 세례를 받으리라" 한 사도행전 1:5의 부활 후 약속을 인용한다(17:14). 그리고 오순절의 방언을 언급한다(17:16; 행 2:4). 그는 요엘 2:28의 예언과 사도행전 2:15의 성취를 언급한다(참조. 17:19). 그는 성령의 능력으로 행한 베드로의 설교와 사도적 사역을 회상한다(17:20-22). 그리고 나서 사도행전 6:3-7(참조.17:19)의 일곱 집사, 빌립(17:25), 그리고 바울(17:26)과 바나바(17:28)에게 주신 성령의 은사를 인용한다. 17:1-38 전체에서 다양한 양상의 성령에 대한 실제적 가르침을 위한 성경적 근거를 제공한다.

맥도넬은 신약성경의 카리스마는 다양한 은사를 포함한다고 경고한다. 성경 이후의 그리스어는 이 다양성을 확장하여 "신적이며 인간적인 재능, 성령의 은사, 세례, 성찬, 교회의 헌금, 은혜 … 순교, 눈물, 신학"을 포괄한다.[4] 시릴은 고린도전서 12장에서 분명하게 여섯 번 언급한다. 그러나 "시릴은 카리스마적 화려함, … 눈부신 이적, 수백 명의 입신에만 관심을 가진 열광주의자는 아니다."[5] 맥도넬은 그가 이레네우스와 유세비우스로부터 전통

---

4. McDonnell and Montague, *Christian Initiation*, p. 166.
5. McDonnell and Montague, *Christian Initiation*, p. 167.

을 상속하듯이 단순히 카리스마가 교회에 속한다는 사실을 알고 있을 따름이라고 주장한다.

시릴은 피조된 모든 것은 그 무엇도 그와 [즉 성령] 동등하지 않다고 단언한다(16:23; *NPNF*, ser. 2, vol. 7, p. 121). 스웨트를 다시 인용하면, "성령의 사역에 대하여, 4세기의 어떤 저자도 더 완전하거나 더 확신 있게 말하지 않았다."[6] 스탠리 버지스는 이렇게 말한다. "시릴은 목회자로서 성령의 은사가 부와 명예와 탐욕에 의해 초래된 신자의 오염에 대한 해독제임을 이해하고 있었다."[7] 시릴은 이렇게 결론을 내린다. "그는[성령] 영혼을 시험하신다. … 성령은 눈에 보이지 않는 것을 부여하신다. … 너희의 전 생애동안 너희와 동행하며 너희의 보호자, 보혜사가 될 것이다. 그는 자신의 군사로서 너희를 돌보실 것이다. … 너희 모두의 하나님께서 이 시간 너희에게 그를 보내시기를, 그로 말미암아 또한 우리를 지키시고, 그리스도 예수 우리 주 안에서 성령의 열매, 즉 사랑, 기쁨, 평화, 인내, 온유, 양선, 믿음, 절제를 … 나누어 주시기를. 그리스도로 인해, 그리스도와 함께, 성령과 더불어 성부께 이제와 영원히 영광이 있을지어다"(*Catechetical Lectures*, 17:36-38; *NPNF*, ser. 2, vol. 7, pp. 132-33; 티슬턴의 이탤릭; 갈 5:22-23). 맥도넬은 다시 반복한다. "시릴은 열광주의자가 아니었다. … 그의 가르침은 성경과 처음 몇 세기의 다른 그리스어 저자들에게서 발견된 의미의 범위를 반영하고 있다.[8]

12. 2. 알렉산드리아의 아타나시우스

아타나시우스(c. 296-373)는 종종 동방에서 아리우스주의의 제일가는 반

---

6. Swete, *The Holy Spirit in the Ancient Church*, p. 210.
7. Stanley M. Burgess, *The Holy Spirit: Ancient Christian Traditions* (Peabody, MA: Hendrickson, 1984), p. 108.
8. McDonnell and Montague, *Christian Initiation*, p. 173.

대자라고 생각된다. 콘스탄틴 사후, 356년에 아리우스주의 황제 콘스탄티누스가 그를 추방했다. 알렉산드리아 가까운 사막 은신처에 있을 때, 트무이스의 감독인 그의 친구 세라피온은 그에게 부적절한 성령론을 가진 그리스도인 그룹이 있다는 편지를 보냈다. 아마도 그들이 문맥을 벗어나서 성경 구절을 해석했기 때문에 아타나시우스는 그들을 "트로피키"라고 불렀다. 마이클 헤이킨은 W. D. 하우스차일드와 함께 그 용어보다는 "프뉴마토마키"*Pneumatomachi*라는 용어를 사용하는 것을 선호한다.⁹ 아타나시우스는 『세라피온에게 보낸 편지』에서 자신의 대답을 진술했다. 이것은 *NPNF*, ser. 2, vol. 4에 포함되지 않았다. 그러나 C. R. B. 샤플랜드가 번역한 것이 제공되어 있다.¹⁰

아타나시우스는 무엇보다도 성령은 피조물이 아니라고 답한다. 즉 피조된 사람이나 사물(Greek. *ktisma*)이 아니라고 대답한다. G. W. H. 램프는 크티시스*ktisis*의 의미를 "피조물"이라고 확언한다.¹¹ 우리는 피조물 또는 창조된 것이 천사, 인간, 동물 그리고 사물을 포함한다고 생각하기 때문에, 오늘날 성령을 가리킬 때 "it"을 널리 사용하는 것은 품위를 손상시키는 것이며 심지어 모욕하는 것이다. 우리는 성령을 인격체라고 할 때 루아흐*rûach*는 여성 명사이고, 프뉴마는 중성 명사일지라도 어떤 성적 정체성을 암시하지 않는다고 주장했다.¹² 비록 의미론적이고 문법적인 우연으로 인하여 (제임스 바가 주장하는 것과 같이) 아타나시우스는 트로피키와 아리우스주의는 "성 삼위

---

9. Michael A. G. Haykin, *The Spirit of God: The Exegesis of 1-2 Corinthians in the Pneumatomachian Controversy in the Fourth Century* (Leiden and New York: Brill, 1994), p. 20, n. 50; 참조. W. D. Hauschild, *Basilius von Caesarea: Briefe* (Stuttgart: Hiersemann, 1973).
10. C. R. B. Shapland, *The Letters of Saint Athanasius concerning the Holy Spirit* (London: Epworth, 1951). Substantial extracts are given in Haykin, *The Spirit of God*, pp. 21-24 and 63-98.
11. Geoffrey W. H. Lampe (ed.), *A Patristic Greek Lexicon* (Oxford: Clarendon, 1961), p. 783.
12. ames Barr, *The Semantics of Biblical Language* (Oxford: Oxford University Press, 1961), pp. 39-41.

에 대하여 신성모독"을 했다고 선언하면서 그의 첫 번째 편지를 시작한다 (First Epistle to Serapion, 1).[13] 아리우스주의자는 성령뿐만 아니라 예수도 "피조물"이라고 한다(First Epistle to Serapion, 2).[14] 이는 악하고 거짓이다. 왜냐하면 성령이 하나님의 영이기 때문이다(First Epistle to Serapion, 1:4).

그러고 나서 아타나시우스는 그들의 주해 방법을 공격한다. 그들은 성경의 "영"의 다양한 의미를 무시했다(1:7-8). 예를 들면, "성령이 친히 우리의 영과 더불어 …"(롬 8:16)의 의미는 "바람"으로서 루아흐 또는 프뉴마와는 매우 다르다. 후자는 피조물이고, 전자는 아니다(1:7).[15] 그러나 너희(트로피키)는 그리스도께서 피조물이 아니라고 하는 반면, 성령은 피조물이라고 한다(1:9). 그러나 성자와 성령은 분리될 수 없다. 성령은 단순히 천사가 아니다(1:11-12, 14). 더욱이 "성령이 천사라면, 삼위에 둘 수 없다. 왜냐하면 삼위 전부는 한 하나님이시기 때문이다"(1:17).[16] 성령을 성부와 성자와 격리시키는 것은 아타나시우스의 주장에 맞서는 것이다. 하나님과 성령에 대하여 "말만 번드르르한 대답"이 너무 많다(1:18). "성령이 우리에게 주어진다면, … 하나님이 우리 안에 계시는 것이다"(1:19). "바울이 성령의 능력으로 역사한 일은 그리스도의 역사라고 선언했다"(1:19).[17]

바울과 같이 아타나시우스도 성령의 초월성을 강조한다. 그는 바울의 말, "우리가 세상의 영을 받지 아니하고 오직 하나님으로부터 온 영을 받았으니"를 인용한다(Greek. to pneuma to ek tou theou, 고전 2:12; Epistle to Serapion, 1:22).[18] 성령은 생명의 수여자이시다(콘스탄티노플 이래 공의회신조들에서처럼, 381). "그는 살려주는 영이라 불린다. … 그는 그리스도를 죽은 자

---

13. Shapland, *Letters*, p. 60.
14. Shapland, *Letters*, p. 61.
15. Shapland, *Letters*, pp. 77-79.
16. Shapland, *Letters*, p. 103.
17. Shapland, *Letters*, p. 113.
18. Shapland, *Letters*, p. 121.

가운데서 일으키셨다"(롬 8:11; *Epistle to Serapion*, 1:23). 성령은 "영생하도록 솟아나는 샘"이시다(1:23; 요 7:38-39). 그는 생명을 "받지" 아니하고, 생명을 "준다." 그는 또한 사역을 위하여 예수 그리스도께 부어졌다(1:23; 사 61:1).[19] 그리스도인은 성령이 거하시는 하나님의 전이다(고전 3:16-17; *Epistle to Serapion*, 1:24). 계속해서 아타나시우스는, "성령은 성자의 형상이라 말을 하며, 아들의 형상이시다"(1:24; 롬 8:29). 성령은 "성자에 어울리며 하나님으로부터 떨어져 있지 않다"(1:25). 그는 "하나님 자신으로부터" 존재한다(1:25). "그는 참여하고 계시며, 참여하지 않으신다"(1:27).

첫째 편지는 교회에 생명과 전통에 대한 호소로 결론을 짓는다(*Epistle to Serapion*, 1:28-31). 그리스도인은 예수의 가르침과 사도들의 설교로부터 "성부, 성자, 성령 하나님으로 고백하는 거룩하고 완전하신 한 삼자가 계신다"고 믿는다(1:28). "교회는 이 믿음의 기초를 가지고 있다"(1:29). 예상한 대로 아타나시우스는 고린도전서 12:4-6을 인용한다. "은사는 여러 가지나 성령은 같고 … 주는 같으며 … 하나님은 같으니 …"(1:30).[20] 이 고찰은 "삼자의 활동이 하나임을 보여 준다"(1:31).

둘째, 셋째, 넷째 편지는 주로 첫째 편지의 요약과 반복이다. 성령은 또한 생명의 샘으로서, 바람으로서, 지혜로서 하나님의 활동을 공유한다(*Epistle to Serapion*, 2:2). 아타나시우스는 니케아 신경을 언급하고 재차 확인한다. "우리는 성부, 성자, 성령을 믿는다"(2:6).[21] 둘째 편지와 셋째 편지는 아리우스주의와 성자 하나님을 더 많이 다루고 있다(3:1). 그러나 그는 요한복음 15:26 등의 보혜사에 대한 강론을 자세히 설명한다(3:2). "성령은 성자로부터 나누어질 수 없다"(3:5). 그리고 고린도전서 13:13을 언급한다. 넷째 편지에서 그는 "비뚤어진 마음을 가진 [자들] … 이단자들의 후안무치함"을 공격한다(4:1). 그는 "너희가 기록된 것 (즉, 성경)을 부인한다면, 너희는 더

---

19. Shapland, *Letters*, p. 124.
20. Shapland, *Letters*, p. 141.
21. Shapland, *Letters*, p. 160.

이상 그리스도인이라 불릴 수 없다"(4:2).[22] 그는 "우리 주 예수 그리스도로 말미암아 그와 함께 성부와 성령께(syn hagiō pneumati) 영광과 권세가 영원토록 있을지어다"라고 말하면서 결론을 내린다(4:7).[23]

헤이킨은 『세라피온에게 보낸 편지』에 자신의 설명을 되돌아보고 이렇게 말한다. "아타나시우스는 성경에 흠뻑 젖은 신학자이다."[24] 그러나 그는 성령의 신성을 주장함에 있어서 특별히 "고린도서신 강해"를 제공한다.[25] 대략 우리는 헤이킨처럼 편지의 내용을 아래와 같은 방식으로 분류할 것을 제안한다. (1) 피조 되지 않은 성령: 성령은 피조물이 아니다(예를 들어, *Epistle to Serapion*, 1:21; 참조. 고전 2:11-12). (2) 성령은 이해할 수 없고, 초월적인 하나님으로서 동일한 존재의 질서에 속한다(예를 들어, 1:13; 참조. 고전 2:7-13). (3) 그는 샘과 강물의 유추가 제시하는 것처럼 살아계신 하나님으로부터 분리될 수 없다(Greek. *pēgē*와 *potamos*; 예를 들어, 1:19-20; 참조. 고전 10:4과 12:13). (4) 그는 성화의 영이시다(예를 들어, 1:22-23; 참조. 고전 6:11). (5) 그는 기름 부음의 영이시다(Greek. *chrisma*, 예를 들어, 1:23; 참조. 고후 2:13). (6) 그는 내주하는 영이시다(예를 들어, 1:23-24; 고전 3:16-17). (7) 그는 삼위일체 안에 계시고, 교회의 믿음 안에 계신다(예를 들어, 1:28; 참조. 고전 12:4-6과 고후 13:13).[26]

H. B. 스웨트는 아타나시우스의 편지를 다음과 같이 요약한다. "양자의 영이시며, 지혜와 진리의 영이시며, 권세와 영광의 영이시며, 인간이 신성의 참여자가 되게 하시는 성령은 스스로 거룩하시며 영이신 하나님과 본질이 동일하시다"(Greek. *tou theou … idion kai homoousion*; *Epistle to Serapion*,

---

22. Shapland, *Letters*, p. 181.
23. Shapland, *Letters*, p. 189.
24. Haykin, *Spirit of God*, p. 63.
25. Haykin, *Spirit of God*, p. 67.
26. Haykin, *Spirit of God*, pp. 63-100.

1:27).²⁷ 스탠리 버지스는 이렇게 말한다. "성령은 성자로부터 창조하시며, 성결하게 하시며, 거룩하게 하시는 사명을 받는다. … 성령과 성자의 관계는 성자와 성부의 관계와 평행한다."²⁸

12. 3. 가이사랴의 바실

바실Basil(c. 329-379)은 아타나시우스보다 35년 정도 후에 태어났지만, 아타나시우스가 죽은 지 6년 만에 죽었다. 그는 나지안주스의 그레고리(c. 329-89 또는 330-89)와 니사의 그레고리(330-95)와 함께 갑바도기아 교부로 알려져 있다. 니사의 그레고리는 바실의 동생이었다. 바실보다 앞서 알렉산드리아 학파의 수장이었던 노장 디뒤무스(c. 318-98)는 381년 이전에 성령에 대한 논문을 썼는데, 이것은 제롬의 라틴어판을 통해 오늘날 우리에게 전해졌다. 그는 삼위일체에 관한 세 권의 책을 썼다. 디뒤무스는 성령이 "본질적으로 신적이며 … 하나님과 동질이시며 동등하시다"(Greek. *homoousion kai isotimon*)고 주장한다.²⁹ 그는 성경에 정통한 학자였으며, 삼위일체론에 대하여 정통파 혹은 니케아 입장이었다. 살라미스의 감독 에피파니우스(c. 315-40)도 니케아의 충실한 옹호자로서 거론될만하다. 그러나 우리는 모든 사상가를 다 다룰 수는 없다. 바실은 보통 성령론에 있어 아타나시우스의 계승자로 여겨진다.

스탠리 버지스는 아타나시우스의 영향으로 갑바도기아 교부들은 성령이 성부와 성자와 동일 본성 또는 동일 본질(*homoousios*)임을 강조했으며, 다른 한편으로는 오리겐의 영향으로 세 위격론을 강화시켰음을 지적한다.³⁰

---

27. Swete, *The Holy Spirit in the Ancient Church*, p. 217.
28. Burgess, *The Holy Spirit: Ancient Christian Traditions*, pp. 118, 119.
29. Swete, *The Holy Spirit in the Ancient Church*, p. 223.
30. Burgess, *The Holy Spirit: Ancient Christian Traditions*, p. 132.

삼위일체는 본질(*ousis*)에 있어 하나이지만, "존재의 상태 … 구조 … 한 인격에 관계된 [것](*hypostasis*)"에 있어서는 셋이다.³¹ 제프리 램프는 여덟 페이지 또는 16칼럼 이상에 걸쳐 휘포시타시스(*hypostasis*)의 의미를 인용하고 논의한다.³² 성령과 삼위일체에 대한 그들의 사역은 381년 콘스탄티노플 회의로부터 정통파의 기초가 되었다. 이 회의는 테오도시우스 황제에 의해 소집되었고, "성령은 주님이자 생명의 수여자이시며, 성부로부터 나오시며, 성부와 성자와 함께 경배를 받으시고 영광을 받으시며, 선지자들로 말미암아 말씀하셨다"는 믿음에 관한 세 번째 글을 첨부하여 니케아 신앙을 재확인했다(티슬턴의 이탤릭).³³ 이는 서방교부는 아무도 그 회의에 참석하지 않았고, 서방교회는 항상 "성령은 성부와 성자로부터(*fillioque*) 나오신다"고 주장했다는 것 외에는 "니케아 신경"(엄격하게는 니케아-콘스탄티노플 신경)과 비슷하다. 이 회의는 니케아 회의에 이은 두 번째 공의회로 알려져 있다.

바실은 370년 가이사랴의 감독으로 선출되었다. 그는 356년부터 가이사랴에서 수사학을 가르쳤고, 수도원과 금욕주의에 참여했으며, 사회적 필요와 가난한 자들을 위해 다수의 건축물을 건축했다. 감독으로 선출될 때 그는 이미 364년에 쓰여진 그의 변증서 『유노미우스 논박』에 근거한 성령론 옹호로 명성을 가지고 있었다. 마이클 헤이킨은 이렇게 말한다. "바실이 감독으로서 주도했던 성령 훼방론 논쟁으로 인해 바실은 이전보다 성령의 본성에 대해 더 깊이 숙고했다."³⁴ 유노미우스는 대담하게 성령은 위엄과 본성에 있어 성부와 성자에 이은 "셋째"이며, 사실상 성부의 주도하심으로 성자가 만들었다고 주장했다. 바실은 장로일 때 이에 대해 응답했고, 감독일 때 그의 가장 심오한 작품인 『성령론』*On the Holy Spirit*을 썼다. 편지와 설교는 추가 자료를 담고 있다.

---

31. Lampe (ed.), *A Patristic Greek Lexicon*, pp. 1459-61.
32. Lampe (ed.), *A Patristic Greek Lexicon*, pp. 1454-61.
33. *NPNF*, ser. 2, vol. 14, "The Seven Ecumenical Councils," p. 163.
34. Haykin, *The Spirit of God*, p. 26.

바실의 편지는 370년대 소아시아에서 있었던 소동을 증언하고 있다. 세바스테의 감독 유스타디우스Eustathius(300-377)는 가까운 친구였지만 372-73년에 성령론을 두고 그들 사이에 분열이 일어났다. 유스타디우스는 아리우스 밑에서 공부했고, 평생동안 세미 아리우스주의자였다. 바실은 유스타디우스가 점차 그의 견해를 오도하고 소아시아 전역에 걸쳐 미혹적인 선동을 하는 것에 주목했다(예를 들어, *Letters*, 130:1; 데오도투스에게). 374년『성령론』이 나왔을 때 비판자들은 성부와 성자와 성령에게 동일하게 영예를 돌린 바실의 두 개의 송영의 적절성에 의문을 제기했다. 바실은 "성자와 성령과 더불어" "성령 안에서 성자를 통하여" 성부에게 영광을 돌렸고, … "내가 소설과 같은 것을 도입하려 한다는 근거로 … 공격을 받았다"고 회상한다(*On the Holy Spirit*, 1:3; NPNF, ser. 2, vol. 8, p. 3).

이 작품의 두 특성은 (1) 성령이 성부와 성자와 같은 특별히 삼중 영광송에서 명예와 영광을 부여받아야 한다는 것과 (2) 성령은 조건 없이 거룩하며, 그리고 조건 없이 홀로 거룩하신 하나님과 분리할 수 없는 하나라는 근거 때문에 거룩하다는 것이다. 바실이 죽은 지 2년 후, 그의 저작은 콘스탄티노플 신경의 "성령은 … 성부와 성자와 함께 경배를 받으시며 영광을 받으신다"는 진술로 온전히 인정을 받는다.

바실은『성령론』*On the Holy Spirit* 2-8에서 하나님과 성령에 대해 다르게 진술하는 성경 구절을 검토한다. 그는 이렇게 쓰고 있다. "성경은 필요한 경우에 그 표현을 다양하게 한다. … '~의'of which는 항상 그리고 절대적으로 … 물질을 가리키는 것은 아니다"(Greek. *hylē*; *On the Holy Spirit*, 4:6; NPNF, ser. 2, vol. 8, p. 4). 계속해서 성경은 '~로 말미암아'through whom를 성경은 "성부에게, 성자에게, 성령에게 똑같이 속한 경우에 인정한다"(5:10; NPNF, ser. 2, vol 8, p. 7). 성령 훼방론자들은 "성령은 성부와 성자와 나란히 위치하지 않고, 성부와 성자 아래 위치한다"고 주장한다(6:13; NPNF, ser. 2, vol. 8, p. 8). 6-8장에서는 셋의 상호 동등성을 주장하고 있다. 그러나 바실은 기독론에 역점을 두고 있다. 9장은 분리하여 구성되었을 수도 있고, 아닐 수도 있다.

왜냐하면 1-8장과 분위기가 다르기 때문이다. 9장은 요한복음의 고별강화(On the Holy Spirit, 9:22)와 영감자와 생명의 수여자로서 성령을 언급하고 있다.

10-27장은 유스타디우스와의 초기 논쟁을 다루고 있다. 바실은 "우리는 대적들을 공격하기 위하여 나아가야 한다"는 말로 시작한다(On the Holy Spirit, 10:24). 그는 "우리 주님은 세례 시 성부와 자신과 함께 성령과 상호 결합하였다"고 주장한다(10:24). 우리는 세례를 받을 때 "성부와 성자와 성령을 믿는다"고 고백한다(11:27). 베드로는 "성령으로 기름 부음 받았다"고 증언한다(행 10:38; On the Holy Spirit, 12:28). 바울도 비슷하게 성부, 성자, 성령을 결부시킨다(13:29). 세례는 물의 사용 이상을 수반한다(15:34-35). 그는 이렇게 쓰고 있다. "성령은 … 거룩의 열매를 맺게 함으로써 생명의 보증을 주신다. … 성령은 살리시는 능력을 부으시고, 우리의 영혼을 죄의 사망으로부터 다시 새롭게 하시며 … 물과 성령으로 다시 태어난다"(15:36). 계속해서 이렇게 덧붙인다. "성령을 통하여 낙원으로 회복된다"(15:37; NPNF, ser. 2, vol. 8, p. 23). 게다가 성령은 예언과 다른 은사를 주신다. 그는 고린도전서 14:24-25, 12:4-6을 인용한다. "… 다양한 은사, … 다양한 직분, 그러나 동일한 하나님이시다 …"(16:27). 그리스도인은 "성령으로부터 거룩함에 대한 필요를 채운다"(16:38). 반면 "성령으로 아니하고는 누구든지 예수를 주시라 할 수 없느니라"(16:38; 고전 12:3). 하나님의 얼굴을 보는 것은 "성령이 없이는 불가능하다"(16:38).

바실은 『성령론』 17-22에서, 성령의 동등함, 신성과 영광을 다시 다룬다. 그러나 이번에는 주로 은사의 수여를 통해 논증한다(19:49). 그는 "우리를 위해 중보기도 하신다"(19:50; 롬 8:26-27). 그리스도인은 "성령을 근심하게 하지 말라"고 간청을 받고 있다(19:20; 엡 4:30). 바실은 독자들에게 구약성경에서, "그들이 성령을 노엽게 하였고, 그로 인해 그가 대적이 되었다"고 경고한다(19:50; 시 106:32; 미 2:7). 성령은 "주님"으로 불리신다(21:52; 고후 3:14-17). 23장에서 바실은 성령의 교통을 고찰하고 더 많은 속성을 열거한다. 25장에서는 en('in' 또는 'by')의 성경적 용법을 재고찰한다. 바실은 이렇게 말한다. "우리는 신실한 자들 가운데 사용되는 두 표현을 발견한다. 즉 우리는 양자를 사용한다"(25:59; *NPNF*, ser. 2, vol. 8, p. 37).

나머지 장들(28-30)은 이상의 요점을 반복하거나, 바실 당시 교회의 상태를 고찰한다. 그러나 교부 연구자들은 9-27장의 상태와 장르에 대해 오랫동안 토론해 왔다. 헤이킨은 이렇게 결론을 내린다. "9장에 대해 바실의 저작권은 의심할 여지가 없다. … 10-27장은 최근 학자들 가운데 논란이 되는 부분이다."[35] 헤르만 도리스는 그 부분은 바실이 372-73년 세마스테에서 유스타디우스와의 논쟁을 회고한 것에 근거하고 있다고 주장한다.[36] 그는 이 부분에서 20개의 반론을 분별한다. 우리는 유스타디우스의 견해에 대하여 전적으로 바실의 설명에 의존하고 있다. 바실의 논증이 "속기법"을 사용한 것인지, 폭넓게 요약을 한 것인지는 의문이다. 현재 헨리 채드윅은 유스타디우스의 견해에 대한 또 다른 자료로서 퀴지쿠스Cyzicus의 성명서를 인용하고 있다.[37] 그럼에도 불구하고 그 논문을 다시 돌이켜 볼 때, 우리는 스탠리 버지스의 다음과 같은 의견에 전적으로 동의한다. "신자의 삶에서 성령의 역사의 전 범위에 대한 바실의 통찰은 아마도 고대 세계에서 가장 예외적일 것이다."[38]

고린도전서 12장을 사용한 것을 보면, 바실은 은사에 대한 부분(12:4-11)과 몸에 대한 부분(12:12-30)을 통찰력 있는 방식으로 연계시키고 있다. "우리는 우리에게 주어진 은혜에 따라 다양한 은사를 받아 서로에게 속한 지체들이다"(롬 12:56). "그러므로 '눈이 손더러 내가 너를 쓸 데가 없다 하거나, 또한 머리가 발더러 내가 너를 쓸 데가 없다 하지 못하리라'(고전 12:21). 그러나 모두가 함께 성령의 연합으로 그리스도의 몸을 완성한다"(*On the Holy*

---

35. Haykin, *Spirit of God*, pp. 106, 108.
36. Hermann Dörries, *De Spiritu Sancto: Der Beitrag der Basilius von Plotin* (Berlin: de Gruyter, 1964), pp. 37-38, 81-90.
37. Henry Chadwick, "Literarische Berichte und Anzeigen: Hermann Dörries, *De Spiritu Sancto*," *Zeitschrift für Kirchengeschichte* 69 (1958): 335-37.
38. Burgess, *The Holy Spirit: Ancient Christian Traditions*, p. 139.

Spirit, 16:61; *NPNF*, ser. 2, vol. 8, p. 38). 한 사람이 성령의 은사 모두를 받지 못한다. 서로 은사를 나누어 가짐으로써, 성령은 상호의존의 연합을 유지시킨다. 성령의 은사는 본질적으로는 결코 끝나지 않는다. 그것은 타인의 유익을 위하여 주어진다. 버지스는 말한다. "성령이 부분 안에 있는 전체로서 역사하심으로 그리스도인의 연합은 은사의 다양성 안에 존재한다. … 그는[바실] 또한 (그리스도의) 몸의 공동의 선을 추구하는 … 세속적인 선과 섬김을 포함한다."[39]

12. 4. 나지안주스의 그레고리와 니사의 그레고리

바실 외에 남아있는 두 명의 갑바도기아 교부들은 오늘날에도 의미 있는 요점들을 제공한다. 바실의 친한 친구인, 나지안주스의 그레고리(329/30-390)는 삼위일체의 연합을 강조한다. 달리 말하면, 우리는 성부 또는 성자를 언급하는 것을 생략하는 반면, 성령을 특정한 은사나 기도와 연관시키는 것에 주의를 기울여야 한다. 그는 성령의 신성을 암시하고, 성령이 단지 "힘" 또는 "사물"it이 아니라는 "수많은" 성경 구절을 발견한다. 그는 『삼위일체론』에서 "셋"은 숫자 또는 숫자적인 용법과는 "아무 관계가 없다"고 주장한다. 그와 바실의 동생인 니사의 그레고리는 성령의 신성은 일차적으로 그의 "본질"essence에서 보이는 것이 아니라, 하나님과 함께 하는 그의 "활동" 또는 "활동의 특성"에 의해 나타난다고 강조한다. 이것은 넓게 불트만 등과 같은 많은 현대 신학자들에게서 보이는 실제적인 또는 실존적인 접근이다.

나지안주스의 그레고리는 셀류키아Seleucia에 있는 한 수도원에서 살았다. 그는 처음에는 콘스탄티노플에 있는 니케아 공동체의 감독이 되는 것에 마지못해 동의했다. 그 당시 그곳에서는 논란이 격렬했다. 그레고리는 379년 오순절 기간에 성령론에 대한 글을 썼다. 처음에는 성령 훼방론자들

---

39. Burgess, *The Holy Spirit: Ancient Christian Traditions*, pp. 140-41.

에 대해 중재하는 입장을 유지하려고 했다. 그러나 380년 아타나시우스를 기념하여 행한 강론에서 담대한 입장을 취했다. 그는 380년부터 다섯 권의 『신학강론』Thelogical Oration을 발간했는데, 이에 대해 스웨트와 에드먼드 허시Edmund Hussy는 "성령론에 관한 모든 설교 중 가장 위대한 것"이라고 하였다.⁴⁰ A. J. 메이슨 판은 그리스어 본문도 담고 있다.⁴¹ 다섯 권의 연설은 성자에 관한 논쟁에 지쳐있는 … 더 큰 열정으로 성령에 대하여 투쟁하는 … 수많은 질문에 질린 사람들을 언급함으로써 다섯 권의 강론을 시작한다(Oration on the Holy Spirit, 2; NPNF, vol. 7, p. 318).

그레고리는 사두개인들과 달리 이방인 그리스도인조차 세상 지식에 대해 말하고 있는데, 세상 지식은 피조된 것이라고까지 말하고 있다고 주장한다(On the Holy Spirit, 4-5). 그리고 나서 엄격하게 논리적인 논증을 시작한다. 우리는 성령이 실체(ousia)인지, 또는 우연(우연적인 존재)인지 결정해야 한다. 즉 그는 하나님이 지으신 피조물(ktisis)이거나, 하나님이시다. … 신성에 속하거나 사물에 속한다(On the Holy Spirit, 6; NPNF, ser. 2, vol. 7, p. 319).⁴² 그는 태어나지 않았든지, 또는 태어났다(Greek. gennēton; On the Holy Spirit, 7). 많은 사람들은 그가 하나님으로부터 "나오신다"고 말한다. 그러나 "나오심이 무엇인가?"(On the Holy Spirit, 8). 이는 하나님이 "태어나지 않는다"고 하는 것을 정의하는 것보다 쉽지 않다. 그레고리는 아담, 이브, 셋을 언급하면서, 비록 "어떤 현상"도 정확하게 진리와 맞아떨어지는 것은 "아니지만", "동일 본질"을 정의한다(On the Holy Spirit, 11).

그러고 나서 그레고리는 성령께 드리는 예배와 기도를 논한다. 성령은 우리를 위해 중보기도 하신다(롬 8:26). 그리고 우리와 함께 기도하신다(고

---

40. Swete, *The Holy Spirit in the Ancient Church*, p. 240; 참조. M. Edmund Hussey, "The Theology of the Holy Spirit in the Writings of St. Gregory of Nazianzus," *Diakonia* 14 (1979): 224-33.

41. Arthur J. Mason, *The Five Theological Orations of Gregory of Nazianzus* (Greek text; Cambridge: Cambridge University Press, 1899), 각주와 함께 참조.

42. Mason, Greek text, p. 153.

전 14:15). 그는 이렇게 선언한다. "그러므로 성령에게 경배하고 기도하는 것은 내게는 단순히 성령 자신이 성령 자신에게 기도를 드리거나 찬양을 올리는 것처럼 보인다"(*On the Holy Spirit*, 12; Greek. *homotimo syndoxazomenos*; *NPNF*, ser. 2, vol. 7, p. 321).[43] "그는 동등한 명예를 가진 분으로 영광을 받으신다"(ch. 12). 성령 훼방론자들은 이를 삼신론으로 부르거나, 세 하나님을 예배할 수 없다. 왜냐하면 그들이 오직 성부와 성자만 영화롭게 한다면, 그들은 "이신론자"*Ditheists*이기 때문이다(ch. 13). "우리에게는 한 하나님이 계신다. 왜냐하면 *신성은 하나*이기 때문이다. 그리고 우리가 비록 세 위격을 믿지만 그 분으로부터 나오는 모든 것은 한 분이라 불린다"(*On the Holy Spirit*, 14; 티슬턴의 이탤릭). 그러나 그리스어로는 단순히 트리아 토 프로스퀴누메나*tria to proskynoumena*이다(ch. 13). 그리스도인은 일반적인 그리스인처럼 다신론자가 아니다(chs. 15-16).

아주 많은 논쟁을 해도 우리를 "삼신론자"tritheists로 만들 수 없다(*On the Holy Spirit*, 17). "셋"이라는 단어(Greek. *treis ··· tria*)는 여기에서 사물의 숫자로 사용되지 않는다. 우리는 "양을 가리키는 ··· 많은 단위에 대한 다른 방식으로" 셋을 사용한다(ch. 18; 티슬턴의 이탤릭; *NPNF*, ser. 2, vol. 7, p. 323).[44] "셋"(*treis*)은 "세 명의 베드로" 또는"세 명의 요한"처럼 수를 의미하지 않는다(ch. 19). 성경이 이 질문들에 대해 침묵한다면, 많은 구절들이 그것을 의미한다(ch. 23). 성경은 "성령의 신성이 지나치게 어리석지 않은 모든 사람에게, 또는 성령의 대적자에게 보여질 '수많은'[Greek. *hesmos*] 증거를 제공한다"(ch. 29; *NPNF*, ser. 2, vol. 7, p. 327).

성령은 "하나님의 영, 그리스도의 영, 그리스도의 정신, 주의 영···"이라고 불린다(*On the Holy Spirit*, 29). 성령은 "거룩하게 하며 거룩하게 되지 않는다. 측량하며 측량되지 않는다. 나누어주며 나누어 받지 않는다. 가득 채우

---

43. Mason, p. 160.
44. Mason, p. 168.

며 채워지지 않는다. 담으며 담겨지지 않는다…"(ch. 29). 성령에 대한 모욕은 용서될 수 없다(ch. 30). 그는 하나님이 그런 것처럼 "눈이며 샘이며 강"이시다(ch. 31). 또 다른 이미지는 하나님과 태양의 관계는 성령과 빛의 관계와 같다(ch. 32). 우리는 그의 "개성"을 부인할 수 없다(ch. 32). 언어는 부적절하지만 나는 성부, 성자, 성령을 하나의 하나님과 권세로써 경배하도록 모든 사람을 설득하려 한다(ch. 33).

성령론 강론은 이 주제를 가장 구체적으로 드러낸다. 그러나 그에 의미를 부여하는 유일한 작품은 아니다. 오순절 강론에서 그는 "성령은 아들과 함께 … 창조와 부활을 공유한다. … 그는 영적 중생의 저자이다"라고 주장한다(On Pentecost, NPNF, ser. 2, vol. 7, p. 384). 그러나 우리는 서방의 힐라리와 암브로우스, 그리고 동방의 아타나시우스를 따라 바실과 그레고리가 동방에서 성령론을 절정에 도달하게 하는 일차 본문을 충분할 만큼 인용했다.

바실의 동생인 니사의 그레고리 Gregory of Nyssa (c. 330-395) 또한 주목받을 만하다. 그도 또한 잠시 수사학자로서 지낸 적은 있지만, 일차적으로는 홀로 수행하는 금욕주의자였다. 그는 바실의 간청으로 니사의 감독이 되었다. 그러나 그는 달가워하지 않았다. 아리우스주의 황제 발렌스가 통치하는 동안 추방당했으나, 2년 후 380년 "니케아주의" 황제 데오도시우스 치하에서 감독으로 복귀했다. 유스타디우스가 죽었을 때, 세바스테 감독 선출단을 돕기 위해 초청되었으나 놀랍게도 그 자신이 감독으로 선출됐다. 그는 활동에 있어 학구적이었고, 성령에 대하여는 『삼위일체론』*On the trinity*, 논문 "세 하나님이 아니다"*Not Three God*, 『성령론』*On the Holy Spirit*, 『유노미우스 논박』을 썼다.

나지안주스의 그레고리처럼, 니사의 그레고리도 언어와 유추에 특별한 관심을 기울였다. "세 하나님이 아니다"(6페이지짜리 논문에는 구분 숫자가 없다; NPNF, ser. 2, vol. 5, p. 334)에서 그레고리는 같은 이름을 가진 것 같고 신격을 공유하는 성부, 성자, 성령, 세 위격 사이에 대조적인 것을 비교한다. 같은 이름을 가진 세 분의 경우, 그들은 동일하지 않다. 왜냐하면 같은 이름을 가진 세 사람은 각자 자기 길로 갈 수 있기 때문이다. "그러나 신성의 경우에는, 유사하게 성부는 성자가 함께 역사하지 않는 것을 혼자 행하시거나 또는 성자께서 성령으로부터 떨어져 어떤 특별한 일을 행하신다고 배우지 않는다. … 모든 역사는 … 성부로부터 기원하고 성자로 말미암아 나오며, 그리고 성령 안에서 완벽하게 된다"(티슬턴의 이탤릭).

헤이킨이 요약한 접근이 더 독특하다. 헤이킨은 이렇게 쓰고 있다. "신격의 본성은 그[sic] 활동에 대한 지식에 근거해야만 한다. … 활동의 특성은 본성의 공동체성을 나타낸다."[45] 그는 다음과 같이 선언함으로써 그레고리를 인용한다. "성부와 성자와 성령이 하나임을 인식한다면, 그들의 본성의 연합을 추론할 필요가 있다"(On the trinity, 6). 다른 곳에서 그레고리는 이렇게 진술한다. "성령은 그의 본성이 창조되지 않음으로 말미암아 성자와 성부와 접촉하며, 그 자신의 특성으로 말미암아 그들과 구별된다. … 그는 창조되지 않음으로 말미암아 성부와 연계되었으며, '아버지'가 되지 않음으로 말미암아 다시금 성부로부터 구별된다"(Against Eunomius, 1:22; NPNF, ser. 2, vol. 5, p. 61).

그레고리는 주의 깊게 많은 언어학적, 철학적, 개념적 논증과 특징을 사용한다. 그러나 그의 작품의 대부분은 바실과 나지안주스의 그레고리를 반복하고 있다. 그리고 우리는 그의 가장 창의적이고 독특한 아이디어에 주의를 기울이려고 했다. 그의 작품은 381년 콘스탄티노플 공의회에 영향을 주었다. 헤이킨의 말이다. "그레고리는 진정으로 성령훼방파Pneumatomachians 대표들에게 그들의 오류를 납득시키려고 했던 공의회 참석 감독 중 핵심 인물이었다."[46] 버지스도 비슷하게 결론을 내렸다. 그는 "그 결정에 큰 영향을 끼쳤다. 최종적으로 그는 공의회의 재가를 받은 니케아 신경에 덧붙인 부기를 … 썼다. 독창성과 지적 능력에서 그레고리는 갑바도기아 신학자 중 가장 재능 있는 사람이었다."[47]

---

45. Haykin, *Spirit of God*, p. 187.
46. Haykin, *Spirit of God*, pp. 198-99.
47. Burgess, *The Holy Spirit: Ancient Christian Tradition*, p. 144.

12. 5. 시리아의 필록세누스

필록세누스Philoxenus(c. 440-523)는 485년에 마북Mabbug 또는 히에라폴리스의 감독이 되었다. 그는 작지만 성장하는 시리아 교회의 선도 사상가 중 하나로 인정받고 있다. 그는 시리아어로 13권짜리 『그리스도인의 삶 강론』Discourses on the Christian Life과 많은 편지를 썼다. 그는 에데사에서 신학 교육을 받았고, 일찍부터 단성론적 기독론을 이유로, 특별히 안디옥 학파에 대항하여 투쟁했다. 그는 시리아의 단성론 운동에 참여했다. 시리아어는 후대 아람어 또는 아람어 방언을 형성하기 때문에, 맥도넬은 그를 그리스인들보다 예수의 말과 교훈에 더 가까운 것으로 본다.[48]

그의 성령론에서 결정적인 사건은 예수의 세례였다. 필록세누스는 예수가 세례를 받기 전까지 율법 아래 살았다고 주장한다(Commentory on the Prologue of John, 2). 그러나 예수는 세례 시 불과 성령을 경험했다. 그리고 "육적인 세상에서 영적 세상으로" 넘어갔다(Discourse, 9:274). 그러나 이 "성령 안에서의 삶"은 금욕과 급진적인 자기 부인의 삶이다. 세례 이후 성령은 예수를 "사랑하는 친구가 없고 … 부도 없고, 소유도 없는" 광야로 이끌었고, "… 성령하고[만] 동행했다"(Discourse, 9:275). 상황은 예수의 시대 이후 수세기 동안 상황이 변한다. 맥도넬은, "세례 시에 주어진 것은 긴 성숙과정을 거쳐 펼쳐지고 현실화 된다"라고 쓴다.[49] 필록세누스는 맥도넬이 "패러다임"이라고 말하는 것을 도입한다. 그리스도인은 세 번의 탄생을 경험할 수 있다. 첫 번째 탄생은 세상 속으로의 자연적 탄생이다. 둘째는 세례를 받음으로 그리스도인이 되는 탄생이다. 셋째 탄생은 그리스도인이 "자기 비움과 금욕적 삶으로써 세상의 자궁으로부터 성령 충만으로 들어가는 것이다"(티슬턴의 이탤릭).[50] 필록세누스는 "성령의 세계는 경계를 넘어서고, 한

---

48. McDonnell and Montague, *Christian Initiation*, pp. 266-69.
49. McDonnell and Montague, *Christian Initiation*, p. 277.
50. McDonnell and Montague, *Christian Initiation*, p. 279.

계를 넘어선다"고 주장한다(*Discourse*, 9:343). 그는 "당신은 당신이 행복을 경험한 것을 알기만 하고, 행복이 무엇인지 표현할 수는 없다"고 설명한다 (*Discourse*, 9:289).

맥도넬은 필록세누스가 많은 사람들이 "성령세례"와 비교하고 싶어할지도 모르는 성령의 경험에서 금욕주의 운동과 완전의 교리를 함께 융합시켰다고 지적한다. 필록세누스는 완전이란 점진적이고 확장되는 과정이며 금욕적인 훈련에 의해 달성된다고 말하기 때문에, 그의 신학은 오순절주의와 정확하게 같지 않다. 게다가 그는 그의 글의 대부분을 수도원의 수도사에게 썼고, 접촉점이나 중첩점을 제공하는 "가시성" 또는 "감각"의 양상이 방언으로 이루어지지 않고 성례적 활동으로 이루어진다. 파르키우스에게 보낸 편지*Letter to Patricius*에서 필록세누스는 카리스마적 은사가 과거에만 속한다고 한 크리소스톰과 모프수스티아의 데오도어의 주장을 거부한다. 그는 또한 그리스도인 모두가 이 은사들을 소유하지는 않는다고 주장한다(*Letter to Patricius*, 119와 120).

오순절주의 또는 갱신운동의 전통에 속한 많은 저자들은 자신들의 전통의 기원이 초기 시리아 교회에 있다고 주장한다. 그러나 수도원주의와 급진적 금욕 생활, 성례, 점진적 확장 단계에 의해 이루어진다는 부분 때문에 비록 흥미 있는 관점의 겹침이 있다 하더라도 필록세누스는 최소한 개신교 오순절주의와 개신교 갱신운동과 거리가 있다고 할 수 있다.

13

초기 중세 시대

13. 1. 대 그레고리부터 요크의 알퀸까지

(1) **로마의 그레고리**Gregory of Rome(c. 540-604)는 암브로우스, 제롬, 어거스틴과 함께 서방교회의 "마지막 학자"라고 불리지만, 엄밀하게 신학자는 아니었다. 그는 매우 유능한 행정가이며 목회자로서, 충실하게 어거스틴의 신학을 중세에 전달했다. 어떤 의미에서 그는 마지막 서방 교부였다. 그러나 오늘날 더 적절하게는 첫 번째 중세 교황이 되었다. 그는 수도원을 설립하고, 재정을 관리했으며, 성직자의 수준을 향상시키기 위한 글을 썼다.

그레고리의 잘 알려진 작품 『윤리학: 욥기 강해』는 수도원 성직의 시기에 쓴 것으로, 수도원장 그레고리의 설교와 수도사들의 질문과 같은 매일의 일지이다. 그레고리는 "혼자 있을 때는 성경을 이해할 수 없었지만, 형제들과 함께 있을 때" 자주 성경을 이해하게 되었다고 말한다(*Homily on Exekiel*, 2:2).[1] 그레고리는 자신의 성경 해석의 삼중 또는 사중 구도에 따라, 역사적 또는 문자적 의미 외에도 도덕적 의미를 정당한 세 번째 의미로 보

---

1. 참조. Beryl Smalley, *The Study of the Bible in the Middle Ages* (Notre Dame, IN: University of Notre Dame Press, 5th ed. 1964), p. 32.

왔다. "도덕적 교훈의 은혜로써, 우리는 색채의 구름으로 그 체계를 옷 입힌다"(Preface to the Moralia, 15). 그는 590년에 교황 또는 로마 감독이 되었고, 이 시기에 『복음서 설교집』, 계속해 593년에는 22권으로 된 『에스겔서 설교집』을 썼다.² 그는 또한 로마 감독으로서 『목양 규정집』, 또는 목양적 돌봄에 관한 『감독의 의무와 자질에 대하여』와 14권의 『서간문』, 4권의 『이탈리아 교부들의 삶과 이적에 대한 대화』(593-94)를 발행했다.³

성령의 인격과 사역에 대한 언급은 대부분의 책에 흩어져 있다. 『윤리학』에서 그레고리는 이렇게 쓰고 있다. "주님이 육신이 되셨을 때, 그에게 기름[즉 성령]이 부어졌다. … 주님은 성령의 중재로 말미암아 육신이 되었으므로, 사람으로 창조될 때, 바로 그 순간에 이 기름으로 기름 부음을 받았다. … 그의 기름 부음은 성령의 향기였고 … 그 위에 머무른다"(The Moralia Exposition of the Song of Song, 14). 여기에서 "문자적" 의미는 "연고의 냄새는 모든 사람을 뛰어넘는다"(Song of Song, 1:1-3). 1권 2:2에서 그레고리는 이렇게 쓰고 있다. "성령은 비둘기의 형태로써 뿐만 아니라, 불의 형태로도 사람에게 자신의 임재를 알리신다. 비둘기는 불, 열정 … 영의 온유함 … 강직함의 열망과 같은 순결함을 상징한다."⁴ 이는 그레고리의 사도행전 2장에 대한 작품에서도 일관되고 있다. 그는 성령은 하나님이 비물질적이시고 묘사가 불가능하기 때문에 불로 오신다고 말한다. 『복음서 설교』 제30번 설교에서도 마찬가지이다.

『목양 직분론』 13에서 그레고리는 돈을 주고 직분을 팔려고 하는 주교들을 정죄한다. "그들이 만약 돈을 받고 직분을 수여한다면, [그들은] 성령의 은혜를 파는 것이다." "그는 '너희가 거저 받았으니 거저 주라'(마 10:8)는 예

---

2. Gregory the Great, *Forty Gospel Homilies* (Kalamazoo, MI: Cistercian Publications, 1990).
3. Henry Davis, *St. Gregory the Great: Pastoral Care* (New York: Newman, 1950), includes fourteen *Books of Epistles* (*NPNF*, ser. 2, vol. 12, pp. 387-820, and vol. 13, pp. 2-190).
4. Gregory는 그의 *Forty Gospel Homilies*에서 비둘기와 불의 동일한 두 이미지를 사용한다. Homily 30, Cistercian translation, pp. 242-43.

수의 말씀을 인용한다. 위로부터 오시는 성령은 '안수로 말미암아' 주어진다. 영혼의 돌봄을 맡은 사람들이 있다. 그러나 그들은 주의 양떼가 올가미에 걸릴까 두려워한다"(Moralia, 14). 성령의 은사의 최고의 예는 예수 그리스도에게서 볼 수 있다. 그리스도는 이사야 11:2와 누가복음 4:18에서 언급된 것과 같이, "7중 은혜의 성령으로 충만"했다. "주의 성령이 내게 임하셨으니 … 복음을 전하게 하시려고 기름을 부으셨으니 …"(눅 4:18). "그의 위에 여호와의 영, 곧 지혜와 총명의 영이요, 모략과 재능의 영이요, 지식과 여호와를 경외하는 영이 강림하시리니"(사 11:2). 그레고리는 이들 은사를 직분으로 해석한다. "지혜"가 최상의 은사이다(Moralia, 2:8:12). 성령은 교회와 그리스도인에게 그가 그리스도에게 주셨던 것을 주신다. 이는 부활에 관한 욥기의 "문자적" 본문에 의해 강화된다. 그레고리는 사도행전에 관한 작품에서, 교회의 보편성을 가리키는 것으로서 다양한 방언을 언급한다. 그리고 고린도전서 12:8-10의 성령의 은사에 대한 상호 참조를 제공한다.

그레고리는 성령의 인격에 대하여, 성령이 "성부와 성자로부터 나오신다"는 서방과 어거스틴의 견해를 가르친다(Homily on the Gospel, 26). 그는 또한 『윤리학』에서 이것보다 더 부드러운 표현, 즉 성령은 아버지로부터 나오시며, "아들의 것을 받는다"를 사용한다(Moralia, 5:65와 27:34). 이 표현은 동방 교부들에게도 수납되었을 것이다. 그러나 더 강한 문구가 스페인 교회에 의해 채택되었고, 동방교회는 이 문구 "용납할 수 있는"을 받아들일 수 없었다. 좀 더 약한 그리스어 문구는 에크 투 파트로스 프로에르케타이 카이 엔 토 휘오 디아메네이("그는 성부로부터 나오시고 성자 안에 거하신다"). 그러나 라틴어 필리오케 filique 구절은 곧 로마에서 콘스탄티노폴리스 신경의 일부가 되었고, 서방에서는 샤를마뉴의 시대까지 이 신경의 두 가지 버전이 존재했었다.

이와 같이 그레고리의 성령에 대한 저작은 두 가지 독특한 양상이 있다. 성령의 존재, 인격, 또는 나오심에 많은 시간을 들였고, 이는 중세교회 안 셀름에게까지 주요 유산이 되었다. 또 다른 관심은 거룩의 은사와 보혜사 성령에 대한 작품이다. 성령은 지혜와 사랑과 영감을 주신다. 『복음서 설교』에서 그는 보혜사에 대해 집중적으로 다루고 있다. 그는 이렇게 선언한다. "그리스어 '파라클레테'*Paraclete*는 라틴어로는 '옹호자' 또는 '위로자'를 의미한다. … 그는 죄인들의 잘못된 행동을 위하여 성부의 공의에 개입한다. 성부와 성자와 한 본체이신 분이 죄인들을 위해 진정으로 간청하신다고 한다. … 그러므로 바울은 이렇게 말한다. '오직 성령이 말할 수 없는 탄식으로 우리를 위하여 친히 간구하시느니라'(롬 8:26)"(*Forty Gospel Homilies*, 설교 30; p. 238 시토수도회 번역). 이 동일한 성령이 "자신들의 죄를 슬퍼하며 … 슬픔과 고통으로부터 머리를 드는 자들을" 위로하신다(설교 30). 성령의 가르침은 단순한 "인간의 가르침"이 아니다(설교 30). 그레고리는 같은 설교에서 오순절을 오늘날 많은 사람들처럼 바벨 사건의 역전으로 본다. 성령은 "성부와 성자와 함께 영원히 공존"하신다(설교 30, 시토수도회 번역 p. 240). "주님은 물질적인 마음을 가진 자들의 심장에 성령의 숨으로 불타오르게 할 때 지상에 불을 보내신다. … 성령은 … 모든 마음으로부터 무감각과 냉랭함을 몰아내고, 영원을 사모하는 것으로 채우고 따뜻하게 한다"(설교 30, 티슬턴의 이탤릭). 그레고리는 이렇게 덧붙인다. "마음을 채우는 참 사랑은 눈물을 흘리도록 고통스럽게 한다"(설교 30, p. 241).

주로 성령에 대해 말씀하는 30번의 설교 끝에서 그레고리는 이렇게 선언하다. "나는 성령의 본성을 분석하려고 한다. … 성령은 하프를 연주하는 한 소년을 채우시고, 그를 시편 기자로 만드셨다(삼상 16:18). 그는 뽕나무를 재배하던 목자이자 목동을 선지자로 만드셨다(암 7:14-15). … 그는 어부를 설교자로 만드셨다(마 4:19). 박해자를 이방인의 사도로 만드셨다(행 9:1-20). 세리를 복음전도자로 만드셨다(눅 5:27-28). 성령은 솜씨가 얼마나 좋은 장인인지! … 그는 인간의 마음을 밝히사 한순간에 그의 마음을 변화시킨다. … 갑자기 전에는 아니었던 것이 지금은 그렇게 된다"(*Forty Gospel Homilies*, 설교 30, 티슬턴의 이탤릭; 시토수도회 번역, pp. 244-45). 그는 결론을 내린다. "생명을 주시는 성령을 사랑하자"(설교 30, p. 246).

그레고리는 획기적인 창조적 사상가라고 할 수는 없지만, 그는 성경과 교부들에게 충실했고, 이 엄숙한 유산을 중세에 전달했다. 그는 성령의 존재와 나오심과 관련하여 성부에 관심을 가지고 있었지만, 성령론을 그리스도인과 성직자의 매일의 삶에 실제적으로 적용하였다.

(2) 위-디오니시우스Pseudo-Dionysius(아마도 6세기 인물)는 동방의 수도사이자 신비주의자였다. 그는 사도행전 17:34에서 바울에 의해 회심했던 디오니시우스와는 다른 사람이다. 그는 디오니시우스, 또는 데니스 위-아레오파기테라고 알려져 있다. 그는 대 그레고리가 암브로우스와 어거스틴을 끌고와 서방의 중세에 영향을 끼친 것처럼, 갑바도기아 교부들과 존 크리소스톰, 신플라톤주의를 끌어옴으로써 동방의 중세에 영향을 끼쳤다. 그는 "계층"hierarchy이란 용어를 만들었지만, 이것은 오늘날처럼 단계적 종속을 의미하지 않고, 신적 계시의 빛을 통해 창조 안에서 하나님의 자기 현현의 활동을 의미한다. 인간의 목적은 "가능한 한 하나님을 닮아가는" 것이다 (Dionysius, *Celestial Hierarchy*, 3:1). 이는 정결, 조명, 완전 또는 하나님과의 연합을 포괄한다.

디오니시우스는 하나님은 "눈부신 빛"이시기 때문에 신학에는 이중적 방법이 있다고 설명한다. 캐터패틱 신학Cataphatic Theology, 긍정의 또는 기술적 신학a theology of affirmation or deseription은 하나님에 대하여만 말할 수 있다. 아포패틱 신학, 또는 부정이나 부인의 신학a theology of nagative은 긍정적이거나 기술적 용어로 접하는 것을 표현할 수 없다. 부정신학은 인간의 개념과 언어로 선명하고 즉각적으로 표현되고 옮겨지는 것처럼 그리스도와 성령이 "과도하게 친밀한" 오늘날과 극명한 대조를 이룬다. 하나님에 대한 우리의 "지식"의 한계에 대해서는 디오니시우스의 하나님의 이름에 대하여 *On the Divine Nameses*에서 다루고 있다.[5] 서방의 표준 용어 "성화"sanctification

---

5. Greek, PG, vol. 3, cols. 585-976; English, John D. Jones, *Pseudo-Dionysius the Areopagite: The Divine Names and Mystical Theology* (Milwaukee: Marquette University Press, 1980).

에 대응하는 것은 "신격화"deification이다. 즉 하나님을 닮아가는 것과 하나님의 본성에 도달하는 것이다.

불행하게도 디오니시우스의 목적은 기독교를 플로티우스에 의해 중재된 신플라톤주의의 용어로 생각하는 것이다. 그는 기독교의 삼위일체 교리를 강조한다. 신격의 세 위격은 모두 빛과 생명을 전달한다. 성부, 성자, 성령은 "주님"이시다. 그러나 우리는 각자 구별하여 명명하는 것에 신중해야 한다고 그는 주장한다(On the Divine Names, 2:2-3). 그는 "성부와 성자의 영, 그 안에서 그로 말미암아 은혜의 선물이 만물에게 분배된다"고 쓰고 있다(Dionysius, On the Celestial Hierarchy, 1:1). 성부와 성자는 분명하게 구별된다(On the Divine Names, 2:5; Jones의 번역, p. 121). 그러므로 디오니시우스는 지나치게 친숙하고, 지나치게 개인적인 성령 이해를 책망하고, 개념적인 사고보다는 환상을 격려하면서 성령을 우주적 관점으로 본다.

(3) 세비야의 이시도르Isidore of Seville(c. 560-636)는 스페인에서 성직자 교육과 수도원 훈련, 의식의 통일성을 확립했다. 그는 톨레도 공의회를 주재했다(633). 그는 성령에 대하여 그레고리의 가르침을 전달한 것과 성령의 나오심에 대하여 서방의 신경에 필리오케filique 구절을 확고하게 지지한 것으로 알려졌다. 그는 성령은 성부와 성자와 "동질"이라고 주장했다. 그리고 생명의 수여자로서 성령의 역할을 강조했다. 그러나 하워드 와트킨-존스가 결론 내린 것처럼, "이시도르는 성령의 사역에 대해서는 거의 쓰지 않았다."[6]

(4) 가경자 베데The Venerable Bede(c. 673-735)는 주로 히포의 어거스틴과 로마의 그레고리의 전달자이다. 그는 유명한 『영국 사람의 교회사』 Ecclesiatical History of the English People(731) 외에 『사도행전 주석』Commentary on the Acts of the Apostles, 『복음서 설교』Homilies on the Gospels, 『바울서신에 대한 성 어거스틴의 작품 발췌』Excerpts from the Works of St. Augustine on the Letter of the

---

6. Howard Watkin-Jones, *The Holy Spirit in the Mediaeval Church: A Study of Christian Teaching concerning the Holy Spirit and His Place in the Trinity* (London: Epworth, 1922), p. 25.

*Apostle Paul*와 많은 작품(최소한 총 44권)을 썼다. 그는 일곱 살에(680) 웨어머스Wearmouth와 재로우Jarrow의 수도원에 들어갔다. 30살에(702) 성직자로 임직했고, 평생을 성경을 주석하는 일에 헌신했다. 그는 라탄어와 그리스어와 히브리어를 배웠다. 버지스는 그를 8세기 초의 기독교 학문의 "가장 유명한 불빛"이라고 말한다.⁷ 프레데릭 아츠Frederick Artz는 그를 "강력한 지성의 사람"이라고 부른다.⁸ 그의 책 『사물의 본질』*On the Nature of things*은 플리니와 이시도르에 대한 백과사전적 접근이 적용되었다.⁹ 색다른 언어 패턴에 대한 연구는 『수사학의 인물들』*Figures of Rhetoric*을 낳았다. 그는 『역사』*On Times*에서 세계의 연대기를 논하고, 임박한 최후의 심판에 대한 믿음을 독려한다. 『사물의 본질』에서는 창세기의 창조 기사와 7일 동안 "세계의 형성"으로 시작한다.

베데의 주석은 종종 어거스틴, 암브로우스, 제롬, 그리고 그레고리를 복제한다. 그는 『요한복음 주석』에서 성령은 하나님이라고 주장한다. 그러나 그는 신약성경뿐만 아니라 이슬람의 발흥을 보면서 하나님은 한 분이시며 하나의 연합이라고 주장한다. 성령은 성부와 성자로부터 나오시며 하나의 본체, 권능, 위엄을 갖고 계신다.¹⁰ 베데는 709년 『사도행전 주석』*Commentary on the Acts of the Apostles*(725-31에 수정)을 썼다. 『누가복음 주석』*Commentary on the Luke*은 709-16에, 마가복음 주석은 725-30에 썼다. 아더 홀더는 이렇게 말한다. "그는 신약성경의 기적의 해석에서 육체적인 변화보다는 내적인 영적 회심을 강조했다."¹¹ 그는 기적이 일어나도록 허락하지만, "우리가 새롭

---

7. Stanley M. Burgess, *The Holy Spirit: Mediaeval Roman Catholic and Reformation Traditions* (Peabody, MA: Hendrickson, 1997), p. 21.
8. Frederick B. Artz, *The Mind of the Middle Ages* (New York: Alfred Knopf, 3rd ed. 1958), p. 194.
9. Bede, *On the Nature of Things and On Times*, trans. with an intro. by Calvin B. Kendall and Faith Wallis (Liverpool: Liverpool University Press, 2010).
10. Watkin-Jones, *The Holy Spirit in the Mediaeval Church*, p. 29.
11. Arthur C. Holder, "Bede and the New Testament," in *The Cambridge Companion to Bede*, ed. Scott DeGregorio (Cambridge: Cambridge University Press, 2010), p. 152.

게 심은 나무의 뿌리가 내릴 때까지 물을 주는 것처럼, 믿음이 어리고 연약한 교회의 시작에서" 더욱 화려하고 더욱 *빈번했다*(Bede, *Commentary on the Mark*, 티슬턴의 이탤릭).¹² 비슷하게 베데는 이렇게 쓴다. "초기에는 성령이 신자 위에 내려오고, 그들은 자신들이 공부하지 않은 말로 방언을 말했다. 그러나 오늘날 거룩한 교회는 외적 표지를 필요로 하지 않는다. 예수 그리스도의 이름을 믿는 자는 누구든지 그 안에 거주하시는 성령을 증거한다"(Bede, *Commentary on the Seven Catholic Epistles*).¹³

그러나 대부분 성령에 대한 언급은 성령의 사역보다는 인격에 더 관심을 가진 것으로 보인다. 베데는 때때로 요한복음 20:22에서처럼 성자께서 성령을 불어넣으심에 호소하면서 성부와 성자로부터(*filioque*) 나오심을 여러 차례 반복한다. 다시금 이슬람을 의식하고, 삼위일체 하나님의 연합을 강조한다.

(5) 요크의 알퀸Alcuin of York(c. 735-804)은 요크의 성당학교에서 훈련을 받고, 성당 도서관 개관에 참여하기 위하여 로마를 방문했다. 그는 781년에 샤를마뉴를 만났고, 그의 궁전 학자가 되었다. 800년 샤를마뉴는 교황에 의해 서로마 황제로 즉위했다. 이는 중세의 가장 의미 있는 사건이었다. 샤를마뉴는 "로마와 기독교와 게르만 문화를 융합" 시키기를 원했다.¹⁴ 알퀸은 카를링거 르네상스의 심장부에 서서, 샤를마뉴를 하나님이 주신 이상적인 황제로 여겼다. 그는 양자론Adoptionism을 반대하는 세 편의 글을 썼다. 그리고 그는 비록 삼위일체는 "하나의 뜻"을 갖고 "하나의 활동"에 협력하지만, 성령은 성부와 성자와 동등하다고 주장했다(*Commentary on the John*, 15:26).¹⁵ 그는 샤를마뉴와 협력하여 "성부와 성자로부터(*filioque*)" 성령의

---

12. Bede, *In Marci Evangelium Expositio*, ed. D. Hurst, CCSL 120 (Turnhout: Brepols, 1960), p. 645.
13. Bede, *In Epistolas VII Catholicas*, ed. D. Hurst (Turnhout: Brepols, 1983), pp. 198-99.
14. Artz, *The Mind of the Middle Ages*, p. 195.
15. Watkin-Jones, *The Holy Spirit in the Mediaeval Church*, p. 44.

나오심을 위하여 투쟁했다. 그는 또한 삼위일체는 "한 실체, 한 본성, 한 위엄, 한 영광, 한 영원성을 가진, 성부, 성자, 성령"임을 강조했다.[16] 알퀸은 또한 이렇게 말한다. "성령은 자존하기 때문에 하나님이시다(*Spiritus Sanctus, quod ad sed se est, Deus est*). 그는 성부와 성자에 속한 … 성령이시다(*quod a Patre et Filio, Spiritus sanctus est*)."

성령의 사역에 관해, 알퀸은 모든 세례자는 죄를 용서받았고, 주교가 안수할 때 성령을 받는다고 믿었다(*per manus impositionem*; Alcuin, *Letter*, 80). 이는 성례전적이며 제도적인 "성직 제도"의 발달 단계를 보여준다. 또 다른 편지에서 알퀸은 성부와 성자로부터 보냄 받은 보혜사에 대해 쓰고 있다 (Alcuin, *Letter*, 111). 그는 이렇게 덧붙인다. "주님은 성령의 은혜를 통하여 죄를 용서함으로써 성령으로 세례를 베푸신다."[17] 편지Letters는 성령의 사역에 대한 유용한 자료이다. 성령의 위격에 대하여는 샤를마뉴에게 헌정한 짧은 작품, 『성령의 나오심에 대하여』*On the Procession of the Holy Spirit*에서 진술한다.

자로슬라프 펠리칸Jaroslav Pelikan은 이렇게 주장한다. "알퀸은 샤를마뉴에게서 어거스틴의 이상적인 기독교 황제, 즉 하나님의 도성에 부합하는 행복한 황제felix imperator를 보았다."[18] 펠리칸은 또한 알퀸에게 있어 교부들의 신학은 "바른 신앙의 유일한 보증이며, 그로 인하여 구원을 얻게 하는" 것이었음을 지적한다.[19] 알퀸의 『삼위일체 신앙』*On the Faith of the Holy Spirit*은 주로 히포의 어거스틴과 로마의 그레고리, 암브로우스, 제롬의 신학을 복제하고 있다. 샤를마뉴와 함께 그의 영향은 이런 사상을 중세 교회로 전달하는 것이었다.

---

16. Alcuin, *Commentary on John* 16:14-15.
17. Watkin-Jones, *The Holy Spirit in the Mediaeval Church*, p. 45.
18. Jaroslav Pelikan, *The Christian Tradition*, vol. 3: *The Growth of Mediaeval Theology* (600-1300) (Chicago: University of Chicago Press, 1978), p. 49.
19. Pelikan, *The Christian Tradition*, vol. 3, p. 46.

13. 2. 스코투스 에리게나로부터 안셀름, 루퍼트, 아벨라르까지

(1) 스코투스 에리게나Scotus Erigena(c. 812-890). 요하네스 스코투스 에리게나는 카를링거 르네상스의 마지막 꽃이자 스콜라주의 시대의 시작을 목격했다. 위-디오니시우스와 마찬가지로 그는 신플라톤주의와 하나님, 세계, 성령에 대한 연구에서 "세계-이데아" 개념을 사용한다. 그는 신학과 철학 사이에서 아무런 구분을 보지 못한다. 더욱이 그는 성경의 기독교 메시지에 대해 완전히 이성적인 설명을 모색한다. 어거스틴 신학이 중세 서방을 지배하였기 때문에, 그는 『예정론』On Predestination을 썼고, 그 책에서 그는 아무도 악을 행하도록 강제되지 않는다고 주장했다. 왜냐하면 엄격하게 말해 하나님은 "존재하지 않는 것"what is not에 대한 선지식을 가지고 있지 않기 때문이다. 그는 발산emanation이 주된 역할을 한다는 점에서 위-디오니시우스와 신플라톤 전통을 바짝 따르고 있다. 그는 위-디오니시우스처럼 이해할 수 없는 하나님의 신비와 세계를 구분하고 있다. 그러나 『자연의 분할』 Division of Nature(c. 865)에서 명백하게 나타난 것 같이, 그는 신적인 활동을 "초자연적인 것"에 제한하고 있다. 그럼에도 불구하고 그는 1210년 교회에 의해 범신론주의로 정죄를 받는다. 그는 위-디오니시우스와 보에티우스뿐만 아니라 니사의 그레고리도 번역하고 주를 달았으며 요한복음 주석을 발행했다.

우리는 에리게나를 포함시켰는데, 이는 아마도 어떤 이들이 주장하듯, 그가 "어거스틴과 … 안셀름 사이의 라틴 세계에 등장한 가장 중요한 철학 사상가"이기 때문이다.[20] 그는 또한 『삼위일체론』을 썼다. 그는 성령이 성자를 통하여per 성부로부터ex 나오며, 성부, 성자, 성령은 동질이시며 영원 공존한다고 주장한다. 와트킨-존스는 그에게 한 장을 할애하였는데, 에리게

---

20. Eugene Fairweather, "Erigena, John Scotus," in *The Encyclopaedia of Philosophy*, ed. Paul Edwards, 8 vols. (New York: Macmillan, 1967), vol. 3, pp. 44-45.

나는 성령의 사역보다는 성령의 우주적 cosmic 본성을 더 흥미롭게 여긴다.[21] 그는 꺼리지 않고 교부들 중 몇몇을 비난한다. 와트킨-존스는 그가 철학과 이성, 그리고 위-디오니시우스의 아포패틱 신학 the apophatic theology에 동등한 관심을 갖기 때문에 그를 "이성주의뿐만 아니라 서방 신비주의의 아버지"라고 한다.[22] 그는 사소하게라도 성령의 신비성을 훼손하는 것에 저항한다.

(2) 포티우스 Photius(c. 810-890)도 고찰할 필요가 있다. 최근까지 많은 서구의 저자들은 그를 비난했지만, 버지스는 그를 "9세기 비잔티움의 지적 르네상스에서 가장 다작의 작가"라고 부른다.[23] 그는 콘스탄티노플 감독 또는 총대주교에 선출되었으나, 궁중과 교회의 모의로 인해 종종 퇴위와 복직을 반복하는 수난을 겪었다. 그의 가장 잘 알려진 작품은 대작 『비블리오데카』 Bibliotheca로서, 많은 주석서를 포함하고 있으며 280권에 이르는 교부들의 저작의 발췌와 요약으로 구성되어 있다. 그는 또한 『성령의 신비 입문교육』 On the Mystagogy을 썼는데, 이 책에서 그는 끊임없이 성령이 성부 한 분으로부터 나온다는 동방의 단일발출을 옹호했다.

포티우스는 "그가 내 것으로부터 받을 것이다"(요 14:14)는 분명하게 "나로부터"라고 단언하지 않으며, 교부들의 대다수는 성령의 단일발출을 지지했다고 주장한다. 그는 암브로우스, 제롬, 어거스틴은 "소수의" 예외로 인정했다. 위르겐 몰트만을 예견하는 듯이, 포티우스는 삼위일체의 동일성은 단일발출에 의해 가장 잘 보존된다고 믿었다. 몰트만은 이렇게 쓰고 있다. "니케아 콘스탄티노폴리스 신경에 필리오케 filioque가 도입됨으로써 성령은 성자에게 종속되는 것으로 여겨졌다. … 성자가 성령 앞에 놓여지고 … 그러나 다시 한번 서방의 신경으로부터 필리오케를 제거한다면 리모델링이 가

---

21. Watkin-Jones, *The Holy Spirit in the Mediaeval Church*, pp. 61-67, ch. 7.
22. Watkin-Jones, *The Holy Spirit in the Mediaeval Church*, p. 67.
23. Stanley M. Burgess, *The Holy Spirit: Eastern Christian Traditions* (Peabody, MA: Hendrickson, 1989), p. 49.

능할 것이다 … "(티슬턴의 이탤릭).²⁴ 포티우스는 로마의 대 레오도 성령의 단일발출을 가르쳤다고 주장하면서, 이 요점을 정열적으로 옹호했다. 어떤 사람들은 그의 타협할 줄 모르는 강경한 입장이 수세기 동안 동방과 서방 사이의 일치된 신조의 가능성을 후퇴시켰다고 주장한다.

그럼에도 불구하고 안드레아스 안드레오풀로스Andreas Andreopoulos는 이렇게 주장한다. "9세기에 나타낸 대로 성령의 발출에 관한 로마와 콘스탄티노플의 견해에 정치적인 차원이 있었음을 부인하기는 힘들다."²⁵ 그러나 그는 또한 이 분열이 많은 부분 교회론으로부터 기인한 것으로 본다. 성상파괴논쟁The iconoclastic controversy은 "독립적인" 수도원 생활과 감독 교회를 양극화시켰다. 많은 사람들은 포티우스를 황제가 교회에 떠맡긴 외부인으로 여겼다. 그리하여 그는 교회 내 수도사들과 보수파의 신뢰를 얻기 위하여 열심히 일해야 했다. 많은 권력의 대립이 있었으며, 몇몇은 동방교회의 근거가 되었던 이콘 신학a theolegy of images에 관한 것이었다. 이러한 혼란 속에서 포티우스는 극단주의 당파에 얽히게 되었다. 이와 같은 문맥에서 성령의 발출 논쟁은 "교회의 보편성을 이해하기 위한 하나의 시험대"가 되었다.²⁶ 포티우스는 동방과 서방 사이의 토론에서 주로 갑바도기아 신학을 반복했다. 그는 새로운 상황이 오더라도 신학의 체계를 개방하는 것을 거부했다. 이것은 이 주제에 대한 그의 강직성을 설명하는 데 크게 도움이 된다.

(3) 켄터베리의 안셀름Anselm of Canterbury(c. 1033-1109). 와트킨-존스는 "10세기에는 성령론과 관련하여 중요한 저자가 아무도 없다"고 말한다.²⁷

---

24. Jürgen Moltmann, *The Spirit of Life: A Universal Affirmation* (London: SCM, 1992), p. 71.
25. Andreas Andreopoulos, "The Holy Spirit in the Ecclesiology of Photios of Constantinople," in *The Holy Spirit in the Fathers of the Church*, ed. D. Vincent Twomey and Janet E. Rutherford (Dublin: Foursquare, 2010), p. 151; 참조. pp. 151-63.
26. Andreopoulos, "The Holy Spirit," in Twomey and Rutherford, *The Holy Spirit in the Fathers*, p. 156.
27. Watkin-Jones, *The Holy Spirit in the Mediaeval Church*, p. 68.

그러나 11세기에 란프랑크Lanfranc(1005-89)는 성령론에 관해 글을 쓰고 정복자 윌리엄에게 영향을 끼쳤을 뿐만 아니라, 1093년에 켄터베리 대주교로 자신을 계승하게 될 안셀름을 가르쳤다. 안셀름은 '하나님의 연합'과 '믿음과 이성의 연합'을 강조했다. 그의 가장 초기 작품인 『기도와 명상』은 베크에서 수도사로 지내던 평화로운 시기에 쓰였다. 그는 1072년 『명상』을 정복자 윌리엄의 딸에게 보냈다.[28] 1077년 즈음에는 『모노로기온』Monologion과 『프로슬로기온』Proslogion을 냈다. 『모노로기온』은 하나님의 속성에 관한 것으로 어거스틴의 『삼위일체론』을 반영하고 있다. 『프로슬로기온』은 하나님의 존재에 관한 것이며, 하나님께 드리는 기도로부터 비롯된 보다 독립적인 작품이다.

칼 바르트는 안셀름에 대한 자신의 책에서 이렇게 단언한다. "안셀름에 관한 이 책에서 나는 신학에 이르는 유일한 기도로써, … 점점 더 나에게 깊은 인상을 주는 그 모든 사고 과정을 이해하게 되는 결정적인 열쇠를 지닌 채 작업을 하고 있다."[29] 『프로슬로기온』 2-4은 신 존재 증명을 다루고 있는 반면, 『프로슬로기온』 5-26은 하나님의 본성을 다루고 있다. 바르트의 다음 글을 읽으면 우리가 위-디오니시우스에 대해 관찰한 것을 상기하게 될 것이다. "안셀름에게 있어 '믿는다는 것'은 단순히 하나님을 향한 인간 의지의 갈망을 의미하는 것이 아니라, 하나님 안으로 들어가고 싶은, 그리하여 하나님의 존재의 양태에 … 참여하고 싶은 인간 의지의 갈망이다"(티슬턴의 이탤릭).[30] 그는 이렇게 덧붙인다. "크레도 우트 인텔리감"Credo ut intelligam은 "나에게 지식을 가져오는 것은 바로 믿음 그 자체이다"를 의미한다.[31] 믿는다는 것은 비논리적이거나 비이성적인 것이 아니다. 안셀름은 신학과 기도 사이

---

28. 참조. R. W. Southern, *Saint Anselm: A Portrait in Landscape* (Cambridge: Cambridge University Press, 1990), pp. 91-137.
29. Karl Barth, *Anselm: Fides Quaerens Intellectum* (London: SCM, 1960), p. 11.
30. Barth, *Anselm*, p. 17.
31. Barth, *Anselm*, p. 18.

의 필수적인 관계를 굳게 붙들고 있다.

여기는 철학자들이 하나님의 존재에 대한 안셀름의 존재론적 논증이라고 부르는 것을 해결하기 위한 자리가 아니다. 바르트와 서던Southern을 포함하여 많은 제자들이 안셀름의 성향을 특별하게 고려하면서 이 일을 하고 있다.[32] 안셀름의 걸작 『왜 하나님은 인간이 되셨는가?』 *Cur Deus Hemo*는 아마도 1093년 이후 그가 대주교가 되었을 때 쓰였을 것이다. 이 책은 그리스도의 성육신이 그의 속죄 사역과 어떻게 밀접하게 연관되어 있는지를 능수능란하게 보여준다. 속죄는 그리스도의 참 하나님 되심과 참 사람 되심에 달려있다.

우리는 아직 안셀름의 성령론에 대해 구체적으로 다루지 않았다. 성령에 대해 첫 번째로 등장하는 곳은 부분적으로 어거스틴의 『삼위일체론』을 반영하는 『모노로기온』이다. 성 삼위일체는 "한 본질 안에 세 위격"이신 하나님의 자기표현으로써, 성령은 말씀과 함께 영원히 공존하신다(Anselm, *Monologion*, 32). 계속해서 "성령은 모든 면에서 성부와 성자의 '속성'[또는 특성]을 소유하신다. … 성부의 전부(*totus Pater*)는 성자와 공동으로 성령 안에 현존하신다"(*Monologion*, 58-59; 티슬턴의 이탤릭). 안셀름은 어거스틴처럼 삼위일체를 기억, 이해(*intellgentia*), 그리고 사랑(*amor*)으로 본다. 그는 『삼위일체 신앙』에서 삼위일체 본질의 연합을 강조하는 로셀린Roscellin(c. 1050-1130)의 삼신론을 공격한다. 그는 "성자가 성육신한 것과 같이 성령이 성육신하셨다면[생각할 수도 없는 일이지만] 성령이 인자가 되었을 것이다. 그러므로 삼위일체에는 두 아들이 있을 것이다"라고 주장한다(*On the Faith of the Trinity*, 5).

이것은 아마도 중세 시대의 소위 아타나시우스 신경을 암송하도록 요청받는 오늘날 그리스인들의 당혹스러움을 해소하는 데 도움이 될 수 있다. 그들은 다음과 같이 암송할 것이다. "그러므로 세 성부가 아니라 한 분 성

---

32. Southern, *Saint Anselm*, pp. 127-37.

부께서 계신다. 세 아들이 아니라 한 아들이, 세 성령이 아니라 한 성령이 계신다." 아직도 영국에서는 법적인 공동 기도서에 아타나시우스 신경 또는 "퀴쿤케 불트"Quicunque Vult를 "아침 기도"라는 제목으로 저녁 기도 뒤에 배치시켜놓고, 1년에 13번 발표하도록 지시하고 있다. 그것은 세 페이지 길이이며, 오늘날에는 거의 사용하지 않는다. 나는 어린 시절에 "세 아버지"라는 개념이 많이 혼란스러웠던 기억이 있다. 그러나 그것은 아타나시우스 당대의 기술적 관심의 문맥에서만 이해될 수 있다. 안셀름은 『발출』*On the Procession*에서 필리오케*filioque* 구절을 사용할 것을 촉구하고 있다. 그러나 그는 성부의 영광과 통치와 연관하여 성자의 성육신과 사역에 관한 그의 걸작『왜 하나님은 인간이 되셨는가?』에 필적할만한 성령론 작품을 내놓지 못했다.

(4) **도이츠의 루퍼트**Rupert of Deutz(c. 1075-1129). 루퍼트는 어린 시절 에 리게Liege에 있는 로렌스 베네딕트 수도원의 수도사였다. 그는 1120년경 콜로네 근교 도이츠의 수도원장으로 임명되었다. 스탠리 버지스는 그를 폭넓은 신학 논문을 포함하여, "12세기 서방교회 신자 가운데 가장 다작의 작가"라고 썼다.[33] 그는 안셀름의 죽음 이후 클레르보의 베르나르, 피터 아벨라르, 성 빅토르의 위고가 출현하기까지 사이를 잇는 다리였다. 그의 작품에는 『삼위일체와 그 사역』*On the Trinity and Its Works*(c. 1114)과 마태복음, 요한복음, 요한계시록, 소선지서 주석이 있다. 루퍼트는 각각의 "사역들" 사이의 차이를 각 신적 위격에게 연결시키려고 했다. 즉 창조는 성부에게, 구속은 성자에게, 재생 또는 회복은 성령에게 속하는 것이다(*On the Holy Trinity and Its Works*, 21:126). 이것은 아직도 공동 기도서에 남아있지만, 많은 저자들은 삼위일체의 전 위격이 이 모든 일에 활동한다고 주장한다. 비슷하게 루퍼트는 생명은 성부에게, 지혜는 성자에게, 사랑은 성령에게 속한다고 한다. 마찬가지로 성부는 창조 초기에 나타나며, 성자는 타락으로부터 그의 죽으심과

---

33. Burgess, *The Holy Spirit: Mediaeval Roman Catholic and Reformation Traditions*, p. 37.

부활에서, 성령은 그리스도의 세례와 기름 부음으로부터 최후의 심판에서 나타나신다. 이것을 『삼위일체론』 1부, 2부, 3부에서 각각 상술하고 있다.

루퍼트에게는 오늘날의 오순절운동과 갱신운동을 예견하는 것으로 보이는 것이 많다. 이들 운동들은 성령의 독특한 사역과 은사를 중시한다. 반면 대부분의 초기 교부들은 창조, 구속, 성화의 은사 모두가 삼위일체 안의 한 하나님의 협력 사역으로서, 그 "사역들"은 쉽게 나뉠 수 없다고 보았다. 역으로 많은 초기 저자들은 단순히 성령의 존재와 상태, 발출에 집중했는데, 루퍼트는 현대의 많은 또는 대부분의 작자들이 그렇듯이 삼위일체의 "사역"을 강조한다. 루퍼트는 계속해서 성령이 성부와 성자로부터 이중으로 나오신다는 서방교회의 교리를 변호하고 싸웠다. 성 삼위의 각 위격에 독특한 "사역들"을 배정하는 독단성은 루퍼트가 "지혜"를 성자와, "사랑"을 성령과 서로 연결하는 데서 보인다. 또한 요한계시록 주석에서 그는 "지혜"를 성령의 일곱 은사 중 최고라고 한다.

(5) **피터 아벨라르**Peter Abelard(또는 Abailard, 1079-1142). 와트킨-존스가 아벨라르를 "그 시대의 가장 사상을 자극하는 작가이자 교사"라고 한 것은 많은 것을 표현한 것이다.[34] 아벨라르는 적극적이고 독립적인 정신을 가졌으며, 파리에서 많은 청중들에게 강의했다. 그러나 비극은 두 가지 형태로 그에게 찾아왔다. 첫째, 엘로이즈와의 사랑은 1117년 그의 수도원 생활을 중단시키는 요인이 되었다. 둘째, 그는 스와송 공의회에서 그의 견해를 듣지도 않고 정죄를 받았고(1121), 후에 클레르보의 베르나르에게 비난을 받았다(1140). 결국 베르나르와 화해는 했으나 이 사건들로 그와 그의 저작들은 상처를 입어야만 했다. 현대 사상가들에게 그가 종종 속죄에 관한 안셀름의 탁월한 작품에 대해 지나치게 일반적이고 불만족스러운 비판을 하는 것으로 간주되는 것은 유감스러운 일이다.

예를 들어, 아벨라르의 『로마서 강해』는 결코 안셀름에 대해 완전히 성

---

34. Watkin-Jones, *The Holy Spirit in the Mediaeval Church*, p. 91.

숙한 "대답"이 되려는 의도는 없었다. 따라서 특히 로마서 3:19-26에서 주경학적 부족함이 너무나 명백하다. R. S. 프랭크스는 이렇게 말한다. "그는 구속의 과정을, 즉 단일하고, 분명하고 원칙적인 그리스도 안에서 우리에게 대한 사랑의 표현을 축소시켰다."³⁵ 이것이 아벨라르가 클레르보의 베르나르와 대조적으로 이성주의자로 묘사되는 이유이다. E. R. 페어웨더Fairweather는 이렇게 말한다. "그는 안셀름에게는 결핍되어있는 이성에 대한 고집스러운 확신을 보여준다."³⁶ 그러나 아벨라르는 토요일 저녁 기도를 위한 찬송가 *Hyum for Saturday Vespers*를 작곡했는데, 거기에 그는 다음과 같이 썼다. "오, 그들의 기쁨과 영광이 마땅하도다. 복된 자들이 끝없는 안식일을 보는구나! 용감한 자들을 위해 면류관이, 지친 자들에게는 안식이, 하나님이 모든 것이 되시며, 모든 것 안에서 찬송을 받으시기를."³⁷

아벨라르는 철학에서 사실주의와 유명론 사이를 절충시킨 "개념론"을 정립하여 말과 사물을 구별했다. 보편은 단지 정신의 건축물이 아니다. 그리하여 그는 로셀린의 삼위일체를 "위격의 다양성" 또는 "세 실체"라고 하여 거부했다. 아벨라르는 "위엄의 단일성" 또는 연합의 단일성에 대해 말한다(Abelard, *Christian Theology*, 1:8; 3:60). 예수의 행적에서 "전 삼위일체가 존재했다"(*Christian Theology*, 50; 티슬턴의 이탤릭).³⁸ 아벨라르가 삼신론에 대한 거부감을 강하게 드러냄으로 어떤 사람들은 그를 양태론자라고 비난하기도 했으나, 그 반대이다. 그는 삼위일체의 위격들은 동질이며 영원 공존하신다고 주장했다. 세 위격이 있고, 한 위격은 아니다. 그는 지혜를 특별히 교회에게 돌리고, 사랑을 성령에게 돌린다(Abelard, *Introduction to Theology*, 10).³⁹

---

35. R. S. Franks, *The Work of Christ* (London: Nelson, 1962), p. 146.
36. Eugene R. Fairweather (ed.), *A Scholastic Miscellany: Anselm to Ockham* (London: SCM, and Philadelphia: Westminster, 1956), pp. 224-25.
37. Represented in Fairweather (ed.), *A Scholastic Miscellany*, pp. 298-99.
38. 참조. Pelikan, *Christian Tradition: Mediaeval Theology*, p. 265.
39. 참조. David Luscombe, *The School of Peter Abelard: The Influence of Abelard's Thought in the Early Scholastic Period* (Cambridge: Cambridge University Press, 2008).

13. 3. 중세의 신비주의자
: 클레르보의 베르나르, 힐데가르드, 성 빅토르의 리처드

(1) 클레르보의 베르나르Bernard of Clairvaux(1090-1153). 베르나르는 20살에 엄격한 새 수도원에 들어갔지만, 얼마 지나지 않아 31명의 친구들을 데리고 클레르보에 수도원을 설립하고 수도원장이 되었다. 그의 지도 아래에서 클레르보는 시토 수도회의 모원이 되었다. 그는 수도원 서약에 엄격하게 순종할 것을 요구했다. 그는 관상, 휴식, 신비적인 삶을 강조한 것으로 널리 알려져 있는데, 특별히 그것은 12세기에 번창하게 되었다. 사랑caritas 또는 자비charity는 베르나르의 가르침의 핵심에 자리 잡고 있으며, 그는 특별히 겸손과 "사랑의 단계"에 대해 글을 썼다.

그의 작품 『하나님의 사랑』에서 그는 "네 단계의 사랑"에 대해 말한다. 첫째 단계에서 사람은 "믿음으로 말미암아" 하나님을 "필요한 어떤 것으로" 찾기 시작한다. "사람은 하나님 자신이 아니라 자기 자신을 위하여 하나님을 사랑함으로써 시작한다." 그는 둘째 단계까지 하나님을 사랑한다. 둘째 단계에서 "그는 순수하게 사심 없이 사랑한다. … [하나님]은 다정해지시고, 주님이 얼마나 다정한지 맛봄으로써 그는 셋째 단계로 나아간다. 그는 이제 하나님을 사랑하게 된다. … 스스로 … 나는 어떤 사람이 그의 생애에서 넷째 단계의 완성을 이룰 수 있을지 알 수 없다"("The Four Degrees of Love," Bernard, *On the Love God*, chs. 8, 9, and 10).[40] 사랑의 둘째, 셋째, 넷째 단계는 사랑의 수여자이신 성령으로 말미암아 이룰 수 있다.

베르나르의 첫 번째 작품 『겸손과 교만의 단계』는 주로 베르나르의 규율을 요약한 것이다. 『하나님을 사랑함』은 영혼의 순례, 특히 사랑의 성장을 추적하고 있다. 그의 아가서 설교는 가장 완성도 높은 작품이다. 그는 아가서를 교회를 향한 그리스도의 사랑의 비유로 해석한다. 그는 죽기까지 18년

---

40. Reprinted in Ray C. Petry (ed.), *Late Mediaeval Mysticism*, LCC (London: SCM and Philadelphia: Westminster, 1957), pp. 61, 62, 64-65.

동안 이 86편의 설교에 매달렸다. 찬송가 "구주를 생각만 해도"(새찬송 85장-옮긴이)는 "예수 사랑하는 마음들의 기쁨"과 "오 거룩하신 주님"(새찬송 145장-옮긴이)과 함께 그의 작품으로 여겨진다. 베르나르의 매우 경건한 언어는 상당한 신학적 내용을 담고 있다. 그는 성령 이해에 있어 성부와 성자로부터 나오신다고 하는 점에서 어거스틴을 따르고 있다. 그는 성령을 성부와 성자 사이의 사랑의 띠라고 함으로써 성령의 인격과 사역을 고립시키는 것을 거부한다. 신자는 성자를 인정하지 않고서는 성부나 성령을 알 수 없다(*On Loving God*, 그리고 *Sermons on the Song of Songs*, Sermon 20:1).

『아가서 강해』에서 베르나르는 하나님의 사랑을 "부드럽고 지혜롭고 강한" 것으로 설명한다(Sermon 20:3). 역으로 그는 "그를[그리스도] 부드럽게 … 지혜롭게 사랑하는 것을 배우라. 그를 강력한 사랑으로 사랑하기 위하여"라고 촉구한다(20:4). 그는 이렇게 쓰고 있다. "그리스도 안에서 기뻐하라. … 주 예수를 너희 마음에 달콤함과 즐거움이 되게 하라"(20:4). 이 사랑은 어디로부터 일어나는가? "살리는 것은 성령이며 육은 무익하다"(요 6:63; 20:7). 사랑이 순결하지 않다면, 그것은 "하나님의 영에 속한 것을 인식할 수 없기" 때문이다(20:7).[41] *그리스도께서 사랑받는 것은 성령 없이 되지 않는다*(20:1; 티슬턴의 이탤릭). 그는 이렇게 진술한다. "그러한 경건은 … 성령의 선물이다"(20:8).[42] 순결하게 사랑하기 위해서 "성령의 사랑만큼 강력한 도우심"이 필요하다. "… 성령의 충만이 … 그것을 구별한다"(20:9). "나는 사랑하기 때문에, 또한 사랑받기 때문에 두려워하지 않는다. 그분이 먼저 나를 사랑하지 않았더라면 나는 사랑할 수 없었을 것이다"(Sermon, 84:6).[43] 하나님과의 연합(또는 신랑과 신부의 결혼)은 경외함으로 다가가야 하는 "성령으로부터 온다."[44]

---

41. *Song of Songs*, in Petry (ed.), *Late Mediaeval Mysticism*, p. 72.
42. *Song of Songs*, in Petry (ed.), *Late Mediaeval Mysticism*, p. 72.
43. *Song of Songs*, in Petry (ed.), *Late Mediaeval Mysticism*, p. 77.
44. Burgess, *The Holy Spirit: Mediaeval Roman Catholic and Reformation Traditions*, p. 54.

더욱이 성령에 대한 언급에서 베르나르는 피상적으로 예수께서 종종 오직 성부와 성자를 알아야 할 필요에 대해 말씀하셨다고 인정한다. 그럼에도 불구하고 "성령은 그들 양자의 [즉, 성부와 성자] 사랑과 선 이외에 아무것도 아니다"(*Song of Songs*, Sermon 8; "The Holy Spirit: The Kiss of the Mouth," 8:4). 계속해서, "신부가 입맞춤을 요청할 때, … 그녀가 가까이 다가가는 분은 성자이다. … 그는 입맞춤을 통하여, 즉 성령을 통하여 … 자신과 이 계시를 드러내시는데, 즉 사도 바울이 증언하는 사실을 드러내신다. … 그는 계시하시는 성령을 주심으로써 자신을 우리에게 나타내신다. 그는 성령을 통해 계시하신 것을 … 그의 은사로 드러내신다"(Sermon 8:5). 이것은 오늘날 칼 바르트와 조셉 피슨 같은 다양한 저자들이 쓴 것과 정확하게 일치한다. 다른 많은 사람들처럼 그들 두 사람도 성령이 자신을 증언하지 않고, 그리스도를 증언한다고 주장한다. 즉 그리스도의 계시는 성령을 통하여 그리고 성령에 의해 온다. 이것은 매우 자주 기도나 간청의 목표가 그리스도라기보다는 성령이 될 수 있는 오순절주의와 은사주의 운동의 많은 관행과 진술과 극명한 대조를 이룰 수밖에 없다(3부를 보라). 클레르보의 베르나르는 "자신을 부인하는"(피슨의 용어를 사용하면) 성령의 사역의 사랑스럽고 온유함에 관해 쓴 주요 저자이다. 성령의 실재는 부인되지 않지만, 성령은 그리스도를 무대 중앙에서 밀어내지 않는다.

마찬가지로 설교 15에서 베르나르의 주제는 "예수의 이름"이다. 그는 그리스도의 이름과 삼위일체 전체의 중심성을 나타내는데 오순절에 교회에 부어진 성령의 활동을 끌어온다(15:1-3). 그는 다른 곳에서 우리가 "이러한 은사를 가득 싣고 오시는 성령의 방문에 주목"해야만 한다고 시인한다(*Song of Songs*, Sermon 17, "On the ways of the Holy Spirit …," 17:1). 우리는 "성령이 항상 말씀하시도록" 해야 한다(17:1). 그러나 그것은 "우리 주 예수 그리스도의 영예와 영광을 향한" 것이어야 한다(17). 성령은 두 가지 작용으로 역사한다. 하나는, 성령이 "우리를 구원으로 이끄시는 것"이다. 다른 하나는, "성령이 표면적으로 우리에게 섬김의 은사를 부여하시는 것이다"(Sermon

18, "The Two Operations of the Holy Spirit," 18:1). 그에 반해 이러한 "이중" 이해는 오순절주의자들과의 친밀감을 나타내며, 일부는 은사갱신주의에 대한 친밀감을 반영한다. 그럼에도 불구하고 성령의 이러한 작용은 단순히 "우리 자신의 유익을 위한" 것이 아니다(18:2). 그리스도처럼 우리도 "내 아버지의 뜻을 행해야" 한다. "… 풍부하고 진실한 사랑으로써"(18:5). 그리고 "우리 주 예수 그리스도를 찬양하고 영광을 돌려야 한다"(18:6). 86편의 설교는 이러한 주제들을 더 깊이 상술한다.

성령과 그리스도의 관계, 그리고 성령의 사역의 결과에 대하여 베르나르의 글들은 괄목할 만하다. 오직 한 가지 주제만이 의구심을 불러일으킨다. 때때로 그는 성령을 찾는 일에 "더 큰 열정과 더 많은 신실함"이 필요하다고 말한다(Sermon on the Lord's Ascension). 이것은 더 많은 성령 체험을 구하는 많은 사람들이 매우 매혹적이라고 생각하는 함정이며, 루터가 급진적 개혁자들에게서 성령의 은혜 사역을 약화시키는 것으로 보았던 것이다. 더 많은 성령의 임재와 축복을 간청하기 위해 오직 성령만이 할 수 있는 것을 신자들이 먼저 해야 한다는 것 같다. 루터에게 "급진적" 또는 "영적인" 개혁자들은 자기도 모르는 사이에 오직 믿음으로 말미암아 은혜로 의롭게 된다는 교리를 훼손하는 것처럼 보였다는 것은 아래에서 논의할 것이다. 그러나 대부분은 베르나르가 성령의 은사와 임재를 주권적인 은혜의 결정으로 보면서 이 위험을 피하고 있다.

(2) 빙엔의 힐데가르트 Hildegard of Bingen(1098-1179). 힐데가르트는 12세기의 탁월한 신비주의자로서, 환상과 음악 작곡과 저작들과 개혁적인 설교로 알려져 있다. 어린 시절 그녀는 작은 수녀원에서 보호를 받았는데, 1113년경 수녀원장 유타 Jutta에게서 서원을 했다. 1136년 유타가 죽은 후 힐데가르트는 유타의 직위를 계승하여 수녀원장으로 선출되었다. 1141년 그녀의 첫째 작품 『길을 알라』 Scivias를 쓰기 시작했는데, 이것은 『주님의 길을 알라』 Scito vias Domini에 비해서는 짧다. 그녀는 1148년에 그 책의 일부를 완성했다. 한편 1146년 48세 무렵, 그녀는 클레르보의 베르나르에게 조언을 구

하는 편지를 썼다. 그녀는 겸손하게 자신을 훈련받지 못했고 교육받지 못한 사람이라고 묘사했다. 그러나 그녀는 예언자적 환상과 저작과 음악 작곡을 한다고 썼다. 그녀는 베르나르에게 그러한 활동이 주제넘은 것인지, 아니면 계속해도 될지 물었다. 베르나르는 그녀를 격려했고, 그녀의 작품들은 트리어 종교회의Synod of Trier(1147-48)에서 적절한 절차를 따라 승인을 받았다.

약 1150년에 힐데가르트는 빙엔 근처 루페르츠베르크의 수녀원으로 옮기고, 『길을 알라』를 완성했다. 8년 후 그녀는 『생의 미덕』*The Book of Life's Merit*과 『천상의 화음』*Symphony of the Harmony of Celestial Revelation*을 쓰기 시작했다. 그리고 60세 무렵 몇 번의 설교 여행을 시도한다. 첫째 여행은 마인을 지나 밤베르크까지 여행했다. 두 번째는 트리어에 집중했고, 세 번째는 라인 강을 따라 쾰른까지 여행을 했다. 그녀의 설교는 매우 영향력이 컸다.[45] 그녀는 방만한 성직자들을 공격했고, 수도원 규율에 순종할 것을 촉구했다. 아더톤Atherton은 그녀를 "유럽의 절반에 걸쳐 종교적, 도덕적, 정치적 조언자"라고 불렀다.[46]

그녀는 순결파Cathars의 이원론을 반대했다. 순결파는 1140년까지 독일에서 강력한 분파가 되었고, 1200년까지 프랑스에서도 강력해졌다. 그들은 그들의 명칭 카타리*Cathari*가 의미하는 대로 교회에 순결할 것을 주장했다. 그러나 그들은 "이단"으로 알려졌는데, 특히 로마교회와 성례, 죽은 자의 부활에 대한 믿음을 반대한 것과 그들 자신의 교리 때문이었다. 그들은 오순절주의에 앞서 "성령세례"를 경험한다고 주장했다. 그들은 로마교회에게 위협이 되었다.

힐데가르트의 신학의 대부분은 그녀의 환상에 근거했다. 그러므로 힐데가르트의 성령에 대한 가르침은 시각적 이미지, 그림, 비유를 통해 온 것임을 예측할 수 있다. 오늘날 오순절주의와 은사갱신운동에서도, 종종 성령의

---

45. Mark Atherton (ed.), *Hildegard of Bingen: Selected Writings* (London: Penguin, 2001), pp. x-xi and 199-203.
46. Atherton, *Hildegard*, p. x.

역사가 "그림으로 주어진다"고들 한다. 자주 그녀는 하나님을 밝은 빛으로 보았고, 그 빛 자체가 성부를 상징했다. 일시적인 사건으로서 빛의 섬광은 성자를 나타내고, 빛과 섬광에 있는 불꽃은 성령을 나타낸다(Scivias, 2:2).[47] 그녀는 불꽃, 돌, 붉게 타오르는 불의 비유를 사용했다(Scivias, 2:2).[48] 그러나 은사주의 운동의 어떤 전통처럼 그녀는 이렇게 덧붙인다. "성자가 없이는 성부가 아니며 … 또는 성자와 성령이 없이는 성부가 아니고, 성부와 성자가 없이는 성령이 아니다. 왜냐하면 세 위격은 불가분의 관계에 있기 때문이다"(Scivias, 2:2).[49] 우리에게 남성보다도, "카리스마적인" 여성들이 하나님의 활동이나 성령의 활동을 "그림으로 보는 데" 특별히 더 쉽거나 민감하다고 생각하는 것이 허용될 수 있을까? 다른 사람들은 이 일반화를 평가하는 데 더 나은 위치에 있을 수 있을 것이다.

힐데가르트는 성령을 생명의 수여자로, 특히 그리스도의 부활에서 이것을 보고 있다(Scivias, 2:1). 성령은 세례 시에 죄를 몰아내고 믿음을 창조한다(Scivias, 1:6; 3:2). 믿는 자는 성령의 "불의 혀"를 만진 자들이다(Scivias, 3:9). 그녀는 성령의 은사를 성경적 용어로 말한다(Scivias, 3:8). 그러나 "하나님의 지혜 위에 세워진 일곱 개의 하얀 대리석 기둥들이 철로 된 둥근 지붕을 하나지탱하고 있는 …" 건축물의 "그림"을 그린다.[50] 이것이 어느 정도 순수한 상상인지는 이것과 많은 "비슷한" "그림들"에 답을 해야 한다. 아마 "이해할 수 없는 것"에 대한 바울의 질문이 그녀의 두 작품 『알지 못하는 말』The Unknown Language과 『알지 못하는 글』The Unknown Alphabet로부터 제기될 수 있다. 이들이 "은밀한 말"Private language을 담고 있기 때문이다. 그러나 대중적인 영역의 소통이 없다면, 바울은 개인적인 경건의 문맥의 "은밀한 말"을 인정하지 않는다. 그녀의 생애 동안 많은 사람들은 그녀를 선지자로, "라

---

47. Hildegard, *Scivias*, 2:2, on light, appears in Atherton, *Hildegard*, p. 14.
48. Hildegard, *Scivias*, in Atherton, *Hildegard*, p. 26.
49. Atherton, *Hildegard*, p. 28.
50. Burgess, *The Holy Spirit: Mediaeval Roman Catholic and Reformation Traditions*, p. 94.

인랜드의 씨빌"Rhineland Sybil로 여겼다. 그러나 "우주의 달걀"이라는 그녀의 알레고리적 환상을 우리는 어떻게 생각해야 할까? 이것은 여전히 의문의 여지가 남아 있을 것이다. 어떤 이들에게 이것은 요한의 자작 계시처럼 보일 것이고, 또 다른 사람들에게는 초월로부터 주어진 것처럼 보일 것이다(Scivias, 1:3).[51]

(3) 생 빅토르의 리처드Richard of Victor(c. 1123-73)는 1150년대 초에 파리에 있는 생 빅토르의 수도원에 들어갔다. 그러나 그가 스코틀랜드 출신이라는 것을 제외하고는, 그 이전의 그에 대해 거의 알려지지 않았다. 그 수도원은 1110년에 안셀름의 제자인 샹포의 윌리엄에 의해 세워졌으며, 질뒤엥이 수도원장으로 선출되었다. 그의 뒤를 이은 것은 생 빅토르의 위그(d. 1142)였다. 그는 관상가a contemplative였을 뿐만 아니라 신학자였으며 주석을 집필했다. 그는 주석에서 역사적 의미와 "문자적" 의미의 중요성을 강조했다.[52] 한편 그도 또한 위-디오니시우스를 의지했다. 1162년 리처드가 수도원 부원장이 되었고, 에르니시우스는 수도원에 재앙에 가까운 결과를 가져온 원장이 되었다. 리처드는 죽기 2년 전에야 마침내 교황의 간섭으로 수도원 원장이 되었다. 그로브스 진Groves Zinn은 이렇게 주장한다. "리처드는 이내 빅토린 영성Victorine spirituality의 주창자가 되었다. … 성경에 근거한 … 신비주의의 재능 있는 '전문가'였다."[53] 그의 작품에는 1153년과 1162년 사이에 썼을, 『열두 족장』The Twelve Patriarchs과 『신비한 방주』The Mystical Ark가 있으며, 그 후에는 『삼위일체』를 썼다. 『열두 족장』은 야곱의 열두 아들을 알레고리로 보고 비유적 해석을 담고 있다. 비록 이 비유적 해석이 "인위적인 것이 아니"라는 진의 주장에도 불구하고, 현대인들은 왜 라헬이 이성을 가리키고, 레아가 감정을 가리키는지 알고 싶을 것이다(Richard, *The Twelve*

---

51. Atherton, *Hildegard*, "The Cosmic Egg," pp. 89-90.
52. Smalley, *The Bible in the Middle Ages*, pp. 87-106.
53. Groves A. Zinn (ed.), *Richard of St. Victor: The Twelve Patriarchs. The Mystical Book, Book Three of the Trinity*, Classics of Western Spirituality (London: SPCK, 1979), p. 4.

Patriarchs, ch. 4와 5).⁵⁴ 리처드는 레아의 형편없는 시력을 역사적 의미라고 한다. 그러나 이것은 "그녀가 감각의 안내를 따르는 것을 부끄러워하지 않는 이유가 된다"(ch. 5). 리처드는 계속해서 이렇게 말한다. "레아로부터 얻은 야곱의 아들들은 정돈된 감정과 다른 것이 아니다"(ch. 7).⁵⁵

리처드는 성령의 주권을 인정한다. "성령은 그가 원하는 곳으로 흐른다"(*The Mystical Ark*, book 3:17).⁵⁶ 비슷하게, 성령이 없다면 나는 "예수께서 주님"이라고 말할 수 없다(고전 12:3)(3:16).⁵⁷ 관상의 다섯 번째 단계에서는 "기쁨은 … 성령"이며, 그 "열매는 … 사랑, 기쁨, 인내, 오래 참음과 선함(갈 5:22) … 어떤 사람에게는 성령으로 말미암아 지혜의 말씀이, 다른 사람에게는 지식의 말씀이, 또 다른 사람에게는 믿음이, 또 다른 사람에게는 치료의 은혜가, 또 다른 사람에게는 이적 행함이, 다른 사람에게는 예언이, 다른 사람에게는 영 분별이"(고전 12:8-10; *The Mystical Ark*, book 3:24).⁵⁸ 이는 더 "카리스마적인" 중세 작가들 중 하나이다. 삼위일체에 대한 리처드의 견해는 부분적으로 어거스틴의 전통에 있다. 하나님은 "위격은 셋이고, 실체는 하나"이다(*The Mystical Ark*, book 4:18).⁵⁹ 그는 성부와 성자의 영이시다(4:18). 그러나 그의 주석자는 성령과 삼위일체에 대한 그의 설명이 어거스틴의 설명보다 더 "주관적"이라고 말한다.⁶⁰ 그는 어거스틴처럼 인간의 유추를 사용한다. 그러나 친구 사이의 비이기적인 사랑이 최고 형태의 사랑으로서 성령을 나타낸다고 주장한다. 보나벤투라는 이와 같은 접근을 따랐다.

우리는 리처드에게서 오늘날 오순절주의와 은사주의적 갱신운동의 대부분의 전통에서 통상적으로 옹호하는 "즉흥적인" 성령의 은사에 가장 가까

---

54. Zinn, *Richard*, pp. 57-58.
55. Zinn, *Richard*, pp. 59-60.
56. Zinn, *Richard*, p. 245.
57. Zinn, *Richard*, p. 244.
58. Zinn, *Richard*, p. 257.
59. Zinn, *Richard*, p. 292.
60. Burgess, *The Holy Spirit: Mediaeval Roman Catholic and Reformation Traditions*, p. 67.

운 접근법 하나를 발견한다. 리처드는 "말하자면, 순식간에, 그리고 하나님의 때에 신적 관상의 순수한, 무상의 갑작스러운 유입이 찾아온다"고 주장한다.⁶¹ 한 작가는 리처드가 사용하는 "관상"은 오늘날의 "신비"와 비슷하다고 한다. 그러나 리처드에게 있어서는 준비가 우선이다. 레아, 실바, 빌하와 함께 수년을 지낸 후, 야곱은 마지막으로 라헬과 열매 맺는 연합을 이루고 요셉과 베냐민을 낳는다. 리처드는 상상의 단계를 기술한다. 즉 이성에 의해 상상이, 이성에 의해 이성이, 그리고 이성을 넘어서는 것이다. 실제적으로 관상의 여섯 단계가 있다. 리처드가 관상의 양식에 대한 조직적인 연구에 제공하는 사실은 우리가 생각하는 것보다 훨씬 덜 "즉흥적"이라고 말할 수 있다(Richard, *The Way to Contemplation: Benjamin*, Prologue와 1-10).⁶² 그는 "내가 내 영을 만민에게 부어 주리니 …"라는 구절에 대한 『요엘서 주석』에서 비슷한 과정의 개요를 보여준다. 여기에서 "꿈을 꾸다"는 황홀감을 가리키며, "예언"은 사건들을 미리 말하는 것이다. 버지스는 "황홀감(*excessus mentis* 또는 *alienatio*, 때때로 *ekstasis*)은 예기치 못한 하나님의 환상에 대한 갑작스러운 충격으로 촉발된 놀람으로부터 온다"고 말한다(티슬턴의 이텔릭).⁶³ 리처드는 비록 성경 본문에 기반을 두고 있기는 하지만, 에스겔의 환상 속에서 그의 상상의 날개를 펼치기 위한 기름진 토양을 발견한다.⁶⁴

마지막으로 리처드는 『삼위일체론』에서 "그가 하나님 안에 있지 않다면 어느 누구도 하나님의 위격의 사랑을 받기에 전적으로 합당하지 않을 것이다. … 이성은 위격의 복수성으로 인해 참된 신성이 결핍될 수 없다는 것을 입증한다. … 하나님 한 분만이 최고의 선이시다. 그러므로 하나님 한 분만이 최고로 사랑을 받으셔야만 한다"(*On the Trinity*, 3:2).⁶⁵ "참 사랑은 위격

---

61. Petry, *Late Mediaeval Mysticism*, pp. 82-83.
62. Petry, *Late Mediaeval Mysticism*, pp. 96-112.
63. Burgess, *The Holy Spirit: Mediaeval Roman Catholic and Reformation Traditions*, p. 67.
64. *A Scholastic Miscellany*, pp. 321-23에 서문이 번역되어 있다.
65. Fairweather, *A Scholastic Miscellany*, pp. 330-31; 참조. Zinn, *Richard*, pp. 374-75.

의 복수성을 필요로 한다. 즉 참된 불변성은 위격의 영원 공존을 필요로 한다"(*On the Trinity*, 3:6).[66]

---

66. Zinn, *Richard*, p. 379.

14

후기 중세 시대 : 보나벤투라와 아퀴나스부터 노르위치의 줄리안과 월터 힐튼까지

14. 1. 보나벤투라(지오반니 디 피단자)

보나벤투라(1221-74)는 다작의 작가로, 그의 경건함은 로마교회로부터 "천사 박사"Doctor Seraphicus라는 칭호를 얻게 했다. 그는 엄격한 금욕주의를 실천했으며, 1257년 아시시의 프랜시스Francis of Assisi가 설립한 수도원종단 총회장이 되었다. 그는 그의 신학의 많은 부분을 빅토린 학파the Victorines, 피터 롬바르드Peter Lombard, 신비주의자들에 의지했다. 그의 삼위일체론은 광범위하게 어거스틴을 따랐으며, 더 구체적으로는 생 빅토르의 리처드의 삼위일체론을 따랐다. 성령은 성부와 성자로부터 나오시며, 어울리는 사랑(*amor permixtus*)이시다.

보나벤투라는 1234년 파리 대학으로 유학을 갔다. 거기에는 프랜시스코 수도회에 속한 할레의 알렉산더Alexander of Hales가 강의 석사regent master로 있었다. 그는 1243년 프랜시스코 종단에 가입했다. 1273년 교황 그레고리 10세는 그를 알바노의 주교 추기경에 임명했다. 그는 "금욕으로 탈진"하여 죽었다고 한다.¹ 탁월한 중세 전문가 데이비드 노울즈는 이렇게 말한다. "우리는 성 보나벤투라에게서 … 중세 신학의 진정한 정상에 도달한다. 그는 단테의 『신곡』에서 … 더 젊은 동시대 사람인 성 토마스와 동등한 천사 박사로 나타난다."² 노울즈는 이렇게 덧붙인다. "그의 천재성은 성 토마스보다 훨씬 더 조숙했다."³

보나벤투라는 그의 가장 체계적인 작품으로 여기는 『피터 롬바르드 명제집 주석』Commentary on the Sentences of Peter Lombard과 『하나님께 나아가는 지성의 여정』Itinerarium Mentis in Deum(Itinerary[or Journey] of the Mind into God)을 썼다. 성 프랜시스St Francis의 생애는 프랜시스에 대한 존경심과 "세상 지혜에 대한 멸시"를 보여준다. 그의 여섯 날개를 가진 "십자가에 못 박힌 천사"의 초상은 인간의 영혼이 하나님을 향하여 여행하는 깨달음의 여섯 단계를 나타내고 있다. 그것은 또한 기독교의 지혜와 "십자가에 못 박힌 자들의 천사와 같은 불타는 사랑"의 길이기도 하다.⁴ 하나님은 외적 세계에 보이시며, 그 안에 현존하신다. 여섯 단계의 여정에서 인간은 하나님을 "형이상학의 '실재'이며 … 기독교 계시의 은혜로운 삼위일체 하나님"이신 초월적 존재로서 관상할 수 있다.⁵ 여섯 단계 이후 일곱째 단계는 황홀경의 사랑이 축적되고 지성을 초월하는 신비적 상태가 된다. 여기에서 보나벤투라는 말과 언어가 무효한 상징적 언어와 신학을 사용함으로써 위-디오니시우스를 반영하고 있다(Itinerary of the Mind, 서문 3, ch. 1:4). 체험과 관상은 상징조차 초월한다. 관상적 사랑은 순결, 깨달음, 완성, 또는 궁극적 연합의 세 단계 상태를 뒤따

---

1. Howard Watkin-Jones, *The Holy Spirit in the Mediaeval Church: A Study of Christian Teaching concerning the Holy Spirit and His Place in the Trinity* (London: Epworth, 1922), p. 137.
2. David Knowles, *The Evolution of Mediaeval Thought* (London: Longmans, 1962), p. 236.
3. Knowles, *The Evolution of Mediaeval Thought*, p. 240.
4. Ray C. Petry (ed.), *Late Mediaeval Mysticism*, LCC (London: SCM, and Philadelphia: Westminster, 1957), p. 127.
5. Petry (ed.), *Late Mediaeval Mysticism*, p. 128.

른다(*Itinerary*, 1:7). 보나벤투라는 이렇게 결론을 내린다. "성령은 삼위일체의 형상으로 영혼을 재창조하신다."⁶

창조에 나타난 하나님의 자기 계시는 베스티기아vestigia, "자취, 발자국, 또는 흔적"의 개념으로 표현된다(*Itinerary of the Mind*, 1:2). 그럼에도 불구하고 "기도는 … 하나님을 목표로 하여 나아가는 과정의 원천이며 기원이다"(*Itinerary*, 1:1). 여기에서 보나벤투라는 분명하게 위-디오니시우스의 신비주의 신학에 호소한다. "그렇게 기도함으로써 우리는 하나님께로 영혼의 상승 단계를 분별하게 된다. … (우주의) 물체들 중에는 하나님의 발자취(vestigia)도 있고, 하나님의 형상도 있고, 하나님의 신체적인 것, 영적인 것도 있기 때문에, 우주는 하나님께 오르는 사다리이다"(*Itinerary*, 1:2).⁷ 방해받지 않는 관상은 "기쁨의 정원이다"(1:7). 그는 이렇게 덧붙인다. "하나님을 찾을 때, [우리는] 먼저 본성을 파괴하는 그러한 죄를 제거해야만 한다"(1:8). 그 여행은 우리에게 세 가지 관점 – "관상 … 믿음 … 이성 – 실재의 세 차원"(1:11-13)을 가져다준다. 마지막으로 우리는 "인간의 판단을 넘어서서" 하나님 안에서 "빛, 모양, 색의 다양함의 측면에서 만물의 아름다움을 … 만물의 풍부함"을 발견한다(1:14).⁸

대조적으로, 여섯 단계 후에 "영혼은 사물 위에서 그리고 사물을 넘어서는 시선으로 이끌리어 하나님의 얼굴을 찾는다. … 모든 것 가운데 가장 높은 원리의 열매를 관상하기 위하여 … 하나님 자신을 나타내는 빛 가운데 계신 하나님, 예수 그리스도, 하나님과 사람 사이의 중보자 그리고 나서 영적인 것들과 접촉할 것이다. … 길이요, 문이요, 사다리이신 예수 그리스도로 말미암아 그들은 변화될 것이다. 왜냐하면 그는 시온소이기 때문이다. … "(*Itinerary*, 7:1).⁹ 이러한 환상에 대한 열망은 "오직 그리스도께서 지상으

---

6. Petry (ed.), *Late Mediaeval Mysticism*, p. 129.
7. Petry (ed.), *Late Mediaeval Mysticism*, pp. 132-41; 1:2 p. 133에 영어 본문이 나온다.
8. Petry (ed.), *Late Mediaeval Mysticism*, p. 137.
9. Petry (ed.), *Late Mediaeval Mysticism*, p. 139.

로 보낸 성령의 불로 인해 불타오르는 자에게만 찾아온다. 그리하여 사도가 말씀한 대로, 하나님의 '숨겨진 것들'이 성령에 의해 나타나는 것이다"(고전 2:10; *Itinerary*, 7:4). 우리는 "인간에게 주신 하나님의 선물, 성령에 집중"해야 한다(7:5). 보나벤투라는 이렇게 결론을 내린다. "십자가에 못 박히신 그리스도와 함께, 이 세상을 지나 하나님께로 나아가자"(7:6).

인식론, 즉 인간의 앎의 차원은 보나벤투라의 『그리스도의 지식에 관한 논쟁』*Disputed Questions Concerning Christ's Knowledge*에서도 나타난다.[10] 이 작품에서 그는 지식을 순수한 인식이 아니라 "영원한 빛"을 수반하는 지식으로 묘사하고, "하나님의 형상인 한 주어진 확신을 부여한다. … 감각의 확신은 이해의 확신과 동일하지 않다"(3:11). 데이비드 노울즈는 보나벤투라가 지식에 관하여 이중의 방법을 가지고 있다고 주장한다. 감각적 인식의 수준에서 그는 아리스토텔레스의 추론 이론을 채택한다. 즉 감각적 인식의 대상은 지능으로 들어오기 위하여 추론으로써 "정화"된다. 그러나 또 다른 수준에서 이해는 신적 이데아의 반영 또는 이미지인 내적 빛의 도움으로 실재와의 교감을 수반한다. 이 빛은 진리의 범주를 제공한다(*regular veritatis*). 이렇게 인간 영혼에 의지하므로 사물에 대한 불확실한 지식도 있지만, 하나님이 참여하므로 인식할 수 없는 진리에 대한 확실한 지식도 있다.[11]

『하나님께 나아가는 지성의 여정』*Itinerary of the Mind into God*이 그리스도 중심적이라는 것과 그 여정의 목적이 그리스도의 중보 사역 때문에 가능하다는 것은 의심의 여지가 거의 없을 것이다. 그러나 하나님 지식은 성령에 의해 중재된 신적 지혜를 통하여 온다. 더욱이 보나벤투라는 교회의 생일로서 오순절의 역할을 강조하고, 사명을 위한 성령의 능력을 강조했다. 그러나 버지스가 보나벤투라의 에베소서 4:11-12 사용을 "카리스마적 은사"의 분배라고 말하는 것은 놀라운 일이다. 왜냐하면 이들 은사는 "선지자"뿐

---

10. Eugene R. Fairweather (ed.), *A Scholastic Miscellany: Anselm to Ockham* (London: SCM, and Philadelphia: Westminster, 1956), pp. 379-401 부분적으로 영어 번역.

11. Knowles, *The Evolution of Mediaeval Thought*, p. 241.

만 아니라 다른 것들, 사도직과 목사와 교사의 사역까지 포함하고 있기 때문이다.[12] 그는 진보의 여섯 단계 중 첫째 부분에서는 성령을 강조하지 않는 것으로 보인다. 그러나 그는 성령의 일곱 배의 은혜와 그리스도에게 기름 부으시는 사역에 대해 말한다(*The Tree of Life*, 49). 그는 프랜시스를 예언의 영을 가진 성령의 사람이라고 기술하고 있다(*The Life of Saint Francis*, 3:6과 12:12). 이 모든 것은 철저하게 삼위일체의 연합에 기초하고 있다. 성령의 활동 양식은 "*성부께서 성자를 사랑하시는 그 사랑이다*"(*Commentary on the Sentences of Peter Lombard*, 11:1; 티슬턴의 이탤릭).[13]

14. 2. 토마스 아퀴나스

토마스 아퀴나스Thomas Aquinas(c. 1225-74)는 그의 대작 『신학대전』*Summa Theologiae*, 또는 기독교 교리 요약으로 매우 유명하다. 그는 엄청나게 근면하였으며, 그의 작품들은 기념비적인 것이나 다름없다. 오늘날에도 브라이언 데이비스Brian Davies는 이렇게 말하고 있다. "아퀴나스는 생각하고 이해하기를 원하는 사람들에게 많은 것을 제공한다."[14] 그는 사상의 교류에 관심이 있었으나 기도와 설교와 청빈과 금욕에도 전념했다. 데이비스는 또한 이렇게 말한다. "그의 작품들은 하나님과 성육신하신 말씀을 사랑하는 사람의 것이 분명하다."[15]

토마스 아퀴나스는 로마와 나폴리 사이에 있는 아퀴노에서 출생했다. 그는 어린 시절부터 베네딕트 수도원에 들어가 성경과 고전을 공부했다. 그

---

12. Stanley M. Burgess, *The Holy Spirit: Mediaeval Roman Catholic and Reformation Traditions* (Peabody, MA: Hendrickson, 1997), p. 73.
13. Watkin-Jones, *The Holy Spirit in the Mediaeval Church*, p. 139.
14. Brian Davies, *The Thought of Thomas Aquinas* (Oxford: Clarendon, 1992), p. 20.
15. Davies, *Thomas Aquinas*, p. 15.

후 그는 새로 설립된 나폴리 대학에 입학하여(c. 1239) 철학과 아리스토텔레스와 그리스어를 공부했다. 1242년 그는 가족의 바람과는 달리 도미니크 교단에 가입하고 탁발 수도사가 되었다. 토마스는 도미니크 교단의 가르침과 설교를 높이 평가했다. 그는 뛰어난 종교성 때문에 로마로 보냄을 받았고, 1244년에는 파리로 보냄을 받았다. 1248년 그는 콜로뉴의 대 알베르Albert the Great 밑에서 더 공부했다.

그러므로 토마스는 초기의 수도원 교육과 새로 설립된 파리 대학과 옥스퍼드 대학의 중세 교육 사이의 연결 고리를 제공한다. 그는 피터 롬바르드의 『명제』Sentences of Peter Lombard에 대해 논평하고, 1259년에는 성경을 강해하고, 바울서신과 복음서를 포함한 성경 주석 시리즈를 시작했다. 1261년 그는 다시 로마로 부름을 받고, 그곳에서 그의 변증서 『이방인 대전』Summa contra Gentiles과 다른 책들의 집필을 끝낸다. 이때부터 그는 1266년부터 구성한 그의 고전적인 대작 『신학대전』의 집필을 시작했다. 이는 일종의 신학 백과사전적 연구서로서 그의 주요 업적이다. 『대전』Summa의 1부는 하나님을 모든 것의 기원이자 삼위일체로서 다루고 있다. 제2부는 인간론, 즉 죄와 타락, 덕과 악, 율법과 은혜를 포함하여, 인간의 기원과 목적에 관심을 기울인다. 제3부는 구속주로서 그리스도와 하나님께 돌아가는 길과 관계가 있다. 『대전』은 미완성인 채 남아있다. 죽기 직전 해에 토마스는 과로로 인해 뇌졸중이나 신경쇠약으로 고생을 했다. 60권의 블랙프라이스Blackfrias 라틴어와 영어판(1963)은 각 부와 권의 분석을 제공한다.

토마스는 성령을 주제로 블랙프라이스 판 6-7권에서 삼위일체를 고찰한다(Prima Par [part1], Questions 27-43). 여기서 그의 가르침은 두 가지 주요 의제에 집중하고 있는 것으로 생각된다. 첫째는 성령은 성부와 성자로부터 나오는가? 둘째는 성령을 "사랑"이라고 말할 수 있는가? 질문은 "항목"으로 나누어진다. 보통 토마스는 일반적으로 각 항목에 따라 그가 진술한 것에 대해 약 6~7가지 "반론"을 포함한다. 그리고 대개 반론에 대한 그의 "답변"은 "나는 대답한다"로 시작한다.

1부(Pars Prima) 질문 36에서, 아퀴나스는 "성령"이라는 명칭이 진정으로 삼위일체의 한 위격에 대한 고유 명칭인지를 다룬다. 그는 성경이 그것을 보증하는 한 "그렇다"고 대답한다. "하늘에서 증언하는 이들이 있으니, 성부, 말씀, 성령이시다"(요일 5:7). 이는 어거스틴의 『삼위일체론』 7:4에 의해 확증된다(Qu. 36, Art. 1, Reply). 그러나 그는 덧붙이기를, 하나님의 두 발출 중 하나는 "사랑의 발출"로서 "자신의 이름을 가지고 있지 않다"(Qu. 36, Art. 1, Reply). 제36문 항목2에서 토마스는 이렇게 결론을 내린다. "*성령은 성부와 성자로부터, 지음을 받지 않으시고, 피조되지 않으시고, 태어나지 않으시고 나오신다*"(Qu. 36, Art. 2, Reply; 티슬턴의 이탤릭). 그러나 그는 동방교회와의 타협을 모색하고 있다. 서방과의 차이점은 오직 내용이나 본질이 아닌 용어의 차이일 뿐이다. 예를 들면 "발출"procession은 어떤 종의 "기원"에 이용된다. 선은 한 점으로부터 나온다. "광선은 태양으로부터, 시냇물은 근원으로부터 나온다"(Qu. 36, Art. 2, Reply). 다음에 개최된 교회 공의회는 이전의 어구가 잘못이라고 하지 않는다(Art. 1, Reply to Obj. 2). 3항과 4항은 이를 확장시킨다.

제1부 37문에서 토마스는 성령을 사랑으로서 고찰한다. 토마스는 오늘날의 독자들에게 과도하게 기술적으로 보일 수도 있다. 그러나 우리는 그의 요점을 요약할 것이다. 그는 이렇게 쓰고 있다. "사랑의 하나님이란 명칭은 본질적으로 그리고 개인적으로 취할 수 있다. 개인적으로 취한다면 그것은 성경의 고유명칭이다. 말씀이 성자의 고유명사인 것처럼 말이다(Qu. 37, Art. 1, Reply)." 우리는 칼 바르트가 말했듯이 말씀을 세 의미, 즉 예수 그리스도, 성경, 그리고 설교라고 말한다. 토마스는 사랑을 받은 자와의 상호 관계를 강조한다. 브라이언 데이비스는 "그의 뜻은 '사랑받는 실체'의 '각인과 같은 것'을 받는다"고 설명한다.[16] 이것은 실제적으로 토마스에게는 더 긴 문장을 풀어 쓴 것이다. 토마스는 이렇게 결론을 내린다. "사랑받는 것은 사랑하는

---

16. Davies, *Thomas Aquinas*, p. 206.

자 안에 있다"(Qu. 37, Art. 1, Reply). 그는 이것을 항목2에서 더 상술한다.

아퀴나스는 제38문에서 성령의 "주심"을 고찰한다. "선물"이라는 말은 "주어진 소질(또는 능력)"을 의미한다. "… 그것은 그가 주시지 않는 한, 누구에게도 주어지지 않을 것이다. … 이것은 반드시 위로부터 주어져야 한다. … 이와 같이 신적 위격은 '주어질' 수 있고, '선물'일 수 있다"(part 1a, Qu. 38, Art. 1, Reply). 항목2에서 아퀴나스는 "개인적으로 주어진 선물은 … 성령의 고유명칭"이라고 주장한다. 그는 다음과 같이 단언한다. "선물은 되돌려질 수 없도록 주어지는 것이다. … 무상 기증 … *성령은 사랑으로서 나오신다.* … 첫 번째 선물로써"(part 1a, Qu. 38, Art. 2, Reply; 티슬턴의 이탤릭). 토마스는 어거스틴의 『삼위일체론』 15:26을 인용한다. "성령이신 선물에 의해 특정의 선물들이 그리스도의 지체들에게 분배된다." 성령의 선물 중 그 어느 것도 "사람의 선물로 불릴" 수 없고, 하나님의 선물로 불린다(Art. 2, Reply to Obj. 3).

『신학대전』의 나머지 자료에서는 성령의 은사와 사역을 다루는 몇 가지 다른 부분이 포함되어 있다. 제2부 첫 번째 부분, 제28문 제1항-7항(vol. 19 of the Blackfriars edition)에서, 토마스는 행동의 덕목이나 습관에 대해 성령의 은사와의 관계를 논의한다. 토마스는 제70문 항목1-3에서 "성령의 열매"를 고찰한다(갈 5:22-23). 제2부 두 번째 부분, 제171문-73문(vol. 45 of the Blackfriars edition)에서, 그는 예언의 은사와 본질, 그리고 양태를 논의한다. 제176문에서는 방언의 은사를, 제178문에서는 기적의 은사를 다룬다. 토마스는 미덕에 대해 일반적인 고찰을 제시한 후에 이를 제68문에서 성령의 "은사"와 관련하여 고찰한다. 그는 덕이 "능력의 완성"을(Qu. 55, Art. 1), 또는 "의롭게 살아가게 하는 마음의 선한 특질"을(Qu. 55, Art. 4) 가리킨다고 선언한다. 이것은 현대 철학자들이 "성향" 또는 능력이라고 부르는 것, 즉 적절한 상황에서 행동하는 경향이나 능력을 의미한다. 아퀴나스에게 "덕은 항상 선을 향하는 습관이다"(Qu. 55, Art. 4). 덕은 지적 덕목, 실천적 지성, 이해(*intellectus*), 지혜(*sapientia*), 분별(*prudentia*)(Qu. 57, Art. 2, 4), 또는 도덕적 덕목(Qu. 58, Art. 1-2)일 수 있다.

그레고리가 말했듯이, "성령의 은사는, 영혼 속으로 들어옴으로써 신중함, 절제, 정의, 불굴의 용기를 함께 준다"(Gregory, *Moralia*, 2:26). 성경 이사야 11:2-3에 따르면, 미덕은 "우리가 선행을 행할 수 있도록" 주어지며, "은사는 우리가 그리스도를 따르도록 [주어진다]"(Qu. 68, Art. 1, Reply). 그리스도를 따르기 위해서는 겸손과 온유와 같은 덕목이 필요하다. "나는 마음이 온유하고 겸손하니"(마 11:29). 첫째, 그리스도께 이르는 성령의 은사는 "지혜와 이해"이다(사 11:1-2; Qu. 68, Art. 1). 성령은 예외적인 은사를 주실 뿐만 아니라, 매일 선의 자질을 길러주는 마음의 습관도 주신다. 성령의 은사는 그리스도에게 주어진 일곱 배의 은사를 포함하며, 천국까지도 지속될 것이다(Qu. 68, Arts. 5-6).

토마스는 제70문에서, 갈라디아서 5:22-23의 "성령의 열매"를 다룬다. 그는 "열매는 완전에 도달했을 때 한 나무의 산물이다. … 성령의 열매는 거룩한 신조의 열매와 같은 것"이라고 단언한다(Art. 1). 암브로우스가 말한 바와 같이, "그것은 거룩하고 참된 기쁨으로 그것들[열매들]을 가진 자들을 새롭게 한다"(Ambrose, *Paradise*, 13; Aquinas, *Summa*, Qu. 70, Art. 1, Reply to Obj. 2). 토마스는 이렇게 덧붙인다. "우리는 성령의 열매 가운데 성령이 특별한 방식으로 주어진 모든 곳에서 '사랑'을 생각한다. … 그분 자신이 사랑이기 때문에 최고이시다"(Qu. 70, Art. 3; Rom. 5:5). 사랑의 결과는 기쁨이고, 기쁨의 반향은 평화이다. 삼위 안에서 평화가 주어진다. 그러고 나서 선함, 온유, 그 외 덕목들이 따라온다. 성령의 열매는 "성령이 인간의 마음속에서 이성과 일치하는 곳, 또는 이성을 넘어서는 곳으로 움직이는 것"을 의미한다. "반면 육적인 것은 … 인간을 하위의 감각적인 선으로 이끈다"(Qu. 70, Art. 4).

고린도전서 12:8-10의 바울의 은사 목록에 대해, "지혜의 발언"과 "지식의 발언"은 말을 사용하는 은사에 대하여 다룬 제2부 177문과 관련이 있다. 토마스는 은사들이 다른 사람과 전체 교회의 유익을 위한 것임을 강조한다. 그는 이렇게 선언한다. "값없는 은혜들은 다른 사람의 이익을 위해 주어진다. … 사람은 이해를 위하여, … 교훈하기 위하여, … 가르치기 위하여 말한다. 정서를 움직이는 것은 듣는 자를 '흔들기 위한' 것과 같이"(Art. 1). 그러나 어떤 경우에는 "사적으로" 말하는 것이 적절하다(Art. 2). 토마스는 제178문에서 "기적의 은사"를 고찰한다. 그는 발언된 말은 "이적의 역사로써" 확증할 필요가 있다는 것에 동의한다(Qu. 178, Art. 1). 그는 마가복음 16:20, "그 따르는 표적으로 말씀을 확실히 증언하시니라"를 인용한다. 그러나 경고의 말을 덧붙인다. "어떤 기적들은 참이 아니고, 가상의 행위이다. … 그것은 사람을 속인다"(Art. 2).

토마스는 "예언"의 은사를 논의하며, 예언의 지식은 "예언이 폐하여질 때(고전 13:10) … 우리가 하늘에서 갖게 될 완전한 지식과는 다르다"고 주장한다(Qu. 173, Art. 1). 그는 "예언적 인식은 하나님의 본질의 인식이 아니다"라고 덧붙인다. 그리고 이미지나 거울을 통해 보는 것이라는 디오니시우스Dionysius를 인용한다. 선지자는 "하나님의 예지의 책"으로부터 예언을 한다(Qu. 173, Art. 1, Reply to Obj. 1). 더구나 "예언적 지식은 무엇보다도 지적인 자들과 관련이 있다"(Art. 2). 그러나 자연의 반영을 포함하는 예언에도 예외가 있다. 토마스는 이렇게 말한다. "예언적 계시는 네 형태로, 즉 이해할 수 있는 빛의 주입으로, 이해할 수 있는 종의 주입으로, 상상의 그림 … 으로, 그리고 감각적인 이미지의 자연스러운 현시로 발생한다"(Qu. 173, Art. 3). 이는 두 가지 사실을 나타낸다. 첫째, 토마스는 우리가 어떻게 아는가라는 질문을 하지 않는 것 같다. 상상력 또는 추론이나 그림이 주장하는 것이 진실인지를 알 수 있는가? 둘째, 이것은 그가 데살로니가전서 5:19-20에서 언급하는 견해, 즉 설교는 일반적인 예언의 범주에 속하는 반면, 대중적 의미에서 "예언"은 "예외적인" 사례에 속한다. 그는 바울을 인용한다. "예언자의 영은 예언자에게 제어된다"(Art. 3, Reply to Obj. 4). 그는 이렇게 결론을 내린다. 진정한 예언은 "자신으로부터가 아니라" 성령으로부터 온다(Art. 4).

마지막으로, 제176문은 "은사" 제목 아래에서 "방언의 은사"를 논의한다. 그는 원래 은사는 신약성경에서 믿음을 모든 세계 … 어느 곳이든지 전파하기 위하여 주신 것으로 본다(Art. 1, 티슬턴의 이텔릭). 그것은 선교의 수단이다. 그러나 "예언의 은사는 방언의 은사보다 뛰어나다"(Art. 2). 그것은 예언이 "이해할 수 있는 진리"를 의미하기 때문이다. "… 어거스틴은 방언의 은사를 이미지의 환상에 비교한다. 그러나 예언은 더 유익하다"(고전 14:7-14, 23; Art. 2).

덕과 은사에 관한 긴 진술은 그 요지를 모호하게 해서는 안 된다. 어거스틴과 마찬가지로, 성령은 성부와 성자 사이의 사랑의 끈으로서, 아미키티아*amicitia*, '결합'의 양식을 설정한다. 이것은 우정 이상이며 이하가 아니다(Qu. 24, Art. 2). 성령은 두 위격 사이의 상호 간의 사랑(*amor unitivus ducrum*) 또는 넥수스*nexus*("끈")이다(Aquinas, *Summa contra Gentiles*, part 4, Qu. 21).[17] 아퀴나스에게 이것은 성령의 인격성, 즉 거룩하신 삼위일체의 한 분으로서 한 위격을 의미한다.

14. 3. 14세기 15세기 신비주의자들
: 시에나의 카트린느와 노르위치의 줄리안

(1) 시에나의 카트린느Catherine of Siena(1347-80, Caterina di Giacomo di Benincasa). 카트린느는 다방면에 걸쳐 뛰어났다. 그녀는 가난하지만 독실한 가톨릭 가정에서 25명의 아이들 중 24번째로 태어났다. 그녀는 7세에 그녀의 삶을 드리기로 하나님께 서원했고, 15세에는 결혼하라는 압박을 물리치고 머리카락을 잘랐다. 18세 때에는 도미니크 수도회 소속 수녀가 되었고, 고독과 침묵 속에서 살기 시작했다. 그녀는 미사 때에만 그녀의 방을 떠났다. 그러나 1368년, 21세 때 그녀는 자신이 신비롭게 그리스도의 신부가 되었다고 믿었다. 그녀는 가정과 병원에서 간호사로 일하면서, 가난한 자들과

---

17. 참조. Watkin-Jones, *The Holy Spirit in the Mediaeval Church*, pp. 165-66.

병자들을 위해 헌신했다. 그녀의 신비 체험은 더 잦아졌고, 그녀는 음식과 수면으로 사실상 금욕을 시행했다. 2년 후 그녀는 "신비적인 죽음"을 체험했다. 그때 그녀의 몸은 생명이 없는 것처럼 보였고, 그녀의 내적 자아는 황홀하게 하나님과의 연합을 체험했다. 1377년 심각한 정치적인 문제들 속에서 서신 교환과 여행의 제한을 받은 후, 그녀는 훨씬 더 중요한 신비 체험을 겪었다. 이로 인해 그녀는 『대화』*Dialogue*(c. 1370-77)를 쓰게 되었다. 그녀는 1380년, 33살의 나이로 죽었다. 그녀는 1461년 교회의 박사로 선언되었다.

힐데가르트와 같이 카트린느도 하나님과 함께 하는 자신의 삶을 나타내기 위해 그림, 이미지, 그리고 은유를 사용했다. 여기에는 "은유의 사용이 포함된다. … 사다리, 성, 그리고 어두운 밤 – 모든 것이 설명할 수 없는 것을 묘사하는 방법으로 채택되었다. … 카트린느는 '다리'의 은유를 … 천국에 이르는 길이라고 받아들인다"(티슬턴의 이탤릭).[18] 그녀는 "하늘로부터 땅에까지" 내린 사다리를 본다. " … 다리에는 세 개의 계단이 있다. … 내 아들의 못 박힌 발은 [하나님이 화자이다] 너희가 그에게 오를 수 있는 계단이다. 그곳에서 너희는 내 아들의 가장 깊은 마음을 볼 것이다. … 영혼은 … 넘쳐나는 사랑으로 충만하게 된다. … 그것은 내 아들이 가장 거룩한 십자가에 달렸을 때 높이 올려졌다"(*Dialogue*, 8-11, 10). 그녀는 계속해서, 다리는 담을 가지고 있다. "그의 피로 … 피로 흠뻑 젖은 다리, 즉 그의 피는 신성의 그릇에 담겨 연합되었다. … 그리고 사랑의 불로 … '하늘이 어떻게 열렸는가? 그의 피의 열쇠로, 그리하여 너희는 다리가 자비로 벽이 만들어지고 지붕이 올려지는 것을 보게 된다'"(*Dialogue*, 11). 다리 위로 가지 않고 다리 밑으로 간다면 "물에 빠지지 않고" 건널 수 없다.

후에 『대화』에서 카트린느는 세상을 책망하는 성령에 대해 말한다. "세 개의 책망이 있다. 하나는 성령이 제자들에게 오셨을 때 주어졌다. 제자들은

---

18. Richard J. Foster and James B. Smith (eds.), *Devotional Classics: Selected Readings* (San Francisco: Harper, rev. ed. 1990), p. 264; 참조. pp. 264-70 *The Dialogue*에서 추가 발췌함.

… 성령을 풍성하게 받았다. … 그러고 나서 나와 내 아들과 하나인 성령은 사도들의 입으로 말미암아, 내 진리의 교훈으로 세상을 책망했다"(*Dialogue*, 20). 두 번째 책망은 "죽음의 극한에서 발생한다. 그때 나의 공의가 그들에게 '일어나라 … 심판이 다가왔도다'라고 외칠 것이다"(20). 세 번째 "책망"은 심판 날과 관련되어 자기기만을 드러낼 것이다(*Dialogue*, 23). 한편 다리를 가로지른 자들도 사랑에 있어 불완전할 것이다. 그러나 "내가 너희에게 내 사랑을 *빚지지 않았기* 때문에 나는 너희를 은혜로 사랑하노라"(*Dialogue*, 42; 티슬턴의 이탤릭).

한 가지 매우 중요한 의미로, 카트린느는 신비주의자이다. 그녀는 하나님께서 다음과 같이 선언하는 것으로 상상한다. "오, 나의 가장 사랑하는 이, 가장 친애하는 이요. 가장 상냥한 딸, 나의 배우자, 스스로 일어나 나오시오"(*ekstasis*; Catherine, *Treatise on Prayer*, 18). 그러나 그녀는 "거룩한 믿음의 빛을 가진, 지각 있는 자의 눈은 … 무흠한 어린 양의 피의 심장이라고 강조한다"(18). "달콤한 빛 가운데" 완전의 세 번째 단계에 도달한 자들조차 이성의 선물을 즐긴다(*Treatise on Prayer*, 20). 우리는 힐데가르트에 대해 했던 질문을 다시 한번 되짚어볼 수 있다. 그들의 저작에 은유와 그림을 많이 사용한 것은 이 두 신비주의들이 여성이기 때문인가? 많은 주요 종교개혁자들이 중세 신학에 대해, 최고 수준의 것에도 불안감을 느꼈던 것은 놀라운 일이 아니다. 왜냐하면 카트린느는 다음과 같이 선언했기 때문이다. "너의 믿음은 모두 *순종에 기초하고 있다*"(*A Treatise on Obedience*, 2; 티슬턴의 이탤릭). 그럼에도 불구하고 그녀는 십자가 위에서 그리스도의 사역을 강조하기도 한다. 그녀는 이렇게 조언한다. "말씀의 교훈을 따르라. … 그가[그리스도] 너무나 완전하게 그것을[순종]을 고치셨다. 아무리 사람이 자유의지로 말미암아 그의 열쇠[순종]를 손상시켰다 할지라도, 그의 은혜로써 그것을 고치실 것이다"(2).

카트린느는 성 삼위일체에 대하여 성부와 성자로부터 나오시는 성령의 발출을 단언함으로써 단순히 어거스틴과 아퀴나스를 따르고 있다(*Dialogue*, 78). 그녀는 교황과 교회에 대해 매우 충성스러웠다. 그녀는 사도행전의 오순절을 많이 언급하고, 그녀의 신비 체험을 바울의 "환상과 계시"에 호소한다. 바울은 "셋째 하늘에 이끌려 간 자라(그가 몸 안에 있었는지 몸 밖에 있었는지 나는 모르거니와 …)"(고후 12:1-4; *Dialogue*, 83). 막상 바울은 이 체험을 거의 중요하게 여긴 것 같지 않다.

카트린느는 이성을 강조했음에도 불구하고, 은유와 그림을 좋아했다. 다리는 가장 결정적인 것이라 할 수 있다. 그녀는 성 삼위일체를 "깊은 바다", "장인", 그리고 빛, 불, 거울, 그리고 흐르는 물로 본다(*Dialogue*, 167). 우리는 단순히 그녀의 "신비적 죽음"이 갱신운동의 "제3의 물결"에서 또는 더 구체적으로 "토론토 축복"에서 "영 안에서 죽는" 체험과 비교될 수 있는지 추측할 수 있다. 이에 대해서는 제3부 22장에서 명백하게 논의할 것이다. 그녀는 확실히 황홀경의 체험을 위해 기도했고, 장려했다. 성부를 식탁으로, 성자를 음식으로, 성령을 "종과 시종"으로, 그뿐만 아니라 어머니로 표현한 그녀의 언어는 현대 은사주의 찬송인 "종이신 왕"에 암시를 주었다. 성령을 구원의 항구까지 항해하는 배의 선장으로 여긴다(*Dialogue*, 158). 그녀는 병자와 가난한 자들을 위한 사역과 서방 로마교회의 충격적인 분열을 치유하는 일을 하면서, 성경의 영감에 의지한다. 그녀는 특별히 교황 그레고리 11세로부터 선지자로 높이 평가를 받았다.

그녀가 가진 하나님과 친밀함의 의식뿐만 아니라, 상상, 그림, 은유를 포함하면, 카트린느는 은사주의 갱신운동의 많은 것을 앞지르는 것 같다. 그러나 그녀의 믿음은 극단적인 금욕주의를 포함하고 있으며, 교황에게 절대적으로 충성했다. 그녀의 소명에 있어, 아무도 경건과 십자가에 못 박히신 그리스도와 십자가 중심성을 의심할 수 없다. 오늘날 일부 "오순절주의" 전통과 확연한 차이점은 그녀가 분명히 십자가에 못 박히신 그리스도와 성부를 성령만큼 탁월하게 인정하면서, 성령께 그렇게 많이 호소한다는 것이다. 우리는 제3부에서 "제3의 물결" 갱신운동에 포함된 어떤 사람들의 이런 경향에 대하여, 톰 스메일을 비롯한 여러 저자들의 이의를 고찰할 것이다.

(2) **노르위치의 줄리안**Julian of Norwich(1342-1416). 줄리안은 베네딕트 수

도회 수녀로서 세상으로부터 물러나 홀로 거주하며 오직 하나님을 관상하는데 자신의 삶을 바친 여성 은자였다. 은자 교단은 11세기에 시작되었다고 한다. 그녀의 처소는 노르위치의 성 줄리안 교회 경내에 있었다. 그녀의 영적인 저작은 『신적 사랑의 계시』Revelation of Divine Love로서, 열여섯 가지 그리스도의 계시에 대한 해설을 담고 있다.[19] 이 계시는 짧은 버전과 긴 버전이 있다. 짧은 버전은 1373년 5월, 30세 때 계시가 발생한 직후에 쓰였다고 한다(Elizabeth Spearing, Shorter Text, 2, 아래 각주 참조). 긴 버전은 1393년에 완성되었다. 아마 긴 버전은 50대가 되어 돌이켜보면서 짧은 버전에서 빠뜨린 환상들에 대한 설명을 담았고, 그것은 그 당시에는 그 환상들을 온전히 이해했다고 생각하지 못했기 때문일 것이다.

환상의 초점은 그리스도의 고난과 줄리안이 그 고난에 참여하는 것이다. 줄리안은 그 시대의 신비주의 표현을 사용하여 이렇게 쓰고 있다. "하나님은 영안으로 보이신다. … 그리스도의 머리로부터 흘러내리는 피를 육적인 눈으로 … 많은 피가 가시관으로부터 떨어진다. … 그것들은 진홍빛으로 물들었다. 왜냐하면 피가 매우 진하기 때문이다 …"(계시, 7, Long Text, Penguin ed., pp. 50-51). 그녀는 삼위일체에 대하여는 어거스틴적 입장을 단호하게 믿었다. 그러나 그녀의 가장 분명하고 잘 알려진 "계시"는 다음과 같다. 첫째, "나는 모든 것을 잘 되게 할 것이다(will). 나는 모든 것을 잘 되게 할 것이다(shall). … 나는 모든 것을 잘 되게 할 수 있다"(Revelations, 15; Penguin ed., p. 23). 그리고 둘째, "우리 구주는 우리의 참된 어머니이다. 우리는 그 안에서 영원히 태어나고, 그로 말미암아 항상 둘러싸일 것이다"(Revelations, 57; Long Text, p. 136; 티슬턴의 이탤릭). 줄리안은 이렇게 기록하고 있다. "[삼위일체의] 제2위는 우리의 본질적 존재의 어머니이다. … 왜냐하면 우리 어

---

19. Julian of Norwich, *Revelations of Divine Love*, trans. Elizabeth Spearing (London: Penguin, 1998)은 오늘날을 위한 번역을 제공하고 있다. 참조. 또한 줄리안의 배경, 내용, 신학, 페미니즘에 대한 암시와 다른 주제들과 운동에 대해서는 Grace Jantzen, *Julian of Norwich: Mystic and Theologian* (London: SPCK, 2000)를 보라.

머니 그리스도 안에서, 우리는 유익을 얻으며 자라기 때문이다"(Revelations, 58; Long Text, p.137). 교회는 "그의 사랑하는 신부"이다(58).

이는 아마도 삼위일체의 교리에 복잡한 문제를 야기할 수 있다. 추측하건대 그것은 성부, 성자, 성령 각각에 대해 "부성, 모성과 주님 되심"을 반영하거나 나타내며, 그리스도는 또한 "그의 친아들"이기도 하다(Revelations, 58; Long Text). 우리는 명제보다는 이미지의 영역에 살아야 한다. 줄리안은 어거스틴을 따라 성령의 가장 큰 특징을 사랑으로 본다. 그녀는 "전능하신 하나님은 천성적으로 우리 아버지이시며, 모든 지혜의 하나님(그리스도)은 천성적으로 우리의 어머니이시다. 성령의 사랑과 선하심과 함께"(Revelations, 58)라고 쓰며, "자비하신 은혜의 사역 … 제3위, 성령에 속한 사역"(Revelations, 58; Long Text)이라고 덧붙인다. 종종 성령은 불쌍히 여기시며 동정하시는 "주님"이시다(Revelations, 48; Long Text). 그러나 후기 교부들과 같이, 삼위일체의 사역은 분리될 수 없다. 그녀는 이렇게 쓰고 있다. "예수께서 나타나는 곳에서, 복되신 삼위일체가 이해된다"(4). 그러나 기도의 영감은 성령의 특별사역이다(Revelations, 58; Long Text, p. 106).

줄리안은 종종 노포크 킹스 린 출신의 마저리 캠프(c. 1373-1458)와 연관된다. 마저리 캠프는 줄리안에게 조언을 들으러 왔다. 마저리 캠프도 신비한 환상을 체험했는데, 그것은 때때로 강한 감정과 눈물을 동반했다. 줄리안은 이를 성령의 징표라고 확신시켰다. 그녀는 줄리안에 비해 제도적 교회와 훨씬 사이가 좋지 않았는데, 특별히 "자칭" 선지자로 주장한 것과, 예루살렘과 로마로 순례를 떠나기 위해 남편과 14명의 자녀를 버렸기 때문이다. 그녀의 환상에 대한 사색적 설명은 『마저리 캠프의 책』The Book of Margery Kempe에서 볼 수 있다.[20] 그녀는 일부 사람들이 부르는 것처럼, "자칭" 선지자직 때문에 줄리안보다 더 많은 의문을 불러일으킨다.

---

20. Lynn Staley (ed.), The Book of Margery Kempe, book 1 (Kalamazoo, MI: Medieval Institute, 1996); 그리고 John H. Arnold and Katherine J. Lewis, Companion to the Book of Margery Kempe (Cambridge: Brewer, 2004).

14. 4. 월터 힐튼과 「무지의 구름」

『무지의 구름』The Cloud of Unknowing(c. 1390-95)은 저자 미상의 관상기도에 관한 책으로, 어떤 사람들은 카르투지아 수도회 수도사가 쓴 것이라고 제안하는데, 월터 힐튼Walter Hilton(c. 1343-96)의 신비주의 신학과 밀접한 관련성을 보여준다. 제목은 위-디오니시우스의 저작으로부터 왔다. 위-디오니시우스는 부정적 또는 "아포패틱"apophatic 신학으로서 하나님은 언어를 초월한 것으로 본다. 월터 힐튼은 특별히 관상의 본질에 관해 썼던 동시대의 신비주의 신학자이다. 그는 그의 신비주의적 경향에도 불구하고, 더 이른 시기의 신비주의자 리처드 로울Richard Rolle(d. 1349)이 존 위클리프의 롤라드와 공통의 기반을 허용함으로써, "열광주의"로 나아갔다고 믿었다. 이런 점에서 그는 『무지의 구름』과 비슷한 태도를 보여준다. 어떤 사람들은 『무지의 구름』에서 언급하는 또 다른 사람이 아마도 월터 힐튼을 가리킬 수도 있다고 생각했다.

힐튼의 책 『완전의 척도』The Scale of Perfection는 15세기에 거대한 영향을 끼쳤다. 아마도 놀라운 것은 첫 부분이 전 여성 은자의 신비주의적 관상의 개념을 바르게 수정하고, 자조적이고 "전도된" 삼위일체론으로 인한 왜곡을 피하고자 쓰였다는 것이다.

월터 힐튼은 『완전의 척도』 첫 부분을 "그리스도 예수 안에서 영적 자매"에게 쓰면서, "영혼의 모든 힘을 다하여 … 닮음과 외모를 … 완성하려는" 그녀의 여정을 인정한다. 그녀는 "세상의 것에 대한 과도한 사랑과 두려움에 둘러싸여" 있다(The Scale of Perfection, ch. 1). 둘째 장은 그레고리의 "실제적인" 생활과 "관상적인" 생활 사이의 구별을 해설한다. 힐튼은 "관상의 삶은 완전한 사랑과 애정 … 하나님에 대한 지식으로 구성되어 있다"(ch. 3)고 주장한다. 관상의 삶은 "세 부분"이다. "하나님을 아는 것"은 "성령의 특별한 은사에 의해서가 아니라 … 성경공부"를 포함한다(ch. 4). "관상의 삶의 두 번째 부분은 기본적으로 감정에 있다." 감정에는 두 가지 차원이 있다(ch.

5). "더 높은 차원"은 파테르 노스테르와 다른 기도문과 찬송을 기도하는 것을 포함하고 있다(ch. 7). "세 번째 부분"은 "아는 것과 사랑하는 것 … 모두"를 포함하고 있다(ch. 8). "불타는 사랑"을 가지고(ch. 9). 바울이 "우리가 … 주의 영광을 보매 … 변화하여 … 영광에서 영광에 이르니"(고후 3:18)라고 말했을 때 이 사실을 말한 것이다.

그럼에도 불구하고 10장에서 힐튼은 "환상이나 계시 또는 육체 안에서 보이거나 상상하는 영의 어떤 방식이든지", 불을 보는 것과 같이, "선할 수도 있고 … 악한 천사에 의해 조작될 수도 있다"고 인정한다(*The Scale of Perfection*, ch. 10). 사탄은 광명의 천사로 나타날 수 있고, 악령은 가짜 환상과 상상을 만들 수 있다. 그는 질문한다. 우리가 어느 것이 어느 것인지 어떻게 알 수 있을까(ch. 11)? (이 문제는 19세기에 찰스 핫지에 의해 다루어지고 아마도 지나치게 한 방향으로 몰리게 되었다. 그러나 거짓 예언을 인정함에도 불구하고, 오늘날 갱신운동 안의 어떤 사람들에 의해 다른 방향으로는 충분히 고려되지 않은 것 같다.) 그러한 문제에도 불구하고 힐튼은 계속한다. 우리는 기도나 하나님을 알고 사랑하는 것을 포기해서는 안 된다. 우리는 "더 크게 부지런히 기도"해야 한다(ch. 12). 거의 마저리 캠프를 예견하는 것처럼, 힐튼은 이렇게 단언한다. "지옥의 악마들은 육체의 모습으로 나타나지만 … 그것들을 믿지 않는다"(ch. 16). 관상에서 필요한 것은 "겸손, 굳센 믿음, 전적으로 강한 의지와 목적"이다(ch. 18). 그는 이렇게 결론을 내린다. "네가 보는 모든 것을 그려라. 거룩한 교회의 진리 안에 있으려 하라. … 예수 그리스도의 이름으로 모든 것을 하라"(ch. 18; 참조. 고전 10:31).

힐튼은 『완전의 척도』 제2부에서, 모든 사람은 자신의 은사의 분량을 이해해야 한다고 주장한다. 바울은 그리스도인에게는 각자에게 알맞은 특정한 은사가 있다고 말한다(ch. 3). 은사를 가진 사람은 겸손을 실천해야 하며, 지나친 요구를 함으로써 혼란을 일으켜서는 안 된다. 그는 제3부에서 관상의 특성으로 돌아간다. 그는 주장하기를, "청결한 마음으로 그리스도를 갈망하는 것은 환상 … 천사의 계시 … 귀에 들리는 노래와 각종 소리보다 더 중요하다. 모든 맛과 냄새, … 하늘의 모든 기쁨, … 나의 주님 예수 그리스도가 없다면"(*The Scale of Perfection*, part 3, ch. 3, sect. 2). 제3부 4-8장은 "영적 죄"를 포함한 죄의 속임과 결과를 상술한다. 계속해서 『완전의 척도』두 번째 책은 "믿음과 감각의 개혁"이라는 주제를 다룬다(Book 2, part 2, ch. 1). 힐튼은 사람이 "갑작스럽게 높은 은혜"에 이를 수 없다고 경고한다. 제2권 제3부 2장에서, 그는 잘못된 신비주의를 참된 신비주의로 대치함으로써 "하나님이 어떻게 영혼의 내적인 눈을 뜨게 하시는지" 설명한다.

이 모든 교훈들은 오늘날 오순절주의의 체험과 갱신운동에 모두 관련이 있다. 힐튼은 하나님과 친밀해지라고 권면한다. 그러나 환상을 보는 것, 예언, 또는 "사건" 경험을 추구하기보다 그리스도에 대한 헌신을 더 중요시한다. 그는 하나님께 대한 갱신과 관상을 주장하지만, 그는 독자들에게 환상과 이미지, 비유, 색, 그리고 줄리안과 힐데가르트에게서처럼 참일 수도 아닐 수도 있는 모든 종류의 현상에 대한 임의적이고 검증되지 않은 접근을 경고한다. 그는 법을 공부한 배경을 가지고 있다. 그리하여 그는 전적으로 감정적이거나 명확하지 않은 사고에서 나오는 신비주의를 거부한다.

『무지의 구름』은 "계시"를 받은 사람의 교만과 오만에 대해 경고하는 면에서 힐튼과 입장을 같이한다. 제2장은 온유함에 대해 말한다. "당신은 무슨 자격으로 우리 주님께 부름을 받았는가?" 그것은 모두 "은혜로 말미암은 것이다. … 그는 질투하시며 사랑하신다." 한편으로는 힐튼과 또 같지 않은 위-디오니시우스와의 친밀한 관련성도 있다. "사람은 하나님 자신에 대해서 생각할 수 없다. … 그는 충분히 사랑을 받을 수는 있다. 그러나 생각할 수는 없다. 사랑을 받을 수도 있고 지닐 수도 있다. 그러나 *생각은 결코 아니다*"(ch. 6; 티슬턴의 이탤릭). 한편 익명의 저자는 이렇게 선언한다. "나는 네가 생각과 마음의 자극을 가치 있게 여기기를 원한다"(ch. 11). 우리가 생각함으로써 하나님을 이해할 수는 없지만, 생각함으로써 체험을 판단할 수는 있다. 그리고 아마 힐튼도 이에 동의할 것이다. 온유는 "인간 자아의 참 지식과 감각"이다(ch. 13). 교만과 호기심은 "속일 수" 있다. 그리고 "교회의 … 보편적 교리를 떠나게"할 수 있다(ch. 56). 거의 끝에서 저자는 "데니스"(위-디오니시우스)가 "내가 말한 모든 것"은 "하나님을 아는 가장 선한 것은 알지 못함으로써 알려진다는 것"이라고 단언했다고 주장한다(ch. 70). 이미 언급했듯이 이 부정 신학은 그리스도와 십자가가 하나님을 "생각할 수도 있고" "상상할 수도" 있게 한다는 에버하르트 윰엘Eberhard Jüngl의 주제와는 거리가 멀다.[21] 이것은 3부에서 고찰할 것이다.

14. 5. 스페인의 신비주의들 : 아빌라의 테레사와 십자가의 존

(1) 아빌라의 테레사Teresa of Avila(1515-82). 엄밀히 말하면, 아빌라의 테레사와 그녀의 동시대인이며 동료인 십자가의 존을 고찰하는 것은 중세 시대(관습적으로는 종종 500 - 1500)를 뛰어넘는 일일 것이다. 그러나 16세기의 스페인 신비주의는 비록 소수의 개혁적인 안전장치에도 불구하고 광범위한 "신비주의적" 접근이 계속되었다. 스페인 카르밀 수도회 수녀인 테레사는 많은 여성 신비주의자들과 같이 영혼의 여정에 대해서 말했을 뿐만 아니라, 종종 자서전과 상징 또는 "그림"을 통해 말했다. 1555년 그녀는 아마도 "완전"의 삶을 향한 "제2의 회심"과도 같은 어떤 것을 체험했다. 이것이 어떤 식으로든 오순절주의나 때때로 은사주의적 "성령세례"와 일치하는지는 다른 사람들이 판단해야 한다. 대조적으로, 급진적인 금욕 생활이 이 체험을 뒤따랐다. 그녀는 1562년 『완전에의 길』*The Way of Perfection*을 쓰기 시작했다. 힐데가르트와 줄리안처럼 그녀도 알레고리를 사용한다.

테레사의 가장 유명한 작품은 『내면의 성』*Interior Castle*으로서, "마귀의 공격"을 통과하여 성 밖으로의 영혼의 여정을 그리고 있다(*Interior Castle*, 1:13). 여정이 진행되면서 영혼은 "몇 가지 종류의 황홀경을 경험할 수 있

---

21. Eberhard Jüngel, *God as the Mystery of the World* (Edinburgh: T&T Clark, 1983), pp. 111-22 and 220-32.

다"(ch. 4:2). 그러나 경험자는 "묘사할 수 없을지도 모른다"(4:6). 이 체험은 "심상의 환상"이 아니다(4:11). "최고로 황홀한 상태"이다(4:18). 마지막으로, 일곱 번째 단계에서는 "가장 복되신 삼위일체의 세 위격이 스스로를 나타내신다. … 세 위격은 서로 다르다. … [그러나] 본체는 하나이며 … 한 하나님 이시다"(*The Seventh Mansion*, 1:9). 테레사는 이렇게 쓰고 있다. "그[그리스도]와 성부와 성령은 오셔서 영혼과 함께 거하실 것이다"(7:1:9).

테레사는 성의 이미지를 정교하게 묘사한다. 각 저택 또는 차원에는 "많은 방과 더 많은 방, … 아름다운 정원과 샘, 미로, 이외에도 다른 것들, … 기쁨이 있었다"(*Epilogue*). 그러나 그녀는 독자들에게, "너 자신의 능력으로는 모든 저택에 들어갈 수 없다"고 경고한다(*Epilogue*). 그녀의 작품들은 그리스도 중심적이며, 상대적으로 성령에 대해서는 거의 언급하지 않는다. 이 점에서 그녀는 오순절주의와 갱신운동의 소수파와는 다르다. 그러나 그녀는 힐데가르트와 시에나의 카트린느와 같이, 많은 사람들이 "계시"라고 부르고 다른 사람들은 "상상"이라고 부르는 것을 전달하기 위해, 많은 "그림", 은유, 이미지, 상징, 비유를 사용했다. 아마 이것들은 혼합되어, 때로는 상상을 통해 계시를 전달한다. 그러나 그 당시에도 성경과 교회는 많은 사람이 진리로 여겼던 것들의 한계를 제한했었다.

(2) **십자가의 존**John of the Cross(1542-91). 존은 1567년에 사제가 되었고, 그해에 테레사를 만났다. 그들은 함께 공통적인 경험을 했고, 그녀는 그에게 카르멜 수도회를 맡겼다. 존은 몇 개의 종단을 더 세우고, 가톨릭 전통 내부의 개혁을 촉구했다. 그의 유명한 저작은 『영혼의 깊은 밤』*The Dark Night of the Soul*으로서, 개혁 반대자들에 의해 수감되었을 때 쓴 것이다. 그는 이렇게 쓰고 있다. "'깊은 밤'은 사람들이 한때 경건한 삶에서 경험했던 모든 기쁨을 상실하는 때이다. 이것은 하나님이 그들을 정결하게 하고 더 위대하고 높은 곳으로 이끌기를 원하시기 때문에 발생한다. … 영혼이 하나님을 섬기는 길로 돌이킨 후에, 그 영혼은 성령에 의해 양육을 받고 위로를 받는다"(*The Dark Night of the Soul*, 1:1-2). 존은 힐튼이 그랬던 것처럼, 환상이나 계시를

임의적이거나 잘못 해석하는 것을 방지하는 안전장치를 두고 있다. 이들 가운데는 "숨겨진 교만", "감정" 그리고 출세를 위한 "영적 탐욕"은 물론, "불순한 생각에서 나오는 과도한 두려움"도 있다. 존은 지나친 "황홀경"에 대해서는 현실적이다. 3부에서 오늘날 은사주의 운동의 균형 잡힌 평가를 제시하고자 할 때 이러한 경고들 중 일부를 다시 생각할 것이다.

15

주요 종교개혁자들

15.1. 마틴 루터와 "열광주의자들"

마틴 루터Martin Luther(1483-1546)와 함께 우리는 새로운 시대로 들어간다. 수많은 중세 수도사들과 신비주의자들은 성령을, 특별히 완덕의 계단scala perfectionis을 올랐던 사람들에게 친밀한 것으로 보았다. 제임스 앳킨슨은 "루터는 타울러나 수도사들보다 훨씬 앞서 있었다. … 여기서 모든 신자들의 사제직에 대한 재발견이 시작됐다. 여기가 수도사들과 수녀들의 수도원과 수녀원을 텅 비게 하고, 그들이 정상적인 기독교 일자리를 찾게 했던 사상의 시작이었다."[1] 성령은 가장 "평범한" 기독교인들을 포함하여, 모든 사람들에게 가장 충만한 선물일 수 있었다.

이러한 특징적인 강조는 루터의 신학 전체에서뿐만 아니라 사실상 두 상대 진영을 반대할 그의 필요로부터 비롯되었다. 성령론에 관한 루터파 전문가인 레긴 프렌터는 이렇게 말했다. "루터가 바르트부르크에서 돌아온 후에 … 두 진영들과 어떻게 싸워야 했는지 잘 알려져 있다. 그는 로마 가톨릭

---

1. James Atkinson, *Martin Luther and the Birth of Protestantism* (London: Penguin, 1968), p. 86.

과의 투쟁을 계속해야 했다. 그는 또한 새로운 열광주의 운동들과도 투쟁을 계속해야 했다."² 루터는 이들 "열광주의자들"을 슈바르머*Schwarmer*(열광주의자들, 광신도들)이라고 불렀다. 그들은 니콜라우스 슈토르치Nicolaus Storch, 토마스 뮌처Thomas Muntzer, 그리고 안드레아스 칼슈타트Andreas Carlstadt 등이었다. 앳킨슨은 이렇게 논평했다. "루터의 최악의 적은 가톨릭이 아니라, 광신주의와 '사회주의'로 확인되는 극좌파 급진주의였다는 것이 항상 이해되지는 않는다."³ 오순절파 작가인 벨리-마티 카르카이넨은 루터와 슈바르머주의자 사이의 대립은 나중에 칼빈과 후기 재세례파들 사이의 대립과 유사하다고 주장한다.⁴ 루터와 칼빈은 중도를 유지했다고 주장한다.

(1) 1483년 초, 마틴 루터는 작센의 아이슬레벤에서 태어났으며, 만스펠트에서 자랐다. 그의 아버지는 그가 변호사가 되기를 원했다. 그래서 그는 라이프치히 남서부에 있는 에르푸르트 대학에 들어갔다. 그는 1502년에 졸업했고, 1505년에 석사학위를 받았다. 그가 대학에 있는 동안, 도미니크회 수사 요한 테첼이 면죄부를 판매하기 시작했다. 루터는 하나님 앞에 있는 자신의 상태에 대해 의심을 품고, 1505년에 에르푸르트에 있는 어거스틴 계열의 수도원에 입회했고, 1507년에 서품을 받았다. 1512년에 그는 신학으로 박사학위를 받고 새로운 비텐베르크 대학교에서 성서학 교수가 되었다. 그리고 슈타우피츠의 격려로, 창세기, 로마서, 그리고 갈라디아서에 대한 강의안을 저술하기 시작했다(1513-16). 이 기간동안 그는 시편과 로마서에 관한 그의 저작에 영향을 받아 "탑의 경험"을 겪었다. 1513년에 루터는 한 구

---

2. Regin Prenter, *Spiritus Creator: Luther's Concept of the Holy Spirit* (Philadelphia: Muhlenberg, 1953), p. 205. 참조. 또한 Yves Congar, *I Believe in the Holy Spirit* (New York: Crossroad, 1997), p. 138; 그리고 Veli-Matti Kärkkäinen (ed.), *The Holy Spirit and Salvation: The Sources of Christian Theology* (Louisville: Westminster/John Knox 2010), p. 152에서 인용.

3. Atkinson, *Martin Luther and the Birth of Protestantism*, p. 221.

4. Kärkkäinen (ed.), *The Holy Spirit and Salvation*, p. 152.

절을 우연히 발견했다. "주의 공의로 나를 건지소서"(시 31:1).[5] 그는 특히 로마서 1:16-17에서와 같이 바울과 의의 개념이 함께 나타날 때, 그것을 "미워했던" 것을 회상했다. 루터는 그의 의가 아무것도 아니라는 것, 그러나 하나님의 의는 심판이 아니라 그리스도의 의를 통한 은혜를 의미한다는 것을 알게 되었다. 의는 선물로 받는 것임이 틀림없었다. 그는 다음과 같이 썼다. "나는 이해하기 시작했다. … 의인은 하나님의 은혜로 산다는 것을 … 나는 스스로 거듭난 것을 느꼈고 … 천국에 들어간 기분이었다."[6]

1517년에 테첼은 비텐베르크 근처에서 면죄부를 팔기 시작했다. 루터는 이것을 돈벌이를 위한 중세의 미신으로 보았고, 그는 이것을 도무지 견딜 수가 없었다. (흔히 종교개혁주일로 개혁교회에서 기념되는) 10월 31일, 그는 비텐베르크 성당의 정문에 95개조 반박문을 붙였다. 그것은 독일 전역에 폭발적인 영향을 미쳤다. 이듬해인 1518년 4월, 루터는 하이델베르크에서 논쟁을 벌였다.[7] 명제 21에서, 그는 다음과 같이 언급했다. "영광을 구하는 신학자는 악을 선하다, 선을 악하다고 말한다. 십자가를 구하는 신학자는 그들을 적절한 명칭으로 부른다. … 하나님은 고난과 십자가 외에서는 발견될 수 없다."[8] 그해 연말 10월에 루터는 아우구스부르크에서 카예타누스와 논쟁을 했고, 1519년에는 라이프치히에서 요한 에크와 또 다른 논쟁에 참여했다. 1520년에 루터는 독일 귀족들에게 그의 연설을 작성했다. 그 후 그는 위협적인 교황의 교서를 받았고, 보름스 회의에 초청받았다. 보름스에서 그는 그의 주장을 철회하는 것을 거부했다. 루터는 교서를 불태웠고, 1521년에 가톨릭교회로부터 출교 당했다.

---

5. Atkinson, *Martin Luther and the Birth of Protestantism*, p. 76.
6. Gordon E. Rupp and Benjamin Drewery (eds.), *Martin Luther — Documents of Modern History* (London: Arnold, 1970), p. 6에서 인용; 참조. Atkinson, *Martin Luther and the Birth of Protestantism*, p. 77.
7. James Atkinson, *Luther: Early Theological Works*, LCC 16 (London: SCM, 1962), pp. 274-307에 번역.
8. Atkinson, *Early Theological Works*, p. 291.

작센의 선제후는 그를 바르트부르크 성에 안전하게 피신시켰다. 그곳에서 그는 그의 라토무스Jacobus Latomus에 대한 대답을 썼다. 그리고 성경을 독일어로 번역하기 시작했다.⁹ 야코부스 라토무스는 에크와 함께 라이프치히 논쟁에서 루터와 맞서 싸울 계획을 했고, 루터는 이제 그에 대한 응답으로 성경, 전통, 이성에 주의 깊게 호소했다. 이것으로 루터의 초반부가 끝난다. 다른 저작들은 『선행에 대하여』와 『교회의 바벨론 포로에 관하여』와 같은 것들이 포함될지도 모른다. 이때 루터는 서른일곱쯤 되었다.

(2) 거룩한 영으로서 성령 그리고 삼위일체. 레긴 프렌터, 스탠리 버지스, 그리고 벨리-마티 카르카이넨은 모두 성령에 대한 루터의 강조를 최소화하는 전통적인 관점이, 1953년 루터의 성령 신학에 훨씬 더 많은 빛을 비추었던 프렌터의 저작에 의해 만회되었다고 지적한다.¹⁰ 프렌터는 이렇게 쓰고 있다. "성령의 개념은 루터의 신학을 완전하게 지배한다. 모든 중요한 문제에서 … 우리는 성령에 대한 그의 개념을 고려해야 한다."¹¹ 거룩한 삼위일체와 삼위일체 내에서의 성령에 대한 그의 이해는 정통적인 서방의 접근, 특히 어거스틴, 클레르보의 베르나르, 세인트 빅토르의 리차드를 계승한다. 그러나 그는 또한 "성령"이라는 용어가 성화에 대한 그의 특별한 저작에 주의를 환기시킨다고 역설한다. 프렌터의 관점에 따르면, 루터와 열광주의자들 사이의 가장 큰 차이는 "한 가지 - 하나님의 영으로서 성령에 대한 배타적인 이해였다."¹² 루터의 일관된 정통적인 삼위일체론은 그가 이 견해를 유지했다는 것을 확신하게 한다.

소요리문답(1529)에서 마틴 루터는 이렇게 단언한다. "성령은 나를 그

---

9. Luther, *Answer to Latomus*, is translated in Atkinson, *Early Theological Works*, pp. 308-64.
10. Prenter, *Spiritus Creator*; 참조. Stanley M. Burgess, *The Holy Spirit: Medieval Roman Catholic and Reformation Traditions* (Peabody, MA: Hendrickson, 1997), p. 147; 그리고 Kärkkäinen (ed.), *The Holy Spirit and Salvation*, p. 153.
11. Prenter, *Spiritus Creator*, p. ix.
12. Prenter, *Spiritus Creator*, p. 288 (나의 이탤릭).

리스도 안에 있는 믿음으로 이끌어 나를 성화시킨다[거룩하게 만든다]. 그리하여 나는 구속의 축복을 소유하고 경건한 삶을 영위할 수 있다[넓은 의미에서 성화]." 그는 "나는 '나 자신의 이성이나 힘'이 아니라 성령을 통해서 그리스도에게 갈 수 있다"고 덧붙인다. 루터는 이렇게 선언한다. "성경은 이 복음으로 성령이 '그의 은혜의 선물을 나에게 깨닫게 하셨다'는 것을 가르친다. 즉 그는 예수에 대한 구원의 지식을 나에게 주셨다. 그러므로 나는 신뢰하고, 기뻐하며, 그 안에서 평안을 발견한다." 그는 성령의 사역을 "회심[돌아서는 것] 혹은 중생[새로 태어남]"이라 선언한다(소요리문답). 그는 더 나아가 "성령은 참된 믿음 안에서 나를 거룩하게 한다. 즉 그는 믿음으로 나의 전 삶을 새롭게 한다"고 진술한다. 그러나 그는 또한 이렇게 주장한다. "그러나 성경은 하나님이 반드시 모든 기독교인들에게 매번 특별한 *기적적인* 선물을 줄 것이라고 가르치지 않는다. 성령은 그의 기쁘신 뜻에 따라 그의 좋은 것을 주신다"(소요리문답, 티슬턴의 이탤릭). 매우 많은 성경 본문들이나 구절들이 각각의 선언들을 뒤따르고 확증한다. 루터의 신학은 성경의 모든 부분들에 대한 그의 상세한 지식이 스며들어 있다. 예를 들어, 이것은 요한복음 15:26-27에 대한 루터의 1532년 설교에서 분명하다. 그는 성령이 그리스도와 그분의 죽으심과 부활하심에 대한 교리를 고취시킨다고 주장한다.

카르카이넨이 말하는 바에 따르면, "어거스틴과 유사하게 … 루터는 대요리문답의 유명한 단락이 분명하게 말했듯이, 성령이라는 명칭을 거룩하게 하는 사역을 의미하는 것으로 받아들인다."[13] 루터는 여기에서 이렇게 본다. 성령이 "우리를 거룩하게 만든다. … 하나님의 영 … 우리를 거룩하게 하셨고 지금도 거룩하게 하시는 … *성령은 거룩하게 하시는 분*(Sanctifier)으로 불려야 한다. 우리를 거룩하게 만드시는 한 분 … 그는 먼저 우리를 이 거룩한 공동체, 교회로 이끄신다. … 그곳에서 그분은 우리에게 선포하시고

---

13. Kärkkäinen (ed.), *The Holy Spirit and Salvatio*n, p. 154; Martin Luther, *The Large Catechism* (Philadelphia: Fortress, 1959).

우리를 그리스도에게로 데려가신다"(티슬턴의 이탤릭).¹⁴ 루터는 성령을 거룩하게 하시는 분일 뿐만 아니라 생명을 주시는 분으로 이해한다. 루터는 이렇게 말한다. 성령은 먼저 "당신을 거룩하고, 보편적인 교회로 이끈다. … 그 교회에서 그는 [당신을] 보존하시고 교회를 통해서 말씀하시고 말씀을 통해서 당신을 [그리스도에게로] 인도하신다. … 성령은 … 나를 거룩하게 하신다."¹⁵

루터가 신조 슈말칼드*The Smalcald Articles*(1537)에서 말하는 몇몇 강력한 낱말들이 있다.¹⁶ 그는 이렇게 진술한다. "하나님은 우리가 열광주의자들에 대항해서 보호받을 수 있도록 말씀을 통하지 않거나 혹은 말씀 밖으로 앞서 가는 누구에게도 그분의 영이나 은혜를 수여 하지 않는다. … 즉 그들은 말씀 없이 그리고 말씀에 앞서 성령을 가진다고 자랑하는 성령주의자들, … 영과 문자 사이에 예리한 심판관이 되기를 바라는 자들이다"(*The Smalcald Articles*, part 3, art. 6, "Of Confession," proposition 4, 티슬턴의 이탤릭). 루터는 이 조항을 이렇게 결론 내린다. "한 마디로, 열광주의는 아담과 그의 자녀들에 내재하고 있다"(명제 8). 루터는 계속해서 이렇게 말한다. "말씀과 성례 없이 영으로 찬양받는 것은 무엇이든 마귀 그 자체이다"(명제 10). "외적인 말씀이 없이는 [하나님의 사람들은] 거룩하지 않다. 하물며 성령이 그들에게 말하도록 감동을 주지 않을 것이다. … "(명제 10). 왜냐하면 그리스도가 선포되지 않는 곳에는, "기독교회를 세우고, 부르고, 모으는 성령도 없기 때문이다"(Luther, 대요리문답, 신조, 3조). 루터는 성령으로 말미암아 복음을 선포하지 않는다면 우리는 그리스도에 관해 아무것도 알 수 없다고 주장한다.

---

14. Luther, *The Large Catechism*, part 2, art. 3 of the Creed, paragraphs 35-37; 그리고 Kärkkäinen (ed.), *The Holy Spirit and Salvation*, pp. 154-55에서 인용.
15. Kärkkäinen (ed.), *The Holy Spirit and Salvation*, p. 155에서 인용.
16. Martin Luther, *The Smalcald Articles, in The Book of Concord*, part 3, art. 8, "Of Confession," from *The Triglot Concordia* [German-Latin-English]: *The Symbolical Books of the Lutheran Church* (St. Louis: Concordia, on line); 또한 Kärkkäinen (ed.), *The Holy Spirit and Salvation*, p. 156에서 인용.

그리스도께서 우리를 위해 구원을 이루셨다. 그러나 이 보배를 제공하고 적용하는 것은 성령의 사역이다.

성령에 관한 루터의 독특한 주제들 가운데 하나는 신자들이 죄를 교정하고 자기 확신을 폐기하는 영적 고통*Anfechtung*, 또는 내적 갈등에 대한 강조이다(참조. 요 16:8). 프렌터는 이렇게 진술한다. "내적 갈등의 경험은 양심에 있는 율법의 압제를 가리킨다. [그것은] 우리가 내적 갈등이라는 학교에서 영을 알 수 있는 장소이다. … [일부 열광주의자들과 대조적으로] 그것은 그들의 영 안에서 심리적인 자기성찰로 구성되지 않는다."[17] 이것에 정확히 상당하는 영어 단어는 없다. 이 단어는 신자들을 시험하기 위해 하나님께서 보내신 "시련" 혹은 마귀의 "공격"을 의미할 수 있다. 그것은 절망을 야기할 수도 있지만, 신자를 성령의 능력 안에서 기도와 성경으로 이끌 수도 있다. 신자를 성령에게로 돌리기 위해, 그것은 자신 속에 있는 확신을 "공격"한다. 다른 시각으로 보면, 그것은 "그리스도와 함께 죽고", 그리스도와 함께 사는 것의 일부분이다. 둘 다 오직 성령을 통해서만 가능하다. 그러나 루터에게 있어 영적 시련은 신비주의자들의 "심리적인 기벽"이라기보다는 공격, 시험, 비난 이상이었다.[18]

(3) "열광주의자들"과 루터의 후기 저작들. 루터가 바르트부르크(1521년까지)에 있을 때, 안드레아스 칼슈타트는 비텐베르크에 와서 수도원 서원, 독신, 그리고 미사에 반대해 글을 쓰고 설교했으며, 평신도의 복장을 했다. 그는 성상들과 화상들을 고발했다. 유아세례를 반대했고, 모든 직위들과 고위 성직자들을 거부했다. 신학적 학문을 조롱하고 이 모든 것에 대한 근거로서 성령의 인도하심에 호소했다. 칼슈타트 진영은 성경이 말씀과 성례를 통해 무엇을 가르치는지에 관계없이 성령의 직접적인 영감을 주장했다. 1522년 3월에 루터는 "열광주의자들"을 폭로하기 위해 비텐베르크로 돌아왔다.

---

17. Prenter, *Spiritus Creator*, pp. 207-8; 참조. David Scaer, "The Concept of Anfechtung in Luther's Thought," *Concordia Theological Quarterly* 47 (1983): 15-30.
18. Atkinson, *Martin Luther and the Birth of Protestantism*, pp. 41-43.

앳킨슨은 "루터의 최악의 적은 가톨릭이 아니라 광신주의와 연관된 좌파 급진주의"로 보았다고 논평했다.[19] 칼슈타트의 동료 "열광주의자" 토마스 뮌처(1483-1546)는 설교자는 말씀을 설교하기 전에 특별한 계시를 가져야 한다고 생각했다. 반면 루터는 성경을 보아야 한다고 했다.[20] 사실상, 뮌처는 1523년에 칼슈타트로부터 급진운동의 지도권을 이어받았다. 그는 개인적인 초자연적 계시를 받을 것을 주장했다. 그는 모든 재산이 공동으로 소유되어야 하며, 놀랍게도 자신의 땅을 포기하지 않은 영주들은 죽임을 당해야 한다고 주장했다.[21]

1520년에 뮌처는 작센의 츠비카우Zwickau로 옮겼다. 그곳에서 그는 성경은 선지자에게 주시는 직접적인 계시 다음에 온다고 가르쳤던 자칭 선지자 니콜라우스 스토르치를 만났다. (토마스 드레샬과 마르쿠스 스투브너와 함께) 츠비카우 선지자들이라 불려지는 뮌처와 스토르치는 성령에 대한 자신들의 교리를 정교화하기 시작했다. 그들은 프라하에서 "프라하 선언"The Prague Manifesto을 발표했다. 그것은 신자들의 세례와 임박한 종말론뿐만 아니라 그들의 성령론을 자세히 설명했다. 1521년 12월에 그들은 비텐베르크로 돌아왔다. 그러므로 루터는 바르트부르크 성의 보호를 떠나 비텐베르크로 돌아와 광신주의를 공격하는 일련의 설교들을 했다. 뮌처는 알슈테트로 떠났고, 반면 루터는 마가복음, 누가복음, 요한복음 그리고 로마서를 번역하면서 비텐베르크에 머물러 있었다. 1522년에 루터는 "요한복음과 바울의 서신들, 특별히 로마서, 그리고 베드로의 첫 번째 서신은 모든 책의 진정한 핵심이자 정수"라고 논평했다.[22] 1523년에 루터는 "세속 권력에 관하여"를 썼고, 1524년에는 『천상의 선지자들에 대한 논박』Against the Celestial Prophets에서

---

19. Atkinson, *Martin Luther and the Birth of Protestantism*, p. 221.
20. Burgess, *The Holy Spirit: Medieval Roman Catholic and Reformation Traditions*, p. 150.
21. 참조. Atkinson, *Martin Luther and the Birth of Protestantism*, p. 238.
22. Luther, "Preface to the New Testament," in *Works of Martin Luther* (Philadelphia: Fortress, 1943), vol. 6, p. 439; 또한 Rupp and Drewery (eds.), *Martin Luther*, p. 94.

칼슈타트와 뮌처의 운동에 반대하는 그의 견해를 다시 공식화했다(1525년 1월). 그는 좌파 급진주의자들의 아이러니를 날카롭게 느꼈다. 그는 이렇게 말한다. "나의 모든 적들은 … 지금 내가 우리 진영 사람들에게 공격을 받은 것만큼 나를 심하게 공격하지 않았다." 그러나 1523-24년에 칼슈타트는 성령에 귀 기울이기 위해 수동적으로 자신들을 비우라고 가르쳤다. 그는 소작농의 망토를 입었다. 성상과 십자가상을 파괴했고, 일부다처제를 주장했다. 그리고 성찬에서 그리스도의 몸의 실제 현존 교리를 거부했다 - 이 모든 것을 성령으로부터 비롯된 계시라고 추측했다.

반면에 뮌처는 폭력적인 폭동을 준비했다. 왜냐하면 그는 하나님과 은밀한 교류를 지속했기 때문이었다. 재산은 필요에 따라 각자에게 분배되었다. 이제 루터는 "새로운 선지자들"을 사탄적이라고 보았다. "계시"에 근거한 뮌처의 격려로, 소작농들과 무리들이 저항과 혁명을 하나님의 명령으로 여기면서 봉기를 일으켰다. 그들은 주의 이름으로 수녀원들과 도시들을 불태웠다. 루터는 뮌처를 "마귀의 우두머리"라고 불렀다. 그리고 그에게 대항해서 글을 썼다. 1525년 6월에 작센 제후들은 대략 8,000명의 뮌처의 군대를 공격하여 패배시켰다.

루터는 제후들을 향해 투항한 사람들에게 자비를 베풀어 줄 것을 간청했다. 이 비극은 모든 것이 성령의 지시라는 상상에서 온 것이었다. 대부분의 사람들은 그것을 초대교회의 몬타니즘의 성쇠에 비교할 만한 사건으로 보았다.[23] 루터에게 있어, 성령과 말씀은 한목소리로 함께 말씀하신다. 성령만의 "내적" 소리에 대한 순수한 주장은 많은 사람들이 전쟁과 폭력에 대해서 일관성이 없는 태도를 가지게 했다. 카르카이넨은 "영혼의 심연에서 들리는 내적 말씀"에 관한 뮌처의 글을 인용한다. "누구든지 천 권의 성경을 가질 수 있을지 모른다. 그러나 그는 하나님에 관해 확실하게 어떤 것도 말할 수 없다. … 성령이 그를 인도해야 한다. … 그렇지 않으면 그의 심령은 눈이 멀

---

23. 농민반란과 루터와 뮌처Müntzer에게 미친 영향에 대해서는 Atkinson, *Martin Luther and the Birth of Protestantism*, pp. 140-45를 보라.

것이다."²⁴

프렌터는 이것을 "루터 자신의 기독교관과 원리적으로 다른 특정한 경건의 유형"으로 본다. "『천상의 선지자들에 대한 논박』Treatise against the Heavenly Prophets에서 루터는 열광주의자들의 진정한 오류는 그들이 하나님의 질서를 거꾸로 뒤집는 것이라고 말한다. … 하나님은 외적으로는 복음 안에서, 성례 안에서 우리를 다루시고, 내적으로는 영과 은사들 안에서 우리를 다루신다."²⁵ 프렌터는 루터가 열광주의자들에 직면하여 그의 교리를 바꾸었다는 견해를 거부한다. 또 그는 윌리엄 오캄이나 둔스 스코투스가 자신에게 과도한 영향력을 행사했다고 생각하지도 않는다. 루터의 관점은 "하나님 중심적"이다.²⁶ 칼슈타트는 성령의 "선물"을 "인간의 헌신이나 노력"의 과정으로 만들려고 했다.²⁷ 그리하여 "열광주의는 성령을 복음의 원천과 샘 대신에, 율법적 경건의 왕관, 완전에 대한 보상으로 만들었다"(티슬턴의 이텔릭).²⁸ 성령의 사역 중심에는 그리스도와 자유케 하는 은혜가 있다. 프렌터는 루터의 실재론은 오늘날 성령에 대한 핵심 질문으로 남아있다고 주장한다.²⁹ 궁극적으로 "열광주의"는 "율법주의적 경건주의의 진정한, 돌이킬 수 없는, 끔찍한 결말"로 이끈다.³⁰

루터와 급진 개혁자들 사이에는 더 작고 세밀한 차이점도 있다. 어거스틴에 이어 루터는 뮌처와 "광신도들"이 고린도전서 12:8-10과 다른 곳에서 열거된 모든 은사들을 추구한다고 언급한다. 루터는 몇 가지에 대해서 궁금해했다. 그는 "치유"가 예수님의 치유를 반영할 수도 있지만, 일반적으로는

---

24. Thomas Müntzer, *The Second Chapter of David, in Collected Works* (Edinburgh: T&T Clark, 1988), p. 240; Kärkkäinen (ed.), *The Holy Spirit and Salvation*, p. 185 인용.
25. Prenter, *Spiritus Creator*, p. 248.
26. Prenter, *Spiritus Creator*, p. 251.
27. Prenter, *Spiritus Creator*, p. 253.
28. Prenter, *Spiritus Creator*, p. 254.
29. Prenter, *Spiritus Creator*, p. 303.
30. Prenter, *Spiritus Creator*, p. 219.

현시대에 적용되지 않으며, 때로는 "마술적 속임수"에 해당될 수 있다고 믿었다.[31] 조지 윌리엄스는 1524년 제후들 앞에서 행한 토마스 뮌처의 설교를 "루터를 상대로 한 혁명적인 영성주의자[운동]의 … 높은 정점"으로 묘사한다.[32] 뮌처는 루터와 그의 추종자들에 대해 이렇게 불평한다. "그들은 … 더 이상 하나님이 유효한 환상들이나 잘 들리는 말로 그의 사랑하는 자들에게 신성한 신비들을 계시하시지 않는다고 가르친다. … [그들은] 성령을 공격한다. … 그들은 믿음에 대해 듣기 좋게 지껄이고 술 취한 믿음을 양조할 수 있다. … 환상들에 주의를 기울이라고 … 사도행전에 분명하게 쓰여 있다. … 살찐 돼지 형제[즉, 루터]는 그것을 거부한다. … 하나님의 영은 많은 선택자들에게 결정적이고 불가피하며 임박한 개혁을 … 계시하고 있다."[33] 다른 말로 하면, 종교개혁을 수행할 사람들은 루터가 아니라 열광주의자들이다.

공정하게 말하면, 루터의 유능한 협력자인 필립 멜랑히톤은 열광주의자들에게서 루터의 불타는 변증보다 더 좋은 것을 보았다. 그러나 기질적으로 멜랑히톤은 중재자요 화해자였으며, 성찬에 관하여 울리히 츠빙글리의 보다 급진적인 견해들과 중재하려고 했다. 한편 츠빙글리는 열광주의자들에게서 그의 목적에 맞지 않는 것을 발견하면서, 그들에게 루터만큼도 시간을 할애하지 않았다. 루터와 열광주의자들 사이의 어려운 관계로부터 오늘날 배울 바가 많다. 그들은 헌신된 경건주의자와 "카리스마주의자"였을까? 아니면 루터의 은혜의 신학을 배반한 것일까?

---

31. Martin Luther, *Against the Heavenly Prophets, in Luther's Works* (St. Louis: Concordia, 1958), p. 142; Martin Luther, *Paul's Epistle to the Galatians* (London: James Clarke, 1953), p. 153.
32. George H. Williams (ed.), *Spiritual and Anabaptist Writers*, LCC 25 (London: SCM, 1957), p. 47.
33. Müntzer, "Sermon Before the Princes," in *Spiritual and Anabaptist Writers*, ed. Williams, pp. 54, 56, and 61.

15.2. 울리히 츠빙글리, 하인리히 불링거, 그리고 마틴 부처

(1) 울리히 츠빙글리Ulrich Zwingli(1484-1531)는 루터의 단순한 복제가 아니다. 그들의 차이는 성찬론에서 가장 많이 표명되었다. 그러나 츠빙글리가 성령의 경험에 대한 시금석으로서 성경만을 강조한 반면 루터는 초기 기독교 전통에 가치를 두었다는 것을 제외하면, 둘은 성령론에서는 가까웠다. 츠빙글리는 교양 있는 스위스 가정에서 태어났다. 그리고 그는 주로 바젤과 베른에서 학교를 다녔다. 그는 1504년에 바젤에서 대학을 마쳤고, 1506년에 석사학위를 받았다. 그리고 그해에 사제로 임명되었다. 1516년에 그는 아인지델른에서 설교자가 되었다. 그리고 1518년에 취리히의 그레이트 민스터로 옮겨 일련의 성경 주해를 시작했다. 그는 1525년까지 신약성경 전체를 설교했고, 사실상 민스터를 신학대학으로 바꾸었다. 여기에서 그는 『개혁신앙 옹호』The Defence of the Reformed Faith를 내놓았다.[34]

독특하게 츠빙글리는 이렇게 썼다. "하나님의 영이 당신과 함께 하는지의 여부는, 무엇보다도 그의 말씀이 당신의 길을 인도하는지, 그리고 하나님의 말씀에 분명하게 명시된 것 외에는 당신이 아무것도 하지 않는지에 의해 나타나게 된다. 즉 당신이 성경의 주인이 아니라, 성경이 당신의 주인이다."[35] 츠빙글리는 이 주제에 있어 루터에게 가깝다. 사실 그는 콘라드 그레벨Conrad Grebel이 이끄는 "급진적인 개혁자들"과 공동의 명분을 만들기 위해 안드레아스 칼슈타트와 토마스 뮌처가 독일에서 스위스를 방문했을 때 동일한 문제에 직면했다. 츠빙글리는 그들의 반계층적인 접근에 더 많은 공감을 했었음에도 불구하고, 루터가 그랬던 것처럼 그들의 성령론에 더 이상 공감하지 않았다. 급진주의자들과의 가장 결정적인 차이점은 주로 성령의

---

34. Huldrych Zwingli, *The Defence of the Reformed Faith* (Allison Park, PA: Pickwick, 1984), from Zwingli's Writings.
35. Zwingli, *The Defence of the Reformed Faith*, p. 46; 또한 Kärkkäinen (ed.), *The Holy Spirit and Salvation*, p. 163에서 인용.

권위에 반하는 단어와 성령의 권위에 대한 순위였다. 츠빙글리는 이렇게 쓰고 있다. "우리가 말씀에 주의를 기울일 때마다, 우리는 … 성령으로 말미암아 그에게로 이끌리며, 그의 형상을 닮아간다."[36]

츠빙글리는 신자는 하나님의 말씀을 이해하고 해석하기 위해서는 성령이 필요하다고 주장한다. 그는 그가 원하는 곳으로 움직이며(요 3:8), 심지어 이교도들 사이에서도 활동하신다. 그러나 그는 루터와 달리 영적이며 세속적인 독자들의 두 왕국보다는 오히려 신정을 고려한다. 그의 영향력은 주로 스위스와 남부 독일까지 확장되었지만, 하인리히 불링거(1504-75)를 통해 영국을 비롯한 유럽의 다른 지역으로까지 확대되었다. 그는 칼빈과 마찬가지로 신적인 위엄과 죄를 드러내는 성령의 사역을 강조했다. 비록 츠빙글리와 루터는 성찬과 국가에 대한 태도에 대해서는 의견이 달랐지만, 은혜에 의한 칭의와 성령의 사역에 있어서는 하나였다.

(2) 하인리히 불링거Heinrich Bullinger(1504-75). 츠빙글리의 죽음 이후, 불링거가 그의 뒤를 이어 취리히의 "사람들의 사제"가 되었다. 그는 츠빙글리의 개혁신학 운동을 결속시키기 위해서 최선을 다했고, 1536년 제1스위스 신앙고백서the First Helvetic Confession를 작성했던 회의에서 중요한 역할을 했다. 칼빈과 영국 교회의 지도자들과도 좋은 관계를 조성했다.[37] 그와 츠빙글리는 모두 하나님의 말씀과 성령의 창조적인 능력을 강조했다. 이 가르침에 대해 상세히 설명하기 위해서는 루터에 관해 이미 언급했던 많은 것을 반복할 필요가 있다.

(3) 마르틴 부처Martin Bucer(1491-1551)는 처음에는 도미니칸 수도회에 가입했지만, 1521년에는 루터주의를 채택했다. 그러나 1524년에 루터와의 차이점이 드러났는데, 피터 스티븐스는 그에 대해 이렇게 언급한다. "그는 루터파, 개혁파, 성공회 등 세 가지 위대한 종교개혁 전통에 어느 정도씩 속해

---

36. Zwingli, *The Defence of the Reformed Faith*, vol. 1, p. 57.
37. Geoffrey W. Bromiley (ed.), *Zwingli and Bullinger*, LCC 24 (London: SCM, 1955), pp. 40-46 and 283-326.

있었다."³⁸ 성찬에 대한 그의 신학은, 영국 교회와 마찬가지로 루터의 견해와 츠빙글리의 견해 사이에 있었다. 스티븐스는 적어도 최근까지 부처에 대해 부당하리만큼 등한시한 것을 불평하며, 그의 신학에서 "성령의 중심성"을 강조한다.³⁹ 이것은 그가 "영성주의자들"이나 "재세례파"의 접근을 지지했다는 것을 의미하지는 않는다. 사실은 그와 정반대이다. 부처는 선택, 세례, 성령에 대한 교리에서 그들과 달랐다. 가장 극단적인 "급진적인 개혁파들"은 성령이 성경으로부터 그들을 해방시켜 주었다고 믿었다.

스티븐스의 말에 의하면, "외적인 말은 성령이 마음을 설득할 때까지는 무능하다. 그럼에도 불구하고 성령은 말씀을 통해 역사하신다."⁴⁰ 루터와 마찬가지로 부처는 성령을 주로 성화시키는 분으로 본다. 그는 이렇게 말한다. "모든 면에서, 성화 교리의 핵심은 성령이다."⁴¹ 부처는 그 점을 납득시키기 위해 물, 불, 변호인, 그리고 하나님의 손가락의 이미지를 사용한다. 죄를 불사르는 그의 능력 때문에 그는 불이다. 그는 마른 땅을 비옥하게 만들기 때문에 물이다. 그는 기독교인들을 보호하기 때문에 변호인이다. 그는 하나님 자신의 대리인이자 대표자이기 때문에 하나님의 손가락이다. 그러나 부처가 그리스도의 왕국에 들어가는 모든 사람에게 주어진 성령으로 말미암아 영감과 갱신이 있는 것으로 보는 점에서 제임스 던과 다른 이들을 예기한 것이 분명하다. 루터와 같이 부처는 자기 영광의 위험과 성령에 대한 끊임없는 의존의 필요성을 본다.

성령론의 일차적 자료를 제공하는 부처의 저작 중 가장 잘 사용되는 영어 번역본은, 『마르틴 부처 선집』*Common Places of Martin Bucer*에 나오는 "기독교 교리 요약"A Brief Summary of Christian Doctrine의 일부분이다.⁴² "진실한

---

38. W. Peter Stephens, *The Holy Spirit in the Theology of Martin Bucer* (Cambridge: Cambridge University Press, 1970), p. vii.
39. Stephens, *The Holy Spirit in Bucer*, p. 1.
40. Stephens, *The Holy Spirit in Bucer*, p. 46.
41. Stephens, *The Holy Spirit in Bucer*, p. 74.
42. Martin Bucer, *The Common Places of Martin Bucer*에 번역. 그리고 ed. David F. Wright

회개"항목에서 그는 죄의 곤경에 대한 지식, 회개, 그리고 죄에 대한 슬픔을 성령의 결과로 간주한다.[43] "칭의" 항목에서 그는 이렇게 쓰고 있다. "그는 우리를 복음에 대한 진실하고 완전하고 신실한 믿음으로 이끌기 위해 우리에게 성령을 주신다(행 16:31; 고후 4:6, 13-14). 그는 이 믿음을 통해 우리를 그의 사랑하는 아들에게로 이끄신다(요 6:44). 그리하여 우리는 그리스도 우리 주님의 은혜와 구속을 굳게 신뢰할 수 있다(엡 3:12, 17)."[44] 그는 그의 말씀과 성령으로 말미암아 그의 형상 안에서 우리를 새롭게 할 것이다. "하나님에 대한 신뢰, 영원한 생명에 대한 희망, 하나님과 이웃에 대한 사랑" 항목에서, 부처는 이렇게 주장한다. "우리는 성령, 곧 믿음의 성령(고후 4:13)이 그로 말미암아 중생한 모든 사람들 안에 … 하나님에 대한 신실한 신뢰의 태도를 만들어낸다고 가르친다. … 성령은 또한 하나님의 자녀들에게 하나님에 대한 깊은 사랑을 … 그의 모든 계명들을 향한 열렬한 복종을 낳는다."[45] 성령은 새로운 삶의 덕목을 부여한다. 그러나 그분이 우리 안에서 역사하심에도 불구하고 기독교인들은 여전히 죄를 짓는다. 우리는 "성령을 통하여 거룩한 성경으로부터 배우며, … 그분 안에 살고 거주한다."[46]

부처의 성령론에 관한 부문은 교회에 대한 관심과, "목자들[혹은 목사들]과 교사들, 감독들[혹은 주교들]과 목회자들[단지 말씀만 선포하는 것이 아니라]이 그의 거룩한 신비들[성찬]를 베푸는 사람들로 마친다."[47] 목회자들은 기도와 안수를 필요로 한다. 그들은 목사와 "성령이 감독[주교]과 장로라고 칭하는 사람 모두를 포함한다(딛 1:5, 7; 행 14:23; 20:28)."[48] 성령은 성례와 견진

(Abingdon, Eng.: Sutton Courtenay, 1972), pp. 76-94.
43. Bucer, *Common Places of Martin Bucer*, p. 79.
44. Bucer, *Common Places of Martin Bucer*, p. 79.
45. Bucer, *Common Places of Martin Bucer*, p. 80.
46. Bucer, *Common Places of Martin Bucer*, p. 82.
47. Bucer, *Common Places of Martin Bucer*, p. 83.
48. Bucer, *Common Places of Martin Bucer*, p. 83.

confirmation에 역사하며, 훈육과 결혼에도 역사한다.⁴⁹

주요한 자료로부터 나온 이 일관된 설명 외에도, 우리의 주제에 대해 흩어져 있는 자료들에 대한 가장 좋은 접근은 스티븐스의 『마르틴 부처의 신학 안에서의 성령』*The Holy Spirit in the Theology of Martin Bucer*이다. 스티븐스는 위의 언급 외에도, 기도는 단지 인간의 행위로 이루어진 것이 아니며, 성령을 기도의 영감자로(롬 8:26-27; 참조. 마 6:1-13) 본다. 그리고 사랑을 성령의 열매로 본다(갈 5:22-23). 그는 루터보다 율법에 대해 덜 적대적이다. 그는 율법을 성화의 도구로 볼 뿐만 아니라, 다른 의미에서는 기독교인들이 자유하게 된 것으로 본다. 게다가, "하나님의 목적의 완성은 현세 너머에 있다. … 그것은 모든 죄가 그리스도의 영에 의해 우리 안에서 파괴되고, 하나님이 우리 안에서 모든 것이 되실 때(고전 15) 완전해질 것이다."⁵⁰ 이러한 진보적인 주석은 끊임없는 것이다.⁵¹ 이것은 종말론과 성령에 대한 현대 성경학자들의 주요 강조점을 반영할 것이다.

성경에 영감을 주는 성령은 또한 그것을 해석한다.⁵² 부처에게 있어서 "성경을 이해하는 것"은 하나님의 말씀으로 그것을 인정하는 것뿐만 아니라 성경의 학자로서 그것을 해석하고 적용하는 것을 포함한다. 왜냐하면 "성경 안에 어떠한 예언도 누군가의 해석의 문제이기 때문이다." 성령은 하나님의 백성들의 전체 공동체를 낳았고, 오늘날 우리가 "공적인" 전통이라고 불러야 하는 것을 언급하지 않고는 해석이 올바르게 이루어질 수 없다.⁵³ 루터와 마찬가지로 부처는 성령을 또한 목회자를 부르시고, 준비시키시고, 인도하시고 사용하시는 분으로 말한다. 그의 『로마서 주석』의 참조 문헌에서, 부처는 성령의 다양한 은사들을 강조할 뿐만 아니라 그것들을 기독교인

---

49. Bucer, *Common Places of Martin Bucer*, pp. 84-90.
50. Stephens, *The Holy Spirit in Bucer*, p. 99.
51. Stephens, *The Holy Spirit in Bucer*, p. 100. Stephens의 완전한 문서들은 그의 자료.
52. Stephens, *The Holy Spirit in Bucer*, pp. 120-15.
53. Stephens, *The Holy Spirit in Bucer*, pp. 156-66.

들에게만 국한되지 않는 것으로 이해한다.[54] *"가르침의 은사가 주어지는 방법을 볼 때, 가르침의 은사는 예언보다 못한 성령의 은사가 아니다"*(티슬턴의 이탤릭).[55] 여기에는 성령의 많은 은사들이 "즉흥적"이어야 한다거나, 사상과 연구와는 무관해야 한다는 현대의 "갱신주의"나 오순절주의 개념에 대한 핵심적인 함의가 있다. 그는 주장하기를, 어떤 은사들은 안수에 의존한다고 한다. 설교는 기록된 말씀을 효과적으로 만듦으로써 "살아있는 말씀"을 돕는다. 스티븐스는 이렇게 선언한다. "부처는 설교되는 말씀에 세 가지 요소가 있다고 서술했다. (a) 죄를 드러냄 …, (b) 그리스도를 구주로 증언함('그들에게 불과 성령으로 세례를 베풀 것이다. 즉 새롭고 거룩한 마음을 불어넣음으로써 그들을 새롭게 하여 구원에 이르게 할 것이다'), 그리고 (c) 심판의 선포."[56]

마지막으로, 성령은 말씀을 통해 역사하듯이 성례를 통해 역사한다. 스티븐스는 이렇게 말한다. "여기에서 물세례와 성령세례 사이의 구별은 일차적으로 외부와 내부 사이의 대조라기보다는, 부처 안에 있는 선택과 유기 사이의 근본적인 대조를 나타낸다. 그러므로 물세례와 성령세례 사이에는 분리가 아니라 구별이 있다. … *성령세례는 물세례와 분리되지 않고, 오직 구별될 뿐이다*"(티슬턴의 이탤릭).[57] 이는 명백하게 그 용어에 대한 오순절주의의 용법과는 거리가 멀다. 부처는 단언하기를, 성령은 본질적으로 신자 안에 거하신다. 스티븐스는 일차 자료들을 언급하면서 부처의 성령 신학에 대한 모든 진술을 세심하게 지지해왔다. 영국교회는 흔히 "가톨릭적 개혁파"로 서술된다. 많은 사람들은 부처를 영국 교회 내 "개혁파" 전통의 훌륭한 대표자로 인정할 것이다. 스티븐스는 부처의 저작에서 상당히 많은 참조 문구를 인용하고, 때로는 독일어로도 인용하고 있기 때문에, 이 부분에서 스티븐스를 자주 참조했다.

---

54. Stephens, *The Holy Spirit in Bucer*, pp. 185-95.
55. Stephens, *The Holy Spirit in Bucer*, p. 186.
56. Stephens, *The Holy Spirit in Bucer*, p. 200.
57. Stephens, *The Holy Spirit in Bucer*, pp. 222 and 223.

15.3. 존 칼빈

존 칼빈John Calvin(1509-64), 프랑스 개혁자로서, 파리와 오를레앙에서 수학했으며, 신학으로 전향하기 전에는 법과 고전학을 전공했다. 박해에 직면하여 그는 1535년에 바젤로 도피했고, 1536년에 『기독교강요』 초판을 출판했다. 같은 해에 그가 제네바를 거쳐 갔을 때, 파렐은 제네바에 남아 거기서 종교개혁을 준비하도록 설득했다. 마르틴 부처가 1538년에 스트라스부르에 그를 초대할 때까지, 그는 종교개혁을 하는 일에 착수했다. 여기서 그는 『기독교강요』의 개정된 확장판과 『로마서 주석』(1539)을 출간했다. 1541년에 칼빈은 제네바로 돌아오라는 초청을 받았다. 그 후 14년 동안 그는 수많은 주석을 썼다. 동시에 츠빙글리와 부처에 의해 대표되는 개혁파 신학의 원리에 따라 제네바 시의 문제들을 처리했다. 그는 제네바와 다른 곳에서 개혁 신학을 촉진시켰고, 1559년에 제네바 아카데미를 설립했다. 그는 1545년에 『기독교강요』의 개정판을 출간했다. 1559년에 최종판까지, 모두 5판을 출판했다. 칼빈이 상당한 영향력을 미칠 수 있었던 한 가지 요소는 『기독교강요』에 표현된 것처럼, 그의 조직적이고 논리적이며 일관성 있는 사고방식이었다. 다른 하나는 성경에 대한 그의 많은 주석의 독립적인 글이었다. 이 글들은 진정한 주석적 관심에 매우 충실하여 많은 학자들은 이 작품들을 교회의 최초의 "현대적인" 주석으로 간주한다.

칼빈은 『기독교강요』를 네 부분으로 나누었는데, 그중 첫 번째는 하나님에 관한 지식에 관한 것이다. 1권 13장 14절에서 그는 "성령의 신성"을 주장한다. 그리고 창세기에서 성령이 깊음 위에서 어떻게 창조적으로 운행하셨고, "혼돈 가운데 있는 무리를 품으면서 일하셨는지"를 상기시킨다 (*Institutes*, 1:3:14; Henry Beveridge ed., vol. 1, p. 122).[58] 칼빈은 계속해서, "우리는 하나님의 성전이며 … 하나님의 영이 우리 안에 거하시고"(고전 3:16;

---

58. John Calvin, *Institutes of the Christian Religion*, 2 vols., 번역. Henry Beveridge (London: James Clarke, 1957), vol. 1, p. 122.

6:19), 예배는 오직 하나님으로 말미암는다는 어거스틴의 강조점을 인용한다(*Institutes*, 1:13:15; Beveridge ed., p. 123). 그럼에도 삼위일체의 위격은, 예컨대 "말씀과 성령"처럼 구분된다. 그는 나지안주스의 그레고리를 지지하여 인용한다(1:13:17; Beveridge ed., p. 125). 교조주의라는 부당한 평판에도 불구하고, 칼빈은 이렇게 주장한다. "나는 이 구분의 본질을 설명하기 위해 인간사로부터 유비들을 차용하는 것이 적절한지 확신할 수 없다"(1:13:18, p. 126). 성부, 성자, 성령은 모두 영원하며(1:13:18), "본질의 연합이 유지된다"(1:13:20; p. 127). 칼빈은 거룩한 삼위일체에 대한 서방의 정통적인 개념을 유지한다.

『기독교강요』 제3권은 "그리스도의 은혜를 얻는 방편"에 관한 것이다. 그리고 제3권 1장은 "그리스도의 유익들"이 "성령의 활동 … 에 의해서" 어떻게 유용하게 되는지 보여준다. 칼빈은 이렇게 쓰고 있다. "성령의 증언은 … 두 번 언급된 … 인치심의 방식으로 우리의 마음에 새겨진다. 그러므로 그리스도의 정결케 하심과 희생을 인치신다"(*Institutes*, 3:1:1; Beveridge ed., p. 463). 그는 다음과 같이 덧붙인다. "신자들은 예수 그리스도의 순종과 피 뿌리시기까지 성령의 *거룩하게 하심*으로 말미암아 '선택된 자들'이다"(벧전 1:2; 3:1:1; 티슬턴의 이탤릭). 그는 또한 성령으로 말미암아 그리스도의 자격 부여(empowerment)에 호소한다. "그리스도는 특별한 방법으로 성령과 함께 주어졌다"(1:1:2). 그는 요엘 2:28의 예언에 따라 그리스도가 그때에 우리에게 성령을 부어주신다고 지적한다. 이러한 근거 위에, "만일 너희 속에 하나님의 영이 거하시면 너희가 육신에 있지 아니하고 영에 있나니 누구든지 그리스도의 영이 없으면 그리스도의 사람이 아니라"(롬 8:9; 3:1:2; Beveridge ed., p. 464). 적절한 때에 그는 이렇게 말한다. "예수를 죽은 자 가운데서 살리신 이의 영이 너희 안에 거하시면 그리스도 예수를 죽은 자 가운데서 살리신 이가 너희 안에 거하시는 그의 영으로 말미암아 너희 죽을 몸도 살리시리라"(롬 8:11; 3:1:2).

『기독교강요』 3:1:3에서, 칼빈은 성령에게 주어진 칭호를 고찰한다. 그는

"양자의 영"으로 불린다. 그리하여 우리는 "아바, 아버지"라고 부른다. 그는 우리 미래의 상속의 "증표"이다. "그가 은밀하게 물을 주어 … 우리가 싹을 틔우게 하며 의의 열매를 맺게 한다." 그는 "물로 묘사된다. … '누구든지 목마르거든 내게로 와서 마시라.'" 그는 "*기름이자 기름 부음*"이며, "*불*"과 "*샘*", "하나님이 능력을 행사하는 손"이라는 이름을 받는다(칼빈의 이텔릭, 『기독교강요』 3:1:3; Beveridge ed., pp. 464-65). 여러 면에서 칼빈의 목록은 몰트만의 『생명의 영』*The Spirit of Life*에서 "성령 경험의 은유들(Metaphors)"을 예기하고 있다.[59] 칼빈은 계속해서 이렇게 한다. "믿음은 그의 주요한 사역이다. … 그가 우리를 복음의 빛으로 이끄는 것은 오직 믿음에 의해서이다"(3:1:4). 여기서 칼빈은 루터에 가깝다. 그리고 이것은 믿음에 관한 제2장으로 인도한다. 성령은 특별히 "[하나님의] 약속들로 우리 마음에 인치시므로 … 마음에 확증을 주신다"(3:2:36; Beveridge ed., p. 501). 이것은 "성령의 보증"이다(고후 5:5; 3:2:36).

칼빈은 『기독교강요』 제4권에서 믿음에 관한 요점을 반복한다. 이 부분에서 그는 주로 성례에 대해 논의하고 있지만, 다시 이렇게 주장한다. "믿음은 적절하고 전적인 성령의 사역이다. … 우리는 그로 말미암아 하나님과 그의 은혜의 보배들을 인식하며, 우리 마음에 비추시는 그의 조명이 없다면 우리는 눈이 멀어 아무것도 볼 수 없다"(*Institutes*, 4:14:8; Beveridge ed., vol. 2, p. 496). 제1권에서 칼빈은 선지자들을 통한 영감에 대해서도 언급한다. "그러므로 선지자들의 입을 통해 말씀하신 동일한 성령께서 우리에게 신적으로 맡겨진 메시지를 신실하게 전달했다는 것을 확신시키기 위하여 우리의 마음을 관통해야 한다"(1:7:8; Beveridge ed., vol. 1, p. 72). 그는 또한 요한복음 20:22에 나오는 예수 그리스도의 성령의 입김에 대해 언급한다. "주께서 사도들에게 복음을 전하라고 명령하셨을 때, 그들을 향하사 숨을 내쉬셨다." 계속해서, "이러한 상징에 의해 그는 성령의 선물을 나타냈는데, 이는 그가

---

59. Jürgen Moltmann, *The Spirit of Life: A Universal Affirmation* (London: SCM, 1992), pp. 269-85.

그들에게 수여하신 것이다"(4:19:29; Beveridge ed., vol. 2, p. 644). 칼빈은 또한 이렇게 본다. "그[성령]로 말미암아, 우리 안에서 그의 생기를 느끼게 하는 방식으로, 우리는 하나님의 성품에 참여하는 자들이 된다. 우리의 칭의는 그의 역사이다. 그로부터 능력, 성화, 진리, 은혜 그리고 모든 좋은 사상들이 온다. 왜냐하면 오직 성령으로부터 모든 좋은 은사들이 나오기 때문이다"(*Institutes*, 1:13:14; Beveridge ed., vol. 1, p. 123; 티슬턴의 이탤릭).

칼빈의 주석들은 그의 『기독교강요』 안에 있는 진술들에 증거를 부여한다. 갈라디아서 5:22-23에서 그는 다음과 같이 말한다. "오직 선한 것들은 성령으로부터 온다. … 말다툼과 논쟁들과 대조되는 평화, 인내는 마음의 온유함이다. … 성령이 다스리는 곳에는 더 이상 율법의 지배도 없다."[60] 시편 104:29에서는 이렇게 말한다. "그가 소생케 하는 성령을 거두신다면, 우리는 죽는다. … 그곳에 세상의 새로움이 보인다."[61] 고린도전서 12:8-10에 나오는 성령의 은사들에 관하여, 그는 이렇게 말한다. "믿음은 … 특정한 종류의 믿음이다. … '능력의 작용(*operationibus virtutum*)은 악마와 위선자들에게도 행사된다. … 에네르게마*energēma*는 효과적인 작용을 [의미한다]. … 선지자는 인간에게 보내신 하나님의 사자이다. … [방언의] 해석자들은 외국어를 통역했다."[62] 고린도전서 12:4에서 칼빈은 "한 성령"은 "하나님의 한 본질적인 능력"을 의미하며, "그것으로부터 그의 모든 활동들이 나온다"고 말한다.[63] 고린도전서 2:4에서 그는 "성령의 증거가 기적보다 훨씬 더 많은 것을 의미한다"고 이해하고 있다. 그것은 "모든 면에서 사도들을 통하여 강력

---

60. John Calvin, *The Epistles of Paul to the Galatians, Ephesians, Philippians and Colossians* (Edinburgh: Oliver and Boyd, 1965), pp. 105-6.
61. John Calvin, *Commentary on the Psalms of David*, 3 vols. (Oxford and London: Thomas Tegg, 1840), vol. 3, pp. 52-53.
62. John Calvin, *The First Epistle of Paul to the Corinthians* (Edinburgh: St. Andrew's, 1960), pp. 262-63.
63. Calvin, *First Corinthians*, p. 260.

하게 역사하기 위해 스스로 펼치신 하나님의 손"을 의미한다.⁶⁴

효력 있는 부르심은 하나님의 말씀의 선포와 그것을 성령으로 조명하고 활성화하는 것으로 이루어진다. 칼빈은 신자의 최후의 견인을 강조한다. 왜냐하면 "하나님은 신실하시기 때문이다. … 하나님은 어떤 일을 시작하시든 시종일관 완성하신다." "'하나님의 부르심은 돌이킬 수 없다'(롬 11:29). … 성령만이 선택자들과 견인이 의존하고 있는 신실하며 확실한 증인이시다."⁶⁵ 그러나 신자는 "두려움과 걱정"을 확신과 결합해야 한다. 이것은 루터의 고통과 정확하게 일치하지 않지만, 자신 안에 확신의 부족을 암시한다. 마음에 성령의 증거는 종종 성령 신학에 대한 칼빈의 가장 뚜렷한 공헌이라고 말한다.⁶⁶

오웬 채드윅은 칼빈의 작품의 정치적 중요성을 잘 추적한다. 파렐은 그를 제네바로 초대했다. 왜냐하면 주석가이자 신학자로서의 자질 외에도 칼빈은 유능한 조직자였기 때문에, 그의 저작들과 실제적인 사안들에 명확성을 가져다주었다. 분명히 "칼빈은 전설과 그의 대적들에 의해 묘사된 제네바의 절대적인 지배자가 아니었다."⁶⁷ 그러나 그는 채드윅이 소위 "권력의 새로운 모델"이라고 부르는 것과 순수한 목회자의 권위를 세웠다. 그의 조직은 "민주적이지 않았다. … 목사들이 목사들을 선택했다."⁶⁸ 그는 "자유주의적인" 태도를 거부하고, 제도에 초점을 맞추었다. 이런 의미에서 그는 루터만큼 자칭 "카리스마적" 예언자들로부터 자신을 분리하는 데 빨랐을 것이다. 채드윅은 "칼빈의 광범위한 영향력은 그의 신학 체계와 성경 강해의 명확함에 근거하고 있다"고 결론짓는다.⁶⁹ 제네바에 있는 그의 학교는 프로

---

64. Calvin, *First Corinthians*, p. 51.
65. Calvin, First Corinthians, p. 23.
66. 참조., e.g., Burgess, *The Holy Spirit: Medieval Roman Catholic and Reformation Traditions*, pp. 165-66.
67. Owen Chadwick, *The Reformation* (London: Penguin, 1964 and 1972), p. 87.
68. Chadwick, *The Reformation*, p. 83.
69. Chadwick, *The Reformation*, p. 92.

테스탄트 사상의 위대한 학교 중 하나가 되었고, 제네바에서는 테오도어 베자(Theodore Beza, 1519-1605)가 사실상 그의 계승자가 되었다. 베자는 목사회Company of Pastors, 학교, 그리고 교회 법정Consistory을 포함하여 칼빈이 세운 기관들을 강화시켰다. 제네바는 사회와 종교와 신학의 새로운 모델이 되었다.

16

17세기 18세기: 오웬에서 에드워즈까지

존 칼빈은 다른 많은 것들 중에서 "마음"에 관한 관심을 유산으로 남겼고, 루터는 신자의 하나님과의 개인적인 관계에 대한 관심사를 유산으로 남겼다. 비록 두 사람은 이것을 엄격하게 성경 "아래" 있는 것으로 보았지만, 하나님의 은혜의 주도를 은사와 부르심의 원천으로 보았다. 벨리-마티 카르카이넨은 많은 청교도들을 "종교개혁 후 갱신운동"(Post-Reformation Renewal Movements)이라는 제목 아래 함께 모으고, 리차드 쉽스, 존 오웬, 토마스 굿윈, 침례교도 존 번연을 고찰한다. 그러나 리차드 벡스터(1615-91), 조지 허버트(1593-1633), 윌리엄 로드(1573-1645), 존 밀턴(1608-74), 매튜 풀(1624-79), 제레미 테일러(1613-67)도 모두 17세기에 속해있으며, 이들 모두 거의 동등하게 언급할 가치가 있다.

16.1. 존 오웬

존 오웬의 아버지는 옥스퍼드 주의 교구목사였다. 그는(1616-83) 17세부터 옥스퍼드 대학교의 퀸스 칼리지에서 수학과 철학을 공부했다. 그는 대학

재학 시절에 성령이 그의 삶에서 역사했던 것을 나중에 회상한다. 그는 루터의 갈라디아서 저작, 존 번연의 자전적 반성, 그리고 자신의 시편 130편 강해로부터 영적인 양분을 얻었다. 그는 목사로 임직했으나, 1637년에 윌리엄 로드의 법령에 의해 면직되었다. 오웬은 1646년에 의회에서 설교했고, 남북 전쟁의 혼란 가운데 다시 그곳에서 설교했다. 올리버 크롬웰은 큰 감명을 받고 그를 종군 목사로 초청했고, 그와 함께 더블린까지 여행했다. 그곳에서 그는 "수많은 … 목마른 사람들"에게 설교했다. 그리고 크롬웰을 도와 더블린 대학교를 재건했다.

오웬은 이제 옥스퍼드 크라이스트 처치의 학장, 그리고 옥스퍼드 대학교의 부총장으로서 영국으로 돌아갈 수 있었다. 이것은 그가 더 이상 영국 교회의 임명된 성직자가 아니라는 점에서 더욱 주목할 만한 것이었다. 그는 옥스퍼드 대학교의 종교적, 도덕적 발전을 위해서 노력했으며, 막달린 칼리지의 책임자인 토마스 굿윈과 협력하여 격주로 설교했다. 그는 옥스퍼드 대학 평의회로부터 신학박사 학위를 받았다. 한편 그는 약 500페이지 분량의 『성도의 견인에 대한 교리』*The Doctrine of the Saints' Perseverance*와 많은 저작들, 그리고 많은 논문들을 출판했다. 올리버 크롬웰이 옥스퍼드 총장직을 물러났을 때, 오웬은 부총장으로 교체되었다. 그는 만년에 "은퇴"했지만, 목회자들과 독립 교회들의 대표자들의 모임을 주도했다. 그리고 흔히 사보이 회의로 알려진 회의를 준비했다. 1657년에 그는 『성부, 성자, 성령 하나님과의 교제에 관하여』*Of Communion with God the Father, Son, and Holy Spirit*라는 헌신적인 논문을 출판했는데, 그중 성령에 대한 부분은 성령에 대한 그의 교리의 일관된 관점을 제시한다. 그는 1683년에 죽었다.

우리는 오웬의 방대한 전집에서, 『성령』(*The Holy Spirit*, 1674)을 이 성령론에 대한 그의 가르침의 주요 자료로 선택한다.[1] 제1권 1장은 성령과 성령

---

1. John Owen, *The Holy Spirit* (Grand Rapids: Kregel, 1954). 다음은 상세 버전의 축약본이다. John Owen, *The John Owen Collection: A Discourse concerning the Holy Spirit* (Rio, WI: Ages Software, 2004).

의 사역에 관한 일반적 원리들로 시작된다. 이 부분은 고린도전서 12장과 성령의 은사들, 그리고 성령을 거스르는 죄를 포함한다. 둘째, 제1권 2장에서는 성령의 명칭과 직함을 고찰한다. 제1권 3장에서 오웬은 성령의 신적인 본성과 위격을 살핀다. 제2권 1장에서는 구약성경을 고찰한다. 2장에서는 새 창조에 대해 고찰하고, 3장에서는 성령과 예수 그리스도의 관계에 대해 논한다. 제3권은 죄와 중생에 관한 것이다. 마지막으로 4권에서는 성령에 의한 또는 성령을 통한 성화에 초점을 맞추고 있다. 제5권에서 선택에 관한 한 부분으로 거룩의 본성과 필요성을 탐구한다.

(1) 오웬은 고린도전서 12:1-11과 14장에 나오는 성령의 은사들은 "놀라운" 은사들을 포함한다고 주장한다.[2] 그러나 은사를 받은 자들은 다른 신자들과 다르지 않다. 왜냐하면 "그들은 아무것도 가지고 있지 않고, 받았기" 때문이다.[3] 심지어 "성령에 의하지 아니하고는" 누구도 예수를 주라고 할 수 없다(고전 12:3; p. 38). 바울은 "한 성령"으로 말미암은 모든 신자들의 하나됨과 연합을 강조한다. 은사들은 순전히 은혜의 선물들이다(*charismata*). 오웬은 예수의 기도의 응답으로 주어진 12:8-10의 은사들을 열거한다. 그는 성령의 사역을 "경멸하거나 거부하는 것"을 "성령을 훼방하는 것"에 대한 예수님의 경고와 연결시킨다. 그러고 나서 그는 "예언"의 은사에 대해 말하고, "실제로는 마귀에 의해 [그의 말로] 행하면서, 하나님의 초자연적인 격동인 것처럼 꾸미는 것"에 대해 경고한다. 그는 또한 우리에게 "교회의 전 역사에 걸쳐 만연해 있던 성령의 이름과 사역을 빙자하는 *기만과 남용*"에 대해서도 경고한다(티슬턴의 이탤릭).[4] 오웬은 바알의 선지자들, 예레미야와 다른 선지자들에 대항해서 말했던 거짓 선지자 등 많은 종류의 거짓 선지자들이 있었다고 지적한다. 베드로후서 2:1은 또한 "사람들 사이에 있는 거짓 선지자들"

---

2. Owen, *The Holy Spirit*, p. 19; 참조. pp. 17-25.
3. Owen, *The Holy Spirit*, p. 20.
4. Owen, *The Holy Spirit*, p. 25.

을 언급한다. 요한은 "모든 영을 다 믿지 말라"(요일 4:1-3)고 한다.[5] 그는 신명기 13:1-3과 히브리서도 인용한다. 더욱이 성령의 위격마저 부인하는 사람들이 있다. 그러나 그는 성령이 세상의 사악함을 드러낼 것이라고 말한다.

(2) 오웬은 제1권 2장에서 성령의 명칭과 직함을 논한다. 루아흐 *rûach*와 프뉴마 *pneuma*의 용법은 "매우 다양"하다. 그러나 우리는 암브로우스와 제롬이 그랬던 것처럼 원문을 살펴보아야 한다. 우리는 "바람"과 "인간의 영"이라는 의미를 제쳐놓아야 한다. "'성령'에 관한 언급이 있는 곳마다, 아버지와 아들의 관계가 그 안에 포함되어 있다. 왜냐하면 그는 하나님의 영이기 때문이다."[6] "거룩한"이라는 용어는 하나님이 성령을 통해 그의 백성을 거룩하게 할 것을 의미한다. 성부는 삼위일체의 "원천이며 기원"이다. 아들은 "그로부터 영원히 나시며, 이처럼 성령의 위격은 그로부터 영원히 나오시거나 혹은 발산된다." 그는 "분명한 한 위격으로서 … 하나님으로부터 온 영 *to pneuma to ek tou theou*"(고전 2:12)이다. 그는 "너희 마음에 보내진 아들의 영"이다(갈 4:6; 벧전 1:11; 롬 8:9). 예수님은 분명히 "또 다른 보혜사, 심지어 진리의 영을 보내주셔야 한다"고 기도했다(요 14:16-17). 경험의 진정성은 예수님이 참 인간이 되셨다는 고백 속에 나타날 수 있다(요일 4:3).

(3) 제3장에서는 성령의 신적인 본질과 위격을 논증한다. 오웬은 성령이 하나님의 존재 그 자체라는 관점에서 이해되어야 한다고 주장한다.[7] 그는 하나님과 그의 영광에 대한 근본적인 믿음을 위해 로마서 11:36과 히브리서 11:6을 인용한다. 둘째, 하나님은 모든 예배의 기준이며 척도이시다. 그리고 성령은 "구별되고, 살아있고, 강력하고, 지적이고, 거룩하신 위격"이다.[8] 다른 말로 하면, 삼위일체론은 그의 성령론의 프레임이다. 오웬은 성령이 성부와 성자와 함께 하신다는 사실이 아니라, 어떻게 함께 하시는가에 대한 문

---

5. Owen, *The Holy Spirit*, p. 52.
6. Owen, *The Holy Spirit*, pp. 37-38.
7. Owen, *The Holy Spirit*, pp. 39-40.
8. Owen, *The Holy Spirit*, p. 41.

제라고 덧붙인다. 삼중 명칭으로 베푸는 세례가 중요하다. 그는 루터와 마찬가지로, "가시적인 표증"의 역할을 강조하고, 예수의 세례에서 비둘기의 예와 불의 예를 인용한다(pp. 44-46).[9] 다음으로 오웬은 지혜와 이해와 같은, 성령의 "인격적인 속성들"을 고찰한다. "능력"도 가르침과 마찬가지로 은사이다. 그는 또한 사도들과 사도행전 6장의 일곱 집사들을 임명했다. 진정 성령은 하나님의 모든 백성들을 그의 성전으로 거룩하게 한다.[10] 이 장 전체에 걸쳐 수많은 성경 구절이 인용되었다.

(4) 제1권 4장은 성령을 통해 하나님께만 속할 수 있는 활동들을 계속해서 묘사한다. 그러나 이번에는, 창조된 우주 안에서와 "자연 작품들"을 통하여 오직 하나님에게만 속하는 것으로 여기는 활동들을 묘사한다.[11] 오웬은 성령이 자연과 은혜를 통해 역사한다고 주장한다. 구약성경의 다양한 본문들이 인용된다. 시편 19:1이 "하늘을 장식하는 것"을 말할 때, 히브리인들은 "은하수 혹은 은하계로 이해한다."[12] 그러나 이것은 역시 심판의 권한을 포함하고 있다(삿 3:10; 6:34).

(5) 제5장은 성령을 "나누어 주심" 혹은 부어주심을 다룬다. 하나님은 성령을 보내시고, 성령을 부어주시고, 성령을 내주케 하신다. 실제적 측면에서 성령은 "나오시고, 오시고, 인간들 위에 내려오시고, 머무시고 떠날 [수도 있다]."[13] 수많은 성경 본문들이 인용된다. 성령은 또한 "권위를 부여하고" 은혜의 선물로 오며(고전 4:7), 교회의 유익을 위하여 주어진다(고전 12:7). 그는 마른 땅에 내리는 비와 같이 생기를 부여한다. 그는 교회에 유산*merismois*을 배당하신다. "표적들"은 "기적적인 역사"를 포함할 수 있고 … 사람들이

---

9. Owen, The Holy Spirit, pp. 44-46.
10. Owen, The Holy Spirit, pp. 48-54.
11. Owen The Holy Spirit (여기서는 상세 버전), p. 119.
12. Owen, The Holy Spirit (상세 버전), p. 122.
13. Owen, The Holy Spirit, pp. 61-62 (상세 비전), p. 133.

하나님의 현존을 자각하고 놀라게 할 수 있다.¹⁴

제2권은 새로운 창조에 초점을 맞춘다는 점만 제외하면 거의 같은 내용을 다루고 있다(고전 5:17). 은혜 언약의 관점에서 "새로운 피조물"이 됨으로써, 이 새로워진 본성에는 성령으로 말미암아 성화와 순종이 수반된다. 그것은 "우리가 거듭나 끝까지 하나님의 자녀"로 살게 하는 것을 포함한다.¹⁵ 성령은 정도에 따라 다르지만 신자들에게 거룩의 은혜를 증가시킨다. "하나님은 그분의 기쁘신 뜻을 이루기 위하여 우리 안에 역사하신다"(빌 2:13). 성령은 우리에게 진리와 실재를 경험하게 한다. 오웬은 이 책에서 "더 부차적인" 성령의 은사들에 대해 논한다. 성화는 의심의 여지없이 주요한 은사이다. 그는 성화의 역사는 점진적이라고 주장한다.¹⁶ 성화의 역사는 "비밀이며 신비"이다. 그것은 "당혹스러운 시험들"을 수반할 수 있다. "가끔 있는" 일들이지만, 성화의 "지체"가 있을 수 있다.¹⁷ 한편 오웬은 지나친 자기 성찰을 경고한다. 3장은 이 주제들을 계속해서 논의하면서, 중생과 성화를 다시 고찰한다. 특별히 죄로부터의 성결을 설명하는 4장도 마찬가지이다. 증보판에만 있는 5장에서 오웬은 이 모든 것을 그리스도의 속죄의 관점에서 다룬다. "우리는 하나님의 영으로 말미암아 정결하게 되고 깨끗케 된다." 그러나 성경에 계시된 그리스도의 사역에 근거하여 "주 예수의 이름과 하나님의 영으로 말미암아 너희는 씻김을 받고, 거룩하게 되며, 의롭게 된다"(고전 6:9-11). 6장은 성화의 주제를 반복한다. 의로움은 습관이 된다.¹⁸

성령의 사역에 대한 존 오웬의 설명은 성경 구절들에 대한 신중한 언급과 상식학파good commonsense realism와 성령과 성화에 대한 전통적인 강조를 결합하는 것 같다. 그가 다룬 많은 주제들은 이 책의 요약과 결론인 24장에

---

14. Owen, *The Holy Spirit* (상세 비전), p. 151.
15. Owen, *The Holy Spirit* (상세 비전), p. 450.
16. Owen, *The Holy Spirit* (상세 비전), p. 461.
17. Owen, *The Holy Spirit* (상세 비전), p. 468.
18. Owen, *The Holy Spirit* (상세 비전), pp. 507, 544, 549.

함축되어 있다. 그는 대체로 루터, 부처, 칼빈을 따르는 것 같다. 그의 저작은 방대하고 때로는 매우 반복적이다. 그는 성령의 인격과 사역에 대해 넓고 긍정적인 시각을 가지고 있지만, 종종 이미 주어진 요점을 강조하기 위해 되돌아오기도 한다. 오웬은 다른 주제에 관한 수많은 저작들을 가지고 있다. 그중 최고로 알려진 두 개의 작품은 전집 제10권, 『그리스도의 죽음 안에서 사망의 죽음』과 제11권, 『성도의 견인 교리』이다. 『삼위일체론 변증』은 현재의 주제와 관련이 있다.

16.2. 제레미 테일러

제레미 테일러Jeremy Taylor(1613-67)는 캠브리지에서 태어났다. 그는 출신이 비천했지만, 1626년에 캠브리지 대학교의 곤빌 카이우스 칼리지에 입학하여, 1630년과 1631년에 졸업했다. 그는 1633년에 그 대학교의 선임 연구원이 되었고, 얼마 지나지 않아 대주교는 그를 람베드에 초청하여 설교하게 했다. 그는 로드의 격려와 후원으로, 옥스퍼드 올 소울즈의 선임 연구원이 되었다. 그는 찰스 1세의 군종 목사가 되었고, 이후 왕당파 군대에서 군종 목사로 사역했다. 그는 올리버 크롬웰 아래에서 세 차례의 징역형을 선고받았으나, 웨일즈에서 은퇴할 수 있었다. 1660년에 복권된 후, 다운과 코너의 주교와 더블린 대학교의 부총장으로 임명되었다. 그는 상당한 신학적 학식을 가지고 있었고, 영국 교회에 충성했으며, 많은 중요한 저작들을 썼다. 그의 가장 영향력 있는 저서는 『거룩한 삶의 규칙과 실천』*The Rule and Exercises of Holy Living*(1650)이다. 그는 1년 후에 『거룩한 죽음의 규칙과 활동』 *The Rule and Exercises of Holy Dying*을 출판했다.[19] 그는 또한 예수 그리스도에 관하여 일련의 설교들 『위대한 모범』*The Great Exemplar*(1647)과 『설교의 자

---

19. Jeremy Taylor, 편리하게 *Selected Writings*, ed. C. H. Sisson(Manchester: Carcanet, 1990), pp. 42-92, 93-115에서 제각기. 이 판본이 여기에서 사용되었다.

유』*The Liberty of Prophesying*(1647)를 썼다.

성령에 대한 명시적인 언급이 비교적 적기 때문에, 그의 작품이 성령에 대해 제안하거나 암시하는 것을 과소평가하거나 무시하고자 하는 유혹이 있을 수 있다. 그럼에도 불구하고, 만일 우리가 "자기를 드러내지 않는(self-effacing)" 성령의 특성에 대한 피슨과 다른 사람들의 경고를 진지하게 여긴다면, 우리는 테일러가 어떻게 정확한 방식으로 성령의 사역의 효과들을 실제로 실행하는지 알아보지 않을 수 없다. 이것은 "하나님의 임재의 실제"라고 불리는 『거룩한 삶』 부분에 적용된다.[20] 고든 피는 성령이 얼마나 하나님의 임재로 보여야 하는지를 보여주었다. 테일러는 존 오웬만큼 동일한 규모로 방대하게 그 주제에 대해 직접적으로 쓴 것은 없었다. 그러나 독립파 청교도와 왕당파와 국교도 사이의 분열의 반대편에 있는 그의 작품은 매우 심오하며, 복음에 대한 진정한 열정을 담고 있다. 성령을 진정으로 경험하는 정도와 성령에 대한 말의 양을 동일시하는 것은 심각한 실수일 것이다.

테일러는 이 항목을 이렇게 시작한다. "하나님은 모든 곳에 존재하신다. … 그는 모든 행위를 보시고, 모든 이야기를 들으시며, 모든 생각을 이해하신다. … '그를 힘입어 살며 기동하며 존재하느니라'"(행 17:28).[21] 그는 "신적인 현존의 방식"이라는 제목 아래에서 이렇게 쓴다. "하나님은 특별히 성령으로 말미암아 자기 백성들의 마음에 존재하신다. 실로 성도들의 마음은 본질적으로는 성전이며, 유형론적으로는 천국의 그림자이다."[22] 그는 계속해서 이렇게 말한다. 성령은 "내주하심으로써 그것[인간의 마음]을 성전으로 성별하셨다(고전 3:16)."[23] 앞서 테일러는 이렇게 논평했다. "하나님은 그의 능력으로 모든 곳에 존재하신다. 하나님은 그의 손으로 하늘의 궤도를 돌리신다. 그의 발로 땅을 고정시키신다. 그의 눈으로 모든 피조물을 인도하신다.

---

20. Taylor, *Selected Writings*, pp. 58-66.
21. Taylor, *Selected Writings*, p. 58.
22. Taylor, *Selected Writings*, p. 60, 일부 5.
23. Taylor, *Selected Writings*, p. 61.

그리고 그들을 그의 영향력으로 새롭게 하신다."[24] 그러나 이런 행위들은 흔히 성령과 삼위일체의 결과로 간주되지 않는가? 고든 피가 말하는 것처럼 성령은 "하나님의 능력이며 현존"이다. 궁극적으로 우리는 천국에서 하나님의 현존 앞에서 살며 하나님의 얼굴을 볼 것이다.[25] 우리는 성령의 불을 경험하는 가운데, 그리고 새롭게 하시는 성령의 온유하심 속에 나타나는 하나님의 아름다움을 볼 것이다. 테일러는 이렇게 쓴다. "영의 겸손"과 "거룩한 두려움과 거룩한 사랑"이 "동일한 샘으로부터" 나온다.[26]

다른 논문에서 테일러는 루터와 오웬이 말한 것처럼, 세월을 아끼는 것과 의도의 순수성, "짧은 기도와 부르짖음으로 하나님께로 나아가는 것에 대한 내적 갈등에 대해 말한다. … 하나님은 당신의 호흡과 기도의 깊은 한숨 가운데 계신다."[27] 그는 이렇게 주장한다. 아침에 "당신이 잠에서 깰 때, 하나님을 가장 먼저 생각하는 습관을 들이라고 다독인다."[28] 이제 다시 성령의 사역에 대해 다룬다. 테일러는 아퀴나스가 "미덕"the virtues이라고 불렀던 많은 것들, 즉 만족, 냉철함, 자비, 결혼, 인내, 질병, 관용을 포함시킨다. 너무도 자주 어떤 저자는 "그것이 성령의 사역"이라는 이원론적인 변명에 호소함으로써 실제적인 충고를 피할지도 모른다. 거룩한 삶에 대한 제레미 테일러의 실제적인 고찰은 모든 단계에서 성령의 위격과 사역을 전제로 한다. 예를 들어 성령이 진리의 영이라면, "겸손"에 대한 테일러의 언급은 특별한 타당성을 가진다. 그는 다음과 같이 주장한다. "겸손은 스스로를 비판하거나 누더기 옷을 입는 데 있지 않다. … 겸손은 자신에 대한 현실적인 의견으로 이루어진다."[29] "당신이 행한 어떤 것으로 인해 칭찬을 받을 때, 무관심하

---

24. Taylor, *Selected Writings*, p. 59.
25. Taylor, *Selected Writings*, p. 62.
26. Taylor, *Selected Writings*, p. 66.
27. Taylor, *Selected Writings*, p. 45.
28. Taylor, *Selected Writings*, p. 44.
29. Richard J. Foster and James Bryan Smith (eds.), *Devotional Classics: Selected Readings* (San Francisco: HarperSanFrancisco, 1993), p. 244.

게 받아들이고 그것을 하나님께 돌리라. 그것을 다시 하나님, 그 선물을 주신 분에게 되돌리라.[30]

16.3. 필립 야콥 슈페너

필립 야콥 슈페너Philipp Jacob Spener(1635-1705)의 저작 기법은 오웬이나 테일러와는 다르다. 그는 종종 아우구스트 헤르만 프랑케를 통해 할레 대학에 영향을 끼쳤던 경건주의자들 가운데 첫 번째 인물로 손꼽히기도 하고, 궁극적으로는 진센도르프 백작과 모라비안들에게 영향을 주었다. 그러므로 슈페너는 진센도르프를 통해 간접적으로 존 웨슬리와 조나단 에드워즈에게 영향을 미쳤다. 에른스트 케제만은 우리에게 여전히 교회에 영양분을 공급하고 있는 경건주의를 과소평가해서는 안 된다고 경고한다.[31]

슈페너의 저작들은 종종 루터의 관심사와 또한 급진 종교개혁자들과 후일의 오순절운동과 갱신운동에 수반되는 종교 현상과 문화 현상들을 반영하고 있다. 슈페너는 아마도 그의 가장 중요한 저작인 『경건한 열망』*Pia Desideria*(1675)에서, 성경 전체를 가지고 평신도의 참여를 촉구함으로써 루터파 정통신앙을 개혁하려고 시도했다.[32] 슈페너는 "우리 중에 있는 하나님의 말씀을 더 광범위하게 사용하도록" 권장한다. "… 나는 설교의 선포에 대해 동의하지 않는 것은 아니다. … 그러나 나는 이것이 충분하지 않다는 것을 안다. … 모든 성경은 예외 없이 신자들에게 알려져야 한다."[33] 그는 계속해서 "또한 바울이 고린도전서 14:26-40에서 말한 바와 같이 집회도 열려

---

30. Foster and Smith, *Devotional Classics*, p. 145.
31. Ernst Käsemann, *New Testament Questions of Today* (London: SCM, 1969), p. 4.
32. Philipp Jakob Spener, *Pia Desideria*, conveniently at hand in *Pietists: Selected Writings*, ed. Peter C. Erb (London: SPCK, 1983), pp. 31-49.
33. Spener, *Pia Desideria*, in *Pietists*, ed. Erb, p. 31.

야 하며 … 은사와 지식의 축복을 받은 자들도 남은 자들의 판단에 맡겨질 것을 말할 것이다."³⁴ 슈페너는 충실한 루터파로 여겨지지만, 더 진전된 개혁을 소망했던 인물이기도 하다. 그는 종종 성령에 대해 말하고 있다. 회중으로부터의 기여는 "그것이 성경에서 성령의 의미와 일치하는 한" 도움이 된다.³⁵ 슈페너는 성령을 성경 말씀 위에 두었던 급진 종교개혁자들을 지지하지 않았다.

슈페너는 루터의 주장을 전적으로 지지했다. "모든 그리스도인들은 *구주에 의해 제사장이 되고, 성령에 의해 기름을 받으며, 영적으로 제사장의 역할을 수행하도록 바쳐졌다*"(티슬턴의 이탤릭).³⁶ 그는 신자들에게 "세상에 대해 죽고 오직 성령의 빛 안에서 … 가르침을 받고 … 모범이 되는 개인으로서 살아야 한다"고 주장했다.³⁷ 순박한 목사가 "매우 영리하지만, 하나님에게 가르침을 받지 못하고 성령의 도움을 얻지 못하는, 박사학위를 두 개 가진 허황되고 세속적인 바보"보다 훨씬 낫다.³⁸ 슈페너는 외적인 귀로 하나님의 말씀을 듣는 것으로는 충분하지 않다고 주장한다. "우리는 그것이 우리 마음을 관통하도록 해야 한다. 그래야 성령이 우리에게 말씀하시는 것을 들을 수 있다. 즉 생생한 감동으로 … 성령의 인치심과 말씀의 권능을 느낄 수 있을 것이다."³⁹ 그러므로 그는 『경건한 열망』에서 말씀과 성령을 함께 붙든다. 그러나 그는 덜 행복하게, 성령을 "느끼는 것"에 대해 말한다. 감정에 대한 이러한 강조는 경건주의자들의 특징이 되었다. 그리고 그것은 맹렬하게 우리 시대의 문화에 다시 모습을 드러내고 있다.

슈페너는 『경건한 열망』 외에도 다른 많은 작품을 썼다. 그는 『영적 제사

---

34. Spener, *Pia Desideria*, in *Pietists*, ed. Erb, p. 32.
35. Spener, *Pia Desideria*, in *Pietists*, ed. Erb, p. 33.
36. Spener, *Pia Desideria*, in *Pietists*, ed. Erb, p. 34.
37. Spener, *Pia Desideria*, in *Pietists*, ed. Erb, p. 42.
38. Spener, *Pia Desideria*, in *Pietists*, ed. Erb, p. 43.
39. Spener, *Pia Desideria*, in *Pietists*, ed. Erb, p. 48.

장』The Spiritual Priesthood(1677)에서 칠십 개의 질문들과 대답들을 작성하고, 그 작품에서 그는 "그리스도는 … 성령으로 말미암아 신자들에게 기름을 부으셨고, 그로 인해 그들은 성령의 능력 안에서 하나님께서 받으실만한 제사를 드리며, 그들과 다른 이들을 위해 기도하며, 자신들과 이웃들을 교화시킨다"라고 주장했다.[40] 만인제사장직은 처음 서른 세 개의 문답에서 잘 해설되어 있다. 그러고 나서 슈페너는 우리가 성경을 읽을 때 성령께서 우리의 이해를 열어주시기를 기도하라고 제안한다. 더 나아가 "성경이 처음 기록될 때 영감하셨던 성령의 조명"이 필요하다. "그러므로 하나님은 학식이 있는 사람들뿐만 아니라, 단순하게 그를 부르는 모든 자들에게 성령을 약속하셨다."[41] 슈페너는 성령의 선물이 없다면 성경은 어떠한 유익도 줄 수 없다고 경고한다.[42]

슈페너는 『신학 연구의 장애물』On Hindrances to Theological Studies(1680)에서, 자주 성령의 선물과 지적인 영리함을 대조한다. 학생은 "올바른 교사, 즉 성령이 없이는 어떤 것도 열정적으로 할 수 없을 것이다."[43] 그럼에도 불구하고 슈페너는 "성령의 계시를 기다리며 신성한 말씀의 강론을 경멸하는"(뮌처와 같은) 극단적으로 급진적인 열광주의자들을 거부한다.[44] 1694년 슈페너의 『성경 읽기의 필요와 유익』The Necessary and Useful Reading of the Holy Scriptures이 출판되었고, 그는 이 작품에서 이렇게 주장한다. "성경은 깨달음을 위한 빛이다. 그러나 그것은 성령의 말씀이다. … 우리는 말씀으로부터 성령을 분리해서는 안 된다."[45] 슈페너는 『체념』Resignation(1715)에서 "우리는 그분이 채색하시도록 빈 캔버스와 같이 성령에게 우리 자신을 맡겨야 한

---

40. Spener, *The Spiritual Priesthood*, Qu. 1 in *Pietists*, ed. Erb, p. 50.
41. Spener, *The Spiritual Priesthood*, Qu. 34-36, in *Pietists*, ed. Erb, p. 56.
42. Spener, *The Spiritual Priesthood*, Qu. 39, in *Pietists*, ed. Erb, p. 58.
43. Spener, *On Hindrances to Theological Studies*, in *Pietists*, ed. Erb, p. 64.
44. Spener, *On Hindrances to Theological Studies*, in *Pietists*, ed. Erb, p. 69.
45. Spener, *The Necessary and Useful Reading of the Holy Scriptures*, in *Pietists*, ed. Erb, p. 72.

다"고 주장한다.[46]

성령론에 대한 슈페너의 접근법은 약 1690년까지는 비교적 논란의 여지가 적었다. 그 후 일련의 논쟁으로 인해 루터파 교회는 경건주의와 정통주의 진영으로 분열되었다. 슈페너의 제자, 아우구스트 헤르만 프랑케는 라이프치히에서 경건주의 모임들을 열었다. 그리고 그 운동은 독일 전역으로 퍼져나갔다. 이들 모임은 종종 황홀한 체험과 환상을 권장했다. 그리고 여러 "선지자들"이 일어났다. 이로 인해 정통 루터파와의 분열이 격화되었다. 프랑케는 할레에서 학교와 고아원을 세웠다. 그리고 프랑케의 중재 시도에도 불구하고, 종말론적 혹은 천년왕국적 소망들과 기대들이 터져 나오기 시작했다. J. E. 페테르손과 J. W. 페테르손은 (18장에서 정의된) "전천년설"과 "만물의 회복"을 주장했다. 일부는 독신주의나 신자의 세례를 주장했다. 독자들은 후일의 오순절주의와 많은 유사점들을 인지하게 될 것이다.

적어도 18세기 중엽까지는 경건주의가 영향력이 있었다. 니콜라스 루드비히 폰 진젠도르프Nicholas Ludwig von Zinzendorf(1700-1760)는 루터와 후스로부터 끌어낸 요소들과 슈페너의 평신도들에 대한 강조를 결합시켰다. 이것은 모라비안을 건설하는 데 영향을 주었다. 그리고 차례대로 이것은 존 웨슬리와 찰스 웨슬리에게 중요한 영향을 끼쳤다. 피터 어브Peter Erb는 슈페너로부터 프랑케와 할레 대학, 고트프리트 아놀드Gottfried Arnold(1666-1714), 요한 알브레히트 벵엘Johann Albrecht Bengel(1687-1752), 그리고 프리드리히 외팅거Friedrich Oetinger(1702-82)를 거쳐 니콜라스 폰 진젠도르프 백작까지 18세기 경건주의의 발전을 추적한다.

---

46. Spener, *Resignation*, in *Pietists*, ed. Erb, p. 85.

16.4. 조지 폭스와 퀘이커교도

조지 폭스George Fox(1624-91)는 "예수의 친구들"(요 15:15)이라고 불리는 프렌드 교파의 설립자이자 지도자가 되었다. "퀘이커"Quaker는 원래 하나님께서 임재하시는 순간에 "흔들리거나" 혹은 "떨리는 것"과 같은 현상들 때문에 사람들이 붙여준 별명이었다. 조지 폭스는 부유한 방직공의 아들로서, 옥스퍼드나 캠브리지에서 교육을 받은 성직자들과 "경험"보다는 "신학"을 종교적 삶의 기초로 보았던 성직자들에게 불만을 표시했다. 폭스는 성경적이든 전통적이든, 논리와 추론과 이성에 의한 해석이든, 기독교 교리를 비판하고 공격했다. 그는 이를 대신하여 공동체의 경험과 성령의 "내적 조명"을 주장했다. "떠는 것"은 떨리거나 흔들리는 것뿐만 아니라, 침묵과 기다림, 감정적 폭발, 외침, 웃음과 같은 감정적이며 종교적인 열광의 징후들과 성례나 목회자가 없는 비형식적 예배를 포함한다. 폭스는 고린도전서 12-14장에서와 같이 "영적인 은사"의 사용을 촉구했다. 그는 신자들이든 아니든 모든 사람들 안에서 성령의 빛을 보았다.

(1694년에 출판된) 폭스의 『일기』 혹은 『자서전』은 이야기체 고전으로, 일부 사람들은 이것을 어거스틴의 『고백록』이나 존 번연의 『죄인의 괴수에게 넘치는 은혜』*Grace Abounding*와 비교한다. 그는 노팅햄과 돈스카터 사이에 있는 맨스필드에서 태어났다. 그는 1656년부터 3,000편에 이르는 편지를 썼다. 『일기』는 폭스의 개인적인 경험을 기록하고 있고, "증언"*testimony*은 폭스와 퀘이커 교도들의 주요한 소통 방식이 되었다. 그는 어린 시절에 처음에는 순회 제화공의 견습생이었고, 그 후 레스터셔, 더비셔, 노팅엄셔 전역을 돌아다니며 영적인 지도를 구했다. 그는 영국 교회와 단절했다. 1647년 그는 "계시"를 경험했고, 계시를 통해 세상의 모든 권력은 부패했다는 것을 알게 되었다. 계시는 오직 성령의 "내적 빛"을 통해서만 나왔다. 그는 요한복음 1:9에 의지하여, "각 사람에게 비추는 빛"을 주장했다. 그러나 바렛과 다른 이들이 보여주듯이, 그 구절은 그리스어 포티조*phōtizō*를 사용하는데, 이

는 일반적으로 "내적인" 빛이 아니라 모든 사람들에게 빛을 발산하여 심판에 노출시키는 것을 의미한다. 이것은 또한 요한복음 16:8에서 분명히 밝힌 바와 같이, 성령의 사역이다. 조지 비즐리 머레이(George Beasley-Murray)는 "구원과 심판을 위해" 빛을 긍정적이거나 부정적으로 묘사함으로써 절충안을 채택한다.[47]

폭스는 영국 국교회를 공격한 죄목으로 수감되었다. 이 기간은 그가 평화주의로 인해 의회파 군대에 입대를 거부하면서 더 연장되었다. 1651년 그는 석방되어 요크셔와 랭커셔에서 목회했다. 그는 사회적 상류층들에게 경의를 표하는 것을 거부하고, 연사들 가운데 여성과 아이들을 포함시켰다. 1655년에 이르러 퀘이커교는 브리스톨, 런던, 그리고 다른 곳들로 퍼져나갔다. 그러나 1660년 왕정복고 후에, 퀘이커교도들은 다른 독립파들과 함께 영국 왕정과 영국 교회의 적으로 간주되었다. 폭스는 박해로 인해 미국 식민지와 아일랜드, 네덜란드, 그리고 독일로 도피했다. 그는 1673년에 우스터에 수감되었고, 1694년에 유작으로 출판된 그의 『일기』 혹은 『자서전』을 쓰기 시작했다.

폭스의 『일기』의 실제 단어들과 구절들은 인상적이다. "제2장, 목회의 첫 해(1648-49)"에서, 그는 맨스필드에서 "주님의 권능이 그들을 흔들기 시작했다. … 주님의 권능은 너무나 위대해서 집이 흔들리는 듯 했다. … 교수들은 지금이 사도 시대와 같다고 말했다"라고 진술한다.[48] 다음 단락에서 그는 그 후 성령을 통해 얼마나 빨리 그리스도의 보혈을 보았는지 말한다. 제2장에서, 그는 여성의 말할 권리를 변호하면서, "나는 주의 권능으로 들어 올려졌고 사로잡혀 있었다"고 말한다.[49] 그는 예배 장소로 지정된 곳을 "교회"

---

47. George Beasley Murray, *John* (Nashville: Nelson, 2nd ed. 1999), p. 12.
48. George Fox, *The Journal of George Fox* (New York: Cosimo, 2007), p. 13; 또한 *The Journal of George Fox* (Leeds: Pickard, 6th ed. 1836), p. 102.
49. Fox, *Journal*, p. 14 (2007 ed.).

라고 부르기를 거부하고 일관되게 "첨탑 건물"이라고 불렀다.⁵⁰ 그래서 그는 "친우회는 … 하나님의 빛과 성령과 권능으로 가르침을 받기 위해 모였다"고 말한다. 그는 선지자들과 사도들 위에 내렸던 것과 "동일한 권능과 성령"이 없이는 "그리스도의 충만의 상태"에 이를 수 없다고 주장했다.⁵¹ 종종 그는 하나님으로부터 개인적인 "계시"를 받는데, 그것은 "진리의 영으로 말미암아 내면"에 온다. 일반적으로 『일기』 제3장에서 그는 이렇게 외친다. "주의 권능이 너무나 강력하고, 너무나 강해서 나는 멈출 수 없었다. 나는 '오, 아닙니다. 그것은 성경이 아닙니다!'라고 소리치게 되었다. 그러나 나는 그것이 [그의 표현으로], 즉 성령이라고 말했다."⁵²

『일기』 제3장은 "첫 번째 감옥의 경험, 1648-49"에 대해 말하고 있다. 그는 "세속적인" 관습들을 거부하며 이렇게 증언한다. "많은 사람들이 사람들 앞에서 모자를 벗는 관습의 허영을 보러 온다." 법정에서 기소되었을 때, 그는 이렇게 대답했다. "그리스도께서는 '맹세하지 말지니, 오직 너희 말은 옳다 옳다. 아니라 아니라 하라'고 말씀하신다."⁵³ 거짓된 "첨탑 건물"과 대조적으로, 친우회는 "회당"을 가지고 있다. 그는 오직 신자들의 "보이지 않는" 교회만을 인정한다. 그는 몇 가지 귀신을 쫓아낸 사건을 반복해서 말한다.

제4장은 "더비 감옥에서의 일 년"(1650-51)에 관한 것이다. 이 장은 또 다른 귀신을 쫓아낸 사건으로 시작한다. 폭스는 더비에서 "첨탑의 종"이 울렸을 때, 어떻게 저명한 회중들에게 "설교, 세례, 제사가 그들을 결코 거룩하게 할 수 없을 것이다. … 하나님의 권능이 우레와 같이 소리쳤다"라고 말하도록 감동되었는지를 설명한다.⁵⁴ 그러나 그들은 그를 내쫓았다. 그들은 그를 심문한 후에 6개월 동안 감옥에 가두었다. 그는 "다양한 신성모독적인

---

50. Fox, *Journal*, p. 14.
51. Fox, *Journal*, p. 104 (1836 ed.).
52. Fox, *Journal*, p. 24.
53. Fox, *Journal*, p. 323 (1836 ed.).
54. Fox, *Journal*, p. 30.

사상들"로 기소되었다.⁵⁵ 그는 회개하지 않는 것으로 판명되자 6개월 더 수감되었다. 제5장은 1651-52년을 다룬다. 폭스는 리치필드에서 "잔혹한 도시 리치필드에 화 있을진저!"라고 외치도록 "주님으로부터 명령"을 받았다. 기성 교회의 많은 사람들을 불쾌하게 한 것은 폭스의 과장된 종말론 또는 "죄 없는 완전함"이었는데, 이는 폭스의 전형적인 것이었다. 아마도 후대의 많은 오순절주의자들과 성결운동주의자들에게도 전형적인 것일 것이다. 그는 이렇게 기록한다. "그들은 죄와 마귀에 대한 승리의 소식을 들을 수 없을 것이다. 왜냐하면 그들은 이승에서 죄로부터 자유로울 수 있다는 것을 믿지 않기 때문이다(티슬턴의 이탤릭)."⁵⁶

그에 반해, 요크에는 "다정한 사람들"이 있었다. 제6장은 "새 시대의 시작, 1651-52"라는 제목이 붙어있다.⁵⁷ 폭스는 "주의 날"에 선포하고, 청중들에게 회개를 촉구했다. 프랜시스 하우겔Francis Howgell은 이렇게 말했다. "이 사람은 서기관으로서가 아니라 권위를 가지고 말한다." 그는 북부로 여행하면서 켄달에서 환대를 받았고, 울버스톤의 재판관인 레오나르드 또는 토마스 펠의 부인, 마가렛 펠의 보호를 받았다(24-28단락). 이것이 전환점이 되었다. 폭스는 "세속적인 권위"에 대한 경멸에도 불구하고, 마가렛 펠의 보호로 덕을 보기 시작했다. 그는 또한 북부의 칼라일로 여행했다.⁵⁸

『일기』의 제7장에 따르면 폭스는 1653년에 다시 옥에 갇히고 말았다. 그러나 제8장은 1653-54년에 고위 장교가 어떻게 호국경 올리버 크롬웰과의 면담을 준비했는지 말한다. 그는 크롬웰을 만나는 자신을 빌라도 앞에 있는 그리스도로 보았다. "나는 그에게 진리에 대해 많은 것을 이야기했다. ⋯ 그는 매우 겸손하게 처신했다." 폭스는 그에게 "기독교는 성경을 가졌지만, ⋯ 능력과 성령을 원했습니다"라고 말했다. 주장한 바에 의하면, 크롬웰은 "눈

---

55. Fox, *Journal*, p. 31.
56. Fox, *Journal*, p. 32.
57. Fox, *Journal*, pp. 41-76 (2007 ed.).
58. Fox, *Journal*, pp. 77-93.

물을 흘리며", 더 듣기 위해 그를 초청했다. 크롬웰은 그의 성실함과 경건함을 존중했다고 한다. 그러나 그는 그의 분열시키는 활동에서 문제를 인식했다고 한다. 적절한 시기에 크롬웰은 그를 석방시켜 주었다. 폭스는 비록 다시 수감되었지만, 영국 남부 지역에서는 거의 성공하지 못했다. 제10장은 그의 웨일즈 방문에 대해 이야기한다.

『일기』는 전체 20장으로 이루어져 있지만, 멋과 기풍은 한결같다. 폭스는 찰스 2세의 복귀에 대해, 1671-73년의 미국에서의 2년에 대해 말한다.[59] 그의 서술의 많은 부분은 복음서에 나오는 예수의 서술과 억지로 꾸민 듯한 평행처럼 보인다. 예를 들어, 그는 "서기관과 같지 아니하고 권세 있게 가르쳤다"와 같은 구절들을 사용한다. 오늘날 대부분의 퀘이커 교도들과 마찬가지로 그는 확고하게 모든 교리를 반대했다. 그리고 "경험"에 찬성하고 이성과 교육을 반대했다. 하지만 그의 진실성이나 일부 계시라고 주장하는 것들의 진위에 의문을 제기하는 것은 가혹할 것이다. 그리고 그가 머리보다 마음을 높이는 것에 갈채를 보내는 사람들은 그가 "내적인 소리" 혹은 "내적인 빛"에 의해 인도받고 있다는 많은 예들을 의심하게 만드는 특정한 기행들을 유감으로 여길 것이다. 어떤 사람들은 폭스가 살았던 시대와 관련하여, 고전적 종교개혁자들의 살아있는 불길이 이론적이며 지적인 개신교 정통주의 속에서 굳어지기 시작하고 있었던 것에 그가 격렬하게 대응했다고 주장할 수도 있다. 이런 의미에서 그의 반응들과 공격들을 완전하게 이해할 수 있다. 그의 반대자들이 성경과 성령, 혹은 머리와 마음을 보다 효과적으로 함께 붙들었다면, 아마도 그의 반응이 그렇게 극단적이지 않았을 것이다. 그러나 그는 오순절주의와 갱신운동의 선도로서 급진 종교개혁자들과 경건주의자들의 상속인으로 더 잘 이해된다.

한 저자는 폭스를 중세 신비주의의 계승자로, 또한 18세기 감리교의 전신으로 묘사한다. 후자의 의견은 아마도 과장일 것이다. 그러나 폭스는 자

---

59. Fox, *Journal*, pp. 271-315.

신을 초기 기독교를 부활시킨 자로 보았다. 그는 아마도 루터보다는 뮌처에, 칼빈보다는 재세례파에 더 가까웠을 것이다. 미국에서는 윌리엄 펜(1644-1718)이 퀘이커 전통 안에 있는 정치인으로서 영향력이 있었다. 펜은 폭스에 대해 "무엇보다도 그는 기도에 탁월했다. … 일찍이 내가 느꼈거나 보았던 가장 대단하고 살아있는 경건한 장면은, 분명히 말하건대, 그의 기도였다. 그리고 진정으로 그것은 그가 다른 사람들보다 주님을 더 가깝게 알았고 더 가까이에서 살았다는 증거였다."[60]

논쟁의 여지가 있지만, 세월이 흐르면서 퀘이커 교도들은 폭스보다 덜 그리스도 중심적이 되었다. 그들은 갈수록 더 모든 사람의 "내적인 빛"을 강조했고, 삼위일체에 대해 모호하거나 가벼이 여기는 태도는 성령에 대한 교부들과 중세의 접근을 한쪽으로 밀어냈다. 퀘이커 교도들은 영국과 미국에서 그들의 신앙으로 말미암아 고통을 받았다. 뉴잉글랜드에서는 47명이 추방되었고, 4명은 교수형에 처했다. 그들이 가진 보편구원론은 진보적인 광교회주의latitudinarianism로 이동했고, 서약과 십일조, 전쟁과 유아세례, 그리고 세속적 권력에 대한 반대 때문에 그들은 루터파와 칼빈주의, 그리고 그 외 교회들과 매우 불화하게 되었다.

16.5. 존 웨슬리

존 헨리 뉴만은 18세기를 "사랑이 식은 시기"라고 했다. 반면, 조지 폭스와 같은 "경험 중심"의 관점에 직면했을 때, 많은 이들이 단순히 확신의 능력이나 강도에 반하여 "합리성"의 기준에 대한 존 로크(1632-1704)의 정서에 공감하는 것은 이해할만하다. 확신의 강도가 필연적으로 성령의 표지는 아니다. 따라서 로크는 그의 책 『성경 안에 전달된 기독교의 합리성』*The*

---

60. William Penn, "Preface" to Fox's *Journal*.

Reasonableness of Christianity as Delivered in the Scriptures(1695)을 출판할 필요가 있다고 느꼈다. 그럼에도 18세기는 전반에 걸쳐 형식주의와 합리주의가 대두되었다. 일부 사람들이 참된 성경적이며 영적 믿음이라는 이름으로 저항해야 하는 것도 마찬가지로 이해할 수 있다. 1703년과 1707년 사이에 태어난 존 웨슬리와 찰스 웨슬리 형제, 그리고 더 넓게는 조나단 에드워즈가 모두 그러한 사람들이었다.

존 웨슬리(1703-91)는 차터하우스 스쿨과 옥스퍼드 크라이스트 처치에서 교육받았다. 그리고 1726년에 옥스퍼드 대학교 링컨 칼리지의 선임연구원으로 선출되었다.[61] 그는 그가 결코 포기하지 않았던 영국 교회의 성직자였으며, 그의 아버지 사무엘이 교구목사로 있었던 험버사이드 주 에프워스에서 시간제 부목사가 되기도 했다. 그는 옥스퍼드에서 기독교의 헌신과 윤리에 대한 그들의 성실함 때문에 동료 학생들이 "홀리 클럽"이라 불렀던 한 모임을 인도했다. 그 모임에는 칼빈주의자인 조지 휫필드도 있었다. 웨슬리는 또한 제레미 테일러의 『거룩한 삶』과 윌리엄 로의 『경건하고 거룩한 삶에 대한 진지한 부르심』*A Serious Call to a Devout and Holy Life*(1728)의 영향을 받았다. 예를 들어, 로는 "기도를 말하는" 형식적인 활동과 진정으로 기도하는 담화-행위 사이를 주의 깊게 구분했다(*Serious Call*, ch. 14).[62]

1735년에 존과 그의 동생 찰스는 복음 전파 협회의 후원 아래 선교 사업으로 미국 조지아를 향해 출발했다. 부분적으로는 법적 소송으로 끝난 그의 실패한 연애 사건 때문에 일이 잘 풀리지 않았고, 그는 2년 후에 영국으로 돌아왔다.[63] 그는 자신이 "구원의 믿음"을 소유했는지를 의심하고, 자신의 영적 상태에 대하여 모라비아 교도인 피터 뵐러와 긴 대화들을 가졌다.[64]

---

61. John Wesley, *Journal* (London: Isbister, 1902), p. xix (편집 및 축약).
62. William Law, *A Serious Call to a Devout and Holy Life* (London and Toronto: Dent, and New York: Dutton, 1906), p. 165; 참조. pp. 162-85.
63. Wesley, *Journal*, pp. 3-28.
64. Wesley, *Journal*, pp. 33-41.

1738년 5월 24일 수요일, 웨슬리는 새벽 5시에 잠에서 깨어 신약성경에서 하나님의 "보배롭고 지극히 큰 약속"(벧후 1:4)을 읽었다. 나중에 그는 "너는 하나님의 나라로부터 멀지 않다"는 말씀을 읽었다. 오후에 그는 세인트 폴 대성당에 갔다. 그곳에서 그는 찬송가 "여호와여 내가 깊은 데서 주께 부르짖었나이다"Out of the depth have I called to you를 들었다. 저녁에 그는 "마지못해" 런던의 올더스게이트에서 열린 한 모임에 갔다. 그곳에서 "한 사람이 루터의 로마서 서문을 읽고 있었다." 그리고 그는 "나는 이상하게도 마음이 따뜻해지는 것을 느꼈다. 나는 구원을 위해 그리스도를, 오직 그리스도만을 신뢰한다고 느꼈다. 그리고 그가 나의 죄를 제거하셨다는 확신이 들었다"라고 자세히 설명한다.⁶⁵ 그는 비록 "유혹에 흔들렸지만", 다음날 일어나자마자 그가 처음으로 한 생각은 "주 예수 그리스도"였다.⁶⁶ 오후에 웨슬리는 "나는 하나님의 선하신 말씀을 음미할 수 있었다."라고 했던 세인트 폴 대성당으로 갔다. 그러고 나서 의심에도 불구하고, 이제는 "하나님과 평화를 누렸다." 6월 7일에 그는 모라비안들을 방문하기 위해 독일로 여행을 떠나 석 달을 보냈다.

영국으로 돌아온 웨슬리는 많은 교회들이 그에게 닫혀있다는 것을 알게 되었다. 그는 휫필드를 따라 "브리스톨에서 약 1,000명의 사람들에게", 그리고 브리스톨 킹스우드에서 1,500명의 갱부들에게 설교했다.⁶⁷ 그때 그는 5,000명에게 설교했다. 그는 부분적으로 순회하며 런던, 브리스톨, 뉴캐슬에서 설교했다. 1739년 그는 "전 세계가 나의 교구"라고 하는 유명한 말을 남겼다.⁶⁸ 그는 런던에 있는 무어필즈에서 만 번의 설교를 하고 이렇게 썼다. "나는 일반적으로 기독교라고 불리는 것과 메써디즘이라는 새로운 이름 아

---

65. Wesley, *Journal*, p. 43.
66. Wesley, *Journal*, p. 44.
67. Wesley, *Journal*, p. 48.
68. Wesley, *Journal*, pp. 54-56.

래 모든 곳에서 반대되었던 참되고 오래된 기독교의 차이를 묘사했다."⁶⁹

그의 『일기』에는 성령에 대한 분명한 언급이 많지 않은 것 같지만, 그는 자신이 서술한 많은 "현상들"을 성령의 사역으로 돌렸다. 예를 들어, 그는 "치유"를 믿게 되었다.⁷⁰ 1744년부터 웨슬리는 평신도 설교자 대회를 열었고, 1784년에 법적인 기관이 되었다. 그는 영국 교회를 떠나기를 결코 원하지 않았지만, 영국 교회 당국은 평신도 설교자들을 안수받은 목사나 성직자로 인정할 수 없었다. 웨슬리는 프랜시스 애즈버리(1745-1816)를 그의 동료로 임명했다. 그리고 애즈버리는 토마스 콕과 함께 그곳 감리교 감독의 역할을 수행했다. 그의 사후에 영국에는 거의 300명의 설교자들이 있었고, 71,000명의 새로운 조직 구성원이 있었다.

웨슬리는 믿음으로 말미암은 은혜에 의한 칭의라는 루터의 주제를 결코 포기하지 않았다. 그러나 대개 그는 '완전'할 정도로 거룩을 추구했다고 주장한다. 그는 폭스와는 달리 성경, 이성, 전통을 중시했다. 그러나 폭스와 마찬가지로, "경험"과 초자연적인 것도 매우 중요하게 생각했다. 그는 성만찬이나 주의 만찬을 소중히 여겼으며, 즉흥적인 기도와 예전적 형태의 기도를 조화시키려고 했다. 웨슬리의 성령 신학은 동생 찰스와 같이 그의 『일기』보다는 찬송과 설교를 통해 나타난다. 예를 들어, 카르카이넨은 그의 설교 141, "성령에 관하여"를 인용한다. 웨슬리는 셋째 대지에서 이렇게 쓰고 있다. "*성령이 모든 신자들에게 개인적인 성화와 구원을 위해 어떤 존재인지 숙고하라. 죽은 자를 일으키고 병든 자를 치유하는 것은 모든 사람에게 허락된 것은 아니다*"(티슬턴의 이탤릭). "필요한" 것은 사망으로부터 생명, 진리로 나아가는 것이다. "성령은 사람들이 방언과 예언을 말하게 했다." 그러나 중요한 것은 "하나님께 대한 신뢰와 인간에 대한 사랑의 정도"를 실천하는 것이다. 성령은 또한 "하나님 안의 삶을 위한 준비이다. … 성령의 선물은

---

69. Wesley, *Journal*, p. 61.
70. Wesley, *Journal*, p. 145.

부활에 이르기까지 충만해 보인다."⁷¹

설교 141, "성령에 관하여"를 포함하여, 존 웨슬리의 많은 설교들이 온라인상에 있다.⁷² 그는 고린도후서 3:17을 인용하여, 바울과 루터의 율법과 성령 사이의 대조로 시작한다. 성령은 그리스도와 긴밀하게 관계되어 있으며, "생명을 부여한다." 그는 제1부에서 아담 안에서 우리의 타락을 추적하고, 제2부는 그리스도의 인성에 집중한다. 제3부는 사실상 성령의 "놀라운 은사들"을 우회하며 "모든 신자들"에게 성령이 무엇인지 고려한다. 웨슬리는 바울서신에서 이 은사들이 모든 신자들을 위한 것이라는 것을 올바르게 인지하고 있다. 성령은 마음을 일깨우시는데, 그것은 고통까지 가져올 수도 있다. 그러나 고난 후에 그리스도에게 그랬던 것처럼 기쁨이 앞에 놓여 있다. 성령의 열매는 사랑을 포함한 "거룩한 성품들" 안에서 나오는 것이다. 성령은 또한 그리스도와 함께 죽고 부활하게 한다. 웨슬리는 설교 55, "삼위일체에 관하여"에서 그가 이 거룩한 땅에서 조심스럽고 겸손하게 걸어야 할 필요를 충분히 인식하고 있음을 보여준다. 그러나 그는 "나는 이들 셋이 하나임을 부인하는 사람들이 생명이 있는 종교를 소유한다는 것이 어떻게 가능한지 모르겠다"라고 결론짓는다.⁷³ "성령의 증인(1)"이라는 제목이 붙은 설교 10에서, 웨슬리는 로마서 8:16을 강해한다. 그러나 그는 독자들에게 이렇게 경고한다. "얼마나 많은 사람들이 이 성경에 저항하여 … 자신들의 영혼을 파괴하였는가! 얼마나 많은 사람들이 *자신의 상상의 소리를 이러한 하나님의 영의 증거로 착각했는가!*"(티슬턴의 이탤릭).⁷⁴ 그는 계속해서 이렇게 말

---

71. Veli-Matti Kärkkäinen, *The Holy Spirit and Salvation: The Sources of Christian Theology* (Louisville: Westminster/John Knox Press, 2010), p. 221.
72. Wesley, "On the Holy Spirit: *Sermon 141*," ed. George Lyons (Nampa, ID: Northwest Nazarene College), from *Christian Classics Ethereal Library* (preached at St Mary's, Oxford, at Whitsun, 1736).
73. Wesley, Sermon 55, "On the Trinity," ed. David R. Leonard, at Northwest Nazarene College, and *Christian Classics Ethereal Library*.
74. Wesley, Sermon 10, "The Witness of the Spirit," from *Christian Classics Ethereal Library*, introductory sect. 1.

한다. "만일 많은 합리적인 사람들이 이 망상의 끔찍한 결과들을 보면서, 그것으로부터 최대한 거리를 유지하려고 [애쓴다]고 해도 누가 놀랄 수 있겠는가?"[75]

설교와 웨슬리의 『일기』는 여러 면에서 상호보완적이다. 전자는 웨슬리가 성령의 인도와 증거에 대해 열려있음을 보여주고, 후자는 그의 성령론의 경계 표지로서 상식과 삼위일체의 정통성을 드러낸다. 그는 합리주의의 시대에, 열광주의자들과 퀘이커 교도들과는 달리 따뜻함과 열정, 경험의 필요를 보았고, 동시에 성경의 증언, 이성의 사용, 교부들의 전통을 멸시하지 않았다. 그의 동생 찰스 또한 그의 신념 중 많은 부분을 가지고 있었는데, 대부분은 수백 개의 찬송가를 통해 표현되었다. 그러나 존은 영국 국교회의 충성스러운 일원으로 남았다.

로날드 녹스는 존 웨슬리가 "열광주의자"라는 용어를 받을 만한지 묻는다.[76] 그는 웨슬리의 시대에, "열광주의"는 정확한 용어가 아니었다고 지적한다. 어떤 사람들은 그것을 의심의 여지 없이 성령의 충동에 따라 행했던 강한 신념으로 정의했다. 웨슬리의 동료이자 한때 협력자였던 조지 휫필드는 "나는 가끔 자연을 은혜로, 상상을 계시로 착각하곤 했다"라고 인정했다.[77] 한편, 주교 버틀러는 웨슬리에게 잘 알려진 비난을 가했다. "선생님, 성령의 특별한 계시와 은사들을 사칭하는 것은 정말 끔찍한 겁니다. 아주 끔찍한 겁니다." 게다가 웨슬리는 1750년에 "메마른, 형식적인, 전통적인" 교인들에게 조롱받던 "몬타누스주의자들이 … 진정 성경적인 그리스도인들이었다"는 것을 … 전적으로 확신하게 되었다고 진술했다. 1743년 이후, 모라비안들은 주로 권위주의적인 주장과 "죄 없는 온전함"에 대한 그의 경향 때문에 웨슬리와 거리를 두었다.

---

75. Wesley, Sermon 10 (as above), introductory sect. 2.
76. Ronald A. Knox, *Enthusiasm: A Chapter in the History of Religion* (Oxford: Clarendon, 1950), pp. 449-54; 참조. pp. 422-548 Wesley에 대하여.
77. Knox, *Enthusiasm*, p. 450.

반면 웨슬리는 폭력적인 개종 장면에 직면하여 "침착함"을 중시했다. 결국 녹스는 웨슬리의 유산을 "감정"에 대한 과도한 의존으로 본다. "『일기』에는 시종 꿈과 경고, 신실한 자들이 접하는 이상한 경험들을 끊임없이 언급한다. 웨슬리는 그러한 모든 문제들에서 지칠 줄 모르는 호기심을 가지고 있었다."[78] 그럼에도 불구하고 우리는 녹스가 자신의 의제를 가지고 글을 썼다는 것을 상기한다. 웨슬리에 대한 문헌은 막대하고 다양하다. 웨슬리에 대한 많은 전문가들을 고려한다면, 여기서 어떤 확고한 결정을 제시하는 것은 위험하고 어리석은 일일 것이다. 나는 몇몇 주요 감리교 인물들과 함께 웨슬리에 대해 논의했다. 그리고 많은 이들은 웨슬리의 "완전주의"에 대한 비난이 근거가 없거나 적어도 논쟁의 여지가 많다고 여긴다.

16.6. 조나단 에드워즈

조나단 에드워즈Jonathan Edwards(1703-58)는 코네티컷에서 태어났으며, 1730년대와 1740년대 미국의 대각성운동에서 (비평적인 태도뿐만 아니라) 핵심적인 역할을 한 것으로 잘 알려져 있다. 그는 13세에 예일에 입학하여 1720년에 졸업했고, 3년 후 석사학위를 받았다. 그는 비록 젊을 때에 칼빈주의자들이 강조하는 하나님의 주권에 대해 어려움을 겪었지만, 나중에는 "신적 존재의 영광에 대한 감각으로" 그 교리를 진심으로 받아들였다. 1727년에 그는 매사추세츠 주 노샘프턴의 회중 교회에서 섬기도록 임명되었다. 그는 1730년대와 1740년대의 첫 번째 대각성으로 알려진 거대한 부흥을 가져오거나, 주도한 것으로 인정받았다. 그의 교회는 수많은 사람들을 끌어 모았고, 1737년에 그는 『하나님의 놀라운 사역에 대한 신실한 이야기』*A faithful Narrative of the Surprising Works of God*를 출판했다. 그리고 9년 후인 1746년에

---

78. Knox, *Enthusiasm*, p. 536.

이것을 『신앙 감정론』 *A Treatise Concerning Religious Affections* 으로 이어갔다. 이 논문에서 그는 부흥에서 표출되는 감정들과 신앙 고백뿐만 아니라, 지적 탐구와 자기비판의 필요성을 옹호했다. 그는 새로워진 의지의 습관의 중요성을 주장했고, 부흥이라고 말하는 몇몇 예들은 진짜가 아니었다고 단언했다. 그는 칼빈주의자로서 기독교 교리의 가치를 주장했고, 철학자로서 자기기만의 위험과 "경험"에 대한 분별의 필요성를 설명했다. 그는 성령에 관해 많은 것을 썼지만, 또한 순전히 인간 마음의 소망에서 기인한 "상상된" 성령의 사역에 관해서도 많이 썼다. 그는 복음적인 부흥을 옹호하면서도 성경과 이성, 전통을 강조하기도 했다.

1750년에 그의 회중은 성찬에 대한 그의 엄격한 참석 방침 때문에 에드워즈를 교회에서 물러나게 했다. 1729년에 담임목사로서 그가 계승했던 그의 할아버지 솔로몬 스토다드는 성찬을 "개종 조례"a converting ordinance로 간주한 반면, 에드워즈는 그것을 오직 믿고 있는 신실한 신자들을 위한 성례로 보았다. 에드워즈는 매사추세츠 주의 스톡브리지로 가서 『의지의 자유』(1754)를 완성했다. 죽기 삼 개월 전인 1758년 그는 뉴저지 대학(후에 프린스턴)의 총장으로 선출되었다. 그 해에 그는 천연두의 희생양이 되었다. 에드워즈는 설교를 포함하여 방대한 저작들을 남겼다. 19세기 판은 보통 8권에 달했고, 더 최근의 판은 13권에 달했다.

현재의 주제에 대하여 에드워즈의 설교 중 일부는 그의 성령론을 탁월하게 요약하지만, 가장 관련 있는 주요 작품은 아마도 『신앙감정론』일 것이다.[79] 이 작품의 핵심이 되는 한 부분은 "진실로 자애롭고 거룩한 감정들의

---

79. Jonathan Edwards, *A Treatise concerning Religious Affections*, in *Select Works of Jonathan Edwards*, vol. 3 (London: Banner of Truth, 1959), 그리고 *Works of Jonathan Edwards*, vol. 2: *Religious Affections*, ed. John Smith (New Haven: Yale University Press, 2009). 상당한 양의 발췌는 *Jonathan Edwards: Basic Writings*, ed. Ola Winslow (New York: New American Library, 1966), pp. 184-95, 그리고 *An Anthology of Devotional Literature*, ed. Thomas S. Kepler (Nappanee, IN: Jordan Publishing, 2001), pp. 461-72에서 구할 수 있다.

뚜렷한 표지들"Distinguishing Signs of Truly Gracious and Holy Affections이다. 제1부는 "참된 신앙 감정"에 대해 논한다. 이것은 실제로 성령으로부터 온 것이며, 단지 그렇게 보일 수도 있는 작용에 반대한다. 에드워즈는 성령으로부터 나오는 것에 대해 "영적"spiritual이라는 용어를 사용하는 바울의 패턴을 따른다. "왜냐하면 그것들은 성령으로부터 나기 때문이고, 하나님의 영의 내주와 거룩한 영향" 때문이다. 성령은 실제로 자연인에게 영향을 미칠 수 있다. 그러나 내주하는 원리로서는 아니다.[80] 에드워즈는 다음과 같이 덧붙인다. "거룩은 하나님의 영의 본성이다. 그러므로 성경에서 성령으로 불린다"(티슬턴의 이탤릭).[81] "그는 그 사람을 하나님의 아름다움과 그리스도의 기쁨의 참여자로 삼아서, 성도가 성령의 교제 또는 참여 속에서 진실로 성부와 그의 아들, 예수 그리스도와 사귐을 가진다"(에드워즈의 이탤릭).[82] 이러한 감정들은 참으로 신성한 영향에서 비롯되며, "이것이 내가 초자연이라 말하는 것이다."[83] 자연인은 마치 꿀을 보았지만 실제로 맛보지 못한 사람과 같다.

에드워즈는 "참된" 감정은 "의견"이 아니라, 실제와 확실성에 대한 확신으로 특징지어진다고 주장한다. 효과적인 확신은 "위대하고, 영적이며, 신비롭다." 그러나 이것은 또한 "합리적이고 견고하며 설득력이 있어야하며 복음의 진리에 대한 확신임에 틀림없다"(티슬턴의 이탤릭).[84] 순교자들의 증언은 단순한 의견이 아니라 "증언"이다. 에드워즈는 진정한 감정은 "하나님께서 말씀으로 풍성하게 나타내신" "자신의 전적인 부족함과 천함과 혐오"로부터 생겨난다는 것을 강조한다.[85] 실제로 에드워즈는 중대한 단락에서 우리에게 다음과 같이 경고한다. "율법에 대하여 죽은 척하고 자기를 비운 척하

---

80. Edwards, *Religious Affections*, 1:1.
81. Edwards, *Religious Affections*, 1:2.
82. Edwards, *Religious Affections*, 1:2.
83. Edwards, *Religious Affections*, 1:2, 또한 Kepler, *Anthology*, pp. 461-62.
84. Edwards, *Religious Affections*, 5:1.
85. Edwards, *Religious Affections*, 6:1.

는 대단한 겸손이 있다. 겸손은 세상에서 가장 즐거운 것 중 하나이다. … 자기 자신을 상당히 비웠다고 생각하고, 자신들이 먼지 속에 낮아졌다고 확신하는 사람들은 … 자신의 겸손을 스스로 영광스럽게 하며, 자신들의 비하를 높이 평가하여 하늘까지 들어 올린다. 그들의 겸손은 … 자기만족적이고 자신만만하며 시끄럽고 가장된 겸손이다 ….."[86]

에드워즈는 『신앙감정론』 제7절에서 반복해서 말한다. 신앙 감정이 진실한 곳에서 "이런 능력은 신적이며, 특별히 주의 영에 속한 것이며, 사람들 속에 현저하고 지속적인 변화를 가져온다"(티슬턴의 이탤릭). 만일 이것이 없다면, 외견상 분명한 회심임에도 여전히 "상상과 가식과 … 어리석고 비뚤어진, 기독교인답지 않고 비도덕적이다." 이것은 "경험에 대한 가장 화려한 이야기"보다 더 많은 것을 말해준다.[87] 그러나 에드워즈는 일시적인 침체에 대해 현실적이다. "자연적 본성에 대해 참작해야 할 것이 있다. 회심이 자연적 본성을 완전히 뿌리 뽑지는 않는다."

성령의 사역은 일차적으로 그리스도를 증언한다. 에드워즈는 이 점을 세심하게 다룬다. 그는 먼저 "겸손, 온유함, 사랑, 용서, 자비"를 보여줌에 있어서 일반적으로 거룩이 무엇을 의미하는지 설명한다. 그러나 그는 이렇게 말한다. "이러한 것들은 특별히 그리스도의 성품이다. 그러므로 그것들은 모두 그리스도인들의 성품이다. 그리스도인들은 그리스도를 닮은 자들이다"(에드워즈의 이탤릭).[88] 그러나 그는 또한 독자들에게 다음과 같이 경고한다. "자랑이나 다름없는 원칙으로부터 나오는 그리스도에 대한 거짓된 담대함이 있다." 반면에, 성령은 또한 참된 열정과 열의를 불러일으키는데, 이는 허망한 자존심으로 특징지어지지 않는다. 이러한 종류의 열정은 온화하고 사랑스럽다. 그는 이렇게 주장한다. "모든 참된 성도들은 사랑스럽고 … 자비로운 성품을 가지고 있다."

---

86. Edwards, *Religious Affections*, 6; Kepler, *Anthology*, p. 464 (나의 이탤릭).
87. Edwards, *Religious Affections*, 7; Kepler, *Anthology*, p. 466.
88. Edwards, *Religious Affections*, 8; Kepler, *Anthology*, p. 467.

에드워즈는 제9절에서, 자비롭고 참된 감정은 "마음을 부드럽게" 하며, "성령의 온유하심으로 특징지어지며 … 은혜로운 감정은 … 돌 같은 마음을 더욱더 살 같은 마음으로 바꾼다"고 주장한다.[89] 성령은 양심의 가책을 촉진시킨다. 제10절에서 에드워즈는 진실하고 은혜로운 감정을 "그리스도로 옷 입은" 사람들 안에서 생겨나는 것으로 본다. 반면에 "거짓된" 감정은 위선으로부터 온다. 성령의 열매를 보이라는 요구는 때때로 신앙의 고백에 불균형을 가져올 수 있다. 또 다른 차이점은 하나님에 대한 참된 열망의 정도에 있다. 참된 감정은 "불꽃 가운데 있는 불쏘시개와 같다. 불길이 더 높이 일어날수록 더 열정적이 된다."[90] 다시 한번 말하면, "거짓 감정은 기만한다."

조나단 에드워즈의 설교들은 그의 성령의 사역에 대한 개념을 한층 더 설명한다.[91] 카르카이넨은 설교 "구속의 역사"The Work of Redemption를 인용한다. 에드워즈는 "그리스도가 사신 모든 것의 합은 성령이다. [이것은] 하나님과의 사귐이며, 오직 성령을 소유하는 것이다. … 성령은 생명수의 강으로, 하늘에 있는 하나님과 어린 양의 보좌로부터 흘러나온다"고 말한다.[92] 성령은 "성령의 역사하심"으로 거룩하게 한다.

조나단 에드워즈의 성령에 대한 저작들은 신약성경과 교부의 전통을 충실하게 반영하고 있다. 이것은 정확하고 건설적이며 비평적이다. 그는 특히 바울과 마찬가지로, 그리스도 중심의 본문에서 "성령"을 나타내기 위해 "신령한"의 사용을 유보한다. 그는 더 넓고 비구속적인 의미에서 "신령한"의 사용을 피한다. 그는 또한 사람들이 흔히 말하는 성령의 "초자연적" 행위라고 하는 것의 진정성을 받아들인다. 왜냐하면 그는 "놀라운" 혹은 "너머로부터" 혹은 "인간 외부로부터"라는 단어를 더 선호하기 때문이다. 그러나

---

89. Edwards, *Religious Affections*, 9; in Kepler, *Anthology*, p. 468.
90. Edwards, *Religious Affections*, sect. 11; in Kepler, *Anthology*, p. 471.
91. Edwards, *The Sermons of Jonathan Edwards*, ed. Wilson H. Kinnach (New Haven: Yale University Press, 1999); Kärkkäinen, *The Holy Spirit and Salvation*, pp. 236-39에서 손쉽게 찾아볼 수 있다.
92. Edwards, *Sermons*, in Kärkkäinen, *The Holy Spirit and Salvation*, p. 236.

그는 마음속에 있는 성령의 활동의 핵심 기준으로서 "그리스도를 닮음"을 주장하면서, 상상에서 나온 환상, 소리, 혹은 인도로부터 성령의 인도를 구분하는 것에 대해 매우 신중하다. 그는 이성을 평가 절하하는 것을 당연히 의심하고, 한낱 감정적 경험은 자만으로 이끌 수 있다고 주장한다.

많은 사람들은 기독교 교리의 다양한 측면들에 대해 다양한 관점들을 가질 수 있다. 에드워즈는 틀림없이 하나님의 절대적 주권을 자랑스러워한다. 그는 『의지의 자유』(1754)에서 잘 알려진 아르미니우스주의 신학에 대한 공격에서 이렇게 한다. 그는 이 책에서 신학적 결정론, 혹은 철학적 우인론, 즉 하나님이 모든 것의 완전한 원인이라는 견해를 옹호한다. 자연적 혹은 제 2원인은 하나님께서 적절한 효과를 낳는 "우연"일 뿐이다. 창조는 하나님의 광채와 아름다움을 나타낸다. 종말론과 최후 심판은 그의 신학에서 중요한 역할을 한다. 비록 우리가 이 세상에서 지옥에 대해 충분히 생각지 않고 다른 사람들을 사랑한다고 할지라도, 오는 세상에서 신자들은 하나님의 공의와 영광에 관심을 기울이게 될 것이며, 최후 심판의 부정적이거나 가혹한 결과들은 그들에게 유일한 기쁨을 가져올 것이라고 에드워즈는 주장한다.[93] 이로 인해 에드워즈가 성령론에 관하여 개방적이고 성경적이며 건전하고 비평적인 것으로 (루터, 칼빈, 오웬과 함께) 나란히 놓일 수 있다는 사실은 바뀌지 않는다.

---

93. Jonathan Edwards, *Select Works of Jonathan Edwards*, vol. 2: *Sermons* (London: Banner of Truth Trust, 1959), "The End of the Wicked Contemplated by the Righteous," pp. 245-65, 특히 p. 255. 참조. 또한 "The Justice of God in the Damnation of Sinners," in *Sermons*, pp. 114-55.

ID# 3부 근대 신학과 현대 신학 속의 성령

17

19세기 : 노선의 분리

이 시점에서 3부를 시작하는 데는 두 가지 이유가 있다. 첫째, 대부분의 현대 신학은 슐라이어마허와 헤겔로 시작하는데, 이제는 거의 관습이 되었다. 둘째, 1800년 이전에 대부분의 성령론에 관한 저서들은 사실상 모든 기독교 전통에서 유용하게 읽힐 수 있었다. "오순절주의"나 "갱신운동"과 같은 접근법의 시작은 조지 폭스와 초기 퀘이커 교도에서 발견된다. 그러나 폭스는 단순히 한 개인이었고, 퀘이커 교도와 같은 공동체는 기독교 전통의 "변두리"에 있다고 여겨졌다. 견고한 삼위일체의 프레임 안에서 대부분의 전통적인 성령관을 유지한 사람들은 존 오웬과 존 웨슬리와 같은 사람들이었다. 웨슬리가 분명하게 "죄 없는 완전"을 가르쳤는지는 그의 설교와 같은 자료에서 간간이 암시하는 것에 비해 훨씬 더 논란이 되고 있다. 그러나 19세기의 동이 트면서, 성령론의 저자들은 네 가지 뚜렷한 전통 중 하나에 속하는 경향이 있었다. 그러므로 우리는 성령에 대한 네다섯 가지의 접근법을 구분할 수 있다.

(1) 첫째, 슐라이어마허와 헤겔로 대표되는, 신학의 "주류"이지만 대체적으로 자유주의 계통은 칸트와 계몽주의의 영향을 크게 받았다. 비록 슐라이어마허도 경건주의의 뿌리와 낭만주의를 나타냈다고 하더라도 말이다.

이 전통은 대체로 20세기 첫 4분의 1까지 하르낙과 함께 지배적이었다.

(2) 19세기는 미국의 찰스 핫지, 스코틀랜드의 조지 스미튼, 네덜란드의 아브라함 카이퍼와 같은 저자들 가운데 칼빈주의와 개혁파 전통주의의 부활에서 근본적으로 다른, 훨씬 보수적인 전통을 보여준다. 스미튼과 카이퍼는 성령론에 관한 책을 썼는데, 카이퍼의 책은 650페이지에 이른다. 반면 핫지는 세 권의 『조직신학』 중 50페이지 이상을 삼위일체와 성령에 할애했고 150페이지 이상을 성화, 중생, 믿음에 할애했다. 뉴만이 사용한 구절 "노선의 분리"는 아마도 그의 관심사였던 영국성공회-로마 가톨릭 전통보다는 자유주의와 더 보수적인 접근 사이의 균열을 더 선명하게 보여준다.

(3) 보다 작은 범위에서 세 번째 접근법과 네 번째 접근법으로 구별할 수 있다. 세 번째 접근법은 다음 세기에 오순절주의와 은사주의 접근법이 될 것을 예측하기 시작했다. 19세기 초에 에드워드 어빙은 "예언"을 강조했고 가톨릭 사도 교회를 설립했다. 벤자민 어윈은 이후 미국의 성결주의 배경에서 등장하여, 18세기 존 플레처John Fletcher와 그의 "불세례"론을 되살리려고 했다. 알버트 심슨 역시 미국의 성결주의 출신이며, 성령의 은사와 오순절을 강조하며 활동했다. 유럽과 미국 밖의 세계 도처에서는, 오순절적 현상이라고 불릴 만한 것들이 나타났다.

(4) 네 번째 전통은 비록 성령의 사역에 약간의 영향을 미치는 듯 보이지만, 잠재적으로 로마 가톨릭교회 내에서의 일과 관련이 있다. 존 헨리 뉴만은 가장 독창적이고 진취적이며, 예외적인 인물이었다. 그는 19세기의 많은 학자들의 무력하고 메마른 이성주의와 비조직적이고 반 권위주의적이고 "독립적인" 회중 교회에 똑같이 반발했다. 그는 보이지 않는 세계의 초자연적 실체를 수복하는 일에 열중했다. 성령은 만연한 "달콤한 향기"와 같다. 성령의 활동은 황홀할 필요가 없다. 그리스도인은 "성별된 성전"이다. 성령은 신자들 속에 "거하신다."

17.1. 프리드리히 D. E. 슐라이어마허

프리드리히 슐라이어마허Friedrich Schleiermacher(1768-1834)는 "현대 개신교 신학의 아버지"로 불린다.[1] 그의 아버지는 목사였다. 그는 처음에는 모라비안 교도 사이에서 교육을 받았고, 이후 할레 근처 바비에서 교육을 받았다. 처음부터 그는 경건주의자였다. 그는 그리스도를 "나의 주님"이라고 말하며, 설교를 "자신에게 알맞은 직무"로 여겼다. 그러나 자신의 집을 멀리 떠나, 할레 대학에서 마침내 자유롭게 숨쉴 수 있다고 느꼈다. 그는 그의 중심에 계신 그리스도를 통해 "하나님과 사귄다"는 경건주의를 전적으로 포기하지는 않았다.[2] 게리쉬Gerrish는 그를 "자유주의 복음주의자"라고 부른다.[3] 그는 임마누엘 칸트(1724-1804)와 계몽주의에 깊은 영향을 받았다. 그는 칸트 철학의 도움으로 초월의 문제에 질문하는 것을 배웠다. 그는 오랜 기간 동안 칸트와 똑같은 정도로 낭만주의에 매료되었다. 낭만주의는 기계적인 과정보다 유기적인 과정을, 단순한 유추보다 통합이나 연합을 강조했다. 이것은 그가 신학과 해석학에서 "예감"divinatory(German, *divinatorisch*)과 직접성immediacy을 강조하게 했다. 해체 또는 (문자적 의미로) "분석"은 그의 동시대인 윌리엄 워즈워스가 보았던 것처럼, 우리가 이해하고자 하는 것을 파괴할 수 있다.

1799년 30대 초반에 슐라이어마허는 『종교론』*On Religion: Speeches to Its Cultured Desisers*을 썼다.[4] 그 책에서 그는 "참된 종교는 무한자에 대한 감각과

---

1. David E. Klemm, *Hermeneutical Inquiry*, 2 vols. (Atlanta: Scholars Press, 1986), vol. 1, p. 55.
2. Friedrich D. E. Schleiermacher, *The Christian Faith* (Edinburgh: T&T Clark, 1989; from 2nd ed. 1830), p. 12.
3. B. A. Gerrish, *A Prince of the Church: Schleiermacher and the Beginning of Modern Theology* (London: SCM, 1984), pp. 18-20.
4. Friedrich D. E. Schleiermacher, *On Religion: Speeches to Its Cultured Despisers* (London: Kegan Paul, Trench & Trübner, 1893).

미각이다"라고 선언했다.⁵ 그는 "세계 배후에 있는 거룩한 존재"보다는 종교의 "함정"으로 장난치는 것을 거부한다고 할 때 성령을 은연중 암시하고 있다.⁶ 그는 이렇게 덧붙인다. "경건은 … 형이상학적이고 윤리적인 부스러기 투성이에 대한 갈망일 수 없다. … 그것은 … 유한자 안에서 무한자의 계시이다."⁷ 1809-1810년에 그는 해석학에 대한 경구들을 만들었다. 그는 성령에 의한 성경의 영감을 인식하고 있음을 보여주면서, 다음과 같이 썼다. "성령이 해석의 규칙을 따르지 않는다는 관습적인 믿음은 오류이다."⁸ 그는 『기독교 신앙』 제2판에서 성령을 교회의 근원이자 기원으로 본다.⁹ 그는 이렇게 주장한다. "성령은 신자의 공통의 삶[공유된 삶]에 생기를 불어넣는 공통의 [즉, 공유된] 성령의 형태로 신적 본질과 인간 본성의 연합이다."¹⁰ 다른 작품들도 유용하다. 예를 들면, 긴 에세이 『크리스마스 이브: 성육신에 관한 대화』*Christmas Eva: A Dialogue on the Incarnation*(1812), 『신학 연구 개요』*Brief Outline on the Study of Theology*(1830)가 있다.

슐라이어마허는 생애 대부분 동안 새로 설립된 베를린 대학교의 신학 교수였고, 베를린 삼위일체 교회의 정규 설교자였다. 그는 해석학과 살아있는 설교를 함께 붙들려고 했다. 그는 설교에서 이렇게 말하고 있다. "얼마나 자주 구경꾼들을 감동시키려고 내 신앙의 음악을 연주했던가!"¹¹ 칼 바르트는 예리한 비평가로서 이렇게 단언한다. "믿음을 깨우기 위해 회중에게 설교하는 것은 단연코 그의 인생에서 가장 달콤한 열망이었다."¹² 그러나 그의 성

---

5. Schleiermacher, *Speeches*, p. 39.
6. Schleiermacher, *Speeches*, p. 1.
7. Schleiermacher, *Speeches*, pp. 31 and 36.
8. Friedrich D. E. Schleiermacher, *Hermeneutics: The Handwritten Manuscripts*, ed. Heinz Kimmerle (Missoula: Scholars Press, 1977), p. 67.
9. Schleiermacher, *The Christian Faith*, pp. 533 and 560-81.
10. Schleiermacher, *The Christian Faith*, p. 569.
11. Schleiermacher, *Speeches*, p. 119.
12. Karl Barth, *The Theology of Schleiermacher: Lectures at Göttingen, 1923-24* (Grand Rapids: Eerdmans, 1982), p. xiii.

령론은 성경 또는 정통 기독교 전통보다는 내재주의*immanentalism*에 더 가까웠다는 위험이 남아있다. 당연히 그는 "체험"에 대해 모호하다. 그의 초기 경건주의는 이것을 무대의 중앙에 두었다. 그는 칸트가 "체험"의 개념이 얼마나 문제가 많고 복잡한지 폭로했기 때문에 자신은 "더 높은 질서의 경건주의자"라고 불렀다. 칸트는 『순수 이성 비판』(1781), 『판단력 비판』(1790)에서 "체험"이란 체험으로 간주하는 마음에 의해 형성되는 것으로 나타나는 것임을 보여주었다.

확실히 슐라이어마허의 중심 개념은 "하나님을 전적으로 의존하는 감정"이었다(*Gefühl schlechthinniger Abhdngigkeit*).[13] 대중적이고, 가치 없는 비평가들은 이를 "감정"을 강조하는 것으로 평가절하했다. 그러나 슐라이어마허의 관심은 하나님께 대한 전적인 또는 절대적인 의존, 그리고 직접성의 관계를 표명하는 것이었다.[14] 칸트는 절대성 또는 궁극적인 것을 오직 도덕 명령에서만 발견했고, 헤겔은 합리성에서 이것을 발견한 반면, 슐라이어마허는 이것을 "감정"에서 발견했다고 주장하는 것은 지나친 단순화이다. 왜냐하면 이것은 하나님께 대한 절대적 의존의 직접성을 강조하지 않기 때문이다. 교의학 또는 신학적 용어로 이것은 성령을 통해 실행된다. 슐라이어마허는 많은 초기 신비주의자들처럼, "신앙은 본질적으로 관상적"이라고 선언한다. 즉 관상의 초점은 "유익한 것을 …… 향하지 않는다." 단지 "제1원인"이라는 추상적인 관념을 향하지 않는다. "…… 신앙은 지식과 과학이 아니라 …… [다시] 유한자 안에 무한자의 계시이다."[15] 그는 『기독교 신앙』에서 이렇게 주장한다. "*중생한 사람은 모두 성령에 참여한다. 그러므로 성령의 내주하심이 없다면 그리스도와의 살아있는 교제는 없으며, 그 반대도 마찬*

---

13. Schleiermacher, *The Christian Faith*, pp. 12-31.
14. John Macquarrie, *Studies in Christian Existentialism* (London: SCM, 1966), pp. 31-42, 이 요점을 설명하고 단호하게 확정한다.
15. Schleiermacher, *Speeches*, p. 36.

가지다"(슐라이어마허의 이탤릭).¹⁶

슐라이어마허는 계속해서 성령 안에 참여자가 되는 것은 그리스도와의 교제를 갖는다는 것과 전혀 차이가 없다고 한다. "둘은 사실에서나 시점에서나 구별되지 않는다."¹⁷ 양자는 하나님의 아들 됨과 그리스도의 주님 되심을 수반한다. 성령을 부어주심은 성령의 공통되거나 공유된 삶으로 들어가는 것을 의미한다. (이러한 강조점은 20세기에 쏜턴이 확실하게 보여주었다.)¹⁸ 슐라이어마허는 이렇게 쓰고 있다. "이것은 그리스도를 기억하게 하고 우리 안에서 그를 영화롭게 하는 – 성령의 사역이다."¹⁹ 그는 다음과 같이 덧붙인다. "성령의 이끄심은 그리스도께서 …… 누구이시며 무엇을 하셨는지 그 기준을 깨닫게 하시는 신적 자극일 뿐이다"(티슬턴의 이탤릭).²⁰ 그는 이렇게 덧붙인다. "하나님의 영의 내주하심은 …… 그리스도의 즉각적인 영향이며" 그리스도의 나타나심은 "기독교의 초자연적 기초이다."²¹ "오순절 현상은 …… 뚜렷하게 기적의 징표를 담고 있다."²²

이 모든 것은 개인적인 용어뿐만 아니라, 통합적이거나 공동체적인 용어로 이해되어야 한다. 슐라이어마허는 이렇게 선언한다. "기독교회는 성령에 의해 생기 있게 되며, 순결하게 된다. …… 구속주의 완전한 형상이 된다"(슐라이어마허의 이탤릭).²³ 『기독교 신앙』과 『종교론』보다 이전에 슐라이어마허는 "초자연적"이란 표현에 유보적이었다. 그리스도는 그의 진정한 인간성을

---

16. Schleiermacher, *The Christian Faith*, sect. 124, p. 574.
17. Schleiermacher, *The Christian Faith*, p. 574 (나의 이탤릭).
18. Lionel S. Thornton, *The Common Life in the Body of Christ* (London: Dacre Press, 3rd ed. 1950).
19. Schleiermacher, *The Christian Faith*, p. 576.
20. Schleiermacher, *The Christian Faith*, p. 576.
21. Schleiermacher, *The Christian Faith*, p. 577.
22. Schleiermacher, *The Christian Faith*, p. 578.
23. Schleiermacher, *The Christian Faith*, p. 578; 참조. pp. 565-69, 579-81.

타협하는 것처럼 전적으로 "초자연적"인 것은 아니다.[24] 슐라이어마허는 이렇게 단언한다. "그렇다면 구속주는 인간의 본성과 동일하다는 점에서 모든 인간과 같지만, 그의 변함없는 신 의식의 능력에 의해 모든 인간과 구별된다."[25] 그의 말 중 일부는 낭만주의적이고 내재주의적이다. 예를 들어, 『종교론』에서 "내 존재의 가장 깊은 샘"에 대한 언급과 같이, 때때로 그는 "사랑의 체계가 낯선 것" 또는 "타인을 거절하는 것이 얼마나 비참한지"에 대해 말한다.[26] 『기독교 신앙』에서 그는 이렇게 주장한다. "그리스도 안의 신적 계시가 이 점에 있어서 절대적으로 초자연적이어야 한다는 생각은 시험을 쉽게 견딜 수 없을 것이다"(티슬턴의 이탤릭).[27] 그러나 그는 동일하게 "가현설"과 그리스도에 대해 "에비온파적" 견해를 경계하고 싶어 한다. 우리가 말할 수 있는 최선은 성령의 내재적 양상은 감소하기보다는 애매하게 남아있다는 것이다. 이는 칸트와 계몽주의적 경건주의를 따르는 수정된 정통주의이다. 성령은 그리스도 안에서 하나님과의 즉각적인 교제를 가져오는 "효과적인 영적 능력"이다.[28] 슐라이어마허는 범신론자는 아니다. 그러나 클로드 웰치Claude Welch의 말로 하면, "그는 분명히 자연주의와 초자연주의를 넘어서는 관점을 찾고 있다. …… 이는 거의 모든 자유주의 신학자들의 원형이 되었다."[29]

---

24. Schleiermacher, *The Christian Faith*, pp. 62-68, 374-424.
25. Schleiermacher, *The Christian Faith*, p. 385.
26. Schleiermacher, *On Religion: Speeches*, pp. 3, 55.
27. Schleiermacher, *The Christian Faith*, p. 64.
28. Schleiermacher, *The Christian Faith*, p. 272.
29. Claude Welch, *Protestant Thought in the Nineteenth Century*, vol. 1: 1799-1870 (New Haven: Yale University Press, 1972), pp. 79, 85.

17. 2. 게오르그 빌헬름 프리드리히 헤겔

헤겔Hegel(1770-1831)의 생애는 연구를 시작한 이후 비교적 평온했다. 그는 슈투트가르트에서 교육을 받았고, 1788년 튀빙겐 대학에 입학하여 루터교도로서 신학을 공부했다. 그러나 그는 당시 루터교 학문에 환멸을 느끼고, 칸트의 철학과 낭만주의에 빠졌다. 그는 안수를 받지 않고, 1801년 예나에서 철학을 가르쳤다. 그는 1818년 새로 설립된 베를린 대학의 철학 교수가 되었고, 그곳에서 1831년 죽을 때까지 슐라이어마허의 동료로 남아있었다. 그의 사고는 매우 복잡하다. 영이 핵심 역할을 한다. 그러나 이것은 슐라이어마허의 『기독교 신앙』의 성령은 아니다. 그것은 내가 많은 세미나에서 다루었던 논쟁의 요점이다. 즉 그의 성령관이 하나님과 삼위일체에 관한 신학적 관심으로 말미암아 나온 것인지, 아니면 그의 역사철학으로 말미암아 나온 것이지 하는 것이다. 그는 역사철학에서 사실상 성부의 사역을 명제로, 성육신한 성자와 그의 죽음을 반명제로, 그리고 그리스도의 부활 뒤에 따라오는 성령을 종합으로 본다. 생명이 빌헬름 딜타이Wilhelm Dilthey의 핵심 카테고리이고, 즉각성이 슐라이어마허의 핵심 카테고리인 것처럼, 영spirit은 헤겔의 철학적 신학의 핵심 카테고리와 같은 것이 되었다.

헤겔과 슐라이어마허는 전혀 달랐다. 헤겔은 신학을 세계, 진리, 실재, 그리고 하나님에 관한 지성적 질문과 호기심에 관계된 것으로 보았다. 그러나 슐라이어마허는 신학을 법률 훈련이나 의학 훈련과 비슷하게 목회를 위해 제공되는 전문적인 훈련으로 보았다. 그리하여 궁극적으로 신약성경을 강해하는 일종의 설교자를 만드는 것이었다. 한 가지 슬픈 사건이 슐라이어마허에게 일어났다. 다비드 슈트라우스가 헤겔 밑에서 공부하기 위해 베를린으로 왔다. 슐라이어마허가 1831년 헤겔의 죽음을 말해주려고 그를 면담했고 자신이 그를 가르치겠노라고 제안했다. 슈트라우스는 이렇게 대답했다. "그러나 내가 여기 온 것은 헤겔 때문이었습니다!" 그럼에도 불구하고 슈트라우스는 그곳에 머물렀다.

헤겔은 1807년 그의 고전 『정신현상학』Phenomenology of Spirit(Geist)을 발행했다. 이 책은 그의 사변적인 성육신관과 최고의 또는 계몽적인 비판 과학으로서의 철학을 향한 "사다리" 또는 "경로"를 담고 있다. 1812-16에는 『대논리학』Science of Logic을 발행했는데, 이 사다리는 논리적인 것으로 보인다. 1817년에는 『철학 강요 사전』Encyclopaedia of the Philosophical Science을 출판했고, 1821년 『법철학』Philosophy of the Right을 출판했으며, 사후에는 그의 위대한 베를린 대학의 강의인 『종교철학 강의』가 출판되었다.[30]

지금까지 말한 모든 것 외에도 헤겔은 철학과 신학에 칸트만큼 의미 있는 전환점을 가져왔다. 그는 모든 지식은 데카르트와 라이프니츠에서처럼 순전히 이성적이지도 않고, 로크와 흄에서처럼 경험적이지도 않고, 심지어 칸트에서처럼 초월적이지도 않다고 주장한다. 즉 그것은 역사 이성에 의해 역사적으로 중재된다. 역사성, 또는 역사적 유한성, 또는 역사적 정황성이 지식으로 간주되는 것의 많은 부분을 결정했다. 이것은 하이데거와 가다머가 게쉬히틀리히카이트Geschichtlichkeit, 또는 역사적으로 조건 지어짐이라고 부르는 것을 창출한다. 사람들은 단순히 역사 속으로 "던져지기" 때문에, 인종, 계급, 양육이 지식으로 "여겨지는" 것을 결정한다. 이것은 하버마스, 아도르노, 그 외 사람들의 학파에서 표명한 것과 같이 지식사회학으로 이어진다.

헤겔 체계의 중심은 삼위일체 하나님은 "세계 역사 과정 속에서 자신을 영화시킨다"는 전제이다.[31] 칸트는 변증법적으로 부족하고, 슐라이어마허는 주관적 즉각성에 갇혀있다. 헤겔의 체계는 칸트의 주관적 관념론과 대조적으로 객관적 관념론이라는 명칭을 얻었다. 즉 하나님 안에 중심이 있고, 사

---

30. Georg W. F. Hegel, *Lectures on the Philosophy of Religion*, 3 vols. (London: Kegan Paul, Trench & Trübner, 1895); 그리고 Hegel, *The Phenomenology of Mind*, Harper Torchbooks (New York: Harper & Row, 1967), 우리의 연구에 가장 권위 있는 두 권의 저작으로 남아있다.
31. Peter C. Hodgson, "Georg Wilhelm Friedrich Hegel," in Ninian Smart, John Clayton, Patrick Sherry, and Steven Katz, *Nineteenth-Century Religious Thought in the West* (Cambridge: Cambridge University Press, 1985), vol. 1, p. 84, 참조. pp. 81-121. Hodgson의 것이 Hegel을 가장 잘 다룬 것 같다.

람 안에 있지 않다. 헤겔은 "동일성과 차이의 사색적인 변증법"을 제안했다.[32] 변증법은 분리, 부정, 중재 또는 종합을 포함한다. 세상에 관하여는, 유한자가 일어나(erheben) 자신을 더 높은 어떤 것으로 "부인한다"(aufheben). 하나님의 존재에 관하여는, 삼위일체도 계속되는 변증법을 허용한다. 하나님, 특별히 성부는 영원토록 "절대정신"Alosoulute Spirit이다. 그러나 이 상태의 반명제는 성육신과 특별히 그리스도의 죽음이다. 그러므로 성자는 육신을 입는 것과 죽음으로 인해 부정 또는 반명제의 원리를 나타낸다. 하나님은 성자의 경험과 자신을 차별화한다. 하나님의 정체성은 영원한 정신으로서 자신과 육신을 취하신 "타자" 또는 "그리스도"다. 그러나 헤겔의 견해에 따르면, 로마 가톨릭은 십자가에 못 박히신 그리스도를 고정된 십자가 상에 못 박아 절대화시키는 반면, 삼위일체에 관한 변증법적 설명은 중재 또는 종합으로 나아간다. 그리스도는 올리셨고, 성령은 부어지고 주어진다. 따라서 성육신을 무효화하지 않으면서, 하나님은 다시 영으로서 다스리신다. 역사는 성령의 시대에 도달했다. 이런 의미에서 대부분의 작가들의 것과 다른 것은, 헤겔은 성령을 하나님의 최고의 자기 계시로 보는 것이다.

헤겔은 『종교철학 강의』 제3권의 서두에서 이것을 매우 분명하게 설명하고 있다. 그는 이렇게 시작한다. "절대적이며 영원한 이데아 그 자체, 세계의 창조 이전, 세계 밖에서, 자신의 영원성 안에 계신 하나님."[33] 하나님이 창조하신 것은 "타자 또는 다른 존재"이며, 이것은 "물질적인 자연physical Nature과 유한한 영finite Spirit"이다.[34] 따라서 "신적 이데아는 세 가지 형태로 자신을 펼친다. 영은 신적인 역사이며 자기 분화의 과정이다. …… 셋째 요소는 …… 이성, 자신에게로 돌아올 때만 자유로운, 자유로운 영의 생각이다."[35] 헤겔은 이렇게 덧붙인다. "또한 우리가 성자와 그의 나타남을 제때 넘

---

32. Hodgson, "Hegel," in Smart et al., *Nineteenth-Century Religious Thought*, p. 85.
33. Hegel, *Philosophy of Religion*, vol. 3, p. 1.
34. Hegel, *Philosophy of Religion*, vol. 3, p. 1.
35. Hegel, *Philosophy of Religion*, vol. 3, pp. 2-3.

어서지 못하는 입장을 차지할 수도 있다. 이것이 가톨릭주의의 경우이다."³⁶ 이와는 대조적으로 그 과정의 세 번째 부분은 "영적 공동체의 형성, 또는 제3의 지점"을 맡긴다. "이것이 영이다."³⁷ 우리는 "외적인" 신앙으로부터 "내적인" 신앙으로 옮겨간다. 이것은 개성, 성격, 주관성, 자유를 드러낸다. 새로운 공동체는 "영에 속한 연합"으로 말미암은 사랑으로 특징지어진다.³⁸ 영이신 하나님 안에서 하나님과 세계는 화해를 발견한다. "모든 사람이 구원으로 부름을 받는다."³⁹

하나의 체계로서, 이것은 확실히 스스로 빛나고 있다. 그러나 헤겔은 보통 "성령"보다는 "영"Spirit을 말하는데, 우리는 "영"이 순수하게 성경의 성령을 의미하는지, 아니면 헤겔의 현상학적이고 논리적인 체계의 한 부분인지 확신할 수 없다. 한 가지 중요하고 긍정적인 것은 "제3단계"에서 인간성의 강조뿐만 아니라, 삼위일체로서 하나님의 중심성과 영으로서 하나님의 중심성이다. 이 제3단계에서 "사랑은 성령"이며 그리스도의 "내가 항상 너희와 함께 있으리라"는 말과 같은 의미이다.⁴⁰

헤겔은 『정신현상학』Phenomenology of Mind(더 낫기는 Spirit, Geist)에서 다양한 방식으로 "영"을 사용한다. 그는 다음과 같이 주장한다. "영은 … 한 국가의 윤리적 생명, … 윤리적 생명이다(Sittlichkeit)."⁴¹ 그는 계속해서, "영은 단순한 궁극적인 진리에서 의식이다."⁴² 이것은 바울의 "영적"이라는 용어의 용법과 상당한 거리가 있다. 늦어도 어거스틴 때까지는 "영"의 다른 의미에 대한 경고가 있었다. 우리는 헤겔이 두 의미를 때때로 혼합시켰다고 의심하지 않을 수 없다. 그의 철학적 탁월함이 무엇이든 그를 주의 깊은 해석

---

36. Hegel, *Philosophy of Religion*, vol. 3, p. 103.
37. Hegel, *Philosophy of Religion*, vol. 3, p. 104.
38. Hegel, *Philosophy of Religion*, vol. 3, p. 106.
39. Hegel, *Philosophy of Religion*, vol. 3, p. 108.
40. Hegel, *Philosophy of Religion*, vol. 3, p. 107.
41. Hegel, *The Phenomenology of Mind*, p. 460.
42. Hegel, *The Phenomenology of Mind*, p. 462.

자라고 주장할 수는 없다. 헤겔에 대해 예리한 비평가인 쇠렌 키에르케고르는 이렇게 말한다. "헤겔의 발명인 절대적 방법론은 이미 논리에 있어서 어려운 이슈, 실제로 뛰어난 동어반복법이다. …… 그러나 이로 인해 학습자의 정신을 산만하게 만들었다."[43]

17. 3. 찰스 핫지, 조지 스미튼, 아브라함 카이퍼

이 세 사상가는 19세기 자유주의와는 완전히 다른 접근법을 채택했다. 그들은 칼빈주의 정통 또는 보수적인 유형을 되살리려 했다. 슐라이어마허와 헤겔은 영국에서는 주류 학파를 대표하지 않았다. 실제로 19세기 말에 라이트푸트, 웨스트코트, 그리고 호트는 주류 기독교 성경학자의 전통을 대표했으며, 이들은 보수적인 신학자들이었다. 그러나 미국의 핫지, 스코틀랜드의 스미튼, 네덜란드의 카이퍼는 특별히 보수적 칼빈주의를 대표했다. 그들은 슐라이어마허와 헤겔과는 별개의 세계에 살고 있었다.

(1) **찰스 핫지**Charles Hodge(1797-1871)는 1821년 장로교 목사로 안수 받아, 그의 생애 대부분을 프린스턴에서 가르쳤다. 그는 로마서(1835), 에베소서(1856), 고린도전서(1857), 고린도후서(1859) 주석을 출판했고, 세 권으로 된 영향력 있는 『조직신학』을 썼다. 『조직신학』은 1839년에 시작하여 1871년과 1873년 사이에 출간했다. 그는 눈에 띄게 독창적인 사상가는 아니었다. 그는 실제로 정통주의에서 벗어난 독창적인 사고를 폄하했다. 그는 프린스톤에 대해 자랑스럽게 이렇게 말한다. "새로운 사상은 이 학교에서 나온 적이 없다."[44] 그는 예일 대학교에서 자유주의 신학을 가르쳤던 동시대 인물

---

43. Søren Kierkegaard, *Philosophical Fragments* (Princeton: Princeton University Press, 1985),

44. Paul C. Gutjahr, *Charles Hodge: Guardian of American Orthodoxy* (Oxford: Oxford University Press, 2011), p. 363.

인 호레이스 부쉬넬Horace Bushnell(1802-76)과 대조적으로, 프린스턴에서 칼빈주의를 옹호했다. 그러나 그의 신학 지식은 미국의 칼빈주의에만 국한된 것은 아니었다. 1826년 그는 파리에서 2년 동안 공부하고 나서, 할레의 게세니우스 밑에서 그리고 베를린에서 헹스텐베르크 밑에서 공부했다. 부쉬넬, 헹스텐베르크, 슐라이어마허는 그의 『조직신학』에 등장하지만, 헤겔과 키에르케고르는 등장하지 않는다.

성령은 주로 "하나님의 영성"The Spirituality of God과 "'성령'이란 말의 의미"The Meaning of the 'Word'에서 고찰하고 있다. 그는 이를 "성령: 그의 특성, 인격성, 신성과 직위"라는 제목 아래 두고, 성령론의 역사와 성령의 중생 사역과 성화 사역을 개관한다.[45] 핫지는 "완전주의"와 갈등 부분도 포함하고 있다.[46] 현대의 작가들은 하나님이 단순히 정적인 아리스토텔레스적 대상인 것처럼, 첫 부분에서 신적 "속성"에 대해 거의 말하지 않는다. 핫지는 루아흐rûach와 프뉴마pneuma, 그리고 영spirit의 의미를 고찰한다. 우리는 그가 "영혼"과 "본질"에 대해 쓴 것을 무시하기 쉽다. 현대의 기준으로 볼 때, 그의 언어적 접근은 정확함이 부족하다. 영은 "물질이 아니다"고 말하므로 문제의 핵심에 도달하고, 더욱 19세기 이상주의를 나타낸다.[47] "영적인" 하나님에 대한 핫지의 연구는 비록 그가 "더 높은 질서"에 대해 말하기는 하지만, 성령의 초월성을 놓치고 있는 것처럼 보인다. 그는 출애굽기 3장의 "여호와"(I am)를 언급한다. 현대의 학자들은 대부분 그 히브리어를 미래와 역동성을 의미하는 미완료로 인식하고 "나는 될 것이다"(I will be what I will be), 즉 하나님의 점진적 자기 계시를 가리킨다고 주장한다. 나중에 1권에서 "성령"이라는 항목 아래에서, 핫지는 "영"에 해당하는 그리스어와 히브리어를 다룬다.

---

45. Charles Hodge, *Systematic Theology*, 3 vols. (Grand Rapids: Eerdmans, 1946), vol. 1, pp. 376-80, 522-34; vol. 2, pp. 710-32; vol. 3, pp. 31-40, 213-32.
46. Hodge, *Systematic Theology*, vol. 3, pp. 245-58.
47. Hodge, *Systematic Theology*, vol. 1, p. 379.

핫지는 성령이 주체가 되는 동사를 열거하면서, 성령의 "인격성"을 소개한다. 성령의 인격성의 "증거"를 위해 다시금 성경에서 성령의 활동 사례로 돌아간다. 성령과 "우리와의 관계, 그리고 …… 사람만이 유지하거나 수행할 수 있는 직무"에 관한 그의 주장은 "좀 더 근대적인 특색"을 가지고 있다.[48] "성령은 우리의 교사이자 위로자이며 안내자이다. …… 그는 부른다. ……"[49] 핫지는 인간의 인격성과 비교를 많이 하지만, 성령이 "초인격적인", 즉 인간의 인격보다 못하다고 주장하는 것 같지는 않다. 그는 비록 아타나시우스, 힐러리, 바실, 그리고 칼빈이 더 복잡한 논증을 제시했다고 하면서도, 교회 전통 내에는 성령의 신성에 대하여 "거의 논란이 없다"고 지적한다. 그는 "성령을 훼방하는 죄를 성령이 하나님이 아니었다면 그럴 수 없는 것으로 어떤 문맥이나 주해도 없이 소개한다"(마 12:31).[50] 그는 많은 교부들이 그랬듯이 고린도전서 2:10-11에 호소하면서 더 안전한 근거에 도달한다. 그는 이렇게 바르게 결론을 내린다. "성령의 사역은 하나님의 사역이다."[51]

핫지는 "성령의 직분"에 대하여 이렇게 진술한다. "성령은 신성의 집행자이시다."[52] 성령은 편재하신다. 풀을 자라게 하는 것도 바로 성령이다. 욥에 따르면 "하나님의 영이 나를 만드셨다"(욥 33:4). 성령은 또한 "지적 생명의 근원"이시며, 우리에게 이성적인 본성을 주셨다.[53] 구속 사역을 실행함에 있어, 성령은 동정녀 탄생을 일으키셨고(눅 1:35), 메시아에게 "모든 영적 은사"를 주셨다. 성령은 메시아의 세례 시에 그의 위에 임하셨다(요 1:32).[54] 예

---

48. Jürgen Moltmann, *The Spirit of Life: A Universal Affirmation* (London: SCM, 1974), pp. 269-74; Arthur W. Wainwright, *The Trinity in the New Testament* (London: SPCK, 1962), pp. 109- 236.
49. Hodge, *Systematic Theology*, vol. 1, p. 525.
50. Hodge, *Systematic Theology*, vol. 1, p. 528.
51. Hodge, *Systematic Theology*, vol. 1, p. 528.
52. Hodge, *Systematic Theology*, vol. 1, p. 529.
53. Hodge, *Systematic Theology*, vol. 1, p. 530.
54. Hodge, *Systematic Theology*, vol. 1, p. 531.

수는 성령으로 충만했고, 성령은 그 위에 머무셨으며, 그는 "한량없이" 성령을 주신다(요 3:34). 그는 하나님의 진리를 나타내시고, 세상의 죄를 납득시키신다. 성령론의 역사와 발전에서, 성령은 "모든 그리스도인의 종교 체험에 참여"했다.[55] 니케네-콘스탄티노플 신경에서 고백했듯이, 그는 생명을 주시는 분이다. 핫지는 제2권에서 은혜의 교리의 역사를 통해 이것을 보충한다.[56] 그는 펠라기우스주의, 세미펠라기우스주의, 스콜라 시대, 삼위일체론, 그리고 개혁파 교회와 루터파와의 관계에 대해 논의한다. 그는 이성주의와 "초자연주의"를 비교함으로써 이와 같이 결론을 내린다. 그는 "헤겔주의"에 대해 단 한 가지 언급을 하는데, 이것은 "하나님이 하는 것, 내[인간]가 하고, 즉 하나님이 하는 것을 내가 한다"를 의미하는 것이라고 주장한다.[57] 핫지는 이를 간단하게 "반기독교 또는 반유신론적"이라고 주장한다.

핫지는 제3권에서 중생은 전적으로 하나님의 행위이며, 전능하신 능력의 행위라고 단언한다. 이 점에서 그는 루터파보다 더 완고한 입장에서 개혁파 교회의 입장을 주장한다.[58] 중생은 나사로를 살리신 것만큼이나 독점적인 하나님의 행위이다. "그것은 순전히 새 생명의 선물이다. 영적인 일들로 말미암아 살아난 것이다."[59] 중생은 새로운 탄생이자 새로운 마음이다. 비슷하게 웨스트민스터 신앙고백서에서 성화는 "하나님의 자유로운 은혜의 사역"이다.[60] 그것은 "성령의 자발적인 작용"으로 말미암은 것이다. "… 성령에 의해 산출된 결과는 제2원인의 힘을 초월하는 것[이다]. … 본성을 넘어서는 … 은혜의 효과는 성령의 열매[이다]."[61] 그는 이렇게 결론짓는다. "대개 성화는 구속의 경륜 속에서 성령의 독특한 사역으로서 성령과 연관된

---

55. Hodge, *Systematic Theology*, vol. 1, p. 532.
56. Hodge, *Systematic Theology*, vol. 2, pp. 710-52.
57. Hodge, *Systematic Theology*, vol. 2, p. 781.
58. Hodge, *Systematic Theology*, vol. 3, p. 31.
59. Hodge, *Systematic Theology*, vol. 3, p. 33.
60. Hodge, *Systematic Theology*, vol. 3, p. 213.
61. Hodge, *Systematic Theology*, vol. 3, pp. 214-15.

다. … 성령은 하나님의 백성 안에 거하신다. … 성부와 성자는 성령을 통해 역사한다."[62]

핫지는 초기 작품들에서 그 시대 저자로서 쓰고, 후기 작품들은 존 오웬에게서 보는 일종의 체계와 포괄성을 보여준다. 오늘날 그가 진술하지 않은 몇 가지 문제들은 있겠지만, 그는 그 주제에 관하여 정통파적 주해에 충실했다.

(2) 조지 스미튼George Smeaton(1814-89)은 에딘버러 대학 뉴칼리지에서 수학한 후, 1839년 스코틀랜드 교회에서 성직자가 되었다. 1843년 분열 때, 많은 사람과 함께 스코틀랜드 자유 교회에 가입했고, 1854년 애버딘에서 교수가 되었다. 1857년 에딘버러에서 주경학 교수가 되었다. 그는 학식 있고 뛰어난 학자로 널리 알려졌으나, 온건하고 겸손한 학자로도 일컬어진다. 그는 휴 마틴의 절친한 친구였다. 그의 저서 『성령론』The Doctrine of the Spirit은 1892년에 나왔다.[63] 그는 또한 『그리스도의 속죄론』Christ's Doctrine of the Atonement과 『사도들의 속죄론』The Apostle's Doctrine of the Atonement을 썼다. 그의 작품들은 개혁파적이고 칼빈주의적이다.[64]

스미튼의 『성령론』은 오늘날에도 이슈가 되는 문제를 다루고 있다는 점에서, "놀랍게도" 근대적인 특색을 가지고 있다. 첫 부분에서는 삼위일체론을 다루고 있다. 제2부에서는 성령의 인격과 나오심, 그리스도의 기름 부으심, 계시, 영감, 중생, 거룩함에 대한 그의 사역, 그리고 성령과 교회를 논의한다. 아마 제3부는 오늘날과 관련하여 가장 두드러진 부분일 것이다. 19세기 후반까지 관련 평가와 비평을 담은 광범위한 역사적 개관이다. 제1부는 아마도 그 목적이 강하지만 항상 그 주해가 확실한 것은 아니다. 스미튼은

---

62. Hodge, *Systematic Theology*, vol. 3, p. 216.
63. John W. Keddie, *George Smeaton: Learned Theologian and Biblical Scholar* (Darlington: Evangelical Press, 2011)을 보라.
64. George Smeaton, *The Doctrine of the Holy Spirit* (London: Banner of Truth Trust, 1958).

교부들처럼, 삼위일체 형식에 대한 성경적 증거를 찾는 데 많은 시간을 소비하고 있다. 그는 힐라리, 아타나시우스, 바실처럼, 고린도전서 12:1-7을 사용하고, 요한복음 14:16-16:17의 보혜사 강화를 가져온다.[65] 그러나 처음 30페이지 정도는 구약성경에 관련된 것이고, 오늘날 많은 사람들은 그 주해를 질적으로 고르지 못하다고 할 것이다.

스미튼은 그의 저서 2부를 성령의 인격성과 나오심으로 시작한다. 그는 "하나님의 영"은 비록 활동 중인 하나님이라 해도, "하나님"을 의미할 뿐이라고 주장하는 "사벨리우스적" 경향을 거부한다. 성령은 교사, 조력자, 변호사, 그리고 그 이상이시다. 성령의 나오심은 요한복음 15:26, "아버지께로부터 나오시는"(*ho para tou patros ekporeuetai*)에서 예상된다.[66] 그러고 나서 그는 이렇게 주장한다. "성령의 지고한 신성은 명백하게 성령의 나오심으로 말미암아 확립된다."[67] 성령은 선지자와 사도들을 통해 말씀하시되, "스스로는 덜" 말씀하신다.[68]

그러고 나서 스미튼은 성령의 기름 부음으로 인해 성육신하신 그리스도를 능력 있게 하심을 진술한다. 그는 그리스도의 잉태, 탄생, 세례, 시험, 사역, 그리고 부활을 언급한다. 그는 "그의 모든 사역을 위해 주 예수는 성령의 기름 부음을 받았다"라고 주장한다(스미튼의 이탤릭). "성령은 … 오직 성자의 뜻을 실행하기 위해서만 개입한다"(티슬턴의 이탤릭).[69] 이는 정확한 기독론과 신자들을 위한 패러다임을 제공한다. 예상대로, 스미튼은 선지자들과 사도들에 대한 성령의 계시와 영감에 관한 장을 가지고 있다. 이곳에서 그는 예언(벧후 1:21; 계 19:20)을 포함한 "초자연적 은사"(엡 4:7-11)에 대해

---

65. Smeaton, *The Holy Spirit*, pp. 44-71.
66. Smeaton, *The Holy Spirit*, pp. 101, 105; 참조. pp. 116-36.
67. Smeaton, *The Holy Spirit*, p. 109.
68. Smeaton, *The Holy Spirit*, p. 114.
69. Smeaton, *The Holy Spirit*, pp. 118, 120; 참조. pp. 116-36.

말한다.⁷⁰ 그는 더 넓은 의미의 계시, 또는 "성령의 특별한 은사"와 같은 더 구체적인 방법을 포함하고 있다.⁷¹ 그러나 그는 우리에게 이렇게 경고한다. "성경의 정경이 종결되었을 때, 이 특별한 성령의 은사는 더 이상 필요하지 않았다." 그때까지는 절대적으로 필요했다. 그들은 더 이상 필요하지 않다. 또한 "교회는 성경 정경의 완성을 넘어서거나 양립하여, 공적으로나 사적으로, 계시의 복원이나, 예언적 환상, 직접적 계시 또는 이적이인 은사를 받음을 보증하지 않는다."⁷² 이것은 벤저민 워필드와 관련된 소위 중단론자적 견해이다. 스미튼은 로마 가톨릭이 기적을 수용하는 것을 "성경의 저자이신 성령에 대한 순진무구"로 보면서, 이러한 주장과 "자기 현시의 문제"를 역설했다.⁷³

제2부 제4장은 "구속의 개인적인 적용"인 중생에 관한 것이다.⁷⁴ 요한복음의 예수의 말씀에서 이것은 모든 신자들이 "물과 성령으로 다시 태어나는 것"을 의미한다(요 3:3-6). 스미튼은 물이 세례를 의미한다는 견해를 거부하고, 물이 정결케 함을 의미한다고 주장한다. "영"은 효과적인 원인으로서 성령을 가리킨다. 스미튼은 이것과 요한복음 16:8-11을 연결시킨다. 성령은 인간에게 죄와 심판을 자각시킨다. 이것은 "성령의 깨닫게 하는 과정"을 말하는 것이다.⁷⁵ 그는 어거스틴, 칼빈, 그리고 웨슬리 각각의 주해를 논의한다.

제5장은 성령의 거룩하심을 다룬다. 거룩은 "모든 참 신자 속에 성령의 내주하심"으로부터 온다.⁷⁶ 스미튼은 로마서 8:9을 인용한다. 성령은 모든 그리스도인에게 그리스도와의 연합의 상속으로서 주어진다. 성령은 또한

---

70. Smeaton, *The Holy Spirit*, pp. 137, 139, 137-61.
71. Smeaton, *The Holy Spirit*, pp. 138-40.
72. Smeaton, *The Holy Spirit*, p. 140 (나의 이탤릭).
73. Smeaton, *The Holy Spirit*, pp. 140-59.
74. Smeaton, *The Holy Spirit*, p. 162; 참조. pp. 162-203.
75. Smeaton, *The Holy Spirit*, p. 183.
76. Smeaton, *The Holy Spirit*, p. 208; 참조. pp. 204-29.

"선취적 은혜"로서 역사한다.[77] 그는 루터파와 다른 쪽에 반하여 청교도와 개혁파적 견해에 호의적으로 주장한다. 사랑은 성령의 사역에서 연합의 원리가 되며, 성령은 "생명의 성령"이시다.[78] 그 궁극적인 목표는 그리스도인 안에 "그리스도의 성품"을 형성하는 것이다.[79] 제6장은 교회 안에서의 성령의 사역을 언급함으로써 이러한 주제를 계속해서 다룬다. 스미튼은 성령의 전에 대하여 예언적 구절들을 인용한다(고전 3:16; 엡 2:22). "교회는 성령으로 말미암아 활력 있게 [된다]."[80] 성령은 교회의 연합을 유지하며, 예배와 기도를 영감 있게 하며, 사명을 위하여 교회를 능력 있게 한다.

결론인 3부는 가장 두드러진다. 그것은 성령론의 역사에 대한 설명뿐만 아니라 평가도 담고 있다. 그는 사도적 교부들과 초기 교부의 자료를 승인하고 인용하지만, 웨슬리와는 달리 몬타누스주의는 별로 인정하지 않는다. 몬타누스는 "연약한 정신을 가진 열정적인 그리스도인이었지만, 열렬한 경건함과 열심"을 가지고 있었다.[81] 그는 몬타누스의 "미숙한 발언들, 황홀경, 예언"에 대해 말한다. 스미튼은 아타나시우스, 바실, 나지안주스의 그레고리를 칭송하고, 또한 서방교회의 이중발출을 따른다.[82] 그는 흥미나 관심사가 주로 포티우스Photius(c. 867)를 따라 성령의 인격성으로부터 사역으로 옮겨간다고 지적한다. 서방교회는 은혜를 더 분명하게 강조했다. 그는 이렇게 주장한다. "세미펠라기우스주의의 주된 실수는 은혜가 인간의 공로에 따라 주어진다고 한 것에 있다."[83] 그러고 나서 대조적으로 이렇게 주장한다. "개혁자들은 …… 주로 '은혜'라는 용어 대신 '성령의 역사'라는 구절을 사용하기

---

77. Smeaton, *The Holy Spirit*, p. 211.
78. Smeaton, *The Holy Spirit*, p. 221.
79. Smeaton, *The Holy Spirit*, p. 223.
80. Smeaton, *The Holy Spirit*, p. 232; 참조. pp. 230-55.
81. Smeaton, *The Holy Spirit*, p. 265; 참조. pp. 256-368.
82. Smeaton, *The Holy Spirit*, pp. 271-91.
83. Smeaton, *The Holy Spirit*, p. 302.

시작했다."⁸⁴ 그러나 그는 "신인협력설"symergism을 필립 멜랑히톤과 그리스 교회에서 기인한 것으로 본다. 이와 대조적으로, "회개는 오직 성령의 역사에서만 유효한 원인이다."⁸⁵ 따라서 그는 도르트 회의(1618-19)를 개혁파의 합의로 보는 것을 선호한다. 그는 퀘이커 교도를 포함하는 "열광주의자들이 성령이라는 말을 우스꽝스러운 결과로 대치시킨다"고 결론을 내린다.⁸⁶

스미튼은 청교도들을 칭찬하고, 슈페너의 작품과 조지 휫필드, 존 웨슬리, 헨리 벤, 조나단 에드워즈와 대각성을 개관한다. 에드워즈는 19세기에 큰 영향을 끼쳤지만, 피니Finny와 부흥주의자들은 "인간의 능력을 과장하는" 경향이 있었다.⁸⁷ 그는 이렇게 주장한다. "초자연적 은사와 예외적인 사역들로 거창하게 행진하는 어빙주의에 관해서는, 사도시대 이래로 실재 존재한 적이 없었다. … 그러한 성령의 공급은 이 분파의 주장처럼 공존할 수 없을 것이다 …"(티슬턴의 이탤릭).⁸⁸ 형제단과 같은, 일부 사람들은 "성령의 주재 아래 연합" … 된다는 주제넘은 주장을 한다.⁸⁹ 게다가 "슐라이어마허는 … 성령의 인격성을 인식하지 못했다." 그리고 "바우어와 다비드 슈트라우스와 마찬가지로 성경적 삼위일체설에 매우 부적당하다."⁹⁰ 그는 이렇게 덧붙인다. "소위 그리스도인의 의식은 성경의 중재와 판단으로 만들어진다."⁹¹ 성령은 안정된 불길을 제공한다. 그러나 일부 부흥주의 분파에서는 "자기 자신으로부터 또는 자신을 위하여, 돌발적이며 변덕스럽다."⁹² 이들 마지막 변증적 말들은 우리의 장 제목인 "노선의 분리"를 철저하게 정당화

---

84. Smeaton, The Holy Spirit, p. 308.
85. Smeaton, The Holy Spirit, p. 317.
86. Smeaton, The Holy Spirit, p. 328.
87. Smeaton, The Holy Spirit, p. 348.
88. Smeaton, The Holy Spirit, p. 355.
89. Smeaton, The Holy Spirit, p. 356.
90. Smeaton, The Holy Spirit, pp. 358-59.
91. Smeaton, The Holy Spirit, p. 363.
92. Smeaton, The Holy Spirit, p. 368.

하고 있다.

(3) 아브라함 카이퍼Abraham Kuyper(1837-1920). 카이퍼는 레이든, 유트레히트, 암스테르담에서 공부한 네덜란드의 칼빈주의자였다. 그는 정치에 입문했고, 1880년에 암스테르담 자유 대학을 설립했다. 그는 그 대학에서 교수로 임명되었다. 그는 1871년부터 발표한 일련의 글들을 바탕으로, 1888년 『성령론』*The Works of the Holy Spirit*을 발간했다. 그 책의 주제들 중 하나는 이렇다. "자연 위에 초월적인 하나님은 또한 자연 속에 내재하신다." 이 말은 아마도 앞서 인용한 우리의 슬로건 "내재하시는 초월자"를 떠올리게 할 것이다. 벤자민 워필드는 650페이지가 넘는 이 책의 영어 번역(1900)에 서론을 썼다. 1899년 카이퍼는 미국에서 칼빈주의에 관하여 스톤 강좌를 했다. 워필드는 스미튼의 작품을 언급하면서 이 점을 비추어 볼 때 카이퍼의 작품은 "참신한 것"이 아니라는 것을 인정한다. 그는 이것이 주로 개혁 신학의 교리라고 주장한다.[93] 이로 인해 스미튼을 취급할 때 카이퍼에 대한 간단한 토의를 제공할 수 있었다.

카이퍼의 책 "제1권" pp. 3-201은 창조, 재창조, 성경, 성육신, 성령의 부어주심, 사도직, 교회와 같은 예측 가능한 주제들을 다룬다. 시작 부분에서 카이퍼는 몇 가지 칼빈주의적 주제들을 나열한다. "구속 받은 자와 잃어버린 자", "하나님의 영광 … 주권적인 은혜", "하나님의 변호인의 변호", "인간이 타락하면 … 성령은 그를 정결하게 하고 거룩하게 해야 한다." 그리고 "성령의 사역은 영원까지 … 계속적이며 영속적이다."[94] 그는 가장 두드러진 부분 중 하나에서 "내주하시는" 사역과 "떠나가는" 사역을 구별한다. 후자는 세상 속에서 성령의 활동이 분명하다. (우리가 오직 계시로만 알 수 있는) 전자는 사람이 자신의 계획을 형성하는 설계를 관상하는 것처럼 말문이 막히는 긴장감과 … 기도 안에서 바라보고 지켜보고 기다리는 관상을 필요

---

93. Abraham Kuyper, *The Work of the Holy Spirit* (New York and London: Funk & Wagnalls, 1900), pp. xxxiii-xxxv.
94. Kuyper, *The Work of the Holy Spirit* (약칭으로 *Work*), p. 11.

로 한다.⁹⁵ 이러한 관찰의 목적은 하나님의 영원한 작정과 영원한 은혜에 대한 관상을 강조하는 것이다.

제4장에서 카이퍼는 성부와 성자의 사역과 성령의 사역을 구별한다. "성부, 성자, 성령께서 공동으로 행하시는 모든 사역에서, 낳으시는 능력은 성부로부터 나오며, 정돈하는 능력은 아들로부터 나오며, 완전하게 하는 능력은 성령으로 나온다"(티슬턴의 이탤릭).⁹⁶ 골로새서 1:16을 언급하면서 "…에게서 창조되되"(created by)는 "~로부터"(from)와 구별된다. "그[그리스도]가 없이는 아무것도 존재하지 않았다"(요 1:3). 카이퍼는 성령의 사역에 대한 서술을 삼위일체 안에 바르게 고정시킨다. 어떤 "열광주의적"진영의 진술과 대조적인 진술에서, 그는 "[성령]은 보이지 않고 분리할 수 없는 것에만 역사한다. 이는 성령의 모든 작용의 증표이다"라고 주장한다.⁹⁷ 비슷한 논리로, 창조는 성령의 사역의 결과이다(욥 33:4; 시 104:30). 성령은 혼돈 위에 운행하신다. 성령은 "기계적인 기술과 관리적 기능"을 포함하는 자연적인 재능을 불어 넣으신다.⁹⁸ 우리는 이 모든 것이 "은사"와 "은혜의 은사" 문제임을 잊지 말아야 한다.⁹⁹ 카이퍼는 "성령의 사역은 선택자에게 한정된 것이 아니라, … 모든 피조물을 만지고 … 생명을 … 살리며 보존한다"라고 주장한다.¹⁰⁰

제2권 나머지(pp. 56-201)는 핫지와 스미튼을 광범위하게 반복한다. 성령은 성경을 영감하고, 그리스도에게 기름을 부으시며, 교회와의 연합을 이루게 한다. 성령세례는 오순절과 관련이 있다(행 1:5; 10:44-45). 카이퍼는 일시적인 은사와 대조적으로, 성령의 "부어주심"을 수도관에 연결된 것과 비

---

95. Kuyper, *Work*, p. 13; 참조. pp. 14-17.
96. Kuyper, *Work*, p. 19.
97. Kuyper, *Work*, p. 25.
98. Kuyper, *Work*, p. 39.
99. Kuyper, *Work*, pp. 41, 43.
100. Kuyper, *Work*, p. 46.

교한다. 여기 사도행전 2장은 유대인 공동체를 위한 연결을 말하고 있고, 사도행전 10장은 이방인 공동체를 위한 연결을 말하고 있다. "오순절에 예루살렘에는 원래의 부어주심이 있었고, 가이사랴에서 이방인들에게 추가적으로 부어주심이 있었다."[101] 사도직의 의의는 "독특하다."[102] 그는 19세기의 분리에 대해 진술한다. "어빙파의 사도들은 사도직의 증표가 전혀 없다는 것을 잊지 말자"(티슬턴의 이탤릭).[103] 카이퍼에 따르면, 로마 가톨릭의 사도직 승계관은 "사도들과 신자들 사이의 경계선을 지워버리고" 말았다.[104]

(제1권) 제1부의 끝에서 카이퍼는 핫지나 스미튼보다 유연한 라인을 채택한다. 18세기 동안 교회가 "어떤 은사도 받지 못했다"는 생각은 어리석어 보인다.[105] 그는 공무적인 것, 특별한 것, 통상적인 것을 구별한다(카이퍼의 이탤릭).[106] 그는 "통상적인" 목회적 은사들이 성령에게 속한 것이며 다른 것들보다 존경받을 만하다고 주장하는 점에서 핫지와 같은 입장이다. 그러나 치유와 같은 다른 은사들이 있고, 제3의 카테고리에서는 성령이 "직무에 영향을 주며, 직분자를 임명한다."[107]

제2권은 개인에 대한 성령의 사역에 관심을 기울인다. 이것은 정통 칼빈주의 관점으로 볼 때, 은혜의 교리에 대한 완전한 설명을 의미한다. 즉 하나님의 형상과 죄, 예비적 은혜, 중생, 의롭다 하심, 그리고 믿음이다. 죄는 단순히 의의 상실이 아니라 능력의 상실이다. 카이퍼는 중생에 대한 논의를 시작하면서 두 가지 의미를 구분한다. "제한된 의미로 …… 중생은 새로운 탄생과 같은 출발점이다"(카이퍼의 이탤릭).[108] 그러나 더 넓은 의미로 [그것

---

101. Kuyper, Work, p. 126; 참조. pp. 124-26.
102. Kuyper, Work, p. 144.
103. Kuyper, Work, p. 139.
104. Kuyper, Work, p. 158.
105. Kuyper, Work, p. 186.
106. Kuyper, Work, p. 187.
107. Kuyper, Work, p. 199.
108. Kuyper, *Work*, p. 293.

은] 우리의 인격에 작용하여, 죄에 대하여 죽는 것으로 끝나는, 은혜로 말미암은 전체적인 변화를 의미한다(카이퍼의 이탤릭).[109]

제3권(또는 단권의 제3부)은 성령의 전통적인 역사인 성화, 사랑, 그리고 기도를 고찰한다. 카이퍼는 성화의 과정에 대하여 현실적이다. 성화에는 시간, 인내, 갈등, 견인이 있어야 한다. "추운 아침에 불이 타지 않을 때 … '불이 타지 않으니 그것을 제거하라'고 말하는 것은 어리석은 일이다. … 얼어붙지 않게 하려면 더 많은 불이 필요하다"(카이퍼의 이탤릭).[110] 또한 성화는 의롭게 됨과 다르다. "의롭게 됨은 사람을 위한 행동이다. 성화는 사람 안에 내재한다"(카이퍼의 이탤릭).[111] 그러나 성화는 성령 한 분이 아니라, 그리스도와 성령 양자로부터 흘러나온다. 그것은 그리스도 안에 내재하는 은혜이다. 그것은 "영혼 속에 (또는 우리 안에) 자신을 나타내는 그의 형상"이다.[112]

한 중요한 장(제3부 11장)에서, 카이퍼는 경건주의자와 완전주의자를 공격한다. 영적 교만보다 더 나쁜 것은 없다. 성화는 "점진적인 과정"이다.[113] 성화는 끊임없는 갈등을 수반한다. 카이퍼는 이렇게 단언한다. "하나님 앞에서 새사람이 되었음을 확신한다면, 그는 고통스런 과정을 통해, 이제 옛사람에 대하여 죽어야만 한다."[114] 그는 비슷하게 웨슬리를 보면서, "성화 자체는 믿음에 속한 것이 아니다. 비록 선행이 믿음에 속한 것은 틀림없지만, 성화는 믿음과는 상관이 없다"고 주장한다.[115] 그것은 자기 부인과 많은 관계가 있다.

마지막으로 카이퍼는 사랑과 기도로 나아간다. 그는 일차적으로 일반적인 사랑이 아니라, 원수들조차도 보는 하나님의 사랑에 대해 말한다. 이 사

---

109. Kuyper, *Work*, p. 293.
110. Kuyper, *Work*, p. 433.
111. Kuyper, *Work*, p. 446.
112. Kuyper, *Work*, p. 459.
113. Kuyper, *Work*, p. 477.
114. Kuyper, *Work*, p. 479.
115. Kuyper, *Work*, p. 499.

랑은 "삼위일체 하나님"으로부터 온다.[116] 성령이 이 사랑을 우리 마음에 나타낸다. 이 "사랑의 부어짐"은 "항상 계속되며, 결코 중단되지 않는 사역이다."[117] 사랑은 고통을 받는다.[118] 성령은 분명히 우리 안에서, 우리를 위해 기도하신다(롬 8:26-27). 이것은 "우리 자신의 기도 속에 있는 그 위격의 사역이다"(카이퍼의 이탤릭).[119] 우리가 다른 사람을 위해 기도할 때, 이 기도는 사랑에서 태어난 기도이다. 이상이 650페이지에 이르는 카이퍼의 연구 결론이다. 그는 워필드가 선언한 대로 핫지의 전통에 서 있지만, 소박하고 부드러운 자신의 말을 많이 덧붙인다. 그는 분명히 자신의 견해를 로마 가톨릭의 견해와 구분하고, 아마도 많은 경건주의자들과 어빙의 추종자들의 견해와 더 강하게 구분할 것이다. 그의 글은 오늘날에도 여전히 의미가 있다.

17. 4. 에드워드의 어빙, 벤저민 어윈, A. B. 심슨

(1) 에드워드 어빙Edward Irving(1792-1834). 어빙은 스코틀랜드 남서부에서 태어났으며, 에딘버러 대학에서 신학을 공부했다. 1819년 글래스고우에서 부목사가 되었고, 1822년 런던으로 이주했다. 그는 신학 논쟁의 한가운데에서 스코틀랜드 교회의 전통적인 신학에 많은 부분을 반대했다. 그는 기독론과 성령론의 두 영역에서 많은 사람들이 반정통주의 새 제도로 여기는 것을 시도했다. 1828년 스코틀랜드 서부에서 방언이 발생했고, 1831년에는 런던에 있는 어빙 자신의 교회에서도 일어났다. 1830년 런던 장로회는 그를 파문했고, 어빙과 그의 추종자 600여 명이 런던에 있는 자신들의 지역 교회에서 축출되었다. 그는 헨리 드러먼드와 함께 가톨릭 사도 교회를 설립했다.

---

116. Kuyper, *Work*, pp. 513-16.
117. Kuyper, *Work*, p. 532.
118. Kuyper, *Work*, pp. 565-69.
119. Kuyper, *Work*, p. 639; 참조. pp. 618-49.

이는 곧 그리스도의 임박한 재림 신앙을 가진 부흥주의 그룹이었다. 1835년까지 그들은 선지자, 전도자, 목사, 교사, 그리고 "천사"라고 부르는 12명의 "사도"를 임명했는데, 이 명칭은 감독들에게 주어졌다. 어빙은 가톨릭 사도 교회에서 "감독"으로 임명되었고, 그 구성원들은 대중적으로는 "어빙주의자"로 알려졌다. 어빙은 그의 기독론 때문에 스코틀랜드 교회에서 제명된 후, 건강이 쇠약해져 42세에 죽었다.

어빙의 첫 번째 책은 『하나님의 말씀: 4개의 신탁』Oracles of God: Four Orations(1823)으로서, 나중에 그의 『선집』Collected Writings 5권 중 두 번째 책으로 출간되었다.[120] 어빙은 교리 문답적 지적 신앙과 대조적으로 성경은 그 메시지를 더 자주 마음과 환상, 영혼의 모든 기능에 나타낸다고 한다. 지성 일변도의 신앙은 "명쾌"하지만 피상적이 되었다. 둘째 부분은 다가올 심판을 다루고 있다. 지성에 호소하는 장로교 신자나, 감정에 호소하는 감리교 신자나 도덕의식에 호소하는 성공회 신자나 어느 것이든지 홀로는 적절하지 않다. 어빙은 기독론에 대하여 "무죄한" 그리스도는 인간을 구원하기 위해 인간의 깊은 곳까지 도달할 수 없을 것이라고 생각했다. 어떤 의미에서 그리스도는 실제로 범죄하지 않고도 인간의 죄 된 본성을 공유해야만 했다. 이 두 가지 가능성은 성령의 능력 때문에 공존할 수 있었다. 1827년 어빙은 사도행전 2:39의 성령세례에 대해 설교했다. 그는 핫지나 스미튼과는 달리, 성화는 과정이라기보다는 사건일 수 있다고 제안했다. 이후로 이 주제에 대해 두 권의 책이 저술되었다. 하나는 어빙에게서 오순절주의를 예기케 했음을 시사하고, 다른 하나는 그가 은사주의운동의 선구자였음을 시사한다.[121] 대조적으로 워필드는 어빙을 노골적으로 공격했다.[122] 어빙은 상상과 환상

---

120. Edward Irving, *Collected Writings*, ed. G. Carlyle (London and New York: Straham, 1866), vol. 1, *The Catholic Apostolic Church*; vol. 2, Orations of God.

121. Charles G. Strachan, *The Pentecostal Theology of Edward Irving* (London: Darton, Longman & Todd, 1973; and Peabody, MA: Hendrickson, 1988); 그리고 Arnold A. Dallimore, *Forerunner of the Charismatic Movement* (Chicago: Moody, 1983).

122. Benjamin B. Warfield, *Counterfeit Miracles* (London: Banner of Truth, 1996).

에 관하여 사무엘 테일러 콜러리지와 신조와 교리를 혐오했던 토마스 카알라일의 영향을 깊이 받았다.

어빙은 새롭게 성령의 부어주심을 간구하기 위해 기도 모임을 만들었다. 그의 많은 추종자들은 고린도전서 12:8-10의 모든 성령의 은사를 구했다. 그는 이 은사들이 "교회에서 돌이킬 수 없을 정도로 제거되었다"고 믿었다.[123] 스코틀랜드에서는 매일 천 명에 이르는 사람들을 만나 성령의 능력의 회복을 위해 기도했다. 1831년 4월, 방언과 예언이 일어났다는 주장이 제기되었고, 어빙은 그들의 권위를 옹호했다. 10월에는 이 일이 오전 예배의 평범한 모임에서 일어났는데, 어빙은 고린도전서 14장을 근거로 이것을 옹호했다. 소위 방언과 방언 통역이 이후 집회에서 일어났다. 상당한 소동과 소란이 있은 후, 1832년 재단 이사회는 이 문제를 런던 장로회에 회부했고, 런던 장로회는 어빙을 그의 직위에서 해제시켰다. 1833년 그는 이단으로 고발되었다. 그 후에도 어빙은 처음에는 독립 교회에서, 그리고 적절한 시기에 가톨릭 사도 교회와 연합하여 은사주의 목회를 계속했다. 가톨릭 사도 교회에서는 그를 "천사" 또는 "감독"으로 선언했고, 드러먼드와 카알라일을 "사도"로 선언했다. 마지막으로 어빙은 그의 교회에 의해 런던에서 글래스고우로 쫓겨났다.

이 분열에 대한 일화는 많다. 어떤 사람들은 어빙이 일찍 죽은 것은 스코틀랜드 교회에서 추방되었기 때문이라고 한다. 다른 사람들은 높은 영적 흥분 상태, 또는 크리스터 슈텐달이 "고압적 신앙"으로 묘사했던 것 후에 탈진했기 때문이라고 한다. 데일 브루너는 "오순절운동의 조상 계보"를 추적한다. "몬타누스주의자들 … 종교개혁 시대의 슈베르머the *Schwärmer*, …… 퀘이커 교도, 웨슬리주의자와 부흥주의 운동들, …… 흥미롭게도 영국의 에드워드 어빙, …… 미국에서 찰스 피니 ……."[124] 찰스 피니(1792-1876)는 성결

---

123. Irving, *Collected Writings*, vol. 2, p. 56.
124. F. Dale Bruner, *A Theology of the Holy Spirit: The Pentecostal Experience and the New Testament Witness* (Grand Rapids: Eerdmans, 1970), p. 35.

운동의 영향력 있는 기원으로, 부르너는 그를 "원시적 웨슬리주의와 현대 오순절주의의 주요한 역사적 다리"라고 묘사하고 있다.[125] 좋건 나쁘건, 어빙은 오순절주의의 자기 이해를 위해 중요한 인물이 되었다.

(2) 벤저민 H. 어윈Benjamin H. Irwin(1854). 어윈은 미국 한 침례교회에서 회심하게 된 변호사였다. 1891년까지 그는 아이오와 성결 협회를 통해 "성화 체험"이라 불렀던 것을 받았다. 그리고 나서 그는 존 웨슬리의 저술들과 그의 후계자인 존 플레처의 저술들을 집중적으로 공부했다. 어윈은 플레처의 "불타는 사랑의 세례"에 끌렸다. 1892년부터 1895년까지, 그는 캔사스, 네브라스카, 아이오와의 웨슬리 감리교회에서 순회 복음전도자가 되었다. 그러나 1895년 그는 이른바 "불세례"라 부르는 것을 받았고, "제3의 축복"의 필요성을 가르치기 시작했다. 그는 아이오와에서 "불세례 성결 협회"를 설립했는데, 제3의 축복은 칭의와 성화를 넘어섰다. "불세례"는 종종 고함소리와 열광적인 현상을 수반했다.

1896년 어윈은 조지아와 사우스 카롤라이나에서 열린 텐트 부흥 집회에서 설교를 했다. 그러나 결국 성결운동의 주류는 "제3의 축복"과 단절했다. 1900년에 어윈은 "미해결인 큰 죄"를 고백하고, 지도자직을 내려놓았다. 이후 그의 생애는 모호하게 끝난 것 같다. 그의 조수였던 조지프 킹이 조지아에서 그 운동을 계속했다. 1907년에 킹은 아주사 스트리트의 오순절주의 집회에서 "성령세례"와 방언을 받았다. 그 교회는 방언을 오순절주의와 "성령세례"의 "초기 증거"로서 받아들였다.

(3) 알버트 벤저민 심슨Albert Benjamin Simpsom(1843-1919). 심슨은 캐나다인으로 토론토 녹스 칼리지에서 교육을 받았으며, 온타리오 해밀턴에서 장로교 목사로 임직했다. 1881년 그는 뉴욕에서 독립교회를 세우기 위해 사임했다. 그는 그리스도를 구주, 거룩하게 하는 자, 치료자, 오실 왕으로 보는 "사중복음"을 주장했다. 이는 오순절주의와 "사중복음" 운동의 특징이 되었

---

125. Bruner, A Theology of the Holy Spirit, p. 40.

다. 그는 1897년에 기독교 선교 연맹을 설립했다. 그는 "더 높은 생활"의 필요성을 가르쳤고, 성결운동의 선지자가 되었다.

심슨의 "갱신운동" 해석학은 요엘 2:23의 KJV/AV 번역에 따라, 성령의 "늦은 비"를 기대했다. 그는 말세의 새로운 오순절을 바라봤다. 이 측면은 어빙의 종말론적, 묵시적 색채와 다른 사람들의 성령 신학을 설명하는 데 도움을 준다. "체험"으로서 성결운동이나 심슨의 거룩의 개념은 슐라이어마허에 의해 대표되는 더 넓은 자유주의 운동은 말할 것도 없고, 핫지, 스미튼, 카이퍼를 강력하게 반대하는 입장이다. 그러나 미국에서는 이러한 접근법이 찰스 피니와 웨슬리 감리주의에서 꽃피웠고, 전형적인 오순절주의의 핵심적인 강조점이 되었다. 심슨은 방언의 가치를 받아들였지만, 일차적으로 선교적 은사는 아니었다. 사도행전은 교회를 역사를 통해 존재하도록 하나님이 의도하신 대로 묘사한다. 여기에 초기뿐만 아니라 20세기 중반의 "늦은 비" 체험 안에서 오순절주의 전통을 예기하는 또 다른 증거가 있다. 그는 요엘 2장, 고린도전서 12:8-12, 12:28-30에 호소함으로써, 모든 "중단주의" 믿음을 강력하게 반대했다. 그는 1905년경에 찰스 파햄과 윌리엄 시모어보다 앞서서 방언의 가치를 주장했다.

17. 5. 존 헨리 뉴만

존 헨리 뉴만John Henry Newman(1801-90)은 그의 생애 초반부에는 충성스러운 영국 국교도였지만, 19세기 로마 가톨릭의 가장 창의적인 지성을 대표한다. 처음에는 복음주의의 영향을 받아 1817년 옥스퍼드 트리니티 칼리지에 입학했다. 그리고 1822년 옥스퍼드 대학교에서 오리엘의 선임 연구원이 되었다. 1828년에 옥스퍼드 세인트 메리 교회의 목사가 되었다. 그의 전환점의 시작은 1832-33년, 로마를 포함한 남유럽을 여행하면서부터였다. 그는 영국으로 돌아온 후, 옥스퍼드 운동과 강하게 연관되었다. 1833년 그는 존 케블과 퍼시와 합작으로 『시대를 위한 소책자』Tracts for the Times를 발간하기 시작했다(여기에서 소책자운동가Tractarian란 이름이 나왔다). 그들은 모두 자유주의 신학을 거부했지만, 영국 교회 내에서 고교회주의의 이상과 의식의 회복을 추구했다.

소책자운동가는 사도적 계승과 전통, 특히 교부들의 전통에 근거한 새로운 영성을 강조했다. A. C. 웰치는 이렇게 쓰고 있다. "'소책자운동가'의 정신은 고대로부터 내려오는 교회의 전통과 신성하게 확립된 권위를 대표하여, 그 시대의 정신에 예리하게 대항하는 것이었다."[126] 그는 계속해서 이렇게 말한다. "소책자운동가의 주된 적은 … 세속화로 인해 엉망이 된 시대였다."[127] 또한 1833년 존 케블은 "국가적 배교"에 대해 설교했고, 뉴만은 이것을 옥스퍼드 운동의 시작으로 보았다. 직접적인 정치적 원인은 아일랜드 주교직의 조직과 축소에 대한 정부의 "간섭"이었다. 뉴만은 케블의 설교 이후 3개월 만에 90개의 소책자 중 첫 번째 책을 출간했다.

퀘이커 교도, 어빙, 그리고 그 전통과 대조적으로 뉴만은 후에 이렇게 주장했다. "교의는 내 신앙의 기본적인 원리이다. 단순한 감정으로서의 신앙은 나에게 꿈과 어리석은 짓일 뿐이다."[128] 이러한 입장은 우리를 퀘이커 교도나 어빙보다 핫지, 스미튼, 카이퍼에게 더 가까이 가게 한다. 웰치는 이렇게 언급한다. "[뉴만이 자라난] 영국 복음주의는 주관주의에 전염되어 있었다. … 그것은 하나님보다는 종교를 숭배하는 우상숭배적인, 신경증적 신앙이었다."[129] 그의 사역 초기 "노선의 분리" 이전에 뉴만은 "영국 교회의 의식서"에서 해결책을 보았다.[130] 그는 개혁자들이 영국 교회에서 "가톨릭적" 요

---

126. Claude Welch, *Protestant Thought in the Nineteenth Century*, vol. 1: 1799-1870 (New Haven: Yale University Press, 1972), p. 207.
127. Welch, *Protestant Thought in the Nineteenth Century*, vol. 1, p. 208.
128. John Henry Newman, *Apologia pro Vita Sua* (Boston: Houghton Mifflin, 1956 [from 1864]), and Oxford: Clarendon, 1967), p. 127.
129. Welch, *Protestant Thought in the Nineteenth Century*, p. 212.
130. Newman, *Apologia*, p. 231.

소를 파괴하지 않았다고 주장했다. 그것은 경건하고 "객관적"이었다. 그는 "경건주의"가 신생, 헌신, 성령의 은사에 대해 독점권을 주장하는 것을 반대했다.

그러나 1843년 뉴만은 영국 국교회의 직분을 사임하고 "친구를 떠남"이라는 제목으로 설교했다. 그는 아타나시우스와 암브로우스가 오늘날 다시 돌아온다면, 그들은 로마 가톨릭교회 안에서 그들의 고향을 발견할 것이라고 믿었다. 그는 이성주의가 기독교 신앙으로부터 "차감했다"는 비난은 인정했지만, 로마 교회가 신앙에 덧붙였다는 비난은 거부했다. 뉴만은 로마 교회로 옮겨가는 발걸음이 되돌릴 수 없는 것인지 자신의 의심과 싸우면서, 『기독교 교리의 발전』*An Essay on the Development of Christian Doctrine*(1845)을 썼다.[131] 버나드 리어든은 이 책이 설득력이 없다고 하면서도, 이 책을 "세기의 가장 중요한 책 중의 하나"라고 했다.[132] 오웬 채드윅은 "이 책은 설득력이 없다"는 데 동의한다.[133] 뉴만은 교리가 부패가 아니라 발전인지를 확인하는 "일곱 개의 테스트"를 제공하려고 시도했다. 그중에는 보존, 계속성, 동화, 그리고 논리 전개가 있다.[134] 『기독교 교리의 발전』은 또한 "보류"에 흥미를 가지고 있다. 하나님은 인간이 계시를 통해도 하나님의 초월적 위엄, 영광, 은혜의 모든 것을 단번에 이해할 수 없기 때문에, 자신을 부분적으로 감추신다. 오리겐은 이러한 방법으로 진리의 점진적인 교통을 설명했다. "하나님은 …… 그들이[인간이] 감당할 수 있을 만큼만 교통할 수 있었다."[135]

---

131. John Henry Newman, *An Essay on the Development of Christian Doctrine* (London: Penguin, 1974).

132. Bernard M. G. Reardon, *From Coleridge to Gore: A Century of Religious Thought in Britain* (London: Longman, 1971), p. 146.

133. Owen Chadwick, *Newman* (Oxford and New York: Oxford University Press, 1983), p. 46; 참조. Owen Chadwick, *The Victorian Church*, vol. 1 (London: SCM, 1971), pp. 64-75, 170-71.

134. Newman, *Development of Christian Doctrine*, pp. 122-47.

135. Robin C. Selby, *The Principle of Reserve in the Writings of John Henry Cardinal Newman* (Oxford: Oxford University Press, 1975), p. 7부터 계속.

교리적 발전이 정당한 곳에서 싹이 꽃으로 자라나며, 애벌레가 나비로 자라난다. 뉴만은 기본적인 기독론의 많은 것을 5, 6세기의 보다 복잡한 교리로 발전시킨다.[136] 윌리엄 글래드스톤은 뉴만이 이 강조로 인해 "기독론을 벼랑 끝에 놓았다"고 대답했다. 1847년 뉴만은 로마 가톨릭교회의 성직자가 되었고, 1850년에 『국교회의 난제들』*Lectures on Anglican Difficulties*이라는 강의 원고를 썼다. 그는 보다 자유로운 전통으로부터는 찰스 킹슬리에 의해서, 소책자운동가의 보수적인 입장으로부터는 E. B. 퍼시에 의해 공격을 받았다. 한편 뉴만은 1852년에 탁월한 작품인 『대학의 이념』*The Idea of a University*을 썼다. 그 책은 대학을 지성을 훈련시키는 곳으로, 그리고 독립적인 판단을 양성하는 곳으로 말하고 있다. 이는 오늘날 어느 대학교 인문학부 또는 문과 대학에서 훌륭한 성명서가 될 수 있다. 학문은 정보, 부, 사업에 필수적으로 "유용"할 필요는 없고, 논리적이고 비평적이어야 한다. 학문은 종교를 포함해야 한다. 결국 뉴만은 1864년 또 다른 유명한 책 『삶을 위한 변명』 *Apologia pro Vita Sua*을 썼다. 이 책을 3개월 만에 썼다는 사실은 대체로 놀랍게 여겨졌다. 그는 로마 교회로 개종한 여정을 감각적이고 매우 개인적인 말투로 묘사했다. 그는 1877년에는 그의 초기 작품 『예언의 직무』*Lectures on the Prophetical Office*를 다시 출간했다.

뉴만은 특별히 성령의 "내주하심"을 강조했다. 그는 설교에서 이렇게 선언한다. "그는 우리에게 스며든다. … 빛이 건물에 침투하듯이, 또는 달콤한 향기가 영예로운 예복의 주름 사이로 스며들듯이, 그래서 성경의 말로 우리는 그 안에, 그는 우리 안에 계신다고 한다."[137] 그러나 뉴만은 자유주의의 메마름으로부터 뿐만 아니라, "열광주의"로부터 스스로 거리를 두었다. 우리는 "성령의 은사"에 대해 "경솔하고, 불손하고, 자기 과시적인 해석을 하

---

136. Newman, *Development of Christian Doctrine*, pp. 240-334.
137. Ian Ker, *The Achievement of John Henry Newman* (London: Collins, and Notre Dame: University of Notre Dame Press, 1990), p. 85; from John Henry Newman, *Parochial and Plain Sermons*, vol. 2 (London: Rivingtons, 1868), p. 222에서 인용.

는 것을 피해야 한다. 이것은 이 시대의 주요한 실수이다." 그러한 은사가 "감동에 빠진 생각, 부드럽고 나른한 감정의 분위기 …… 일종의 종교적 황홀경"이어야 할 필요는 없다.[138] 어빙은 이에 동의하지 않을 것이나, 틀림없이 핫지와 카이퍼도 이에 동의할 것이다. 뉴만은 그가 기대하던 교부들처럼, 성령이 행하는 모든 것은 성부와 성자가 또한 함께한다고 주장한다. "하나님은 성별된 성전처럼 모든 신자들과 함께하는 분이시다."[139]

뉴만은 성령이 인간의 행동을 통해 안팎으로 역사한다고 주장했다. 우리가 언제든지 성령만 말한다면 이러한 행동들은 간과될 수도 있다. 이것은 제레미 테일을 떠올리게 한다. 그러나 그는 분명히 성부와 성자를 언급하지 않고, 오직 "예수를 영접하는 것"에 대해서만 말하는 부적절한 복음주의 설교를 거부한다. 그는 또한 교리적으로도 성령을 언급한다. 그는 로마서 5:5을 인용한다. "성령으로 말미암아 하나님의 사랑이 우리 마음에 부은바 됨이니." 그리고 그는 성령을 중생의 저자로 보고, 신자에게 의롭게 함을 적용시키는 분으로 본다. 그리스도께서 우리의 의와 거룩이 되시는 것은 성령으로 말미암은 것이다. 우리는 뉴만이 『동의의 원리』*An essay in Aid of a Grammar of Assent*(1870)에서 이성의 폐위*dethronement of reason*로써 성령에 관해 암시한 호소나 전제를 잊어서는 안 된다. 이 책에서 뉴만은 보통 말하는 추론, 동의, 또는 명제의 수용이 의지에 달려있다는 견해를 폄하하지 않는다. 의지는 비록 개별적인 부분을 온전히 이해하지 못하더라도 "전체"를 받아들이도록 열려있을 수 있다. 예를 들면 의지는 추론에만 응답하기보다는 교리의 "추정적인 의미"*illative sense*를 파악한다. 이것은 판단을 수반한다. 여기에 성령의 조명에 대한 암시적 언급이 있다.

위에서 요약한 다섯 가지 접근법은 19세기 사상에 의해 축적된 다양한 유산을 나타낸다. 이 개관은 포괄적이지는 않지만, 19세기부터 대두된 몇 가

---

138. Newman, *Parochial and Plain Sermons*, vol. 2, pp. 267-68; Ker에 의해 인용됨.
139. Newman, *Parochial and Plain Sermons*, vol. 2, p. 35; Ker에 의해 인용됨.

지 주요 문제들을 명확히 하는 데 역할을 한다. 이 문제들은 20세기를 위한 출발점을 제공한다. 뉴만은 당시 로마 가톨릭교회의 전형은 아니지만, 많은 사람들은 그를 오늘날의 더 진보적인 제2차 바티칸 회의의 전망과 남유럽과는 대조적인, 영국의 가톨릭주의와 연결시킨다. 아마도 슐라이어마허, 헤겔, 키에르케고르에 이어 19세기의 네 번째로 가장 독창적인 사상가일 것이다. 핫지, 스미튼, 카이퍼는 창조성으로는 포함되지 않았지만, 개혁파와 성경적 전통에 대한 충성심으로 포함되었다. 그러나 그들은 어빙과 심슨과는 긴장 관계에 있다. 핫지, 스미튼, 카이퍼, 뉴만은 오순절운동과 갱신운동의 발흥을 인정하지 않을 것이다. 그러나 어빙, 어윈, 심슨은 적어도 오순절운동의 출현을 크게 예상했다. 이전 세기와는 달리, 19세기에는 광범위한 보편적 합의가 다양한 사상의 학파나 노선으로 분열되기 시작했음을 보여주었다.

18

20세기 초기

20세기 초반에는 1909년과 1912년에 헨리 바클레이 스웨트의 철저하고 고전적이며 여전히 표준적인 2권의 성령에 관한 저서가 나왔다. 이후 1929년에 칼 바르트의 위대한 신학 작품이 나왔다. 피슨과 린제이 디워의 보다 작은 작품들은 1950년과 1959년에 등장했다. 마지막으로, 세기의 전환기 이전에 오순절주의 현상이 세계의 다른 지역에서 시작되었다. 그러나 고전적인 오순절주의는 1901년과 1905년 미국에서 찰스 파햄과 윌리엄 시모어와 함께 시작되어, 1920년대와 1930년대에는 초중간기까지 사중복음, 하나님의성회, 그리고 오순절 교회의 다양한 분파가 생겨났다. 1950년대 말에는 은사주의 운동의 동이 트기 시작했다. 이후 위르겐 몰트만, 이브 콩가르, 볼프하르트 판넨베르크 및 다른 많은 저자들은 성령에 관한 중요한 저서들을 출간했는데, 이것은 다음 장에서 고찰할 것이다.

18.1. 헨리 바클레이 스웨트

헨리 바클레이 스웨트Henry Barclay Swete(1835-1917)는 런던 킹스 칼리

지의 교수였다. 1890년부터 1915년까지는 캠브리지 대학교에서 흠정 신학 교수로 재직했다. 그는 1909년 400페이지 분량의 저서 『신약 속의 성령』The Holy Spirit in the New Testament을 출간했고, 1919년과 1921년에 재간했다. 1912년는 또 다른 420페이지 분량의 저서 『고대 교회의 성령』The Holy Spirit in the Ancient Church을 출간했다.[1] 그는 또한 칠십인 역 본문을 연구했으며, 『마가복음』(1898)과 『요한계시록』(1906) 주석을 출간했다. 그리고 교부 연구의 표준 도구인 램프의 『교부들의 그리스어 어휘 사전』A Patristic Greek Lexicon(1961-68)이 출판된 적절한 시기에, 그는 교부들의 그리스어 어휘집의 기초 작업을 했다. 스웨트는 캠브리지에서 호트(1828-92)와 웨스트코트(1825-1901)와 공동으로 연구했다.

스웨트는 『신약 속의 성령』 서론에서, 이 작품은 "신약성서 신학에 공식적인 공헌을 목적으로 하지 않고, 신약성경에 대한 호소"라고 주장한다.[2] 그는 제1부는 7장에 걸쳐 신약성경 역사에서 성령의 사역을 다룬다(pp. 9-110). 제2부는 7장에 걸쳐 신약성경의 교훈(pp. 111-279)을 다루면서 사복음서, 바울 및 신약성경의 나머지 부분을 고찰한다. 제3부는 "신약 교회 개요"라 불린다(pp. 281-360). 이 부분은 7장으로 하나님의 영, 그리스도의 영, 성령과 교회, 그리고 유사한 주제들을 다룬다. 마지막으로 스웨트는 예언, 방언, 휴거, 황홀경, 유대교의 묵시 같은 특별한 주제에 관한 19개 이상의 부록을 싣고 있다(pp. 361-400).

어떤 오순절주의자들이 제임스 던에 관하여 주장한 것처럼, 스웨트가 바울로 누가-사도행전의 빛을 바라게 했다고 말할 수 없다. 그는 누가복음에서 세례 요한이 태어나기 전에 "성령으로 충만함을 받을" 것이라고 했음을 강조한다(눅 1:15, 41, 67). 구약성경의 어떤 암시들과 마찬가지로, 엘리사벳도 성령으로 "충만"했다. 스웨트는 성령에 의한 예수의 잉태를 강력하게 믿

---

1. 두 권 모두 런던 Macmillan이 출판했다.
2. Henry B. Swete, *The Holy Spirit in the New Testament* (London: Macmillan, 1909, rpt. 1921), p. viii.

었다(눅 1:35).³ "육체적인 결과들"도 종종 성령으로부터 기인한다. 마태는 이를 예언의 성취로 본다(마 1:20-21). 예수에게 있어서 첫 번째 결정적인 성령 체험은 세례를 받을 때였다. 이 사실은 사복음서 모두가 증언한다(막 1:9-11; 마 3:13-17; 눅 3:21-22; 요 1:32-33). 영적인 세례는 새 시대에 속하고, 하늘은 산산조각으로 찢어진다. 비둘기가 더 분명한 가시적인 증표이다.⁴ 예수의 사역은 성령으로 말미암아 "몰아내지고"(막 1:12-15) 또는 이끌리는(마 4:1-11) 메시아적 시험과 함께 시작된다. 이 일은 예수의 자기 정체성을 드러낸다. 그는 "능력"을 가지고 광야로부터 돌아오고, 권능으로 귀신을 쫓아내며 이적을 행한다.⁵

다음으로 스웨트는 사도행전 2:1-47의 오순절에 성령의 부어주심을 고찰한다. 그는 사도들이 합심으로 기도하는 중에 성령이 내려오셨고, "모든 신자들"에게 주어졌다고 한다.⁶ 그들은 이제 담대하게(Greek. *parrēsia*) 말할 수 있게 되었다. 팔레스타인 교회는 그때 "성령 충만한" 신자의 모범이 되었다(행 4:8). 여기에는 사도들(4:31), 스데반과 일곱 집사들(6:3), 그리고 바울이 포함된다(9:17). 아나니아와 삽비라의 최후를 목격한 사람들에게는 "큰 두려움"이 임했다. 빌립은 성령에 의해 들어 올려지는 "한 사건"을 경험한다.⁷ 누가는 아가보와 다른 사람들의 "예언"을 묘사한다(행 11:28; 21:4). "이방인 교회를 설립"한 바나바는 착한 사람이요, 믿음이 충만했을 뿐만 아니라 "성령으로 충만"했다. 바울과 바나바는 안수를 하면서 복음 전도와 설교에 전념했다. 그들은 성령의 인도를 받았다(16:6-7). 성령은 에베소의 신자들과 아볼로 위에도 내리셨다(19:1-6).

제2부에서, 스웨트는 신약의 가르침을 검토한다. 예수는 이사야가 예언

---

3. Swete, *The Holy Spirit in the New Testament*, pp. 13-14, 24-25.
4. Swete, *The Holy Spirit in the New Testament*, pp. 45-48, 365-66.
5. Swete, *The Holy Spirit in the New Testament*, pp. 57-59.
6. Swete, *The Holy Spirit in the New Testament*, pp. 70-72.
7. Swete, *The Holy Spirit in the New Testament*, pp. 93, 380.

한 대로 성령으로 기름 부음을 받는다(눅 4:18). "성령을 훼방하는 일"에 관한 말씀은 그것이 "거룩의 근원"을 "지옥"으로 만들고, 선을 악으로 만드는 일이기 때문에 매우 심각한 문제이다.[8] 예수는 귀신을 쫓아낼 때 "일반적인 믿음에 자신을 적응"시킨다.[9] 성부는 "구하는 자들에게" 성령을 주실 것이다(마 7:8). 성령은 우리가 곤궁할 때 우리의 도움이 되실 것이다. 스웨트는 삼위일체의 이름으로 세례 주는 것을 진지하게 다룬다. 이 문구는 2세기 필사본에 등장한다. 그는 주장하기를, 예수는 그로 말미암아 "하나님의 삼위일체성"을 선언한다.[10] 요한의 가르침은 이것을 반영한 것일 것이다(요 14:16, 26). 스웨트는 위로부터의 새로운 탄생과(요 3:3-5) 사마리아 여인의 경우에서 물의 상징을 강조한다(4:10).[11] 성령은 생명이다. 육체는 무익하다(6:63). 그는 "흘러나오는" 생수를 성전 절기와 연결시킨다(7:37).

스웨트는 고별 강화에서 보혜사 본문을 구별된 장으로 다룬다. 나중에, 1927년 한스 빈디쉬Hans Windisch는 보혜사 본문이 고별 강화와의 연속성을 상실하지 않고 복음서에서 삭제될 수 있다고 주장했다.[12] 이 보혜사 본문은 요한복음 14:16-17, 14:25-26, 15:26-27, 16:7-11, 16:12-15이다. 그러나 보다 최근 연구에서, 빈디쉬의 접근법을 검토한 후, 조지 존슨은 이렇게 결론을 내렸다. "우리는 전통적인 지위를 거부할만한 결정적인 이유를 발견할 수 없다."[13] 스웨트는 성령과 그리스도와의 관계를 강조한다. 성령은 "또 다른 보혜사"(alios paraklētos, 14:16-17)이다. 보혜사는 영구한 선물로써 영원토록 너희와 함께(par' hymōn) 하실 것이다! 예수는 심지어 "내가 올

---

8. Swete, *The Holy Spirit in the New Testament*, p. 117.
9. Swete, *The Holy Spirit in the New Testament*, p. 119.
10. Swete, The Holy Spirit in the New Testament, p. 125.
11. Swete, The Holy Spirit in the New Testament, p. 137.
12. Hans Windisch, "Die fünf johannische Parakletsprüche," trans. J. W. Cox, in *The Spirit-Paraclete in the Fourth Gospel* (Philadelphia: Fortress, 1968).
13. George Johnson, *The Spirit-Paraclete in the Gospel of John* (Cambridge: Cambridge University Press, 1970), p. 75.

것"(14:18-19)이며, 성령이 "내가 말한 모든 것"을 가르칠 것이라고 말씀하신다. 성령은 "성령과 그리스도의 하나 됨을 선언해야만 한다. … 성자는 성부를 나타내고 해석하고 영화롭게 하기 위해 오셨다. … 성령은 성자를 계시하기 위해 보냄을 받았다."[14] 다시 말하면, 요한복음 15:26-27에서, "아버지께로부터 나오시는 진리의 성령이 … 나를 증언하실 것이요." 16:9에서 보혜사 성령은 "그들이 나를 믿지 아니"하기 때문에 심판할 것이다. 반면 "의"는 그리스도의 정당성과 관련된다. 다시 말하면 하나님의 나라는 "이 세상 임금"을 정죄하기 때문에 심판하실 것이다. 많은 신약학자들이 이 삼위일체적 함의에 대해 지나치게 신중한 것은 주목할 만한 일이다.[15]

스웨트는 제2부 4장에서 논의를 바울에게 돌려, 많은 성경 구절과 바울의 문헌들을 다룬다. 가장 초기의 서신은 "(복음이) 너희에게 말로만 이른 것이 아니라, 또한 능력과 성령 … 으로 된 것임이라"고 선언한다(살전 1:5; 참조. 2:1-13). 고린도전서 2:1-5이 이를 확증한다. 두 번째 주제는 "점진적인 거룩"(en hagiasmō, 살전 4:7; 5:23; 티슬턴의 이탤릭)의 문제이다.[16] 세 번째는 예언에 관한 것으로(살전 5:19), 이것은 가치를 인정하지만 시험해야 한다. 네 번째는 그리스도의 재림, 또는 나타나심 때에 성령의 사역의 완성과 성취이다. 이것들은 앞으로 살펴볼 것이지만, 스웨트가 성결운동 또는 "완전주의"의 사건이 아닌 "점진적인" 성화를 강조한다는 것을 제외하고는 오순절주의의 주제를 되풀이하는 것이다. 앞으로 다가올 일에 대한 종말론적 강조가 이를 확증한다.

고린도전서는 성령의 계시에 대해 길게 말하고 있다(고전 2:10, 특히 2:10-16). 이 서신에서 "영적인"(pneumatikos)은 거의 항상 "성령과 관계된, 또는 성령에 의해 주어진"을 의미하며, 윤리적 행동과 그리스도를 닮은 마음과

---

14. Swete, *The Holy Spirit in the New Testament*, p. 153.
15. Arthur W. Wainwright, *The Trinity in the New Testament* (London: SPCK, 1962), pp. 199- 268, 유명한 예외를 보여준다.
16. Swete, *The Holy Spirit in the New Testament*, p. 172.

성품을 포함한다. 성령은 새 생명을 가져온다(고전 6:11; p.182). 무엇보다도 성령은 그리스도를 주님으로 증언하고(고전 12:3), 그 목적을 위해 교회에 은사를 준다. 예언은 "거의 그만한 가치를 갖고 있지 않다." 왜냐하면 고린도 교인들은 "방언"을 더 매력적이고, 볼만하고, 과시적인 것으로 보았기 때문이다. 그러나 예언은 "예언자의 통제 아래" 있고 오류가 있을 수 있다.[17] 사랑은 가장 중요한 성령의 증거이다. 방언보다 더 결정적이다. 많은 오순절주의 분파들이 스웨트의 말을 따르고 있다. 이들 분파들은, 특히 "교리"가 지나치게 "지적"인 것으로 최소화되는 경우, 고린도 교회의 어떤 사람들처럼 연합과 사랑보다 능력과 개성에 더 많은 관심을 보이는가? 고린도후서 1:22에서 성령은 미래의 임재와 은사의 "보증"(*arrabôn*)이다. 성령은 생명을 준다(고후 3:6-11). 성령은 신자들이 "영광에서 영광에 이르도록" 그리스도의 형상으로 변화시킨다(고후 3:18). 다시 말하면, 이것은 분명히 "점진적인" 성화를 가리킨다. 성령의 은사는 참된 사역의 증거이다(고후 6:4-10).[18]

이제 스웨트는 로마서와 갈라디아서를 고찰한다. 갈라디아 사람들은 "행위"로 말미암아 성령을 받지 않았다. 그 반대의 경우는, 성령이 새 생명을 영위하도록 주어진 경우였다(갈 3:1-5). 이것은 3:6-5:26의 논증으로 확증된다.[19] 이 신학은 랍비의 견해와 대조적이며, 루터에 따르면 급진적 개혁주의자의 견해와도 대조적이다. 후에 어떤 사람들은 이것이 성결운동의 전통과도 대조적이라고 주장할 것이다. 성령을 위해 기도하는 것과 기도를 격려하기 위해 "할 일"을 구하는 것 사이에는 미묘한 차이가 있다. 갈라디아서 5:16, 25에서 바울은 이것을 주로 신자들이 성령을 따라 "행하기" 위해 성령에 따라 "사는 것"으로 요약한다.

로마서는 성령을 그리스도의 부활의 중개자로 말한다(롬 1:4; 8:9-11). 바울은 성령의 은사가 하나님의 사랑으로 말미암아 부어진다고 힘껏 강조한

---

17. Swete, *The Holy Spirit in the New Testament*, p. 189.
18. Swete, *The Holy Spirit in the New Testament*, pp. 196-97.
19. Swete, *The Holy Spirit in the New Testament*, pp. 202-10.

다(롬 5:5). 성령은 신자에게 새로운 마음가짐, 태도, 기질을 부여한다(롬 8:2-13). 그는 하나님의 아들의 영이다(롬 8:14-17). 그래서 그는 창조와 더불어, 미래를 위해, 말할 수 없는 탄식으로 신자들 안에서 기도한다(롬 8:26-30).[20] 마지막으로, 로마서 12:11; 15:13, 30은 성령의 임재를 그리스도인의 매일의 삶에 적용한다.

스웨트는 제7장, 제8장에서 빌립보서, 골로새서, 에베소서, 히브리서, 그리고 신약성경의 남은 부분을 다룬다. 빌립보서와 골로새서에는 별다른 내용이 없으나, 스웨트가 바울의 서신으로 인정하는 듯한 에베소서는 "성령에 대한 언급이 풍부하다."[21] 그리스도인은 "약속의 성령으로 인침을 받는다"(엡 1:13). 성령은 "우리 기업의 보증"이다(엡 1:14). 그리스도인은 성령을 "근심하게" 해서는 안 된다(엡 4:30). 그리스도인은 성령으로 말미암아 "구속의 날까지 인치심을 받았다." 동사는 매우 인격적이며, 명사는 마지막 날까지 중간 시기를 표시한다. 에베소서 1:17은 "지혜와 계시의 영"에 대해 말한다. 비록 이것이 성령을 가리키지 않을지라도 말이다. 에베소서 2:8은 그리스도인 유대인과 이방인이 "한 성령 안에서" 아버지께 나아간다고 말한다.

1905년부터 1920년 사이의 오순절주의의 많은 분파를 고려할 때, 스웨트의 다음 말은 중요하다. "사도는 신자들을 분열시키는 불화의 모든 요소들을 극복하게 하는 일곱 가지 연합을 열거하고 있다. … 한 몸과 한 소망 … 한 주님, 한 믿음, 한 세례, 한 하나님, 그리고 만유의 아버지"(엡 4:1-3).[22] 이 구절은 "성령의 하나 되게 하신 것을 힘써 지키기" 위해, 겸손, 온유, 오래 참음을 촉구하는 것으로 시작된다(v. 3). 에베소서 4:7-16은 고린도전서 12:4-30과 로마서 12:4-8에서 열거된 것들과 같은 사역들로 결론을 내린다. 그리고 에베소서 4:23에서 마음을 새롭게 하라고 간청한다.

우리는 히브리서와 다른 책들을 상세히 탐구함으로써 스웨트의 책을 상

---

20. Swete, *The Holy Spirit in the New Testament*, pp. 218-21.
21. Swete, *The Holy Spirit in the New Testament*, p. 231.
22. Swete, *The Holy Spirit in the New Testament*, p. 236.

세하게 살필 필요는 없다. 우리는 독자에게 이 책의 제1부를 언급했다. 그러나 예언, 방언, 휴거와 환희, 성화, 유대교 묵시 등 스웨트가 논의하는 19개의 부록은 주목할 가치가 있다. 스웨트의 책 제3부는 "신약성경 교리 요약"이라고 불린다. 그러나 성령과 하나님, 그리스도의 영, 성령과 교회, 성령과 말씀 같은 교리적 주제 아래에서 이미 고찰했던 자료들을 반복하고 있다.[23] 가장 두드러진 것은 첫 번째 주제이다. 성령이 "성령"인 것은 거룩함은 오직 하나님께로부터 비롯되며, 성령은 하나님의 현존이자 선물이기 때문이다. 스웨트는 또한 이러한 점에서 성령의 인격성을 의심할 수 없다고 주장한다.[24]

스웨트는 계속되는 그의 책 『고대 교회의 성령』에서 자신을 조직신학자가 아니라 교리 역사가로서 순수한 묘사에 자신을 제한시킨다. 이 책은 교부들에 제한되기 때문에, 사실상 삼위일체 인용글 모음집이다. 아마도 그의 가장 큰 공헌은 개인적인 인물과 상황을 주의 깊게 살핌으로써, 시대상과 경향에 대한 일반화를 피한 것이었다. 니케아 이전과 아리우스 이전 시대에 대해 그는 이렇게 말한다. "성령의 본질은 … 몇 가지 사소한 예외를 제외하고는 계속 탐구되지 않았다."[25] 니케아 이후에 기독론의 복잡한 문제들은 30년이나 더 지체되었다. 그러나 그는 다른 니케아 이전의 교부들뿐만 아니라 몬타누스주의와 터툴리안을 상세하게 고찰한다.

충분히 예상한 대로 예루살렘의 씨릴, 알렉산드리아의 아타나시우스, 가이사랴의 바실, 나지안주스의 그레고리는 동방에서 가장 많은 관심을 받았다. 그리고 포이티어의 힐라리, 밀라노의 암브로우스, 히포의 어거스틴은 서방에서 가장 두드러진다. 이 일곱 명의 교부는 성령론의 발달에 특별한 의미를 지니고 있다. 그들은 모두 성령은 "피조물이 아니며, 신적 본성에 이질

---

23. Swete, *The Holy Spirit in the New Testament*, pp. 283-360.
24. Swete, *The Holy Spirit in the New Testament*, pp. 286-88, 290-92 각각.
25. Henry B. Swete, *The Holy Spirit in the Ancient Church: A Study of Christian Teaching in the Age of the Fathers* (London: Macmillan, 1912), p. 5.

적이 아니라 그에 속하며, 성자와 성부의 본질로부터 나뉠 수 없다"고 반복적으로 강조한다.[26]

스웨트는 고린도전서 12:4-6과 특별히 고린도전서의 다른 구절들을 의지하여 아타나시우스와 트로피키 사이의 대화에 대해 유용한 해설을 제공하고 있다. 그러나 교부들을 따라, 그는 필연적으로 중세 후기와 종교 개혁 시대에 출현한 성령의 구원 사역보다 하나님으로서 성령의 인격을 더 강조하고 있다. 그는 교부 시대에 대하여 탁월하고 균형 잡힌 해설을 제시한다. 그리고 우리는 그것을 이 책에 부분적으로 인용했다. 스웨트의 역사적 개관에서 그의 접근법은 일반적으로 서술적이다. 그리고 주요 부분은 신약에 관한 그의 초기 저술보다 자신의 견해를 덜 드러내고 있다. 그러나 제3부(약 50 페이지)는 서술적인 것과는 거리가 멀다. 성령의 신성, 성령과 성부와 성자의 관계, 창조, 영감, 성육신, 보혜사, 성화에 대한 마지막 장들은 훨씬 더 두드러진다. 특별히 요한복음 16:14-15과 고린도전서 12:4-6의 사용에서 그러하다.[27] 이 자료의 대부분은 제2부의 요약에 불과하다.

18. 2. 칼 바르트

칼 바르트(1896-1968)는 스위스 바젤에서 태어났으며, 독일에서 여러 직책을 역임한 후 교수가 되었다(1935). 그는 베른과 베를린에서 공부했고, 초기에는 아돌프 폰 하르낙과 빌헬름 헤르만의 영향을 받았다. 그는 1909년에 목사가 되었고, 1911년부터 1921년까지 자펜빌의 목사로 사역했다. 아주 어린 시절에 그는 그리스도와의 관계의 직접성에 대한 슐라이어마허의 강조에 깊은 인상을 받았다. 그는 "헤르만이 나의 모든 정신에 흠뻑 스며들었다"

---

26. Swete, *The Holy Spirit in the Ancient Church*, p. 173.
27. Swete, *The Holy Spirit in the Ancient Church*, pp. 359-409.

고 회상한다. 왜냐하면 헤르만은 "복음을 부끄러워하지 않았기" 때문이다.

그러나 자펜빌에서 목사로 사역한 10년은 급격한 변화에 기여했다. 그는 "결국 나는 자펜빌에서 목사로서 실패했다"고 회상했다. 그는 이웃 교구목사였던 에드바르트 투르나이젠과 서신을 교환하기 시작했다. 바르트의 첫 번째 충격은 하르낙, 율리허, 그리고 헤르만의 자유주의 신학의 완전한 실패였다. 두 번째 충격은 1차 세계대전(1914)이 시작될 무렵 벨기에를 침략한 것이었다. 당시 독일 지식인 93명이 황제 빌헬름 2세를 지지하는 성명서에 사인을 했다. 그중 바르트는 성명서에서 자신의 "독일 교사들 중 거의 대부분"을 발견할 수 있었다. 그 두 사건으로 인해 전체 주해와 교의학의 세계가 "토대까지 흔들렸다." 바르트는 이렇게 썼다. "우리는 모든 면에서 다시 시작해야만 한다."

1917년까지 바르트는 새로운 사고를 마쳤다. 1917년 2월 그는 "성경 속의 이상한 신세계"*The Strang New World within the Bible*를 썼다. 이 글은 『하나님의 말과 인간의 말』*The Word of God and the Word of Man*(German, 1928)에 들어 있다. 그는 성경에서 "신세계는 우리의 낡고 평범한 세계로 투영된다"고 주장했다.[28] 중심 주제는 하나님의 주권이다. 바르트는 이렇게 썼다. "성경의 내용을 형성하는 것은 하나님에 대한 인간의 정확한 생각이 아니라, 인간에 대한 완전하신 하나님의 생각이다. 성경은 우리가 하나님과 어떻게 대화해야 하는지가 아니라, 하나님이 우리에게 말씀하시는 것 … 하나님이 어떻게 … 우리에게 이르는 길을 찾았는지를 말한다."[29] 그는 이 연설 혹은 에세이가 끝날 무렵, 이렇게 묻는다. "하나님은 누구신가?" 그리고 이렇게 대답한다. "믿는 자 안에 계신 하늘의 아버지 … 아들 … 성령이시다."[30]

바르트는 1919년에 『로마서 주석』(2nd ed. 1922; Eng. trans. 1933) 초판을

---

28. Karl Barth, *The Word of God and the Word of Man* (London: Hodder & Stoughton, 1928), p. 37.
29. Barth, *The Word of God and the Word of Man*, p. 43.
30. Barth, *The Word of God and the Word of Man*, pp. 48-49.

썼다.³¹ 바르트는 두 권의 초판에서 하나님의 은혜를 인간의 모든 가식의 상대화와 새 창조의 약속으로 보았다. 그는 유대주의를 자기 확증의 체계로 묘사했다. 1922년, 제2판에서 그는 하나님의 초월성을 "타자"라는 말로 강조한 키에르케고르의 사상을 전용하고 끌어왔다. 주권적인 하나님의 "숨겨지심"은 율법, 죄, 죽음에 대해 "아니요", 은혜, 성령, 그리스도, 새 창조에 대하여 "예"가 되는 변증법으로 인간을 대면한다. 이것은 키에르케고르의 이것이냐 저것이냐*Either/Or* 테마를 반영하고 있다. 하나님은 인간의 "종교", "종교적인 행위", 또는 "종교적인 의식"의 하나님이 아니다. 왜냐하면 이것들은 "우리의 영의 성취가 아니라, 성령의 행위"이기 때문이다. "… 하나님의 사랑이 성령으로 말미암아 우리 마음에 부어졌기 때문이다(롬 5:5). … 성령은 믿음 안에 역사하는 하나님의 활동이며, 창조하고 구원하는 천국의 능력이다. … 하나님의 영은 … 영원한 '예'이다."³² 바울은 "하나님의 전적인 타자성"을 강조한다.³³

바르트의 주석은 유럽 전역에 충격의 파도로 몰아쳤다. 하르낙과 율리허는 그것이 비평적인 주해를 반영하지 않는다고 부인했다. 루돌프 불트만은 처음에 그 변증법적 신학에 동조했다. 결국 바르트는 무대 중앙에 오르게 되었고, 1921년부터 1925년까지 그는 괴팅겐의 신학 교수가 되었다. 1925년부터 1930년까지는 뮌스터에서 신학 교수가 되었고, 1930년부터는 본에서 신학 교수로 재직하다가, 히틀러 체제를 고려하여 스위스로 돌아갔다. 바르트 성령론의 중요한 해는 『성령과 그리스도인의 삶』*The Holy Spirit and the Christian Life*를 강의했던 1929년이었다.³⁴ 우리는 곧 이 작품을 다룰 것이

---

31. Karl Barth, *The Epistle to the Romans* (Oxford: Oxford University Press, 1933; 6th ed. 1968).
32. Barth, *Romans*, p. 157.
33. Barth, *Romans*, p. 386.
34. Karl Barth, *The Holy Spirit and the Christian Life: The Theological Basis of Ethics* (Louisville: Westminster/John Knox, 1993); 참조. 또한 Karl Barth, *The Holy Spirit and the Christian Life*, Michael Raburn이 주석과 함께 번역했다 (인터넷에서 이용 가능,

다. 바르트는 1930년에 『안셀름: 이해를 추구하는 신앙』Anselm: Fides Quaerens Intellectum을 출판했다. 1958년에 그는 이 책이 그의 후기 작품인 『교회 교의학』Church Dogmatics의 "결정적인 열쇠"라고 불렀다.[35] 그는 1932년에 『교회 교의학』 제1권의 초판을 썼고, 그 후 영어로 14권이 나올 때까지 여러 해에 걸쳐 꾸준히 책을 썼다.[36] 1934년 5월 그는 고백 교회의 바르멘 선언을 이끌었다. 바르멘 선언은 아돌프 히틀러가 요구한 일차적인 충성에 정면으로 반대하여, 그리스도와 성경에 대해 유일하고 일차적인 충성을 선포했던 선언이다. 이로 인해 바르트는 본에서 그의 직위를 상실하고, 스위스 바젤에서 직위를 얻게 되었다. 그는 1962년 은퇴하고 1968년 사망할 때까지 그곳에 머물렀다.

바르트의 성령 신학의 주요 자료는 그의 강의 또는 저서인 『성령과 그리스도인의 삶』과 좀 더 근본적으로는 그의 대작인 『교회 교의학』이다. 1929년은 그가 성령론을 강의한 연도이다. 그러나 이 강의는 1938년에 독일어로 처음 출판되었다. 또 다른 보조 자료는 그의 초기작인 『죽은 자의 부활』이다. 이 책은 고린도전서 12-14장을 포함하여 고린도전서 전체에 대한 간략한 주석이다.[37] 바르트는 성령에 관한 책에서 창조주로서의 성령을 강조한다. 인간은 하나님의 형상으로서 하나님을 나타내기 위해 성령을 의지하고 있다.[38] 다음으로, 성령은 우리가 은혜를 받도록 준비시킨다. 셋째, 그는 약속의 성령이며, 신자를 "새로운 피조물, 즉 하나님의 자녀"로 만든다.[39] 바르트는 이 세 테마를 "지도적인 원리"라고 부른다.

"창조주로서의 성령"이라는 제목 아래에서, 바르트는 하나님의 영의 일

2002).

35. Karl Barth, *Anselm: Fides Quaerens Intellectum* (London: SCM, 1960), 서문.
36. Karl Barth, *Church Dogmatics*, 14 vols. (Edinburgh: T&T Clark, 1957-75).
37. Karl Barth, *The Resurrection of the Dead* (London: Hodder & Stoughton, 1933), pp. 73-106.
38. Barth, *The Holy Spirit* (1993 ed.).
39. Barth, *The Holy Spirit*, p. 2.

하심을 "신앙" 또는 "최고선"에 대한 인간의 영의 시도와 특징적으로 구분한다.[40] 바르트는 창조되지 않은 성령이 창조된 영들에게 드러낼 수 있다고 말한다. 성령은 어거스틴에게서와 같이 하나님의 사랑으로서, 상상할 수도 없고 감히 받을 수도 없는 것으로 나타난다. 바르트는 우리가 계시 사건에 참여하는 것은 그리스도인의 삶에서 성령의 근본적인 중요성을 의미한다고 주장한다. 성령은 매일의 삶에서 뗄 수 없다. 바르트는 우리는 "하나님을 위해 하나님에 의해 준비된다"라고 쓰고 있다. 우리는 성령으로 말미암아 "하나님의 사랑이라는 엄청난 경이로움"을 경험한다. 게다가 성령은 계속해서 우리가 창조주의 말씀에 귀 기울이게 한다. 이 계시는 단순히 "이미 만들어진 욕망"의 집합이 아니라, "… 이러한 욕구는 하나님의 명령으로 향하게" 한다.[41] 이것은 단순히 감정, 욕구, 감각의 문제가 아니다. 하나님의 계시는 하나님이 선지자들과 사도들의 입을 통해 단번에 말씀하신 것과 동일한 것을 우리에게 말씀하시는 것처럼, 우리에게 하나님의 음성이 되어야 한다.

그리스도인은 "열정적이거나 신실하거나 헌신적"일 수 있다. 그러나 좌로나 우로 치우친다면, 즉 "교황주의나 …… 재침례교도"에게로 치우친다면, "그것은 하나님이 진정으로 말씀하신 것을 피하는 것이다." 성령은 "하나님의 계시에 대한 성경적 선언 속에서" 우리를 만나게 되는데, 우리는 성령이 없이는 들을 수 없다. "그들은 오직 성령의 기적으로만 우리에게 숨겨지지 않는다."[42]

바르트는 이제 "속죄하는 분" 또는 "화해자"(German, *Versöhner*)로서의 성령을 논의한다. 인간은 성령에게 대하여 그리고 은혜에 대하여 적대감을 보일 수 있다. 그럼에도 불구하고 우리에게 주신 성령으로 말미암아 "하나님의 사랑이 우리 마음에 부어졌다"(롬 5:5). 어거스틴은 이를 강조했다. 한편 "우리는 죽은 자를 치료할 수 없듯이" 모든 죄가 제거된 것으로 생각할

---

40. Barth, *The Holy Spirit*, p. 3.
41. Barth, *The Holy Spirit*, p. 9.
42. Barth, *The Holy Spirit*, p. 17.

수 없다. 우리는 "우리가 죄를 제거할 수 있는 만큼 죄가 제거된 것으로" 거의 생각할 수 없다(바르트의 이탤릭).⁴³ 이것은 즉각적인 성화관이 아니라 점진적인 성화를 강력하게 암시한다. 바르트는 개혁자들에게 호소한다. 그는 성령이 "무엇보다도 훈육의 직"을 가지고 있다고 덧붙인다. 우리는 그리스도의 십자가에 부합해야 한다. 우리는 의로운 행위를 버리고 담대하게 하나님께 나아가야 한다. 우리는 말씀을 믿어야 하며, 그리스도의 죽음을 믿어야 한다. "그 기쁨은 우리 각 사람 속에서 분명히 발견되고, 시험에서 명백하게 표현되며, 완전히 급진적이며 절망적인 비참에 맞서 투쟁한다. 성령 외에 누구도 참 믿음을 줄 수 없을 것이다."⁴⁴

바르트는 루터처럼 시험이란 용어로 투쟁을 상술한다. 시험은 우리에게 슬픔과 "끊임없는 위협"을 가져다 줄 수 있지만, 우리는 보혜사로서 그의 주권적인 도움을 받고 있다. 이것은 "일부 오만한 광신도들(German, *Schwärmergeister*)이 성령에 대해 자랑하는 것처럼 쉽게 웃고 자랑하는" 사람들에게는 반대되는 점이다.⁴⁵ 이것은 성화에 있어 실재가 된다. 바르트의 에세이 또는 강의의 나머지 부분은 윤리적 성화의 결과들이다. 이것은 외적인 명령 체계로부터 나오는 것이 아니라, 삶에서 성령의 열매를 보여줌으로써 흘러나온다.

바르트는 그의 고린도전서 연구서인 『죽은 자의 부활』에서, 고린도 교회의 교만과 분열을 이기는 사랑의 가치를 강조하며, 이 서신의 사상의 통일성을 강조한다. 고린도전서 13장은 "사랑이 아닌 모든 것들의 위대한 종식"을 가리키고 있다.⁴⁶ 실제로 바르트는 이방 종교에서도 유사점이 발견되는, 영적 은사 현상에 대해 약간의 의심을 품고 있다. 그는 이렇게 쓰고 있다. "우리가 진정으로 관심을 두는 것은 은사 자체의 현상이 아니라, 그것이 어

---

43. Barth, *The Holy Spirit*, p. 24.
44. Barth, *The Holy Spirit*, p. 35.
45. Barth, *The Holy Spirit*, p. 37.
46. Barth, *The Resurrection of the Dead*, p. 76.

디로부터 와서 어디로 가느냐 하는 것이다. 그것들은 무엇을 가리키는가?"⁴⁷ 바르트는 분명히 은사에 대한 모든 주장이 진정으로 성령에게서 기원했는지에 대해 관심이 있으며, 성령이 촉진시키는 사역을 위해 사용되는지에 관심이 있다. 바르트는 은사가 공동의 유익을 위한 것이라고 주장한다. 성령은 미래에 죽은 자를 부활시키기 위해 활동할 것이다.⁴⁸

『교회 교의학』 제1권에서, 바르트는 하나님의 말씀과 신학의 가능성을 고찰한다. 우리는 감히 하나님에 대해 말할 수 있는가? 성령으로서 하나님에 대해 말할 수 있는가? 바르트는 신학이 하나님에 관한 것이 아니라, 하나님으로부터 온 것이라고 주장하는데, 신학은 성령에 관한 것이 아니라, 성령으로부터 온 것이라고 추론한다. 하나님의 말씀은 우리에게 말씀한다. 바르트는 이렇게 쓰고 있다. "성령은 … 말씀으로부터 분리될 수 없다. … 그의 능력은 … 말씀 안에서 그리고 말씀으로 말미암아 사는 능력이다."⁴⁹ 성령을 통해 말씀은 우리를 주장하고 심판한다. 이처럼 설교나 신학에서 성령은 항상 "최종적인 말씀"을 하신다.⁵⁰ 하나님은 그의 계시가 말씀-행동이기 때문에 성령을 통하여 활동한다.⁵¹ 성령은 계시 사건에서 주관적인 요소, 즉 전유-apporopriation를 용이하게 하는 자이다. 바르트는 서방 교회 전통과 조화를 이루며, 성령을 "성부와 성자의 영"으로 이해한다.⁵² 바르트는 제12항에서 명쾌하게 성령을 의지한다. "성령은 스스로를 보증할 수 없는 인간을 보

---

47. Barth, *The Resurrection of the Dead*, p. 80.
48. Barth, *The Resurrection of the Dead*, pp. 191-223; 참조. Anthony C. Thiselton, "Luther and Barth in 1 Corinthians 15," in *The Bible, the Reformation and the Church: Essays in Honour of James Atkinson*, ed. W. P. Stephens (Sheffield: Sheffield Academic, 1995), pp. 258-89.
49. Karl Barth, *Church Dogmatics* (henceforth abbreviated *C.D.*) I:1, sect. 5; Eng. vol. 1, p. 150.
50. Barth, *C.D.* I:1, sect. 5; vol. 1, p. 182. 51. Barth, *C.D.* I:1, sect. 5:4; vol. 1, p. 162. 52. Barth, *C.D.* I: 1, sect. 12:2; vol. 1, p. 479.
51. Barth, *C.D.* I:1, sect. 5:4; vol. 1 , p. 162.
52. Barth, *C.D.* I:1, sect. 12:2; vol. 1 , p. 479.

증한다."⁵³ 성령은 "하나님의 말씀에 대한 '예'이다."⁵⁴ 바르트는 성령을 "제 3의 위격"으로 보는 것보다는 "성부와 성자의 공통 요소 또는 교제, 교감의 행위"라는 어거스틴의 견해를 채택하고 있다.⁵⁵ 그럼에도 불구하고 바르트는 성령을 "생명의 수여자"로 완전히 믿고, "성령의 신성"을 믿는다.⁵⁶ 성령의 사역은 분리되지 않는다. "삼위일체의 외향적 사역은 분리되지 않는다"(opera trinitatis ad extra sunt indivisa).⁵⁷

바르트는 『교회 교의학』 제2권(I: 2, sect. 16)에서 "성령의 부어주심"을 고찰한다. 다시 그는 성령을 "계시의 주관적인 실체"라고 부른다.⁵⁸ 그는 이렇게 쓰고 있다. "성령의 사역은 우리의 눈먼 눈이 열리고, … 감사하게도 우리는 자기 포기 속에서 그렇다는 것을 깨닫고 인정한다."⁵⁹ "성령 안에서 우리는 하나님께 자유하다."⁶⁰ 바르트는 이렇게 말한다. "그리스도는 성령의 역사로 말미암아 성경 안에 계시된다."⁶¹ 제2권의 많은 부분은 시간과 하나님의 말씀을 다루고 있다. 성령은 시간을 기억하며, 또한 순간마다 역사한다.

제3권과 제4권은 (Ⅱ: 1과 Ⅱ:2) 신론을 다루지만, 바르트는 성령을 지나가는 말로 다루지 않는다. 그는 분명히 구속이 성부, 성자, 성령으로부터 온다고 반복한다.⁶² 바르트는 Ⅱ:1 처음 부분에서 이렇게 주장한다. "하나님에 대한 지식은 … 성령으로 말미암아 일어난다."⁶³ 영어본 제5-9권은 『교회 교의학』 Ⅲ: 1-4로서, 창조와 언약을 다룬다. 창조에 있어 "성부와 성자

---

53. Barth, *C.D.* I:1, sect. 12:1; vol. 1, p. 453.
54. Barth, *C.D.* I:1, sect. 12:1; vol. 1, p. 453.
55. Barth, *C.D.* I:1, sect. 12:2; vol. 1, pp. 469-70.
56. Barth, *C.D.* I:1, sect. 12:2; vol. 1, p. 471.
57. Barth, *C.D.* I:1, sect. 11:2; vol. 1, p. 442.
58. Barth, *C.D.* I:2, sect. 16:1; vol. 2, p. 203.
59. Barth, *C.D.* I: 2, sect. 16:1; vol. 2, p. 239.
60. Barth, *C.D.* I: 2, sect. 16:2; vol. 2, p. 243.
61. Barth, *C.D.* I: 2, sect. 19:2; vol. 2, p. 513.
62. Barth, *C.D.* II: 2, sect. 33:1; vol. 4, p. 105.
63. Barth, *C.D.* II: 1, sect. 25:1; vol. 3, p. 3.

의 진실은 또한 성령의 진실이다. … 그는 영원으로부터 … 실현된 자기 분여의 친교이다."⁶⁴ "피조물의 존재가 그와 같이 가능하게 한 것은 성령 하나님이다."⁶⁵ 창조의 목적은 성령으로 말미암아 역사를 계속하게 하고, 지탱하는 것이다.

바르트는 화목을 다룬 권에서(Eng. vols. 9-13; GD. Ⅳ: 1-4), 성령과 그리스도인 공동체의 모임에 대해 논의한다. 그는 Ⅳ:2에서 성령과 성화를 다루고, Ⅳ:3에서는 성령, 그리스도인 공동체 그리고 그리스도인의 희망을 다룬다. 그는 다음과 같이 선언한다. "성령은 예수 그리스도가 그의 몸, 즉 그 자신의 지상 역사적 존재 형태, 하나의 거룩하고 보편적이며 사도적인 교회를 만들고, 계속적으로 새롭게 하는 일에 있어 각성시키는 능력이다."⁶⁶ 그는 다시 어거스틴을 인용한다. "성령은 기독교 전체를 부르시고 모으시고 밝히시며, 참되고 유일한 믿음 안에서 그를 예수 그리스도께 보존하시는 것과 같이, 복음으로써 나를 부르셨고, 은사로써 나를 밝히시며, 바른 믿음 안에서 나를 거룩하게 하며 보존하신다."⁶⁷

제66항에서, 바르트는 칭의와 성화의 차이를 설명한다. 그것은 "하나의 구원 사건의 두 가지 다른 양상"이다.⁶⁸ 이러한 용어의 융합이 "성결"운동의 문제의 원인이라고 주장할 수 있는지 궁금해진다. 그러나 바르트는 다른 곳에서 성화를 투쟁의 과정으로 간주한다. 어떤 의미에서 모든 그리스도인들은 거룩한 자들이며 거룩해진다. 그러나 다른 의미에서 거룩은 투쟁, 시험, 갈등, 그리고 시간을 넘어선 성숙이다. 바르트는 강력하게 선언한다. "칭의는 성화가 아니며, 성화 속에 융합되지도 않는다."⁶⁹ 성화로써 "하나님은 거

---

64. Barth, *C.D.* Ⅲ: 1, sect. 41:1; vol. 5, p. 56.
65. Barth, *C.D.* Ⅲ: 1, sect. 41:1; vol. 5, p. 56.
66. Barth, *C.D.* Ⅳ: 2, sect. 62; vol. 9, p. 643.
67. Barth, *C.D.* Ⅳ: 2, sect. 62; vol. 9, p. 645.
68. Barth, *C.D.* Ⅳ: 2, sect. 66; vol. 10, p. 503.
69. Barth, *C.D.* Ⅳ: 2, sect. 66; vol. 10, p. 503.

룩한 사람들의 한 백성을 만드신다."⁷⁰ 이러한 의미에서 성령은 끊임없이 공동체를 세운다.⁷¹ "무엇보다도 이러한 하나님의 자기 희생은 그리스도인들 가운데 사랑을 증진시켜, 하나님이 그(그리스도인)를 자기 자신에게로 끌어내어 일으켜 세우신 그 사랑에 부합하게 한다."⁷²

마지막으로 G.D. IV:3, ii에서, 바르트는 성령을 그리스도를 전파하기 위해 공동체를 보내고, 기독교의 희망을 양성하는 것으로 본다. 교회는 "성령의 강력한 역사 속에서도 아직 그 목표에 도달하지 못했다."⁷³ 성령은 새 시대에 속하지만, "아직 임하지 않은"Not Yet 시대에 속한다.⁷⁴ 하나님은 아직 "우주적이고, 배타적이고, 궁극적인 영광"으로 나타나지 않았다.⁷⁵ "하나님 자신이 그리스도인을 소망 가운데 생명으로 깨우는 성령이다."⁷⁶ 바르트가 예견하지 않은 것을 1950년대와 1960년대 작가들이 예견한 것은 상대적으로 거의 없다.

18. 3. 오순절운동의 출현과 발흥

어떤 "주류" 학자가 오순절주의에 대해 글을 쓰면서 당혹감을 느끼는 데에는 적어도 네 가지 이유가 있다. 첫째는 따뜻하고 공감적인 접근법은 종종 진실하지 않은 것으로 해석된다는 것이다. 『오순절주의 신학 저널』에 실린 서평들은, 그들이 소통을 추구하고, 진심으로 오순절운동의 헌신과 경건을 존경하는 것일지라도 때때로 묵살되었다. 결국 요즈음에는 비난 때문에

---

70. Barth, *C.D.* IV: 2, sect. 66; vol. 10, p. 511.
71. Barth, *C.D.* IV: 2, sect. 67; vol. 10, pp. 614-726.
72. Barth, *C.D.* IV: 2, sect. 68; vol. 10, p. 727; 참조. pp. 727-840.
73. Barth, *C.D.* IV: 3, ii, sect. 73; vol. 12, p. 903.
74. Barth, *C.D.* IV: 3, ii, sect. 73; vol. 12, p. 903.
75. Barth, *C.D.* IV: 3, ii, sect. 73; vol. 12, p. 915.
76. Barth, *C.D.* IV: 3, ii, sect. 73; vol. 12, p. 941.

단순히 "사교적인" 언급만을 하게 만들었다. 엄청난 양의 오순절주의 자료들을 읽는 동안 나는 그들의 따뜻한 헌신에 대한 나의 순수한 찬사가 건설적이고 비평적인 대화를 가져올 것이라고 상상했다. 그러나 나는 저자에 대해 "그는 우리와는 전혀 다르다"라고 말하는 평론과 기사로 인해 실망하게 되었다. 이것은 우리가 무엇을 더 기대할 수 있을까?를 내포하고 있다.

그럼에도 불구하고, 나는 두 가지 사실로 인해 용기를 얻었다. 첫째, 나와 대화를 나눈 많은 오순절주의자들은 그런 반응에 유감을 표하며, 대부분의 오순절주의자들이 그런 입장을 거부할 것이라고 주장한다. 둘째, 오순절 운동의 어떤 원리는 오순절주의자 내부로부터, 그들 자신에 의해 어느 정도 조건이나 추가사항을 받아들였다. 고든 피, 프랭크 마키아, 벨리 마티 카르카이넨이 대표적인 예이다. 따라서 대담한 잠재적 "수정"이나 최소한 조건 정도는 오순절주의자 자신들로부터 어느 정도 지지를 얻을 가능성이 있다. 나와 같이 많은 오순절주의자들은 전형적인 오순절주의에서 용어상의 원초적 오해와 하나님에 대한 진정한 경험을 구분하고 있다. 그러나 우리는 지나치게 단순화해서는 안 된다. 제3부의 나머지 부분은 독실한 오순절주의자들과 갱신운동에 공존하는 매우 다양한 주제와 단계들을 고찰하고 있다. 비록 이것이 이 책에서 상당한 분량을 이 운동에 할애한 유일한 이유는 아니지만, 전 세계적으로 오순절주의 교회의 규모와 성장은 이제 건설적인 상호 대화가 시급하게 필요함을 시사한다. 그리하여 나는 수많은 오순절주의 저서뿐만 아니라 전 세계의 오순절주의 웹 사이트까지도 섭렵하였다. 이 자료들은 협소한 교조주의로부터 민감하고 감동적인 자기비판까지 망라하고 있다.

나는 극도의 염려나 망설임 때문에 세 번째 이유는 아직 말하지 않았다. 전부는 아니지만 일부 오순절주의 작가들은 소위 저명한 학자들과의 대화에 대해 잘 하면 보이지 않는 "박해" 의식 또는 피해망상으로, 심한 경우에는 전도된 우월의식으로 묘사될만한 것을 보여준다. 어떤 학자들은 인정을 받는다. 예를 들어 고든 피는 탁월한 오순절주의 신학자이다. 그는 성경과 관련하여, "성령세례"라는 용어의 용법에 의문을 제기함으로써 동료 오순절주의자로부터 비난을 받았다.[77] 클라크 피녹은 귀기울일만한 오순절주의 목소리에 충분히 민감하다. 제임스 던은 논쟁의 여지가 있을 수 있지만, 그는 주의를 기울여야할 정도로 충분히 진지하게 오순절주의 견해를 받아들였다. 이 책에서 우리는 오순절주의 저자인 고든 피, 로저 스트론스태드, 그리고 갱신주의 저자인 맥스 터너, 좀 더 폭넓게 프랭크 마키아, 벨리 마티 카르카이넨 등을 상세하게 고찰했다. 대부분의 오순절주의자들은 바울에게 감정과 예배가 모두 중요했음을 인식하면서, 감정과 예배에 반발하는 생각이나 마음을 품지 않는다. 그러나 나는 제임스 스미스의 『방언에 대한 생각』 Thinking in Tongues(2010)의 서론을 읽고 실망했다. 마치 모든 성경학자나 신학 학자들이 그가 한 때 분명히 마주했던 계몽주의나 이성주의 가정을 공유하고 있는 것처럼, 그는 "어색한 사교적인 말"로 타락한 "학문적 경고와 우월의식의 이상한 조합"에 대해 말한다.[78] 분명히 오순절주의자는 매우 다른 방법과 태도를 가지고 있다.

극도로 조심하고 머뭇거리는 데는 한 가지 이유가 더 있다. 신학이나 종교의 역사학자라면 누구나 1901년 찰스 파햄과 1905-6년 윌리엄 시모어의 지도하에 미국에서 일어난 그 운동의 초기 출현을 살펴보는 것이 이해하기에 가장 좋다고 생각할 수 있다. 그러나 오순절주의 문헌은 종종 이러한 접근법을 "유럽 중심"(이는 미국인에게는 이상하다)이라고 거부한다. 그리고 세계의 다른 곳에서 이보다 이전에 있었던 오순절주의 부흥에 대한 일화 중심의 설명을 주로 인용한다. 다시 말하면 그 이유들은 쉽게 이해될 수 있고, 우리는 그러한 부흥의 발생을 즉시 인정할 수 있다. 그러나 파햄과 시모어로 시작된 그 운동의 세계적 기원과 결과를 폄하하는 것은 아무런 도움이 되지 않는다. 사실 나의 박사과정 졸업생 중 한 명인 한국인 전안 영란Yongnan

---

77. Eldridge, "Pentecostalism, Experimental Presuppositions, and Hermeneutics," at the 20th annual meeting of the Society of Pentecostal Studies (Dallas, Nov. 8-10, 1990)를 보라.
78. James K. A. Smith, *Thinking in Tongues: Pentecostal Contribution to Christian Philosophy* (Grand Rapids: Eerdmans, 2010), p. xii.

Jeon Ahn 박사는 현재 대한민국 대전의 오순절신학교 학장으로 있는데, 그녀는 파햄과 시모어의 작품을 살핌으로써 오순절주의 해석학에 대한 연구를 시작하기로 했다.[79] 그러나 폴슨 풀리코틸Paulson Pulikottil은 이렇게 쓰고 있다. "사실상 유럽 중심의 오순절주의 역사는, 오순절주의 역사를 [파햄의 인도 아래] 토피카 부흥에서 시작하여, [시모어의 인도 아래] 아주사 스트리트 선교회에서 추진력을 얻고 전 세계로 퍼져나간 것으로 묘사한다."[80] 우리는 곧 아시아와 다른 지역의 기원도 고찰할 것이다.

우리는 일부 오순절주의의 기원을 성결운동까지 거슬러 올라간다는 점을 인정할 수 있다. D. L. 무디와 찰스 피니를 포함하여, 성결운동은 아마 최초로 성화를 "과정"이라기보다는 "사건"으로 보았을 것이다. 더 설득력 있는 것은 에드워드 어윈에게서 전 역사를 발견하는 것인데, 어떤 사람들은 몬타누스주의, 터툴리안, 심지어 시리아 교회까지 거슬러 올라간다. 우리는 이 운동이 캘커타에서 시작되었는지 여부에 관계없이, 파햄과 시모어를 시작으로 많은 오순절주의자들을 포함한 대부분의 저자들을 추적할 것이다.[81]

(1) 찰스 폭스 파햄Charles Fox Parham(1873-1929). 파햄은 부분적으로 그의 노골적인 인종차별적 말투 때문에 일부 작가들 사이에서 시모어에 의해 부분적으로 가려졌다. 그러나 그는 캔자스에 있는 감리교회의 목사였으며, 캔자스 주 토피카에 성경 학교를 설립했다. 이곳에서 그는 칭의(또는 회개), 성화, 성령세례, 신유, 그리고 전천년설에 바탕을 둔 임박한 종말, 또는 그리스

---

79. Yongnan Jeon Ahn, "A Formulation of Pentecostal Hermeneutics and Its Possible Implication for the Interpretation of Speaking in Tongues and Prophecy in 1 Corinthians 12-14" (Ph.D. diss., University of Nottingham, May 2002), pp. 4-29.
80. Paulson Pulikottil, "East and West Meet in God's Own Country: Encounter of Western Pentecostalism with Native Pentecostalism in Kerala," *Cyber Journal for Pentecostal-Charismatic Research, Kerala, India*.
81. Donald W. Dayton, *Theological Roots of Pentecostalism* (Grand Rapids: Baker Academic, 1987), pp. 20-24; Walter J. Hollenweger, *The Pentecostals* (Peabody, MA: Hendrickson, 1972), pp. 21- 24; Gary B. McGee (ed.), *Initial Evidence: Historical and Biblical Perspectives on the Pentecostal Doctrine and Spirit Baptism* (Eugene, OR: Wipf & Stock, 2007), pp. xiii-xx and 72-95.

도의 재림의 "오중" 복음 또는 "순"복음full gospel을 가르치기 시작했다. 비록 이 "오중" 복음은 구원, 성령세례, 치유, 그리스도의 재림이라는 "온전한" 사중 복음으로 발전했지만, 이 다섯 가닥은 공식적인 오순절 신학이 되었다. "다섯"이 "넷"으로 대치되었고, 도널드 데이튼이 말한 대로, "이 네 가지 주제는 오순절운동 내에서 매우 보편적이다."[82]

치유에 대한 파햄의 관심은 치유에 대한 성경 기사뿐만 아니라, 어린 시절 건강이 좋지 않은 데서 비롯되었다는 주장이 있다. 그는 9살 때부터 류마티스 열병으로 고생했다. 1890년 그는 사우스웨스트 캔자스 대학에 입학하여 학업에 열중했다. 1893년 감리교회에서 목사 안수를 받았으나, 1895년 단독 사역을 위해 떠났다. 그의 두 가지 주요 사역은 치유의 집을 설립한 것과 성결운동 잡지인 『사도적 신앙』*Apostolic Faith*을 발간한 것이다. 그는 성결운동 내에서 친구 프랭크 샌포드Frank Sandford(1862-1948)로부터 방언에 대한 기사를 들었다. 그는 이를 외국어 또는 "제노랄리아"*xenolalia*의 사례로 여겼다. 그는 또한 방언이 요엘 2:23에 따라(KJV/AV) 성령의 "늦은 비"를 구성하여, 그리스도의 전천년적 재림을 안내한다고 생각했다. 1901년 6월, 이 경험이 토피카에서 그의 제자 중 한 명에게 발생했다. 그리고 나서 이 일은 그의 제자 절반에게까지 퍼졌다.

오늘날 많은 신약학자들과 마찬가지로 파햄도 "성령의 종말론적 특성"이라고 부를 만한 것을 보았다. 그러나 그에게 있어서 그것은 전천년주의와 "성령세례"라는 말과 불가분의 관계를 맺고 있었다. 파햄은 요엘 2:23(베드로가 행 2:16-21에서 인용한 2:28이 아니라)에 따라, "이른 비"를 오순절에 성령의 부어주심의 완성으로 보았고, "늦은 비"는 그리스도의 재림 직전에 새롭게 성령을 부어주는 것으로 보았다. 치유와 이적적인 현상은 "메마름"의 시기(특별히 18세기와 19세기의 메마름) 후에 올 것이고, 이는 종말의 전조이다. 전천년적 견해는 그리스도의 재림이 지상적 또는 물리적 천년, 또는 그리스

---

82. Dayton, *Theological Roots*, p. 22.

도의 천년 통치 전에 있다고 본다. 파햄의 독특한 기여는 그의 말에 따르면, 방언이 "성령세례에서 분리될 수 없는 부분"이라고 주장하는 것이었다.[83] 분명히 넘치는 기쁨, 고함, 무아지경과 같은 현상은 성령의 "참된" 증표가 아니며, 방언이 핵심 증거였다. 그 기초는 단순히 20세기의 사도행전 기사에 대한 "갱신운동자적" 재현이었다. 베드로와 고넬료의 만남(행 10:46)이 이를 확인시켜준다고 말한다.

이와 같이 방언은 첫째, 새로운 오순절의 증표 또는 성령세례이다. 둘째, 그것은 시대의 종말과 임박한 그리스도의 재림과 천년왕국을 의미한다. 셋째, 그것은 복음 전도와 선교의 역할을 한다. 파햄은 이 주제들을, 사도 시대를 반영한다고 믿었기 때문에 "사도적 신앙 운동"이라고 불렀다. 1903년 그는 이 주제들을 일생동안 강조했던 치유와 결합시켰고, 캔자스 부흥운동에서는 수천 명의 개종자가 뒤따랐다. 파햄은 텍사스에서 그의 "순"복음을 전했으며, 휴스턴에서 더 큰 성장이 있었던 것으로 보인다. 그렇게 개종한 사람 중 한 명이 윌리엄 시모어였는데, 그는 이것을 로스앤젤레스에 전파했다. 파햄의 운동은 1906년에 정점에 이르렀고, 추종자는 거의 만 명에 이르렀다. 파햄은 그들을 결속시키려 했으나 파벌로 나뉘었다. 고대의 고린도 교회에서처럼, "성령의 연합"이 주도권과 권력에 대한 주장으로 변한 것 같았다. 존 알렉산더 도위와 월버 글렌 볼리바가 권력에 굶주린 분열을 이끌었다. 1907년 파햄은 부도덕한 혐의로 고소를 당했다(또는 누명을 썼다). 비록 고소는 기각되었지만, 파햄은 신용과 지도력을 상실했다.

(2) **윌리엄 조지프 시모어**William Joseph Seymore(1870-1922). 시모어는 1906-1909년 아주사 스트리트 부흥 기간 동안 로스앤젤레스의 아주사 스트리트 사도적 신앙 선교회의 목사로 기억되고 있다. 그의 부모는 아프리카계 미국인 노예였다는 점과 그는 어린 시절 일자리를 찾아 루이지애나와 인디아나폴리스에서 지냈다는 점을 제외하고, 그의 어린 시절은 거의 알려져

---

83. Charles F. Parham, *A Voice Crying in the Wilderness* (Baxter Springs: Apostolic Faith Bible College, 1902), p. 35.

있지 않다. 그의 개종은 성공회 감리교의 배경에 있었을 가능성이 있지만, 그는 이 교회가 "전천년설", "예언" 또는 "특별 계시"를 인정하지 않았기 때문에 떠난 것이 분명하다. 시모어는 1902-3년에 휴스톤을 여행했다. 1905년 찰스 파햄의 성경 학교에서 공부했으며(흑인으로서, 강의실 창문 밖에서), 그곳에서 파햄으로부터 "성령세례"를 배웠다. 1906년 로스앤젤레스의 흑인 공동체는 그를 그들의 작은 성결운동선교회의 목사로 초청했다.

처음에는 어려웠으나, 시모어는 아주사 스트리트 선교회에서 정기적으로 설교했고, 1906년부터 1909년까지 3년 동안 부흥이 있었다. 그는 많은 흑인 교회에 친숙한 "부르심과 응답" 식의 설교를 했다고 한다. 분명히 그는 "주의 영이 내게 임하셨으니"(눅 4:18-19)와 같은 좋아하는 오순절주의 본문들을 집중적으로 설교했다. "믿는 자들에게는 이런 표적이 따르리니, 곧 그들이 … 귀신을 쫓아내며, 새 방언을 말하며, 뱀을 집어 올리며 …"(막 16:17-18). "그들이 다 성령의 충만함을 받고 … 다른 언어들로 말하기를 시작하니라"(행 2:4). 시모어는 이런 종류의 모임이 모든 국적으로부터 자유하게 했다고 쓰고 있다. 그는 "방언"을 교회 일치와 국제적인 자유와 연합의 증표로 여겼다.[84] 방언은 경계를 허무는 것으로 보였다.

아마 예기치 않게 1906년 10월에 파햄이 시모어의 교회를 방문했을 때, 그는 "동물과 같은, … 무아지경, … 떨림, … 중얼거림, … 지껄임, … 의미 없는 소리와 소음"에 혐오스럽다는 반응을 보였다. 그중 어느 것도 그가 성령세례의 증거라고 생각할 만한 것은 없었다.[85] 시모어 자신도 일부 현상을 부인하고, 사랑의 열매를 강조했다. 그러나 많은 언론인과 기자들은 시모어의 설교를 "뒤죽박죽 뒤섞은 성경 구절"과 "지옥 불과 유황이 불타는 호수"

---

84. D. T. Irwin, "Drawing All Together in One Bond of Love," *JPT* 6 (1995): 27, 특히. n. 5.
85. C. M. Robeck, "Seymour, William Joseph," in *International Dictionary of Pentecostal and Charismatic Movements* (*NIDPCM*), ed. Stanley M. Burgess (Grand Rapids: Zondervan, 2002-3), pp. 1055-56; 참조. pp. 1053-58.

를 예언하는 "고함", 그리고 문자주의 성경 해석이라고 비웃었다.[86]

다시 한번 많은 사람이 "연합의 성령"을 외쳤으나, 파햄이 시모어의 교회와 부흥을 인수하려는 것을 막을 수 없었다. 그러나 시모어의 추종자들은 그에게 저항했다. 파햄은 시모어의 교회로부터 다섯 블럭 떨어진 곳에 경쟁 교회를 개척했다. 루벡에 따르면, 시모어는 품위가 있었고, 자기를 내세우지 않았으며, 그의 회중들로부터의 응답에 용기를 얻었다. 동시에 파햄은 흑인과 백인이 섞이는 것을 찬성하지 않았다. 반면 시모어는 인종 간의 협력을 긍정적으로 장려했으며 점차 성령세례의 증거로써 강조했다. 그러나 방언은 여전히 그의 주된 기준이었다. 사도적 신앙 신문의 구독자는 50,000명에 달했다.

시모어가 연합을 호소했음에도 불구하고, 분열은 계속되었다. 그는 1908년에 결혼했으나, 이것은 신문 편집자인 플로렌스 크로포드가 독자들의 명부를 빼돌려 포트랜드로 옮겨가는 계기가 되었다. 시모어는 분열을 해결하려 했으나 성공하지 못했다. 1907년부터 1919년까지 그는 알라배마, 일리노이, 그리고 다른 여러 주들을 여행했다. 그러나 이마저도 윌리엄 더햄과 갈등을 빚었고, 더햄은 경쟁 교회를 세웠다. 결국 시모어의 회중은 점차 감소했으며, 그는 "그를 초청했던 사람들에게" 버림받았다는 것을 깨달았다.[87] 그는 1922년 심장마비로 죽었다.

(3) 세계 다른 곳의 자생적 기원들. 오순절주의의 세계적 기원에 대한 오늘날의 설명은 앨런 앤더슨과 월터 홀렌베거가 편집한 『오순절주의 1세기』 *Pentecostalism after a Century: Global Perspectives on a Movement in Transition*에서 찾아볼 수 있다.[88] 이 책은 최근의 발전을 고찰하면서, 대부분의 장들은 기원에

---

86. Robeck, "Seymour," in Burgess, *NIDPCM*, p. 1055.

87. Robeck, "Seymour," in *NIDPCM*, p. 1057.

88. Allan H. Anderson and Walter J. Hollenweger, *Pentecostals after a Century: Global Perspectives on a Movement in Transition*, JPTSS 15 (Sheffield: Sheffield Academic, 1999).

대한 항목을 싣고 있다. "흑인 오순절주의의 뿌리"에서는 시모어뿐만 아니라, "제3세계의 '비백인계 토착 교회들'의 오순절주의 또는 오순절주의 계통, 소위 '아프리카 토착 교회'"를 고찰한다.[89] 홀렌베거는 이렇게 주장한다. 아프리카에서는 "예배의식문 또는 구두 신학이 이야기 형식을 취한다. 전 공동체가 최대한 참여한다. 꿈과 환상은 일반적인 특징이다."[90] 이것은 20세기 첫 10년 이전 아프리카에 대해 알려진 것이다.

이홍정Lee Hong Jung은 "민중과 한국의 오순절운동"을 논한다.[91] 민중은 사회적 문화적 소외와 함께 정치적 억압을 의미한다. 한국은 1907년 이전에 일본에게 점령을 당했고, 일본, 러시아, 중국 간 권력 다툼에 희생양이 되었다. 1907년 평양 대부흥운동은 "오순절주의 부흥운동"의 열정을 대규모 부흥회와 결부시켰다.[92] 그러나 부정적인 면에서는 민족주의적 경향, 일본에 대한 미움, 그리고 혼합주의의 위협이 있었다. 그러나 한국교회는 "산불처럼" 성장했다.[93] 2007년 나는 서울에서 이 부흥의 100주년 기념 행사에 참여하는 영광을 얻었다.

후안 세풀베다Juan Sepulveda는 "토착 오순절주의와 칠레의 경험"이라는 장을 기고했다.[94] 그는 이렇게 쓰고 있다. "칠레의 오순절주의는 … 로스앤젤레스와 동시대의, 독립적인 발전의 결과이다."[95] 1905년과 1906년에 천연두의 유행과 대지진이라는 두 가지 비극이 발파라이소를 강타했다. 1907년 인도 묵티 출신의 미니 아브람스Minnie Abrams와 관련하여 오순절주의 교리

---

89. Anderson and Hollenweger, *Pentecostals after a Century*, p. 34.
90. W. J. Hollenweger, "The Black Roots of Pentecostalism," in *After a Century*, ed. Anderson and Hollenweger, pp. 38-39; 참조. pp. 33-44.
91. Lee Hong Jung, in *After a Century*, ed. Anderson and Hollenweger, pp. 138-60.
92. Jung, in *After a Century*, ed. Anderson and Hollenweger, pp. 141-43.
93. R. E. Shearer, *Wildfire: Church Growth in Korea* (Grand Rapids: Eerdmans, 1966).
94. Juan Sepúlveda, "Indigenous Pentecostalism and the Chilean Experience," in *Pentecostals after a Century*, ed. Anderson and Hollenweger, pp. 111-35.
95. Sepúlveda, "Indigenous Pentecostalism," in *Pentecostals after a Century*, ed. Anderson and Hollenweger, p. 113.

와의 첫 접촉이 일어났다. 1910년 2월에 오순절주의 컨퍼런스가 열렸다.

이것은 세계적인 기원들에 대한 유일한 설명이 아니다. 마크 카트리지는 1903년부터 1907년 절정에 도달했던 한국의 평양 부흥에 대해 자세히 설명한다.⁹⁶ 그는 또한 1904-5년 웨일즈 부흥과 몽크웨어마우스와 같은 미국 밖에서의 오순절주의 기원에 대해 말한다. 빈슨 사이난 역시 1904년 웨일즈 부흥과 조지프 스멜의 개입을 인용했다.⁹⁷ 사이난은 인도에서의 시작에 대해 논의하면서 이렇게 주장한다. "1908년 갑자기 방언이 터졌다. 그것은 아주사 집회의 모든 특징을 갖춘 것이었다." 그리고 논쟁적으로 이렇게 덧붙인다. "1905-08년 사이에 판디타 라마바이Pandita Ramabai의 인도에 따라, 한 소녀 고아원의 원생들이 영어, 그리스어, 히브리어, 산스크리트어로 말하고 기도했다."⁹⁸ 그러나 대부분의 오순절주의들조차도 이제 "방언"이 알려진 외국어를 의미하는지 의심스러워할 것이다. 사이난은 (노르웨이, 덴마크, 독일을 포함하여) 세계의 많은 곳을 아주사 스트리스 현상의 간접적인 영향이라고 한다.

18. 4. 오순절주의의 두 번째 양상
: 통합과 분열 : 가르, 이워트, 벨, 그리고 하나님의성회

(1) 알프레드 가르Alfred G. Garr(1874-1944)는 1906년 아주사 스트리트 부흥에서 성령세례를 받은 초기 지도자 중 한 사람이다. 원래 침례교도였던 그는 켄터키 주 윌모어에 있는 애쉬베리 대학에 입학하여, 인도에서의 선교

---

96. Mark J. Cartledge, *Testimony to the Spirit: Rescripting Ordinary Pentecostal Theology* (Farnham and Burlington, VT: Ashgate, 2010), pp. 2-3.
97. Vinson Synan, *The Holiness-Pentecostal Tradition: Charismatic Movements in the Twentieth Century* (Grand Rapids: Eerdmans, 1971 and 1997), pp. 86-87.
98. Synan, *The Holiness-Pentecostal Tradition*, p. 105.

사업을 위한 하나님의 부르심을 경험했다. 오순절주의에 대한 그의 독특한 의의는, 파햄이 방언의 "초기 경험"에 대해 대체로 옳았으나, 방언을 현존하는 언어를 이해하는 데 도움이 되는 선교적 은사로 보는 것은 잘못되었다고 확신한 것이다. 그는 캘커타로 여행을 했다. 캘커타에서는 오순절주의 부흥이 진행 중이었다. 가르는 그의 아내 릴리안이 티벳어와 중국 만다린어를 방언의 은사로 받았다고 생각한 것처럼, 성령세례를 받았을 때 처음에는 하나님이 뱅갈어를 은사로 주셨다고 믿었다. 그러나 두 사람 모두 "방언"이 그보다 먼저 일어났을 뿐만 아니라, 그 말도 뱅갈어나 티벳어나 중국 만다린어와는 아무 관계가 없음을 알게 되었다. 몇 주 후 가르는 방언의 선교적 목적에 대한 파햄의 믿음을 수정했다. 이제 방언의 기능은 찬양, 기도, 그리고 어쩌면 능력 부여의 하나로 생각하게 되었다.

캘커타 부흥은 인도의 여러 곳으로 퍼져나갔다. 그러나 1907년 가르는 스리랑카 출신의 한 여성의 "예언"을 지지했다. 예언은 실론의 수도 콜롬보가 9월 23일 지진으로 완전히 파괴될 것이며, 후에는 그 섬이 파괴된다는 것이었다. 그 결과 수천 명이 콜롬보를 탈출했고, 예언이 실패하자 가르는 곤란하게 되었다. 오순절운동은 차질을 겪게 되었다. 그러나 알버트 노턴과 여러 사람이 계속 노력했다. 오순절운동은 첫째, 방언의 목적에는 한 가지 이상의 견해가 있을 수 있다는 것을 배웠다. 둘째, 조심스럽게 "예언"을 받아들였다.

(2) **프랭크 이워트**Frank J. Ewart(1876-1947)는 오순절운동 내부의 또 다른 도전을 대표한다.[99] 이워트는 1908년 성령세례를 체험했는데, 이 일로 캐나다에 있던 그의 침례교회에서 해임되었다. 그는 1911년 로스앤젤레스에서 윌리엄 더햄의 부목사가 되었고, 1912년 그의 후임목사가 되었다. 1913년에는 또 다른 캐나다 출신 오순절주의 목사 로버트 에드워드 맥칼리스터Robert Edward McAlister(1880-1953)를 만나, 그로부터 그리스도의 이름으로 행하는

---

99. Walter J. Hollenweger, *The Pentecostals* (Peabody, MA: Hendrickson, 1972), pp. 31-32를 보라.

세례에 대해 들었다. 이 두 관계에 대한 그의 성찰은 파햄-시모어 논쟁과 전통을 제3의 방향으로 수정하게 했다. 그는 그리스도의 이름만으로 세례를 행하고, 그리스도의 이름에 대해 묵상할 뿐만 아니라, 삼위일체에 대한 믿음보다는 하나님의 단일성, 즉 "단일"운동Oneness Movement을 기대했다. 어떤 의미에서 이는 전통적인 삼위일체 신학에서 벗어나는 일이었다. 또 다른 방향으로는 그리스도의 중심성을 희생하면서 성령에 대한 과도한 열중을 피했다. 그러나 "단일"운동은 하나님의성회 내부에서 계속되면서, "새로운 이슈" 또는 "오직 예수"만으로 알려지게 되었다. 그로 인해 그리스도의 완성된 사역에 대한 더햄의 가르침을 재고하고, 오순절운동을 더 분리하고 분열로 몰아갔다.

(3) 유도러스 벨Eudorus N. Bell(1866-1923)과 하나님의성회. 하나님의성회는 주로 초대회장 유도러스 벨과 그의 동료인 하워드 고스, 마크 핀슨 등의 노력으로, 1913년에 설립했다. 벨은 플로리다 출신의 침례교 목사로서, 남침례교 신학교와 시카고 대학교를 다녔다. 그는 1908년 오순절주의 "성령세례"를 받았다. 그는 1913년 12월, 아리조나 주의 핫스프링스에서 개최된 오순절주의 교회협의회에서 공유할 "사명"을 발표했고, 이로써 하나님의성회가 시작되었다. 그는 1917년부터 1919년까지 『오순절주의 복음』을 발행했고, 1920년에는 하나님의성회 회장으로 재지명되었다. 그러나 하나님의성회 안에는 분리와 분열이 잠복하고 있었다. 벨은 나중에 삼위일체론으로 돌아오기는 했지만, "단일"운동에 참여하고 재세례를 받았다. 아마도 "단일"운동으로 간 것은 성령에 대한 과도한 강조로 인한 과잉보상이었을 것이다. 그는 여성의 목사 안수를 반대했다.

(4) 에이미 셈플 맥퍼슨Aimee Semple McPherson(1890-1944)과 사중복음Four Square Gospel. 에이미 셈플 맥퍼슨은 1919년 하나님의 성회에서 "전도자"로 임직하고, 3년 후에 사임했다. 1909년 그녀는 윌리엄 더햄에 의해 한 오순절주의 공동체에서 임직했다. 그녀와 그녀의 남편은 도착한 그해부터 남편 로버트 셈플이 죽을 때까지 중국에서 "자비량" 선교사로 있었다. 그녀는 1921

년 로스앤젤레스에 정착하고 일련의 세계 선교 여행을 시작했다. 그녀의 저서로는 『그리스도의 재림』*The Second Coming of Christ*(1921) 등이 있다. 가장 중요한 것은 "사중복음"*the Square Gospel*을 가르치기 시작한 것이다. 1924년부터는 수많은 라디오 설교를 했다.

에이미 셈플 맥퍼슨은 1923년에 "국제 사중복음 전도 등대" 성경 대학을 설립했다. 그녀는 그리스도를 (1) 구주(요 3:16), (2) 성령으로 세례를 베푸는 분(행 2:4), (3) 치료자(약 5:14-15), (4) 오실 왕(살전 4:16-17)으로 설교했다.[100] 그녀는 아마도 수백만의 사람들에게 엄청난 영향을 끼쳤는데, 그중에는 우울증으로 고통 받는 사람들도 있었다. 1926년 이후 그녀의 사역의 많은 부분에서 논란과 모호한 상황에 빠진 것 같다. 이는 파햄 이후 여러 지도자들의 운명이었다. 그녀는 1930년에 신경쇠약이라는 문제로 고생했고, 1936년에는 『나에게 하나님을 주소서』*Give Me My Own God*라는 제목의 책에 대해 상당히 대립적인 이유로 찬반양론이 있었다. 그녀는 하나님을 찾았던 초창기 시절, 갑자기 터져 나온 "방언" 현상의 몇 마디 설교를 들었다. 그녀는 이를 불신자들에게 나타내신 하나님의 자기 증거의 증표로 해석했고, 이를 경험하라고 촉구했다.

(5) 이반 퀘이 스펜서Ivan Quay Spencer(1888-1970)는 1933년 엘림 공동체 교회를 설립했다.[101] 그는 원래 성공회 감리교회에 출석했는데, 1912년에 "성령세례"를 받았다. 1915년 그는 엘림 성막 교회의 목사가 되었다. 1919년 뉴욕 하나님의성회에 가입했고, 1924년에는 엘림 성경 학원을 설립했다. "엘림"이 좀 더 폭넓고, 대다수 오순절주의 그룹보다 다른 신념과 관습에 좀 더 관대했다는 점을 제외하고, "오순절주의"와 "엘림" 사이를 분명히 구분하기는 어렵다. 그럼에도 불구하고 엘림은 북아메리카 오순절주의연합회의 회원이었다. 한편 워너에 따르면, 엘림 공동체는 광신적인 예언과 신자의

---

100. Aimee Semple McPherson, *The Four Square Gospel*, ed. Raymond Cox (Los Angeles: Foursquare Publications, 1969), p. 9.
101. E. E. Warner, "Elim Fellowship," in *NIDPCM*, p. 598.

"선택적 휴거" 개념으로 비판을 받았다. 스펜서는 1948년 소위 "늦은 비의 새 질서"New Order of the Latter Rain, 즉 연합 회복을 위한 부흥운동을 시작했다. 그러나 사실상 이 운동은 붕괴와 불일치의 원인이 되었다.

미국의 엘림 공동체는 아일랜드의 "엘림 오순절 교회"와 혼동되어서는 안 된다. 이 교회는 1915년 웨일즈 오순절주의 전도자 조지 제프리스George Jeffreys(1876-1943)가 설립했다. 1919년 영국에서는 엘림 오순절 연합이 결성되었고, 1920년까지 15개의 교회들이 연합체를 구성했다. 1920년대에 엘림 공동체와 하나님의성회가 모두 영국에서 나타났다. 예를 들면 퍼시 스탠리 브류스터Percy Stanley Brewster(1908-80)는 조지 제프리스의 사역으로 회심했고, 런던 이스트햄의 청년 지도자였으며, 버밍햄과 웨일즈에서 성공적으로 십자군을 이끌었다.

18. 5. 표준적인 오순절주의 주제와 용어

거의 끝없는 "분열"에도 불구하고, 일부 주제와 용어들은 사실상 모든 오순절주의 신학의 중심이다.

(1) 갱신운동Restorationists. 이 주제는 고전적 오순절주의의 중심에 서 있다. 이것은 성경 기사에 나타난 대로 1세기의 성경적 조건들을 복원하려는 시도를 의미한다. 사도행전에서 사도들이 행한 정확한 관습에는 사도행전 2장의 방언의 정확한 복제와 1세기 세례 관습, 이적, 교회 조직이 포함될 것이다. 고린도전서 12-14장은 유사한 자료들을 담고 있다. 그러나 사도행전에서는 본문을 그 당시, 그 장소에만 관계된 것으로 보지 않고, 반복을 목적으로 기술된 것으로 취급한다. 이것의 결론은 교부시대와 중세 교회는 긍정적이고 창의적인 전통이 아니라 쇠퇴를 상징한다는 것이다. 급진적인 종교개혁자들은 대부분 갱신운동자였지만, 대부분 고전적인 종교개혁자들은 이 과정을 오직 선별적으로 시작했다고 주장할 것이다.

(2) **전천년설과 휴거**Premillenialism and the rapiture. 이 용어들은 미국에서는 친숙했지만 영국과 유럽에서는 친숙하지 않았다. 헨리 드러먼드Henry Drummond(1786-1860)와 에드워드 어빙(1792-1834)은 계시록에 예언된 많은 사건들을 현재에 적용했다. 그 후 존 넬슨 다비John Nelson Darby(1800-1882)는 그리스도의 지상 재림으로 천년왕국의 시작, 즉 그리스도가 지상의 천년왕국 이전에 오실 것이라는 전천년설적 견해를 주장했다. 실제로 다비는 그리스도의 이중 재림을 믿었다. 첫 번 재림에서는 신실한 자들이 휴거로 "들어 올려질" 것이고(살전 4:17에 호소하여), 대환란 시기로부터 구원을 받을 것이다. 그리스도는 그 후에 다시 오실 것이다(고전 15:24에 근거하여). 이 견해는 스코필드 관주성경Scofield Reference Bible(1927)의 사용으로 대중화되었다. 전천년설은 고전적 오순절주의의 중심에 자리 잡고 있지만, 모든 "전천년주의자들"이 오순절주의자인 것은 아니다. 전천년설은 1948년 유대인 국가 창설로 이끌었던 밸포어 선언이 있던 1917년 이후의 세계적 사건에 대한 미국인의 정치와 태도에 상당한 영향을 끼쳤다.

우리는 요한계시록과 몇몇 다른 책들이 부분적으로 1세기에 적용되었음을 생각해야만 한다. 그 예언들은 나머지 18세기 동안은 적용되지 않았다. 그러고 나서 20세기와 그 이후에 적용되었다. 달라스 신학교의 존 왈부어드는 이러한 견해를 지지했고, 할 린제이의 『위대한 행성 지구의 종말』과 팀 라헤이의 『그 날 후에 남은 자들 시리즈』에 의해 대중화되었다.[102] 소수의 오순절주의자들은 이 견해에 대해 의구심을 표명했다.

(3) **성령세례**. 이것은 오순절주의의 핵심 주제이며, 종종 갱신운동의 핵심 국면이다. 그것은 그리스도인의 명백한 경험이며, 대부분 사도행전 2:1-4과 마태복음 1:8의 약속에 비추어 이해되고 있다. 사도행전 2:4은 이렇게 기록하고 있다. "그들이 다 성령으로 충만함을 받고." 사도행전 11:16과

---

102. Anthony C. Thiselton, *1 and 2 Thessalonians through the Centuries*, Blackwell Bible Commentaries (Oxford: Wiley-Blackwell, 2011), pp. 115-45, 특히. pp. 143-45를 보라.

10:44-46에는 추가 언급이 있다. 두 가지 반론이 자주 사용된다. 대부분의 그리스도인은 성령이 성화시킨다는 데 동의한다. 쟁점은 성화를 하나의 사건으로 이해해야 하는가(오순절주의의 견해), 수년 동안 종종 투쟁이 뒤따르는 과정으로(루터, 핫지, 카이퍼) 이해해야 하는가의 여부이다. 문제가 되는 것은 "거룩"이라는 단어의 이중 의미이다. 어떤 의미에서 모든 그리스도인은 하나님께 속해 있기 때문에 거룩하다. 그러나 두 번째 의미에서 그리스도인들은 성화의 과정에 참여함으로써 거룩해진다. 따라서 일부 오순절주의자들, 예를 들어 고든 피는 "성령세례"라는 용어의 "사건적" 특성에 대해 유보적인 태도를 보인다. 실제로 어떤 사람들은 비록 실현된 종말론의 문제가 제기되더라도, 성령으로 충만하게 되는 것에 대해 말하는 것을 더 좋아한다.

이 용어에 대한 두 번째 문제는 성경 본문(특히 고전 12:13)에 있는 용어의 의미와 오순절주의 해석 사이의 관계이다. 대부분 던에 의해 제기된 일련의 질문들이 가장 유명한데, 이에 대해 많은 사람이 "대답"을 했다.[103] 현재의 저자들을 포함하여 어떤 사람들은 오순절주의자들이 주목을 끄는 경험의 실재를 인정한다. 그러나 그들이 그 경험에 대해 성경적으로 올바르게 용어를 사용하는지에 대해 의문을 제기한다. 과정, 이후의 갈등, 시험을 배제시켜서는 안 된다. 오순절주의 전통에 있는 사람들 중에는 "성령세례"라는 용어를 포기하지는 않아도 "성령으로 새로워짐"이라고 하면 오해를 줄일 수 있음을 인정한다. 이런 문제에도 불구하고 프랭크 마키아는 최근 성령세례를 오순절주의의 정체성의 표지이며 "조직 원리"로 묘사했다.[104] 그러나 그는 이 주제가 아직 "만들어지고 있는 중"임을 인식하고 있다.[105]

(4) 방언. 의심할 여지없이 사도행전 2장과 고린도전서 12-14장은 이것

---

103. James D. G. Dunn, *Baptism in the Holy Spirit* (London: SCM, 1970), is discussed in parts 1 and 3; see also William P. Atkinson, *Baptism in the Spirit: Luke-Acts and the Dunn Debate* (Eugene, OR: Pickwick, 2011).

104. Frank D. Macchia, *Baptized in the Spirit* (Grand Rapids: Zondervan, 2006), pp. 17 and 21.

105. Macchia, *Baptized in the Spirit*, p. 19.

을 1세기의 현상으로 제시한다. (a) 찰스 파햄은 "제노랄리아"xenolalia를 알려진 외국어로 보았고, 전례 없는 선교 활동과 종말의 때를 예고하는 성령의 진정한 증표로 보았다. 파햄 이전에도 단편적인 "방언" 사례가 있다. 11세기 "이단적인" 순결파에게는 분명히 있었고, 아마도 빙엔의 힐데가르트, 18세기 프랑스의 카미자르에게도 있었으며, 19세기 몰몬교에게는 거의 틀림없이 방언의 사례가 있었다. 논쟁의 여지가 있지만, 어떤 사람들은 훨씬 더 광범위하게 퍼진 초기 현상이라고 주장한다.[106] 많은 혹은 대부분의 고전적 오순절주의자들은 방언을 "처음 증거"initial evidence로 보고 있다.[107] (b) 이미 보았듯이 알프레드 가르는 "방언"을 더 이상 외국어로 보지 않고, 20세기 신약학자 에른스트 케제만이 방언을 자유의 부르짖음으로 여긴 것처럼, 기쁨과 즐거움, 예배의 표현으로 보았다.[108]

(c) 방언과 종말론적 연관성은 마음속에 있는 그리스도의 통치로 볼 수 있다. 고린도전서 14:21과 다른 여러 구절들은 계속해서 논란을 불러왔다. 몇몇 논문들은 여전히 『오순절주의 신학 학회지』에서 이 문제를 논하고 있다. 『하나님의 성회 근본 진리』The Fundamental Truths of the Assemblies of God는 이렇게 선언한다. "성령세례는 다른 언어를 말하는 최초의 육체적 표지에 의해 증명된다."[109] (d) 오순절주의 내부에서는 프랭크 마키아가, 외부에서는 게르트 타이쎈이 "방언"과 로마서 8:26의 "말할 수 없는 탄식"을 연관시켰다.[110] 논란은 계속되고 있다. 우리는 타이쎈, 마키아, 카르카이넨, 그리고

---

106. Ronald Kydd, *Charismatic Gifts in the Early Church* (Peabody, MA: Hendrickson, 1984); Kilian McDonnell and George T. Montague, *Christian Initiation and Baptism in the Spirit: Evidence from the First Eight Centuries* (Collegeville, MN: Liturgical Press/Glazier, 1991).
107. G. B. McGee (ed.), *Initial Evidence*; and Burgess, *NIDPCM*, pp. 784-91.
108. Ernst Käsemann, "The Cry for Liberty in the Worship of the Church," in Käsemann, *Perspectives on Paul* (London: SCM, 1971), pp. 122-37.
109. *Fundamental Truths*, paragraph 8; quoted by Keith Warrington, *Pentecostal Theology: A Theology of Encounter* (London and New York: T&T Clark, 2008), p. 120.
110. Frank D. Macchia, "Groans Too Deep for Words: Towards a Theology of Tongues as

그 외의 사람들에 대해 다음에 더 깊이 논의할 것이다. 24장에서 언급했듯이, 파햄과 시모어 이후 이 현상에 대한 우리의 이해는 대단히 발전했다.

18. 6. J. E. 피슨, N. Q. 해밀턴, 그리고 오스카 쿨만

(1) 조지프 E. 피슨Joseph E. Fison(1906-72)은 옥스퍼드 퀸즈 칼리지에서 수학했고, 신학에서 1등급을 받았으며, 대학원 B.D.학위를 받았다. 전쟁에서 복무한 후 로체스터와 트루노에서 성당참사위원을 지냈으며, 1963년부터 1972년 사망할 때까지 솔즈베리의 주교를 역임했다. 그는 1950년에 『성령의 축복』*The Blessing of the Holy Spirit*을 썼다.[111] 226페이지의 이 작은 책은 스웨트나 바르트의 저서들에는 비할 수 없지만, 기억에 남을 만한 경구나 특색 있는 통찰을 많이 담고 있다.

피슨의 첫 번째 요점은 오순절주의와 일치한다. 그는 "성령은 기독교 종말론의 열쇠"라고 쓰고 있다.[112] 이런 언급은 최소한 오스카 쿨만의 작품 이후 신약학자들 가운데 표준이 되었다. 피슨은 그레고리 딕스의 "현재의 신분대로 되는 것"Become what you are을 케직 사경회의 "소유를 진정으로 소유하는 것"Possessing Your Possession과 비교한다.[113] 그는 또한 오순절주의자처럼 이렇게 선언한다. "우리는 초자연을 상실했다. 초자연의 시금석은 성령이시다."[114] 그는 성령에 대한 창조적 사상의 부재를 애통해한다. 그는 틸리히처럼 성령과 우상숭배로서 준궁극적 상징penultimate symbols인 성령의 활동 사이의 혼동을 알고 있다. 그러나 초자연적 현상에 대한 호소가 자기만

Initial Evidence," *Asian Journal of Pentecostal Studies* 1 (1998): 149-73.
111. Joseph E. Fison, *Blessing of the Holy Spirit* (London and New York: Longmans, Green, 1950).
112. Fison, *Blessing of the Holy Spirit*, p. 4.
113. Fison, *Blessing of the Holy Spirit*, p. 8.
114. Fison, *Blessing of the Holy Spirit*, p. 10.

족적 과신, 피슨이 말하는 "전적으로 비그리스도인적인 거만과 자만"이 되어서는 안 된다.[115] 성령을 유형의 대상으로 대체하는 것은 심지어 방언조차 "성령의 변함없는 자기를 드러내지 않으시는self-effacement, 그리고 항상 오직 주 예수 그리스도를 가리키는 성령의 결정"을 정당화하는데 실패한다.[116] 그는 이렇게 설명한다. "거룩한 분으로서, 그분은 교회, 성례, 이성, 직관, 성경, 또는 경험과 관계없이, 자기 현시의 모든 다른 매개체들과 다르다."[117] 그는 성령의 케노시스kenosis 안에서 자신을 숨긴다.

성령은 그리스도의 십자가로 말미암아 자신을 지워버린다. 피슨은 이렇게 선언한다. "참된 성령론이 없다면, 기독교는 항상 경직되거나 물러진다. 왜냐하면 신비주의나 도덕성이 상실되기 때문이다."[118] 그는 이렇게 말한다. "인간이 다루고 조정할 수 있는 안전한 그것it의 세계는 하나님을 객관화하는 불가피한 경향이 있다."[119] 그는 호그의 『이 세계로부터의 구속』Redemption from This World을 인용한다. "아이들 외에는 아무도 들어갈 수 없는 왕국이 있다. 그곳에서 아이들은 무한한 힘을 가지고 놀고, 아이들의 작은 손가락은 거인족의 세계보다 더 강해진다. 세계가 오직 관용으로 말미암아 존재하는 지혜로운 왕국, 즉 세상은 그날의 견고한 진리 안에서 어리석고 말도 안 되는 꿈처럼 존재한다."[120] 그는 과거의 것에 대한 간접적인 의존과 대조적으로, 거룩하고 살아계신 하나님에 대한 구약의 구절들을 끌어온다(롬 3:5, 19:6; 삼상 6:20; 사 6:5, 11:9; 23:18, 57:15). 구약의 성령에 관한 장에 뒤따라온다.[121]

---

115. Fison, *Blessing of the Holy Spirit*, p. 15.
116. Fison, *Blessing of the Holy Spirit*, p. 22.
117. Fison, *Blessing of the Holy Spirit*, p. 22.
118. Fison, *Blessing of the Holy Spirit*, p. 31.
119. Fison, *Blessing of the Holy Spirit*, p. 38.
120. A. G. Hogg, *Redemption from This World* (Edinburgh: T&T Clark, 1924), pp. 25-26; 그리고 Fison, B*lessing of the Holy Spirit*, p. 45.
121. Fison, *Blessing of the Holy Spirit*, pp. 59-80.

피슨은 바렛과 같이, 그리고 제임스 던과는 달리, 성령에 대한 "공관복음의 침묵"을 주장한다. 그는 예수 그리스도의 탄생과 세례에서 성령의 역할을 인정하면서도 다음과 같이 주장한다. "이는 오순절과 바울서신, 그리고 요한계시록의 모든 긍정적인 풍부함의 전제 조건인 공관복음의 부정적인 침묵이다."[122] 그는 "예수는 성령에 대해 말하기 전에, 그 의미를 재해석해야 했다"라고 설명한다.[123] 예수는 그의 아버지와 교제하며 살았고, 십자가로 이어질 메시아적 소명을 다했다.

피슨은 오순절과 바울에 대해, 모든 것이 그리스도 안에서 "현재"now와 약속된 미래의 "아직 아닌"not yet 사이의 종말론적 긴장에 달려 있다고 주장한다. 그는 이렇게 쓰고 있다. "오순절은 성령이 나타나는 방식과 형태에서는 현시대에 속하고, 또한 성령의 계시의 본질적 맥락에서는 다가올 시대에 속한다. … 사실상 양 시대의 두 끝은 겹친다(고전 10:11)."[124] 피슨은 바울에 대하여 이렇게 선언한다. "바울의 가장 큰 공헌은 성령의 활동의 초자연적이고 종말론적 특성을 일점일획도 손실시키지 않으면서도 윤리에 우선성을 부여한 것이다."[125] 많은 오순절주의자들도 그의 의견을 지지할 것이다. "믿음으로 말미암아 현세적 미래the temporal future를 불가피하게 단축시키는 것은 '성령 안에서' 현재적 영원성preset eternity의 의미이다."[126] 성령은 미래의 "첫 열매"(롬 8:23) 또는 미래의 추수의 "첫 할부금"이다(고후 5:5). 그리스도의 못 박히심은 "우리의 인격을 전적으로 개방시키며 방어를 해제시킨다."[127] 다시 말하면, 우리는 "그리스도의 죽음에서 그리스도와 진정으로 동일시함으로써 … 우리 자신이 될" 것이다(갈 2:20).[128]

---

122. Fison, *Blessing of the Holy Spirit*, p. 90.
123. Fison, *Blessing of the Holy Spirit*, p. 98.
124. Fison, *Blessing of the Holy Spirit*, pp. 115-16.
125. Fison, *Blessing of the Holy Spirit*, p. 121.
126. Fison, *Blessing of the Holy Spirit*, p. 122.
127. Fison, *Blessing of the Holy Spirit*, p. 127.
128. Fison, *Blessing of the Holy Spirit*, p. 133.

피슨은 요한복음의 보혜사 본문에 대해 직설적으로 설명한다. "자주 인용되는 포사이드의 인용구에서, 성령 … 만이 '예수 그리스도를 우리와 동시대인으로 만들 수 있다.'"[129] 그리고 나서 피슨은 우상숭배의 위험에 대한 그의 초기 주제로 돌아간다. 그의 견해에 의하면, 우상숭배는 살아계신 성령을 성경, 사역, 성례 또는 교회로 대체할 수도 있다. 그는 여기에 "광신적"이라고 여기는 엘림 사중복음주의자들과 같은 부흥주의자들의 모임을 포함시킨다.[130] 이어지는 장에서 그는 "실생활의 상호 관계"에 대해 전혀 모르는 사람들, 특히 "자신만의 작은 파벌의 세계에 살고 있는 - 무조건 맹종하는 신자, 그리고 점차 줄어들고 있는 추종자와 아첨꾼들에게 둘러싸인 - 설교자들을 공격한다."[131] 그는 그런 사람들이 창조적이고 참된 성령의 개방성으로부터 스스로를 차단하고 있다고 주장한다. 사실상 그들은 자신의 목소리 외에는 어떤 소리도 듣지 않으려고 하기 때문이다. 이와 대조적으로, "하나님은 십자가 위에서 모든 것을 주셨다. … 그리고 하나님은 십자가 위에서 모든 것을 받으셨다."[132]

피슨의 저서 마지막 장은 그가 "성령의 성례"라고 부르는 신성한 세례에 관한 것이다.[133] 세례는 죽음과 부활로 말미암은 변형일 뿐만 아니라, 하나님의 선물을 받는 문제이기도 하다. 논란의 여지가 있는 발언으로서, 피슨은 다음과 같이 주장한다. "우리가 성령을 발견하는 것 - 모든 시대의 참선지자와 거짓선지자 모두에게 공통되는 심리적이고 영적으로 고양된 황홀경에 되돌아가게 하는 것은 성령을 찾는 것에 달려있지 않다"(티슬턴의 이탤릭).[134] 그는 이렇게 덧붙인다. "성령의 비밀에 이르는 좁은 길은 사뭇 다르며, 십자

---

129. Fison, *Blessing of the Holy Spirit*, p. 141.
130. Fison, *Blessing of the Holy Spirit*, pp. 149, 148-60, 161-77.
131. Fison, *Blessing of the Holy Spirit*, p. 180.
132. Fison, *Blessing of the Holy Spirit*, p. 197.
133. Fison, *Blessing of the Holy Spirit*, p. 204.
134. Fison, *Blessing of the Holy Spirit*, p. 213.

가를 직면하는 자들만이 발견할 수 있다."¹³⁵ 따라서 세례는 "단순히 한순간의 일시적 의식이 … 아니라, 평생에 걸친 영구적 원리이다."¹³⁶

1900년부터 1959년까지, 철저함에 있어서는 스웨트, 창의력에 있어서는 바르트, 그리고 기억할 만한 경구와 통찰에 있어서는 피슨과 견줄만한 저자는 거의 없다. 그러나 다른 몇 권의 책들은 성령론에 대해 특별한 국면을 담고 있기 때문에 언급할 만하다. 라이오넬 쏜턴Lionel S. Thornton의 『그리스도의 몸 안에 공동생활』*The Common Life in the Body of Christ*(1942; 3판 1950)은 영국 성공회 가톨릭 측에서 나왔다. 그는 성령의 은사의 공동체적이고 통합적인 면을 강조한다. 모든 그리스도인은 "성령의 참여자들"이며, 성령의 교제(고후 13:13; 빌 2:1)는 엄격히 말해 우선 "교제"나 "동료의식"이 아니라, "참여나 나눔"을 가리킨다.¹³⁷ 쏜턴은 그 용어가 "어떤 것을 공동으로 소유하는 것" 또는 어떤 것의 "공동 소유주"가 되는 것을 의미한다고 주장한다. 그리하여 그는 사도들이 어떻게 "모든 것을 공유"했는지, 그리고 사도 시대의 교회가 그리스도와 성령과 하나님의 사랑과 그리스도의 승리와 그리스도의 아들 되심과 새로운 탄생을 어떻게 공동으로 소유했는지를 연속적으로 논증한다. 그는 이렇게 쓰고 있다. "성령은 창조적 저자이시며 샘의 근원이다."¹³⁸ 로마서 5:5("성령으로 말미암아 하나님의 사랑이 우리 마음에 부은 바 됨이니")은 "오순절 날을 다시 언급한다."¹³⁹

쏜턴은 이렇게 주장한다. "오직 성령만이 '하나님의 것'에 접근할 수 있으며," 그것은 우리에게 값없이 주어진다(고전 2:2-16).¹⁴⁰ 성령은 또한 우리가 그리스도의 아들의 신분으로부터 나온 아들 됨을 인식하게 한다(갈 4:1-

---

135. Fison, *Blessing of the Holy Spirit*, p. 213.
136. Fison, *Blessing of the Holy Spirit*, p. 215.
137. Lionel S. Thornton, *The Common Life in the Body of Christ* (London: Dacre Press, 1950), pp. 67, 71 and 66-95.
138. Thornton, *Common Life in the Body of Christ*, p. 69.
139. Thornton, *Common Life in the Body of Christ*, p. 104; 참조. p. 103.
140. Thornton, *Common Life in the Body of Christ*, p. 109.

4).¹⁴¹ 성령의 은사는 그리스도를 통해서 온다. "스스로 성령의 기름 부음을 받은, 그[예수 그리스도]는 성령을 그의 공동체에 부으셨다."¹⁴² 쏜턴은 회심과 성화의 "단계들"에 대해 순서적으로 또는 연대기적으로 생각하는 것을 거부한다. 그는 이렇게 선언한다. "그리스도께서 부활하셨을 때, 교회도 죽음으로부터 다시 살아났다."¹⁴³ 그 경험의 "날짜를 추정"해야 한다면, 그 중심은 A.D. 33년경이다.

(2) N. Q. 해밀턴Hamilton. 1900년부터 1959년 사이에 주목할 만한 또 다른 책은 네일 Q. 해밀턴의 『성령과 바울의 종말론』*The Holy Spirit and Eschatology in Paul*(1957)이다. 이 책은 94페이지에 불과하다. 그러나 "주류" 신약학자들과 오순절주의자들이 성령과 마지막 날의 연관성을 강조한다는 점을 볼 때, 해밀턴의 짧은 설명은 의미가 있다. 그는 먼저 성령과 그리스도의 관계를 살핀다. "성령으로 말미암지 않고는 누구도 '예수를 주시라'고 말할 수 없다."¹⁴⁴ 그는 던처럼 로마서 8:9, "누구든지 그리스도의 영이 없으면 그리스도의 사람이 아니라"를 강조한다.¹⁴⁵ 성령은 "그의 아들의 영"이다(갈 4:6). 그러나 "주님과 성령의 새로운 관계는 …… 부활에 기초하여 발견됐다."¹⁴⁶

해밀턴은 두 번째 장인 "성령과 시간"에서, "첫 열매", "먼저", "먼저 나신" 그리고 "보증"과 같은 용어를 자세히 설명한다(고전 15:20-23; 롬 1:18).¹⁴⁷ 여기에서 "다가올"이 기조를 이루고 있다. 그러나 다음 장에서 해밀턴은

---

141. Thornton, *Common Life in the Body of Christ*, pp. 112-121, 156-87.
142. Thornton, *Common Life in the Body of Christ*, p. 145.
143. Thornton, *Common Life in the Body of Christ*, p. 282.
144. Neill Q. Hamilton, *The Holy Spirit and Eschatology in Paul*, Scottish Journal of Theology Occasional Paper 6 (Edinburgh: Oliver & Boyd, 1957), p. 8; pp. 3-16를 보라.
145. Hamilton, *The Holy Spirit and Eschatology*, p. 10.
146. Hamilton, *The Holy Spirit and Eschatology*, p. 13.
147. Hamilton, *The Holy Spirit and Eschatology*, pp. 17-19; 또한 pp. 20-25를 보라.

"성령과 그리스도인의 삶의 종말론적 긴장"을 논의한다. 아마도 이것은 그의 가장 두드러진 공헌일 것이다. "다가올"은 현재가 최종 완성의 때가 아니라는 것을 암시하고 있다. 예를 들면 "아들 됨은 아직 성취되지 않은 미래의 국면을 가지고 있다."[148] 우리는 여전히 갈망하고 열망하며 투쟁하고 있다. 그는 "현재에 대한 확신은 미래라는 빛 속에서만 가능하다"는 것을 대부분의 오순절주의자들과 함께 동의할 것이다.[149] 오순절주의자들도 "여전히 미해결인 종말론적 완성"을 바라며 신음하고 탄식하고 있음을 인정할 것이다.[150] 그러나 대부분의 "성결" 운동주의자들은 모든 그리스도인이 그리스도 안에서 "거룩"해졌지만, "성화"의 최종 완성은 앞에 있다는 것을 분명히 받아들이고, 이를 강조할 것인가?

나머지 세 장은 아마도 덜 독창적일 것이다. 그것은 알버트 슈바이처, 찰스 H. 다드, 루돌프 불트만의 작품을 상당히 통상적이고도 상세하게 설명하고 있다. 이 장들의 기능은 다드의 "실현된" 종말론과 슈바이처의 시간 조건적 범주time-conditioned categories, 그리고 불트만의 재해석된 종말론의 부적절함을 보여주는 것이다. 이 세 장은 다른 장에 의견을 더하지만, 그러한 평가는 다른 곳에서도 많이 발견할 수 있다. 해밀턴은 "우주적 시간표"를 작성하는 것은 부담이 될 것이라고 말함으로써 결론을 내린다.[151]

(3) **오스카 쿨만**Oscar Cullmann(1902-99). 해밀턴의 "지금"과 "아직 아니"라는 주제는 그가 쓰기 전에 이미 잘 알려져 있었다. 실제로 그것은 신약학계의 확립된 교리가 되어 있었다. 이렇게 되기까지는 오스카 쿨만의 공로가 상당했다고 인정된다. 쿨만은 스트라스부르크에서 태어나 1930년에 신약학 교수가 되었다. 그는 1938년에 스위스 바젤로 이주했다. 그의 특별한 관심사는 종말론(특별히 『그리스도와 시간』Christ and Time)과 기독론(『신약성

---

148. Hamilton, *The Holy Spirit and Eschatology*, p. 32.
149. Hamilton, *The Holy Spirit and Eschatology*, p. 33.
150. Hamilton, *The Holy Spirit and Eschatology*, p. 36.
151. Hamilton, *The Holy Spirit and Eschatology*, p. 88.

경의 기독론』*The Christology of the New Testament*)에 집중되었다.**152** 그는 찰스 다드의 "실현된 종말론"과 알버트 슈바이처의 미래와 임박한 종말론을 넘어서서, 그리스도 사건이 결정적 승리를 가리키지만(2차 세계대전의 D-day 상륙과 같이), 또한 미래의 최종 승리를 기대하고 있다는(종전 때의 V-day와 같이) "구속사"(*Heilsgeschichte*)를 보았다.**153** 그는 또한 『역사 속의 구원』*Salvation in History*, 『영혼의 불멸 또는 몸의 부활』*The Immortality of the Soul or the Resurrection of the Body*, 『신약성경의 세례론』*Baptism in the New Testament*, 『요한 공동체』*Johannine Circle*를 썼다.**154**

『그리스도와 시간』에서 쿨만은 다음과 같이 썼다. "성령의 기초 위에서 … 사람은 미래에만 되는 것이다. … 그는 이미 거룩하지만, 미래에만 실제가 된다."**155** 그는 이렇게 선언한다. "이처럼 성령은 현재의 종말에 대한 기대에 지나지 않는다"(티슬턴의 이탤릭).**156** 지금 "거룩하게 되는 것", 그러나 미래에만 "실제"가 되는 것이라는 쿨만의 말은 성결운동을 오랫동안 괴롭힌 문제, 즉 어떻게 "성화"를 과정으로 보기 보다는 하나의 "사건"으로 볼 수 있는 것인지에 대한 문제를 명확히 하는 데 도움이 될 수 있다. 바르트, 루터, 케제만, 그리고 다른 사람들에게서 이 문제는 다툼과 미혹의 여지가 남아있다.

---

152. Oscar Cullmann, *The Christology of the New Testament* (London: SCM, 1959 and 1963).
153. Oscar Cullmann, *Christ and Time: A Primitive Conception of Time and History* (London: SCM, 1951), pp. 73-93.
154. Oscar Cullmann, *Salvation in History* (London: SCM, 1967).
155. Cullmann, *Christ and Time*, p. 75.
156. Cullmann, *Christ and Time*, p. 72.

19

20세기 후반부터 1985년까지

19. 1. 제프리 램프

제프리 램프Geoffrey Lampe(1912-80)는 성공회 신학자로서 케임브리지 대학교의 일리 신학 교수Ely Professorship of Divinity였다(1970-78). 그는 옥스퍼드 대학교의 엑시터 칼리지Exeter College에서 교육을 받았고, 2차 세계대전에서 십자훈장을 받았다. 주로 교부학을 연구했으며, 마침내『교부 그리스어 어휘집』*Patristic Greek Lexicon*(1961)을 출간했다. 그는 1951년에『성령의 인침』*The Seal of the Spirit*을, 1977년에는『영이신 하나님』*God as Spirit*을 발행했다.[1]

램프의『성령의 인침』은 단순히 성령론에 대한 연구가 아니다. 그는 서론에서 자신의 주된 목적은 "세례의 성례적 의미, '특별히 세례와 견신례 사이의 관계'에 대한 신학적 견해의 상당한 간극"을 진술하는 것이라고 거리

---

1. Geoffrey W. H. Lampe, *The Seal of the Spirit: A Study in the Doctrine of Baptism and Confirmation in the New Testament and the Fathers* (London and New York: Longmans, 1951); Lampe, *God as Spirit: The Bampton Lectures, 1976* (Oxford: Clarendon, 1977); 그리고 "The Holy Spirit in the Writings of Luke," in *Studies in the Gospels: In Memory of R. H. Lightfoot*, ed. Denis E. Nineham (Oxford: Blackwell, 1962), pp. 159-200.

낌 없이 말한다.² 이 질문은 1951년에 제기되었으며, 오늘날 갱신운동에서 대두되었다. 개혁주의 또는 "저교회"주의 끝에 있는 국교도들에게 이 문제는 명확하게 보였다. 램프가 주장하는 바와 같이, 이 문제는 주로 19세기의 소책자운동가들, 옥스퍼드 운동, 또는 "고교회주의" 국교도들, 즉 죄 용서와 교회로 편입됨의 상징인 물세례와는 대조적으로, 성령의 은사의 상징이자 의식으로서 견신례의 중요성을 주장했던 사람들의 문제였다. 이 문제는 "메이슨-딕스라인"Mason-Dixline으로 널리 알려지게 되었다. 그것은 국교회 가톨릭Anglo-Catholic적 접근의 부흥을 모색한 것이었다.

1890년과 1891년에 A. J. 메이슨은 『세례와 견신례의 관계』*The Relation of Confirmation to Baptism*라는 책에 자신의 주장을 담아 출판했다. F. W. 풀러는 10년 전에 유사한 주장을 펼쳤다. A. T. 워그맨은 1897년에 많은 교부들의 증거자료를 가지고 이런 작품들에 답변했다. 그러나 그것은 "교부들이 이 문제에 대해 일관된 교리를 가지고 있지 않다"는 것을 시사하는 것 같았다.³ 1936년 그레고리 딕스는 세례가 "견신례의 서곡에 불과"한 것 같다며 반격했다.⁴ 딕스는 로마의 히폴리투스의 사도적 전통을 많이 가지고 있었고, 견신례는 세례 전에 시행될 수 있다고 주장했다. 그리고 1946년 『세례와 관련된 견신례 신학』*The Theology of Confirmation in Relation to Baptism*에서 다시 논쟁을 시작했다.⁵ 딕스는 이렇게까지 말했다. "신약의 가르침은 성령세례는 물세례가 아니고, 물세례에 밀접하게 따라오는 어떤 것이다."⁶ 말할 필요도 없이 갱신운동 측의 많은 사람들이, 특별히 감독주의 진영의 사람들이 이 가르침을 붙들었다. 하나의 예가 로버트 프라이스이다.⁷ 프라이스는 메이슨-

---

2. Lampe, *The Seal of the Spirit*, p. vii.
3. Lampe, *The Seal of the Spirit*, p. ix.
4. Lampe, *The Seal of the Spirit*, p. x.
5. Gregory Dix, *The Theology of Confirmation in Relation to Baptism* (London: Davis, 1946 and 1953).
6. Dix, *The Theology of Confirmation*, p. 22.
7. Robert M. Price, "Confirmation and Charisma," *St. Luke's Journal of Theology* 33, no. 4

딕스 주장을 사용하여 램프와 던을 반박했다. 그는 던의 주장(1970)을 램프의 주장보다 훨씬 더 믿을 수 없는 것이라고 말한다. 그는 감독주의 카리스마적 갱신이 매우 유용하다고 결론을 내린다.

램프는 서방교회의 전문 용어인 콘시그나티오 consignatio(봉함, 봉인)에서 컨퍼메이션 confirmation(확인)으로 변한 것은 중대한 변화임을 지적한다. "인봉"sealing이 필요한 문서는 인seal이 부착되기 전까지는 유효하지 않다고 주장한다. 한편, 어떤 문서의 "확인"confirmation은 이론적으로 문서에 권위를 더하는 것이다, 그러나 실제로 그 문서는 이미 권위가 있었다. 고대의 단일 의식은 세례와 견신례 둘로 나뉘어졌다. 라이오넬 쏜턴과 같이 딕스는 견신례에 더 많은 의미를 부여한다. 쏜턴은 성령의 내주하심이 두 의식의 완성을 기대한다고 주장한다. "기독교 세례는 요한의 세례의 수준으로 떨어질 수 있다. … 견신례는 … 위대한 성례일 것이다."[8]

램프는 비록 그 책의 3분의 2 정도를 교부시대 교회의 상황에 할애하고 있지만, 이제 신약성경에서 인봉의 개념에 대해 논의한다. 그는 먼저 바울서신에서 봉인의 세 가지 예, 고린도후서 1:22, 에베소서 1:13, 에베소서 4:30(주로 *arrabōn*)을 고찰한다. 제베르그A. Seeberg, 메이슨, 그레고리 딕스는 인봉은 견신례와 관계있다고 주장한다. 그러나 이 주장은 오늘날 역사적인 시대착오로 여겨진다. 라이트푸트조차도 이 성구들이 세례와 연관된 것으로 보았다. 그러나 이 용어는 "소유권을 표시하는 것"을 의미하며, "그리스도 안에 있는 하나님의 은혜에 대한 믿음의 응답"에 관한 것이다.[9] 바울은 로마서 4:11(고전 9:2의 오식인 듯, 옮긴이)에서 자신의 회심자들을 "나의 사도됨"을 인친 것(*sphragis*), 즉 그 실재를 보증하는 것이라고 말한다. 바울은 고린도후서 1:21-22에서 그의 회심자들에게 그들이 그리스도의 죽으심과 부활에 동참하고 있음을 상기시키기 위하여 "인"을 사용한다. "인"은 인장 반

(June 1990).
8. Lampe, *Seal of the Spirit*, p. xiii.
9. Lampe, *Seal of the Spirit*, p. 5.

지를 사용하여 밀랍으로 봉하는 스탬프를 가리키며, 주로 "소유권의 표시, 그리고 간섭에 대한 …… 안전장치"를 의미한다.[10] 종말론적 의미는 바울뿐만 아니라, 솔로몬의 시편*Psalms of Solomon*과 에스라 4서에서도 "하나님이 자기 백성을 인정하고 승인하는 표"로써 나타난다.[11]

"의식 자체에[요한의 세례] 어떤 설명이 필요했다는 암시는 없다." 그것은 말라기 3:3의 심판에 대비하는 "정화"를 의미했다.[12] 바렛의 언급과 같이, 램프는 다음과 같이 주장한다. "그것은 …… 뉘우치는 자들이 다가오는 심판에서 선택된 공동체 가운데 계수되게 했다."[13] 그것은 "심판에 대비하는 정화"이다.[14]

사복음서 모두가 증언하듯이, 예수의 세례는 예수의 메시아적 사역을 나타낸다. 성령의 "머무름"은 선지자들이 성령을 일시적이고 부분적으로 소유했던 것과는 다른 성질의 것이다. 램프는 계속해서, "예수의 세례는, 교회의 세례와 같이 예기적으로 작용한다. 예수께서 세례 시에 맡게 된 종의 역할은 요단에서가 아니라, 갈보리에서 완성된다."[15] 그러나 교회가 성령을 받은 것에 관하여는, "예수께서 아직 영광을 받지 않으셨으므로 성령이 아직 그들 가운데 계시지 아니하셨다"(요 7:39).[16] 램프는 이 장을 이렇게 결론짓는다. "그의 추종자들의 세례 또한, 한순간에 믿음으로 그리스도와 함께 연합한 모든 결과들을 …… 나타냄을 예기한다."[17]

누가복음-사도행전에 대하여 램프는 이렇게 주장한다. "누가복음의 주

---

10. Lampe, *Seal of the Spirit*, p. 8.
11. Lampe, *Seal of the Spirit*, p. 15.
12. Lampe, *Seal of the Spirit*, pp. 19, 21.
13. Lampe, *Seal of the Spirit*, p. 22.
14. Lampe, *Seal of the Spirit*, p. 27.
15. Lampe, *Seal of the Spirit*, p. 38.
16. Lampe, *Seal of the Spirit*, p. 41.
17. Lampe, *Seal of the Spirit*, p. 45.

된 관심사는 이방 세계에 대한 복음의 도래이다." 이것을 "명심해야 한다."[18] 사도행전 2장의 오순절의 절정은 교회의 세례의 원시적 출발점을 나타낸다. 왜냐하면 그것은 하나님의 종으로서 그리스도의 기름 부으심의 연장이기 때문이다. 속사도 시대는 "그가[이 경우에는 바울] 도달했던 자리에서 … 한탄스러운 퇴보를 가져왔다."[19] "우리는 그의 죽으심과 합하여 세례를 받은 … 그의 죽으심과 합하여 세례를 받음으로 그와 함께 장사되었나니"(롬 6:3-4).[20] 그것은 "그리스도 안에서 하나님의 선행하는 은혜에 대한 믿음의 응답의 가시적 행위이며 … 그리스도 자신이 받은 세례의 재현이다."[21]

바울이나 신약성경은 진정 성령이 "확인"이나 두 번째 세례 후 경험으로 신자에게 오신다고 주장하는가? 램프는 사도행전 8:39에서, 성령에 의해 "들어 올려진" 빌립에 대해 간략하게 고찰한다. 그러나 이 경우는 신약의 선교 사역에서 유일한 사례이다. 리디아와 빌립보 간수의 경우 세례에 초점을 맞추고 있다. 사도행전 10:44(고넬료와 그의 친구들)에서 "이 사건은 전혀 전형적이지 않다. 그것은 누가의 이야기에서 주요한 전환점이다. … 누가는 성령을 통상적으로 주어지는 것으로 여기고, 보편적으로 세례를 통해 부여되는 것으로는 여기지 않은 것 같다."[22]

램프는 성령이 안수라는 매개를 통해 임하시는 세 구절을 주목한다. 첫 번째는 사도행전 8:4-19에서 베드로와 요한이 사마리아를 방문했을 때이다. 많은 저자들은 사도들을 제외하고는 아무도 성령을 매개할 수 없다고 추정했다. 그러나 램프가 말하는 것처럼, 만일 그렇다면 바울은 왜 이것을 암시하지 않는가? 이것은 은사로도 열거되지 않는다. 사도들이 오순절 날 삼천 명에게 안수했다거나, 빌립이 에티오피아 내시에게 안수했다는 암시

---

18. Lampe, *Seal of the Spirit*, p. 48.
19. Lampe, *Seal of the Spirit*, p. 53.
20. Lampe, *Seal of the Spirit*, p. 55.
21. Lampe, *Seal of the Spirit*, p. 57.
22. Lampe, *Seal of the Spirit*, p. 66.

가 전혀 없다. "세례"라는 말은 "전적으로 시작의 의식을 의미한다."²³ 램프는 또한 세례 이후 두 번째 의식이 보이지 않는다고 요한 문서에 호소한다. 갱신주의 내의 램프의 비판자들은 램프가 누가를 과소평가하고 바울은 과대평가했다고 주장한다. 그러나 램프는 이렇게 주장한다. "누가가 선교 사역에서 성령의 활동의 두드러진 형태로 여기는 것은 표적과 기사가 함께하는 … 성령의 능력[이다]."²⁴

램프는 또한 사도행전 19:1-7의 에베소의 제자들에게 특별한 주의를 기울인다. 이것은 "선교의 역사에서 또 다른 결정적인 순간이다. 에베소는 안디옥 다음으로, 사실상 안디옥을 계승하여, 이방인 선교의 중심이고, 바울은 그 사령부에 가장 많이 머물렀다."²⁵ 램프는 사도의 안수가 보편적으로 채택된 정상적인 의식은 아니었다고 결론을 짓는다. 그것은 "견신례(확인)"와 동일하지 않다.²⁶ 실제로 그는 은사를 성령의 수여와 연합시키는 시리아의 관행이 영지주의 진영에서 일어났다고 결론을 짓는다.

램프는 그 책의 나머지 부분에서 2세기와 교부들의 자료를 살핀다. 2세기와 신약성경 사이의 간격이 최소한 영지주의에 친숙한 알렉산드리아의 클레멘트와 이그나티우스의 서신에서 나타난다.²⁷ 솔로몬의 규칙The Order of Solomon은 정통 사상으로 사용되지 않았을 것이다. 세례보다는 견신례가 "사람을 교회로 받아들이는 허락"이라는 추측은 "인정할 수 없다."²⁸ 램프는 주장하기를, 주교의 안수가 성령의 상징이라는 암시는 전혀 없다. 또한 램프는 히폴리투스의 사도적 전통을 검토한다. 그는 그것이 신약성경과 다르다면서 그 본문의 진정성에 의문을 제기했다.

---

23. Lampe, *Seal of the Spirit*, p. 68.
24. Lampe, *Seal of the Spirit*, p. 74.
25. Lampe, *Seal of the Spirit*, p. 76.
26. Lampe, *Seal of the Spirit*, pp. 78-84.
27. Lampe, *Seal of the Spirit*, pp. 101-5.
28. Lampe, *Seal of the Spirit*, p. 135.

마지막으로, 램프는 신약성경의 세례론이 수많은 작은 예배 의식으로 분해된 것을 추적한다. 그는 오리겐, 키프리안, 그리고 기타 사람들을 통해 메이슨과 딕스에 대한 비판을 이어간다. 그는 또한 교부들의 인봉 이론과 관련하여 성례전적으로 성령 받음을 고찰한다. 첫 번째 요점에 대해 그는 이렇게 주장한다. "우리는 신학적으로 혼란한 시기, 즉 (신약 성경의 칭의론을 온전하게 보존하는 데 꽤 많이 실패했기 때문에) 신약성경의 세례와 성령의 내주에 대한 교훈을 완전하게 이해하는 일이 거의 없는 시대를 다루고 있다."[29] "인봉"은 신자를 "그리스도인의 본질적인 상태와 특성"인 그리스도의 형상으로 개조한다는 상징이었다. 그러나 점차 "성례전적으로 주어지는 … 성령의 내주하심의 선물로써 … 인봉 의식"이 되었다.[30]

어떤 학자들은 램프가 너무 나갔다고 주장할지도 모른다. 그러나 개략적으로 말하면 램프는 영국에서 그 논쟁을 적절하게 진정시켰다. 그리고 그의 위치에 최소한으로 만족하는 사람들은 영국에서는 후위에서 싸우는 소수의 연약한 국교회주의자들이거나, 또는 (아이러니하게도) 던이 회심-입문 conversion-initiation이라고 명명한 것 이후에 성령이 주어지는 "제2의" 사건을 추구하는 미국의 국교회 가톨릭 은사주의자들이다.

"누가의 저작 속의 성령"(1967)에서, 램프는 오순절주의자들과 갱신운동의 중심인 누가복음-사도행전에서 더 구체적으로 성령의 더 폭넓은 주제를 검토한다. 그의 에세이의 많은 부분은 로저 스트론스태드(1984와 1999)와 로버트 멘지스(1991과 1994)의 논증을 예견하고 있다. 성령은 누가복음과 사도행전 사이의 "연결 고리"를 제공한다.[31] 램프는 이렇게 쓰고 있다. "누가복음의 시작 장에서 가장 두드러진 특징은 세례 요한의 탄생과 사명의 배경을

---

29. Lampe, *Seal of the Spirit*, p. 205.
30. Lampe, *Seal of the Spirit*, p. 269.
31. Lampe, "The Holy Spirit in the Writings of St. Luke," in *Studies in the Gospels*, ed. Denis Nineham, p. 159; 참조. pp. 159-200.

형성하는 예언의 영의 분출이다."³²

램프는 구약성경에서 성령은 특징적으로 선지자를 영감한다고 주장한다. 모세와 여호수아, 그 외의 사람들은 예언을 위하여 성령을 받는다. 그리고 누가에 의하면 구약성경에서 성령은 주로 비인격적인 힘이다. 그는 "예언의 영은 높아지신 그리스도에 의해 부어졌다"라고 주장한다.³³ 램프는 예수와 밀접한 연관을 보고 이렇게 말한다. "이처럼 예수는 예언 전통의 정점에 서 있다."³⁴ 그리하여 예수가 엘리야의 예표라는 개념이 중요하게 된다. 스트론스태드가 좀 더 주의를 기울였더라면, 더 설득력이 있었을지도 모른다. 예를 들면, 램프는 "누가는" 스데반의 경우를 제외하고는 "어느 곳에서도 예수와 모세를 비교하지 않는다"라고 인정한다.³⁵ 램프는 이렇게 결론을 내린다. "누가의 성령에 대한 개념은 복음 전도의 능력, 예언의 영, '방언'과 '표적'과 같은 그의 주된 관심으로 인해 … 바울의 개념과 구별된다."³⁶

램프는 『영이신 하나님』에서 몇 가지 주제를 함께 다룬다. 그는 성령이 영감한, "예수는 주님이시다"(고전 12:3)와 "예수는 오늘도 살아계신다"와 같은 준 신앙적 문구로 시작한다.³⁷ 우리는 예수 안에서 "하나님의 내재적 현존"을 경험한다. 둘째, 구약성경에서 "말씀", "지혜", "영", 그리고 "천사"는 비유적인 교량metaphorical bridges에 초월적인 신성을 부여한다.³⁸ 그는 필로, 스토아 학파, 플라톤의 "영"Spirit을 고찰한다. 그는 성령과 예수의 관계에 대해 쓰고 있다. 그는 많은 오순절주의자들처럼 하나님은 "목마른 자에게 물을 주며, 마른 땅에 시내가 흐르게" 하신다고 말한다(사 44:3-5).³⁹ 이는 요엘

---

32. Lampe, "The Holy Spirit in St. Luke," in *Studies in the Gospels*, p. 165 (나의 이탤릭).
33. Lampe, "The Holy Spirit in St. Luke," in *Studies in the Gospels*, p. 165 (나의 이탤릭).
34. Lampe, "The Holy Spirit in St. Luke," in *Studies in the Gospels*, p. 173.
35. Lampe, "The Holy Spirit in St. Luke," in *Studies in the Gospels*, pp. 175-76.
36. Lampe, "The Holy Spirit in St. Luke," in *Studies in the Gospels*, p. 193.
37. Lampe, *God as Spirit*, p. 1, 참조. pp. 1-33.
38. Lampe, *God as Spirit*, p. 37.
39. Lampe, *God as Spirit*, p. 63.

서의 "보편적 부어주심"과 짝을 이룬다(욜 2:28). 그는 자신의 이전 글의 요점을 반복한다. "누가에게 있어서 성령은 일차적으로 예언의 영을 의미한다. … 성령은 예수 자신의 사명과 사도들의 선교 사역이 땅 끝까지 계속되게 하는 원동력이자 영감이다."⁴⁰ 성령은 교회의 사명에서 "결정적인 전환점"으로 인도한다. 그는 누가복음에서 모든 그리스도인에게 주시는 성령의 은사의 보편성과 "이 공동체 내의 특정 선지자 계급"에게 주시는 은사 사이의 긴장을 인정한다.⁴¹ 대조적으로, 요한복음에서는 "성령의 현존은 그리스도 자신이 우리 안에 거주하시고 우리가 그리스도 안에 거주하고 있다는 표징이자 확신이다"(요일 3:24; 4:13).⁴²

램프는 "우주에 스며든" 내재하는 성령이라는 스토아 학파의 개념을 능숙하게 거부한다.⁴³ 확실히 성령은 살아있는 모든 것에 생기를 불어넣지만, 이것이 이 세계와 초월적인 하나님 사이에 다리를 놓는 것은 아니다. 만유내재론pan-en-theism이 범신론pantheism은 아니다. 기독교 변증가들은 자주 이 점을 지적했다. 고전적 정통주의는 항상 성령에 대하여 환원주의나 심리학적 견해를 거부했다. 램프는 심지어 어거스틴의 심리학적 유추에 근거한 삼위일체 위격 사이의 "인위적 구분"도 거부한다.⁴⁴ 『영이신 하나님』의 남은 부분은 그리스도의 선재, 그리스도의 도래, 성령, 세계, 그리고 교회를 다루고 있다. 그는 쏜턴처럼 성령의 은사의 통합적 성격을 강조한다. 더욱이 "우리는 다른 사람과의 관계 속에서 하나님의 현존을 경험한다."⁴⁵ 이 사실로 인해 램프가 제시한 마지막 요점에 이르게 된다. 성령은 무엇보다도 사랑을 산출한다. 그리고 성령은 창조적이다. "하나님의 창조성에 대해 말하는 것

---

40. Lampe, *God as Spirit*, p. 65.
41. Lampe, *God as Spirit*, p. 67.
42. Lampe, *God as Spirit*, p. 91.
43. Lampe, *God as Spirit*, p. 133.
44. Lampe, *God as Spirit*, p. 141.
45. Lampe, *God as Spirit*, p. 177.

은 세계와 관련하여 하나님의 본질적인 타자성을 암시한다."[46] 성령은 창조적이며, 거룩하며, 초월적이며, 사랑이시다.

19. 2. 린제이 디워와 에두아르트 슈바이처

(1) 린제이 디워는 『성령과 현대 사상』The Holy Spirit and Modern Thought에서 매우 통찰력 있는 연구를 제공한다. 처음 80페이지 정도는 성경적 가르침을 다룬다. 그는 이렇게 말한다. "흔히 신약성경에서 말하는 '성령'의 보편적 용법은 성령이 그리스도인의 체험에서 매우 친숙하고 핵심적이어서 그와 같이 그를 묘사해도 충분하다는 것을 시사한다."[47] 성령을 훼방하는 것에 대한 말은 "빛을 대항하는 … 양심의 곡해 … 선을 악이라 하고 악을 선이라 하는 죄를 가리키는 것이 틀림없다."[48] 제4복음서에서 성령의 사역은 그리스도를 증언하는 것이다.[49] 디워는 이렇게 선언한다. "누가복음에서 성령이 물세례에 의해 주어진다고 명시적으로 말하는 곳은 없다." 그는 논쟁적으로 이방인에게 성령이 주어진 것은 "견신례"의 일종으로 보인다고 주장한다.[50] 사마리아 사람들에게 성령의 선물은 (행 8:12-21) "사도들의 안수를 통해" 온다. 반면 고넬료와 그의 친구들에게 성령의 선물은 "명백하게 유일한-이방인 오순절"이다.[51]

"방언을 말하는" 세 개의 구체적인 사례는 사도행전에서 2장과 10:46, 그리고 19:6에 나온다. 각각의 경우에 방언에 참여한 자들은 "이제나저제

---

46. Lampe, *God as Spirit*, p. 207.
47. Lindsay Dewar, *The Holy Spirit and Modern Thought* (London: Mowbray, 1959), p. 17.
48. Dewar, *The Holy Spirit and Modern Thought*, p. 19.
49. Dewar, *The Holy Spirit and Modern Thought*, pp. 36 and 37.
50. Dewar, *The Holy Spirit and Modern Thought*, pp. 52-53.
51. Dewar, *The Holy Spirit and Modern Thought*, p. 54.

나 기다리는 중이었다. … [방언은] 그의[그리스도의] 오심에 대한 틀림없는 외적 표시이다."⁵² 전통적인 바람과 불의 사인은 이러한 해석을 지지한다. "말하자면 십자가의 장벽이 무너져 있었다."⁵³ 디워는 바울에게 20페이지 이상을 할애하고 있다. 그것은 일반적으로는 유용하지만 평범하다. 그러나 성령의 인격성에 대해 이렇게 덧붙인다. "그가[바울이] 성령을 온전히 인격으로 - '그것'이 아니고 '그'로 생각했음에 의심의 여지가 없다."⁵⁴ 로마서 8장만이 이것에 대한 충분한 증거를 제시할 것이다. 그는 "도움"(8:26, *synantilambanetai*)은 매우 인격적인 단어라고 주장한다. 그는 쏜턴처럼 공통적인 성령의 코이노니아(행 2:42; 고전 12:18; 갈 3:28)와 그리스도의 몸의 형성에(엡 4:11-13) 주목하라고 한다. 디워는 성경을 다루는 부분을 이렇게 결론짓는다. "성령은 온전히 인격적이며 신적이며, 성부와 성자와 동일하다. … 그는 선지자를 통해 말씀한다. … 그는 두 차원 - 물질적 차원과 초자연적 차원에 역사한다. … 성령은 점차 신자들을 모든 진리 가운데로 인도할 것이다. … 성령이 낳은 몸은 희생적 몸이다. 왜냐하면 희생의 뿌리는 성령으로부터만 오는 아가페이기 때문이다."⁵⁵

디워는 다음 부분에서 교부들로부터 조지 폭스(1624-91)에 이르기까지 성령론의 역사를 다룬다. 이 책 2부에 추가한 로마의 클레멘트로부터 어거스틴까지는 거의 다루지 않는다. 그는 루터와 칼빈에게로 건너뛴다. 이 개요는 단순히 이미 살펴본 자료들을 반복할 뿐이다. 그러나 그는 우리가 생략한 리처드 후커(1552-1600)의 자료를 추가하고 있다. 그는 후커가 자연법에 대한 작품에서나 두 번째 책에서 성령을 전혀 논의하지 않는다는 것을 시인한다.⁵⁶ 세 번째 책에서 후커는 성령을 이성과 동일시하는 것처럼 보인다. 그

---

52. Dewar, *The Holy Spirit and Modern Thought*, p. 57.
53. Dewar, *The Holy Spirit and Modern Thought*, p. 59.
54. Dewar, *The Holy Spirit and Modern Thought*, p. 71.
55. Dewar, *The Holy Spirit and Modern Thought*, pp. 81-82.
56. Dewar, *The Holy Spirit and Modern Thought*, pp. 148-49.

는 이렇게 결론을 내린다. "후커의 위대한 작품에서 [성령에 대한] 가르침을 거의 찾을 수 없다." 이것이 이 책에서 후커를 다루는 부분이 생략된 것에 대한 설명이다.[57]

50페이지 가량 되는 나머지 부분은 성령론의 "심리학적 해석"을 다루고 있다. 그는 초심리학 현상으로 분류되는 초감각적인 인지와 염력과 같은 추정적 현상을 고찰한다. 그는 이렇게 인정한다. "초심리학 현상의 존재를 과학적으로 규명했다고 주장하는 사람들의 연구 결과를 대다수의 전문 심리학자들이 받아들이지 않았다는 것은 솔직히 인정되어야 한다."[58] 이 책의 상당 부분은 여전히 추측으로 남아 있다. 그러나 한두 개의 유용한 점도 나타난다. 그는 프로이트는 무의식을 닫힌 체계로 생각한 반면, "융은 무의식을 맑은 물이 끊임없이 솟아나는 샘과 같다고 여겼다"고 주장한다.[59] 우리가 뒤에서 타이센으로부터 보게 되는 것처럼, 성령은 인간 마음의 "깊은 곳"에서 역사한다. 그곳에는 너무 자주 자기기만과 자기사랑이 있다.

디워는 일부 꿈의 계시적 특성을 인정한다. 그러나 이는 매우 드물게 일어나며, 우리는 "하나님이 꿈으로 나에게 말씀하셨다"는 논리적으로 "나는 하나님이 나에게 말씀하시는 것을 꿈꾸었다"와 전혀 다르지 않다는 토마스 홉스의 말을 인정해야만 한다. 그럼에도 불구하고 성령이 억눌린 공격성 … 죄의식에 사로잡힌 성욕 … 비참한 열등감에서 역사한다는 것은 진실이다.[60] 이것들은 필수적으로 의식적인 상태는 아니다. 그러나 의식적인 생활은 프로이트가 "나르시시즘", 또는 자기애, 그리고 신학자들이 죄라고 부르는 것을 구체화한다. 여기서 성령은 우리가 우리를 위해 할 수 없는 일을 하시기 위해, 사랑과 은혜로 부어짐으로써 우리를 앞으로 나아가게 한다. 그리하여 우리는 성령으로 말미암아 "다시 태어남" 또는 "위로부터 태어남"에 대해

---

57. Dewar, *The Holy Spirit and Modern Thought*, p. 151.
58. Dewar, *The Holy Spirit and Modern Thought*, p. 162.
59. Dewar, *The Holy Spirit and Modern Thought*, p. 166.
60. Dewar, *The Holy Spirit and Modern Thought*, p. 171.

말할 수 있다. 성령으로부터 "모든 거룩한 갈망"이 온다. 그러나 우리는 "마음속에 자연스럽게 떠오르는 모든 생각과 욕구를 성령으로부터 오는 것"으로 받아들일 필요는 없다.[61] 요한은 이렇게 기록하고 있다. "모든 영을 믿지 말라"(요일 4:1-3).

(2) 에두아르트 슈바이처(1913-2006)는 1979년에 취리히 대학 신약학 교수가 된 신약학자이다. 그는 교회 헌법church order, 주의 만찬, 그리고 아마도 『신약신학 사전』에서 성령에 대하여 가장 긴 항목을 썼다. 이 항목은 헤르만 클라인크네흐트Hermann Keinknecht와 프리드리히 바움가르텔Friedrich Baumgartel이 쓴 작은 절을 포함하고 있다. 이 항목은 119페이지의 책으로 영어로 출판되었다.[62] 요약하면, 슈바이처는 마태복음과 마가복음에는 성령에 대한 언급이 상대적으로 거의 없다는 것을 발견한다. "*예수 자신은 성령에 대해 거의 언급하지 않았다*는 것이 역사적인 사실임은 의심의 여지가 없다(티슬턴의 이탤릭)."[63] 이는 아래에서 보는 바와 같이, 제임스 던과는 뚜렷하게 대조적이다. 진정 마태와 마가는 성령을 "구약성경에서와 같은 방식으로" 본다.[64] 대조적으로 누가복음과 사도행전은 37번 정도 언급한다. 누가복음에서 누가는 예수를 "영적으로pneumatic 보지 않고, 성령의the pneuma 주님"으로 본다. 그는 예수의 잉태와 탄생에서 마태보다 훨씬 더 강하게 성령의 역할을 강조한다. 그는 사도행전에서 오순절에 나타난 가시적인 현상을 강조하고(특히 행 2:3-6; 4:31), 누가가 그리스인이기 때문에 물질의 형태로만 능력을 묘사할 수 있다고 주장한다.[65] 더욱이 그는 사도행전에서, "치유"를 허용하기는 하지만 예수의 이름으로만 행해지며, 성령의 기능을 주로 설교

---

61. Dewar, *The Holy Spirit and Modern Thought*, p. 193.
62. Eduard Schweizer, "Pneuma, pneumatikos," in *TDNT*, ed. Gerhard Kittel and Gerhard Friedrich, vol. 6 (Grand Rapids: Eerdmans, 1968), pp. 332-455; 그리고 *Spirit of God*, Bible Key Words (London: Black, 1960; German, 1959-60).
63. Schweizer, "*Pneuma*," in *TDNT*, vol. 6, p. 403.
64. Schweizer, "*Pneuma*," in *TDNT*, vol. 6, p. 404.
65. Schweizer, "*Pneuma*," in *TDNT*, vol. 6, p. 407.

를 영감하는 것으로 제한하는 것 같다.

슈바이처는 이렇게 결론을 내린다. "이처럼 누가는 유대교와 함께 성령이 본질적으로 예언의 영이라는 견해를 공유한다."[66] 그는 누가복음-사도행전의 성령에 대해 키텔의 『사전』*Dictionary*에서 거의 12페이지를 할애하고, 프뉴마*pneuma*가 마가복음보다 3배나 자주 나오고 있음을 지적한다. 예수는 분명히 "성령으로 충만"했다(눅 4:1). 그러나 그는 예수의 귀신 축출에서 결정적으로 나타난 성령을 보지 못했음이 틀림없다. 가장 두드러진 슈바이처의 주장 중 하나는 "하나님의 능력은 예수의 증인의 영감된 발언에서 나타난다는 것이다. 누가는 성령이 예언의 영이라는 전형적인 유대주의 개념을 채택하고 있다.[67] 로저 스트론스테트와 멘지스는 1990년대에 이러한 주장을 취하고 발전시킬 것이다. 한편 맥스 터너 또한 누가가 성령과 구원의 연관성을 배제하지 않는다는 좀 더 신중한 단서를 가지고, 이 주장을 적절하게 지원하게 될 것이다. 슈바이처는 이 주제를 여러 번 반복하고, 멘지스는 아마도 슈바이처에게 빚을 졌을 것이다. 그리고 그의 작품에 나타난 것 이상으로 램프에게도 빚을 졌을 것이다.

다른 특징들은 거의 논쟁이 되지 않는다. 예를 들면, 슈바이처는 성령의 선물의 종말론적 특성을 강조한다. 그러나 또한 성령을 교회 시대의 특징으로 본다. 스티븐 윌슨은 이 두 특성이 누가복음에서 조화되지 않는 것이 아니라는 것을 결정적으로 보여주었다.[68] 누가의 공동체는 종말론이 필요했다. 그러나 또한 새로운 교회 시대의 강조도 필요했다.

그러나 슈바이처가 주장하는 바와 같이, 누가가 자신의 그리스적 배경 때문인지, 성령의 물질적 현상과 가시적인 현현에 관심을 가지고 있다는 것은 대체로 동의하는 사실이다. 따라서 열왕기상 18:12, 열왕기하 2:16, 에스

---

66. Schweizer, "*Pneuma*," in *TDNT*, vol. 6, p. 409.
67. Schweizer, "*Pneuma*," in *TDNT*, vol. 6, p. 407.
68. Stephen G. Wilson, *The Gentiles and the Gentile Mission in Luke-Acts*, SNTSMS 23 (Cambridge: Cambridge University Press, 1973), pp. 59-87.

겔 3:14, 8:3을 떠올리게 하는, 사도행전 8:39의 빌립의 육체적인 "들어 올림"rapture 또는 "데려감"snatching away은 유일하게 다르다. 사도행전에서 세례를 받은 사람들은 각자 성령을 소유하고 있으며, 가시적이고 지각할 수 있는 방식으로 소유하고 있다. 원칙적으로 슈바이처는 "예수 이름으로의 세례로 성령을 받는다"고 단언한다. 그러나 "성령의 자유" 때문에 변할 수 없는 것은 아니다.[69]

바울은 기본적으로 구약성경으로 말미암아 형성되었다. 따라서 성령은 자연적으로 장차 올 어떤 것의 징표가 된다. 그러나 다시 한번 슈바이처는 바울이 능력을 "물질과 관련하여" 생각한다고 주장한다. 그러나 더 확실하게는 바울은 십자가와 부활을 전환점으로 본다. 성령은 그리스도의 영이다(롬 1:3-4). 그리고 비록 1부에서 우리는 주경학적 "이다"라는 다른 해설을 제시하면서 여기의 "동일시"identified라는 말을 거부했지만, 그는 이렇게 주장한다. 그리스도는 "고린도후서 3:17에서 프뉴마와 동일시된다."[70] 고린도전서 15:45에서 그리스도는 생명을 주시는 성령, 즉 "부활하신 주님의 창조 행위"이다. 고린도전서 6:14에서 슈바이처는 성령이 그리스도를 일으키신 것과 마찬가지로, 그리스도인을 일으키신다고 강조한다. 즉 예수의 부활과 죽은 자의 부활은 "하나님의 두 가지 창조적 행위"이다.[71] 성령은 또한 "장차 다가올 일의 전조"이다. 슈바이처는 로마서 8:23과 고린도후서 1:22, 5:5의 아라본arrabōn과 아파르aparchē(첫 열매)와 같은 말에 호소한다.

슈바이처는 프뉴마티코스pneumatokos, "영적"이라는 용어를 "주된 개념"으로 바르게 보고 있다. 고린도전서 2:4-5을 볼 때 이것은 하나님에게 속한 것이지 인간에게 속한 것이 아니다. "영적인"의 기준은 그리스도는 주님이라는 인식과 고백이다(고전 12:2-3). 그는 이렇게 결론을 짓는다. "무엇보다도, 누가와는 달리, 그는[바울] 성령의 나타남이 특별해야 할 필요가 없다

---

69. Schweizer, "*Pneuma*," in *TDNT*, vol. 6, pp. 410, 413.
70. Schweizer, "*Pneuma*," in *TDNT*, vol. 6, pp. 415, 416, 418.
71. Schweizer, "*Pneuma*," in *TDNT*, vol. 6, p. 421.

고 추론한다. 그는 이러한 나타남으로 로마서 12:7-8, 고린도전서 12:28의 … 안티렘프세이스*antilempseis*[아마도 관리자]와 퀴베르네세이스*kybernēseis*[나는 이것을 전략 또는 안내라고 번역했다] 또는 디아코니아*diakonia*[봉사, 섬김]를 열거한다"(티슬턴의 이탤릭).[72] 바울은 사랑과 같이 세우는 성령의 은사를 가치 있게 여긴다(고전 8:1). 바울은 고린도전서 2:2에서 십자가에 못 박히신 그리스도 외에 아무것도 전파하지 않는다고 한다. 성령은 믿음으로 받게 되며, "하나님과 이웃에게 개방"되며, 무엇보다도 그리스도께 충성을 포함한다. 성령은 인간의 영이 아니다. 인간의 영은 인간의 특성 또는 특질을 의미한다. 슈바이처는 성령에 대한 지식과 경험과 관련된 프뉴마티코스 *pneumatikos*, "영적인"을 다시 강조한다.[73]

요한복음에 대하여 슈바이처는 이렇게 주장한다. "요한복음에는 단발적인 성령의 오심, 성령의 나타나심의 비범한 특성, 황홀경의 현상 또는 기적적인 행위의 개념이 없다."[74] 그러나 요한복음에서도 성령은 옛 시대와 새 시대의 전환점이다. 그는 생명을 주는 능력이다. 보혜사 구절을 보면 예수 자신도 보혜사 안에서 오신다(요 14:18).

이제 슈바이처는 신약성경의 나머지 부분을 고찰한다. 예를 들면, 히브리서는 유대교의 영향을 강하게 받았다. 베드로전서는 전통적인 예언의 영을 간직하고 있다. 요한계시록에서 "프뉴마는 자연인이 인지하지 못하는 놀라운 영역으로 사람을 인도할 수 있다"(계 17:3; 21:10). 하나님의 영은 그의 충만함과 완전함으로 표현된다. 이처럼 신약성경 내에는 사도 시대 이후의 문서에 너무 빠르게 등장한, 황홀경의 경향과 제도적인 경향 사이의 양자택일은 없다. 슈바이처는 스웨트가 여행했던 땅을 여러 면에서 다루었다. 여기에는 많은 통찰을 더했고, 또한 일시적인 1950년대의 비평주의의 짐을 더했다. 예를 들면, 오늘날 특히 마틴 헹겔 이후 유대주의와 헬레니즘 사이를 날

---

72. Schweizer, "*Pneuma*," in *TDNT*, vol. 6, p. 424.
73. Schweizer, "*Pneuma*," in *TDNT*, vol. 6, pp. 430-31, 433-37.
74. Schweizer, "*Pneuma*," in *TDNT*, vol. 6, p. 438.

카롭게 나누는 슈바이처의 방법을 복제하는 사람은 거의 없다. 아마도 많은 사람이 그가 예수의 진정한 말씀을 매우 제한적으로 재구성하는 것에 의문을 표할 것이다. 그러나 키텔의 백과사전에 실린 이 긴 항목의 영향을 과대평가한다고 생각할 수 없을 것이다. 그는 선도적이고 정통한 신약 전문가로서 글을 썼다.

19. 3. 존 V. 테일러

존 테일러John V. Taylor(1914-2001)는 캠브리지 트리니티 칼리지에서 수학하고, 1938년에 사제 서품을 받았으며, 두 개의 교구에서 사역을 했다. 그는 우간다 무코노의 비숍 터커 칼리지에서 선교사 교수가 되었다. 1963년 영국으로 돌아와 교회선교회의 사무 총장으로 임명되었다. 그리고 1974년부터 1985년까지 영국에서 다섯 번째로 중요한 주요 관구인 윈체스터의 주교로 섬겼다. 그의 가장 영향력 있고 잘 알려진 두 권의 책은 성령과 선교에 관한 『사이를 거니시는 하나님』The Go-Between God(1972)과 『그리스도를 닮은 하나님』The Christ-like God(1992)이다.[75] 그는 영국교회 교리위원회의 의장직을 수행했다(1975-85). 『사이를 거니시는 하나님』은 그 시대에도 큰 영향을 끼쳤는데, 특히 그 실천적인 특성 때문에 더욱 그러했다.

테일러는 성령은 교회의 역사적 선교에서 "주요 동인"이라는 실제적인 관찰로 성령에 관한 책을 시작한다. 성령은 "모든 것이 나에게 달려있다"는 개념을 배제한다(티슬턴의 이탤릭).[76] 성령은 초월적이지만, 저 너머 한가운데 매일의 삶에서 역사한다. 성령에 대한 상세한 많은 묘사가 이 이미지를 사용한다. 그것들은 성령의 타자성과 인격성을 가리킨다. 그는 마르틴 부버의

---

75. John V. Taylor, *The Go-Between God: The Holy Spirit and the Christian Mission* (London: SCM, 1972).

76. Taylor, *Go-Between God*, p. 3.

『나와 너』 *I and Thou*에 의지해, 인격적인 교제에서 서로 주고받는 것과 진정으로 듣는 것을 강조한다. "성령은 닫힌 눈과 의식하지 못하는 마음과 실재로부터 너무 멀리 떨어져 움츠러진 지성을 여는 힘이다."[77] 이것은 선교에 있어 다른 사람에 대한 인식을 포함한다.

판넨베르크가 나중에 주장하는 대로, 성령은 역사, 자연, 인간의 삶에 역사하며, 창조주 성령이다. 성령을 통하여 하나님의 창조성은 또한 그의 창조적이며 설득력 있는 사랑이시며, 이 사랑이 "자기희생"을 포함하게 될 것이다.[78] 성령은 우리가 "다른 사람"과 "더 큰 전체"를 인식하게 한다.[79] 테일러는 이렇게 선언한다. "우리는 가능한 한 단절된 '수직적' 상호작용 속에서가 아니라, 보편적, '수평적' 침투 속에서 초자연을 만나는 것을 배워야 한다."[80] 성령은 종종 자신의 사역을 위하여 우리의 무의식을 사용하기는 하지만, 무의식의 돌출은 아니다. 우리는 참된 성령의 사역을 분별해야 한다. 성령의 역사는 필연적으로 "활동의 열기" 속에 있는 것은 아니다.[81] 7-8세기 선지자들은 "좀 더 비이성적이고 잠재적으로 비도덕적인 영적 능력의 현현"에 대해 강한 혐오감을 가지고 있었다.[82] "창조주와 회복자로서 성령을 대면하는 것은 … 심판의 고통을 갖고 현재를 바라보고, 완성에 대한 확신을 갖고 미래를 바라보는 것을 의미한다."[83]

테일러는 조지프 피슨처럼 성령에 대한 예수의 상대적인 침묵에 의문을 표시한다. 제임스 던과는 대조적으로, 그리고 바렛과 같이, 그는 이렇게 말한다. "우리는 그가 성령에 관하여 하나님과의 교제를 거의 생각하지 않았

---

77. Taylor, *Go-Between God*, p. 19.
78. Taylor, *Go-Between God*, p. 34.
79. Taylor, *Go-Between God*, p. 39.
80. Taylor, *Go-Between God*, p. 45.
81. Taylor, *Go-Between God*, p. 55.
82. Taylor, *Go-Between God*, p. 68.
83. Taylor, *Go-Between God*, p. 75.

다고 주장할 수 있다."[84] 그러나 예수의 말은 묵시와 밀접한 관계가 있다. 우리는 "카이로스 시간kairos-time이 오면" 예수 안에서 창조주 성령을 본다. 테일러는 던이 그렇게 하게 될 것과 같이, 많은 것이 예수의 권위에 의존하고, 그가 가져오는 자유와 새 창조에 의존하고 있다고 단언한다. 중요한 것은 기독교회가 서신서에서 그렇게 분명하게 밝히고 있는 그리스도의 부활의 중개자로서 성령의 역할을 망각했다는 것이다.[85] 그는 또한 성령을 "일종의 성육신의 확장"이라고 부른다.[86] 이는 교회는 성육신의 확장이라고 하는 주장보다 훨씬 더 정확한 것이다. 그는 또한 성령에 대해 일어난 그리스도와의 "비할 데 없고 피할 수 없는" 관계를 상술한다.[87]

제2부 "삶의 스타일"에서, 테일러는 각 장들에 "성장, 탐구, 만남, 놀이, 사랑"이라는 제목을 붙인다. 이 부분을 시작하면서, 그는 "교회에게 주어진 성령보다는, 성령에게 주어진 교회"를 생각하라고 권면한다.[88] 오순절의 경험은 개인 신자들이 "타인을 의식"하면서 하나의 교제 속으로 융합시키는 것이었다. 복음은 용서에 대한 것일 뿐 아니라, 가능하게 하는 것enabling에 대한 것이다. 성령은 선을 행할 수 있게 한다. "악이 되는 것은 악을 행하는 것보다 훨씬 더 나쁘다"(티슬턴의 이탤릭).[89] "만남"의 장은 다른 사람들과의 대화를, 심지어 다른 믿음을 가진 사람들과의 대화를 권장한다.

테일러는 이렇게 선언한다. "성령의 카리스마타charismata, 또는 은사는 자체로는 성령 충만한 생활의 본질이 아니다. 그것들은 덧없는 것들이며, 본질적으로 '사라지는' 것이다."[90] 그는 이렇게 덧붙인다. "우리 모두에게 주어진 기본적인 구원의 선물을 넘어서서 추가적인 어떤 것을 추구할 필요는

---

84. Taylor, *Go-Between God*, p. 87.
85. Taylor, *Go-Between God*, p. 102.
86. Taylor, *Go-Between God*, p. 111.
87. Taylor, *Go-Between God*, p. 123.
88. Taylor, *Go-Between God*, p. 133.
89. Taylor, *Go-Between God*, p. 167.
90. Taylor, *Go-Between God*, p. 201.

없을 것이다. … '제2의 축복'에 대해 말하는 것은 부적절하다."[91] 그는 성령의 은사는 모두 훌륭하지만, 그것은 특정의 과업을 위한 것이라고 말한다. 예를 들면, 치유의 은사는 때때로 특별한 은사일 수도 있지만, "놀라운 일들"marvels은 항상 모호하다. 안수는 "성령이 공동체 내에 자신의 사랑을 표현하는 행위"이다.[92] 그는 이렇게 덧붙인다. "방언을 말하는 것은 계속되는 교회 역사 속에서 오직 간헐적으로만 나타난다."[93] 그는 몬타누스주의자들의 "광란"에 대한 유세비우스의 혐오감을 인용한다. 중세에는 방언에 대한 언급이 없다. 그리고 위그노교도 이전 1300년의 간격이 있다. "진젠도르프나 웨슬리는 방언을 언급하지 않는다. … 1830년이 되어서야 그다음의 언급이 나타난다. … 에드워드 어빙이 이 은사를 강조한다."[94] 이 경험은 무의식적인 긴장을 풀어주는 치료법의 하나일 수도 있다. 그러나 완전에 대한 탐구일 뿐만 아니라, "자기중심적 관심의 열정적 표현"일 수도 있다.[95]

테일러는 성령을 특별히 "아바, 아버지"라고 부르짖는 "예수의 기도의 바로 그 호흡"으로 보면서 결론을 내린다.[96] 예수는 자연스럽게 그의 아버지에게 말씀하고, 새로운 기도 방식이 탄생한다. 마음을 다하여 성령 안에서 기도하는 경험은 특별한 과업 또는 때를 위한 "특별한" 은사라기보다는 예수의 성령 체험에 더 가깝다. 이런 종류의 기도는 사랑의 표현이다. 하나님의 사랑은 다른 인간의 사랑을 포용한다. 그리고 사랑의 경험으로 모든 것을 아버지이신 하나님께 가져온다. "기도는 우리의 감정 상태와 우리를 하나님께 데려가는 연약한 다리로서의 사용을 넘어서 나아가야 한다. … [기도와 성령은] *하나님의 포옹이며, 하나님의 생명의 입맞춤이다*"(티슬턴의 이텔

---

91. Taylor, *Go-Between God*, p. 202.
92. Taylor, *Go-Between God*, p. 207.
93. Taylor, *Go-Between God*, p. 219.
94. Taylor, *Go-Between God*, p. 219. 그는 "알지 못하는 언어"를 말하는 웨슬리의 설교자 중 한 사람인 Thomas Walsh를 언급한다.
95. Taylor, *Go-Between God*, p. 220.
96. Taylor, *Go-Between God*, p. 226.

릭).⁹⁷

테일러는 항상 교구 목사였던 것은 아니었지만, 아무도 존 테일러의 깊은 목회적 관심을 의심할 수 없다.⁹⁸ 그는 아프리카 문제의 전문가였다. 대부분의 독자들은 그의 작품에 선견지명이 있다는 것에 동의한다. 성령에 대한 그의 작품은 고전으로 널리 인정되었다. 그는 마음을 다해 글을 썼고, 피슨처럼 의미가 깊고 기억할 만한 말을 많이 남겼다. 그의 책의 여러 부분들이 비판을 받을지도 모른다. 그러나 또한 많은 것이 영감에 차 있고, 생각을 자극시킨다.

19. 4. 제임스 D. G. 던

제임스 던James Dunn(b. 1939)은 많은 세월 동안 더럼 대학교 라이트푸트 신학 교수였다. 그는 글래스고우 대학교에서 수학했고, 캠브리지 대학교에서 철학 박사와 신학 박사 학위를 받았다. 그는 더럼에서 교수가 되기 전에 노팅햄 대학교에서 가르쳤다. 그는 1970년 『성령세례』를 썼다. 그리고 오순절주의와 갱신운동 지지자들은 이 책을 주류 교회들에게 갱신운동에 관계된 문제들을 인식시키는 "지표"로 여긴다.⁹⁹ 그는 또한 노팅햄에서 가르치는 동안 『예수와 성령』*Jesus and the Spirit*을 썼다.¹⁰⁰ 그는 더럼에서 『형성중인 기독론』*Christology in the Making*, 2권으로 된 『로마서 강해: 예수, 바울, 율법』*Commentary on Romans: Jesus, Paul, and the Law*, 『신약성경의 통일성과 다양

---

97. Taylor, *Go-Between God*, p. 235 and p. 243.
98. Taylor의 생애와 경력에 대해서는 David Wood, *Bishop John V. Taylor: Poet, Priest, and Prophet* (London: Church House Publishing, 2002)를 보라.
99. James D. G. Dunn, *Baptism in the Holy Spirit: A Re-examination of the New Testament Teaching on the Gift of the Spirit in Relation to Pentecostalism Today* (London: SCM, 1970).
100. James D. G. Dunn, *Jesus and the Spirit* (London: SCM, 1975).

성』Unity and Diversity in the New Testament, 갈라디아서와 골로새서 주석, 『사도 바울의 신학』The Theology of Paul the Apostle, 『바울에 대한 새 관점』The New Perspective on Paul, 『기억 속의 예수』Jesus Remembered 외에 수많은 책과 연구논문을 썼다. 그는 성령에 관해 미하엘 벨커가 편집한 책 속에 "그리스도의 영에 대하여"를 썼고(2006), 『오순절주의 신학학회지』에 "답변"을 기고했다.[101] 그는 영국 학술원의 회원이다.

던은 『성령세례』에서 오순절주의의 뿌리를 성결운동과, 청교도와 메써디스트의 어떤 주제들까지 추적함으로써 문제의 핵심으로 곧장 나아갔다. 그들은 구원은 두 단계로 경험한다고 주장한다. 첫째는 그리스도인이 되는 경험이며, 둘째는 이후의 두드러진 사건 속에서 두 번째 성령 경험이다. 그는 존 웨슬리의 『그리스도인의 완전』A Plain Account of Christian Perfection에서 이 구조에 대한 증거를 인용한다. 그는 심지어, 다른 사람들처럼 영국의 케직 사경회를 인용한다. 나는 1957년에 사경회 전부에 참여했으나 그때 그곳에서 "제2의 축복"에 대한 것은 아무것도 발견하지 못했다. 대부분의 참석자들은 그것을 이단으로 보았다. 그러나 던은 좀 더 확실하게 웨슬리의 추종자 존 플레처를 언급한다. 그러고 나서 그는 아주사-스트리트 부흥, 토피카 성경대학, 그리고 고전적 오순절주의의 탄생을 추적한다. 그는 신약성경과 오순절주의자들이 "성령세례"로 동일한 것을 의미하는지 바르게 묻는다.

던은 "오순절주의의 교리는 주로 사도행전에 근거한다"라고 단언한다.[102] 『오순절주의 신학학회지』에 기고한 글은 던의 주장을 확증하고 있다. 아마 가장 논쟁이 되는 것은 바울에 관한 제네트 메이어 에버츠Janet Meyer Everts의 주장이다(그녀는 던을 그가 비록 메써디스트이지만, "영국교회 전통"에 위치시킨다). 로저 스트론스태드는 누가복음-사도행전에 관해 썼고, 맥스 터

---

101. James D. G. Dunn, "Towards the Spirit of Christ: The Emergence of the Distinctive Features of Christian Pneumatology," in *The Work of the Spirit: Pneumatology and Pentecostalism*, ed. Michael Welker (Grand Rapids: Eerdmans, 2006), pp. 3-26.

102. Dunn, *Baptism in the Holy Spirit*, p. 5.

너는 "갱신운동"의 관점에서 좀 더 제대로 인식한 평가를 내놓았다.[103] 던은 『성령세례』에서 대략 30페이지를 처음 세 복음서에, 60페이지를 사도행전에, 70페이지를 바울에, 30페이지를 요한에게, 그리고 20페이지를 신약성경의 남은 부분에 할애한다. 던은 신약성경의 주제와 주해를 아끼지 않았다. 이 책에서 그의 목적은 "사고의 명료함"이다.[104]

던은 세례 요한과 그의 말, "나는 너희에게 물로 세례를 베풀었거니와 그는[예수] 너희에게 성령으로 세례를 베푸시리라"(막 1:8)을 고찰함으로써 그의 논증을 시작한다. "성령-불세례는 요한의 물세례를 대신하는 것으로 주어지지 않는다. … 성령-불은 메시아적 심판의 정화하는 행위를 묘사한다."[105] 그는 말라기 3:2-3, 4:1, 이사야 4:4, 30:28, 그리고 요한의 역할을 엘리야와 같은 이로 보면서 자신의 주장을 확장시킨다. 요한의 세례는 회개를 나타내며, 용서로 귀결된다. 그것은 본질적으로 예비적이다.

예수의 세례는 모두를 위해 결정적으로 중요하다. 그러나 그 중요성은 구원의 역사에서 그것이 작용하는 부분에 있다. 성령이 예수께 내려왔을 때, 이는 "유일한 기름 부음"이다.[106] 던은 세례 후에 "확인"이 뒤따른다는 면에서, 사건들에 대한 가톨릭적 해석과 세례 후에 제2의 축복이 뒤따르는 것으로 보는 오순절주의적 해석 모두를 반대한다. "우리는 여기서 두 가지 의식 행위가 아니라, 오직 하나 – 세례를 다루고 있다."[107]

제2부는 오순절로 시작한다. 다음 장들을 통해 나타나는 바와 같이 던이

---

103. Janet Meyer Everts, "The Pauline Letters in J. D. G. Dunn's Baptism in the Spirit," *JPT* 19, no. 1 (2010): 12-18; Roger Stronstad, "Forty Years On: An Appreciation and Assessment of Baptism in the Spirit," *JPT* 19 (2010): 3-11, 주로 누가-사도행전에 관해; 그리고 Max Turner, "James Dunn's *Baptism in the Holy Spirit*," *JPT* 19 (2010): 25-31. Dunn은 *JPT* 19, no. 1 (2010)의 이 수에 대한 평가를 제공한다. 그리고 또한 *Religious Studies Review* 36 (2010): 147-67에도 썼다.
104. Dunn, *Baptism in the Holy Spirit*, p. 7.
105. Dunn, *Baptism in the Holy Spirit*, p. 11.
106. Dunn, *Baptism in the Holy Spirit*, p. 26.
107. Dunn, *Baptism in the Holy Spirit*, p. 37.

오순절주의자들과 크게 다른 것은 "순전히 역사적인 이야기"의 해석이다. 그것들은 이야기 이상을 가리키는가? 던은 이렇게 주장한다. "오순절주의자들과 가톨릭 신자들 모두 '구원 역사의 분수령'으로서 그 이야기의 주요 의미를 다시 놓치고 있다."[108] "예수 위에 성령이 내려오신 것은 예수 자신이 새 시대에 들어오심이다."[109] 잠시 후에 살펴보겠지만, 스트론스태드와 터너는 누가복음-사도행전의 또 다른 해석학을 선호한다. 던은 이렇게 주장한다. "오순절은 교회 시대의 막을 연다. 누가에게 있어 오순절은 제자들을 하나님의 새로운 언약의 백성으로 임명하는 것이다."[110]

던은 자신의 주제를 진술할 때 필연적으로 오순절 후에 오는 유명한 논쟁적 사건들, 즉 사도행전 19:1-7의 에베소의 "제자들"을 논의한다. 이들 모두는 오순절주의의 성령세례 교리의 기초 구절들이다. 우리는 이미 제1부에서 이 구절들을 논의했다. 그리고 스웨트, 디워, 램프 등을 다룰 때에도 이것들에 대해 논의했다. 던은 사도행전 11:15에서 "성령은 시작할 때 우리 위에 내려온 것처럼 그들 위에 내려왔다. 계속해서 11:17에서 '우리가 주 예수 그리스도를 믿을 때'(행 11:17)라고 한다(던의 이탤릭)."[111] 사도행전 8장은 평행적이다. 던은 이렇게 말한다. "성령이 확증하기 위해 오신다는 것에 대해 완전히 침묵한다."[112] 그 구절은 사마리아 사람들이 완전하게 받아들여졌음을 강조한다. "신약성경 시대에 성령의 소유는 그리스도인의 특징이었다."[113] 핵심 배경은 예루살렘과 사마리아 사이의 종교적, 사회적 적대감이다.

바울의 회심은 오순절주의자들이 가장 좋아하는 구절인데, 이는 "바울이 회심하고 … 사흘 후에 성령세례를 받았기" 때문이다(던의 이탤릭).[114] 요

---

108. Dunn, *Baptism in the Holy Spirit*, p. 40.
109. Dunn, *Baptism in the Holy Spirit*, p. 41.
110. Dunn, *Baptism in the Holy Spirit*, p. 49.
111. Dunn, *Baptism in the Holy Spirit*, p. 52.
112. Dunn, *Baptism in the Holy Spirit*, p. 59.
113. Dunn, *Baptism in the Holy Spirit*, p. 66.
114. Dunn, *Baptism in the Holy Spirit*, p. 73.

하네스 바이스와 존 녹스와 같은 비오순절주의 학자들도 이러한 순서를 강조한다. 그러나 던은 "3일간의 경험은 하나 됨이었다. … 바울은 다메섹 외곽에서 위임받은 것과 아나니아를 통해 위임받은 것 사이에 아무런 차이가 없다고 하는 것 같다."[115] 다음으로 고넬료는 그가 할 수 있는 데까지 응답한다. 그러나 "오직 그만이 성령을 받았을 때, 이와 같은 그리스도인의 경험을 했다."[116] 우리는 다시 하나의 경험을 주장한다.

사도행전 19:1-7은 오순절주의자들에게 또 다른 "기초" 본문이다. 그러나 제자들은 에베소의 그리스도인 그룹에 속하지 않았다. 아볼로는 "오직 요한의 세례만 알았고, '하나님의 도'에 관해 더 완전한 교훈을 필요로 했다(행 18:25-6)."[117] 두 사건은 평행하기 때문에, 양자는 완전히 처음 시작해야 했다. 던은 이렇게 결론을 내린다. "이러한 비상한 사례들을 기록한 누가의 목적 중 하나는 그리스도인이 되게 하는 한 가지 일이 성령을 선물로 받는 것임을 보여주는 것이다."[118] 그는 이와 같이 사도행전에 관한 제2부를 결론짓는다. 그리고 우리는 일부 오순절주의자들이 하는 것과 같이, 그가 나중에는 점차 바울에게 집중하고, 점차 바울 전문가로 세계적인 명성을 얻기 때문에 그의 주해가 피상적이거나 빈약하다고 주장할 수 없다.

던은 바울에 관하여(3부) 바울의 초기작 데살로니가전후서와 갈라디아서를 거쳐, 중기 고린도전후서, 중심작인 로마서, 그리고 나머지 서신서를 고찰한다. 사실 던은 시작하기 전에 로마서 8:9을 문제의 핵심을 표현하는 것으로 지목한다. "로마서 8:9은 성령을 소유하는 *비그리스도인*과 성령을 소유하지 못하는 *그리스도인* 양자의 가능성을 배제한다. 오직 성령을 받고 계속 소유하는 것만이 한 사람을 그리스도인으로 만든다"(던의 이탤릭).[119]

---

115. Dunn, *Baptism in the Holy Spirit*, pp. 74, 75.
116. Dunn, *Baptism in the Holy Spirit*, p. 82.
117. Dunn, *Baptism in the Holy Spirit*, pp. 86, 88.
118. Dunn, *Baptism in the Holy Spirit*, p. 93.
119. Dunn, *Baptism in the Holy Spirit*, p. 95.

우리는 바울서신의 모든 구절을 다시 한번 살펴볼 필요는 없다. 로마서 8:9-10은 매우 분명하다. "만일 너희 속에 하나님의 영이 거하시면 … 누구든지 그리스도의 영이 없으면 그리스도의 사람이 아니라." 우리는 하나의 샘플만 선택한다. 데살로니가전서 1:5-9과 2:13은 말씀의 선포, 믿음의 반응, 성령을 받음에 대해 말하고 있다. 갈라디아서 3:26-27은 밥티조baptizō라는 단어를 소개하고, "그리스도 안에서 세례를 받는 것은 그리스도를 옷 입는 것과 동일한 것임을 보여준다."[120] 언뜻 보면 갈라디아서 4:6-7이 오순절주의 해석을 암시하는 것으로 보일 수 있다. "너희가 아들이므로 하나님이 그 아들의 영을 우리 마음 가운데 보내사." 그러나 어떤 온전한 주석은 두 구절 사이의 본문이 "논리적이며, 연대기적이 아님"을 보여준다.[121] 그것은 경험의 "두 단계"를 의미하지 않는다. "그 후에 성령의 출현에 대한 이야기는 없다."[122]

고린도전서에서, 고린도전서 6:11은 "영적 정화"에 대해 말하고 있다. 던은 20세기 초반에 유행한 "세례의 부정과거"baptismal aorist라는 성례주의자의 발언을 마땅히 거부한다. 그는 둘 사이의 관계를 미리 판단하는 것을 피하기 위해, 자신이 자주 회심-입문 도식을 사용하는 이유가 되는 전제들을 회피한다.[123] 유사하게 고린도전서 6:14-20도 그리스도인이 되는 것에 대해 말하고 있다. 바울이 "성령세례"에 대해 말하고 있는 유일한 곳은 고린도전서 12:13이다. 그러나 던은 이렇게 말한다. "일단 비유의 입문적이고 통합적인 의미를 알게 되면, 오순절주의의 주장은 실패하고 만다. 바울에게 있어, 그리스도인이 되는 것과 그리스도의 몸의 지체가 되는 것은[즉 세례로써] 동의어이다."[124] 나의 고린도전서 그리스 본문 주석에서, 나는 그 구절을 논

---

120. Dunn, *Baptism in the Holy Spirit*, p. 112.
121. Dunn, *Baptism in the Holy Spirit*, p. 114.
122. Dunn, *Baptism in the Holy Spirit*, p. 115.
123. Dunn, *Baptism in the Holy Spirit*, pp. 6-7.
124. Dunn, *Baptism in the Holy Spirit*, p. 129.

의하고, 오순절주의 전통에 따른 노트를 첨가했다.¹²⁵ 나는 던 뿐만 아니라, 사라 파햄의 『찰스 파햄의 생애』*Life of Charles F. Parham*, 조지프 시모어, 블로흐-호엘, 로저 스트론스태드, 아처, 프랭크 마키아, 그 외 사람들을 언급했다. 던은 고린도후서 1:21-22, 고린도후서 3:3-8을 논의한다.

던은 로마서와 그 후의 바울서신 속의 수많은 구절들로 전환한다. 그는 성결주의 설교자들이 종종 로마서 7장을 로마서 8장의 "승리"와 대조적인 자전적 투쟁과 갈등의 기록으로 잘못 취급한다고 지적한다. 이에 대해 이것은 그런 경우가 아니라는 것을 보여주면서 모든 신약성경 전문가들과 같은 입장이다.¹²⁶ 우리는 이미 로마서 8:9을 "오순절주의의 허술한 견해에 대해 신약성경에서 가장 당혹스러운 절"이라고 고찰했다.¹²⁷ 그는 이렇게 반복한다. "한 사람이 그리스도인인지 결정하는 것은 그리스도에 대한 믿음의 고백이 아니라, 성령의 현존이다."¹²⁸ 다음의 언급들이 단순하게 이 점을 확증한다(골 1:13; 2:11-13; 2:20-3:14; 엡 1:13-14; 2:4-6; 4:1-6, 20; 5:25-29).

요한복음으로부터 나온 오순절주의의 주장은 "제자들은 오순절 전에 중생했으며, 오순절 전에 성령을 받았다"는 것이다.¹²⁹ 던은 약한 사람들이 여기에서 누가복음-사도행전과 요한복음의 이야기는 역사적이고 연대기적인 보고, 즉 "동질의 역사성을 가진 평평한 평지"라고 생각한다고 주장한다.¹³⁰ 그러나 요한복음의 목적은 예수와 보혜사 성령 사이의 계속성을 보여주는 것이다. 요한복음은 성령의 오심이 예수의 영광과 들어 올림을 함께 연결시키는, 하나로 연합시키는 사건임을 지적한다. 연대기는 중요하다. 그러나 에드먼드 호이킨스, 라이트푸트, 레이먼드 브라운 모두가 주장하는 바와 같이,

---

125. Anthony C. Thiselton, *The First Epistle to the Corinthians: A Commentary on the Greek Text*, NIGTC (Grand Rapids: Eerdmans, 2000), pp. 997-1001.
126. Dunn, *Baptism in the Holy Spirit*, pp. 147-48.
127. Dunn, *Baptism in the Holy Spirit*, p. 148.
128. Dunn, *Baptism in the Holy Spirit*, p. 149.
129. Dunn, *Baptism in the Holy Spirit*, p. 173.
130. Dunn, *Baptism in the Holy Spirit*, p. 173.

"성령의 선물은 인자의 들어 올림의 즉각적인 결과이다."

던은 신약성경의 강조점을 회복시키려는 오순절주의의 시도는 "매우 칭찬받아야 한다"고 주장한다. 그러나 그것은 "두 가지 불행한 모습을 초래"했다고 결론을 내린다. 첫 번째는 성령 받음을, 두 번째 후속되는 경험으로 만들어 "성령-세례를 회심-입문 사건으로부터 분리"하는 것이다. 던은 이렇게 말한다. "이것은 신약성경의 가르침과 매우 대조적이다."[131] 그는 두 번째 실수는 믿음을 물세례로부터 분리한 것이라고 주장한다. "그리하여 한 사람은 물세례 이전에 그리스도인이며, 물세례는 과거의 죄를 고백하는 것에 지나지 않는다. 이것은 현재의 세례 관습과 일치할 수는 있으나, 신약성경의 형식은 아니다."[132]

던은 5년 후에『예수와 성령』을 출판한다. 그는 서문에서 "폭넓은 자료들은 신약성경에 기록된 '카리스마적' 현상과 흔히 현저한 평행을 이루는 것들을 … 두드러지게 한다"는 것을 인정한다.[133] 우리는 분명하게 성령세례를 넘어서는 주제와 평가를 고려하는 것에만 힘쓸 것이다.

제1부는 예수의 종교적인 경험을 다루고 있다. 예수의 기도생활이 중요한 출발점이 된다. 처음 세 복음서의 모든 기조는 예수의 기도의 중요성을 강조하고 있다. "Q 자료"는 "구하고, 찾고, 두드리라"는 말을 담고 있다(마 7:7-11; 눅 11:9-13). 마태복음 21:13에서 성전은 기도하는 집으로 평가된다. 마가복음 14:32-42의 겟세마네 기사는 기도에 대한 예수의 의존을 강하게 증언하고 있다.[134] 기도는 끝없는 두려움과 고통을 포함할 수 있다. 그리스도인에게 있어, 예수께서 아바*Abba* '아버지'(막 14:36)를 사용한 것은 독특한 것이며, 그리스도인들에 의해 반복될 수 있다. 그리스도인의 아들 됨은 그리

---

131. Dunn, *Baptism in the Holy Spirit*, p. 226.
132. Dunn, *Baptism in the Holy Spirit*, p. 227.
133. Dunn, *Jesus and the Spirit*, p. 5.
134. Dunn, *Jesus and the Spirit*, pp. 17-21.

스도의 아들 됨으로부터 파생된 것이다(롬 8:15; 갈 4:6).¹³⁵ 요아힘 예레미아스는 "아바"가 가족적인 단어라고 바르게 보았다. 던은 이렇게 말한다. "예레미아스는 그의 주장을 너무 강하게 주장한다. … 그럼에도 불구하고 많은 가치가 있다."¹³⁶ 아돌프 폰 하르낙은 하나님의 아버지 되심을 예수의 가르침에서 두드러진 주제로 바르게 지적했다. 그것은 단순히 부활절 이후 교회에서 생겨난 것이 아니다. 그러나 그것은 더 나아가 예수의 의식에 대해 더 많은 것을 말하고 있다. 그러나 우리는 던이 이것을 암시적으로 성령을 언급한 것이라고 보고 있음을 주목한다. 반면 존 테일러와 조지프 피슨은 예수께서 성령에 의존해 있음에 대한 명확한 회피의 언어라고 말한다.

던은 제3장에서 예수의 성령체험에 대해 더 구체화한다. 예수는 "그의 위에 임하고 그를 통해 역사하는 하나님의 영"을 의식하고 있었다. "… 예수는 그의 사역을 그 안에서 그를 통하여 역사하는 이사야 61:1ff의 예언과 … 귀신 축출에 대해 말한다."¹³⁷ 예수께서 "정신적으로 정상이 아니거나 '귀신에 사로잡힌' 사람들을 치유하신" 것을 기록한 구절들이 많다.¹³⁸ 이 구절들은 데이비드 슈트라우스조차 수용했던, 역사적인 개연성의 기초석이다. 던은 바알세불 비난(막 3:22-26; 마 12:24-26; 눅 11:15-18), 하나님의 영 또는 "손가락"(마 12:27-28; 눅 11:19-200), 그리고 "강한 자"에 대한 말씀(막 3:27)에 대한 구절들을 열거한다. 던은 이렇게 말한다. "그것은 그를 통해 역사하는 *다른 능력에 대한 의식*, 그리고 그 능력이 *하나님의 능력이라는 확신*이었다"(던의 이탤릭).¹³⁹

던은 예수에게 있어 이사야 61:1의 의미를 더 설명한다. 이것은 또한 진정한 예수의 전통에 속한다. "누가 자신은 예수의 사역에 나타난 … 이사야

---

135. Dunn, *Jesus and the Spirit*, pp. 21-26.
136. Dunn, *Jesus and the Spirit*, p. 23.
137. Dunn, *Jesus and the Spirit*, p. 43.
138. Dunn, *Jesus and the Spirit*, p. 44.
139. Dunn, *Jesus and the Spirit*, p. 47.

61:1의 영향을 받은 것은 분명하다."¹⁴⁰ 이와 같이 예수의 아들 됨, 성령, 하나님 경험은 함께 온다. "예수는 자신이 성령으로 말미암아 권능을 받았음을 믿었고, 자신을 하나님의 아들로 생각했다."¹⁴¹ 이것이 그의 세례로 말미암아 강조되었다.

제4장은 갱신운동이 유행하는 것을 보면서 아마도 의도한 것보다 더 논란이 된 것 같다. 장 제목은 "예수는 카리스마적 인물a Charismatic인가?"이다. 그러나 그 정의는 두려움을 진정시킬 것이다. "예수를 영감 된 사람으로 인식하는 순간, 그를 카리스마적 인물로 묘사하는 것이 적절해진다. … '카리스마적'은 … 초기 선지자들의 황홀경의 열광(즉, 삼상 19:20; 호 9:7)으로부터 제2이사야의 위엄 있는 발언까지 어느 것이든 묘사할 수 있을 것이다."¹⁴² 던은 예수의 사역을 마태복음 6:2, 5, 14과 사도행전 2:22의 뒤나메이스, "능력"을 행하는 기적 실행자로 인용한다. 현대적 용법으로 볼 때, "카리스마적 인물의 능력은 … 소위 '자연적 이적'을 … 강조하는 것인지는 더 의문스럽다."¹⁴³ 그럼에도 불구하고 예수의 권위에 대한 논의는 의미가 있다(눅 10:19). 분명히 "예수는 선지자의 명성을 가지고 있었다."¹⁴⁴ 그러나 "황홀경의 행위의 증거는 없다."¹⁴⁵ "이미-아직 아니already-not yet의 긴장"은 한편으로는 제임스 던과 다른 한편으로는 바렛과 피슨 사이의 차이를 완화시킬 수 있다.¹⁴⁶

『예수와 성령』 제2부는 그리스도인의 초기 공동체로 옮겨간다. 전부는

---

140. Dunn, *Jesus and the Spirit*, p. 54; 참조. p. 55.
141. Dunn, *Jesus and the Spirit*, p. 63.
142. Dunn, *Jesus and the Spirit*, p. 68.
143. Dunn, *Jesus and the Spirit*, p. 73.
144. Dunn, *Jesus and the Spirit*, p. 82.
145. Dunn, *Jesus and the Spirit*, p. 85.
146. Dunn, *Jesus and the Spirit*, p. 89; 참조. C. K. Barrett, *The Holy Spirit and the Gospel Tradition* (London: SPCK, 1958), pp. 46-99, 113-121, and 140-62; Joseph E. Fison, *The Blessing of the Holy Spirit* (London and New York: Longmans, Green, 1950), pp. 81-102.

아니지만, 이 자료 중 일부는 『성령세례』와 중복된다. 연속성과 불연속성의 문제에 대해 던은 다음과 같이 말한다. "성령은 누가와 바울에 의해 예수의 영으로 묘사될 수 있다(행 16:7; 빌 1:19)."[147] 부활하신 그리스도를 만난 바울의 체험은 단순히 성령체험이 아니었다. 바울은 부활하신 그리스도를 새 시대의 메시지를 가지고 그를 보내시는 분으로서 체험했다. 바울은 갈라디아서 1장과 2장이 확인하는 바와 같이, 예루살렘을 기독교의 중심으로 본다. 오순절은 "공동의 환상"을 포함하고 있다. 방언을 말하는 것Glossolalia은 여기서 분명히 황홀경 현상이었다(행 2:4-13:9; 2:33). 그것은 "발화기관의 의식적인 통제를 포기"하고 잠재의식에 넘기는 것을 수반했다.[148] 더욱이, "많은 현대인들은 그들이 다른 언어들로 하나님을 찬양하는 말을 인식했다고 생각했다."[149] 많은 질문들이 여전히 해결되지 않고 남아 있다. 그러나 그 사건은 교회의 사명을 착수시켰다.

던은 초기 그리스도인들이 그들의 소망을 자신들에게가 아니라, 높아지신 예수께 두도록 인도한 것이 핵심 결과라고 결론을 내린다. 그러나 누가는 바울, 요한 그리고 신약성경의 다른 부분과 대조적인 자리에 서 있다는 것에 동의한다. 그는 논쟁적으로 이렇게 말한다. "그의 태도는 이적이 더 많이 눈길을 끌면 끌수록, 선전의 가치는 더욱더 커진다는 것 같다. 이 모든 것은 신약성경의 다른 곳과 … 현저한 대조를 이룬다."[150] 그 주장이 옳다면, 누가의 헬레니즘은 이러한 대조를 상당 부분 설명할 수 있을 것이다. 던도 마찬가지로 예언에 대한 누가의 관심에 주목했다. 비록 이것이 누가에게 특별한 것은 아니지만 말이다. 이 모든 것에서 성령은 권위의 주요 원천이다. 그러나 사도행전에서는 강조점이 공동체와 공동체의 예배에 주어진다. 던은 이렇게 결론을 내린다. "누가는 초기 기독교 공동체의 종교적 경험에 대

---

147. Dunn, *Jesus and the Spirit*, p. 95.
148. Dunn, *Jesus and the Spirit*, p. 148.
149. Dunn, *Jesus and the Spirit*, p. 152.
150. Dunn, *Jesus and the Spirit*, p. 167.

해 질문하는 것에 관해서는 가치 있지만 차별 없는 안내자이다"(던의 이탤릭).[151]

나는 이 책의 1부에서 바울의 교회들을 고찰했을 때, 이미 3부의 많은 부분을 기대했다. 우리는 바울이 모든 은사가 값없이 은혜로 주신 선물임을 강조하기 위해 프뉴마티카*pneumatika* 보다 카리스마*charisma*라는 용어를 선호한다고 말했다.[152] 우리는 또한 독신을 은사*charisma*로 묘사하는 것은(고전 7:7) 모든 은사가 자발적인 것이 아님을 시사한다고 주장했다.[153] 우리는 또한 때때로 던의 언급을 인용하면서, 고린도전서 12:8-10에서 은혜로 주시는 은사를 고찰했다. 어떤 은사도 인간의 의지에 따라 사용될 수 없다.[154] 우리가 말한 바와 같이, 은사는 "공동의 선을 위하여" 교회를 세워야만*oikodomeo* 한다(고전 12:7). 은사는 분명히 인간의 재능과 혼동되어서는 안 된다. 던은 라이오넬 쏜턴과 같이, 그러나 쏜턴의 성례중심주의는 배제하고, 제3부에서 마지막으로 그리스도의 몸과 예수의 영을 다룬다. 그는 이렇게 말한다. "그리스도의 몸만이 은혜의 나타남[즉, 성령의 은사]을 통해서만 어느 곳에서든 실현된다."[155]

둘째, 그러나 교회는 그리스도와 함께 죽고 사는 것을 나타내야 한다. 그리하여 던은 또한 갱신운동 내의 많은 사람들과 대조적으로, 이렇게 쓰고 있다. "바울에게 있어 신자의 종교적 경험은 역설과 갈등, 성령과 육체의 갈등으로 특징지어진다. 그것은 영혼의 고통*Anfechtung*의 종교이다 - 질문과 의심으로 항상 괴롭힘을 받은 믿음의 삶은 항상 죽음에 의해 공격을 받고 있다. … 그것은 긴장의 삶이다. … (롬 8:22-23; 고후 5:4) - 동시에 두 세계에 속한 긴장 … 평생에 걸친 긴장, 로마서 7:24의 좌절의 외침은 그리스도인의

---

151. Dunn, *Jesus and the Spirit*, p. 195.
152. Dunn, *Jesus and the Spirit*, pp. 201-12.
153. Dunn, *Jesus and the Spirit*, p. 206.
154. Dunn, *Jesus and the Spirit*, p. 221.
155. Dunn, *Jesus and the Spirit*, p. 297.

평생의 외침이다"(롬 7:25b; 8:10; 던의 이탤릭).¹⁵⁶ 이 책의 많은 부분은 갱신운동과 오순절주의의 일부 주제들이 담고 있는 진리를 인정하고 있다. 그러나 신약성경과 일치하지 않는 다른 것은 거부한다. 특별히 마지막 말은 "제2의 축복"의 개념, 또는 성결운동의 독특한 요소들보다는 루터와 주류 개혁주의자들과 잘 융화 될 것이다. 던은 이렇게 덧붙인다. "그리스도인의 체험의 독특한 본질은 예수와 성령의 관계 속에 있다."¹⁵⁷ 나아가 초기 그리스도인에게 있어 하나님은 교회에 생기를 불어넣은 "살아계신 실재"였다.

19. 5. 갱신 또는 "카리스마" 운동의 초기 단계의 모습

(1) 발생. 기록문서는 흩어져 있고, 1985년 이전의 오순절주의에서처럼 많은 것이 일화 중심이다. 그러나 1990년경 이후 좀 더 학문적인 글들이 많이 생성되었다. 이 운동의 초기 단계에 대해 우리는 특별히 스탠리 버지스가 편집한 『오순절주의와 카리스마 운동 새 국제사전』*The New International Dictionary of Pentacostal and Charismatic Movement*과 P. D. 호켄Hocken의 논문 "카리스마 운동"Charismatic Movement에 의지하고 있다.¹⁵⁸ 비록 많은 카리스마 주창자들이 "카리스마적"Charismatic이란 용어를 사용하지만, 우리는 보통 갱신운동the Renewal Movement에 대해 말할 때 이브 콩가르를 따르고자 했다.

1959년 캘리포니아 반 누이스의 성 마가교회 교구목사인 데니스 베네트와 프랭크 맥과이어는 존과 조앤 베이커와 함께 "성령세례"를 받았다고 주장한 것이 잘 기록되어 있다. 1960년 봄까지 성 마가교회의 교인 70명이 유

---

156. Dunn, *Jesus and the Spirit*, p. 338.
157. Dunn, *Jesus and the Spirit*, p. 358.
158. Peter D. Hocken, "Charismatic Movement," in *The New International Dictionary of Pentecostal and Charismatic Movements* (*NIDPCM*), ed. Stanley Burgess (Grand Rapids: Zondervan, 2nd ed. 2003), pp. 477-519. 다른 많은 책들도 도움이 된다.

사한 경험을 했다. 1960년 4월, 베네트는 이 사실을 공식적으로 선포했다. 그럼에도 불구하고 성 마가교회의 내부에서 적개심이 표출되었고, 베네트는 시애틀의 성 누가교회로 옮겨갔다. 그리고 그곳이 이 운동의 중심이 되었다. 나는 그가 주장하는 대로, 그가 전 세계 신학교를 방문했다는 것을 알고 있다. 왜냐하면 1960년대 초에 비록 그가 나에게 큰 인상을 주지는 못했지만, 영국 브리스톨에 있는 한 신학교에서 그가 말하는 것을 들었기 때문이다. 또한 1960년대 초에 오랫동안 오순절주의자였던 데이비드 뒤 플레시스David du Plessis의 갱신운동 사역이 일어났다. 일부 사람들은 이 운동의 이전 뿌리를 오랄 로버츠와, 1940년대와 1950년대의 성결운동의 "치유" 복음전도까지 거슬러 추적했다. 그러나 이것은 갱신운동과 오순절주의가 한데 얽힌 곳이다. 엄격하게 말해 "갱신운동"이란 "주류" 교회들 또는 전통 내에서 발생한 것으로 이해된다. 1960년대 초에, 장 스톤은 이 운동의 확산에 추가적으로 참여했다.

영국과 브리튼 제도에서, 많은 사람들이 원천 재단the Fountain Trust을 설립했던 영국교회 목사보 마이클 하퍼Michael Harper의 논란의 여지가 있는 주장에 대해 토의했다. 또한 많은 사람들이 미국의 데이비드 윌커슨David Wilkerson의 주목할 만한 책인 『십자가와 칼』The Cross and the Switchblade(1963)의 영향을 받았다. 1963년부터 켄트, 길링햄의 성 마가 교회의 교구목사인 존 콜린스가 이 운동을 전파하기 시작했다. 데이비드 왓슨은 요크에서 그의 사역으로 알려지게 되었고, 존 페리John Perry는 촐리우드의 성 엔드류 교회에서 그의 사역으로 알려지게 되었다. 그러나 주류에서는, 존 스토트와 대부분의 복음주의 및 영국 국교회 지도자들은 갱신운동이 홍보하는 성화관에 강한 의구심을 가지고 있었으며, 놀랍게도 그 교리의 용어와 모습이 "비성경적"임을 알게 되었다. 초창기에 그 운동은 특정의 인물들과 교구 교회, 그리고 일련의 컨퍼런스와 연계되었다. 1970년 가톨릭교회가 들어왔을 때, 존 건스톤과 같은 일부 "고교회" 국교도들이 갱신운동을 주도하게 되었다.

독일에서 첫 번째 주요 모임은 1965년경 프랑크푸르트 인근에서 개최된 컨퍼런스와 함께 시작된 것 같다. 프랑스에서는 갱신운동이 개혁파 교회에서 더 일찍 시작되었다고 주장한다. 네덜란드에서는 데이비드 뒤 플레시스가 1965년 위트레흐트Utrecht에서 영향력 있는 모임을 이끌었다. 벨기에에서 영향력 있는 지원은 적어도 1972년 이래로 가톨릭 수석 대주교인 추기경 레오-요제프 수에넨스Leo-Joseph Suenens로부터 나왔다. 폴란드는 여전히 강력한 가톨릭 국가로 남아 있는데, 1975년과 1976년 바르샤바에서 당시 크라쿠프Krakow 대주교였던 전 교황의 격려와 함께 최초의 갱신운동 그룹이 생겨났다. 스칸디나비아에서는 그 기원이 주로 1970년 초에 있었고, 강력한 오순절주의의 영향을 받았다. 이탈리아는 1970-71년에, 스페인은 1973-74년에 그 기원을 볼 수 있다.

브라질에서는 1950년대 중후반에 침례교 진영에서 시작되었다고 한다. 1960년대 중반에 이르러 감리교, 장로교, 회중주의자 등이 포함되었다. 아르헨티나에서는 1967년에 열린 형제단the Open Brethren 사이에 "성령세례"가 일어났다. 칠레에서는 한 성공회 선교사가 1960년 중반 영국을 방문한 후에 갱신운동을 가져왔다.

아프리카 대륙의 기원은 추적하기가 더 어려운데, 이는 그리스도인과 비그리스도인 모두가 삶을 악한 영들과의 싸움이라는 관점에서 보는 경우가 많고, 많은 나라에 주류 교단만큼이나 "독립"교회들이 많기 때문이다. 북인도는 특별히 캘커타에서 오순절주의 선교사들의 한 세기를 되돌아볼 수 있지만, 갱신운동은 첫 번째로 뭄바이에서, 그다음에는 푸네와 델리에서, 주로 가톨릭교회에서 일어난 것으로 보인다. 매튜 나이콤파람빌Matthew Naiekomparambil은 1970년대 초에 "성령세례"를 받았다고 주장했고, 갱신운동의 지도자가 되었다. 중국에서는 마오쩌둥의 사후 어느 정도 자유가 주어졌고, 이로 인해 가정교회 운동이 갱신운동을 모색할 수 있게 되었다. 그러나 "주류"교회와의 관계는 모호하게 남아 있었다.

이 모든 일의 결론은 1959-60년에 소규모로 시작된 갱신운동이 세계적이고 지구적인 거대한 운동으로 꽃을 피웠다는 것이다. 전통적인 교단들과 상호 비판적이고 의심스러운 관계를 형성하기보다는, 양자가 서로 존중하고 경청해야 할 긴급한 필요를 인식하게 되었다. 그러나 문제는 어떻게 서로 이해하고 존중하면서, 동시에 서로 정직하게 비판하고 교정할 수 있는가 하는 것이다. 이것은 세계 교회가 직면하고 있는 신뢰와 연합이라는 가장 시급한 과제 중 하나가 되었다. 우리는 이브 콩가르가 말한 것, 즉 "마른 땅"에서 성령의 생수에 대한 갈망을 존중하지만, 모두가 "은사주의"가 되리라고 기대할 수도 없고, 기대해서도 안 된다는 것을 상당 부분 따르고 있다. 왜냐하면 "비성경적" 용어, 포퓰리즘적인 하위문화, 단순히 숨겨져서는 안 될 무분별한 성화신학이 수반되기 때문이다. 종종 "성령세례"에 따르는 헌신과 참여에 감탄하는 것은 단순히 무의미하고 형식적인 칭찬은 아니다. 양측 모두에게 성실함은 존중되어야 한다. 다행히도 주요 교단 내부에서 회복과 열정의 필요에 대하여 "교정"의 목소리를 내고 있으며, 갱신운동 내에서도 용어, 하위문화, 때로는 신학에 관하여 목소리를 내고 있다. 상호 교정은 진정으로 성령에 의해 인도받는다면 명백한 방어적 태도를 수반하지 않는다. 나중에 살펴보겠지만 갱신운동의 "제3의 물결"은 오래된 상호의 의혹을 다시 제기하는 경향이 있었지만, 일찍이 1960년부터 1980년 또는 1985년경에 분열의 특징을 대부분 제거했다.

(2) 양측의 합병과 조기 평가. 그러나 우리는 이러한 후기 경향에 대해 논의하기 전에 성령 갱신의 발흥을 넘어 그 합병과 발전을 살펴볼 것이다. 미국의 가톨릭교회 내의 갱신운동의 발전은 1967년 피츠버그의 듀케인 대학교와 인디아나의 노터 데임 대학교에서 있었던 행사들 때문이다. 참여자들은 1963-65년의 제2차 바티칸 교령에 따른 토론에 영향을 받았다. 그들은 성령의 부어주심을 새로운 오순절을 위한 교황 존의 기도에 하나님께서 응답하신 것으로 보았다.

가톨릭 갱신운동 내부에서 몇몇 탁월한 지도자들이 결정적인 역할을 담당했다. 스티븐 클라크(b. 1940)과 랄프 마틴(b. 1942)은 1967년부터 특히 쿠르실로 운동the Cursillo Movement(스페인어로는 "작은 과정" a little course)

을 통해 함께 사역했다. 클라크는 예일, 프라이부르크, 노트르담에서 수학했다. 그는 『성령세례』Baptized in the Spirit(1969), 『영적 은사』Spiritual Gifts(1970), 『믿음의 성장』Growing in Faith(1972)을 출판했고, "성령 안에서의 삶" 세미나를 이끌었다. 그는 또한 『그리스도인의 공동체 건설』Building Christian Communities(1972)을 출판하고, 1982년에는 성령 공동체의 검Sword of the Spirit community을 설립했다. 랄프 마틴은 평신도로 남아 있었으며, 1980년대 내내 성령 공동체의 검과 함께 사역했다. 그는 브뤼셀로 가서 수에넨스 추기경과 더 밀접하게 사역했다. 그는 갱신운동 내에서는 교사와 선지자로 여겨졌다. 컨퍼런스, 단기 과정, 공동체는 분명히 책만큼 중요하게 되었다.

개신교에서는 로렌스Lawrence("Larry") D. 크리스텐슨Christenson(b. 1928)이 미국 루터교에서 중요한 갱신운동 지도자가 되었다. 그는 미네소타 주 세인트 폴에 있는 루터교 신학교를 졸업했다. 그는 1974년에 루터교 카리스마적 갱신운동 봉사단을 조직했고, 『갱신운동의 정신』The Renewal Mind을 썼다. 데니스 베네트(1917-91)는 미합중국 감독교회의 영향력 있는 갱신운동 지도자였다. 그는 12년 동안 시애틀 성 누가교회에서 갱신운동을 일으켰고, 감독교회 성령 갱신 목회를 설립하는 데 참여했다. 그는 두 번째 부인 리타와 함께 베스트셀러가 된 『성령과 당신』The Holy Spirit and You(1971), 치유에 관한 책(1984), 그리고 『성령 주심을 위해 기도하는 법』How to Pray for Release of the Spirit(1985)을 출판했다.[159] 마이클 하퍼Michael G. Harper(b. 1931)는 영국에서 리더가 되었다. 그는 1962년 런던 랭햄 플레이스Langham Place의 올 소울즈 교회에서 존 스토트의 부목사가 되었다. 그는 1964년 원천재단의 사무총장이 되었고, 1966년에는 잡지 『갱신운동』을 편집했다. 그는 1965-67년 미국과 뉴질랜드를 여행했고, 1995년 성공회 직분을 사임하고 그리스 정교회에 가입했다.

한편 반대편도 늘어갔다. 미국에서는 남침례교 총회가 카리스마적 갱신

---

159. Dennis and Rita Bennett, *The Holy Spirit and You: A Study Guide to the Spirit-Filled Life* (Eastbourne: Kingsway, 1971).

운동을 반대했다. 영국에서는 많은 개신교도들이 특히 1960년대와 1970년대에 신학적 저항과 혼란을 경험했다. 많은 사람들은 갱신운동이 이론상으로는 여전히 성경을 하나님의 말씀으로서 탁월한 위치에 두었으나, 실제적으로는 "성령의 자극"에 더 많은 권위를 주는 것처럼 보인다는 사실에 당혹하게 되었다. 많은 지역 교회들은 "예언"이 진정한 하나님의 말씀인지, 아니면 종종 진지하게 취하는 주관적 신념의 사유에 특별한 지위를 부여하는 방법인지에 대한 문제로 분열되었다. 많은 사람들은 "예언"이 성경과 다른 수단으로 조심스럽게 시험되지 않는다면, 최악의 경우 권력과 통제의 도구가 될 수 있다는 것을 인식했다.

1978년 영국교회 총회는 "갱신운동이 많은 교구에 가져온 새로운 삶을 보존"할 것을 표명했다. 그럼에도 불구하고 "감정이 갑작스럽게 고조되는 이유"를 탐색하고, "갱신운동이 나타내는 영성과 성품의 독특한 특성을 정확하게 기술하며, 전통적인 성공회주의와의 긴장의 요점을 지적하는" 보고서를 요구했다.[160] 총회는 또한 "그 운동의 풍성함이 교회의 유익을 위해 어떻게 보존될 수 있을지"에 대한 지침을 요청했다. 나는 기고자들을 알기 때문에 서너 명의 위원은 결의안에 찬성하고, 반면에 두세 명은 "갱신운동"의 자격을 인정한 것으로 추측한다. 마이클 하퍼는 상담을 받게 되었다.

위원회는 처음부터 카리스마적 갱신운동을 정의하는 것이 어렵다는 것을 알았다.[161] "오순절주의"는 특정 교단과 연관되어 있었기 때문에 논의되었지만 거부되었다.[162] 그것이 그렇게 빠르게 문화에 관한 쟁점인 "질서와 예의"로 시작한 것은 유감스러운 일이었다.[163] 한편 "신음과 큰 소리로 부르짖는 것"은 대부분의 성공회 교도들이 갱신운동을 대면했을 때의 모습이었

---

160. General Synod Report (Chaired by Colin Craston), *The Charismatic Movement in the Church of England* (London: Church Information Office, 1981).
161. Synod Report, *Charismatic Movement*, p. 1.
162. Synod Report, *Charismatic Movement*, p. 2.
163. Synod Report, *Charismatic Movement*, p. 4.

다.¹⁶⁴ 갱신운동의 기원에 대한 마이클 하퍼의 보고서는 위의 우리의 설명과 일치한다. 가장 의미 있는 것은 다음의 말이다. "성령에 대한 토론에서 특별히 주목을 받은 사람은 복음주의의 '핵심'Mecca, 즉 랭햄 플레이스의 올 소울즈의 스텝이었다. … 교구목사인 존 스토트와 다른 지체들은 … 설득되지 않았고, 성령세례의 가르침이 성경에 완전히 부합하지 않으며, 실제적으로 분열의 가능성이 매우 높을 것을 우려했다. … 이는 … 영국에서 중대한 사건이었다."¹⁶⁵

이 보고서는 "카리스마주의자들이 초기에 명확한 태도를 취할 수밖에 없었다"는 사실과 함께 핵심 문제를 잘 요약하고 있다. 제임스 던의 『성령세례』(1970)와 발터 홀렌버거의 『오순절주의자』*Pentecostals*(1912)는 몇 가지 쟁점들을 다루었다. 더욱이, 교회 내의 한 가지 이상의 전통이 갱신운동에 참여하게 되었다. 생수*Living Water*(1974)와 생생한 소리*Fresh sounds*(1976) 같은 자료로부터 독특한 음악이 갱신운동에 운동력과 특색을 가져다주었다. 상호 이해를 위한 한 시도가 복음주의협의회의 "복음과 성령"(1976)에 게재되었다.¹⁶⁶ 보고서는 이렇게 진술한다. 1980년까지는 "카리스마주의적 교구의 2세대와 3세대 신자들은 종종 가능한 모든 경우에 '방언'과 '예언'을 나타내야 한다는 필요성을 느끼지 않고 자신들의 영적 유산을 기꺼이 받아들일 것이다."¹⁶⁷ 이것들은 흔히 단순한 "인식의 상징"일 뿐이다. 그 후 이 보고서는 많은 교구들의 독특한 사례를 연구한다. 결론은 신학적, 실제적, 하위문화적인 것으로 분류했다. (a) 신학적으로, 많은 사람들이 갱신에 대한 진정한 강조를 환영하지만, 다음 사항에 대해서는 유보적이다. (i) 자기 자신이 아니라 그리스도를 증언해야만 하는 성령의 자기 선전의 두드러짐, (ii) "그

---

164. Synod Report, *Charismatic Movement*, pp. 6-7.
165. Synod Report, *Charismatic Movement*, p. 7.
166. Report, "Gospel and Spirit," *The Churchman*, April 1977; 참조. James I. Packer, "Theological Reflections on the Charismatic Movement," *The Churchman* 94 (1980).
167. Synod Report, *The Charismatic Movement*, p. 11.

리스도인의 입문은 한 단계 사건인가, 혹은 두 단계 사건인가?"라고 보고서는 묻는다.[168] 오순절주의는 보통 이 점에 대해서는 확고하다. 그러나 보고서는 1980년을 향해 갈수록 "갱신운동은 아마 달라질 것"이라고 주장한다. 그러나 근본적인 문제는 "성결주의" 정통(영국에서는 거의 알려지지 않은)의 성화와 성별이 종종 갈등과 유혹을 수반하는 하나의 사건 또는 과정을 구성하느냐 하는 것이다. (iii) 완강한 요점이 남아 있다. 신약성경에서 "성령세례"는 갱신운동자들이 종종 묘사하는 것과 같이, "성령 충만"이나 성령에 대한 개방의 참된 경험을 위해 사용되고 있는가? 성경과 성령 사이의 균형은 이 신학적인 요점들의 목록에는 잘 들어있지 않다. 왜냐하면 갱신운동 주창자들은 온전히 "성경적"이라고 주장하기 때문이다. 그러나 이제 실제적인 문제로 나아간다.

(b) 실제적인 문제는 주로 "예언"을 중심으로 전개된다. 19세기까지 아퀴나스와 칼빈과 같은 작가들은 "예언"이 아마도 아주 가끔 "특별한" 계시일 뿐만 아니라, 설교를 포함한다고 생각했다. 실제적인 문제는 "예언"이 반성경적이 아니라 너무 자주 초성경적이어서, 그것을 시험할 것이 거의 없고, 공동체의 일치된 의견만을 가지고 있다는 것이다. 그렇다고 우리는 (이론이 아니라) 실제에 있어 때로 예언의 권위가 성경의 권위보다 더 우선되는 것으로 보인다고 주장하는 사람들을 너무 쉽게 비판할 수는 없다. 그러나 이 논쟁은 양쪽 지지자들에게 열려있다.

(c) 문화 또는 하위문화. 우리는 갱신운동에 대한 강한 공감에도 불구하고, 콩가르 추기경은 많은 사람들이 역사적 예전에 의지하기보다는 손 흔들기, 대중음악과 밴드, 또는 전적으로 "즉흥적인" 기도와 같은 현상의 가시적 표현을 불편해하기 때문에, 갱신운동이 모든 사람을 위한 은사가 될 것이라고 기대할 수 없다고 말한 것을 언급할 것이다. "인식의 상징"의 개념은 종종 사용된 찬송과 노래의 유형을 비교해 보면 드러난다. 켄터베리 대주교였

---

168. Synod Report, *The Charismatic Movement*, p. 20.

던 코간경은 그것을 "하찮은 것들"이라고 불렀다. 그는 "나"에 대한 너무 많은 주관적 주제들을 좋아하고, 하나님에 대한 강력한 신학적 주제들을 생략한 것을 안타까워했다.

그러한 의구심이 작용하는 것은 유감이다. 왜냐하면 갱신운동의 헌신과 봉사, 복음전도는 보통 교회들이 환영하기 때문이다. 그러나 갱신운동은 또한 분열을 초래하는 것이 되었다. 이는 연합과 연속성의 성령께서 (이 모든 현상 속에) 역사하셨다면 말 그대로 모순이다. 우리는 이 운동의 폭이 더 넓어지면서, 21세기에 거둔 여분의 성과를 고찰할 것이다. 종종 오순절주의자는 가장 최근의 상태에서 "제3의 물결"과 그 성과로써 진지한 자기비판과 성장에 참여하는 데 있어 갱신운동보다 더 준비되어 있는 것 같다. 한편 미국의 도날드 카슨과 영국의 톰 스메일의 저서들 안에 명백하게, 상호 대화와 상호 비평의 고무적인 사인이 있다.

20

오순절주의 또는 갱신운동 신약학자들
: 피, 스트론스태드, 터너

오순절주의와 갱신운동은 숫자와 영향력, 그리고 전 지구적 확장에 있어 매우 강력해졌기 때문에, 우리는 학문적으로 대단한 영성과 성실성을 가진 대표자들을 선정할 필요가 생겼다. 확실히 북아메리카의 고든 피와 영국의 맥스 터너는 학문적인 명성이 매우 높다. 세 번째로는 로저 스트론스태드나 멘지스를 포함시킬 것을 고려했다. 그러나 길이와 공간의 이유로 그중 한 사람만 포함할 수 있었다. 터너는 이렇게 썼다. "스트론스태드의 … 작품은 오순절주의 작가들이 누가 전문가로 들어서는 것을 의미한다."[1] 글을 쓸 당시에는 많은 갱신운동 또는 오순절주의 작가들이 신약신학 전문가가 되지는 않았고, 만약 우리가 범위를 넓혔다면 러셀 스피틀러, 프랭크 마키아와 같은 작가들도 포함되었을 것이다. 그러나 스트론스태드는 세 학자 중 가장 논란이 많은 인물인 반면, 고든 피와 터너는 더 넓은 관심을 가지고 있고, 갱신운동의 훌륭한 사례를 제공한다.

---

1. Max Turner, *Power from on High: The Spirit in Israel's Restoration and Witness in Luke-Acts*, JPTSS 9 (Sheffield: Sheffield Academic, 1996), p. 62.

20. 1. 고든 피

고든 피Gordon Fee(b. 1934)는 오리건 주의 애쉬랜드에서 태어났고, 시애틀 퍼시픽 대학교와 서던 캘리포니아 대학교에서 수학했다. 그는 고든-콘웰 신학대학원와 벤쿠버의 리젠트 칼리지에서 가르쳤다. 그는 고린도전서에 대한 주요 강해를 썼고, 더 최근에는 『하나님의 능력 주시는 임재』God's Empowering Presense를 썼다.[2] 그는 분명히 하나님의 성회 목사의 아들로서 오순절주의자이지만, 성령세례에 관한 하나님의성회의 제7조에 의문을 제기한다. 오순절주의자들이 그들에게 가장 인상 깊은 학자의 이름을 지명해 달라고 요청을 받는다면, 대부분은 고든 피를 상위 한두 명 가운데 포함시킬 것이다. 그는 방어적이지도 않고 배타적이지도 않다. 최근 한 인터뷰에서 그는 더럼의 주교였던 라이트N. T. Wright의 신약신학에 특별한 빚을 지고 있다고 말했다.

고든 피는 그의 책 서문에서 자신은 성령의 인격성과 "하나님 자신의 인격적인 임재"를 강조하기를 원한다고 진술한다.[3] 우리가 "성령에게서 인간적 면모"human face를 본다고 할지라도, 하나님이 그리스도의 인간적 면모 안에서 보이시는 원리만큼 주장하거나 방어하기는 쉽지 않다. 에버하르트 윱엘이 말한 것과 같이, "하나님은 자신을 예수의 십자가에 못박힌 사랑으로 정의하셨다." 하나님은 예수 그리스도 안에서 생각할 수 있고, 상상할 수 있으며, 믿을 수 있게 된다.[4] 피는 이것을 부인하지 않을 것이다. 그러나 성령의 인격성을 "보는 것"을 통해서 하나님이 동일하게 구체적으로 계시될 것인가 하는 것은, 무엇보다도 성령은 그리스도에 대해 증거하기 때문에, 언

---

2. Gordon Fee, *God's Empowering Presence: The Holy Spirit in the Letters of Paul* (Peabody, MA: Hendrickson, and Carlisle: Paternoster, 1994); 그리고 Fee, *The First Epistle to the Corinthians*, NICNT (Grand Rapids: Eerdmans, 1987).
3. Fee, *God's Empowering Presence*, pp. 5-6.
4. Eberhard Jüngel, *God as the Mystery of the World* (Edinburgh: T&T Clark, 1983), pp. 220-21; 참조. pp. 203, 224, 229, 105-396.

뜻 보기에는 더욱 논란이 되는 것처럼 보인다. 그는 피슨, 테일러, 콩가르에 의해 인정된 방식으로 자신을 눈에 띄지 않게 한다.

그러나 나는 피의 저서에 대해 몇 가지 의문을 가지고 있는데, 그중 하나는 이렇다. 그는 "인격성, 임재, 능력은 … 사도 바울의 성령관이다"라고 바르게 진술하고 있다.[5] 그러나 그의 데살로니가전서 5:19-20 강해에 대해 또 다른 의문이 있다. 고든 피는 "성령을 소멸치 말며"를 "은사의 나타남"을 언급하는 것으로 본다.[6] 그러나 그는 이것이 많은 교부들이 제안하는 것처럼 더 넓은 의미의 프레임을 암시하는지 여부에 대해서는 논의하지 않는다. 예를 들면, 아타나시우스는 그 의미를 배은망덕, 부도덕, 거룩함의 결핍이 성령의 임재와 역사를 방해할 수 있다는 경고로 본다(*Letter*, 4:4; *NPNF*, vol. 4, p. 514). 존 크리소스톰은 데살로니가전서 5:19-20을 성령의 조명을 억제하는 것으로 이해한다(*Homily on 1 Thessalonians*, 11; *NPNF*, vol. 13, p. 370). 어거스틴의 견해도 마찬가지이다(*On the Psalms*, 77:4; *NPNF*. ser. 1, vol. 8, p. 361). 토마스 아퀴나스는 우리가 이미 말한 대로, "예언"을 "신적인 교리"로, 그리고 선지자를 "설교자"로 이해한다.[7] 존 칼빈은 "선지자적 가르침"을 "현재의 사람들에게 적절하게 적용된 성경 해석"으로 본다.[8] 이들 작가들이 예언 또는 성령의 역사에 대해 모두 올바를 수는 없을 것이다. 그러나 이것이 항상 즉흥적이고 "카리스마적인" 것도 아니다. 이 구절은 하나 이상의 형태로 하나님의 말씀을 듣는 것에 지친 사람을 염두에 둔 것일 수도 있다.

피는 우리가 예상한 대로, 고린도전서에 대해 "그리스도 중심적" 특성과 은혜에 대한 강력한 강조를 포함하는 매우 훌륭한 설명을 제공한다.[9] 진

---

5. Fee, *God's Empowering Presence*, p. 8.
6. Fee, *God's Empowering Presence*, p. 59.
7. Thomas Aquinas, *Commentary on 1 Thessalonians and Philippians* (Albany: Magi Books, 1969), p. 52.
8. John Calvin, *1 and 2 Thessalonians* (Wheaton, IL: Crossway Commentary, 1999), p. 60.
9. Fee, *God's Empowering Presence*, pp. 85-86.

정한 능력은 인간의 영리함이 아니라 성령으로부터 온다.[10] 그는 2:2의 토 프뉴마 에크 투 데우-to pneuma to ek tou theou의 성령의 초월성을 강조했을 수도 있다.[11] 그러나 2:10-16은 훌륭하게 강해했다. 피는 독신을 은사로 보는 바울의 언급이 나타나는 7:7에서 고정된 습관과 성향으로서의 은사를 논의할 기회를 놓친다.[12] 그러나 12:4-6의 삼위일체적 특성은 바르게 강조한다.[13] 그는 12:8-10의 은사들에 대해서 탁월함을 보여주는데, 여기서 로고스 소피아스 logos sophias … 로고스 그노세오스 logos gnoseos는 "지혜의 말씀" 또는 "지식의 말씀"이 아니라, "(하나님의) 참된 지혜(이신 그리스도)의 메시지"와 성경의 의미를 해석한다는 의미에서 "지식의 메시지"라고 훌륭하게 번역하였다.[14]

놀랍게도, 피는 "치유의 은사들"을 "거의 언급할 필요가 없다"고 생각한다.[15] 그러나 이 복수형은 많은 주석가들에게 (최소한 T. C. 에드워즈의 때로부터) 일반적인 "다른 종류의 치유"나 적어도 "자연적이고 초자연적인 치유"를 제안해 왔다. 예언은 "즉흥적이고, 성령은 메시지를 영감했다." 그러나 이것은 성령이 갑작스럽고 비매개적인 계시 인식을 전달할 수 있고, 동일하게 계시의 추론이나 확장을 제공하는 지성을 통해 일할 수 있기 때문에, 예언은 즉흥적이고 준비된 계시를 모두 포함할 수 있다.[16] 그러나 피의 주장은 의심할 여지없이 옳다. "어떤 사람이 자신의 삶에서 매우 사적인 문제에 대해 예언하는 것으로, 현대 사회에서 '사적인 예언'으로 알려진 현상에 대한

---

10. Fee, *God's Empowering Presence*, pp. 91-92.
11. Fee, *God's Empowering Presence*, p. 103.
12. Fee, *God's Empowering Presence*, p. 138.
13. Fee, *God's Empowering Presence*, pp. 162-64.
14. Fee, *God's Empowering Presence*, pp. 166-68.
15. Fee, *God's Empowering Presence*, p. 168.
16. Anthony C. Thiselton, *The First Epistle to the Corinthians: A Commentary on the Greek Text*, NIGTC (Grand Rapids: Eerdmans, 2000), pp. 956-65, 1128-68.

바울서신의 증거는 없다."[17] 그는 또한 예언을 분별하는 은혜에 대해 건설적이다.

피가 번역한 "각종 방언"은 유용하다. 그는 이 주제에 대한 글이 "엄청나다"는 것을 인식하고, 오순절주의와 전통적인 자료 가운데 얼마를 인용한다. 그는 방언을 "성령의 가시적이고 특별한 현현"으로 보는 것 외에는 한 가지 유형도 말하지 않는다.[18] 아마도 이렇게 신중한 것이 현명할 것이다. 나는 내가 쓴 주석에서 기본적인 여섯 가지를 포함하여 수많은 이론을 인용했다.[19] 그는 "알려진 지상의 언어" 뿐만 아니라, 고린도전서 14:27-28에 기초하여 "황홀경"도 배제한다. "방언 통역"에 대한 그의 언급도 또한 지혜롭다. 그는 "번역"을 배제하고 방언이 화자에게나 다른 사람에게 주어질 수 있다고 단언한다.[20] 고린도전서 14:3에는 누구에게 해당하는 그리스어 단어(tis)가 없다. 이 단어는 번역의 가능성을 암시한다.

고린도전서 12:13에 대해, 피는 대다수 오순절주의자들에 비해 "한 성령으로 세례를 받아"에 대한 전통적인 "주류"의 (비 오순절주의) 해석에 훨씬 덜 불편해한다. 그는 던과 마찬가지로, "바울서신에는 세례와 성령 받음 사이에 등식을 발견해야 한다는 압박을 강하게 받는다"고 주장한다.[21] 그는 여기에서 던 뿐만 아니라 루돌프 슈나켄부르크를 언급한다. 고린도전서 12-14에서 카리스마타 charismata는 "완성을 기다리는 것으로서" 전체 교회를 위한 가치를 가지고 있다.[22] 14:13에서, 그는 "방언을 말하는 사람은 통역의 은

---

17. Fee, *God's Empowering Presence*, p. 170.
18. Fee, *God's Empowering Presence*, p. 172.
19. Thiselton, *First Epistle to the Corinthians*, pp. 970-89; 참조. pp. 1094-1130.
20. Fee, *God's Empowering Presence*, p. 173.
21. Fee, *God's Empowering Presence*, p. 179; 참조. Rudolf Schnackenburg, *Baptism in the Thought of Paul* (Oxford: Blackwell, 1964), p. 83; 그리고 J. D. G. Dunn, *Baptism in the Holy Spirit* (London: SCM, 1970), pp. 199-202.
22. Fee, *God's Empowering Presence*, p. 199.

사를 위해 기도해야 한다"고 바르게 말하고 있다.[23]

고린도후서 3:8, 17은 특히 출애굽기 3:17을 배경으로 유용한 논평을 제공한다. 또한 갈라디아서 3:1-5 부분에서는 "믿음과 그리스도의 복음에 입각하여" 바울이 회심할 때 처음으로 성령을 받은 것에 대해 전적으로 유용한 논평을 제공한다.[24] 피는 또한 로마서 8:1-11을 조심스럽고 통찰력 있게 다루고 있다. 그는 복잡한 구문을 조심스럽게 풀어 그리스도의 의가 신자 안에 성령의 내주의 기초라고 결론을 내린다.[25] 로마서 8:12-15에 대하여 피는 피슨의 경구를 반복한다. "성령의 도우심으로 그들은 '진정한 그들의 모습'이 된다"(티슬턴의 이탤릭).[26] 로마서 8:26-27에 대하여, 그는 "말할 수 없는 탄식"이 최소한 부분적으로라도 (프랭크 마키아가 이해한 바와 같이) 방언을 가리킬 수 있는지 질문하면서 많은 평행구를 언급한다. 그러나 그는 또한 그 구절의 주요 요점으로서 성령의 기도를 뽑아낸다.[27] 마지막으로 피는 성령이 다시 하나님의 기업과 우리의 미래의 유산의 보증이라고 하는 에베소서 1:13-14을 포함하여(고후 1:21-22과 관련된), 옥중서신에서 적절한 구절들을 주의 깊게 강해하고 있다.[28]

두 명의 신약성경 전문가가 동의하지 않을 수 있는 사소한 점들을 제외하고도, 800페이지에 달하는 이 작품은 매우 유명한 바울 학자들과 거의 다르지 않은 주의 깊은 주해 및 접근을 보여주며, 적절한 곳에서 성령에 대해 따뜻한 주의를 기울이고 있다. 이 사실은 카리스마 charisma에서 줄리안 러킨스가 고든 피에 관해 쓴 글에서도 일치하고 있다.[29] 러킨스는 피를 "현대 오순절운동의 첫 번째 성경학자"라고 부른다. 그러나 그는 피가 "나는 내가 오

---

23. Fee, *God's Empowering Presence*, p. 223.
24. Fee, *God's Empowering Presence*, p. 381; 참조. pp. 381-89.
25. Fee, *God's Empowering Presence*, pp. 544-48.
26. Fee, *God's Empowering Presence*, p. 559.
27. Fee, *God's Empowering Presence*, pp. 578-86.
28. Fee, *God's Empowering Presence*, pp. 668-72.
29. Julian Lukins, "A Professor with Spirit," *Charisma*, September 1, 2010, pp. 1-3.

순절주의 학자라고 생각하지 않는다. 나는 나를 우연히 오순절주의자가 된 학자라고 생각한다"라고 말한 것으로 진술한다. 그는 때때로 많은 사람이 "신학적 열심을 경계하는""오순절주의 진영과 힘겨운 싸움"에 직면했다는 것을 인정한다. 피는 이렇게 결론을 내린다. "박사학위(ph. D)를 받고서도 성령 충만이 멈추지 않았다." 그는 바울이 보통 오순절주의와 카리스마적 진영에서 사용하는 방식으로 "성령세례"를 사용했는지에 대해 강한 의구심을 갖고 있다. 그러나 우리가 이미 본 바와 같이, 그는 많은 그리스도인들이 전적으로 동의하는 "성령 충만"이란 용어를 매우 기쁘게 사용하고 있다.

20. 2. 로저 스트론스태드

로저 스트론스태드Roger Stronstad는 1984년에 『누가의 카리스마 신학』The Charismatic Theology of Saint Luke을, 1999년에는 『모든 신자의 선지자직』The Prophethood of All Believers을 썼다.[30] 그는 다음과 같은 논쟁적인 진술로 시작한다. "바울의 안경을 쓰고 누가를 읽는 것은 여전히 흔한 일이다. 제임스 던은 1970년 기준이 되는 연구서인 『성령세례』를 출간하여 이 일에 책임이 있다. … 상당한 비평에도 불구하고 … 약 20년 후에도 그는 여전히 '누가의 성령론[Pneumatology, 오순절주의자들은 이 바보 같은 단어를 아주 좋아한다!]이 본질적으로 바울의 성령론과 같다'고 주장한다.[31] 이것은 종교개혁자들은 바울에게 우선권을 주었다고 전해지는 것과는 대조적으로, 대부분의 오순절주의자들은 실제적으로 정경 내의 정경이라고 주장하는 것을 누가복음-사도행전에서 찾는다는 것을 상기시킨다. 이것은 스트론스태드와 터너에 대한

---

30. Roger Stronstad, *The Charismatic Theology of Saint Luke* (Peabody, MA: Hendrickson, 1984); 그리고 Stronstad, *The Prophethood of All Believers: A Study in Luke's Charismatic Theology*, JPTSS 16 (Sheffield: Sheffield Academic Press, 1999).
31. Stronstad, *The Prophethood of All Believers*, p. 10; James D. G. Dunn, "Baptism in the Holy Spirit: A Response to Pentecostal Scholarship in Luke-Acts," *JPT* 3 (1993): 3-27.

우리의 논의를 바울에 대해 고든 피와의 대화보다 훨씬 도전적으로 만든다.

스트론스태드의 책의 중심 주제는 (처음에 벤쿠버 리젠트 칼리지에서 연구한 주제로부터 발전된) 사도행전에서 성령은 구원이 아니라 '소명'과 매우 밀접하게 연관되어 있다는 것이다. 그는 이렇게 말한다. "나는 문제가 있고 모호한 본문들을 구원론적으로보다는 소명적으로 일관되게 해석해 왔다. … 예언의 영의 선물은 … 고넬료가 받은 것인데, 오순절에 제자들에게 부어진 성령의 소명의 선물과 동일하다."[32] 누가복음-사도행전의 해석과 적용을 다루고 있는 제1장은 논증의 핵심 부분이다. 누가복음-사도행전의 대부분은 이야기이다(*diēgēsis*, 눅 1:1, 또는 loges, 행 1:1). 종종 보고는 "역사적인 이야기"가 된다. 스트론스태드는 그 중심, 또는 그 "패러다임"은 누가가 생략한 것이 누가가 포함시킨 것만큼이나 중요한 "선택적 역사"라고 믿는다. 그 "복합적인 목적"과 하나님의 구원사의 계획을 몰고 나아가는 성령만큼, 그리스-로마 세계라는 문맥이 해석의 열쇠이다.[33]

신약 전문가들은 거의 이렇게까지 불일치하지 않는다. 가장 중요한 항목은 예수의 영에 의해 기름 부음을 받는 것이지만, 스데반, 빌립, 베드로, 바울에 대한 대답이 다양하다. 피슨, 바렛, 이브 콩가르에게서 메시아적 케노시스*kenosis*에 대한 강조는 누락되었지만, 누가복음에서 예수의 기름 부음은 논란의 여지가 없다.[34] 또한 바울은 샌드네스K. O. Sandnes의 작품에서 "선지자"로 지명된다.[35] 그러나 우리가 순환논법을 의심하기 시작한 것은 스트론스태드가 "패러다임의 적용"을 논의할 때이다. 그가 "복음주의" 반대자(주로 존 스토트와 오순절주의의 고든 피)를 선정할 때, 그의 주요 의문은 이제 다음과

---

32. Stronstad, *Prophethood of All Believers*, p. 11.
33. Stronstad, *Prophethood of All Believers*, pp. 18-27.
34. C. K. Barrett, *The Holy Spirit and the Gospel Tradition* (London: SPCK, 1958), pp. 158-59; J. E. Fison, *The Blessing of the Holy Spirit* (London and New York: Longmans, Green, 1950), pp. 92- 102, 그리고 계속; 콩가르에 대해서는 21을 보라.
35. K. O. Sandnes, *Paul — One of the Prophets? A Contribution to the Apostle's Self-Understanding*, WUNT 2.43 (Tübingen: Mohr, 1991).

같이 된다. "누가복음-사도행전의 대부분이 서사적이며, 그것이 오순절주의자들에게 주요 자료를 제공한다는 것을 인정한다면, 우리는 어떻게 성경 내러티브를 해석하고 현재에 적용해야 하는가?"(티슬턴의 이탤릭). 그는 이야기가 보고서를 작성할 뿐이며 교훈적인 자료는 아니라고 주장한 것에 대해 스토트와 고든 피를 (꽤 난폭하게) 공격한다.[36] 물론 하워드 마샬이 잘 논증한 것처럼, 그가 이것을 신학적 역사 또는 신학적 내러티브라고 부르는 것은 옳다.[37] 그러나 그는 자신의 "긍정의 해석학"과는 대조적으로, 심지어 피의 접근법조차 "부정의 해석학"이라고 부른다.

이 터무니없이 논쟁적인 스타일은 북미의 일부 지역에서는 높이 평가될지 모르지만, 영국 독자들을 사로잡지는 못할 것이다. 그는 왜 그가 찾는 것을 제공할 수 있는 위대한 내러티브 이론가들과 교류하지 않는 것일까? 내 밑에서 오순절주의 박사졸업자인 한국의 전안 영란Jeon Ahn Yongnan(사라)은 박사 논문에서 "'오순절' 경험으로서의 오순절주의 경험"Pentecostal Experience as a 'Pentecostal' Experience을 논의한다. 그러나 그녀는 사도행전을 고찰하면서, 마틴 디벨리우스Martin Dibelius, 한스 콘첼만, 에른스트 헨첸과 사도행전 속의 "이상적" 교회에 대한 그들의 이론을 다룬다. 그리고 사도행전의 이야기에 대해 (멘지스와 맥스 터너 뿐만 아니라) 조지프 피츠마이어Joseph Fitzmyer, 루크 존슨, 그리고 무엇보다도 폴 리쾨르Paul Ricoeur를 다룬다.[38] 스트론스태드에게서 이런 논의는 어디에 있는가? 그는 초기의 심도 깊은 논의조차 암시하지 않는다. 나는 또한 나의 『해석학의 새 지평』New Horizons in Hermeneutics에서 내러티브 장르가 갖는 함축적 의미에 대해서도 주의 깊게 논했다.[39]

---

36. Stronstad, *Prophethood of All Believers*, pp. 28-30.
37. I. Howard Marshall, "The Present State of Lukan Studies," *Themelios* 14 (1989): 52-57; 그리고 Marshall, *Luke: Historian and Theologian* (Exeter: Paternoster, 1970).
38. Yongnan Jeon Ahn, "A Formulation of Pentecostal Hermeneutics" (Ph.D. diss., University of Nottingham, 2002), pp. 139-70 and 231-33.
39. Anthony C. Thiselton, *New Horizons in Hermeneutics* (London: HarperCollins; rpt.

스트론스태드가 누가복음에서 성령 "충만"filling의 예로 든 것은 전적으로 옳다. 그는 누가복음-사도행전에서 최소한 아홉 가지 좋은 예를 제시한다.[40] 그는 "역사적으로 특별한 사항의 적용"을 좀 더 주의 깊게 논의하면서 초기의 첫인상을 수정한다.[41] 처음에는 그가 시간의 경과나 연대기적 공백 그리고 안수를 배제한 것과 마찬가지로 유망해 보인다. 그러나 심각한 문제에 직면하자 그는 논의의 범주와 규정으로부터 그것을 제외한다. 그는 이렇게 말한다. "방언을 말하는 것은 … 교회 정치나 주의 만찬을 기념하는 것과 같은 관습이 아니다. … 그것은 하나님의 선물이며 인간의 의식이 아니다[주의 만찬이 아닌 것처럼!]. 그러므로 초대 교회의 관습을 현대 교회의 관습에 적용하는 것에 대한 토론에 이것을 포함시키는 것은 부적절하다"(티슬턴의 이탤릭).[42] 달리 말하면, 방언은 해석학으로부터만 제외되는 것은 아니다. 더 나쁜 것은 방언이 성찬과 물세례의 제정된 성례보다 더 "하나님에게 속한다"고 하는 것이다.

나머지 제2-7장의 많은 부분은 훌륭하고 받아들일 만하다. 누가가 예수를 종말론적 선지자로 보는 것은 사실이다.[43] 그러나 스트론스태드는 마치 이것이 둘 중 하나라도 되는 것처럼 "이는 내 아들이라"와 같은 보완적 견해를 일관되게 과소평가하는 것 같다.[44] 이는 저자의 입장에서 논쟁성이 강하고 단정성이 덜할 때 자기 작품에 더 무게를 두는 경우에 그렇다. 가장 안타까운 것은 임의로 선택한 패러다임에 근거하여 성경의 모든 것을 읽을 수 없다고 하는 저자의 명백한 인식 부족이다. 다른 사람들은 다른 "패러다임"으로 이렇게 한다고 생각해도, 두 가지 잘못은 "정당화"될 수 없다. 어떤 사

Carlisle: Paternoster, and Grand Rapids: Zondervan, 1992), pp. 351-73, 479-507, 566-75, and 604-11.
40. Stronstad, *Prophethood of All Believers*, pp. 25-28.
41. Stronstad, *Prophethood of All Believers*, pp. 30-32.
42. Stronstad, *Prophethood of All Believers*, pp. 33-34.
43. Stronstad, *Prophethood of All Believers*, pp. 35-39.
44. Stronstad, *Prophethood of All Believers*, pp. 41-44.

람들은 "오순절주의의 해석학"이 다 그렇다고 생각할지도 모른다. 그러나 나는 많은 오순절주의자들과 해석학에 대해 구두로 논의해왔지만, 그들이 항상 그러한 임의성에 빠져 있다고 확신할 수 없다. 스데반, 바나바, 아가보, 베드로, 바울에 대한 연구는 유용할 것 같다. 그러나 숙고의 대상에 대해 거의 과장하지 않는다.[45] 이 작품은 『오순절주의 신학지』에 있는 한 주요 학자에 대한 논평을 다시 한번 상기시킨다. "그는 우리 중 하나가 아니다."

20. 3. 맥스 터너

맥스 터너Max Turner는 2011년 교직에서 은퇴한 후 런던 신학교 신약신학 명예교수로 있다. 우리는 터너가 오순절주의자는 아니지만, 분명히 갱신운동 내의 주요 작가임을 주목해야 한다. 그는 최소한 그 방대한 독서와 관용 정신 때문에 우리의 관심을 끄는 두 권의 책을 출판했다. 성령에 대한 두 권 중 첫째 책인, 『성령과 영적 은사 그때와 지금』 The Holy Spirit and Spiritual Gifts Then and Now 으로 인해 성령론 강의를 위해 런던 신학교의 초빙을 받았다. 제2, 4장 그리고 제5장은 『예수와 복음서 사전』 the Dictionary of Jesus and Gospels 에 기고한 자신의 글에 아주 많이 의존하고 있다.[46] 제12-20장은 1985년 처음 출판한 글을 개정한 것이다.[47] 그러나 이 책은 교육적인 가치 외에도 1980년대부터 1995년까지 많은 세심한 연구를 끌어냈다. 한편 … 『위로부터의 능력』는 근본적으로 500페이지에 이르는 누가복음-사도행전의 성령에 관한 연구서이다. 제1장은 헤르만 궁켈(1888), 라이제강H. Leisegang(1919

---

45. Stronstad, *Prophethood of All Believers*, pp. 85-101.
46. Joel Green, Scot McKnight, and I. Howard Marshall (eds.), *Dictionary of Jesus and the Gospels* (Leicester: Inter-Varsity Press and Downers Grove, IL: InterVarsity Press, 1992), pp. 341-51.
47. Max Turner, "Spiritual Gifts Then and Now," *Vox Evangelica* 15 (1985): 7-64.

와 1921), 프리드리히 뷔흐젤Friedrioh Buchsel(1926), 그리고 한스 폰 바에르 (1926)를 논하고 있다. 그리고 책의 나머지 부분은 최근의 주요 저자들과 교류하고 있다. 이 책은 인상적인 참고문헌과 색인에서 볼 수 있듯이 매우 광범위한 독서를 통해 나온 것이다.

터너는 『성령과 성령의 은사』에서 구약성경과 중간기 유대교를 고찰하고, 성령은 "주로 계시와 지혜와 영감된 말을 하게 하는 '예언의 영'으로 이해"된다고 결론을 내린다.[48] 이 책은 주로 램프의 접근법과 일치하지만, 에두아르트 슈바이처와 로버트 멘지스는 구원론을 배제하기 위해 논쟁을 양극화시킨다. 터너는 유대주의에서조차 성령은 공동체에 생명을 주고 "권한"도 부여한다고 주장한다. "바람"이나 "호흡"도 때로는 "생명력"을 의미한다.[49] 그는 구약성경과 유대주의에서 성령이 "인격적" 존재인지에 대해 의문을 제기하지만, 성령은 하나님과 매우 밀접하게 관련이 있으므로 "그들이 반역하여 주의 성령을 근심하게 하였으므로"(사 63:10)라는 구절은 자연스럽게 하나님 자신을 가리킬 수 있다. 유대 지혜서와 필로에서도 이것은 "하나님 자신의 '마음' 또는 역사하는 '의지'"를 의미할 것이다(사 30:1-2; 40:12-14; Wis. 7-9; philo, *On the Creation of the World*, 135, 144; *On the Special Laws* 4:123; *That the Worse Attacks the Better*, 80-81, 83-84; *On Noah's Work as Planter* 18; *Allegorical Interpretation* 1:142).[50] 예외적으로, 모세의 권한을 70인의 장로들과 분담하는 민수기 11:17, 29이 포함될 수 있다.

자연스럽게 구역성경 저자들도 충분히 성령이 모든 이스라엘 백성에게 종말론적 선물로 주어질 것을 기대했다(욜 2:28; 참조. 사 32:15; 44:3; 겔 39:29). "예언의 영"은 여전히 탁월한 주제로 남아있다. 유대주의 시기에도 이것이 선포되고(*Jubilees*, 31:12; Philo, *On Flight and Finding* 186), 계시와 인도와 관

---

48. Max Turner, *The Holy Spirit and Spiritual Gifts Then and Now* (Carlisle: Paternoster, 1996), p. xii.
49. Turner, *Holy Spirit*, p. 2.
50. Turner, *Holy Spirit*, p. 3.

련된다.⁵¹ 터너는 많은 랍비 자료와 탈굼 자료, 예를 들면 토세프타 페사힘 *Tosefta Pesahim* 2:15을 포함시킨다. 더 나아가 "필로의 입장에서 카리스마적 전망적 지혜perspective charismatic wisdom는 카리스마적 계시와 유사하다"는 것은, "예언의 영"이 왜 "지혜"를 주는지를 설명한다.⁵² 도움을 받지 않은 인간의 지성은 이것을 인식할 수 없다(참조. 4 Ezra 14:22; Sir. 39:6). 고전적인 구약성경의 예는 발람(민 23-24)과 사울(삼상 10과 19:20, 23)의 예를 포함한다. 일반적인 견해에 반대하여 터너는 마지막 정경적 책들이 쓰인 후에도 예언의 영이 "거두어진 것"이 아니라, "희귀해진 것"이라고 주장한다.⁵³ 우리가 이미 주장한 바와 같이, 그는 슈바이처, 멘지스, 스트론스태드를 예언의 영과 구원의 영 사이를 대립적으로 보는 그들의 분명한 이분법을 비판한다.⁵⁴ 터너는 "유대주의는 이적을 '예언의 영'의 것으로 돌렸다."⁵⁵ 그가 유대주의 자료로부터 수집한 증거는 인상적이다. 여기에는 쿰란 자료도 포함되어있다.

누가복음 도입부에서 예언의 영에 대한 증거를 찾는 것은 어렵지 않다. 엘리사벳, 스가랴, 마리아, 세례 요한이 이 범주에 들어간다. 다윗의 자손에 대한 소망은 부분적으로 이사야 11:1-4로부터 나온다. 그리고 하나님의 아들에 대한 암시는 시편 2:7과 사무엘하 7:11-14의 완성이다. 터너가 세례 후에 있는 메시아의 시험이 그의 소명에 대한 시험이라고 주장한 것은 옳다. 터너는 시험이 소명적임을 강조한다. 그러나 그는 시험의 메시아적 특성을 더 분명하게 말한다. 그는 성령이 그에게 "메시아의 자격"을 준다고 결론짓는다. 그러나 시험은 특별히 메시아적 시험이다. 메시아가 대중의 지지,

---

51. Turner, *Holy Spirit*, p. 6.
52. Turner, *Holy Spirit*, p. 9.
53. Turner, *Holy Spirit*, pp. 12-13, 193-95.
54. R. P. Menzies, *The Development of Early Christian Pneumatology with Special References to Luke-Acts* (Sheffield: Sheffield Academic Press, 1991); 그리고 Menzies, *Empowered for Witness* (Sheffield: Sheffield Academic Press, 1994).
55. Turner, *Holy Spirit*, p. 14.

기적, 또는 "선을 이룰 수도 있는 악"으로써 하나님의 뜻을 이루려고 하는 더 쉬운 길을 택할 것인가?[56] 그가 출애굽의 주제와 강한 자의 비유를 사용한 것은 옳은 것 같다.

터너는 성령이 "누가의 구속사 내에서 강력한 힘"이며, 사도행전의 사명을 정당화한다고 탁월하게 지적한다.[57] 그는 누가복음에서 "예언의 영"으로서 성령의 역할과 사도행전에서 "증인에게 능력 주시는" 성령의 역할 사이의 대조를 끌어내기 시작한다.[58] 그는 다른 저자들과 같이, 사도행전은 개인의 회복보다는 교회와 공동체에 더 관심이 있다는 것을 시인한다. 그러나 구속사와 교회의 사역이 계속 진행되면서, 성령은 특정한 개인에게 특정한 과업을 부여할 수 있다. 그는 제임스 던을 따라 딕스와 쏜턴이 주장한 "확인"confirmation이라는 개념을 공격한다. 그는 이렇게 결론을 내린다. "사도행전 2:38, 39은 패러다임적으로 성령의 선물을 회심의 신앙과 세례와 연관시킨다. … 기독교 세례보다 명료하게 늦은 시점까지 성령의 선물을 미루는 유일한 구절은 사도행전 8:12-17인데, 8:16은 이것이 예외적임을 시사하고 있다."[59] 그는 사도행전 19:1-6이 종종 반증으로 여겨진다고 덧붙인다. 그러나 아마도 그렇지 않을 것이라고 결론을 내린다. 그는 스트론스태드와 멘지스의 대조적인 주장도 충분히 고찰한다.

터너는 존 테일러와 피슨처럼, "성령이 그리스도인의 매일의 삶 속에서 역할을 하고 있다"고 강조한다.[60] 그러나 이것은 "그리스도인의 일상적인 덕목의 예외적이고 강력한 카리스마적인 *강화*"는 배제한다(터너의 이탤릭).[61] 터너는 요한복음에서 계시의 역할을 인정했으며, 요한은 어느 곳에서도 축

---

56. Turner, *Holy Spirit*, pp. 29, 35.
57. Turner, *Holy Spirit*, p. 37 (그의 이탤릭).
58. Turner, *Holy Spirit*, p. 38.
59. Turner, *Holy Spirit*, p. 45.
60. Turner, *Holy Spirit*, p. 49.
61. Turner, *Holy Spirit*, p. 49.

귀나 치유를 성령의 것이라고 하지 않았음을 인정한다. 그는 요한복음 4:10, 13-14, 그리고 6:32-58, 60-63을 주의 깊게 관찰한다. 그는 이렇게 말한다. "하나님의 지혜의 최고의 계시"가 열쇠를 쥐고 있다. 즉 고린도전서 1-2에서와 같이 "공격"은 "예수께서 십자가로 말미암아 높아지실 것"이라는 것이다.[62] 요한복음 3:3(위로부터 난, anōthen)의 배경으로 에스겔 36:25-27을 언급한다. 물로 "정결하게 된" 나라가 또한 "내주하시는 하나님의 영으로" 영감을 받고, " … '내가 거룩한 영을 그들 속에 창조할 것이다'(참조. 겔 36:26; 시 51:12)."[63] 십자가와 계시는 모두 요한복음의 중심이다. 보혜사에 관한 담화(요 14-16)는 이것을 확인시켜준다. 터너는 다음과 같이 말한다. "성령의 오심은 단순히 예수의 현존을 대체하는 것이 아니다. 아버지와 영광을 받으신 아들의 현존을 제자들에게 중재하는 것이다(요 14:16-26)."[64]

바울에 대하여, 터너는 호른의 성령론의 세 단계 발전 이론을 비평한다. 그는 연대기의 문제를 지적한다. 호른은 갈라디아서를 "중간" 단계에 놓는다. 그러나 갈라디아서 초기 연대설(소위 남 갈라디아 이론)은 "그렇게 쉽게 무시될 수 없다." 한편 데살로니가전서가 "친교" 서신이라면, 데살로니가전서 5:19-21을 성령에 대한 바울의 "관점"으로 너무 많은 관심을 기울일 수 없다.[65] 다시 말하면, 멘지스는 "예언"의 면과 "구원"의 면을 과도하게 대립시켰다고 한다. 터너는 바울의 주요 주제들을 훌륭하게 설명한다. 그것은 성령과 새 언약(고후 3), 새 창조(고후 3-5), 그리스도의 영(롬 5:12-21; 고전 15:20-22, 45-47), 그리고 성령과 부활(고전 15:42-49)이다. 라이트와 나는 소마 프뉴마티콘 soma pneumatikon(영적인 몸)을 길게 논의했다. 그리고 터너가 그랬듯

---

62. Turner, *Holy Spirit*, p. 65.
63. Turner, *Holy Spirit*, p. 69.
64. Turner, *Holy Spirit*, p. 80.
65. Turner, *Holy Spirit*, pp. 108-9; F. W. Horn, "Holy Spirit," in *The Anchor Bible Dictionary*, ed. N. Freedman, 6 vols. (New York: Doubleday, 1992), vol. 3, pp. 265-78; 그리고 F. W. Horn, *Das Angeld des Geistes: Studien zur paulinischen Pneumatologie* (Göttingen: Vandenhoeck & Ruprecht, 1992).

이, 이것은 "성령의 새 창조에 상응"하는 도구를 의미한다고 강력하게 논증했다.[66]

터너의 책 제1부는 "암시적인 삼위일체적" 특성이라는 신약성경의 성령관에 대한 가치 있는 논증으로 결론을 내린다. 성령은 "하나님 자신의 인격의 확장"이다.[67] 아더 웨인라이트와 다른 몇몇 저자들이 당연스럽게 동의하는 바와 같이, 매우 많은 저자들이 주로 삼위일체와 성령에 대한 '이위일체적' 견해로 너무 쉽게 빠져들었다.[68]

터너의 『성령과 영적 은사 그때와 지금』 제2부는 특별히 현재와 관련하여 성령의 "은사"를 고찰하고 있다. 분량은 그 책의 거의 절반을 차지한다. 그는 다양한 "카리스마적 은사"의 의미와 함께, 고린도전서 12:8-10의 아홉 가지 은사를 다루지만 전적으로 다루지는 않는다. 그의 첫 번째 주제는 예언이다. 대부분의 저자들처럼, 그는 예언을 "논증보다는 계시된 진리의 적용"으로 본다.[69] 그러한 정의는 (모두는 아니지만) 많은 설교를 포함할 수 있을 것이다. 나는 터너보다 훨씬 더 본질적인 중복의 여지를 발견하기를 원하지만, 그 차이는 종류가 아니라 정도이다. 터너는 칠십인역이 후대 코이네koine 그리스어보다 더 예리한 차이를 끌어낸다고 주장한다. 예언이 "백성들에게 하나님의 대변인"을 의미한다면, 이는 좋은 설교의 특성에 대해 많은 사람들이 제안했던 원리들 중 하나였다.[70] 터너는 두 현상을 모두 인정한다. 그는 이렇게 쓰고 있다. "비침습적 형태의 예언과 나란히 … 강제적이고, 카리스마적인 예언의 종류가 있었던 것 같다."[71] "침습적인"invasive이란 단어의 유

---

66. Turner, *Holy Spirit*, p. 124; Thiselton, *The First Epistle to the Corinthians*, pp. 1271-81; N. T. Wright, *The Resurrection of the Son of God* (London: SPCK, 2003), pp. 347-56.
67. Turner, *Holy Spirit*, p. 171; 참조. pp. 169-83.
68. Turner, *Holy Spirit*, p. 169; 참조. p. 170, 그리고 Arthur W. Wainwright, *The Trinity in the New Testament* (London: SPCK, 1962), pp. 199-234.
69. Turner, *Holy Spirit*, p 185; J. I. Packer, *Keep in Step with the Spirit* (Leicester: Inter-Varsity Press, 1984), p. 215에서 인용.
70. Turner, *Holy Spirit*, p. 191.
71. Turner, *Holy Spirit*, p. 192.

일한 문제는 그것이 은사주의자들이 말하는 "초자연적인 역사"와 "자연적인 과정"의 이원론을 의미할 수 있는가 하는 것이다. 성령은 사도행전의 어떤 예언처럼 바울의 추론과 논증을 영감하는 데 역동적이었다. 마찬가지로 그는 "즉흥적으로 나오는" 전달만큼이나, 아니 때로는 그 이상으로 설교를 준비하도록 인도한다.

궁극적으로 터너는 이를 인식한다. 그는 프로페테스prophētēs와 교회 안의 현상 사이의 관계가 복합적이라는 사실에 동의한다. 그는 아마도 "바울은 '황홀경' … 형태의 예언을 기대하지 않았다(고전 12:3 이후에조차도 아니었다)"는 웨인 그루뎀Wayne Grudem, 데이비드 아우네David Aune, 크리스토퍼 포브스에게 동의한다.[72] 그의 가장 강력한 논증은 바울이 고린도전서 12:28-29에서 "선지자"를 교사 위에 놓고, 사도 다음 두 번째에 놓는다는 것이다. 예언은 여전히 적용된 설교를 포함할 수도 있다.

나는 터너가 토마스 길레스피에게 완전하게 대답하고 있다고 확신하지 않는다. 길레스피는 울리히 뮐러와 데이비드 힐과 함께, 목회적으로 적용된 설교로서의 예언의 여지를 허용한다. 그러나 아마도 길레스피와 터너는 결국 포괄적인 이해를 주장할 것이다. 길레스피는 이렇게 결론을 내린다. "바울이 이해하고 있는 것처럼, 예언의 과업은 신적인 계시로 말미암아 사도적 케리그마의 신학적, 실천적 함의를 설명하는 것이다(고전 15:36-8)."[73] 그는 또한 예언의 사색적인 특성을 강조한다. 데이비드 힐은 이렇게 덧붙인다. "선지자의 선포는 본성적으로 공동체에게 지도와 가르침을 제공하는 목회적 설교이다."[74] 힐은 자신의 책 『신약성경의 예언』에서 선지자를 "신적으로 부르심을 받고 신적으로 영감된 화자speaker로서, 교회 내에서 가끔 또는

---

72. Turner, *Holy Spirit*, p. 203.

73. Thomas W. Gillespie, *The First Theologians: A Study in Early Christian Prophecy* (Grand Rapids: Eerdmans, 1994), p. 262.

74. David Hill, "Christian Prophets as Teachers or Instructors in the Church," in *Prophetic Vocation in the New Testament and Today*, ed. Johannes Panagopoulos, NovTSup 45 (Leiden: Brill, 1977), p. 114 (그의 이탤릭); 참조. pp. 108-30.

정기적으로 역할을 하는 사람"으로 정의한다. "그는 구술이나 서면 형태로 공중에게 전달해야만 하는 이해할 수 있고 권위 있는 메시지를 받는다."[75] 나는 이러한 견해를 내가 쓴 고린도전서 주석에서 지지했고, 고린도전서 14:25을 복음의 선포, 즉 듣는 사람이 은혜뿐만 아니라, 심판을 인식하는 것을 시사하고 있다고 이해한다.[76]

길레스피와 터너 사이에 큰 차이는 없다. 우리 모두는 예언이 교육과 권면과 위로를 위한 것이라는 것에 동의한다.[77] 논쟁이 되는 것은 (a) 적용된 성경과 복음의 강해와 선포가 사람들 또는 교부들에 대한 특정 계시에 있어 일차적이냐 이차적이냐 하는 것과, 둘째 (b) 성령이 계시와 예언을 일차적으로 사색적이고 지속적인 담론을 통하여 제공하는 한편, 때로는 보다 "자유롭고" 직관적이며 짧은 발화의 격발을 제공하는지, 또는 "즉흥적이고" 짧게 끊어지는 "단어"나 메시지가 일차적인지 여부뿐만 아니라, 더 길고 사색적인 담론을 제공하느냐 하는 것이다. 양자는 두 사실이 중복적임을 인식하고 있다. 그러나 바울이 일차적으로 강조하는 것은 무엇인가? 나는 고린도전서 14장에서 예언은 주로 복음을 선포하는 것을 의미하며, 개인에 대한 사적인 연설이나 개인에게 전하는 사적인 메시지가 아님을 확신한다. 만약 후자가 일어났다면, 우리는 그것이 참이라는 것을 크게 확신시킬 필요가 있다.

데살로니가전서 5:20, "예언을 멸시하지 말고"에 대한 기독교 전통에 관련하여, 이미 많은 교부들이 폭넓은 해석을 제안했음을 살펴보았다. (1) 터툴리안은 이것을 주로 순결에 대한 권고로 본다.[78] (2) 아타나시우스는 비슷하게 이것을 부정한 행위에 대한 경고로 본다.[79] (3) 암브로시에스터는 예언

---

75. David Hill, *New Testament Prophecy* (London: Marshall, Morgan & Scott, 1979), pp. 8-9 (그의 이탤릭).
76. Thiselton, *The First Epistle to the Corinthians*, pp. 1127-30; 또한 956-65, 1128-68를 보라.
77. Gillespie, *The First Theologians*, p. 141; Turner, *Holy Spirit*, pp. 205, 210, 217.
78. Tertullian, *Against Marcion*, 5:15; *ANF*, vol. 3, p. 462.
79. Athanasius, *Letters*, 4:4; *NPNF*, ser. 2, vol. 4, p. 514.

이 성경 강해를 의미할 수 있다고 말한다.[80] (4) 어거스틴은 예언을 등불과 같은 설명적 강해로 본다.[81] (5) 토마스 아퀴나스는 이렇게 단언한다. "예언은 … 신적인 교리로 이해될 수 있다. … 신적인 교리를 설명하는 사람들이 선지자로 불린다. … 설교자를 … 멸시하지 말라."[82] (6) 존 칼빈은 "미래를 예고하는 것"을 거부하며 이렇게 썼다. "'예언'은 성경해석의 기술을 의미한다. 선지자는 하나님의 뜻을 해석하는 사람이다."[83] (7) 매튜 헨리Matthaw Henry는 이렇게 말한다. "예언하는 것을 우리는 말씀을 선포하고, 성경을 해석하고 적용하는 것으로 이해한다. 우리는 설교를 멸시해서는 안 된다. … 우리는 성경을 탐구해야 한다."[84] (8) 많은 사람들이 오순절주의의 영감이라고 주장하는 존 웨슬리는 이렇게 쓰고 있다. "사도들에게 '예언', 즉 설교는 비상하게 말하는 은사가 아니다."[85] 공정하게 말하면, 세 저자나 자료는 다르게 생각할 수도 있다. 존 카시안(5세기)은 "하늘의 것"에 대해 모호한데, 이로 인해 우리에게 많은 것을 말하지 않는다.[86] 매튜 풀은 "초대교회의 비상한 은사"에 대해 말한다.[87] 라이트푸트는 "복음에 대한 헌신에 도취되어 억제되지 않은 열정"을 언급하고 있다.[88]

나는 이 은사들에 대한 터너의 말이 "오늘날" 대체로 유용하고 교육적이라고 생각한다. 언어학에 정통한 사람으로서, 그는 특히 "현대의 방언"에 대

---

80. Ambrosiastri qui dicitur, *Commentarius in Epistolas Paulinas* (Vindobonae: Hoelder-Pichler-Tempsky, 1969), vol. 3, p. 232.
81. Augustine, *On the Psalms*, on Ps. 77:4; *NPNF*, ser. 1, vol. 8, p. 361.
82. Thomas Aquinas, *Commentary on St. Paul's First Letter to the Thessalonians and the Letter to the Philippians* (Albany: Magi Books, 1969), p. 52.
83. Calvin, *1 and 2 Thessalonians*, p. 60.
84. Matthew Henry, *Concise Commentary* (CD ROM, Bible Truth Forum) on 1 Thess. 5:20.
85. John Wesley, *Notes on the New Testament* (CD ROM, Bible Truth Forum) on 1 Thess. 5:20.
86. John Cassian, *The Second Conference of Abbot Isaac*, 12; *NPNF*, ser. 2, vol. 11, p. 409.
87. Matthew Poole, *Commentary on the Holy Bible* (London: Banner of Truth, 1963), p. 751.
88. Joseph B. Lightfoot, *Notes on the Epistles of St. Paul* (London: Macmillan, 1895), p. 82.

해 유용한 정보를 제공한다.[89] 이상하게도, 내가 가장 의구심을 가졌던 한 장은 예언에 관한 장이다. 나는 이미 말한 것을 반복할 필요가 없다. 그러나 새로운 점을 추가해야 한다. 다른 은사들은 교회를 풍성하게 하는 경향이 있는 반면, 이 은사는 지역 교회와 공동체를 임의의 길로 인도하는 능력, 통제, 용이한 속임수의 행위가 될 수도 있다. 나는 그러한 교회들에게는 신명기 18:20을 현수막으로 만들어 걸어야 한다고 생각한다. "만일 어떤 선지자나 내가 전하라고 명령하지 아니한 말을 제 마음대로 … 말하면 그 선지자는 죽임을 당하리라." 터너는 이 장에서 끊임없이 제기되는 잘못된 예언의 위험과 시험에 대한 긴급한 필요성에 대처하기에는 불충분하다. 그러나 그는 데이비드 왓슨이 암으로 죽지 않을 것이라고 예언했던 사람들과 정반대의 결과가 발생한 에피소드를 언급한다. 월터 모벌리Walter Moberly의 『예언과 분별』Prophecy and Discernment(2006)과 같은 무엇인가가 필요하다.[90]

한편, 터너는 오늘날의 예언 현상의 여러 모습을 묘사한다는 점에서 유용하다. 그는 마크 카트리지Mark Cartledge의 논문으로 시작한다. 마크는 방언과 카리스마적 현상에 관한 여러 권의 책을 출판했고, 예언의 신탁적인 특성에 대해 논의했다. 물론 이것은 또 다른 면을 가지고 있다. 왜냐하면 귄터 보른캄 뿐만 아니라 볼프하르트 판넨베르크도 지적한 바와 같이, 바울은 의도적으로 담화의 신탁적인 형태를 피하고 추론과 논증을 사용했기 때문이다. 물론 이것이 그를 훨씬 더 어렵게 했다. 그러나 그에 못지않게 걱정되는 것은 "그림, … 꿈 또는 환상, … 한 '단어', … '충동'"의 사용이다.[91] 그는 언어학자로서 분명히 루드비히 비트겐슈타인Ludwig Wittgenstein의 후기 언어 철학을 알고 있었을 것이다. 후기 비트겐슈타인의 주요 주제는 명시적인 정의의 한계와 모호성에 관한 것이다. "대상의 그림이 단어를 듣기 전에 아

---

89. Turner, *Holy Spirit*, pp. 303-14.
90. R. W. L. Moberly, *Prophecy and Discernment* (Cambridge: Cambridge University Press, 2006), 특히. pp. 169-254.
91. Turner, *Holy Spirit*, pp. 316-17.

이의 마음에 먼저 존재한다." 그러나 그것은 다양하게 해석될 수 있다. "단어를 말하는 것은 상상 속의 키보드 위에서 음표 하나를 치는 것과 같다."[92] "물!" 또는 "저리 가"와 같은 외침은 내용과 용법의 관점에서 많은 가능성을 의미할 수 있다. "물"은 "여기는 걷지 마세요, 습하고 젖어 있습니다"를 의미할 수도 있다. 또는 "물을 드시겠어요?"를 의미할 수도 있다. 또는 "이 곳에 오면 갈증이 해소되어 활력을 회복할 수 있습니다"를 의미할 수도 있다.[93]

나는 초기에 "독!"이라는 예를 고찰했다. 그 말은 "이것을 마시지 마세요, 유해합니다" 또는 "나는 중독되었다, 보복을 당했다"를 의미할 수도 있다. 또는 "내 차에는 설탕을 넣지 마"를 의미할 수도 있다. 비트겐슈타인은 이렇게 말한다. "명시적인 개념은 모든 경우에 다양하게 해석될 수 있다"(비트겐슈타인의 이탤릭).[94] 우리는 하나의 사례를 본다. 비트겐슈타인은 이렇게 역설한다. "종이를 가리키라 - 이제 종이의 모양을 가리키라 - 이제는 그 색을 가리키라 - 이제는 (좀 이상하게 들리지만) 그 숫자를 가리키라 - 너는 그것을 어떻게 했는가?"[95] 그는 이렇게 결론을 내린다. "이름을 명명하는 것은 언어 놀이에서 하나의 동작이 아니다. 체스판 위의 한 지점에 말을 놓는 것 이상의 동작이다. ⋯ 하나의 일에 이름이 붙기까지는 아무것도 이루어지지 않는다."[96] "선지자들"은 다양한 지시사항 중 임의의 어느 것을 지정하는 하나의 그림 또는 단어에 힘입어 회중들을 목적한 주된 행동으로 움직이게 준비하는 것 같다. "그림들은" 더 이상 좋아지지 않는다. 그림이 어떻게 적용되는지가 문제이다. 이것은 해석과 인지적 사고를 필요로 한다. 다른 곳에

---

92. Ludwig Wittgenstein, *Philosophical Investigations* (Oxford: Blackwell, 2nd ed. 1958), sect. 6.
93. Anthony C. Thiselton, *Language, Liturgy, and Meaning* (Nottingham: Grove Books, 1975 and 1986), pp. 10-16.
94. Wittgenstein, *Philosophical Investigations*, sect. 28.
95. Wittgenstein, *Philosophical Investigations*, sect. 33.
96. Wittgenstein, *Philosophical Investigations*, sect. 49.

서 비트겐슈타인은 권투선수의 그림을 가정한다. 우리가 그 그림을 어떻게 해석하는지에 따라, 그것은 "이렇게 싸우지 마라" 또는 "이렇게 싸워라"를 의미할 수도 있다.

우리는 이미 "하나님이 꿈속에서 나에게 말씀하셨다"는 홉스의 경우는 단순히 "하나님이 나에게 말씀하시는 꿈을 꾸었다"를 의미할 수 있다고 말했었다. 논리적으로 두 말은 같은 뜻이다. 제텔에서 비트겐슈타인은 비몽사몽간에 꿈으로 말미암아 야기된 당혹감을 탐구한다. 그는 "꿈속의 '참'과 '거짓'을 고찰한다." "나는 비가 오는 것과 내가 '비가 온다'고 말하는 것을 꿈꾼다 – 반면에 나는 '꿈을 꾸고 있다'라고 말하는 것을 꿈꾼다. 동사 '꿈을 꾸다'는 현재 시제인가? 사람이 어떻게 이것의 사용법을 배우는가?"[97] 또는 그림으로 돌아가서, 우리는 "우리의 태도를 통해 가시적 인상을 바꾸었다고 말할 만한 합당한 이유가 있다."[98] 우리는 그림, 꿈, 환상이 계시적일 수 없다고 주장하는 것이 아니다. 그러나 그것들을 해석하고 평가하는 것은 매우 복잡하며, 단순히 "그림"만 하더라도 매우 모호하다. 아무도 빙엔의 힐데가르트와 다른 중세 신비주의자들에게 역사적인 선례가 있다는 것을 부인할 필요는 없다. 그러나 그들의 해석의 문맥과 상황은 전적으로 분명하지 않으며, 그들은 보통 교회의 전통에 대립적이었고, 어떤 사람들은 심지어 성실한 탐구자들을 잘못 인도했을 수도 있다.

폴 리쾨르는 상징이 "이중적 의미" 표현이라고 확언한다. 꿈은 여전히 더 복잡하고 다층적인 경험이다. 그는 꿈은 "인간의 소원이나 열망이 위장되고, 대체적이며, 상상의 표현"이라고 주장한다.[99] 여기에 더해 해석해야만 하는 것은 기억되거나 진술된 꿈이 아니라("꿈의 내용"), 강조하고 있는 본문이다. 실제로 꾼 꿈에서 사건들은 변질되거나, 압축되거나, "뒤섞일" 수 있

---

97. Ludwig Wittgenstein, *Zettel* (Oxford: Blackwell, 1967), sects. 398, 399.
98. Wittgenstein, *Zettel*, sect. 205.
99. Paul Ricoeur, *Freud and Philosophy: An Essay on Interpretation* (New Haven and London: Yale University Press, 1970), p. 5 (나의 이탤릭).

다.¹⁰⁰ 이 중 어느 것도 하나님이 꿈으로 말할 수 없거나 결코 말씀하지 않는다는 것을 시사하지 않는다. 하나님은 구약성경의 요셉과 바로의 경우에서 꿈을 사용하신다(창 41:1-8, 15-24). 그리고 신약성경에서는 베드로가 꿈 또는 환상을 경험한다(행 12:6-17). 요점은 그림이나 꿈, 환상을 통해 하나님의 음성을 들었다고 주장하는 사람은 그것이 진짜인지 대단히 주의해야 한다는 것이다. 이러한 일이 힐데가르트로부터 오늘날까지 종종 여성들을 포함하는 것으로 보인다는 것은 주목할 만하다. 우리는 실수가 생기지 않고, 지나치게 성급하게 "계시"라고 주장하지 않기를 바랄 뿐이다. 비트겐슈타인과 리쾨르는 엄청난 오류의 가능성을 보여준다. 그러나 성령이 잠재의식, 즉 "마음의 비밀"을 통해 역사할 수 있음을 누가 부인하겠는가?

맥스 터너는 다른 은사들에 대해서는 더 안심할 수 있을 것 같다. 예를 들면, 터너는 사도행전의 방언이 여러 가지 이유에서 "최초의 증거"일 수 없다는 것을 보여주는데, 특별히 "방언"이 오순절, 가이사랴의 이방인들, 사도행전 8:1-8의 사마리아인들, 에베소의 경우(행 19:11)와 같이 '성령의 강력하거나 의미 있는 분출의 경우들'을 특징 짓기 때문이다(멘지스가 주장한 바와 같이).¹⁰¹ 그는 실제 외국어인 제노랄리아 *xenolalia*가 세상을 개종시키기 위해 열심이었던 첫 번째 제자들이 "단지 알 수 없는 말로 중얼중얼거렸다"거나 황홀경의 경험을 했다고 하는 견해보다 헤테라이스 글로싸이스 라레인 *heterais glossais lalein*(다른 언어로 말하는 것)에 대해 더 나은 설명을 제공한다고 주장한다.¹⁰² 많은 사람이 주장하듯이, 어느 경우이든 방언을 "듣는 것"은 듣는 기적일 수 있다.

나는 나의 고린도전서 강해에서 열두 가지 가능성을 논의했다. 그리고 터너가 크리스터 슈텐달의 견해와 게르트 타이센의 탁월한 연구서인 『바울신학의 심리학적 양상』*Psychological Aspects of Pauline Theology*을 고찰하기를 원

---

100. Ricoeur, *Freud and Philosophy*, p. 93 (나의 이탤릭).

101. Turner, *Holy Spirit*, p. 225.

102. Turner, *Holy Spirit*, pp. 222-23.

했다. 그러나 언급된 것으로 보이지 않는다.¹⁰³ 터너는 이렇게 주장한다. "방언을 경건의 보조물로 보는 것과 고린도전서 14:22, ['방언은 믿는 자들을 위하지 아니하고 믿지 아니하는 자들을 위하는 표적이라고 말한 것 사이에는 아무런 모순이 없다.'] … 그리고 사도행전 2:1-13에서 언급된 것 사이에는 모순이 없다. 만일 누군가 방언은 오직 한 가지의 기능만 가지고 있다고 독단적으로 주장하지 않는다면 말이다."¹⁰⁴ 이 말이 내가 세세한 것에는 동의하지 않더라도 일반적으로는 터너를 지지하는 이유이다. 그는 방언을 말할 때 "분명히 황홀경이 아니"라고 주장한다.¹⁰⁵ 오늘날 사용하는 말로 하면, "'방언 말함'은 심리학적으로 소위 '황홀경'의 산물이 아니다."¹⁰⁶ 게다가 "어떤 사람들은 금세기에 들어 제노랄리아 xenolalia를 인정했다고 주장한다. 그러나 그들 중 대부분은 잘못된 자료이고 … 그 언어는 문제의 언어를 능숙하게 구사하지 못하는 사람들에 의해 '인정'된 것으로 밝혀졌다.'"¹⁰⁷ 언어학 전문가들에게 제출된 "방언"의 녹음자료들은 자연언어의 문법구조를 "거의 가지고 있지 않다."¹⁰⁸ 일반적으로 방언은 "주님을 향한" 것이다.¹⁰⁹

터너는 심지어 "잠재의식 차원에서 사람들과" 성령의 상호작용이라는 입장을 더 지지한다. 나도 이것을 전체 현상의 열쇠라고 본다.¹¹⁰ "방언 통역에 대하여" 터너는, 고린도전서 14:13은 성령이 방언을 말하는 자를 (그리스어 본문에는 "어떤 사람"Greek tis이 나타나지 않는다) 초대하여 분명한 말을 말하도록 가르치기 위해 기도하도록 촉구할 수 있음을 인정한다. 터너는 그것이

---

103. Gerd Theissen, *Psychological Aspects of Pauline Theology* (Edinburgh: T&T Clark, 1987), 특히. pp. 74-114, 292-341.
104. Turner, *Holy Spirit*, p. 233.
105. Turner, *Holy Spirit*, p. 238.
106. Turner, *Holy Spirit*, p. 305.
107. Turner, *Holy Spirit*, p. 307.
108. Turner, *Holy Spirit*, p. 308.
109. Turner, *Holy Spirit*, p. 309.
110. Turner, *Holy Spirit*, p. 310.

"다른 사람"을 가리키는 것일 수 있다고 주장한다. 나는 개인적으로 이것이 가능성이 적긴 하지만, 불가능하지는 않다고 생각한다. 두 종류의 "은사"가 성령으로부터 나올 것이다. 첫째는 "표출"release의 은사이며, 다른 하나는 교회를 위하여 분명하게 말하는 은사이다.

터너는 "치유"에 대하여 많은 통찰을 가지고 있다. 그는 자신의 성향과는 대조적으로, "부흥의 희열과 흥분 가운데서 기적은 풍부하게 증언되었지만, 거의 입증되지 않았음"을 인정한다.[111] 터너는 존 윔버와 대조적으로 "치유와 치유의 부재를 우리 시대에는 다른 방식으로 '정상'으로 본다."[112] "하나님의 뜻은 또한 죄 많은 우리 인류 … 에게 대한 진노와 심판 중 하나이다."[113] 신자들은 "하나님의 구원의 중재에 대해 참 그리스도 중심적이며 생생한 기대와 동일하게 약자에 대한 십자가적 수용을 겸비해야만 한다."[114] 고통당하는 사람들이나 친척과 친구들이 믿음과 기도가 부족하여 기적적인 치유를 목격하지 못한 사람들을 비난하는 것은 잔인한 일이다. 나는 영국 교회 총회의 선언을 기억하고 있다. 즉 치유 연구 보고서는 훌륭했으나, 치유연구위원회 의장이 "우리는 교리위원회가 아닙니다. 이 일은 우리의 한계를 넘어서는 일입니다!"라고 답변함으로써, 명백하게 "치유가 아닌" 상황들을 표명하는 데 실패했기 때문에 매우 부족한 보고서가 되어버렸다. 나는 이것이 신학적으로나 목회적인 측면 모두에서 문제의 주요한 부분을 차지한다는 터너의 주장을 지지한다.

이상의 것들은 『성령과 영적 은사 그때와 지금』에서 가장 두드러진 요소들이다. 이 책은 비록 우리가 중요한 세부 사항에서 많은 부분을 동의하지 않을지라도, 현명한 판단과 관용으로 가득한 책이다. 이것은 부분적으로 누가복음-사도행전에 대한 터너의 세심한 학문성이 그의 『위로부터의 능

---

111. Turner, *Holy Spirit*, p. 333.
112. Turner, *Holy Spirit*, p. 344.
113. Turner, *Holy Spirit*, p. 345.
114. Turner, *Holy Spirit*, p. 345.

력: 이스라엘의 회복 속의 성령과 누가복음-사도행전 속의 증거』Power from on High: The Israel's Restoration and Witness in Luke-Acts(1996)에서 상술되고 논증된 연구에 의해 뒷받침되기 때문이다. 이제 이 책을 다루려고 한다. 이 책의 일부는 『성령』에서 이미 살펴본 내용을 다루고 있기 때문에 그 부분은 짧게 언급할 것이다. 우리는 이미 이 책의 제1장에서 헤르만 궁켈, 라이제강, 뷔흐젤, 판 바에르의 견해를 고찰하고 있다고 언급했다. 터너는 다음으로 제프리 램프의 작품, 누가복음-사도행전에서 성령의 "인격성", 그리고 "성령의 활동의 또 다른 양상의 은유"로서 성령이 부여한 누가복음의 언어를 살핀다. " … 이는 아마 특정한 새로운 활동의 시작을 언급하는 은유적인 방법으로 가장 잘 설명될 것이다."[115]

다음으로 터너는 제임스 던의 작품을 고찰한다. 던은 "섬김을 위한 능력"은 예수의 기름 부음의 주된 목적이 아니며, 단지 당연한 결과일 뿐이라고 주장한다. 던은 오순절을 하나님의 언약의 계속적인 성취로 본다. 바울은 이러한 주제들을 고린도후서 3:3, 6-8에서 자세히 설명한다. "성령을 받는 것"은 사실상 "그리스도인의 삶의 기반"에 해당한다.[116] 터너는 이것이 던이 에스겔 36장을 바울 사상의 배경이라고 보는 이유라고 주장한다. 반면 그는 "능력을 주는 것"에 대해 말하고 있는 이사야 61:1-2(눅4:18-21)이 더 그럴 듯하다고 제안한다.

한편 터너는 "견진"confirmation을 호의적으로 언급하는 아들러N. Adler의 주장을 거부하는 데 던과 일치하고 있다. 견진을 "칭의, 양자됨, 믿음과 같은 세례의 은혜"를 확장하는 것으로 본다면, "세례적 차원과 견진적 차원 사이를 구별하는 확실한 범주를 제공할 수 없다."[117] 이것은 옳은 것으로 보일 뿐 아니라, 또한 영국성공회 내의 개혁주의 전통을 반영하고 있다.

터너는 계속해서 램프와 던이 누가복음-사도행전보다는 바울서신에서

---

115. Turner, Power from on High, p. 47.
116. Turner, Power from on High, p. 51.
117. Turner, Power from on High, p. 34.

더 안전하고 확실한 근거를 발견한다는 주제를 다룬다. 누가는 성령을 "선교적 - 능력 주심"으로 볼 것을 주장한다.[118] 그러나 그는 또한 에두아르트 슈바이처, 로저 스트론스태드, 멘지스가 "예언의 성령"을 너무 배타적으로 강조한다고 비판한다. 성령이 일차적으로 예언의 영이면서 몇 사람만이 "선지자"라면 어떻게 성령이 보편적 선물일 수 있는가?[119] 그는 이러한 문맥에서 하야-프라츠G. Haya-Prats의 작품을 논의한다.

터너의 책 제2부는 유대교의 예언의 영을 누가의 배경으로 다루고 있다. 그는 다음과 같이 주장한다. "누가 시대의 유대인들에게 성령은 항상 그런 것은 아니지만, 주로 '예언의 영'이었다."[120] 성령은 영감된 말과 계시를 준다. 이것을 부인하는 사람은 거의 없을 것이다. 터너는 우리가 유대교를 이해하도록 탈굼의 중요성을 주장한다. 그가 탈굼의 증거를 사용한 것은 인상적이다. 그는 창세기의 구절들에 대한 위-조나단 탈굼Targum Pseudo-Jonnathan으로부터 많은 예를 제공하고, 탈굼 온켈로스Targum Onquels에서 몇 개를, 탈굼 네오피티Targum Neofiti에서 한 개의 예를 제공한다.[121] 그는 이 예들이 "카리스마적 계시"와 "카리스마적 지혜"를 시사하고 있다고 주장한다. 수많은 증거들은 의심할 수 없다.

다음의 네 장은 훨씬 독특한데, 칠십인역, 탈굼, 랍비 문서에서 성령의 기적의 사역과 심지어는 윤리적 영향과 회복에 대해 논하고 있다. 여기에는 에녹1서, 솔로몬의 시편, 쿰란, 그리고 기타 자료에서의 메시아 문구를 포함한다.[122] 윤리적 영향은 논증의 특색을 보인다. 존 레비슨은 유대교의 성령의 "침습적"invasive 특성에 대한 초기 논문에서 터너의 결론 중 일부를 지지

---

118. Turner, *Power from on High*, p. 57.
119. Turner, *Power from on High*, pp. 61, 73.
120. Turner, *Power from on High*, p. 82.
121. Turner, *Power from on High*, pp. 93-99.
122. Turner, *Power from on High*, pp. 105-18.

한다.¹²³ 유대교에 관한 연구는 흠잡을 데가 없어 보인다. 그러나 이 중 얼마나 많은 것이 '헬레니스트'Hellenist인 누가에게 영향을 미쳤는지는 아직 알 수가 없다. 이 논증의 많은 부분은 주로 멘지스의 주장에 반대하는 것 같다. 가장 흥미로운 주장은 탈굼이나 칠십인역이 구약성경 히브리어 본문을 수정했다는 것이다. 예를 들면, 탈굼 네오피티 Targum Neofiti와 위-조나단 탈굼 Targum Pseudo-Jonnathan은 창세기 6:3, "나의 영이 영원히 사람과 함께 하지 아니하리니 이는 그들이 육신이 됨이라"를 바꾸었다. 즉 위-조나단 탈굼은 "그들이 선한 행위를 행하도록 그들 속에 나의 거룩한 영을 두었느냐?"로 되어있다.¹²⁴

터너는 메시아의 오심에 대하여, 누가복음 1-2의 스가랴, 마리아, 엘리사벳 안에 예언의 영이 임했다는 것에 대해 많은 관례적인 근거를 대고 있다. 세례 요한과 예수의 관계는 말라기 3:1을 반영하고 있고, "카리스마적 계시"로 이끈다.¹²⁵ 성령으로 "충만"하다가 누가복음-사도행전에 27회 등장하고, 바울서신에는 5회만 등장한다.¹²⁶ 터너는 성령으로 말미암아 메시아적 아들의 권한을 받고 기름 부음을 받는다고 말한다.¹²⁷ 그는 오순절을 이스라엘의 메시아로서 예수의 즉위로, 성령을 이스라엘의 회복을 위한 예수의 실행 능력으로 본다.

다음의 몇 장은 사도행전을 다룬다. 터너는 우리가 예상한 대로 사도행전에서 교회의 "카리스마적" 경험을 강조한다. 즉 계시적 환상과 꿈, 통찰과 안목, 사마리아의 사례(이는 "분명하게 기준을 깨뜨리고 있다"), 빌립의 옮겨짐,

---

123. John R. Levison, *The Spirit in First-Century Judaism* (Boston and Leiden: Brill, 2002), p. 253; 참조. Max Turner, "The Spirit of Prophecy and the Power of Authoritative Preaching in Luke-Acts: A Question of Origins," *NTS* 38 (1992): 85.
124. Turner, *Power from on High*, p. 123.
125. Turner, *Power from on High*, pp. 151, 153.
126. Turner, *Power from on High*, pp. 165-69.
127. Turner, *Power from on High*, pp. 188-266.

바울의 성령 받음 등이다.¹²⁸ 우리는 이 가운데 많은 것을 이미 논의했다. 그러나 그는 고넬료 사례에 특별한 주목을 기울인다. 그는 제임스 던의 주장은 "각 단계에서 증거가 부족하다"고 주장한다.¹²⁹ 고넬료는 이방인이 포함된다는 증거로서 "예언의 영"을 받았다. 그러나 누가는 사도행전 10:1에서 로마의 백부장을 소개하고 나서, 10:2에서 그를 "경건하여 온 집안과 더불어 하나님을 경외하며 … 하나님께 항상 기도"하는 자, 즉 거의 유대인처럼 묘사한다(터너의 이탤릭).¹³⁰ 이 이야기는 이스라엘의 정결과 회복에 관한 것이기도 하지만, 메시아적 정결에 있어서 이방인의 위치와도 관련이 있다.¹³¹ 에베소의 열두 사람에 대하여(행 19:1-7), 터너는 그들이 "이례적인 반-그리스도인"semi-Christian이라는 에른스트 케제만의 견해를 따르지 않고, 그들은 알지 못하는 이유로 오순절을 놓친 그리스도인이라는 도널드 카슨과 다른 사람들의 설명을 따라 전통적인 방향을 택한다.¹³²

터너는 그의 마지막 장에서 "유대교가 기대했던 '예언의 영'은 전형적으로 계시, 지혜, 그리고 침습적인 예언과 송영의 언어를 가져다주었다고 재차 강조한다."¹³³ 그럼에도 불구하고 (스트론스태드와 멘지스에 맞서) "구원과 그 유익은 오직 성령에 의해 능력을 받은 예수를 통한 사역에만 선물로 주어진다."¹³⁴ 우리는 성령을 받는 것이 필연적으로 구원론적이 아니라거나, 또는 추가적인 선물이 아니라는 주장을 정당화할 수 없다. 성령은 회심으로 이끄는 데 중요한 역할을 한다. 터너는 결론적으로 자신의 작품을 "비오순절주의, 비은사주의적 교회에 대한 도전"으로 본다.¹³⁵ 그러나 그것은 동일하게

---

128. Turner, *Power from on High*, p. 360; 참조. pp. 348-78.
129. Turner, *Power from on High*, p. 381; 참조. pp. 378-87.
130. Turner, *Power from on High*, p. 386.
131. Turner, *Power from on High*, p. 387.
132. Turner, *Power from on High*, p. 390; 참조. pp. 388-400.
133. Turner, *Power from on High*, p. 431.
134. Turner, *Power from on High*, p. 435.
135. Turner, *Power from on High*, p. 439.

형식적이고 지나치게 성례전적인 교회에 대한 도전이 될 수도 있다. 성령은 "교회 위에, 교회에게, 그리고 교회를 통한 하나님의 초월 … *하나님의 자기 현현적 임재*"이다(터너의 이탤릭).[136] 그러나 터너를 포함한 많은 사람들은 1960년 중반에 "카리스마 운동"에 대해 듣기 전부터 이것을 믿었었고, 심지어 명시적으로 가르치기도 했다.

우리는 이 두 권의 책에 대해 어떻게 생각해야 할까?『성령과 영적 은사』는 신약신학 학문성과 실제적인 관찰을 잘 조합하고 있다. 나는 그의 주장에 대체적으로는 동의하지만 구체적인 면에서는 많은 점에서 유보적이라고 지적했다. 이 책은 매우 중요한 이슈들에 대하여 우호적이고 교회 연합적인 대화에 유용한 진전을 이루었다.『위로부터의 능력』은 중간기 유대교와 누가에게 세심한 주의를 기울이고 있다. 이 책은 바울의 시각으로 누가를 보려는 시도를 하고 있다. 결론적으로 누가복음-사도행전을 통해 "전형적인 오순절주의에 도전"하는 데 있어서 솔직하다. 즉 첫째, 연속되는 오순절주의 신학의 관점에서, 둘째 "증거적인 방언"의 관점에서, 셋째 "입문적 증거"의 관점에서, 넷째 오순절 은사에 대한 더 넓은 인식의 관점에서.[137]

갱신운동의 연구가 매우 자주 사도행전의 지평 속에서 이루어지는 것 같다는 주장에 공감해야 한다. 그러나 크리스터 슈텐달은 많은 그리스도인들에게 상대적으로 짧은 경험에 대해 경고한다. 그는 이렇게 쓰고 있다. "내가 보기에 인간은 상당히 긴 기간 동안 고조된 종교 경험 속에서 건강하게 살아갈 수 없을 거 같다. … 나는 5년이나 10년, 또는 20년 후 카리스마주의자들에게 어떤 일이 일어날지 매우 궁금하다. 내가 관찰한 바에 따르면, 그들이 우리를 필요로 하는 것 같다. 그들은 그들의 고향집이 하나님의 자녀로서 그들의 신분이 경험의 강도에 달려있지 않은 더 큰 교회임을 알 필요가 있다. … 그 교훈은 우리가 카리스마를 받은 카리스마주의자들을 기뻐하는

---

136. Turner, *Power from on High*, p. 439.

137. Turner, *Power from on High*, pp. 445-53.

한 교회에서만 배울 수 있다. … 그곳에서 오랜 정직한 세월 동안 그들의 경험이 달라진다면, 은사들이 위협받는다는 느낌 없이 믿음 안에서 성장할 수 있다."138

다음 장에서 살펴보겠지만, 이브 콩가르는 갱신운동에 대한 그의 고찰에서 유사한 이중 관심을 표현했다. 그는 그 운동을 환영했지만, 모든 그리스도인이 카리스마주의자가 되어서는 안 되는 이유를 제시한다. 결국 터너가 누가복음-사도행전에 주목하는 것은 옳은 일이지만, 누가복음은 정경 내에서 하나의 목소리에 불과하다. 우리는 여전히 우리 시대의 대부분의 이야기들과 어떻게 연관시키느냐 하는 문제를 안고 있다. 그가 모든 시대를 위한 청사진으로 재조명하고 있는 초기 시대의 복제를 누가도 구했는지는 더 많은 토론을 위해 열려있는 질문으로 남아 있다.

---

138. Krister Stendahl, *Paul among Jews and Gentiles* (Philadelphia: Fortress, 1976, and London: SCM, 1977), p. 123; "Glossolalia — The New Testament Evidence," pp. 97-125에서.

21

5명의 주요 신학자들 : 콩가르, 몰트만, 판넨베르크, 로스키, 지지울라스

이 탁월한 신학자들은 우리가 이미 고찰한 20세기의 작가들과 같은 호흡으로 언급할 수 없다. 조르주 이브 콩가르Georges Yves Congar(1904-95)는 칼 라너, 한스 우르스 폰 발타자르와 함께 우리 시대의 로마 가톨릭 4대 신학자 중 하나이다. 그는 성령과 갱신운동에 대해 명쾌하게 글을 썼고, 그의 사상은 사려 깊고 유용하다. 위르겐 몰트만(nb. 1926)은 판넨베르크와 함께 우리 시대의 가장 널리 읽히고, 창의적이며 영감을 주는 개신교 신학자로서 다른 소개가 거의 필요 없을 것이다. 볼프하르트 판넨베르크(b. 1928)는 웅장하고 심오하고 정통하며, 성경신학-역사신학-철학에 대하여 엄청나게 인상적인 책을 썼다. 존 지지울라스John Zizioulas와 블라디미르 로스키Vladimir Lossky는 동방정교회 내에서 존경받는 그리스와 러시아 신학자이며, 성령론에 대해 창의적이며 인상적이다. 다섯 사람 모두 수많은 저서를 썼고, 내 개인적인 판단으로는 비교할 수가 없다.

21. 1. 조르주 이브 콩가르

콩가르는 파리에서 사제로서 훈련을 받고, 1925년에 도미니크 교단에 들어갔다. 그는 토마스주의 과정을 수강하고, 철학적 신토마스주의자 자끄 마리땡Jacques Maritain(1882-1973) 밑에서 수학했으며, 레이놀 가리구-라그랑주 Reynol Garrigou-Lagrange의 영향을 받았다. 그의 특별한 관심은 역사신학, 교회론, 교회 일치와 같은 것이 되었다. 그의 박사학위 논문은 요한 묄러에 대해 썼다. 발타자르처럼 그도 하나님의 주권, 은혜, 자유주의에 대한 변증을 강조하는 칼 바르트에 매료되었다. 그는 1937년에 영국을 방문했고, 마이클 램지(1904-88)는 그에게 성공회 전통을 소개했다. 그는 2차 세계대전 중에 콜디츠 감옥에 수감되었고, 그곳에서 많은 개신교도들을 만났다. 1937년에는 그의 첫 번째 책『분열된 기독교』*Divided Christendom*(영어판 1939)가 출판되었다. 바티칸의 눈 밖에 난 기간이 지난 후, 교황 요한 23세는 그를 제2차 바티칸공의회 준비위원회 자문역에 임명했다. 그는 1994년에 추기경이 되었다.

전쟁 후 콩가르는『교회의 개혁』*Reform of the Church*(1950),『교회 안의 평신도』*Lay People in the Church*(1952)를 썼고, 그 후 가톨릭과 정교회의 관계에 대한 연구서『900년 이후』*After Nine Hundred Year*(1954: 영어판 1959)를 썼다. 그는 제2차 바티칸공의회 기간 중에『전통과 전통들』*Tradition and Traditions*(1960-63; 영어판 1966)을 썼다. 그는 1979-80년에 성령론에 대한 엄청난 규모의 대작『나는 성령을 믿나이다』*I Believe in the Holy Spirit*를 출판했다 (영어판 1983).[1] 그는 칼 라너(1904-84)와 같은 해에, 그리고 한스 우르스 폰 발타자르(1905-88)보다 1년 먼저 태어났다.

콩가르의『나는 성령을 믿나이다』는 세 권으로 나왔다.[2] 콩가르의 성령

---

1. Aidan Nichols, *Yves Congar* (New York: Geoffrey Chapman, and Oxford: Morehouse-Barlow, 1989), 삶과 신학에 대한 짧은 해설을 제공한다.
2. Yves Congar, *I Believe in the Holy Spirit: Lord and Giver of Life* (New York: Seabury, and

론에 대한 연구는 엘리자베스 테레사 그로프와 에이던 니콜스에 의해 출판되었다.[3] 콩가르의 성령론 제1권은 성경과 역사적 자료를 탐구한다. 그는 주장하기를, 성령은 그의 효력에 의해 알려져 있기 때문에, 성령을 경험했다고 주장하는 역사 속의 인물들과 현대의 인물들을 반드시 고찰해야 한다. 그러나 그는 또한 조지프 피슨과 같이, 성령의 케노시스 kenosis, 즉 자기 비움을 강조한다. 피슨은 이를 성령의 "자기를 드러내지 않는" 침묵이라고 말했다. 그러나 콩가르는 이보다 더 나간다. 성령은 어거스틴이 성부와 성자 사이의 인격적 유대로 삼기 위해 스스로 자신의 인격성을 비우신다. 콩가르는 성령을 특별히 하나님과 인류 사이의 끈으로 본다. 그는 계시와 경험을 서로 대립적으로 떼어 놓아야 한다는 것을 받아들이지 않는다. 계시와 경험은 상호보완적이다. 따라서 제1권의 세 번째 두드러진 특징은 콩가르는 테일러와 마찬가지로 신비체험의 최상의 상태와 그리스도인의 일상적인 매일의 삶에서 모두 성령의 영향을 본다는 것이다.

콩가르는 역사 속에서 하나님의 목적을 나타낼 때, 선지자와 메시아적 준비를 통해서든지 아니면 우주적 지혜를 통해서든지, 구약성경에서는 성령에 의해 간헐적으로 주어진다고 본다. 성령에 대한 신약성경의 증언은 예수의 잉태, 탄생, 특히 그의 세례를 포함하는 예수의 공적인 사역과 함께 시작한다. "성령은 메시아의 선물이며 … 종말론적 선물로서 인류 역사 속에 들어온다."[4] 콩가르는 토마스 아퀴나스가 비둘기의 형상을 가시적인 사명으로 본 것으로 인용한다. 바울의 자료들은 케제만이 그리스도의 주되심을 언급한 것과 같이, 그리스도인의 매일의 삶 속에서 성령의 영향을 강조한다. 그러나 콩가르는 교회를 두드러지게 강조한다. 성령은 교회를 형성하고 그 안에 거주하신다. 교회는 성령의 영역이다. 누가는 특별히 그리스도와 교회

London: Chapman, 1983).

3. Elizabeth Teresa Groppe, *Yves Congar's Theology of the Holy Spirit* (New York: Oxford University Press, 2004), and Nichols, Congar, pp. 141-72.

4. Congar, *I Believe in the Holy Spirit*, vol. 1, pp. 15-16; 또한 Nichols에 의해 인용됨.

사이의 연속성을 강조하고 있다.

교부들의 주해는 보통 오순절의 보편성을 바벨탑 사건의 반전과 다양한 언어로 복음을 듣는 능력으로 본다. 이 사실은 예루살렘(행 2; 4:25-31), 사마리아(행 8:14-17), 가이사랴(행 10:44-48), 그리고 에베소(행 19:6)의 사건들에서 나타난다. "방언"은 복음의 전파와 교회의 확장 때문에 하나님께 드리는 찬양의 징표이다. 누가는 일차적으로 공동의 시간과 역사적 순간 속에서 성령의 역사를 본다. 바울 또한 "성령의 열매"와 같은 인격적인 용어 속에서 성령의 영향을 보고 있다(갈 5:22).

요한의 보혜사 담화도 또한 누가에서와 같이 그리스도, 성령, 교회 사이의 연속성을 강조하고 있다. "내가 너희에게로 오리라"(14:3, 18). "내 이름으로 보내실 성령 그가 너희에게 모든 것을 가르치고"(14:26). "진리의 성령이 … 너희를 모든 진리 가운데로 인도하시리니"(16:13). 예수께서 떠나신 후에 성령께서 예수의 사역을 계속하신다.

교부 시대의 전통의 발전은 "제도적인 것"과 "카리스마적인 것" 사이에 대립을 두지 않는다. 성령은 주교직의 계승과 제도적인 교회, 그리고 하나님의 백성들을 통해 자연스러운 방식으로 역사했다. 많은 다른 사람들과 같이 콩가르도 아타나시우스로부터 갑바도기아 교부들, 특별히 3중 영광송*Gloria*에 대해 가르친 바실에 이르는 성령론의 발전을 추적한다. 그는 콘스탄티노플 공의회의 신조(381)와 특별히 어거스틴의 『삼위일체론』을 확고하게 지지한다. 동방교회가 강조하듯이 성령은 "최초에"(*principaliter*) 성부로부터 나오신다(요 15:26). 그러나 서방교회가 주장하는 바와 같이 그리스도에게서도 나오신다. 그는 이것을 제3권에서 더 깊이 논의한다.

제2권은 콩가르의 가장 독특하고 창조적인 연구를 담고 있다. 그는 먼저 이렇게 주장한다. "교회는 성령에 의해 만들어진다."[5] 그는 "교회의 공동 설립"으로 이어지는 "두 가지 사명"에 대해 말한다. 두 개의 그리스어 단어

---

5. Congar, *I Believe in the Holy Spirit*, vol. 2, p. 5.

펨페인*pempein*과 아포스텔레인*apostellein*은 사실상 동의어로 사용된다. 하나님은 당신의 아들을 "보내시고" 하나님은 아들의 영을 "보내어" 사도들에게 교회의 섬김과 사명을 위임하신다.⁶ 콩가르는 우리가 이미 말한 것과 같이, 이레네우스Irenaeus는 성자와 성령을 하나님의 두 "손"으로 보았다는 것을 상기시킨다. 이것이 "제도적인 것"과 "카리스마적인 것"을 서로 대립시키는 것을 의미하지는 않는다. "그것들은 상호보완적이다."⁷ 이와 같이 성령은 "교회를 하나 되게 한다."⁸ 성령의 통일은 단순히 추상적인 이상이 아니다. 교회를 형성하는 성령의 사역의 핵심이다. 성령은 그리스도인의 매일의 삶 속에서 역사한다. 성령은 또한 교회의 완전한 통일을 바라보는 미래의 "보증금"이다. 교회의 보편성은 또한 다양한 것을 한데 묶은 것을 의미한다. 이것은 "성경의 이해와 성경 전체의 통일에 있어서 성령이 역사하는 부분"을 포함한다.⁹ 재미있게도 그는 또한 이렇게 말한다. "그[성령]는 아직도 선지자를 통해 말씀하는가? 그가 그렇게 하지 않는다고 감히 누가 말할 수 있는가?"¹⁰ 그러나 성령은 또한 초월적이며 신비적이기 때문에, 그는 "말씀을 넘어서는 미지의 존재"라고 한 한스 우르스 폰 발타자르의 성령에 관한 말을 가져온다.¹¹ 성령은 예수 그리스도의 부활절 사건을 오늘날에도 현재적이 되게 한다.

또한 성령은 교회를 "사도적"으로 보존한다. 오순절주의의 "갱신운동" 사상과 평행하여, 콩가르는 "사도적"을 "그리스도교의 기원에 일치"라고 정의한다.¹² 그는 다시 사도들과 보혜사의 "두 가지 보냄 받음"을 언급한다(성자에 의해 보냄을 받음, 요 15:16, 20; 그리고 성령에 의해 보냄을 받음, 요 14:16, 26;

---

6. Congar, *I Believe in the Holy Spirit*, vol. 2, pp. 7-12.
7. Congar, *I Believe in the Holy Spirit*, vol. 2, p. 11.
8. Congar, *I Believe in the Holy Spirit*, vol. 2, p. 15.
9. Congar, *I Believe in the Holy Spirit*, vol. 2, p. 28.
10. Congar, *I Believe in the Holy Spirit*, vol. 2, p. 30.
11. Congar, *I Believe in the Holy Spirit*, vol. 2, p. 33.
12. Congar, *I Believe in the Holy Spirit*, vol. 2, p. 39.

15:26). "성령으로 말미암아 네게 부탁한 아름다운 것을 지키라"(딤후 1:14)에서와 같이, 성령은 신실함의 초월적인 원리를 부여한다. 그는 사도성은 단순히 하나의 증언이 아니라 "역동적인 보편성"이라는 볼프하르트 판넨베르크의 강해를 지지한다.[13] 콩가르는 우리가 예상한대로 성령은 하나님의 백성을 성전과(고전 3:17) 그리스도의 거룩한 신부(고후 11:2; 엡 5:25-27, 29-31)가 되게 한다고 언급하면서, 교회의 거룩성에 관해 한 장을 할애한다. 하나님이 "온유하고 사랑스럽게" 되도록 부르신 그리스도의 신부인 교회는 "역사 속에서 종종 교만해지고 완고해졌다."[14]

콩가르는 신앙고백의 세 번째 진술, "나는 주님이시며 생명의 수여자이신, 성령을 믿나이다. … 나는 하나의 보편적 사도적 교회를 믿나이다"를 한데 묶어 하나인 것처럼 다룬다. 이것은 "니케아 신경"의 교리 진술이다. 그러나 나중에 나온 "사도신경"에도 세 번째 진술 아래 유사한 구절이 나온다. "(나는) 성령을 믿사오며, 거룩한 공회와 성도가 서로 교통하는 것과 몸이 다시 사는 것을 … 믿사옵나이다." 이제 콩가르는 "성도의 교제"를 다룬다. 그는 성도를 가리키는 구절에 관한 가장 초기의 해설을 논의한다. "축복받은 자들의 공동체는 보편 교회를 기다린다."[15] 그는 라너의 말을 인용한다. 우리는 "이 세상을 초월하여 믿을 수 있으며, 하나님의 세상에서 그분의 마음으로 그분 안에서 (라너의 말) 사랑"할 수 있다.[16] 콩가르는 또한 어거스틴의 전통을 따라 사랑의 때와 성령의 사역을 고찰한다.

제2권 2부는 성령과 인격적인 삶을 다루고 있다. 콩가르는 이렇게 선언한다. "성령은 사랑의 원리이며, 은사의 형태로 하나님의 자녀로서 우리의 삶을 실현시킨다."[17] 다시 콩가르는 성령이 미래의 보증금이라는 바울의 주

---

13. Congar, *I Believe in the Holy Spirit*, vol. 2, p. 50.
14. Congar, *I Believe in the Holy Spirit*, vol. 2, p. 57.
15. Congar, *I Believe in the Holy Spirit*, vol. 2, p. 59.
16. Congar, *I Believe in the Holy Spirit*, vol. 2, p. 60.
17. Congar, *I Believe in the Holy Spirit*, vol. 2, p. 67.

제를 고찰한다. 그리고 신약성경 전체의 주제인 메시아 시대의 성령의 은사를 다룬다. 그는 갈라디아서 4:6을 살핀다. "하나님이 그 아들의 영을 우리 마음 가운데 보내사." 그는 몰트만처럼 성령의 내주, 그의 영향, 그리고 하나님의 셰키나*shekinah*에 대해 말한다.[18] 그는 또한 "하나님이 행하신 모든 행동은 삼위일체의 세 위격 모두에 공통적이다. … 심지어 *성육신도 세 위격에 공통적*"(티슬턴의 이탤릭)이라는 사실을 강조한다.[19] 이는 삼위일체에 대해 신약성경의 이야기식 접근법을 취하는 몰트만과 판넨베르크와 평행이다. 몰트만처럼 콩가르는 생명의 영과 기도를 시작하게 하는 성령의 역할에 대해 말한다.[20] 그는 성령과 자유 그리고 성령의 은사와 열매에 대한 항목으로 이 부분을 결론짓는다.[21]

다음에는 영 안에서 갱신에 대한 신중한 논의가 이어진다. 콩가르는 "카리스마주의 운동"보다는 갱신운동이라는 용어를 선호한다. 그는 개신교에서는 1956년부터, 가톨릭에서는 1967년부터 "전통적인 교회 내에서 들불처럼 번져갔다"는 이 운동의 역사를 추적한다.[22] 그는 갱신운동이 주로 (그러나 배타적이지는 않게) 영적 독립을 추구하는 신자들 편에서는 "침체되고 낙심했던 삶의 방식을 보상하려는 것으로 본다."[23] 우리의 개인적인 평가가 어떻든 간에, 우리는 "놀라운 변화가 … 세상에서 발생하고 있으며, … 이것은 전 세계적인 운동"임을 깨달아야만 한다.[24] 콩가르는 오순절주의 "성령 갱신"이라는 용어 대신, "원천으로 돌아감, … 기독교 신앙의 원천으로의 단순한 귀환"을 선호한다.[25] 이는 삼위일체적 관점을 반영한다. 다시금 그는 우리가

---

18. Congar, *I Believe in the Holy Spirit*, vol. 2, p. 79.
19. Congar, *I Believe in the Holy Spirit*, vol. 2, p. 85.
20. Congar, *I Believe in the Holy Spirit*, vol. 2, pp. 100-118.
21. Congar, *I Believe in the Holy Spirit*, vol. 2, pp. 119-41.
22. Congar, *I Believe in the Holy Spirit*, vol. 2, p. 149; 참조. pp. 149-201.
23. Congar, *I Believe in the Holy Spirit*, vol. 2, p. 149.
24. Congar, *I Believe in the Holy Spirit*, vol. 2, p. 149.
25. Congar, *I Believe in the Holy Spirit*, vol. 2, p. 150.

제도와 "은사"를 대립시켜서는 안 된다고 강조한다. 그는 갱신운동이 성례를 멸시하지 않는다고 주장한다.

콩가르는 "모든 경험은 진정성을 점검하고, 시험하고, 입증되어야 한다"고 올바르게 주장한다.[26] 그는 수에넨스 추기경을 많은 경험의 진정성을 옹호하는 것으로 인용한다. 갱신운동은 "고도로 조직화되고 이지적인 종교"를 넘어서는 것을 추구한다. 그러고 나서 그는 "손뼉치기, 손을 드는 것, 통곡과 고함, 리듬 있는 노래 부르기, 춤추는 것, 그리고 안수"를 논의한다.[27] 콩가르는 이런 것들이 성령으로부터 영감된 것일 수 있다고 제안한다. 그러나 이런 것들은 이교에서도 일어날 수 있다(고전 12:2). 이를 고려하여 그는 이렇게 주장한다. "나는 갱신운동이 현재 나타나는 형태로 교회 전체에 확장될 수 있다고 믿지 않는다"(티슬턴의 이탤릭).[28] 그 이유는 "모임의 … 양식이 모든 사람에게 수용되지 않기" 때문이며, "성령의 은사는 '공동의 선을 위하여', 모든 신자들의 유익을 위하여 주어진다. … 사랑 안에 있는 무리는 항상 공동체의 규범으로서 은사를 나타내야만 한다는 것을 피할 것이다"(티슬턴의 이탤릭).[29] 예를 들면 로마에 있는 교회는 그러한 종류의 삶에 이르지 않은 것으로 보인다. 갱신운동은 전체 교회가 "카리스마주의"가 될 것이라고 주장해서는 안 된다.

우리는 콩가르가 비록 갱신운동에 대해 기쁘게 말하기는 하지만, "카리스마주의적"이라는 용어에 대해서는 유보적인 입장을 표명한다는 점에 주목했다. 이것은 부분적으로 "카리스마"와 "카리스마주의적"이라는 용어가 세 가지 독특한 방식으로 이해되기 때문이다. 가장 좁은 의미는 방언 말하기, "예언", 그리고 이적이나 치유와 연관된다. 그렇게 되면 은혜와 은사를

---

26. Congar, *I Believe in the Holy Spirit*, vol. 2, p. 154.
27. Congar, *I Believe in the Holy Spirit*, vol. 2, p. 154.
28. Congar, *I Believe in the Holy Spirit*, vol. 2, p. 156.
29. Congar, *I Believe in the Holy Spirit*, vol. 2, pp. 156-57.

"비상하고 예외적인 현상이라는 차원"에 국한시킬 위험이 있다.³⁰ 콩가르의 판단으로는, 갱신운동은 그러한 위험을 피하고 있다. 한편 그는 그러한 은사를 교회의 시작을 위해서만 존재하는 것으로 보는 크리소스톰을 따르지 않는다. 콩가르는 "방언"이 알지 못하는 외국어를 가리키는지 아니면 기쁨과 찬양의 분출인지를 논의한다. 그는 방언을 로마서 8:26의 성령의 탄식으로 보는 프랭크 마키아를 따르지 않는다. 그는 비록 그 문제에 대해서는 어느 정도 말을 아끼지만, 이렇게 주장한다. "외국어를 말하는 것", 또는 "통역"에 대한 문제가 아니다.³¹ 바울은 "어떤 사람에게는 … 방언 말함을 … 주시나니"라고 선언하고 있다(고전 12:10). "치유"는 때때로 일어날 수 있지만, 공동체 안에서 기도하는 공동의 또는 "형제애적" 상황에서 일어난다.

한편 콩가르는 "성령세례"라는 용어를 성결운동과 중생 또는 회심과 성화의 두 단계에 이르기까지 그 자취를 추적한다. 그는 하나님의성회는 세 가지 양상을 구별하고 있음을 지적한다. 회심, 성령세례, 성화가 그것이다. 고린도전서 12:13은 "성령을 받는 것"에 대해 말하고 있다. 그러나 "이것은 그리스도인이 되는 과정이다."³² 그는 이렇게 덧붙인다. "가톨릭의 갱신운동은 … '성령세례'라는 용어를 너무 쉽게 해석한다. … 다른 때에는 - 다행스럽게도 - 그 용어는 … 피하고 다른 표현이 대신 사용된다. 즉 '성령의 부어주심' 또는 '성령 안에서 새로움'이 그것이다."³³

이 모두는 매우 학문적이며 엄청나게 자세한 각주와 문서가 달려있다. 그는 또한 성령갱신 체험의 주장을 조심스럽게 인정한다. 나는 대체로 갱신운동에 대한 그의 주의 깊은 평가에 동의한다.

콩가르는 제3권에서 동방교회와 서방교회, 정교회와 가톨릭교회의 교회 일치 차원의 문제를 다룬다. 그는 서방교회의 필리오케*filioque*에 대해 동방

---

30. Congar, *I Believe in the Holy Spirit*, vol. 2, p. 163.
31. Congar, *I Believe in the Holy Spirit*, vol. 2, p. 177.
32. Congar, *I Believe in the Holy Spirit*, vol. 2, p. 190; 참조. pp. 189-201.
33. Congar, *I Believe in the Holy Spirit*, vol. 2, p. 198.

교회는 이미 우리가 살펴보았던 콘스탄티노플의 포티우스Photius의 영향을 과도하게 받은 것으로 본다. 포티우스는 자신을 성경적 논증과 교부적 문서에 제한하지 않았다. 대체로, 서방교회는 더 분석적이고 동방교회는 상징에 더 의존적이다.³⁴ 사실 정통교회와 가톨릭교회의 교리 진술은 상호보완적이다. "성령은 성부로부터 나오신다"는 궁극적 근원을 묘사한다. 그러나 "성자에게서도"는 매개적 통로로서 "성자를 통하여"를 의미한다. 이 세 권의 책은 성령의 인격과 사역에 대한 크고 꼼꼼한 강해이다.

21. 2. 위르겐 몰트만

위르겐 몰트만Jürgen Moltmann(b. 1926)은 의심할 여지없이 20세기와 21세기 초 신학자들 중에서 가장 널리 읽히고 영향력 있는 서너 명 중 하나이다. 그는 수년 동안 튀빙겐에서 신학 교수로 재직했고, 십여 권에 이르는 영향력 있는 주요 저서 및 많은 기고문, 그리고 연구논문을 발표했다. 그럼에도 그의 책은 읽기 쉽고 교회뿐만 아니라 대중에게 폭넓게 다가가도록 계획되었다. 그의 책 『생명의 영』(독일어, 1991; 영어, 1992)은 우리의 주제와 가장 직접적인 관계가 있다.³⁵

(1) 저서 『생명의 영』의 내용과 가이드라인. 몰트만의 조직신학 책들은 『생명의 영』의 논증을 위한 배경을 제공한다. 『삼위일체와 하나님의 나라』에서 그는 성령이 성부와 성자와 함께 하는 삼위일체적 교통을 보여준다.³⁶ 그는 이 책에서 삼위일체에 대해 추상적인 형이상학이나 유추가 아니라, 신약성경의 구체적인 이야기로 접근한다. 그는 이렇게 쓰고 있다. "신약성경은 하

---

34. Congar, *I Believe in the Holy Spirit*, vol. 3, p. 8.
35. Jürgen Moltmann, *The Spirit of Life: A Universal Affirmation* (London: SCM, 1992).
36. Jürgen Moltmann, *The Trinity and the Kingdom of God: The Doctrine of God* (London: SCM, 1981).

나님에 대하여 성부, 성자, 성령의 관계를 이야기로 선포하고 있다. 그 관계는 친교의 관계이며 세계에 대하여 열려있다."**37** 이와 같이 처음부터 예수의 잉태, 탄생, 그리고 세례의 이야기가 성령의 활동과 성부의 "보내심"을 자세히 설명하고 있다. 예수의 사역의 절정에서, "성부는 성령으로 말미암아 성자를 일으키신다."**38** 우리는 "하나님을 어떻게 경험하는가?" 뿐만 아니라, "하나님은 우리를 어떻게 경험하시는가?"라고 묻는다.**39** 이에 대해 하나님은 성령으로 활동하신다. "고통을 겪지 않는 하나님은 사랑할 수 없다"고 대답한다.**40**

몰트만은 『창조 안에 계신 하나님』*God in Creation*에서 "성령을 창조 전체의 능력과 생명"으로 본다.**41** 그는 먼저 "하나님과 세계 사이의 차이를 강조한다. 즉 하나님은 세상의 말로 이해되어서는 안 된다."**42** 그러나 그럼에도 불구하고 하나님은 세상을 "창조, 보존, 유지, 완성"하는 것뿐만 아니라, 특히 "내주, 공감, 참여, 동행, 오래 참으심, 기뻐함, 영화롭게" 하는 데 있어서 자신을 드러내신다. 그것은 바로 "성령 하나님과 모든 피조물들 사이의 삶의 ⋯ 상호적 관계"이다.**43** 그는 이를 확장하기 위해 셰키나*Shekinah*의 랍비주의 개념과 기독교 삼위일체론을 소환한다. 삼위일체와 관해서 그는 페리코레시스*perichoresis* 또는 "상호침투"를 상술한다.**44** 성령론에 관한 이후의 작품에서와 마찬가지로, 그는 비록 이것이 새로운 것을 위한 "여유를 만드시는" "하나님의 자기 제한"을 포함하고 있지만, "무로부터의 창조", 생명의

---

37. Moltmann, *Trinity and the Kingdom*, p. 64.
38. Moltmann, *Trinity and the Kingdom*, p. 88.
39. Moltmann, *Trinity and the Kingdom*, p. 3.
40. Moltmann, *Trinity and the Kingdom*, p. 38.
41. Moltmann, *Trinity and the Kingdom*, p. 17.
42. Jürgen Moltmann, *God in Creation: An Ecological Doctrine of Creation* (London: SCM, 1985), p. 13.
43. Moltmann, *God in Creation*, p. 14.
44. Moltmann, *God in Creation*, p. 15.

주심을 강조한다.⁴⁵

몰트만은 『예수 그리스도의 길』The Way of Jesus Christ에서 성령과 그리스도 사이의 보완적 관계를 탐색한다. 그의 "영 기독론"Spirit Christology은 "로고스 기독론"Logos Christology의 매개체가 아니며 "필수불가결한 보완"이다.⁴⁶ 그는 이렇게 쓰고 있다. "그리스도로서 예수의 역사는 예수 자신과 함께 시작하지 않는다. 그것은 성령과 … 함께 시작한다."⁴⁷ 이와 같이 그의 탄생은 "성령으로부터" 비롯된다.⁴⁸ 우리는 예수의 세례에서 "신적인 영의 케노시스kenosis"와 "예수에게 성령의 주어짐"을 본다.⁴⁹ 양쪽 면에서 성령은 예수를 통하여 역사하고 있다.

몰트만은 오늘날의 성령에 대한 접근법을 간략하게 고찰하면서 『생명의 영』를 시작한다. 우리는 20년 전에는 "성령의 잊혀짐"에 대해, 또는 "서구 신학의 신데렐라"로서 성령에 대해 말할 수 있었다. 현재 책의 개관은 1980년대 이후 이 모든 것이 어떻게 변했는지 보여 줄 것이다. 망각은 "성령에 대한 적극적인 집착에 길을 내주었지만", 성령론에 새로운 패러다임이 나타난 것은 아니었다.⁵⁰ 그러나 그는 한 가지 기본적인 원리를 진술한다. "말씀과 성령은 일방통행이 아니라 상호관계 속에 [존재한다]."⁵¹ "계시"는 성령 체험에 대한 잘못된 대안을 제시하지 않는다. 그러나 우리는 "하나님과 사람 사이의 질적 차이"를 상실해서는 안 된다.⁵² 그러나 몰트만은 "타자"로서의 하나님과 하나님의 내재적인 사역 사이의 절대적 대조를 거부한다. 헨드

---

45. Moltmann, *God in Creation*, pp. 86-88.
46. Moltmann, *God in Creation*, p. 17.
47. Jürgen Moltmann, *The Way of Jesus Christ: Christology in Messianic Dimensions* (London: SCM, 1990), p. 73.
48. Moltmann, *Way of Jesus Christ*, p. 76.
49. Moltmann, *Way of Jesus Christ*, p. 91.
50. Moltmann, *Spirit of Life*, p. 1.
51. Moltmann, *Spirit of Life*, p. 3.
52. Moltmann, *Spirit of Life*, p. 5.

리쿠스 벌콥Hendrikus Berkhof과 알리스데어 헤론 또한 이것을 주요 문제로 본다. 나는 성령을 "초월 내재자"the Beyond Who Is Within로 묘사함으로써 보완적 관점을 요구하는 이것과 평행시키려고 노력해왔다.

몰트만은 사실상 계획적인 아젠더를 제시한다. 즉 우리는 지나친 개인주의를 피해야 한다. 우리는 필리오케 구절과 계속 씨름해야 한다. 우리는 부활의 중개자로서 성령을 다시 강조해야 한다. 그리고 우리는 성령의 인격성을 잊어서는 안 된다. 그는 이렇게 선언한다. "성령은 온전하고 유일하신 인격성을 가지고 있다."[53] 그는 또한 항상 "관계적 존재"being-in-relationship이다.[54]

(2) 경험에의 호소. 『생명의 영』은 세 개의 요점을 가지고 있다. 첫째는 "경험"이다. 우리에게 진정으로 결정적이거나 중요한 경험은 죽음과 깊은 사랑과 같은 "제한적 상황"과 유사하다. 몰트만은 제2차 세계대전 중 함부르크에 폭격이 있던 때 친구의 죽음을 경험했다. 그 일은 다음과 같은 질문을 불러일으켰다. "하나님은 어디 계신가?" 그리고 "나는 왜 같이 죽지 않았는가?"[55] 일차적인 경험은 능동적이기보다는 수동적이다. 즉 우리에게 발생하고 우리에게 닥친 경험이다. 그러한 경험은 우리를 변화시킨다.

이런 의미에서 경험에 귀를 기울이는 신학은 많은 사람이 데카르트와 과학적인 방법론으로부터 끌어오는 것과 같은 종류의 방법론적 객관주의라는 근대의 집착과 전적으로 대척점에 서 있다. 우리는 "협소한 주관-객관 양식"을 포기할 필요가 있다.[56] 이 말은 주관 중심이 되는 것을 의미하지 않는다. 이것은 생명의 샘 근원으로서 "당신"a thou이신 성령께 개방되는 것을 의미한다. 즉 모든 것 안에서 하나님을 경험하는 것은 초월이 사물 안에 내재

---

53. Moltmann, *Spirit of Life*, p. 12.
54. Moltmann, *Spirit of Life*, p. 14.
55. Moltmann, *Spirit of Life*, p. 21; 더 자세한 설명은 Jürgen Moltmann, *A Broad Place* (London: SCM, 2007), pp. 16-18.
56. Moltmann, *Spirit of Life*, p. 33.

하는 것을 전제한다. 무한은 유한 안에 있고, 영원한 것은 시간 안에 존재한다.[57] 한스-게오르그 가다머Hans-Georg Gadamer는 텍스트를 오직 수동적인 객관으로만 다루는 것의 오류를 입증했다. 특히 성경의 경우, 본문the text은 우리가 듣는 동안 "객체"인 우리에게 말함으로써 능동적이 된다.[58]

몰트만은 이어서 역사적 경험, 즉 "역사적 사건을 통해 역사라는 매개체 안에서 사람들에게 일어나는 하나님 경험"을 다룬다.[59] 이것은 이 책 제2부의 요점이다. 몰트만은 구약성경의 루아흐 rûach의 용례와 경험을 고찰한다. 히브리인들은 종종 이를 "하나님의 창조적 능력"으로 경험한다.[60] 때때로 루아흐는 선택된 개인에게 "임했다." 예를 들면, 사사기에서 성령은 기드온(삿 6:34)과 삼손(삿 13:25; 14:6, 19)에게 임했고, 또는 사울에게 역사했다. 분명히 "왕에게 성령이 주어지는 것은 이스라엘의 의식이 되고", 이는 "메시아적 전망"을 제공한다.[61] 그러나 "내적인 경험"은 시편 51:10-11, "나를 주 앞에서 쫓아내지 마시며 주의 성령을 거두지 마소서"와 같은 구절에 나타난다.

몰트만은 이렇게 쓰고 있다. 그리스도인들이 성령에 대해 말할 때 그들은 항상 "하나님 자신"을 의미한다. 그는 이 사실을 입증하기 위해 랍비적 유대교로부터 셰키나라는 말을 가져온다. 그 말은 원래 "성막" 또는 "거주하심"을 의미했고, "하나님 자신"을 의미하게 되었으며, 헤겔 사상에서는 "하나님으로부터 구별되는", 또는 "하나님의 자기 구별"을 의미하게 되었다. 이는 하나님이 이스라엘과 함께 고난 받으심에서 나타난다. "그들의 모든 환란에 동참하사"(사 63:8-9).[62] 이것은 그리스도와 함께 성령의 고난당

---

57. Moltmann, *Spirit of Life*, p. 35.
58. Hans-Georg Gadamer, *Truth and Method* (London: Sheed & Ward, 2nd Eng. ed. 1989), pp. 3-34, 101-29, 265-306; 참조. Anthony C. Thiselton, *Hermeneutics* (Grand Rapids: Eerdmans, 2009), pp. 206-15.
59. Moltmann, *Spirit of Life*, p. 39.
60. Moltmann, *Spirit of Life*, p. 42.
61. Moltmann, *Spirit of Life*, p. 45.
62. Moltmann, *Spirit of Life*, pp. 48-49.

하심과 완전히 일치한다. "그의 위에 여호와의 영, 곧 지혜와 총명의 영이요 …"(사 11:2; 참조. 사 4:4의 심판하는 영). 메시아적 기름 부음에 앞서, 성령으로 말미암은 이스라엘의 다시 태어남은 공동체적 희망이 된다(이사야서에서, 그리고 겔 37장). 그 후에 예수께서 참 이스라엘의 소망을 지고 십자가와 부활로 나아갈 때, 그 소망은 다시 예수께로 좁혀진다. 예수는 성령으로 충만하게 된다.[63]

그러고 나서 교회는 성령으로 말미암아 예수의 이 기름 부음에 동참한다. 예수는 "아바 아버지"라고 기도하며, 교회는 이를 따라 한다. 예수는 성령을 "한량없이" 받는다(요 3:34). 메시아의 시험에서 예수의 메시아적 왕직은 "시험을 받는다." 그리고 예수는 십자가의 여정에서 성령으로 말미암아 강하게 되고 다시 세워진다. 그곳에서 그리스도는 "영원하신 성령으로 말미암아 흠 없는 자기를 하나님께 드렸다"(히 9:14). 교회는 로마서 8:15과 갈라디아서 4:6에서 신뢰와 순종과 아들 됨의 태도를 취한다. 성령은 "아바 아버지"라 부르짖게 한다.[64] 몰트만은 이렇게 쓰고 있다. "예수의 죽음의 다른 면은" 부활과 살아계신 현존으로 말미암아 "그의 성령 경험으로 나타난다."[65] 이것은 "삼위일체의 교통"이다. 왜냐하면 "하나님은 그리스도 안에서 세상을 자신과 화해시키고 있기 때문이다"(고후 5:19). 기독론과 종말론이 함께 연결되어 있다.

몰트만은 그리스도의 구원 사건의 삼위일체적 상호성에 관한 독특한 장을 덧붙인다. 그는 신앙고백 속의 필리오케 구절에 관심을 표명한다.[66] 성부는 영원한 성령으로 말씀하신다.

성령의 선물은 "구원의 완성과 몸의 구속, 만물의 새 창조를 종말론적으

---

63. Moltmann, *Spirit of Life*, p. 60.
64. Moltmann, *Spirit of Life*, p. 63.
65. Moltmann, *Spirit of Life*, p. 65.
66. Moltmann, *Spirit of Life*, pp. 71-73.

로 갈망하는 이유"이다.⁶⁷ "피조물이 고대하는 바는 하나님의 아들들이 나타나는 것이니 … 그 바라는 것은 피조물도 썩어짐의 종노릇 한데서 해방되어 … 우리 곧 성령의 처음 익은 열매를 받은 우리까지도 속으로 탄식하여 양자 될 것 곧 우리 몸의 속량을 기다리느니라"(롬 8:19-23; 고후 1:22; 5:5; 엡 1:14; 참조. 히 6:5). 우리가 이것을 더욱 깊이 경험하고 서로 교제할수록, 성령이 보편적으로 임하실 것에 대한 희망은 더욱더 확실하고 분명하게 될 것이다.

이 책의 2부는 가장 긴 부분인데, 생명의 영, 생명의 자유, 생명으로 재탄생, 생명의 성화, 생명의 카리스마적 능력, 그리고 그 외 주제들을 다룬다. 그리스도는 구원을 이루셨고, 성령은 그것을 "나누어준다." 몰트만은 디트리히 본회퍼의 작품을 통해 성령이 나누어주는 생명의 생동성이라는 주제를 추적하여, 기독교 신앙을 연약함과 평범함이라고 진단한 프리드리히 니체와 어떻게 다른지를 보여준다. 그는 이렇게 주장한다. "우리는 생동성을 생명의 사랑이라고 해석할 것이다."⁶⁸

이러한 의미에서 성령과 육체의 대조는 힘 대 연약함, 의지 대 자기 충족, 영원 대 덧없음, "죄 아래 팔림"(롬 7:14; 8:6) 대 구원을 가리킨다. 죄, 불의, 죽음은 종말론적으로 고대하던 구원에 직면해 있다. 영지주의에서 사람들은 어떠한 "몸의 구속"도 기대하지 않는다. "영지주의 형태를 가진 기독교의 희망은 모든 것이 다시 새롭게 창조될 미래를 더 이상 바라보지 않는다. 그것은 몸으로부터 영혼의 탈출을 바라본다."⁶⁹ 성령이 없으면 사람들은 자기 자신이 중심이 된다.⁷⁰ 자기 파괴가 뒤따른다. 신비주의는 인격적인 사교성과 대조적인 "자신에게 몰입"하게 되는 기독교적 방식으로 가장할 수 있다. 성령의 생명은 "생명에 대한 단순한 '긍정'yes이며, 삶에 대한 단호한

---

67. Moltmann, *Spirit of Life*, p. 73; 참조. pp. 74-77.
68. Moltmann, *Spirit of Life*, p. 86.
69. Moltmann, *Spirit of Life*, p. 90.
70. Moltmann, *Spirit of Life*, p. 91.

사랑이며 … '생명의 원천'이다."[71] 이는 니체가 보는 기독교의 초상을 얼마나 불쌍하게 만드는가!

몰트만은 다음 장에서 해방에 대해 탐색한다. 그는 해방신학의 목적과 세계를 변화시키는 비전을 언급한다. 그는 그리스도인에게 있어 자유는 "자신과 자신의 재산을 자율적으로 처분하는 권리"가 아니라, "이제까지 탐색되지 않은 하나님의 창조 능력" 안에 있다고 주장한다. 이는 성령으로 말미암아 개방된 것이며 "사랑으로 말미암아 주어지는 생명"이다.[72] 그는 이 자유는 사교성, 즉 서로 간의 사랑 속에서 나타난다고 덧붙인다. 그러한 사랑을 통해서만 인간의 자유는 자유로운 세계로 들어간다.[73] 칭의는 또한 자유를 가져온다. 죄의식은 잘못을 저지른 사람을 무겁게 짓누른다. 그것은 그들의 자기존중을 파괴하고 자기 의나 자기 파괴를 가져온다. 그러나 하나님은 자신의 사랑의 고통을 담당하신다. 그는 "인간의 죄를 지심으로" 말미암아 인간의 죄책을 신적인 고통으로 전가시킴으로써 속죄하신다.[74] "우리 때문에 그는 죄를 알지 못했던 자를 죄 있는 자로 만드셨다"(고후 5:21; 참조. 갈 3:13). 하나님의 영은 사람들을 재생시킬 뿐만 아니라, 인간의 불의한 체계도 "무력화시킨다."

몰트만은 요한복음 3:3-5의 생명의 거듭남에 대한 니고데모와의 대화와 팔링게네시아*palingenesia*(딛 3:5)에 대한 신약성서 언어를 논의한다. 종교개혁자들과 경건주의자들은 묵시적 배경에서 새로운 탄생의 우주적 특성을 놓치는 경향이 있다. 몰트만은 루터로부터 인용구 하나를 가져오면서 다음과 같이 말한다. "하나님의 길로 나아가는 것은 계속적으로 다시 새로워지기 시작한다는 것을 의미한다. … 나아가지 않는다는 것은 … 퇴보하

---

71. Moltmann, *Spirit of Life*, p. 97.
72. Moltmann, *Spirit of Life*, p. 115.
73. Moltmann, *Spirit of Life*, p. 118.
74. Moltmann, *Spirit of Life*, pp. 133, 134.

는 것을 의미한다."⁷⁵ 루터 또한 성화와 칭의를 밀접한 관계로 보았다. 몰트만은 웨슬리와 진젠도르프 사이에 있었던 기념할 만하고 유용한 대화를 다시 언급한다.⁷⁶ 이것은 웨슬리를 성결운동 뿐만 아니라 오순절주의와 갱신운동의 뿌리로 보는 사람들에게는 매우 의미가 있는 것이다. 진젠도르프는 분명히 웨슬리가 신앙을 떠났다고 생각했고, 이 사실은 웨슬리를 매우 당혹스럽게 했다. 진젠도르프는 분명히 웨슬리가 그리스도인이 여전히 "비참한 죄인"*miseros peccatores*이지만, 영광스럽게 된다는 것을 부인한다고 비난했다. 웨슬리는 우리의 믿음의 결국은, 이 생애에서조차 "그리스도인의 완전"*Christiana perfectione*이라고 응답한다. 진젠도르프는 이렇게 대답한다. "나는 이 생에는 내재하는 완전이 없다고 생각합니다. 그것은 오류 중의 오류입니다. … 나는 그것을 부인합니다. 나는 그것을 완전히 부숴버리고 싶습니다. 내적 완전을 추구하는 것은 그리스도를 부인하는 것입니다." 나아가 "우리는 그리스도 안에서 완전합니다. 즉 우리 스스로는 결코 완전하지 않습니다." 웨슬리는 이를 단순히 "자구에 얽매인" 것으로 묵살한다.

진젠도르프는 웨슬리가 성화의 두 의미를 혼동했다고 비난하면서 문제를 지적한다. 즉 하나는 그리스도 안에 있음으로 오며, 다른 하나는 성령의 사역의 오랜 과정에 의존하고 있다는 것이다. 물론 두 사람은 "우리는 매일 매일 새로워진다"는 사실에 동의한다. 그러나 그것이 무엇을 의미하는가? 몰트만은 이 모든 말들은 시간과 상황에 달려있다고 주장한다.⁷⁷ 그러나 그는 성화에 대한 "메써디스트"Methodist의 증언이 상황을 완화시킬 수 있다고 인정한다.

그럼에도 불구하고 오늘날 가치관이 붕괴되는 시대에 우리는 생명과 일치하는 것을 찾을 필요가 있다. 우리는 우리의 취약점과 연약함을 상기할

---

75. Moltmann, *Spirit of Life*, p. 155 (루터로부터).
76. Moltmann, *Spirit of Life*, pp. 167-71.
77. Moltmann, *Spirit of Life*, p. 171.

필요가 있다.⁷⁸ 어떤 의미에서 "'성화'는 … 하나님께서 자신을 위해 무엇인가를 선택하시는 신적 행위로 사용된다. … 이런 방식으로 그는 자신이 선택한 이스라엘 백성을 거룩하게 하여, 그들을 자기 백성으로 삼으신다. … 하나님이 사랑하시는 것은 거룩이다."⁷⁹ 그러나 우리는 "하나님이 이미 거룩하게 한 것을 거룩하게" 해야 한다.⁸⁰ 이와 같이 루터는 그리스도인은 항상 의롭고, 항상 죄인semper iustus, semper peccator이라고 주장했다. 개혁주의 교회는 레포르마타 레포르만다reformata reformanda, 개혁되었으나 개혁의 필요가 있다. 성령은 이 땅의 수명이 끝난 후에만 자신의 사역을 완성할 수 있다.

몰트만은 "삶의 카리스마적 능력"을 고찰하면서, 바울과 누가의 은사론 charismata을 구분한다. 소명과 은사는 함께 한다. 우리는 "특별한 은사들"에 대해 말할 수 있다. 그러나 "믿음 안에 있는 전 삶과 모든 삶은 카리스마적이다. 왜냐하면 성령은 '모든 육체에 부어지기' 때문이다."⁸¹ 선포적 은사들 kerygmatic charismata은 사도, 선지자, 교사, 복음전도자의 은사와 방언을 말하는 것과 믿음을 표명하는 다른 방법들을 포함한다. 섬김이나 구제의 은사들은 집사, 병자를 돌보는 사람, 구제하는 사람, 과부들을 포함한다.⁸² 몰트만은 특별한 은사들을 "'자연적' 은사와 대립되는 초자연적이라고 하지 않는다." 왜냐하면 신자들은 자연적 은사들을 회중을 섬기는 데 두기 때문이다. 방언은 땅 위에 자신을 내던지거나, 손을 들어 올리는 것과 같은 바디랭귀지는 하나님의 계시에 응답하는 상황에서 자발적으로 발생할 수 있다.⁸³ 예언의 말도 특별한 카리스마charisma이다.

치유는 오늘날에도 일어날 수 있다. 그러나 "그리스도의 몸은 강한 지체

---

78. Moltmann, *Spirit of Life*, p. 173.
79. Moltmann, *Spirit of Life*, p. 174.
80. Moltmann, *Spirit of Life*, p. 175.
81. Moltmann, *Spirit of Life*, p. 182 (그의 이탤릭).
82. Moltmann, *Spirit of Life*, p. 183.
83. Moltmann, *Spirit of Life*, p. 185.

들뿐만 아니라 연약한 지체들과 장애를 가진 지체들도 필요로 하며, 하나님은 약한 자들과 장애가 있는 자들에게 최상의 '영예와 영광'을 주시기도 하신다(고전 12:24)."[84] 왜냐하면 그리스도의 몸은 "높아지셨으나 낮아지시고, 부활하셨으나 십자가에 못 박히신 그리스도"의 몸이기 때문이다.[85]

제2부 마지막 장에서는 신비체험을 고찰하고 있다. "그들이 묘사하고 있는 것은 사실 인간과 하나님 사이의 사랑이다."[86] 그것은 종종 하나님을 향한 열정의 해방과 관계된다. 고대의 전통에서 교부들은 사물을 자신들의 눈으로 이해했다. 오늘날 우리는 실제적인 삶과 관상적인 삶 사이에서 더 균형이 필요하다. 그러나 "기독교 묵상은 초월적 묵상이 아니다."[87] 그 "가장 내밀한 마음"은 그리스도의 열정에 대한 묵상이다. 우리는 제도화된 신앙에서 "우리를 위하시는 그리스도"에 대해 잘 알게 될 수도 있지만, 바울이나 다른 사람들에게 "우리 안에 계신 그리스도"는 그에 못지않게 중요하다.[88] 몰트만은 신비주의와 제자도는 함께 가며, 이것이 교회를 위해 매우 중요하다고 결론을 내린다.[89]

몰트만은 위조된 사례들로부터 그리스도 중심의 신비주의와 하나님 중심의 신비주의를 구분한다. 그러나 어떤 사람들은 역사적으로 기독교 신비주의는 때때로 매력적일 수 있다고 주장할 것이다. 몰트만이 일부 신비주의의 과도함을 강하게 비판했으면 도움이 되었을지도 모른다. 꿈과 환상은 지속적인 경건이나 곰팡이가 피고 썩은 음식을 먹는 것으로도 나타날 수 있다. 이런 현상은 자신이 유발한 것일 수 있다. 심지어 그리스도인들도 그렇다. 루터, 에밀 브루너, 라인홀드 니버는 인정도 할 뿐 아니라 유보도 한다.

---

84. Moltmann, *Spirit of Life*, p. 193.
85. Moltmann, *Spirit of Life*, p. 193.
86. Moltmann, *Spirit of Life*, p. 199.
87. Moltmann, *Spirit of Life*, p. 203.
88. Moltmann, *Spirit of Life*, p. 204.
89. Moltmann, *Spirit of Life*, p. 209.

그들은 마치 믿음으로 말미암아 은혜로 인하여 의롭게 되는 것에 의문을 제기하는 것처럼, 하나님의 내적 임재에까지 나아가는 "사다리 경험 또는 경건"에 대해 특히 비판적이다. 더구나 "수동성"passivity은 참된 하나님 경험에 대한 비판적 자기인식을 둔화시킬 수 있다. 몰트만의 긍정적인 주장에 설득력 있게 이의를 제기할 사람은 거의 없을 것이다. 그러나 신비주의 안에 있는 자기기만, 은혜의 폄하, 인격성의 잠식에 대한 루터, 브루너, 니버의 경고는 필수적이다. 그들은 그림을 보완하는 것 이상의 일을 한다.

제3부는 두 개의 장만 담고 있다. 하나는 성령의 사귐에 대한 것이고, 다른 하나는 성령의 인격성에 대한 것이다. 몰트만은 사귐을 "우리 자신을 서로를 향하여 개방하는 것, 서로 우리 안에 있는 것을 공유하는 것"으로 정의한다.[90] 일차적인 참조 구절은 고린도후서 13:13, "성령의 교통하심이 너희 무리와 함께 있을지어다"이다. 이와 같이 성령은 "자신을 주신다." 사귐으로서 코이노니아의 개념은 매우 "삼위일체적"이다. 성령은 일방적인 것이 아니라 "호혜적이며 상호적 관계를 갖는다." 즉 성령은 성부와 성자와 함께 있는데 이는 삼위일체적 관계이다.[91] 이 관계는 성령과 그의 백성, 그리고 이 사귐 안에 있는 백성들 사이를 "한데 묶는 사랑"을 포함한다.[92] 몰트만은 공동체나 사귐에 대한 유니테리안의 개념을 명백하게 거부한다.

사귐은 하나의 과정이다. (우리는 쏜턴의 "접붙임"의 은유를 생각할 수 있다. 그리스도에게 접붙인 바 되는 것은 우리를 그와 하나가 되게 한다. 접붙임 된 것은 더 깊이 뗄 수 없을 정도로 하나가 되어간다.)[93] 몰트만은 장소뿐만 아니라 시간에 있어서, 즉 "세대 사이의" 공동체를 주장한다.[94] 한 가정이나 지역공동체에서 부모와 조부모는 그들의 자녀들을 위한 특별한 선물을 가지고 있다. 즉

---

90. Moltmann, *Spirit of Life*, p. 217.
91. Moltmann, *Spirit of Life*, p. 218.
92. Moltmann, *Spirit of Life*, p. 220.
93. Lionel S. Thornton, *The Common Life in the Body of Christ* (London: Dacre, 3rd ed. 1950), pp. 144-45.
94. Moltmann, *Spirit of Life*, p. 237; 참조. pp. 236-39.

좀 더 폭넓은 일관성, 존경심, 과거의 전통, 세계 교회에 대한 관심들이다. 우리가 "인간의 사랑 안에서 하나님의 사랑을 발견하고, 하나님의 사랑 안에서 인간의 사랑을 발견"하는 것처럼, "사회성"이 실제적인 용어로 표현될 수도 있다.[95] 자유로운 우정과 사랑은 이것을 다르게 나타낸 것이다. "우리는 오직 누군가 우리를 좋아할 때, 그리고 사랑으로 우리를 지지해 줄 때 자유롭게 된다."[96] 보통 좋아하는 마음은 좋아하는 마음을 불러일으킨다. 초월하여 계신 성령은 우리를 그의 사귐 안으로 이끄신다. "사랑은 삶을 살만한 가치가 있는 것으로 만든다 – 사랑은 새로운 삶의 근원이다."[97] 이는 종종 포옹, 악수, "거룩한 입맞춤", 또는 의식적 안수와 같은 육체적인 표현으로 강화된다.[98]

몰트만의 마지막 장은 성령의 고유한 인격성을 다루고 있다. 그는 성령이 성부 하나님과 성자 하나님과 정확히 동일한 의미에서 "인격"이 아니라, 독특하게 인격적이다.[99] 몰트만은 이 독특성을 표현하기 위해 성령에게 적용된 은유와 삼위일체에 대한 성령의 기원적 관계에 대한 은유를 끌어온다.

은유에는 네 가지가 있다. "주님"과 같은 인격적 은유들, "에너지"와 같은 구성적 은유들, "불"과 "사랑" 같은 활동의 은유들, "빛"과 "물"과 같은 신비적 은유가 그것이다. 제1부에서 이미 주장했고, 결론에서 다시 말하게 될 것이지만, 인격적 은유는 몰트만이 "역동적" 은유라고 불렀던 것과 전혀 일치하지 않는다. "채워진" 또는 "부어지다" 같은 말은 이안 램지가 "한정자"qualifiers라고 부르는 것으로, 이는 "인격적 모델"을 재형성하는 것이다. 몰트만이 "독특한" 인격성에 대해 말하는 부분에서, 나는 성령의 "초인격적" 특성에 대해 말했고 말할 것이다.

---

95. Moltmann, *Spirit of Life*, p. 248 (그의 이탤릭).
96. Moltmann, *Spirit of Life*, p. 256.
97. Moltmann, *Spirit of Life*, p. 259.
98. Moltmann, *Spirit of Life*, pp. 263-67.
99. Moltmann, *Spirit of Life*, pp. 268-69.

주님이라는 인격적 신분은 매 주일 니케아-콘스탄티노플 신조, "성령은 주님이시며 생명의 수여자"를 고백할 때 등장한다.[100] 고린도후서 3:17은 이렇게 쓰여 있다. "주는 영이시니." 생명의 수여자로서의 성령은 특별히 고린도전서 15:45, "살려주는 영"에 등장한다. 보혜사도 또한 인격적 용어로서, 우리는 이를 위로자, 변호인, 또는 단 한번 검사로 해석한다.

몰트만의 "구성적" 은유는 성령에게서 "인격을 제거하는 것"으로 생각될 수 없다. 인격과 능력은 서로 경계가 모호하다고 주장하는 것이 온당할 것이다. 오히려 에너지나 공간 같은 말은 결정적으로 인격성을 수식하고 있다. 몰트만은 이 말이 성령을 매개자라고 말하기보다는 영향을 가리킨다고 지적한다.[101] 생명의 힘과 같은 에너지의 개념은 히브리어 루아흐의 용법으로 거슬러 올라간다. 성령은 "예기치 못하게 활력을 깨우는" "생기를 북돋우는 자극"이 될 수 있다. 그가 주시는 기쁨은 다른 사람에게 옮겨질 수 있다. 예레미야 17:13은 요한복음 4:14(참조. 7:38)처럼, "생수의 근원"에 대해 말하고 있다. 그는 "다양한 삶의 환경"을 주실 수 있다.

운동의 은유는 친숙하다. 불, 폭풍, 사랑 또는 "강한 바람이 불어옴"(행 2:2-4) 등이 그것이다. 불은 종종 모세의 불붙는 가시덤불의 광경으로부터(출 3:2), 이스라엘에게 하나님의 임재를 확신시키는 불기둥(민 9:15)에 이르기까지 하나님의 임재와 영광의 광경과 함께 등장한다. 불은 정화시키며, 태우며, 열을 내며, 빛을 발한다. 몰트만은 "네 하나님 여호와는 소멸하는 불이시요"(신 4:24)는 "그가 격정적인 하나님"임을 암시한다고 선언한다.[102] 특징적인 약속은 다음과 같다. "그는 성령과 불로 세례를 베푸실 것이요"(마 3:11; 눅 3:16). 여기에서 불은 정화의 불이다. 빛, 물, 생육은 신비적 은유로 묘사한다. "빛과 물과 온기가 함께 있는 곳에, 초장이 푸르게 되고, 나무가

---

100. Moltmann, *Spirit of Life*, p. 270.
101. Moltmann, *Spirit of Life*, pp. 274-78.
102. Moltmann, *Spirit of Life*, p. 279; 참조. pp. 278-81.

꽃이 피고, 열매를 맺는다."103 이렇게 하여 우리는 또한 목마른 자들을 위한 "생명의 샘"에 대해 말한다.

다시 말하지만, 성령의 인격성은 "그의 주관성이 그의 내적 주관성으로 이루어지기 때문에" 삼위일체적이다.104 몰트만은 삼위일체에 관한 전통적인 사고가 지나치게 "군주적"이라고 믿는다. 우리는 성부가 마치 첫째 자리를 취해야 할 것으로 생각하고, 성자는 둘째 자리를, 성령은 셋째 자리를 차지해야 할 것으로 생각한다.105 그러나 로마서, 고린도전서, 데살로니가전서에서 특별히 성부가 때때로 제1위를 가진 것으로 그려지는 것을 볼 때, 모든 상황에서 똑같이 호혜적이고 상호적이라고 하는 몰트만의 주장을 견지하는 것은 어려울지도 모른다. 비평가들은 몰트만이 삼위일체 내의 관계를 사회적이고 거의 "민주주의적"인 의미에서 평등한 가치중립적 입장으로 해석한다고 주장할 수 있다. 그러나 그가 말하는 것은 삼위일체에 대해 지나치게 은유적이고 군주적으로 접근하는 것을 교정하는 것으로 들을 필요가 있다. 아마도 최소한 서양에서는 이전 세대와 대조적으로 이 세기는 "민주주의"와 "평등"에 집착하고 있다는 것을 기억하는 것으로 충분할 것이다.

몰트만은 이 사실을 인식하고 있다. 그는 삼위일체의 역사적 개념이 군주적 개념과 연결되어 있다고 주장하면서, 성부, 성자, 성령의 시대 순서를 반전시킨다.106 이것은 상당히 옳다. 성부는 창조에, 성자는 구속에, 성령은 교회 시대에 연관된다는 것은 사실이 아니다. 교부들이 강조하는 것처럼, 삼위일체의 세 위격은 모두 창조, 구속, 성화의 행동에 참여한다. "경륜적" 삼위일체라는 용어는 우리를 이러한 의미 쪽으로 잘못 인도한다. 소위 몰트만이 "성만찬 개념의 삼위일체"라고 부르는 곳에서, 성부, 성자, 성령은 모두 케노시스*kenosis* 또는 자기 비움을 행한다는 것 또한 사실이다. 이 일이 발생

---

103. Moltmann, *Spirit of Life*, p. 283; 참조. pp. 281-85.
104. Moltmann, *Spirit of Life*, p. 289.
105. Moltmann, *Spirit of Life*, pp. 290-95.
106. Moltmann, *Spirit of Life*, p. 295.

하는 것은 성육신과 십자가에서만이 아니다. 성부, 성자, 성령은 창조와 십자가, 그리고 하나님의 백성의 삶 속에서 자신을 주신다. 몰트만은 삼위일체의 성만찬 개념은 군주적 개념을 뒤집어 놓은 것이라고 쓰고 있다. 군주적 개념 속에서 성부 → 성자 → 성령의 순서는 성만찬적 개념 속에서 성령 → 성자 → 성부가 된다.[107] 그럼에도 불구하고 몰트만은 사고의 양방향은 보완적 위치에 있음을 인식하고 있다. 결국 몰트만은 다음 사실을 인정한다. "두 패턴은 모두 경륜적 삼위일체의 개념이다. - 즉, 양자는 구원사의 두 면을 이루고 있다. 그것은 '하나님으로부터' 오는 것과 '하나님에게로' 인도하는 것이다."[108]

오직 삼위일체에 대한 찬양 속에서만 이 보완적 접근이 하나로 연합된다. 신조의 3중 영광송the threefold Gloria에서처럼("성부와 성자와 함께 경배와 영광을 받으시는 분"), 상호 동등한 순환적 관계 속에서 성령은 더 이상 단순히 삼위일체의 세 번째 위격이 아니다.[109] 그러므로 군주적, 역사적, 성만찬적 삼위일체의 모델은 영광송에서 함께 묶인다. 몰트만은 후기로서 다시 신조의 필리오케*filique* 구절을 다룬다. 삼위일체의 세 위격 모두가 하나님의 모든 행위에 함께 한다면, 성부와 성자로부터 나오심은 전제되어 있는 것이다. 이런 의미에서 "필리오케의 추가는 새로운 것을 더하지 않는다." 한편 이 구절을 더함으로 성령은 삼위일체의 근원적 관계 속에서 세 번째 위치를 갖게 된다.[110]

이 책의 더 단순하고, 짧고, 읽기 쉬운 버전이 『생명의 샘』으로 출판되었다.[111] 전체 11장 중에서 5장은 1990년, 1995년, 1996년에 강의로 처음 전달되었다. 그러나 11장, "기도할 때 우리는 무엇을 하는가?"는 전적으로 새로

---

107. Moltmann, *Spirit of Life*, p. 300.
108. Moltmann, *Spirit of Life*, p. 300.
109. Moltmann, *Spirit of Life*, p. 304.
110. Moltmann, *Spirit of Life*, p. 306.
111. Jürgen Moltmann, *The Source of Life: The Holy Spirit and the Theology of Life* (London: SCM, 1997).

운 것이다. "간청으로만 하나님께 나아가는 것은 하나님께 대한 진정한 사랑의 표현이 아니다."[112] 그러므로 그는 항의, 침묵, 기원, 갈망, 신음, 사색, 찬양, 그리고 기쁨을 포함하고 있는 하나님을 향한 부르짖음으로 시작한다. 하나님은 하늘의 조력자 이상이시다. 하나님이 아바*Abba*, 친애하는 아버지시라면, 자녀들은 마음에 두고 있는 것을 신뢰함으로 부모에게 말할 것이다. 친구들도 슬픔과 기쁨을 함께 나누며, 서로 우정으로 묶여 있다. 하나님과 관련하여 이와 같은 것은 "성령 안에서의 기도"이다.

다음에는 기도 중의 몸동작에 대한 항목이 뒤따른다. 무릎 꿇음에 대한 성경적 선례가 있다(시 95:6; 빌 2:10). 그러나 로마와 나폴리의 카타콤에 그려진 초기 그리스도인의 모습은 "똑바로 서서, 머리를 들고, 눈을 뜨고 있다. 팔은 머리 위로 뻗고, 손바닥은 위를 향하고 있다."[113] 그것은 기대감을 나타내고 있다. 똑바로 선 자세는 더 이상 하나님을 두려워하지 않는다는 것을 보여준다. 각각의 기도 자세는 특정 상황에 상응할 수 있으나, 서 있는 것은 많은 유익이 있는 것 같다.

몰트만은 다음에는 "찬양으로 충만한" 세계를 다룬다. "숲의 모든 나무는 기쁨으로 노래한다"(시 96:12). "모든 피조물은 주님의 임재의 영광으로 불타오른다."[114] 오직 우리 시대만이 자연 세계를 말하지 못하는 것으로 보고 있다. 기도는 특별한 것이며 지체 없이 드려져야 한다. "우리는 그분 때문에 하나님을 사랑하기 시작한다. … 우리는 자신을 잊어버린다."[115] 우리는 예수님의 이름으로 기도하며 특별히 중보적 기도로 다른 사람들을 지원한다.[116] 이 모든 것은 우리 하나님 아버지의 사랑의 뜻에 따라, 그리스도를 통해, 성령의 인격과 사역으로 말미암아 가능하게 된다.

---

112. Moltmann, *The Source of Life*, p. 125.
113. Moltmann, *The Source of Life*, p. 128.
114. Moltmann, *The Source of Life*, p. 134.
115. Moltmann, *The Source of Life*, p. 140.
116. Moltmann, *The Source of Life*, pp. 140-44.

위르겐 몰트만의 강해 속에서, 성령의 인격과 사역은 가장 실천적인 주제가 되었다. 주된 작품의 부제가 가리키는 바와 같이, 이 연구는 그 범위가 넓고 총체적이다. 그것은 신약성경에 매우 충실할 뿐만 아니라 경험과 역사에도 의지하고 있다. 또한 『삼위일체와 하나님의 나라』, 『창조 속의 하나님』, 『예수 그리스도의 길』과도 매우 밀접한 관계가 있다. 그것은 단순히 개인의 경험을 초월하여 경험의 역할과 경험이 의미하는 바를 고찰하고 있다. 그것은 새 창조와 성화, 그리고 "성령의 은사"를 다룬다. 가톨릭 진영의 콩가르처럼 갱신운동도 다루고 있다. 모든 단락에 동의하거나 지지하기를 기대하는 것은 불합리할 것이다. 그러나 이 장에서 살펴본 세 가지 사실은 작가의 위상뿐만 아니라, 내 관점으로는 폭넓은 일치를 볼 수 있을 것이기 때문에 선택되었다.

21. 3. 볼프하르트 판넨베르크

볼프하르트 판넨베르크 Wolfhart Pannenberg(b. 1928)는 처음에는 마인츠에서, 그 후에는 뮌헨에서 조직신학 교수가 되었다. 그는 수많은 박사학위를 가지고 있으며 극소수의 영국학술원 해외회원이 되었다. 그의 가장 광범위하고 영향력 있는 작품은 3권의 『조직신학』(독일어, 1988-93; 영어, 1991-98)이다.[117] 『신학에 대한 기본적인 질문』 Basic Question in Theology은 1970년, 1971년, 1973년에 영어로 출판되었다(독일어, 1967년, 1972년).[118] 『신학과 과학 철학』 Theology and Philosophy of Science은 1976년에 영어로 번역되었다. 『실재와 믿음』 Reality and Faith은 1977년에, 『하나님이며 사람이신 예수』 Jesus - God and

---

117. Wolfhart Pannenberg, *Systematic Theology*, 3 vols. (Grand Rapids: Eerdmans, and Edinburgh: T&T Clark, 1991-98).
118. Wolfhart Pannenberg, *Basic Questions in Theology*, 3 vols. (London: SCM, 1970-73).

*Man*은 1968년에 번역되었다.¹¹⁹ 그는 열거하기 어려울 만큼 많은 책을 썼다. 그는 1961년 "판넨베르크 써클"Pannenberg Circle로 알려진 동료들과 함께한 작품 『역사로서의 계시』*Revelation as History*로 처음 주요한 주목을 받게 되었다. 그 이후로 부활과 역사라는 두 주제가 그의 저서의 특징이 되었다. 어떤 사람들은 그를 바르트와 불트만의 첫 번째 위대한 대안으로 여겼다. 그의 초기 연구에 대한 판넨베르크 자신의 설명은 카를 브라텐과 필립 클레이튼 Philip Clayton이 편집한 책에서 볼 수 있다.¹²⁰

판넨베르크는 베를린, 괴팅겐, 바젤, 하이델베르크 대학에서 공부했다. 그는 하이델베르크에서 처음 강의를 시작했고, 그 후 몰트만과 함께 부퍼탈에서 강의했고, 마인츠에서 교수가 되었다. 하이델베르크에서 한스 폰 캄펜하우젠이 『하나님의 도성』에서 어거스틴의 역사 해석을 그에게 소개했고, 게르하르트 폰 라트는 예언, 약속, 역사의 성취에 관한 그의 견해에 영향을 주었다. 이것은 발터 침멀리와 오스카 쿨만의 작품에서 더 자세하게 진술된다. 그러나 판넨베르크의 결정적 발걸음은 예수 그리스도의 부활을 역사의 의미와 그 약속, 의미, 성취의 중심점으로 보는 그 자신의 강력하고 적극적인 견해였다. 이는 기독교 신앙의 가장 독특한 주장이다. 그것은 이성적 과정을 담고 있으며, (불트만과 달리) 단순히 교회의 믿음의 산물이 아니다. 판넨베르크는 이렇게 말한다. "역사는 기독교 신학의 가장 포괄적인 지평이다. 모든 신학적 질문과 대답은 하나님이 인간과 … 전 피조물과 함께하신 역사의 틀 안에서만 의미가 있다."¹²¹

역사-비평적인 절차와 방법론은 "인간 중심성"에 의해 훼손되었다.¹²²

---

119. Wolfhart Pannenberg, *Jesus — God and Man* (London: SCM, and Philadelphia: Westminster, 1968; German 1964).
120. Carl E. Braaten and Philip Clayton, *The Theology of Wolfhart Pannenberg* (Minneapolis: Fortress, 1988), pp. 11-18.
121. Pannenberg, "Redemptive Event and History," in *Basic Questions*, vol. 1, p. 15; 참조. pp. 15-80.
122. Pannenberg, *Basic Questions*, vol. 1, p. 39.

이 방법론은 "인간 중심의 세계관에 영감" 되었고, 가끔 "구속사의 게토"ghetto of redemptive history에 관심을 가진다.¹²³ "우리가 알고 있는 것처럼 정상적이고 일상적이며 반복적으로 증명된 사건과 조건의 양태를 가진 합의"는 새 창조와 부활, 그리고 성령의 많은 역사에 대한 묵시적 희망을 배제할 것이다.¹²⁴ 부활과 성령의 오심에 비추어 볼 때 "이전에는 무의미하게 보였던 것이 근본적으로 중요한 것으로 나타날 수도 있다. … 역사 전체를 드러내는 미래의 최절정까지의 결정적인 돌파구를 향하여 그 첫걸음은 거의 떼지도 못했다."¹²⁵

이러한 의미에서, 판넨베르크는 성령론을 두 가지 독특한 방식으로 접근한다. 『하나님이며 사람이신 예수』Jesus - God and Man에서 그는 "예수 안에서 하나님의 현존은 … 성령의 개념으로 특징지어진다"라고 본다.¹²⁶ 그러나 복음서 기자들이 그들의 이야기 대부분에서 예수를 부활 이전의 측면에서, 즉 "부활 이전의 예수, 종말론적 선지자"로 본다는 것은 그리 놀라운 일이 아니다.¹²⁷ 문맥은 대부분 과거의 전통의 문맥이다. 그러나 이것은 바울에게는 맞지 않다. 부활과 성령 때문에 그는 하나님이 영으로 말미암아 선재하신 아들을 육체로 보이신 것을 말할 수 있었다(롬 1:3-4).¹²⁸ 우리는 이 지점으로부터 성육신, 부활이라는 온전한 기독론과 성령론에 도달할 수 있다.¹²⁹

성령에 대한 두 번째 독특한 방식은 판넨베르크의 『조직신학』Systematic theology 제3권에서 볼 수 있다. 판넨베르크는 창조의 전 사건을 성부, 성자, 성령을 포함하는 삼위일체적 사건으로 본다. 그는 이렇게 말한다. "하나님

---

123. Pannenberg, *Basic Questions*, vol. 1, pp. 40, 41.
124. Pannenberg, *Basic Questions*, vol. 1, p. 44.
125. Pannenberg, "Eschatology and the Experience of Meaning," in *Basic Questions*, vol. 3, pp. 201, 207.
126. Pannenberg, *Jesus - God and Man*, p. 116.
127. Pannenberg, *Jesus - God and Man*, p. 117.
128. Pannenberg, *Jesus - God and Man*, p. 119.
129. Pannenberg, *Jesus - God and Man*, pp. 121-23.

의 영은 우리에게 나사렛 예수 안에서 성부의 영원한 아들을 알도록 가르침으로써 인간의 구속에 능동적일 뿐만 아니라, 우리의 마음을 하나님을 찬양하도록 이끈다. … 성령은 이미 하나님의 능력의 숨결로서 창조 안에서 역사했고, 모든 움직임과 생명의 근원이다."[130] 우리는 성령의 역사를 "초자연적" 은사에 제한하지 말아야 한다. 그는 "자연의 발생의 모든 영역에서, 그리고 죽은 자의 부활의 새 창조에서 모든 생명의 창조주"이시다.[131] 바울은 성령이 신자 안에 "거주하신다"고 말하지만, 우리는 성령이 "어디에서나" 그리고 최종적으로 "죽음에 대한 승리"에서 창조적으로 역사하심을 인식해야 한다.[132]

그와 같이 시작하여 그리고 그 프레임 내에서 판넨베르크는 성령의 성화 사역을 진술한다. 중세와 종교개혁 시기에는 성령과 은혜의 신학을 한데 묶었다. 그러나 20세기 신약신학의 성취 중 하나는 성령과 종말론 사이의 밀접한 관계의 재발견이다. 오토 베버와 칼 바르트도 성령의 "일깨우는 능력"에 대해 말했다. 창조주로서의 성령과 거룩하게 하는 분으로서의 성령 사이의 한 가지 공통 요소는 "적합하게 만드는" 또는 "변형시키는 능력"이다.[133] 그렇게 함으로써 하나님의 피조물들이 그의 영광을 공유할 수 있게 된다. 그러나 성령은 이 과정에서 무엇보다도 그리스도의 영이다. 그러므로 주님으로서 그리스도는 성령을 예수의 제자들에게 "주신다"(요 20:22). 성부와 성자는 "함께 성령을 보내신다."[134] 예수는 또한 성령을 받으시는 분으로 나타난다. 판넨베르크는 또한 (라이트와 내가 그랬듯이) 소마 프뉴마티콘 *sōma pneumatikon*, 영적인 "몸"이 성령에 의해 주어지고 특징지어짐을 의미한다고

---

130. Pannenberg, *Systematic Theology*, vol. 3, p. 1.
131. Pannenberg, *Systematic Theology*, vol. 3, p. 2.
132. Pannenberg, *Systematic Theology*, vol. 3, p. 2.
133. Pannenberg, *Systematic Theology*, vol. 3, p. 4.
134. Pannenberg, *Systematic Theology*, vol. 3, p. 5.

말하는 소수의 사람 중 하나이다(고전 15:44).[135]

부활절 사건에 비추어 볼 때 부활절 이전의 예수의 삶은 성령으로 충만한 것으로 보인다. 이것은 특별히 요한의 기독론과 성령론에 영향을 끼친다. 성령이 신자 속에서 역사할 때, 그는 "불가시적이고 불가해한 영역의 힘이 … 아니고" 그리스도의 영이시다.[136] 그는 자신을 창조적이며, 역동적인 방식으로 주신다. 판넨베르크는 이렇게 주장한다. "오직 피조물의 삶에 성자가 나타나신 정도까지만, 창조에서 성령의 사역은 선물의 형태를 가진다."[137] 그는 구약성경에서 개인이나 국가에게 준 선물과 기부는 최종적으로 죽음의 순간에 끝나는 반면(전 12:7), 그리스도교 신자들에게 성령은 부활과 그 이후까지 계속 역사한다고 주장한다(롬 8:11).[138] 성령은 종말론적 유선이다. 성령은 "신자들의 영원한 소유"이며, "하나님의 영원한 생명에 참여를 가능하게 한다."[139]

판넨베르크는 계속해서 사도행전 2장 오순절의 성령 부어주심을 고찰한다. 그는 방언 경험을 집단적인 황홀경의 발화 경험으로 본다(행 2:4, 12-15). 그러나 그는 정확하지는 않다는 것을 인정한다. 그는 이렇게 말한다. "누가는 공동체의 그리스도 선포의 근원으로서 성령 체험의 자발성의 여지를 남겨둔다."[140] 모든 사건은 일반적으로 선교적 선포에 대한 것이다. 어떤 사람들은 오순절이 교회의 "기초"라고 한다. 그러나 바울에게는 오직 그리스도만이 기초이다(고전 3:1). 성령과 그리스도의 밀접한 연계는 바울서신뿐만

---

135. Pannenberg, *Systematic Theology*, vol. 3, p. 6; Anthony C. Thiselton, *Life after Death: A New Approach to the Last Things* (Grand Rapids: Eerdmans, and London: SPCK, 2012), pp. 122-28; Thiselton, *The First Epistle to the Corinthians: A Commentary on the Greek Text*, NIGTC (Grand Rapids: Eerdmans, 2000), pp. 1276-89; N. T. Wright, *The Resurrection of the Son of God* (London: SPCK, 2003), pp. 353-55.
136. Pannenberg, *Systematic Theology*, vol. 3, p. 7.
137. Pannenberg, *Systematic Theology*, vol. 3, p. 9.
138. Pannenberg, *Systematic Theology*, vol. 3, p. 10.
139. Pannenberg, *Systematic Theology*, vol. 3, p. 12.
140. Pannenberg, *Systematic Theology*, vol. 3, p. 14.

아니라, 요한복음과 로마서 8:14-16에서 나타난다. "성령과 성자는 삼위일체의 위격으로서 서로 상호적으로 거한다."[141] 판넨베르크는 성령의 나타남은 개체성과 복수성을 보여주지만, 은사의 차이가 교회를 나누어서는 안 된다고 주장한다(고전 12:11). 그는 현대의 많은 사상가들과 같이, 말씀과 성령의 잘못된 대립을 반대하며 유감으로 여긴다. 그러나 성령이 그리스도께 듣는 것은 "성령의 역동성에 의지하여 교회의 전통과 제도적 질서에서 벗어나는, 규제되지 않은 열광주의에 대한 브레이크 역할을 할 수 있다."[142] 그러한 "벗어남"은 성령의 역동성의 징표로 여겨서는 안 된다.

판넨베르크는 교회에 대한 부록 뒤에 성령, 교회, 그리고 하나님의 나라의 관계에 대해 쓰고 있다. 하나님의 나라와 교회는 동일하지 않다. 엄위로우신 왕으로서 하나님의 통치는 정의와 신하들의 전적인 순종을 필요로 한다. 그러므로 교회는 하나님의 나라를 "온전히 표현"할 수 없다. 그것은 "하나님의 통치의 예기적 징표"이다.[143] 징표는 실체 그 너머를 가리킨다. 따라서 몰트만과 마찬가지로 판넨베르크는 교회를 자체적인 표현으로 보지 않고 하나님 나라를 건설하고 가져오는 성령에 대한 응답으로 본다. 역사적으로 보면 어거스틴이 도나투스파Donatists를 다루면서 이 사실을 암시했다. 무덤 이쪽 편에는 "순수한" 교회가 없다. 판넨베르크는 루돌프 슈나켄부르크가 하나님의 나라와 교회의 이러한 대조를 강조해왔다고 말한다. 칼 라너가 주장했듯이, 교회는 교회가 지향하는 것, 즉 "최종 구원"의 가시적 징표 또는 성례로 간주될 수 있다.[144] 교회의 본질은 "아직 앞에 있는 미래를 향해 가는 순례자"이다. "그렇다면 교회는 하나님의 나라와 동일하지 않다. 그것은 하나님의 나라의 미래적 구원의 증표이다."[145] 제2차 바티칸 공의회는 이

---

141. Pannenberg, *Systematic Theology*, vol. 3, p. 17.
142. Pannenberg, *Systematic Theology*, vol. 3, p. 20.
143. Pannenberg, *Systematic Theology*, vol. 3, p. 32.
144. Pannenberg, *Systematic Theology*, vol. 3, p. 35.
145. Pannenberg, *Systematic Theology*, vol. 3, pp. 36-37.

런 방식으로 교회를 "구원의 성례"로 정의했다.

그러므로 성령은 제도적으로 폐지되지 않고, 상대화되지 않는다. 제도적으로 영원한 것은 없다. 그러나 신실함과 계속성은 계속되게 할 수 있다. 성령은 이 이상을 가리키고 있다. 그리고 순례하는 교회를 그 방향으로 나아가도록 한다. 그러나 성령의 사역은 범위에 있어 우주적이다. 판넨베르크는 창조로부터, 현재, 종말에 이르기까지 성령과 세계와 역사의 그림을 장엄하게 그리고 있다.

21. 4. 블라디미르 로스키와 존 지지울라스

동방정교회 신학은 교부 시대 이후 발전이 거의 없었다는 잘못된 이미지가 널리 유포되어 있다. 러시아정교회의 지적 활력은 1922년 러시아로부터 추방을 당했던 블라디미르 리콜라예비치 로스키 Vladimir Nikolaevich Lossky(1903-58)에게서 절정에 달했다고 한다. 그의 전기 작가 올리비에 클레망 Olivier Clement은 그의 두 가지 주요 관심사를 식별하기 위해 그를 성령의 인격과 사역의 신학자라고 불렀다. 페르가몬 대주교 존 지지울라스 John D. Zizioulas(b. 1931)에 대해서는 카르카이넨을 비롯한 많은 사람들이 "현대 동방정교회의 가장 중요한 신학자"라고 묘사한다.[146] 그는 로스키의 주제들을 공유하고 있다. 지지울라스는 신약성경과 동방 교부의 기독론과 성령론의 상호성을 강조한다. 사실상 성령이 없이는 "그리스도"도 없다. 이 주제는 그리스정교회 전통의 20세기 후반의 표현에 담겨 있다. 예를 들어, 니코스 니시오티 Nikos A. Nissiotis는 "성령론을 그리스도에 대한 우리 믿음의 모든 면에 관계 되는 기독교 신앙의 핵심"으로 본다.[147]

---

146. Veli-Matti Kärkkäinen, *Pneumatology* (Grand Rapids: Baker Academic, 2002), p. 106.
147. S. Paul Schilling, *Contemporary Continental Theologians* (London: SCM, 1966), p. 231.

(1) 블라디미르 로스키 Vladimir Lossky. 로스키는 상트 페테르스부르크에서 교육을 받았으나 1922년 러시아에서 추방을 당했다. 그는 프라하에서 더 교육을 받고, 1924년 파리 소르본느에서 더욱 폭넓게 공부했다. 그는 이내 중세의 신비주의 대가 에크하르트 Eckhart에 대해 연구를 시작했고 이는 일생의 관심사가 되었다. 그의 첫 번째 학위는 중세 역사에 관한 것이었다. 그의 가장 중요한 책은 아마도 『동방교회의 신비주의 신학』 The Mystical Theology of the Eastern Church 일 것이다. 이 책은 "신화" 神化, Deification, 더 정확하게는 데오시스 theosis를 설명하고 있다.[148] 로스키는 에크하르트의 신비주의에 대한 작품과 함께 위-디오니시우스의 부정신학 the theology of negation에 대한 초기 작을 썼다. 로스키에게 부정신학 Nagative theology이란 하나님은 인간의 분석적 개념, 묘사, 또는 교리로 파악될 수 없음을 의미한다. 중요 주제는 객관적 "자연" 또는 "자연적인" 개성과 개인적 존재 사이의 차이이다. 개인적 존재란, 로완 윌리엄스의 말에 따르면, "서로 대비되는 개체들을 정의하는 상호 배제의 영역을 넘어서는 것, 엑스타시스 ekstasis와 케노시스 kenosis, 자기 초월 self-transcending과 자기망각 self-forgetting으로" 알려져 있다.[149] 하나님은 개인적 존재의, 전적으로 엑스타시스와 케노시스 안에 살았던 한 생명의 최고 전형 supreme paradigm이다. 동시에 로스키도 중세 사상가 그레고리 팔라마스 Gregory Palamas(1296-1359)를 끌어온다. 그레고리는 인간의 지식 너머에 있는 신적 "본질" essence과 인간에게 알려질 수 있고 참여할 수 있는 신적 "에너지"를 구분한다. 로스키는 분명히 "팔라마스의 종합"에 대해 말했다.[150]

성령은 기독교회를 통해 하나님의 형상을 재현시킨다. 성령은 우리를

---

148. Vladimir N. Lossky, *The Mystical Theology of the Eastern Church* (New York: St. Vladimir's Seminary Press, 1988). 프랑스어로는 1944년에, 그리고 영어로는 1957년에 발간되었다.
149. Rowan Williams, "Eastern Orthodox Theology," in *The Modern Theologians*, ed. David Ford (Oxford: Blackwell, 3rd ed. 2005), p. 579; 참조. pp. 572-88.
150. Vladimir N. Lossky, *The Vision of God* (New York: St. Vladimir's Seminary Press, 1983), p. 153.

하나님과 같이, 자신을 어떤 다른 사람이나 세계와 분리하지 않고, "자유롭고 독립적인 타자"와 상호관계로 들어가는 "위험"을 취하는 "개인적 존재"가 될 수 있게 한다. "신적 자유는 이 최고의 위험을 창조하는 것을 통해 성취된다. 즉 또 다른 자유이다."[151] 그러나 창조는 삼위일체 전체의 작품이다. 성부는 "하늘과 땅의 조성자"이며, 성자는 "만물의 창조자"이다. 그리고 성령은 "생명의 수여자"이다.[152] 그는 같은 페이지에서 아타나시우스를 인용한다. "성부는 성자로 말미암아 성령 안에서 만물을 창조했다." 그는 또한 바실도 인용한다. 성부는 "시원적 원인"primordial cause이며, 성자는 "작용적 원인"operating cause이며, 성령은 "완전적 원인"perfecting cause이다.[153]

"사람"person은 "되어짐"becoming의 과정에서 데오시스 또는 변형을 거쳐, 성령으로 말미암아 하나님과 통합될 수 있다. 상호성, 관계성, 그리고 움직임이 없다면, 사람은 "사물"이나 "그것"it으로 객관화되는 자연의 부분으로 남게 된다. 로스키는 이레네우스의 성자와 성령이 "하나님의 두 손"이라는 개념을 가져온다. 거룩해진 그리스도교 공동체는 "하나님의 손 안에서" 하나의 전체를 형성한다.[154] 이는 "교회적" 새 창조이다. 그는 지지울라스를 예측하면서, 성령에 인도받는 진정한 사람을 자기 주위에 방어막을 세우는 고립된 개인이 아니라, 주고받는 상호 연결된 교제 가운데 있는 사람으로 본다. 이는 성령으로 말미암은 사랑의 공동체이다. 로스키는 그의 책 『하나님의 형상과 모양』*The Image and Likeness of God*에서 자연과 사람의 관계의 대조를 더 발전시킨다.[155] 사람은 성령으로 말미암아 신격화divinization, 신화deification, 또는 데오시스의 과정을 거쳐 그의 창조주처럼 되는 것이다.

---

151. Vladimir N. Lossky, *Orthodox Theology* (New York: St. Vladimir's Seminary Press, 2001).
152. Lossky, *Mystical Theology*, p. 100.
153. Lossky, *Mystical Theology*, pp. 100-101; Basil, *On the Holy Spirit*, 16:38.
154. Lossky, *Mystical Theology*, p. 106.
155. Vladimir N. Lossky, *In the Image and Likeness of God* (New York: St. Vladimir's Seminary Press, 1974).

(2) 존 **지지울라스**John D. Zizioulas. 지지울라스는 러시아 정교회보다는 그리스 정교회를 대표한다. 그러나 많은 점에서 로스키와 관심사를 공유하고 있다. 그의 주요 주장은 그의 책 『교제로서의 존재』*Being as Communion*라는 제목에 압축되어 있다.[156] 그는 1931년에 태어나, 1965년에 아테네 대학에서 신학박사 학위를 받고, 1973년부터 1987년까지 글래스고우 대학에서 교수로 재직하였으며, 1986년에 페르가몬의 대주교가 되었다. 그는 『성체, 주교, 교회』*Eucharist, Bishop and Church*(2001), 『교제와 타자성』*Communion and Otherness*(2006)을 포함한 많은 책을 썼다. 그는 주장하기를, 교회는 이중 경륜, 즉 그리스도의 경륜과 성령의 경륜 위에 세워진다. 그는 이렇게 쓰고 있다. 한 관점에서 "성령은 그리스도, 특별히 부활하시고 승천하신 그리스도에 의해 주어진다('예수께서 아직 영광을 받지 않으셨으므로 성령이 아직 그들에게 계시지 아니하시더라[요 7:39]')." 또 다른 관점은, "말하자면, 성령이 역사하기까지 그리스도는 없다. 성령은 그리스도의 오심을 고지하는 *선구자로서*뿐만 아니라, 그리스도의 세례에서나(마가) 또는 그의 생물학적 잉태(마태와 누가)에서 *그리스도의 정체성을 구성하는* 존재이다. 이 두 관점은 모두 하나의 그리고 동일한 성경적 문서 안에서 행복하게 공존할 수 있었다"(첫 번째 이탤릭은 지지울라스의 것, 두 번째는 티슬턴의 것).[157]

그리스도와 성령의 중심성뿐만 아니라 삼위일체의 중심성도 의심할 수 없다. 지지울라스의 두 번째 주제인 교제 또는 관계성은 지지울라스의 경우 교회가 좀 더 지배적이 된다는 점을 제외하고는 거의 로스키의 견해를 복제하고 있다. 그는 이렇게 쓰고 있다. "교회의 존재는 하나님의 존재에 달려 있다. … 그것은 세상과, 다른 사람들과, 그리고 하나님과 관계하는 한 방법, 교제의 사건이다. … 그것은 개인의 성취로서는 실현될 수 없고, 오직 교회

---

156. John D. Zizioulas, *Being as Communion: Studies in Personhood and the Church* (New York: St. Vladimir's Seminary Press, 1997).

157. Zizioulas, *Being as Communion*, pp. 127-28 (그의 이탤릭).

적 사실(지지울라스의 이탤릭)로서만 실현될 수 있다."¹⁵⁸ 교회는 하나님이 존재하는 방식의 형상임에 틀림없다.

지지울라스는 이렇게 쓰고 있다. "하나님은 관계적인 존재이다. 교제의 개념이 없다면, 하나님의 존재에 대해 말할 수 없을 것이다. … '하나님'은 교제를 떠나서는 존재론적 내용을 가질 수 없고, 참된 존재일 수 없다."¹⁵⁹ 그는 이렇게 덧붙인다. "아무것도 '개별적'으로는 존재할 수 없고 그 자체로는 생각할 수 없다. … 교제는 한 '위격'으로부터 나오지 않는다."¹⁶⁰ 그는 "기독론과 성령론 사이의" 적절한 종합이 "교회론의 … 기초"라고 믿는다.¹⁶¹ 그는 성령을 주제로 다음과 같이 놀라운 선언을 한다. "성령은 그리스도와 우리 사이의 간격을 연결하는 데 도움을 주는 분이 아니라, 그는 우리가 그리스도라고 부르는 역사 속에서 실제적으로 깨닫는 삼위일체의 위격이시다. 그리스도는 절대적으로 관계적 실체이며 우리의 구주시다. 이 경우 기독론은 본질적으로 성령론에 의해 영향을 받는다"(티슬턴의 이탤릭).¹⁶²

지지울라스는 제2차 바티칸 공의회가 성령론이 충분히 중요한 역할을 하도록 하지 않았다고 주장한다. 그것이 성령을 언급했을 때, 성령은 "교회의 체계가 그리스도론적인 자료들만으로 구성된 후에야 교회론에 도입되었다."¹⁶³ 지지울라스에게 그 이유는 너무나 명백했다. 그리스도는 제도로서 교회를 조직했다. 로스키의 말에 의하면 객관적 또는 객관화된 실체이다. 그러나 지지울라스와 로스키는 성령이 교회에게 그 카리스마적 양상으로 생명을 주는 것으로 본다. 그러나 지지울라스는 다음의 사실을 인정한다. "교회론의 제도적인 모습과 카리스마적인 모습, 기독론적인 모습과 성령론적

---

158. Zizioulas, *Being as Communion*, p. 15.
159. Zizioulas, *Being as Communion*, p. 17.
160. Zizioulas, *Being as Communion*, p. 18.
161. Zizioulas, *Being as Communion*, p. 107.
162. Zizioulas, *Being as Communion*, pp. 110-11.
163. Zizioulas, *Being as Communion*, p. 123.

인 모습을 어떻게 관련시킬 것인가 하는 문제는 여전히 정교회 신학이 다루기를 기다리고 있다."164 그러나 핵심 원리는 이것이다. "기독론과 성령론 사이의 연합은 여전히 깨지지 않았다."165

마지막으로 성령론은 "교회론에서 지역 교회의 중요성을 보장한다."166 그렇다고 이것이 교회의 보편성을 부인하거나 축소하지는 않는다. 이것은 회중교회주의가 아니다. 지지울라스는 성체는 "지역성과 보편성을 동시에" 나타낸다고 주장한다.167 이것은 "지역 교회의 연합"이 아니다.168 그는 이렇게 결론을 내린다. "성령론은 기독론과 교회론의 구성, 즉 그리스도와 교회의 바로 그 존재의 조건으로 만들어져야 한다."169

지금까지 우리는 지지울라스의 관심 가운데 아주 중요한 부분을 빠뜨렸다. 그는 자신의 모든 견해들이 동방교회 교부들로부터, 그리고 궁극적으로는 성경에서 비롯된 것임을 보여주는 데 깊은 관심을 가지고 있다. 지지울라스와 로스키가 제시한 작업은 동방 교부들의 작업을 현대인을 위해 주의 깊게 다시 제시한다는 의미에서 "해석학적"이라고 불려왔다. 두 사람 모두 자신들의 주장을 지원하기 위해 아타나시우스와 바실, 그리고 다른 갑바도기아 교부들을 자주 인용한다. 예를 들면, 바실은 "존재론적 범주로서의 실체 관념과 – 우리에게 지금 중요한 – 코이노니아의 개념과 그것을 대체하는 것을 좋아하지 않는다."170 우리는 이그나티우스와 (동방과 서방 양쪽에 뿌리를 가지고 있는) 이레네우스와 함께 "생명을 가진 존재의 동일시"가 시작되었음을 발견하게 된다.171 두 신학자의 작품은 동방교회, 러시아정교회, 그리

---

164. Zizioulas, *Being as Communion*, p. 125.
165. Zizioulas, *Being as Communion*, p. 129.
166. Zizioulas, *Being as Communion*, p. 132.
167. Zizioulas, *Being as Communion*, p. 133.
168. Zizioulas, *Being as Communion*, p. 136.
169. Zizioulas, *Being as Communion*, p. 139.
170. Zizioulas, *Being as Communion*, p. 134.
171. Zizioulas, *Being as Communion*, p. 93.

스정교회를 올바르게 인식하는 데 도움을 준다. 지지울라스는 성령이 교회의 본질에 "더하지" 않는다고, 즉 성령은 "교회의 본질 자체"라고 결론을 내린다.[172]

우리는 이 장에서 콩가르, 몰트만, 판넨베르크, 로스키, 그리고 지지울라스를 고찰했다. 이들 모두는 독창적이며 최대한 중요하게 받아들여져야 한다. 엄밀히 말하면, 나는 지금의 주제에 대해 가장 중요한 작가들 가운데 이들 다섯 명의 사상가들을 포함시킨다. 모두 신중하고 세심하게 글을 쓰면서, 각자 각기 다른 신학과 교회 내의 전통의 맥락을 대표하고 있다.

---

172. Zizioulas, *Being as Communion*, p. 132.

22

20세기 말의 작가들 : 1986-2000

22. 1. 갱신운동의 개화와 "제3의 물결"

1980년대에 피터 호켄은 이렇게 선언한다. "대다수의 교파들은 C.R. [카리스마적 갱신Charismatic Renewal]을 열성적으로 환영하지도 않았고, 신뢰할 수 없는 것으로 거부하지도 않았으며, 조심스럽게 개방하는 자세를 취했다."[1] 일반적으로 그들은 오순절주의의 경험과 "성령의 은사"의 타당성을 받아들였다. 그러나 그들은 입교 또는 회심에 이은 성령 "세례"의 "처음 증거"가 방언이라는 오순절주의 신학의 "성령세례"를 거부했다. 한편, 갱신운동은 오순절주의처럼 점차 국제적인 운동이 되었다. 그것은 전통적인 교파의 경계를 넘어섰고, 때로는 "가정 교회"를 위해 전통을 떠나기도 했다.

1980년대에 "가정 교회"는 오순절적 의미에서 "갱신"이라는 말을 자주 사용했다. 이는 특별히 사도행전에서 진술하고 있는 초대교회 초기 몇 년을 재현함으로써 사도적 교회의 신학과 관습으로 되돌아간다는 주장이다. 좀 더 친밀한 집단의 따뜻함과 우정과 함께 평신도 사역이 강조되었다. 실제로

---

1. Peter Hocken, "Charismatic Movement," in *NIDPCM*, p. 483.

인터넷을 보면 많은 사람들이 자신들이 오순절주의나 갱신주의 운동에 참여한 이유를 주로 그들이 발견한 따뜻한 연대감 때문이라고 한다. 1990년에 그들은 좀 더 자주 "새로운 교회"new churches로 알려지게 되었다. 후에 영국 교회에서는 "새로운 표현"Fresh Expressions이 이러한 종류의 성장을 촉진시키는 방법으로 소개되었다. 그러나 해당 교구의 주교나 부제에 의해 승인된 조건 내에서 엄격히 제한되었다.

또 다른 주요 현상은 주로 오순절주의와 좀 더 천천히 갱신운동 내에서 지적 능력에 대한 관심이 높아지면서 발생했다. 많은 신학교가 설립되었는데, 예를 들어, 미국 하나님의성회의 글린 홀과 임시로 데이비드 페츠 주재 아래 있던 영국 쉐필드 인근의 매터지 홀이 그것이다. 오순절주의와 갱신주의 학생들이 패서디나의 풀러 신학교와 메사추세츠 사우쓰 해밀턴에 있는 고든-콘웰 신학교에 여전히 다니고 있다.[2] 존 윔버는 풀러에서 "이적과 교회 성장"The Miraculous and Church Growth을 강의했는데, 이 강의는 매우 인기가 많았으나 논란이 되기도 했다. 더 의미 있는 것은 광범위한 논문을 실은 『오순절주의 신학지』와 때때로 매우 수준 높은 글을 실은 JPT 부록이었다. 20장에서 살펴보았던 고든 피, 로저 스트론스태드, 맥스 터너는 신약신학의 글들을 기고했고, 고든 피는 바울에 대해, 스트론스태드와 터너는 누가-사도행전에 대해 글을 썼다. 로마가톨릭 전통에서는 킬리언 맥도넬Kilian McDonnell(b. 1921)은 그의 『임재, 능력, 찬양』*Presence, Power, and Praise*(3 vols., 1980)에 많은 글들을 실었고, 『그리스도교 입교와 성령세례』*Christian Initiation and Baptism in the Holy Spirit*(1991)와 『새로운 오순절을 향하여』*Towards a New Pentecost*(1993)를 출판했다.

오순절주의자들은 때때로 갱신운동에서는 거의 찾아볼 수 없는 자기비판을 하기도 했다. 아마도 그것은 적어도 공식적으로는 갱신운동이 그들이 활동하고 있는 특정 교파의 교리를 확신하는 것처럼 보이기 때문일 것이다.

---

2. Cecil M. Robeck, "Seminaries and Graduate Schools," in *NIDPCM*, pp. 1045-50.

이와는 대조적으로, 오순절주의자들은 보통 자신들을 독특한 전통이나 교파로 본다. 인터넷에 풍부한 예들이 가득하고, 일부는 페이스북에 있다. 폴 알렉산더의 예를 들어본다.³ 그는 하나님의성회에 자신들의 입장을 재고해 줄 것을 간청한다. (1) 인종차별주의: 이것은 "회개"를 필요로 한다. (2) 전쟁과 군 복무: 하나님의 성회는 초기의 입장을 바꿨고, 새로운 신학적 고찰이 필요하다. (3) 이스라엘/팔레스타인: 우리는 "세대주의와 일반적인 시온주의자를 덜어낼" 필요가 있다. (4) 사회적 성: 너무 많은 사람들이 여성을 담임목사로 지지하지 못하고 있다. 알렉산더는 다음과 같이 주장하면서 결론을 짓는다. 더욱 진지하게 "예수를 찾아라." 그리고 "우리의 인종차별주의적 과거에 대하여 고백하고 진실된 말로 앞으로 나아가라."

확실히 소수의 사람만이 "카리스마적 종교개혁"에 대한 관심을 표명한다. 아래에서 우리는 톰 스메일의 통찰력 있는 말을 살펴볼 것이다. 카리스마*Charisma*의 기고자이자 『성령은 세일 중이 아니다』*The Holy Spirit Is Not for Sale*의 저자인 리 그래디J. Lee Grady는 카리스마 운동에 대한 15가지 비평을 말한다. 그는 "소위 '성령 충만한' 현대 교회는 가톨릭교회가 [그리고 루터가] 1500년대에 직면했던 것과 동일한 문제들과 투쟁하고 있다"고 주장한다.⁴ 그는 계속해서 이렇게 주장한다. "우리는 교황이 없다. - 우리는 슈퍼 사도를 가지고 있다. 우리는 불가침적 사제주의를 지지하지 않는다 - 우리는 개인용 제트기를 소유한 유명 복음전도자들에게 아낌없이 돈을 내던진다." 그는 부정적인 비판 대신, "우리 신학의" 개혁을 호소한다. 즉 성경으로 돌아가는 것, "우리 카리스마주의자들은 악마적인 모든 것에 대한 비판을 그쳐야 한다." "관대함은 성령의 열매이다." "우리는 초자연적인 물질 축복이라는 이상한 주장을 하는 목회자들에게 멍석을 제공하는 것을 중단해야 한

---

3. Paul Alexander, "Four Suggestions for Assemblies of God," *Internet*, March 27, 2010, pp. 1-3.
4. J. Lee Grady, "It's (Past) Time for a Charismatic Reformation," *Internet*, October 26, 2011, pp. 1-2.

다." 책임을 지는 "독립적인" 복음전도자가 필요하며, 그 외 아홉 가지 "개혁"이 있어야 한다.

피터 호켄은 1980년 이후 대규모 집회의 시대가 끝났으며 심지어 어떤 사람들은 카리스마 운동의 "쇠퇴"에 대해 말하기도 했다고 주장한다.[5] 그것은 전통 교회에게 덜 새로운 것이 되었고, '쇠퇴'에 대해 말하기는커녕 많은 사람들이 이 시대를 다소 방어적이고 공격적인 단계 이후의 개화기로 볼 것이다. 어떤 사람들은 "성령으로 세례를 받은"이라는 말보다는 "성령께 열려졌다", 또는 성령으로 "충만해진" 또는 단순히 "새로워진"이라고 말하기를 좋아했고, 방언은 더 이상 "입교의 증거"가 아니라 여러 은사 중 하나로 여겨졌다. 카리스마 운동은 좀 더 다양해졌고 1983년 피터 와그너는 이 운동을 "제3의 물결"이라고 부르기 시작했다. 어떤 사람들은 이를 "신-카리스마"라고 불렀다.

그러나 "제3의 물결"은 카리스마 운동의 강조점을 조금도 희석시키지 않았다. 그것은 치유와 귀신 쫓아냄, "예언" 받음과 선포를 강조했다. 그러나 "성령세례"는 이제 "제2의 축복"이라기보다는 중생이나 회심(고전 12:13)이라고 생각하게 되었다.[6] 회심 이후 한 번의 성령 충만이 아니라 여러 번의 중생을 소망하게 되었다. 방언은 성령 충만의 "첫 증거"로 여겨지지 않았다. 무엇보다도 "제3의 물결"은 분열을 피하고자 했고 "성령 충만"이 다른 그리스도인과 비교하여 영적인 엘리트라는 생각을 피하고자 했다.

그러나 일부 움직임은 다른 방향으로 나간 것으로 여겨졌다. 전통적인 그리스도인들은 1990년대에 소위 "토론토 축복"에 대해 실망감을 표시했다. 이것은 빈야드 운동과 때로는 "제3의 물결"과 관련이 있었다. 1987년 존 윔버는 빈야드 협의회를 설립했다. 1994년 토론토 공항 빈야드 소속 교회에서 부흥 현상이 발생했다. 이 현상은 영국으로 건너가 런던 중심 브롬튼의

---

5. Hocken, "Charismatic Movement," in *NIDPCM*, pp. 485-86.
6. C. Peter Wagner, "Third Wave," in *NIDPCM*, p. 1141.

홀리 트리니티에서도 일어났다. 빈야드 목사인 존 아노트는 "토론토 축복"보다 "성부의 축복"이라고 부르기를 선호했다. 매일 밤 집회가 열렸고, 매일 2천 명에서 4천 명의 사람들이 출석했다. 사람들은 죽은 것처럼 보이는 것에 대해 성령에 압도된 것으로, "성령 안에서 죽음" 또는 "성령 안에서 안식하는" 같은 말을 했다. "거룩한 웃음"은 초기 몇 년 동안 나타난 현상이었다.[7] 분명하게 성령에 의해 초래된 특이한 육체적 "해방"의 표현은 수없이 많았다. 그러나 1995년 토론토 공항 교회는 빈야드 운동으로부터 탈퇴했고, 브롬튼의 홀리 트리니티 교회는 이제 극단으로부터 멀어졌다고 한다.

피터 와그너는 갱신운동인 "제3 물결"과 관련이 있기 때문에, 우리는 그 내용과 독특성을 살펴보는 것이 좋을 것이다. 그는 이렇게 쓰고 있다. "제3의 물결의 사람들의 갈망은 병자를 치유하고 귀신을 쫓아내며 예언을 받고 자신들의 회중들을 지배하고 있는 현대의 목회 철학을 방해하지 않고 다른 카리스마적 현상에 참여하는 성령의 능력을 체험하는 것이다."[8] 그 후 와그너는 이에 대해 다섯 가지 독특한 주제를 상술한다.

세 가지 독특한 주제는 다음과 같다. (1) "성령세례는 두 번째 은혜로운 사역이라기보다는 회심할 때 일어난다는 믿음"(고전 12:13), (2) "새로운 탄생에 이어지는 반복적 성령 충만의 기대", (3) "방언을 신약성경의 많은 은사 중 하나로 받아들이는 절제된 수용 … 영적 체험의 입문적, 육체적 증거로 여기지 않고 … 어떤 사람들에게는 … 기도의 언어로 사용되는 은사로 여긴다."[9] 이 세 가지 특성은 "제3의 물결"을 전형적인 오순절주의로부터 뚜렷하게 구분한다. 비록 모두는 아니지만 많은 "주류" 교회와 교파, 또는 전통에 의해 상당히 조심스럽게 수용되고 있다.

와그너는 네 번째와 다섯 번째 특징적인 요소들을 덧붙인다. 이는 일반

---

7. Joe Maxwell, "Laughter Draws Toronto Charismatic Crowds," *Christianity Today* 38, no. 12 (1994).
8. C. Peter Wagner, "Third Wave," in *NIDPCM*, p. 1141.
9. Wagner, "Third Wave," in *NIDPCM*, p. 1141 (나의 이탤릭).

적인 동의와 승인을 얻기에 충분히 폭넓고 일반적인 것으로 보인다. "성령의 능력과 기름 부음으로 하는 사역"(티슬턴의 이탤릭)과 믿음의 치유보다는 예배 공동체에 대해 언급한다. 다섯 번째 특성은 분명히 "분쟁을 피하려는" 목적에서 나온 것이다. 통일성은 사도행전, 바울, 요한, 에베소서, 그리고 로마의 클레멘트 이후 성령의 사역의 기초가 되었다. 그러나 네 번째 주제는 정확히 무엇을 포함하고 있는가? 많은 전통적인 교회들은 위에서 설명한 병자를 고치는 것과 귀신을 쫓아내는 것, 예언을 받는 것과 선포하는 것에 대한 일반적 기대를 인정하지 않을 것이다.

여기서 신학과 실제 사이에 차이가 있을 가능성이 있다. 마크 보닝턴은 이렇게 말한다. "존 윔버의 빈야드 운동"과 소위 "제3의 물결"의 가르침은 의식적으로 카리스마적 개념들과 전통적인 복음주의 교리의 종합을 시도하고 있다. 성령 '세례'는 다른 은유('충만')보다 선호도가 떨어진다. 그리고 성령 체험의 '입문적인' 특성은 성령 충만의 반복보다 하위에 위치하고 있다. 그럼에도 불구하고 성령 충만의 체험 또는 '현저한' 특성은 여전히 중심적이다."[10] 제3의 물결은 "제2의 축복"으로서 "성령세례"의 개념을 2차적인 것으로 삼을 뿐만 아니라, 철저히 삼위일체적인 것으로 남아있다.

초기 오순절주의에서 그리스도는 구세주, 성령으로 세례를 주시는 분, 치료자, 오실 왕이시라는 "사중" 복음은 어떤가? 비록 많은 기존 교회들보다 더 명확하게 네 번째를 강조하는 오순절주의자들이 옳다고 하더라도, "주류" 교회들은 첫째와 넷째를 굳게 고수했다. 두 번째는 확대되고 다양화되는 과정에서 많이 수정되었으나, 여전히 외견적으로 육체적인 "체험"을 필요로 하는 것으로 본다. 가장 민감한 것으로 남아 있는 것은 세 번째이다. 영국교회 총회의 치유에 관한 매우 방대한 보고서는 기존 교회로부터 다양한 평가를 받는다. 이것은 그에 상응하는 목회적인 변화를 가져온다.

제3의 물결의 예배에 대한 마크 카트리지의 설명으로 돌아가 보자. 그는

---

10. Mark Bonnington, *Patterns in Charismatic Spirituality* (Cambridge: Grove Books, 2007), p. 7.

"전형적인 빈야드 모델"을 "노래"만이 아니라 설교도 포함하고 있는 것으로 묘사하고 있다. 이에 더하여 아마도 복제된 "지식의 말씀," "공적인 탄원의 방언," 그리고 다른 "카리스마적" 현상에 대한 강한 기대가 있다.[11] 여기의 문제는 "지식의 말씀"은 제1부의 주해 작업과 누가-사도행전과 바울서신의 방언에 대한 해설과 조화되지 않는다는 것이다. 이것들은 "탄원"의 뒤에 오는 것 같지 않다. 더욱 나쁜 것은, 하비 콕스가 그의 글에서 "와그너 자신은 '사탄이 나라, 지역, 도시, 부족, 민족, 집단, 이웃, 그리고 전 세계의 의미 있는 인간 네트워크를 통제하기 위해 악령들의 조직에서 고위직에 있는 자들을 파견한다'고 주장하고 있다"고 회고한다.[12] 따라서 엑소시즘과 귀신을 쫓아내는 것이 제3의 물결 집회의 고정적인 특징이 되었다. 콕스가 우리는 귀신의 영향력을 과대평가하거나 축소시켜서는 안 된다고 하는 루이스C. S. Lewis의 말에 호소한 것은 아마도 옳을 것이다.[13] 그러나 이브 콩가르가 현명하게 지적한 바와 같이, 이러한 일들은 어떤 "주류" 교파들에서도 표준적인 일이 아니며, 자주 자연과 초자연이라는 이원주의 사상을 가진 오순절주의 신학에 우리를 훨씬 더 가깝게 한다. 게다가 마크 카트리지는 또 다른 작품에서 제3의 물결에 관한 빈슨 사이난의 의견을 지지한다. "대다수 신학자들은 강경한 오순절주의적 견해는 거절하지만, 방언이 '세례'를 받은 '일반적인', '정상적인' 또는 가장 공통적인 '결과'임을 기꺼이 허용하고자 한다."[14]

카트리지는 오늘날 왜 방언이 쇠하거나 위축되어서는 안 되는지 최소한 2가지 이유를 제안하고 있다. 첫째, 그는 하나님의 "타자성" 또는 초월성이

---

11. Mark J. Cartledge (ed.), *Speaking in Tongues: Multi-Disciplinary Perspectives* (Milton Keynes: Paternoster, 2006), pp. 209-10.
12. Harvey Cox, *Fire from Heaven: The Rise of Pentecostal Spirituality and the Reshaping of Religion in the Twenty-First Century* (Cambridge, MA: Da Capo, 1995), p. 284.
13. Cox, *Fire from Heaven*, p. 285.
14. Mark Cartledge, *Charismatic Glossolalia: An Empirical-Theological Study* (Aldershot, Hants, and Burlington, VT: Ashgate, 2002), p. 75; 그리고 Vinson Synan, "The Role of Tongues as Initial Evidence," in *Spirit and Renewal*, ed. Mark W. Wilson, JPTSS 5 (Sheffield: Sheffield Academic Press, 1994), p. 74; 참조. pp. 67-82.

우리의 시야를 합리주의로 떨어뜨려서는 안 된다고 주장한다. 방언은 신적 계시의 "'타자성'이 … 단순히 우리의 흥미에 맞추거나 만족시키는 것을 막아준다."[15] 둘째 우리는 방언을 말하는 사람이 승리주의자가 아니라, "그리스도의 십자가"와 일치하는지 확인해야 한다. "… 이것은 그리스도인의 정체성과 타당성의 참된 시금석이다."[16] 이 두 번째 이유 때문에 프랭크 마키아는 하나님의 친밀성은 기독론적으로 이해되고 변화되어야 한다고 역설한다. 고든 피는 이 사실을 훨씬 더 광범위한 말로 표현하면서, 종말론의 "지금"과 "아직" 안에서 방언을 올바르게 설정한다.[17] 로마서 8:26-27은 이 점을 명시하는 표준적인 본문이다.

그러나 카트리지 등이 묘사한 "제3의 물결"은 이러한 균형을 반영하지 못하는 것으로 보인다. 우리는 이미 "치유"에 대한 과도한 기대 때문에 종말론의 "지금"을 강조하고, "아직 아니"를 회피한다고 말했다. 보닝턴은 이렇게 말한다. "이 예배는 종종 – 육체적으로, 감정적으로, 자신의 독특한 음악 형식으로 나타나는 – 열광적인 모습으로 확인된다."[18] 그는 많은 사람들이 "카리스마적 예배를 '라디오 2' 예배로 알고 있다. … 그것은 클래식 형식(합창, 예복, 정확한 의식)의 하이 컬쳐high-culture 전문방송인 라디오 3나 좀 더 지적인 라디오 4의 취향과는 어울리지 않는다"고 말한다.[19] 독자들은 보닝턴의 탁월한 분석을 이해하기 위해, 라디오 2는 주로 팝음악 채널인 반면, BBC 라디오 3는 주로 클래식 음악을 방송하며, 그로 인해 때때로 '엘리트주의'적이라고 비난을 받기도 한다는 것을 알아야 할 것이다. 라디오 4는 보통 지적인 대담을 방송한다. 버튼을 누르거나 다이얼을 돌려서 라디오 2를 찾

---

15. Cartledge, *Charismatic Glossolalia*, p. 200.
16. Cartledge, *Charismatic Glossolalia*, p. 200.
17. Gordon Fee, "Toward a Pauline Theology of Glossolalia," in *Pentecostalism in Context: Essays in Honour of William W. Menzies*, ed. Robert P. Menzies and Wonsuk Ma, JPTSS 11 (Sheffield: Sheffield Academic Press, 1997), pp. 24-37.
18. Bonnington, *Patterns in Charismatic Spirituality*, p. 16.
19. Bonnington, *Patterns in Charismatic Spirituality*, pp. 16-17.

는 법을 알지 못하고 오직 라디오 3이나 4만 듣는 사람으로서 이 제대로 된 설명은 나와 다른 많은 사람에게 엄청난 장애물을 요약해 준다!

우리가 이미 제1부와 2부에서 본 것처럼, 이 카리스마적 방법으로 "지식의 말씀", "지혜의 말씀" 그리고 "예언"을 주고 기대하는 관행은 각 범주를 세심한 문맥적 성경해석에 의해 제안된 것에서 이들 은사에 대한 지나치게 구체적인 이해로 한정시킨다. 또한 그것은 키드Kidd나 버지스가 지적한 바와 같이, 예외는 있겠지만 암브로우스, 아퀴나스, 칼빈, 그 외 다른 사람들이 주장했던 역사적인 관행에서도 차이가 있다. 고린도전서 12:8-10의 아홉 개 정도의 은사는 각각 대중의 기대에 부합하는 특정한 방식으로 해석된다. 실제로 많은 사람에게 로마 가톨릭 전통의 관행은 존 윔버나 피터 와그너의 "빈야드" 또는 "새 포도주" 집회 형식으로 행해지고 있기 때문에, "제3의 물결"보다 자발적이고 질서있고 "제도적인 것" 사이에서 "성경적"이고 역사적인 균형을 더 보증하는 것으로 보일 수도 있다.

긍정적인 면으로는 삼위일체적 체제와 "성령세례"의 해석에 대한 폭넓은 다양성은 이 전통을 기존 교회의 전통 안에 더 확고하게 두고 있다. 그러나 하위문화의 부담을 갖고 있는 예배 형식과 특별히 교회 밖의 사람들과 젊은 세대에게 다가가기 위해 고안된 예배의 요소 사이의 경계를 분명히 하는 것은 어려운 일이다. 우리는 이미 특별히 "성령의 은사"에 대한 성경적 주해에서 오순절주의 진영보다 갱신운동이 훨씬 덜 자기비판적인 것 같다고 말했었다. 이것이 다음 단계이기를 바란다.

한편, 탁월한 "중도적 입장"은 도널드 카슨이 『성령을 나타냄』*Showing the Spirit*의 결론에서 주창한 것이다.[20] 방언에 관하여 카슨은 한편으로는 방언이 "보통 학습된 행동으로 인식"된다는 것과 다른 한편으로는 방언이 종종 평안과 개인적 통합과 능력에 대한 인식도 어느 정도 담고 있음을 인정한다. 방언은 그 자체로는 위험하지 않지만, 일부 그것이 *사용되는* 용도에 따

---

20. Donald A. Carson, *Showing the Spirit* (Grand Rapids: Baker, 1987), pp. 183-88.

라 위험할 수 있다(카슨의 이탤릭).²¹ 그는 직분과 은사에 대해 긴장이 있을 필요가 없다고 바르게 주장한다. 그는 이렇게 주장한다. "필요한 은사를 갖지 못한 사람이 직분을 맡는다거나, 교회가 지도자로 섬길 사람들을 시험하고 책임을 감당하게 하는 데 실패할 때, 이상은 무너진다."²²

카슨은 그의 교회가 이전에 "소수의 친은사주의자들"과 반대자들 사이에서 어떻게 분열되었는지에 대한 가슴 뭉클한 이야기를 들려준다. 이것은 자주 경험할 수 있는 일이며, 이제는 점점 많은 수의 성직자와 목회자들이 직면하고 있다. 양측의 입장을 다루는 일련의 집회가 상황에 도움을 주었다. 한 쪽은 성령갱신을 갈망했던 사람들의 성경 주해와 방언이 자신감을 더해 줄 수 있다는 편만한 인식에 대해 다루었으며, 다른 한 쪽은 "열등한 신자로 강등된" 것에 대한 분노가 서로간의 이해를 증진시키기 시작했다. 갱신운동의 한 지지자는 그가 전에는 방언을 하곤 했지만, 이제는 그리스도인으로서 성숙했기 때문에 방언이 필요하지 않는 것 같다고 인정했다. 카슨은 교회가 공중집회에서 방언을 권장하지는 않지만, 바울의 규정을 따른다면 방언이 일어났을 때 이를 금하지 않는다는 것에 동의한다고 결론을 내린다. "방언의 은사를 받았다고 생각하는 사람들은 공중집회보다는 사적으로 사용하는 것이 권장된다. 공중집회에서는 일부 불편하게 여기는 사람들이 있기 때문이다."²³ 그는 이렇게 덧붙인다. "요약하면, 교회는 개인적으로나 공동체적으로 그리스도의 주재권에 순복하기를 갈망해야 한다."²⁴

가장 건설적인 몇몇 사상가들은 카리스마 운동에 대해 명확한 입장을 표명했지만, 이후로 더 넓은 관심을 보여 왔다. 톰 스메일Tom A. Smail(b. 1928)이 그러한 경우이다. 그는 1975년에 마이클 하퍼와 연관된 영국의 카리스마 조직인 원천재단의 책임자가 되었다. 그는 1980년에 『잊혀진 성부』

---

21. Carson, *Showing the Spirit*, p. 184.
22. Carson, *Showing the Spirit*, p. 185.
23. Carson, *Showing the Spirit*, p. 187.
24. Carson, *Showing the Spirit*, p. 188.

*The Forgotten Father*를, 1998년에 『영 단번에: 십자가에 대한 신앙고백서』*Once and for All: A Confession of the Cross*를, 그리고 2006년에는 『성부처럼, 성자처럼: 인간성에 새겨진 삼위일체』*Like Father, Like Son: The Trinity Imagined in Our Humanity*를 썼다. 그는 『은사의 주심』*The Giving Gift*(1994)에서 니케아 신조에 있는 필리오케*filioque* 조항의 개정을 제안했다. 스메일의 책 제목과 부제는 우리가 기대했던 창조적이고, 폭넓고, 자기비판적인 저서의 단계를 정확하게 보여준다. 『성부처럼, 성자처럼』은 삼위일체적 체제를 제안할 뿐만 아니라, 그리스도인들이 성부, 성자, 성령의 상호관계에 참여하면서 살아갈 필요가 있다고 주장한다.

내가 찾아본 책 중에서 가장 분명하고 도움이 되는 책은 톰 스메일, 앤드류 워커, 니겔 라이트가 쓴 책이다. 그 책은 『능력의 사랑 또는 사랑의 능력: 카리스마주의 믿음의 말씀 운동의 문제에 대한 조심스런 한 평가』*The Love of Power or Power of Love: A Careful Assessment of the Problems within the Charismatic and Word-of-Faith Movements*(1994)라는 긴 제목을 가지고 있다.[25] 세 저자는 자신들은 모두 갱신운동에 깊이 참여해 왔으며, "기본적으로 … 갱신에 공감하는" 사람들을 위해 책을 쓰고 있다고 설명한다. 그러나 그들은 "사람들이 단순히 눈을 감고 몸을 흔들면서 예배하는 것에 만족하지 않는 보다 성찰하는 단계"에 이르기를 갈망한다. "그 운동은 자기비판을 할 수 있을 만큼 충분히 신뢰할 만하며 분별의 은사를 사용할 수 있을 만큼 충분히 성숙하다. 분별의 은사는 가장 필요한 것 중 하나이지만 가장 도외시되어 왔다."[26]

1부에서 스메일은 이 운동이 (피슨이 강조한 바와 같이) "오순절로 가는 길이 갈보리"임을 잊을까봐 우려를 표한다.[27] 스메일은 이렇게 쓰고 있다. "우

---

25. Thomas Smail, Andrew Walker, and Nigel Wright, *The Love of Power or the Power of Love: A Careful Assessment of the Problems within the Charismatic and Word-of-Faith Movements* (Minneapolis: Bethany House, 1994).
26. Smail et al., *Love of Power or Power of Love*, p. 8; 참조. pp. 13-36.
27. Smail et al., *Love of Power*, p. 19.

리는 진정 오순절에서 활기를 되찾고 힘을 얻었지만, 십자가에서 심판을 받고, 고침을 받고, 성숙해진다."[28] 그는 또한 이렇게 선언한다. "성령은 우리의 감정뿐만 아니라 우리의 지성에도 관여하려고 한다."[29] 그는 또한 1965년 데니스 베네트에게 모호하게 반응한 이유를 회상한다. 그것은 나에게도 공감되는 것이다. 나는 1965년 브리스톨에서 데니스 베네트의 말을 듣고 영 기분이 언짢았다. 스메일은 루터의 십자가 신학*theologia crucis*을 좀 더 진지하게 적용할 것을 간청한다.

다음으로 니겔 라이트는 피터 와그너의 "제3의 물결" 연합뿐만 아니라, 캘리포니아 "빈야드 운동"의 존 윔버와 그의 예배 형식, "이적과 기사"를 고찰한다. 그는 "몸을 떠는 것, 입신, 울음, 통제되지 않은 웃음, 그리고 분노와 고통을 표출하는 현상을 놀라울 뿐만 아니라 때로는 무섭게" 묘사하고 있다.[30] 그는 예배 또한 "제한되어 있고", "영적인 기름 부음"이 "성령세례"를 대신하는 경향이 있다는 것을 인정하며, 복원주의적 성경 사용법은 대부분 포기되었다고 결론을 내린다. 그러나 그는 "느긋하고 비독단적인 실용주의"에 대해 우려를 표명한다.[31] 그는 더욱 진지하게 이 책을 통해 전반적으로 비판해 왔던 것을 폭로한다. 그는 전 실체를 하나님과 사탄, 선과 악으로 나누고, 자연의 영역을 퇴색시키는 *강화된 이원론을 공격한다*(티슬턴의 이텔릭).[32] 그는 또한 "이적적인 치유에 대한 과장된 수사가 실제를 훨씬 뛰어넘는다는" 점도 깊이 우려한다.[33] 그는 이적이 일어날 수 있음을 부인하지 않는다. 그러나 과장된 사례 보고를 개탄한다. 하나님은 당신이 원하시는 때와 장소에서, 그러나 오직 그때와 그곳에서만 치유하신다.

---

28. Smail et al., *Love of Power*, p. 19.
29. Smail et al., *Love of Power*, p. 16.
30. Nigel Wright, "The Theology of Signs and Wonders," in Smail et al., *Love of Power*, p. 38, 참조. pp. 37-52.
31. Wright, "Signs," in Smail et al., *Love of Power*, p. 39.
32. Wright, "Signs," in Smail et al., *Love of Power*, p. 41.
33. Wright, "Signs," in Smail et al., *Love of Power*, p. 43.

앤드류 워커는 귀신에 대한 까다로운 문제를 다룬다. 귀신을 지나치게 강조하면, 다른 사람을 불신하고 의심하는 정신 상태인 편집증을 부추길 수 있다.³⁴ 성경에서 "마귀"는 구약성경에는 나오지 않고, 거의 전적으로 신약성경에서 예수의 사역과 관련해서 나타난다.³⁵ 그러나 이 갈등의 측면에서, "그 전쟁은 그리스도에 의해 영 단번에 싸워서 승리했다."³⁶

이 책에는 모두 10개의 유용한 논문들이 수록되어 있다. 우리는 모두를 살펴볼 수는 없다. 세 저자가 함께 참여한 네 번째 논문은 믿음의 말씀 운동이 그리스 교부들의 '신화'deification 개념과 일치하지 않는다고 주장한다. "믿음의 말씀" 운동은 케네스 해긴Kenneth Hagin(b. 1917)과 케네스 코플랜드Kenneth Copeland(b. 1937)와 연관되어 있다. 그들은 "치유의 은사" 뿐만 아니라, 하나님의 "축복"은 부와 번영을 포함하고 있다고 가르쳤다. 많은 사람들이 미국의 일부 지역에서 "물질적 부"의 복음에 대해 말한다. 세 저자는 이 운동은 복음의 핵심과 양립할 수 없다고 노골적으로 비난한다. 이 운동은 분명히 반기독교적 태도를 일으킬 수 있다.

스메일은 다섯째 논문에서 때때로 카리스마적 예배가 "이성적 특성을 간과"할까 염려한다. 그는 이렇게 말한다. "모든 것이 잘되고 있는 것은 아니다. … 하나님께 대한 찬양은 *해방과 기쁨*보다는 *지루함과 부담*이 되는 위험에 처해 *끝없이 반복되는 합창*으로 *전락했다*"(티슬턴의 이탤릭).³⁷ 그는 이렇게 말한다. "영적 정상을 향한 요란하고 활기찬 분투를 하는 가운데, 잠잠히 귀 기울이며 하나님을 기다리는 인내심이 거의 없었다."³⁸ 예배는 기쁨의 순간뿐만 아니라, "우리가 공허하고 반응이 없으며 … 빵과 포도주를 얻

---

34. Andrew Walker, "Demonology and the Charismatic Movement," in Smail et al., *Love of Power*, pp. 55-64; 참조. pp. 53-72.
35. Walker, "Demonology," in Smail et al., *Love of Power*, pp. 64-72.
36. Walker, "Demonology," in Smail et al., *Love of Power*, p. 72.
37. Tom Smail, "In Spirit and in Truth: Reflections on Charismatic Worship," in Smail et al., *Love of Power*, pp. 96 and 97; 참조. pp. 95-103.
38. Smail, "Reflections," in Smail et al., *Love of Power*, p. 97.

기 위해 빈손만을 뻗을 수 있는 침체의 날들"과도 연관되어야 한다.[39]

마지막으로 니겔 라이트는 여섯 번째 논문에서 "예언자들의 일어남"에 대해 쓰고 있다.[40] 그는 갱신운동의 하찮고 기이한 많은 "예언자들"을 마틴 로이드존스와 마틴 루터 킹의 진정한 예언 사역과 비교한다. 앤드류 워커는 일곱 번째 논문에서 이전 논문에서 다뤘던 이원론과 수사학적으로 과장된 이적에 대해 다시 한번 지적한다.

이 세 저자가 갱신운동에 진지하게 헌신하고 있음을 의심할 사람은 아무도 없다. 그들은 갱신운동이 매우 필요로 하고 있는, 반성적이고 자기 비판적인 손길을 대표하고 있다. 그들은 아마도 교회 일치와 화해의 소망의 시대, 그리고 21세기로 나아갈수록, 더 큰 상호대화와 이해의 시대를 맞이하게 될 것이다.

22. 2. 게르트 타이센

게르트 타이센(b. 1943)은 본 대학에서 신학박사 학위를 받았고, 1978년에는 코펜하겐 대학의 교수가 되었다. 그는 1980년부터 하이델베르크에서 교수로 재직하고 있다. 1970년대에 쓴 일련의 논문들은 영국에서 『바울 기독교의 사회적 배경』*The Social Settings of Pauline Christianity*(1982)으로 출판됐고, 『바울신학의 심리학적 측면』*Psychological Aspects of Pauline Theology*은 1983년에는 독일어로, 1987년에는 영어로 출판됐다. 뒤의 책은 부분적으로 심리치료사인 부인의 경험을 가져왔다. 타이센은 20권에 이르는 책을 썼다. 그의 주요 저서는 신약과 신학에 관한 것이다. 성령에 관해서, 잠재의식 속에서 성령의 역사에 관한 그의 작품은 가치가 있다. 그는 또한 고린도전서에 대해

---

39. Smail, "Reflections," in Smail et al., *Love of Power*, p. 98.
40. Nigel Wright, "The Rise of the Prophetic," in Smail et al., *Love of Power*, pp. 105-11.

서도 정통하다.

타이센의 『바울 신학의 심리학적 측면』*Psychological Aspects of Pauline Theology*은 학습이론, 생태계의 구조, 심리 과정에 대한 문제들로 시작한다. "마음의 비밀"에 대한 제2부는 로마서 2:16, 고린도전서 4:1-5, 14:20-25, 고린도후서 3:3-4:6을 고찰한다. 그는 내가 이곳에서 다뤘던 불트만을 따라 다음과 같이 주장한다. "바울은 인간 내면의 무의식적인 충동에 대한 개념에 익숙하다. … 하나님은 … 내적 동기와 생각조차 살피신다."[41] 고린도전서 4:1-5은 "무의식"의 개념을 전제하고 있다. 바울은 이렇게 단언한다. "나도 나를 판단하지 아니하노니, 내가 자책할 아무것도 깨닫지 못하나 … 다만 나를 심판하실 이는 주시니라. 그러므로 … 주께서 오시기까지 아무것도 판단하지 말라." 그는 고린도후서 5:10에서처럼 "마음에 숨겨진 의도"(*tas boulas ton kaedion*)에 대해 말한다.[42] 아마도 이것을 의식하지 못했음이 분명하다. 바울은 심리학적으로 말해, 자신의 무의식과 "화해하게" 된다. 그는 그것을 억누르지 않는다.[43]

비슷하게 로마서 2:16은 "인간존재의 비밀"에 대해 말하고 있다. 여기에서 "비밀"은 엄격하게 제한된 인간 지식의 "내적 과정을 말한다." 그러나 "하나님의 전지하심이 전제되어 있다."[44] 바울은 고린도전서 14:20-25에서 다시 마음의 비밀에 대해 말한다. 그러나 성령의 은사로서 예언을 언급하는 문맥에서 그러한 비밀이 드러난다. "예언을 하면 믿지 아니하는 자들이나 알지 못하는 자들이 … 그 마음의 숨은 일들이 드러나게 되므로"[45] 또한 타이센은 이렇게 주장한다. "예언은 … 고린도 사람들이 방언으로부터 기대하

---

41. Gerd Theissen, *Psychological Aspects of Pauline Theology* (Edinburgh: T&T Clark, 1987; rpt. 1999), p. 57.
42. Theissen, *Aspects*, p. 61.
43. Theissen, *Aspects*, pp. 63, 66.
44. Theissen, *Aspects*, p. 74.
45. Theissen, *Aspects*, p. 75.

는 바를 성취한다."⁴⁶ 이로 인해 그는 "인간의 마음" 속에 역사하는 성령의 역사를 탐구하게 된다. 그는 이렇게 쓰고 있다. "하나님의 전지하심은 인간의 *마음의* 모든 것에까지 미치고 있다"(타이센의 이탤릭).⁴⁷ 바울은 이렇게 선언한다. "마음을 살피는 이가 성령의 생각을 아시나니 이는 성령이 하나님의 뜻대로 성도를 위하여 간구하심이니라"(롬 8:27).⁴⁸ 고린도후서 4:6은 "우리 마음 … 내적 과정에 빛이 비취는 것"에 대해 말하고 있다.⁴⁹ 심리학적으로 말하면, 성령은 "인지부조화"를 극복하신다.⁵⁰

이제 로마서 7장과 9장에 대한 타이센의 연구를 주목할 것이다. 그는 로마서 7:7-25의 "나"를 "수사법적 가공의 '나', 생각의 일반적 흐름을 나타내는 수사학적 장치로 보며, 바울을 가리키지 않는다"며 큄멜과 대부분의 현대 주석가들을 따르고 있다.⁵¹ 그 "곤고한 사람"은 율법을 완전히 지킬 수 없다(롬 7:24). 로마서 7장을 바울 자신에 대한 진술이라고 할 수는 없다. 타이센은 이 장들을 "육체"와 성령의 대조라는 관점으로 보고 있다. 그는 로마서 7:7-13에서 타락의 역사를 분명하게 암시하는, 죄의 기원을 추적하고 있다. 그는 이 두 장에 100페이지 정도를 할애하고 있다.

타이센은 이어서 고린도전서 12-14장을 다룬다. 그는 고린도전서 12:2에서 바울의 암시와 "혼란으로 이끄는" 이방인의 황홀경의 상태를 비교한다.⁵² 그는 이방인의 광분 상태에 대해 이렇게 말한다. "무의식은 황홀경의 상태에서 발전되고 깊게 뿌리 내린 도덕적 억제를 넘어선다."⁵³ 비록 평행점이 있기는 하지만, 그는 고린도인들이 디오니수스Dionysus와 같은 제의를 가

---

46. Theissen, *Aspects*, p. 77.
47. Theissen, *Aspects*, p. 87.
48. Theissen, *Aspects*, p. 111.
49. Theissen, *Aspects*, p. 123.
50. Theissen, *Aspects*, pp. 153-58.
51. Theissen, *Aspects*, p. 177.
52. Theissen, *Aspects*, p. 276.
53. Theissen, *Aspects*, p. 277.

져왔다고 주장하지 않는다. 예를 들어, 외부인은 자기도 모르게 그리스도인을 제의 추종자라고 할 수 있을 것이다. 바울은 이를 잘 알고 있었다. "이러한 … 비이성적인 동력의 제의화는 … [사회적으로] 학습되고 확립된 행위 역할에 근거하고 있다. … 긍정적으로든 부정적으로든 사회적 강화인자의 영향을 받았다."[54] 그는 이렇게 주장한다. "방언은 사회적으로 학습된 행동이다."[55]

타이센은 방언, 또는 그 선택된 사례들이 성령에 의해 주어질 수 있음을 부인하려 하지 않는다. 그러나 여기에는 경고의 신호가 있다. 나는 "전 세계의 오순절주의 신학"에 대한 인터넷 댓글들을 정기적으로 읽어왔고, "무엇이 당신을 오순절주의로 이끌었는가?"라는 질문에 대한 대답이 그곳에서 발견되는 집중적인 사회적 교제라는 관점에서 자주 답변된다는 것에 주목했다. 사람들은 고립된 상태에서 방언을 말하도록 배우지는 않는다. 분명히 공동체 안에서 "학습된 행위"이다. 따라서 타이센은 방언에 대한 인위적인 사회적 기대에 대해 경고한다. 이는 참된 은사를 모호하게 할 수 있다. 그는 "디오니수스적 황홀경"을 플라톤, 소크라테스, 필로, 그리고 몬타누스주의와 같은 다른 형태의 영감과 비교한다.[56]

타이센은 이렇게 주장한다. "바울의 주된 목적은 논증을 통해 방언의 사회적인 강화를 줄이는 것이다."[57] 그러므로 그는 두 가지 일을 한다. 첫째, 그는 예언을 방언 위에 둔다. 둘째, 그는 방언의 "사적 사용"을 촉구한다. "… 사적인 영역에서는 모든 사회적 강화가 약해진다."[58] 방언은 공동체를 "세울 수" 없다. 바울은 공동체 내에서는 알아들을 수 있는 말을 하라고 한다(고전 14:6, 19). 타이센은 방언이 "한 그룹에 속해 있다는 상징이거나 상

---

54. Theissen, *Aspects*, p. 281.
55. Theissen, *Aspects*, p. 292 (나의 이탤릭).
56. Theissen, *Aspects*, pp. 277-91.
57. Theissen, *Aspects*, p. 293.
58. Theissen, *Aspects*, p. 293.

징일 수 있다"라고 주장한다.⁵⁹ 고린도인들에게 이것은 "오직 방언으로 말하는 자가 영적인 자로 여겨질 수 있었음"을 의미할 수 있었다(고전 14:37).⁶⁰ 바울은 "다 방언을 말하는 자이겠느냐?"라는 말로, 고린도에는 방언을 말하지 않는 진정한 그리스도인들이 있다고 주장하고 있다.

타이센은 또한 방언은 집단 내의 사회적 유대 뿐만 아니라, ("동일한 마음을 가진 집단" 뿐만 아니라) "카리스마적 지도자"에게도 의존하고 있다는 견해를 킬달J. P. Kildahl에게 호소한다.⁶¹ 우리가 이러한 주장을 받아들인다면, 이 주장은 "내적인 증거"라는 주제와 방언을 하는 집단을 둘러싼 상당히 견고하고 방어적인 경계선에 대해 많은 것을 설명해 줄 것이다. 어떤 사람들은 이 논증의 힘을 의심할는지 모른다. "카리스마적 지도자"의 문제는 오순절 운동 초기에 오순절주의 그룹의 잦은 분열을 설명해 주고, 고린도 교회 내에 여러 그룹으로의 분열에 대한 설명을 제공해 준다는 것에 반대가 거의 없을 것이다. 타이센은 이렇게 말한다. "바울은 분명한 말로 고린도 교회의 의존적 증상을 비판하고 있다. '너희가 각각 이르되 "나는 바울"에게, "나는 아볼로"에게, "나는 게바"에게 속한 자라 … 한다는 것이니"(고전 1:12). 바울은 "다 너희의 것이요"(고전 3:22)라는 반명제를 제안한다.'"⁶²

타이센은 "방언에 대한 더 높은 평가는 … 방언을 하는 그룹에 대한 더 높은 평가를 포함할 것"이라는 일반적인 언급 외에는, 사회적 계급과 방언 사이의 연관성에 대해 생각하는 것을 거부한다.⁶³ 데일 마틴Dale Martin도 동일한 주장을 한다.⁶⁴ 그러나 그는 개인을 위한 은사의 가치를 인식한다(고전

---

59. Theissen, *Aspects*, p. 294.
60. Theissen, *Aspects*, p. 295.
61. Theissen, *Aspects*, p. 297; 참조. John P. Kildahl, *The Psychology of Speaking in Tongues* (New York: Harper & Row, 1972), p. 44.
62. Theissen, *Aspects*, p. 299.
63. Theissen, *Aspects*, p. 301.
64. Dale B. Martin, *The Corinthian Body* (New Haven: Yale University Press, 1995), pp. 87-103.

14:4). 그는 비록 방언과 외국어를 비교하지만, 바울은 다른 사람들은 말할 것도 없고 방언을 하는 자조차도 그것을 이해할 수 없다고 주장한다. 어떤 경우이든 14:10-11은 단지 비유일 뿐이다. 그는 이렇게 결론을 내린다. "방언은 무의식의 언어 - 의식할 수 있는 언어이다. … 방언은 무의식의 깊은 차원을 접근할 수 있게 한다"(티슬턴의 이탤릭).[65] 방언은 억제되어 있었던 것을 표면에 떠오르게 할 수 있다.

타이센은 부정적인 측면에서, 이러한 "왁자지껄한 독백"은 자기중심적일 수 있다는 것을 인정한다. 그리스어 본문 주석에서, 나는 고린도전서 14:4의 자신을 세우는 것(oikodomeō)은 "자기만족 또는 자기 확신"을 의미한다는 필립 필하우어의 논증을 언급했다.[66] 그러나 타이센은 로마서 8:26에서 "말할 수 없는 탄식"은 방언의 나타남일 수 있다고 말한 프랭크 마키아의 주장의 가능성을 고찰한다. 그러나 그는 로마서 8:26은 침묵의 갈망으로 여겨지는 반면, 방언은 들을 수 있다는 것을 인정한다. 게다가 문맥의 "탄식"은 집합적인 기도로 보이지만, 방언은 개인적이다. 탄식은 창조의 고통의 표현이지만, 방언은 "황홀경에 사로잡힌 것"이다.[67] 결국 그는 탄식과 방언을 동일시하는 것을 거부한다. 방언은 자유롭게 하거나 파괴적일 수 있지만, "탄식"은 언제나 긍정적이다.[68]

타이센은 참된 성령체험 또는 "영적인 체험"이 있는 곳에서는 이것은 현실 전체에 대한 해석과 통합되어야 한다고 주장한다.[69] 이것은 고린도전서 2:6-16에서도 나타나있다. 바울은 성령의 지혜와 계시와 십자가의 "어리석

---

65. Theissen, *Aspects*, p. 306.
66. Philipp Vielhauer, *Oikodomeō: Das Bild vom Bau in der christlicher Literatur vom Neuen Testament bis Clemens Alexandrinus* (Karlsruhe: Harrassowitz, 1940), pp. 91-98; Anthony C. Thiselton, *The First Epistle to the Corinthians: A Commentary on the Greek Text*, NIGTC (Grand Rapids: Eerdmans, 2000), p. 1095.
67. Theissen, *Aspects*, p. 317.
68. Theissen, *Aspects*, pp. 319-20.
69. Theissen, *Aspects*, p. 337.

음"을 순전히 인간의 지혜와 비교하고 있다. 바울은 이곳에서 유대교의 지혜 전통을 끌어온다. 타이센은 이렇게 쓰고 있다. "정신*psyche*의 한계를 넘어 의식의 확장이 일어날 수 있는 것은 오직 성령의 수여를 통해서이다."⁷⁰ 하나님으로부터 오시는 성령은(고전 2:12) "*외부로부터 오는 실제적인 영향력*"이 된다(티슬턴의 이탤릭).⁷¹ 그러나 그리스도인들 사이에서도 권세자들이나 통치자들*archontes*로 상징되는 저항이 있을 수 있다. 일반적으로 "단순히 믿는 자들과 '고등한' 신령한 자들 모두 십자가의 상징에 사로잡혀 있다. … 후자만이 십자가의 설교가 기능하는 무의식적인 연결을 간파한다. … 그들은 이 세상의 강박적인 표준으로부터 스스로를 해방시킨다. 그들의 의식은 미지의 깊은 곳으로 자신을 개방시켰다. … 그들은 인간의 의식을 초월하여 성장한다."⁷² 바울은 모든 그리스도인들을 위해 새로운 세계의 존재를 예상하고, 변화되고 변화 중인 행동을 상상한다.

타이센은 자신의 책 제목을 『바울 신학의 심리학적 양상』*Psychological Aspects of Pauline Theology*이라고 붙였는데, 심리학이 어떻게 바울의 신학을 잘 조명할 수 있는지 보여주기를 원했기 때문이다. 내가 보기에는 그는 성공했다. 그러나 또 다른 문맥에서 그는 자신의 책을 『바울의 성령신학』이라고 했다. 관련 질문을 많이 제기하고 답변을 했다.

22. 3. 영국교회 교리위원회 보고서 "우리는 성령을 믿나이다"(1991)

이제 1991년 영국 교회 교리위원회의 보고서를 살펴보려고 한다. 이 보고서는 학문적 엄격함과 목회적 적용을 결합하였고, 몇 가지 두드러진 주제

---

70. Theissen, *Aspects*, p. 364.
71. Theissen, *Aspects*, p. 368.
72. Theissen, *Aspects*, p. 385.

들을 담고 있다. 위원회의 초대 의장은 솔즈베리의 주교인 존 베이커였다(그는 건강상의 문제로 의장직을 사임했다). 그 후 뉴캐슬의 주교 알렉 그래함이 뒤를 이었다. 위원회는 대학에서 직위를 가진 10명의 위원으로 이루어졌는데, 그중 2명은 주로 목회자였다. 나는 두 주교 사이의 기간 동안 의장 대행으로 섬겼다.

보고서는 성령론이 방대하고 정리가 안 된 채로 있고, "성령의 자기 부인의 특성"으로 인해 더욱 어렵게 되었음을 인정한다. 성령의 사역은 주로 그리스도를 증언하는 것이다(요 15:26).[73] 보고서는 삼위일체 안에서와 그리스도 중심적 믿음 안에서 하나님으로서 성령의 위격을 단언한다. 보고서는 "우리는 '영'이라는 용어를 넓고 일반적인 방식으로 사용하는 것을 피했다"고 설명한다. 왜냐하면 이러한 의미로 "영성"spirituality에 대해 말하는 것이 불법이기 때문이 아니라, 신약성경과 기독교 전통이 그리스도와 관련하여, 또는 삼위일체적인 방식으로 성령에 대해 말하기 때문이다.[74] 마지막으로, 이 보고서는 특정 개인을 위한 성령의 은사를 인정한다. 그러나 하나님이 그로 인해 "인간의 인식 방법을 중단시키고, 세상적인 무오류와 같은 것을 주시는 것"은 아니라고 한다.[75]

"'성령 안에서' 기도하는 것"과 성령체험에 관한 장은 이전의 보고서인 『우리는 하나님을 믿나이다』We Believe in God(1987)에 있는 "삼위일체이신 하나님: 기도를 통한 접근"에서 찾아볼 수 있다. 그곳에서 그리스도인은 성령이 예수 그리스도로 말미암아 하나님께 우리를 위해 중보기도하며 우리 안에서 기도하시는 "신성한 대화에 은혜롭게 사로잡혀 있다"(티슬턴의 이탤릭)고 주장한다(롬 8:16, 26).[76] 성령은 기도를 영감하신다. "카리스마적 은사 체

---

73. Church of England Doctrine Commission, *We Believe in the Holy Spirit* (London: Church House Publishing, 1991), p. 3.
74. *We Believe in the Holy Spirit*, p. 11.
75. *We Believe in the Holy Spirit*, p. 15.
76. Church of England Doctrine Commission, *We Believe in God* (London: Church House Publishing, 1987), p. 108.

험"에서, 방언의 사적인 사용은 인터뷰에서 일종의 "하나님께 대한 사랑의 언어"로서 나타나는 것처럼 보였다(고전 14:2). "가장 흥미 있는 자료는 성공회 교인들과의 토론에서 나타난 방언의 사적인 사용이다."[77] 인터뷰에서 많은 사람들은 "무의식을 해방시킨다"거나 "내적인 생명의 노출"과 같은 심리학적 용어를 꺼리는 것으로 보였지만, 대부분은 즉각성이나 직접성, 그리고 "일상적인 점검과 방어의 단절"의 위험에 동의했다.[78] 인터뷰 참가자들은 또한 어떤 기도(예를 들어, 질병의 치료)가 "응답"되지 않을 경우, 동요하고 낙심하며 죄책감이 든다는 것에도 동의했다. 클레르보의 베르나르가 관찰한 바와 같이, 성령의 임재는 더 큰 은혜에 대한 갈망이었다.

"이것이 그것인가?"라는 제목의 장은 오늘날의 경험이 신약성경 시대 교회의 경험과 정확히 일치하거나, 일치할 수 있다고 가정하는 문제를 다루고 있다. 몇 가지 주의해야 할 사항이 있다. "독자들의 현재의 체험이 신약성경 본문을 이해하는 형식에 영향을 끼칠 수 있다."[79] 이것은 갱신운동 진영이나 다른 진영에도 동일하게 적용될 수 있다. 갱신주의 진영은 고린도전서 12:8-12과 베드로전서 4:8ff에 나오는 "은사"들의 개요뿐만 아니라 사도행전이나 누가복음의 이야기도 높이 평가하는 경향이 있다. 그러나 우리는 "사도행전의 서너 가지 특별한 경우를 … 보편적인 교리로 변경시키지 않도록" 주의해야 한다.[80]

"성령세례" 구절은 "언뜻 보기에 어느 정도 타당성"을 가지고 있다. "세례는 영 단번의 세례이다. 그것은 하나님이 주신 목적을 가지고 있다. 그 용어는 (예수께서 자신의 죽음에 대해 사용하신 것처럼) 비유적으로 사용될 수 있다. … 그러나 우리는 조심스럽게 사용할 필요가 있다. … 흔히 성령세례라고 불리는 이 경험은 환영하기도 하고 시험하기도 해야 한다. 그것은 … 보

---

77. *We Believe in the Holy Spirit*, p. 25.
78. *We Believe in the Holy Spirit*, p. 27.
79. *We Believe in the Holy Spirit*, p. 39.
80. *We Believe in the Holy Spirit*, p. 45.

편적이지 않다. 참된 헌신, 제자도, 그리고 성령체험은 그러한 위기 없이 존재할 수도 없고 존재하지 않는다. 따라서 이것은 믿음의 본질적인 필요조건으로 세워져서는 안 되며, 그러한 경험을 성령세례라고 부르는 것은 모든 그리스도인에게 규범인 것처럼 잘못된 메시지를 전할 수 있다. 우리는 성경적인 용법에 따라 … 좀 더 기술적인 용어가 … 필요하다."[81]

이 장은 캘리포니아의 복음전도자 존 윔버와 그의 포도원 교회, "능력복음전도", 그리고 "표적과 기사"를 간략하게 성찰하며 끝을 맺는다. 그러나 주류 교회들에서는 "하나님의 나라"는 (판넨베르크가 주장하는 것처럼) 교회와 구별된다. 반면 존 윔버에게 있어서 하나님의 나라는 교회 밖이 아니라 교회 내에서 발견되는 것이다. 더욱이 모든 "갱신운동"이나 "카리스마적" 그리스도인들이 존 윔버를 따르는 것은 아니며, 그의 사역에 수반되는 현상들은 "하나 이상의 신학적 해석에 대해 … 열려 있다."[82] 심지어 "지식의 말씀"(고전 12:8)에 대한 그의 주해는 다양한 해석을 제공한다. (1991년까지) 25년 이상 지난 이후에 갱신운동은 어느 정도 자기비판과 민감성을 배우게 되었지만, 윔버는 갱신운동 초기의 보다 대담한 주장들을 반영한다. 특별히 성령세례에 관해서 보고서는 위에서 언급한 제임스 던의 작품을 호의적으로 언급하고 있다. 치유에 관하여, "우리는 교회가 … 치유가 … 항상 제공된 더 깊은 치료를 동반할 것이라는 확신을 주님으로부터 받았다는 견해를 뒷받침할 증거를 성경에서 발견하지 못한다."[83]

이 장은 이렇게 결론을 내린다. "변화, 활력, 온정, 놀람에 대한 개방적인 태도는 연속성, 규칙성, 안정성, 합리성으로 균형을 이룰 필요가 있다"(티슬턴의 이탤릭).[84] 몇몇 카리스마주의자들의 격정은 다양한 이유로 많은 사람의 삶에서 부적합할 수 있다. "지속적인 행복감"은 모든 그리스도인의 모델이

---

81. *We Believe in the Holy Spirit*, pp. 44-45.
82. *We Believe in the Holy Spirit*, p. 46.
83. *We Believe in the Holy Spirit*, p. 52 (나의 이탤릭).
84. *We Believe in the Holy Spirit*, p. 55.

될 수 없다. 또한 소위 모든 상황이나 또는 거의 모든 상황에서 하나님으로부터의 "즉각적인" 인도라고 부르는 것도 모델이 될 수 없다. 그러한 현상과 관련하여 "우호적인 비판"이 필요하다.

위원회는 다음 장에서 이에 대한 고전적인 비판은 고린도전서에 나온다고 주장한다. 바울은 고린도전서에서 은사의 목적, 특별히 공동체를 건설하기 위한 목적을 다룬다. 이러한 "성령의 은사"는 특별히 그리스도의 영광에 중심을 두고 있으며, 사랑이신 예수의 영으로부터 온다. 가장 큰 은사는 사랑, 또는 다른 말로는 "그리스도를 닮음", 또는 "하나님을 닮음"이다. 예수는 성령으로 충만하다. "우리는 성부와 성자의 생명이 우리를 향하여 '넘쳐남'으로 성령 하나님을 만난다."[85] 정교회 신학자인 파울 에브도키모프Paul Evdokimov에 따르면, "우리가 성부와 성령으로부터 오시는 성자에 대해 말한다면, 성부와 성자로부터 나오시는 성령에 대해 말할 수 있을 것이다."[86] 이는 동방 전통과 서방 전통을 조화시키려는 여러 시도 중 하나이다.

성례와 구조에 관한 장에서, "거룩한 성찬에서 필요한 기대를 가지고" 우리의 손을 뻗은 것처럼, 두 가지 모두 "우리의 구원의 과정이 완성되지 않았다"는 것을 우리에게 상기시킨다고 한다.[87] 두 가지 선물은 성령으로부터 온 것이다. 그러므로 "주변부에 있는" 사람들은 성령의 은사를 놓칠 수도 있다.

성령과 능력에 관한 장은 성령을 초인적인 자원으로 인정하면서도, "반면 사복음서 모두의 수난 기사에는 연약함, 실패, 부끄러움이 있다"고 덧붙인다. 십자가에 참여하는 그리스도인도 그것을 면제 받지 못한다.[88] "바울은 고린도전서의 처음 몇 장에서 능력의 본질을 재평가한다. 그는 그렇게 함으로써 12장부터 14장까지 교회의 공동체적 삶을 다루기 위한 기초를 놓는

---

85. *We Believe in the Holy Spirit*, p. 67.
86. *We Believe in the Holy Spirit*, p. 67; 참조. pp. 68-72.
87. *We Believe in the Holy Spirit*, p. 81.
88. *We Believe in the Holy Spirit*, p. 95.

다."[89] 신약성경에서는 "표적과 기사"가 일어나지만, "표적"을 구하는 것은 "복음의 의무"는 아니다.[90] 예수는 인기와 맹렬한 "능력"의 사용을 포기했다. 예를 들면, 메시아의 시험에서 그렇게 했다.

성령은 진리의 영이시다. 그러므로 성령은 "거짓을 드러내고, 자기를 기만하는 착각에서 벗어나게 하며, 하나님의 진리를 증언한다."[91] 우리는 성령을 주관적인 감정이나 확신과 구별해야 한다. 하나님의 영은 창조에 있어서 특색 없이 혼돈하고 공허한 공간에 질서를 가져왔다. 그리고 그의 창조적 사역은 "우주에 대해서 사유"할 수 있도록 하신다.[92] "성령은 주의가 필요한 것을 드러낸다. 그러면 삶이 환상보다는 현실에 근거할 수 있게 된다."[93] 지도 제작자가 3차원의 실재를 2차원으로 보여주는 것과 같이, 진리는 평면적인 묘사를 초월한다. 그리스도는 분명히 하나님의 마음을 드러낸다. 위에서 인용한 에버하르트 융엘의 말에 따르면, 그리스도는 하나님을 "생각할 수 있고 상상할 수 있게" 한다. 성령은 "원칙적으로 최후의 심판에 속한 것을 드러낼 것을 기대케 한다"(요 16:7ff).[94] 성경의 정경성을 고려할 때, "이것이 성령의 증언을 듣는 곳이다"(보고서의 이탤릭).[95]

위원회는 판넨베르크처럼 성령과 창조를 고찰한다. 보고서는 우주론자들의 빅뱅 이론, 지속적인 창조에서의 하나님의 손, 뉴턴의 세계의 예측가능성, 양자 이론에서의 세밀한 결정론의 명백한 폐지, 그리고 소위 나비 효과 등 우주의 역사를 논한다. 성령은 오순절의 장면에서 처음 오신 것이 아니다. "창조는 성령이 공유하는 고통스러운 사역이다."[96] 우리는 아직 보지

---

89. *We Believe in the Holy Spirit*, p. 97.
90. *We Believe in the Holy Spirit*, p. 104 (나의 이탤릭).
91. *We Believe in the Holy Spirit*, p. 112.
92. *We Believe in the Holy Spirit*, p. 114.
93. *We Believe in the Holy Spirit*, p. 116.
94. *We Believe in the Holy Spirit*, p. 128.
95. *We Believe in the Holy Spirit*, p. 132.
96. *We Believe in the Holy Spirit*, p. 144.

못한 것을 기다리는 반면, 성령은 인내함으로 "물리적 과정 속에서" 일하신다.[97] 과학과 예술은 모두 성령의 창조성을 탐구한다. 알버트 아인슈타인은 사물의 존재방식에 경의와 복종을 표현했으며, 그의 유명한 말인 "하나님은 주사위 놀이를 하지 않는다"는 하이젠베르크의 불확실성의 원리에 대한 분명한 응답이었다.

마지막 장은 성령과 미래, 그리고 다시 "초월하시며 내재하시는 존재로서의 성령"을 고찰한다.[98] 성경의 언어는 아마도 공간적 표현보다 시간적 표현을 더 자주 사용한다는 점에 주목했다(히 11:1). "기쁨과 약속뿐만 아니라 갈망과 동경은 하나님의 영이 인간의 마음속에 둔 것으로 약속된 미래와 단절되어 있지 않다."[99] 성령은 부활을 기다리는 그리스도인들에게 "영광스러운 몸"을 준다. "부활의 사건은 우리가 개인적으로 참여하는 것으로 공동의 사건이다."[100] 한편 성령의 갈망은 내면의 거룩한 불만으로서, 사랑의 행위의 모습으로 나타나며, 하나님만이 가져다주실 수 있는 미래를 갈망한다.[101]

22. 4. 프리드리히 호른과 크리스토퍼 포브스

(1) 프리드리히 호른Friedrich W. Horn은 1989년에 제출한 교수 취임 논문인『성령의 보증』*Das Angeld des Geistes*을 1992년에 출판했다. 그는 또한 1992년『앵커 성경사전』*The Anchor Bible Dictionary*에서 성령에 관한 광범위한 항목을 (약 20페이지에 걸쳐) 기술했다.[102] 그는 마인츠 구텐베르크 대학의 신약

---

97. *We Believe in the Holy Spirit*, p. 146.
98. *We Believe in the Holy Spirit*, p. 171.
99. *We Believe in the Holy Spirit*, p. 177.
100. *We Believe in the Holy Spirit*, p. 182.
101. *We Believe in the Holy Spirit*, p. 186.
102. Friedrich W. Horn, *Das Angeld der Geistes: Studien zur paulinischen Pneumatologie* (Göttingen: Vandenhoeck & Ruprecht, 1992); 그리고 "Holy Spirit," in *The Anchor*

신학 교수로, 이전에 누가복음-사도행전에 대한 글을 썼다. 이어서 그는 신약성경해석에 대한 책들과(1995) 직설법과 명령법 사이의 관계에 대한 책을 출판했다(2009).

호른은 구약성경에서 성령에 대한 언급은 거의 부차적인 것으로 묘사하고 있지만, 유대교, 특히 신약성경에서 발전한 것으로 본다. "거룩한"과 "영"의 고유한 조합은 그리스 문학에서는 나타나지 않는다. 실제로 구약성경에서도 유일하게 명시적인 사건은 이사야 63:10-11과 시편 51:11로 제한된다. 중간기 유대교에서는 희락서 1:21, 에스라4서 14:22, 이사야의 승천 5:14, 레위언약 18:11을 들 수 있다. 그리스어 프뉴마pneuma는 "바람이 불다" 또는 "호흡하다"를 의미하는 프네오pneō에서 파생되었지만, 후에는 수사학적 확장을 가지며, 종종 보이지 않는 영이나 예언적인 영으로 나타난다(plato, Definitions 40). 델포이의 아폴로 신탁에서 영감을 가리키거나, 스토아주의에서 몸의 일부를 가리킬 수도 있다.

호른은 프뉴마에 대한 근대의 연구는 바우어와 헤르만 궁켈로부터 시작되었다고 주장한다. 바우어(1831, 1845)는 헤겔로부터 비롯한 관념론 철학의 맥락에서 신약성경의 이 용어를 자의식과 연관된 것으로 설명했다. 이와는 대조적으로 헤르만 궁켈(1888과 1909)은 경험과 관련하여 이 주제에 접근했다.[103] 궁켈은 이렇게 쓰고 있다. "우리는 무엇보다도 영적인 그 자신의 체험과 그나 그의 관찰자로부터 주어진 해석을 구별해야 한다."[104] 그는 (바울의 회심자들이) "공동체 안에서 채택된 대중적인 견해"를 살펴보기로 한다. 그 공동체는 교리가 아니라 체험에 관심이 있다. 체험에는 방언과 예언이 있다.[105] 빌헬름 부세트Wilhelm Bousset(1901)는 헬라주의와 유대교의 평행을 더

Bible Dictionary, ed. David N. Freedman (New York and London: Doubleday, 1992), vol. 3, pp. 260-80.

103. Hermann Gunkel, *The Influence of the Holy Spirit* (Minneapolis: Fortress, 2008).
104. Gunkel, *The Influence of the Holy Spirit*, p. 5.
105. Gunkel, The Influence of the Holy Spirit, pp. 30-38.

크게 비교할 것을 요구했다. 호른은 이러한 주장들을 다양한 접근법과 보다 엄격한 개념적 검토의 필요성을 설명한다고 말한다.

호른은 부활 전후의 경험을 특별한 위치에 둔다. 그리스도의 부활은 성령에 대한 담화의 가능성을 열어준다(롬 1:4; 8:11; 고후 13:4; 갈 6:8).[106] 그러나 그의 논지는 그 책의 초반에 시작된다. 그는 바울의 서신을 데살로니가전서로부터 시작하여 연대기 순으로 고찰한다.[107] 그는 특별히 데살로니가전서 4:1-10, 5:19, 23을 살펴보며, 데살로니가전서의 바울신학 맥락에서 성령에 대한 주장을 한다. 그는 데살로니가전서가 바울의 후기 서신들에서 결국 제외되었다고 믿는다. 그는 유대인에게 한 설교, 말씀과 능력의 대조, 미래의 소망에 대한 확신의 표현에서 유사한 용어들을 발견한다. 사별한 자들은 "다른 사람들처럼 슬퍼해서는 안 된다." 성령에 의한 성화의 주제는 데살로니가전서 4:3-7에 등장한다.[108] 바울은 데살로니가전서 5:19에서 선지자들의 사역은 성령의 사역이므로 존경받아야 한다고 말한다.[109] 바울은 그리스 공동체에서 "선지자들"에 대한 존경심이 부족하다고 여겼기 때문에 이와 같은 권면을 했다. 그러나 후기 서신들에서는 주로 영, 육체와 영, 율법의 대조가 등장한다.

다음으로 호른은 "고린도교회의 영적인 열심"에 대한 논쟁을 고찰한다.[110] 고린도인들은 프뉴마를 구원으로 이끄는 "실체"로 보았다. 호른은 고린도전서 2:13, 3:1, 14:37을 인용한다(나는 이 구절들이 그 주장을 긍정적으로 지지하는지 의심스럽다). 그는 다음과 같은 "강하고" 열정적인 과신을 (나타내는 구절을) 인용하면서 더 확실한 입장을 취한다. "모든 것이 가하다"(6:12). "우리가 다 지식이 있다"(8:1). 심지어 "죽은 자 가운데서 부활이 없다"(15:12).

---

106. Horn, *Das Angeld des Geistes*, pp. 105-6.
107. Horn, *Das Angeld des Geistes*, pp. 121-60.
108. Horn, *Das Angeld des Geistes*, pp. 126-27.
109. Horn, *Das Angeld des Geistes*, pp. 127-30.
110. Horn, *Das Angeld des Geistes*, pp. 160-274.

그러나 그의 항목 대부분은 세례와 방언에 관한 것이다. 호른에 따르면, 세례는 "실질적인 변화"를 일으킨다.[111] 고린도인들에게 있어 세례는 영적인 주님*kyrios*에게로 결합되는 성례전적 통합이다(고전 6:11). 대조적으로 데살로니가전서는 세례를 고찰하지 않는다. 방언에 대하여는, 개인의 은사는 성령께서 주신 것임을 나타낸다.[112] 그러므로 바울은 아이러니하게도 이렇게 쓰고 있다. "너희가 이미 배부르며 이미 풍성하며"(고전 4:8). 그러나 영과 육체 사이의 대조는 바울에게 특별한 의미를 띠기 시작한다(고전 3:1-3).[113]

다음으로 고찰하는 단락은 고린도후서 10-13장과 고린도후서 1-9장이다. 후자에서는 성령이 주님과 연관되어 있으며, 문자와 영의 대조가 나타난다. 그리고 나서 갈라디아서와 로마서를 고찰한다.[114]

마지막으로 호른은 성령과 관계된 모든 것을 "계약금", "담보", "착수금", "보증금"(*Angeld*)으로 다룬다.[115] 계속해서 그는 유대교의 평행구들을 다룬다. 그러나 이 논증의 핵심은 바울 사상의 발전의 세 단계를 분명하게 구별하는 것이다. (1) 데살로니가전서, (2) 고린도전서, (3) 갈라디아서, 로마서, 빌립보서. 세 단계 모두에서 담보 또는 보증으로서의 성령의 개념이 두드러진다. 그러나 바울은 영적인 열심에 대한 논쟁 후에야 성령과 그리스도 사이의 관계를 밝히고, 그리고 나서 종말과 교회를 다룬다.[116]

호른의 책이 불러온 비판은 예측 가능하다. 바울은 고린도인들의 세례관이나 그들의 초현실적 종말론과 "열정주의"와 타협했는가? 이는 매우 의심스럽게 보인다. 고린도후서, 갈라디아서, 로마서, 그리고 빌립보서는 바울의 기독교 "율법주의"와의 논쟁이 지배적인가? 이는 바우어와 매우 가까운 것

---

111. Horn, *Das Angeld des Geistes*, pp. 205-6.
112. Horn, *Das Angeld des Geistes*, pp. 206-74.
113. Horn, *Das Angeld des Geistes*, pp. 274-86; 참조. pp. 287-313.
114. Horn, *Das Angeld des Geistes*, pp. 346-84.
115. Horn, *Das Angeld des Geistes*, pp. 385ff.
116. 이는 Horn, "The Holy Spirit," in *Anchor Bible Dictionary*, vol. 3, pp. 275-76에서 가장 분명하고 간략하게 나타난다.

으로 보인다. 바우어는 "진정한" 바울서신은 모두 유대교와의 논쟁을 담고 있으며, 따라서 결국 4대 서신에만 진정성이 있다고 주장한다. 여기에 연대기적 문제가 더해졌다. 우리가 바울의 전도여행에 있어서 "남갈라디아설"을 수용한다면, 그에 따른 이른 저작연대를 고려할 때 호른은 갈라디아서를 너무 후대에 위치시킨다. 사실 이러한 비판들 중 몇몇은 맥스 터너에 의해 제기된 것이다.[117] 우리는 여전히 호른의 복원주의적 신학 이론에 대해 확신하지 못한다.

(2) **크리스토퍼 포브스**Christopher Forbes는 3년 후인 1995년에 예언과 방언에 대한 책을 썼다. 그는 바울과 신약성경의 교회가 예언과 방언을 다루는 것과 그리스-로마 종교의 유사한 현상을 비교한다. 그는 유사성을 찾으려는 주장은 지지할 수 없다고 주장한다. 그의 1995년 저서에는 『초기 기독교와 헬레니즘 배경에서 예언과 영감된 담화』*Prophecy and Inspired Speech in Early Christianity and Its Hellenistic Environment*라는 제목이 붙어 있다.[118] 집필 당시 그는 호주 시드니 소재 매쿼리 대학의 고대사학부 전임강사로 재직 중이었다. 그는 많은 사람들이 적절한 직접적인 증거 없이 신약성경 교회들의 영감된 담화와 헬레니즘적 대중 종교 사이에 유사성이 있다고 주장한다며 안타까워한다. 그는 이렇게 결론을 내린다. "이 합의는 가장 설득력 없는 증거에 근거하고 있다."[119] 그 두 가지 현상은 근본적으로 다르다.

포브스는 방언에 대한 책들에 대해 인상적인 개요를 제시한다. 그것은 슈텐달, 믹스, 다우첸베르크, 호슬리, 건드리 등 다양한 저자들을 포함하여, 그들의 작품과 유리피데스의 바쿠스 신 숭배의 광란, 델포이의 아폴로, 아이스킬루스의 카산드라와의 관계를 평가한다. 그는 고린도전서 12:2이 아마

---

117. Max Turner, *The Holy Spirit and Spiritual Gifts Then and Now* (Carlisle: Paternoster, 1986), pp. 107-9.

118. Christopher Forbes, *Prophecy and Inspired Speech in Early Christianity and Its Hellenistic Environment*, WUNT 2.75 (Tübingen: Mohr, 1995).

119. Forbes, *Prophecy*, p. 5.

입신이나 무아지경의 경험으로 확장되었을 것이라는 데이비드 아우내David Aune의 주장을 언급한다.[120] 포브스는 개요 후에 신약성경의 방언을 고찰한다. 그는 해리스빌R. A. Harrisville, 윌리엄스, 그리고 다른 사람들을 살핀다. 사도행전 10:46에서 고넬료의 권속들은 방언을 하며 하나님을 찬양한다. 그들은 사람에게 말하지 않는다(고전 14:2). 현대 용어 "엑스태틱"ecstatic은 그리스어 엑스타시스ekstasis와 정확하게 일치하지 않는다. 그는 아우내의 폭넓은 용어인 "의식의 변화된 상태"를 인정한다.[121] 그는 이렇게 덧붙인다. "'무아지경'ecstatic의 방언과 '비무아지경'non-ecstatic의 예언 사이에 어떤 단순한 대립도 주장할 수 없다."[122] 다양한 가능성을 모색한 후에 그는 이렇게 결론을 내린다. "바울은 누가처럼, 방언을 배우지 않은 인간의 언어와 (가능하다면) 하나님이나 천사의 말을 말하는 기적적인 능력으로 이해한다."[123] 나는 여전히 이것에 대해 포브스만큼 확신하지는 않는다. 비록 그가 게르트 타이센의 『바울신학의 심리학적 측면』Psychological Aspects of Pauline Theology을 전혀 의식하지 않는 것을 제외하고는, 적절한 논의를 제시했지만 말이다.

다음 장에서 포브스는 방언에 대한 교부들의 견해를 살펴보며, 크리소스톰의 "부정적인 증거"를 인정한다.[124] 그는 또한 추정된 초기의 증거에 대한 결론의 차이점을 인식하고 있다.[125] 그는 "방언이 그칠 것"(고전 13:8-12)이라는 말은 성경의 정경이 종결됨을 가리키는 것이 아니라, 종말론적 미래를 가리킨다고 주장한다.[126] 그는 방언의 기능에 대하여 세 가지 견해를 내놓는다. 방언은 찬양 또는 영감된 기도의 한 형태이다(고전 14:15). 방언은 다른 어떤 것에 주의를 끌기 위한 "표적"으로 기능할 것이다. 또는 방언은 해석된

---

120. Forbes, *Prophecy*, pp. 12-43.
121. Forbes, *Prophecy*, p. 55.
122. Forbes, *Prophecy*, p. 56.
123. Forbes, *Prophecy*, p. 64.
124. Forbes, *Prophecy*, p. 83.
125. Forbes, *Prophecy*, pp. 75-79.
126. Forbes, *Prophecy*, pp. 85-91.

다면 또는 해석될 때 "계시적"일 수 있다(그것은 아마도 방언을 해석하는 사람은 방언을 하는 사람이라는 내 견해를 확증해 줄 것이다).[127]

포브스는 이제 델포이 신전의 아폴로를 언급하고 플라톤을 언급하면서, 헬레니즘적 영감을 재검토한다. 신들로부터 영감된 광기(*mania*)가 한낱 인간의 온전한 정신보다 탁월하듯이, "예언"(*mantikē*)은 점술(*oiōnistikē*)보다 탁월하다(Plato, *Phaedrus* 244 A-D).[128] 우리는 두루 알려진 델포이의 신탁과 "일관성이 없는 떠들썩한 말"을 구별해야만 한다. 그러나 아마도 일반 대중에게 알려진 "영감된" 또는 "카리스마적인" 담화는 델포이에서 알려진 형식이었고, 떠돌이 점술가들에 의해 대중화되었다.[129] 분명히 델포이에서 "모르는 언어는 없었다."[130] 포브스는 또한 유리피데스의 『바쿠스의 시녀들』을 통해 디오니수스와 키벨레의 숭배자들을 고찰한다. 주된 "광란"은 바쿠스나 디오니수스 의식의 광란이다. 그러나 펜데우스 왕도 일종의 광란에 이끌려 죽음을 맞이한다. 디오니수스의 요구에는 춤도 포함되어 있다. 포브스는 다음과 같이 쓰고 있다. "디오니수스와 키벨레 숭배의 특징은 고함, 상징적인 음악, 드럼과 플루트, 광란의 춤이다."[131] 포브스는 맨슨T. W. Manson과 로버트 건드리의 신약성경과의 유사성에 대한 비평은 "전적으로 정당하다"라고 결론을 내린다.[132]

"광란"의 사례는 이방 종교에서 발생한다는 것에 주목하는 것이 중요하다. 바르트가 관찰한 바와 같이, 종교의 현상보다 훨씬 더 중요한 것은 그 기

---

127. Forbes, *Prophecy*, pp. 93-99; 참조. Anthony C. Thiselton, "The Interpretation of Tongues: A New Suggestion in the Light of Greek Usage in Philo and Josephus," *JTS* 30 (1979): 15-36; 그리고 Thiselton, *The First Epistle to the Corinthians*, pp. 1107-11 and 970-88.
128. Forbes, *Prophecy*, p. 105.
129. Forbes, *Prophecy*, p. 117.
130. Forbes, *Prophecy*, p. 123.
131. Forbes, *Prophecy*, p. 135.
132. Forbes, *Prophecy*, p. 147. 참조. Robert H. Gundry, "'Ecstatic Utterances' (NEB)?" *JTS* 17 (1966): 299-307.

원과 목적이다. 포브스는 철저하고 유용한 작업을 단행했다. 그는 신약성경과 "그리스-로마 종교의 전통 안에서 설득력 있는 유사성은 발견되지 않았다"라고 결론을 내린다.[133] 고대 역사학자로서 그의 업적은 탁월하다. 그러나 나는 "예언"에 대한 그의 협소한 견해에 대해서는 유보적이며, 대체로 힐과 길레스피를 따른다. 나는 방언에 대한 포브스의 견해에 대해서는 확신이 없지만, 그는 상당한 기여를 했다.

---

133. Forbes, *Prophecy*, p. 316.

23

21세기

이 장에서 주목하고 논의하는 저자들은 그들의 출판물에 따라 분류할 때 주로 21세기에 속한다. 2명의 예외가 있다. 미하엘 벨커Michael Welker는 1994년에 성령에 관한 그의 주요 저서를 썼고, 2006년에 이 주제에 관한 또 다른 저서를 출판했다. 더욱이 그는 포스트모던 주제에 대해 호의적인 태도를 보여줌으로써, 가장 최근의 성령론 강해자들 가운데 속한다. 두 번째 저자인 하비 콕스는 1995년에 저서가 출판되었으므로, 그를 이 장에 두는 것을 정당화하기는 더 어려울 수도 있다. 그러나 그는 오늘날까지도 오순절주의자들 사이에서 지속되고 있는 많은 문제들을 다루고 있다. 그 외 저자들은 모두 21세기에 출판을 했다.

23. 1. 미하엘 벨커

미하엘 벨커(b. 1947)는 첫 박사학위를 1973년 튀빙겐의 위르겐 몰트만 아래에서 받았고, 1978년 철학으로 두 번째 박사학위를 받았다. 그는 1980년 하이델베르크에서 화이트헤드A. N. Whitehead와 과정 철학에 관하여 교수

취임 논문을 썼다. 그는 1983년부터 1987년까지 튀빙겐에서 조직신학 교수로 재직했고, 1987년부터 1991년까지는 뮌스터에서 개혁신학 교수로, 마지막으로 1991년부터는 하이델베르크에서 교의학 교수로 재직했다. 그는 또한 미국, 중국 등 많은 나라에서 널리 강의했다. 그는 1994년에 『성령 하나님』을 출판했고(독일어는 1992년), 제임스 던, 벨리-마티 카르카이넨, 프랭크 마키아, 존 폴킹혼John Polkinghorne과 같은 학자들이 기고한 『성령의 역사: 성령론과 오순절주의』The Work of the Spirit: Pneumatology and Pentecostalism를 편집했다. 그는 그 외 아홉 권의 책을 출판했다.[1]

벨커의 주요 저서인 『성령 하나님』은 읽기가 쉽지 않은데, 부분적으로는 견해를 전개하면서 끊임없이 변증법을 제시하고, 그것을 철저하게 검증하기 때문이다. 게다가 그의 신학적 사고 배후에는 두 가지 철학적 전제가 놓여있다. 먼저 그는 특별히 알프레드 화이트헤드Alfred N. Whitehead(1861-1947)와 연관된 과정 사상을 적극적으로 활용하고 있다. 과정 사상은 종종 발생이라는 면에서 변화나 되어감becoming을 중요하게 본다. 그의 작품의 한 가지 긍정적인 측면은 "사물"보다는 행동과 결과에 초점을 맞추는 것이며, 이는 성령론에서도 일관되게 유지된다. 그러나 변화, 과정, 일시성 사이의 "연결"과 "상호 연결"은 복잡한 문제를 야기하며, 이 책은 그 복잡성을 분명히 인식하고 있다. 그러나 더 문제가 되는 것은 그 책 전반에 만연한 다원주의와 포스트모더니즘이다. 어떤 면에서 포스트모더니즘은 특히 과학적 범주 내의 지식의 표준화를 반대하는 데 있어서 건강하다. 그러나 분산과 단편화에 주목하는 것은 건강하지 못한 측면으로, 그리스도인들은 너무 쉽게 이것이 기독교 신앙에 유익하다고 생각한다. 포스트모더니즘과 다원주의는 복잡한 현상을 구성한다. 나는 네 가지 연구에서 격려와 경고의 대차 대조표를 제시하고자 노력해왔다. 이는 전반적으로 벨커의 연구에 비해 덜 긍정적

---

1. Michael Welker, *God the Spirit* (Minneapolis: Fortress, 1994); 그리고 Michael Welker (ed.), *The Work of the Spirit: Pneumatology and Pentecostalism* (Grand Rapids: Eerdmans, 2006).

이다.² 이상하게도 이 책과 주제에 대한 후기가 부족한 것 같은데, 특히 미국과 영국의 학술지에서 그렇다.

벨커는 "성령"The Holy Spirit(1989)이라는 논문에서 자신의 주된 관심을 보여주었다.³ 그의 첫 번째 변증법적 또는 비조직적인 역설은 성령체험을 "한편으로는 하나님의 친밀함에 대한 경험과, 다른 한편으로는 하나님의 거리감에 대한 의식이라는 극단"에 위치시키는 것이다.⁴ 성령갱신주의 또는 "카리스마적" 추종자들은 첫 번째의 것을 강조한다. 그리고 그들은 이제 큰 무리가 되었다. 벨커는 을자스주의 토피카에서 있었던 오순절주의의 시작과 라틴아메리카와 아프리카로 확산된 것과, 1960년대 이후 "제2차 카리스마적 각성"에 대해 간략하게 진술한다. 그는 또한 "성령세례"와 방언을 강조하는 세 번째 분파인, "신오순절주의"를 인용한다. 마지막으로 그는 1980년 이후의 성령갱신운동인 "제3의 물결"에 대해 기술한다.⁵ 이 모든 것은 고든 피가 말하는 하나님의 "능력과 임재"를 강조하고 있다. 그러나 이 운동의 외부에서는 "주관적인 감정으로의 후퇴"와는 대조적으로, "진리의 영"에 대해 질문해야 하며, 실용적인 성공이 진리의 한 기준이라는 가정에 대해 저항해야 하지만, 그렇지 않다.⁶

벨커는 포스트모던 시대의 다양성을 지지하며, 해방신학과 여성신학을 비교한다. 그는 다음과 같이 쓰고 있다. "강하고 활기찬 다양성의 측면은 무너지고 쇠약하게 만드는 측면과는 구별되는 것이 많다."⁷ 또 이렇게 덧붙인

---

2. Anthony C. Thiselton, *Interpreting God and the Postmodern Self* (Edinburgh: T&T Clark, 1995); Thiselton, "Postmodernity, Postmodernism," in *A Concise Encyclopaedia of the Philosophy of Religions* (Oxford: Oneworld, 2002), pp. 233-35; Thiselton, *The Living Paul* (London: SPCK, 2009), pp. 148-62; 그리고 Thiselton, *Hermeneutics* (Grand Rapids: Eerdmans, 2009), pp. 327-48.
3. Michael Welker, "The Holy Spirit," *Theology Today* 46 (1989): 5-20.
4. Welker, *God the Spirit*, p. 7.
5. Welker, *God the Spirit*, pp. 8-11.
6. Welker, *God the Spirit*, pp. 14-15.
7. Welker, *God the Spirit*, p. 23.

다. "성령의 은사들은 성령으로 밀접하게 묶여 있는 전형적인 차이들인 … 옛 것과 새 것, 부와 빈곤을 출발점으로 삼고 있다."[8] 그는 이 장을 다음과 같이 결론짓는다. "표면적으로만 이성적이고 도덕적인 것이 아니라, 현실적이고, 정직하며, 자기비판적이고, 참회하는 갱신은 성령의 역사와 일치하는 것이다. … 차이에 민감하다."[9] 구조적 생활양식이 연관되어 있다. 그러고 나서 그는 "포스트모던"을 다음과 같이 정리한다. "이론이나 지적인 입장이 '실재의 통일성'과 '경험의 통일성'이라는 가정을 포기한다면, '포스트모던'이라고 불린다."[10] 이것은 거의 그의 성령 신학의 열쇠를 제공한다. 그는 "낡은 유럽의 형이상학"과 "사회적 도덕주의"를 거부한다.[11] 어떻게든 "형이상적 전체주의화"는 하나님의 능력이 우리 처분에 달려있는 것 같은 환상을 가져온다.[12]

더욱이 구체적인 갈등 속에서 성령의 사역을 암시하는 보편성을 인식함으로써 변증법이 대두된다. 이 사실은 도덕주의와 도덕주의를 넘어서는 것 사이의 변증법이라는 관점을 증폭시킨다. 여기에는 일부 프랑스와 독일 저자들의 빈번한 일반화와는 대조적으로, 영국계 미국인들은 이 특정의 사례에 대한 관심을 환영할 것이라는 의미가 있다.

다음으로 벨커는 성경 구절을 창의적으로 읽으며 오랜 시간을 보내는데, 종종 전통적인 해석의 범위를 벗어난다. 그는 때때로 의미가 모호해 보인다는 것을 인정한다. 예를 들어, 그는 사사기에서 하나님의 영을 주시는 것은 하나님의 과업을 위해 개개인에게 능력을 부여하는 것이라고 바르게 지적한다. 그러나 놀랍게도 그는 이렇게 단언한다. "하나님의 영은 전쟁의 영

---

8. Welker, *God the Spirit*, p. 23.
9. Welker, *God the Spirit*, p. 25.
10. Welker, *God the Spirit*, p. 37.
11. Welker, *God the Spirit*, pp. 41, 44.
12. Welker, *God the Spirit*, p. 47.

에 불과하다."¹³ 비록 이 백성들이 전사들이라 할지라도 입다, 삼손, 기드온, 사울과 같은 지도자들은 "초자연적인 영웅들"이 아니었다. 그들 모두는 인간적이고 죄가 많은 사람들이었다. "기드온은 의심하고 회의적인 사람이다"(삿 6:13ff., 36ff.). "이 카리스마적인 인물은 결국 자기의 성읍에 우상을 세우게 된다"(삿 8:27).¹⁴ 입다의 딸은 입다의 성급한 열정 때문에 희생된다. 삼손은 "술잔치를 열고"(삿 14:10ff.), "불량배들의 소동에 참여하여 … 실망스럽고 잔인한 이야기"에 휩쓸린다.¹⁵

그럼에도 불구하고 이 카리스마적인 지도자들의 사역의 결과는 블레셋인들의 억압 아래에 두려움에 사로잡혀 단지 불평만 하던 이스라엘을 회복으로 인도하는 것이었다. 이스라엘의 죄는 일관성의 상실하게 만들었다. 사사기의 요점은 "하나님 백성의 공동체를 회복하고 … '짓눌리고 억압된 자들'을 일으켜 세우는 것이다. 그리고 생명력을 회복시키는 것이다."¹⁶ 벨커는 이렇게 덧붙인다. "*차별화된 대중과 차별화된 대중의 의견*은 성령이 임한 삼손의 정체성 변화와 일치한다. 한편 대중의 의견은 이렇게 말한다. '블레셋 족속을 피하라. … 그들은 교활하고 위험하다.' 반면 다른 대중의 의견은 또 이렇게 말한다. '블레셋 족속을 염려하지 말라! 하나님의 영이 우리와 함께 하시면, 우리가 그들보다 뛰어나다'"(벨커의 이탤릭).¹⁷ 성령은 이스라엘을 압도적인 대적으로부터 구원한다. 벨커는 동일한 대조를 사울과 모세에게 적용한다. 그는 이렇게 결론을 내린다. "하나님의 영은 사람들에게 능력을 주기도 하고, 그리고 능력을 빼앗기도 한다"(벨커의 이탤릭).¹⁸ 이 구절들은 "*단일한 대중*"을 다루지 않고 있다(벨커의 이탤릭).¹⁹

---

13. Welker, *God the Spirit*, p. 52.
14. Welker, *God the Spirit*, p. 59.
15. Welker, *God the Spirit*, p. 66.
16. Welker, *God the Spirit*, p. 65.
17. Welker, *God the Spirit*, p. 73.
18. Welker, *God the Spirit*, p. 83.
19. Welker, *God the Spirit*, p. 91.

메시아 본문은 하나님이 선택한 구원을 가져오실 이에 대해 말하고 있다. 그의 위에 성령이 "머물러 있다." 그는 의의 보편적인 확산을 위해 길을 만든다(사 11:1-5, 9-10; 42:1-4, 6-8). "자비"는 사랑의 행위가 아니라 "의를 세우는 행위"이다(참조. 사 61:3, 8, 11).[20] 악함을 제거한다는 것은 용서와 구조적 변화를 의미한다. 이것은 실제로 소수자에 대한 혐오, 착취, 예수나 흑인을 비하하고, 유사한 많은 것들을 폄하하는 것을 제거하는 것을 의미한다. 그러나 성령과 성령의 보유자는 "도덕률을 초월한다."[21] 성령이 "하늘로부터" 부어진다고 할 때, "하늘은 인간의 평가로는 도달할 수 없는 영역으로 이해된다. … 즉 상대적으로 우리에게 접근이 금지된 실재의 영역이다."[22] 이 진술은 피슨의 성령론을 생각나게 한다. 성령은 서로에게 낯선 다양한 구조 위에 역사한다. 즉 서로 다른 인종, 젊은이와 노인, 남자와 여자 사이에 활력과 상호 관계를 촉진시킨다(욜 2:28-32). "하나님의 영이 부어지면, 서로 다른 사람들과 여러 집단의 사람들이 서로 더불어, 그리고 서로를 위해 하나님의 임재를 개방할 것이다."[23]

성령은 그리스도의 인격 안에서 보편화되고, 구체화된다. 예수는 사사들이 그랬던 것처럼 다른 사람들의 "무기력함"을 극복한다. 우리는 이것을 예수의 귀신 쫓음에서 볼 수 있다. "오랜 시간에 걸친 두려움과 무기력함이 귀신으로 말미암은 고통의 특징이다."[24] 우리는 마가복음 1:23-24, 5:2-14, 마태복음 8:29, 누가복음 4:33-34, 8:28, 31을 비교할 수 있다. 그럼에도 불구하고 벨커는 이렇게 선언한다. "부활 이전 예수의 사역에서 귀신의 권세는 단번에 제거되지 않고, 단번의 '조직적' 해방 명령에 의해서가 아니라 … 개별적이고 구체적인 해방 명령으로 많은 사람들에게서 귀신이 쫓겨난다는

---

20. Welker, *God the Spirit*, p. 117.
21. Welker, *God the Spirit*, p. 123.
22. Welker, *God the Spirit*, pp. 137, 139..
23. Welker, *God the Spirit*, p. 151.
24. Welker, *God the Spirit*, p. 199.

것은 충격적이다."²⁵ 이는 또한 성령체험에 대한 벨커의 구체적이고 다각적인 접근법을 단적으로 보여준다. "메시아의 비밀" 또는 침묵의 명령에 대해 벨커는 다시 한번 피슨과 같은 접근법을 채택한다. "예수는 자신의 메시아적 정체성이 그가 행한 치유의 관점으로만 알려지는 방식으로 행동하는 것을 원치 않는다."²⁶ 부활은 오직 고난과 십자가를 고려할 때에만 가능하다.

벨커의 1989년 논문 "성령"은 처음에는 이 책에서 더 상세한 형태로 나타나지 않는 것은 거의 말하지 않는 것 같다. 그러나 그 논문이 이 책과 평행선을 유지하고 있는 현 시점에서 일부 용어는 더 분명하고 더 명시적인 것 같다. 벨커는 "매우 구체적으로" 역사하는 성령에 대해 말한다. 피슨이 성령의 "드러내지 않으심"self-effacement에 대해 말한다면, 벨커는 자기로부터 떠나 예수를 가리키는 성령의 "자기 부인"selflessness에 대해 말하고 있다 (요 14:26; 15:26; 16:13-14).²⁷

벨커는 사도행전으로, 특히 2:1-16으로 전환한다. 본문은 "다른 배경, 교육, 관심, 기대를 가진 사람들이 … 예기치 못한 보편적인, 그러나 동질은 아닌 명료성에 기초한 … 공통성의 경험을 공유하고 … 이해할 수 있게 하는 능력의 경험"을 기술하고 있다.²⁸ 하나님이 "하나님 자신에 대해 *전세계적이고, 다국어적이며, 다각적인 증언을 하게 하는*" 하나님의 능력의 행위에 대한 공통된 이해가 있다(벨커의 이탤릭).²⁹ 그는 "성령세례"를 "성령의 활동의 충만함"이라고 부른다.³⁰ 삶은 하나님의 임재 속의 삶이다. 이러한 문맥에서 바울은 고린도전서 12:8-10에서 성령의 은사들을 열거하고 있다.³¹ 이

---

25. Welker, *God the Spirit*, p. 202.
26. Welker, *God the Spirit*, p. 207.
27. Welker, "The Holy Spirit," *Theology Today* 46 (1989): 18; 그리고 *God the Spirit*, pp. 222-23 and 283-302.
28. Welker, *God the Spirit*, p. 234.
29. Welker, *God the Spirit*, p. 235.
30. Welker, *God the Spirit*, p. 237.
31. Welker, *God the Spirit*, pp. 241-43.

은사들은 희망을 불러일으킨다. 벨커는 다시 한번 이들 은사를 받은 사람들의 다양성을 강조한다. 즉 사람들은 특정한 배경과 특정한 나라들과 특정한 문화에 속해 있다. 그는 이렇게 쓰고 있다. "성령의 작용은 '여기 그리고 지금'이라는 유일하고 반복될 수 없는 구체화 속에서 나를 만지신다."[32] 그러나 성령은 "자신을 내어주고 수여함으로써" 상호관계와 사랑을 산출한다. 이는 타자에게 공간을 내어주는 "타자의 유익을 위한 자유로운 자기 축소 self-withdrawal"의 문제이다.[33]

벨커는 가장 논란이 되고 분란을 일으키는 두 가지 성령의 사역은 방언과 성경의 영감이라고 주장한다. 먼저 그는 마가복음 16:17(마가복음의 길고 논쟁이 되는 본문), 사도행전 10:46, 고린도전서 12:10, 28, 30, 13:8, 14:2-25을 살핀다. 그는 방언을 "하나님께 직고하는 기도로서 찬양과 감사의 언어로 기도하는 사람들 – 그러나 오직 방언으로 기도하는 사람들을 세우는 데 기여하는 것"으로 본다.[34] 그는 방언은 성령의 은사라고 단언한다. 그러나 성령의 오심은 반드시 방언과 밀접한 관련이 있다는 것과 방언이 가장 높거나 가장 중요한 은사(고전 14:19)가 아니라는 것은 "반박의 여지가 없다"고 주장한다. 대부분의 오순절주의자들은 이제 이 두 주장에 동의할 것이다. 방언은 "초자연적이거나" 그에 상응하는 "경험"을 지나치게 강조하면 분열이 일어나게 된다.[35] 이는 또한 성령을 거의 강조하지 않고, 형식주의와 관념주의를 너무 많이 강조하는 것에 대한 "저항 현상"이다. 이것은 추상적인 모더니즘과 대조되는 "다양한 실제의" 포스트모더니즘과 관련된다.

성령의 영감 문제는 많은 사람들이 … 이것을 … "하나님이 저자들에게 본문의 정확한 자구 표현능력을 주는 사건을 의미하는 것으로 보는 것이다.

---

32. Welker, *God the Spirit*, p. 247.
33. Welker, *God the Spirit*, p. 249.
34. Welker, *God the Spirit*, p. 265.
35. Welker, *God the Spirit*, p. 268.

각각의 단어는 동등한 의의를 갖고 있다"(벨커의 이탤릭).³⁶ 이 영감은 믿음의 공동체를 해체로부터 보존하기 위한 것이다. 그러나 또한 "성경적 전통에 존재하는 … 다수의 증언"에 한 목소리를 부여하기 위한 것이다.³⁷ 벨커는 본문은 다양한 방식으로 하나님의 현존을 나타낸다고 단언한다.

 마지막 장은 성령의 인격성에 대해 논하고 있다. 벨커는 너무 자주 영이 인간의 인격의 본질로 간주되며, 하나님의 영과 혼동되고 있다고 경고한다. 이 점은 근본적이다. 그는 이에 대해 니콜라스 베르댜예프와 발터 카스퍼, 그리고 놀랍게도 이브 콩가르까지도 비난한다. 아마도 벨커는 이것을 그의 주된 강조점이 아닌 것으로 보기 때문일 것이다. 둘째, 벨커는 아리스토텔레스의 영 개념을 추상적인 원리가 너무 많이 남아 있다고 거부한다. 헤겔도 이 점을 지적했다. 마찬가지로 성령 신학은 "하나님의 영의 분명한 이타성"을 인식해야만 한다.³⁸ 이것은 성령이 그리스도를 가리키는 것과 세계와 다른 사람들과 효과적으로 교제하는 데서 볼 수 있다. 벨커는 너무 많은 서양의 신학이 아리스토텔레스의 존재와 실재 개념에 기초하고 있다고 주장한다. 그는 에버하르트 윙엘에 호소한다. 그러한 행위의 중심은 삼위일체에서 보는 것처럼 호혜적 관계나 상대성이 없다면 인격체가 되지 못한다. 벨커는 이렇게 쓰고 있다. "진정 자아관계란 오직 끊임없이 발생하는 활성화와 갱신 안에 '있다.'"³⁹ 그는 "본질적인 추상성"을 거부한다. 그의 관점은 적극적이며 역동적이다. 우리는 살아계신 하나님에 대한 초기 히브리인의 견해와 오직 그 결과로만 보이는 것으로 돌아가는 것 같다. 그는 이를 지지하기 위해 폴 리쾨르Paul Ricoeur, 특별히 『타인으로서의 자신』Oneself as Another을 덧붙인다.

 벨커는 이렇게 결론을 짓는다. "인간을 통해 그리고 그들 가운데에서 하

---

36. Welker, *God the Spirit*, p. 272.
37. Welker, *God the Spirit*, p. 275.
38. Welker, *God the Spirit*, p. 295.
39. Welker, *God the Spirit*, p. 299.

나님은 성령으로 말미암아 이 세상에 하나님 자신을 *새기시고*, 그리스도는 인간을 통해 세상에 말씀하신다(참조. 고후 3:3)"(벨커의 이탤릭).[40] 그는 이렇게 덧붙인다. "자기 주심self-giving의 신비, 세상의 유익을 위한 자유로운 자기 축소self-withdrawal의 신비는 성령으로 정의된 이 사람들에게 나타난다."[41] 우리는 이것이 전에 벨커의 연구 지도교수였던 위르겐 몰트만이 『생명의 영』에서 주장한 논증의 특징이었음을 기억한다. 죄의 용서는 성령이 세상에 제공하는 재생과 회복의 기초가 된다.[42] 이 모든 것의 최종 목표는 성령으로 말미암은 부활, 하나님과의 친밀함, 하나님의 영광에의 참여이다.[43]

이 복잡한 책에 대해서는 "감각적"이고 "목회적"이라고 바르게 말하는 논평들이 있다. 그것들은 벨커가 포스트모더니즘으로부터 최고의 것을 끌어내는 데 성공한 철학적 배경을 고려한다. 그러나 벨커는 포스트모더니즘이 기독교에 미치는 부정적인 영향에 대해 경고하지 않는다. 이미 말했듯이 포스트모더니즘에는 유익한 점이 많이 있다. 그러나 어떤 면은 치명적인 독이 될 수 있다. 그런데도 벨커가 해로운 것에 대해서 아무런 경고도 하지 않을 뿐만 아니라, 더 도움이 되는 몇 가지를 적절히 선택한다는 것은 유감스러운 일이다. 이것은 오순절주의 문헌들 속에서 포스트모더니즘과의 순진한 친밀감이 점차 더 유행하고, 종종 매우 세련된 인상 아래에 묻혀 있기 때문에 더욱 그러하다! 벨커의 책은 신학적으로 그리고 목회적으로 통찰력이 있다. 몰트만, 콩가르, 판넨베르크의 작품 옆에 놓일 만하다. 그 작품들 역시 역시 헤겔을 배경으로 하고 있다. 그러나 과정 철학의 다른 의문스러운 철학운동의 의심스러운 주제들에 대해서는 보다 강조하지 않는다.

벨커는 2006년의 글에서 주로 『성령 하나님』에서 말한 것을 반복하고

---

40. Welker, *God the Spirit*, p. 309.
41. Welker, *God the Spirit*, p. 310.
42. Welker, *God the Spirit*, pp. 315-25.
43. Welker, *God the Spirit*, pp. 325-41; 참조. Anthony C. Thiselton, "The Beatific Vision," in Thiselton, *Life after Death: A New Approach to the Last Things* (Grand Rapids: Eerdmans, and London: SPCK, 2012), pp. 185-215.

있다. 그는 다시 "다양한 상황과 다양한 음성으로 임하시는 성령의 임재"와, 아리스토텔레스의 "인격" 개념을 넘어야 할 필요성에 대해 말한다.[44] 그는 성령의 부어지심은 하나님의 의와 진리를 향한 다원적인 갈망을 초래한다고 반복한다(바르트처럼, 판넨베르크와 몰트만은 "갈망"을 "은혜"로 대치시켰다). 하나님은 연약하고 유한한 피조물을 통해 역사하신다. 과정 사상과 일치하여, 교회는 관계 집단을 재구성하고 악의 세력을 대적하는 등 "새롭게 나타나는"emergent 방식으로 일한다. 하나님의 나라는 폭풍같이 임하는 것이 아니라 "새롭게 나타나는 실재"로서 임한다.[45] 보편적인 연구과 학문 간 협업 연구에서 우리는 공명에 대해 경계해야 하며 영을 구별해야 한다. "성령세례"는 "다양한 상황과 음성으로 임하는 성령의 거주 체계 속에 있는" 적극적인 "상징"이다. 그것은 믿음의 입문 사건과 "진리의 성령은 예수 그리스도와의 연관성으로 특징지어진다는 주장과, 비록 반드시 극적인 방식은 아니지만 놀라운 방식으로 일하는 지혜" 사이를 중재한다.[46]

23. 2. 하비 콕스와 아모스 용

(1) 하비 콕스Harvey Cox(b. 1929)는 1995년에 『하늘에서 내린 불』Fire from Heaven을 썼다. 그는 하버드 신학 대학의 연구 교수로 재직하다 2009년에 은퇴했다. 그는 1957년에 침례교 목사로 임명받았으며, 1965년에 출판된 그의 책 『세속도시』The Secular City로 가장 잘 알려져 있는데, 이 책은 100만 부 이상이 판매되었다. 많은 사람들은 또한 그의 책 『영혼의 유혹』The Seduction

---

44. Welker, "The Spirit in Philosophical, Theological, and Interdisciplinary Perspectives," in The Work of the Spirit: Pneumatology and Pentecostalism, ed. Welker (Grand Rapids: Eerdmans, 2006), p. 228; 참조. pp. 221-32.
45. Welker, "The Spirit" in The Work of the Spirit, p. 229.
46. Welker, "The Spirit" in The Work of the Spirit, p. 231.

of the Spirit(1985)과 적어도 십여 권의 다른 책들도 알고 있을 것이다. 그가 1995년 출판한 『하늘에서 내린 불』은 전 세계 많은 오순절주의자들과의 인터뷰를 담고 있으며, 오순절주의 영성의 발생과 부분적인 발전을 추적하고 있다.⁴⁷

이미 18장에서 논의한 오순절운동의 기원에 대해서 다시 반복할 필요는 없다. 콕스는 미국의 천년왕국설, 아주사 부흥, "늦은 비" 예언과 찰스 파햄의 캔사스 토피카 사역을 논한다.⁴⁸ 그는 윌리엄 시모어의 아프리카 흑인계열의 오순절주의와 인종에 대한 파햄의 보수적인 태도에 대해 말한다. 그는 시모어에 대한 윌리엄 더햄의 공격에 관해 다시 언급한다. 더햄은 성화는 "제2의 은혜 사역"이 아니라고 주장하고, 시모어는 방언이 오직 성령의 은사 중 하나라고 응답했다.⁴⁹ 그러고 나서 그는 웨일즈의 부흥과 인도에서의 유사한 현상에 대해 말한다. 이 모든 것은 "주로 쓰이는 표현이 증인 내러티브 신학"을 낳는다.⁵⁰ 그는 간략하게 벤저민 워필드의 은사중단론과 캠벨 모건G. Campbell Morgan의 오순절주의는 "사탄의 마지막 토사물"이라는 견해에 대해 논의한다.⁵¹

이제 콕스는 적절하게 파햄, 더햄, 시모어 사이에 발생한 논쟁을 다룬다. 이 논쟁은 성화가 두 단계, 또는 세 단계인지에 대한 것이다. "초기 오순절운동에서 발생한 분열의 가장 놀라운 점은 온갖 소동과 소란이 계속되는 동안, 그 운동의 확산도 계속되었다는 점이다. 오순절주의자들이 싸우면 싸울수록 그들은 더욱더 증가했다. … 분열과 확산의 양식은 빠른 속도로 계속

---

47. Harvey Cox, *Fire from Heaven: The Rise of Pentecostal Spirituality and the Reshaping of Religion in the Twenty-First Century* (Cambridge, MA: Da Capo, 1995).
48. Cox, *Fire from Heaven*, pp. 19-55.
49. Cox, *Fire from Heaven*, pp. 62-64.
50. Cox, *Fire from Heaven*, p. 71.
51. Cox, *Fire from Heaven*, p. 75; 참조. G. Campbell Morgan, *The Spirit of God* (London: Hodder & Stoughton, 3rd ed. 1902).

되었다."⁵² 그들은 어떤 교리적 장치도 주장하지 않았기 때문에, 고린도에서 일어났던 것처럼, 얼마나 많은 "분열"들이 권력 투쟁을 일으킨 강한 인물들을 중심으로 조직되었는지 궁금하지 않을 수 없다. 이상하게도 "성령의 연합"은 중요하지 않은 것 같다.

다음으로 콕스는 "시원적 언어의 회복"에 대해 고찰한다. 그는 시원적 언어를 방언 또는 "황홀경의 구어"로 본다. 이것은 무아지경, 환상, 치유 및 춤을 포함하는 "원시적 경건"과 밀접한 연관이 있으며, 천년왕국 종말론에 대한 "원시적 희망"과도 밀접한 연관이 있다.⁵³ 그는 다양한 집회에서 "방언"으로 말하는 것을 생생하게 묘사한다. 그는 이를 "절박한 필요, 요구, 격동적인 감정"과 관련이 있다고 본다.⁵⁴ 그는 역사적으로 몬타누스주의, 웨슬리, 야콥 뵈메를 언급한다.

콕스는 "표적과 기사"에 대해 아프리카 영성과 아시아 및 세계 다른 지역을 시사한다. 그는 루르드Lourdes에서부터 다른 그룹과 지역에 이르기까지 기적을 광범위하게 찾는다. 그는 역사 속에서 피오레Fiore의 요아킴 Joachim을 언급한다. 그는 논쟁의 여지가 있는 결론을 내린다. "오순절주의는 교회나 … 종교가 아니다. 하나의 *분위기*이며 … 천년왕국적 감성이다"(콕스의 이탤릭).⁵⁵ 그리고 나서 그는 예상대로 에이미 셈플 맥퍼슨Aimee Semple McPherson을 특별히 언급하면서 "예언"에 대해 논한다. 그는 그녀가 대중문화를 사용했다고 한다. 그는 "여성들이 세계에서 가장 빠르게 성장하는 신앙 운동의 주요 전달자가 되었다"고 주장한다.⁵⁶ 이제 음악이 토론 안건으로 등장한다. 여기서 탬버린과 재즈식 즉흥연주를 언급하면서 아프리

---

52. Cox, *Fire from Heaven*, pp. 77-78.
53. Cox, *Fire from Heaven*, pp. 81-83.
54. Cox, *Fire from Heaven*, pp. 81-97.
55. Cox, *Fire from Heaven*, p. 116.
56. Cox, *Fire from Heaven*, p. 137.

카를 뿌리로 하는 음악이 영향을 끼쳤다.[57]

제3부는 라틴아메리카, 유럽, 아시아, 블랙 아프리카, 미국에서의 오순절주의 발현으로 옮겨간다. 에밀리오 윌렘스Emilio Willems는 라틴아메리카에서의 오순절주의 확산을 고찰한다. 콕스는 특별히 브라질에서 가톨릭 신부들보다 오순절주의 목사가 훨씬 많다는 것을 발견한다.[58] 1985년부터 1900년까지 유럽에서는 침례교, 감리교, 장로교, 성공회 등이 모두 오순절주의 교회에게 교인을 빼앗겼다고 주장한다.[59] 그는 "최근에는 중국, 러시아, 우크라이나에서 오순절의 성과"에 주목한다.[60] 그는 아시아에 대해서는 한국의 새로운 세대에 대해 논한다. "정현경은 기독교가 빠르게 성장하는 지역 출신의 신진 신학자들 중 한 명이다."[61] 정현경은 명백히 오순절주의자는 아니지만, 한국에서 오순절주의는 샤머니즘적 특성까지 흡수할 정도로 그 경계가 광범위한 것 같다.[62] 콕스는 세계에서 가장 큰 10개의 교회 중 3개가 서울에 있다고 보고한다. 부르짖음, 노래, 다른 육체적 현상들이 예배에 동반된다. 한 보고서에 따르면, 한국 기독교인의 약 80%가 "'성령세례'를 경험했다"고 한다.[63]

그러나 블랙 아프리카는 오순절주의자들의 특별한 "본향"을 대표한다.[64] 콕스는 짐바브웨에서 수천 명이 모이는 집회에 참석했고, 많은 아프리카 독립 교회를 방문했다. 이들 교회들은 하나님의성회, 순복음, "사도" 교회의 소속이었다. 오순절주의 선교사들이 들어오기도 전부터 "이미 개신교에 기

---

57. Cox, *Fire from Heaven*, pp. 142-52.
58. Cox, *Fire from Heaven*, pp. 175-77.
59. Cox, *Fire from Heaven*, p. 187. 권위 있는 자료가 인용되지 않음.
60. Cox, *Fire from Heaven*, p. 179.
61. Cox, *Fire from Heaven*, p. 215.
62. Cox, *Fire from Heaven*, p. 219.
63. Cox, *Fire from Heaven*, p. 233.
64. Cox, *Fire from Heaven*, pp. 243-62.

반을 둔 교파들이 존재하고 있었다."⁶⁵ 그러나 남아프리카에서는 오순절주의가 "인종(차별)의 귀신"을 쫓아내는 데 성공하지 못했다. 마지막으로 콕스는 미국으로 되돌아온다. 그는 지미 스와가트Jimmy Swaggart의 유산을 포함하여 더욱 다양한 경험을 상술한다. 그곳에서 그는 "울부짖음, 꾸짖음, 춤, 합창과 노래"를 발견했다. "스와가트는 무당과 같은 존재로 … 수억 명의 사람들이 [즉, TV에서] 자신을 지켜보는 가운데 황홀경의 상태로 빠져들었다."⁶⁶ 그러나 스와가트는 결국 "수많은 매춘부들을 만났노라고 눈물로 고백하고, 하나님의성회에서 목사직을 박탈당하고" 말았다.⁶⁷

콕스의 개요는 일차적으로 1995년 당시 전 세계 오순절주의의 현상학적 개요이다. 그는 자신의 자전적 이야기로 시작해서, 『세속도시』(1965)에서 묘사한 "종교 이후"post-religious와 같은 우리 시대의 모습으로부터 전통적인 교회들이 보통 또는 자주 우리 시대의 정신에 참여하지 않는다는 확신과, "종교 이후"와는 거리가 먼 1990년대의 우리 시대는 전통적인 교회들이 제공할 수 있는 것보다 더 원시적인 종교와 원시적인 언어를 찾는 다른 "해법"으로 옮겨간다. 그러므로 오순절주의에 대한 그의 평가는 대체로 또는 부분적으로 긍정적이다. 그는 오순절주의가 형식적인 종교의 "메마름"과 "이성주의"와는 대조적으로, 참된 필요를 충족시킨다는 점에 주목한다. 그러나 그는 아마도 대부분의 오순절주의자들이 동의할 오류의 가능성, 기이함, 권력 다툼을 지적한다. 나는 왜 많은 오순절주의자들에게 콕스의 책이 전세계적인 규모와 우리 시대와의 관련성에 있어서 매우 조심스럽게 인정하는 것과, 진정한 신학적 입장과는 대조적으로 실용적이고 현상학적인 입장에 대한 모호함나 심지어 회의적인 시각 사이에서 맴도는 것처럼 보이는지를 충분히 이해할 수 있다.

(2) 아모스 용Amos Yong은 자신이 오순절주의의 맥락에서 양육을 받았

---

65. Cox, *Fire from Heaven*, p. 249.
66. Cox, *Fire from Heaven*, p. 277.
67. Cox, *Fire from Heaven*, p. 278.

으나, "복음주의"로 옮겨갔다고 말한다. 그는 긴 여정 끝에 그가 속한 동방 정교회로 전향했다. 그러나 그는 의식적으로 이 세 가지 영적인 삶의 흐름을 유지하고 있다고 주장한다. 즉 오순절주의, 복음주의, 동방정교회가 그것이다. 이 모두는 『성령-말씀-공동체』Spirit-Word Community(2002)의 서문에서 발견할 수 있다. 이 책은 주로 성경해석학의 3중적 해석 방법에 대해 주장하는 데 집중하고 있다.[68] 그러나 그는 또한 프랭크 마키아Frank Macchia와 스탠리 그랜즈Stanley Grez가 이 주제들을 다룬 책을 출판하도록 격려했다고 말한다. 1990년대 후반부터 "오순절주의 해석학"은 심각한 우려의 대상이 되었다. 1980년대와 이전의 역사에서는 그렇지 않았다. 실제로 1998년 벨리-마티 카르카이넨은 "형성 중인 오순절주의 해석학"에서 오순절주의 사상이 이 분야에서 아직 발전하지 못했다고 썼다.[69] 고든 피는 1991년에 과학적인 주해와 세심하고 면밀한 해석학을 무시한다고 말했다.[70] 아모스 용은 2002년에 출판된 이 책에서 특별히 해석학에 대한 더 깊은 논의를 진전시키려고 한다.

사실 모든 저자들은 단일한 "오순절주의 해석학"은 없다는 것에 동의한다. 대부분의 저자들은 "정경적 해석학은 교회를 위한 교회에 의해 수집된 기독교 본문으로서 성경을 해석하는 데 중점을 둔다"는 대부분의 주류 기독교 해석자들에게 동의할 것이다.[71] 용은 프랜시스 왓슨Francis Watson과 찰스 스칼리스Charles Scalise를 인용한다. 그러나 그는 텔포드 워크Telford Work(2002), 겐스 짐머만Jens Zimmermann(2004), 대니얼 트라이어Daniel Trier(2008), 마크 보왈드Mark Bowald(2008), 리처드 브리그스Richard

---

68. Amos Yong, *Spirit-Word-Community: Theological Hermeneutics in Trinitarian Perspective* (Aldershot, Hants, and Burlington, VT: Ashgate, 2002), pp. ix-xi.
69. Veli-Matti Kärkkäinen, "Pentecostal Hermeneutics in the Making: On the Way from Fundamentalism to Postmodernism," *Journal of the European Pentecostal Theological Association* 18 (1998): 76-115.
70. Gordon D. Fee, *Gospel and Spirit* (Peabody, MA: Hendrickson, 1991), pp. 85-86.
71. Yong, *Spirit-Word-Community*, p. 3.

Briggs(2011), 조엘 그린Joel Green(2012), 그리고 그 밖의 많은 사람들을 인용했을 것이다. 그들 모두는 신학적 해석학을 재정립하는 것을 목표로 한다. 용은 이렇게 쓰고 있다. "나의 초점은 의도적으로 신학적 해석학에 맞춰져 있다."[72] 그의 출발점은 "성령론적"이다. 그러나 순수한 "성령 중심"의 해석학이나 "은사주의적 주해"에 수반될 위험이 있는 주관적 논법을 피하고 싶어 했다. 그는 케빈 밴후저Kevin Vanhoozer의 해석학과 해체에 관한 연구뿐만 아니라, 한스 로베르트 야우스Hans Robert Jauss의 수용 이론을 잘 알고 있다.[73] 야우스의 작품은 "수용"과 "전통"을 상기시키는 데 매우 중요하다.

용의 긍정적인 해결책은 밴후저에 이어서 3중적 해석을 제안하는 것인데, 이는 "삼위일체적" 제안과 비교된다. 벨커와 마찬가지로, 그는 어쩌면 너무 쉽게 포스트모더니즘에 매료되어, "전체주의적 메타 내러티브"에 대항하여 다원주의와 파편화를 환영한다.[74] 그는 파울 파이어아벤트Paul Feyerabendd의 『방법론에의 도전』*Against Method*을 따르고 있다. 이 책은 모든 상황에서 모든 본문에 적용되는 "단 하나의 보편적 방법론"이라는 근대적 개념에 반대하는 것은 옳지만, 많은 사람들이 심각한 비판적 의구심을 가질 것이라고 말한다. "오직 성령*Soia Spiritus*은 '열정주의자' 또는 철저히 개인주의적인 모든 그리스도인을 영감한다."[75] 나도 이에 동의한다. 그러나 실제로 그는 저자(하나님의 영과 그의 대리자), 말씀(그리스도와 본문), 그리고 더 넓은 공동체의 응답(독자 - 수용이론) 사이의 3중적 균형을 주장하는 것과는 완전히 거리가 멀다. 1992년 나는 『해석의 새로운 지평』*New Horizons in Hermeneutics*에서, 이것이 어떤 또는 많은 상황에 필요하다는 것을 논증하려고 했다. 실제로 나는 10가지 종류의 본문과 상황에 대해 서로 다른 해석적

---

72. Yong, *Spirit-Word-Community*, p. 5.
73. Yong, *Spirit-Word-Community*, p. 10.
74. Yong, *Spirit-Word-Community*, p. 311.
75. Yong, *Spirit-Word-Community*, p. 312.

방법의 10가지 모델을 제시했다.[76] 용은 참고문헌에 나의 작은 저서 두 권과 『새로운 지평』*New Horizons*을 열거하고 있지만, 훨씬 더 중요한 나의 작품들은 2002년과 2011년 사이에 출판되었다. 그럼에도 불구하고 용은 성령론에 관하여 마키아나 벤후저와 마찬가지로, 성령론은 본문의 문맥과 장르에 주목할 뿐만 아니라, 언제나 삼위일체와 교회 전통의 틀 안에 있어야 한다는 것을 보여준다.[77]

23. 3. 짐 퍼브스

퍼브스Purves는 에딘버러의 침례교 목사로, 애버딘 대학에서 성령론과 카리스마 운동으로 박사학위를 받았다. 그는 2004년에 『삼위일체 하나님과 카리스마 운동』*The Triune God and the Charismatic Movement*을 출판했다.[78] 그는 자신이 1975년 이래 "카리스마주의자이며 개혁주의 진리를 따르는 학도"였다고 설명한다.[79] 그는 기독교 교리와 "내가 겪은 경험" 사이의 "큰 간격"이라고 인식하는 것과 교전한다. 이런 점에서 그는 카리스마 운동과 "경험"을 각각 중시하지만, 그 운동에 대해 비평적으로 보았던 톰 스메일과 제임스 던에 의지한다.[80] 그는 또한 에드워드 어빙의 초기 작품에 의지한다.

퍼브스는 1975년을 카리스마 운동의 "전성기"로 여긴다. 그때는 데니스와 리타 베네트가 여전히 영향력이 있었고, 마이클 하퍼가 전 교회적으로

---

76. Anthony C. Thiselton, *New Horizons in Hermeneutics: The Theory and Practice of Transforming Biblical Reading* (Grand Rapids: Zondervan, and London: HarperCollins, 1992), pp. 558-619.
77. 특별히 Yong, *Spirit–Word–Community*, pp. 245-73를 보라.
78. Jim Purves, *The Triune God and the Charismatic Movement: A Critical Appraisal of Trinitarian Theology and Charismatic Experience from a Scottish Perspective*, Paternoster Theological Monographs (Carlisle: Paternoster, 2004).
79. Purves, *The Triune God*, p. xvii.
80. Purves, *The Triune God*, pp. 176-207.

갱신운동을 활발하게 전개하고 있었다. 그 당시 국교회의 많은 사람들은 그 운동이 오순절주의의 영향을 많이 받은 것으로 여겼고, 갱신운동 내에 많은 사람들이 방언과 함께 "성령세례"를 받고자 했다. 스코틀랜드에서는 데이비드 블랙이 갱신운동에 영향을 미쳤고, 1974년에 스코틀랜드 교회 갱신운동의 초대 지도자가 되었다. 그러나 1970년대 후반에 역사적인 교회들 내에서 갈등이 고조되었다. 블랙은 이렇게 묻는다. "우리가 성령의 은사에 너무 많은 의미를 부여했기 때문에 … 의심을 초래했는가?"[81] 그러나 더 큰 수용이 있었던 곳에서 은사주의 부분에 대한 비판적 성찰이 부족했을지도 모른다. 그럼에도 불구하고 그들은 "성령을 경험하는 것이 … 하나님을 경험하는 것으로 이해된다는 것을 알고 있었다."[82]

퍼브스는 부분적으로는 니케아 이전 교부들에 대한 연구를 통해 삼위일체에 대한 새로운 이해에 도달하고자 한다. 그는 위-디오니시우스와 존 칼빈을 포함한 니케아 이후의 전개를 탐구한다. 칼빈은 카리스마 운동과 같이 성령의 역사를 "이성을 초월한" 것으로 보았다.[83] 그는 또한 성령을 삼위일체적 틀과 그리스도 중심적 복음 내에서 "인식의 중개자"로 보았다.[84] 퍼브스는 이제 에드워드 어빙과 토렌스T. F. Torrance에게서 삼위일체에 대해 반대되는 모델을 고찰한다.[85] 그는 토렌스의 접근이 옳다면, 스코틀랜드의 갱신운동 옹호자들의 믿음은 "지지를 얻을 수 없을" 것이라고 쓰고 있다.[86]

제7장은 톰 스메일과 제임스 던을 다룬다. 퍼브스는 스메일의 책인 『그리스도의 영광』Reflected Glory, 『성령의 선물』The Giving Gift, 『잊혀진 성부』The Forgotten Father를 검토한다. 『그리스도의 영광』Reflected Glory은 그리스도 중심

---

81. Purves, *The Triune God*, p. 11.
82. Purves, *The Triune God*, p. 25.
83. Purves, *The Triune God*, p. 91.
84. Purves, *The Triune God*, pp. 101-8.
85. Purves, *The Triune God*, pp. 132-75.
86. Purves, *The Triune God*, p. 174.

적 초점의 필요성을 역설한다. 그러나 세 권 모두는 교회의 중요성과 갱신 운동의 삼위일체적 체계를 재정비할 필요성을 강조한다. 『잊혀진 성부』는 "카리스마 운동의 발전에 대한 스메일의 환멸을 반영"하고 있다(이것은 스메일의 최근의 책, 『능력에 대한 사랑 또는 사랑의 능력』*The Love of Power or the Power of Love*에서 더 분명할 것이다).[87] 스메일은 대부분의 카리스마주의자들보다 주권자 하나님의 선행하는 은혜와 성부 하나님과 성자의 관계를 강조했다. 던은 교의보다는 "경험"으로 시작한다. 그러나 이미 보았듯이, 성령세례가 진정으로 신약성경의 증언에 근거한 것인지는 의문이다. 퍼브스는 이렇게 결론을 내린다. "스코틀랜드의 카리스마 운동은 새롭게 발견된 성령론과 그들에게 제공된 삼위일체 모델 사이에 아무런 연관성도 없다."[88]

퍼브스는 우리에게 다음과 같은 딜레마를 남긴다. "초자연적 경험에 대한 카리스마 운동의 강조는 성례 안의 성령의 사역과 관련된 것과는 별개의 의미를 지니고 있다. 카리스마 운동의 황홀하고 경이로운 경향은 우리가 살펴본 스코틀랜드의 성례전 신학의 영역에서 성령의 초이성적 사역에 대한 훨씬 더 미묘하고 암묵적인 이해와 대조적이다."[89] 앞으로 남은 길은 성령과 예수 그리스도의 더 밀접한 관계 속에서, 그리고 아마도 지지울라스가 주장한 성찬의 개념에서도 발견되는 것 같다. 퍼브스는 어빙, 스메일, 던이 우리의 연구에 도움이 될지도 모른다고 결론을 내린다.

23. 4. 프랭크 D. 마키아

프랭크 마키아Frank Macchia(b. 1952)는 아마도 벨리-마티 카르카이넨과 함께, 가장 진취적이고, 개방적이며, 초교파적으로 관심을 가지는 오순절주의

---

87. Purves, *The Triune God*, p. 182.
88. Purves, *The Triune God*, p. 203.
89. Purves, *The Triune God*, p. 210.

지도자 중 하나이다. 그는 휘튼 대학에서 석사학위를, 유니온 신학교에서 목회학 석사를, 바젤 대학에서 신학박사를(1989) 받았다. 그는 1999년 이래 캘리포니아 뱅가드 대학교에서 신학 교수로 재직하고 있다. 그는 『프뉴마, 오순절주의 학술연구지』*Pneuma, The Journal for Pentecostal Studies*의 상임 편집자로, 2006년에는 『성령세례』*Baptized in the Spirit*를 출판했다.[90] 그는 『영성과 사회적 자유』*Sprituality and Social Liberation*와 『성령 안에서 의로워짐』*Justified in the Spirit*을 포함한 몇 권의 책들을 출간했다. 하비 콕스는 『성령세례』를 성령론에 적절한 역할을 맡긴 포괄적이고 균형 잡힌 기독교 신학의 재배치라고 묘사하고 있다.

마키아는 그의 책 "주제의 구성" 장에서 누가복음-사도행전과 바울의 관점이 다른 것을 인식하고, 로버트 멘지스와 로저 스트론스태드의 누가복음-사도행전에 대한 연구(이들을 논의한 제20장을 보라)를 조건부로 지지한다. 그러나 그의 의구심은 "예언적 담화에 대한 멘지스의 개념은 너무 협소하며, 스트론스태드의 카리스마적 은사에 대한 개념도 마찬가지"라는 맥스 터너의 의구심을 반영한다. 그는 신약성경 연구와 교회 전통에 따라 "삼위일체적 행위로서 폭넓은 종말론적 구조"를 제안하며, 초기 오순절주의의 종말론적 "늦은 비"의 전망을 회복시킨다. 그는 이렇게 덧붙인다. "성령세례에 대한 종말론적 해석은 성령세례의 *구원론적* 범주와 *카리스마적* 범주 사이의 균열을 메우는 데 도움을 줄 수 있다"(티슬턴의 이탤릭).[91] 그는 여기에 덧붙여 "신적 사랑의 통치"(롬 5:5)로서 하나님의 나라에 대한 새롭게 수정된 강조를 추가한다. 적절한 때에 그는 판넨베르크와 대화를 하게 될 것이다. 판넨베르크는 우리가 언급했듯이, "하나님의 나라"를 "순수한" 교회로 본다. 이렇게 수정된 견해의 목적은 "성령세례가 오순절주의 신학의 조직화된

---

90. Frank D. Macchia, *Baptized in the Spirit: A Global Pentecostal Theology* (Grand Rapids: Zondervan, 2006).

91. Macchia, *Baptized in the Spirit*, p. 17.

원리로서 어떻게 기능할 수 있는지 탐색하기 위한 것이다."[92]

마키아는 성령세례가 "현대 신학에서 신학적 안건의 중심"에 있다는 견해를 확정하기 위해 벨리-마티 카르카이넨에 의지한다.[93] 이는 전적으로 옳다. 현대의 작가들을 포함하여 많은 사람들이 갱신운동 내의 많은 것을 용인하기를 원한다. 그러나 신약성경이 오순절주의에서 잘못 명명한 참된 체험을 표현하기 위해 "성령세례"라는 용어를 사용하는 것은 확실히 아니다. 그러나 마키아와 카르카이넨이 이를 "아직 형성 중에 있는 교리"라고 부르는 것은 고무적이다. 마키아는 창조와 새 창조의 변형과 예수 그리스도의 중심성(히 1:1-3)에 호소함으로써 새로운 맥락을 제시한다.

오순절주의의 다양성에 대해서는 의심의 여지가 없다. 마키아는 성령세례를 사역을 위해 자격을 주는 것으로, 중생 또는 입교와는 구별된 것으로, 특히 치유와 방언과 같은 특별한 은사와 관련된 것으로 이해하는 전형적인 오순절주의의 매력적인 면을 그리고 있다. 그러나 그는 이러한 고정관념이 보편적인 것과는 거리가 멀다고 주장한다. "단일오순절주의자"들은 그리스도 중심적이다. "칠레와 독일의 오순절주의자들은 … 성령세례를 중생으로 생각한다"(티슬턴의 이탤릭).[94] 마키아는 오순절주의자들은 그들의 독특한 특성에 대해 어떠한 합의도 이루지 못했다고 하는 사이먼 찬Simon Chan에 동의한다.[95] 그러나 일부 그 의미에 동의하지 않더라도 어쨌든 성령세례가 중심적이라는 한국인 구동윤에게 모두가 동의하는 것 같다. 따라서 마키아는 성령세례가 다양한 교회론을 보는 렌즈로써 역할을 할 수 있다고 주장한다. 스티븐 랜드Steven Land는 『오순절주의 영성』Pentecostal Spirituality에서 데일 브루너가 오순절주의 신학을 "프뉴마 토 밥티스토-중심"pneuma to baptisto-

---

92. Macchia, *Baptized in the Spirit*, p. 17.
93. Macchia, *Baptized in the Spirit*, p. 19.
94. Macchia, *Baptized in the Spirit*, p. 20.
95. Simon Chan, *Pentecostal Ecclesiology: An Essay on the Development of Doctrine* (Blandford Forum: Deo, 2011).

*centric*이라고 기술한 것은 "요점을 놓친 것"이라고 지적한다.⁹⁶ 그러나 마키아는 약 20년 전(1980년과 1984년) 헤럴드 헌터Harold Hunter와 하워드 어빈 Howard Ervin 이래 오순절주의 작가들에게서 성령세례가 사실상 사라진 것을 유감으로 여긴다. 그는 템플턴 재단과 U.S.C. 대학이 공동 후원한 "최근 오순절 신학의 발전"이라는 컨퍼런스에서 동일한 발언을 했고, 인터넷의 "전 세계 오순절주의"Pentecostalism Worldwide에 글을 게시했다.

마키아는 오순절주의 신학이 "단절된 사상의 카페테리아"가 된 것을 개탄한다.⁹⁷ 문제의 부분은 "성결운동의 유산"이었다.⁹⁸ 이는 혼합된 축복이다. 왜냐하면 성결운동은 "중생 후의 위기 경험"이라는 "부흥주의" 맥락에서 나왔기 때문이다.⁹⁹ 마키아는 이렇게 선언한다. "문제는 성결운동의 부흥주의적인 영향으로 존 웨슬리의 성화에 대한 과정지향적 이해가 강력한 위기 경험으로 변화되었다는 것이다"(티슬턴의 이탤릭).¹⁰⁰ 이것이 문제의 핵심이다. 이것이 "더 나은 삶" 또는 엘리트주의적 사고방식(말하자면, 고린도교회처럼)으로 이끌어갈 수 있다. 그럼에도 불구하고, 그는 왜 "기술적인 문제들" 때문에 "생산적인 비유"를 포기하느냐고 묻는다.¹⁰¹ 나는 이것이 단순히 "기술적인 문제"인지 의심스럽다. 그러나 나는 웨슬리와 성결운동 안에 오순절주의의 뿌리가 있는지에 대한 논쟁을 전적으로 지지한다.

주경학적 문제만이 성령세례에 대한 관심의 유일한 감소 이유는 아니다. 오순절주의가 세계화되었기 때문에, 다양한 지역에서 다양한 안건이 제기된다. 예를 들면, 어떤 곳에서는 방언이, 다른 곳에서는 치유가, 또 다른 곳

---

96. Macchia, *Baptized in the Spirit*, p. 24; Steven J. Land, *Pentecostal Spirituality: A Passion for the Kingdom* (Sheffield: Sheffield Academic Press, 1993), pp. 62-63. 참조. Frederick Dale Bruner, *A Theology of the Holy Spirit: The Pentecostal Experience and the New Testament Witness* (Grand Rapids: Eerdmans, 1970), pp. 56-117
97. Macchia, *Baptized in the Spirit*, p. 27.
98. Macchia, *Baptized in the Spirit*, p. 28.
99. Macchia, *Baptized in the Spirit*, p. 28.
100. Macchia, *Baptized in the Spirit*, p. 30.
101. Macchia, *Baptized in the Spirit*, p. 32.

에서는 도널드 데이턴이 주장하는 것처럼, 종말론과 "늦은 비"가 제기된다. 어떤 사람들은 "순결"이나 "능력" 같은 추상적인 것들을 갈망한다. 그러나 이들 모두는 하나님의 통치에 응답하는 "삶의 변혁"을 추구한다.[102] 마키아는 갱신운동이 어느 순간 그리스도인의 삶에서 계속성을 깨트릴 수 있다고 경고하기 위해 볼프하르트 판넨베르크에 호소한다. 그는 판넨베르크처럼 하나님의 나라를 찾고, 참여하는 분명한 목적을 강조한다. 그는 스티븐 랜드와 위르겐 몰트만처럼 "구원의 방법 … 에 대한 이해에서 그리스도와 성령의 계속성을 유지하기 위해, 역사 속에서 하나님의 나라의 종말론적 실현에 대한 삼위일체론적 이해"를 추구한다.[103] 실제로 개신교의 주제인 "하나님의 나라"는 가톨릭의 주제인 "하나님과의 연합"과, 그리고 동방정교회의 주제인 "하나님께 참여"에 상응한다.[104]

마키아는 오순절주의자는 교회를 이차적으로 본다는 인상을 준다고 하여 월터 홀렌베거를 비난하고, 그의 버밍햄 대학 동료 또는 후임자인 앨런 앤더슨이 동일한 부정적인 인상을 준다고 주장한다. 예를 들면 그는 십자가를 오순절주의의 조직화된 교리적 원리 중 하나로 보며, 지오프리 웨인라이트Geoffrey Wainwright가 교리와 예배를 한데 묶은 것을 칭찬한다. 그러나 그는 홀렌베거와 에밀 브루너가 삶과 교리의 계속성을 강조한 것을 칭찬한다. 결국 마키아는 스트론스태드와 멘지스를 따라, 누가의 "성령세례" 개념은 은사적이며 자격을 부여 받기 위한 것이지만, 그것이 무엇을 의미하는지에 대해 더 넓은 정의를 내릴 여지가 있다고 주장한다.[105]

더 다루어야 할 부분은 세례는 교회뿐만 아니라, 하나님의 나라에 참여하거나, 기다리는 것과도 관련이 있다는 것을 인정하는 것이다. 이것은 종말론과 새 창조의 양상을 보존한다. 또 다른 부분은 삼위일체적 구조를 인

---

102. Macchia, *Baptized in the Spirit*, p. 41.
103. Macchia, *Baptized in the Spirit*, p. 44.
104. Macchia, *Baptized in the Spirit*, p. 45.
105. Macchia, *Baptized in the Spirit*, pp. 57-60.

정하는 것이다. 이에 대해서는 마키아가 이미 썼다. 세 번째 것은 터너가 호소한 것인데, 구원론과 중생에 관계된 것이다. 여기에서 마키아는 칼 바르트와 칼 라너에게 호소한다. 그는 이렇게 쓰고 있다. "성령세례와 관련된 핵심 질문은 예수의 죽으심과 부활에서 펼쳐지는 … 이야기가 어떻게 우리를 참여시키게 되는가 하는 것이다."[106] 그는 그의 동료들보다는 제임스 던의 해석을 더 만족해한다. 그러나 성령으로 말미암아 자격을 갖추는 것은 경험의 핵심에 남아 있다(행 1:8).[107] 마키아는 "모든 그리스도인은 은사를 가지고 있다는 것을 암시한다"라고 결론을 내린다.[108] 그것이 "모든 그리스도인이 은혜의 수령인"임을 의미한다면 틀림없이 사실이다. 그러나 그것이 "모든 그리스도인이 특별한 과업을 위한 은혜를 받는다는 것"을 의미한다면 문제가 발생할 것이다(고전 12:28-31).

마키아는 여전히 "기독론적 초점", 심지어 "순복음" 또는 사중 복음에 대해서도 말하고 싶어 한다.[109] 그는 오순절주의 내에 몇몇 사람들은 성령세례를 하나님의 사랑의 분출로 보았다는 것에 동의한다(롬 5:5과 E. W. Bell). 프랭크 이워트는 심지어 갈보리를 하나님의 사랑의 물길을 여는 것이라고 말한다. 그는 나아가 "초기 오순절주의자들은 성화를 죄 씻음"과 죄로부터의 분리로 좁게 정의함으로써, 성화와 성령세례를 분리시켰음을 인정한다. 변혁이 핵심 주제이다(고후 3:18). 종말론과 삼위일체론적 관점은 현재 소홀히 되는 측면이다. 마키아는 재림과 옛것과 새것의 불연속성에 대한 몰트만의 말을 인용한다.[110] 사도행전 1:8에서 "불이 붙는다", 사도행전 2:3은 아마도 하나님의 임재의 징조일 것이다.[111] 그가 역사의 목적은 "하나님이 모든

---

106. Macchia, *Baptized in the Spirit*, p. 66.
107. Macchia, *Baptized in the Spirit*, p. 75.
108. Macchia, *Baptized in the Spirit*, p. 77.
109. Macchia, *Baptized in the Spirit*, p. 80.
110. Macchia, *Baptized in the Spirit*, p. 95.
111. Macchia, *Baptized in the Spirit*, p. 101.

것 안에서 모두가 되는 것"이라고 한 것은 분명히 옳다(고전 15:28). 은유적으로, "성령세례는 성령이 그리스도인을 그리스도 안에 연합시키는 것뿐만 아니라, 영적 체험의 충만함을 나타낸다." 그는 "오순절 부흥운동의 엘리트주의적 전제"를 거부한다.[112] 목표는 그리스도가 "만물을 충만케" 하는 것이다(엡 4:10).

삼위일체에 대한 마키아의 사상의 대부분은 몰트만과 판넨베르크의 도움을 받았다. 그는 세상의 영향을 받게 되는 하나님의 선택된 취약성에 대한 통찰뿐만 아니라, 신약성경에 나오는 그들의 삼위일체적 진술에 대해 우주적 관점으로 추적한다.[113] 그러나 마키아는 이렇게 결론을 내린다. "성령세례는 그리스도인의 입교와 더불어, 또는 구별된 때에 받은 강력한 경험이다"(티슬턴의 이탤릭).[114] "함께 주어진" 대안물이나 부가물이 엄청난 혜택임을 나타낸다.

마키아의 책에서 남은 두 장은 교회론과 사랑의 열매에 대한 것이다. 교회론에 대한 장에서 핵심적인 단어는 코이노니아 *koinonia*이다. "코이노니아 *koinonia*는 성령세례에 역동적인 관계성을 부여한다. … 하나님의 나라에 대한 교회의 살아 있는 증거 속에 있는 교회의 다양한 카리스마적 상호작용 구조를 포함하고 있다."[115] 그는 다양성이 결속을 가져온다는 문맥에서 고린도전서 12:13을 인용한다. 공동체의 생활은 함께 나누는 것이다(엡 5:19). 그러나 많은 사람들에게 반계급주의적 "평등주의" 체계를 주장하는 것으로 보일 수도 있을 것이다. 그러나 그것은 왕국을 기대하는 것이며, 왕국이 도래하기까지는 갈등과 오류를 제쳐놓아야 한다. 다시 말하지만, 사도행전 2:5의 오순절의 연합에 대해서는 마키아가 옳다. 그러나 사도행전은 6장에서

---

112. Macchia, *Baptized in the Spirit*, p. 113.
113. Macchia, *Baptized in the Spirit*, p. 125.
114. Macchia, *Baptized in the Spirit*, p. 153.
115. Macchia, *Baptized in the Spirit*, p. 165.

일곱 집사를 임명하는 것에서처럼 발전하는 구조를 기술하고 있다.[116] 그리고 그는 하나됨, 거룩함, 보편성, 사도성과 같은 전통적인 교회의 "증표"에 대해 설명한다.[117] 이는 여러 면에서 몰트만의 교회론을 떠올리게 한다.

마키아는 마지막 장에서, 성령세례에 신적 사랑이 없다면 그것은 "본질과 방향이 없는 원초적 에너지에 불과할 것이며 … 감정적 해방에 불과할 것"이라고 단언한다. "사랑은 하나님의 최고의 선물이다. 왜냐하면 사랑은 모든 감정과 개념과 행동을 초월하여, 오직 세 가지 모두에 영감을 부여하기 때문이다. … 사랑보다 뛰어난 것은 없다."[118]

마키아는 진정으로 "성령세례"를 그리스도 중심적, 삼위일체론적, 그리고 종말론적 기초 위에 두었다. 그의 작품 중 많은 부분이 모든 그리스도인들, 특별히 진지한 신학자들과의 대화에서 높이 평가될 것이다. 그것은 개방적이며, 생각을 자극한다. 그러나 마키아는 성령세례를 너무 수용적으로, 모든 것을 포함시킬 수 있게 만들어서 성령세례를 아무런 특색도 없는 것이 되게 할 위험을 초래했다는 비판을 받을 수도 있다. 즉 모두가 받아들이도록 경계를 흐릿하게 했다는 것이다. 그러나 그는 또한 이 용어의 사용으로 오순절주의의 정체성을 지킨 것 같다. 남아 있는 질문은 이것이다. 왜 그렇게 심오하고 중심적인 체험을 표현하기 위해 이 구절을 유지해야 하는가? 왜 성경은, 특히 바울과 요한은 그것을 중요시하지 않는가? 예를 들어 부활이나 주의 만찬처럼 많은 신약성경의 가르침들 중 "드문" 특징들이 등장하더라도, 왜 성령세례에 대한 많은 암시가 마키아가 인정하는 것보다 적은 비중을 차지하는 것처럼 보이는가? 그가 말하는 것 중 많은 부분이 옳다고 인정하더라도, 그는 누가를 포함한 신약성경의 모든 저자들이 실제 그 경험을 묘사하는 것으로 인정할 수 있는 적합한 용어를 가지고 있는가? 이러한 질문으로 인해 그의 작품의 관용성과 통찰력의 가치가 평가절하되지는 않

---

116. Macchia, *Baptized in the Spirit*, p. 218.
117. Macchia, *Baptized in the Spirit*, pp. 204-41.
118. Macchia, *Baptized in the Spirit*, p. 259.

는다. 오히려 그것은 그가 신뢰하고 수용하고자 했던 유산에 물어야 할 것이다.

23. 5. 유진 로저스와 벨리-마티 카르카이넨

(1) 유진 로저스Eugene F. Rogers. 로저스는 프린스턴, 튀빙겐, 예일 대학교에서 수학했으며, 예일 신학교와 프린스턴 대학교에서 가르쳤다. 그는 아퀴나스와 바르트, 성과 몸에 대한 책을 썼다. 그는 2005년에 『성령』*After the Spirit*을 출간했다.[119] 그는 "세상을 향한 삼위일체 하나님의 행동들은 나눌 수 없다"는 교부들의 증언을 지지한다.[120] 그러나 이것은 의도하지 않았던 문제를 초래할 수도 있다. 만약 성령의 사역이 그리스도의 사역과 구분되지 않는다면, 사실상 성령은 예수 그리스도의 가시적이며 공개적인 사역과 성부의 성자를 보내시는 사역에 가려져서, 모호하고 희미한 존재가 될 수도 있지 않을까? 로저스는 성령이 삼위일체적 틀 속에서 사역한다는 삼위일체의 이야기 신학을 탐색함으로써 성령에 대한 필요한 강조를 회복시키고자 건설적으로 모색한다. 삼위일체에 대한 성경적 서술적 접근의 유용함은 몰트만과 판넨베르크에 의해 충분히 예시되었다. 그것은 형이상학적이며 유추적인 접근의 끊임없는 유희로부터 우리를 구해준다.

예수의 수태고지, 세례, 변화, 부활, 그리고 승천 사건 모두는 "삼위일체의 내적 관계"를 보여준다. 로저스는 예수의 생애와 사역의 일련의 사건들에 "성령이 성자의 몸에 임하다"라는 제목을 붙인다. 그는 예수의 세례를 가장 중요한 것으로 여긴다.[121] 그는 이렇게 쓰고 있다. "예수의 세례는 일차

---

119. Eugene F. Rogers, *After the Spirit: A Constructive Pneumatology from Resources outside the Modern West* (Grand Rapids: Eerdmans, 2005, and London: SCM, 2006).

120. Rogers, *After the Spirit*, p. 7.

121. Rogers, *After the Spirit*, pp. 135-71.

적으로 삼위일체 내부의 사건으로 이해되어야 한다. … 그것은 성령이 성부와 성자 사이의 사랑을 증언하는 사건이다." 그는 계속해서 다음과 같이 말한다. "세례의 상호작용에서, 성부는 자신의 사랑을 표현한다('이는 내 사랑하는 아들이요'). 성령은 창조의 물 위를 선회했던 것처럼 요단강 물 위를 선회한다. … 예수는 다른 인간이 참여할 수 있는 방식으로 사랑과 증언을 받는다."[122]

예수의 부활은 다른 사건들과 마찬가지로 "삼위일체 내부의 사건"이다. 로마서 8:11과 로마서 1:4은 좀 덜 직접적으로 이것을 보여준다. 로저스는 수태고지에서도 동일한 패턴을 보고, 이렇게 말한다. "삼위일체 하나님이 행한 것은 … 삼위일체 하나님이 자신의 삶에서 행한 것에서 그 특징을 가지고 있다."[123] 로저스는 기도에 있어서 성령의 역할을 언급함으로써 결론을 짓는다.

(2) 벨리-마티 카르카이넨Veli-Matti Kärkkäinen은 핀란드의 헬싱키 대학에서 신학 박사 학위를 받았다. 그리고 2000년에 풀러 신학대학원의 교수단에 합류하고, 2003년에 전임 교수가 되었다. 그는 또한 헬싱키 대학에서도 교수직을 맡고 있다. 그는 『삼위일체: 지구적 관점』*The Trinity: Global Perspectives*(2007), 『하나님과 함께하는 자: 신격화와 칭의로서의 구원』 *One with God: Salvation as Deification and Justification*(2004), 『성령론: 교회일치적, 국제적, 문맥적 전망 속의 성령』*Pneumatology: The Holy Spirit in Ecumenical, International, and Contextual Perspective*(2002), 그리고 가장 최근의 『성령과 구원: 기독교 신학의 자료들』*Holy Spirit and Salvation: The Sources of Christian Theology*(2010)을 포함하여 거의 십여 권에 이르는 책을 영어로 출간했다.[124]

---

122. Rogers, *After the Spirit*, pp. 136-37; 참조. p. 145.
123. Rogers, *After the Spirit*, p. 117.
124. Veli-Matti Kärkkäinen, in *Holy Spirit and Salvation: The Sources of Christian Theology* (Louisville: Westminster/John Knox, 2010); 그리고 Kärkkäinen, *Pneumatology: The Holy Spirit in Ecumenical, International and Contextual Perspective* (Grand Rapids: Baker Academic, 2002).

카르카이넨은 많은 나라에서 강의를 했고, 진보적이고 독창적인 오순절주의 강사이자 저자로 잘 알려져 있다. 그는 이 책에서 다루는 것보다 더 많은 분량으로 다룰만한 자격이 있다.

카르카이넨은 『성령론』*Pneumatology*에서 다양한 오순절주의 전통과 입장을 구분한다. 제1부에서 그는 이러한 입장을 요약하고, 역사적으로 다양한 발전들이 "교회를 보다 완전한 이해로 이끌었던 도전"에 어떻게 반응했는지를 보여준다.[125] 그는 몬타누스주의, 동방교부들, 어거스틴, 빙엔의 힐데가르트, "좌익" 급진 개혁가 등을 고찰한다. 이 책의 후반부에서 그는 동방정교회, 로마 가톨릭, 루터교, 그리고 오순절주의 관점을 비교한다. 여기에는 존 지지울라스, 칼 라너, 볼프하르트 판넨베르크, 위르겐 몰트만, 미하엘 벨커의 관점이 포함된다.

2006년 10월에 카르카이넨은 템플턴 재단과 U.S.C. 대학이 후원하는 학회에 참가했다. 그곳에서 그와 프랭크 마키아가 기고한 "최근 오순절주의 신학의 발전"을 발표했다. 그는 다음의 내용들을 설명함으로써 발표를 시작했다. (a) 오순절주의자는 전통을 기반으로 하지 않는다. (b) 오순절주의자는 상대적으로 글을 거의 쓰지 않는다. (c) 그들은 대중적으로 생각하는 것보다 훨씬 그리스도 중심적이다. (d) 그들의 신학과 관행은 매우 다양하다. (e) 그들은 일반적으로 사회적인 문제들과 교회 연합의 문제에 참여하는 데 충분히 실패했다. 그는 오순절주의자의 40% 이상은 방언을 하지 않는다는 것을 언급하며, 이를 강조한다. 그는 앞으로 가야 할 길은 종말론과 선교를 더 강조함으로써 성취할 것으로 보았다. 이것은 그들의 존재 이유의 일부분이다. 그는 아모스 용의 새로운 작품과 일부 히스패닉계 오순절주의자들의 가난한 자들에 대한 관심을 칭찬한다.

『성령과 구원』의 대부분은 역사적, 지리적 개요에 전념하고 있다. 우리는 제2부 역사적인 부분과 또한 제18장에서 중요한 통찰을 담으려고 했었

---

125. Kärkkäinen, *Pneumatology*, p. 38.

다. 카르카이넨은 니케아 이전의 글들로 시작한다. 다음에는 니케아 이후 교부들과 중세교회, 종교개혁과 19세기까지의 종교개혁 이후 작가들을 다룬다. 제2부는 20세기 동방정교회, 로마 가톨릭, 복음주의와 오순절주의 신학을 포함한 개신교 전통의 성령론을 논한다. 동방정교회 전통은 "신격화"Deification와 블라디미르 로스키를 포함하는데, 로스키는 이렇게 쓰고 있다. "성령은 성자를 통하여 성부에게로 우리를 이끌며, 그곳에서 우리는 세 분의 연합을 발견한다. … 성자는 성부에 의해 보냄을 받고, 성령에 의해 성육신한다. … 성령은 종속적인 사역 특성을 가지고 있지 않다."[126] 이렇게 로스키는 성령이 "성부와 성자로부터 filioque 나오신다"는 서방교회에 반대한다.

또한 카르카이넨은 정교회의 표제 아래 존 지지울라스의 『공동체로 존재하기』Being as Communion(1985)를 "획기적인 신학 작품"으로 논한다.[127] 지지울라스는 기독론과 성령론 사이의 적절한 종합을 요구한다. 반면 칼리스토스 웨어Kallistos(Timothy) Ware는 성령에 대해 "비밀스러운 숨겨진 특성"을 강조한다.[128] 카르카이넨은 또한 세르기오스 불가코프를 고찰한다.

카르카이넨은 가톨릭 전통에서는 제2차 바티칸, 한스 우르스 폰 발타자르, 이브 콩가르, 칼 라너, 킬리안 맥도널을 살핀다. 그리고 개신교 전통에서는 칼 바르트, 헨드리쿠스 베르코프, 위르겐 몰트만, 볼프하르트 판넨베르크, 그리고 미하엘 벨커를 살펴본다.[129] "복음주의 신학"에서는 스탠리 그렌즈, 도널드 블로쉬, 클라크 피녹을 포함하고, 오순절주의와 쇄신주의에서는 스티븐 랜드, 앨런 앤더슨, 하비 콕스, 킬리안 맥도널을 포함시킨다.[130] 마지막으로 그는 여성 성령론자들(예를 들면, 로즈마리 류터Rosemary Ruether, 2005)과

---

126. Kärkkäinen, *Holy Spirit and Salvation*, pp. 278, 279.
127. Kärkkäinen, *Holy Spirit and Salvation*, p. 282.
128. Kärkkäinen, *Holy Spirit and Salvation*, p. 285.
129. Kärkkäinen, *Holy Spirit and Salvation*, pp. 307-37.
130. Kärkkäinen, *Holy Spirit and Salvation*, pp. 363-81.

아프리카(존 음비티John Mbiti, 1975), 그리고 아시아와 라틴아메리카의 성령론자들도 살펴본다. 그가 여러 출판물에서 말했듯이, "오순절주의와 독립적인 카리스마 운동은 라틴아메리카에서 가장 빠르게 성장하는 기독교 세력이다."[131] 우리는 20세기 초의 전형적인 오순절주의부터 멀리 벗어나 있다.

23. 6. 피니 필립과 아리 즈비프

(1) 피니 필립Finny Philip은 세람포르 대학에서 수학했고, 2003년에 더럼 대학에서 Ph.D.를 받았다. 지금은 세람포르와 연계된 대학에 학장으로 돌아왔다. 그는 1966년에 태어났고, 2005년에 『바울 성령론의 기원』*The Origins of Pauline Pneumatology*을 출간했다.[132]

성령론에 대해 쓴 많은 사람들처럼, 그도 학자들을 검토함으로 시작한다. 여기에는 오토 플라이데러, 헤르만 궁켈, 에두아르트 슈바이처, 로저 멘지스, 고든 피가 포함된다. 그는 궁켈이 유대교를 배경으로 보통 사람들의 경험을 강조한 것을 주목할 만한 것으로 묘사한다.[133] 그는 슈바이처의 업적을 같은 방식으로 재조명하는데, 제프리 램프가 대체로 비슷한 접근을 하고 있다고 여겨질 수도 있다. 그러나 멘지스는 예언에 대해 좀 더 "엄격한" 개념을 사용한다.[134] 호른은 신약성경에 나오는 두 주제를 구분하는 "중요한 이정표"이다.[135] 호른이 데살로니가전서에서 성령의 종말론적 내용을 집중적으로 논한 것은 그 자신의 논지와 일치한다. 성령은 다가올 것의 아라본 *arabōn* 또는 보증이다. 이는 실제 그의 책의 제목이다. 고든 피에게도 종말론

---

131. Kärkkäinen, *Holy Spirit and Salvation*, p. 455.
132. Finny Philip, *The Origins of Pauline Pneumatology: The Eschatological Bestowal of the Spirit*, WUNT 2.194 (Tübingen: Mohr, 2005).
133. Philip, *Origins*, p. 8.
134. Philip, *Origins*, p. 15.
135. Philip, *Origins*, pp. 16-17.

은 중요하다. "성령은 바울이 마지막 때를 기대함에 있어서 주도적인 역할을 했다."[136] 에스겔 36:26-27은 바울 사상의 핵심에 해당한다. 구약성경의 예언의 성취에서, 이제 하나님의 백성 모두는 예언을 한다. 고든 피도 성령으로 말미암은 하나님의 인격적 임재를 강조한다.

필립은 이전 연구에 "빈틈"이 있다고 주장하지만, 그의 논지는 호른의 것에 가까운 것 같다. 한편 필립은 이방인에 대한 바울의 사명을 더욱 강조한다. "성령은 이방인들에게 값없이 주어진다. … 성령은 그가 이방인들에게 복음을 선포하는 열쇠였다."[137] 이렇게 필립은 그의 책 제1부에서, 특별히 에스겔 36:26-27(피처럼), 에스겔 37:1-14, 이사야 32:9-20, 44:1-5, 요엘 3:1-2을 살펴봄으로써, 성령의 종말론적 수여에 대한 개념적 배경을 탐구한다.[138] 그의 책 제3장에서 필립은 희년서, 에스라4서, 쿰란을 포함하여 정경 이후 유대교를 고찰한다. 그리고 제4장에서는 지혜서와 필로를 고찰한다.[139] 남은 부분에서는 바울이 구약성경과 유대교에서 발견되는 주제들을 어떻게 가져왔는지를 논한다. 그는 자신의 책 제2부에는 "바울의 회심 배경", 제3부에는 "바울과 성령"이라고 제목을 붙인다.[140]

필립은 바울의 회심 경험과 안디옥에서의 경험으로 확인한 하나님께서 이방인들에게 성령을 부으셨다는 그의 확신은 바울의 성령 신학의 강력한 동기가 되었다고 결론을 내린다. 바울은 회심 경험으로 성령을 만나고, 예수 그리스도를 마주하여 하나님의 영광을 보았다(고후 3:1-4:6). 필립의 결론이 놀랍다고 말하기는 어려울 것이다. 어떤 예측은 해밀턴과 프리드리히 호른과 다른 형태이다. 그러나 이것이 필립이 자료를 사용하는 것을 포함하고 있는 독특한 작품의 가치를 떨어뜨리지 않는다. 이 책은 2005년에 관심이

---

136. Philip, *Origins*, p. 22.
137. Philip, *Origins*, p. 26.
138. Philip, *Origins*, pp. 34-76.
139. Philip, *Origins*, pp. 77-119.
140. Philip, *Origins*, pp. 125-62, 164-225.

가는 이정표로서 유용한 표지이다.

(2) 아리 즈비프Arie W. Zwiep(b. 1964)는 2010년에 『그리스도, 성령, 하나님의 공동체』Christ, the Spirit and the Community of God를 출간했다.[141] 그는 벨기에 루뱅 대학에서, 그리고 영국 더럼 대학에서 제임스 던 교수의 지도 아래 수학했다. 그는 2004년부터 암스테르담 자유대학에서 조교수로 재직하고 있으며, 『누가의 기독론 속 메시야의 승천』The Ascension of Messiah in Lukan Christology(1997)을 썼다. 성령에 대한 이 책은 8편의 에세이 모음집인데, 그 중 몇 개는 학술지에 발표한 것으로, 주로 사도행전의 처음 장들에 관한 것이다. 처음 4편은 반유대주의적 경향의 맥락에서 승천, 부활, 하늘의 승귀, 그리고 가룟 유다의 죽음 본문을 다루고 있다

다섯 번째 에세이는 누가의 "성령세례"관을 다룬다. 즈비프는 누가가 성령세례를 종말론적, 통합적 장벽을 깨뜨리는 사건으로 보며, 이는 미래의 약속과 현재의 경험을 긴장 속에서 함께 붙들고 있다고 주장한다. 이 에세이는 2006년 암스테르담에서 개최된 아주사 스트리트 부흥 100주년을 기념하기 위해 열린 오순절주의-카리스마주의 컨퍼런스에서 받은 한 논문에 기초하고 있다. 이 논문은 특별히 누가복음-사도행전에 관한 로버트 멘지스의 작품에 대한 응답으로 주어진 것이었다. 맥스 터너와 마찬가지로, 그는 멘지스가 (스트론스태드와 같이) 오순절주의를 진지한 신약성경 학문의 세계로 입장시킨 것으로 본다.[142] 즈비프는 "사회적-실용주의 해석학, 즉 이미 믿고 있는 것을 확증하기 위해 성경을 읽는 것"보다는 대화를 중시한다.[143] 이러한 해석학적 사안이 주경학적 사안보다 훨씬 더 중요하다.

즈비프는 먼저 오순절주의자들과 복음주의자들 사이의 공통되는 입장에 주목한다. 여기에는 다음과 같은 공통적인 입장이 포함되어 있다. (a) 누

---

141. Arie W. Zwiep, *Christ, the Spirit and the Community of God: Essays on the Acts of the Apostles*, WUNT 2.293 (Tübingen: Mohr, 2010).
142. Zwiep, *Christ, the Spirit and the Community*, p. 100.
143. Zwiep, *Christ, the Spirit and the Community*, p. 101.

가는 신학자이며 역사가로서 글을 쓴다. (b) 누가는 바울의 렌즈를 통해 읽혀서는 안 된다. (c) "은사중단주의"는 특별히 세대주의적 견해로서, "복음주의 진영에서 급속히 멀어지고 있다." (d) 1세기 유대교는 누가복음-사도행전 이해를 위한 가장 타당한 문맥을 제공한다. (e) 특별히 에두아르트 슈바이처에 의한 사역의 각성으로, 누가의 성령 개념의 능력-선교의 양상에 대한 합의가 점증하고 있다.[144] 즈비프는 공통되는 입장은 30년 전보다 훨씬 더 많아졌다고 주장한다.

의외로 즈비프는 제임스 던의 "회심 입교" 논지와 오순절주의의 "제2 축복" 논지는 모두 누가의 관점과 유사하다고 주장한다.[145] 논의를 망칠 수 있는 것은 "추정된 체계화의 오류"이다. 이는 한스-게오르그 가다머가 구체적인 특수성을 강조한 것과는 대조적인 것이며, 우리가 앞으로 나아가도록 도움을 준다. 마지막 날의 약속에 대한 누가의 암시는 요엘 2:28-32, 에스겔 36-37, 이사야 32:15, 44:3-5에 근거한 것이다. 마찬가지로 누가복음 3:16-17에서 세례 요한의 "그는 성령과 불로 너희에게 세례를 베풀 것이요"라는 말은 심판의 날을 포함하고 있는 구절들을 생각나게 한다. 마가복음과 "Q 자료"도 종말론적 심판을 시사한다. 누가복음에서는 사도행전 1:5과 연계되어 있다. "그러나 결정적인 질문은 두 세례 사이의 관계를 어떻게 규정하느냐 하는 것이다"(즈비프의 이탤릭).[146] 누가는 세례 요한에 의해 약속된 불세례가 오순절에 성취될 것이라고 예상했는가? 아니면 오순절을 종말의 심판을 바라보는 부분적인 성취로 보았는가? 즈비프는 이렇게 주장한다. "오순절은 종말론적 약속과 기대의 결정적이며 최종적인 성취가 아니라, 종말론적 약속에 대한 … 대망이다"(즈비프의 이탤릭).[147] 결국 베드로의 설교에서의 상징, "해가 변하여 어두워지고 달이 변하여 피가 되리라"는 묵시적이며 종

---

144. Zwiep, *Christ, the Spirit and the Community*, p. 104; 참조. pp. 101-5.
145. Zwiep, *Christ, the Spirit and the Community*, p. 105.
146. Zwiep, *Christ, the Spirit and the Community*, p. 108.
147. Zwiep, *Christ, the Spirit and the Community*, pp. 108-9.

말론적이다. 이 단계에서 성령은 앞으로 다가올 더 많은 일의 첫 번째 보증(*arrabōn*)이다(고후 1:22; 엡 1:14).

우리는 누가 오순절주의 신학이 시사하는 것과 같은 일련의 개인적인 경험을 예상했다고 진지하게 상상할 수 있는가? 즈비프는 멘지스가 이 "세례"는 "*모든 개개의 신자*"가 경험해야 하며 … "*모든 신자를 위한 능력*"이라고 주장했다고 한다(즈비프의 이탤릭).[148] 즈비프는 더 깊은 신학적, 목회적 이해를 요구하며, 쿰란의 평행구로부터 어느 정도 지지를 받고 있다고 주장한다. 그는 "이 '이미-그러나 아직'의 긴장은 우리가 신약성경에서 발견한 것과 매우 유사해 보인다"고 주장한다.[149] 오순절은 또한 "장벽을 무너뜨리는 사건"이다. "사도행전 2:17-18에서 고전적인 분열의 벽은 명백하게 무너져 있다."[150]

즈비프는 확실히 옳다. 아마도 한 가지 실수에도 불구하고, 그의 논증은 설득력이 있다. 오스카 쿨만뿐만 아니라 찰스 모울과 앨런 리처드슨 역시 세례 자체를 마지막 심판의 예기로 본다. 모울은 세례를 "또한 죄의 변론, (예를 들어, 마지막 날에) 선고의 수용"으로 묘사한다.[151] 앨런 리처드슨은 이렇게 단언한다. 세례는 "유죄" 평결을 받아들인다. 그리하여 우리가 큰 재판과 마지막 심판을 면하게 한다.[152] 더욱이 톰 홀랜드는 세례는 개인지향적 성례라기보다는 공동체적이라고 확신 있게 주장한다.[153] 종말론의 "지금"과 "아

---

148. Zwiep, *Christ, the Spirit and the Community*, p. 111; Robert P. Menzies, *Spirit and Power: Foundations of Pentecostal Experience* (Grand Rapids: Zondervan, 2000), p. 101.
149. Zwiep, *Christ, the Spirit and the Community*, p. 116.
150. Zwiep, *Christ, the Spirit and the Community*, p. 117.
151. Charles F. D. Moule, "The Judgement Theme in the Sacraments," in *The Background to the New Testament and Its Eschatology: In Honour of C. H. Dodd*, ed. David Daube and W. D. Davies (Cambridge: Cambridge University Press, 1956), p. 465; 참조. pp. 464-81.
152. Alan Richardson, *Introduction to the Theology of the New Testament* (London: SCM, 1958), p. 341.
153. Tom Holland, *Contours of Pauline Theology: A Radical New Survey of Influences on*

직 아니"에 대한, 그리고 세례의 공동체적 면에 대한 그의 강조는, 내 견해로는, 성령세례를 개인적이며 "단일한 사건"이라고 보는 고전적인 오순절주의 관점을 단호히 거부한다.

이 에세이는 우리의 논의에 가장 관련이 있는 에세이 중 하나이다. 그러나 즈비프의 교회에 관한 여섯 번째 에세이도 어느 정도 관련이 있다.[154] 첫째, 그는 교회는 "카리스마적" 공동체로서, 그 안에서 이적과 예언, 그리고 다른 경험들이 일어난다고 주장한다. 사도행전은 목회서신만큼 조직화에 많은 관심을 기울이지 않는다. 이처럼, "사도행전은 교회론에 관한 논쟁에서 어떤 역할도 할 수 없고 해서는 안 된다. … 가장 초기의 그리스도교 공동체에 대한 그의 묘사에는 강한 독특함(Einmaligkeit)이 있다."[155] 즈비프는 이렇게 결론을 내린다. "신약성경은 우리에게 획일적이고 권위 있는 교회의 '모델'을 제시하지 않는다. 교회의 구조와 조직 원리는 지역마다 다르다. … 사도행전은 성공적인 교회 건축의 상세한 도면을 제시하지 않는다. … 누가는 교회 개척에 관한 안내서를 쓰지 않았다."[156] 우리는 교회가 사회적인, 윤리적인 장벽들을 연결시켰으나, 성령의 인도하심에 따라 그리스도와 복음을 섬기기 위해 교회의 형태는 다양했다는 것을 안다. 결국 즈비프와 함께 사실상 우리의 연구에 어울리는 클라이맥스에 도달하게 되었다.

Paul's Biblical Writings (Fearn, Ross-shire: Mentor, 2004), pp. 141-56.
154. Zwiep, *Christ, the Spirit and the Community*, pp. 120-38.
155. Zwiep, *Christ, the Spirit and the Community*, p. 124 (첫 번째는 Thiselton의 이탤릭; 두 번째는 Zwiep의 이탤릭).
156. Zwiep, *Christ, the Spirit and the Community*, p. 137.

24

요약, 결론, 상호 대화, 개인적인 성찰

 이번 장은 두 가지 이유로 각주의 사용을 완전히 폐기했다는 점에서 다른 장과 다르다. 첫째, 쉽게 읽힐 것이다. 이것은 단순히 1장부터 23장까지 쓴 내용을 평가적인 논평과 함께 되돌아보는 것을 목표로 한다. 둘째, 이 마지막 장에서는 어떤 주장도 제시되지 않는데, 이 장에서는 앞의 23장에 대한 충분한 참고 문헌을 제시하지 않았다. 나는 성경적, 역사적, 현대적인 연구로부터 대두한 일곱 가지 기본적인 주제를 열거함으로 시작한다. 일곱 가지 원리 또는 주제 각각의 끝에 실제적인 결론을 덧붙였다. 이것이 다양한 가능한 "적용" 중 하나가 될 수 있을 것이다.
 나는 이 연구가 단순히 이론적 교의, 또는 성경적, 역사적, 현대 신학에 대한 추상적인 연구 이상의 것이 된다는 것을 보여주기 위해 각각의 경우에 "하나의" 실제적인 원리를 제시했을 뿐이다. 그러나 그것이 이보다 못하지 않다. 나는 오늘날 그 수와 영향력뿐만 아니라 100여 년 동안 성령론에 끼친 거대한 영향 때문에 가능한 한 오순절주의와 갱신주의를 포함시켰다. 그러나 실제로 최근까지도 두 운동의 경향은, 마치 성경적, 교리적 학문성이 "경험"의 대안인 것처럼, 심지어 때로는 "사상"이 "감정"을 대체하는 것처럼 이를 평가절하 하는 것이었다. 우리는 성경의 가르침과 역사적 교훈에 대한 새로운 평가가 필요하며, 이 마지막 장에서는 개인적인 성찰을 포함하여 이것을 바탕으로 하려고 한다. 어떤 것들은 논란의 여지가 있을 수 있다.

이 일곱 가지의 기본 주제를 언급한 후에, 나는 우리가 더 가까워지고 서로로부터 배우기를 바라면서 오순절주의자들 및 갱신주의자들과 상호 대화를 시도할 것이다. 마지막으로 해석학과 성경 해석에 대한 본 연구가 담고 있는 함의를 더 살펴볼 것이다.

24.1. 일곱 개의 기본 주제

(1) 성령의 인격성. 성령이 "인격"이라는 것은 모든 장의 변함없는 주제이다. 그러나 애초에 우리는 소위 사람을 인격이라고 말하는 것과 정확하게 같은 의미로서 인격*a Person*은 아니라는 것을 인정한다. 우리는 이안 램지가 하나님에 대한 모든 말에 관하여 했던 것에 호소한다. 우리는 원치 않는 의미를 제거하고 그 말을 충분히 적절하게 할 수 있다면, 인격Person과 같은 것을 근접하고 유사한 모델*model*로 사용할 수 있을 것이다. 그는 "하나님은 원인자일 수 있지만, 제일 원인이라는 의미에서만 그렇다. 즉 하나님은 자연이나 우연한 사건들의 인과 사슬의 일부가 아니다"라고 제안한다. 하나님은 아버지이시다. 그러나 하나님이 하늘 아버지, 또는 예수의 아버지일 경우에만 그렇다.

루돌프 불트만은 바울이 성령을 완전하게 인격적으로 이해하지는 않는다고 주장한다. 왜냐하면 그는 채워지거나 부어지는 이미지를 사용하기 때문이다. 그는 이를 "역동적인" 은유 또는 이미지라고 부르면서, 이를 근거로 바울은 성령을 인격적으로 여기지 않았다고 결론을 내린다. 그러나 이 논증은 "인격" 모델이 "채우는" 또는 "부어지는" 것으로서의 역동적인 은유에 의해 그 자격을 가진다는 것을 보여준다. 성령은 이것 때문에 인격보다 못한 것이 아니다. 즉 이는 성령이 인격 이하라는 것이 아니라, 초인격적이라는 것을 가리킨다. 성령은 인격 이상이며, 인격 이하가 아니다.

세 가지 요점이 있을 수 있다. 하나는 이를 지지하는 것이고, 다른 둘은 그로부터 추론되는 것이다. 첫째, 성경과 수세기를 통해 볼 때, 저자들은 성령을 경험하는 것은 하나님을 경험하는 것이라고 주장해 왔다. 예를 들어, 우리는 고든 피가 성령을 "능력을 주시는 하나님의 임재"로 묘사한 것에 주목했다. 이는 분명히 성령이 하나님의 인격에 참여함을 의미한다. 이것은 동서방의 교부들과 중세 교회, 주요 종교개혁자들, 종교개혁 이후 시대의 저자들에 의해 강조되었다. 우리는 암브로우스가 성화에 있어 삼위일체의 세 위격의 불가분리성을 강조한 것과 "삼위일체가 구원의 모든 단계에서 함께 한다"라고 강조한 것을 살펴보았다. 대 바실은 활동과 삼중 영광송으로 드리는 교회의 예배에서 삼위일체 위격들의 협력과 동등성을 주장했다. 중세 시대로 와서 안셀름Anselm은 "성령은 모든 면에서 성부와 성자의 속성[또는 성품]을 소유한다"고 주장했다. 칼빈은 성령을 통해 하나님을 인식한다고 주장했다. 이것은 성자의 경우 의문의 여지가 없는 것과 마찬가지로 성부와 성령에 관하여도 인격성의 개념이 포함된다. 이것은 성경의 가르침을 다룬 제1부에서 주의 깊게 논증되었다. 우리는 제3부에서 몰트만, 지지울라스와 그 외 사람들의 저서들이 이 점을 명확히 하고 있음을 보았다.

둘째, 이것과 위에서 말한 모든 것에 비추어 볼 때, 성령을 "그것"*it*으로 지칭한다는 것은 상당히 놀라운 일이다. 이는 성령을 모욕하는 것이 될 수 있으므로, 힐라리, 암브로우스, 아타나시우스, 바실이 반대자들의 반론에 대답하면서 대 토론을 역전시켰다. 그들은 만장일치로 성령은 창조된 존재나 사물이 아니라고 주장했다. 특별히 아타나시우스는 성령이 피조물이나 창조의 부분, 즉 하나의 "사물"*it*이라는 개념에 공격을 주도했다. 성경 기사에서 성령은 종종 인격체만이 할 수 있는 일을 한다. 성령은 기도하며, 슬퍼하며, 적극적으로 증언하거나 "우리 마음속에서 부르짖으며", 선지자를 통해 말씀하는 등 많은 것을 한다. 마틴 부버의 말로 하면, 성령은 우리와 나와 그것이 아니라, 나와 당신으로서 우리와 같은 관계에 있다. 힐라리, 아타나시우스, 바실은 이 점에 기여했다.

셋째, 우리는 아마도 더 논쟁적이고 민감한 문제가 될 수 있는 것에 이르렀다. 그러나 우리는 상식적인 의미론과 언어학에 근거해서 그것을 제시한다. 이것은 불행하게도 문법적인 성과 인격적인 성 또는 성gender 정체성에 대한 혼동과 관계있다. 언어학에 있어 제임스 바와 다른 사람들은 관습적인 문법적 성과 인격적 정체성의 성을 혼동해서는 안 된다고 올바르게 주장한다. "영"에 해당하는 히브리어 루아흐는 문법적으로 여성이다. 그러나 "영"에 해당하는 그리스어 프뉴마는 문법적으로 중성이다. 반면 요한은 남성형인 파라클레토스*paraklētos*와 에케이노스*ekeinos*를 사용한다. 바는 프랑스어가 사물을 가리키는 수많은 단어에 문법적 성별을 할당한다고 해서, 이것이 프랑스의 전설적인 에로티시즘과 어떠한 관계가 있는 것은 아니라고 지적한다! 또한 그리스어, 라틴어, 히브리어, 또는 터키어의 문법적 관습은 인격적 성에 대해 어떠한 것도 제시하지 않는다. 그리스어에서 "어린이"(*teknon*)는 문법적으로 중성이다. 그러나 이로부터 그리스인은 어린이를 단지 사물로만 여긴다고 추론한다면 터무니없을 것이다. 우리가 성령을 인격적이라고 할 때, 인격적 성을 설명할 필요는 없다. 성은 창조물인 인간에게만 해당된다. 하나님은 성을 초월하시며 성령도 또한 마찬가지다. 이것은 하나님이나 성령에 대하여 부성이나 모성의 유추적 적용을 금하지 않는다. 이것은 하나님의 행위를 유추적으로 묘사하는 양태일 뿐이며, 구약성경과 신약성경에 선례가 있다. 뿐만 아니라 예수가 인류의 일원이 되는 것을 선택했을 때도, 이것은 예수에게 성이 부여되는 것을 금하지 않는다. 덧붙이자면 그리스어를 사용하는 존 지지울라스의 번역자는 그의 작품에서 남성 대명사를 사용한다.

실제적인 적용. 성령은 하나님만큼이나 인격적이다. 우리는 성령을 "그것"it이라고 부르는 널리 퍼진 대중적 경향에 결코 굴복해서는 안 된다. 인격체로서 성령은 우리에게 말씀하시며 우리는 특히 대 바실이 주장한 것과 같이 통상적으로 그렇다고 항상 그런 것은 아니지만, 삼중 영광송의 형태로 성령에게 예배를 드릴 수 있다. 성령이 인격이 아니라면 삼위일체에 대해 말하는 것이 무슨 의미가 있는가? 성령을 단순히 하나의 "힘"이나 "능력"에 불과하다고 생각하는 것은 심각한 오해일 것이다.

(2) 성령의 초월성, 독특성, "타자성." 구약성경에서 분명히 성령은 종종 인간 존재 "내부"에서 역사할 뿐만 아니라, "위로"부터 온다. 나는 성령은 "내재하는 초월자"라고 부를 수 있다고 주장했다. 이 구절은 성령의 많은 사역 중에서 초월성과 내재성 사이의 균형을 유지하려고 한다. 그러나 "안에"within라는 말은 통합corporate의 의미와 개인individual의 의미에서, 즉 우주, 세계, 교회와 개인 신자 안에서 모두 이해되어야 한다. 구약성경의 주요 주제는 초월적인 과업을 수행할 수 있는 능력을 받는 인간들이다. 사사들에게 주신 성령의 은사가 하나의 예이다. 사실 사사들은 모두 인간적인 약점을 가지고 있었다. 그러나 성령은 그들이 타고난 힘을 초월하여 압제자로부터 이스라엘을 구원할 수 있게 했다. 성령은 이스라엘의 소 떼를 약탈자로부터 보호했고, 에스겔서에서 하나님의 영은 마른 뼈에 생명을 주었다.

신약에서도 역시, 성령은 초월적이다. 바울은, 우리가 이미 본 것처럼, 세상의 영으로부터 하나님의 영을 조심스럽게 구별하며, 성령을 토 프뉴마 토 에크 톤 데우to pneuma to ek ton theou(문자적으로는, "성령, 하나님으로부터 나온 분" 즉, "하나님으로부터 나오시는 성령"; 고전 2:12)으로 정의한다. 요한복음에서 보혜사the Paraclete는 자신이 주도적으로 말하지 않지만, 그의 사역은 그리스도를 증언하는 것이다(요 15:26-27; 16:12-15; 참조. 고전 2:15-16).

형용사 "신령한"spiritual을 매우 폭넓고 불확실한 방식으로 널리 사용했다는 강한 암시를 내포하고 있다. 이 경우의 "신령한"spiritual은 주로 단순히 인간의 능력이나 인간의 비물질적 또는 종교적인 열망에 관계된 것으로 "영"spirit의 인류학적 용법을 가리킨다. 이 말은 명사 "영성"spirituality에 유난히 잘못 적용되고 있다. 바울이 그리스어 프뉴마티코스pneumatikos, "신령한"spiritual을 사용할 때, 그는 특별히 성령의 중재, 사역, 영향을 암시한다. 왜냐하면 예수 그리스도의 주님 되심이 최고의 기준이 된 것은 성령 때문이다(고전 12:3). 이는 너무나 분명하며, 부인할 수 없는 사실이다. 고린도전서에서 바울은 프뉴마티코스pneumatikos("신령한 사람")이란 말을 사용할 때, 그는 그 삶과 생각이 성령으로 말미암아 특징지어지는 사람들을 가리킨다. 그가 프뉴마티카pneumatika("신령한 것")를 사용할 때, 바울은 성령이 드러내고 전하는 영적 진리를 가리키고 있다. 그는 "인간의 영에 관련된" 것을 의미하기 위해, 유사 영지주의나 인류학적 의미로 그 말을 사용하지 않는다. 이것은 바울이 취하지 않는 인간관일 것이다. 많은 그리스인들과 일부 고린도 교인들이 이러한 영에 관한 견해view of spirit를 가지고 있었던 것은 사실이다. 그러나 이러한 견해를 바울이나 대다수 성경 저자들에게 돌리려고 한다면 심각한 잘못일 것이다. 우리는 성령을 "그것"it으로 가리키는 널리 퍼진 대중적 오류를 지적했던 것과 같이, "영", "신령한", "영성"을 전적으로 비성경적이고 바울 자신의 어휘 용법을 반영하지 않는 방식으로 사용하는 널리 퍼진 대중적 오류에 대해 말해야 한다. 우리의 요점은 성령의 사역의 내재성을 축소하지 않는 것이다.

그러한 오용은 여러 가지 방식으로 우리를 미혹했다. 예를 들어, 바울은 성령이 죽은 자의 부활 때 우리에게 신령한 몸을 주실 것이라는 하나님의 장엄한 약속을 말하고 있다. 이는 성령의 늘 새롭게 하는 임재로 말미암아 활기 있게 되는, 전적으로 성령의 지배 아래에 있는 존재 상태에 대한 하나님의 약속을 말한다. 성령은 플라톤과 아마도 아퀴나스가 예상한 정적인 "완전"이 아니라, 새로운 계시와 기사들로 우리를 인도할 것이다. 마치 영spirit이 인간 본성의 구성물인 것처럼, 신령한 몸을 순전히 인간적인 비물질적 존재의 일종으로 생각한다면 바울과 성경적 견해는 훼손될 수 있다. 그렇다면 거룩한 영으로서 역동적이고, 항상 역사하는 능력과 하나님의 현존을 상실할 수 있을 것이다. 그렇다면 하나님께서 그의 영으로 말미암아 결정하신 존재의 역동적인 그림을 순전히 추상적이고 비신체적인 이상적인 형태an ideal Form의 개념으로 축소시키게 될 것이다. 그러한 추상은 많은 동방 종교에 흡수될 수 있었다. 이는 심지어 교회뿐만 아니라 개인에게 대한 하나님의 사랑과 보존을 약화시키도록 위협한다. 그것은 부활의 영광스러운 약속을 생명 안에 있는 중요한 모든 것을 빼앗긴 피조된 존재 단위로, 단지 그림자나 "영혼"으로만 존재하는 것으로 바꾸어 놓는다. 성령으로 말미암아 살아난 "몸"을 상상하면 우리는 전혀 다른 담화의 세계에 있게 된다. 이 문맥에서 성령은 이 삶에서 앞으로 올 것의 담보 또는 보증으로 받은 거룩함, 새로움, 형통함, 지속적인 생명을 완성한다.

우리는 "영성"spirituality이 어떤 경우에도 넓은 의미로 사용될 수 없다고 주장하고 있는 것이 아니다. 우리는 단지 이 용어를 이러한 방식으로 사용해야 한다면, 이것이 일차적으로 성경적 또는 기독교적 용법이 아니라는 것을 더욱 분명히 할 것을 제안한다. 우리는 성령의 사역의 독특성을 보존해야 한다. 이것은 그리스도를 증언함, 그리스도를 닮은 마음과 성품, 거룩함, "타자성" 또는 "초월성"과 같은 특성들을 포함한다. 이것은 그리스도와 성령은 상호보완적이라는 것, 또는 성령이 없이는 "그리스도"도 없을 것이라는 지지울라스의 요점을 약화시키지 않는다.

실제적인 적용. 바울과 교부들, 특별히 어거스틴의 시대부터 하나님의 영은 더 넓은 의미 또는 인류학적 의미로서의 "영"과 결코 혼동되어서는 안 된다고 주장되어 왔다. 만약 이 둘을 혼동한다면, 성령에 대한 언어의 전체적인 재정립은 심각한 왜곡의 위험에 노출된다. 교회와 세계 속에서의 성령의 사역뿐만 아니라 단지 인간을 넘어서는 성령의 초월성과 "타자성"을 강조한다면, 우리는 성령의 사역의 영광과 놀라움과 "타자성"을 확실하게 할 수 있다. 많은 결과들 가운데 죽은 자의 부활에서 행한 성령의 사역이 주요한 예가 될 것이다.

(3) **성령과 삼위일체.** 삼위일체와 성령에 대한 사고의 발전에서 두드러진 요점 중 하나는 신약성경에서 추상과 형이상학적 유추와 그림으로부터 삼위일체에 대한 내러티브 해설로의 변천이었다. 처음에는 이것이 특별히 위르겐 몰트만과 볼프하르트 판넨베르크로부터 시작된 것처럼 보였으나, 예를 들어 유진 로저스와 같은 다른 사람들은 이제 결단력 있게 그것을 채택

하게 되었다. 이것은 삼위일체적 틀 속에서 성령의 역할을 구성하는 돌파구가 되며, 역사상의 거의 모든 신학자들이 그것을 시도했다. 그것은 이런 복잡한 현상이 그리스도인들에게 왜 필요한지에 대해 간략하게 소개한다. 이 접근법은 설교에서 기꺼이 사용될 수 있으며, 성경적 용어로 교리의 뿌리를 설명하는 데 많은 도움이 될 수 있다.

로저스가 보여주는 것과 같이, 예수의 세례는 최고의 예가 된다. 예수는 세례 시에 메시아 사역을 위해 성령으로 기름 부음을 받았고(막 1:10), 성령은 메시아 사역을 위해 시험하고 확증하기 위해 광야로 그를 몰아내거나(막 1:12과 같이) 또는 이끈다(마 4:1; 눅 4:1). 그러나 이것이 설명의 전부가 아니다. 성부 하나님이 하늘에서 목소리를 통해 승인을 표하시는 것도 동일한 사례이다. 그 목소리는 "너는 내 사랑하는[Greek, *ho agapētos*] 아들이라 내가 너를 기뻐하노라"(Greek, *en soi eudokēsa*; 막 1:11)고 선언한다. 세례 이야기는 이렇다. "곧 물에서 올라오실 새 하늘이 갈라짐과 성령이 비둘기 같이 [Greek, *hōs peristeran*] 자기에게 내려오심을 보시더니"(막 1:10). 사복음서 모두가 이 이야기를 증언하고 있다(마 3:13-4:11; 눅 3:21-22; 4:1-13; 요 1:32-34). 예수의 세례는 삼위일체의 모든 위격이 협력적 사역에 동참했다는 점에서 삼위일체적 사건이었다.

예수의 잉태와 동정녀 탄생도 동일하게 삼위일체적 틀 속에서 발생한다. 아들을 인간의 세상으로 "보내는" 창시자는 "아들을 세상에 보내신"(요 3:16) 성부 하나님이시다. 중재적 작용인은 성령의 중개와 활동을 포함한다. 우리는 간단히 그리스 종교에서 신적 출생과 평행이라는 이유로 누가의 해설을 무시할 권한이 없다(눅 1:35-38). 우리는 이미 세계의 창조에 대하여, 바렛과 볼프하르트 판넨베르크처럼 전문 분야에서 다양한 사람들을 포함한 대다수의 학자들이 성령이 혼돈의 물 위에서 "창조적으로 선회하였다"(창 1:2)고 주장하는 것을 보았다. 그들은 암묵적으로 NRSV의 번역, "하나님으로부터 나온 바람이 물의 표면을 쓸어갔다"를 거부한다. 그들은 하나님의 창조적 영(*rûach*)이 혼돈에 질서를 부여하는 존재로서 선회하거나 감싸고 있는 것으로 본다. 이것은 하나님의 역동적이고 창조적인 영 또는 대리인이 이스라엘을 바다에서 올라오게 했다는 이사야 63:11-14과도 일치한다. 실제로 하나님의 영이 광야에서 이스라엘을 지킨 것처럼, 성령은 이스라엘의 광야 생활을 재현하는 예수에게 능력을 주고 그를 지킨다. 따라서 누가의 기사에서 가시적인 비둘기의 언급은 그리스 종교의 평행에 의존하고 있지 않으며, 창조와 새 창조의 평행을 보여주는 데 관심을 기울이고 있다. 회고적 관점으로 우리는 두 창조를 삼위일체적 협력이라고 본다.

내러티브*narrative*는 주어진 목적을 위해 점점 더 중요한 성경적 장르로 인정받게 되었다. 이것은 우리가 오늘날 종종 "스토리"story에 대한 무비판적 관심에 동의한다는 것을 의미하지 않는다. 내가 『해석학의 새 지평』*New Horizons in Hermeneutics*과 다른 곳에서 주장했듯이, 문학 이론에서 제라르 주네트Gerard Génette와 폴 리꾀르의 추가 자료에 진지하게 주목한다면 내러티브는 특별히 가치가 있다. 삼위일체의 신비를 설명하는 데 있어서 성경적 내러티브는 그 자체가 매우 가치 있는 교훈적이고 해설적인 자료임을 입증했다. 나지안주스의 그레고리가 바르게 주장한 바와 같이, "삼(3)"은 수적인 가치와는 아무 상관이 없다. 그레고리의 견해는 우리가 샴록 칵테일이나 클로버 같은 방해가 되는 예를 사용하기 전에 중단하도록 한다. 성령의 역할은 숫자적 유추가 아니라, 성경의 주요 내러티브에서 성령에 대한 부분을 이해하면 가장 분명하게 나타난다.

아마도 오늘날에는 공동기도서(1662년)의 교리문답을 거의 배우지 않을 것이다. 그것은 약간의 문답으로 시작한다. 그리고 사도신경을 공부하고 수강자에게 사도신경에서 무엇을 배웠는지 묻는다. 수강자는 이렇게 대답한다. "나는 나를 지으신 성부를 … 나를 구속하신 성자를 … 나를 거룩하게 하시는 성령을 믿어야 할 것을 배웠습니다." 삼위일체의 각 위격의 각각의 독특한 사역을 구분하는 것은 잘못된 것이 아니다. 그러나 초기부터 동서방 교부들은 삼위일체의 세 위격 모두가 창조, 구속, 성화, 부활 사역에 함께 참여했다고 적극적으로 강조했다. 이런 점에서 기도서의 교리문답은 전적으로 "잘못된 것"은 아니지만, 사상의 폭 넓은 유통을 일으킨다는 점에서 유감이다.

실제적인 적용. 삼위일체적 틀 속에서 성령의 인격과 사역을 이해한다면 실수를 피하는 데 도움이 될 것이다. 신약성경의 예수 내러티브를 적절하게 강해함으로 시작한다면, 삼위일체는 더 이상 4, 5세기경의 우발적 사건에서 전승된 이론적인 교리가 아니게 될 것이다. 이 접근법은 교부들도 이를 의존했던 신약성경의 명령으로 보일 것이다. 이것은 하나님과의 양방향 교제에 영향을 끼친다. 예배를 드릴 때, 톰 스메일과 다른 사람들이 주장한 바와 같이, 우리는 성령의 능력 안에서 성자의 중보로 말미암아 하나님을 삼중으로 호칭한다. 기도할 때, 성령은 우리를 고무시키고, 갈망과 할 말을 준다. 우리는 보통 성부 하나님께 기도하며, 항상 "우리 주 예수 그리스도를 통하여" 기도한다. 삼위일체의 전 위격은 우리의 생명을 유지하며 지속시킨다. 삼위일체의 전 위격은 우리를 사랑하시므로 우리를 창조하셨고, 우리를 존재하게 하셨다. 삼위일체의 전 위격은 우리에게 성경을 주셨고, 교회를 계속해서 보존하신다. 이것은 바실이 삼중 영광송을 사용하라고 주장한 것에 대해 또 다른 이유가 된다.

또 다른 방향에서 유진 로저스는 그리스도의 세례와 마찬가지로 그리스도인의 세례가 어떻게 성부, 성자, 성령, 전 삼위일체의 사역이 되는지를 보여주었다. 성령은 우리를 하나님의 사랑으로 그리스도께 묶는다. 쿨만과 다른 사람들이 보여준 것처럼, 세례는 우리가 십자가와 부활 사건에 닻을 내리게 한다. 우리는 그리스도와 함께 장사 지낸 바 되고 일어나며(롬 6:2-11), 성령으로 말미암아 그리스도께 매여 죽음으로부터 일으켜진다(롬 8:11). 이것은 개인적인 사건일 뿐 아니라 공동체적 사건이기도 하다.

(4) 성령은 전체 하나님의 백성의 공동 소유로서 배분된다. 구약성경에서 성령은 종종 주어진 사역을 위해 선택된 개인에게 주어진다. 이러한 개념의 고전적인 자료는 사사기이다. 이스라엘이 범죄 하자 하나님은 그들을 대적들의 손에 넘기셨다. 이스라엘이 고통 중에 하나님께 부르짖을 때, "여호와

의 영이 입다에게 임하시고"(삿 11:29), 또는 "여호와의 영이 삼손에게 강하게 임하니"(삿 14:6a), 그 결과 그는 "사자를 염소 새끼를 찢는 것 같이 찢었다"(삿 14:6b). 그러나 이들 개인들은 개인적으로 사사 또는 구원자가 되지만, 그 선물은 오직 이스라엘 전 공동체를 위한, 또는 하나님의 전 백성을 위한 것이다.

필슨이 지적한 바와 같이, 공동체의 유익을 위해 개인적으로 부여하는 이 계획은 신약성경으로 이월된다. 바울은 분명하게 "공동의 유익을 위하여 각 사람에게 성령을 나타내신다"고 말한다(고전 12:7). 그리고 나서 아홉 가지 특별한 은사를 열거한다(12:8-10). "이 모든 일은 같은 한 성령이 행하사 그의 뜻대로 각 사람에게 나누어 주시는 것"으로서(12:11), 교회 전 공동체의 유익을 위한 것이다. 바울은 즉시 많은 지체를 가진 "한 몸"에 대해 설명하기 시작한다(12:12-27). 그러나 이것이 바로 그가 "다 한 성령으로 세례를 받아 한 몸이 되었고"(12:13)라고 말한 문맥이다. 우리가 본 바와 같이, 즈비프는 이 단락의 공동체적이고 종말론적인 문맥을 강조했다. 그가 혼자 이 일을 행한 것은 아닐 것이다. 그러나 그의 설명은 성령의 사역에 대하여 논할 때 이 구절에 특별한 의미를 제공한다. 우리는 오순절주의자와 "성령세례"에 대하여 대화를 시도할 때 12:13을 개인적인 것으로 잘못 해석하는 것에 대해 고찰하고 논의할 것이다.

공동체에 대한 통찰의 결과는 많다. 우리가 살펴본 라이오넬 쏜턴은 "주 예수 그리스도의 은혜와 하나님의 사랑과 성령의 교통하심(koinōnia)이 너희 무리와 함께 있을지어다"(고후 13:13, 어떤 번역본은 14절)라는 바울의 기도가 성령의 "공유" 또는 "참여"를 가리킨다고 주장한 최초의 사람 중 하나일 것이다. 그는 그 코이네 그리스어 명사가 주주*shareholders* 또는 참여자 *participants*를 의미한다고 주장했다. 그 단어는, 내가 어떤 교회에서 다른 말로 바꾸어 말하는 것을 들었던 것처럼, 성령의 "우정"을 의미하지 않는다. 참여자가 되기 위해서는, 우리의 특별한 은사가 무엇이든지, 성령의 상호관계적 은사를 촉진시키고, 어떤 종류의 엘리트주의나 교만도 금할 것이다. 성령은 "나의 것"이 아니며, 은혜롭게도 "우리의 것"이다.

이것은 하나님의 성전을 이루어가는 모든 동료 신자들을 향한 존중과 돌봄으로 초대한다. 하나님은 성령의 공동체적인 거주(고전 3:16-17; 6:19)로 말미암아 거룩함으로 성별하신다. 6:9은 개인적인 성전을 말하는 반면, 3:16-17은 공동체로 이루어진 하나의 성전에 대해 말한다고 주장한다. 이것이 사실이라면 다른 그리스도인들도 존중받을 만하고, 존중심이 없다면 성령의 전으로서 존중받아야 한다. 그러므로 동료 신자들을 공격하는 것은 신성모독sacrilege으로 묘사할 수 있다. 그러나 바울이 확실히 6:19에서 개인을 지칭하는가? 바울은 두 단락에서 복수를 사용하고 있다. Greek, *naos theou este kai to pneuma tou theou oikei en hymin* (3:16); *to sōma hymon naos tou en hymin hagiou pneumatos estin* (6:19). 반면 몸은 이 문맥에서 "육체적 몸"을 가리키는 것 같으므로, 뒤 구절은 개인적인 것으로 해석하는 것이 좋을 것이다. 이것은 성령이 다른 사람과 대조적으로, 한 사람의 배타적 소유가 결코 될 수 없다는 주장을 무효화하지 않는다.

실제적인 적용. 우리는 성령의 임재와 능력이 우리가 항상 가진 생각(모두 내게 달려 있다)을 배제한다는 존 테일러의 현실적인 말을 언급했다. 우리가 어떤 일에 실패할지라도 성령은 기껏해야 하나의 작은 파편에 불과한 자들의 전 교회에 거주하며 활기 있게 한다. 하지만 이 사실이 우리를 격려하는 한편, 우리를 겸손하게 하기도 한다. 성령은 단순히, 마치 성령이 누군가의 배타적인 소유 또는 독점인 것처럼, "나의 것"이 결코 아니다. 이것은 "성령의 은사"가 "그 원하시는 대로" 그들 "각자에게" 할당된 한 가지 이유를 제공한다(고전 12:18). 어떤 한 개인도 성령의 은사 모두를 소유할 수 없다. 따라서 "내게 모두 달려 있어"라는 생각을 배제하는 것이 "나는 너보다 더 사랑받고 있어"라는 생각을 배제하는 것으로 균형을 이룬다. 개인을 위한 은사는 모두의 선을 위하여 주어진 은사를 결코 약화시키지 않으며, 약화시켜서는 안 된다. 이것은 어떤 시기심도 물리친다. 바울은 다른 장에서 이렇게 말한다. "사랑은 … 시기하지 아니하며 … 자랑하지 아니하며 교만하지 아니하며 무례히 행하지 아니하며 … 성내지 아니하며"(13:4-5). 성령이 다른 것들을 책임질 누군가를 선택한다고 할지라도 시기할 이유가 없다. 그 사람은 정당하게 책임을 질 것이다.

(5) 성령은 하나님의 연장이기 때문에 "거룩"하다. 신약성경의 모든 페이지와 수세기 동안의 역사를 통해, 그리스도인들은 하나님의 현존을 전달하는 데 있어서 성령을 단지 하나님의 존재의 한 양태나 연장으로 격하시키지 않고, 어떻게 정당하게 대할 것인가 하는 문제와 씨름을 해왔다. 이것은 양태론Modalism이나 사벨리우스주의Sabellianism와 같은 고대의 이단으로서, 교회는 히폴리투스 시대부터 이를 피하고자 했다.

과거 구약성경과 유대교 저자들이 하나님의 지혜와 말씀과 현존(Hebrew, *pānim*, 문자적으로, "얼굴")을 어느 정도까지 하나님의 "연장"*extensions*으로 생각했는지 확실하게 하는 것은 어려운 일이다. 히브리인들 또는 유대인들은 어느 정도까지 그리고 어느 때에 하나님을 나타내는 반 독립적인 위격*semi-independent hypostasis*으로 생각했는가? 천사는 같은 반열에 속하지 않는다. 왜냐하면 그들은 하나님의 피조물, 창조된 존재이기 때문이다. 많은 본문에서 하나님을 보는 것은 하나님의 자애로운 얼굴 또는 현존을 경험하는 것이다(욥 33:25-26; 시 17:15). 하나님의 얼굴을 찾는 것은 표준적인 표현이 된다(대상 21:30; 시 24:6). 그러나 성령을 찾는 것은 하나님 자신을 찾는 것 외에 다른 것이 될 수 없다. 시편 139:7에서 "성령"과 "현존"은 히브리 시에서 흔히 "동의어적 평행"synonymous parallelism이라고 불리는 것을 형성한다. "내가 주의 영을 떠나 어디로 가며" 또는 "주의 앞에서 어디로 피하리이까." 시편 51:11에서 "나를 주 앞에서 쫓아내지 마시며"는 "주의 성령을 내게서 거두지 마소서"와 평행이다. 단어의 수준에서 그 단어들은 서로 교체할 수 있는 동의어이다.

우리는 또한 하나님만이 절대적 의미로 "거룩"하다고 말했다. 따라서 "성령"이라는 용어는 "거룩"의 속성을 하나님에게만 귀속시킨 데서 나온다. 이차적인 의미에서, 이것은 성화, 즉 개인들의 성화와 하나님의 전체 백성들의 성화에서 성령의 독특한 사역으로 이어진다. 성령이 거주하는 사람은 "거룩"하다. 이것은 개인적으로도 공동체적으로도 적용된다(고전 3:16-17; 6:19-20). 그러나 성경의 저자들은 "거룩"을 두 가지 의미로 사용한다. 첫째, 하나님에게 속한 것은 무엇이든 거룩하다. 둘째, 거룩함이란 오랜 성장과 때때로 분투 끝에 도달하는 목표이다. 첫째는 모든 그리스도인은 거룩하다는 의미를 묘사한다. 둘째는 보통 성화라고 부른다. 이 두 의미 사이의 혼동은 "거룩하게 되는"이 하나의 과정이 아니라 사건이라고 하는 대부분의 성결 운동에서의 개념을 부분적으로 설명할 수 있다. "완전주의"는 그리스도인의 죄악 됨을 부인할 뿐만 아니라, 또한 실제의 종말론적 희망을 앗아간다. 우리는 일부 사람들의 주장만큼 웨슬리가 이 교리에 대해 인정받아야 하는지 또는 비난받아야 하는지 의심스럽다. 플레처와 일부 웨슬리의 추종자의 경우에는 아마 다를 것이다.

성령의 사역은 특별히 성화와 관계된다. 교부들은 성령이 하나님으로 나오지만 창조되지 않은 것으로 여기는 것을 확실히 하는 데 집중했다. 이 전통은 중세 초기까지 지속됐다. 그러나 중세 말의 신학자들과 종교개혁자들, 종교개혁 이후 시대, 그리고 현대에는 성령의 이 독특한 사역을 강조할 뿐만 아니라, 동시에 창조, 구속, 성화, 부활과 영원까지 모든 단계에서 협력하는 전 삼위일체를 인정하고 있다.

실제적인 적용. 성령은 하나님의 대리인이 아니다. 성령은 하나님의 현존과 능력과 사랑을 전한다. 데살로니가전서와 로마서는 복음서에서 예수 그리스도께서 자신이 아니라 도래하는 하나님의 통치를 선포했던 것과 마찬가지로 하나님에게 초점을 맞춘다. 고린도 교인들은 "하나님"은 그들의 삶의 좀 더 멀고 어두운 구석으로 밀어내고, 좀 더 쉽게 접근할 수 있는 "주님" 그리스도에 대해 끊임없이 말하는 것 때문에 바울의 책망을 받은 것 같다. 이것이 소위 "성자종속설" 구절이 고린도전서에 등장하는 이유이다. 바울은 그들에게 "그리스도의 머리는 하나님이시라"(고전 11:3), "모든 것은 하나님에게서 났느니라"(11:12), 마지막 때에 예수 그리스도는 "나라를 아버지 하나님께 바칠"것이다(15:24), 그리고 "아들 자신도 그 때에 만물을 자기에게 복종하게 하신 이에게 복종하게 되리니 이는 하나님이 만유의 주로서 만유 안에 계시려 하심이라"(15:28)라고 말한다. 고린도 교회의 "성령주의"pneumatics에도 불구하고 성령에게 특별한 예배를 드리는 문제와 평행하는 문제는 없었던 것 같다. 그러나 일부 오순절주의자나 갱신주의자들이 이와 같은 실수에 빠질 수 없다는 뜻은 아니다. 이것은 결코 힐라리, 아타나시우스, 바실, 몰트만 등 많은 사람들이 삼위일체의 동등성을 바르게 강조한 것을 비난하는 것이 아니다. 그러나 바울과 요한계시록의 저자는(계 4:8-11; 5:1-10) 성부 하나님이 존재의 궁극적 본성이요 궁극적 근원임을 소홀히 여기지 말 것을 목양적인 조언으로 함께 붙들고 있는 것 같다. 우리가 "성령"이라는 용어를 사용한다면, 또한 "성 삼위일체"라는 용어를 사용하는 것도 적절하다.

(6) 성령은 성령이 행한 결과로 식별되거나 인정된다. 그러나 성령의 결과라고 주장하는 것이 항상 성령에게 속한 것은 아니다. "바람"이라는 루아흐 *rûach*와 프뉴마 *pneuma*의 의미는 많은 구약성경의 저자들이 상기시켰던 한 가지 진리를 생각나게 한다. 우리는 바람을 그대로는 "볼" 수 없다. 그러나 분명히 떨어지는 나뭇잎, 물결치는 옥수수밭, 오르고 내리는 기온, 눈보라에서 그 결과는 볼 수 있다. 하나님의 존재를 논하는 철학자들은 종종 "활동으로부터의 추론", 더 정확하게는 "활동의 결과로부터의 추론"에 대해 말한다. 우리는 하나님을 볼 수는 없다. 그러나 그의 사역의 결과는 볼 수 있다. 우리는 성령을 "볼" 수는 없다. 그러나 성령의 결과는 볼 수 있다. 우리는 성령의 위격에 대한 형이상학적 접근보다 기능적 접근을 사용하기 위해 루돌프 불트만을 기다릴 필요는 없다. 이미 말한 바와 같이, 보나벤투라는 하나님의 "자취, 발자국, 또는 흔적"을 강조했다(*Journey of the Mind*, 1:2). 그리고 많은 교부들과 중세 저자들도 마찬가지였다.

그러나 이러한 말과 추론은 때로는 위험할 수 있다. 예를 들어, 떨어지는 나뭇잎은 바람 이외에도 많은 이유로 떨어질 수 있다. 이미 말한 바와 같이,

칼 바르트는 바울이 고린도전서 12-14에서 논의한 현상들에 대하여 쓸 때, 그 현상을 이해하는 열쇠는 현상 자체로 보는 것이 아니라, 바르트의 말로 하면, 어디서부터*the whence*(이것이 누구로부터 또는 무엇으로부터 왔는가?)와 어디로*the whither*(어떤 목적을 위해 존재하는가, 또는 무엇에게로 이끄는가?)를 보는 것임을 상기시켰다. 다시 말해, 그 현상의 모든 조각이 진정으로 성령으로부터 왔는가? 그리고 그것이 교회를 세우고, 그리스도를 영화롭게 하는 것으로 이끌었는가?

성령으로부터 나왔다고 주장하는 어떤 현상이 아무것도 아닌 것으로 판명되는 것은 자명한 진술이다. 교회는 많은 고통 거리를 가지고 있는데, 성령의 사역으로 처음 경험한 것을 순전히 인간의 힘으로 얼마나 쉽게 흉내 내고 복제할 수 있는지를 알게 되었다. 구약성경 초기부터 요한서신, 디다케, 몬타누스주의, 중세교회, 수없이 많은 세대를 거쳐 오늘날까지 "거짓 선지자"라는 민감한 주제는 매우 두드러진 의제로 나타났다. 이미 언급했듯이 최근 월터 모벌리는, 이 주제에 대하여 유용한 책을 썼다. 역사는 많은 자칭 선지자에 대해 증언한다. 교회의 전통이나 이레네우스가 "믿음의 규칙"이라고 부르는 것을 참고하여 예언을 테스트하는 것이 항상 정답은 아니다. 왜냐하면 이것은 교회의 전통의 끝없는 반복으로 귀결될 수 있기 때문이다. 교회의 전통 안에 있는 "직분"과 "제도"는 더 새롭고, 창조적이고, "카리스마적인" 모든 것에 대해 승리했다. 우리는 프린스턴이 감사하게도 결코 독창적인 것을 산출한 적이 없다는 핫지의 이상한 자부심을 상기하게 된다.

그러나 우리는 그 분야를 속임수와 인간의 변덕에 맡길 수 없다. 많은 사람들은 그들의 동시대인들이나 후임자들이 깊이 자리한 욕망의 투영, 또는 "유명 인사" 지위에 대한 갈망, 또는 단순히 신실한 실수로 보아온 것을 진실로 예언으로 보았다. 성경에 분명히 규정되어 있는 하나의 "결과"는 예수를 주님으로 고백하는 것이다(고전 12:3). 이 구절은 성령에 대하여 쓴 거의 모든 역사적 저자들의 특징이다. 기독론적 기준으로의 전환은 바울, 요한1서, 그리고 교회의 전통에서 충실하다. 그리고 현대에 와서 기독론이 때때로 경계가 모호하게 된 문제가 발생한다. 이레네우스는 공개적으로 중재된 "사도적 전통" 또는 믿음의 규칙에 호소했을 것이다. 그러나 어떤 기준도 빈틈이 없는 것은 아니며, 아마도 이것이 "영 분별"discernment of spirits이 영적 은사인 이유일 것이다. 어떤 사람들은 이 "은사"가 모든 은사 가운데 가장 중요하고 가장 본질적이라고 주장한다. 몬타누스주의Montanism에 대해서는 의견이 갈린다. 존 웨슬리는 그에 대해 생각을 바꾼 것으로 유명하다.

우리가 돌아갈 해결되지 않은 수수께끼 중 하나는, 성령의 사역이 재발견되었다는 초기(1905년부터 1925년까지 20년 동안) 오순절주의자의 주장은 너무나 많은 분열, 또는 하비 콕스가 말한 권력 다툼에 기반하고 있는 "말다툼"이라고 부르는 것에 시달렸다는 것이다. 이것은 "성령의 하나 되게 하심"을(엡 4:3) 나타내는가? 또는 "한 새 사람"(2:15)을, 또는 "그리스도의 장성한 분량"(4:13)을 나타내는가? 다툼이 없는 완전한 연합은 어거스틴과 도나투스 논쟁에서 "주류" 교부들이 일관되게 거부했던 "순수한" 교회일 것이다. 그것은 청교도의 좁은 관점으로의 회귀이다. 그러나 그것이 보여주는 것은 모든 예언의 억제가 아니라, 극단적인 돌봄과 가장 철저한 시험이다. 거기에는 기독론, 윤리적 생활 스타일, 교회의 계속성이 어떻게든 포함되어 있는 것이 틀림없다.

신명기의 후반부는 모세가 지도력을 내려놓기 전 모세로부터 기인한 많은 축복과 저주를 담고 있다. 나는 신명기 18장이 모든 오순절주의 회중과 모든 갱신주의운동 모임에서 볼 수 있도록 놓여 질 수 있기를 원한다. 모세는 하나님께서 선지자를 일으키실 것을 인정한다(신 18:15-19). 그러나 그는 그 장을 이렇게 결론 내린다. "만일 어떤 선지자가 내가 전하라고 명령하지 아니한 말을 제 마음대로 내 이름으로 전하든지 … 그 선지자는 죽임을 당하리라. … 이는 여호와께서 말씀하신 것이 아니요 그 선지자가 제 마음대로 한 말이니 너는 그를 두려워하지 말지니라"(18:20, 22).

실제적인 적용. 많은 작가들이 예수께서 성육신에서 케노시스kenōsis를 경험했던 것과 마찬가지로(빌 2:5-11), 성령의 케노시스, 침묵, 또는 "자기 부인"에 대해 말했다. 이것의 일부는 성령이 산출한 현상 또는 결과를 제외하고 성령의 신비와 불가시성에 관한 것이다. 이러한 근거에서 모든 것이 가능하므로 개인이나 한 공동체에서조차 진정한 성령의 사역이 무엇인지 오인하게 된다. 이것은 "영 분별"(고전 12:10)을 성령의 은사 중 가장 중요한 것으로 만든다. 이것은 신비주의에서 극심해진다. 신비주의는 성령을 통해 즐겁고 친밀한 하나님 경험을 고취시킬 수 있다. 그러나 이것은 결국 성령으로 말미암아 "계시"나, 무의식적으로 자생되는 환각을 산출할 수 있다. 힐데가르트, 시에나의 카트린느, 아마도 노르위치의 줄리안과 아빌라의 테레사는 우리로 하여금 월터 힐튼이 기준과 제약을 발견하려고 열망하는 문제들을 직면하게 한다. 우리는 하나의 "그림"에 대해 다양한 이해와 해석이 가능하다는 비트겐슈타인의 경고, 또는 꿈의 해석의 복잡함에 대한 리꾀르의 경고를 보았다.

우리는 매우 과감하게 모든 "사적인" 예언의 정당성을 부인하려고 했던 콩가르와 몰트만의 상반되는 경고를 기억하고 있다. "현상"을 성령과 동일시하는 실수의 결과는 재난일 수 있다. 또 다른 연관된 문제는 성령의 성화 사역을 위로 오르는 사닥다리, 즉 인간으로부터 하나님까지 이르는 종교적 열망의 순전히 인간적인 훈련으로 보는 것이다. 루터와 칼빈이 주장했듯이, 주권적인 은혜는 반대 방향으로, 그리스도와 성령을 통한 중재로 하나님으로부터 인간에게로 움직이고 있다. 그리스도인의 삶을 하나의 "여행"으로 생각하는 것은 성화를 하나의 과정으로 보고, "지금"과 "아직 아니"라는 종말론 사이의 균형을 찾는 데 이점이 있다. 그러나 여기에는 하나님의 주권적 은혜의 방향을 바꾸는 위험이 있다. 최소한 대부분의 중세 신비주의자들은 교회의 전통을 충분히 인식하고 있었기 때문에 그것에 대해 단호하게 반박하는 어떠한 "계시"도 하지 않았다. 임직을 앞둔 사람들을 위해 작곡한 연도Litany에서, 사우스웰(지금은 사우스웰과 노팅엄)의 첫 번째 주교 조지 리딩의 지혜는 우리를 돕는다. "새로운 계시를 완고하게 거부하는 것으로부터 그리고 우리가 우리 조상들보다 더 지혜롭다는 성급한 확신으로부터 우리를 구원하시고 우리를 도우소서. 우리는 겸손하게 당신께 간청하나이다, 오 주여"(*A Litany of Remembrance*, p. 7).

(7) 성령은 성부와 성자의 영광을 함께 나눈다. 삼중 영광송은 최소한 바실 이래 대부분의 예전의 특성이 되었다. 그러나 격식에 매이지 않는 예배에서는 덜하다. 영광송은 양면적이다. 즉 그것은 성령을 소홀히 여기는 사람들과, 하나님이나 그리스도보다 성령을 거의 강박적으로 구하는 사람들 모두에게 유익한 기억 장치를 제공한다.

힐라리와 아타나시우스 이래 교부들은 성령의 신성을 끊임없이 재확인하고 성령이 하나의 "피조물"이 아니라는 것을 주장하는 데 너무 많은 힘과 에너지를 소비했다고 주장하는 사람들이 있을지도 모른다. 그러나 이 일의 실질적인 요지는 존재의 두 반열 사이의 대조를 강조하는 것이었다. 신적인 반열은 성부, 성자, 성령으로 이루어지며, 오직 이들만이 예배와 영광을 받을 만하다. 피조된 반열은 인간, 천사, 심지어 마리아와 모든 피조물로 이루어져 있다. 이들을 예배하는 것은 찬양과 예배를 우상숭배로 바꾸는 것이다. 이것은 논쟁이 될 수 있지만, 너무 많은 개신교인들이 애초에 왜 그들이 성인들과 마리아에 대해 염려를 표했는지 잊어버린 것 같다. 그 대답은 가톨릭, 정교회, 영국 고교회파 국교회 전통에서 숭배veneration는 예배가 아니라는 것이다. 그러나 우리가 이 구별이 미사에서 흔히 이해되지 않는다는 것을 알기 위해서는 남부 유럽을 방문해 보면 된다. 가톨릭주의와 갱신주의운동 지도자들의 경우 모두 단지 미사의 표면만을 스치는 특정 관행들에 대해 신학적으로 설명할 수 있을 것이다.

십계명의 제2계명이 특히 연관된 곳이 바로 이곳이다. 하나님의 형상은 사람과 하나님의 백성들에 의해 드러나도록 의도되었다. 고대 세계의 이방 신전에서 예배를 드렸던 사람들이 잘 알고 있었듯이, 성전 안의 형상은 신성의 "모사"가 아니라, 신성의 "표상"이었다. 하나님은 인간을 세상에 자신을 대표하도록 지명했다. 이것은 그들의 소명이었다. 하나님의 백성들은 하나님의 형상이나 신상을 만들지 말아야 했다. 왜냐하면 이것들은 인간의 의

무인 하나님을 대표하는 그릇된 대체물이기 때문이다. 다른 피조물에게 하나님을 대표하는 인간의 원시적 과업은 창세기 1:26에 기록되어 있다. "우리의 형상을 따라 우리의 모양대로 우리가 사람을 만들고"(참조. 창 9:6; 시 8:4-8; 고전 11:7; 히 2:6-8). 이 일의 한 측면은 토마스 아퀴나스와 다른 사람들이 "통치"라고 불렀던 것이다. 하나님의 군주적 왕권을 대표하는 것은 왕으로서 "통치"를 초래한다. 그러나 하나님의 목적에서, 이것은 단지 "~위의 권세"power over을 의미하지 않는다. 이는 강제하는 힘을 포함하는 것으로 보일 수 있다. 그것은 적어도 주권과 통제뿐만 아니라 돌봄과 청지기직의 의미를 포함하는 "~을 위한 권세"power for의 의미를 담고 있다. 히브리서는 인간이 이에 실패하고 그리스도와 그의 나라가 승계하리라고 단호하게 말하고 있다(히 2:6-8; 골 1:13-17). 창조된 존재를 예배하는 것은 우상숭배이다. 오늘날 인간에 의해서만 만들어진 하나님의 구조물은 개념적일 수 있다. 그러나 원칙은 여전하다. 교부들과 성경이 말하는 분별을 유지함으로써 성령에게 영예를 돌리며 예배를 드리게 된다.

실제적인 적용. 마지막 요점은 예배와 삼위일체에 관한 것이며, 그것은 이전의 근거를 점검하는 것일 수 있다. 그러나 이 일곱 번째 원리는 부정과 비교함으로써 긍정을 강화하려는 것이다. 각각의 그리스도교 하위 전통은 그 자체의 위험을 수반한다. 우리가 숭배하기를 원하는 것은 삼위일체 하나님보다 우리의 전통을 따라 성경의 특정 본문인지, 설교인지, 둘 또는 일곱 가지의 성례인지, 전통적인 성인과 마리아인지, 성령 충만한 공동체인지, 우리의 영적 지도자인지, 우리의 역사적 뿌리인지, 또는 폴 틸리히가 "준궁극"penultimate이라고 부르는 어떤 것이든지 중요하다. 예배에 유사한 태도로 이들을 대하는 것은 무의식적으로 성령을 모욕하는 방식이 될 수도 있다. 성령은 우리 가운데 사역을 위하여 이들 중 일부나 전부를 사용하실지도 모른다.

우리는 이 일곱 가지의 원리가 성령의 위격과 사역에 관한 완전한 설명이라고 주장하지 않는다. 예를 들어, 성령과 미래 또는 성령과 영감의 관계를 포함시키는 것이 좋았을 수도 있다. 그러나 성경과 역사, 그리고 현대의 작품들에 비추어 볼 때, 이들은 최소한 우리가 대부분의 일반적인 합의를 위해 찾는 일곱 가지의 견고한 출발점을 제시한다.

24.2. 오순절주의자들과 갱신주의운동과 상호대화가 필요한 여섯 가지 주제와 교회사의 후기

아주 최근까지 대화의 부족은 극심했다. 실제로 일부 평가와 토론의 어조는 놀랄 정도였다. 예를 들어, 『오순절주의 신학지』를 보면, 작가들이 때로 어떤 특정 책이 유익할 수 있는데도, 그 또는 그녀가 "우리 중 하나가 아니"라는 이유로 결국 아쉬운 점이 많다고 결론을 내린다. 나는 더 많은 역사적 차이를 가지고 있다고 보는 가톨릭-개신교, 정교회-가톨릭의 토론에서 이에 비교될 만한 태도를 본 적이 없다. 나는 오순절주의의 논평이 전형적인 것과는 멀다는 말을 서둘러 덧붙인다. 그러나 그것은 오해의 심각성을 보여준다. 갱신주의 운동에서는 상황이 정반대인 경우가 많다. 갱신주의 운동은 "주류" 전통 내에서 양육을 받는다. 그러나 전통적인 그리스도인들이 종종 소외감을 느낄 정도로 확립된 예배 패턴에 너무나 느슨한 적응을 보여줌으로, 종종 갱신주의 참여자들을 깜짝 놀라게 한다. 그리고 때로는 활기차게 반복되는 노래, 치유에 대한 기대, 예언, 방언과 같은 현상들이 일부 신실한 사람들의 적대감을 불러일으킨다. 이것은 특히 마크 보닝턴이 지극히 정직하게 "라디오 2" 정서라고 말한 것에 적용된다고 우리는 이미 언급했었다.

한편 "신실한 사람들은" 종종 새로운 생활과 좀 더 융통성 있는 지평이 필요한 예배, 성경, 성례의 일상에 참여한다. 예배는 다른 의미에서 메마르고, 형식적이고, 반복적일 수 있다. 그것은 때때로 윌리엄 로가 "기도를 말하는 것"이라고 불렀던, "기도하는 것"과는 대조적인 것으로 축소되기도 한다. 가장 슬프고 최악인 것은 그것이 단순히 인간의 퍼포먼스 또는 활동인 것처럼 "종교적이 되는 것"이다. 때때로 기존 전통은 이러한 중요한 차이를 표현하기 위하여 "성령세례"라는 용어를 사용하는 대신, "헌신적인 그리스도인" 또는 "성령에게 열려 있는 신자"라는 문구를 사용한다. 오순절주의자와 갱신운동주의자들이 전통적인 공예배에 참석할 때, 그들은 시편 63편의 기자와 같이 느낀다. "주는 나의 하나님이시라 … 물이 없어 마르고 황폐한 땅에서 내 영혼이 주를 갈망하며 내 육체가 주를 앙모하나이다"(시 63:1). 그것들이 세심하게만 공유된다면, 오순절주의자들과 갱신운동주의자들은 전 교회에게 공유할 수 있는 선물을 가지고 있다. 최근 양쪽으로부터 희망의 조짐이 나타나고 있다. 오순절주의 쪽에서는 고든 피, 프랭크 마키아, 벨리-마티 카르카이넨이 성경적, 역사적, 신학적 사상으로써 "주류" 교회 안에 독창적으로 참여하고 있다.

갱신주의운동 쪽에서는 맥스 터너, 톰 스메일, 앤드류 워커, 니겔 라이트가 뛰어난 작품을 산출하고 있다. 양쪽의 경계에서는 이브 콩가르, 위르겐 몰트만, 도날드 카슨이 갱신의 경험에 대해 깊고, 조직적인 이해를 보여주고 있다. 다른 한편, 오순절주의 웹 사이트는 교리로부터 매우 건강한 자기 비평에 이르기까지 다양하다. 고든 피는 "성령세례"에 대해, 잘 알려진 신약성경 주해에 들어맞지 않는다고 비판함으로써 동료 오순절주의자들의 분노를 무릅쓰기도 했다. 이들에 대해서는 이 책의 제3부에서 자세하게 논의했다. 하비 콕스, 마크 카트리지, 짐 퍼브스, 마크 보닝턴의 저작들은 문제와 주제를 명확하게 하는 데 매우 가치가 있다.

다음은 아마도 원리적으로는 광범위한 합의가 존재하지만, 생활과 예배에 있어서 실제적인 함의가 더 깊이 연구되어야 하는 문제이다.

(1) 모든 성령 체험의 삼위일체 프레임. 어떤 정교회 그리스도인도, 어떤 오순절주의자도, 어떤 갱신주의운동 옹호자도 보통은 이 도전을 원하지 않을 것이다. 그것은 세 가지 전통의 공통 근거를 나타낸다. 그러나 실제로는 예배, 기도, 다른 영역의 다양한 강조가 있다. 바울 서신에서 제시된 성경적 패턴은 성령에 의해 시작되어, 중보자 그리스도를 통해, 성부에게 기도하는

것이다. 이것은 다른 기도의 양식이 틀렸음을 의미하지는 않는다. 그러나 이것은 통상적인 기도에 기준을 제공한다. 기도의 주 수신인을 삼위일체의 한 위격에게 고정시키는 것은, 특히 성령에게 고정시키는 것은 정상적인 그리스도교 패턴을 따르는 것이 아니다. 톰 스메일은 이에 대해 상세히 썼다. 모든 사건들에서 우리는 삼위일체의 모든 위격이 창조와 구속의 모든 면에 참여한다는 것을 그 책 전체를 통해 보았다.

위르겐 몰트만은 삼위일체에 관한 그의 책에서 성부께서 아들을 십자가에서 죽이기 위해 "보내는" 것 이상의 일을 어떻게 하였는지 보여주었다. 삼위일체 신학의 내러티브적 강해가 보여주듯이, 그리스도의 성육신, 수난, 부활의 모든 단계에 성부와 성령은 깊이 참여하고 있다. 오순절주의자들도 바르게 기대하는 하나님 나라의 최종적인 도래는 그리스도의 영광스러운 나타남일 뿐만 아니라, 성부 하나님의 목적이 최종적으로 성취되는 것이다. 그리고 그것은 부활의 삶 속에 있는 진정한 성령 "충만"으로 인도한다. 쿨만이 주장한 바와 같이, 미래 목표의 이러한 면에도 불구하고, "그리스도인은 여전히 죄를 짓고, 그리스도인은 여전히 죽는다"는 것이다. 몰트만의 책 제목으로 알 수 있듯이, 그 왕국은 전적으로 삼위일체적이다.

그렇다면 우리의 기도와 경건은 이를 반영해야 한다. 이것은 삼위일체의 어느 위격도 약화시키지 않는다. 그것은 단순히 세 위격의 측면에서 볼 수 있는 완전하신 한 하나님의 영광을 드높일 뿐이다.

(2) 성령의 하나 되게 하심은 교회의 하나 됨을 확립시킨다. 오순절주의자들, 갱신운동주의자들, 그리고 전통적인 그리스도인들이 다른 그리스도인들의 태도와 경험에 민감하게 반응하라는 요청을 받을 때, 그들 모두가 귀중하고 중요한 어떤 것을 "포기해야" 한다고 생각한다면 이해할 만하다. 그러나 그것이 방어적이거나 심지어 논쟁으로 이어진다면, 어떻게 성령이 그들 안에 있거나 그들의 교회 안에 있다고 주장할 수 있겠는가? 나는 여전히 많은 분열과 권력 투쟁이 있었던 오순절주의 초기 역사를 이해할 수 없다고 생각하는데, 특히 이것은 종종 자만이나 자기만족이 불가피한 것으로 여기

는 경우가 많기 때문이다. 어떤 사람이 성령께서 그들을 반대되는 방향으로 인도하고 있다고 생각한다면, 이것은 성령의 인도하심이 사실상 자기모순임을 보여주는 것인가? 아니면 성령에 관해 주장하는 인간의 오류를 보여주는 예인가?

마틴 루터는 급진적인 개혁자들 중 일부가 성령께서 그들에게 재산을 소유한 귀족들을 죽이기를 촉구했다고 주장하는 것을 용납할 수 없었다. 그렇다면 성령께서 농민 반란을 선도했다는 것이다. 가장 터무니 없는 행위들이 성령의 이름으로 자칭 "선지자"들에 의해 자행되었다. 성령이 진정으로 하나 됨의 성령이라면(행 2:44-47; 고전 12:7; 엡 4:3-6), 어떻게 그러한 불화를 일으킬 수 있는가? 하물며 19세기와 20세기 초의 교회사는 성령의 인도하심이라는 주장 속에 끊임없는 말다툼과 권력 다툼, 교회의 분열을 보여주고 있다. 교회의 분열과 "독립"이 성령의 하나 되게 하심에 대한 반응을 나타내는가? 아니면 "독립"은 같은 생각을 가진 사람들을 제외한 모든 사람들에게 "나는 책임이 없다"는 것과, 어떤 "외적" 훈련으로부터도 자유롭다는 것을 의미하는가? 타인에 대한 민감함과 연결되어 있는 "다른 사람"과의 나눔의 미덕은 성령의 열매가 사랑이라는 바울의 주제와 유사하다.

고린도 교회는 여기에서도 관련이 있다. 이미 언급했듯이, 웰본L. L. Welborn과 다른 사람들은 1세기 고린도 교회의 "분열"을 지배적이며 힘 있는 사람들 사이에 권력 투쟁이라는 견지에서 바르게 보았다. 그들은 자기 진영의 사람들에게 존경을 받았다. 고린도전서 1:10에서 바울은 그들에게 "큰" 것에 충성하는 일에 빠지지 말고 "온전히 합하라"고 호소한다. 그는 "그리스도께서 어찌 나뉘었느냐 바울이 너희를 위하여 십자가에 못 박혔느냐"라고 외친다(1:13). "십자가의 도"(1:18)는 구원과 구속뿐만 아니라, 자기 본위와 세상적인 "권력" 개념에 관한 것으로, 바울이 성령으로 말미암아 설교한 그리스도 안에 있는 하나님의 그것과는 매우 다르다. 19세기부터 20세기 초까지의 교회사는 하나 됨의 성령이라는 이름 아래 분열로 얼룩져 있다. 이 두 운동에서 많은 사람들은 더욱 그리스도 중심과 십자가 중심으로 접근할 것을 주장해 왔다. 이것은 "외부의" 경고가 아니라, 그 운동들 내부에서 말했던 것에 추가된 목소리였다.

(3) 성령과 성령의 "현재적 경험"과 "새로운 것"에의 호소. 오순절주의자들과 갱신운동주의자들은 믿음이 "종교적 행위"의 실행으로 형식화되고 일상화되는 것을 허용하지 않는다. 그들은 기독교는 마음에 속한 것이며 지성과 의지에 속한 것이 아니라고 주장한다. 이들 두 운동은 교회가 단지 "종교성", 종교적 행위, 그리고 일상화에 빠지는 것을 막기 위해 예언자적인 사역을 실행했다. 윌리엄 로의 가장 중요한 의견 중 하나는 "기도를 말하는 것"과 "기도를 하는 것" 사이의 결정적인 차이와 관련된다.

그러나 성령이 전 세계의 그리스도인들을 연합시키는 것과 같이, 사도행전 2장의 방언은 이에 대한 하나의 표지로써, 성령은 또한 시대를 통해 믿음의 계속성을 보장한다. 일부 갱신운동주의자들은 마치 성령이 과거의 경건한 그리스도인들 속에서는 진정으로 역사하지 않았던 것처럼, "새로운" 어떤 것을 끊임없이 찾는 것은 이례적이다. 우리는 성령이 이미 행한 일을 성령이 부인하기를 바라는가? 여기서 전통주의자들과 카리스마주의자들은 서로에게서 무언가를 배울 수 있다. 변화하려는 의지 없이 과거의 수렁에 빠지는 것은 때때로 전통주의자의 실수이다. 반대로 항상 새로운 것과 "신나는" 것을 구하는 것은 때때로 과거를 폄하하고 경건한 선배로부터 전수된 전통을 멸시하는 갱신주의운동의 실수가 될 수 있다. 이것은 당시의 실용적인 유행이라는 이름으로 과거의 통찰을 평가절하하는 것일 수 있다. 이미 보았듯이 조지 리딩은 이렇게 지혜롭게 쓰고 있다. "새로운 계시를 완고하게 거부하는 것으로부터, 그리고 우리가 우리 조상들보다 더 지혜롭다는 성급한 확신으로부터 우리를 구원하시고 우리를 도우소서. 우리는 겸손하게 당신께 간청하나이다, 오 주여"(*A Litany of Remembrance*, p. 7).

어떤 사람들은 오순절주의자들과 갱신주의운동이 "감정"feeling을 강조함으로써 현대 세계와 공명하는 것을 강조하고 있다고 주장한다. "경험"은 언론 인터뷰에 의해 "당신은 이에 대해 혹은 저것에 대해 어떻게 느낍니까?"로 번역되는 경우가 매우 많다. 종종 오순절주의자들과 갱신운동 지지자들은 "감정"을 경험의 지성화에 저항하는 열쇠로 간주한다. 그것은 또한 사회와 세상에 의지한다고 주장되고 있다. 그러나 이것이 진정으로 기독교의 확산을 용이하게 하는 기독교적 통찰인가? 그것은 세상의 미혹에 굴복하지 않을 수 있는가? TV, 라디오, 신문을 포함한 대중 매체가 "당신은 이에 대해 어떻게 생각하십니까?"를 주관적인 "당신은 이에 대해 어떻게 느낍니까?"로 대체하는 것은 피할 수 없는 일이다. 그것은 언어적 관용어의 변화 이상의 것이다. 사고는 주의 깊은 반성과 논증을 필요로 한다. 느낌은 주관적이며 예측가능하거나 근거 없는 것이다. 잘 알려진 "부부관계 향상" 과정의 슬로건 중 하나는 "감정은 결코 옳고 그름이 아니다"이다. 감정은 방어해야 하거나 잠재적으로 비난받을 만한 것으로 평가될 필요가 없다. 그러므로 감정은 부부간의 "안전한" 소통 방법을 제공한다. 어떤 종류의 찬송, 노래, 예배가 (조작한 것이 아니라면) 감정을 키워주는 것은 피할 수 없는 일이다.

"감정"에 대해 많은 오해가 많다. 비트겐슈타인은 사랑이란 하나의 감정이 아니고 지적한다. 우리는 이미 언급한 그의 예를 기억한다. 진정한 감정이나 감각에 대해 말하는 것은 이치에 맞는다. "오! 나는 지독한 고통 가운데 있네! … 오, 괜찮소, 그것은 지금은 사라졌다오." 그러나 우리는 사랑을 설득력 있게 말할 수 없다. "오! 당신을 정말 깊이 사랑하오. 아, 이제는 식어버렸다네." 사랑은 고통과는 달리 행동으로 자신을 드러내는 지속적인 성향이나 태도이기 때문이다. 하나님은 우리에게 "농담이니까 웃어라"라고 명령하지 않으시는 것과 같이 어떤 감정을 가지도록 명령하지 않으신다. 판넨베르크가 주장하는 것처럼, 신실함은 덧없는 감정이 아니기 때문에 시간이 지나야만 증명될 수 있다.

이 사실은 갱신주의운동의 음악과 노래를 돌아보게 한다. 이 음악과 노래들은 18세기 찬송가 작가들에게 양분을 공급한 성경과 역사 속에 있는 과거 하나님의 위대한 행위를 재조명하는 것으로부터 변화되었다. 우리는 필립 도드리지 Philip Doddridge(1702-51)의 "벧엘의 하나님", 찰스 웨슬리(1707-88)의 "그가 부활하신 날을 송축하라", 토마스 올리버스 Thomas Olivers(1725-99)의 "주 우리 하나님", 오거스투스 토플레이디Augustus Toplady(1740-78)의 "만세 반석 열리니", 윌리엄 카우(1731-1800)의 "주 하나님 크신 능력", 아이작 와츠, 존 뉴턴 등을 기억한다. 이와 대조적으로 "쇄신주의" 노래들은 현재의 일시적인 순간에 초점을 맞추는 것으로 보인다. 어떤 경우에는 거의 전적으로 주관적이고 개인적일 수 있다. 그것이 문제가 되는가? 예배는 일차적으로 하나님께 드리는 것이며, 하나님이 하셨던 일과 하시는 일을 찬양하는 것이다. 18세기의 위대한 찬송들은 자기 성찰의 여지를 주었고, 좀처럼 우리를 하나님으로부터 멀어지게 하지 않았다. 이것은 모든 "갱신주의" 음악의 진실과는 거리가 멀지만, 어떤 사람들은 비율이 너무 높다고 할는지 모른다. 더욱이 가슴과 개인적인 감정을 강조하는 것은 지성과 의지에 대한 대안이 아니라, 그것을 보완하는 것이다.

그렇지만 성령은 증언과 가르침과 모든 진리 가운데로 인도하기 위해 주어졌다(요 15:26; 16:8-13). 가르침과 훈련은 지속적인 성향을 배양하고, 우리가 느끼는 감정의 이유를 설명한다. 크리스터 슈텐달이 상기시켜 주었듯이, 감정은 왔다가 지나가는 것이다. 성령은 감정과 지성과 의지에 역사한다. 즉 감정에만 초점을 맞추는 것은 적절하지 않다. 아마도 이것은 마크 보닝턴의 탁월한 "라디오2" 예배라는 탁월한 유추에 의해 폭로된 가장 큰 문제일 것이다. 갱신주의 운동의 찬송과 노래들은 아마도 전교회의 예배에 적극적인 참여와 사회적인 유대를 촉진시킬 수도 있다. 그러나 많은 노래들은 종종 지적으로 내용이 없고, 반복적이며, 사소한 것으로써 교회에 심각한 해를 끼친다. 그중 일부는 하나님의 행위가 아니라 개인의 주관적인 의식이 중점을 둔다. 이것은 부지불식간에 협소한 자기중심성을 조장할 수 있다. 고무적인 특징은 개신교와 갱신주의 사이의 느리지만 꾸준한 깨달음이 이 문제를 다루어야 할 필요가 있다고 스스로를 촉구한다는 점이다. 톰 스메일의 『능력의 사랑 또는 사랑의 능력』은 이런 점에서 아주 중요하다. 우리는 22장에서 스메일의 다음의 말을 인용했다. "하나님께 대한 찬양은 해방과 기쁨보다는 지루함과 부담이 되는 위험에 처해 끝없이 반복되는 합창으로 전락했다." 그는 지적인 내용과 가르침과 관심으로 감정을 보완해야 할 필요성에 대해서도 마찬가지로 단호한 모습을 보인다. 우리는 퍼브스가 삼위일체론에 근거하여 스메일처럼 자신의 뿌리가 되는 카리스마 운동에 대해 어느 정도 유보적이었음을 언급했었다.

성경은 지속적으로 우리에게 마음을 훈련시키고 가르칠 것을 말씀한다. 오순절주의에서는 고든 피, 프랭크 마키아, 벨리-마티 카르카이넨 등의 시대와 함께, 우리는 마치 인간은 결코 머리와 가슴과 의지를 함께 사용할 수 없다는 듯이 사상과 학문을 공격하던 개념을 넘어서기 시작하고 있다. 성령으로 말미암은 더 깊은 성화를 갈망하는 우리들은 성령께서 우리의 무의식적인 갈망까지 포함하여, 우리의 모든 부분에 역사하기를 기도한다.

(4) 성령은 치유의 은사를 주신다. 그러나 "자연"과 "초자연"의 이원론으로 나누지 않으신다. 성령의 은사는 성경의 정경이 형성되기 전 사도 시대만을 위한 것이라고 믿는 핫지와 같은 "은사중단론자들"을 제외하고는, 대부분의 그리스도인들은 전능하신 하나님은 치료하실 수 있으며, 치료하신다고 믿는다. 하나의 시금석은 우리 가운데 얼마나 많은 사람들이 건강의 문제가 있을 때 치유와 건강 그리고 생존을 위해 기도하는가 하는 것이다. 나 자신의 삶은 아무도 건강과 치료를 위해 약과 전파, 전자 장비를 사용하면서 동시에 하나님에게 간절하게 기도할 수 없다는 루돌프 불트만의 단순한 주장이 거짓임을 증명한다. 나는 두 가지 모두를 매일 행한다. 대부분의 교회는 환자를 위해 기도해 달라는 요청을 정기적으로 받는다. 보통 이것은 고통 가운데 의연함이나 플라시보 효과의 제공 이상의 것임을 의미한다. 앞에서 이미 논의한 에이미 셈플 맥퍼슨Aimee Semple McPherson이 예시한 "순"복음이 예수를 구세주, 성령으로 세례를 주시는 자, 신적인 치료자, 오시는 왕으로 보는 것은 전형적인 오순절주의의 특징이다. "순복음" 운동은 이를 다섯 가지, 곧 칭의, 성화, 치유, 그리스도의 천년왕국 재림, 방언으로 입증된 성령 세례로 확장시켰다.

종말론 또는 "오실 왕"에 대한 강조는 예수의 이적, 특히 귀신 축출과 치유 이적이 예수 그리스도의 인격 속에서 침노하는 하나님 나라의 예기적 징조라는 많은 신약성경 저자들의 결론과 일치한다. 오순절주의의 치유와 침노하는 하나님의 나라 개념은 전적으로 옳은 것 같다. 예수는 여러 번의 치유를 행하셨다. 마가복음 1:34은 이렇게 진술한다. "예수께서 각종 병이 든 많은 사람을 고치시며 많은 귀신을 내쫓으시되"(평행, 마 4:23-24; 눅 4:40; Greek , therapeud). 마가복음 3:22-27은 치유를 하나님의 나라와 연결시킨다. 마가복음 3:14-15에서 예수께서는 열두 제자에게 치유하는 권세를 주셨다. 우리는 마가복음 6:13, 마태복음 8:7, 16, 9:35, 10:1, 8, 12:22, 누가복음 9:6, 13:14 등을 비교할 수 있다. 그리고 사도행전 14:9과 고린도전서 12:9, 28은 사도적 교회의 치유라는 주제를 거론했다.

문제는 종말론적 성취의 시기이다. 일반적으로 하나님의 나라는 현재적이며 미래적이라는 것에 동의한다. 많은 신약성경의 연구나 교재들은 그 의미를 진술하지 않고 그대로 놓아둔다. 그러나 사실 그것은 치유와 관련하여 기대와 기도의 모호함을 설명한다. 말하자면 때때로 하나님은 크리스마스 전에 크리스마스 선물을 여는 것을 허용하는 것처럼, 종말이 이미 여기에 온 것처럼 치유하신다. 그러나 분명히 울리히 시몬Ulrich Simon의 책 제목이 나타내듯이, 종말은 아직 아니다. 치유 운동이 경우에 따라 종말의 시기에 임할 하나님의 손을 들어주려고 시도한다고 주장할 수도 있다. 하나님은 오직 스스로 원하시거나 선택할 때에만 치유를 행하신다. 킴벌리 어빈 알렉산더Kimberly Ervin Alexander의 치유에 관한 책은 치유에 대한 설명으로 가득 차 있지만, "이미"와 "아직 아니" 사이의 긴장에 대하여는 2 페이지를 넘지 않는다. 치유하는 것이 하나님의 뜻인가? 라는 질문은 우리를 비난하기 위해 중요한 종말론적 질문에서 벗어나 주의를 산만하게 하는 것 같다. 물론 치유는 하나님의 뜻이다. 그러나 언제 그리고 어디에서 치유하시는가? 기대감이 고조된다면, 어떻게든 믿음과 신뢰가 부족하다고 하는 사람들에게 우울증과 부적절한 자기 질책이 있을 것이다. 치유가 획일적이고 보편적인 현상이라면, 실망하는 경우에는 고통과 악의 문제를 훨씬 더 악화시킬 것이다.

많은 오순절주의자들이 동의하는 또 다른 매우 심각한 문제가 있다. 작가들과 설교자들은 "초자연적인" 치유에 대해 말하는 경향이 있다. 그러나 월터 홀렌베거, 톰 스메일 등이 단호하게 강조하고 있듯이, 우리는 "이원론적인" 또는 이중의 세계상을 조장하기를 원치 않는다. 하나님은 자신의 창조 세계를 통치하신다. 퍼브스는 "초자연적인 것"에 대해 말하는 것을 상당히 좋아한다. 성령은 "자연적인" 또는 일상적인 약을 사용하거나, 또는 완전히 이해되지 않는 놀라운 방법을 선택할 수도 있다. 뛰어난 오순절주의자인 도날드 지는, 벵엘과 같은 경건주의자가 그랬던 것처럼, "치유의 은사"는 자연적인 과정을 포함한다고 분명하게 믿었다는 것은 주목할 만하다. 존 웜버가 치유를 하나님의 나라와 연관시킨 것은 옳았다. 그러나 예수의 성육신과 사역의 문맥으로부터 벗어나, 그가 그런 일상적인 기대의 수준으로 올린 것이 옳았는지는 의문이다. 이것은 많은 "평범한" 그리스도인들을 분명히 불편하게 하고, 과장과 실망으로 이어질 수 있는 현상 중 하나이다. 많은 오순절주의자들이 이 점을 강조할 뿐만 아니라, 톰 스메일, 앤드류 워커, 네겔 라이트는 또한 "고조된 이원론", 잦은 과장된 주장들, "편집증적"인 귀신 들림을 한탄한다. 이러한 일들은 그들이 몸담고 있는 갱신주의운동에서 자주 일어나고 있다. 그들은 웜버와 갱신주의운동의 내부 비판자로서 글을 쓰고 있다. 게다가 역사적으로 성령의 은사에 대한 이해를 조사하는 과정에서, 우리는 암브로우스가 사용하는 라틴어 용어들이 종종 오늘날 인기 있는 작가들이 이해하고 있는 것보다 범위가 훨씬 더 넓다는 것을 보았다.

(5) 성령과 "예언"과 방언. 20세기 초 파함과 시모어 등에 의한 방언의 재발견으로 인해, 예언과 방언에 대하여 성경적 연구와 언어학, 심리학, 종교 경험, 그리고 여러 다른 영역에서 수많은 연구가 있었다. 그러나 많은 사람에게 지난 100년 동안 아무 일도 일어나지 않았다. 마크 카트리지는 다방면, 또는 여러 학문의 종합적인 접근법을 채택한 사람들 중 하나이다. 더욱이 예언을 말한다는 주장은 방언에 대한 논쟁보다 교회에 더 심각한 결과를 가

져왔다. 벨리-마티 카르카이넨을 포함한 많은 오순절주의자들은 종종 너무 많은 방언이 행해졌다는 것을 시인하고, 일부에서는 여전히 방언을 성령세례의 "입문적 증거"로 여기는 것을 공공연히 난처해하고 있다. 죽은 과거 속에 갇혀 있지 않기를 바라는 오순절주의와 갱신주의운동과 같은 전향적인 움직임은 아마도 파햄과 시모어와 당시 그들의 직접적인 계승자들에게는 열려있지 않았던 성경적, 역사적 통찰과 경험에 의지하는 것은 당연한 일일 것이다.

예언을 한다는 주장은 우리가 살펴본 것과 같이 수세기 동안 난제였다. 그들은 성경 본문이 실제로 예언이 주장하는 것을 말하지 않을 때, 사람들이 성경의 이름으로 일을 하도록 장려한다는 점에서 무책임한 주장과 어깨를 나란히 한다. 이것이 성경의 저자들이 그리스도의 주재권의 기준과, 또한 연관된 현상으로 예언을 "시험"해야 할 필요에 대해 단호했던 이유이다. 제2부 역사 속의 성령에서, 자기기만으로부터 나온 말을 성령에 의지하여 말한다고 주장하는 것에 대해 반복해서 경고했었다. 예를 들어, 존 오웬과 조나단 에드워즈는 이 경고를 웅변과 활력으로 표현했다.

나는 보통 "예언"을 따옴표 안에 두었다. 이는 내가 예언과 예언적 영감을 믿지 않기 때문이 아니다. 나는 이 용어가 대부분의 사람들이 허용하는 것보다 훨씬 더 넓은 범위의 의미를 가지고 있다고 확신한다. 나는 데이비드 힐, 울리히 뮐러, 토마스 길레스피가 "카리스마적" 예언을 배제했다고 믿지 않는다. 그들은 그것을 의도하지 않았다. 그러나 나는 그들이 예언을 적용된 설교, 특별히 성경적 또는 복음적으로 적용된 설교로 본 것이 옳다고 믿는다. 우리는 이 연구에서 필립 필하우어와 샌드니스가 바울이 단순히 "주께서 말씀하시기를"이라고 주장하기보다는 거의 대부분 사색적이고 설득력 있는 논증을 사용하는데도, 바울을 선지자로 여긴다는 것을 보았다. 우리가 제1장과 제2장에서 말했던 것처럼, 어거스틴, 존 칼빈, 매튜 헨리, 존 웨슬리, 제임스 데니James Denney는 그 용어가 성경적 메시지를 대중에게 설교하는 것을 의미한다고 믿었다. 참으로 나는 이 논증을 너무나 자주 사용해서 이제는 더 이상 반복할 필요가 없을 정도이다.

그럼에도 불구하고 근본적인 신학적 문제에 대해 최종적인 언급을 할 가치가 있다. 가장 심각한 신학적 문제는 하나님이 훈련, 사색, 사고 과정을 통해 역사하신다고 믿어야 할지, 아니면 단순히 제도와 "즉흥적인" 느낌을 통해 역사하신다고 믿어야 할지 하는 것이다. 비록 드문 경우일지라도, 공허한 마음에 하나의 "생각"이 들어오는 것이 꼭 "계시"는 아니다. 지역 교회의 중요 결정과 정책이 예언을 하는 사람들의 주장 이외에 다른 증거가 없음에도 "예언"이라고 믿어지는 임의의 생각에 따라 인도될 수 있다는 것은 극히 염려되는 문제이다. 존 로크는 순전히 확신의 정도가 주장되는 것의 진실성을 보증하지 않는다는 유명한 말을 했다. 나는 약 50년 전 피카딜리 서커스 지하철역에서 대면했던 한 여인을 아직도 기억하고 있다. 그녀는 나를 똑바로 보면서 이렇게 말을 시작했다. "당신에게 전할 메시지가 있어요." 당시 나는 성직자용 칼라를 입고 있었기 때문에, 아마도 만만하게 보였을 것이다. 그러나 그 "메시지"는 너무나 기이하고 나의 형편과는 무관해서 그다지 "시험"해 볼 필요조차 없었다!

이에 덧붙여 이미 지적했던 것과 같이, 일부 갱신주의운동 진영에서 종종 "예언적인" 것으로 공유되는 "환상"*pictures*에 대해 염려하고 있다. 나는 힐데가르트, 시에나의 카트린느, 그리고 중세 시대의 비슷한 신비주의자들이 보았다고 주장하는 환상들을 부인하지 않는다. 그러나 대부분의 경우, 그들은 성경과 교부들을 포함하여 교회의 전통을 높이 평가했다. 반면 경건한 로마 가톨릭의 중세 전문가는 그들이 자주 곰팡이가 핀 빵으로 식사를 했기 때문에 환각 현상이 나타났을 수도 있다는 꽤 그럴듯한 생각을 무시해서는 안 된다고 조언했다. "환상"이라는 용어의 사용은 하나님의 위대한 구속 사역이 아니라, 이른바 인도하심을 구하는 "가정적인" 필요를 해석할 때 문제가 된다. 이마저도 신실하고, 진실 되며, 주관적인 해석에 의해 물들지 않도록 최대의 주의를 기울여야 한다. 이러한 것들이 조작에서 비롯된다면 더 나쁘다. 물론 환상의 "해석"은 우리를 단번에 인지적 영역으로 데려간다. "환상은 다양하게 해석될 수 있다." 그리고 실제로 "환상은 우리를 사로잡았다"는 비트겐슈타인의 영민한 관찰에 비추어 볼 때, "환상들"의 영향에 대한 나의 염려를 지나치게 과장할 수는 없다. 환상은 "이것을 하지 말라"를 의미할 수도 있다. 우리는 "시험"과 "분별"을 요구하는 성경의 요구를 최대한 존중해야 한다.

아주 최근 방언의 문제는 주류 교회들에게 예언보다 훨씬 덜 시급한 문제가 되었다. "예언을 한다"는 주장의 잘못은 교회를 잘못된 방향으로 인도할 수 있다는 것이며, 고대 고린도에서처럼 부지불식간에(또는 의식적으로) 권력 다툼의 수단이 될 수 있다. 그러나 전형적인 오순절주의는 방언을 성령세례의 "입문적 증거"로 다루는 것보다 열심이 덜 하다. 카르카이넨처럼 많은 오순절주의자들은 그들이 방언을 말하지 않는다고 정직하게 말한다. 대부분은 방언이 성령의 은사라 할지라도, 사회적 유대관계의 문제와 속해 있는 집단의 관행과 기대가 적용될 수 있는 "학습된 행위"일 수 있음을 인정한다. 어떤 오순절주의자도 방언을 경시하지 않겠지만, 많은 사람들은 그리스도와 십자가에 대한 신앙고백과 성령의 사랑의 열매를 더 분명한 성령의 "증거"로 본다. 이것은 시모어의 초기 관심사에서 그리 멀지 않다.

갱신주의운동은 일반적으로 우리가 그 사건을 무엇이라 부르든, 방언을 성령의 제2의 축복의 "입문적 증거"로 보지 않는다. 갱신주의운동은 산만하게 흩어져 있기 때문에, 두세 가지 주된 견해를 포함한 6가지 방언에 대한 견해 가운데 어느 것도 보편적인 입장은 아닌 것 같다. 대부분의 갱신주의자들은 최소한 바울에게서 방언의 사적인 사용에 대한 구체적인 교훈이 있으며, 방언은 하나님께 말씀드리는 것이며 사람에게 말하는 것이 아니라는 것을 인정한다(고전 14:2, 4, 6-12). 그러므로 사마린이나 굿맨 같은 언어학 전문가의 연구에서 "방언"이 구조화된 "언어"가 아니라고 제안할 때 그들에게 큰 문제가 되는 것 같지는 않다. 더욱이 그들이 자연과 초자연의 구식의 "이원론적" 실재관을 가지고 있지 않다면, 그들은 대개 크리스터 슈텐달의 "고압적 신앙"high-voltage religion이라는 언급에도 놀라지 않을 것이다. 또한 그들은 게르트 타이센의 무의식 속의 성령의 역사라는 신학적 개념에도 반드시 저항하지는 않을 것이다. 최소한 이 은사는 긴장이나 신경증으로부터 해방되게 하고, 인격의 통합을 촉진할 것이다. 최대한 이 은사는 하나님께 대한 갈망, 기도, 또는 찬양의 친밀한 표현의 신호일 것이다(롬 8:26-27). 바울의 안전장치를 따르면 전통적인 예배공동체를 무너뜨리지 않아도 된다.

사도행전 2장과 관련 구절들은 더 어려운 문제를 가져온다. 그러나 대부분의 갱신주의자들은 누가가 더 문제가 있는 것처럼 보일지라도, 바울과 누가 사이를 갈라놓으려 하지 않는다. 누가에 대한 터너의 연구와 바울의 안경을 통해 신약성경을 읽는 것에 대한 그의 한탄에도 불구하고, 갱신주의운동의 많은 사람들은 그들이 보통 선교여행에서 누가의 동료로 보고 있는, 바울의 더 분명하고 안전한 근거 안에 머무는 것을 기뻐한다.

(6) "성령세례." 대부분의 오순절주의자들과 대부분의 갱신주의자들 사이에서 차이가 이 부분에서 나타난다. "제3의 물결" 이후, 갱신주의운동의 다수는 "성령세례"라는 용어에 다소 무관심하게 되었다. 비록 보통은 성경적 전례가 더 큰 대체적 용어를 주장하지만 말이다. 그러나 『오순절주의와 카리스마 운동 사전』에서 윌리엄스는 "성령세례"가 오순절주의자와 "카리스마적 교회" 모두에게 "결정적으로 중요한 위치를 차지하고 있다"고 주장한다. 해밀턴M. P. Hamilton은 "카리스마적"이라는 것은 성령세례를 경험하는 것을 의미한다고 주장한다. 이 사전은 2002년과 2003년에 출판되었으며, 10년 후인 2012년까지 일부 수정판이 발간되었다. 때때로 갱신운동에 참여한 사람들은 "성령 충만한" 그리스도인이라고 주장한다. 그들은 스데반과 일곱 집사의 일례에 호소할 수 있다(행 6:5). 반면 이 용어는 종말론적 완성 또는 절정을 암시하는 경향이 있으므로, 더 적절한 성경적 용어를 찾는 일이 계속되고 있다. 어떤 사람들은 성령에게 "개방"되어 있다고 말하지만, 다른 사람들은 갱신운동 밖의 많은 사람들이 성령에게 개방되어 있다고 주장하고 있기 때문에, 이 용어의 범위가 너무 넓다고 거부한다. 그러나 많은 사람들이 이 용어가 의미하는 성화의 교리에 대해 주저하겠지만, "과정적인" 용어

보다는 "사건적인" 용어를 찾는 경향이 있다.

상황은 오순절주의자들 사이에서도 다양하다. 어떤 사람들은 그 용어가 성경적으로 적절한지를 의문을 제기하기 시작했다. 고든 피와 같은 신약학자들은 "성령세례"에 대한 전통적인 오순절주의의 용법에 공개적으로 도전했다. 그러나 더 넓게는 동일한 성경 본문이 그 용어의 성경적 근거에 대한 호소의 특징이다(행 2:1-5; 2:38-39; 10:44-45; 11:16; 막 1:4, 8; 고전 12:13). "채움"과 "불"이라는 용어는 성령세례와 밀접한 관련이 있다. 더 면밀하게 검토한 많은 본문은 단순히 성령 받음을 가리킨다. 우리는 사도행전을 다루는 이 책 제1부에서 이 구절들을 다뤘다. 우리의 견해로는 "제2의 오순절"의 개념은 연속적인 복음의 확장 단계에서 결정적인 "경계를 넘나드는 것"을 가리킨다.

프랭크 마키아는 다른 주제들에 대해 매우 진취적이고 독창적이다. 그러나 그는 이것을 오순절주의자들의 치명적인 정체성의 표시로 여긴다. 많은 "주류" 교회에서, 고린도전서 12:13, "한 성령으로 세례를 받아 한 몸이 되었고"를 성령세례와 관련지어 해석하는 것은 이례적인 일이다. 왜냐하면 그 문맥은 거룩이 아니라 연합과 관련한 것이며, 그 구절이 모든 그리스도인들에게 말씀하는 것이기 때문이다. 마가복음 1:8을 이와 같은 방식으로 해석하는 것은 훨씬 쉽지 않다. 이 구절은 세례 요한과 예수의 사역의 차이에 관한 것이다. 사도행전 1:4-5, "너희는 … 성령으로 세례를 받으리라"는 세상 역사의 새 시대로 함께 들어가는 모든 그리스도인에게 다시 말씀하고 있다. 헌신적인 전통 그리스도인들의 주된 관심은 첫째, 이 경험이 원칙적으로 중복적이고, 갱신적이고, 반복적일 수 있다는 것과, 둘째, 원칙적으로 어떤 그리스도인에게 또는 모든 그리스도인에게 적용될 수 있다는 것이다. 그것은 결코 "엘리트"의 독점이 되어서는 안 된다. 만약 그렇게 된다면, 우리는 바울이 책망했던 고린도 교회의 엘리트 "영적 신자"로 되돌아가고 만다.

만약 오순절주의자들에게 그들의 용어를 바꾸도록 설득할 기회가 없다면, 이것이 탁월한 경험으로는 남을 수 있지만, 전혀 이 경험을 말하는 것 같지 않은 성경 구절에 고정되어 있는 한 그것은 계속해서 복잡한 문제를 야기할 것이라는 점을 강조해야 한다. 많은 사람은 이 경험을 존중하지만, 그 용어는 유감으로 여길 것이다. 이것이 성결운동과 얽혀있는 역사적인 사건 때문이라면 비극일 것이다. 성결운동의 경우에, 그들의 목표는 칭찬하지만, 그들의 교리는 유감으로 여기는 사람이 많을 것이다. 이것의 뿌리에는 성경적 해석 또는 해석학에 근거한 갈림길이 있다는 것을 단번에 알 수 있을 것이다. 이것이 이 책의 마지막 주제가 될 것이다.

후기 : 교회사에서 나온 일곱 가지 주제. 교회 역사상 성령에 의해 촉발한 거의 모든 훌륭하고 긍정적인 운동은 과장과 왜곡을 가져왔다. 나는 주저하면서 다음과 같은 일곱 가지 특성의 선택 목록을 제안한다. 통찰력이 반드시 약화되는 것은 아니지만, 아마도 몬타누스주의와 같은 현상들, 그리고 보다 분명하게 "급진적 종교개혁자들"과 같은 현상들은 간략하게나마 선택된 체크리스트가 향후 대화에 유용할 수 있음을 시사한다.

(a) 새 창조, 새 생명, 찬양과 기쁨의 경험은 오래 참음, 순례의 생활, 투쟁과 자기 훈련에 대한 그리스도인의 필요의 상실로 변질될 수 있다. (b) 성령 안에서 진정한 삼위일체적인 삶의 계시는 그리스도에게 거의 초점을 두지 않는 성령 중심의 삶으로 변질될 수 있다. (c) 인격적으로 하나님과의 친밀함의 경험은 개인주의와 사회적 관심의 결여로 변질될 수 있다. (d) 매일의 갱신과 미래의 약속과 새로운 것에 초점은, 역사, 전통, 과거와 계속성의 경멸로 변질될 수 있다. (e) (대중적인 의미에서) 예언의 계시는 성령의 은사의 대부분을 고정된 습관의 관점에서 보기보다는 "즉흥적인" 경험으로서 모든 은사를 해석하는 것으로 변질될 수 있다. (f) 치유를 하나님의 주권적인 능력으로 평가하는 것은 종말이 이미 도래한 것처럼 하나님이 항상 그렇게 하시리라는 기대로 변질될 수 있다. (g) 하나님께 대한 마음과 감정의 산출은 전 인격에게 지성과 판단이 수반되는 것을 보지 못하게 될 수 있다.

24.3. 해석학의 다섯 가지 문제와 신약성경 주해의 두 가지 문제

(1) 주해에 미치는 영향으로서 선 이해와 관련된 누가-사도행전의 상황. 일부 오순절주의자들이 때때로 누가와 바울 사이의 뚜렷한 대조를 즐기는 것처럼 보이는 성경 비평가들과 함께 지지자들을 발견하는 것은 아이러니하다. 종종 전통주의자들은 바울의 렌즈를 통해 성령을 보는 반면, 오순절주의자들은 누가의 렌즈를 통해 성령을 본다고 주장한다. 이것은 오늘날 오순절주의자들이나 갱신주의자들에게 문제가 되는 것 같지 않은데, 그들은 대개 해석학적 질문이 모든 사람이 "전제", "선 이해", 또는 예비적인 이해를 바탕으로 성경을 읽는다고 주장하기 때문이다. 그 함축적 의미는 하나의 선 이해가 다른 이해만큼이나 좋다는 것 같다. 바울은 교회를 교훈하고, 세우고, 교정하기 위해 명백하게 글을 쓰는 반면, 누가의 목적은 그의 서문에 분명히 나타나거나, 적어도 여전히 논쟁 중이라는 것은 잊혀진 것 같다.

우리는 먼저 "선 이해"에 대한 광범위한 오해를 다루어야 한다. 우리는 이미 이 점을 지적했지만, 결국 이것은 하나의 요약이며, 대단히 중요하다. 슐라이어마허, 하이데거, 불트만, 가다머, 로너건 등 많은 사람들은 한 사람이 마치 "비어 있는 머리"인 것처럼 성경 본문에 접근함으로써 이해를 해낼 수 없다고 강조했던 것은 옳다. 객관주의 또는 실증주의에 대한 완전히 부정적인 요소를 제외하고, 모든 선행 지식을 억압하는 것으로는 참된 객관성을 얻을 수 없다. 그러나 이러한 해석학의 각 주창자들은 본문 자체가 우리의 처음 선 이해를 바로잡고 다듬는다고 주장한다. 이것이 고정되고 움직이지 않는 출발점을 제안하는 "전제"가 유감스러운 단어인 이유이다. 우리의 선 이해가 부분적으로는 신학적이라 할지라도, 성경 본문에 비추어 시험하고 수정하는 것은 여전히 열려 있다.

이것은 다른 것과는 대조적으로, 어떤 예비적인 이해가 본문의 의미를 밝히는 데 충분하지 않은 이유 중 하나이다. 예를 들어, 반 유신론적 선 이해는 성경 본문으로부터 빠르게 교정을 받을 것이다. "세속적인" 성경 비평가들은 놀랍게도 이 점에 대해 아무 생각이 없는 것 같다. 예를 들어, 자신이 가장 좋아하는 관심사나 주제들 중 하나를 만족시키기 위해, 바울의 오랜 논증과 비평을 더불어 그가 "선지자"라는 주장을 어떻게 읽을 수 있는가? 그리고 "예언"은 오직 즉흥적이고 카리스마적이라는 편협함에 도전하는 바울서신의 본문을 어떻게 볼 수 없는가? 내가 죽을 때까지 입에 올려왔던 화제로서 우리가 이 예를 거부한다고 할지라도, 무엇이 일반원리를 약화시킬 수 있는가? 선 이해는 영구적인 "렌즈"가 아니며, 시작하게 하는 일시적인 발판이다. 우리는 성경 본문과의 긴(필요하다면) 대화 과정에 참여하기 위해 그들로부터 나아간다.

관심을 불러일으키는 두 번째 문제가 있다. 오순절주의자들과 대부분의 갱신주의자들은 보통 점잖은 성경비평 외에는 어떤 것에도 동의하지 않는다. 그러나 많은 사람들은 누가와 바울 사이의 접근법의 근본적인 차이에 대해 비평함으로 공동의 목적을 달성할 준비가 된 것 같다. 아무도 관점의 차이를 부인할 수 없을 것이다. 대부분의 정상적인 작가들은 더 이상 성경을 단색의 경관으로 옹호하기를 원하지 않는다. 그러나 우리는 누가와 바울의 차이가 성령에 대한 근본적으로 다른 이해와 근본적으로 다른 교회 관습에 적절한 근거를 제공한다고 주장하는 것인가?

많은 신약성경 비평가들에게 (사도행전의 저자로서) "누가"와 바울을 순수하게 문학적인 또는 수사학적인 장치에 근거하여 수천 리를 여행한 동료로 보는 것은 문제가 되지 않는다. 그러나 대부분의 오순절주의자들이나 갱신주의자들은 바울과 누가가 수천 마일과 수일동안 함께 대화했을 것이라고 상상할 수 없을 것인가? "누가"가 사도행전을 기록하지 않았다고 믿지 않는 한, 우리는 바울의 여행 동료인 "누가"가 헬라주의자로서 접근법이 다를 수 있다는 이유로 그와 성령에 대하여 논의하는 것을 주저했다고 정말로 상상할 수 있을까? 다시 말하면, 바울과 누가는 물론 그들만의 관점을 가지고 있지만, 그들 사이의 극명한 대조를 지나치게 강조하는 것은 타당하지 않은 것 같다. 우리는 사도행전의 저자와 연대에 대하여 긴 논의를 처음부터 다시 시작해야만 한다. 어떤 사람들은 이것들을 2세기에 둔다. 필립 필하우어는 누가가 바울보다 호교론자들에게 더 가깝다고 생각한다. 울리히 빌켄스 Ulrich Wilckens는 심각한 차이가 있다는 것을 인정하지만, 그 차이는 다른 상황에 따른 것으로 돌린다.

잘 알려진 것과 같이, 누가복음의 극단적 후대 저작설에는 반증이 많이 있다. 오래 전에 마르셀 시몬 Marcel Simon은 사도행전 7장의 스데반의 연설에서 이스라엘의 역사 초기의 독특한 신학을 보여주었다. 로빈슨은 사도행전 3:19-21의 가장 초기의 기독론을 주장했다. 모울은 누가와 바울 사이에 기독론적 친밀성을 인정했는데, 여기에는 퀴리오스 Kyrios, 주님을 공통적으로 사용하는 것이 포함된다. 하워드 마샬은 그의 『신약성서 신학』(2004)에서 다시 한번 사도행전을 고찰할 때, 누가복음과 사도행전의 관계는 "복잡"하지만, 그럼에도 불구하고 서로를 암시하고 있다는 것을 인정한다. 더욱이 우리는 단순히 사도행전 16:9에서 바울을 그리스도와 유럽으로 손짓하여 부른 "마게도니아 사람"이 누가와 동일인일 가능성에 의지할 필요는 없다. 아마도 누가와 관련된 이 사건은 "그들"에서 "우리"로 이해할 수 없는 변화가 즉시 뒤따라온다. 그로 인해 많은 사람들이 누가의 일기를 닮았다고 한다. 게다가, 누가가 바울과 함께 여행했다는 주장을 사도행전의 해설에 의지할 필요가 없다. 그것은 골로새서 4:14, 디모데후서 4:11, 빌레몬서 24에서도 분명하다. 그러나 버지스가 편집한 『오순절주의 카리스마 운동 국제 사전』은 누가복음과 사도행전에 관한 항목을 포함하는 것이 적절하지 않다고 생각하지는 것 같다. 독자는 두 운동 전부가 사실상 누가-사도행전에 주어진 평가에 의존하고 있다는 것을 결코 상상하지 못할 것이다. 물론 그것은 성경 사전은 아니다. 그러나 그러한 항목은 기고자들이 시간과 공간을 사용하는 매우 미미한 많은 인물들보다는 이 운동에 훨씬 더 근본적일 것이다.

물론 이신론자들의 시대 이후로, 많은 사람들은 누가가 우리가 기대하는 것보다 훨씬 더 균형 잡힌 초기 교회의 모습을 그렸다고 주장했다. 그때부터, 누가의 복원을 실제와 상응하지 않는 "이상적인" 것으로 묘사한 사람들이 있었다. 그러나 서문에 표현된 목적이 타당하다면, 누가는 로마의 탐구자에게 적절하고 필요한 것 이상으로 부정적인 모습을 그리고 싶지 않았을 것이다. 선택은 속임수나 추측, 잘못을 의미하지는 않는다. 후에 바우어는 사도행전을 바울과 비교하지 않는데, 특히 구체적으로 로마서와 갈라디아서에서처럼 기독교 "율법주의자들"과 논쟁에 빠진 바울과 비교하지 않았다. 영국에서 사도행전 초기 연대설의 옹호자 계보는 라이트푸트와 윌리엄 램지로부터 브루스, 하워드 마샬 그리고 브루스 윈터에게로 이어졌고, 영국 밖에서의 계보는 테오도어 폰 찬Theodore von Zahn과 아돌프 하르낙, 루크 존슨 등으로 이어졌다. 이곳은 이 점을 논할 곳이 아니다. 다만 그러한 결론이 논증 없이 또는 순전히 어리석은 것으로 간주되어서는 안 된다는 것을 보여줄 뿐이다. 그러나 우리가 보았듯이, 오순절주의 측에서는 스트론스태드와 멘지스만이 여전히 성경 본문, 장르, 목적과의 대화에 의지하여 수정, 개선, 교정이 필요한 임시적인 출발점이라기보다는 영구적인 "안경"으로서의 예비적 이해에 대해 말하는 것 같다.

(2) 신약성경의 후기 문서들과 비교하여, 주요 서신을 포함한 초기 문서의 "열정"과 "불길." 다음의 요점은 논란이 많고, "사고 실험"thought experiment의 특성이 있다. 제임스 던조차도 초기 주요 서신들에서 바울의 따뜻한 열정을 에베소서, 목회서신, 신약성경의 후기 문서에서의 더 냉엄하고 공적인 교회론 및 교회 질서에 대한 관심과 대조시킨다. 그는 이 대조를, 많은 사람이 그런 것처럼, 복음과 성령에 대한 열정적인 관심에서 교회 질서와 같은 이차적인 문제로 실망스럽게 퇴보한 것으로 이해한다. 그는 심지어 요한복음 같은 후기 문서가 따뜻함과 관심을 겸비하여 어떻게 첫눈에 그렇게 정돈된 연대기적 구조를 약화시키는 것처럼 보이는지 그럴법한 난제를 제시한다. 그러나 교회법적이고 해석학적인 용어에서, 이러한 "카리스마"적인 것에서 제도적인 것으로의 변화에 대한 대안적 설명이 있을 수 있다. 최소한 그에 대한 "사고 실험"의 여지가 있다. 우리는 이것이 열정의 불길을 식혀주었기 때문이 아니라, "카리스마주의자들"이 남용하게 하도록 했다는 보완적 확신

때문이라고 생각할 수도 있다. 아마도 요한1서가 증언하는 것과 같이, 자칭 선지자들은 아마 독단적인 혁신을 무릅쓴 사람일 것이다. 후기의 저자들, 또는 심지어 로마에서 계속된 가택연금 기간 후의 바울은 점차 (에베소서에서와 같이) 교회의 문제들 또는 (목회서신에서와 같이) 목회직 임명의 타당성의 입증에 더 초점을 맞추기 시작했을 수도 있다.

켈리J. N. D. Kelly, 보 라이케Bo Reicke, 고든 피, 브루스 메츠거 , 요아킴 예레미야스를 포함한 저명한 많은 학자들은 목회서신을 진정한 바울의 것으로 보고 있는데, 이는 부분적으로 대필자가 문체와 어휘를 담당하고 있다는 것에 근거한 것이다. 더 많은 사람들은 에베소서, 디모데전후서, 디도서의 저자를 바울이나 최소한 바울의 충실한 제자로 본다. 어느 경우이든 1세기에는 이 주제에 대한 전문가들이 보여주었듯이, 우리가 상상하는 것보다 훨씬 더 자주 대필자를 활용했다. 이것은 문체와 어휘의 근본적인 차이에 대한 설명이 될 것이다.

만약 우리가 추측한다고 할지라도, 우리는 바울이 많은 세월동안 무슨 일을 겪었는지 알 수 없다. 그는 경비 또는 보호 구금 상태에서 교회 보고서를 가지고 오는 많은 방문객들을 맞았을지도 모른다. 조용히 숙고해 볼 때, 바울의 생각이 점차 교회로 방향을 바꿀 수 있다는 것이 그렇게 놀라운 일인가? 그가 마음속으로 하나의 보편적 또는 세계적 교회라는 주제를 발전시킴에 따라, 이것을 에베소서라는 하나의 주제로 제시하는데, 에베소서는 여러 바울 공동체에게 회람 서신이었다는 증거를 가지고 있기 때문이다. 그는 회심 이후 성령의 자유에 대해 너무나 잘 알고 있었고, 이제는 디모데와 디도에게 목회서신을 쓰면서 엄격한 성찰이 필요했던 것이 아닐까? 자칭 예언에 비추어 오류가 커지기 시작했다는 주장이 비논리적인 것은 아니다. 데살로니가전서 5:19에서 그의 초기의 언급에 비추어 볼 때, 바울은 그러한 예언을 공격하려고 하지 않았다. 그는 안전장치를 도입하려고 했고, 그것은 주교(또는 감독자), 장로(또는 연장자), 그리고 집사에게 필요한 자질에 명백하게 나타난다.

해석학적 요점은 성령에 대한 언급이 없어도 성령에 대한 언급으로 가득한 고린도전서 2장과 12-14장의 담론만큼이나 우리에게 많은 것을 말해줄 수 있다는 것이다. 이것이 정경을 전체적으로 대하는 자세가 중요한 이유이다.

(3) **사도행전의 목적.** 사도행전의 목적은 선 이해에 대한 첫 번째 요점으로 혼동되어서는 안 된다. 이것은 또한 중요한 해석학적 문제가 된다. 사도행전은 만민구원론자들의 주장처럼 진정으로 장래 또는 모든 시대를 위한 교회 조직의 청사진으로 의도된 것인가? 아니면 그 당시 하나님의 목적에 따라 하나님의 감독을 받는 신앙 공동체의 막을 수 없는 확장으로서 그리스도교 신앙을 묘사하는 누가의 시도였는가? 비벌리 가벤타는 무엇보다도 이 견해를 설득력 있게 주장해왔다. 다른 고대의 역사가들과 마찬가지로, 사도행전의 저자는 초기 교회의 확장의 역사를 제공하기 위하여 아마도 어떤 이야기나 사건을 포기하면서 그의 자료를 선택한다. 후세에 돌발적인 상황이 나타났을 때, 누가가 뭐라고 말했을지 우리가 어떻게 알 수 있을까? 달리 말하면, 누가가 모든 시대를 위한 청사진을 제공하려 했다는 만민구원론자들의 추정은 유감스럽게도 성경의 기록과는 관계가 없다. 그것은 성경으로부터 나온 것이 아니며, 성경에 대한 추정으로부터 나온 것이다.

이것은 이 추정이 "틀렸다"는 것을 의미하지 않는다. 그것은 단지 우리가 이것을 분명한 성경적 추정이라고 말할 수는 없으며, 기도하면서 그 정당성을 찬성하거나 반대하는 다른 논증을 평가해야 함을 의미한다. 누가와 바울은 동일한 발판 위에 서 있지 않다. 바울은 종종 교회의 생활에 관한 특정의 질문에 응답하기 위해 글을 쓰고 있다고 말한다. 단순히 어떤 글이나 책을 "선호한다"고 하는 것은 문제를 증거와 논증으로부터 주관적인 바람 *desire*으로 변화시킨다. 우리는 앞에서 성경을 전체적으로 대하는 정경적 접근법을 논의했다. 그 안에서 우리는 하나님은 항상 순종하는 자와 경건한 자를 번성하게 하시는 것 같다는 낙관주의를 가진 신명기와 잠언, 그리고 하나님이 항상 인간사에 그러한 방식으로 일하기로 선택하지는 않으신다는 현실적이며 비관적인 전망을 담은 전도서와 욥기가 잘 균형을 이루고 있다는 것을 보았다. 달리 말하면, 전도서와 욥기는 반증을 제공하는데, 이는 우리가 신명기를 모든 시대 모든 사람을 위한 청사진으로 취급하는 것을 피해야함을 암시한다.

이것은 개인과 공동체의 일상사에 대한 성경의 적실성을 훼손시키지 않는다. 그것은 성경 본문의 적실성에 대한 탐구가 역사적이어야 함을 시사한다. 그것은 움직이며 확장되는 두 가지 지평을 고려해야 한다. 나는 두 지평을 본문의 지평과 독자의 지평이라고 불렀다, 1980년에 출판된 해석학에 관한 일련의 책들 중 첫 번째 책에서, 나는 이것이 해석학의 첫째 원리라고 제안했다. 그 책의 제목은 『두 지평』*The Two Horizons*이다. 12년 후 나는 성경 본문의 종류, 예를 들어 교훈, 상징, 이야기, 찬양, 법, 역사, 예언, 실존, 자기 개입, 시, 독자 반응 등과 본문이 제각기 특별하게 적용되는 특정한 삶의 상황을 연관시켜 보려고 노력했다. 전통주의자, 오순절주의자, 쇄신주의자들이 이런 종류의 탐구를 더 많이 할 수 있다면, 우리는 "성경 아래"에서 더 가까워질지도 모른다.

(4) 성령의 은사와 두 지평. 우리는 바울과 누가, 다른 성경 저자들은 질문하지 않았을 방식으로 "성령의 은사"에 대해 몇 가지 질문하는 것은 피할 수 없는 일이다. 가장 분명한 예들 중 하나는 치유의 은사가 "초자연적"이었는지 하는 질문에 바울이 어떻게 반응했을지 궁금해하는 것일 것이다. 바울, 어거스틴, 아퀴나스의 시대에 그런 언어가 통용되지 않았다는 것은 전혀 사실이 아닐 것이다. 그러나 이신론과 계몽주의는 현대의 독자와 탐구자들에게 그 용어의 반향과 가치를 급격히 변화시켰다. 우리는 이 책에서 "기적"에 대해 여러 번 썼다. 월터 홀렌베거, 니겔 라이트와 많은 사람들은 바울과 누가에게 "이원론적" 우주관을 부여하는 것에 대해 경고했다. 그들은 "그리스도인"으로서 그것을 인정하지 않았을 것이다. 그들에게 하나님은, 그가 어떤 행동 방식을 선택하든 전 창조 세계 위에 주권자로서 행동하신 것이었다. 여기에서 우리는 독자로서 성경 본문과 우리에게 주어진 역사적 상황을

함께 살펴볼 필요가 있다. 많은 학자들은 이제 이것을 우리의 "역사성", 또는 우리의 시대, 성, 그리고 교육이 우리에게 영향을 미친 방식이라고 부른다.

내가 많은 관심을 기울여왔던 이와 유사한 문제는 성령의 많은 은사의 "즉흥성"에 관한 것이다. 우리의 역사성 때문에, 많은 사람들은 직관이나 즉흥성이 이들 은사들이 진정으로 외부로부터 왔다는 가장 신뢰할만한 보증이나 징후를 나타낸다고 생각한다. 우리는 그것들을 위조된 인간의 생각으로 조작하지 않는다. 그러나 이러한 가정은 성경 본문보다는 우리 자신의 인식과 역사적 상황에 더 의존하고 있다. 성령께 열린 마음으로 본문을 끈기 있게 살펴본다면, 많은 성령의 은사가 "즉흥적"이거나 "직관적"인 은사로 해석될 수 없고, 훈련된 기질로 해석될 수 있음을 보게 될 것이다. 우리는 앞에서 고린도전서 12:8의 "지혜의 말씀"이 구약성경의 지혜문헌과 비슷한, 복음에 나타난 하나님의 지혜와 관련이 있다고 주장했다. 성령으로부터 그러한 지혜를 받는 것은 하나의 습관일 수 있으며, 그럼에도 불구하고 그것이 일관되고 학습된 기질과 관련되기 때문에, 성령의 은사이다. 우리는 브살렐의 기술이 성령으로부터 온 은사와 훈련된 기술임을 보았다. 사도직과 가르침은 지속적인 은사로서 관리의 은사보다 전혀 못하지 않다. 우리는 많은 오순절주의자들이 방언을 말하는 것은 보통 학습된 행동이라는 생각을 기뻐한다고 말했다

우리는 2부에서, 특별히 암브로우스가 성령의 은사에 사용한 많은 라틴어 용어들이 오늘날 많은 사람이 생각하는 것 이상으로 관리나 가르침과 같은 은사에 해당하는 훈련과 습관을 암시한다고 말했다. 어떤 사람들은 심지어 이것이 암브로우스에게서 기대되는 지평과 일치한다고 주장할 수도 있을 것이다. 그러나 최소한 그것은 "두 지평"을 고려하는 것의 중요성을 강화시킨다. 일부 오순절주의자들과 갱신운동주의자들은 20세기나 21세기 독자들의 현재 경험을 성경 본문이나 역사 속의 대다수 기록들보다 우선시하는 경향이 있다. 이것은 오늘날 문학비평에서 독자-반응 이론의 급진적 견해로

서 성경과 역사를 존중하지 않는 것으로 보인다. 우리는 볼프강 이저가 주창한 좀 더 신중한 독자-반응 이론보다는 스탠리 피쉬나 데이비드 블라이히가 주창한 유형을 인용할 수 있다. 여기에서 문학시와 성경의 본문은 별개의 것이다. 왜냐하면 최근 오순절주의 작품에서 "해석학"에 대한 모든 담론에서, 나는 독자-반응 이론과 본문과 독자의 두 지평을 고려할 때 신중한 균형에 도달할 필요성에 대해 거의 또는 아무것도 보지 못했다.

(5) 하나님의 개인적인 현존으로서 성령의 능력. 나는 일곱 개의 요점 중에서 다섯 번째는 해석학적 요점으로, 또는 단순히 주해적인 요점으로, 또는 신학적인 요점으로 간주해야 할지 확신할 수 없다. 그래서 나는 이것들을 좀 더 간략하게 고찰할 것이다. 일부 진영에서 "능력"power은 순전히 힘을 의미하는 것처럼 사용되거나, 증기의 힘이나 전기적 힘 같은 산업의 맥락에서 "힘"과 평행되는 것처럼 끊임없이 사용된다. 그러나 두말할 것도 없이 성경은 산업적 힘에 대한 어떤 개념보다도 앞서있다. 성경에서 "능력"은 어떤 독립적인 힘을 의미하지 않고, "효과적인" 대리인과 "하나님의 효과적인 현존과 활동"을 가리킨다. 다양한 과업의 범위 안에서 성령의 힘으로 말미암아 수행되는 것은 무엇이든지 효과적인 일이 된다. 여기에는 두 가지 위험이 있다. 하나는 현대의 산업과 기계적인 사회의 개념에 동화되는 것이고, 다른 하나는 개인적인 사랑과 대조적인 짐승의 힘과 같은 "영적" 개념을 생각하는 것이다. 많은 사람들은 존 웜버의 두 책(1986, 1987)의 제목, "능력 전도"와 "능력 치료"에서 그 용어를 발견할 것이다. 이는 우리가 개략적으로 설명한 것과 관련하여 최소한으로는 문제가 많고, 최대한으로는 몰이해한 것이다. 그것은 또한 피슨과 다른 사람들이 설명한 것과 같이, 성령의 자신을 내세우지 않는 특성을 훼손하는 것 같다.

이미 말했듯이, 칼 바르트는 "능력"이란 단어를 "효과" 또는 "효과적인 행동"으로 표현함으로 이 문제를 피했다. 바울은 고린도 교회에 이렇게 말한다. "십자가의 도가 멸망하는 자들에게는 미련한 것이요 구원을 받는 우리에게는 하나님의 능력이라"(고전 1:18). 나는 나의 좀 더 광범위한 고린도전서 주석에서 이를 "작동하는, 효과적인, 활성화하는"이라고 해설했다. 그리스어 뒤나미스*dynamis*와 뒤나토스*dynatos*는 주어진 기능을 수행하는 기능 competence를 가리킨다. 고든 피와 다른 사람들이 바르게 주장한 바와 같이, 성령은 하나님과 분리될 수 없기 때문에, 성령의 능력은 하나님의 전능하심을 의미한다. 다시 한번, 존 테일러의 말을 반복하자면, "그 모든 것은 내게 달려 있다"라는 어떤 개념도 배제해야 한다. 무엇보다도 성령이 비인격화되거나, 사랑이 짐승의 힘 아래 포함되어서는 안 된다.

(6) 예수 그리스도의 성령의 기름 부으심. 이 여섯 번째 문제는 주로 해석학보다는 신학과 주해에 관한 것이다. 이 원리는 보편적 동의를 받고 있다. 그러므로 다시 한번 간단히 설명될 수 있다. 이것은 대 그레고리의 강력한 지지를 포함하여, 수세기에 걸쳐 지지를 받고 있다. 우리는 성령의 모든 은사는 그리스도인이 그리스도 안에 있는 것으로부터 나온다는 것을 그리스도의 성령의 기름 부음으로부터 추론할 수 있다. 반대로, 그리스도인이 "그리스도 안에" 있는 것은 성령으로 인함이다(고전 12:3). 신자들은 아들의 자격이 예수 그리스도로부터 비롯되기 때문에 하나님의 아들들이다. 그리스도는 성부께서 낳으신 "독생자"이다(요 3:16). 그리스도인들은 "그리스도로 옷 입었기" 때문에(갈 3:27) 하나님께 "입양"된다. 수세기 동안 저자들은 그리스도의 성령의 부으심의 중요성을 바르게 보았다. 즉 그리스도는 이를 세례의 전형적인 사건으로 경험했기 때문에, 네 복음서는 이를 특별히 중요하게 진술했다(막 1:9-11; 마 3:13-17; 눅 3:21-22; 요 1:32-33). 성령은 그를 메시아적 시험으로 이끌었다. 우리가 보았듯이, 지지울라스는 두 가지 보완적 경륜에 대해 말한다. 보완점은 성령이 없다면 "그리스도도 없다"는 것이다.

사도행전 1:8에서 성령이 오시는 목적은 "예루살렘과 온 유대와 사마리아와 땅 끝까지 이르러 내[그리스도의] 증인이 되는" 것이다. 요한복음에서 성령은 "스스로[주도적으로] 말하지 않고"(요 16:13, *aph' heautou*) "그가 내 영광을 나타낼"(요 16:14) 것이다. 바울 서신에서 성령을 받는 기준은 "예수를 주시라"(고전 12:3)고 고백하는 것이며, "영적"이라는 것은 "그리스도의 마음을 갖는" 것이다(고전 2:15-16). 그러나 바울은 결코 그리스도와 성령이 동일하다고 말하지 않는다. 이미 보았듯이, "주는 영이시니"(*ho kyrios to pneuma estin*, 고후 3:17)는 출애굽기를 다시 언급하는 주경적 "이시니"is 이다. 이 모든 것의 결론은 "영적인"의 기준이 그리스도를 닮는 것이라는 것이다. 비록 이것은 인터넷상의 몇몇 오순절주의 웹사이트에서 여전히 토론 주제로 남아있지만, 대부분의 오순절주의자들은 이것을 열심히 주장한다.

(7) 성령과 영감. 성경의 영감에 대해 말하는 것은 유대주의, 교부들, 중세 교회, 종교개혁 등의 시대에서 끊임없이 주장되어 왔기 때문에 평범한 결론을 내리는 것으로 보일 수도 있다. 성경비평이 등장했다고 해도 이를 부인하지 못한다. 영감은 단순하게 성령께서 다양한 장르, 다양한 저자, 다양한 상황을 통해 말씀하실 수 있다는 것을 강조한다. 그라프 헤닝 폰 레벤틀로우Graf Henning von Reventlow와 다른 사람들은 성경의 영감을 부인하는 문제로 이신론자들을 진단했다. 그들은 또한 유신론 안에 있는 이러한 믿음의 합리성을 설명해왔다. 예일 대학교의 철학자 니콜라스 월터스토프Nicholas Wolterstorff는 성령의 대리인으로서 다양한 대변인을 사용하는 것에 대한 믿음의 합리성을 보여주었다. 그는 어떤 말이나 편지가 진짜인지는 작가의 정체에 달려 있다고 주장한다. 그러나 일상생활에서 우리는 자주 대리인적 담화를 접하게 된다. 비서가 하나의 예이다. 비서는 편지의 문구, 어휘, 문체를 선택할 수도 있다. 그러나 권위 있게 통용되는 것은 전적으로 그것이 권위 있는 인물을 대신하여 씌어졌느냐 하는 것에 달려 있다. 문체와 어휘의 차이는 "대리인적 담화"를 불합리한 믿음으로 만들지 않는다. 이 사실은 영감과 권위는 성경과 같은 것이 아니라, 성경을 통해 하나님과 성령 하나님에게 속한다는 톰 라이트의 조언에 귀를 기울여야 할 한 가지 이유를 제공한다.

성령의 성경의 영감은 성경의 비평적 연구와 사용을 배제하지 않는다. 비평은 성령이 말씀하시는 다양한 목소리를 인식하는 것을 도울 수 있다. 미하일 바흐찐과 표도르 도스토옙스키는 단일화자 담화를 통해 소통하기에는 너무 심오하고 복잡한 실재나 상황을 전달하기 위해 다성적 담화 *polyphonic discourse*가 어떻게 조화롭게 사용될 수 있는지 보는 것에 도움을 주었다. 마찬가지로 유대인 학자 로버트 알터는 예를 들어, 다윗의 기름 부음과 권력에 대한 두 가지 이야기는 "모순된" 출처에서 도출된 것이 아니라, 다윗의 상황에 대한 입체적인 견해를 의도적으로 전달한다는 것을 보여준다. 하나는 신적인 주권과 선택이라는 관점으로부터 나온 것이고 다른 하나는 인간의 삶의 "야단스러움"이라는 견지에서 나온 것이다.

결국 이것은 우리의 연구에 재미없고 평범한 결말을 의미하지 않는다. 이것은 우리에게 성령께서 평범한 일상을 통해 우리를 붙드신다는 것을 상기시킨다. 성령을 경험하는 것은 이른바 "완전한 교회"만이 아니다. 성령을 가장 필요로 하는 사람들은 우리가 기대하지 않았을 수도 있는 사람들이다. 그러나 "우리에게 주신 성령으로 말미암아 하나님의 사랑이 우리 마음에 부은 바 되었다"(롬 5:5).

성령의 내리시는 영감 사역과의 평행은 기도를 시작하게 하시고 영감하시는 그의 올리시는 사역이다. 하나님으로부터 인간에게로 "내려오는" 축복은 창조하시고, 거룩하게 하시고, 소망을 주시는 성령의 현존에 달려있는 것처럼, 그 원리가 때때로 무시되지만, 인간으로부터 하나님께로 "올리시는" 성령의 사역은 예배, 기도, 감사 등의 형태로도 꼭 필수적이다. 내려오는 축복은 모든 성경뿐만 아니라, 설교, 성례 및 많은 은사를 포함한다. 기도는 찬양과 관상을 포함할 수 있다. 어떤 일이 있어도 성령께서는 하나님과 상호적으로 교제하게 하신다. 수세기 동안 그리스도인은 "성부와 성자와 성령께 영광, 영원히"라는 성령의 상호적 영감을 통해 삼중 영광송 *Gloria*을 반복해 왔다. 성경을 해석하는 것은 여전히 역사와 함께 씨름하도록 우리에게 남겨져 있다. 삼중 영광송은 역사에 매인 우리를 취하여 역사 밖에 있는 것, "영원히 영광스럽게 될" 것을 선포하게 한다.

참고문헌

Ahn, Yongnan Jeon, "A Formulation of Pentecostal Hermeneutics and Its Possible Implication for the Interpretation of Speaking in Tongues and Prophecy in 1 Corinthians 12–14" (Ph.D. diss., University of Nottingham, May 2002).
Alexander, Kimberly Ervin, *Pentecostal Healing: Models in Theology and Practice*, JPTSS (Blandford Forum: Deo Publishing, 2006).
Ambrosiastri qui dicitur, *Commentarius in Epistolas Paulinas* (Vindobonae: Hoelder-Pichler-Tempsky, 1969), vol. 3, p. 232.
Anderson, Allan H., and Walter J. Hollenweger, *Pentecostals after a Century: Global Perspectives on a Movement in Transition*, JPTSS 15 (Sheffield: Sheffield Academic, 1999).
Aquinas, Thomas, *Commentary on St. Paul's First Letter to the Thessalonians and the Letter to the Philippians* (Albany, NY: Magi, 1969).
———, *Summa Theologiae*, 60 vols., Latin and English (London: Eyre & Spottiswoode, and New York: McGraw-Hill, Blackfriars ed. 1963).
Archer, Kenneth J., "Pentecostal Hermeneutics: Retrospect and Prospect," *JPT* 8 (1996): 63-81.
Arnold, John H., and Katherine J. Lewis, *Companion to the Book of Margery Kempe* (Cambridge: Brewer, 2004).
Artz, Frederick B., *The Mind of the Middle Ages* (New York: Alfred Knopf, 3rd ed. 1958).
Atherton, Mark (ed.), *Hildegard of Bingen: Selected Writings* (London: Penguin, 2001).
Atkinson, James, *Luther: Early Theological Works*, LCC 16 (London: SCM, 1962).
———, *Martin Luther and the Birth of Protestantism* (London: Penguin, 1968).
Atkinson, William P., *Baptism in the Spirit: Luke-Acts and the Dunn Debate* (Eugene, OR: Pickwick, 2011).
Aune, David E., *Prophecy in Early Christianity and the Ancient Mediterranean World* (Grand Rapids: Eerdmans, 1983).
———, *Revelation*, 3 vols. (Dallas: Word, 1997-98).
Barr, James, *The Semantics of Biblical Language* (Oxford: Oxford University Press, 1961).
Barrett, C. K., *The Holy Spirit and the Gospel Tradition* (London: SPCK, 1958).

———, "The Holy Spirit in the Fourth Gospel," *JTS* 1 (1950): 1-15.
Barth, Karl, *Anselm: Fides Quaerens Intellectum* (London: SCM, 1960).
———, *Church Dogmatics*, 14 vols. (Edinburgh: T&T Clark, 1957-75).
———, *The Epistle to the Romans* (Oxford: Oxford University Press, 1933; 6th ed. 1968).
———, *The Holy Spirit and the Christian Life*, trans. and annot. Michael Raburn (available on the Internet, 2002) with commentary.
———, *The Holy Spirit and the Christian Life: The Theological Basis of Ethics* (Louisville: Westminster and John Knox, 1993).
———, *The Resurrection of the Dead* (London: Hodder & Stoughton, 1933).
———, *The Theology of Schleiermacher: Lectures at Göttingen, 1923-24* (Grand Rapids: Eerdmans, 1982).
———, *The Word of God and the Word of Man* (London: Hodder & Stoughton, 1928).
Bauckham, Richard, *Jesus and the Eyewitnesses: The Gospels as Eyewitness Testimony* (Grand Rapids: Eerdmans, 2006).
———, *Testimony of the Beloved Disciple* (Grand Rapids: Baker Academic, 2007).
Baumgärtel, Friedrich, "*Pneuma*," in *Theological Dictionary of the New Testament (TDNT)*, ed. Gerhard Kittel and Gerhard Friedrich, vol. 6 (Grand Rapids: Eerdmans, 1968), pp. 359-67. [See also Schweizer.]
Beare, F. W., *The First Epistle of Peter* (Oxford: Blackwell, 1961).
Beasley-Murray, George R., *John*, Word Biblical Commentary, vol. 36 (Nashville: Nelson, 2nd ed. 1999).
Bede, *In Epistolas VII Catholicas*, ed. D. Hurst (Turnhout: Brepols, 1983).
———, *In Marci Evangelium Expositio*, ed. D. Hurst, CCSL 120 (Turnhout: Brepols, 1960).
———, *On the Nature of Things* and *On Times*, trans. with an intro. by Calvin B. Kendall and Faith Wallis (Liverpool: Liverpool University Press, 2010).
Behm, Johannes, "*Paraklētos*," in *TDNT*, vol. 5, pp. 800-814.
Beker, J. Christiaan, *Paul the Apostle: The Triumph of God in Life and Thought* (Edinburgh: T&T Clark, 1980).
Bengel, J. A., *Gnomon Novi Testamenti* (Stuttgart: Steinkopf, and London: Dulau, 1866).
Bennett, Dennis and Rita, *The Holy Spirit and You* (Eastbourne: Kingsway, 1974).
———, *The Holy Spirit and You: A Study Guide to the Spirit-Filled Life* (Eastbourne: Kingsway, 1971).
Best, Ernest, *The First and Second Epistles to the Thessalonians* (London: Black, 1972).
———, *1 Peter*, New Century Bible Commentary (London: Oliphants, 1971).
Bittlinger, Arnold, *Gifts and Graces: A Commentary on 1 Corinthians 12–14* (London: Hodder & Stoughton, 1967).
Bonnington, Mark, *Patterns in Charismatic Spirituality* (Cambridge: Grove, 2007).
Bornkamm, Günther, *Early Christian Experience* (London: SCM, 1969).
———, "Faith and Reason in Paul," in G. Bornkamm, *Early Christian Experience* (London: SCM, 1969), pp. 29-46.
———, *Paul* (London: Hodder & Stoughton, 1972).
Botte, Bernard, *La Tradition Apostolique*, Sources Chrétiennes (Paris: Editions du Cerf, 1984).

Botterweck, G. J., and H. Ringgren (eds.), *Theological Dictionary of the Old Testament (TDOT)* (Grand Rapids: Eerdmans, 1980).
Bowald, Mark A., *Rendering the Word in Theological Hermeneutics* (Grand Rapids: Baker Academic, 2007).
Braaten, Carl E., and Philip Clayton, *The Theology of Wolfhart Pannenberg* (Minneapolis: Fortress, 1988).
Brent, Allen, *Hippolytus and the Roman Church in the Third Century* (Leiden: Brill, 1995).
Bridges, Cheryl, and Frank Macchia, "Glossolalia," in *The Encyclopedia of Christianity*, vol. 2 (Grand Rapids and Cambridge: Eerdmans, 2001), pp. 413-16.
Bromiley, Geoffrey W. (ed.), *Zwingli and Bullinger*, LCC 24 (London: SCM, 1955).
Brooke, George J., *The Dead Sea Scrolls and the New Testament* (London: SPCK, 2005).
Brown, Francis, with S. R. Driver and C. A. Briggs (eds.), *The New Hebrew and English Lexicon* (Lafayette, IN: Associated Publishers, 1980).
Brown, Raymond E., *The Gospel according to John*, 2 vols., Anchor Bible (New York: Doubleday, 1966 and 1971).
Bruce, F. F., *The Book of Acts*, NICNT (Grand Rapids: Eerdmans, and London: Marshall, Morgan & Scott, 1965).
———, "Commentaries on Acts," *Epworth Review* 8 (1981): 82-87.
———, *The Epistle to the Hebrews*, NICNT (Grand Rapids: Eerdmans, 1964).
Bruner, F. Dale, *A Theology of the Holy Spirit: The Pentecostal Experience and the New Testament Witness* (Grand Rapids: Eerdmans, 1970).
Bucer, Martin, *The Common Places of Martin Bucer*, ed. David F. Wright (Abingdon, Eng: Sutton Courtenay, 1972).
Bultmann, Rudolf, *A Commentary on the Johannine Epistles*, Hermeneia (Philadelphia: Fortress, 1973).
———, *The Holy Spirit: Eastern Christian Traditions* (Peabody, MA: Hendrickson, 1989).
———, *The Holy Spirit: Mediaeval Roman Catholic and Reformation Traditions* (Peabody, MA: Hendrickson, 1997).
———, "Is Exegesis without Presuppositions Possible?" in Bultmann, *Existence and Faith: Shorter Writings of Rudolf Bultmann* (London: Collins, Fontana ed., 1964), pp. 342-51; German, *Glauben und Verstehen* (Tübingen: Mohr, 1965-85), vol. 3, pp. 142-50.
———, *The New International Dictionary of Pentecostal and Charismatic Movements*, NIDPCM (Grand Rapids: Zondervan, rev. ed. 2003).
———, "*Pisteuō; faith*," in *TDNT*, ed. Gerhard Kittel and Gerhard Friedrich, vol. 6 (1968), pp. 217-22.
———, *Theology of the New Testament*, 2 vols. (London: SCM, 1952 and 1955).
Burgess, Stanley M., *The Holy Spirit: Ancient Christian Traditions* (Peabody, MA: Hendrickson, 1984).
Burns, J. Patout, and Gerald M. Fagin, *The Holy Spirit: Message of the Fathers of the Church* (Wilmington, DE: Glazier, 1984).
Caird, George B., *The Language and Imagery of the Bible* (London: Duckworth, 1980).
———, *The Revelation of St John the Divine* (London: Black, 1966).

Calvin, John, *Commentary on the Psalms of David,* 3 vols. (Oxford and London: Thomas Tegg, 1840).
———, *The Epistles of Paul to the Galatians, Ephesians, Philippians and Colossians* (Edinburgh: Oliver and Boyd, 1965).
———, *1 and 2 Thessalonians* (Wheaton, IL, and Nottingham: Crossway, 1999).
———, *The First Epistle of Paul to the Corinthians* (Edinburgh: St. Andrew's, 1960).
———, *Institutes of the Christian Religion,* trans. Henry Beveridge, 2 vols. (London: James Clarke, 1957).
———, *The Second Epistle of Paul to the Corinthians; The Epistles of Paul to Timothy, Titus and Philemon* (Edinburgh: St. Andrew's, 1964).
Carpenter, J. Estlin, *The Johannine Writings: A Study of the Apocalypse and the Fourth Gospel* (London: Constable, 1927).
Carrington, Philip, *The Primitive Christian Catechism: A Study in the Epistles* (Cambridge: Cambridge University Press, 1940).
Carson, Donald A., *The Gospel according to John,* The Pillar New Testament Commentary (Grand Rapids: Eerdmans, 1991).
———, *Showing the Spirit* (Grand Rapids: Baker, 1987).
Cartledge, David, *The Apostolic Revolution: The Restoration of Apostles and Prophets in the Assemblies of God in Australia* (Chester Hill, N.S.W.: Paraclete Institute, 2000).
Cartledge, Mark J., *Charismatic Glossolalia: An Empirical-Theological Study* (Aldershot, Hants, and Burlington, VT: Ashgate, 2002).
———, "The Practice of Tongues," in *Speaking in Tongues: Multi-Disciplinary Perspectives,* ed. Mark J. Cartledge (Milton Keynes: Paternoster, 2006), pp. 206-34.
———, *Testimony to the Spirit: Rescripting Ordinary Pentecostal Theology* (Farnham and Burlington VT: Ashgate, 2010).
Chadwick, Henry, "Literarische Berichte und Anzeigen: Hermann Dörries, *De Spiritu Sancto,*" *Zeitschrift für Kirchengeschichte* 69 (1958): 335-37.
Chadwick, Owen, *Newman* (Oxford and New York: Oxford University Press, 1983).
———, *The Reformation* (London: Penguin, 1964 and 1972).
———, *The Victorian Church,* vol. 1 (London: SCM, 1971).
Chan, Simon, *Pentecostal Ecclesiology: An Essay on the Development of Doctrine* (Dorset, Blandford Forum: Deo, 2011).
Chung, Paul S., *The Spirit of God Transforming Life: The Reformation and the Holy Spirit* (New York: Palgrave/Macmillan, 2009).
Church of England Doctrine Commission, *We Believe in God* (London: Church House Publishing, 1987).
———, *We Believe in the Holy Spirit* (London: Church House Publishing, 1991).
Church of England Synod Report, *A Time to Heal: A Contribution to the Ministry of Healing: A Report for the House of Bishops* (London: Church House Publishing, 2000).
Collins, John N., *Deacons and the Church* (Leicester: Gracewing, and Harrisville: Morehouse, 2002).
Collins, R. F., *First Corinthians,* Sacra Pagina (Collegeville, MN: Glazier/Liturgical Press, 1999).

Congar, Yves, *I Believe in the Holy Spirit: Lord and Giver of Life*, 3 vols. (New York: Seabury, and London: Chapman, 1983 and 1997).

Conway, Colleen M., "Gospel of John," in *The New Interpreter's Dictionary of the Bible*, 5 vols. (Nashville: Abingdon, 2008), vol. 3, pp. 356-70.

Conzelmann, Hans, *Acts of the Apostles*, Hermeneia (Minneapolis: Fortress, 1987).

———, *1 Corinthians: A Commentary*, Hermeneia (Philadelphia: Fortress, 1975).

———, "*Phōs*," in *TDNT*, vol. 9, pp. 310-58.

———, *The Theology of Luke* (London: Faber, and New York: Harper & Row, 1961).

Cothenet, E., "Les Prophètes Chrétiens comme Exégètes Charismatiques de l'Écriture," in *Prophetic Vocation in the New Testament and Today*, ed. J. Panagopoulos, NovTSup 45 (Leiden: Brill, 1977), pp. 77-107.

Cox, Harvey, *Fire from Heaven: The Rise of Pentecostal Spirituality and the Reshaping of Religion in the Twenty-First Century* (Cambridge, MA: Da Capo, 1995).

Crafton, J. A., *The Agency of the Apostle*, JSNTSS 51 (Sheffield: Sheffield Academic, 1991).

Cranfield, Charles E. B., *A Critical and Exegetical Commentary on the Epistle to the Romans*, 2 vols., ICC (Edinburgh: T&T Clark, 1975 and 1979).

———, *1 & 2 Peter and Jude* (London: SCM, 1960).

———, *The Gospel according to Saint Mark* (Cambridge: Cambridge University Press, 1963).

Cullmann, Oscar, *Christ and Time: A Primitive Conception of Time and History* (London: SCM, 1951).

———, *The Christology of the New Testament* (London: SCM, 1959 and 1963).

———, *Salvation in History* (London: SCM, 1967).

Dallimore, Arnold A., *Forerunner of the Charismatic Movement* (Chicago: Moody, 1983).

Danker, Frederick W., in W. Bauer, F. W. Danker, W. F. Arndt, and F. W. Gingrich, *Greek-English Lexicon of the New Testament* (BDAG) (Chicago: University of Chicago Press, 3rd ed. 2000).

Dautzenberg, G., "Zum religionsgeschichtlichen Hintergrund der *diakriseis pneumatōn* (1 Kor. 12:10)," *Biblische Zeitschrift* 15 (1971): 93-104.

Davey, J. Ernest, *The Jesus of St. John* (London: Lutterworth, 1958).

Davids, Peter H., *The Epistle of James: A Commentary on the Greek Text*, NIGTC (Grand Rapids: Eerdmans, and Carlisle: Paternoster, 1982).

Davies, Brian, *The Thought of Thomas Aquinas* (Oxford: Clarendon, 1992).

Davies, J. G., "Pentecost and *Glossolalia*," *JTS* 3 (1952): 228-31.

———, "The Primary Meaning of *Parakletos*," *JTS* 4 (1953): 35-38.

Davies, W. D., *Paul and Rabbinic Judaism* (London: SPCK, 2nd ed. 1955).

Davis, Henry, *St. Gregory the Great: Pastoral Care* (New York: Newman, 1950).

Dayton, Donald W., *Theological Roots of Pentecostalism* (Grand Rapids: Baker Academic, 1987).

Dewar, Lindsay, *The Holy Spirit and Modern Thought* (London: Mowbray, 1959).

Dix, Gregory, *The Theology of Confirmation in Relation to Baptism* (London: Davis, 1946 and 1953).

———, *The Treatise on the Apostolic Tradition of St. Hippolytus of Rome, Bishop and Martyr* (London: Alban, 1992).

Dodd, C. H., *The Historical Tradition in the Fourth Gospel* (Cambridge: Cambridge University Press, 1963).

———, *The Interpretation of the Fourth Gospel* (Cambridge: Cambridge University Press, 1953).

Dörries, Hermann, *De Spiritu Sancto: Der Beitrag der Basilius von Plotin* (Berlin: de Gruyter, 1964).

Dunn, James D. G., *Baptism in the Holy Spirit: A Re-examination of the New Testament Teaching on the Gift of the Spirit in Relation to Pentecostalism Today* (London: SCM, 1970).

———, "Baptism in the Holy Spirit: A Response to Pentecostal Scholarship in Luke-Acts," *JPT* 3 (1993): 3-27.

———, *Jesus and the Spirit: A Study of the Religious and Charismatic Experience of Jesus and the First Christians as Reflected in the New Testament* (London: SCM, 1975).

——— "A Response," *JPT* 19, no. 1 (2010); and *Religious Studies Review* 36 (2010): 147-67.

———, *The Theology of Paul the Apostle* (Edinburgh: T&T Clark, 1998).

———, "Towards the Spirit of Christ: The Emergence of the Distinctive Features of Christian Pneumatology," in *The Work of the Spirit: Pneumatology and Pentecostalism,* ed. Michael Welker (Grand Rapids: Eerdmans, 2006), pp. 3-26.

Edwards, Jonathan, *Basic Writings,* ed. Ola Winslow (New York: New American Library, 1966).

———, *Select Works of Jonathan Edwards,* vol. 2: *Sermons* (London: Banner of Truth Trust, 1959).

———, *The Sermons of Jonathan Edwards,* ed. Wilson H. Kinnach (New Haven: Yale University Press, 1999).

———, "A Treatise concerning Religious Affections," in *Select Works of Jonathan Edwards,* vol. 3 (London: Banner of Truth, 1959).

———, *Works of Jonathan Edwards,* vol. 2: *Religious Affections,* ed. John Smith (New Haven: Yale University Press, 2009).

Eichrodt, Walter, *Theology of the Old Testament,* 2 vols. (London: SCM, 1964).

Eldridge, "Pentecostalism, Experimental Presuppositions, and Hermeneutics," at the 20th Annual Meeting of the *Society of Pentecostal Studies* (Dallas, November 8-10, 1990).

Ellis, E. Earle, "The Role of the Christian Prophet in Acts," in E. E. Ellis, *Prophecy and Hermeneutic in Early Christianity* (Grand Rapids: Eerdmans, 1978), pp. 23-62 and 129-45.

Engels, Donald, *Roman Corinth* (Chicago: University of Chicago Press, 1990).

Erb, Peter C. (ed.), *Pietists: Selected Writings* (London: SPCK, 1983).

Eriksson, Anders, *Traditions as Rhetorical Proof: Pauline Argumentation in 1 Corinthians* (Stockholm: Almqvist & Wiksell, 1998).

Ervin, Howard, *Conversion-Initiation and Baptism in the Holy Spirit: A Critique of James D. G. Dunn, "Baptism in the Holy Spirit"* (Peabody, MA: Hendrickson, 1987).

———, "Hermeneutics: A Pentecostal Option," in *Essays on Apostolic Themes: Studies in Honor of Howard M. Ervin,* ed. Paul Elbert (Peabody, MA: Hendrickson, 1985), pp. 11-25.

Everts, Janet Meyer, "The Pauline Letters in J. D. G. Dunn's Baptism in the Spirit," *JPT* 19, no. 1 (2010): 12-18.
Fairweather, Eugene R. (ed.), *A Scholastic Miscellany: Anselm to Ockham* (London: SCM and Philadelphia: Westminster, 1956).
Faller, Otto, *Sancti Ambrosii Opera, pars nona* (Vindobonae: Hoelder-Pichler-Tempsky, 1964).
Fee, Gordon, *The First Epistle to the Corinthians* (Grand Rapids: Eerdmans, 1987).
———, *God's Empowering Presence: The Holy Spirit in the Letters of Paul* (Milton Keynes: Paternoster, 1995, and Peabody: Hendrickson, 1994).
———, *Gospel and Spirit: Issues in New Testament Hermeneutics* (Peabody, MA: Hendrickson, 1991).
———, *Paul, the Spirit, and the People of God* (Peabody, MA: Hendrickson, 1996).
———, "Toward a Pauline Theology of Glossolalia," in *Pentecostalism in Context: Essays in Honour of William W. Menzies*, ed. Robert P. Menzies and Wonsuk Ma, JPTSS 11 (Sheffield: Sheffield Academic, 1997), pp. 24-37.
Filson, Floyd V., *The New Testament against the Environment* (London: SCM, 1950).
———, *Who Was the Beloved Disciple?* (London: Marshall, Morgan & Scott, 1977).
Fish, Stanley, *Is There a Text in This Class? The Authority of Interpretive Communities* (Cambridge, MA: Harvard University Press, 1980).
Fison, J. E., *The Blessing of the Holy Spirit* (London and New York: Longmans, Green, 1950).
Fitzmyer, Joseph A., *The Acts of the Apostles*, Anchor Bible (New Haven: Yale University Press, 1998).
———, *Romans*, Anchor Bible (New York: Doubleday, 1992).
Forbes, Christopher, *Prophecy and Inspired Speech in Early Christianity and Its Hellenistic Environment*, WUNT 2.75 (Tübingen: Mohr, 1995).
Foster, Richard J., and James B. Smith (eds.), *Devotional Classics: Selected Readings* (San Francisco: Harper, rev. ed. 1990).
Fox, George, *The Journal of George Fox* (Leeds: Pickard, 6th ed. 1836).
———, *The Journal of George Fox* (New York: Cosimo Books, 2007).
France, R. T., *The Gospel of Mark: A Commentary on the Greek Text*, NIGTC (Grand Rapids: Eerdmans, 2002).
Franks, R. S., *The Work of Christ* (London: Nelson, 1962).
Fuchs, Ernst, *Christus und der Geist bei Paulus* (Leipzig: Hinrichs, 1932).
Furnish, Victor P., *2 Corinthians*, Anchor Bible (New York and London: Doubleday, 1984).
Gadamer, Hans-Georg, *Truth and Method* (London: Sheed & Ward, 2nd Eng. ed. 1989).
Gardner-Smith, P., *St. John and the Synoptic Gospels* (Cambridge: Cambridge University Press, 1938).
Gaventa, Beverly Roberts, *The Acts of the Apostles*, Abingdon New Testament Commentaries (Nashville: Abingdon, 2003).
Gee, Donald, *Concerning Spiritual Gifts* (Stockport: Assemblies of God, 1928, 3rd ed. 1937).
———, *Spiritual Gifts in the Work of the Ministry Today* (Springfield, MO: Gospel Publications, 1963).

General Synod Report (Chaired by Colin Craston), *The Charismatic Movement in the Church of England* (London: Church Information Office, 1981).

Gerrish, B. A., *A Prince of the Church: Schleiermacher and the Beginning of Modern Theology* (London: SCM, 1984).

Gillespie, Thomas W., *The First Theologians: A Study in Early Christian Prophecy* (Grand Rapids: Eerdmans, 1994).

Godet, F., *Commentary on St. Paul's First Epistle to the Corinthians*, 2 vols. (Edinburgh: T&T Clark, 1886).

Goodman, Felicitas, *Speaking in Tongues: A Cross-Cultural Study of Glossolalia* (Chicago: University of Chicago Press, 1972).

Grady, J. Lee, *The Holy Spirit Is Not for Sale* (Grand Rapids: Baker/Chosen, 2010).

Green, Joel B., *The Gospel of Luke*, NICNT (Grand Rapids: Eerdmans, 1997).

———, *Practicing Theological Interpretation* (Grand Rapids: Baker Academic, 2011).

Green, Joel, and Scot McKnight (eds.), *Dictionary of Jesus and the Gospels* (Leicester, Eng., and Downers Grove, IL: InterVarsity Press, 1992).

Greer, Rowan A. (ed.), *Origen: An Exhortation to Martyrdom, Prayer, and Selected Works*, Classics of Western Spirituality (London: SPCK, 1979; also Paulist Press, Mahwah, NJ).

Gregory the Great, *Forty Gospel Homilies* (Kalamazoo, MI: Cistercian Publications, 1990).

Griffith Thomas, W. H., *The Holy Spirit of God* (London and New York: Longmans, Green, 1913).

Groppe, Elizabeth Teresa, *Yves Congar's Theology of the Holy Spirit* (New York: Oxford University Press, 2004).

Grudem, Wayne A., *The Gift of Prophecy in 1 Corinthians* (Washington, DC: University Press of America, 1982).

Grundmann, Walter, and Marinus de Jonge, "*Chriō, Christos, Chrisma*," in *TDNT*, vol. 9, pp. 493-580.

Gundry, Robert H., "Ecstatic Utterances (N.E.B.)?" *JTS* 17 (1966): 299-307.

Gunkel, Hermann, *The Influence of the Holy Spirit* (Minneapolis: Fortress, 2008).

Gunstone, John, *Live by the Spirit* (London: Hodder & Stoughton, 1984).

Gutjahr, Paul C., *Charles Hodge: Guardian of American Orthodoxy* (Oxford and New York: Oxford University Press, 2011).

Gwatkin, Henry M., *Early Church History to A.D. 313*, 2 vols. (London: Macmillan, 1912).

Haenchen, Ernst, *The Acts of the Apostles: A Commentary* (Oxford: Blackwell, 1971).

Hagner, Donald A., *Hebrews* (Peabody, MA: Hendrickson, 1990/1995).

Hamilton, Neill Q., *The Holy Spirit and Eschatology in Paul*, Scottish Journal of Theology Occasional Paper 6 (Edinburgh: Oliver & Boyd, 1957).

Hanson, Anthony T., *Jesus Christ in the Old Testament* (London: SPCK, 1965).

Harnack, Adolf von, *History of Dogma*, vol. 2 (New York: Russell & Russell, rpt. 1938).

Harrington, D. J., "Charisma and Ministry: The Case of the Apostle Paul," *Chicago Studies* 24 (1985): 245-57.

Harris, Ralph W., *Spoken by the Spirit: Documental Accounts of "Other Tongues" from Arabic to Zulu* (Springfield, MO: Gospel Publishing House, 1973).

Hatch, Edwin, and Henry A. Redpath, *A Concordance to the Septuagint*, 2 vols. (Athens: Beneficial Books, 1977).

Hauschild, W.-D., *Basilius von Caesarea: Briefe* (Stuttgart: Hiersemann, 1973).

Haykin, Michael A. G., *The Spirit of God: The Exegesis of 1 and 2 Corinthians in the Pneumatomachian Controversy of the Fourth Century*, Supplement to *Vigiliae Christianae* 27 (Leiden and New York: Brill, 1994).

Hegel, Georg W. F., *Lectures on the Philosophy of Religion*, 3 vols. (London: Kegan Paul, Trench & Trübner, 1895).

———, *The Phenomenology of Mind*, Harper Torchbooks (New York: Harper & Row, 1967).

Heidegger, Martin, *Being and Time* (Oxford: Blackwell, 1962).

Heine, Ronald E., *The Montanist Oracles and Testimonia* (Macon, GA: Mercer University Press, 1989).

——— (ed.), *Origen: Commentary on the Gospel according to John, Books 1-10* (Washington, DC: Catholic University of America Press, 1989).

Hendry, George S., *The Holy Spirit in Christian Theology* (London: SCM, 1966).

Hengel, Martin, *Acts and the History of Earliest Christianity* (London: SCM, 1979).

Henry, Matthew, *Concise Commentary* (CD ROM from Bible Truth Forum).

Heron, Alasdair, *The Holy Spirit* (London: Marshall, Morgan & Scott, 1983).

Hester, James D., *Paul's Concept of Inheritance: A Contribution to Paul's Understanding of Heilsgeschichte* (Edinburgh: Oliver & Boyd, 1968).

Hilborn, David, "Glossolalia as Communication," in *Speaking in Tongues*, ed. Mark Cartledge (Milton Keynes: Paternoster, 2006), pp. 111-46.

Hill, David, "Christian Prophets as Teachers or Instructors in the Church," in *Prophetic Vocation in the New Testament and Today*, ed. J. Panagopoulos (Leiden: Brill, 1977), pp. 108-30.

———, *New Testament Prophecy* (London: Marshall, 1979).

Hocken, Peter D., "Charismatic Movement," in *New International Dictionary of Pentecostal and Charismatic Movements (NIDPCM)*, ed. Stanley Burgess (Grand Rapids: Zondervan, 2nd ed. 2003), pp. 477-519.

Hodge, Charles, *The First Epistle to the Corinthians* (London: Banner of Truth, 1958).

———, *Systematic Theology*, 3 vols. (Grand Rapids: Eerdmans, 1946).

Hodgson, Peter C., "Georg Wilhelm Friedrich Hegel," in *Nineteenth-Century Religious Thought in the West*, vol. 1, ed. Ninian Smart, John Clayton, Patrick Sherry, and Steven Katz (Cambridge: Cambridge University Press, 1985).

Hogg, A. G. *Redemption from This World* (Edinburgh: T&T Clark, 1924).

Holder, Arthur C., "Bede and the New Testament," in *The Cambridge Companion to Bede*, ed. Scott De Gregorio (Cambridge: Cambridge University Press, 2010).

Holland, Tom, *Contours of Pauline Theology: A Radical New Survey of Influences on Paul's Biblical Writings* (Fearn, Ross-shire: Mentor, 2004), pp. 141-56.

Hollenweger, Walter J., "The Black Roots of Pentecostalism," in *Pentecostals after a Century: Global Perspectives on a Movement in Transition*, ed. Allan H. Anderson and Walter J. Hollenweger, JPTSS 15 (Sheffield: Sheffield Academic, 1999), pp. 33-44.

———, "Critical Issues for Pentecostals," in *Pentecostals after a Century: Global Perspec-*

tives on a Movement in Transition, ed. Allan H. Anderson and Walter J. Hollenweger, JPTSS 15 (Sheffield: Sheffield Academic, 1999), pp. 176-96.

———, *Der 1 Korintherbrief, eine Arbeitshilfe zur Bibelwoche* (Kingmünster: Volksmissionarisches Amt der Pfälizischen Landeskirche, 1964).

———, *The Pentecostals* (Peabody, MA: Hendrickson, 1972).

Horn, Friedrich, *Das Angeld der Geistes: Studien zur paulinischen Pneumatologie* (Göttingen: Vandenhoeck & Ruprecht, 1992).

———, "Holy Spirit," in *The Anchor Bible Dictionary*, ed. David N. Freedman (New York and London: Doubleday, 1992), vol. 3, pp. 260-80.

Hoyle, R. Birch, *The Holy Spirit in St. Paul* (London: Hodder & Stoughton, 1927).

Hudson, Neil, "Strange Words and Their Impact on Early Pentecostals," in *Speaking in Tongues*, ed. Mark Cartledge (Milton Keynes: Paternoster, 2006), pp. 52-80.

Hull, J. H. E., *The Holy Spirit in the Acts of the Apostles* (London: Lutterworth Press, 1967).

Hurtado, L. W. *Lord Jesus Christ: Devotion to Jesus in Earliest Christianity* (Grand Rapids: Eerdmans, 2005).

Hussey, M. Edmund, "The Theology of the Holy Spirit in the Writings of St. Gregory of Nazianzus," *Diakonia* 14 (1979): 224-33.

Irving, Edward, *Collected Writings*, ed. G. Carlyle (London and New York: Straham, 1866), vol. 1: *Catholic Apostolic Church*; vol. 2: *Orations of God*.

Irwin, D. T., "Drawing All Together in One Bond of Love," *JPT* 6 (1995).

Jantzen, Grace, *Julian of Norwich: Mystic and Theologian* (London: SPCK, 2000).

Jeremias, Joachim, *New Testament Theology*, vol. 1: *The Proclamation of Jesus* (London: SCM, 1971).

Johnson, George, *The Spirit-Paraclete in the Gospel of John* (Cambridge: Cambridge University Press, 1970).

Johnson, Luke T., *The Gospel of Luke*, Sacra Pagina 3 (Collegeville, MN: Glazier/Liturgical Press, 1991).

Jones, John D., *Pseudo-Dionysius the Areopagite: The Divine Names and Mystical Theology* (Milwaukee: Marquette University Press, 1980).

Julian of Norwich, *Revelations of Divine Love* (London: Penguin, 1998).

Jüngel, Eberhard, *God as the Mystery of the World* (Edinburgh: T&T Clark, 1983).

Kärkkäinen, Veli-Matti, *Holy Spirit and Salvation: The Sources of Christian Theology* (Louisville: Westminster/John Knox, 2010).

———, "Pentecostal Hermeneutics in the Making: On the Way from Fundamentalism to Postmodernism," *Journal of the European Pentecostal Theological Association* 18 (1998): 76-115.

———, *Pneumatology: The Holy Spirit in Ecumenical, International, and Contextual Perspective* (Grand Rapids: Baker Academic, 2002).

Käsemann, Ernst, "The Cry for Liberty in the Worship of the Church," in Käsemann, *Perspectives on Paul* (London: SCM, 1971), pp. 122-37.

———, *New Testament Questions of Today* (London: SCM, 1969).

Keddie, John W., *George Smeaton: Learned Theologian and Biblical Scholar* (Darlington: Evangelical Press, 2011).

Keener, Craig S., *Miracles: The Credibility of the New Testament Accounts,* 2 vols. (Grand Rapids: Baker Academic, 2011).
Kelly, J. N. D., *The Epistles of Peter and Jude* (London: Black, 1969).
Kepler, Thomas S. (ed.), *An Anthology of Devotional Literature* (Nappanee, IN: Jordan, 2001).
Ker, Ian, *The Achievement of John Henry Newman* (London: Collins, and Notre Dame: University of Notre Dame Press, 1990).
Kierkegaard, Søren, *Philosophical Fragments* (Princeton: Princeton University Press, 1985).
Kildahl, John P., *The Psychology of Speaking in Tongues* (New York: Harper & Row, 1972).
Klemm, David E., *Hermeneutical Inquiry,* 2 vols. (Atlanta: Scholars Press, 1986).
Knowles, David, *The Evolution of Mediaeval Thought* (London: Longmans, 1962).
Knox, Ronald A., *Enthusiasm: A Chapter in the History of Religion* (Oxford: Clarendon, 1950).
Kuhn, Thomas S., *The Essential Tension* (Chicago: University of Chicago Press, 1977).
———, *The Structure of Scientific Revolutions* (Chicago: University of Chicago Press, 1st ed. 1962; 2nd ed. 1970).
Kümmel, Werner G., *Introduction to the New Testament* (London: SCM, 1966).
Kuyper, Abraham, *The Work of the Holy Spirit* (New York and London: Funk & Wagnalls, 1900).
Kydd, Ronald, *Charismatic Gifts in the Early Church* (Peabody, MA: Hendrickson, 1984).
Kysar, Robert, *The Fourth Evangelist and His Gospel* (Minneapolis: Augsburg, 1975).
Lake, Kirsopp, *The Apostolic Fathers,* 2 vols., Greek and English, LCC (London: Heinemann, and Cambridge, MA: Harvard University Press, 1965).
———, "The Gift of the Spirit on the Day of Pentecost," in *The Beginnings of Christianity,* ed. F. J. Foakes-Jackson and Kirsopp Lake, vols. 1-5 (London: Macmillan, 1920-33), vol. 5 (1933), pp. 111-20.
Lampe, Geoffrey W. H., *God as Spirit: The Bampton Lectures, 1976* (Oxford: Clarendon, 1977).
———, "The Holy Spirit in the Writings of St. Luke," in *Studies in the Gospels: Essays in Memory of R. H. Lightfoot,* ed. D. E. Nineham (Oxford: Blackwell, 1967), pp. 159-200.
———, *The Seal of the Spirit: A Study of the Doctrine of Baptism and Confirmation in the New Testament and the Fathers* (New York and London: Longmans, Green, 1951).
——— (ed.), *A Patristic Greek Lexicon* (Oxford: Clarendon, 1961).
Land, Steven J., *Pentecostal Spirituality: A Passion for the Kingdom* (Sheffield: Sheffield Academic, 1993).
Lane, William, *The Gospel of Mark,* NICNT (Grand Rapids: Eerdmans, and London: Marshall, Morgan and Scott, 1974).
———, *Hebrews,* 2 vols., Word Biblical Commentary 47A (Dallas: Word, 1991).
Law, William, *A Serious Call to a Devout and Holy Life* (London and Toronto: Dent, and New York: Dutton, 1906).
Leaney, A. R. C., *The Rule of Qumran and Its Meaning* (London: SCM, 1966).
Lee, Edwin K., *The Religious Thought of St. John* (London: SPCK, 1950).

Léon-DuFour, Xavier, "Towards Symbolic Understanding of the Fourth Gospel," *NTS* 27 (1981): 439-56.

Levison, John R., *The Spirit in First-Century Judaism* (Boston and Leiden: Brill, 2002).

Lightfoot, Joseph B., *Notes on the Epistles of St Paul* (London: Macmillan, 1895).

Lindars, Barnabas, *The Gospel of John*, New Century Bible Commentary (London: Oliphants, 1972).

Lossky, Vladimir N., *In the Image and Likeness of God* (New York: St. Vladimir's Seminary Press, and London and Oxford: Mowbray, 1974).

———, *The Mystical Theology of the Eastern Church* (New York: St. Vladimir's Seminary Press, 1988).

———, *Orthodox Theology* (New York: St. Vladimir's Seminary Press, 2001).

———, *The Vision of God* (New York: St. Vladimir's Seminary Press, 1983).

Loyd, Philip, *The Holy Spirit in Acts* (London: Mowbray, 1957).

Lukins, Julian, "A Professor with Spirit," *Charisma*, September 1, 2010, pp. 1-3.

Luscombe, David, *The School of Peter Abelard: The Influence of Abelard's Thought in the Early Scholastic Period* (Cambridge: Cambridge University Press, 2008).

Luther, Martin, *Against the Heavenly Prophets*, in *Luther's Works* (St. Louis: Concordia, 1958).

———, *The Large Catechism* (Philadelphia: Fortress, 1959).

———, *Luther's Works* (St. Louis: Concordia, 1959).

———, *Paul's Epistle to the Galatians* (London: James Clarke, 1953).

———, "Preface to the New Testament," in *Works of Martin Luther*, vol. 6 (Philadelphia: Fortress, 1943).

Luz, Ulrich, *Matthew 1–7: A Commentary* (Edinburgh: T&T Clark, 1990).

———, *Matthew 8–20: A Commentary* (Minneapolis: Fortress, 2001).

Lyotard, Jean-François, *The Differend* (Manchester: Manchester University Press, 1990).

———, *The Postmodern Condition* (Manchester: Manchester University Press, and Minneapolis: University of Minnesota Press, 1984).

Macchia, Frank D., "Babel and the Tongues of Pentecost: Reversal or Fulfilment? — A Theological Perspective," in *Speaking in Tongues*, ed. Mark J. Cartledge (Milton Keynes: Paternoster, 2006), pp. 34-51.

———, *Baptized in the Spirit: A Global Pentecostal Theology* (Grand Rapids: Zondervan, 2006).

———, "Groans Too Deep for Words: Towards a Theology of Tongues as Initial Experience," *Asian Journal of Pentecostal Studies* 1 (1998): 149-73.

———, "Sighs Too Deep for Words: Toward a Theology of Glossolalia," *JPT* 1 (1992): 47-73.

Macquarrie, J., *Studies in Christian Existentialism* (London: SCM, 1966).

Marshall, I. Howard, *The Epistles of John*, NICNT (Grand Rapids: Eerdmans, 1978).

———, *The Gospel of Luke*, NIGTC (Grand Rapids: Eerdmans, 1978).

———, *Luke: Historian and Theologian* (Exeter: Paternoster, 1970 and 1989).

———, *New Testament Theology* (Downers Grove, IL: InterVarsity Press, 2004).

———, "The Present State of Lukan Studies," *Themelios* 14 (1989): 52-57.

Martin, Dale B., *The Corinthian Body* (New Haven: Yale University Press, 1995).

Martin, David, and Peter Mullen, *Strange Gifts? A Guide to Charismatic Renewal* (Oxford: Blackwell, 1984).

Martin, P. J., *James and the Q Sayings of Jesus* (Sheffield: Sheffield Academic, 1991).

Mason, Arthur J., *The Five Theological Orations of Gregory of Nazianzus,* Greek text (Cambridge: Cambridge University Press, 1899).

Maxwell, Joe, "Laughter Draws Toronto Charismatic Crowds," *Christianity Today* 38 (1994): 12.

McDonnell, Kilian, and George T. Montague, *Christian Initiation and Baptism in the Holy Spirit: Evidence from the First Eight Centuries* (Collegeville, MN: The Liturgical Press, 1991).

McDonnell, Kilian (ed.), *Presence, Power and Praise: Documents on the Charismatic Renewal,* 3 vols. (Collegeville, MN: The Liturgical Press, 1980).

McGee, Gary B. (ed.), *Initial Evidence: Historical and Biblical Perspectives on the Pentecostal Doctrine of Spirit Baptism* (Eugene, OR: Wipf & Stock, 1991 and 2007).

McLynn, N. B., *Ambrose of Milan: Church and Court in a Christian Capital* (Berkeley: University of California Press, 1994).

McPherson, Aimee Semple, *The Four Square Gospel,* ed. Raymond Cox (Los Angeles: Foursquare Publications, 1969).

Menzies, Robert P., *Development of Early Christian Pneumatology with Special Reference to Luke-Acts* (Sheffield: JSOT Press, 1992).

———, *Empowered for Witness: The Spirit in Luke-Acts* (Sheffield: JSOT Press, 1994).

———, "The Essence of Pentecostalism," *Paraclete* 26 (1992).

———, "Evidential Tongues: An Essay on Theological Method," *Asian Journal of Pentecostal Studies* 1 (1999): 111-23.

Merklein, Helmut, "Der Theologe als Prophet: Zur Funktion prophetischen Redens im theologischen Diskurs des Paulus," *NTS* 38 (1992): 402-29.

Meyer, H. A. W., *Critical and Exegetical Handbook to the Epistles to the Corinthians,* 2 vols. (Edinburgh: T&T Clark, 1892).

Migne, Jacques-Paul (ed.), *PG*, up to 161 vols. (Paris: Garnier, 1857-66).

——— (ed.), *PL*, up to 73 vols. (Paris, Garnier, 1844-55).

Moberly, R. W. L., *Prophecy and Discernment,* Cambridge Studies in Christian Doctrine (Cambridge: Cambridge University Press, 2006).

Moltmann, Jürgen, *A Broad Place* (London: SCM, 2007).

———, *The Crucified God* (London: SCM, 1974).

———, *God in Creation: An Ecological Doctrine of Creation* (London: SCM, 1985).

———, *The Source of Life: The Holy Spirit and the Theology of Life* (London: SCM, 1997).

———, *The Spirit of Life: A Universal Affirmation* (London: SCM, 1992).

———, *The Trinity and the Kingdom of God: The Doctrine of God* (London: SCM, 1981).

———, *The Way of Jesus Christ: Christology in Messianic Dimensions* (London: SCM, 1990).

Montague, George T., *The Holy Spirit: The Growth of a Biblical Tradition* (Eugene, OR: Wipf & Stock, 1976).

Montefiore, Hugh, *A Commentary on the Epistle to the Hebrews* (London: Black, 1964).

Morgan, G. Campbell, *The Spirit of God* (London: Hodder & Stoughton, 3rd ed. 1902).

Moule, Charles F. D., "The Judgement Theme in the Sacraments," in *The Background to the New Testament and Its Eschatology: In Honour of C. H. Dodd*, ed. David Daube and W. D. Davies (Cambridge: Cambridge University Press, 1956), pp. 464-81.
Moulton, W. F., and A. S. Geden, *A Concordance of the Greek Testament* (Edinburgh: T&T Clark, 1899).
Mounce, Robert H., *The Book of Revelation* (Grand Rapids: Eerdmans, and London: Marshall, Morgan and Scott, 1977).
Mounce, William D., *Pastoral Epistles*, Word Biblical Commentary 46 (Nashville: Nelson, 2000).
Mountain, W. J. (ed.), *S. Aurelii Augustini, De Trinitate*, 2 vols., CCSL 50 and 50A (Turnholt: Editores Pontificii, 1968).
Müller, Ulrich B., *Prophetie und Predigt im Neuen Testament* (Gütersloh: Mohn, 1975).
Müntzer, Thomas, *Collected Works* (Edinburgh: T&T Clark, 1988).
Mussner, Franz, *The Historical Jesus in the Gospel of St. John*, Quaestiones Disputatae 19 (London: Burns & Oates, 1967).
Neufeld, Vernon H., *The Earliest Christian Confessions* (Leiden: Brill, and Grand Rapids: Eerdmans, 1963).
Newman, John Henry, *Apologia pro Vita Sua* (Boston: Houghton Mifflin, 1956 [from 1864], and Oxford: Clarendon, 1967).
———, *An Essay on the Development of Christian Doctrine* (London: Penguin, 1974).
———, *Parochial and Plain Sermons*, vol. 2 (London: Rivingtons, 1868).
Nichols, Aidan, *Yves Congar* (New York: Geoffrey Chapman, and Oxford: Morehouse-Barlow, 1989).
Nolland, John, *The Gospel of Matthew: A Commentary on the Greek Text*, NIGTC (Grand Rapids: Eerdmans, 2005).
Nunn, H. P. V., *The Son of Zebedee and the Fourth Gospel* (London: SPCK, 1932).
O'Meara, John J. (ed.), *Origen: Prayer and Exhortation to Martyrdom*, Ancient Christian Writers (New York: Paulist Press, 1954, rpt. 1979).
Orr, James, *Revelation and Inspiration* (London: Duckworth, 1909).
Owen, John, *The Holy Spirit* (Grand Rapids: Kregel, 1954).
———, *The John Owen Collection: A Discourse concerning the Holy Spirit* (Rio, WI: Ages Software, 2004).
Packer, James I., *Keep in Step with the Spirit* (Leicester: InterVarsity Press, 1984).
———, "Theological Reflections on the Charismatic Movement," *The Churchman* 94 (1980).
Pannenberg, Wolfhart, *Basic Questions in Theology*, 3 vols. (London: SCM, 1970-73).
———, *Jesus — God and Man* (London: SCM, and Philadelphia: Westminster, 1968; German 1964).
———, *Systematic Theology*, 3 vols. (Grand Rapids: Eerdmans, and Edinburgh: T&T Clark, 1991, 1994, and 1998).
Parham, Charles F., *A Voice Crying in the Wilderness* (Baxter Springs, KS: Apostolic Faith Bible College, 1902).
Pelikan, Jaroslav, *The Christian Tradition*, vol. 3: *The Growth of Mediaeval Theology (600-1300)* (Chicago: University of Chicago Press, 1978).
Perrin, Norman, *The Kingdom of God in the Teaching of Jesus* (London: SCM, 1963).

Perves, Jim, *The Triune God and the Charismatic Movement: A Critical Appraisal of Trinitarian Theology and Charismatic Experience from a Scottish Perspective* (Carlisle: Paternoster, 2004).

Petry, Ray C. (ed.), *Late Mediaeval Mysticism,* LCC (London: SCM, and Philadelphia: Westminster, 1957).

Philip, Finny, *The Origins of Pauline Pneumatology: The Eschatological Bestowal of the Spirit,* WUNT 2.194 (Tübingen: Mohr, 2005).

Pogoloff, Stephen M., *Logos and Sophia: The Rhetorical Situation of 1 Corinthians* (Atlanta: Scholars Press, 1995).

Poole, Matthew, *Commentary on the Holy Bible* (London: Banner of Truth, 1963).

Powell, Cyril H., *The Biblical Concept of Power* (London: Epworth, 1963).

Powers, Janet Evert, "Missionary Tongues?" *JPT* 17 (2000): 39-55.

Prenter, Regin, *Spiritus Creator: Luther's Concept of the Holy Spirit* (Philadelphia: Muhlenberg, 1953).

Price, Robert M., "Confirmation and Charisma," *St. Luke's Journal of Theology* 33, no. 3 (June 1990).

Pulikottil, Paulson, "East and West Meet in God's Own Country: Encounter of Western Pentecostalism with Native Pentecostalism in Kerala," *Cyber Journal for Pentecostal-Charismatic Research,* Kerala, India.

Rad, Gerhard von, *Wisdom in Israel* (London: SCM, 1972).

Ramsey, B., *Ambrose* (London: Routledge, 1997).

Ramsey, Ian T., *Religious Language: An Empirical Placing of Theological Phrases* (London: SCM, 1957).

Reardon, Bernard M. G., *From Coleridge to Gore: A Century of Religious Thought in Britain* (London: Longman, 1971).

Rengstorff, Karl L., "*Apostolos*," in *TDNT,* vol. 1, pp. 407-47.

Report, "Gospel and Spirit," in *The Churchman,* no. 1 (1978).

Richard, Earl J., *First and Second Thessalonians,* Sacra Pagina (Collegeville, MN: Glazier, 1995).

Richardson, Alan, *Introduction to the Theology of the New Testament* (London: SCM, 1958).

Richardson, Neil, *Paul's Language about God,* JSNTSS (Sheffield: Sheffield Academic, 1994).

Ricoeur, Paul, *Freud and Philosophy: An Essay on Interpretation* (New Haven and London: Yale University Press, 1970).

———, *Oneself as Another* (Chicago: University of Chicago Press, 1992).

———, *Time and Narrative,* 3 vols. (Chicago: University of Chicago Press, 1984, 1985, and 1988).

Robeck, Cecil M., "The Gift of Prophecy in Acts and Paul," *Studia Biblica et Theologica* 5 (1975): 15-38, and 39-54.

———, "Seminaries and Graduate Schools," in *NIDPCM,* ed. Stanley Burgess, pp. 1045-50.

———, "Seymour, William Joseph," in *NIDPCM,* ed. Stanley Burgess, pp. 1053-58.

Roberts, Alexander, and James Donaldson (eds.), *ANF,* 10 vols. (Edinburgh: T&T Clark, and Grand Rapids: Eerdmans, rpt. 1993).

Robertson, A., and A. Plummer, *The First Epistle to the Corinthians,* ICC (Edinburgh: T&T Clark, 2nd ed. 1914).
Robinson, John A. T., *The Body: A Study in Pauline Theology* (London: SCM, 1952).
———, *The Human Face of God* (London: SCM, 1973).
Rogers, Eugene F., *After the Spirit: A Constructive Pneumatology from Resources outside the Modern West* (Grand Rapids: Eerdmans, 2005, and London: SCM, 2006).
Rupp, E. Gordon, and Benjamin Drewery (eds.), *Master Luther — Documents of Modern History* (London: Arnold, 1970).
Ruthven, Jon, *On the Cessation of the Charismata: The Protestant Polemic on Postbiblical Miracles* (Sheffield: Sheffield Academic, 1993).
Samarin, William J., *Tongues of Men and Angels: The Religious Language of Pentecostalism* (New York: Macmillan, 1972).
Sanders, J. N., and B. A. Mastin, *The Gospel according to St John* (London: Black, 1968).
Sandnes, K. O., *Paul — One of the Prophets? A Contribution to the Apostle's Self-Understanding,* WUNT 2.43 (Tübingen: Mohr, 1991).
Scaer, David, "The Concept of *Anfechtung* in Luther's Thought," *Concordia Theological Quarterly* 47 (1983): 15-30.
Schaff, Philip (ed.), *NPNF,* ser. 1, 14 vols. (Edinburgh: T&T Clark, and Grand Rapids: Eerdmans, rpt. 1993).
Schaff, Philip, and Henry Wace (eds.), *NPNF,* ser. 2, 14 vols. (Edinburgh: T&T Clark, and Grand Rapids: Eerdmans, rpt. 1991).
Schatzmann, Siegfried, *A Pauline Theology of Charismata* (Peabody, MA: Hendrickson, 1987).
Schilling, S. Paul, *Contemporary Continental Theologians* (London: SCM, 1966).
Schlechter, S., *Some Aspects of Rabbinic Theology* (London: Black, 1909).
Schleiermacher, Friedrich D. E., *The Christian Faith* (Edinburgh: T&T Clark, 1989; from 2nd ed. 1830).
———, *Hermeneutics: The Handwritten Manuscripts,* ed. Heinz Kimmerle (Missoula: Scholars Press, 1977).
———, *On Religion: Speeches to Its Cultured Despisers* (London: Kegan Paul, Trench & Trübner, 1893).
Schnackenburg, Rudolf, *Baptism in the Thought of Paul* (Oxford: Blackwell, 1964).
Schrage, W., *Der erste Brief an die Korinther,* 4 vols., EKKNT 7/1-4 (Neukirchen: Neukirchener, 1992-2001).
Schweitzer, Albert, *The Mysticism of Paul the Apostle* (London: Black, 1931).
Schweizer, Eduard, "Pneuma, Pneumatikos," in *TDNT,* ed. Gerhard Kittel and Gerhard Friedrich, vol. 6 (Grand Rapids: Eerdmans, 1968), pp. 332-455.
———, *Spirit of God,* Bible Key Words (London: Black, 1960; German, 1959-60).
Scott, Ernest F., *The Spirit in the New Testament* (London: Hodder & Stoughton, 1924).
Selby, Robin C., *The Principle of Reserve in the Writings of John Henry Cardinal Newman* (Oxford: Oxford University Press, 1975).
Sepúlveda, Juan, "Indigenous Pentecostalism and the Chilean Experience," in *Pentecostals after a Century,* ed. Allan H. Anderson and Walter J. Hollenweger (Sheffield: Sheffield Academic Press, 1999), pp. 111-35.

Shapland, C. R. B., *The Letters of Saint Athanasius concerning the Holy Spirit* (London: Epworth, 1951).
Shearer, R. E., *Wildfire: Church Growth in Korea* (Grand Rapids: Eerdmans, 1966).
Sjöberg, Erik, "*Rûach* in Palestinian Judaism," in *TDNT*, vol. 6, pp. 375-89.
Smail, Tom, *The Forgotten Father* (London: Hodder & Stoughton, 1980).
———, "In Spirit and in Truth: Reflections on Charismatic Worship," in Smail et al., *Love of Power*, pp. 95-103.
Smail, Thomas, Andrew Walker, and Nigel Wright, *The Love of Power or the Power of Love: A Careful Assessment of the Problems within the Charismatic and Word-of-Faith Movements* (Minneapolis: Bethany House, 1994).
Smalley, Beryl, *The Study of the Bible in the Middle Ages* (Notre Dame, IN: University of Notre Dame Press, 5th ed. 1964).
Smalley, Stephen S., *1, 2, and 3 John* (Waco, TX: Word, 1984).
Smeaton, George, *The Doctrine of the Holy Spirit* (London: Banner of Truth, rpt. 1958, from the 1882 ed.).
Smith, James K. A., *Thinking in Tongues: Pentecostal Contributions to a Christian Philosophy* (Grand Rapids: Eerdmans, 2010).
Snaith, Norman, and Vincent Taylor (eds.), *The Doctrine of the Holy Spirit*, Headingly Lectures (London: Epworth, 1937).
Southern, R. W., *Saint Anselm: A Portrait in Landscape* (Cambridge: Cambridge University Press, 1990).
Spawn, Kevin L., and Archie T. Wright, *Spirit and Scripture: Exploring a Pneumatic Hermeneutic* (London: T&T Clark International/Continuum, 2012).
Speiser, E. A., *Genesis*, Anchor Bible (New York: Doubleday, 1964).
Spener, Philipp Jakob, *Pia Desideria,* conveniently at hand in *Pietists: Selected Writings*, ed. Peter C. Erb (London: SPCK, 1983), pp. 31-49.
Staley, Lynn (ed.), *The Book of Margery Kempe*, bk. 1 (Kalamazoo, MI: Medieval Institute, 1996).
Stanley, C. D., *Paul and the Language of Scripture*, SNTSMS 69 (Cambridge: Cambridge University Press, 1992), pp. 197-205.
Stanton, G. N., *Jesus of Nazareth in New Testament Preaching*, SNTSMS 27 (Cambridge: Cambridge University Press, 1974).
Stelten, Leo F., *Dictionary of Ecclesiastical Latin* (Peabody, MA: Hendrickson, 1995).
Stendahl, Krister, "Glossolalia — the New Testament Evidence," in his *Paul among Jews and Gentiles* (London: SCM, 1977), pp. 109-24.
———, *Paul among Jews and Gentiles* (London: SCM, 1977, and Philadelphia: Fortress, 1976).
Stephens, W. Peter, *The Holy Spirit in the Theology of Martin Bucer* (Cambridge: Cambridge University Press, 1970).
Stewart, Roy A., *Rabbinic Theology* (Edinburgh: Oliver & Boyd, 1961).
Strachan, Charles G., *The Pentecostal Theology of Edward Irving* (London: Darton, Longman & Todd, 1973, and Peabody, MA: Hendrickson, 1988).
Stronstad, Roger, *The Charismatic Theology of Saint Luke* (Peabody, MA: Hendrickson, 1984).

———, "Forty Years On: An Appreciation and Assessment of Baptism in the Spirit," *JPT* 19 (2010): 3-11.

———, "Pentecostal Experience and Hermeneutics," *Enrichment Journal* (formerly a paper at the 20th Annual Meeting of The Society of Pentecostal Studies, Dallas, November 1990).

———, *The Prophethood of All Believers: A Study in Luke's Charismatic Theology*, JPTSS 16 (Sheffield: Sheffield Academic, 1999).

Suurmond, Jean-Jacques, "A Fresh Look at Spirit-Baptism and the Charisms," *The Expository Times* 109 (1998): 103-6.

Swete, Henry B., *The Holy Spirit in the Ancient Church: A Study of Christian Teaching in the Age of the Fathers* (London: Macmillan, 1912).

———, *The Holy Spirit in the New Testament* (London: Macmillan, 1909, rpt. 1921).

Synan, Vinson, *The Holiness-Pentecostal Tradition: Charismatic Movements in the Twentieth Century* (Grand Rapids: Eerdmans, 1971 and 1997).

———, "The Role of Tongues as Initial Evidence," in *Spirit and Renewal*, ed. Mark W. Wilson, JPTSS 5 (Sheffield: Sheffield Academic, 1994), pp. 67-82.

Taylor, Jeremy, *Selected Writings*, ed. C. H. Sisson (Manchester: Carcanet, 1990).

Taylor, John V., *The Go-Between God: The Holy Spirit and the Christian Mission* (London: SCM, 1972).

Taylor, Vincent, *The Person of Christ in New Testament Teaching* (London: Macmillan, 1958).

Thayer, Joseph H. (from Grimm-Thayer), *Greek-English Lexicon of the New Testament* (Edinburgh: T&T Clark, 4th ed. 1901).

Theissen, Gerd, *Psychological Aspects of Pauline Theology* (Edinburgh: T&T Clark, 1987).

Thielicke, Helmut, *The Evangelical Faith*, 3 vols. (Grand Rapids: Eerdmans, 1974-82).

Thiselton, Anthony C., *1 and 2 Thessalonians: Through the Centuries*, Blackwell's Bible Commentaries (Oxford: Wiley-Blackwell, 2011).

———, *1 Corinthians: A Shorter Exegetical and Pastoral Commentary* (Grand Rapids: Eerdmans, 2006).

———, *The First Epistle to the Corinthians: A Commentary on the Greek Text*, NIGTC (Grand Rapids: Eerdmans, 2000).

———, *Hermeneutics: An Introduction* (Grand Rapids: Eerdmans, 2009).

———, *The Hermeneutics of Doctrine* (Grand Rapids and Cambridge: Eerdmans, 2007).

———, "The Holy Spirit in the Latin Fathers with Special Reference to Their Use of 1 Corinthians 12 and This Chapter in Modern Scholarship," *Communio Viatorum* 53 (2011): 7-24.

———, "The Interpretation of Tongues: A New Suggestion in the Light of Greek Usage in Philo and Josephus," *JTS* 30 (1979): 15-36.

———, *Interpreting God and the Postmodern Self* (Edinburgh: T&T Clark, 1995).

———, *Language, Liturgy, and Meaning* (Nottingham: Grove, 1975 and 1986).

———, *Life after Death: A New Approach to the Last Things* (Grand Rapids: Eerdmans, and London: SPCK, 2012).

———, *The Living Paul* (London: SPCK, 2009).

———, "Luther and Barth on 1 Corinthians 15," in *The Bible, the Reformation and the*

Church: Essays in Honour of James Atkinson, ed. W. P. Stephens (Sheffield: Sheffield Academic, 1995), pp. 258-89.

―――, *New Horizons in Hermeneutics: The Theory and Practice of Transforming Biblical Reading* (Grand Rapids: Zondervan, and London: HarperCollins, 1992).

―――, "Postmodernity, Postmodernism," in *A Concise Encyclopaedia of the Philosophy of Religions* (Oxford: Oneworld, 2002), pp. 233-35.

―――, "The Supposed Power of Words in the Biblical Writings," *JTS* 25 (1974): 282-99; also rpt. in *Thiselton on Hermeneutics: Collected Works with New Essays* (Grand Rapids: Eerdmans, and Aldershot: Ashgate, 2006), pp. 53-68.

―――, *The Two Horizons: New Testament Hermeneutics and Philosophical Description* (Grand Rapids: Eerdmans, and Exeter: Paternoster, 1980).

―――, "Wisdom in the New Testament," *Theology* 115 (2011): 260-68.

―――, "Wisdom in the Old Testament and Judaism," *Theology* 114 (2011): 163-72.

Thornton, Lionel S., *The Common Life in the Body of Christ* (London: Dacre, 3rd ed. 1950).

Trevett, Christine, *Montanism: Gender, Authority and the New People Prophecy* (Cambridge: Cambridge University Press, 1996).

Trier, Daniel J., *Introducing Theological Interpretation of Scripture: Recovering a Christian Practice* (Grand Rapids: Baker Academic, 2008).

Turner, Max, "Early Christian Experience and Theology of Tongues — A New Testament Perspective," in *Speaking in Tongues: Multi-Disciplinary Perspectives,* ed. Mark J. Cartledge (Milton Keynes: Paternoster, 2006), pp. 1-33.

―――, *The Holy Spirit and Spiritual Gifts Then and Now* (Carlisle: Paternoster, 1996).

―――, "James Dunn's *Baptism in the Holy Spirit,*" *JPT* 19 (2010): 25-31.

―――, *Power from on High: The Spirit in Israel's Restoration and Witness in Luke-Acts,* JPTSS 9 (Sheffield: Sheffield Academic, 1996).

―――, "Spiritual Gifts, Then and Now," *Vox Evangelica* 15 (1985): 7-64.

Twomey, D. Vincent, and Janet E. Rutherford (eds.), *The Holy Spirit in the Fathers of the Church: The Proceedings of the Seventh International Patristic Conference, 2008* (Dublin: Four Courts Press, 2010).

Van Dusen, Henry P., *Spirit, Son and Father* (New York: Scribner, 1958).

Van Gemeren, W. (ed.), *New International Dictionary of Old Testament Theology and Exegesis,* 5 vols. (Carlisle: Paternoster, 1997).

Vanhoye, A., *Homilie für haltbedürftige Christen* (Regensburg: Pustet, 1981).

Vawter, Bruce, *On Genesis: A New Reading* (New York: Doubleday, 1977).

Vermès, Géza, *The Complete Dead Sea Scrolls in English* (London: Allen Lane, 1997).

Vielhauer, Philipp, *Oikodomē: Das Bild vom Bau in der christlichen Literatur vom Neuen Testament bis Clemens Alexandrinus* (Karlsruhe: Harrassowitz, 1940).

Vriezen, T. C., *An Outline of Old Testament Theology* (Oxford: Blackwell, 1962).

Wagner, C. Peter, "Third Wave," in *NIDPCM,* pp. 1141-42.

Wainwright, Arthur W., *The Trinity in the New Testament* (London: SPCK, 1962).

Walker, Andrew, "Demonology and the Charismatic Movement," in Tom Smail et al., *Love of Power* (Minneapolis: Bethany House, 1994), pp. 53-72.

Warfield, Benjamin B., *Counterfeit Miracles* (London: Banner of Truth, 1996).

Warrington, Keith, *Pentecostal Theology: A Theology of Encounter* (London and New York: T&T Clark, 2008).

Watkin-Jones, Howard, *The Holy Spirit in the Mediaeval Church: A Study of Christian Teaching concerning the Holy Spirit and His Place in the Trinity* (London: Epworth, 1922).

Watson, Francis, *Text, Church and World: Biblical Interpretation in Theological Perspective* (Edinburgh: T&T Clark, 1994).

Welborn, L. L., "Discord in Corinth," in L. L. Welborn, *Politics and Rhetoric in the Corinthian Epistles* (Macon, GA: Mercer University Press, 1997), pp. 1-42.

———, *Paul, the Fool of Christ: A Study of 1 Corinthians 1–4* (London and New York: T&T Clark International, 2005).

Welch, Claude, *Protestant Thought in the Nineteenth Century*, vol. 1: *1799-1870* (New Haven: Yale University Press, 1972).

Welker, Michael, *God the Spirit* (Minneapolis: Fortress, 1994).

———, "The Spirit in Philosophical, Theological, and Interdisciplinary Perspectives," in *The Work of the Spirit: Pneumatology and Pentecostalism*, ed. Michael Welker (Grand Rapids: Eerdmans, 2006), pp. 221-32.

——— (ed.), *The Work of the Spirit: Pneumatology and Pentecostalism* (Grand Rapids: Eerdmans, 2006).

Wenham, Gordon, *Genesis 1–15*, Word Biblical Commentary (Nashville: Nelson, 1987).

Wesley, John, *Journal* (London: Isbister, 1902).

———, *Notes on the New Testament* (CD ROM, Bible Truth Forum).

———, "On the Holy Spirit: Sermon 141," edited by George Lyons (Nampa, ID: Northwest Nazarene College, from Christian Classics Ethereal Library, 1999).

———, Sermon 55, "On the Trinity," ed. David R. Leonard (Nampa, ID: Northwest Nazarene College, from Christian Classics Ethereal Library, 2011).

Westcott, B. F., *The Epistles of St. John: Greek Text with Notes* (Abingdon, Berkshire: Marcham Manor, and Grand Rapids: Eerdmans, 1966).

———, *The Epistle to the Hebrews: The Greek Text* (London and New York: Macmillan, 3rd ed. 1903).

Whiteley, D. E. H., *The Theology of St. Paul* (Oxford: Blackwell, 1964; 2nd ed. 1971).

Williams, Cyril G., *Tongues of the Spirit* (Cardiff: University of Wales Press, 1981).

Williams, D. H., *Ambrose of Milan and the End of the Nicene-Arian Conflicts* (Oxford: Oxford University Press, 1995).

Williams, George H. (ed.), *Spiritual and Anabaptist Writers*, LCC 25 (London: SCM, 1957), p. 47.

Williams, Ronald R., *The Acts of the Apostles*, Torch Commentary (London: SCM, 1953).

Williams, Rowan, "Eastern Orthodox Theology," in *The Modern Theologians* (Oxford: Blackwell, 3rd ed. 2005), pp. 572-88.

Wilson, Mark W. (ed.), *Spirit and Renewal*, JPTSS 5 (Sheffield: Sheffield Academic, 1994).

Wilson, Stephen G., *The Gentiles and the Gentile Mission in Luke-Acts* (Cambridge: Cambridge University Press, 1973).

Windisch, Hans, "Die fünf johannische Parakletesprüche," trans. J. W. Cox, *The Spirit-Paraclete in the Fourth Gospel* (Philadelphia: Fortress, 1968).

———, *Johannes und die Synoptiker* (Leipzig: Hinrichs, 1926).
Winstanley, Edward W., The *Spirit in the New Testament* (Cambridge: Cambridge University Press, 1910).
Winter, Bruce W., "The Public Honouring of Christian Benefactors," *JSNT* 34 (1988): 87-103.
———, "Religious Curses and Christian Vindictiveness, 1 Cor. 12–14," in Bruce Winter, *After Paul Left Corinth* (Grand Rapids: Eerdmans, 2001), pp. 164-83.
Wire, Antoinette C., *The Corinthian Women Prophets: A Reconstruction* (Minneapolis: Fortress, 1990).
Witherington, Ben, III, *Jesus the Sage: The Pilgrimage of Wisdom* (Minneapolis: Fortress, 2000).
Wittgenstein, Ludwig, *Philosophical Investigations* (Oxford: Blackwell, 2nd ed. 1958).
———, *Zettel* (Oxford: Blackwell, 1967).
Work, Telford, *Living and Active: Scripture in the Economy of Salvation* (Grand Rapids: Eerdmans, 2002).
Wright, N. T., *The Resurrection of the Son of God* (London: SPCK, 2003).
Wright, Nigel, "The Theology of Signs and Wonders," in Tom Smail et al., *Love of Power* (Minneapolis: Bethany House, 1994), pp. 37-52.
Yong, Amos, *Spirit–Word–Community: Theological Hermeneutics in Trinitarian Perspective* (Aldershot, Hants, and Burlington, VT: Ashgate, 2002).
Zimmermann, Jens, *Recovering Theological Hermeneutics* (Grand Rapids: Baker Academic, 2004).
Zinn, Groves A. (ed.), *Richard of St. Victor: The Twelve Patriarchs. The Mystical Book, Book Three of the Trinity,* Classics of Western Spirituality (London: SPCK, 1979).
Zizioulas, John D., *Being as Communion: Studies in Personhood and the Church* (New York: St. Vladimir's Seminary Press, 1997).
Zwiep, Arie W., *Christ, the Spirit and the Community of God: Essays on the Acts of the Apostles,* WUNT 2.293 (Tübingen: Mohr, 2010).
Zwingli, Huldrych, *The Defence of the Reformed Faith* (Allison Park, PA: Pickwick Publications, 1984).